Schellmann, Baumann, Gaida, Gläser, Kegel

Medien

verstehen – gestalten – produzieren

4., erweiterte und verbesserte Auflage

VERLAG EUROPA-LEHRMITTEL • Nourney, Vollmer GmbH & Co. KG
Düsselberger Straße 23 • 42781 Haan-Gruiten

Europa-Nr.: 35210

Die Autoren

Schellmann, Bernhard, Kißlegg i. A.

Baumann, Andreas, Wangen i. A.

Gaida, Peter, Uhldingen

Gläser, Martin, Prof. Dr., Dettingen/Erms

Kegel, Thomas, Konstanz

Lektorat und Leitung des Arbeitskreises:
Bernhard Schellmann

Informationen und Anfragen: www.medien-verstehen.de

Titelblatt: Thomas Kegel
Buchlayout: Andreas Baumann, mit freundlicher Unterstützung von Rainer Leippold, Stuttgart;
Daniela Pfeilsticker

Bildentwürfe und Fotos: Autoren
Weitere Fotos und Grafiken: Leihgaben der Firmen (s. Verzeichnis am Ende des Buches)

Das vorliegende Buch wurde auf der Grundlage der neuen amtlichen Rechtschreibung erstellt.

4. Auflage 2008
Druck 5 4 3 2 1
Alle Drucke derselben Auflage sind parallel einsetzbar, da bis auf die Behebung von Druckfehlern untereinander unverändert.

ISBN 978-3-8085-3524-0

© 2008 by Verlag Europa-Lehrmittel, Nourney, Vollmer GmbH & Co. KG, 42781 Haan-Gruiten

http://www.europa-lehrmittel.de
Umschlaggestaltung: Thomas Kegel, 78464 Konstanz
Satz: Daniela Pfeilsticker, 56457 Westerburg
Druck: B.o.s.s Druck und Medien GmbH, 47574 Goch

Eine große Zahl interessierter Menschen setzt sich mit den Medien in Schule, Studium, innerhalb einer Umschulungsmaßnahme oder autodidaktisch im Beruf und in der Freizeit auseinander. Um die medialen Bausteine auswählen und einsetzen, um mit ihnen produzieren zu können, wird ein breit gefächertes Wissen vorausgesetzt. Das Buch bietet umfangreiche und fundierte Einblicke in die spannende Medienwelt. Einsteiger wie Fortgeschrittene finden die vielen Sachverhalte schlüssig und praxisnah beschrieben. Die Inhalte wurden in 20 Kapitel neu gegliedert, vertieft ausgebaut und drei großen Themenblöcken, dem Teil A „Grundlagen", Teil B „Gestaltung und Produktion" und Teil C „Wirtschaft und Management", zugeordnet.

Wie gewohnt werden die kompakten Texte durch zahlreiche aktuelle Abbildungen anwendungsbezogen ergänzt, so dass sich die Inhalte auch nachhaltig einprägen. Besonderer Dank gilt den Agenturen und Firmen, die uns mit Bildmaterial und Produktionsbeispielen unterstützt haben. Die inhaltliche Aufbereitung entspricht dem zum Zeitpunkt der Manuskripterstellung aktuellen Stand der technischen Entwicklung und der wissenschaftlichen Erkenntnisse.

Viele Anwendungsbeispiele bedürfen der visuellen Unterstützung durch Hard- und Softwareprodukte, die wir aus einer breiten Palette von Angeboten beispielhaft herausgesucht haben. Die erwähnten Soft- und Hardwareprodukte sind in den meisten Fällen eingetragene Warenzeichen und unterliegen als solche den gesetzlichen Bestimmungen.

Die in sich abgeschlossenen Kapitel enden jeweils mit einer Aufgabensammlung, die als Anregung dienen soll, die behandelten Inhalte im Versuch und in der Produktion anzuwenden. Dadurch wird die Auseinandersetzung mit dem Thema intensiviert und neue Erkenntnisse und interessante Erfahrungen gewonnen. Für das praktische Arbeiten in den einzelnen Themengebieten bietet sich häufig eine einschlägige Vertiefung an. Aus dem großen Angebot an Literatur haben wir die, nach unserer Ansicht, wichtigen Werke in einem Literaturverzeichnis zusammengefasst, das jedem Kapitel anhängt.

Das Lehrbuch eignet sich vor allem für einen Einsatz im beruflichen Gymnasium mit dem Schwerpunkt Gestaltungs- und Medientechnik sowie in der anwendungsbezogenen Computertechnik, im Berufskolleg Technik und Medien und in der Berufsausbildung der Mediengestalter. Ein zweiter Schwerpunkt des Grundlagenwerks liegt im Bereich medienbezogener Fachschulen, Akademien und Hochschulen mit dem Schwerpunkten auf den Medien.

Die Verwendung der maskulinen Form bei der Beschreibung von Berufsbildern und Personen geschieht aus rein praktischen Erwägungen.

Unser Dank gilt unseren Familien und allen die mit hilfreichen Gedanken und Beiträgen dieses Buch in die nun 4. Auflage mit begleitet haben. Über Anregungen, Hinweise und neue Ideen zu den Inhalten freuen wir uns. Sie erreichen uns über die Internetseite www.medien-verstehen.de.

Kißlegg, 2008

Die Autoren

Inhalt

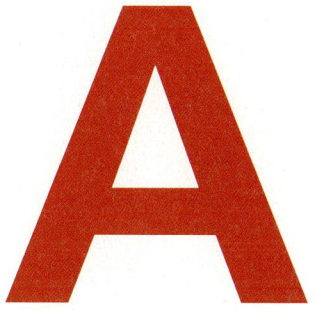

A Grundlagen

Zu Beginn des vorliegenden Lehrbuchs soll Klarheit darüber hergestellt werden, was Medien eigentlich sind, welches ihre Leistungen sind, die sie erbringen, und welche Rolle sie im Leben der Menschen spielen. Es geht also um ein vertieftes Verständnis der Rolle und der Bedeutung von Medien für die Gesellschaft, für die Wirtschaft und für die Politik.

In diesem Zusammenhang ist viel von Kommunikation die Rede. Der Grund ist, dass die zentrale Aufgabe der Medien darin besteht, als ein wichtiges Bindeglied in der Kommunikation der Menschen zu fungieren. Der Großteil der Kommunikation innerhalb unserer Gesellschaft findet nicht direkt zwischen den Menschen statt, sondern als sog. mediale Kommunikation.

In Kapitel 1 wird dargestellt, was man sich unter dem Begriff der Medien alles vorstellen kann und wie man die Medien in der Theorie erklären kann. Medien kann man nur verstehen, wenn man sich klar macht, welche Funktion sie im Hinblick auf die Kommunikation der Menschen ausüben. Hierzu braucht man Theorien.

Danach werden in Kapitel 2 alle wichtigen Medienbereiche aufgezeigt, wie man sie in der Praxis vorfindet. Dabei geht es konkret um Zeitungen, Zeitschriften, Bücher, Fernsehen, Radio, Kino, Computerspiele oder das Internet. Alle Bereiche werden mit ihren Besonderheiten dargestellt.

Das abschließende Kapitel 3 stellt in knapper und kompakter Form die hoch interessante Geschichte der Medien dar.

1 Medien in der Theorie

80 Prozent der Deutschen lesen mehrmals in der Woche Zeitung, 50 Prozent lesen Zeitschriften, ein Fünftel der Bevölkerung liest mehrmals in der Woche Bücher. Der Durchschnittsbürger hört dreieinhalb Stunden täglich Radio, ebenso lang sieht er fern, fast eine Stunde täglich nutzt er das Internet. Die Medien haben daher für den Einzelnen und für die Gesellschaft größte Bedeutung und es ist es wichtig zu verstehen, was Medien sind, welche Wirkung sie ausüben und welche Rolle sie spielen, das heißt, man muss sie zunächst einmal theoretisch beleuchten.

1.1 Medien als Phänomen

1.1.1 Definition von Medien

Der Begriff **Medien** ist uns alltäglich und selbstverständlich. Wir verwenden ihn, ohne viel nachzudenken. Da sie überall präsent sind, ist uns das Phänomen der Medien längst in Fleisch und Blut übergegangen. Völlig zu Recht bezeichnet man unsere Epoche daher auch als das „Medien- und Informationszeitalter". Doch Vorsicht! Bei genauerem Hinsehen zeigt es sich schnell, dass der Medienbegriff gar nicht so einfach zu fassen ist. Es gibt ziemliche Unschärfen im Gebrauch. Alles Mögliche bekommt das populäre Etikett Medien angeheftet, ohne dass dies immer zweckmäßig ist. Deshalb muss man sich ausführlich mit dem Begriff des Mediums bzw. der Medien befassen.

Ursprung des Wortes Medien

❶ medius, media, medium (lat.) = in der Mitte befindlich, mittlerer

Das Wort „Medien" stammt vom lateinischen Adjektiv „medium" ab, was so viel bedeutet wie „in der Mitte befindlich", „mittlerer" ❶. Die Verwendung des Begriffs steht in Verbindung mit „der Idee der Vermittlung, der Idee des Zentrierens, der Idee eines Trägersystems geistigen Ausdrucks, das sich von örtlicher und zeitlicher Gebundenheit löst" ❷.

❷ Quelle: Wiegerling , Klaus: Medienethik, Stuttgart 1998, S. 7. In unserer Sprache haben sich verschiedene verwandte Begriffe zum Medienbegriff eingebürgert, die auch den Sachverhalt der Vermittlung kennzeichnen: **Mediation** = Vermittlung in einem Streit, z. B. zwischen Staaten, Unternehmen oder Einzelpersonen (Scheidung); **Medium** = Mittel, Mittelsperson (bei spiritistischen Sitzungen) zwischen dem Fragenden und der Geisterwelt, auch Experimentierperson bei Varietévorführungen, Hypnosen und dergleichen.

Definitionen im Alltagsgebrauch

Der Medienbegriff wird im Alltagsgebrauch vorrangig als Sammelbegriff für die technischen Mittel oder Instrumente verwendet, die der Verbreitung von Aussagen dienen. Dies zeigen **Lexikon-Definitionen**:

❸ dispers = verstreut

* Meyers Enzyklopädisches Lexikon 1975: „Medium (Plural: Media) [lat.: das in der Mitte Befindliche], allgemein: Mittel, vermittelndes Element; insbes. [in der Mehrzahl]: Mittel zur Weitergabe oder Verbreitung von Information durch Sprache, Gestik, Mimik, Schrift und Bild (...)".
* Bertelsmann Universal Lexikon 1993: „Massenmedien, Massenkommunikationsmittel, alle Einrichtungen, die bei der Massenkommunikation zur Vermittlung oder Übertragung von Aussagen dienen; sie sind technische Instrumente oder Apparaturen, mit denen Aussagen öffentlich, direkt, und einseitig (d. h. ohne Dialog zwischen Publikum und Medium) an ein disperses ❸ Publikum verbreitet werden. Zu den Massenmedien werden Presse, Rundfunk, Film und Fernsehen gerechnet, neuerdings auch Schallplatte, Buch und Video."

Vertiefende Definitionen der Wissenschaft

Auch die Wissenschaft stellt die **Vermittlungsfunktion** der Medien bei ihren Analysen in den Vordergrund, wie man aus verschiedenen Definitionen ersehen kann:

- Die Medien sind die „technische und organisatorische Infrastruktur für die Kommunikation." ❶
- Ein Medium umfasst „alle jene technischen Instrumente und Apparaturen, mit deren Hilfe publizistische Aussagen an die Öffentlichkeit weitergeleitet werden." ❷
- „Medien sind Vermittlungsinstanzen. Zur Vermittlung benötigen sie nicht nur eine Öffentlichkeit, eine Präsentationsstätte für das Mitzuteilende und eine Transportkapazität, sondern auch einen Inhalt. Was Medien transportieren, sind Bedeutungen, die auf einen Gegenstand oder einen Sachverhalt verweisen." ❸
- „Unter Medien werden in unserem Zusammenhang materiell-mechanische oder energetische (elektrische, elektromagnetische, elektronische, opto-elektronische) Träger und Übermittler von Daten bzw. Informationseinheiten und mechanische sowie elektronische Mittel der Datenverarbeitung verstanden, dies im Sinne der drei medienlogischen Grundphänomene der Speicherung, Übertragung und Bearbeitung." ❹

Allerdings weisen viele Ansätze über die enge Vorstellung, Medien seien lediglich so etwas wie „Transport-Unternehmen für Botschaften zwischen den Menschen", hinaus. Die Wissenschaft sieht die Medien auch noch in einem größeren Zusammenhang, und hier vor allem als wichtige **Einrichtungen der Gesellschaft**:

- Medien sind nicht nur Kommunikationskanäle, die geeignet sind, Zeichensysteme zu transportieren. Sie sind auch Organisationen, also „zweckerfüllende Sozialsysteme", und zwar komplexe Systeme. Diese Systeme haben eine große Wirkung „in alle erdenkliche Schichten des gesellschaftlichen Seins" hinein. Und es sind institutionalisierte Einrichtungen, die innerhalb des „gesellschaftlichen Regelungssystems" eine Rolle spielen. ❺
- „Damit ein Kommunikationsvorgang zustande kommt, bedarf es eines Mediums, d. h. einer Veranschaulichung der zu übertragenden sprachlichen Zeichen. Die Gestalt der Medien hängt von der Art der verwendeten Zeichensysteme sowie von der Art des sozialen Kontakts zwischen den Kommunikationspartnern ab." ❻
- Medien sind u. a. „technologische Artefakte" (z. B. Kabel, Satelliten), von der Gesellschaft abhängige publizistische Arbeitsorganisationen (Redaktionen, Nachrichtenagenturen, Rundfunkorganisationen, Pressedienste, Vertriebssysteme) und auch gleichzusetzen mit „Berichterstattung", das sind die verbreiteten Ergebnisse der Auswahlentscheidungen der Redaktionen. ❼

❶ Quelle: Hunziker, Peter: Medien, Kommunikation und Gesellschaft, Darmstadt 1988, S. 15

❷ Quelle: Pürer, Heinz: Einführung in die Publizistikwissenschaft, 4., überarbeitete Auflage, München 1990, S. 42

❸ Quelle: Wiegerling , Klaus: Medienethik, Stuttgart 1998, S. 17

❹ Quelle: Hiebel, Hans H. / Hiebler, Heinz / Kogler, Karl / Walitsch, Herwig: Die Medien, München 1998, S. 12

❺ Quelle: sinngemäß nach Saxer, Ulrich: Konstituenten einer Medienwissenschaft, in: Schanze, H. und Ludes, P. (Hg.): Qualitative Perspektiven des Medienwandels, Opladen 1997, S. 21

❻ Quelle: Hunziker, Peter: Medien, Kommunikation und Gesellschaft, Darmstadt 1988, S. 15

❼ Quelle: sinngemäß nach Rühl, Manfred: Kommunikation und Öffentlichkeitsarbeit, in: Bentele, G. und Rühl, M.: Theorien öffentlicher Kommunikation, München 1993, S. 79

1.1.2 Klassifikationen

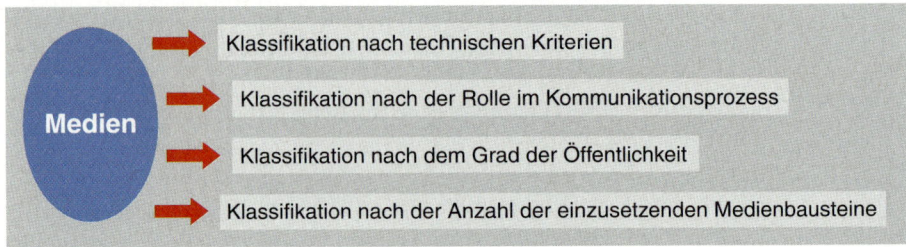

Medien
- Klassifikation nach technischen Kriterien
- Klassifikation nach der Rolle im Kommunikationsprozess
- Klassifikation nach dem Grad der Öffentlichkeit
- Klassifikation nach der Anzahl der einzusetzenden Medienbausteine

Klassifikation nach technischen Kriterien

❶ Quelle: Maletzke, Gerhard: Kommunikationswissenschaft im Überblick, Opladen, Wiesbaden 1998, S. 53; nach Pross, Harry: Medienforschung, Darmstadt 1972

❷ „Es gibt keine unvermittelte Kommunikation; alle Kommunikation bedarf des Mittels oder Mediums, durch das hindurch eine Nachricht übertragen bzw. aufgenommen wird." Quelle: Graumann, Carl Friedrich: Handbuch der Psychologie, Bd. 7, Göttingen 1972, S. 1182

Medien kann man aus ganz unterschiedlichen Blickwinkeln betrachten. Man kann sie z. B. danach unterscheiden, inwieweit die Sender und Empfänger von Botschaften bei ihrer Kommunikation **technische Hilfsmittel** einsetzen. Grundsätzlich gibt es hierbei **drei Möglichkeiten** ❶:

- Fall 1: Weder Sender noch Empfänger setzen technische Hilfsmittel ein. Beide beschränken sich auf die dem Menschen von Natur aus gegebenen Möglichkeiten der Kommunikation, nämlich auf die menschliche Stimme, die Gestik und die Mimik. Die Transportmittel der Kommunikation sind also die natürlichsten Medien, die es gibt, nämlich die Medien des „menschlichen Elementarkontakts", die „Mensch-Medien" ❷. Man nennt sie primäre Medien.
- Fall 2: Nur der Sender setzt technische Hilfsmittel ein, der Empfänger kann darauf verzichten. Zu denken ist an Printprodukte wie Zeitungen, Zeitschriften oder Bücher, die einen hohen technischen Aufwand zur Herstellung erfordern, vom Leser aber ohne Technikeinsatz genutzt werden können. Diese Medien nennt man sekundäre Medien.

Primäre Medien	Sekundäre Medien	Tertiäre Medien
• Körperbewegungen, v.a. Gesichtsausdruck, Handbewegungen, Haltung • Lachen und Weinen • Geräusche (so weit sie noch nicht codiert sind) wie Zischen, Blasgeräusche, Pfeifen, Stöhnen, Seufzen, Glucksen, Kichern, Zungenschnalzen • Demonstrative Kopf- oder Handbewegungen • Gerüche wie z.B. Deodorants • Gesprochene Sprache • zu beachten: Lautstärke, Tonfall	• Frühe sekundäre Medien: Megafon (Hebung der Lautstärke der menschlichen Stimme), Glocken-, Trommel-, Feuer- und Rauchzeichen, optische Telegrafie, Signalmasten, Flaggen • Sekundäre Medien auf der Grundlage von Bildern, Schrift und Buchstaben: Handschriften, Briefe, Druckerzeugnisse: Buch, Presseorgane wie Zeitungen und Zeitschriften, Werbebroschüren, Plakate, Fotografien	• Frühe tertiäre Medien: Kabelübertragungen, Telegrafie, Fernübertragung über Telegrafenmasten, Morsezeichen, codierte optische Telegrafie, Telefon • Jüngere tertiäre Medien: Radio, Fernsehen, Schallplatte, Tonband, Cassetten für Video, Film und Ton, Compact Disk • Zu beachten: Fernsehen ist das Leitmedium!

- Fall 3: Sowohl Sender als auch Empfänger bedienen sich bei der Kommunikation technischer Hilfsmittel, und auch die Übertragung der Botschaften erfordert technische Unterstützung. Typische Beispiele für diese Medienform sind die elektronischen Massenmedien Radio und Fernsehen sowie das Internet. Medien dieser Kategorie nennt man tertiäre Medien.

Diese Dreiteilung geht von der Unterstellung aus, dass jede Kommunikation ein medialer Vorgang ist. Jeder Austausch von Botschaften zwischen einem Sender und einem Empfänger benötigt danach ein Medium, egal ob es sich um die direkte Kommunikation von Mensch zu Mensch handelt oder um indirekte Kommunikation im Wege des Einsatzes von Technik.

Klassifikation nach der Rolle im Kommunikationsprozess

Wenn Menschen miteinander in Kommunikation treten, werden Botschaften ausgetauscht, die in irgendeiner Form transportiert werden müssen. Dies geschieht zum einen mit Hilfe elektromagnetischer Wellen, zum anderen durch den Einsatz von langlebigen Trägermaterialien. Demnach können Medien auch unterschieden werden in ❶:

- Übertragungs- oder Transportmedien
- Speicher- oder Fixiermedien

Unter den **Übertragungs- oder Transportmedien** ist das natürlichste die menschliche Sprache. Erfolgt ein Technikeinsatz, so sind vor allem das Telefon, Radio und Fernsehen und das Internet zu nennen. Zahlreiche weitere Übertragungsmedien sind denkbar, insbesondere solche, bei der die zu transportierende Botschaft in die Form eines Symbols gekleidet ist, z. B. die Beflaggung von staatlichen Gebäuden an wichtigen weltlichen Feiertagen oder zu besonderen Anlässen (Staatsbesuch, Katastrophe). Zu denken ist auch an Hornsignale wie das Blaulicht von Polizei und Feuerwehr oder das Läuten von Kirchenglocken an Sonn- und Feiertagen. Zahlreiche solcher „Symbol- oder Signalmedien" sind heute nicht mehr in Gebrauch, hatten aber in der Vergangenheit zum Teil höchste Bedeutung erlangt. Ein prominentes Beispiel ist die Errichtung eines Systems der optischen Telegrafie im Frankreich des 18. Jahrhunderts ❷.

Eine immer größere Rolle im Leben der Menschen spielt der zweite hier genannte Medien-Typ, nämlich die **Speicher- bzw. Fixiermedien**. Bei ihnen handelt es sich im einzelnen um:

- Handschriften
- Druckwerke
- Bilder
- Fotos
- Ton-, Film-, Videobänder oder -cassetten
- Audio-, Video- oder Multimedia-CDs, DVDs
- Online-Systeme
- Datenbanken

❶ Quelle: Winterhoff-Spurk, Peter: Medienpsychologie, Stuttgart, Berlin, Köln 1999, S. 13ff.

❷ Die **optische Telegraphie von Chappe**: „Betrachtet man nur einmal das von Claude Chappe entwickelte System der optischen Telegraphie, bei dem mit Hilfe fester Relais-Stationen auf Kirchtürmen oder Bergkuppen ein begrenztes aber wohldefiniertes System von 77 Zeichen (…) über längere Distanzen übertragen wurde. Das 1793 vom Nationalkonvent der Französischen Republik für die Strecke Paris–Lille erstmals genehmigte System wurde anfangs ausschließlich für militärische und politische Zwecke benutzt; es beruhte auf einem Code-Buch, in welchem häufig wiederkehrende Botschaften in bestimmte Stellungen der beiden Signalarme des Systems übersetzt wurden. Den Bedienungsmannschaften des optischen Telegraphen wurden vom Leiter der Telegraphenstationen lediglich die Abfolgen der Einstellungen mitgeteilt, die diese ohne Kenntnis des zu übermittelnden Inhalts in einer bestimmten zeitlichen Reihenfolge einstellten. Hatte die nächste Relaisstation die Einstellung übernommen und dadurch quittiert, wurde die nächste Kombination hergestellt. Eine mit diesem System übermittelte Nachricht war von Straßburg nach Paris nur 37 Minuten unterwegs." Quelle: Winterhoff-Spurk, Peter: Medienpsychologie, Stuttgart, Berlin, Köln 1999, S. 13

Klassifikation nach dem Grad der Öffentlichkeit

❶ Quelle: Littlejohn, S.W.: Theories of Human Communication, zit. nach Maletzke, Gerhard: Kommunikationswissenschaft im Überblick, Opladen, Wiesbaden 1998, S. 41

Eine weitere Einteilung der Medien bezieht sich auf die Anzahl der Personen, die von einer Botschaft angesprochen werden sollen. Es geht also um die Frage, ob eine Person, mehrere, viele oder sehr viele Personen vom Kommunikationsvorgang betroffen sind. **Vier Grundformen der Kommunikation**, auf die sich Medien beziehen können, lassen sich unterscheiden ❶:

- Interpersonalen Kommunikation
- Kleingruppenkommunikation
- Organisationskommunikation
- Massenkommunikation

❷ Direkte Kommunikation von Mensch zu Mensch = **Face-to-Face-Kommunikation**

Medien in der **interpersonalen Kommunikation** beziehen sich auf die Kommunikation von Mensch zu Mensch ❷, vor allem in der direkten privaten oder geschäftlichen Begegnung. Hier steht das für den Menschen typische und zugleich am weitesten entwickelte Kommunikationsmittel, nämlich die Sprache, im Mittelpunkt. Aber auch die technisch vermittelte Individualkommunikation über Telefon oder Online ist hier zu nennen.

❸ Software dieser Art wird **Groupware** genannt.

In der **Kleingruppenkommunikation** sind Medien dazu da, den Austausch (die „Interaktion") zwischen Personen in kleinen Gruppen zu befördern, normalerweise mit dem Ziel, die Entscheidungsfindung zu unterstützen. Angesprochen sind Themen wie das Arbeiten im Team im Bereich des Projektmanagements oder der Einsatz von Software für Gruppenarbeit ❸.

❹ „Unter Massenkommunikation verstehen wir jene Form der Kommunikation, bei der Aussagen
- öffentlich (also ohne begrenzte und personell definierte Empfängerschaft
- durch technische Hilfsmittel (Medien)
- indirekt (also bei räumlicher oder zeitlicher oder raumzeitlicher Distanz zwischen den Kommunikationspartnern)
- und einseitig (also ohne Rollenwechsel zwischen Aussagendem und Aufnehmendem)
an ein disperses Publikum vermittelt werden."
Quelle: Maletzke, Gerhard: Kommunikationswissenschaft im Überblick, Opladen, Wiesbaden 1998, S. 46

Im größeren Zusammenhang steht der Einsatz von **Medien in der Organisationskommunikation**. Hier geht es um die Unterstützung großer kooperativer Netzwerke innerhalb von Unternehmen, Behörden oder anderen Organisationen. Alle Aspekte der interpersonalen und Gruppenkommunikation sind betroffen. Die Medien greifen stark in die Organisationsstruktur ein.

Schließlich spielen die Medien in der **Massenkommunikation** eine Rolle. Im Gegensatz zur Individual-, Gruppen- und Organisationskommunikation ist die Massenkommunikation auf ein großes Publikum ausgerichtet, das sich nicht an einem Ort versammelt, sondern weit verstreut ist („disperses Publikum"). Bei der Massenkommunikation geht es um öffentliche Kommunikation. Die Massenmedien zielen darauf ab, Öffentlichkeit herzustellen. Es handelt sich ferner um eine einseitige Kommunikation, bei der so gut wie keine Interaktion stattfindet ❹.

❺ Quelle: Funkkolleg Medien und Kommunikation, Weinheim und Basel 1990, Studienbrief 3, S. 14

Den **Massenmedien** kommt bei der Behandlung der Medienthematik eine herausragende Bedeutung zu. Das Leben jedes einzelnen und die ganze Gesellschaft ist stark von den Massenmedien geprägt. Massenmedien machen einen hohen technischen Einsatz zumindest auf der Produktionsseite erforderlich, so dass es verständlich ist, dass die Grundlage für das Entstehen von Massenmedien – beispielsweise Tageszeitung oder Hörfunk – die technischen Entwicklungen am Ende des 19. und zu Beginn des 20. Jahrhunderts waren ❺.

Klassifikation nach dem Kriterium der Anzahl der eingesetzten Medienbausteine

Im Hinblick auf den Umfang der eingesetzten Medienbausteine können **drei Typen von Medien** unterschieden werden: Monomedien, duale Medien und Multimedia.

Monomedien betreffen jeweils nur ein einziges Medium wie z. B. Bild, Ton oder Text. Zu denken ist an eine Audio-CD oder ein nur aus Text bestehendes Buch. Angesprochen wird also der Nutzer des Mediums auf einen einzigen Sinn hin, z. B. auf das Gehör oder das Auge. **Duale Medien** stellen eine Verbindung zwischen zwei Feldern von Medien her und führen damit zu einer neuen Qualität der Mediennutzung. Vorwiegend treten duale Medien als audiovisuelle Medien in Erscheinung. **Multimedia** ist schließlich die Verknüpfung mehrerer Medienelemente auf einer gemeinsamen digitalen Plattform. Ziel ist es, den Nutzer über mehrere Sinne gleichzeitig anzusprechen. Dies erfolgt in Kombination statischer und dynamischer Medienbausteine ❶. Bei Multimedia werden in der Regel drei Merkmale miteinander verbunden ❷:

❶ **Statische Medien** sind: Texte, Daten. **Dynamische Medien** sind: Töne, Animationen, Bewegtbilder

❷ Quelle: Bruhn, Manfred: Kommunikationspolitik, München 1997, S. 824f.

- Multimodalität: Mehrere Sinne werden gleichzeitig angesprochen.
- Integration: Die Bausteine werden auf einer digitalen Basis zusammen geführt, was die Möglichkeit bietet, inhaltlich und zeitlich beliebige Kombinationen zu erzeugen.
- Interaktivität: Die Benutzerführung erfolgt dialogorientiert über Eingabemechanismen wie z. B. Tastatur oder Touchscreen. Informationen können nach individuellen Bedürfnissen abgerufen und bearbeitet werden.

Ausgangspunkt für das Entstehen von Multimedia ist das Zusammenwachsen der „TIME"-Branchen, d. h. der Telekommunikation (T), der Informationstechnologie (I), der Medien (M) und der Unterhaltungsbranche (E für Entertainment).

Telekommunikation
Datenübertragung, Kabel, Satellit, Terrestrik, Mobile Kommunikation, Videoconferencing, Internet, E-Mail, Homebanking, Online-Shopping, E-Commerce, Mobilfunk

Informationstechnologie
Hard- und Software, IT, Personal Computer, Workstations, Notebooks, Datenbanken, Software, Virtuelle Realität, Internet, Downloads, Podcasting

Konvergenz auf der digitalen Plattform

Entertainment
Unterhaltungselektronik, Fernseh- und Radiogeräte, HDTV, Videorekorder analog und digital, DVD-/CD-Player, Beamer, Spielekonsolen, Computerspiele „Home Entertainment Plattform"

Medien
Zeitungen, Zeitschriften, Bücher, Fernsehen, Radio, Kino, Filme, Musikproduktionen, Internet, Werbung, Video- und Computerspiele, privates und kommerzielles „Publishing"

❶ Maletzke, Gerhard: Kommunikationswissenschaft im Überblick, Opladen, Wiesbaden 1998,
S. 37

❷ Quelle: Burkart, Roland:
Kommunikationswissenschaft,
4. Aufl., Wien, Köln, Weimar
2002, S. 20ff.

❸ **Kommunikation** kommt vom
lat. Adjektiv „communis"=
gemeinsam. Kommunikation
sorgt für Gemeinsamkeit. Kommunikation ist Bedeutungsver-
mittlung zwischen Lebewesen.

1.1.3   Medien: Ein vertieftes Verständnis

Medien als Teil des Kommunikationsprozesses

Medien sind Bestandteil der Kommunikation. Sie sind ein wichtiger Teil der Kommunikation innerhalb der Gesellschaft und zwischen den Menschen. Medien werden eingesetzt, um das Gelingen der Kommunikation sicher zu stellen, sei es im Bereich der Individual- oder der Massenkommunikation. Medien sind also immer untrennbar mit der Frage der **Kommunikation** verbunden.

Die zentrale Bedeutung der Medien liegt also darin, dass sie eine Leistung erbringen, die zum Gelingen von Kommunikation beiträgt. Diese Leistung besteht in der Vermittlung. Es ist wichtig, das Phänomen der Kommunikation nachfolgend näher zu beleuchten.

Kommunikation – Begriff und Bedeutung

Ein Wissenschaftler hat über 160 Definitionen für Kommunikation ausfindig gemacht. Gleichwohl besteht eine gewisse Einigkeit darüber, was unter dem Begriff „Kommunikation" zu verstehen ist ❶: „Kommunikation steht für die Tatsache, dass Lebewesen untereinander in Beziehung stehen, dass sie sich verständigen können, dass sie im stande sind, innere Vorgänge oder Zustände auszudrücken, ihren Mitgeschöpfen Sachverhalte mitzuteilen oder auch andere zu einem bestimmten Verhalten aufzufordern."

Mit Burkart ❷ lassen sich **sechs Merkmale** anführen, die das Wesen von Kommunikation ausmachen:

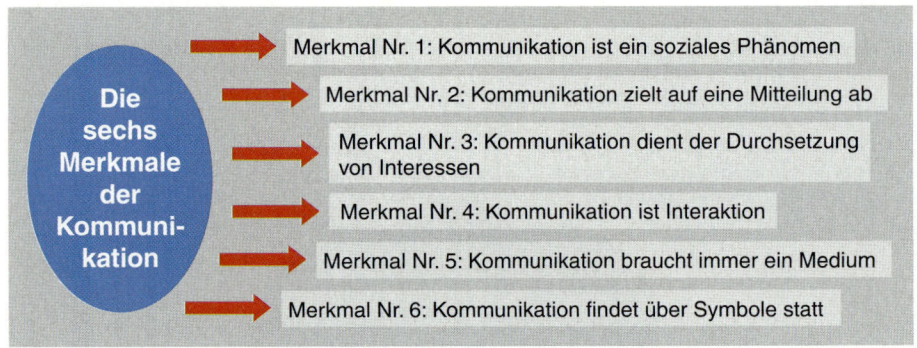

Merkmal Nr. 1: Kommunikation ist ein soziales Phänomen
Kommunikation ist ein Ausdruck sozialen Verhaltens und hat daher immer mit Lebewesen zu tun ❸. Sozial sind Verhaltensweisen von Lebewesen dann, wenn sie aufeinander bezogen sind, aufeinander ausgerichtet, mit der Zielrichtung der gegenseitigen Beeinflussung. Unter diesem Blickwinkel ist es daher nicht zweckmäßig, z. B. von „Mensch-Maschine-Kommunikation" zu sprechen. Maschinen sind keine sozialen Wesen und kommunizieren infolgedessen nicht.

Merkmal Nr. 2: Kommunikation zielt auf eine Mitteilung ab

Menschliche Kommunikation ist auf eine Handlung ausgerichtet, sie ist „intentional". ❶ Kommunikation ist also kein Selbstzweck, sondern stets Mittel zum Zweck: Wenn ein Mensch kommuniziert, verfolgt er immer ganz bestimmte Ziele. Auch wenn er es wollte, kann er sich diesem intentionalen Charakter der Kommunikation nicht entziehen.

Hauptstoßrichtung der Kommunikation ist die Mitteilung. ❷ Derjenige, der kommuniziert, will einem anderen etwas mitteilen, genauer: er will bestimmte Bedeutungen „mit ihm teilen". Hinter dem Anliegen, dem anderen eine Mitteilung zu machen, steht das Ziel der Verständigung. Er will Verständigung zwischen sich und seinem Kommunikationspartner herstellen. Sich mit dem anderen zu verständigen, gelingt dann, wenn die Kommunikationspartner die vermittelten Bedeutungen auch tatsächlich miteinander teilen. ❸

❶ Manfred: „Monika, schließe bitte das Fenster"

❷ Manfred verfolgt mit seiner Äußerung das Ziel, dass Monika versteht, was er meint. Er sucht die Verständigung mit ihr.

❸ Quelle Grafik: Burkart, Roland: Kommunikationswissenschaft, 4. Aufl., Wien, Köln, Weimar 2002, S. 20ff.

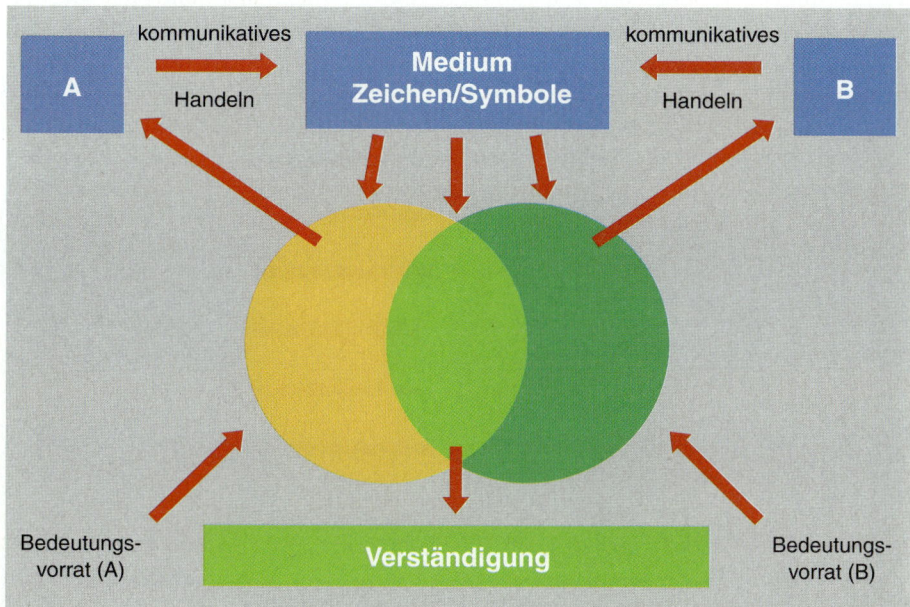

Merkmal Nr. 3: Kommunikation dient der Durchsetzung von Interessen

Weiterer Zweck der Kommunikation ist die Durchsetzung von Interessen. Neben der Mitteilung mit dem Ziel der Verständigung verfolgen die Kommunikationspartner also immer auch spezielle Interessen. ❹

Insofern hat Kommunikation im Sinne einer sozialen Handlung immer zwei Aspekte:

* Mitteilung mit dem Ziel der Verständigung
* Interesse mit dem Ziel der Interessensdurchsetzung

❹ Manfred will erreichen, dass Monika das Fenster schließt und die störende Zugluft ausbleibt. Das Ergebnis der Kommunikation soll sein, dass Manfred sein Interesse durchgesetzt hat.

❶ Manfred will, dass Monika ihn versteht und auf seine Äußerung reagiert.

❷ Manfred setzt das Medium Sprache ein, um die Kommunikation mit Monika zu gewährleisten. Die gemeinten Bedeutungsinhalte sind mit der Lautabfolge z. B. „F-e-n-s-t-e-r" greifbar und wahrnehmbar.

Merkmal Nr. 4: Kommunikation ist Interaktion

Damit man von Kommunikation sprechen kann, bedarf es der sog. Interaktion, d. h. Kommunikation liegt nur dann vor, wenn die Kommunikationspartner in eine wechselseitige Beziehung zueinander treten und sich austauschen. Nur so gelingt es ihnen, zu einer Verständigung (Merkmal Nr. 2) zu gelangen. Kommunikation ist also ein doppelseitiges Geschehen. ❶

Merkmal Nr. 5: Kommunikation braucht immer ein Medium

Jede Kommunikation benötigt ein Medium, also eine Instanz, über die der Austausch der Botschaften zwischen den Kommunikationspartnern abläuft und die für die Vermittlung zwischen den Kommunikationspartnern sorgt. Dies gilt auch für die direkte persönliche Kommunikation.

Es geht also bei der Kommunikation darum, dass wir mit Hilfe von Medien Botschaften übermitteln, also mit Hilfe von Mimik, Gestik, Sprache, Schrift, Bild oder Ton, von Angesicht zu Angesicht oder über papierene oder elektronische Übertragungs- und Speichertechniken. Medien sind die Transportmittel für die Botschaften bzw. für die zu vermittelnden Bedeutungsinhalte. Medien sind Vermittlungsinstanzen, ohne die Kommunikation nicht möglich ist. Es gibt keine unvermittelte Kommunikation. ❷

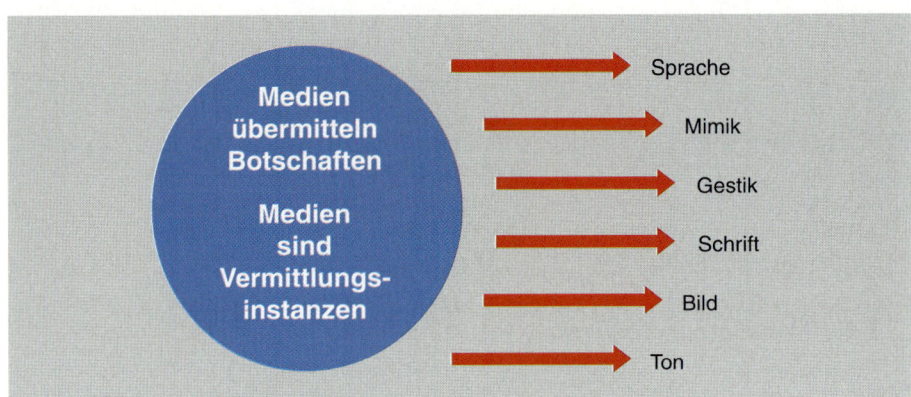

Merkmal Nr. 6: Kommunikation findet über Symbole statt

Menschliche Kommunikation ist schließlich als ein Interaktionsvorgang zu verstehen, der über Symbole vermittelt wird. Gemeint ist dabei eine wechselseitige Beziehung zwischen den Kommunikationspartnern, bei der ein gemeinsam verfügbarer Zeichenvorrat aufgebaut wird, den beide verstehen. ❸

❸ Manfred und Monika verstehen einander, weil die Aussage „Fenster schließen" eine gemeinsam vorrätige Bedeutung, ein Symbol, das für einen Gegenstand steht, „treffsicher" ins Bewusstsein ruft.

Ein Zeichen, das einen Gegenstand, einen Zustand oder ein Ereignis repräsentiert, nennt man Symbol. Ein Symbol übt eine Stellvertreterfunktion aus, indem es stellvertretend für den Gegenstand, auf den es verweist, steht. Das bedeutet, dass die Symbole anstelle des jeweiligen Gegenstandes im Bewusstsein der Kommunikationspartner Anschauungen, Vorstellungen und Gedanken hervorrufen können, die sonst eigentlich nur der Gegenstand selber hervorrufen könnte.

1.2 Direkte persönliche Kommunikation

Die Medien sind nach dem Grad der Öffentlichkeit in die vier Grundformen unterschieden worden (s. o.): interpersonelle Kommunikation, Kleingruppenkommunikation, Organisationskommunikation und Massenkommunikation.

Es ist naheliegend, dass man mit zunehmendem Öffentlichkeitsgrad – also je mehr man sich in Richtung der Massenkommunikation bewegt – technische Mittel der Verbreitung einsetzen muss, um die gewünschte Kommunikation sicher zu stellen. Auf Technik kann man nur in der unmittelbaren, persönlichen Kommunikation von Mensch zu Mensch verzichten – wobei es selbst dort oft zweckmäßig ist, die Kommunikation technisch zu unterstützen ❶.

Im Hinblick auf den notwendigen technischen Medieneinsatz sind also die beiden folgenden **Kommunikationsformen** zu unterscheiden:

- Direkte persönliche Kommunikation ❷
- Mediale Kommunikation

Die nachfolgend näher zu beschreibende **direkte Kommunikation** geschieht persönlich zwischen Menschen, ohne dass es dabei eines technischen Transportmittels zwingend bedürfte. Technik dient höchstens zur Unterstützung der Wirkung der Sprachkommunikation, der Kontext des persönlichen Zusammentreffens der Kommunikationspartner wird aber nicht aufgehoben.

Demgegenüber ist es bei der **medialen Kommunikation** zwingend notwendig, dass Technik eingesetzt wird, um Kommunikation überhaupt erst möglich zu machen, wie es z. B. im Fernsehen, Radio oder im Internet der Fall ist.

1.2.1 Bedeutung der Sprache

Wichtigstes Instrument der persönlichen Kommunikation des Menschen ist die **Sprache**. Wenn direkte zwischenmenschliche Kommunikation stattfindet, ist sie sprachliche Kommunikation. Sprache ist dasjenige Kommunikationsmittel, das den Menschen primär auszeichnet und ihn von anderen Lebewesen deutlich abhebt. Sprachliche Kommunikation kann sich als **verbale** oder als **non-verbale Kommunikation** vollziehen.

Die Anzahl der Hoch- und Nationalsprachen auf dieser Welt wird auf über 3.000 geschätzt. Hinzu kommt eine riesige Zahl an Dialekten, Gruppen-, Fach- und Sondersprachen ❸. Davon haben aber nur etwa 500 eine eigene Schrift.

Die Bedeutung der Sprache kann nicht hoch genug eingeschätzt werden. Sprache ist das Mittel der Kommunikation, das den Menschen von anderen Lebewesen unterscheidet. Nur der Mensch tritt mit seinen Artgenossen mit Hilfe von sprachlichen Symbolen, also Worten, in Beziehung. Überdies ist Sprache ein empfindliches Medium, das sensibel eingesetzt werden muss, z. B. in kritischen Situationen.

❶ Man denke z. B. an den Einsatz von Mikrofonen bei einer Rede oder an ein Megafon bei einem Polizeieinsatz bei einer Demonstration.

❷ Dieser hier gewählte Begriff wird nicht einheitlich verwendet. Die folgenden Begriffe sind auch gebräuchlich:
interpersonale Kommunikation,
Individualkommunikation,
natürliche Kommunikation,
unvermittelte Kommunikation,
informelle Kommunikation,
Face-to-Face-Kommunikation,
dyadische Kommunikation.

❸ „Der Ursprung der Sprache liegt im Dunkeln – ihr Alter wird auf etwa 100.000 Jahre geschätzt. Der biblische Mythos vom Turmbau zu Babel (Genesis 11) beschreibt die Ausdifferenzierung in viele unterschiedliche Sprachen und Sprachgemeinschaften" (Weischenberg et al.: Handbuch Journalismus und Medien, Konstanz 2005, S. 154).

Unter kommunikationstheoretischen Gesichtspunkten spielen die folgenden **Aspekte** eine besondere Rolle:

- Sprache wird als ein Medium verstanden. Es ist das entscheidende „Transportmittel" für die direkte persönliche Kommunikation der Menschen.
- Die gesprochene Sprache als Basis der direkten personalen Kommunikation setzt zwingend die räumliche und zeitliche Anwesenheit der Kommunikationspartner voraus. Will man diese Raum- und Zeitgebundenheit aufheben und die gesprochenen Inhalte auch für Kommunikationspartner an anderen Orten und zu anderen Zeiten zugänglich machen, benötigt man die Schrift oder andere Speichermedien, mit der man die Sprache fixieren kann.
- Sprache ist in der Zweier-Kommunikation und in der Kleingruppe auf den Dialog ausgerichtet (Ausnahme Selbstgespräche) und führt zu einem ständigen Rollenwechsel zwischen dem Sprecher und dem Hörer. In größeren Gruppen ist zumindest beabsichtigt, eine unmittelbare Resonanz auf das gesprochene Wort zu erzielen. Dies ist bei einer Rede besonders augenfällig.
- Die Sprache folgt bestimmten Regeln, und zwar der Semantik, Syntax und Pragmatik. So muss z. B. ein kleines Kind lernen, dass die Wörter eine bestimmte Bedeutung haben (Semantik), dass es eine Grammatik gibt, die diese Wörter zu Sätzen verknüpft (Syntax), und dass es die Wörter und Sätze in einer bestimmten Situation in einer ganz bestimmten Weise gebrauchen muss, wenn es etwas erreichen will (Pragmatik).

❶ Schulz von Thun, Friedemann: Miteinander reden, 3 Bände, Reinbek bei Hamburg 1992, 1998

❷ Die **vier Seiten einer Nachricht**: Ich bitte z. B. einen Kollegen, mir eine Unterlage auszuhändigen und tue dies in arrogantem Ton, so habe ich vier Botschaften von mir gegeben: Ich habe eine Bitte geäußert (= Sachaspekt), habe an den Kollegen appelliert, die Unterlage herauszugeben (= Appell), ich habe mich als arrogant gezeigt (= Selbstoffenbarung) und schließlich habe ich einen Impuls für eine schlechte Beziehung gesetzt (= Beziehungsaspekt). Es ist zu erwarten, dass mein Kollege nicht unbedingt freundlich reagieren wird.

Persönlich-sprachliche Kommunikation gelingt nicht immer. Es gibt Missverständnisse, Abwehrhaltungen oder Fehlinterpretationen des Gesagten. Damit Kommunikation gelingt, ist es daher hilfreich, **kommunikationsfördernde Verhaltensweisen** zu unterstützen. Bekannt geworden ist dabei insbesondere das Modell der „Vier Seiten einer Nachricht" nach Schulz von Thun ❶: Es besagt, dass jede Nachricht immer vier Seiten aufweist, zum einen den Sachaspekt, sodann den Beziehungsaspekt, ferner den Aspekt der Selbstoffenbarung und schließlich den Appell-Aspekt ❷. Gute Kommunikation zieht alle Aspekte in Betracht.

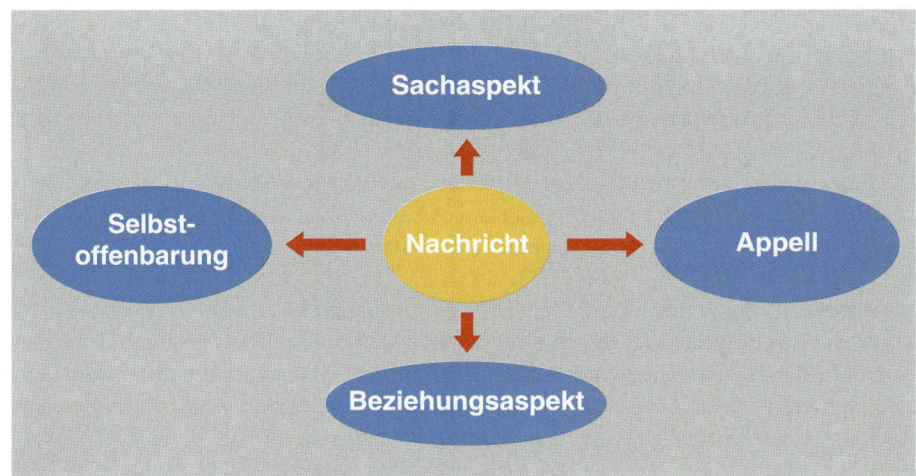

1.2.2 Verbale und non-verbale Kommunikation

Wird Sprache als gesprochene Sprache verwendet, versteht man sie als ein Instrument der **verbalen Kommunikation**. Dies kann die verschiedensten kommunikativen Kontexte bzw. Typen kommunikativer Gattungen betreffen: Vortrag, Präsentation, Rede, Gespräch, Klatsch, Gerücht, Small Talk.

Ein **Gespräch** ist eine auf ein Thema hin vorsätzlich und gezielt geführte Kommunikation mit hohem Informationsgehalt und bindender Wirkung auf die Kommunikationspartner. Demgegenüber ist der Small Talk eine informelle Kommunikation ohne eine definitive Absicht und erschöpft sich in der Unverbindlichkeit.

Ein prominenter Fall der verbalen Kommunikation ist die **Rede**. Sie ist bewusst darauf ausgerichtet, eine bestimmte und gewollte Wirkung beim Publikum zu erzielen, sei es bei einer politischen Wahlversammlung, vor Gericht als Plädoyer oder als Tischrede bei einer Hochzeitsfeier. Die Bedeutung der Rede wurde schon im Altertum sehr hoch gehandelt. So hat bereits Aristoteles (384-322 v. Chr.) eine Theorie der Rede entwickelt, die er als Rhetorik bezeichnete ❶. Berühmt für ihre Redekunst waren u. a. Demosthenes, Cicero, Augustinus, Jefferson, Napoleon, Rosa Luxemburg, Churchill, de Gaulle, Mao-Tse-Tung, Dale Carnegie.

Sprachliche Kommunikation muss nicht unbedingt auf der Grundlage der gesprochenen Sprache erfolgen, sie kann sich auch **non-verbal** vollziehen. **Non-verbale Kommunikation** kann einerseits dazu dienen, einen Sachverhalt gänzlich ohne Worte auszudrücken („beredtes Schweigen") oder andererseits das gesprochene Wort in seiner Wirkung zu unterstützen. Letzteres ist die Regel. Und man kann hinzufügen: es findet keine persönliche Kommunikation ohne non-verbale Elemente statt. Der berühmte Kommunikationspsychologe Paul Watzlawick hat dies so ausgedrückt: „Man kann nicht nicht kommunizieren!"

So darf die verbale Kommunikation nicht isoliert betrachtet werden, da bei der Verständigung der Kommunikationspartner stets auch nicht-verbale Formen der Kommunikation eine bedeutende Rolle spielen. Es ist geradezu eine Zwangsläufigkeit, dass bei der sprachlichen Kommunikation – soll sie gelingen – nicht-sprachliche Elemente bedacht werden müssen. Dabei sind die folgenden **Aspekte** zu nennen ❷:

- Körperkontakt: Als positiver Grundtypus des sozialen Verhaltens gilt in Deutschland z. B. das Händereichen als Grußform. Ansonsten ist der Körperkontakt in der Gesellschaft in der Öffentlichkeit geradezu tabuisiert.
- Nähe/Distanz: Es ist wichtig, gegenüber dem Mitmenschen eine ausreichende körperliche Distanz zu wahren, was als ein Zeichen von Wertschätzung und Respekt gilt. So entsteht z. B. ein Gefühl des Unwohlseins, wenn jemand in einem persönlichen Gespräch so nahe „auf die Pelle rückt", dass er die intime Distanz – die bei einem Abstand von ca. 46 cm verläuft – verletzt. Man weiß, dass persönliche Interaktion zwischen Menschen am reibungslosesten in einer Distanz zwischen 46 cm und ca. 1,20 Metern geschieht. Die sog. öffentliche Distanz beginnt ab ca. 3,60 Metern. Sie wird immer dann wichtig, wenn eine größere Anzahl von Menschen zusammen kommen.

❶ „Es gibt drei Gattungen öffentlicher Reden, die Volksrede, Festrede und Gerichtsrede. Abarten dieser Reden gibt es sieben, die empfehlende und warnende, preisende und scheltende, anklagende, verteidigende und prüfende Rede, sei es an sich oder vergleichsweise. Das also ist die Zahl der Abarten aller Reden. Man wird sich ihrer bedienen in öffentlichen Auseinandersetzungen, in Gerichtsverhandlungen über Verträge und im persönlichen Verkehr" (Aristoteles: Rhetorik an Alexander, zit. nach Merten, Klaus: Einführung in die Kommunikationswissenschaft, Bd. 1, Münster 1999, S. 123).

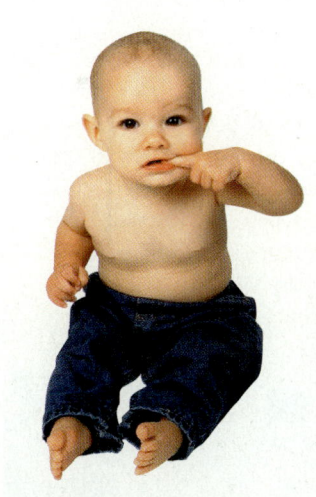

❷ Quelle: Neuhäuser-Metternich, Sylvia und Witt, Frank-Jürgen: Kommunikation und Berichtswesen, München 1997, S. 15ff.

- Körperhaltung: Von ihr wird angenommen, dass sie die innere Einstellung eines Menschen zum Ausdruck bringt. Nicht von ungefähr spricht man z. B. von „aufrechter Haltung". Geöffnete Arme gelten allgemein als Zeichen von Sympathie und Offenheit, verschränkte Arme sollen auf Verschlossenheit, Unsicherheit und Hemmungen hinweisen.
- Äußere Erscheinung: Diese wird meist gezielt eingesetzt, um den Erwartungen der sozialen Gruppe zu entsprechen, z. B. durch Tragen eines dunklen Anzuges und Krawatte bei Geschäftsleuten. Hier ist die Gefahr groß, dass man einer vorschnellen Einschätzung eines Menschen unterliegt.
- Mimik, Gestik, Pantomimik: Wichtig sind auch der Gesichtsausdruck, das Gebärdenspiel bzw. die „Sprache" der Hände und die Bewegung des Körpers.
- Blick: Der Blickkontakt spielt eine wichtige Rolle beim Aufrechterhalten eines Gespräches. Allerdings verursacht es Stress, wenn man als Gegenüber einem unausgesetzt andauernden Blick ausgesetzt wird.
- Non-verbale Aspekte der Sprache: Einflüsse gehen schließlich von der Sprechweise, der Stimme, der Sprechgeschwindigkeit und der Tonhöhe aus.

Vor diesem Hintergrund ist es daher zweckmäßig, zwischen sprachlicher bzw. verbaler Kommunikation einerseits und nicht-sprachlicher (nicht-verbaler bzw. non-verbaler) Kommunikation andererseits zu unterscheiden. Nicht-verbale Kommunikation ist deswegen so bedeutsam, weil sie das, was über die verbale Schiene zum Ausdruck kommt, unterstützt, interpretiert, bestätigt und unterstreicht. Sie wirkt gewissermaßen als „Flankenschutz", um das Gesagte besser zu vermitteln. Manchmal ist es allerdings so, dass zwischen dem, was gesprochen wird, und dem, was die Körper-„Sprache" verrät, ein Gegensatz ist.

1.2.3 Unterstützende technische Hilfsmittel

Oft ist es in der direkten persönlichen Kommunikation hilfreich oder sogar notwendig, die Sprache durch **technische Hilfsmittel** zu unterstützen. Dies kann akustisch oder visuell durch den folgenden **Medieneinsatz** geschehen:

- Verstärkung durch Mikrofon und Lautsprecher.
- Tafel: Klassisches Medium im Schulungsbereich.
- Flipchart: Großformatiges Papier, Einsatz für Besprechungen in Kleingruppen.
- Pinn-Wand: Große Weichfaserplatte, die mit Packpapier bespannt wird, Ergänzungsmedium zum Flipchart.
- Overhead-Projektor: Ermöglicht die Abbildung von Klarsichtfolien.
- Dia-Projektor: Ermöglicht das Zeigen von Bildern; stark dominierende Wirkung.
- Video-Anlagen: Zunehmend bedeutsam wird die Projektion digital aufbereiteter Inhalte über Beamer.

Der Medieneinsatz erfolgt hier zur Unterstützung der Wirkung des gesprochenen Wortes oder der Darbietung. Bei Präsentationen verfolgen sie zumeist den Zweck, die Aufmerksamkeit der Zuhörer und Zuschauer von der Person des Vortragenden weg und hin zur Sache und zum Thema zu lenken. Man macht sich dabei die Erkenntnis zunutze, dass Lerninhalte und Botschaften durch Visualisierungstechniken deutlich besser behalten werden können.

1.3 Mediale Kommunikation

1.3.1 Zusammenhang von Medien und Kommunikation

Unterschiedlicher Kontext – unterschiedlicher Medieneinsatz

Medien sollen Verbindungen zwischen Kommunikationspartnern herstellen. Allerdings sind nicht alle Medien gleich geeignet, da jedes Medium seine Eigenheiten aufweist und sich daher je nach dem eingesetzten Medium eine jeweils andere Leistung und Wirkung einstellt ❶. Hinzu kommen unterschiedliche Situationen und Bedingungen. Medium ist also nicht gleich Medium.

Vor diesem Hintergrund ist es verständlich, dass in der Praxis in unterschiedlichen Interaktionsbeziehungen auch unterschiedliche Medien zum Einsatz gebracht werden. Die folgenden **Interaktionsbeziehungen** sind zu unterscheiden:

- Interaktion zwischen zwei Individuen: „One-to-one".
- Interaktion zwischen einer einzigen Person bzw. einer Stelle und wenigen anderen: „One-to-few".
- Interaktion zwischen einer Person oder Stelle und vielen anderen: „One-to-many".
- Interaktion zwischen wenigen Personen: „few-to-few".
- Interaktion zwischen vielen Personen: „many-to-many".

Nach dieser Systematik lassen sich die in der Praxis vorfindbaren medialen Kommunikationsformen in ein **Raster** einfügen, das die unterschiedlichen Kommunikationsbedingungen sichtbar macht:

❶ Um das Herz seiner/seines Geliebten zu erobern, wird man nicht auf die Idee verfallen, einen Fernseh-Werbespot zu drehen, sondern man wird dem persönlichen Gespräch den Vorzug geben. Oder es wird in einer kritischen wirtschaftlichen Situation eines Unternehmens notwendig sein, dass der Firmenchef vor seine Mitarbeiterschaft tritt und Erklärungen abgibt; eine öffentliche „Fensterrede" im Fernsehen wird man als betroffener Mitarbeiter als nicht ausreichend empfinden.

Medieneinsatz / Kontext	mündlich	schriftlich	gedruckt	elektronisch	multimedial
one-to-one	Dialog, Gespräch	Brief	Individuell erstelltes Druckwerk, z. B. Hochzeitzeitung	Telefon, Fax, Mobiltelefon, E-mail, Datenübertragung Chat	Internet der Zukunft, Mobilkommunikation der Zukunft
one-to-few	Ansprache, Rede, Lehrveranstaltung, Konzert, Event	Schreibtafel, Flip-Chart	Newsletter, Memo	Fax, Newsletter, E-Mail, Kino	Präsentation mit multiplen Medieneinsatz
one-to-many	Rede, Konferenz	Manuskript	Buch, Zeitung, Zeitschrift	Fernsehen, Radio, Video, Audio, Website, Newsletter	Internet der Zukunft, Mobilkommunikation der Zukunft
few-to-few	Sitzung, Meeting, Workshop	Flip-Chart, Metaplan-Technik	Dokumentation, z. B. Vereinsgeschichte	Audio-Konferenz, Video-Konferenz, Groupware-Systeme, Screen-Sharing, LAN-Party	Online-Meeting, Online-Konferenz, Intranet
many-to-many	Gesellschaftliche Veranstaltung			Internet: Plattformen, Online-Spiele, Cyber-Communities, Peer-to-Peer-Netze	Internet der Zukunft, Mobilkommunikation der Zukunft

Wie man sieht, ist der Medieneinsatz je nach **Kontext** höchst unterschiedlich. In der Individualkommunikation dominieren mündliche und schriftliche Verbreitungsformen, während die Massenkommunikation vorwiegend auf gedruckte und elektronische Medien angewiesen ist. Das Internet in der heutigen (noch eher wenig multimedialen) Form, erst recht aber in der Multimedia-Zukunft, ist aufgrund seiner Eigenschaften fähig, beiden Kontexten gerecht zu werden: Hier ist sowohl Massenkommunikation als auch Individualkommunikation möglich. Möglich ist sogar die massenhafte interaktive Begegnung vieler Menschen zum gleichen Zeitpunkt im Netz (z. B. in MMOGs ❶).

❶ MMOG = **Massive Multiplayer Online Games**. Hier können Tausende von Spielern weltweit gleichzeitig via Internet dasselbe Spiel spielen.

Die **Eignung von Medien** im jeweiligen Kontext ist von vielen verschiedenen Kriterien abhängig, die sich im **Überblick** wie folgt darstellen:

- Teilnehmerzahl: einzelne, wenige, viele, sehr viele.
- Zeitform: synchron, asynchron.
- Interaktivität: nicht gegeben, gering, hoch.
- Informationsausrichtung: einseitig, wechselseitig.
- Technischer Aufwand: keiner, gering, mittel, hoch, sehr hoch.
- Kommunikationskanäle: Sprache, persönliche Begegnung, Text, Grafik, Foto, Bewegtbild, Animation, Audio.
- Informationscharakter: einfach - komplex, strukturiert – unstrukturiert.

Fernsehen ist z. B. ein Medieneinsatz, der mit einer sehr hohen Teilnehmerzahl operieren kann, der im Informationsbereich bei den Nachrichten und bei gelegentlichen Live-Sendungen (v. a. Sportübertragungen) zeitlich synchron vonstatten geht, im szenischen Bereich (z. B. Filme, Serien, Dokumentationen) vorwiegend asynchron, der eine einseitige Informationsausrichtung hat (Ausnahme Call-In-Sendungen), der Bewegtbild in hoch attraktiver Form präsentieren kann und der einen hohen technischen Aufwand erfordert. Diese Eigenschaften prädestinieren das Medium Fernsehen grundsätzlich zum Massenmedium für Unterhaltung und Information in der passiven einseitigen Nutzung. Sollten die technischen Möglichkeiten in absehbarer Zeit gegeben sein, kann man sich aber Fernsehen auch als Zielgruppenmedium vorstellen, wenn die Signale über das Internet transportiert werden (als „IP-TV" ❷). Definiert man Fernsehen im Übrigen in einem sehr weiten Sinn, dann ist schon heute jedermann fähig, sein eigener Fernsehproduzent zu sein, indem man z. B. seine privaten Kurzfilme in eine Videoclip-Börse ins Internet stellt (z. B. youtube.com).

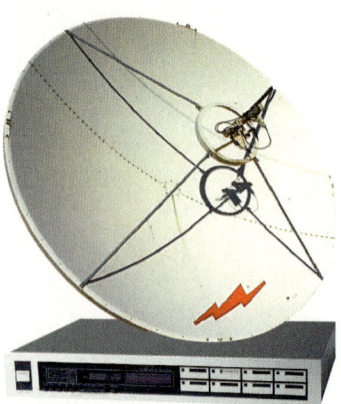

❷ IP-TV = Fernsehen über das Medium Internet: Internet Protokoll TV.

Völlig gegensätzlich stellt sich z. B. ein normales **Telefongespräch** dar: Es richtet sich an eine Einzelperson, ist zeitlich synchron, mit hoher Interaktivität und wechselseitiger Informationsrichtung versehen und setzt ausschließlich auf die Sprache. Die neuen Möglichkeiten in der digitalen Welt werden das „normale" Telefon freilich zu einem hoch technisierten, multimedial einsetzbaren Mobilgerät machen, das die genannten Beschränkungen aufzuheben in der Lage ist.

Grundlegende Wirkungsmuster von Medien

Medien werden eingesetzt, um ganz bestimmte Wirkungen auszulösen. Als zentrale **Wirkungskategorien** kann man dabei **drei Aspekte** unterscheiden ❶:

* Informationswirkungen: Vermittlung von Wissen
* Beeinflussungswirkungen: Verstärkung von Meinungen
* Überzeugungswirkungen: Veränderung bestehender Einstellungen

Will man mit Medien eine Vermittlung von Wissen herbeiführen, spricht man von **Informationswirkungen**. Es wird gemeinhin angenommen, dass das Fernsehen mit seinen informativen Sendungen am meisten zur Verbreitung von Informationen in der Bevölkerung beiträgt, – eine Annahme, die als falsch gelten muss. Vielmehr spielen in der Informationsvermittlung eindeutig die gedruckten Medien die Hauptrolle, sie sind dem Fernsehen im Hinblick auf diesen Aspekt überlegen. Ein wichtiger Grund liegt darin, dass das Fernsehen mit seiner ihm eigenen Bildersprache die Aufmerksamkeit auf Aktionen und emotionale Ereignisse lenkt, was die Vermittlung sachlicher Information und von Wissen eher erschwert als fördert. Fernsehen gilt daher als ausgesprochenes Unterhaltungsmedium. Für die Zukunft ist zu erwarten, dass das Internet mit seiner exorbitanten Informationsfülle und im Zuge des Ausbaus des Internets zu einem Hochleistungsnetz, das alle medialen Formen abbilden kann, der Dominanz der Druckmedien heftig zusetzen wird.

Die Wirkungen der Medien auf die Meinungen der Menschen werden als **Beeinflussungswirkungen** bezeichnet. Eine wichtige Erkenntnis der Wissenschaft ist, dass eine Hauptwirkung der Massenkommunikation darin besteht, beim einzelnen Menschen vorhandene Meinungen zu bestätigen und zu verstärken. Der Fernsehzuschauer wählt beispielsweise bevorzugt diejenigen Sendungen aus, die im Einklang mit seinen Meinungen stehen und vermeidet Sendungen, deren Inhalt im Widerspruch zu ihnen stehen. Der Grund für dieses Phänomen liegt darin, dass er die sog. „kognitive Dissonanz" ❷ vermeiden möchte, die entsteht, wenn er Sendungen zur Kenntnis nimmt, die nicht seinen eigenen Meinungen und Einstellungen entsprechen.

Werden durch die Medien bestehende Einstellungen verändert, spricht man von **Überzeugungswirkungen**, ein Aspekt, der besonders für die Werbung von größter Bedeutung ist, geht es dieser doch darum, die Einstellungen der Konsumenten in Richtung des beworbenen Produktes positiv zu verändern und sie zu veranlassen, in der Kaufsituation die richtige Entscheidung zu treffen. Es ist bekannt, dass Überzeugungswirkungen vor allem dadurch ausgelöst werden können, dass systematisch und professionell sog. „Überzeugungstechniken" bzw. „Sozialtechniken" zum Einsatz kommen. Von überragender Bedeutung ist es in diesem Zusammenhang, beim Zuschauer, Zuhörer oder Leser möglichst intensive Emotionen auszulösen, ein Ziel, das am besten durch die Verwendung von Bildern erreicht werden kann. Die Bildkommunikation ist insofern der „Königsweg", wenn es gilt, Überzeugungswirkungen zu erzeugen. Wegen dieser besonderen Bedeutung wird das Thema der Bildkommunikation in Abschnitt 1.3.3 näher beschrieben.

❶ Vgl. hierzu Kroeber-Riel, Wolfgang / Weinberg, Peter: Konsumentenverhalten, München 2003, S. 590 ff.)

❷ **Kognitive Dissonanz** ist ein „Missklang" in der Verstandeswelt eines Menschen, die durch die Konfrontation mit anderen Ansichten ausgelöst wird. Zum Beispiel werden Leser, die sich als konservativ definieren, nicht unbedingt regelmäßig die „taz" lesen wollen, umgekehrt scheuen sich „links" positionierte Leser, die Tageszeitung „Die Welt" zu abonnieren.

Wirkungsvolle mediale Gestaltung von Botschaften

❶ Vgl. Bruhn, Manfred: Unternehmens- und Marketingkommunikation, München 2005, S. 453 ff.)

Professionelle Medienmacher werden die Wirkung des Medieneinsatzes nicht dem Zufall überlassen. Sie werden intensive Überlegungen darüber anstellen, wie man die Botschaft, die es zu übermitteln gilt, bestmöglich für die Menschen aufbereiten kann, für die sie bestimmt ist. Dabei geht es darum, die unterschiedlichen **Medienbausteine** oder „Modalitäten" in die richtige Mischung zu bringen und in der richtigen Dosierung aufzubereiten. Die folgenden **Modalitäten** stehen zur Verfügung ❶:

- Text
- Bild
- Ton

Daneben gibt es die Modalitäten Gefühl, Duft und Geschmack, die im Medienbereich eine ergänzende Rolle spielen. Es gilt, die Modalitäten in der Weise zu verschlüsseln, dass die Botschaft in bestmöglicher Form erscheint, sozusagen „auf den Punkt" gebracht ist.

Am besten lässt sich diese Herausforderung der **optimalen Botschaftsgestaltung** am Beispiel der Werbung erklären. Hier geht es darum, die Werbebotschaft (d. h. das „Werbemittel") so zu gestalten, dass die Werbeziele bestmöglich erreicht werden können. Dies ist abhängig von den Faktoren der Werbemittelgestaltung, die nach den Modalitäten geordnet werden können (vgl. Bruhn, S. 457):

Text	Bild	Ton
Generell: • Wortwahl • Satzlänge • Satzart • Argumentationstypik (Eigenargumentation) • Eindeutigkeit/Doppeldeutigkeit • Slogan • Rätselhafte Darstellungen • Hinweiszeichen • Reime • Dialog u. a. m. **Speziell für den geschriebenen Text:** • Orthographie • Textform • Schrifttyp, Schriftgrad • Positiv-/Negativschrift u. a. m. **Speziell für den gesprochenen Text:** • Tempo der Sprache (Time Compressing) • Dialekt u. a. m.	**Generell:** • Grundsätzliches Bildmotiv • Zeichnung/Foto • Hinweiszeichen (z. B. Finger) • Farben • Beleuchtung, Helligkeit • Perspektiven (Weitwinkel?) • Rätselhafte Darstellung • Symbolverwendung u. a. m. **Speziell für das ruhende Bild:** • Bildaufteilung • Verzerrung, Vermischung **Speziell für das bewegte Bild:** • Tempo des Szenenwechsels • Zusammenhang der Passagen • Mimik/Gestik der Personen u. a. m.	**Generell:** • Lautstärke u. a. m. **Speziell für die Musik:** • Tonart • Rhythmus • Instrumente • Gesang u. a. m. **Speziell für die Stimme:** • Stimmklang • Sprechdynamik • Stimmkontraste beim Auftritt mehrerer Personen u. a. m. **Speziell für Geräusche:** • Charakteristik u. a. m.

Aus der kreativen Komposition des Zusammenspiels der Faktoren ergibt sich dann das **Format** des jeweiligen Werbemittels, z. B. einer Anzeige, eines TV-Spots oder eines Werbeartikels.

Welche bedeutsame Rolle die **richtige Wahl des Mediums** für das Gelingen von Kommunikation spielt, kann am Beispiel der Kommunikation eines Unternehmens gezeigt werden. Ein Wirtschaftsunternehmen – z. B. eine große Aktiengesellschaft – steht vor der Aufgabe, neben vielen routinemäßigen Kommunikationsaufgaben (z. B. Termine verkünden, Zahlen und Fakten darstellen oder Informationen weiterleiten) auch komplexe und komplizierte Kommunikationssituationen bewältigen zu müssen (z. B. Konflikte schlichten oder die Motivation und Identifikation der Mitarbeiter zu stärken). Ordnet man die zu bewältigenden Kommunikationsaufgaben nach ihrer **Komplexität** von niedrig bis hoch und fragt danach, mit welchem **Medieneinsatz** die jeweiligen Aufgaben gelöst werden können, ergibt sich eine **Matrix** möglicher Kombinationen ❶:

❶ Vgl. Mast, Claudia: Unternehmenskommunikation, 2., neu bearb. u. erw. Aufl., Stuttgart 2006, S. 166.

Dabei wird deutlich, dass Kommunikation nur dann effizient ist, wenn eine gute Abstimmung zwischen der Kommunikationsaufgabe und dem Medium erfolgt, was in der vorliegenden Anordnung im mittleren Korridor gewährleistet ist.

Nachfolgend sollen einige **grundlegende Spezifika** medialer Kommunikation beispielhaft herausgegriffen werden, zum einen die Textkommunikation und zum anderen (und etwas ausführlicher) die Bildkommunikation ❷.

❷ Nicht aufgegriffen wird die audiovisuelle Kommunikation und die multimediale Kommunikation. Hierzu finden sich Ausführungen in den entsprechenden vertiefenden Kapiteln dieses Lehrwerks.

1.3.2 Textkommunikation

Text und Typografie

Ein **Text** ist 1) allg.: „eine im Wortlaut festgelegte, i. d. R. schriftlich fixierte, zusammenhängende sprachliche Äußerung; Manuskript" 2) Sprachwiss.: die hierarchisch an höchster Stelle (also über dem Satz) einzuordnende sprachl. Einheit, die eine Reihe von Kriterien erfüllt, die auf einen inneren Zusammenhang weisen" (Zeit-Lexikon 2005).

Texte benötigen eine **Form**, sie müssen gestaltet werden, eine Aufgabe, die mit dem Begriff **Typografie** belegt ist. Ziel ist es, eine optimale Lesbarkeit und einen hohen Gebrauchswert für den Leser zu erzeugen. Im Zentrum steht das einheitliche Erscheinungsbild, das von zahlreichen Faktoren abhängig ist: Satzspiegel (Ränder), Anzahl der Spalten, Zeilenabstände, verwendete Schriftarten, Positionierung von Tabellen, Abbildungen und Bildern, Abstand und Gestaltung von Absätzen. Ferner sind Überschriften, Zwischentitel und Farben zu beachten. Wichtig ist es zudem, die ästhetische Gesamtwirkung („Anmutung") zu bedenken. Ziel muss es sein, dass sich die inhaltliche Gliederung des Textes in der typografischen Gestaltung widerspiegelt. Zu den Einzelheiten professioneller Textgestaltung vgl. Kapitel 5 – Typografie.

Lesen, Wahrnehmung und Lernen

❶ Man denke z. B. an einen Liebesbrief oder eine Werbebroschüre: Die Botschaft kommt an, wenn sich Information und Emotion zu einem „Gesamtkunstwerk" verbinden.

Wirkungsvolle Textgestaltung steht im engen Zusammenhang mit Themen der Wahrnehmung, des Lernens, der Psychologie oder der Hirnforschung. Es geht um die Frage, wie Texte möglichst nutzerfreundlich aufbereitet werden können. Wirksame Textgestaltung heißt, mit Worten Informationen zu erzeugen und Gefühle auszulösen, die den menschlichen Geist in eine gewünschte Richtung lenken ❶.

Zu beachten ist hierbei z. B. der Effekt der sog. Saccaden, das sind die ruckartigen Bewegungen des Auges über eine Zeile, und die kurzen Fixationsperioden, die das menschliche Auge beim Lesen vollzieht. Gesteuert durch Zeilenanfang und Zeilenende werden die Augenbewegungen so gesteuert, dass visuelle Information in der Regel in Portionen von fünf bis zehn Buchstaben, das sind ein bis zwei Wörter, aufgenommen wird. Bei diesem Aufnahmeprozess spielt der verwendete Schrifttyp eine wesentliche Rolle.

Die **Lesbarkeit** eines Dokuments steigt, wenn die folgenden Bedingungen gegeben sind:

• Eine Seite ist nicht mit zu viel Text gefüllt: Die Lesbarkeit des Textes wird unnötig erschwert.
• Es werden nicht zu viele Gestaltungselemente aufgerufen: Bei Missachtung dieser Regel ist das Auge überfordert und kann nicht mehr Unwichtiges von Wichtigem unterscheiden.

❷ Lese- und Lernstrategien können z. B. sein: vor- und zurückblättern; unterstreichen, markieren; Notizen anbringen; schnelles Überfliegen von wichtigen „Ankerpunkten"; schnelles und langsames Lesen; überspringen; parallel mehrere Bücher bearbeiten.

Lesen ist eine wichtige Voraussetzung für das **Lernen**: Wissenserwerb ist ohne Lerntexte undenkbar. Für das selbstgesteuerte Lernen sind dabei vielfältige Lese- und Lernstrategien möglich ❷.

1.3.3 Bildkommunikation

Im menschlichen Kommunikationsprozess spielen **Bilder** eine wichtige Rolle bei der Übertragung von Informationen. Die **Imageryforschung** beschäftigt sich mit der Wirkung von Bildern auf den Menschen. Dabei unterscheidet man das Bild, das von außen auf den Betrachter einwirkt und das Bild, das daraufhin als „inneres" Bild erzeugt wird und zu Verhaltensänderungen führen kann, wie es durch Werbemaßnahmen geschieht. Das Bild von außen ist häufig die Abbildung eines real existierenden Gegenstandes, das „innere" Bild eine subjektivierte Vorstellung desselben. Fragen wir beispielsweise einen Menschen danach, welche Gegenstände sich bei ihm auf dem Schreibtisch befinden, dann versucht er sich eine bildhafte Vorstellung von dem gesamten Schreibtisch und den darauf befindlichen Dingen zu machen. Der Mensch erstellt sich von dem Sachverhalt ein „inneres" Bild, um mit seinen „inneren" Augen den Schreibtisch zu betrachten und ihn im Anschluss beschreiben zu können. Dabei kann es durchaus vorkommen, dass die Beschreibung des „inneren" Bildes mit der momentanen Wirklichkeit, dem realen Abbild, nicht übereinstimmt.

Bildinformationen können im Gehirn sprachlich verschlüsselt (Schlüsselbegriffe) werden, in der gleichen Weise, wie Sprachinformationen bildlich verschlüsselt werden. Betrachtet man komplexe Zusammenhänge, so lässt sich feststellen, dass das Bild vielschichtiger und tiefer abrufbar ist als das Wort. Man spricht auch von der **Bildüberlegenheitswirkung** ❶. Dabei verarbeitet das Gedächtnis das Bild ganzheitlich-analog (rechte Gehirnhälfte), den Text hingegen in sequentieller Folge logisch-analytisch (linke Gehirnhälfte) ❷.

Bildsemiotik

Um die Wirkungsweise von Bildern zu erforschen, werden in der **Semiotik** drei Teilgebiete, die Syntaktik, die Semantik und die Pragmatik, untersucht. Beispielsweise wird das Produkt Armbanduhr nicht zufällig gekauft, sondern ist auf der einen Seite ein Schmuckstück und auf der anderen gleichzeitig ein Objekt mit kommunikativer Wirkung.

Für die Armbanduhr kann eine **semiotische Analyse** folgendermaßen aussehen:

*   Syntaktik: Unter syntaktischen Gesichtspunkten werden die Merkmale und Gemeinsamkeiten unter den verschiedenen Armbanduhren betrachtet. Dabei geht es beispielsweise um das Zusammenwirken von Werkstoff, Farbe und Gestaltung des Gehäuses und die Frage nach der Rolle, die diese Eigenschaft im Kommunikationsprozess besitzt.
*   Semantik: Welche Bedeutung hat eine bestimmte Armbanduhr in der Gesellschaft? Wie stellt sich der Mensch dar, der diese Armbanduhr trägt? Wie wird das Erscheinungsbild des Uhrenträgers von der Umwelt aufgenommen?
*   Pragmatik: Die Armbanduhr hat auf Sender (Uhrenträger) und Rezipient (Beobachter) unterschiedliche Verhaltenswirkungen. Wird der Mensch aufgrund seiner Uhr anerkannt oder abgelehnt? Stärkt das Tragen dieser Art von Schmuckstück seine berufliche Position? Welche Personenkreise fühlen sich zu diesem Typus hingezogen?

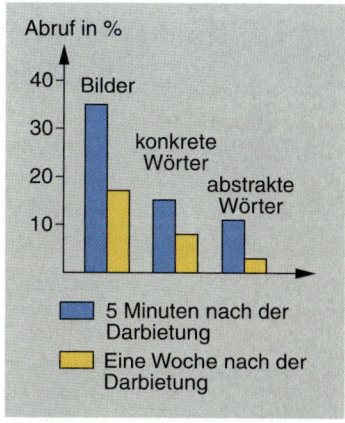

❶ Gedächtnisleistung für Bilder und Wörter, nach einem klassischen Experiment von Paivio, 1971

❷ Beispiel: Das Bild einer Anzeige zeigt einen jeansgekleideten, dynamischen jungen Mann neben einem Geländewagen stehen, einen Fuß auf dem Kotflügel. Auto und Mann bilden eine Einheit und das Objekt Auto wirkt kraftvoll, aber auch jugendlich und erfolgreich. Die durch das Bild erzeugte Assoziation wäre durch eine sprachliche Umschreibung nicht zu erzielen, wie „ein Mann steht neben einem Geländewagen und hat einen Fuß auf dem Kotflügel".

Semiotik: Wissenschaft von den Zeichen, hier von den bildhaften Zeichen.
Syntaktik: beschäftigt sich mit den Eigenschaften und formalen Beziehungen der Zeichen.
Semantik: beschäftigt sich mit dem Inhalt und der Bedeutung von Zeichen.
Pragmatik: beschäftigt sich mit den Wirkungen der Zeichen auf Sender und Empfänger.

Quelle: H.- J. Flebbe Filmtheater;
Jung von Matt

Bild als Abbildung der Wirklichkeit

Das Bild ist die Aufzeichnung eines realen oder fiktiven ❶ Gegenstandes. Bilder sind Fotografien, Gemälde, Zeichnungen, animierte und gefilmte Szenen. Die Abbildungen können einen konkreten Sachverhalt wiedergeben oder abstrakte Darstellungen sein, die eine Beziehung zu einem Produkt oder einer Firma aufbauen sollen.

Reale wie auch fiktive Sachverhalte werden durch das **Gedächtnis** in ein inneres Bild verwandelt. Die dabei entstehende **fiktive Wirklichkeit** kann zu Veränderungen der Bildinterpretation führen. Emotionale Aspekte führen beim Übergang von der Objektebene auf die Abbildungsebene zu Veränderungen der Informationen und der Gefühle. Ein Schwein, das in einer Darstellung ein Kleeblatt im Maul hält, wird als Glücksbringer betrachtet, dasselbe Schwein im Schlamm liegend abgebildet, wird zum schmutzigen und hässlichen Tier. Durch textuelle Ergänzungen kann die Übertragung zusätzliche Veränderung bzw. Intensivierung erfahren.

In unserem Gedächtnis entsteht im Augenblick der Betrachtung eines Objektes ein **Wahrnehmungsbild**. Haben wir das Objekt nicht vor Augen oder denken wir sehr viel später über das Auftreten und Aussehen eines Gegenstandes nach, so versuchen wir ein Gedächtnisbild vom Objekt aufzubauen bzw. abzurufen. **Gedächtnisbilder** (memory images) beeinflussen unser Verhalten in starkem Maße und werden zum Aufbau von Marketingstrategien genutzt. Diese **inneren Bilder** haben eine kognitive und eine emotionale Wirkung auf das Verhalten des Menschen.

Bei der **kognitiven Wirkung** geht es speziell um sachliche und räumliche Zusammenhänge und dem damit verbundenen Wissen. Beispielsweise erzeugt die raketenähnliche Form einer Motorenölflasche auf der sachlichen Ebene beim Menschen die Vorstellung von Dynamik, Kraft und Beschleunigung, welche das Motorenöl im Fahrzeug verbessert. Das räumliche Wissen bezieht sich beispielsweise auf das Wiederfinden von Produktbereichen beim Einkaufen in einem Supermarkt oder das Einordnen und Aneignen umfangreicher Lerngebiete mit Hilfe von Mindmaps. Mit einer Mindmap skizziert man ein räumliches Gebilde von den zu lernenden Inhalten und erzeugt dadurch wesentlich nachhaltiger ein inneres Bild (cognitive map) von der Abbildung im Gedächtnis.

Die **emotionale Wirkung** und die bildliche Vorstellung sind schon durch die Verarbeitung in der rechten Gehirnhälfte eng miteinander verbunden. Die Ausprägung der inneren Bilder, ihre „Gestaltung" im Gedächtnis, sind Ausdruck von Gefühlen. Diese Gefühle können aus visuellen, akustischen, geruchsintensiven oder auch haptischen Eindrücken entstehen.

Damit das Gedächtnis ein inneres Bild aufbauen kann, das eine entsprechende kognitive und emotionale Wirkung beim Rezipienten hervorruft, werden Bilder benötigt. Neben der klassischen konkreten Visualisierung von Gegenständen, Landschaften, Lebewesen und der Darstellung abstrakter Dinge, werden in der **Werbung** auch akustische Bilder, Geruchsbilder und haptische Bilder eingesetzt:

- Akustische Bilder: In der Werbung und im Spielfilm spielen akustische Bilder eine wichtige Rolle. Sie treten in Form von Geräuschen, Melodien und in Sprechdialogen auf. Natürliche Geräusche, wie das Meeresrauschen, wird durch den Werbeeinsatz zu einem Geräusch mit Bedeutung und vermittelt die Vorstellung von einem Produkt. Vor allem die Radiowerbung bedient sich gerade solcher Geräusche, Dialogen zwischen Kind (helle Stimme) und Erwachsenem (tiefe Stimme) sowie immer wiederkehrenden Melodiefolgen.
- Haptische Bilder: Speziell gefertigte Oberfläche an Produkten, Verpackungsmaterial und Papier stellen vor der Nutzung eine erste Verbindung zum Benutzer her. Haptische Bilder trifft man häufig bei Getränkeverpackungen an, wie beispielsweise die weltweit bekannte Papierverpackung von Underberg oder das Bastgeflecht und den Sack für andere Spirituosen.
- Geruchsbilder: Diese Art von Bild ist durch Radio und Fernsehen nicht zu übertragen. Wir treffen das Duftbild in microverkapselter Form an, wenn für Kosmetika in Zeitungen geworben wird und eine Kapselprobe durch Rubbeln geöffnet und der Duftstoff freigesetzt oder durch Öffnen der Probetüte entnommen werden kann.

"Meister Propper" (Markensignal)

Apfelduft wird freigesetzt, wenn der Apfel gerubbelt wird. Quelle: Medienzentrum Aichelberg

Bild und Text

Betrachtet man den Kommunikationsprozess über viele Jahrtausende zurück, dann gestaltet er sich anfänglich durch eine unterschiedliche Symbolwirkung von Bildern. Die **Bilder** hatten zeichenhaften Charakter und gaben die visuell greifbare Wirklichkeit wieder. Erst in der Neuzeit, mit der Entwicklung von Sprache und Schrift, wurden auch diese Bilder gedeutet und interpretiert.

Heute ist Kommunikation zunächst einmal **Sprache** und der **Text** gibt dieser Sprache eine Gestalt. Die Erscheinungsform des Textes ist die Schrift und ihre typografische Gestaltung. Der Vorgang der visuellen Gestaltung geht darüber hinaus und vermischt Bild und Text, um Aussagen zu verstärken, aber auch um dem Bild die „Spitze" zu nehmen. Die Bilder, die wir in Rundfunk, Fernsehen, Zeitung, Zeitschrift, Plakat u. a. erhalten, sind immer eine Ansammlung von bildhaft verschlüsselten Sprachzeichen. Der Betrachter dieser Bilder konvertiert sie wieder zurück, er entschlüsselt sie sprachlich. Das Bild ist gewissermaßen der Ersatz für die sprachliche Betrachtung und Beschreibung des dargestellten Sachverhaltes.

Bilder sind konkret, sind erfahrbar, natürlich und sichtbar. Texte sind abstrakt, sie müssen Buchstabe für Buchstabe und Wort für Wort erlernt werden.

Der Betrachter erfasst die bildhafte Komposition, bestehend aus Bild und Text, unterschiedlich. Wie schon erwähnt, wirkt das **Bild ganzheitlich**, wobei der Betrachter sich zunächst einmal einen allgemeinen Eindruck vom Bild verschafft und im Anschluss die Einzelheiten des Bildes näher betrachtet. Der **Text** wird **schrittweise aufgenommen**, wobei sich die Aussage einer Werbebotschaft bei nicht vollständiger Erfassung verändern kann. Erst am Ende eines Textes wird eine vollständige Interpretation möglich sein.

Was können Bild und Text beim Betrachter auslösen?

Das **Bild** …

- wirkt offen und unendlich.
- lädt zu Assoziationen ein und kann gefühlt werden.
- ist häufig unlogisch und nicht argumentativ.
- ist fantasiebildend.
- kann doppeldeutige Aussagen eindeutig visualisieren.

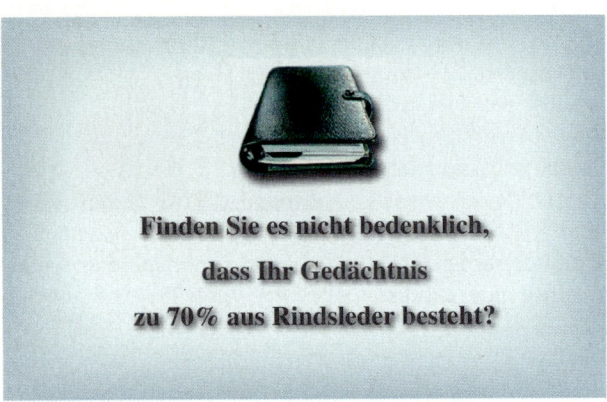

Der **Text** …

- kann Gedanken festhalten und ordnen.
- Denkschritte strukturieren.
- Aussagefolgen didaktisch darstellen und argumentativ aufbereiten.
- ist immer endlich, präzise und verbindlich.
- kann den Interpretationsspielraum des Bildes einschränken.
- kann die Bilddeutung verändern.
- kann das Bildverständnis und die Erinnerung erleichtern und verstärken.
- soll die Mehrdeutigkeit des Bildes einschränken.

Quelle: Gruner & Jahr Verlag; KNSK Werbeagentur

Text und Bild können …

- sich gegenseitig verstärken.
- Schwächen und Lücken des anderen Mediums abdecken.
- sich gegenseitig helfen, wenn es beispielsweise darum geht, textliche Härte durch moderate Abbildungen zu mildern.
- einen Sachverhalt schrittweise aufbauen und diesen, durch den Wechsel von Text und Bild, in einzelne Sinnabschnitte zergliedern, wie beispielsweise in Dokumentationen und Bedienungsanleitungen.

Bildwirkung durch Wahrnehmung

Der Mensch ist in der Lage, innerhalb 1/100 Sekunde das Thema eines Bildes wahrzunehmen. Möchte man darüber hinaus die Inhalte eines Bildes aufnehmen, so werden schon ein bis zwei Sekunden für ein Bild mittlerer Komplexität benötigt. Diese Zeit ist notwendig, um die Inhalte des Bildes so zu speichern, so dass sie später wieder erinnert werden. In der gleichen Zeit, wie das Bild wahrgenommen wird, können jedoch nur fünf bis zehn Wörter eines leicht strukturierten Textes wahrgenommen werden. Das ist nur ein Bruchteil des Informationsgehaltes eines Bildes.

Damit die Wahrnehmung so schnell ablaufen kann, sind **Schemata** notwendig, nach denen die Informationen aufgenommen und verarbeitet werden. Jeder Mensch bildet unterschiedliche Wahrnehmungsstrukturen aus, die nach entsprechender Verfestigung automatisch ablaufen. Die visuellen Eigenschaften des wahrgenommenen Bildes werden mit den Attributen des gespeicherten Schemas verglichen. Entspricht das Bild weitgehend dem Schema, so wird es schneller erkannt und abgespeichert.

Mit einer Aufnahme des **Blickverlaufs** lassen sich Bereiche eines Bildes und die einzelnen Elemente festhalten und zeitlich einordnen, die von den Augen des Betrachters erfasst werden. Punkte, auf denen der Blick verharrt, werden als **Fixationen** bezeichnet, Sprünge im Blickverlauf als **Saccaden** ❶. Für einen ersten Überblick und um das Thema zu erfassen, benötigt der Betrachter eine oder zwei kurze Fixationen. Mit den längeren Fixationen, im Durchschnitt 0,2 s, werden die Inhalte selektiv erfasst, so dass in einer Sekunde ca. 3 - 5 Informationseinheiten gespeichert werden können. Nach Durchwandern des Bildes kann man feststellen, dass nicht alle Elemente erfasst wurden, manche jedoch durchaus mehrmals. Die Mehrfachfixationen werden dabei verstärkt gespeichert. Die einzelnen erfassten Elemente genügen häufig, um im Gedächtnis durch gedankliche Ergänzung ein komplexes Bild entstehen zu lassen. Der Blickverlauf gibt Auskunft über die wahrgenommenen Bilder und einzelner Elemente und dient in der Werbung als Mittel zur Feststellung der Wirkung einzelner Bildteile.

Damit der Blick ein Bildelement erfasst und dieses auch gegenüber unterschiedlichen Einflüssen dauerhaft abspeichert, müssen inhaltliche oder visuelle Ereignisse geschaffen werden. Dies kann durch das Bildmotiv, die inhaltliche oder formale Gestaltung geschehen. Der gezielte Einsatz von Farbe, Kontrast, Konturen, von Interaktion und Bewegung können zu einem nachhaltigen, visuellen Auftritt beitragen. Schafft es der Bildgestalter, einen oder mehrere aktivierende Reize zu setzen, wird die Aufmerksamkeit verstärkt auf das Bild gezogen. Eine **Aktivierung** kann durch physische, emotionale oder spontane, überraschende Reize geschehen:

- Physische Reize ❷: Große und farbige Bildelemente erzeugen physische Reaktionen, mit Farben, die als wohltuend oder belastend empfunden werden.
- Emotionale Reize: Personenabbildungen, sowie Detailaufnahmen von Gesichtern, Augen, Beinen und Händen besitzen meist eine emotionale Wirkung.
- Überraschende Reize ❸: Verstößt das Bild gegen die Erwartungen der Wahrnehmung, dann veranlasst dieser aktivierende Reiz den Betrachter mehrmals hinzuschauen, um den unbekannten Sachverhalt, der vom Schema im Gedächtnis abweicht, aufzunehmen.

❶ vgl.: Kroeber-Riel, Werner: Bildkommunikation, 1996; S. 55f.

Quelle: Fiona Bennett; Scholz & Friends

Quelle: Prinz Myshkin, Vegetarisches Restaurant; Xynias, Wetzel, von Büren

Quelle: Bürgel Wirtschaftsinformationen; Claus Peter Dudek

„Groß, stark und brummt leise.
Der ML270 CDI"; Quelle: Daimler
Chrysler AG; Springer & Jacobi;
Foto: F. A. Cesar / Hamburg
Stand 2000, CI nicht mehr aktuell

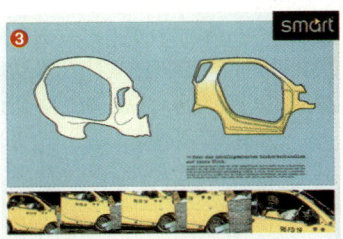

„Zwei der intelligentesten Sicherheitszellen auf einen Blick";
Quelle: Daimler Chrysler AG;
Springer & Jacobi; Illustration:
Tina Berning / Berlin, Stand 2000,
CI nicht mehr aktuell

Bild als Transportmittel

Bild und Text sind die **Träger von Informationen**. In der Werbung versucht man mit diesen Medien Produkteigenschaften, Produktwirkungen, das Produkt selbst, die Gestaltung eines Fahrzeuges und die Funktion, Reiseziele u. a. benutzerorientiert darzustellen. Das Bild zeigt diese konkreten Gegenstände direkt. Abstrakte Begriffe, wie Gesundheit, Geldanlage, „entspannt reisen" oder die Leistungen, die ein Dienstleister anbietet, können ohne das Bild als Brücke nicht aussagekräftig umgesetzt werden. Was wird beispielsweise unter „entspannt reisen" verstanden? Ist es das Fliegen im geräumigen Flugzeug, wobei die Füße des Fluggastes nicht bis zur nächsten Sitzreihe reichen, oder ist es der im Liegestuhl liegende Mensch auf oder neben dem Zug. Mit beiden Beschreibungen wird der Leser sicher kein entspanntes Reisegefühl bekommen. Werden die Beschreibungen in einem Bild umgesetzt, kann dem Betrachter das Gefühl vom „entspannten Reisen" durchaus bewusst werden.

Es lassen sich nun **zwei Wege** zur **Visualisierung** einschlagen: Für konkrete, auch greifbare Gegenstände und Sachverhalte, kann das Bild direkt eine Vorstellung bewirken. Für die abstrakten Attribute müssen indirekte Wege mit Bild und Text durch Auslösen einer Bildvorstellung gewählt werden.

Direkte Bildumsetzung
Der konkrete Sachverhalt bzw. Gegenstand wird durch eine wahrheitsgetreue Abbildung direkt dargestellt. Mit gestalterischer Kreativität werden Spannungen im Bild erzeugt, die es von Bildern konkurrierender Produkte abheben. Durch textliche Ergänzungen wird das Bildverständnis zusätzlich gelenkt und verstärkt.

Indirekte Bildumsetzung
* Freie Bildassoziation: Beinhaltet eine Werbeanzeige für ein Produkt oder eine Dienstleistung ein Bild ohne direkte Beziehung zum beworbenen Sachverhalt, dann wird zur Informationsvermittlung eine freie Vorstellung vom Sachverhalt, eine freie Bildassoziation, vermittelt. Durch entsprechende räumliche Anordnung können dabei unabhängige Bilder zu neuen Sinneinheiten verbunden werden. Beispiel ❶: In diesem Paket bekommt der Kunde „gut geschnürte" Wirtschaftsinformationen.
* Bildanalogien: In der Werbung findet man oft Bilder, in denen ein Gegenstand, ein Tier, ein Mensch u. a. die Eigenschaften eines Produkts oder einer Dienstleistung besitzen und beide Darstellungen räumlich eng zusammenrücken. Beispiel ❷: Das Auto ist so stark und kräftig wie der Bärenpapa und brummt leise.
* Bildmetapher: Die Metapher hat ähnlich wie in der Literatur symbolische Bedeutung und soll die Eigenschaften eines Produktes durch Vergleich stärker hervorheben. Dabei werden direkte Aussagen auch direkt im Bild umgesetzt. Beispiel ❸: Die Karosserie des Autos wird mit dem menschlichen Kopf verglichen.

1.3.4 Audiovisuelle Kommunikation

Jede mediale Kommunikation – und hier speziell z. B. das Fernsehen als Medium der audiovisuellen Kommunikation – benötigt, um verständlich zu sein, ein gemeinsames **Symbolsystem** (eine gemeinsame „Sprache"), das einen **hohen Formalisierungsgrad** aufweist ❶.

Die Sprache des Fernsehens

Die Sprache des Fernsehens unterscheidet sich von der Sprache der Printmedien und des Radios ganz grundsätzlich:

- Im Printbereich können verbale Botschaften nur als Schriftzeichen übermittelt werden, die punktuell durch eine Bebilderung angereichert werden können.
- Radio ist ein rein akustisches Medium, das die Sprache als gesprochenes Wort abbildet und beabsichtigt, beim Hörer innere Bilder entstehen zu lassen.
- Beim Fernsehen verbindet sich demgegenüber der akustische Eindruck mit dem visuellen Eindruck des bewegten Bildes. Die Kommunikation ist dabei asymmetrisch angelegt, da auf die Ausstrahlung von TV-Sendungen in der Regel keine Rückkoppelung durch den Zuschauer erfolgt. Fernsehen ist für den Zuschauer insofern eher ein unverbindliches Medium, das sich vorzugsweise passiv nutzen lässt. Nicht an Verpflichtungen gebunden zu sein, wie sie z. B. bei der persönlichen Kommunikation mit anderen Menschen gegeben sind, ist geradezu ein „Markenzeichen" des Fernsehens und macht dieses Medium so attraktiv.

Um die Botschaften im Fernsehen richtig „rüberzubringen", müssen die Macher einige **elementare Grundregeln** des **Fernsehjournalismus** berücksichtigen und einhalten. Einige Beispiele:

- Bei Nachrichtensendungen muss zunächst aus einer Fülle von Informationen eine – rigorose – Auswahl getroffen werden, die sich entsprechend der „journalistischen Handwerksregeln" an sinnvollen Nachrichtenfaktoren ❷ ausrichten sollte. Sodann muss das Geschehen des Tages kurz und prägnant zusammengefasst und präsentiert werden. Zu vermeiden sind dabei Diskrepanzen zwischen den sprachlichen und den Bildbotschaften, die Verwirrung stiften könnten. So ist es verständlich, wenn im Kontext der sachlichen Berichterstattung die Körpersprache des Nachrichtensprechers dadurch auf ein Minimum reduziert wird, dass er möglichst neutral Texte abliest und nur mit dem Oberkörper sichtbar ist. Dies verhindert, dass die Botschaften als persönliche Meinungen erscheinen.
- Ein dokumentarischer Beitrag lebt vom filmischen Erzählen, für das verschiedene Gestaltungsmittel zur Verfügung stehen, z. B. Filmsequenzen, stehende Bilder, Interviews mit Experten, Betroffenen oder dem Menschen auf der Straße, Geräusche am Drehort oder aus dem Archiv, Musik, Animationen oder Grafiken. Welche Gestaltungsmittel eingesetzt werden, hängt davon ab, welche Aussage in den Mittelpunkt gestellt werden soll. In welcher Form die einzelnen Teile der Aussage dargestellt werden, ist Angelegenheit der Dramaturgie. Dramaturgische Mittel sind v. a. der Spannungsanstieg, der Höhepunkt und die Entspannungsphase. Ziel ist es, die Aufmerksamkeit des Zuschauers zu erhalten.

❶ „Fernsehen ist eine spezielle, technisch und sozial organisierte Form der symbolischen Mitteilung" (Plake, Klaus: Handbuch Fernsehforschung, Wiesbaden 2004, S. 35).

❷ **Nachrichtenfaktoren** sind dafür verantwortlich, ob eine Nachricht für den Zuschauer von Wert ist („Nachrichtenwert"). Eine Nachricht ist z. B. von hohem Wert, wenn sie den unmittelbaren Lebensraum eines Menschen betrifft, wenn sie neu ist, wenn sie aktuell ist oder wenn prominente Menschen („große Namen") angesprochen sind. Insbesondere gilt: Je größer die Tragweite eines Ereignisses ist und je mehr es persönliche Betroffenheit auslöst, desto eher wird es zu einer Nachricht.

❶ Mast, Claudia: ABC des Journalismus, Konstanz 2004, S. 237.

Journalistische Darstellungsformen

Zur nutzer- und mediengerechten Aufbereitung von Informationen stehen drei **grundlegende journalistische Darstellungsformen** zur Verfügung, die für alle Medien gelten ❶:

- Tatsachenbetonte (referierende) Formen: Nachricht (als Wortnachricht: Meldung und Bericht, aber auch als Bildnachricht: Foto und Infografik), Reportage, Feature, Interview, Dokumentation.
- Meinungsbetonte Formen: Leitartikel, Kommentar, Glosse, Kolumne, Porträt, Karikatur, (politisches) Lied, Buch-, Theater-, Musik-, Kunst-, Film- Fernsehkritik, Essay.
- Fantasiebetonte Formen: Zeitungsroman, Kurzgeschichte, Feuilleton, Spielfilm, Hörspiel, Fernsehspiel, Lied (Schlager), Comics, Witzzeichnungen.

Heute sind die Grenzen zwischen den genannten Formen fließend geworden. So spricht man von „Infotainment", was die gezielte Vermischung von Information und Unterhaltung bezeichnet, ein Phänomen, das besonders im Fernsehen zunehmende Verbreitung findet (z. B. in Doku-Soaps).

1.3.5 Multimediale Kommunikation

Multimedia-Kommunikation basiert auf der **Integration** von Text, Bild, Audio und Video, z. B. in Form einer Lern-CD-Rom, als Computerspiel oder (zunehmend) als Angebot im Internet. Multimedia eröffnet der Kommunikation neue Räume, indem der Austausch von Informationen nunmehr über mehrere Sinneskanäle erfolgt. Zu erwarten ist, dass sich durch das Zusammenspiel von visuellen und akustischen Informationen die Voraussetzungen für die Informationsaufnahme grundsätzlich verbessern und dadurch insbesondere komplexe Sachverhalte verständlicher dargestellt werden können.

Jedoch gilt auch hier, dass sich der gewünschte Effekt nur bei professioneller Aufbereitung der Informationen einstellt. So sind z. B. für das **Lernen mit Multimedia** durchaus Probleme zu überwinden ❷:

❷ Vgl. Hasebrook, Joachim: Multimedia-Psychologie, Heidelberg, Berlin, Oxford 1995, S. 196 ff.

- Beim Hypertext werden Informationsräume in Einzelelemente und Verbindungen zwischen ihnen zerlegt, die von ganz unterschiedlichen Stellen erreichbar sind. Dies führt zu einem Verlust an Orientierung.
- Insbesondere gibt es keinen linearen Pfad mehr, so dass es für Lernende schwierig ist, die Übersicht zu behalten. Man spricht von der Gefahr „Lost in Cyberspace".
- Selbstgesteuertes Lernen kann zu „hilflosem Herumstochern" führen, wenn die Komplexität der angebotenen Informationen hoch ist.
- Automatisch erzeugte Hilfestellungen sind oft zu starr und für den Anwender nicht transparent.

Zweifellos stellt Multimedia jedoch eine wesentliche Erweiterung der Kommunikationsmöglichkeiten dar. Im Einzelnen wird das Themenfeld in Kapitel 12 dargestellt.

1.4 Modelle der Medien

1.4.1 Ein einfacher Modellansatz: Die Lasswell-Formel

Will man einen Vorgang oder ein Phänomen verstehen, benötigt man Erklärungen, wie die Dinge zusammenhängen, wie sie „funktionieren". Ein Arzt wird nach der Erhebung des Krankheitsbildes (Anamnese) zunächst eine Erklärung der Zusammenhänge suchen (Diagnose), bevor er in die Behandlung (Therapie) einsteigt ❶. Mit der Diagnose erarbeitet der Arzt eine Theorie des Krankheitsgeschehens, zumindest eine theoretische Vorstellung oder einen Modellansatz. Wie man an diesem Beispiel sieht, sind Theorien also von großer Bedeutung. Gelegentlich wird gesagt: „Es gibt nichts Praktischeres als eine gute Theorie"!

❶ Wie geht ein Arzt vor?
1. Anamnese: Beschreibung des Krankheitsbildes
2. Diagnose: Erklärung
3. Therapie: Einflussnahme, Behandlung

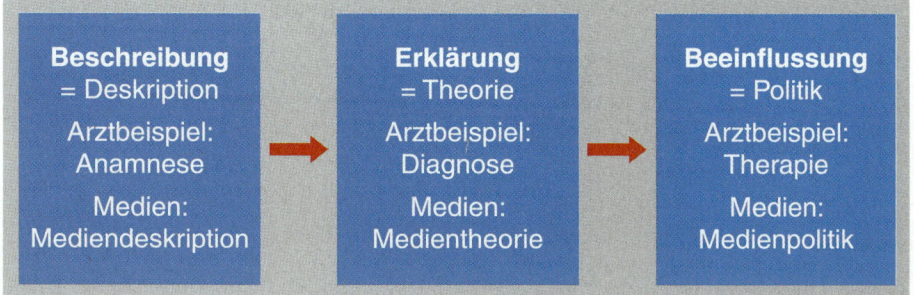

Will man Medien verstehen, benötigt man ebenfalls überzeugende Erklärungen. Über plausible Theorien zu verfügen und gute Modelle zu entwickeln, muss bei diesem wichtigen Thema besonders interessieren ❷. Die **Medientheorie** will die Auswirkungen der Medien und die Zusammenhänge, in denen sie stehen, erkennen und erklären. Einen ersten Einstieg in die Welt der Medienmodelle bietet die sog. **Lasswell-Formel**. Sie lautet:

❷ Maletzke: „Modelle sind Abstraktionsleistungen des menschlichen Denkens".

Wer sagt was in welchem Kanal zu wem mit welcher Wirkung?

Lasswell ❸ hat mit dieser Kurz-Formel grundlegende Themenfelder auf den Punkt gebracht und große Aufmerksamkeit errungen. Diese Formel ist auch heute noch – völlig zu Recht – an Hochschulen und in der Werbe- und Kommunikationspraxis sehr populär. Die Lasswell-Formel schafft es, den recht komplizierten Vorgang der Kommunikation in fünf klar definierte **Bausteine** zu zerlegen. Diese Bausteine sind:

❸ Harold S. Lasswell, amerikanischer Politikwissenschaftler, formulierte 1948 seine berühmte Formel.

- Baustein Nr. 1: Kommunikator (wer?)
- Baustein Nr. 2: Aussage (sagt was?)
- Baustein Nr. 3: Medium (in welchem Kanal?)
- Baustein Nr. 4: Rezipient (zu wem?)
- Baustein Nr. 5: Wirkung (mit welcher Wirkung?)

Die Lasswell-Formel ist ein erster Ansatz, der die Medien als einen wesentlichen Baustein im Rahmen des Kommunikationsprozesses positioniert. Es handelt sich um einen „heuristischen Aufhänger" ❹.

❹ Heuristisch heißt, dass die Lasswell-Formel mehr eine Denkhilfe ist als ein ausgearbeites Modell.

Kommunikator

Ein **Kommunikator** ist eine Person, die einer anderen Person, mehreren oder vielen anderen Personen etwas mitteilen will. Diese Mitteilung produziert er selber wie z. B. bei einem Telefongespräch oder er lässt sie in seinem Auftrag produzieren wie z. B. ein Redakteur einer Zeitung durch den Auftrag an einen Reporter. Statt Kommunikator spricht man auch von **Sender**, **Quelle** oder **Produzent**. Das **Erscheinungsbild** eines Kommunikators ist vielschichtig. Ein Kommunikator kann z. B. sein:

- Ein verliebter Mann, der einer Frau im persönlichen Gespräch („face to face") mitteilt, dass er sie hübsch findet.
- Eine junge Mutter, die einer anderen jungen Mutter über das Telefon mitteilt, dass der Kindergarten am nächsten Morgen eine Stunde später beginnt.
- Ein Schüler, der eine Mitschülerin per E-Mail bittet, ihr bei den Hausaufgaben zu helfen.
- Ein E-Commerce-Experte, der vor hundert Leuten einen Fachvortrag zum Thema „Vermarktung von Handwerksleistungen im Internet-Zeitalter" hält.
- Ein Physiklehrer, der die Funktionsweise des elektrischen Stroms erklärt.
- Ein Pfarrer, der am Sonntag im Gottesdienst die Predigt hält.
- Ein Sportjournalist, der über das Fußballspiel in der Lokalzeitung berichtet.
- Ein verärgerter Betroffener, der einen Leserbrief wegen der nicht gebauten Umgehungsstraße schreibt.
- Ein Moderator, der in MTV eine Musiksendung „fährt".
- Ein Reporter, der vom Kirchentag in Stuttgart im Radio berichtet.
- Die Geschäftsleitung von der Daimler AG, die ihren Verkäufern über Business TV vermittelt, welche Chancen mit dem Angebot von Mercedes-Mountain-Bikes verbunden sind.
- Ein Kommentator des WDR, der sich im Fernsehen zur anstehenden Steuerreform äußert.
- Der Bundespräsident, der die Neujahrsansprache hält.

❶ Die wissenschaftliche Beschäftigung mit dem Bereich Kommunikator nennt man **Kommunikatorforschung**.

Alle genannten Beispiele gehen davon aus, dass es sich bei einem Kommunikator um eine **Einzelperson** handelt. Der Begriff ist aber weiter zu fassen. In der Massenkommunikation sind normalerweise eine ganze Reihe von Personen damit beschäftigt, Aussagen auszuwählen, zu gestalten, zu produzieren und zu verbreiten. Man denke in diesem Zusammenhang an einen Fernseh- oder Radiosender oder an einen Zeitungsverlag. Als „Kommunikator" ist in diesem Fall das ganze **Team von Personen** anzusehen, die das Medienprodukt auf den Weg gebracht haben ❶.

Man kann noch weiter gehen und als Kommunikator sogar die ganze **Institution** bezeichnen, die für die Herstellung und Vermittlung von Inhalten (Aussagen, Nachrichten, Botschaften) zuständig ist. In diesem Sinne ist dann eine Fernsehanstalt, eine Radiostation oder ein Zeitungsverlag als Kommunikator zu verstehen.

Aussage

Unter Aussage wird eine **Mitteilung** oder eine **Botschaft** („message") verstanden, die ein Kommunikator von sich gibt. Aussagen können z. B. sein:

- Persönliche Mitteilungen („face to face"), in gesprochener Form, als Mimik, Gestik oder in Form einer Körperbewegung innerhalb eines vertraulichen Gesprächs, eines Statements, einer Präsentation, einer Rede oder einer Kirchenpredigt.
- Künstlerische Darbietungen: Theaterstück, Pantomime (als Ausdruck visueller Kommunikation), Ballett-Aufführung, Oper, Operette, Kleinkunst, Kabarett, Varieté
- Über Telekommunikation vermittelte Botschaften: Telefongespräch, E-Mail, Meldung einer Nachrichtenagentur (aus dem „Ticker")
- Beiträge in Zeitungen und Zeitschriften: Aktueller Bericht, Leitartikel, Kommentar, Reportage, Wandzeitung
- Radiosendungen: Magazinsendung, Interview, Hörspiel, Feature, Musiksendung, Bildungssendung, Reportage, aktueller Beitrag (im Format „1:30" = eine Minute und dreißig Sekunden), Servicesendung
- Fernsehsendungen: Nachrichtensendung (Tagesschau, Heute), Reportage, Kommentar, Dokumentation, Spielfilm, Fernsehfilm, Unterhaltungsshow, Talkshow, Spielshow, Quiz, Serie, Soap-Opera, Live-Übertragung eines Ereignisses (Sport, Musik), Kindersendung, Gottesdienstübertragung, Themenabend, Theater, Kulturmagazin
- Werbebotschaften (die Werbung spricht von „Werbemitteln"): Werbeplakat, Anzeigen in Zeitungen und Zeitschriften, Prospekt, Flugblatt, Fernseh- und Kinowerbespot, Werbesendungen im Radio

Ob die Aussage so ankommt, wie es der Kommunikator sich vorstellt, hängt z. B. davon ab, wie interessant der **Inhalt** der Aussage aufbereitet ist, welchen Nutzen der Inhalt für den Empfänger hat, aber auch davon, in welcher **Form** der Inhalt vom Kommunikator präsentiert wird. Eine Aussage hat daher immer **zwei Seiten**, die man als das „Grundgesetz der Aussage" bezeichnen kann:

⮑ **Es kommt nicht nur darauf an, was mitgeteilt wird, sondern auch wie es mitgeteilt wird.**

Folglich unterscheidet man bei der Aussage immer nach zwei Aspekten, zum einen nach dem „Was", das ist der Inhalt, das Thema, der Stoff, und zum anderen nach dem „Wie", das ist die Form, die Gestaltung, die Präsentation.

Inhalt der Aussage:
Unter dem Inhalt der Aussage ist die Sache zu verstehen, um die es dem Kommunikator geht ❶. Der Inhalt bezeichnet das „Ausgesagte", das er dem Empfänger mitteilen will. Grundsätzlich sind die folgenden Inhaltstypen denkbar:

Aussage

➡ **Was?**

Inhalt der Aussage
Stoff, Thema, Gehalt

➡ **Wie?**

Form der Aussage
Gestaltung, Darstellung,
Präsentation

❶ Um den **Inhalt einer Aussage** zu bezeichnen, wird zunehmend der englische Begriff **Content** verwendet. So ist z. B. ein „Content Management System" eine Software, die aus einem gemeinsamen Datenpool heraus einen Inhalt in den unterschiedlichsten Formen medien- und zielgruppengerecht aufbereiten kann, z. B. gleichzeitig als Zeitungsartikel und als Webangebot.

- Vermittlung von Nachrichten und Informationen
- Interpretation, Kommentierung, Verarbeitung
- Kultur
- Erziehung
- Unterhaltung

❶ Ein bedeutender Kritiker dieser Entwicklung ist Neil Postman. Seine 1985 erschienene Veröffent-lichung „Wir amüsieren uns zu Tode" hat höchste Beachtung gefunden.

❷ Die wissenschaftliche Befassung mit dem Thema Aussagen nennt man Aussagenforschung oder Inhaltsanalyse.

Seit einigen Jahren ist festzustellen, dass diese grundlegenden **Aussagentypen** immer mehr **vermischt** werden. Dies ist besonders im Fernsehen der Fall, wo man Mischformen in großer Zahl vorfindet **❶**. Das Ziel ist dabei, die Reichweite und Attraktivität von Sendungen zu steigern. Zu nennen sind:

- Infotainment: Mischung aus Information und Unterhaltung (entertainment), z. B. in Talkshows, Reality TV, Nachrichtenmagazinen
- Edutainment: Mischung aus Erziehung (education) und Unterhaltung, z. B. bei Bildungssendungen und Dokumentationen
- Advertainment: Mischung aus Unterhaltung und Werbung (advertising)

Form der Aussage:
Neben dem Inhalt spielt die Form der Aussage für die Wirksamkeit der Botschaft eine große Rolle. Aussagen können je nachdem, wie sie gestaltet sind, eine höchst unterschiedliche Form aufweisen, die wiederum völlig unterschiedlichen Wirkungsgesetzen unterliegt. Eine aktuelle Nachricht wird völlig unterschiedlich aufbereitet sein, je nachdem, welchem Zweck sie dient. Die Ansprachform hat unterschiedliche Ausprägungen, wenn man die Sachinformation einer Stadtverwaltung mit dem Aufreißer auf der ersten Seite der Bildzeitung vergleicht.

Es ist leicht einzusehen, dass die Form der Aussage von den **Gestaltungselementen** bzw. „Grundbausteinen" abhängt, die dem Kommunikator bei der „Formung" seiner Botschaft grundsätzlich zur Verfügung stehen. Je nach dem, wie er die Bausteine „zusammenmixt", entsteht die Botschaft in der einen oder in der anderen Form **❷**.

Grundsätzlich stehen dem Kommunikator die folgenden Bausteine bzw. **Gestaltungselemente** zur Verfügung:

- Medienelemente: Eine Medienproduktion kann sich aus den folgenden sechs Bausteinen (Medienelemente) zusammensetzen: Text, stehendes Realbild (Foto, Dia), stehendes Kunstbild (Grafik), bewegtes Realbild (Film, Video), bewegtes Kunstbild (Computeranimation, Zeichentrick) und/oder Audio. Je nach der Zahl der eingesetzten Medienelemente hat man es mit monomedialen, bimedialen oder multimedialen Aussagen zu tun.
- Darstellungselemente: Bei einem Film sind z. B. die folgenden Darstellungselemente von Bedeutung: Farbe, Licht, Einstellungsgröße, Kamera-Perspektive, Kamera-Bewegung, Tiefenschärfe, Ablaufgeschwindigkeit, Art der Montage, Dramaturgie, Schnitt.
- Element Zeit: Eine große Rolle spielt die Reihenfolge, in der ein Inhalt zeitlich präsentiert wird (linearer Ablauf z. B. bei einem Film oder nicht-linearer Ablauf z. B. bei einem Lernprogramm auf CD-ROM).

Am **Beispiel** von **Gewaltdarstellungen in Fernsehfilmen** hat die Kommunikations- und Medienwissenschaft z. B. aufgezeigt, wie einseitig ein Thema dargeboten werden kann. Am Beispiel von Spielfilmen wird dies deutlich ❶:

- Gewalt geht in Spielfilmen regelmäßig von männlichen Erwachsenen aus.
- Es dominiert die Sicht des Angreifers.
- Das Opfer ist überdurchschnittlich häufig eine Frau.
- Gewalt ist oft reiner Selbstzweck und wird nicht näher begründet.
- Erfolgt eine Begründung, dann ist sie ein Mittel, um Konflikte zu lösen.
- Gewalt wird kalt und zynisch ausgeübt. Die unmittelbaren Konsequenzen werden selten gezeigt, und wenn dann aus der Perspektive des Täters, der sich befriedigt zeigt.
- An erster Stelle der Schädigungen rangiert der Tod.
- Ein Viertel aller Gewaltszenen entfällt auf Trickfilme.

❶ Quelle: Groebel, Jo und Gleich, U.: Gewaltprofil im deutschen Fernsehprogramm, Opladen 1993, S. 83ff. Zum Thema Gewaltdarstellungen im Fernsehen vgl. auch: Friedrichsen, Mike und Vowe, Gerhard: Gewaltdarstellungen in den Medien, Opladen 1995; Zeitter, E. / Kapp, F. / Jaiser, F. / Scheltwort, P.: Die „Sprache der Gewalt" und ihre Wirkungen, Villingen-Schwenningen 1996.

Rezipient

Ein **Rezipient** ist derjenige, an den die Botschaft eines Kommunikators adressiert ist, der also die Botschaft konsumiert oder empfängt. Ein Rezipient wird auch als **Adressat**, **Konsument**, **Kommunikant** oder **Empfänger** bezeichnet. Sind sehr viele Rezipienten gleichzeitig angesprochen, wie es in der Massenkommunikation der Fall ist, spricht man von einem **Publikum**. Rezipienten können dann beispielsweise folgende **Gruppen** sein:

- Schüler, die dem Lehrer bei der Darstellung des Themas „Die Bedeutung Karls des Großen für Europa" folgen.
- Leser einer Zeitung, einer Zeitschrift oder eines Buches.
- Fernsehzuschauer oder Radiohörer, die eine Sendung verfolgen.
- Zuhörer einer Rede oder einer Präsentation.
- Internet-User, die interessante Beiträge aus dem Netz downloaden.

Für jeden Kommunikator ist es wichtig zu wissen, wie der Rezipient, mit dem er in Kommunikation treten will, eigentlich beschaffen ist ❷. Dass dies notwendig ist, wird am augenfälligsten bei Wirtschaftsunternehmen, die eine Werbebotschaft an ihre Zielgruppe kommunizieren wollen. Erst wenn das Unternehmen genau geklärt hat, welche Zielgruppe als Rezipienten angesprochen werden soll, kann die Werbekampagne sinnvoll konzipiert werden.

❷ Das Forschungsgebiet in der Wissenschaft, das sich mit den Rezipienten befasst, nennt man **Rezipienten- oder Publikumsforschung**.

Zielgruppen (allgemein: Gruppen der Gesellschaft) lassen sich nach unterschiedlichen Kriterien einteilen. Man spricht auch von der Segmentierung von Zielgruppen bzw. von Rezipienten.

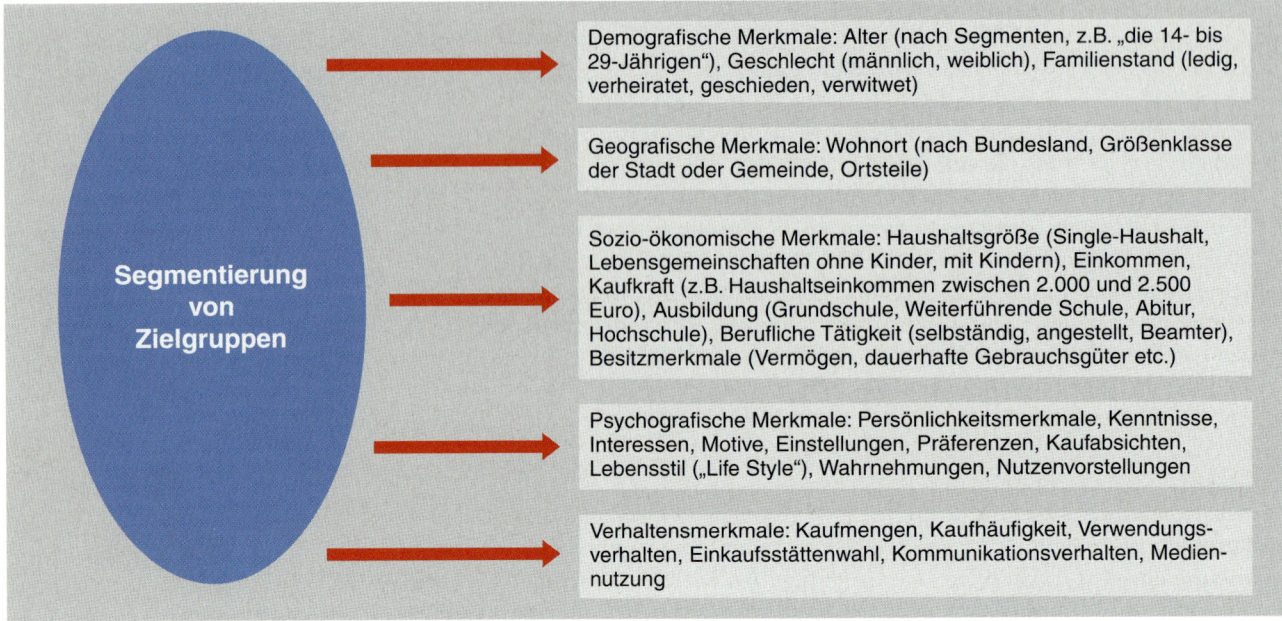

Demografische Merkmale: Alter (nach Segmenten, z.B. „die 14- bis 29-Jährigen"), Geschlecht (männlich, weiblich), Familienstand (ledig, verheiratet, geschieden, verwitwet)

Geografische Merkmale: Wohnort (nach Bundesland, Größenklasse der Stadt oder Gemeinde, Ortsteile)

Sozio-ökonomische Merkmale: Haushaltsgröße (Single-Haushalt, Lebensgemeinschaften ohne Kinder, mit Kindern), Einkommen, Kaufkraft (z.B. Haushaltseinkommen zwischen 2.000 und 2.500 Euro), Ausbildung (Grundschule, Weiterführende Schule, Abitur, Hochschule), Berufliche Tätigkeit (selbständig, angestellt, Beamter), Besitzmerkmale (Vermögen, dauerhafte Gebrauchsgüter etc.)

Psychografische Merkmale: Persönlichkeitsmerkmale, Kenntnisse, Interessen, Motive, Einstellungen, Präferenzen, Kaufabsichten, Lebensstil („Life Style"), Wahrnehmungen, Nutzenvorstellungen

Verhaltensmerkmale: Kaufmengen, Kaufhäufigkeit, Verwendungsverhalten, Einkaufsstättenwahl, Kommunikationsverhalten, Mediennutzung

Segmentierung von Zielgruppen

Wirkung

❶ In der Wissenschaft nennt man dieses Forschungsgebiet „Wirkungsforschung" oder **Medienwirkungsforschung**.

Das Thema der **Wirkungen** ist der letzte Baustein der Lasswell-Formel. Hier öffnet sich das ganze weite Feld der **Medientheorie**, speziell der **Medienwirkungsforschung**, deren Aufgabe es ist, die Wirkungsweisen von Medien sichtbar und nachvollziehbar zu machen ❶. Bereits hier ist anzumerken, dass die Wissenschaft beim Thema der Medienwirkungen keine einheitliche Sprache spricht und eine große Spannbreite von Erklärungsversuchen, Vermutungen und Modellvorstellungen entwickelt hat. Von einer einheitlichen Theorie der Medienwirkungen kann also nicht die Rede sein. Einig ist sich die Wissenschaft aber darin, dass höchste Vorsicht geboten ist, wenn populäre Vorstellungen über die **Wirkungen von Medien** in den Raum gestellt werden. Häufig sind die Behauptungen schlicht unhaltbar oder zumindest viel zu einseitig. Einige kleine Beispiele:

- Radiohören macht Kinder und Jugendliche bei den Schularbeiten unaufmerksam und nervös.
- Fernsehen macht durch seine Gewaltdarstellungen Kinder aggressiv.
- Fernsehen verleitet den Menschen zu Passivität.
- Die Medien überfluten uns mit Informationen und machen uns orientierungslos.

Auch in der Wissenschaft selbst ist man sich nicht immer einig. Viele der vertretenen Positionen sind bei näherem Hinsehen keineswegs immer überzeugend. Nicht selten stehen sich widersprüchliche Ansichten gegenüber. Allerdings besteht Einigkeit darin, dass den Medien selbstverständlich eine – nicht selten starke – Wirkung beizumessen ist. Einige wenige Beispiele für unmittelbar nachvollziehbare (emotionale) Wirkungen der Medien seien hier dargestellt:

- Bei einer tragischen Kinofilm-Szene brechen drei Viertel der Kinobesucher in Tränen aus.
- Die Familie schaut sich den Urlaubsfilm an und freut sich über die schöne Zeit am Meer.
- Der Schüler arbeitet das vorliegende Lehrbuch über die Medien durch und ist nachher bestens informiert, im Gegensatz zu vorher.
- Die Fernsehberichterstattung über eine Flutkatastrophe in Afrika löst eine Welle von Hilfsbereitschaft aus. Es werden 5 Millionen Euro gespendet.
- Die Besteigung der Eiger-Nordwand wird im Fernsehen live übertragen. Ein Zuschauer vor dem Fernsehgerät erinnert sich an eine brenzliche Situation auf einer Bergwanderung, bei der er beinahe abgestürzt ist, und muss den Fernseher ausmachen.
- Die Hausfrau im Supermarkt ist dabei, Suppenpulver einzukaufen. Sie erinnert sich an die gestrige Fernsehwerbung über „Maggis Suppen-Terrine" und entscheidet sich, diese einmal auszuprobieren.
- In der Mediengeschichte gibt es ein prominentes Beispiel für die Wirksamkeit der Medien, als in den 30er Jahren in den USA nach einer fiktionalen Radiosendung über die Landung von Marsmenschen tausende von Menschen in Furcht auf die Straßen rannten.

Fazit

Die **Lasswell-Formel** ist wertvoll, weil sie den Kommunikationsprozess verständlich und in einer allgemeingültigen Weise beschreibt. Viele spätere Modellbildungen beruhen auf ihrem Ansatz. Sie ist eine gute Hilfe, die Medien als ein Element der Kommunikation besser zu verstehen und sie sorgt für eine klare **Systematisierung**. Auch Lasswell selbst war bewusst, dass es sich mit seiner Formel eigentlich gar nicht um ein Modell, sondern lediglich um eine Art Navigationshilfe handelte, mit deren Hilfe viele Fragen, die sich im Zusammenhang mit den Medien und mit der Kommunikation stellen, besser bearbeiten lassen.

Nachfolgend soll anhand einer Übersicht noch einmal der **Grundgedanke** der Lasswell-Formel verdeutlicht werden. Die angeführte Liste an Beispielen kann beliebig fortgesetzt werden.

Kommunikator	→	Aussage	→	Medium	→	Rezipient	→	Wirkung
Fachautoren		Know How über Medien		Schulfachbuch		Schüler		Ausbildung
Sportreporter		Sportbericht		Tageszeitung		Leser		Information
Musikredakteur		Musiksendung		MTV		Zuschauer		Unterhaltung
Reporter		Bericht aus der Kriegsregion		Radiosendung SWR 1 Aktuell		Hörer		Information
Autoverkäufer		Website als Shop		Internet WWW		Online User		Produktwissen

1.4.2 Grundmodelle der Kommunikation

❶ Bei vertieftem Interesse vgl.
Maletzke, Gerhard: Kommunikationswissenschaft im Überblick, Opladen, Wiesbaden 1998

Nachfolgend seien einige **Erklärungsmodelle für Medien und Kommunikation** herausgegriffen, die besondere Aufmerksamkeit erfahren haben und die als besonders aussagekräftig gelten können. Es ist an dieser Stelle nicht möglich, einen Gesamtüberblick über alle Modellvarianten zu geben ❶.

Shannon-Weaver-Modell

Im zeitlichen Umfeld der Lasswell-Formel wurde ein Modell entwickelt, das in der Fachwelt einen ähnlich starken Eindruck hinterließ. Es handelt sich um das 1949 von **Shannon und Weaver** vorgestellte Modell der „Mathematischen Theorie der Kommunikation", das als ein **Fundament der modernen Informationstheorie** gilt.

Im Mittelpunkt dieses Modells steht die Vorstellung, dass es sich bei der **Kommunikation** um einen **technischen Vorgang** handelt, wobei von einem Sender zu einem Empfänger ein Vorrat an Zeichen übertragen wird. Damit das auch gelingt, muss man die Zeichen transportfähig machen, indem man sie in technische Signale umwandelt. Das geschieht in Form der sog. Encodierung und Decodierung. Unter „Encodierung" versteht man die Verschlüsselung der Zeichen beim Kommunikator, und unter „Decodierung" ihre Entschlüsselung beim Rezipienten.

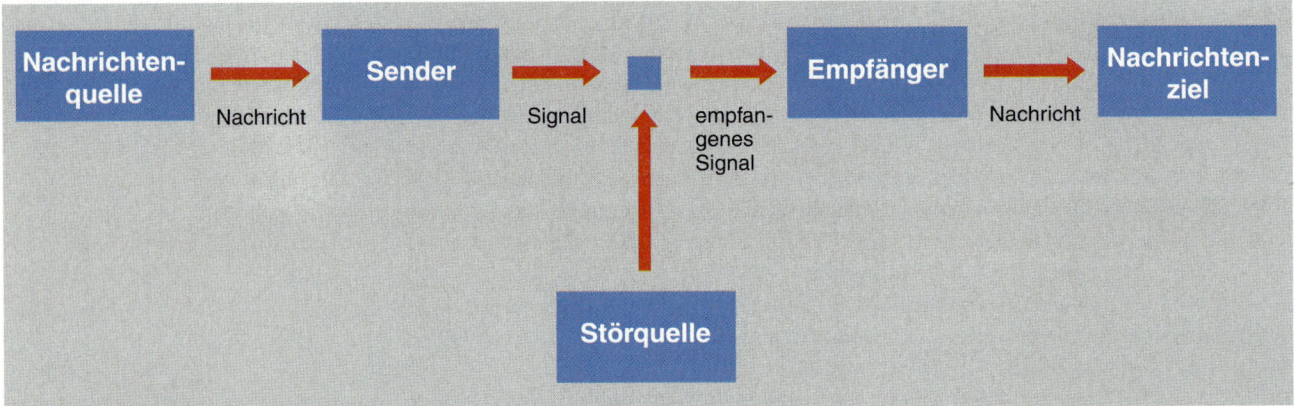

Nach dem vorliegenden Modell ergeben sich Kommunikationsstörungen, wenn die technische Vermittlung nicht funktioniert. **Störquellen** haben also höchste Bedeutung für das Gelingen von Kommunikation, und es geht darum, solche störenden Einflüsse möglichst zu beseitigen. Störungen (technischer Natur) können z. B. wie folgt auftreten:

- Der Übertragungskanal hat eine zu geringe Übertragungskapazität, um eine bestimmte Informationsmenge zu übertragen.
- Es gibt atmosphärische Störungen wie das „Rauschen" im Übertragungskanal (z. B. Kurzwellen-Empfang), die die Signalstärke reduzieren oder den Ton verzerren.
- In einer Gesprächssituation ist Straßenlärm oder ein anderes Umweltgeräusch zu vernehmen.

Badura-Modell

Das Modell von Shannon und Weaver ist oft kritisiert worden, und zwar dahingehend, dass es viel zu einseitig die Realität der Kommunikation aus einem rein technischen Blickwinkel beschreiben würde. Kommunikation, so die Kritiker, könne man nicht auf einen technischen Vorgang verkürzen. Um diesen Mangel zu überwinden, gab es zahlreiche Versuche, das Shannon-Weaver-Modell auf eine allgemeinere Grundlage zu stellen. Ein Beispiel ist das **Badura-Modell**.

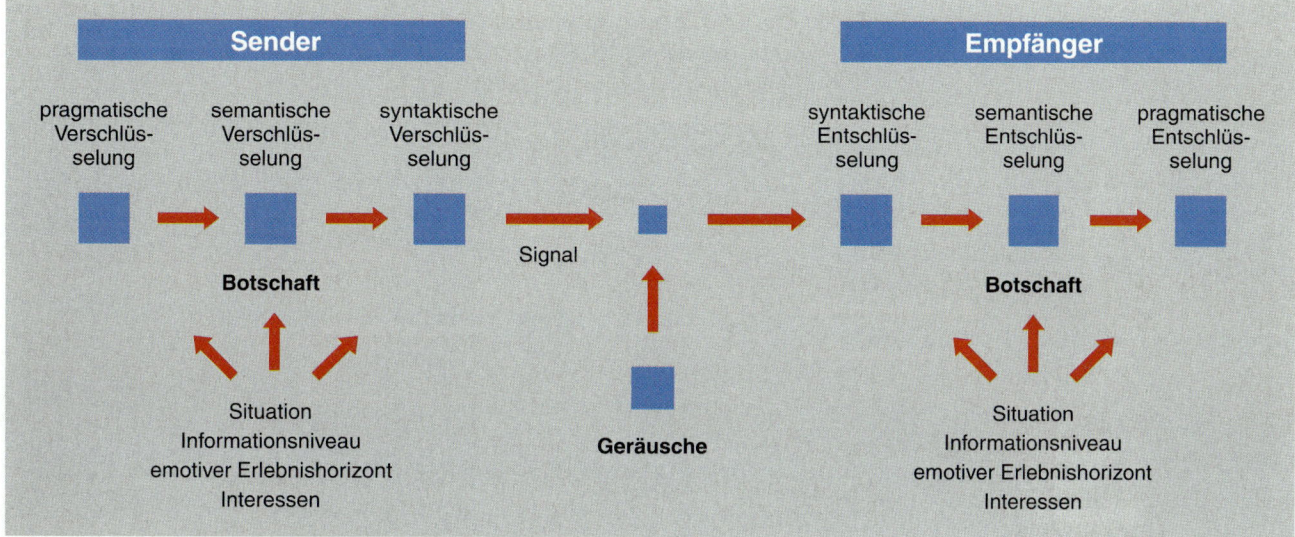

Das Modell erweitert die rein technische Sichtweise des Shannon-Weaver-Modells in Richtung der **menschlichen Komponente**. Es macht deutlich, dass zur **Verständigung** zwischen Menschen mehr gehört als eine perfekte Technik. Für eine wirkliche Verständigung ist es notwendig, dass die übermittelten Zeichen durch den Kommunikator, der die Zeichen verschlüsselt, und den Rezipienten, der sie wieder entschlüsselt, gleich interpretiert werden. **Drei Verständigungsebenen** sind zu unterscheiden:

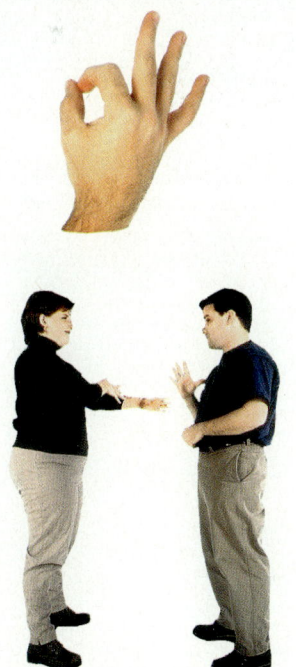

- Syntaktische Ebene: Die Zeichen werden nach bestimmten grammatischen Regeln zusammengeführt.
- Semantische Ebene: Die Zeichen haben eine Bedeutung bzw. einen Sinngehalt.
- Pragmatische Ebene: Die Zeichen sind auf der Ebene der zwischenmenschlichen Beziehungen zu sehen.

Verständigung bzw. störungsfreie Kommunikation kommt nach dieser Modellvorstellung nur dann zustande, wenn die Kommunikationspartner auf allen drei Ebenen zu gleichen Interpretationen gelangen. Zusätzlich ist es erforderlich, dass nicht noch die sog. „Randbedingungen" einen Strich durch die Rechnung machen. Als Randbedingungen sind zu nennen: die Situation, in der die Kommunikation stattfindet (daheim, unterwegs), das Informationsniveau (Welcher Informationsgehalt? Wie verständlich?), der Erlebnishorizont (Welche Gefühle werden ausgelöst?) und die Interessen der Beteiligten (Wie stark spricht das Thema an?).

Feldschema von Maletzke

❶ Gerhard Maletzke, geb. 1922, Kommunikationswissenschaftler, lebt in Stuttgart

Wesentlich differenzierter als in der Lasswell-Formel stellte **Maletzke** 1963 die Beziehungen im Kommunikationsprozess dar ❶. Neu ist die Beschreibung der Kommunikation als ein wechselseitiger Vorgang, nach dem sich alle Bausteine in einer gegenseitigen Abhängigkeit befinden. Bei Lasswell war die Vorstellung vorherrschend, dass Kommunikation ein eher einseitig geprägter Vorgang vom Kommunikator zum Rezipienten sei, eine Art „Einbahnstraße". Diese (zu) enge Sicht wird nun aufgehoben.

Das Modell bezieht sich vorrangig auf die Massenkommunikation.

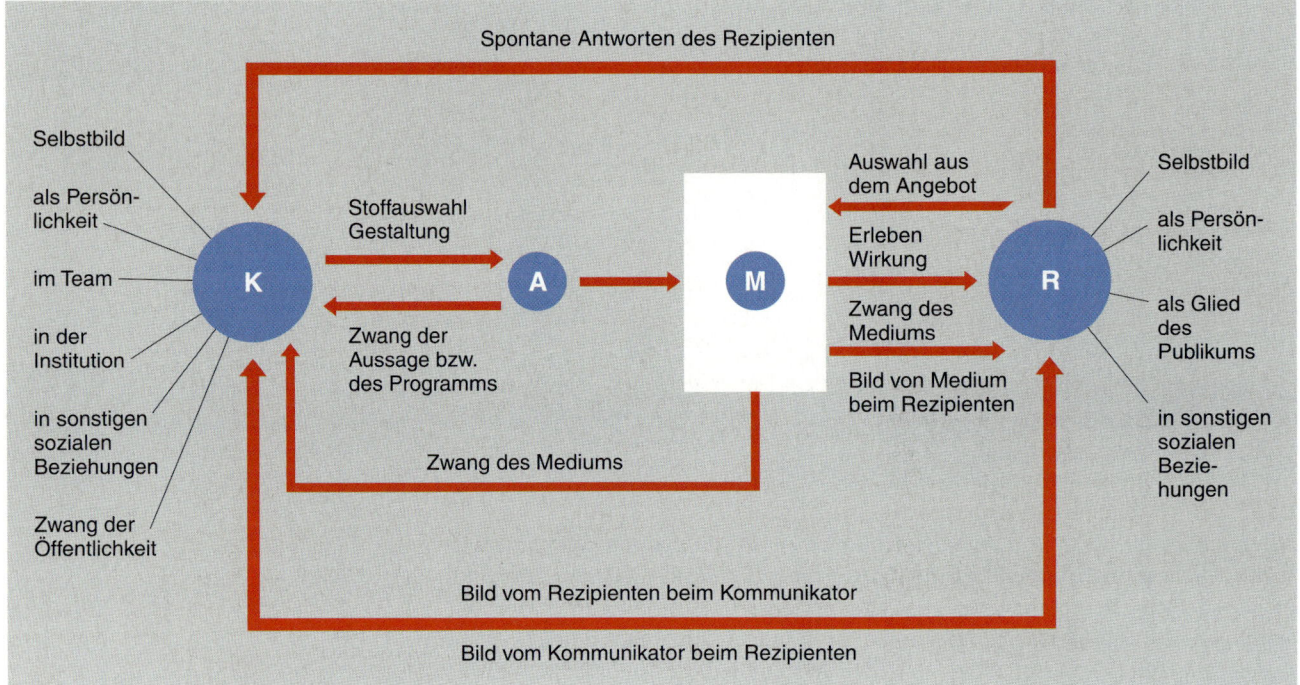

Das Modell führt vor Augen, dass sowohl der Kommunikator als auch der Rezipient keine Einzelwesen sind, sondern in einer **wechselseitigen Beziehung** zueinander stehen. Beide machen sich ein Bild voneinander, und jeder der beiden geht zudem mit ganz bestimmten Vorprägungen (z. B. Bild von sich selbst, Persönlichkeitsmerkmale) in den Kommunikationsvorgang hinein. Das **Zusammenspiel** von **Kommunikator** und **Rezipient** wird dabei von den verschiedensten Zwängen beeinflusst:

- Zwang für den Kommunikator: Er kann unter dem Druck der Öffentlichkeit stehen.
- Zwang der Aussage: Der Kommunikator äußert sich öffentlich und kann im Hinblick auf seine Aussagen beim Wort genommen werden.
- Zwang des Mediums: Es unterliegt ganz bestimmten dramaturgischen und technisch-organisatorischen Voraussetzungen, die das, was produziert und dargestellt werden soll, maßgeblich beeinflussen.
- Zwang für den Rezipienten: Die Art des Mediums bestimmt darüber, in welcher Form das Dargebotene aufgenommen werden muss.

1.4.3 Bedeutung der Perspektive

Metaphern

Jede theoretische Erklärung, sei es in Form eines einfachen oder komplexeren Modells, sei es in Form eines ganzen Theoriegebäudes, hängt davon ab, von welchem Standpunkt aus die Erklärung vorgenommen wird. Der **subjektive Standpunkt** des Betrachters bestimmt die Erkenntnis. In der Medien- und Kommunikationstheorie wird dieser Sachverhalt mit dem Begriff der **Metapher** bezeichnet.

➲ **Eine Metapher ist die ganz spezielle Perspektive, aus der heraus wir einen interessierenden Gegenstand (hier die Medien) betrachten.**

Es ist wichtig, sich stets bewusst zu machen, dass wir die Dinge immer aus einer bestimmten **Perspektive** heraus betrachten und dass es notwendig ist, die jeweilige Perspektive, aus der wir ein Thema beleuchten, zu verdeutlichen.

Die Erklärung von Rolle und Bedeutung der Medien kann aus den unterschiedlichsten Perspektiven heraus erfolgen. Als grundlegende Sichtweisen kommen zahlreiche **Metaphern** in Frage ❶:

Eine Frage der Perspektive!

Ist das Glas halb voll oder halb leer?

❶ Quelle: Funkkolleg Medien und Kommunikation, Weinheim und Basel 1990, Studienbrief 3, S. 18ff.

- Im Altertum steht die Metapher von der Bewahrung erinnerungswürdiger Ereignisse, Personen oder Errungenschaften im Vordergrund: Kommunikation ist die Schaffung von zeitlosen Monumenten (Inschriften in Grabkammern, auf Obelisken, in Stein gemeißelt, zur Verewigung z. B. des Pharao). Die monumentalen Inschriften hatten im Übrigen auch die Funktion, das Volk gefügig zu machen.
- Die Metapher der Schaffung von (kognitiven) Gemeinsamkeiten („cognitive sharing") besagt: Kommunikation ist etwas, das bei den Kommunikationspartnern zu Gemeinsamkeit führt. Sie drückt sich in Form einer Mitteilung aus. „Mit-Teilung" bedeutet „Teilung" von etwas Gemeinsamem. Diese Metapher unterstellt, dass es im Kommunikationsvorgang nur eine einzige Bedeutung gibt, die von jedem der beteiligten Kommunikationspartner erkannt und begriffen wird.
- Die Metapher vom physischen Transport („Container-Metapher") besagt: Kommunikation ist die – physikalisch messbare – Übertragung von Botschaften. Ein Medium ist gleichsam ein Container, der Botschaften von einem Ort zum anderen transportiert. Umgangssprachliche Redewendungen, die auf diese Optik hindeuten, sind z. B.: „Was steht in dem Brief?"; „Der Artikel enthält nichts Neues"; „ein bedeutungsvoller Satz!"
- Die Metapher vom Kanal besagt: Kommunikation wird als ein physikalischer Fließvorgang von Signalen verstanden, der in einem rohrartigen Kanal stattfindet. Die Botschaften werden als Flüssigkeit von einem Ort zum anderen geleitet. Menschliche Kommunikation ist in diesem Bild eine Erscheinung, die sogar mehrere Rohre benötigt, entsprechend der Vielfalt der Kommunikationsformen (verbal/nonverbal; Kanäle des Sehens, Hörens, Berührens, Riechens, Schmeckens). Sprachlich kommt diese Metapher z. B. im Bild vom „Informationsfluss" zum Ausdruck.

Unser Menschenbild ist entscheidend!

Ist der Mensch gut oder schlecht?

Sind wir Opfer unserer Metaphern? Oder erkennen wir sie und können damit umgehen?

❶ Dabei spielen Begriffe wie Informationsmengen (Bits), Kanal kapazität, Übertragungsmenge oder Redundanz eine Rolle.

❷ In vielen alltäglichen Redewendungen ist diese Metapher lebendig, z. B.: „Dann schieß mal los!"; „Ihre Behauptung ist unhaltbar"; „Seine Worte haben ins Schwarze getroffen"

❸ **Metaphern** leiten unser Bild von Kommunikation. Herauszufinden, wie wir zu Wissen und Vorstellungen gelangen, ist Aufgabe der sog. **Erkenntnistheorie**.

- Das vorgestellte Shannon-Weaver-Modell folgt – wie gezeigt – einer Metaphorik, bei der die Kommunikation als ein mathematisch nachvollziehbarer Vorgang verstanden wird ❶.
- Metapher vom Argument als Krieg: Kommunikation wird als ein Instrument der verbalen Kriegführung begriffen ❷.
- Kontroll-Metapher: Kommunikation ist nach dieser Vorstellung ein Instrument zur Lösung menschlicher Probleme bzw. zur Erreichung von Zielen. Kommunikation ist Ursache. Im Extrem kann Kommunikation sogar eine Technik zur Manipulation sein. Umgangssprachlich finden sich viele Beispiele: „Das Fernsehen wirkt sich auf die Schulleistungen aus"; „Der Brief machte mich glücklich".

Anhand dieser Aufzählung möglicher Metaphern wird deutlich, dass es immer höchst unterschiedliche Vorstellungen über das Phänomen der Kommunikation und der Medien geben wird ❸. Es wird nicht möglich sein, sich auf eine einzige Sichtweise zu verständigen. Je nach Gesellschaft, Situation oder Fragestellung wird die eine oder die andere Sicht bevorzugt.

⮑ Wer kommuniziert, muss sich bewusst sein, dass er sich – ob er will oder nicht – einer ganz speziellen Metapher bedient, die von der Vorstellung eines anderen abweichen kann.

Viele Metaphern werden von vielen Menschen – bewusst oder intuitiv – häufig verwendet. Sie sind dann wie ausgetretene Pfade, denen viele folgen. Das gilt sicher für die Container-Metapher oder die Metapher vom Fluss von Informationsmengen. Es ist offenkundig, dass eine solche physikalisch-mathematische Sicht der Dinge problematisch sein kann. Ebenso ist es offenkundig, dass es ein einziges, allgemein gültiges Kommunikationsmodell nicht geben kann.

In der Medien- und Kommunikationstheorie haben sich aber dennoch **zwei theoretische Grundkonzeptionen** herausgebildet, die sich gewissermaßen als Leitlinien für den Aufbau von Theoriegebäuden eignen. Es handelt sich um die beiden folgenden Konzepte:

- Reiz-Reaktions-Schema
- Konstruktivismus

Das **Reiz-Reaktions-Schema** geht davon aus, dass eine Wirkung immer auch eine Ursache haben muss. Die Wirkung (= „Response", „Reaktion") ist also immer die Folge eines Reizes (= „Stimulus"): Man verwende bei einer Anzeigenwerbung eine knallige Farbe, und schon steigt der Grad der Aufmerksamkeit beim Leser! Der Ansatz wird daher auch Stimulus-Response-Ansatz genannt. Auf die Medien übertragen, stellt er die Frage: Was machen die Medien mit den Menschen?

Im Gegensatz zu diesem theoretischen Ansatz steht der Ansatz des **Konstruktivismus**. Dieser geht nicht davon aus, dass der Mensch ein passives Wesen ist, das nur darauf wartet, von den Medien beeinflusst zu werden, sondern unterstreicht die Vorstellung, dass sich jeder Mensch seine eigene Wirklichkeit – aktiv – selbst konstruiert. Die zentrale Frage ist nicht: Was machen die Medien mit den Menschen? Sondern: Was machen die Menschen mit den Medien?

Reiz-Reaktions-Schema

Das Reiz-Reaktions-Schema bezeichnet eine Denkhaltung, die sich in den Kategorien von **Ursache** (Reiz) und **Wirkung** (Reaktion) bewegt. Nach diesem Denkmodell hat jede Erscheinung, die wir beobachten können, immer eine Ursache, oder auch „Stimulus" genannt, und eine Wirkung, als „Response" bezeichnet. Ein Beispiel:

Reiz bzw. Stimulus: Ein Kind sieht fünf Stunden am Stück fern.
Reaktion bzw. Response: Am nächsten Tag zeigt das Kind ein aggressives Verhalten, das in der Schule allen Lehrern und Mitschülern auffällt.

Man spricht in diesem Zusammenhang auch vom Denken in den Kategorien von Kausalität (Ursache) und Finalität (Wirkung) ❶.

In der Medien- und Kommunikationstheorie werden Modelle, die dem Reiz-Reaktions-Schema folgen, als „S-R-Modelle" oder „S-O-R-Modelle" bezeichnet (S = Stimulus, O = Organismus, R = Response).

Ein Organismus ist z. B. der Mensch, von dem man wissen will, wie er sich verhält. Es kann auch eine ganze Gruppe von Menschen angesprochen sein, z. B. in der Werbung, wenn man sich eine Vorstellung darüber machen will, wie eine Werbekampagne im Fernsehen auf die Zielgruppe wirkt.

❶ **kausal** = ursächlich von lat. „causa" = der Grund
final = zielgerichtet von lat. „finis" = das Ende

❷ Quelle: Merten, Klaus: Die Wirklichkeit der Medien, Opladen 1994, S. 294ff.

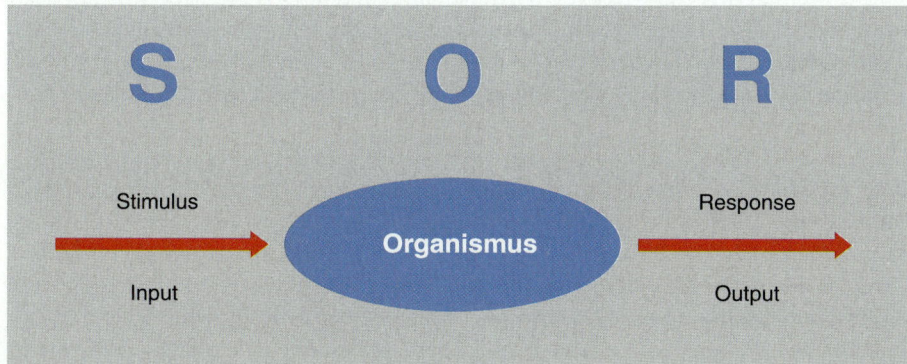

Hinter dem Reiz-Reaktions-Schema stehen drei Annahmen ❷:

*   Kausalität: Zwischen Wirkung und Ursache besteht ein direkter Zusammenhang. Diese Vorstellung ist eng mit dem Denken in den Naturwissenschaften verbunden. Schlägt man beispielsweise mit dem Hammer (Ursache) auf einen Nagel, so wird der Nagel (Wirkung) sich bewegen. Das Denken ist linear und einseitig, es ist ein „Wenn-Dann-Denken".
*   Transitivität: Nach dieser Annahme beruht das Reiz-Reaktions-Schema auf einem Vorgang wie der Kraftübertragung zwischen zwei Körpern.
*   Proportionalität: Nach dieser Annahme erzeugt ein stets gleicher Reiz eine stets gleiche Wirkung. Je intensiver, anhaltender und direkter ein Stimulus kommt, desto größer wird die Wirkung sein.

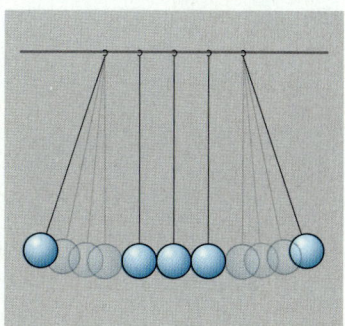

Konstruktivismus

❶ Quelle: Merten, Klaus: Die Wirklichkeit der Medien, Opladen 1994, S. 309ff.

Der Konstruktivismus versteht sich als Antwort auf die beschriebene einseitige und eingeschränkte Sicht des Reiz-Reaktions-Schemas. Er geht von anderen **Annahmen** aus ❶:

- Wirklichkeit ist nicht objektiv gegeben. Jeder Mensch konstruiert sich seine eigene Wirklichkeit subjektiv. Der Mensch ist nicht passiv und hilflos den Medien ausgeliefert, sondern er hat die Möglichkeit, aus den Angeboten auszuwählen (Möglichkeit zu „selektivem Verhalten").
- Die Rezipienten sind sich darüber im Klaren, dass sie diese ihre Wirklichkeit selber konstruieren, und sie versuchen auf alle erdenkliche Weise, für ihre Konstruktion Bestätigungen zu finden.
- Wirklichkeiten werden durch Kommunikation konstruiert.
- Wirklichkeitskonstruktionen und mediale Wirkungen stehen in Verbindung.

Unter dieser Perspektive ist es notwendig, den Vorgang der **Medienwirkung** anders zu interpretieren. So müssen neben den Botschaften des Kommunikators, die natürlich auch weiterhin eine große Rolle spielen, noch andere „Wirkfaktoren" in Betracht gezogen werden, und vor allem diejenigen, die besonders stark die **Konstruktion der Wirklichkeit** bei den Menschen beeinflussen.

❷ Quelle: Merten, Klaus: Die Wirklichkeit der Medien, Opladen 1994, S. 311. Die Goebbels-Rede 1943: Teilnehmer im Sportpalast waren Parteimitglieder. Mit ihnen führte er einen Dialog, indem er von Frage zu Frage mehr fordert und dann die Frage stellt: „Ich frage Euch: Wollt Ihr den totalen Krieg?" Die tosenden Ja-Rufe der eingeschworenen Parteigänger werden reichsweit vom Rundfunk übertragen.

Dies sei am Beispiel der berühmten Goebbels-Rede im Berliner Sportpalast verdeutlicht ❷. Gemäß dem SOR-Denken wird man annehmen, dass die Rede von Goebbels ein maßgeblicher Auslöser (ein medialer Stimulus) dafür war, das deutsche Volk weiter in den Krieg hineinzutreiben (Wirkung). Der Rezipient (das deutsche Volk) war gewissermaßen „schutzlos" den gezielten Attacken des Verführers ausgeliefert.

Konstruktivistisches Denken lehnt diese einseitige Wenn-Dann-Sicht ab und verlangt, auch auf die Randbedingungen zu achten, die eine Wirkung z. B. durch **sich selbst verstärkende Effekte**, „hochschaukeln" können. So war es bei der Goebbels-Rede so, dass zunächst nur die Teilnehmer der Veranstaltung in Begeisterungsstürme ausbrachen. Zu Hause an den Radios nahmen die Hörer wahr, dass die Rede bei anderen Begeisterung auslöste. Der große Effekt entstand erst dadurch, dass die Hörer am Lautsprecher bereit waren, die offensichtlich faszinierende Rede als Modell und Beispiel für die eigene Wirklichkeitskonstruktion heranzuziehen.

In der SOR-Interpretation wird dem Medium Radio als Verbreitungsmittel eine enorme Bedeutung zugemessen. Im Konstruktivismus wird man diese These zwar nicht leugnen, man wird aber zusätzlich auf die anderen Einflüsse verweisen, denen ebenfalls hohe Bedeutung zugemessen werden muss. Das sind vor allem die Erfahrungen, das Wissen und die Einstellungen des Rezipienten (interner Kontext) sowie die Situation und die sozialen Randbedingungen (externer Kontext).

Die Frage der Wirkungstheorie hat viel mit dem **Menschenbild** zu tun, das man zugrunde legt. In Reiz-Reaktions-Kategorien wird der Mensch eher als passiv-rezeptives Wesen verstanden. Geht man einen Schritt weiter, wird man den Menschen eher als ein aktives, sinn- und gestaltgebendes Wesen verstehen, das sich seine eigene Welt aufbaut.

Aufgaben und Übungen, Literaturhinweise

Aufgaben und Übungen

1. Beobachten Sie Ihr eigenes Medienverhalten, indem Sie eine Woche lang über Ihren Medienkonsum Buch führen. Machen Sie dieses in der Form, dass Sie am Ende jedes einzelnen Tages aufzeichnen, wie lange Sie welches Medium genutzt haben. Fertigen Sie eine Übersicht an.
2. Analysieren Sie eine Konfliktsituation zwischen zwei Menschen, die Sie selbst erlebt haben, darauf hin, wie die sprachliche Kommunikation abgelaufen ist.
3. Erstellen Sie ein Konzept für eine Kurz-Präsentation vor einer Gruppe, bei der Sie Technik einsetzen sollen.
4. Erstellen Sie einen kurzen Text von wenigen Zeilen über einen interessanten Sachverhalt. Suchen Sie nach einem Bild, mit dem Sie diesen Text möglichst treffend illustrieren können.
5. Sammeln Sie zehn Beispiele zur Lasswell-Formel und fertigen Sie eine Übersicht an.

Literaturhinweise

Bruhn, Manfred: Unternehmens- und Marketingkommunikation, München 2005 (Vahlen)

Burkart, Roland: Kommunikationswissenschaft, 4. Aufl., Wien, Köln, Weimar 2002 (Böhlau)

Hasebrook, Joachim: Multimedia-Psychologie, Heidelberg, Berlin, Oxford 1995 (Spektrum)

Hickethier, Knut: Einführung in die Medienwissenschaft, Stuttgart, Weimar 2003 (Metzler)

Jarren, Otfried; Bonfadelli, Heinz (Hrsg.): Einführung in die Publizistikwissenschaft, Bern, Stuttgart, Wien 2001 (UTB Haupt)

Kübler, Hans-Dieter: Mediale Kommunikation, Tübingen 2000 (Niemeyer)

Kroeber-Riel, Werner: Bildkommunikation, München 1993 (Vahlen)

Maletzke, Gerhard: Kommunikationswissenschaft im Überblick, Opladen, Wiesbaden 1998 (Westdeutscher Verlag)

Mast, Claudia (Hrsg.): ABC des Journalismus. Ein Handbuch. 10. Aufl., Konstanz 2005 (UVK)

Mast, Claudia: Unternehmenskommunikation, 2. Aufl., Stuttgart 2006 (Lucius & Lucius)

Merten, Klaus; Schmidt, Siegfried J.; Weischenberg, Siegfried (Hrsg.): Die Wirklichkeit der Medien, Opladen 1994 (Westdeutscher Verlag)

Ordolff, Martin: Fernsehjournalismus, Konstanz 2005 (UVK)

Paus-Hasebrink, Ingrid; Woelke, Jens; Bichler, Michelle; Pluschkowitz, Alois: Einführung in die Audiovisuelle Kommunikation, München, Wien 2006 (R. Oldenbourg)

Plake, Klaus: Handbuch Fernsehforschung, Wiesbaden 2004 (VS Verlag für Sozialwissenschaften)

Weischenberg, Siegfried; Kleinsteuber, Hans J.; Pörksen, Bernhard (Hrsg.): Handbuch Journalismus und Medien, Konstanz 2005 (UVK)

2 Medien in der Praxis

Nach der theoretischen Betrachtung der Medien sollen nun die einzelnen Medien beschrieben werden, wie sie sich in der Praxis darstellen. Zunächst wird ein Überblick mit starker Betonung der wirtschaftlichen Seite gegeben.

2.1 Die Medien im Überblick

Umsatzerlöse

Die Ausführungen in Kapitel 1 machen deutlich, dass den Medien in unserer Gesellschaft ein extrem hoher Stellenwert beizumessen ist. In wirtschaftlicher Hinsicht sind sie demgegenüber eher von nachgeordneter Bedeutung. Einen **Überblick** über die Größenordnung des Medienmarktes und seiner Teilmärkte gibt die nachfolgende Tabelle ❶:

❶ Quelle: Zusammenstellung nach den verfügbaren Datenquellen von statistischen Ämtern, Verbänden und Organisationen des Medienbereichs. Vgl. Gläser, Martin: Medienmanagement, München 2008, Kap. 6. Wenn nicht anders vermerkt, wird nachfolgend auf diese Quelle Bezug genommen. Alle Angaben beziehen sich auf das Jahr 2004, wenn nicht anders vermerkt.

Medien-Teilmärkte	Erlöse gesamt	Erlöse Rezipienten	Erlöse Werbung	Erlöse Gebühren
Printmedien				
Zeitungen	**8,91**	4,14	4,77	
Zeitschriften	**5,14**	2,43	2,71	
Anzeigen-/Offertenblätter	**1,84**		1,84	
Buch	**9,10**	9,10		
Außenwerbung	**0,72**		0,72	
Werbung per Post	**3,40**		3,40	
Verzeichnismedien	**1,20**		1,20	
Elektronische Medien				
Fernsehen	**11,29**	3,25	3,86	4,18
Hörfunk	**3,12**		0,62	2,50
Kino	**1,04**	0,89	0,15	
Heim-Video	**1,75**	1,75		
Musik	**1,90**	1,90		
Video-/Computerspiele	**1,32**	1,32		
Internet	**6,24**	5,97	0,27	
Summe Medienmarkt	**56,97**	**30,75**	**19,54**	**6,68**
Printmedien	30,31			
Elektronische Medien	26,66			
Anteile in Prozent:	100	54,0	34,3	11,7

Der Medienmarkt im Überblick – Umsatzerlöse (Mrd. Euro / 2004)

❷ Die **Bruttowertschöpfung** 2005 lt. Statistischem Bundesamt betrug 2.022 Mrd. Euro.

Der gesamte **Medienmarkt** in Deutschland umfasst also eine Größenordnung von knapp 60 Mrd. Euro. Die volkswirtschaftliche Gesamtleistung Deutschlands pro Jahr liegt bei ca. zwei Billionen Euro ❷, was bedeutet, dass der Mediensektor lediglich knapp drei Prozent ausmacht. Die **Teilmärkte**, die dem Printbereich zuzuordnen sind (Zeitungen, Zeitschriften, Buch, Druck und Papier) haben mit ca. 30 Mrd. Euro nach wie vor ein deutliches Übergewicht gegenüber dem elektronischen Mediensektor mit 27 Mrd. Euro. (Radio, TV, Kino, Trägermedien und Internet zusammen genommen).

Stellt man den Medienmarkt jedoch in den größeren Zusammenhang des sogenannten TIME-Sektors ❶, sehen die Zahlen anders aus: Dieser Sektor, der untereinander eng verflochten ist, kommt auf eine Größenordnung von 200 Mrd. Euro und damit auf zehn Prozent der Bruttowertschöpfung. Das ist eine Größenordnung, die nicht weit vom Automobilsektor mit seinen 235 Mrd. Euro entfernt ist, aber den Bereich Elektrotechnik und Elektronik (165 Mrd. Euro) klar überflügelt hat.

❶ TIME:
T Telekommunikation;
I Informationstechnik (Computer: Hardware, Software);
M Medien;
E Entertainment (Unterhaltungselektronik)

Beschäftigung

Im Hinblick auf die **Beschäftigung** weist der Mediensektor und die TIME-Branche vergleichsweise beachtliche Größenordnungen auf. In der Medienbranche sind ca. 600 Tsd. Menschen beschäftigt, wobei auf den Printbereich doppelt so viele Beschäftigungsverhältnisse fallen wie auf den elektronischen Bereich. Damit ist der Mediensektor nach der Beschäftigtenzahl allein so groß wie die Automobilindustrie. Die TIME-Branche insgesamt kommt sogar auf fast 1,5 Mio. Beschäftigte.

Deutschland 2004	Beschäftigte in Tsd.
Print	**408**
Verlage (Zeitung, Zeitschriften, Buch)	144
Buchhandel	33
Druckindustrie	186
Papierindustrie	45
Elektronische Medien	**203**
Radio	27
Fernsehen	48
Film, Kino	38
Musik	30
Internet	50
Video- und Computerspiele (freie Schätzung)	10
ITK, Unterhaltungselektronik	**856**
ITK	750
Unterhaltungselektronik	106
TIME-Branche insgesamt	**1.467**

Beschäftigte in der Medien- und TIME-Branche in Deutschland

Diese Zahlen sind – insbesondere für die Medien – als untertreibend einzuschätzen, da gerade in diesem Bereich die Praxis der freien, sogenannten „atypischen" Mitarbeit weit verbreitet ist. Erscheinungsformen dieser atypischen Beschäftigung sind freie Mitarbeit, Projektarbeit und (Schein-)Selbständigkeit. Sie sind für die Medienbranche – im Vergleich zu anderen Branchen (z. B. dem produzierenden Gewerbe) – schon seit längerem geradezu konstitutiv.

Als Fazit kann festgestellt werden, dass der Mediensektor in wirtschaftlicher Hinsicht – hier besonders im Hinblick auf die Umsatzzahlen, weniger auf die Beschäftigtenzahlen – eine eher nachrangige Rolle spielt.

Mediennutzung

❶ Quelle: ARD/ZDF-Langzeitstudie Massenkommunikation; BRD gesamt (bis 1990 nur alte Bundesländer), Mo-So, 5.00-24.00 Uhr, Pers. Ab 14 J. in min./Tag (brutto)

Die Medien haben – trotz ihrer begrenzten wirtschaftlichen Bedeutung – für Gesellschaft, Politik und den Einzelnen höchste Relevanz. Ein beredtes Zeugnis legen die **Nutzungsgewohnheiten** der Menschen ab ❶:

Medium	1980	1990	1995	2000	2005
Printmedien					
Tageszeitung	38	28	30	30	28
Zeitschriften	11	11	11	10	12
Bücher	22	18	15	18	25
Elektronische Medien					
Fernsehen	125	135	158	185	220
Hörfunk	135	170	162	206	221
Video/DVD	-	4	3	4	5
CD/LP/MC/MP3	15	14	14	36	45
Internet	-	-	-	13	44
gesamt	**346**	**380**	**393**	**502**	**600**
Printmedien	71	57	56	58	65
Elektronische Medien	275	323	337	444	535
Anteile in Prozent:					
Printmedien	20,5	15,0	14,2	11,6	10,8
Elektronische Medien	79,5	85,0	85,8	88,4	89,2

Der Medienmarkt im Überblick – Mediennutzung (in min./Tag)

Im Durchschnitt nutzen die Menschen in Deutschland also 600 Minuten täglich die Medien, das sind 10 Stunden. Auch wenn man berücksichtigt, dass in dieser Zahl die Parallelnutzung von Medien jeweils gesondert gerechnet wird und die Zahl dadurch also aufgebläht wird, dürfte sie dennoch überaus beeindruckend sein.

Festzustellen ist insbesondere, dass sich die **Mediennutzung** innerhalb eines Vierteljahrhunderts beinahe **verdoppelt** hat. Waren 1980, also kurz vor dem medienpolitischen „Urknall" der Einführung des privaten Hörfunks und Fernsehens in Deutschland im Jahr 1984, noch 346 Minuten für die gesamte Mediennutzung festzustellen, erhöhte sich diese Zahl bis 2005 auf 600 Minuten.

Im Hinblick auf die Verteilung der Nutzungszeiten auf die **Teilmärkte** sind im Vergleich zu den Umsatzvolumina völlig umgekehrte Verhältnisse zu beobachten: Der Printbereich generiert ca. 30 Mrd. Euro Umsatz, der elektronische Bereich lediglich ca. 27 Mrd. Euro. Die Nutzung aller Printmedien zusammengenommen macht jedoch lediglich 10,8 Prozent der Gesamtnutzungszeit aus, während die elektronischen Medien 89,2 Prozent der Mediennutzung auf sich vereinen. Der Trend der Abnahme der Nutzungszeiten der Printmedien scheint in neuerer Zeit jedoch gestoppt zu sein, was dem Buchsegment zuzuschreiben ist. Bemerkenswert ist schließlich, dass die Nutzung des Internet inzwischen auf 44 Minuten angewachsen ist.

Werbung

Der **Werbemarkt** macht mit seinen 19,54 Mrd. Euro ca. ein Drittel des Gesamt-Medienmarktes aus. Damit kann der weit verbreiteten These, bei den Medien würde die Werbung „alles dominieren", so nicht gefolgt werden. Die **Bedeutung** der Werbung ist dennoch enorm, was ein Blick auf die zur Verfügung stehenden Werbeträger plastisch zum Ausdruck bringt:

Mediengruppe	Anzahl		Auflage	
	2000	2005	1995	2005
Printmedien				
Tageszeitungen	388	377	28,9 Mio.	25,7 Mio.
Wochenzeitungen	24	27	2,1 Mio.	2,3 Mio.
Anzeigenblätter	1.336	1.350	90,8 Mio.	86,4 Mio.
Publikumszeitschriften	847	873	138,9 Mio.	138,0 Mio.
Fachzeitschriften	1.094	1.081	27,7 Mio.	24,4 Mio.
Kundenzeitschriften	93	75	64,1 Mio.	49,6 Mio.
Telekommunikations-verzeichnisse	160	243	38,5 Mio.	36,4 Mio.
Massendrucksachen/Infopost	-	-	6,4 Mrd.	6,9 Mrd.
Außenwerbung (Plakatanschlag, beleuchtete Vitrinen)	419.145	406.921	-	-
Elektronische Medien				
TV-Programme bundesweit, landesweit, regional, lokal	109	170	35,1 Mio.	36,8 Mio.
			angemeldete TV-Geräte	
Hörfunkprogramme bundes-weit, landesweit, regional, lokal	240	327	39,7 Mio.	42,2 Mio.
			angemeldete Hörfunk-Geräte	
Kino (Leinwände)	3.809	4.889	152,5 Mio.	127,3 Mio.
			Kinobesucher	
Online-Angebote	247	392	31,3 Mrd.	97,1 Mrd.
			Seitenkontakte	

Werbeträger in Deutschland

Untermauert wird die hohe Bedeutung der Werbung, wenn man sich bewusst macht, dass die vorliegenden Zahlen lediglich die Einschaltkosten in die Werbeträger („Netto-Werbeeinnahmen der Medien") darstellen. Wenn man noch die Honorare, Gehälter und Produktionskosten für die Werbemittel (TV-Spots, Anzeigenherstellung) hinzurechnet, kommen noch einmal ca. 10 Mrd. Euro hinzu.

Die **Werbewirtschaft** steht vor erheblichen **strukturellen Problemen**. Diese resultieren daraus, dass sich die Rolle der Medien als Werbeträger in einem nachhaltigen Veränderungsprozess befindet. Die herkömmliche „harte Werbung" in Form von Fernsehspots und Anzeigen weicht zunehmend neuen Werbeformen, die sich dem Konsumenten auf eher verdeckten und indirekten Wegen nähern. Werbung in den klassischen Medien wird in der digitalen Welt zunehmend durch neue Formen, die eine bessere individuelle Ansprache ermöglichen und die den vernetzten Kommunikationsverbund von TV, Internet und Telefonie gezielt ausnutzen, ergänzt und ersetzt.

2.2 Zeitungen

2.2.1 Basis-Informationen

Definition

Zeitungen sind periodische Veröffentlichungen, die in kurzen Abständen erscheinen. Ihr Hauptzweck ist die **Übermittlung aktueller Nachrichten** aus den verschiedensten Bereichen, vor allem aus Politik, Wirtschaft, Unterhaltung, Kultur, Gesellschaft und Sport. „Die Zeitung ist ein in kurzer, regelmäßiger Folge erscheinendes, grundsätzlich jedermann zugängliches Medium, das aktuelle Informationen aus allen Lebensbereichen verbreitet. In kurzer Folge heißt, Tageszeitungen müssen mindestens zweimal wöchentlich erscheinen, wenn sie ihren Namen zu Recht tragen wollen" (Bremenfeld et al. S. 8).

Wirtschaftliche Bedeutung

Die ökonomische Bedeutung der Zeitungsmarktes ist mit einem **Marktvolumen** von ca. neun Mrd. Euro nach wie vor sehr hoch, er ist auch als **Werbeträger** von größter Bedeutung. In der mittelfristigen Vergangenheit ist er aber vom Fernsehen mit heute ca. elf Mrd. Euro von seinem langjährig angestammten Spitzenplatz verdrängt worden. Seit 2000 büßte der Zeitungsmarkt im Übrigen sogar ca. ein Fünftel seines Gesamtumsatzes in absoluten Zahlen ein. Vor diesem Hintergrund wird der Zeitungsmarkt gelegentlich sogar als eine „Krisenindustrie" bezeichnet. Fest steht, dass das Internet und die Digitalisierung der medialen Wertschöpfungskette die Verlage vor existentielle, historisch einmalige Herausforderungen stellen.

Publizistische Bedeutung

„Die Zeitung ist ein unentbehrliches Mittel der Kommunikation in der Gesellschaft; sie dient der Information, der Meinungsbildung und der Unterhaltung ihrer Leser. Sie trägt in der Industrie- und Dienstleistungsgesellschaft dazu bei, den Menschen die immer komplizierter werdenden Vorgänge der Umwelt zu erschließen und dadurch Verhaltenssicherheit im Zusammenleben mit den Mitmenschen zu geben" (Bremenfeld et al. S. 8). Zeitungen weisen eine Gegenwartsbezogenheit des Inhalts auf (**Aktualität**), sind zugänglich für jedermann (**Publizität**), offen nach allen Lebensbereichen (Universalität) und erscheinen regelmäßig (**Periodizität**).

❶ Unter **Basismedium** versteht man ein Medium, das einen maßgeblichen Beitrag zur Meinungsbildung und grundlegenden Beitrag zum Informationsstand der Bevölkerung liefert.

❷ Beim **Nebenbei-Medium** erfolgt die Nutzung zeitgleich mit anderen Medien oder anderen Betätigungen.

Zeitungen konkurrieren im Hinblick auf die Breite der Berichterstattung mit Radio und Fernsehen. Sowohl die auf den nationalen Raum ausgerichteten Zeitungen wie die Frankfurter Allgemeine Zeitung, Die Welt, die Frankfurter Rundschau oder die Süddeutsche Zeitung als auch die regionalen und lokalen Tageszeitungen sind publizistisch von höchster Bedeutung. Zeitungen sind auch heute noch als ein **Basismedium** ❶ anzusehen. Zeitungen zeichnen sich auch dadurch aus, dass sich ihre Leser während der Nutzung *aktiv* dem Medium widmen. Dadurch unterscheiden sie sich vom Radio, das als ausgesprochenes „Nebenbei-Medium" bzw. „Begleit-Medium" ❷ gilt. Die Nutzung findet ferner ortsunabhängig statt, also zu Hause, in öffentlichen Verkehrsmitteln oder am Arbeitsplatz. Grund ist die leichte Transportmöglichkeit.

Zeitungen

Kommunikatoren, Anbieter

- Haupt-Kommunikatoren: Große Konzerne wie Axel Springer-Verlag, Bertelsmann (Gruner+Jahr), Burda, Holtzbrinck, WAZ, Bauer
- Regionale und lokale Zeitungsmärkte: Breites Engagement von Großverlagen (z. B. Holtzbrinck), daneben Struktur eigenständiger mittlerer und kleiner Verleger

Produkte, Inhalte

- Typen: Tageszeitungen („Tagespresse"), Wochenzeitungen, Sonntagszeitungen, Sonderformen, Anzeigenblätter, Online-Zeitungen.
- Tageszeitungen: 347 Titel, 138 Publizistische Einheiten (Trend: seit Jahren sinkend, Index 87 auf Basis 1991 = 100; 1954 noch 225), 22,1 Mio. verkaufte Auflage (= Zeitungsexemplare pro Tag). Inhaltliche Struktur: Umfassender Inhalt („Vollprogramm"), Schwerpunkt aktuelle Informationen aus allen Bereichen. Zeitungsformate: Rheinisches Format 365 × 510 mm, Halbes Rheinisches Format 255 × 365, Berliner Format 315 × 470, Nordisches Format 400 × 570. Versuche mit Kompaktformat („Tabloid").
- Tageszeitungen Teilsegment überregionale Tageszeitungen: Anzahl: 10 Titel (Beispiele: FAZ, Die Welt, Handelsblatt), 1,65 Mio. verkaufte Auflage
- Tageszeitungen Teilsegment Lokale und regionale Abonnementzeitungen: Anzahl 329 Titel (z. B. WAZ, Münchner Merkur), 15,45 Mio. verkaufte Auflage, Detailinformationen aus der Region und der lokalen Welt.
- Tageszeitungen Teilsegment Kaufzeitungen: 8 Titel (überregional v. a. Bild, lokal-regional z. B. Hamburger Morgenpost), 5 Mio. verkaufte Auflage
- Wochenzeitungen: 26 Titel (z. B. Die Zeit), 1,9 Mio. verkaufte Auflage
- Sonntagszeitungen: 7 Titel (überregional z. B. Welt am Sonntag, regional z. B. Sonntag Aktuell), 4,2 Mio. verkaufte Auflage.
- Sonderformen: Konfessionelle Zeitungen, Heimatzeitungen, Kommunale Wochenzeitungen
- Anzeigenblätter: 1.306 Titel (Deutschland 2005), 85,6 Mio. verbreitete Auflage
- Elektronische Zeitungen (E-Paper) mit zwei Ausprägungen: (1) Internet-Angebot als Ergänzung zum Printprodukt, (2) eigens aufbereitete Inhalte
- Zeitungen als Werbeträger: Anteil am Gesamtinhalt ca. 20 %, Beitrag zur Finanzierung ca. zwei Drittel.

Transportwege

- Straßenverkauf: Kiosk, Supermärkte, Bäckereien
- Abonnement: Träger, Post
- Gelegenheitsangebote in Hotels, Arztpraxen usw.
- Internet als Vertriebskanal für die Zukunft nimmt an Bedeutung zu
- Sonderform: Videotext (Teletext) als textbasiertes Medium im Fernsehen

Rezipienten

- Reichweite: 51 % der Gesamtbevölkerung ab 14 Jahren liest regelmäßig Zeitung
- Zeitbudget: Mediennutzungsdauer 54 min. (Angaben BDZV); 28 min. (ARD/ZDF – Langzeitstudie)
- Nutzer-Schwerpunkt: (1) 30 Jahre und älter (2) gemäß Sinus-Milieus: Etablierte, Traditionsverwurzelte, Konservative, Postmaterielle

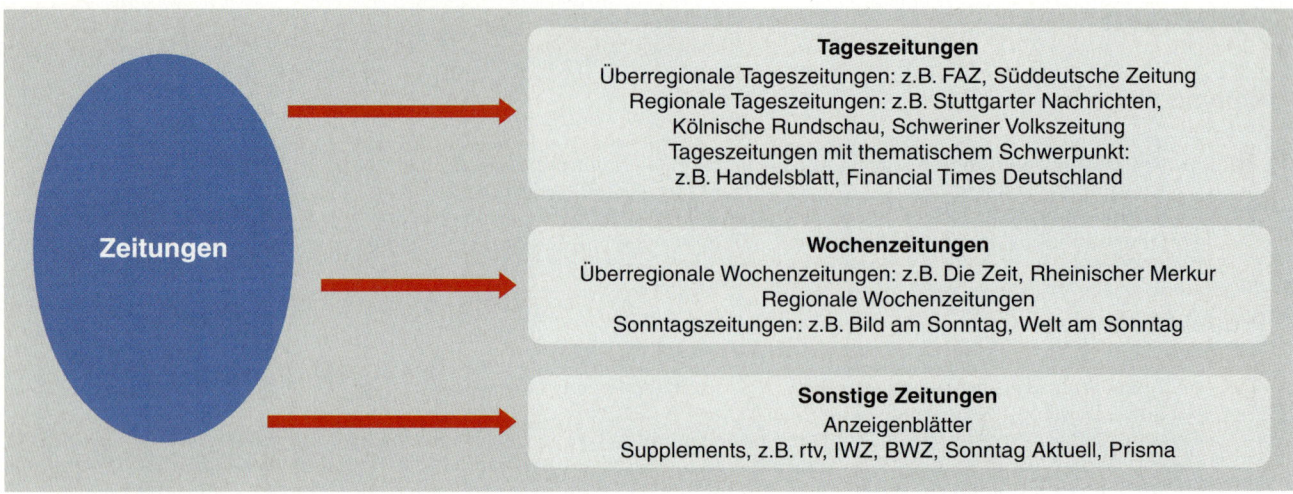

2.2.2 Gattungen von Tageszeitungen

Überregionale Tageszeitungen zeichnen sich durch einen hohen redaktionellen Anspruch aus, bei denen die vertiefende Hintergrundinformation eine Rolle spielt. Sie erreichen Angehörige der höheren sozialen Schichten, insbesondere Führungskräfte aus Wirtschaft, Politik und Gesellschaft. Daher sind sie vor allem für die Werbung interessant, wenn es um gehobene Freizeitangebote, um hochwertige langlebige Konsumgüter (z. B. Autos), um wirtschaftsorientierte Produkte (z. B. Software) oder um Stellenanzeigen mittlerer oder oberer Führungspositionen geht.

Regionale Tageszeitungen sind auf ein bestimmtes Verbreitungsgebiet abgestimmt und weisen eine entsprechende inhaltliche Gestaltung auf, bei dem das regionale Geschehen ausführlich vermittelt wird.

Eine Sonderstellung im Zeitungsbereich nehmen die **sonstigen Zeitungen** ein. So sind die für die Werbewirtschaft wichtigen Anzeigenblätter nicht zu unterschätzen, da sie auch für den Nutzer eine Reihe von interessanten Merkmalen aufweisen:

- Sie werden kostenlos verteilt.
- Die Finanzierung erfolgt ausschließlich aus Werbegeldern.
- Beliefert werden fast alle Privat- und Geschäftshaushalte.
- Sie erscheinen regelmäßig, überwiegend wöchentlich.
- Sie beinhalten eine Vielzahl redaktioneller Beiträge,
  in der Regel von stark ausgeprägtem lokalen Bezug.

Es gibt Zeitungen, die praktisch ausschließlich am Kiosk gekauft werden. Eine solche **Kaufzeitung** ist z. B. „Bild". Sie sind durch den Zwang geprägt, täglich neue Kaufanreize bieten zu müssen und setzen auf Sensationsberichterstattung. Die Aufmachung und die Schlagzeilen sind auffällig und reißerisch. Im Gegensatz zu den überregionalen Zeitungen sind die Kaufzeitungen auf die mittleren sozialen Schichten, insbesondere auf qualifizierte Arbeiter und Angestellte ausgerichtet.

2.2.3 Trends und Perspektiven

Zentrale Trends im Zeitungsmarkt

* Alle klassisch-herkömmlichen Zeitungsmärkte sind gesättigt bzw. übersättigt.
* Es findet seit einiger Zeit ein Rückgang von Auflagenhöhe und Reichweiten statt. Besonders starke Einbrüche sind in der Altersgruppe der 14-25-Jährigen zu beklagen.
* Die auf Zeitungen verwendete Nutzungszeit nimmt ab.
* Die Kundenbindung (Leserbindung) nimmt ab.
* Die Lesefähigkeit, der Wortschatz und die Konzentrationsfähigkeit nehmen ab, ein Trend, der sich trotz formal steigender Bildungsabschlüsse verstärkt.
* Die Nutzungshäufigkeit der Online-Medien steigt, während die der Printmedien sinkt. Besonders bei jungen Zielgruppen ist eine hohe Affinität für die Nutzung nicht nur eines, sondern ganz verschiedener Informationskanäle festzustellen.
* Damit einhergehend sinken die Werbeeinnahmen (seit 1999 erhebliche Schrumpfung der Werbeeinnahmen um ca. ein Viertel). Besonders bei den Rubrikenmärkten (Stellen-, Kfz-, Immobilienanzeigen) erfolgt eine deutliche Verlagerung weg von gedruckten Zeitungen hin zum Internet. Als Perspektive droht langfristig die vollständige Verlagerung.
* Dies führt zu einer sich öffnenden Schere zwischen ständig steigenden Kosten und den erzielbaren Einnahmen aus Vertrieb und Werbung.

❶ Die elektronische Ausgabe wird auch **E-Paper** genannt.

Konzepte der Zeitungsverlage

* Für die Zukunft des Mediums Zeitung wird es entscheidend sein, inwieweit es den Verlagen gelingt, die elektronischen Verbreitungswege für das Zeitungsgeschäft zu nutzen. Aufgrund geringer Druck- und Distributionskosten ist die elektronische Ausgabe der Zeitung im Internet ❶ von der Produktionsseite her gesehen hoch attraktiv.
* Stark in der Diskussion ist das Konzept der Gratiszeitungen. Diese sind leicht lesbar, dennoch qualitativ ansprechend und dem Stil nach auf junge Berufstätige und Schüler ausgerichtet.
* Eine Reihe von Zeitungen erzielen große Erfolge mit Nebengeschäften. Vom Geschäft mit Nebenprodukten profitieren v. a. die überregionalen Zeitungstitel (v. a. Süddeutsche Zeitung, Die Zeit).
* Interessant ist die Postzustellung als neue Dienstleistung, die nach dem Fall des Postmonopols in Deutschland (ca. 2009) auch für Zeitungsverlage möglich wird. Bereits jetzt erwerben zahlreiche Verlage Lizenzen für das Postgeschäft. Regionalzeitungen arbeiten daran, leistungsfähige Kooperationen zu bilden, um auch größere Gebiete mit privater Briefzustellung versorgen zu können.
* Umsatzzuwächse lassen sich vor allem durch eine Marktausdehnung in das Ausland realisieren, wobei multinationale – also auf das einzelne Land zugeschnittene – Konzepte dominieren (z. B. WAZ in Bulgarien).
* Viel beachtet sind Zeitungsneugründungen im handlichen Tabloid-Format (Kompaktzeitungen), die als Antwort auf die zunehmende Mobilität und den Bedarf an Bequemlichkeit zu sehen sind.

2.3 Zeitschriften

2.3.1 Basis-Informationen

Definition

Zeitschriften können als eine **Zwischenform** zwischen **Zeitungen** und **Büchern** verstanden werden, da sie wie Zeitungen periodisch erscheinen, aber in der Regel nicht so häufig. Sie sind aktueller als Bücher, nicht jedoch so aktuell wie Zeitungen. Ihre Aufmachung im Hinblick auf Format und Druckqualität ist den Büchern ähnlicher als den Zeitungen, und sie werden länger als Zeitungen aufbewahrt, allerdings nicht so lange wie Bücher. Es gibt freilich auch Billigzeitschriften, die ähnlich wie Zeitungen zum Teil nur flüchtig „konsumiert" werden. „Zeitschriften sind periodisch erscheinende Druckerzeugnisse, die wöchentlich, monatlich oder auch in größeren Zeitabständen veröffentlicht werden. Sie sind geklammert oder geleimt und drucktechnisch aufwendiger verarbeitet als Zeitungen" (Bremenfeld et al. S. 18).

Wirtschaftliche Bedeutung

Der **Zeitschriftenmarkt Deutschland** ist einer der höchst entwickelten der Welt. Sein Volumen beträgt 5,14 Mrd. Euro und verteilt sich zu zwei Dritteln auf **Publikumszeitschriften** und zu einem Drittel auf **Fachzeitschriften**. Nicht in dieser Zahl erfasst sind Verbands- und Vereinszeitschriften, Kunden- und Firmenzeitschriften sowie konfessionelle Zeitschriften. Bei Publikumszeitschriften Zahl der Titel in den letzten 25 Jahren stark angestiegen, d. h. verdreifacht (von 1980 mit 271 Titeln zum Jahr 2004 mit 850 IVW-geprüften Titeln). Insgesamt sind 2.340 Objekte auf dem Markt bei im Schnitt ca. 120 bis 130 Neugründungen pro Jahr. Die verkaufte Auflage hat in den letzten zehn Jahren – wie schon in den vierzig Jahren zuvor – zugenommen, aber nur moderat. Veränderungen im Markt rühren von einer starken Zunahme der Titel her, nicht von der Auflagenhöhe. Neueinführungen und Relaunches stehen also im Vordergrund.

Publizistische Bedeutung

Deutschland ist das Land mit der weltweit höchsten Zeitschriftendichte. Das Interesse an Zeitschriften ist sehr groß, die publizistische Bedeutung der Zeitschriften ist hoch: „Die Welt der Zeitschrift übt auf fast jeden eine außergewöhnliche Faszination aus. Kein Wunder: Die verschiedensten Hefte buhlen mit schillernden Titelbildern und reißerischen Schlagzeilen um die Aufmerksamkeit der Leser. Es gibt kaum ein Themengebiet, dem sich nicht ein Heft ausführlich widmen würde: Die trendbewusste Frau kann sich zwischen Dutzenden von Modezeitschriften entscheiden, politisch Interessierte werden von Nachrichtenmagazinen auf dem Laufenden gehalten, für den Bodybuilder gibt es eine spezielle Zeitschrift, ebenso für den passionierten Sportfischer" (Menhard/Trede S. 15).

Die Zeitschrift ist im Gegensatz zur Zeitung nicht tagesaktuell, sondern aktuell im Hinblick auf **Fachthemen**, ihr Themenspektrum ist auf wenige Sachgebiete beschränkt, das Publikum ist in der Regel auf **kleinere Zielgruppen** zugeschnitten und die Erscheinungsfolge ist nicht so häufig wie bei Zeitungen.

Zeitschriften

Kommunikatoren, Anbieter

- Die größten Verlage bei den Publikumszeitschriften: Bertelsmann (Gruner + Jahr), Burda, Springer, Bauer, Spiegel, Verlagsgruppe Milchstraße.
- Fast 500 Fachverlage. Die größten Verlage für Fachzeitschriften: Springer Science + Business Media, Holtzbrinck, Süddeutscher Verlag, Weka, Wolters Kluwer, Reed Elsevier, Vogel, Haufe.

Produkte, Inhalte

- Typen: Publikums-, Fach-, Kunden- und Konfessionelle Zeitschriften
- Publikumszeitschriften: 2.340 Titel (davon 850 IVW-geprüft) (Deutschland 2004, seit Jahren stark steigend, Vervierfachung seit 1975, größter Titel: ADAC Motorwelt). Inhaltliche Struktur: Breite Themenvielfalt sowie spezielle Interessen, Ausrichtung: sowohl auf breites Publikum als auch auf spezielle Interessen, Erscheinungs-intervalle: Wochentitel, 14-Tages-Titel, Monatstitel.
- Fachzeitschriften: ca. 3.637 Titel (davon 1.049 IVW-geprüft).
- Kundenzeitschriften: mehr als 2.500 aktive Titel; Auflage mehr als 400 Mio. Ex.
- Konfessionelle Zeitschriften: 61 Titel, insgesamt 2,5 Mio. verbreitete Auflage.
- Internet-Angebote: als Ergänzung zum Printprodukt, aber mit eigens aufbereiteten, erheblich erweiterten Inhalten, z. B. Focus, Spiegel
- Werbung: (1) Publikumszeitschriften: Werbung nimmt einen Anteil von ca. 44 % am Gesamtumfang ein. Zur Finanzierung trägt sie jedoch überdurchschnittlich bei: Werbevolumen (brutto) 2004 ca. 3,9 Mrd. Euro. (2) Fachzeitschriften: Werbeanteil ca. 30 %, aber insgesamt 50 % Erlösanteil; Werbevolumen (brutto): ca. 0,9 Mrd. Euro.

Transportwege

- Vertrieb Publikumszeitschriften: Abonnement (45 %), Kiosk (40 %) zumeist zweistufiger Vertrieb über Pressegrossisten, Lesezirkel (4 %), Sonstiger Verkauf (11 %); Gelegenheitsnutzung in Arztpraxen, Hotels, Gaststätten usw. Trend: relative Abnahme Abonnement, Zunahme sonstiger Verkauf.
- Vertrieb Fachzeitschriften: Abonnement (90 %), Kiosk (10 %). Stabiler Trend.
- Internet als Zusatzangebot und Vertriebskanal, insbesondere bei Fachzeitschriften.

Rezipienten

- Reichweite: fast 50 % der Gesamtbevölkerung ab 14 Jahren liest mehrmals in der Woche Zeitschriften
- Zeitbudget, Mediennutzung 2005: 12 min. (ARD/ZDF-Langzeitstudie)
- Nutzer-Schwerpunkt Publikumszeitschriften: 30 Jahre und älter
- Nutzer-Schwerpunkt Fachzeitschriften: 30 Jahre und älter
- Nutzer-Schwerpunkt: durch starke Ausdifferenzierung des Zeitschriftenmarktes alle Milieus erreicht.

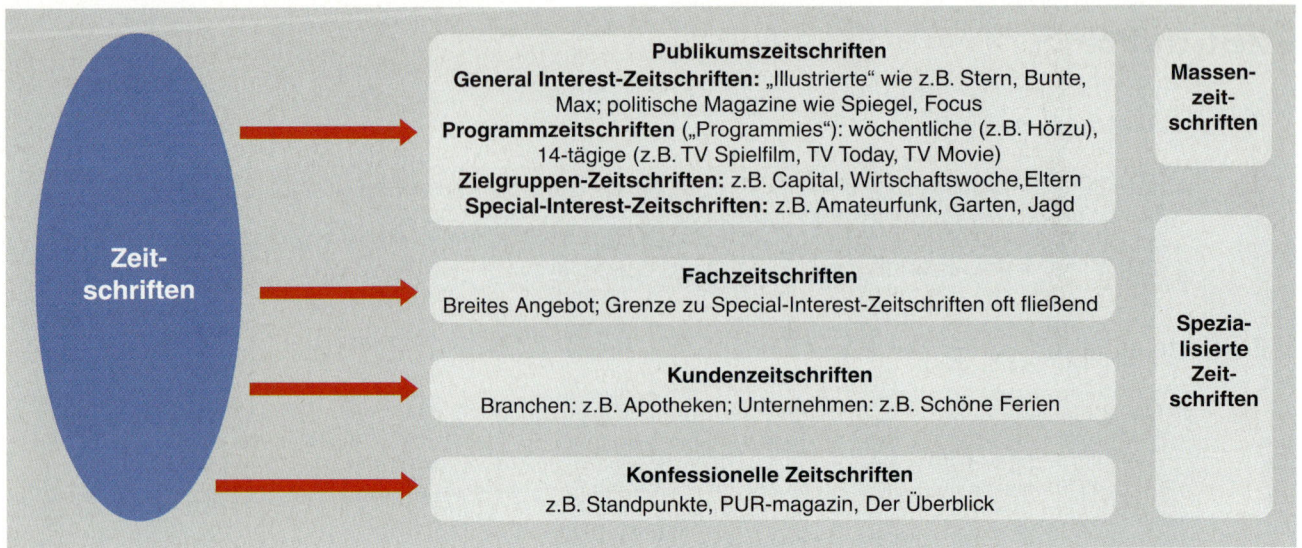

2.3.2 Gattungen von Zeitschriften

Bei den **Publikumszeitschriften** können die General-Interest-Zeitschriften und die Programmzeitschriften zu den sog. Massenzeitschriften zusammen gefasst werden. Alle anderen Zeitschriften sind sog. Spezialisierte Zeitschriften. Massenzeitschriften bieten eine breite, allgemein interessierenden Themenpalette an. Sie erreichen hohe Reichweiten, die noch durch Lesezirkel und Weiterreichen der Zeitschriften zusätzlich ausgedehnt werden. Das Werbevolumen der Massenzeitschriften ist in den letzten Jahren gesunken, und zwar durch die starke Zunahme der Fernsehwerbung, das mit der Zulassung privater TV-Anbieter Werbegelder auf sich gezogen hat. Auch sind die Auflagen der Massenzeitschriften gesunken.

Zudem werden Massenzeitschriften neben dem Fernsehen immer mehr von den **Ziel-gruppen-Zeitschriften** und den Special-Interest-Zeitschriften bedrängt. Bei letzteren haben die Computer-Zeitschriften eine große Bedeutung erlangt. Sie haben die anderen Bereiche mit ihrer breiten Themenvielfalt (z. B. Garten, Familie, Segeln, Reiten, Jagd) überflügelt. Für die Werbung sind die Zielgruppen- und Special-Interest-Zeitschriften ein wichtiger Werbeträger, da hier genau definierte Zielgruppen zielgenau erreicht werden können (sog. „Streuverlust" ist gering).

Fachzeitschriften sind auf die Bedürfnisse von Experten ausgerichtet. Oft sind sie die Plattform für Dokumentationen und Diskussionen unter Spezialisten. Auch in der Aus- und Weiterbildung spielen sie eine prominente Rolle. Fachzeitschriften werden häufig in gebundener Form aufbewahrt. Es ist zu erwarten, dass den Fachzeitschriften über die Online-Dienste eine beachtliche Konkurrenz erwächst.

Kundenzeitschriften werden von Handels- und Dienstleistungsunternehmen herausgebracht und kostenlos an Kunden abgegeben. Sie sollen denn Verkauf unterstützen und bieten Neuigkeiten aus der betreffenden Branche. Besonders stark sind Kundenzeitschriften der Apotheken vertreten.

2.3.3 Trends und Perspektiven

Zentrale Trends im Zeitschriftenmarkt

- Der Markt für Publikumszeitschriften ist gesättigt bzw. übersättigt. Es findet ein heftiger Umverteilungs- und Verdrängungswettbewerb statt, da neue Zeitschriften stets zu Lasten von etablierten gehen.
- Die Auflagenzahlen bei Publikumszeitschriften sinken, und zwar sowohl in absoluten Größen als auch im Hinblick auf die durchschnittliche Auflage.
- Zuwächse sind meist nur durch Einführung neuer Titel möglich, nicht durch höhere Auflagen der im Markt befindlichen Titel
- Der Zeitschriftenmarkt ist durch einen hohen Grad an Fragmentierung (Zersplitterung) und Diversifikation (Aufteilung) gekennzeichnet. Er besetzt immer weitere Nischen, was die Spezialisierung nach Zielgruppen vorantreibt.
- Massenzeitschriften werden zunehmend von Zielgruppenzeitschriften und Special-Interest-Zeitschriften verdrängt.
- Wissenschaftliche Fachinformationen sind stark von den Etats öffentlicher Bibliotheken abhängig, die zumeist heruntergefahren werden.
- Die demografische Entwicklung, nach der die Hauptzielgruppe der 14-44-Jährigen kontinuierlich zurückgeht, schadet den Publikumszeitschriften.
- Die Markentreue nimmt generell ab, so dass die Zeitschriften immer öfter und immer schneller einem Relaunch unterzogen werden.
- Die Werbeerträge sind seit Jahren bei den Publikumszeitschriften stark schrumpfend, noch stärker bei den Fachzeitschriften.

Konzepte der Zeitschriftenverlage

- Verlage sind bemüht, durch die ständige Gründung neuer Titel den Erfolg zu sichern. So wurde jede zweite Publikumszeitschrift innerhalb der letzten zehn Jahre gegründet.
- Das Phänomen, dass im Zeitschriftenmarkt die verkaufte Auflage bei wachsender Zahl von Titeln stagniert, wird sich weiter verstärken.
- Getrieben wird die „Titel-Flut" durch das Interesse der Anzeigenabteilungen, neue Titel buchen zu können, bei denen die Zielgruppen einen überdurchschnittlichen Ertrag für das Anzeigengeschäft abzuwerfen versprechen.
- Der Ausbau von Online-Angeboten, die zudem eng mit den Print-Ausgaben vernetzt sind, wird vorangetrieben.
- Als Reaktion auf die veränderten Käuferströme im Lebensmittelbereich ist mit den Lebensmittel-Discountern die Erschließung neuer Absatzkanäle für Publikumszeitschriften geplant: So sollen die Discounter (z. B. Penny) mit der Zeit evtl. sogar Vollsortimente mit 150 bis 200 Zeitschriften anbieten können. Dies ist als Reaktion auf die seit Jahren sinkenden Umsätze im Pressefachhandel zu verstehen.
- Bei Fachzeitschriften nimmt die Konkurrenz durch Firmen- und Kundenzeitschriften („Corporate Publishing") stark zu. Im Business-Bereich herrscht im Hinblick auf viele Fachinformationen unverkennbar ein Trend zu kostenlosem Content.

2.4 Buch

2.4.1 Basis-Informationen

Definition

Eine Definition von 1912 lautet: „Das Buch ist eine Vereinigung von Bogen eines geeigneten Stoffes zu einem geschlossenen Ganzen, auf denen ein geistiges Erzeugnis durch Worte und zwar vermittels der herkömmlichen Schriftzeichen wiedergegeben wird" (Kerlen S. 2). Allerdings können in Büchern auch Fotos erscheinen, so dass besser der UNESCO-Definition folgt, die besagt: „Alles, was gedruckt über drei Druckbogen (mit je 16 Seiten) hinausgeht, darf Buch genannt werden" (Schönstedt, S. 9). In der digitalen Welt ist die Definition von „Buch" schwierig: „Der traditionelle Träger war Papier, auf das die zuvor gesetzten Lettern gedruckt wurden, die Druckbogen in einen Buchblock gefalzt, mit einem Einband aus Pappe versehen und als Objekt per Post verschickt: Papier/Pappe/Post – das „3-P-Szenario". Neue Träger seit zwei Jahrzehnten sind offline CD-ROMs oder online das Internet: In beiden Fällen werden die Buchstaben digitalisiert, d. h. im binären Code als Mikroform fixiert, gespeichert, übermittelt" (Kerlen, S. 1).

Wirtschaftliche Bedeutung

Deutschland ist ein Land mit relativ hoher Buchproduktion und liegt mit jährlich ca. 80.000 neuen Büchern im Weltmaßstab weit vorn. Die ökonomische Bedeutung des Buchmarktes drückt sich in einem Marktvolumen von ca. neun Mrd. Euro aus und übertrifft damit den Zeitungsmarkt. Der deutsche **Buchmarkt** ist damit wertmäßig der **führende Printmedien-Sektor**. Es ist zu erwarten, dass die wirtschaftliche Bedeutung des Buches in Zukunft abnehmen wird, und dies nicht nur relativ, sondern auch in absoluten Umsatzzahlen. Die Einbußen dürften jedoch nicht so groß sein, um die „Schreckensvision" vom Verschwinden der Bücher Wirklichkeit werden zu lassen. Ein fundamentaler Einbruch des Marktes wird nicht erwartet. Festzustellen ist freilich eine seit zehn Jahren anhaltende Umsatzstagnation des deutschen Buchhandels auf Höhe der genannten neun Mrd. Euro.

Publizistische Bedeutung

❶ „In der Rangfolge der beliebtesten Freizeitbeschäftigungen, die in der Verbraucheranalyse von Bauer Media jährlich erhoben wird, hat das Bücherlesen auch im Jahr 2004 seinen guten achten Platz verteidigt" (Buch und Buchhandel in Zahlen 2005, S. 7).

Die publizistische Bedeutung des Buches besteht darin, das es für eine umfassende Vermittlung von **Wissen**, **Bildung**, **Kultur** und **Unterhaltung** sorgt. Das Medium Buch ist einer der ältesten Informationsspeicher und Kulturträger. Dem Bücherlesen wird nach wie vor ein hoher Stellenwert in der Gesellschaft beigemessen ❶. Die Dauer der Buchlektüre hat in den letzten zehn Jahren sogar wieder zugenommen und liegt heute bei 25 Minuten täglich. Bedenkt man, dass die Lektüre eines Buches aktive Aufmerksamkeit erfordert, ist diese Zahl durchaus auch im Vergleich zum Fernsehkonsum mit seinen dreieinhalb Stunden Nutzungszeit beachtlich.

Jedenfalls hat das Buch trotz übermächtiger Konkurrenz von Zeitungen, Zeitschriften und der elektronischen Medien seinen Reiz nicht verloren. Es hat grundsätzliche Vorteile und bleibt für den Menschen Quelle und Speicher von Wissen und Unterhaltung über Raum und Zeit hinweg.

Buch

Kommunikatoren, Anbieter

- Anzahl der „buchhändlerischen Betriebe" (Mitglieder des Börsenvereins): 6.285; davon 1.823 Verlage („Herstellender Buchhandel"), 4.349 Betriebe des „verbreitenden Buchhandels", 78 Zwischenbuchhandel (klassischer Großhandel), 35 Verlagsvertreter.
- 10 größte Buchverlage (breites Spektrum): Bertelsmann, Klett, Vogel, Süddeutscher Verlag, Westermann, Cornelsen, Weka, Ullstein Heyne List, Wolters Kluwer, Weltbild.
- Sehr breites Spektrum mittlerer und kleiner Verlage.

Produkte, Inhalte

- Titelproduktion 2003: 80.971 Neuerscheinungen, davon 61.538 Erst-Auflage und 19.433 Neu-Auflage. Verhältnis Erstauflage zu Neuauflage = 76:24 (seit 20 J. fast identisch).
- Verteilung nach Warengruppen: Belletristik, Sachbücher 29,0 %; Adressbücher, andere Bücher, Broschüren u. ä. Druckerzeugnisse 26,2 %; Schulbücher 12,9 %; Bücher in losen Bogen oder Blättern, Loseblattwerke 9,5 %; Geistes-/Sozialwiss. 8,1 %; Naturwissenschaft, Technik 7,9 %; Kinderbücher 5,2 %; Bilderbücher, Zeichen-/ Malbücher 1,0 %. Taschenbuchanteil an der Erst-Auflage: ca. 10 %.
- Hörbücher: 400 Hörbuchverlage boten 2003 über 8.500 verschiedene Titel an.
- Inhaltliche Struktur: Alle Themen vertreten. Werbung spielt keine nennenswerte Rolle.

Transportwege

- Vertriebswege: Sortimentsbuchhandel, Sonstige Verkaufsstellen, Warenhäuser, Reise- und Versandbuchhandel, Verlage direkt, Buchgemeinschaften
- Sortimentsbuchhandlungen: Anteil am Gesamtumsatz der Branche ca. 56,0 % (entspricht ca. 5,1 Mrd. Euro). Top 5: Thalia, Hugendubel, Weltbild, Karstadt, Mayersche.
- Verlagsdirektvertrieb: Umsatzanteil ca. 18 % (ca. 1,6 Mrd. Euro).
- Offline-Versandbuchhandel: Umsatzanteil ca. 4,3 % (ca. 0,4 Mrd. Euro).
- Online-Versandbuchhandel: Umsatzanteil ca. 4,8 % (ca. 0,5 Mrd. Euro), Wachstum 2004: ca. 27 %, damit am stärksten wachsender Vertriebskanal.
- Buchabteilungen der Warenhäuser: Umsatzanteil ca. 4,4 % (ca. 0,4 Mrd. Euro).
- Buchgemeinschaften: Umsatzanteil ca. 3,3 % (ca. 0,3 Mrd. Euro).
- Sonstige: Bahnhofsbuchhandlungen, Super- und Verbrauchermärkte, Kioske, Umsatzanteil ca. 9 % (ca. 0,8 Mrd. Euro).
- Deutschlands große Vertriebsdichte: Eine Buchhandlung pro 17.000 Einwohner.
- Online als Vertriebskanal von zunehmender Bedeutung.

Rezipienten

- Mehr als die Hälfte der Bundesbürger hat innerhalb eines Jahres Bücher gekauft, davon wiederum die Hälfte mehr als 5 Bücher
- Reichweite: ca. 25 % der Gesamtbevölkerung ab 14 Jahren liest täglich oder fast täglich Bücher; für Frauen liegt der Wert bei 28 %, für Männer bei ca. 18 %
- Die Altersgruppe 40-59 Jahre liest mit 27 % am meisten (fast) täglich; dabei werden im Schnitt 2,5 Bücher im Monat gelesen
- Ein Drittel der Bevölkerung liest keine Bücher
- Zeitbudget: durchschn. Lesedauer pro Tag: 35 min. (Buch und Buchhandel); 25 min. (ARD/ZDF-Langzeitstudie); Bücherkonsumenten verbringen weniger Zeit vor dem Fernsehgerät. Erhebliche Unterschiede nach Alters- u. soziodemografischen Gruppen: 70 min. p. T. bei unter 19-Jährigen, 33 min. bei den über 59-Jährigen.
- Nutzung von Büchern rückläufig.
- Trend zum „Lesezapping": Selektives Lesen, paralleles Lesen mehrerer Bücher, Überfliegen von Büchern, vorzeitiger Abbruch des Lesens.

2.4.2 Nutzung und Gattungen

Nutzung

Der Buchleser ist keine homogene Einheit, sondern muss differenziert betrachtet werden. In einer neueren Studie sind die folgenden vier „Lese-Erlebnistypen" (mit jeweiligen Gewichtungen) unterschieden und mit relativen Anteilen versehen worden (vgl. Dehm et al., S. 529 ff.):

- Typ 1: Die begeisterten Kompensationsleser (16%).
- Typ 2: Die habituellen Wellnessleser (19%).
- Typ 3: Die informationssuchenden Selektivleser (22%).
- Typ 4: Die zurückhaltenden Orientierungsleser (42%).

Über alle Bereiche hinweg betrachtet dominiert mit Typ 4 ein diffuser Lesetyp, der vergleichsweise wenig liest und keine ausgeprägten Vorlieben für bestimmte Genres hat und der auch in seiner Freizeit keine besonderen Aktivitäten bevorzugt.

Buchgattungen

Zwei Bereiche („Warengruppen") dominieren den Buchmarkt, zum einen das Segment Belletristik und Sachbücher mit 20 Prozent, zum anderen Bücher in der kommerziellen Verwendung (Adressbücher, Broschüren u. ä. Druckerzeugnisse) mit ca. 26 Prozent.

Zur **Belletristik** werden alle fiktionalen Inhalte gerechnet, von hochkultureller Literatur bis zur seichten Unterhaltung. Dabei dominieren Prosa und die Roman-Form. Eher marginal sind die Gattungen Lyrik und Drama. Für Belletristik wird auch der Begriff „fiktive Literatur" verwendet. Sachbücher repräsentieren den „Non-Fiction"-Bereich der Literatur und umfassen die ganze Fülle der Themen, etwa Politik, Wirtschaft, Kulturgeschichte, Technikanwendungen, Musik, Biologie oder Biografien. Nach der Form ist ebenfalls ein breites Spektrum vorhanden, das vom geschlossenen Langtext mit der herkömmlichen Teil-Kapitel-Abschnitt-Gliederung reicht, über Text-Bild-Mischungen bis zu Atlanten und Bildbänden. Sachbücher richten sich an ein allgemeines, anonymes Publikum statt an eine spezialisierte Zielgruppe. Ihre Leserschaft ist diffus.

Dies ist beim **Fach- und Schulbuch** anders: Diese bereiten zwar ähnliche Inhalte wie die Sachbücher auf, richten sich aber an präziser zu bestimmende Zielgruppen wie Wissenschaftler, Fachleute oder Schüler in einer ganz bestimmten Stufe. Schulbücher haben den beachtlichen Umsatzanteil im Markt von 12,9 Prozent. Die Fachbücher zusammengenommen (einschließlich Loseblatt-Ausgaben) machen einen Anteil etwa einem Viertel (25,5 Prozent) aus. Ein wichtiges Segment sind Kinder- und Jugendbücher. Ihnen kommt eine große Bedeutung im Sozialisationsprozess zu ❶. Diese Buchgattung kann als ausgesprochen mannigfaltig und lebendig bezeichnet werden.

Traditionell spielen **Lexika** eine große Rolle im Spektrum der Buchgattungen. Hintergrund ist das Bildungsbürgertum, das die Möglichkeit der Wissensarchivierung attraktiv erscheinen ließ. Im Zeichen des Internet gerät dieses Segment zunehmend in Schwierigkeiten.

❶ Festzuhalten ist, „ dass die Druckmedien und Bücher mehr als andere Medien zum stabilen Aufbau einer kindgerechten und jugendlichen Persönlichkeit beitragen. Schon das Kleinkind kann mit stehenden Bildern in den Büchern anders umgehen als mit der flüchtigen Bild-Wort-Mischung im Fernsehen. Anders gesagt: Es kann mit Letztgenannter besser umgehen, wenn es auch die Bücher nutzt" (Kerlen 2003, S. 37).

2.4.3 Trends und Perspektiven

Zentrale Trends im Buchmarkt

- Im Publikumsmarkt, der Bücher von allgemeinem Interesse („general interest") befriedigt, findet eine Verschiebung hin zum Erlebniskauf, zu Boulevardthemen und zu Fantasy („Pottermania") statt. Als Reaktion hierauf gehen Buchhandlungen dazu über, Erlebniswelten zu schaffen und ihr Sortiment gezielt in eine Richtung zu verändern, die Kulturkritiker als „Triumph des Boulevards" brandmarken. Großbuchhandlungen werden im stationären Handel wichtiger, kleine und kleinere Buchhandlungen werden zurückgedrängt.
- Im Hinblick auf die Interessensgebiete ist ein fundamentaler Wandel festzustellen: Die Zahl der Vielnutzer von Büchern („Bücherwürmer") und hochkulturell orientierten Lesern („Kulturbeflissenen") geht zurück. Nach vorne schiebt sich Boulevard und leichte Kost, die oft im Rahmen von Fernsehsendungen vermarktet wird.
- Neue Formen finden großen Zuspruch bei den Konsumenten: Der neu entstandene Markt für Hörbücher („Audiobooks", „Talking Books") hat inzwischen ein beachtliches Volumen erreicht und wächst weiter.
- Die Zahl der Konsumenten, die das Buch als einen Gebrauchsartikel wie jeden anderen sehen und nicht mehr als ein Kulturgut, nimmt zu. Ein Großteil des Buchumsatzes wird inzwischen über Harry Potter, Promi-Biographien, Sachbücher und Kalender erzielt.
- Im Ausbildungsmarkt leiden Schulbuch- und Wissenschaftsverlage unter der starken Abhängigkeit von der Beschaffungspolitik öffentlicher Einrichtungen wie wissenschaftliche Bibliotheken oder Schulen.
- Buchhandlungen sind wirtschaftlich stärker gefährdet als Verlage, da neue Nebenmärkte immer stärker als Buchverkaufsstellen an Bedeutung gewinnen. Zu denken ist an Baumärkte (Ratgeber), Tankstellen (Reiseführer), Haushaltswarengeschäfte (Kochbücher), Drogerien (Gesundheitsliteratur) oder Supermärkte. Manche Verlage (z. B. Langenscheidt) kooperieren sogar direkt mit Billigmärkten (z. B. Lidl).
- Insgesamt gesehen sind die Hypothesen, wohin sich der Buchmarkt entwickelt, nicht negativ. Man könnte von einer „gemäßigten Veränderung" sprechen ❶.

Konzepte der Buchverlage

- Vor dem Hintergrund der Digitalisierung werden neue Entwicklungsperspektiven interessant, z. B.: die Publikation von E-Books als CD oder DVD parallel zur Print-Version (crossmediale Produktkonzepte).
- Im Bereich der Fachinformationen produzieren Verlage zunehmend auf Bestellung („Books-on-Demand"). Die Digitalisierung macht es möglich, auch kleine Auflagen rentabel abzuwickeln.
- Mit der Zunahme des internetgestützten Versandhandels erfolgt verstärkt ein Einstieg in den digitalen Vertrieb von Büchern.
- Buchhandlungen gehen dazu über, mit einem erweiterten Sortiment über das Buch hinaus den Kunden zu binden („Erlebnishandel"). Dies führt zu einem neuen Aufgabenverständnis eines Buchhändlers.

❶ Acht Hypothesen zur **Zukunft des Buchhandels** (vgl. Heinold/Spiller 2005, S. 38):

1. Es wird auch weiterhin Bücher geben.
2. Kleinere Buchhandlungen sind im Bestand gefährdet, wenn sie sich nicht neu am Markt positionieren.
3. Der Verkauf von Büchern in branchenfremden Verkaufsstellen und via Internet wird zunehmen.
4. Verlage sind umso krisenanfälliger, je allgemeiner ihr Programm ist.
5. Fachverlage werden auch in Zukunft erfolgreich sein, wenn sie moderne Technologie für ihr Angebot nutzen.
6. Informationen werden in Zukunft verstärkt elektronisch angeboten.
7. Die Zahl der Fusionen wird steigen.
8. Gleichzeitig dürfte sich der Trend „weg von den Konzernen" verstärken.

2.5 Druck- und Papierindustrie

In Ergänzung zur Darstellung der Printmedien soll an dieser Stelle in Kurzform die Druck- und Papierindustrie dargestellt werden. Dieser Bereich ist nicht unmittelbar zum Medienbereich zu rechnen, wenn man mit „Medien" die Entwicklung der Inhalte im Auge hat. Sehr wohl besitzt die Druckindustrie aber eine wichtige Stellung in der medialen Wertschöpfungskette von Printprodukten. Die folgenden **Trendaussagen** können für den Druck gelten (vgl. v. a. Matt, in Friedrichsen 2004, S. 17 ff.):

- Die Entwicklung auf den Druckmärkten wird stark von der Werbewirtschaft bestimmt. So weisen gedruckte Werbeträger und Werbemittel trotz wachsender Bedeutung der audiovisuellen und elektronischen Medien den weitaus größten Anteil am Werbemarkt auf. Die wertmäßig bedeutsamste Produktgruppe sind und bleiben Werbedrucke und Kataloge. Ein Begleiteffekt der starken Ausrichtung der Druckindustrie auf die Werbung ist, dass sie wie die Werbebranche stark konjunkturabhängig ist.
- Unersetzlich wird das Bedrucken von Verpackungen für diejenigen Produkte bleiben, die nicht immaterialisiert werden können.
- Durch die technologischen Entwicklungen kommt es zu grundlegenden Veränderungen der Ausgestaltung der Endprodukte. So steigt die Bedeutung von Farbigkeit, ein Mehr an speziellen Effekten wird möglich, der Aufwand für Verarbeitung und Veredelung steigt, es erfolgt eine zunehmende Personalisierung und Kundengruppen-Orientierung bei den Werbemitteln.
- Künftig werden kleinere Auflagen mit sinkenden Seitenzahlen, aber bei höherer Erscheinungsfrequenz die Regel werden.
- Da die Individualisierung weiter zunimmt, wird der Markt für Direct Mails ❶ weiter wachsen.
- Eine Zunahme ist bei der Zahl der Beihefter und Beikleber in Zeitschriften zu erwarten. Die selektive Bindung wird hierbei eine zunehmende Bedeutung gewinnen.
- Was Zeitungen und Zeitschriften anbelangt, ist von einer eher sinkenden Nachfrage nach Druckprodukten auszugehen.
- Im Buchmarkt ist eine sinkende Zahl der Auflagen je Titel zu erwarten, allerdings bei einer steigenden Titel-Anzahl.

Inwieweit die Einflussfaktoren zur Schrumpfung des Marktes beitragen, bewahrende Effekte auslösen oder das Wachstum der Druckbranche antreiben, muss offen bleiben. Festzustehen scheint, dass künftige **Marktpotenziale** mit einem erhöhten Produktionswert nicht mehr über Masse, sondern nur noch über Qualitätssteigerungen und veränderte Geschäftsmodelle erreichbar sind.

Gesamthaft kann gesagt werden, dass sich die Entwicklung der Drucktechnologie auf höchstem Niveau befindet und Rationalisierungs- und Kosteneinsparungspotenziale in nie gekannter Weise besitzt, z. B. durch die Verkürzung der Durchlaufzeiten oder die Verringerung des Materialeinsatzes durch Makulatur-Reduzierung.

❶ Unter **Direct Mailing** versteht man alle Kommunikationsmaßnahmen eines Unternehmens, die darauf abzielen, den einzelnen Menschen direkt anzusprechen und dadurch einen direkten Kontakt zu dieser Person herzustellen und in einen unmittelbaren Dialog mit ihr einzutreten. Ein Beispiel ist eine adressierte Werbesendung, bestehend aus einem Werbebrief, einem Prospekt, einer Rückantwortkarte und einem Versandkouvert (sog. „Mail Order Package"). Im Zeichen des Internet haben Direct Mails in Form von E-Mails eine hohe Bedeutung erlangt.

Die Druck- und Papierbranche im Überblick

Marktvolumen Druckindustrie

- Gesamt-Umsatz der deutschen Druckindustrie 2004: ca. 23 Mrd. Euro, davon 16,6 Mrd. Euro von Betrieben mit 20 und mehr Beschäftigten.
- davon Auslandsumsatz: 2,3 Mrd. Euro, d. h. Exportquote: 13,8 %.
- Starke Abhängigkeit der Druckindustrie von der Werbung.
- Verteilung des Umsatzes der Druckindustrie auf Druck-Erzeugnisse (in Mrd. Euro): Werbedrucke/Kataloge: 5,57; Geschäftsdrucksachen: 2,07; Zeitschriften: 1,99; Zeitungen/Anzeigenblätter: 1,78; Bücher/kartografische Erzeugnisse: 1,05; Bedruckte Etiketten: 1,01; Kalender/Karten: 017; Sonstige Druck-Erzeugnisse: 1,69.
- Verteilung des Umsatzes der Druckindustrie auf Druck-Erzeugnisse (Anteile in %): Werbedrucke/Kataloge: 36,3; Geschäftsdrucksachen: 13,5; Zeitschriften: 13,0; Zeitungen/Anzeigenblätter: 11,7; Bücher/kartografische Erzeugnisse: 6,9; Bedruckte Etiketten: 6,5; Kalender/Karten: 1,2; Sonstige Druck-Erzeugnisse: 11,0.

Druckunternehmen

- Anzahl der Industrie- und Handwerksbetriebe: 11.912; Anzahl der Betriebe mit 20 und mehr Beschäftigten: 1.750. D. h.: 84 % aller Betriebe haben weniger als 20 Beschäftigte.
- Die deutsche Druckindustrie ist ein von Klein- und Mittelbetrieben geprägter Industriezweig: Ein Drittel aller Betriebe gehört zum Handwerk.
- Konzentrationsgrad gering, starke Prägung durch kleine und mittlere Unternehmen (KMU). Nur 4 Betriebe mit mehr als 1.000 Mitarbeitern, nur 24 Betriebe mit 500 - 999 Mitarbeitern, alle anderen haben weniger als 500 Mitarbeiter.
- Beschäftigte: 186.084 Mitarbeiter, davon: 119.029 in Betrieben mit 20 und mehr Beschäftigten.
- Lehrlinge (2003): Mediengestaltung/Druckvorstufe (u. a. Mediengestalter, Schriftsetzer): 11.082; Drucktechnik (u. a. Drucker, Siebdrucker): 4.641; Druckweiterverarbeitung (Buchbinder, Verpackungsmittelmechaniker): 2.470.
- Umsatz je Beschäftigten: 138.829 Euro.
- Dominanz der auftragsbezogenen Einzelfertigung.

Marktvolumen Papierindustrie

- Umsatz der deutschen Papierindustrie 2004: 12,6 Mrd. Euro.
- Papierverbrauch in Deutschland: 15,4 Mio. Tonnen.
- Erzeugung: 20,4 Mio. Tonnen Papier, davon Inlandsabsatz: 56 %.
- Verteilung der Erzeugung auf Sorten (Mio. Tonnen): Grafische Papiere: 10,1; Papier, Karton u. Pappe für Verpackung: 7,7; Hygiene-Papiere: 1,1; Techn./Spezialpapiere: 1,5.
- Import: 9,9 Mio. Tonnen.
- Export: 11,5 Mio. Tonnen. 73 % entfallen auf die Staaten der EU 25. Starke Zunahme der Exporte in die neuen EU-Beitrittsländer.
- Deutschland ist der größte Papierproduzent in Europa; im weltweiten Vergleich Platz 5 hinter USA, China, Japan, Kanada.

Unternehmen der Papierindustrie

- Betriebe (Produktionsstandorte): 200
- Konzentrationsgrad: Globaler Markt ohne regionale Differenzierung – zahlreiche Marktakteure, d. h. fragmentierter Markt
- Beschäftigte: 44.500

2.6 Radio

2.6.1 Basis-Informationen

Definition

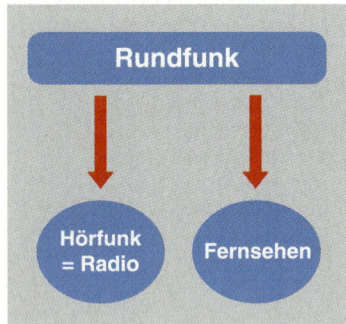

Im ABC der ARD heißt es: „Hörfunk = Erstes elektronisches Massenmedium, anfangs gleichbedeutend mit Rundfunk, dann in Abgrenzung zum Fernsehen von Technikern als Tonrundfunk gekennzeichnet. In Deutschland regelmäßiger Programmbetrieb seit 29. 10. 1923, anfangs durch halbstaatliche, dann voll verstaatlichte, überwiegend regional orientierte Sendegesellschaften, ab 1945 durch Besatzungssender, seit 1948/49 durch Anstalten des öffentlichen Rechts, seit Anfang der 80er Jahre zusätzlich durch privatrechtliche, zumeist kommerzielle Veranstalter, seit 1994 auf nationaler Ebene durch die Körperschaft des öffentlichen Rechts Deutschlandradio".

Wirtschaftliche Bedeutung

Die medienökonomische Bedeutung des Radios ist mit etwas mehr als drei Mrd. Euro gegenüber der Presse und dem Fernsehen als nachrangig zu bezeichnen, Radio ist gleichwohl – ebenso wie das Fernsehen eine Nutzungszeit von ca. dreieinhalb Stunden täglich aufweisend – das am meisten genutzte Medium. Es steht vor großen Veränderungen.

Das **Marktpotenzial** des Hörfunks erscheint vor dem Hintergrund der mittelfristigen Vergangenheit als **eher bescheiden**. So hat sich das Marktvolumen in den letzten fünf Jahren auf gleichem absoluten Niveau erhalten, was nur deshalb möglich gewesen ist, weil die Erlöse aus Rundfunkgebühren einen massiven Rückgang der Werbeerlöse überkompensiert haben. Dies verdeutlicht, dass privates Radio offensichtlich immer schwerer zu finanzieren ist. Verschärfend kommt hinzu, dass die Rolle von Radio als lediglich **begleitendes Medium** eher noch zunehmen wird.

Der Radiomarkt steht vor signifikanten Veränderungen. Eine wichtige Rolle spielen die technischen Entwicklungen, die mit der **Digitalisierung** des analogen Hörfunks einhergehen. Es wird angestrebt, den Hörfunk bis 2010 vollständig auf digitale Technologien umzustellen und nach einer Übergangszeit, in der die analoge und digitale Übertragung parallel erfolgt („Simulcast"), das analoge Signal vollständig abzuschalten.

Publizistische Bedeutung

Die erste Radiosendung in Deutschland wurde am 29. Oktober 1923 aus dem Vox-Haus in Berlin ausgestrahlt ❶. Seine publizistische Bedeutung war sowohl in der Gründerzeit (1923-1933) als auch im Dritten Reich und in den 50er und 60er Jahren enorm. Privatradios wurden in Deutschland ab dem Jahr 1984 zugelassen. Heute ist das Radio eher ein **Nebenbei-** und **Hintergrundmedium**. Allerdings verwendet die Bevölkerung etwa gleich viel Zeit für das Radiohören wie für das Fernsehen. Radio nimmt bei der aktuellen Information und bei der mobilen Nutzung (vor allem im Auto) eine außergewöhnliche Stellung ein.

❶ Die **erste Rundfunkansage in Deutschland** am 29.10.1923 in Berlin: „Achtung, Achtung, hier ist Berlin auf Welle 400 Meter. Meine Damen und Herren, wir machen Ihnen davon Mitteilung, dass am heutigen Tage der Unterhaltungsrundfunkdienst mit Verbreitung von Musikvorführungen auf drahtlos-elektronischem Wege beginnt. Die Benutzung ist genehmigungspflichtig."

Radio

Kommunikatoren, Anbieter

- Öffentlich-rechtlicher Rundfunkanstalten: gesamt 13. Aufteilung: ARD (9 Landesrundfunkanstalten: davon Mehrländeranstalten MDR, NDR, RBB, SWR; Einländeranstalten BR, SR, RB, WDR; plus Deutsche Welle), ARD-ZDF-Einrichtung: DeutschlandRadio (2 Programme: Deutchlandfunk, DeutschlandRadio Kultur).
- Privat-kommerzielle Veranstalter: Hauptakteure: RTL-Group (Bertelsmann), Axel Springer Verlag. Daneben viele kleine und mittlere Anbieter.
- Private nicht-kommerzielle Anbieter: (1) Bürgerradio: Offene Kanäle. (2) Hochschulen: Campus-Radios Ausbildungsradios. (3) Nicht-kommerzielle Lokalradio-Betreiber.
- Internet-Radios: weltweit ca. 15.000 Veranstalter: Institutionen, Unternehmen, Privatpersonen, Medienunternehmen mit eigenständigen (exklusiven) Angeboten (z. B. FTD).

Produkte, Inhalte

- Produkte nach Rechtsform: (1) Öffentlich-rechtliche Angebote: 61 Hörfunk-Programme. (2) Private Angebote: 24 digitale Hörfunkprogramme, 192 analoge Angebote, davon: bundesweite Verbreitung: 15; landesweit und regional 45; lokal 132 (Verteilung der Lokalradios: Bayern 56; NRW 47; Sachsen 14; Bad.-Württ. 13; RP 2).
- Zeit-Volumen: (1) Zeitliche Vollprogramme vorherrschend. (2) Fensterprogramme bei Lokal- und Regional-radios (Fremdbezug des Mantelprogramms: Syndication).
- Programmleistung und Programmstrukturen: (1) Gesamtes Hörfunksystem: alle Formen (Formate). Dominanz von austauschbaren AC-Einheits-Formaten (Adult-Contemporary „Dudelfunk"). (2) Öffentlich-rechtlicher Rundfunk: ca. 33 % Wort (davon mehr als die Hälfte Politik), ca. 66 % Musik (davon ca. ein Viertel Ernste Musik), stark differenziertes Angebot. (3) Private Radioveranstalter, z. B. landesweiter Hörfunk (2002): Musik 72 %; Wort 20 %, Werbung 8 %. Dominanz von Unterhaltungsmusik.
- Radio als Werbeträger: (1) Öffentlich-rechtlicher Hörfunk: Anteil Sendezeit ca. 5 %, Beitrag zur Finanzierung ca. 5-10 %. (2) Private: Anteil 5-15 %; Finanzierung: 100 %.
- Internet-Angebote: (1) ARD/ZDF: programmbegleitende Information. (2) Privatveranstalter: auch eigen-ständige Produktwelten.

Transportwege

- Empfangsebene Terrestrik (ausschließlich): 7,1 % aller Haushalte, davon: (1) analog, (2) digital als DVB-T in der Einführungsphase (zahlreiche Ballungsgebiete versorgt).
- Empfangsebene Kabel: als DVB-C, Anteil 55,8 % aller Haushalte.
- Empfangsebene Satellit: als DVB-S, Anteil 37,1 % aller Haushalte.
- Haushalte mit angeschlossenem Digital-Receiver: 17,7 % der Haushalte. PC: Internet, Podcasting.
- Mobiler Empfang. Endgeräte: (1) Tragbare Radiogeräte analog („Kofferradio"). (2) Autoradio: analog,digital. (3) Mobiltelefon. (4) MP3-Player: Podcasting.

Rezipienten

- Erreichbarkeit (technische Reichweite): 100 %, Radio ist „Überall-Medium"
- Geräteausstattung: 99 %, angemeldete Geräte: 41,6 Mio., 504 Geräte je Tsd. Einw., 84,1 % besitzen ein Autoradio.
- Reichweite: 84 % der Bevölkerung ab 14 Jahren hört mehrmals in der Woche Radio.
- Zeitbudget: Durchschnittliche Hördauer 221 min. tägl. (deutliche Zunahme seit 1985).
- Nutzung nach Programmtyp: (1) Öffentlich-rechtliche Programme: Tagesreichweite 52,3 % bzw. 33,88 Mio. Personen ab 14 Jahren, Mo-So 05:00-24:00 Uhr. (2) Privatradios: Tagesreichweite 43,4 % bzw. 28,08 Mio. Personen.
- Nutzung betr. Aufmerksamkeitsgrad: meist wenig intensiv, typisches Begleit-Medium.
- Nutzung im Tagesablauf: Hauptnutzung 6:00 bis 8:00 Uhr.
- Nutzer-Schwerpunkt: alle Bevölkerungsschichten nach Alter, Geschlecht und Lebensstil. Leitfunktion bei Jugendlichen. Männer hören etwas mehr, Frauen etwas weniger Radio.
- Nutzung nach Hörertypen: Vielhörer 13 %, Frühhörer 23 %, Vormittagshörer 17 %, Späthörer 14 %, Gelegenheitshörer 25 %, Wenighörer 8 %.

2.6.2 Öffentlich-rechtlicher Rundfunk

In Deutschland gibt es das sog. **duale Rundfunksystem**, nach dem neben den öffentlich-rechtlichen Rundfunkanstalten auch private Veranstalter zugelassen sind. Im Hörfunk dominiert deutlich der öffentliche Rundfunk, während im Fernsehen sich öffentliche und private Anbieter in ihrer wirtschaftlichen Bedeutung in etwa die Waage halten.

Die öffentlich-rechtlichen Rundfunkanstalten wurden nach dem 2. Weltkrieg von den Alliierten als eine öffentliche und gemeinnützige Einrichtung gegründet, um sicher zu stellen, dass der Rundfunk nicht noch einmal wie im Dritten Reich in staatliche Hände gelangt und für Propagandazwecke missbraucht werden kann.

Eigentümerin des öffentlichen Rundfunks ist die **Gesellschaft**, die in den Aufsichtsorganen (Rundfunkrat, Verwaltungsrat, Fernsehrat) in Form der sog. gesellschaftlich relevanten Gruppen vertreten. Das heißt, dass sich die Aufsichts- und Kontrollorgane der Sender durch Vertreter aus allen gesellschaftlich wichtigen Gruppen zusammensetzen. Dort sind zwar auch Parteien und staatliche Organe vertreten, aber nur in untergeordnetem Maße.

Um die **Staatsunabhängigkeit** noch zu unterstreichen, erfolgt die **Finanzierung** nicht durch Steuern, sondern durch einen Beitrag, der von allen Gerätebesitzern zu entrichten ist („Rundfunkgebühr"). Es gibt also keine staatlichen Zahlungen (Subventionen) an die öffentlich-rechtlichen Rundfunkanstalten. Sie finanzieren sich völlig außerhalb der staatlichen Budgets. Der öffentlich-rechtliche Rundfunk ist also keine staatliche, sondern eine **öffentliche Einrichtung**. Die **gemeinnützige Konstruktion** hat neben der dargestellten Staatsunabhängigkeit auch das Ziel, den öffentlichen Rundfunk von Einflussnahmen der Wirtschaft und der Verbände unabhängig zu machen. Die Finanzierung aus Werbung macht nur einen kleinen Teil der Gesamteinnahmen aus (ca. 5 %).

➲ **Der öffentlich-rechtliche Rundfunk ist keine staatliche, sondern eine öffentliche Einrichtung! Er ist gemeinnützig und finanziert sich durch Beitragszahlungen der Hörer und Zuschauer.**

Als Fazit kann festgehalten werden, dass der öffentlich-rechtliche Rundfunk als eine unabhängige Einrichtung konstruiert ist, unabhängig von Staat, Wirtschaft und Interessensverbänden.

➲ **Öffentlich-rechtlicher Rundfunk ist freier Rundfunk und erfüllt einen von der Gesellschaft auferlegten Programmauftrag.**

Im übrigen ist in Deutschland die Organisation des Rundfunks gemäß der föderativen Struktur eine Angelegenheit der **Länder**. Alle Fragen, die ARD und ZDF betreffen, sind in den Länderparlamenten zu lösen und nicht über den Bund. Die Rechtsgrundlagen des öffentlich-rechtlichen Rundfunks sind in zahlreichen Urteilen des Bundesverfassungsgerichts gefestigt worden.

	Öffentlich-rechtlicher Rundfunk	Private Rundfunkveranstalter
Ziel	Rundfunk für alle; gemeinnützig; Kostendeckende Vollversorgung	privatwirtschaftlich, gewinnorientiert
Eigentumsverhältnisse	öffentliche Trägerschaft Länder als Regelungsorgane	private Eigentümer
Finanzierung	Beitrag, der von den Gerätebesitzern zu entrichten ist (Rundfunkgebühr), Werbung und Sponsoring als Ergänzung (stark eingeschränkt)	Werbung, Sponsoring, Abonnements (Pay TV, Pay Per View)

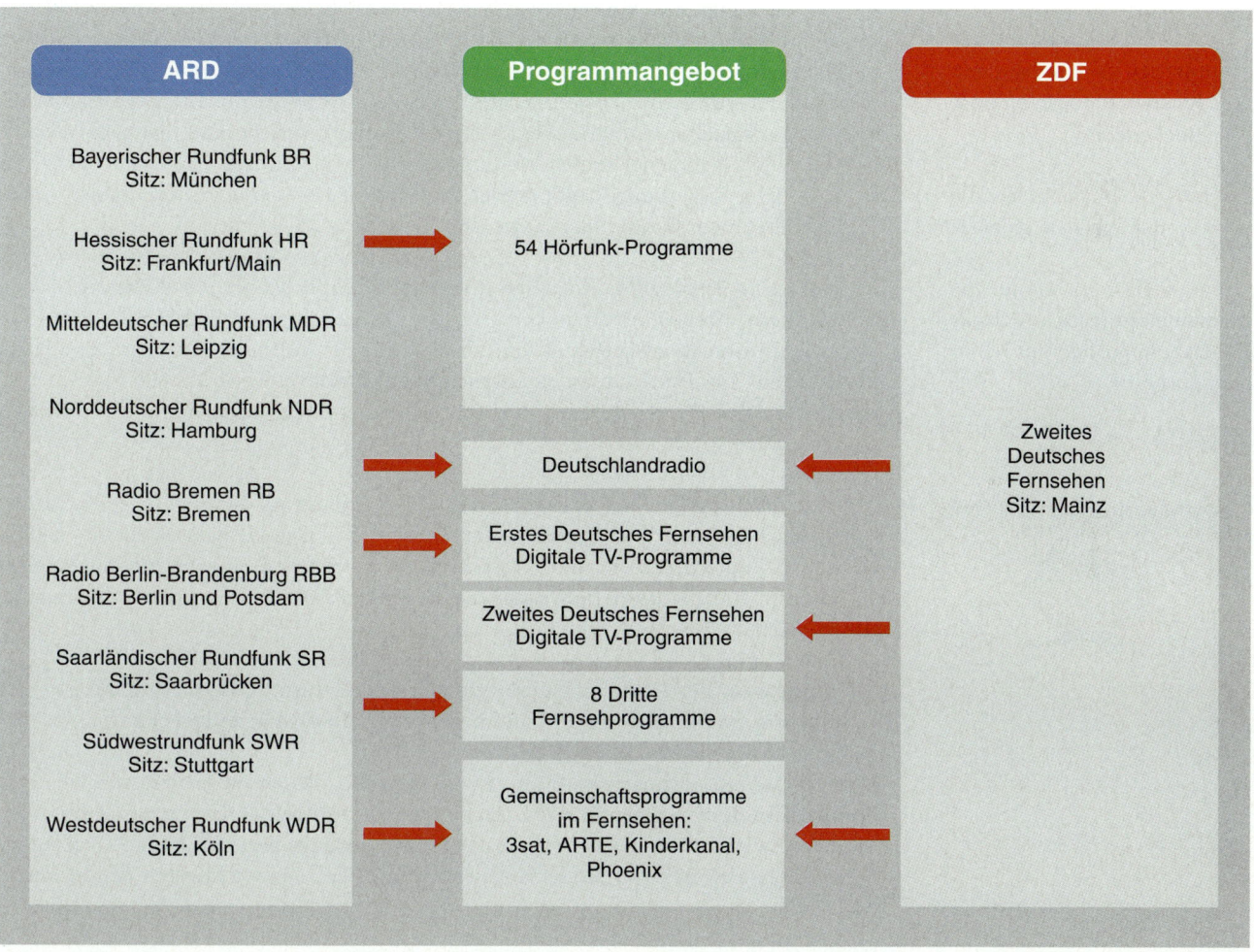

2.6.3 Private Rundfunkveranstalter

Der Bereich der privaten Rundfunkveranstalter wird hauptsächlich von den kommerziellen Radio- und Fernsehunternehmen abgedeckt. Sie sind am Markt, um mit Radio- und Fernsehprogrammen Gewinn zu erwirtschaften. Ihr vorrangiges Interesse liegt also in der bestmöglichen Gestaltung von Programmen im Hinblick auf deren Verkaufbarkeit am Markt. **Zwei Märkte** kommen in Frage, auf denen sie Erlöse erzielen können:

❶ Sponsoring: Unterstützung einer ganzen Sendung mit entsprechendem Hinweis vor und nach der Sendung

❷ Product Placement: Platzierung einer Produktmarke in einem Film

❸ Merchandising: Verkauf von programmbezogenen Artikeln wie Erkennungsfiguren, T-Shirts oder Büchern

- Publikumsmarkt: Die Programme werden von den Zuschauern und Zuhörern finanziert. Man spricht von „Pay TV". Es kann in Form von „Pay per Channel" auftreten (einer oder mehrere Kanäle werden abonniert) oder als „Pay Per View" (eine einzelne Sendung, z. B. ein Formel 1-Rennen, wird geliefert und gesondert bezahlt).
- Werbemarkt: Die Finanzierung erfolgt über die Werbewirtschaft, die durch ihre Einschaltungen die Programmkosten abdeckt. Da diese Programme für den Konsumenten scheinbar „kostenlos" sind (scheinbar deswegen, weil die Werbekosten vom Verbraucher von Produkten getragen werden), spricht man hier auch von „Free-TV". Neben der reinen Werbung in Form von Fernseh- oder Radiospots (sog. „Harte Werbung") gibt es hier auch andere Formen wie Sponsoring ❶, Product Placement ❷ oder Merchandising ❸.

Kommerzielle Privatradios finanzieren sich ausschließlich über die **Werbung**. Damit stehen sie in direkter Abhängigkeit von der werbetreibenden Wirtschaft. Ihre Programme müssen so ausgerichtet sein, dass sie für die Werbung eine attraktive Plattform bieten. Die Plattform ist wiederum dann attraktiv, wenn das Programm von möglichst vielen Hörern genutzt wird oder von einer Zielgruppe, die für die Werbung interessant ist.

Im politischen System der Bundesrepublik Deutschland ist die Regelung des Rundfunks Angelegenheit der **Bundesländer**. Dies ist der Grund, dass es in der Radiolandschaft Deutschlands große Unterschiede zwischen den einzelnen Ländern gibt. So gibt es z. B. in Nordrhein-Westfalen eine Vielzahl von Lokalsendern, die etwa in Baden-Württemberg ganz fehlen.

⭢ Radio bzw. der Hörfunk ist ein zeitbasiertes Medium: Das zu Hörende ist flüchtig, wobei sich die Töne über eine zeitliche Distanz erstrecken.

Dem privaten Rundfunk gemeinsam ist die Tatsache, dass er im Prinzip von wenigen Kommunikatoren beherrscht wird. Große Medien- und Verlagskonzerne spielen über Tochtergesellschaften und Vernetzungen genauso wie im Fernsehen eine Hauptrolle. Diese haben sich in sog. „Senderfamilien" organisiert. Die wichtigsten **Senderfamilien** sind:

❹ Dieser Sachverhalt wird auch als **Syndication** bezeichnet.

- Bertelsmann über die Tochergesellschaft CLT/UFA: Beherrschung von RTL. Die 100%-Tochter „RTL Radio" ist ein wichtiger Lieferant von Mantelprogrammen für lokale und regionale Radiosender ❹. Bertelsmann ist mit der Marke RTL zudem stark im europäischen Ausland aktiv und betreibt in systematischer Weise ein europäisches RTL-Netzwerk.

- Springer-Konzern: vielfältige nationale Beteiligungen
- Burda-Konzern: insbesondere Beteiligungen in Bayern
- WAZ-Konzern: Starkes Engagement in Nordrhein-Westfalen, Präsenz in Österreich
- Holtzbrinck-Konzern: vielfältige nationale Beteiligungen, insbesondere neue Bundesländer

Manche Radiomärkte in Deutschland sind durch einen sehr hohen publizistischen **Wettbewerb** geprägt, so z. B. besonders stark in Berlin. Im Gegensatz dazu steht die Ausschaltung des Wettbewerbs durch Monopolbildungen. In nicht wenigen Fällen haben Zeitungsverlage im lokalen oder regionalen Raum ein Monopol im Pressebereich, da es nur eine Zeitung gibt, und gleichzeitig sind sie Betreiber des einzigen Lokalradios am Ort. Dieses Phänomen bezeichnet man als **Doppelmonopol**.

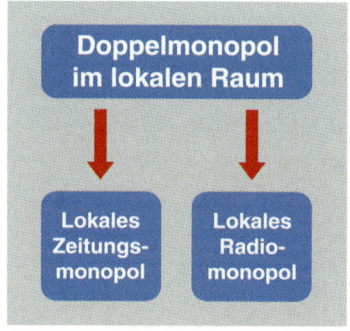

| Bundesland | private UKW-Programme | | | | private | | öffentlich-rechtliche | |
	bundesweit	landesweit *	regional	lokal	DAB-Programme **	nicht kommerziell	analog	digital
Baden-Württemberg	2	1	3	12	4	19	6	-
Bayern	2	2	-	62	17	8	5	4
Berlin/Brandenburg	3	6	8	3	5	1	9	-
Bremen	-	-	1	-	-	2	3	-
Hamburg	1	-	4	-	1	3	5	-
Hessen	-	5	-	-	1	7	6	-
Mecklenburg-Vorpommern	-	2	-	-	-	4	1	-
Niedersachsen	-	3	-	-	-	13	1	-
Nordrhein-Westfalen	-	1	-	46	1	10	7	2
Rheinland-Pfalz	-	3	-	2	-	-	2	-
Saarland	-	2	-	-	1	-	4	1
Sachsen	-	6	-	15	-	8	6	1
Sachsen-Anhalt	-	4	-	-	2	3	1	-
Schleswig-Holstein	-	3	-	-	-	4	1	-
Thüringen	-	3	-	-	-	8	1	-
insgesamt	**8**	**41**	**16**	**140**	**32**	**90**	**58**	**8**

*   Einschließlich Zulieferer von Mantelprogrammen
**   ohne Programme, die identisch auf UKW ausgestrahlt werden
         Zusatzbemerkung: Nicht mitgezählt sind die **ausschließlich** über Satellit und Kabel verbreiteten Hörfunkprogramme
Quelle: Webseiten und Auskünfte der 15 Landesmedienanstalten und der 9 öffentlich-rechtlichen Rundfunkanstalten. Erhebungen und Berechnungen der AKM.
VPRT: Hörfunk in Deutschland 2006, S. 84

2.6.4 Programm und Nutzung

Programmformen

❶ Journalistische Formen
im Radio:
- Nachrichten
- Bericht
- Kommentar
- Interview
- Diskussion
- Feature
- Presseschau
- Programm mit Hörerbeteiligung
- Jingles und Trailer
- Moderation

❷ Wichtige Formen von Werbespots in Radio und Fernsehen:
- Problemlöser-Spot
- Präsentation durch Sprecher
- Interview-Technik
- Produkt-Demonstration
- Testimonial
- Slice-of-Life
- Musik-Jingle

Die Programmformen nennt man auch Formate. Es hat sich gezeigt, dass die Akzeptanz der massenattraktiven Hörfunkprogramme vorrangig über die Musikfarbe bestimmt wird. Die folgenden **Formate** werden unterschieden:

- Format 1: Internationale Popmusik, englischsprachig, melodiös, wenig rhythmusbetont. Service und aktuelle Information in knapper Form integriert. Zielpublikum: 25 bis 49 Jahre.
- Format 2: Deutsch-orientiert, melodiös („DOM"); aktuelle Schlager, Schlager-Klassiker, volkstümliche Musik, gemächlicher Programmfluss ohne Hektik, liebenswerte, verständnisvolle Ansprache. Zielpublikum: vor allem ältere Zielgruppen.
- Format 3: Aktuelle Hits aller Gattungen („Contemporary Hit Radio") von Pop, Rock, Techno, Rap bis House; wenige Titel aus dem letzten Jahrzehnt, sehr schnelle, moderne Anmutung, jugendliche Ansprache, Hörer werden meist geduzt, äußerst knapp gehaltene Nachrichten und Informationen. Zielpublikum: Jugendliche Zielgruppen.
- Format 4: Klassische Musik von Evergreens bis zu weniger eingängigen Werken, auch Weltmusik und Folklore, seriöse Ansprache, Kulturinformationen, Hörspiele. Zielpublikum: Klassik- und Kulturinteressierte aller Altersschichten.
- Format 5: Überwiegender Wortanteil, weitgehendes Fehlen von Musik, Schwerpunkt liegt auf ausführlicher Information aus allen Bereichen, Hintergrundinformationen, Features, Gesprächssendungen. Zielpublikum: Alle an umfassender Information Interessierten, die das Radio nicht wegen der Musik einschalten.

Neben diesen Programmformen sind für die Definition der Inhalte auch die journalistischen Formen ❶ sowie die Werbeformen ❷ von Bedeutung.

Nutzung

Radio wird überdurchschnittlich stark am Morgen zwischen 6:00 und 8:00 Uhr genutzt, auch dort schon – wie den ganzen Tag über – eher als Nebenbeimedium genutzt. Über den Tag hinweg fällt die Nutzungskurve ab, allerdings mit zwei Spitzen als Ausnahme, zum einen einem relativ starken „Hoch" um die Mittagszeit, zum anderen mit einer Spitze in der Zeit um 16:00 Uhr. Die Radionutzung flacht am Abend stark ab und tritt gegenüber dem Fernsehen völlig in den Hintergrund.

Der **Marktanteil** der öffentlich-rechtlichen Rundfunkanstalten ist gegenüber den Privatradios deutlich höher. Insofern unterscheidet sich die Situation auf dem Radiomarkt von der des Fernsehmarktes. Eine Ausnahme bildet allerdings Berlin, wo in einem heiß umkämpften Markt die privaten Programme dominieren.

Im Hörfunk herrscht zwischen den Sendern eine **starke Konkurrenzsituation**. Dies resultiert aus der Tatsache, dass sich die Sendegebiete nicht selten stark überlappen, aber auch aus der Einspeisung in Kabel- und Satellitensysteme.

2.6.5 Trends und Perspektiven

Zentrale Trends im Radiomarkt

- Radio nimmt seit jeher die Rolle eines klassischen Begleit-Mediums ein, das passiv zur Unterhaltung und Entspannung hauptsächlich durch Musik genutzt wird. Diese Art der Nutzung zeigt sich in allen soziodemografischen Gruppen als sehr stabil. Hauptnutzungszeit des Radios im Tagesverlauf ist der Morgen.
- Relevante Veränderungen in der Radionutzung zeigen sich nur bei den 14- bis 29-Jährigen, wo eine gewisse Reduktion in der Radionutzung erkennbar ist.
- Als neue Nutzungsformen verdienen Audio-Produktionen, die von Privatpersonen erzeugt und verbreitet werden ("user generated content"), höchste Aufmerksamkeit. Besonders wichtig wird dabei das Podcasting ❶.
- Die mobile Nutzung wird zunehmend zu einer wichtigen Säule des Konsums von Radioprogrammen und -elementen.
- Eine steigende Bedeutung erfährt die Personalisierung der Radionutzung. Hier erfolgt eine Anpassung des Radioprogramms an persönliche Vorlieben, z. B. durch Auswahl von Lieblingsmusikrichtungen oder Interpreten, die in einer individuellen Playlist über einen personalisierten Radioservice aus einem Tableau unterschiedlicher Stationen zusammengestellt werden.
- Die völlige Abkehr vom Echtzeit-Konsum der Angebote der Broadcast-Dienstleister schließlich vollzieht "Radio on Demand". Hierbei werden Archive mit hochwertigen Inhalten (O-Töne, Mitschnitt-Dienste oder zu festen Zeitpunkten konservierte Nachrichten) immer wichtiger.
- Zur künftigen technischen Verbreitung in der digitalen Welt: Prinzipiell findet ein Wettbewerb zwischen zwei unterschiedlichen Systemen statt: (a) Monodirektionale Kommunikation über Terrestrik, Kabel und Satellit. Als Technologie steht Digital Audio Broadcasting (DAB) zur Verfügung, die bereits von über 80 % der Bevölkerung genutzt werden kann und eine CD-nahe Tonqualität liefert, allerdings bei mäßigen Mobilempfangseigenschaften. DAB steht in der Kritik wegen hoher Kosten, mangelnder Akzeptanz, fehlender Synergien zum digitalen Fernsehen und alternativer Technologien wie Digital Multimedia Broadcasting (DMB) und Digital Video Broadcasting – Handheld (DVB-H), die DAB als Standard überflüssig machen könnten. (b) Bidirektionale Kommunikation: Radio wird über IP-basierte Netze übertragen, eine Technik, die in direkter Konkurrenz zu den herkömmlichen Übertragungswegen steht und den Vorteil der Rückkanalfähigkeit bietet, sowohl im stationären als auch im mobilen Umfeld. Bereits heute ist die notwendige Bandbreite gegeben, um Audio-Dienste wie Internet-Radio in ausreichender Qualität zu übertragen.

Konzepte der Radio-Unternehmen

Angesichts der aktuellen Veränderungen, die im krassen Gegensatz zur bisher sehr stabilen Entwicklung der letzten 30 Jahre stehen, sind die Anbieter auf dem Radiomarkt gezwungen, zukunftsfähige strategische Konzepte zu entwickeln, mit denen sie bestehen können. Grundsätzlich geht es dabei auch um die Frage, welche Perspektive das Radio im Zeichen von Fernsehen und Internet in Zukunft überhaupt haben kann.

❶ Die Bezeichnung **Podcasting** setzt sich aus den Begriffen „iPod" (Audio-Player) und „Broadcast" (engl. Rundfunk) zusammen. Podcasting macht es möglich, Radio-, aber auch TV-Sendungen zeitversetzt auf den PC oder auf einen beliebigen Audio-Player (z. B. MP3-Player) aus dem Internet herunter zu laden. Die gewünschten Dateien müssen nicht erst mühevoll einzeln abgerufen werden, sondern werden dem Hörer auf Basis eines selbst zusammengestellten Abonnements (Newsfeed) zugespielt. Bei Einwahl in das Internet erfolgt automatisch die Überspielung der aktuellen Ausgaben der gewünschten Sendungen.

2.7 Fernsehen

2.7.1 Basis-Informationen

Definition

Gemäß dem ABC der ARD ist Fernsehen „in Abgrenzung vom Hörfunk audiovisueller Teil des Rundfunks, in Deutschland regelmäßiger Programmbetrieb ab 22. 3. 1935, zunächst für den Gemeinschaftsempfang in so genannten Fernsehstuben, am 25. 12. 1952 Neubeginn für den Individualempfang durch den Nordwestdeutschen Rundfunk (NWDR), seit 1. 11. 1954 – hervorgegangen aus dem NWDR-Programm – das gemeinsam von den Landesrundfunkanstalten der ARD betriebene (Erste) Deutsche Fernsehen/Das Erste, seit 1. 4. 1963 zusätzlich das Zweite Deutsche Fernsehen, seit 22. 9. 1964 nach und nach die Dritten Programme der Landesrundfunkanstalten, seit 1984 auch Programmangebote des Privaten Rundfunks, später zusätzliche öffentlich-rechtliche Programme wie 3sat (1984), EINS PLUS (1986–1993), ARTE (1992), Der Kinderkanal/KIKA und PHOENIX (1997) sowie BR-alpha (1998), seit 1997 zusätzliche Angebote im Rahmen digitaler Programmpakete wie ARD Digital".

Wirtschaftliche Bedeutung

Die **ökonomische Bedeutung** des Fernsehens im Kontext von Medien- und TIME-Märkten ist mit mehr als elf Mrd. Euro **sehr hoch**. Er ist inzwischen der umsatzmäßig führende Teilsektor. Der deutsche Fernsehmarkt ist zudem der größte TV-Markt in Europa. Die **Finanzierung** erfolgt – ganz grob – zu etwa gleichen Teilen aus Zuschauer-Erlösen (Kabelgebühren, Pay-TV, Call-Ins), Werbeerlösen und der Fernsehgebühr.

Publizistische Bedeutung

Das Fernsehen nimmt in der Medienlandschaft eine **Schlüsselrolle** ein: Es ist aus dem Alltag der Menschen nicht wegzudenken, und es übt große publizistische und gesellschaftliche Wirkungen aus. Kein anderes technisches Gerät (außer vielleicht das Auto) prägt unser Leben so nachhaltig wie „der Fernseher". Fernsehen ist ein Phänomen, das zu Recht als das gesellschaftliche Leitmedium bezeichnet wird. Das **Medium Fernsehen** hat gegenüber Radio und Print eine Reihe von Vorzügen, die z. B. auch für die Werbung interessant sind:

- Die Botschaften werden nicht nur akustisch, sondern auch bildlich geliefert. Fernsehen ist ein audiovisuelles Medium.
- Dabei sind die Bilder nicht wie bei Printprodukten statisch, sondern bewegt. Fernsehen ist ein dynamisches Medium, allerdings ein lineares, da die Sendungen nur abgespielt werden und keine Interaktion stattfindet.
- Die Aktualität entspricht der des Hörfunks, ist aber deutlich höher als bei Print.
- Die Reichweite liegt in der Primetime etwa so hoch wie bei den großen Zeitschriften. Fernsehen ist ein leistungsstarkes Medium.
- Die Technik ist weit fortgeschritten: Gute Farbqualität, Stereofunktion, vielfältige Trickmöglichkeiten. Fernsehen ist technisch anspruchsvoll.
- Schließlich ist Fernsehen ein lebendiges, emotionalisierendes Medium.

Fernsehen

Kommunikatoren, Anbieter

- Im TV-Markt gibt es drei große Senderfamilien: (1) Öffentlich-rechtliche Rundfunkanstalten. (2) Bertelsmann (RTL-Group). (3) Kirch-Folgeunternehmen (v. a. ProSiebenSat1). Daneben zahlreiche mittlere und kleine Anbieter sowie ausländische Anbieter (insbesondere SRG/Schweiz, ORF/Österreich sowie US-amerikanische Anbieter).
- Öffentlich-rechtlicher Rundfunkanstalten: gesamt 13. Aufteilung: ARD (9 Landesrundfunkanstalten: davon Mehrländeranstalten MDR, NDR, RBB, SWR; Einländeranstalten BR, SR, RB, WDR; plus Deutsche Welle), ZDF, ARD-ZDF-Einrichtungen (DeutschlandRadio, ARTE). Besonderheit: 3Sat als ARD/ZDF/SRG/ORF-Einrichtung.
- Privat-kommerzielle Veranstalter: (1) Bundesweite Veranstalter: 42. (2) Veranstalter von Landesfenstern: 10. (3) Veranstalter von Ballungsraumprogrammen („City TV") oder Landesprogrammen: 13. (4) Veranstalter von Lokalprogrammen: 38.
- Private nicht-kommerzielle Anbieter: Spendenfinanzierte Anbieter (z. B. Bibel-TV), Bürgerrundfunk (Offene Kanäle).

Produkte, Inhalte

- Rechtsform: (1) Öffentlich-rechtliche TV-Angebote: 22. Davon: digitale Angebote: 7. (2) Private Angebote gesamt (2002): 63. Verteilung: Bundesweite Verbreitung 63 (analog und digital); Landesfenster auf den Frequenzen bundesweiter Anbieter 13; Ballungsraumbezogene oder landesweite Programme 15; Lokale Programme 42.
- Finanzierung: (1) Free-TV: 85. (2) Pay-TV: 13.
- Zeit-Volumen: (1) Zeitliche Vollprogramme, (2) Fensterprogramme. 24-Stunden-Programme vorherrschend, teilweise Kanal-Sharing im Kabel.
- Inhaltliche Reichweite: (1) Inhaltliche Vollprogramme: Gesamtangebot der öffentlich-rechtlichen Rundfunkanstalten, umfassende Abdeckung aller Themen und Genres, (2) Spartenprogramme: vorherrschend bei Privatanbietern, entweder direkt als Spartenprogramme konzipiert (z. B. Nachrichtenkanal) oder Betonung von Unterhaltung (v. a. Spielfilm, Serien, Shows). (3) Videotext: Angebot von allen Veranstaltern.
- TV als Werbeträger: (1) im öffentlich-rechtlichen Fernsehen: Anteil an der Sendezeit ca. 1,5 % (Begrenzung auf das Vorabendprogramm werktäglich), Beitrag zur Finanzierung ca. 5 %, (2) im privaten Fernsehen: Anteil ca. 15 % am Gesamtinhalt, Finanzierung: 100 %, Ausnahme Pay-TV.
- TV als Verkaufsinstrument („T-Commerce"): Anbieter von Transaktionsfernsehen: 3.
- Internet-Angebote: (1) bei ARD/ZDF als programmbegleitende Information, (2) bei privaten Veranstaltern auch eigenständige Produktwelten.

Transportwege

- Empfangsebene Terrestrik (ausschließlich): 7,1 % aller Haushalte, davon: (1) analog, (2) digital als DVB-T in der Einführungsphase (zahlreiche Ballungsgebiete versorgt).
- Empfangsebene Kabel: als DVB-C, Anteil 55,8 % aller Haushalte.
- Empfangsebene Satellit: als DVB-S, Anteil 37,1 % aller Haushalte.
- Haushalte mit angeschlossenem Digital-Receiver: 17,7 % der Haushalte.
- Internet: Perspektiven für Video on Demand (VoD), IP-TV, interaktives Fernsehen
- Mobiler Empfang: DVB-T-Empfang, DVB-H (Handheld).
- Erreichbarkeit (technische Reichweite): 100 %

Rezipienten

- Geräteausstattung: 99 %, angemeldete Geräte: 34 Mio., 23 % der Haushalte besitzen zwei oder mehr Fernsehgeräte, drei Viertel aller Haushalte empfängt Videotext und hat stereotaugliches Gerät; Fernseher mit Flachbildschirm 6,3 %.
- Reichweite: 89,2 % der Bevölkerung ab 14 Jahren sieht mehrmals in der Woche fern.
- Zeitbudget: Durchschnittliche Sehdauer 220 min. täglich (deutliche Zunahme seit 1985). Zunahme des Fernsehkonsums mit zunehmendem Lebensalter.
- Nutzung: intensiv, aber mit Neigungen zum Begleit-Medium (vor allem tagsüber)
- Nutzung im Tagesablauf: Hauptnutzung 20:00 bis 22:00 Uhr (Primetime).
- Überdurchschnittl. Nutzung (1) nach Alter: 30 Jahre und älter (2) gemäß Sinus-Milieus: Etablierte, Bürgerliche Mitte.

2.7.2 Institutionelle Grundlagen

Duales System

Wie der Hörfunk ist das Fernsehen in Deutschland als ein **duales System** organisiert, d. h. es gibt ein Nebeneinander von öffentlich-rechtlichen Rundfunkanstalten (ARD und ZDF) und privaten Fernsehanbietern. Erstere sind **gemeinnützige Einrichtungen**, die nach dem Kostendeckungsprinzip arbeiten und einen Programmauftrag zu erfüllen haben, letztere sind **kommerzielle Unternehmen** und müssen Gewinn erwirtschaften, um am Markt überleben zu können.

Senderfamilien

Der Fernsehmarkt wird in Deutschland von wenigen sog. **Senderfamilien** beherrscht. Neben der öffentlich-rechtlichen Senderfamilie (ARD/ZDF) gibt es die Senderfamilien um Bertelsmann/RTL sowie ProSiebenSat.1 (die ehemalige Kirch-Gruppe). Damit ist festzustellen, dass sich Marktmacht – wettbewerbspolitisch durchaus bedenklich – auf wenige Anbieter konzentriert.

Öffentlich-rechtlicher Rundfunk	Bertelsmann RTL Group	ProSiebenSAT.1
ARD	RTL Television	SAT.1
ZDF	RTL II	ProSieben
	Super RTL	N24
ergänzend zu sehen:	Vox	9Live
SRG (Schweiz)	n-tv	kabel eins
ORF (Österreich)	RTL Digitalbouquet	SAT.1 Comedy
	K1010	Digitale Angebote
	Traumpartner TV	ProSiebenSAT.1 Mobile

Fernsehwerbung

❶ Wollte man alle Fernsehwerbespots anschauen, die innerhalb eines Jahres in Deutschland ausgestrahlt werden, säße man mehr als 10 Monate vor dem Fernsehschirm.

Die **Werbeumsätze** im Fernsehen wachsen seit der Zulassung des privaten Rundfunks im Jahr 1984 kontinuierlich und auf hohem Niveau ❶. Hauptriebfeder ist der Zuwachs an Werbeeinnahmen bei den privaten Sendern und auch die Beschränkung des Werbeanteils im öffentlich-rechtlichen Fernsehen auf 20 Minuten werktäglich im Vorabendprogramm. Der Anteil der Werbung am Gesamtprogramm ist bei den Privatsendern sehr hoch. Dies führt beim Zuschauer nicht selten zu Widerstand, da er sich durch zu viel Werbung in seinem Fernsehgenuss beeinträchtigt fühlt. Aus Sicht der Werbung treibenden Wirtschaft ist das Fernsehen ein Medium mit hohen Streuverlusten und gilt daher als teuer. Ein **Streuverlust** bedeutet, dass der geschaltete TV-Werbespot nur zu einem Teil die Zielgruppe erreicht, zu einem anderen Teil aber viele andere Gruppen, die man eigentlich gar nicht ansprechen wollte.

Pay-TV

❷ Unter Digitalisierung versteht man den Trend zur Produktion, Speicherung und Verbreitung aller Medien auf einer gemeinsamen Computer-Plattform.

Mit der Digitalisierung ❷ hat auch in Deutschland das Abonnement-Fernsehen („Pay-TV") einen Aufschwung genommen. Allerdings ist die Nachfrage nach Bezahlprogrammen nicht so hoch, dass Raum für mehrere Anbieter bliebe. Im Moment gibt es nur einen Anbieter („Premiere").

2.7.3 Konsequenzen der Digitalisierung

Geordnet nach der bekannten Lasswell-Formel („Wer sagt was über welchen Kanal zu wem mit welcher Wirkung?") lassen sich eine Reihe von **Konsequenzen** konstatieren, die sich aus der Digitalisierung des Fernsehens ergeben.

- Neue Akteure: Der TV-Markt bleibt für die derzeitigen Akteure interessant, indem er eine Fülle neuer Möglichkeiten der Produktgestaltung und Erlösgenerierung bietet. Zunehmend ist er aber auch für Anbieter der TIME-Branche interessant, die bislang über keine fernsehspezifischen Kompetenzen verfügen, also die Kabelnetzbetreiber, Unternehmen der Telekommunikation sowie IT-Unternehmen. Analog zum Radio („Podcasting") werden zudem auch im Fernsehen zunehmend die privaten Nutzer selbst zu Inhalte-Generatoren. Insgesamt gesehen erweitert sich der Fernsehmarkt erheblich.
- Neue Inhalte: Mit der Digitalisierung können neue Dienste wie Video-on-Demand, Pay-TV und interaktive Anwendungen realisiert werden. Eine besondere Rolle spielt das internetbasiertes Fernsehen („IP-TV"). Zu erwarten ist eine stark vergrößerte Programmvielfalt und das Angebot von Zusatzdiensten. Insbesondere nimmt auch das Programmangebot in hochqualitativer Technik zu, wie das HDTV-Angebot zur Fußball-WM 2006 in Deutschland gezeigt hat. Besonders zu beachten sind neue Konvergenzprodukte, die alle technischen Möglichkeiten ausnutzen, zumindest die Bereiche Fernsehen, Internet und Telefonie zusammenführen, eine Entwicklung, die als „Triple Play" bezeichnet wird ❶.
- Neue technische Plattformen und Verbreitungswege für TV-Content: Die herkömmlichen Übertragungstechniken Kabel, Satellit und Terrestrik werden zunächst ergänzt, dann aber zunehmend durch die beiden neuen Verbreitungswege des High-Speed-Internet und der Telefonie substituiert. In welcher Dynamik die Entwicklung voranschreitet, hängt maßgeblich von der Verbreitung breitbandiger Übertragungsmöglichkeiten und multimedialer Endgeräte ab.
- Veränderte Nutzungsbedingungen bei den Zuschauern: Im Hinblick auf die Endgeräte-Technik geschieht eine enge Verbindung von Fernsehgerät und Computer, was zu einer Verzahnung bzw. Verschmelzung von TV und Internet führt. Zwei unterschiedliche Nutzungsbedingungen sind dabei zu unterscheiden:
  a) Stationäre Nutzung: Zu erwarten ist, dass sich eine „Home Entertainment Platform" entwickeln wird, die dank vorhandener Schnittstellen in der Lage ist, alle relevanten digitalen Anwendungen abzubilden (vgl. Friedrichsen/Jenzowsky/Dietl/Ratzer 2006, S. 79). Möglich werden integriert wirkende Funktionalitäten wie Festplatte, DVD-Brenner und Internet-Browser, was zu größerer Programmvielfalt beiträgt und z. B. den Download von Filmen, Musik und Spielen, personalisierte exklusive Angebote wie Video-on-Demand und interaktive Lösungen ermöglicht. Das Endgerät der Zukunft ist insofern ein multifunktionales „Home Media Center" oder eine „Multimedia Home Platform", bei der das „Heimkino" eine prominente Rolle spielt.
  b) Mobile Nutzung: Fernsehen in mobiler Nutzung kann erstens über Broadcast-Netzwerke realisiert werden (v. a. DVB-T und DVB-H), zweitens über Mobilfunknetzwerke (v. a. UMTS) und drittens schließlich über das Internet (IP-TV). Das mobile Endgerät der Zukunft dürfte über kurz oder lang einer Hybridlösung folgen, bei der alle Nutzungswege gangbar sind.

❶ Ein Beispiel für ein **Triple-Play-Angebot** ist z. B. das von der Deutschen Telekom im Oktober 2006 gelaunchte Produkt „T-Home". Es bietet Fernsehen, Telefonieren und Internet-Nutzung über eine einzige Verbindung. Für ca. 90 Euro ist ein Bündelangebot erhältlich, das den folgenden Leistungsumfang aufweist: (a) TV: 100 Programme (60 Free-TV und 40 Pay-TV; im Angebot sind Fußball-Bundesliga, Premiere-Pakete, Fremdsprachenpakete etc.), Video on Demand (gegen gesonderte Zahlung), persönlicher Programmführer (EPG), digitaler Videorekorder, Timeshift-Funktion; (b) High-Speed-Internetverbindung; (c) DSL-Telefonie. T-Home ist in der Startphase nur im neuen Hochgeschwindigkeitsnetz VDSL verfügbar, das bisher in zehn deutschen Ballungsgebieten gebaut wurde. Das Angebot T-Home gilt als wichtiger Hoffnungsträger der Telekom, die unter dem schwindenden Festnetzgeschäft leidet. Den Anbietern von Triple-Play-Angeboten werden gute Wachstumschancen eingeräumt. Neben der Telekom drängen auch die deutschen TV-Kabelnetzbetreiber in das noch junge Geschäftsfeld.

❶ „Laut aktueller Studie des Beratungsunternehmens Goldmedia zu den Marktpotenzialen für IP-TV in Deutschland hat dieser „vierte" Übertragungsweg auch hierzulande das Potenzial, eine ernstzunehmende Konkurrenz für die bestehenden Infrastrukturkanäle wie Kabel und Satellit zu werden. Die erste umfassende Analyse zum deutschen Markt für internetbasiertes Fernsehen mit dem Titel „IPTV 2010" prognostiziert, dass in Deutschland bis 2010 rund 1,3 Millionen Haushalte Fernsehen über das Internet-Protokoll empfangen werden. Die Studie wurde unterstützt von der Siemens AG."

http://goldmedia.bytespring.de/uploads/media/Pressemeldung_lang.pdf (23.10.2006)

Ein besonders hohes Interesse an **mobiler TV-Nutzung** haben vor allem jüngere Menschen. Die TV-Branche ist offensichtlich bereit, große Summen zu investieren, wobei entscheidende Voraussetzungen für mobiles Fernsehen die einfache Bedienung, eine hochwertige technische Qualität und eine transparente Kostenstruktur sind.

Der Markt für Fernsehprogramme, die das **Internet als Plattform** einsetzen (IP-TV), wächst deutlich. Wachstumstreiber für Fernsehen über das Internet ist die zunehmende Zahl an DSL-Anschlüssen und deren steigende Datenraten, die den TV-Empfang in hoher Bild- und Tonqualität ermöglichen. Über IP-TV wird es über kurz oder lang möglich sein, dass der Zuschauer aus einem nahezu unbegrenzten Programmangebot nur dasjenige Programm abruft, das er dann auch ansehen möchte. Haupttransportmittel wird die Telefon- oder Kabel-Infrastruktur sein ❶.

In Deutschland verfügen derzeit noch nicht einmal ein Fünftel der Haushalte über digitales Fernsehen, so dass das Marktpotenzial für neue konvergente Medienangebote auf der digitalen Plattform als äußerst hoch bezeichnet werden kann. Die derzeitige **Marktsituation** zeigt die nachfolgende Übersicht:

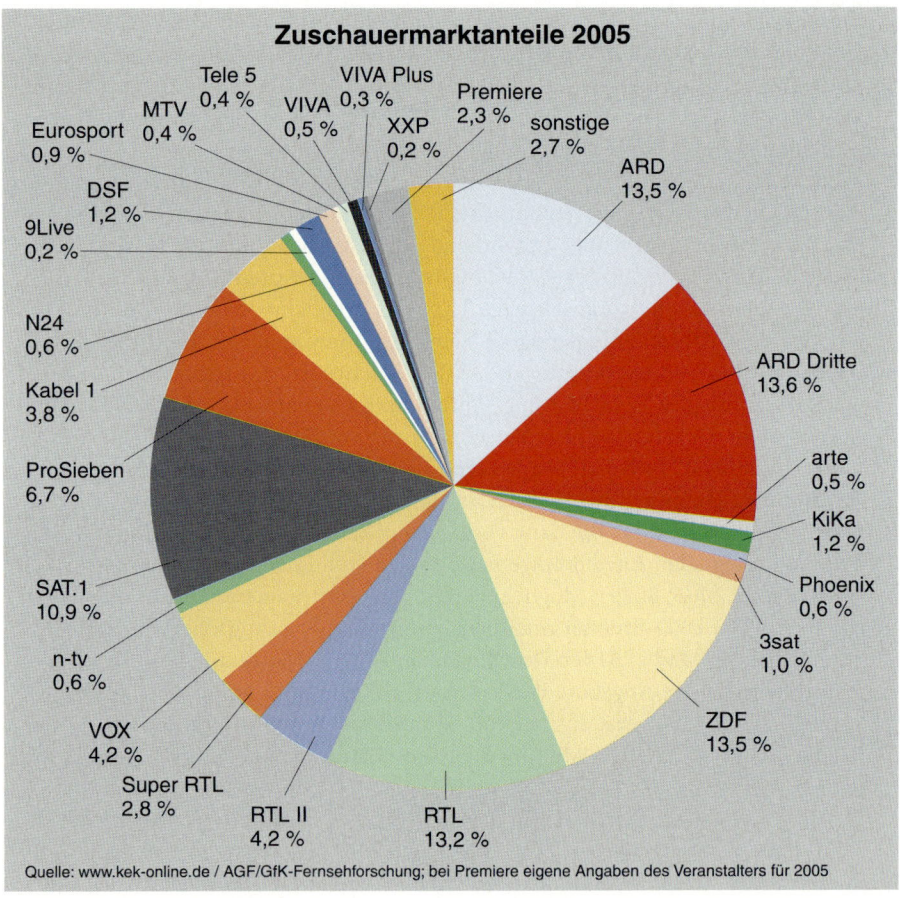

Zuschauermarktanteile 2005

2.7.4 Programm und Nutzung

Programmformen

Die **Programmangebote** der TV-Sender kann man grob in die folgenden **Bereiche** einteilen:

- Informationssendungen: (1) Nachrichten, Wetter; (2) Magazine, Dokumentationen, Reportagen; (3) Regionalinformationen; (4) Service, Alltag, Lebensbewältigung; (5) Sport
- Unterhaltung: (1) Fiction: Serien, Spielfilme, Fernsehspiele, Cartoons; (2) Moderierte Showprogramme: Talkshows, Unterhaltungsshows, Gameshows, Kindershows, Musikshows
- Kultur, Bildung: (1) Kultur; (2) Wissenschaft, Technik; (3) Schauspiel, Konzert, Kleinkunst
- Werbung

Öffentlich-rechtliche Rundfunkanstalten sind verpflichtet, mit ihrem Gesamtangebot sämtliche Programmformen und Themen abzudecken und damit ein umfassendes Grundangebot zu bieten („volles Programm"). Man nennt dies die Verpflichtung zur Grundversorgung. Die **privaten Veranstalter** hingegen können es sich erlauben, ihr Angebot thematisch enger zu gestalten, bis hin zum Angebot sog. Spartenprogramme. Dies sind Angebote, die z. B. auf Sport (DSF) oder Nachrichten (n-tv) ausgerichtet sind. Die Hauptprogramme der Privaten (RTL, SAT1, ProSieben) sind meist in einer bestimmten Richtung ausgelegt, z. B. ProSieben auf aktuelle Kino-Action-Filme.

Nutzung

Fernsehen wird überdurchschnittlich stark am Abend genutzt, und dort intensiv. Während des Tages gerät das Fernsehen allerdings – ähnlich wie das Radio – zunehmend in die Rolle eines Hintergrund- oder Begleitmediums. Vor allem während der Werbezeiten beschäftigen sich inzwischen vier Fünftel aller Zuschauer neben dem Fernsehen auch mit anderen Dingen. Der Effekt wird durch das **Zapping** (Hin- und Herspringen von Kanal zu Kanal) verstärkt.

Im Hinblick auf den **Marktanteil** halten sich die öffentlich-rechtlichen und die privaten Anbieter in etwa die Waage. Beide kommen mit allen Programmen zusammen genommen auf etwa 50 %. Die Marktführerschaft wechselt immer wieder zwischen dem Ersten Deutschen Fernsehen, dem ZDF, RTL und den Dritten Fernsehprogramme der ARD, die jeweils in der Gegend zwischen 13 und 14 Prozent Marktanteil erzielen ❶.

2005 war die Sendung mit dem höchsten Marktanteil im deutschen Fernsehen – wie schon die Jahre vorher – „Wetten, dass ...?" vom ZDF mit einem exorbitanten Marktanteil von 41,8 Prozent, das waren 13,2 Mio. Zuschauer (ab 3 Jahre). Auf den beiden nächsten Plätzen folgten „Mainz bleibt Mainz" (ARD) mit 29,5 Prozent und „Domino Day – Der Rekord" (RTL) mit 26,0 Prozent. Quizsendungen wie „Wer wird Millionär?" (RTL) bringen es meist auf über 20 Prozent, was als äußerst erfolgreich gilt.

❶ Reichweite vs. Marktanteil: Unter **Reichweite** versteht man die Anzahl von Personen, die innerhalb eines Zeitraums von einem Medium erreicht wird. **Marktanteil** ist der Anteil der einzelnen TV-Sender an der gesamten Einschaltzeit der Zuschauer.

2.7.5 Funktionen der Massenmedien

Das **Medium Fernsehen** kann in seiner **Bedeutung** kaum überschätzt werden. Es ist geradezu als ein „Jahrhundertmedium" zu bezeichnen (Burkart), das im Bewusstsein der Bevölkerung größte Beachtung genießt. So kann es nicht verwundern, dass das Fernsehen immer im Gespräch ist, wenn es in unserer Gesellschaft positive oder negative Erscheinungen wie Bildung, Demokratie, Gewaltanwendung oder Kulturverfall zu verhandeln gilt. Die Diagnosen reichen von euphorischer Begeisterung („Fernsehen ist toll") bis zu kulturpessimistischen Angstparolen („Das Fernsehen zerstört die Familien"). Einige **Aussagen**:

- „Das Fernsehen ist – trotz der umfangreicheren Radionutzung und der gewachsenen Bedeutung des Internets – noch immer das Leitmedium der gesellschaftlichen Kommunikation. Es wird von den meisten Menschen als der zentrale Ort des gesellschaftlichen Diskurses angesehen, ihm wird von unterschiedlichen gesellschaftlichen Gruppen eine große Aufmerksamkeit entgegengebracht" (Hickethier, S. 268).
- Fernsehen ist ein „multifunktionales Allroundmedium" und dient der Informationsversorgung, macht Spaß und sorgt für Entspannung, ebenso wie es Denkanstöße gibt und eine Gewohnheit darstellt (Ridder/Engel 2005, S. 431 ff.).
- „Versteht man das Fernsehen als Medium, in dem auf anschaulich-visuelle Weise Probleme der Gesellschaft erörtert, diskutiert und problematisiert werden können, sind eine Vielzahl von Sendungen als Podien zu verstehen, auf denen einem bundesweiten Publikum Meinungen präsentiert werden" (Hickethier, S. 282).

Nüchtern und wissenschaftlich betrachtet sind dem Fernsehen (und den Massenmedien insgesamt) eine Reihe von Funktionen beizumessen, die es optimalerweise erfüllen sollte. Es sind dies die folgenden **Funktionen**:

Individuelle Funktion
- Persönlichkeitsentwicklung: Die Medien tragen zur Entwicklung der Persönlichkeit beim einzelnen Menschen bei, insbesondere bei Kindern und Jugendlichen.

Gesellschaftliche Funktionen
- Sozialisation: Medien erziehen zu Kultur und gedeihlichem Zusammenleben, prägen Leitbilder und beeinflussen den sozialen Wandel.
- Orientierung: Medien sind wie Leitsterne, die dazu da sind, Orientierung zu geben und Angebote zur Beantwortung der Frage nach dem Sinn des Lebens zu machen.
- Rekreation (= Erholung): Medien decken den Bedarf nach Zerstreuung, Ablenkung und Unterhaltung.
- Integration: Medien leisten einen Beitrag dazu, die Gesellschaft zusammen zu halten, die immer komplexer wird und in Gruppen und Grüppchen auseinander zu fallen droht.

Politische Funktionen

- Herstellen von Öffentlichkeit: Die Medien stellen einen „Raum" bzw. ein Forum zur Verfügung, in dem alle Beteiligten ihre Programme, Absichten, Ziele und Forderungen öffentlich darstellen können.
- Artikulationsfunktion: Die Medien helfen den Menschen, ihre Interessen offen äußern zu können.
- Politische Bildungsfunktion: Die Medien bringen Licht in das Dunkel der politischen Rollen und Strukturen. Sie tragen dazu bei, dass der einzelne Bürger zu einem politisch denkenden und verantwortlich handelnden Staatsbürger heranwächst.
- Kritik- und Kontrollfunktion: Die Medien bieten die Möglichkeit, Kritik an den politischen Machtträgern zu üben und diese zu kontrollieren.

Wirtschaftliche Funktion

- Förderung von Wachstum: Die Medien dienen als Wachstumsmotor.
- Fairer Wettbewerb: Die Medien tragen dazu bei, dass ein offener und fairer Wettbewerb in der Wirtschaft stattfindet.

Dem Fernsehen als einem der wichtigsten Medien kommt nach dieser Liste also eine wichtige Funktion für unsere Gesellschaft zu. Man könnte auch sagen: Fernsehen hält uns zusammen und hilft uns, das Leben besser zu meistern!

⮑ Fernsehen ist ein wichtiges Glied für das Funktionieren des Gemeinwesens.

Kritik am Fernsehen

Die Medien werden nicht jeder der genannten Funktionen voll gerecht. Es sind auch Mängel zu beklagen, die dem hohen Anspruch nicht gerecht werden. Insbesondere das Fernsehen wird gerne auf die „Anklagebank" gesetzt. Nachfolgend soll eine kurze **Übersicht** über die typischen „Anklagepunkte" aufgelistet werden. Dem Fernsehen wird vorgeworfen:

- Das Fernsehen verwandelt unsere ganze Kultur in eine riesige Arena für das Show-Business. Fernsehen ist nichts als „Show-Biz". Es macht alles zur Unterhaltung. Dadurch nimmt die Urteilsfähigkeit des einzelnen Menschen ab. Der Vertreter dieser kulturpessimistischen These ist Neil Postman, der mit seinem Werk „Wir amüsieren uns zu Tode" größte Beachtung erfahren hat.
- Das Fernsehen vermittelt eine Scheinwelt, in der die Menschen immer wieder Tatsache und Fiktion vermischen oder gar verwechseln. Manche Fernsehsendung wird als Tatsache gewertet, obwohl sie eine reine Fiktion darstellt. Die Fähigkeit der Zuschauer, zwischen den Wirklichkeiten zu unterscheiden, z. B. zwischen Dokumentation, Fiktion und Werbung, wird vom Fernsehen auf eine extrem harte Probe gestellt. ❶

❶ Fernsehen und Scheinwelt: Das mit scheinbar echten Reportageelementen durchsetzte Hörspiel „Krieg der Welten" von Orson Welles versetzte im Jahr 1938 tausende Amerikaner in Panik.

❶ Quelle: Maletzke, Gerhard: Kulturverfall durch Fernsehen? Berlin 1988

- Das Fernsehen vermittelt Erfahrungen, die wir nicht unmittelbar aus eigener Anschauung gemacht haben. Man nennt dies das Vorherrschen der Sekundärerfahrung. Wird dem Fernsehen eine hohe Bedeutung in unserem Leben zugemessen, nimmt automatisch die Gefahr des „Lebens aus zweiter Hand" zu. Das Fernsehen hindert uns dann daran, die Realität unmittelbar und direkt zu erleben und zu erfahren.
- Das Fernsehen vermittelt ein einseitig negatives Bild von der Welt und trägt dazu bei, die Welt Angst erregender zu empfinden, als sie in Wirklichkeit ist. Dieses als „Kultivierungsthese" bezeichnete Phänomen beruht auf der These, dass negative Ereignisse (z. B. Unfälle, Katastrophen, Kriminalität) im Fernsehen deutlich stärker zur Darstellung kommen als positive Aspekte.
- Das Fernsehen trägt dazu bei, dass sich die Ungleichheit zwischen den Teilen der Bevölkerung mit einem hohen Wissen- und Bildungsstand und den Teilen mit wenig Wissen und Bildung verstärkt. Diese „These von der wachsenden Wissenskluft" ist insofern überraschend, als man in Zeiten der Informationsflut eigentlich eher die Einebnung des Bildungsgefälles annehmen würde.
- Das Fernsehen fördert die Gewaltbereitschaft, insbesondere von Kindern und Jugendlichen. Dabei wird angenommen, dass Gewaltdarstellungen im Fernsehen die Aggressionsbereitschaft und das konkrete aggressive Verhalten der Zuschauer anstacheln (Stimulationsthese).
- Das Fernsehen greift negativ in das Familienleben ein. Das familiäre Gespräch, das gemeinsame Spiel und die gemeinsame Lebensgestaltung werden verhindert. Die einzelnen Familienmitglieder kapseln sich ab, so dass es zur „Einpuppung" (Cocooning) kommt. Das Fernsehen bedroht also die Familien.
- Das Fernsehen lässt die öffentliche Auseinandersetzung verkümmern. Auch die Politik verflacht und verkommt zur reinen Unterhaltung.
- Das Fernsehen macht die Menschen passiv. Es gefährdet die persönliche Kommunikation und behindert die Persönlichkeitsentwicklung.

Maletzke hat u. a. deutlich gemacht, dass es zu einfach ist, das Fernsehen pauschal als einen „Sündenbock" abzustempeln. Seine Argumente nehmen das Fernsehen zwar nicht in jeder Hinsicht in Schutz, aber er verlangt, das schwierige Thema der Fernsehwirkungen **differenziert** zu behandeln. Mit Recht weist er auf die folgenden Punkte hin ❶:

- Oft herrscht ein viel zu einfaches Denken vor. Viele stellen sich die Fernsehwirkungen im üblichen Wenn-Dann-Schema vor. Das führt zu einseitigen Behauptungen, die sich nicht aufrecht erhalten lassen.
- Der Untersuchungsgegenstand Fernsehen ist äußerst komplex. Einfache Aussagen führen meist in die Irre.
- Die Medien werden in ihrer Wirkungskraft oft überschätzt. Meistens wird unterstellt, die Medien, insbesondere das Fernsehen hätten eine äußerst starke Wirkung auf unser Leben, ohne zu erkennen, dass die Wirkkraft der Medien auch ihre Grenze hat.
- Die Ergebnisse der wissenschaftlichen Kommunikationsforschung zu den Medienwirkungen sind sehr uneinheitlich, was ein Indiz dafür ist, dass sich einfache „Stammtisch-Erklärungen" verbieten.

Entscheidend bei allem ist jedoch, so Maletzke, „daß wir heute den Menschen nicht mehr als passiv den Medien ausgeliefertes, schutzloses Wesen betrachten, das man beliebig beeinflussen kann, wenn man nur die Medien richtig anzusetzen weiß, sondern dass wir den Menschen in seiner ganzen psychischen und sozialen Fülle verstehen als aktiv in die Welt und das Geschehen eingreifend,, auch in der zunächst einseitig verlaufenden Massenkommunikation" ❶. Die Kulturkritik würde es sich zu einfach machen und würde immer noch von einem „simplen mechanistischen Menschenbild" ausgehen, von der Vorstellung also, „der Mensch reagiere schematisch nach dem Muster von Reiz und Reaktion".

❶ Quelle: Maletzke, Gerhard: Kulturverfall durch Fernsehen? Berlin 1988, S. 116

Wie schwierig es ist, plausible Aussagen zu treffen, zeigt z. B. die Frage der **Gewaltdarstellungen im Fernsehen** ❷. Hier gibt es eine breite Palette von Erklärungsansätzen; unter den Fachleuten besteht keine Einigkeit. Immerhin hat sich die Erkenntnis durchgesetzt, dass von einer völligen Wirkungslosigkeit nicht ausgegangen werden darf und dass Gewaltdarstellungen kurzfristig durchaus emotionale Erregungen hervorrufen können. Auch gibt es kaum jemanden, der noch ernsthaft die Katharsisthese vertritt, nach der über das Anschauen von Gewaltszenen das Aggressionspotential beim einzelnen Zuschauer abgebaut wird.

❷ Die Zahl der Studien zur Fernsehgewalt wird heute auf weit über 5.000 geschätzt, die sich in vielerlei Hinsicht unterscheiden.

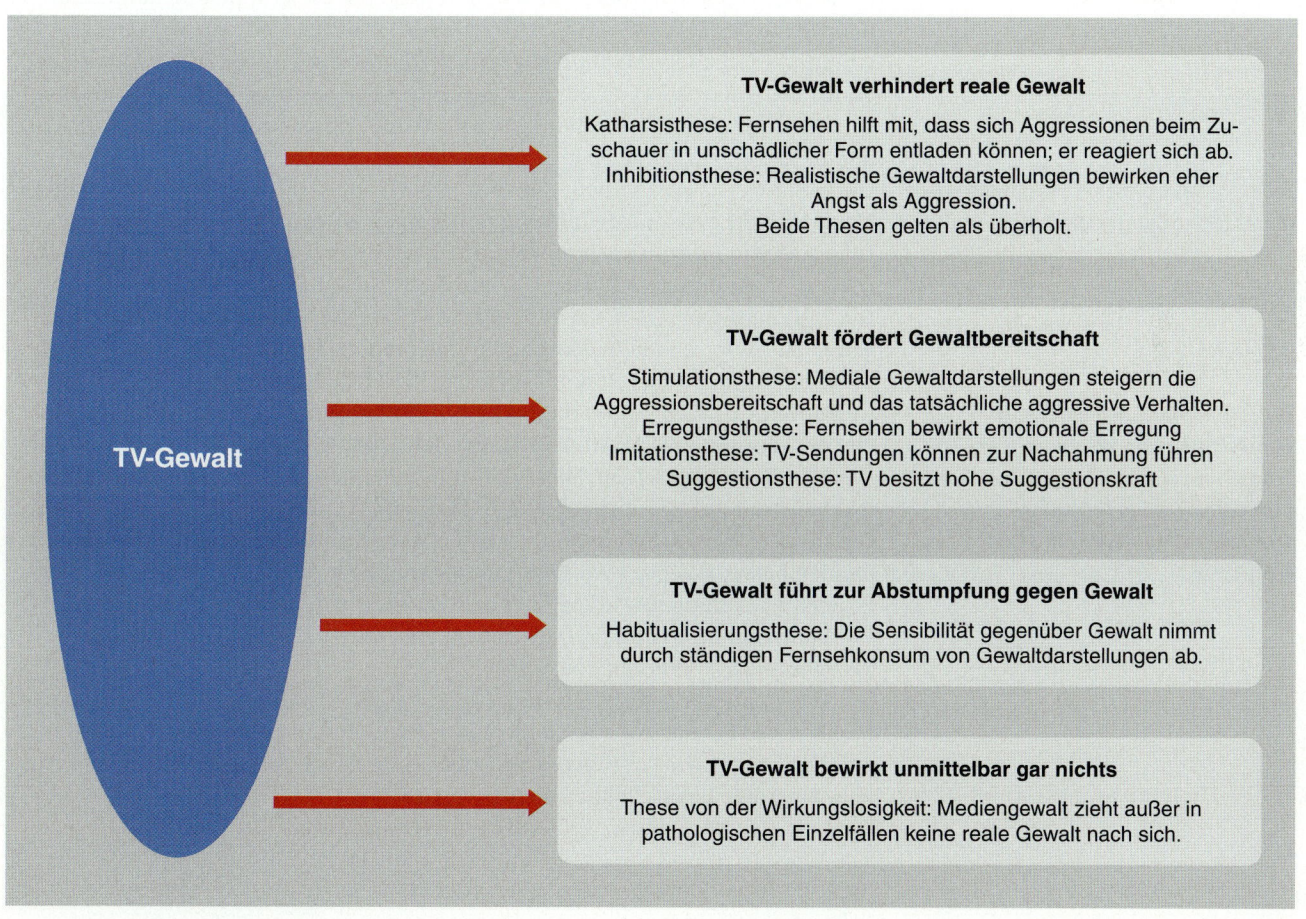

TV-Gewalt

TV-Gewalt verhindert reale Gewalt

Katharsisthese: Fernsehen hilft mit, dass sich Aggressionen beim Zuschauer in unschädlicher Form entladen können; er reagiert sich ab.
Inhibitionsthese: Realistische Gewaltdarstellungen bewirken eher Angst als Aggression.
Beide Thesen gelten als überholt.

TV-Gewalt fördert Gewaltbereitschaft

Stimulationsthese: Mediale Gewaltdarstellungen steigern die Aggressionsbereitschaft und das tatsächliche aggressive Verhalten.
Erregungsthese: Fernsehen bewirkt emotionale Erregung
Imitationsthese: TV-Sendungen können zur Nachahmung führen
Suggestionsthese: TV besitzt hohe Suggestionskraft

TV-Gewalt führt zur Abstumpfung gegen Gewalt

Habitualisierungsthese: Die Sensibilität gegenüber Gewalt nimmt durch ständigen Fernsehkonsum von Gewaltdarstellungen ab.

TV-Gewalt bewirkt unmittelbar gar nichts

These von der Wirkungslosigkeit: Mediengewalt zieht außer in pathologischen Einzelfällen keine reale Gewalt nach sich.

2.7.6 Trends und Perspektiven

Zentrale Trends

- Die Bedeutung von Entertainment im Fernsehen nimmt weiter zu und bleibt ein hoch attraktiver Medieninhalt. Zu erwarten ist daher eher noch eine Zunahme von Serien, Telenovelas oder Quiz-Shows, auch weil sie günstig zu produzieren sind und einen regen Zuspruch seitens der Zuschauer erfahren.
- Im Zuge der Digitalisierung findet eine nachhaltige Flexibilisierung des Fernsehkonsums statt, und zwar sowohl in räumlicher Hinsicht ("Überall-Fernsehen") als auch in zeitlicher Hinsicht ("Video on Demand").
- Der Fernsehzuschauer wir zunehmend zum "Channel-Portfoliomanager", der viel stärker aktiv in das Medienangebot und die Mediennutzung eingreift. Er wird zunehmend zu seinem eigenen Programmdirektor.
- Es besteht die Gefahr, dass das Fernsehen in seiner bisherigen Form seine Rolle als Primärmedium der Mediennutzung einbüßt und die Führungsrolle an das Internet abgibt. Das Fernsehen würde dann auch das Schicksal eines Nebenbei-Mediums ereilen. Dass diese These nicht aus der Luft gegriffen ist, zeigt die Tatsache, dass schon heute das Fernsehen in jüngeren Zielgruppen nicht mehr als unumstrittenes Leitmedium verstanden wird, sondern vielmehr vom Internet als meinungsmachendes Medium abgelöst wird. Inwieweit diese Entwicklung Platz greift, hängt davon ab, ob die bislang eher passive Nutzung beim traditionellen Fernsehen weiterhin Gültigkeit haben wird oder ob sich das Nutzungsverhalten in eine aktive, suchende Haltung wandelt.

❶ EPG = Elektronischer Programmführer (Electronic Program Guide)

- Die Fernsehzuschauer stehen – unabhängig davon, ob sie ein aktives oder passives Nutzungsverhalten an den Tag legen – bei einer zunehmenden Programmvielfalt vor einem Informationsproblem und bewerten wirksame Navigationshilfen (EPG ❶, Programmzeitschriften) grundsätzlich als positiv.
- Die Zahlungsbereitschaft für interessante TV-Angebote könnte vor dem Hintergrund einer steigenden Bedeutung der Interaktion, also des möglichen kommunikativen Austausches mit dem Sender, merklich zunehmen.

❷ Programming = die gezielte Vermischung von Werbung und Programm, d. h. die bewusste Aufweichung des Trennungsgrundsatzes von Werbung und Programm.

- Im Hinblick auf den TV-Werbemarkt, ist festzustellen, dass nach mehr als einer Dekade konstanten Wachstums seit dem Jahr 2000 ein deutlicher Rückgang der Werbeerlöse erfolgt ist. Für die Zukunft ist zu erwarten, dass die Bedeutung der Werbung durch Fernsehspots ("harte Werbung") kontinuierlich abnehmen wird. Gleichzeitig werden Sonderwerbeformen, vor allem diejenigen, die vom Konsumenten besser akzeptiert werden, immer wichtiger, wie z. B. Sponsoring oder Produktplatzierung. Dies führt zu einer Entwicklung, das Trennungsgebot von Werbung und Programm aufzuweichen, eine Entwicklung, die mit dem Begriff "Programming" ❷ bezeichnet wird.
- Die Fragmentierung (bzw. Zerstückelung) des TV-Marktes hat einen hohen Grad erreicht. Die Bedeutung von Zielgruppen-Fernsehen ist hoch und nimmt weiter zu. Gleichzeitig wird es schwieriger, für die einzelnen Angebote eine wirtschaftlich tragfähige Basis sicher zu stellen.
- Die Intensität des Wettbewerbs auf dem Fernsehmarkt steigt weiter.

Konzepte der Fernsehsender

Die Anbieter auf dem Fernsehmarkt stehen angesichts dieser Befunde vor größten Herausforderungen. Auf welche **strategischen Konzepte** die etablierten Fernsehsender setzen sollten, mit denen sie die Zukunft bestehen können, ist eine schwierige Frage. **Zwei Ansätze** bieten sich insbesondere an:

- Pay-TV-Konzepte: Wenn sich privates Fernsehen immer mehr als Pay-TV etablieren sollte, werden die TV-Anbieter neue Produktpakete schnüren und mit neuen flexiblen Preismodellen versuchen, die traditionellen, relativ starren Tarifstrukturen abzulösen. Dies stellt allerdings hohe Anforderungen an die Abrechnungssysteme.
- Angebot von Mehrwertdiensten und Weiterverwertung. Ein Beispiel: „TV-Sender setzen zunehmend auf Mehrwertdienste. Televoting und Premium Rate bringen zusätzliche Einnahmen und Zuschauerbindung. München (pte/01.06.2004/12:18) - Deutsche Fernsehsender nutzen telefonische Mehrwertdienste immer mehr als zusätzliche Einnahmequelle und zur Zuschauerbindung. Das gilt nicht nur für Spartensender wie Neun Live, sondern zunehmend auch für große private sowie öffentlich-rechtliche TV-Sender. Zu diesem Ergebnis kommt eine Studie im Auftrag des Call Media-Spezialisten Telemedia Interactive (http://www.telemedia-interactive.de), die im Rahmen der kontinuierlichen Programmforschung der Landesmedienanstalten (http://www.alm.de) zusätzlich den Einsatz von Mehrwertdiensten untersucht hat." (Quelle: http://www.pte.at/pte.mc?pte=040601030, 28.10.2006).
- Vermarktung von Fernsehprodukten möglichst oft im Kontext von crossmedialen Produktkonzepten: Eine Fernsehsendung steht dann im Verbund mit dem Internetauftritt für diese Sendung, mit begleitenden Printpublikation und Merchandising-Artikeln. Ein gutes Beispiel hierfür ist die Sendung „Deutschland sucht den Superstar" (Quelle: Köhler/Hess 2004):

Print	TV	Speicher-medien	Online	Sonstige
• DSDS Magazin	• DSDS Show • DSDS Magazin • Reportagen • Interviews • Gastauftritte • Kurzbeiträge	• CD „We have a dream" • CD „United" • CD „Take me tonight" • DVD/VHS	• Internetseiten • Mobile Applicationen	• T-Shirts • Kaffeetassen • Bettwäsche • ...

2.8 Film und Kino

2.8.1 Basis-Informationen

Definition

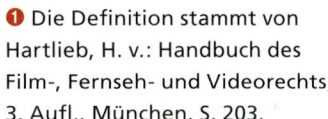

Für den **Begriff Film** existiert die folgende juristische Definition: „Unter Film versteht man ein Produkt, das sich als Aufnahme eines Ausschnitts der Wirklichkeit meist unter Fixierung auf einen Bildträger oder einen Bild- und Tonträger mit der Möglichkeit der Konservierung und/oder der Wiedergabe bzw. Verwendung durch Vervielfältigung, Verbreitung und öffentliche Vorführung oder Funksendung darstellt (vgl. § 94 UrhG)" ❶. Ein **Kino** ist der Abspielort für Filme. Es wird auch Lichtspieltheater, Lichtspielhaus oder Filmtheater genannt.

Wirtschaftliche Bedeutung

Zur Abschätzung der ökonomischen Bedeutung kann entsprechend nach der **Film-Wertschöpfungskette** nach **vier Stufen** unterschieden werden:

- Vorbereitung, Konzeption, Inhalte: Drehbuch-Autoren
- Herstellung: (a) Kinofilm-Produzenten, (b) TV-Produzenten, (c) Videofilm-Produzenten, (d) Industriefilm-Produzenten, (e) Werbefilm-Produzenten
- Handel: Rechtehändler (nur Rechte)
- Distribution: (a) Distributionskanal Filmtheater (Kino): Filmverleih (Inland), Filmtheater (Kinos), (b) Distributionskanal Kauf und Verleih: Videoprogramm-Anbieter, Videotheken, (c) Distributionskanal Fernsehen: TV-Sender (Pay-TV, Free-TV), (d) Distributionskanal Ausland: Filmvertrieb.

Nach dieser Einteilung lässt sich der Film- und Kinomarkt unterschiedlich abgrenzen, zum einen in einem umfassenden Sinne als die Summe der Wertschöpfungen aller vier Stufen, hier wird das enorme Umsatzvolumen von 18 Mrd. Euro geschätzt, zum anderen im engeren Sinne als die Erlöse aus der Kino-, Video- und DVD-Verwertung (Punkte (a) und (b) der Stufe der Distribution). Das **Umsatzvolumen** beläuft sich hierbei auf die immer noch beachtliche Größe von 2,64 Mrd. Euro im Jahr 2004.

Publizistische Bedeutung

Das Kino hat sich vom Massenmedium in den 50er Jahren zum ausgeprägten Zielgruppenmedium für die Jugend entwickelt. Hatte es früher die breite Bevölkerung angesprochen, sank die Bedeutung mit der Einführung des Fernsehens.

Die publizistische Bedeutung des Kinos ist daher als eingeschränkt zu bezeichnen. Das **Kino** ist im Gegensatz zum Fernsehen **kein Basismedium**. Das Fernsehen erreicht einen großen Teil der Bevölkerung (große Reichweite) und wird sehr häufig eingeschaltet (hohe Kontaktfrequenz in der Bevölkerung). Demgegenüber spricht das Kino vor allem die Bevölkerungsgruppe der 14- bis 30-Jährigen an und ist daher auf eine begrenzte Zielgruppe ausgerichtet. Das macht das Kino für die Werbung aber zu einem ausgesprochen interessanten Medium.

Film und Kino

Kommunikatoren, Anbieter

- Filmunternehmen: (1) Unternehmen, die auf die Abdeckung der gesamten Wertschöpfungskette ausgerichtet sind: insbesondere große US-amerikanische Medien-„Imperien" (Majors); (2) Spezialisierte Nischenanbieter, weniger große Firmen (Independents); (3) Bollywood-Unternehmen (Indien): höchste Zahl der produzierten Filme weltweit (aber niedriger Durchschnittswert)
- Die wichtigsten US-Major Studios: Columbia, Disney, MGM/UA, Paramount, Twentieth Century Fox, Universal, Warner Bros.
- Deutsche Produktionsfirmen: ca. 1.500. Hoher Fragmentierungsgrad. Die größten Unternehmen: Bavaria, Constantin, Odeon, Senator, Tele München, UFA Film & TV Produktion, Unitel.
- Spezifika deutscher Produktionen: Fernsehsender als Auftraggeber, Filmförderung von Bund und Ländern spielt eine große Rolle.
- Verleihfirmen: z. B. Buena Vista, Fox, Kinowelt, Constantin.
- Anzahl der Video-/Mediatheken (stationäres Verleihgeschäft): 4.150 (seit Jahren kontinuierlich rückläufig). Starke Zunahme des Internet- und Automatenverleihs.

Produkte, Inhalte

- Anzahl der Filmproduktionen weltweit (2003): Indien (2000) 855; EU 608; USA 469; Japan 287; Hongkong (2000) 150.
- Anzahl deutscher Filmproduktionen: Langfilme gesamt: 121; davon Spielfilme: 87 (davon deutsche Eigenproduktionen: 60, Co-Produktionen: 27), Dokumentarfilme: 34. Tendenz: seit Jahren stagnierend.
- DVD-Kaufmarkt Top 5: Herr der Ringe, Harry Potter Gefangene, Findet Nemo, Last Samurai, Fluch der Karibik.

Transportwege

- Anzahl der Filmtheater-Spielstätten: 1.845.
- Zahl der Leinwände: 4.870 mit ca. 860.000 Sitzplätzen.
- Kino-Typen: Standard-Kino, Multiplexe, Imax-Theater, Programmkino.
- Spezielle Abspielorte: Open-Air-Kino, Cityplexe
- Spartenkinos: Filmkunstkino, Studiotheater, Action-Kino, Familienkino.
- Multiplexe haben einen Anteil von 30 % aller Leinwände. Einrichtung von Multiplex-Kinocentern auch in Mittelstädten.
- Digitalisierung: Umstieg auf digitale Signale (transportiert über Satellit und Breitbandkabel): nur sehr zögerlich.
- Zunehmende Konkurrenz durch qualitativ verbessertes „Heimkino" (DVD, HDTV).
- Konkurrenz durch Filme im Netz (z. B. Pay Per View).

Rezipienten

- Reichweite: 0,2 % der Bevölkerung ab 14 Jahren geht mehrmals in der Woche ins Kino,
- Kinobesuche: 154,5 Mio.; Kinobesuche pro Einwohner: 1,82. Zum Vergleich: USA/Kanada: 4,95.
- DVD-/VHS-Nutzung Home:
- Ausstattungsgrad DVD-Player: ca. zwei Drittel aller privaten deutschen Haushalte. Kontinuierliche Substitution der Videocassette.
- Hauptnutzung in der Bevölkerung nach Alter: 14 bis 30 Jahre.

2.8.2 Film-Wertschöpfungskette

❶ Die Verwertungskette von Spielfilmen im **Wasserfallmodell** bzw. **Windowing**:
Stufe 1: Kino
Stufe 2: Videocassette, DVD
Stufe 3: Pay TV (Abo-Kanal oder Pay Per View)
Stufe 4: Freie Ausstrahlung bei öffentlich-rechtliche Rundfunkanstalten oder bei den Privatsendern
Stufe 5: Merchandising

Das **Medium Kino** ist in einem größeren Zusammenhang zu sehen. Der Kinomarkt ist eine Art „Aufbereitungsanlage für das Fernsehen": Die großen Spielfilme werden vor ihrer Fernsehausstrahlung zuerst im Kino gezeigt. Sie stehen am Anfang der sogenannten Verwertungskette von Spielfilmen ❶. Das Anliegen der Filmindustrie ist es, die Ware Kinofilm wirtschaftlich möglichst optimal „auszuschlachten". Danach wird ein Spielfilm im Sinne eines „**Wasserfall-Modells**" (auch „**Windowing**" genannt) zunächst exklusiv im Kino gezeigt. Kein anderes Medium kommt in dieser ersten Phase der Verwertungskette zum Zuge. Nach einer Schutzfrist von mehreren Monaten bis zu eineinhalb Jahren erfolgt dann die Videoverwertung mit dem Verkauf und Verleih des Films auf Videocassetten oder DVD. Im Anschluss daran wird der Film im Pay-TV gezeigt und dann erst im Free-TV gezeigt. Eine nicht zu unterschätzende Rolle spielt das Merchandising, d. h. die Verwertung von Fan-Artikeln, der Betrieb von Studio-Stores (z. B. Universal) bis zur Einrichtung von Themenparks (z. B. Disneyland). So ist die maximale wirtschaftliche Ausbeute des produzierten Spielfilms gewährleistet.

❷ Die Budgets großer US-amerikanischer Spielfilme liegen mittlerweile deutlich über 100 Mio. Dollar, so z. B. Jurassic Park (1993), Independance Day (1996), Titanic (1998)

Spielfilmproduktionen sind wirtschaftlich gesehen **riskante Angelegenheiten**: Einem hohen Aufwand steht ein im voraus nicht abschätzbarer Erfolg beim Publikum gegenüber. Manche Filme sind ein Flop, andere die großen Renner. Das Geheimnis des Erfolgs großer US-Produktionen liegt in der mit großem Mitteleinsatz betriebenen Vermarktung, die stets einen großen Anteil am Gesamtbudget ausmacht. So hat der Film „Batman" einschließlich der Vermarktungskosten 85 Mio. Dollar gekostet. Er spielte bis heute nahezu eine Milliarde Dollar ein ❷.

Der Kinofilm ist untrennbar mit dem Namen Hollywood verbunden, der stellvertretend für die erfolgreiche **amerikanische Filmproduktion** steht. Bis heute beherrschen die US-Filmfirmen den Markt sowohl auf der Produktions- als auch auf der Vermarktungsseite. Im Zentrum stehen die sog. **Majors**, das sind die großen „Spieler" (Big Players) am Filmmarkt wie Time-Warner oder Disney. Daneben gibt es kleinere Firmen, die sog. **Independants**, die im deutschen Film eine Rolle spielen. Die Majors dominieren Produktion und Vertrieb und sind auch an den Kinoketten beteiligt.

Der **Werbeträger Kino** hat gegenüber dem Fernsehen die folgenden Vorzüge:

- Die Qualität des Bildes und die Tontechnik sind überlegen.
- Die Bildgröße ist überlebensgroß. Daher ist das Medium viel eindrucksvoller als das Fernsehen.
- Ein beachtlicher Teil des Fernsehpublikums steht der Werbung ablehnend gegenüber, während im Kino ein voll aufnahmebereites Publikum im abgedunkelten Raum sitzt, das auch Werbefilme aufmerksam betrachtet.
- Der Gang ins Kino ist mit einer positiven Erwartungshaltung verbunden. Kinogänger suchen Entspannung und Unterhaltung und gehen häufig zu zweit oder in der Gruppe ins Kino.
- Das Kino kann vom Werbetreibenden im Gegensatz zum Fernsehen gezielt eingesetzt werden, sowohl lokal also auch regional und national.
- Kinowerbung kann kurzfristig geschaltet werden.

2.8.3 Trends und Perspektiven

Zentrale Trends im Bereich Film und Kino

- Die Dominanz der ausländischen Akteure, insbesondere aus den USA, wird auch in Zukunft Bestand haben.
- Im Hinblick auf den End-Konsumenten ist festzustellen, dass sich in der für den Film- und Kinomarkt besonders wichtigen Gruppe der unter 40-Jährigen ein deutlicher Trend zur Reduktion des Kinobesuchs und eine gewisse Erlahmung der Kaufbereitschaft von Video-Produktionen abzeichnet. Die Kinos haben daher zunehmend das Problem einer zu geringen Auslastung ihrer Filmtheater („Over-Screening"), die sie seit 1990 in Richtung von Großkinos mit Erlebnischarakter („Multiplexe") ausgebaut hatten.
- Verschärft wird diese Entwicklung durch die rückläufige Bevölkerungsentwicklung.
- Die Entwicklung des Film- und Kinomarktes ist durch Stagnation, rückläufigen Kinobesuch und stagnierende DVD-Verkaufszahlen gekennzeichnet. Das Marktpotenzial ist daher – aktuell, aber auch in mittelfristiger Hinsicht – als eher schwach zu beurteilen. Der Markt weist einen hohen Sättigungsgrad auf und kann nur durch neue Produkte in Bewegung gebracht werden.
- Als besonders kritisch ist die zunehmende Filmpiraterie zu bewerten, die sich verstärken wird, wenn über das Internet in großem Stil Filme zum Download zugänglich sind. Analog zu den Problemen des Musikmarktes werden dann auch illegale Tauschbörsen ❶ entstehen, die sogar zu einer nachhaltigen und dauerhaften Schrumpfung des Film- und Kinomarktes führen könnten.
- Die Rolle der Rechtehändler schwächt sich ab: Mit der Digitalisierung wird das traditionelle Geschäftsmodell in Frage gestellt, nach dem alle Filmware über Zwischeninstanzen geschleust werden. Diese Rolle der Händler als sog. intermediäre Instanzen könnte sich zugunsten einer Direktverbindung zwischen den großen Studios und den Konsumenten abschwächen.

❶ Im Fachjargon **Peer-to-Peer-Systeme** genannt bzw. kurz: P-to-P (oder noch kürzer: P2P). Vgl. auch 2.9.2

Konzepte der Film- und Kino-Unternehmen

- Die deutschen Kinofilm-Produzenten müssen versuchen, mit ihren Produktionen der ausländischen Konkurrenz standzuhalten.
- Die TV-Produzenten müssen versuchen, mit schlagkräftigen Wirtschaftsunternehmen dem hohen Grad der Zersplitterung zu begegnen.
- Die Filmtheater-Betreiber stehen vor der Herausforderung, die digitale Kino-Präsentation über Play-Out-Service-Center einzuführen. Hierbei erhalten die Kinobetriebe die Filme nicht mehr als Zelluloid-Kopie, sondern in digitaler Form auf einem Datenträger, per Satellit oder über Breitbandkabel. Die Umstellung der Wertschöpfungskette auf die digitale Plattform führt zu erheblichen Zusatzkosten. Zusätzlich stehen die Kinos vor dem Problem, dass in Zukunft möglicherweise Filme bereits zum Kinostart auf DVD veröffentlicht werden, womit sich die klassische Verwertungskette drastisch ändern würde. Erste Versuche in dieser Richtung werden bereits unternommen. Kinobetreiber sind daher geradezu dazu verurteilt, neue Formen der Kinonutzung zu entwickeln, um der Abwanderung von Zuschauern entgegen zu wirken.

2.9 Musik

2.9.1 Basis-Infomationen

Definition

In der Musikpsychologie definiert man Musik als „produzierte Schallmuster unterschiedlicher Tonhöhe und -länge, die zu emotionalen, sozialen, kulturellen oder kognitiven Zwecken erzeugt werden" (P. Gray).

Wirtschaftliche Bedeutung

Der Musikmarkt weist ein **Marktvolumen** von knapp zwei Mrd. Euro auf. Damit ist er fast doppelt so groß wie der Kinomarkt. Sein **Marktpotenzial** für die Zukunft abzuschätzen, erscheint schwierig. Eher düstere Aussichten ergeben sich, wenn man auf die technologischen Veränderungen blickt. Bis zum Ende des letzten Jahrhunderts wies der Musikmarkt – im Zeitalter der analogen Technik – eine sehr stabile Marktsituation auf, die sich ab 2000 im Zuge der Digitalisierung der Wertschöpfungskette völlig umkehrte. So ist seitdem ein stetiger Umsatzrückgang festzustellen, der den traditionellen Tonträgermarkt geradezu einbrechen ließ. Musik erscheint insofern derzeit als ein Verlustgeschäft. Als Gründe für die wenig erfreuliche Entwicklung wird von den Verantwortlichen im Musik-Business die Konkurrenz durch **illegale Raubkopien** herausgestellt. Man schätzt, dass 2005 über 500 Mio. Titel mit einem Gesamtwert von ca. 600 Mio. Euro – das entspricht fast einem Drittel des gesamten Musikmarkt-Volumens – illegal über Peer-to-Peer-Filesharing herunter geladen wurden. Andere Quellen gehen von einer Mrd. Euro aus. Allerdings hat der Musikmarkt Antworten gegeben, indem er legale Musik-Download-Angebote offeriert. Ein Drittel der Konsumenten wurden dadurch veranlasst, vom illegalen Download abzusehen. Legale Musik-Downloads sind ebenso wie die Mobilmusik (Musik für Mobiltelefone wie Klingeltöne, ganze Musiktitel oder Musikvideos) starke Wachstumstreiber. Allerdings weisen sie noch keine zehn Prozent Anteil am Gesamtmarkt auf.

Publizistische Bedeutung

Musik ist tief im Leben der Menschen verwurzelt. Sowohl als Hochkultur-Musik als auch als populäre Musik stellt sie eines der **tragenden Fundamente** unserer heutigen **Kultur** dar. Musik wurde in Deutschland stets als ein wichtiges **Kulturgut** sowohl der Hochkultur als auch der Alltagskultur verstanden und kann auf eine lange Geschichte zurück blicken. Diese Rolle dürfte sie prinzipiell beibehalten.

Nach unserem heutigen Verständnis ist ein Leben ohne Musik schlichtweg nicht vorstellbar: Musik begleitet uns auf Schritt und Tritt und sei es nur als permanente Musikberieselung. Wir bewegen uns unter einer permanenten akustischen Glocke, ein Phänomen, das in der Fachliteratur als „gnadenloser, kollektiver Walkman" oder als „Vertreibung der Stille" bezeichnet wird. Von der „Droge" Musik können und wollen wir uns freilich nicht lösen und erleben immer wieder berauschende Momente, in denen wir tief ergriffen einem Musikstück lauschen.

Musik

Kommunikatoren, Anbieter

- Musik- und Unterhaltungsindustrie („Entertainment")
- Musikunternehmen (Musikverlage, Musikproduzenten): (1) Große Musikverlage „Majors" (drei Viertel des Umsatzes am weltweiten Musikmarkt für Tonträger): Sony BMG, Universal, EMI Music, Warner Music. (2) Unabhängige „Independents" (zusammen ein Viertel des Umsatzes).
- Medienunternehmen: Radio, Fernsehen
- Filmindustrie: Musik als Bestandteil von Filmen, Musikfilme
- Privatpersonen: Private Mitschnitte, eigene Musikaufnahmen

Produkte, Inhalte

- Musik: Unterhaltungsmusik (U-Musik), Klassik (Ernste Musik, E-Musik). Verhältnis U- zu E-Musik beim Tonträgerabsatz ca. 90:10.
- Tonträgerhersteller in Deutschland: ca. 1.000

Transportwege

- Einzelhandel: Verkaufsläden, Supermärkte
- Versandhandel, Online-Versand
- Direktversand vom Hersteller
- Buch-Clubs
- Internet: (1) Legale Downloads (z. B. iPod). (2) Illegale Downloads (Tauschbörsen, Peer-to-Peer – „P2P")
- Internet: User generated content (auf Video-Plattformen z. B. You Tube, myspace.com)
- Mobil-Telefone

Rezipienten

- Geräteausstattung: CD-Player 87,4 %; DVD-Player 66,1 %; Digitale Surround-Anlage 18,6 %; Internet als Verteilweg für Radio-/TV-Inhalte (Download/Streaming) 6,6 %; Plattenspieler 46,4 %; Kassettenrekorder 81,5 %; MP3-Player oder i-Pod 26,2 %.
- Zeitbudget Tonträgernutzung (Altersgruppe in Min. pro Tag): (1) 14-19: 67; (2) 20-29: 48. (3) 30-39: 30. (4) 40-49: 20. (5) 50-59: 15. (6) 60-69: 10. (7) > 70: 6.
- Reichweite (Personen ab 14 Jahre): Video/DVD 4 %; DC/MC/LP/MP3 28 %.
- Nutzung von CDs, Cassetten: mehr als 30 % mehrmals in der Woche.
- DVD, Videocassetten: knapp 7 % mehrmals in der Woche.
- Nutzerschwerpunkt nach Lebensalter: 14- 29-Jährige
- Nutzer-Schwerpunkt nach Sinus-Milieus: (1) Schallplatten/CDs/Kassetten hören: Postmaterielle, Moderne Performer. (2) Videos/DVDs ansehen: Moderne Performer, Konsum-Materialisten, Experimentalisten, Hedonisten.

2.9.2 Musik-Wertschöpfungskette

Produkte

❶ iTunes ist eine Software der Firma Apple, über das Musiktitel aus dem Internet legal herunter geladen, genutzt und in begrenztem Umfang weiterverbreitet werden dürfen. Als Abspielgerät steht der **iPod** zur Verfügung, ein tragbarer MP3-Player, der auch Videos wiedergeben kann.

Die Produkte des Musikmarktes lassen sich in **drei Gruppen** unterscheiden:

* Traditionelle Tonträger (Alben): (a) Alben, Singles, (b) Musikvideos
* Legale Downloaddienste, z. B. iTunes ❶
* Mobilmusik, z. B. Klingeltöne

Die Verkaufszahlen für **traditionelle Tonträger** sind in den letzten Jahren ständig gesunken, sie machen aber immer noch fast 160 Mio. Stück pro Jahr aus (zum Vergleich: 2001 waren es noch fast 250 Mio. Stück). (a) Bei den Alben sind vier Typen zu unterscheiden: CD, Kassette, LP und DVD-Audio. Die CD dominiert dabei mit über 120 Mio. Stück komplett den Markt, die DVD-Audio bringt es nur auf einige Hunderttausend Exemplare. Die stärksten Einbrüche der letzten Jahre haben die Kassetten erlebt, von denen aber immer noch einige Mio. Stück verkauft werden. (b) Die Musikvideos erfreuen sich steigender Beliebtheit, was in einer Absatzzahl von ca. 10 Mio. Stück zum Ausdruck kommt. Als Format hat sich fast vollständig die DVD durchgesetzt. Der Durchschnittspreis pro Stück liegt dabei bei etwa 15 Euro.

❷ P2P-Filesharing = „Peer-to-Peer-Systeme", kurz: P-to-P (oder noch kürzer P2P). Nach der Bedeutung des Wortes „peer" (engl. gleichrangig) bezeichnet ein **Peer-to-Peer-Netzwerk** ein Netzwerk, das Gleichrangige mit anderen Gleichrangigen verbindet. Fachbezeichnung für die Tauschbörsen von Musik- und Filmdateien der Verlage im Internet, an denen sich Privatpersonen (illegal) beteiligen.

Mit der Einführung **legaler Downloaddienste** im Jahr 2004 gibt es eine Alternative zum illegalen Tausch von Musikdateien über die P2P-Filesharing-Netze ❷ im Internet. Allerdings wurden bisher nur vergleichsweise geringe Umsätze generiert (ca. neun Mio. Euro), man rechnet aber in den nächsten Jahren mit einer starken Zunahme. Sehr erfolgreich zeigt sich **Mobilmusik** mit einem Umsatz von 225 Mio. Euro. Dies sind Musikangebote für das Handy, v. a. als Klingeltöne.

Akteure

Die **Wertschöpfungskette des Musikmarktes** verläuft in **drei Stufen** und umfasst die folgenden Akteure:

* Stufe 1: Entwicklung. Künstlerische Akteure: Autoren (Komponisten, Textdichter), Interpreten; Musikverlage („Verleger", „music publisher": Verwalter und Vermarkter der Urheberrechte von Komponisten und Musikern).
* Stufe 2: Produktion. Akteure: Musikproduzenten (klassische „Plattenproduzenten"), Ton- und Videostudios, Tonträger- und Video-Hersteller.
* Stufe 3: Verwertung. Akteure: (a) Verkauf von Ton- und Bildträgern: Musikdistribution/-handel (Unterstützung durch Musikproduzenten); (b) Sendung, Kino-Vorführung: Radio-/Fernseh-/Filmindustrie; (c) Aufführung: Konzertveranstalter; (d) Werbung: Musikalische Untermalung von Werbespots; (e) Akteure der Randnutzung (Mechandising, Licensing).

Auf allen diesen Stufen wird das Marktgeschehen von vier großen „Global Playern" beherrscht, den sog. **Majors**. Es sind dies die Universal Music Group, Sony BMG, Warner Music Group und EMI.

2.9.3 Trends und Perspektiven

Zentrale Trends im Musikmarkt

- Der Musikmarkt ist stark von jugendlichen Zielgruppen abhängig. Eine klare Verknüpfung mit soziodemografischen Kriterien und Musikgenres kann dabei nicht vorgenommen werden.
- Musik ist ein klassisches hedonisches ❶ Produkt, das typischerweise experimenteller Natur ist und Spaß und Vergnügen erzeugt. Zentrale Motivation des Musikkonsums ist die emotionale Komponente. Er steht damit in einer Reihe mit dem Konsum von Filmen, Konzerten oder Musicals. Musik spielt bei jüngeren Konsumenten als ein wichtiges Instrument der sozialen Positionierung eine große Rolle.
- Musik ist starken Modeströmungen unterworfen, woraus sich dynamische Prozesse entwickeln können, die das Konsumentenverhalten stark beeinflussen. Die hohe Schwankungsbreite (man könnte von „Volatilität" sprechen) im Hinblick auf das Konsumverhalten machen Voraussagen und Konzept-Entwicklungen schwierig.
- Musik-Downloads sind in der jungen Generation („Download-Generation") selbstverständliche Formen der Musikbeschaffung.

❶ Hedonismus = Leben nach dem Lustprinzip, Freude, Spaß

Konzepte der Musik-Unternehmen

- Umsätze aus dem Verkauf von Alben: Die Branche versucht über Preisanhebungen den Rückgang der Verkaufszahlen bei den physischen Tonträgern mehr als wettzumachen. Dies kann gelingen, ist allerdings insofern eine riskante Strategie, als sie die Wechselbereitschaft der Konsumenten zur digitalen Alternative beschleunigen könnte. Umgekehrt wäre ein Preiskampf für die Anbieter möglicherweise ruinös. Entscheidende Erkenntnis dürfte aber sein, dass die CD den Höhepunkt ihres Produktlebenszyklus überschritten hat und als eine überholte Technologie gelten muss, so dass das Verkaufspotenzial ohnehin ausgereizt erscheint und ein Umstieg auf die leistungsfähigere DVD bzw. auf das MP3-Format vorgezeichnet ist.
- Bekämpfung der illegalen Musik-Downloads: Seitens der Politik wird die Verschärfung des Urheberrechts verfolgt. Ergänzend gibt es Forderungen der Musikindustrie, ihnen einen Auskunftsanspruch über persönliche Daten von Nutzern von P2P-Filesharing-Netzen einzuräumen.
- Für die traditionellen Anbieter auf dem Musikmarkt stellt sich die Frage, inwieweit sie in das Geschäft mit legalen Download-Angeboten einsteigen müssen. Dieser Weg wird bislang eher zaghaft beschritten.
- Zu denken ist an völlig neue Geschäftsmodelle wie z. B. Musik-Abonnements, die analog zu Pay-TV die Buchung eines ganzen Programmpakets ermöglichen. Die wäre eine Erweiterung des iTunes-Modells, das lediglich ein einfaches Pay-per-Song-Modell darstellt.
- Ein beträchtliches Marktpotenzial könnte sich ergeben, wenn Musiktonträger zunehmend als Werbemittel eingesetzt werden.
- Erfolg kann auch die Strategie gezielten Verfolgung von Konzepten der Mehrfachverwertung bringen.

2.10 Internet

2.10.1 Basis-Informationen

Definition

Das Internet ist ein globales dezentrales Netzwerk von einzelnen Rechnern bzw. von lokalen, nationalen oder internationalen Netzwerken. Durch eine einheitliche Adressierungssystematik der angeschlossenen Rechner sowie ein gemeinsames Datenübertragungsprotokoll ermöglicht das Internet den Austausch digitaler Informationen zwischen den Nutzern. M. a. W.: Das Internet ist ein weltumspannendes digitales Netzwerk, das eine Vielzahl von institutionellen und privaten Informationsanbietern und Informationsnachfragern auf digitaler Basis miteinander verbindet.

Wirtschaftliche Bedeutung

Das **Medium Internet** hat eine enorme Entwicklung genommen und ist zum **globalen Informationssystem** geworden. Es ist heute im privaten und geschäftlichen Bereich nicht mehr wegzudenken. Das Internet ist ein hoch leistungsfähiges „Hypermedium", das eine Reihe von Diensten ermöglicht, die von der Individualkommunikation (E-Mail) bis zur Massenkommunikation reichen (Informationsangebote im World Wide Web). Seine ökonomische Bedeutung ist heute kaum hoch genug einzuschätzen. Diese hohe Bedeutung in Zahlen auszudrücken, macht große Schwierigkeiten. Als Ausgangsgröße, mit der man den „Internet-Markt" beschreiben kann, bietet sich die Summe aus den Ausgaben zum Internetzugang (Erlöse der Internet-Service-Provider), die den Löwenanteil ausmachen, und der Werbeerlöse im Internet an. Diese Summe bewegt sich inzwischen in die Richtung von sieben Mrd. Euro. mit starken Wachstumsaussichten. Damit ist der **Internet-Markt** wertmäßig schon größer als der Zeitschriftenmarkt, und die Zahlungen z. B. für Downloads sind noch nicht einmal berücksichtigt. Die Internetwerbung liegt wertmäßig mit lediglich ca. 330 Mio. Euro noch im Dornröschenschlaf.

Publizistische Bedeutung

Die publizistische und kommunikative Bedeutung des Internet ist enorm und kann nur mit dem Gutenberg'schen „Quantensprung" verglichen werden. Es führte und führt zu einer **grundlegenden Umwälzung** und zum **Strukturbruch**, aus dem sich eine neue Gesellschafts- und Wirtschaftswelt entwickelt. Das Internet hat als neues Medium inzwischen voll umfänglich Einzug gehalten. Hauptgründe für diese in seiner Dramatik kaum zu überschätzenden Entwicklung sind die unvergleichlichen medialen Eigenschaften des Internet, hier insbesondere die Möglichkeit zur Interaktion sowohl in der Individual- als auch in der Massenkommunikation, zum Transport und zur Speicherung großer Informationsmengen und zur Erzeugung hochqualitativer multimedialer Dokumente. Für den Nutzer eröffnen sich damit faszinierende und nahezu unbegrenzte Möglichkeiten des Umgangs mit Informationen. Kehrseite der Medaille ist freilich, dass vom Konsumenten eine vergleichsweise hohe Medienkompetenz und eine aktive Grundhaltung abgefordert wird, die seiner bisher eher passiven Medienkonsumhaltung entgegensteht.

Internet

Kommunikatoren, Anbieter

- Komplettanbieter: Kommerzielle Online-Dienste: z. B. T-Online, AOL
- Spezielle Inhalteanbieter („Content Provider"): Medien- und Informationsunternehmen, Wirtschaftsunternehmen, Organisationen, Privatpersonen.
- Informationshändler („Broker"): Betreiber von Plattformen, Portalen.
- Anzahl der Firmen im Netz: praktisch alle Firmen sind im Netz.
- Bildung von Online-Gemeinschaften: „Communities"

Produkte, Inhalte

- Online Publishing von Medienunternehmen: Programm begleitende und ergänzende Text- und Bildinformationen, Internet Radio, Web-TV, Datenbestände (Download-Angebote), Informationsprodukte, Unterhaltungsprodukte (Musik, Filme), Software.
- E-Commerce und E-Business: Werbung und Public Relations von Wirtschaftsunternehmen und Organisationen, Geschäftsabwicklung über das Netz, Online-Shopping.
- Werbung: Angebote Internet-Werbemarkt Top 20-Werbeträger: T-Online, Web.de, GMX, MSN, Yahoo, Lycos, RTL.de, AOL Dienst, Bild.T-Online, Spiegel Online, mobile.de, Chip Online, AOL.de, ProSieben.de, Focus Online, Sport1.de, stern.de, Wetter.com, Sat1.de, Falk.de.
- Unternehmensinterne Netzwerke auf der Grundlage des Internet: Intranet, Extranet.
- Private Inhalte: Private Websites, E-Mail-Verkehr, private Informationsbörsen, Gesprächsforen, Chats, Newsgroups, Communities, Internet-Telefonie (Voice over IP), Homebanking, Computerspiele, Weblogs, zielloses Surfen.

Transportwege

- Provider für Internet-Zugang („Internet Service Provider" – ISP)
- Stationärer Computer: Modem, ISDN, DSL, neue Techniken
- Mobiler Empfang: Handy, Notebook, UMTS

Rezipienten

- Zahl der deutschen Haushalte mit Internetzugang: 20 Mio.; davon analog: 14,4 Mio., Breitband digital 5,6 Mio. (starke Zunahme digital). Bis 2010: Anschlussquote 80%.
- Internetnutzer (Reichweite): 56,8 % der deutschen Wohnbevölkerung ab 14 Jahren.
- Zeitbudget, Mediennutzung Internet 2005: 44 min. (ARD/ZDF-Langzeitstudie). Durchschnittliche Nutzungsdauer pro Nutzungstag: 73,6 Minuten (AGOF).
- Dennoch: Nutzer-Schwerpunkt: (1) unter 30 Jahre: Die unter 29-Jährigen sind bereits fast komplett im Internet anzutreffen, d. h. die nachwachsende Generation wächst komplett als „Onliner" auf. (2) gemäß soziodemografischen Strukturen: Die Internet-Nutzerschaft wird denen der Gesamtbevölkerung immer ähnlicher.
- Thematische Nutzungsschwerpunkte – Top 10: Private E-Mails, Recherche Suchmaschinen, Nachrichten zum Weltgeschehen, Online-Shopping, Online-Banking, Regionale und lokale Nachrichten, Sportergebnisse und -berichte, Kinofilme/Kinoprogramm, Chats und Foren, Messenger.
- Kaufverhalten: Produktinteresse Top 10: Bücher, Urlaubs- und Last-Minute-Reisen, Musik-CDs, Eintrittskarten für Kino, Theater etc., Unterhaltungselektronik, Autos, Mode oder Schuhe, Telekommunikationsprodukte, Filme auf DVD, Video, Hotels für Urlaubs- oder Geschäftsreisen.
- Online-Nutzung nach dem Ort: ca. 40 % nur zu Hause; 30 % Arbeitsplatz, Uni, Schule; 30 % sowohl als auch.
- Tagesablauf: Hauptnutzungszeit 18:00 bis 24:00 Uhr. Damit Konkurrenz zum Fernsehen.

2.10.2 Funktionen und Nutzungsformen

❶ Eine Übersicht über mögliche **Online-Nutzungen**:

- Versenden und Empfangen von E-Mails
- Zielloses Surfen im Internet
- Downloaden von Dateien
- Reiseinfos, Zug-/Flugpläne
- Infos über PCs und Software
- Aktuelle Infos aus der Region
- Newsletter von Organisationen
- Gesprächsforen, Newsgroups, Chatten
- Wetterinformationen
- Homebanking
- Computerspiele
- Kleinanzeigen
- Online-Shopping
- Radio
- Fernsehen (IP-TV)
- Buchbestellungen
- Sex-/Erotikangebote
- Multiuser-Spiele
- Telefonieren (Voice over IP)
- Web-Cam
- Bildtelefon
- Videoconferencing

Der Siegeszug des Internet ist in erster Linie Folge der **hohen Funktionalität** des World Wide Web, dessen Spektrum der Möglichkeiten immens ist ❶. Das Internet besitzt die folgenden **Leistungsmerkmale** (vgl. Bruhn 2006, S. 1117 ff.):

- Interaktivität, bidirektionale Kommunikation, Rückkanalfähigkeit
- Konnektivität, Vernetzung, Vernetztheit ("connectivity")
- Zeitliche Unmittelbarkeit ("immediacy"), Aktualität
- Multimedialität ("media richness")
- Ubiquität, grenzenlose räumliche Verfügbarkeit ("pervasiveness")
- Vollumfängliche zeitliche Verfügbarkeit
- Informationsvielfalt ("information richness")
- Einfache Handhabung ("easy-of-use")
- Individualisierung ("customization")

Hinzu kommen Funktionen, die das Internet insbesondere auch für die Geschäftswelt hoch interessant werden lassen. Dabei spielt insbesondere die **Konnektivität** eine große Rolle, also dass mit der Anbindung an das Netz der Kommunikator ein extrem hohes Ausmaß an Verbindung ("Konnektion") zu anderen Unternehmen oder Personen erreichen kann:

- Transaktionsfähigkeit: Das Internet bietet die Möglichkeit, Servicefunktionen wie z. B. Beratung, Bestellung, Beschwerdenbearbeitung in den Dialog mit dem Kunden zu integrieren. Zahlreiche Informationsprodukte können über das Netz heute sogar schon ausgeliefert werden (z. B. Software, Informationsdienste, Musikstücke).
- Geringer Distributionsaufwand: Die Verbreitung der Informationen ist zu extrem niedrigen Kosten möglich.
- Hohe Internationalität: Die Anwendungen können ohne großen Aufwand einem weltweiten Publikum angeboten werden.
- Intranet-Fähigkeit: Durch Passwortschutz können geschlossene Benutzergruppen erzeugt werden, z. B. die Mitarbeiterschaft eines Unternehmens.

Die **Nutzung des Internets** hat sich in den vergangenen Jahren stürmisch entwickelt und bewegt sich in Richtung von einer Stunde täglich im Durchschnitt. Damit hat es längst die Nutzungszeiten der Printmedien hinter sich gelassen. Es ist verständlich, dass die Verantwortlichen der klassischen Printmedien dieser Entwicklung mit Sorge entgegensehen und große Anstrengungen unternehmen, mit der Entwicklung Schritt zu halten, z. B. durch attraktive Angebote im Internet (z. B.: elektronische Zeitung – "E-Paper") oder anderer elektronischer Produkte (z. B.: Hörbücher).

Das Internet steht im Grunde erst am Anfang der Entwicklung. Insbesondere im Hinblick auf die **Multimedialität des Netzes** wird sich eine Entwicklung von der momentan eher statischen Darstellung der Inhalte (Text, Bild) in Richtung Bewegtbild, Audio und 3-D-Welten einstellen. Dadurch wird das Internet zur multimedialen Plattform, auf der grundsätzlich alle Medien, auch das Fernsehen, transportiert werden können.

2.10.3 Trends und Perspektiven

Zentrale Trends im Internetmarkt

- Das Internet ist inzwischen erfolgreich in allen Bevölkerungsschichten etabliert. Seine Nutzung erfolgt gleichermaßen als Informations-, Unterhaltungs- und Kommunikationsmedium. Es entwickelt sich mehr und mehr zum normalen Medium, bei dem sich die Struktur der Nutzerschaft immer mehr der Gesamtbevölkerung angleicht.
- Die heimische Nutzung sowie die berufliche Online-Nutzung am Arbeits- und Ausbildungsplatz wird selbstverständlich.
- Das Internet spielt im Einkaufsverhalten der Menschen eine zunehmend wichtige Rolle. Fast alle Internetnutzer haben sich schon einmal über Produkte im Internet informiert. Drei Viertel haben im Internet eingekauft.
- Das Internet wird sich immer mehr als zentrales Informationsmedium für tagesaktuelle Informationen etablieren. Dabei werden vor allem die Internet-Auftritte der etablierten Medienunternehmen genutzt.
- Mit der zunehmenden Internet-Präsenz der deutschen Bevölkerung wird die Werbewirtschaft zunehmend im Internet aktiv, womit sich das Medium zum normalen und professionellen Werbemedium entwickelt.
- Nicht von der Hand zu weisen sind allerdings zunehmende Sättigungserscheinungen bei den Konsumenten, die von der Fülle der Informationen und dem Zwang zur aktiven Suchhaltung überfordert sein könnten. Immer wichtiger werden daher leistungsfähige Navigationssysteme.
- Zunehmend wichtig werden Communities und Plattformen, auf denen sich große Menschenmengen begegnen. Als besonderes interessant empfindet der (junge) Nutzer die Möglichkeit, selbst erstellte Inhalte einer großen Öffentlichkeit zu präsentieren ❶.
- Das Internet wird sich zu einem „Hypernet" und „Überall-Medium" entwickeln, das ein immer und überall verfügbares Netz darstellt, das alle erdenklichen Inhalte zugänglich macht und über hochqualitative Endgeräte voll mobil sein wird.

❶ Dieses Phänomen wird als **user generated content** bezeichnet, ein Phänomen, das mit dem Begriff **Web 2.0** belegt wird. Beispiele sind Online-Lexika (z. B. wikipedia), Foto-Communities (z. B. flickr.com), Internet-Communities (z. B. myspace.com), Blogging-Dienste (z. B. blogger.com), Videoclip-Börsen (z. B. youtube.com) oder Business-Kontakt-Plattformen (z. B. xing.de)

Konzepte der Internetunternehmen

- Alle Unternehmen, so auch die Medienunternehmen, die sich im Internet bewegen, stehen in einer extremen Wettbewerbssituation. Die Märkte sind transparent (z. B. Preisvergleiche), die Eintrittsbarrieren für neue Unternehmen sind niedrig. Das Kundenverhalten verändert sich durch den höheren Informationsstand und eine steigende Nachfragermacht nachhaltig, vor allem nimmt die Kundenloyalität und die Kundenbindung immer mehr ab.
- Damit verbunden steigt die Komplexität und Innovationsgeschwindigkeit. Die Märkte zersplittern in immer kleinere Teile („Fragmentierung").
- Notwendig sind Geschäftsmodelle, die langfristig tragfähig sind. Dabei kann man z. B. eine Integrationsstrategie verfolgen, bei der das Unternehmen die horizontale oder vertikale Integration durch Kooperation oder Fusion anstrebt. Exemplarisch hierfür können große Medienunternehmen wie Microsoft, Google oder Time Warner gelten. Alle diese Unternehmen versuchen, auch im Internet stark vertreten zu sein.

2.11 Video- und Computerspiele

2.11.1 Basis-Informationen

Definition

Das Institut für angewandte Kindermedienforschung, Stuttgart, führt aus (siehe www.ifak.de): „Ein Computerspiel ist ein Programm auf einem Computer, das einem oder mehreren Benutzern ermöglicht, ein durch implementierte Regeln beschriebenes Spiel zu spielen. Videospiele sind im allgemeinen alle Arten elektronischer Spiele, die auf einem visuellen Ausgabegerät (z. B.: Fernseher, Monitor etc.) dargestellt werden. Der Spielverlauf kann dabei vom Benutzer mit speziellen Eingabegeräten (z. B. Tastatur, Maus, Joystick etc.) gesteuert werden. Im Speziellen werden damit Computerspiele bezeichnet, die auf Spielkonsolen laufen (Konsolen-Spiele). Spielkonsolen sind Computer oder computerähnliche Geräte, die ursprünglich für Videospiele entwickelt wurden. Man kann zwischen stationären Standgeräten (in der Regel an einen Fernseher angeschlossen) und tragbaren Spielkonsolen mit eingebautem Monitor (Handheld-Konsolen) unterscheiden."

Wirtschaftliche Bedeutung

Der Markt für Video- und Computerspiele ist seit dem Ende der 90er Jahre zu einem zunehmend **bedeutenden Wirtschaftszweig** geworden und bewegt sich derzeit in der Größenordnung von 1,3 Mrd. Euro. Das Wachstum ist hoch.

Elektronische Spiele haben sich zu einer weit verbreiteten und gängigen Unterhaltungsform entwickelt. In den USA übertraf schon 2001 der Umsatz der Video- und Computerspiele-Industrie mit seinerzeit 9,4 Mrd. US-Dollar den Umsatz der US-Filmindustrie mit 8,1 Mrd. US-Dollar. Diese Situation trat in Deutschland im Jahr 2005 ein. Dennoch wird die Video- und Computerspiele-Industrie erst langsam als ernst zu nehmender Teil der Medienindustrie anerkannt.

Publizistische Bedeutung

Die publizistische Bedeutung von Video- und Computerspielen darf nicht mehr unterschätzt werden. Im Gegenteil: „Die globale Computer- und Videospielindustrie hat sich in den letzten 35 Jahren zu einer der umsatzstärksten Medienbranchen entwickelt. Über 25 Millionen Bundesbürger spielen heute mehr oder weniger regelmäßig Computer- und Videospiele. Mit über einer Million E-Sportler in Deutschland hat sich sogar ein wettkampfmäßiger Spielbetrieb etabliert. Und im Zuge fortschreitender Konvergenz verwischen die Grenzen moderner Spiele mit interaktiven Unterhaltungsangeboten aus Film und Fernsehen" (Müller-Lietzkow/Bounken/Seufert, Vorwort).

Anzumerken ist, dass bei Video- und Computerspielen die **Gefahr jugendgefährdender Produkte** besonders hoch ist. Obgleich in Deutschland relativ strenge gesetzliche Regelungen gelten, was die Hersteller oft veranlasst, auf den deutschen Markt spezielle, „entschärfte" Versionen zu bringen, steht die Gesellschaft hier vor einem Medienbereich, der als besonders kritisch zu betrachten ist.

Video- und Computerspiele

Kommunikatoren, Anbieter

- Entwicklung und Produktion im Weltmaßstab: Dominanz USA und Asien.
- Haupt-Kommunikatoren USA (Spiele-Software-Anbieter), Top 5 mit Marktanteilen (2003): Electronic Arts 20,0 %; Nintendo 11,8 %; Sega 7,3 %; Atari 6,2 %, THQ 6,0 %.
- Haupt-Kommunikatoren Deutschland, Top 5 mit Marktanteilen (2003): Electronic Arts 19,4 %; Vivendi 10,9 %; UBI Soft 8,3 %; Take 2 6,34 %; JoWood 4,2 %.
- Nur sehr wenige deutsche Entwickler und Produzenten spielen eine Rolle. Im Gegensatz zu Frankreich (z. B. Atari) und Großbritannien (z. B. Eidos).

Produkte, Inhalte

- Bisher 18.000 Spiele erschienen, aktuell lieferbar: 4.000 Spiele. Jährliche Neuerscheinungen: 1.800 Spiele.
- Spiele nach Nutzungsform: (1) Konsolenspiele. (2) Computerspiele. (3) Online-Spiele. (4) Mobilspiele.
- Spiele nach Genres: (1) Arcade (actionreiche Geschicklichkeitsspiele, Tanzspiele, Party-Games, Rennspiele mit Phantasiefahrzeugen). (2) Familienunterhaltung (Gesellschaftsspiele, Knobel-, Denk- und Geschicklichkeitsspiele, Kinder-Kreativ-Programme, Edutainmentsoftware. (3) Strategiespiele („Aufbau"-Spiele, z. B. Besiedlung eines Landes im Mittelalter, militärische Strategiespiele, Management-Spiele. (4) Rollenspiele (insbesondere Online. (5) Sprotspiele (actionreiche Mannschaftssportarten wie Fußball und Eishockey, Auto-Rennspiele, kontemplativ-sportlichen Betätigungen wie Angeln oder Golf. (6) Shooter (einfache „Ballerspiele", raffinierten Team-Taktik-Spiele. (7) Simulation (Flugsimulatoren, virtuellen Eisenbahnen, virtuelles Lebens-Spiel).

Transportwege

- Spielekonsole TV-Gerät: Stationäre Konsolenspiele, tragbare Konsolen.
  Hardware-Platt-formen: Sony PlayStation, Nintendo GameCube, Microsoft Xbox
- Computer (PC, Mac): Computerspiele.
- Internet: Online-Spiele.
- Mobil ("Mobile Gaming"): Spiele auf Mobiltelefonen.

Rezipienten

- Reichweite: Video- und Computerspiele gehören neben CD-Player, Handy und TV zu den Medien, die Kinder und Jugendliche ganz selbstverständlich einsetzen. 96 % der 12- bis 19 jährigen leben in einem Haushalt mit Computer. Über 60 % der Jungen und rund 25 % der Mädchen spielen mehrmals pro Woche Computerspiele.
- Zeitbudget: Mediennutzungsdauer z. T. besorgniserregend: Schon im Alter zwischen 11 und 12 Jahren verbringen 36% der Kids über zwei Stunden täglich beim Computerspiel.
- Nutzer: Computerspieler gelten als vielseitig und aufgeschlossen. Freunde treffen (89 %) und Sport (66 %) stehen ganz vorne auf der Rangliste der beliebtesten Tätigkeiten der deutschen Jugendlichen.
- Nutzungsformen: Einzelpersonen („Single Player") vs. Gruppen („Multi Playser", z. B. LAN-Partys); mobil vs. stationär; Offline vs. Online.
- Nutzung nach Genres: (1) Management-Spiele: ein Drittel. (2) Action-Unterhaltung: ein Drittel. (3) Simulationen: 7 %. (4) Renn- und Sportspiele: 6 %.
- Nutzung nach Geräten (Europa 2003): (1) Heimkonsole 49 %. (2) PC 44 %. (3) Mobil, Handhelds 6 %.

2.11.2 Nutzungsformen und Kosten

Im Hinblick auf die **Nutzung elektronischer Spiele** ist festzustellen, dass die Ansicht, der Markt für Video- und Computerspiele sei ein nicht massentauglicher Nischenmarkt, der bevorzugt auf die Zielgruppen der Kinder und Jugendlichen, bei den Erwachsenen auf die „Freaks" ausgerichtet sei, der Vergangenheit angehört. So interessiert sich das Alterssegment der Generation über 40 Jahren inzwischen zunehmend für Spiele.

Der Markt für Video- und Computerspiele ist ein Teilmarkt des gesamten Spielemarktes und versammelt alle Produkte, die in digitaler Form vorliegen. Der so definierte **Markt für Video- und Computerspiele** lässt sich wie folgt differenzieren:

*   Konsolenspiele: Spiele, die auf eigens dafür geschaffenen Konsolengeräten in Verbindung mit einem Fernsehgerät gespielt werden.
*   Computerspiele: Spiele, die auf dem Computer gespielt werden.
*   Onlinespiele: Spiele, bei denen Konsolen- oder Computerspiele online genutzt werden.
*   Mobilspiele: Spiele, die auf Mobiltelefonen oder anderen Mobilgeräten gespielt werden.

❶ Das Beispiel des Musikangebots von Apple beleuchtet den Systemcharakter: Dieses besteht aus den beiden folgenden **Systemelementen**:
1. Abspielgerät für digitale Musikstücke (iPod)
2. Online-Portal mit entsprechender Software zum Download der Musikstücke (iTunes)

Bei der Video- und Computerspiele-Branche handelt es sich um eine „Systembranche" (vgl. Wirtz, S. 500 f.): Der Spieler kann die Inhalte nur nutzen, wenn er sich in einen Systemverbund aus Spiele-Hardware und Spiele-Software begibt. Spiele sind damit typische **Systemprodukte**. Sie sind analog z. B. zu Musikprodukten zu sehen, bei denen ebenfalls ein technisches System vorhanden sein muss, um das Produkt nutzen zu können ❶.

Der Markt für Video- und Computerspiele in Deutschland ist ein ausgesprochener **Wachstumsmarkt**. Besonders starke Wachstumstreiber sind dabei die Online- und Mobilspiele, die aber zusammen genommen noch keine 20 Prozent des Gesamtmarktes ausmachen. Das Marktpotenzial des Gesamtmarktes ist als ausgesprochen groß zu bezeichnen. Mittelfristig ist eine Wachstumsrate von über zehn Prozent jährlich zu erwarten, womit der elektronische Spielemarkt zu einem der am schnellsten wachsenden Medienmärkte geworden ist (vgl. PwC 2006, S. 117, Wirtz, S. 500, 521).

Bemerkenswert ist, dass Video- und Computerspiele in der Herstellung zumeist extrem teuer sind. Unterscheidet man in A-, B- und C-Titel, so ist festzustellen, dass die beiden letzteren kurze Entwicklungszeiten (C-Titel: ca. 1 Monat; B-Titel: ca. 6 Monate) und niedrige Budgets (C: 10.000 Euro, B: 50.000 Euro) verzeichnen, bei den A-Titeln dem gegenüber hohe bis sehr hohe Entwicklungs- und Produktionskosten anfallen, bedingt durch Entwicklungszeiten von 12 bis 24 Monaten; Kosten von 10 Mio. US-Dollar sind daher normal (vgl. Ernst & Young 2005, S. 265). Sie können ohne weiteres aber auch bis zu 25 Mio. US-Dollar reichen (vgl. Müller-Lietzkow/Bouncken, S. 13). Diese hohen Kosten können so gravierend sein, dass sich Publisher auf internationaler Ebene zusammenschließen, um das Produkt erstellen zu können.

2.11.3 Trends und Perspektiven

Zentrale Trends im Video- und Computerspielemarkt

- Immer mehr Haushalte verfügen über Breitband-Internetanschlüsse. Dies facht die Nachfrage nach Onlinespielen an.
- Netzwerkbasierte Spiele haben den größten Marktzuwachs in der Branche. Eine zunehmende Popularität erfahren dabei „Massive Multiplayer Online Games" (MMOG), bei denen Tausende von Spielern weltweit gleichzeitig via Internet dasselbe Spiel spielen.
- Die Bedeutung von Spiele-Communities nimmt zu.
- Die Nachfrage nach mobilen Nutzungen nimmt zu, was die Industrie mit einer besseren Gerätetechnik beantwortet. Hierdurch erfahren Mobilspiele einen zusätzlichen Antrieb.
- Mit ihrer zunehmenden Verbreitung sind elektronische Spiele zunehmend für die Werbewirtschaft interessant. Zu denken ist an Werbeunterbrechungen des Spielflusses und an Product Placement.
- Der Video- und Computerspielemarkt gewinnt weiter an Bedeutung. Sein Produktionswert wird sich mittelfristig verdoppeln.
- Video- und Computerspiele sind im Kontext der crossmedialen Verwertung von Medieninhalten ein zunehmend wichtiger Baustein. Dabei verschmelzen einst getrennte Bereiche der Musik-, Spiele- und Filmindustrie zu einer neuen Unterhaltungsbranche, die völlig neue, innovative Produkte erzeugen kann.
- Die Weiterentwicklung der technischen Voraussetzungen schreitet massiv voran. Dadurch wird auch die Entwicklung von Video- und Computerspielen technisch immer anspruchsvoller und aufwändiger.
- Treibende Kraft technologischer Innovationen ist vor allem eine verbesserte Netzfähigkeit. So findet zunehmend eine Anbindung der Geräte an das Internet statt. Aber auch neue Speicherformate, also HD-DVD und BluRay Discs, sind relevant. Wichtiger wird die Verbindung mit Online-Portalen, z. B. für Serviceangebote.
- Auf der Geräteebene ist eine Konvergenz der technischen Entwicklungen zu erwarten.
- Eine starke Veränderung der Marktstrukturen ist zu erwarten, insbesondere zugunsten mobiler Nutzungen.
- Spiele mit dem Zweck des Wissenserwerbs (z. B. Rollenspiele) gewinnen an Bedeutung.

Konzepte der Spiele-Unternehmen

Angesichts des Entwicklungspotenzials im Bereich der Video- und Computerspiele ergeben sich für neue Spieleentwicklung („Developer") und Verlage („Publisher") große Chancen. Es ist darauf hingewiesen worden, dass Deutschland hier einen gewissen Nachholbedarf hat, der angesichts der Tatsache, dass es sich bei elektronischen Spielen um Hochtechnologie handelt, unverständlich ist (vgl. Müller-Lietzkow et al., S. 173 ff.). Lohnend ist auch das Engagement zur Qualitätsverbesserung und Förderung von Spielen mit erzieherischem Wert (z. B. spielerische Lernprogramme).

2.12 TIME-Branche

2.12.1 Basis-Informationen

Definition

❶ Telekommunikation (T) und Informationstechnik (I) werden auch zum „ITK-Markt" zusammen gefasst.

Typisches Kennzeichen der Medienentwicklung in der digitalen Welt ist das Zusammenwachsen bzw. die Konvergenz des Mediensektors mit denjenigen Industrien, die im Hinblick auf die Erzeugung von Medienprodukten in einem logischen **Wertschöpfungsverbund** stehen. Diese Industrien werden unter dem **Dachbegriff TIME-Branche** zusammengefasst. Im Einzelnen ist darunter zu verstehen ❶:

- T = Telekommunikation:(1) Hersteller von nachrichtentechnischen Geräten. (2) Bereitstellung der Netzinfrastruktur: Telefon, Kabel, Satellit, Terrestrik. (3) Fernmelde- und Telekommunikationsdienste: Netzbetreiber (Festnetz und Mobilnetz), Anbieter von Dienstleistungen im Telekommunikationsbereich. Internet-, Online- und Datendienste.
- I = Informationstechnik: (1) Hardware: Computertechnik, PC, Workstations, Notebooks, Büromaschinen, Datenverarbeitungsgeräten. Hersteller: z. B. HP, IBM, Dell. (2) Software: Hersteller z. B. Microsoft, SAP, Oracle. (3) IT-Dienstleistungen: z. B., Accenture, T-Systems (4) Zulieferindustrie: vor allem elektronische Bauelemente, Hersteller z. B. Infinion, AMD.
- M = Medien: Gestaltung von inhaltlichen Angeboten (1) monomedial: TV, Radio, Kino, Spiele, Musik, Zeitungen, Zeitschriften, Bücher; (2) multimedial aufbereitete Inhalte.
- E = Unterhaltungselektronik (Entertainment): TV- und Radiogeräte, Rekorder, MP3-Geräte, DVD-Player, Spielekonsolen etc.

Wirtschaftliche Bedeutung

❷ „Prognosen für Deutschland gehen davon aus, dass im Jahr 2010 55 Prozent der Arbeitsplätze im Bereich Informationstechnologie – inklusive Medien – bestehen werden. Waren um die Jahrhundertwende noch rund 40 Prozent der Bevölkerung mit Ackerbau und Viehzucht beschäftigt, gefolgt von industrieller Produktion, ist nun das Zeitalter der TIME-Industrie Realität" (Scholz/Stein/Eisenbeis, S. 183).

Die TIME-Branche wies 2004 ein **Umsatzvolumen** von 200 Mrd. Euro auf. Es verteilte sich auf die Teilbranchen wie folgt:

- Medien: 57 Mrd.
- IT: 131 Mrd.
- Unterhaltungselektronik: 12 Mrd. Euro

Damit trägt dieser Sektor ca. zehn Prozent zur Wertschöpfung der Volkswirtschaft bei. Immer mehr Beschäftigte werden dort arbeiten ❷.

Publizistische Bedeutung

Die Medien können in der digitalen Welt der Zukunft nicht mehr ohne den Bezug zur TIME-Branche erklärt werden. Wichtigstes Merkmal ist das Entstehen neuer Medienprodukte, die das **kommunikative Verhalten** der Menschen **nachhaltig verändern**. Durch technische Unterstützung der Telekommunikation, der Informationstechnik und der Unterhaltungselektronik findet eine dramatische Erweiterung – man könnte sagen: „Entgrenzung" – der bisherigen Nutzungsformen der Medien statt.

TIME-Branche

ITK

Marktvolumen

- Weltmarkt ITK-Branche: Umsatz-Volumen 1,96 Billionen Euro.
- Verteilung: Europa 32,2 %; USA 29,4 %; Japan 14,8 %; Rest der Welt 23,6 %.
- Deutschland Umsatz-Volumen: 130,8 Mrd. Euro.; Anteil am Weltmarkt: 6,6 %.
- Volkswirtschaftliche Bedeutung: Anteil des Umsatzes mit ITK am Bruttoinlandsprodukt: Deutschland 6,15 %; Westeuropa 6,39 %, USA 7,70 %, Japan 8,02 %.
- ITK-Exporte Deutschlands: 41,2 Mrd. Euro.; Anteil der ITK-Exporte an den Exporten der Gesamtwirtschaft: ca. 6 %.
- ITK-Branchenstruktur Deutschland, Verteilung des Umsatz-Volumens: ITK-Hardware und -Systeme 26 %, Software 12 %, IT-Services 20 %, TK-Dienste 42 %.

ITK-Unternehmen

- Standard-Software-Unternehmen Deutschland Top 5 (2003): SAP, Microsoft Dt., Oracle Dt., Software AG, Computer Associates Dt.
- IT-Service-Unternehmen Deutschland Top 5 (2003): T-Systems, IBM Dt., Hewlett-Packard, Siemens Business Services, Dt. Telekom Network Projects & Services.
- Konzentrationsgrad: relativ niedrig, hohe Konkurrenz in allen Teilbranchen.
- Beschäftigte (2005): ca. 750.000. Zählt man Anbieter und Anwender zusammen, gibt es rund 1,4 Mio. IT-spezifische Beschäftigungsverhältnisse in Deutschland.

Unterhaltungselektronik

Marktvolumen

- Sehr differenzierte Preis- und Erlösmodelle. West-Europa (Schätzung 2005): 54,2 Mrd. Euro.
- Deutschland: Umsatz-Volumen (Schätzung 2005): 11,6 Mrd. Euro.
- Verteilung Umsatz-Volumen nach digital/analog: (1) Digitale Geräte: 8,3 Mrd. Euro bzw. 72 % des Gesamtmarktes. (2) Analoge Geräte: 3,3 bzw. 28 %. Starke Verschiebung in Richtung digitale Geräte.
- Verteilung Umsatz-Volumen auf Segmente: (1) Video: Fernsehgeräte (Flachbild-/Projektionsfernseher, DVD-Geräte, Röhrenfernseher, Videorekorder, Heimkino-Systeme, Videospielkonsolen, Digitalkameras, Camcorder, Settop-Boxen, Satellitensysteme (2) Audio: Tragbare Audiospieler (MP3-Player u. a.), tragbare Audiogeräte (Walkman u. a., Kompaktanlagen, HiFi-Elemente.
- Stärkster Zuwachs bei Flachbild- und Projektionsfernsehgeräten, deren Umsatz sich im Jahr 2005 auf 2,5 Milliarden Euro fast verdoppelt. Bislang Boom bei Digitalkameras.

Angebotsseite

- Hersteller von Unterhaltungselektronik, Marktführer in Deutschland: Sony, Matsushita (Panasonic), Philips
- Einzelhandel: 10.300 Unternehmen (traditioneller Facheinzelhandel, Fachmarktunternehmen, Handwerksbetriebe)
- Konzentrationsgrad : (1) Herstellung: Oligopol-Strukturen. (2) Größenstruktur des Handels zahlenmäßig durch kleine und mittlere Unternehmen geprägt. Allerdings erzielen 162 Großfirmen ca. drei Viertel des Umsatzes bzw. 71 Unternehmen erzielen zwei Drittel des Umsatzes.
- Beschäftigte: Herstellung von elektronischen Gebrauchsgütern (incl. Elektrohaushaltsgeräte): 106.000.

2.12.2 Vom Telefon zur Konvergenz

Bedeutung des Telefons

In der Nacht vom 14. auf den 15. April 1912 sinkt das „unsinkbare" Luxuspassagierschiff Titanic im Nordatlantik. Ein junger Funker nimmt schwache Signale auf: „S.S. Titanic auf Eisberg gelaufen. Sinken schnell."

Von größter Bedeutung für die Menschheit war die Erfindung der Fernübertragung von Signalen, die Telekommunikation. Nach dem Start im Jahre 1880 verbreitete sich **Telefon** rasant. Das Telefon war ursprünglich nur zur Übertragung von Sprache und Texten geeignet, heute kann es im Grunde alle medialen Formen übertragen: Bild, Daten oder Video.

In den Jahren seit 1880 hat das **Medium Telefon** eine enorme Bedeutung erlangt: Es wurde binnen weniger Jahrzehnte zum wichtigsten technischen Kommunikationsmedium in Hinblick auf die Verbindung von Mensch zu Mensch. Damit wurde das menschliche Zusammenleben auf eine neue Stufe gestellt, das Telefon ist heute überall im Einsatz, v. a. dank moderner Mobiltechnik. Mit der **Digitalisierung** wird das Telefon mehr und mehr zu einem **Multifunktionsgerät**.

Konvergenz

Entscheidendes Merkmal der TIME-Branche ist „das auf dem universalen Netzwerkprotokoll TCP/IP basierende Internet, das erstmals die Möglichkeit der digitalen Übertragung von Informationen zwischen dem Telekommunikations-, Informationstechnologie- und Mediensektor eröffnet" (Keuper/Hans, S. 42). Damit sind vernetzte Wege vorhanden bzw. im Entstehen, über die rechnergestützt Informationen sowohl im Hinblick auf die Anwendungen als auch auf den Ort flexibel und vor allem multimedial übertragen werden können. Erforderlich sind allerdings Endgeräte, die fähig sind, die technologische Integration aller Medienquellen sicher zu stellen.

Die TIME-Branche wächst zusammen, ein Phänomen, das man als **Konvergenz** bezeichnet. Konvergenz ist dadurch gekennzeichnet, dass es zu einer strukturellen Verbindung bislang getrennter Märkte kommt, was zu neuen Produkten und Systemen führt. Konvergenz bringt die starke Annäherung und wechselseitige Durchdringung des Medienmarktes mit den Märkten der Telekommunikation, Informationstechnologie und Unterhaltungselektronik. Es entsteht ein neuer gemeinsamer Markt, den man im Verbund sehen muss, da sich die Grenzen zwischen den ehemals getrennten Sektoren auflösen.

Ein hervorstechendes Merkmal der Konvergenz ist das Entstehen **neuer innovativer Produkte**, die ohne Medienbruch — also ohne dass man beim Wechsel von einer Anwendung in die andere mit neuer Technik arbeiten muss — gehandhabt werden können, wie z. B. Fernsehen über das Internet (IP-TV), Video on Demand oder Triple Play. Ein solchermaßen zusammenwachsender TIME-Markt erbringt alle Informations-, Kommunikations- und Unterhaltungsleistungen in integrierter Form und macht Multimedia möglich. Es entsteht ein neuer „Multimedia-Markt", der die bisherige mediale Produktlandschaft revolutioniert.

2.12.3 Trends und Perspektiven

Zentrale Trends der TIME-Branche

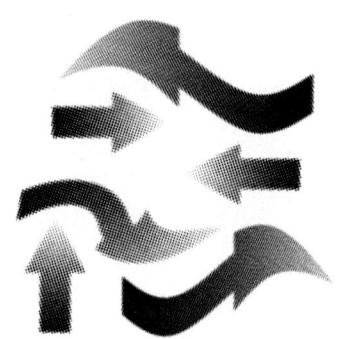

- Was die Marktpotenziale anbelangt, gibt es gegenläufige Entwicklungen. Teilbereichen mit fulminanten Wachstumschancen stehen andere Bereiche mit u. U. starken Schrumpfungstendenzen gegenüber. So ist im Teilmarkt der Telekommunikation mittelfristig eine deutlich Umsatz-Schrumpfung bei Festnetzgesprächen festzustellen, eine Stagnation in der individuellen Mobilkommunikation, während mobile Daten- und Multimediadienste als treibende Kraft im Markt wirken. In der Summe zeigt der Markt für Telekommunikationsdienste eine Stagnationstendenz. Ein echter Umsatz-Boom ist demgegenüber bei Festnetz-Datendiensten durch die Zunahme der DSL-Anschlüsse zu verzeichnen.
- Der zentrale treibende Faktor für alle Teilbereiche ist der weitere Ausbau der Netze zu einem hoch leistungsfähigen Breitbandnetz.
- Die Festnetz-Telefonie nimmt zugunsten der Mobiltelefonie ab. Langfristig wird nur Mobiltelefonie übrig bleiben. Das Mobiltelefon entwickelt sich dabei zu einem herausragenden Multimedia-Produkt, das zahlreiche Funktionen wie Telefonie, Organizer, MP3, Mailing, Foto und Video in sich vereinigt.
- Führende IT-Konzerne wie Intel, Dell, HP oder Microsoft dringen mit ihren Produkten immer stärker in benachbarte Märkte ein, insbesondere in den attraktiven Markt der Unterhaltungselektronik.
- Der heimische PC entwickelt sich zur Empfangs-, Speicher- und Steuerzentrale für die digitale Unterhaltung.
- Neue Speicherformate (HD-DVD, Blu-Ray) spielen eine große Rolle für die Entfaltung weiterer Konvergenzpotenziale.
- IP-TV ist ein starker Wachstumsmarkt, wobei die Dynamik von der DSL-/VDSL-Verbreitung abhängt. Ein schneller Durchbruch ist nicht zu erwarten.
- Ein sehr großes Potenzial hat Handy-TV. Hemmnisse sind fehlende Entscheidungen über die Vergabe der Sendefrequenzen und mangelnde Kooperation der Beteiligten (Netzbetreiber, Sender).
- In der Unterhaltungselektronik dauert der Wechsel von der analogen zur digitalen Technik noch längere Zeit. Die Umrüstung der Endgeräte hat einen hohen Zeitbedarf.
- In der Unterhaltungselektronik, aber auch bei Computern, ist der Trend besonders interessant, dass sich als neuer Vertriebsweg mittlerweile die Discounter wie Aldi oder Tchibo etabliert haben.

Konzepte der TIME-Unternehmen

Vor diesem Hintergrund ist es für alle Akteure reizvoll, **Allianzen** und **Netzwerke** bis hin zu Fusionen mit Akteuren in anderen Segmenten der TIME-Branche einzugehen. Dies ist insbesondere im Zuge des Trends zur **Globalisierung** wichtig und notwendig. Insofern gibt es einen starken Anreiz, große internationale Konzerne zu bilden und auszubauen. Die **Internationalisierung** ist insofern eine zentrale Begleiterscheinung der Konvergenz in der TIME-Branche. Ziel des Zusammenwachsens ist es, Kosten einzusparen und die Leistung durch Schaffung internationaler Netzwerke zu steigern. Für alle Akteure ist es attraktiv, sich entweder selbst zu Multimedia-Unternehmen weiter zu entwickeln oder in entsprechenden Netzwerken mitzuwirken.

Aufgaben und Übungen, Literaturhinweise

Aufgaben und Übungen

1. Erstellen Sie eine Informationsgrafik, aus der die Anteile der Erlöse der einzelnen Medien-Teilmärkte ersichtlich sind.
2. Überprüfen Sie, inwieweit Ihre persönliche Mediennutzung vom Durchschnitt der Bevölkerung abweicht.
3. Listen Sie zu jedem Mediensegment (Tageszeitungen, Wochenzeitungen, Publikumszeitschriften, Fernsehen, Radio etc.) drei Beispiele für Werbeträger auf.
4. Erstellen Sie ein Text-Dokument zum Thema „E-Paper".
5. Suchen Sie nach Argumenten, warum die Internationalisierung im Zeitschriftenmarkt eine zentrale Marketingstrategie darstellt.
6. Überprüfen Sie, wie Ihre eigene Einstellung zur Nutzung von Hörbüchern aussieht. Begründen Sie Ihr Verhalten.
7. Nehmen Sie Stellung zum Thema „Entwicklung des Buches im digitalen Zeitalter".
8. Ermitteln Sie für eine Gruppe von Gleichaltrigen das Spektrum des Musikgeschmacks durch eine Befragung. Beurteilen Sie das Ergebnis vor dem Hintergrund der gängigen Musikformate im Radio.
9. Erstellen Sie einen Aufsatz zum Thema „Die gesellschaftlichen Funktionen des öffentlich-rechtlichen Rundfunks".
10. Diskutieren Sie die Rolle von Podcasting im Mediensystem der Zukunft.
11. Analysieren Sie einen Kinofilm oder Fernsehfilm, den Sie gerade gesehen haben, und zwar darauf hin, aus welcher Perspektive das dort Gezeigte dargestellt wurde.
12. Stellen Sie die Vor- und Nachteile von legalen Musik-Downloads dar.
13. Machen Sie eine Umfrage unter Gleichaltrigen und fragen Sie danach, wie flexibel die Befragten auf Preissenkungen für Musik-CDs und Musik-DVDs reagieren würden.
14. Stellen Sie die Vorteile des Internet dar und geben für jeden Punkt ein Anwendungsbeispiel aus der Praxis.

Literaturhinweise

Zentrale Lehrwerke:

Gläser, Martin: Medienmanagement, München 2008 (Vahlen). Dort finden sich auch alle statistischen Nachweise zu den Zahlenangaben sowie weitere ausführliche Literaturhinweise zu den einzelnen Medien.
Bruhn, Manfred: Unternehmens- und Marketingkommunikation, München 2005 (Vahlen)
Hickethier, Knut: Einführung in die Medienwissenschaft, Stuttart 2003 (Metzler)
Sjurts, Insa (Hrsg.): Gabler Kompakt-Lexikon Medien A-Z, Wiesbaden 2006.
Wirtz, Bernd W.: Medien- und Internetmanagement, 4., überarb. Aufl., Wiesbaden 2004 (Gabler).

Ausgewählte Basis-Literatur zu den Printmedien:

Bremenfeld, Eckhard; Kapalla, Ralf; Knapp, Holger; Tohermes, Kurt; Veeh, Winfried: Fachwissen Zeitungs- und Zeitschriftenverlag, 2. Aufl., Düsseldorf 1998 (Springer-VDI)

Breyer-Mayländer, Thomas / Seeger, Christof: Verlage vor neuen Herausforderungen, Berlin 2004 (ZV)

Friedrichsen, Mike (Hrsg.): Printmanagement, Baden-Baden 2004 (Nomos)

Heinold, Wolfgang Ehrhardt: Bücher und Buchhändler, 4. Aufl., Heidelberg 2001 (C. F. Müller)

Kerlen, Dietrich: Lehrbuch der Buchverlagswirtschaft, Stuttgart 2003 (Dr. Ernst Hauswedell)

Menhard, Edigna; Treede, Tilo (2004): Die Zeitschrift, Konstanz (UVK)

Ausgewählte Basis-Literatur zu den elektronischen Medien:

Clement, Michael; Schusser, Oliver (Hrsg.): Ökonomie der Musikindustrie, Wiesbaden 2005 (DUV)

Friedrichsen, Mike; Gerloff, Daniel; Grusche, Till; Damm, Tile von: Die Zukunft der Musikindustrie, München 2004 (Reinhard Fischer)

Friedrichsen, Mike; Jenzowsky, Stefan; Dietl, Andreas; Ratzer, Jochen: Die Zukunft des Fernsehens, München 2006 (Reinhard Fischer)

Keuper, Frank; Hans, René: Multimedia-Management, Wiesbaden 2003 (Gabler)

Müller-Lietzkow, Jörg; Bouncken, Ricarda B.; Seufert, Wolfgang: Gegenwart und Zukunft der Computer- und Videospielindustrie in Deutschland, Dornach bei München 2006 (Entertainment Media)

Scholz, Christian; Stein, Volker; Eisenbeis, Uwe: Die TIME-Branche, München, Mering 2001 (Rainer Hampp)

Zerdick, Axel; Picot, Arnold; Schrape, Klaus; Artopé, Alexander; Goldhammer, Klaus; Lange, Ulrich T.; Vierkant, Eckart; López-Escobar, Esteban; Silverstone, Roger: Die Internet-Ökonomie. Strategien für die digitale Wirtschaft. European Communication Council Report. 3. Aufl., Berlin, Heidelberg 2001 (Springer)

Wichtige Studien:

Ernst & Young AG: Gute Unterhaltung! Die Medienbranche in Deutschland im Überblick. München 2005

IBM Business Consulting Services: Konvergenz oder Divergenz? Erwartungen und Präferenzen der Konsumenten an die Telekommunikations- und Medienangebote von morgen, Stuttgart 2006

KPMG: Das Marktpotenzial der Konvergenz. Branchenübergreifende Chancen und Herausforderungen, 2005

PwC - PriceWaterhouseCoopers: German Entertainment and Media Outlook: 2006-2010. Die Entwicklung des deutschen Unterhaltungs- und Medienmarktes, 2006

3 Geschichte der Medien

Der Mensch hatte schon in der Urzeit Kommunikationstechniken entwickelt, die es ihm ermöglichten, durch Gestik, Mimik, Urlaute und besonderer Formen von Sprache, Informationen von vor allem existentieller Bedeutung weiterzugeben. Mit der damaligen Entwicklung neuer Kommunikationstechniken wie der Bilderschrift, der Höhlenkunst, der Keilschrift, der Silbenschrift und einem ersten phonetischen Alphabet zwischen 10000 v. Chr. und ca. 1300 v. Chr. wurden Nachrichten und Informationen schon universeller einsetzbar. Einsatz fanden sie in Regierungs- und Verwaltungsaufgaben und der Verbesserung der Kriegsführung. Vor allem in gebildeten Kreisen der Antike war es dadurch möglich, philosophische, naturwissenschaftliche und religiöse Themen auszutauschen. Nicht zuletzt die vielen mathematischen und physikalischen Erkenntnisse von der Antike bis zum Mittelalter wurden mit Hilfe des Alphabets und durch Skizzen dokumentiert und konnten dadurch auch bis in die heutige Zeit weitergegeben werden.

Kapitalis Quadrata

Betrachtet man über die Jahrtausende den Begriff Medium, mehrzählig Medien, dann trifft man stets auf die gleichen grundsätzlichen Sachverhalte. Das Medium ist Informations- bzw. Nachrichtenträger, das Antwort auf die Fragen gibt, wie eine Information transportiert wird und mit welchen Mitteln. Das „Wie" ist beispielsweise das bedruckte Zeitungspapier, „welches" Buchstaben oder Bilder beinhaltet, die die Information codieren. Zum Erzeugen der Zeitung benötigen wir technische Hilfsmittel wie Farbe, Papier und Drucker. Zum Decodieren von Informationen stehen dem Empfänger stets die gleichen Möglichkeiten zur Verfügung, wie Auge, Ohren, Nase, Mund und die taktilen Sensoren der Haut.

Bei weiterer Betrachtungsweise reduziert sich die Entwicklung der Kommunikationsmittel auf die Zustände der verbalen und nonverbalen bzw. personalen und nicht personalen Kommunikation. Seitdem der Mensch kommuniziert versucht er, durch eine der möglichen Kombinationen Informationen weiterzugeben.

Psalterium der Königin Isabella von England (1308 – 1357)

Verbale, personale Kommunikation: Urlaute, Persönliches Gespräch, Unterhaltung, Telefonat

Nonverbale, personale Kommunikation: Taubstummensprache, Gestik und Mimik, Haltung und Körperstellung zu Personen

Verbale, nicht personale Kommunikation: Hörspiel, Rundfunk, Rede

Nonverbale, nicht personale Kommunikation: Rauchzeichen, Höhlenmalerei, Trommelsignale

Mit der Entwicklung und Optimierung von Medien war stets der Wunsch des Menschen verbunden, und das ist vor allem im letzten Jahrhundert erkennbar, Distanzen der Verbreitung von Informationen zu vergrößern und Geschwindigkeiten in der Übermittlung zu maximieren.

3.1 Technologische Perspektive

Aus technologischer Sichtweise sind die Mechanisierung und Automatisierung sowie die Erkenntnisse der Elektrotechnik Meilensteine in der Medienentwicklung. Dadurch lassen sich verschiedene Epochen mit grundlegenden technischen Ausprägungen herausstellen:

- Schriftentwicklung und Herstellung von Papier bis zum 15. Jahrhundert.
- Erfindung des Buchdrucks mit beweglichen wiederverwendbaren Lettern, Bilder- und Schriftdrucktechniken, Entstehung des Zeitungswesens bis 18. Jh.
- Erste **industrielle Revolution** (Mitte 18. Jh.) mit der Erfindung der Dampfmaschine, des Webstuhls, der Entdeckung der Kohle als Energiequelle, dem Morsealphabet und dem Beginn der Telegrafie, Entwicklung mechanischer Druckpressen und Beginn der Massenpublikation (Ende 18. Jh.).
- Zweite industrielle Revolution mit der Nutzung der Elektrizität, Verbrennungsmotoren, Erdöl, Radio, Fotografie und Film (Ende 19. Jh.).
- „Dritte" industrielle Revolution ab Mitte 20. Jh., mit Kunststoffentwicklung, Kernspaltung, Raumfahrt, Computertechnik, Telekommunikationstechnik, Mikroelektronik, digitaler Technik, Fernsteuerung u. a.

Das Angebot an Medien als Printmedien, Rundfunksender, Fernsehsender, Internetplattformen und die Produktpalette an elektronischen Geräten wurde in den letzten Jahren immer unüberschaubarer. Die Globalisierung der Märkte für Produkte und die Öffnung des Informationsmarktes rund um den Globus stellten den „Endabnehmer" Mensch vor erhebliche Aufnahmeprobleme. Das vielfältige Angebot unterliegt in der rasanten technischen Welt einer permanenten Veränderung und Verbesserung und muss sich gleichzeitig entsprechend auffällig und zeitgemäß präsentieren. Mit Beginn des 20. Jh. näherten sich Kunst und Technik an, stellte man sich die Fragen nach der Gestaltung von Maschinen und Geräten oder nach der Handhabungsfreundlichkeit. Mit der zweiten industriellen Revolution wurde gleichfalls der Grundstein für das Produktdesign gelegt.

Mit der Öffnung der Märkte Ende des 20. Jh. kam eine weitere Komponente ins Spiel, die Qualität. Produktdesign wurde bei vielen Billigprodukten und Plagiaten kopiert, die Qualität erlitt meistens Schaden. Qualitätsprodukte, die durch eine hervorragende Technologie und Gestaltung glänzten, mussten sich vielfach der günstigeren Massenware geschlagen geben. „Geiz ist geil!" – ist das unser Qualitätsmerkmal? Konzepte gegen die Billiganbieter waren in der Vergangenheit in vielen Firmen nicht vorhanden, verkaufte sich doch bis dahin alles, was man produzierte. Sich in der Entwicklung von Produkten und deren Gestaltung, im Vertrieb und in der Werbung auf neue Wege zu begeben, scheiterte oftmals an eingefahrenen Strukturen in den Unternehmen. Mittlerweile sind viele Firmen auf neuen Wegen, wurde der Missstand erkannt, wurden Strukturen aufgebrochen, und man beschäftigt sich mit großem Interesse mit der Entwicklung und dem Erhalt qualitätsfördernder Maßnahmen, wie beispielsweise der Verbesserung der Funktionalität und des Designs der Produkte, zeigt mehr Kundennähe und Servicebereitschaft und entwickelt intensiv innovative Produkte.

vgl: Godau/Polster: Design Lexikon
Deutschland; DuMont-Verlag

Betrachten wir die Entwicklung der Produktgestaltung seit der zweiten industriellen Revolution für Deutschland einmal näher. Als markanter Startpunkt lässt sich der Zeitpunkt der Reichsgründung 1871 wählen. Aufgrund der geschichtlichen Entwicklung lässt sich der Prozess in vier Zeitzonen unterteilen, die geprägt waren durch einschneidende politische und kulturell-gesellschaftliche Ereignisse, die beiden Weltkriege mit einem jeweils gesellschaftlichen Wandel und der Umbruch im Design der achtziger Jahre.

Epoche 1: 1871 – 1918

Industrielle Revolution, Historismus, Arts & Craft, Werkstätten, Jugendstil, Funktionalismus, Deutscher Werkbund, DIN

Mit der industriellen Revolution hielt das moderne Maschinenzeitalter Einzug in die Firmen. Der Historismus versuchte in dieser Zeit des Aufbruchs, den Prunk vergangener Epochen nochmals mit Schnörkeln und dem Konterfei des Kaisers als Stilmittel, in den Produkten zu platzieren.

Die Erkundungen von Hermann Muthesius in England bei Arts & Crafts brachten die Idee vom reformierten Kunsthandwerk nach Deutschland, das sich in der Gründung verschiedener Werkstätten niederschlug. Man produzierte Textilien, Möbel und alltägliche Dinge auf der Basis eigener Entwürfe.

Um 1900 setzte sich diese Stilrichtung des Jugendstils in ganz Europa durch. Der **Jugendstil** brachte fließende und häufig auch florale Formen mit festlichen und ornamentalen Elementen hervor. Als Gegenpol zur starren preußischen von Adel und Militär geprägten Ordnung entwickelte sich in der Folge eine bürgerliche Kultur, die als einfach-volkstümlich mit sachlich-konstruktivem Charakter und einem auf Funktionalität ausgerichteten Stil bezeichnet werden kann.

Tischventilator, 1908
Peter Behrens für AEG

Durch den 1907 gegründeten Werkbund und das Engagement von Peter Behrens in der Gestaltung von Industrieprodukten, verdrängte das Prinzip der Sachlichkeit mit der grundlegenden Gestaltungsausrichtung **form follows function** den Historismus aus den Großkonzernen. Das Prinzip der Sachlichkeit wurde zur Mission, der sich schon nach einem Jahr 500 Mitglieder im Deutschen Werkbund anschlossen und führte international zum Mythos der „deutschen Wertarbeit", der sich in der Wirklichkeit des 1. Weltkriegs in einem deutschen Markenzeichen, dem Stahlhelm, manifestierte.

Expressionismus, Bauhaus, Funktionalismus, Weißenhofsiedlung, Typenmöbel, neue Sachlichkeit, Volksempfänger, Deutsche Wertarbeit

Epoche 2: 1919 – 1948

Die Gründung der **Bauhaus-Bewegung** durch Walter Gropius machte Schluss mit der Trennung von Kunst und Handwerk. Über die Werkbund-Aktivitäten hinaus setzten Architekten und Künstler wie Ferdinand Kramer, Marcel Breuer, Wilhelm Wagenfeld, Ludwig Mies van der Rohe den ganzheitlichen Gedanken um, in einer Akademie Architektur, Malerei und Tischlerei zu verbinden. Der Funktionalismus war erfunden, der alles Unnötige in der Kunst und im Design beseitigte. Die Weißenhofsiedlung in Stuttgart ist ein Beispiel für das Schlichte in der Architektur, verbunden mit dem Verzicht auf jegliche Gemütlichkeit.

Weißenhofsiedlung, Stuttgart

Möbel aus Stahlrohren, zweckmäßige Typenmöbel und der Vorläufer der heutigen Einbauküche sind die Zeugen der zweckmäßigen „neuen Sachlichkeit". Bis Anfang der 30er-Jahre war der Bauhausstil jedem Deutschen bekannt und das neuzeitliche Wohnen wurde schließlich als Bildungsaufgabe entdeckt.

Nach 1933 setzten die Nazis der Bauhaus-Bewegung ein Ende und lösten sie auf. Prominente „Bauhäusler" arbeiteten auch danach profitabel weiter, jetzt aber unter und im Sinne der NS-Herrschaft. Die Versuche, in dieser Zeit einen „deutschen Stil" zu schaffen, scheiterten an der Uneinigkeit und Willkür des Regimes. Die häufig beschworene „deutsche Wertarbeit" zeigte sich in vereinzelten, bekannten Entwürfen wie dem Volksempfänger oder dem Volkswagen, die zu Ikonen der NS-Propaganda erhoben wurden.

Industrieform, Hochschule für Gestaltung, Produktsysteme, Gute Form, Gelsenkirchener Barock, Plattenbauten, Olympische Spiele, Corporate Design, Porsche, Ölkrise

Epoche 3: 1949 – 1980

1956 lebte zum ersten Mal nach dem Krieg und dem beginnenden Wiederaufbau die Verbindung von Kunst und „Industrieform" in einer Ausstellung wieder auf, wie es bereits in der Bauhaus-Bewegung angestrebt wurde. Neben den verschiedenen Museen des Landes, kam der in Ulm 1953 gegründeten Hochschule für Gestaltung maßgebliche Bedeutung als Designinstitution in Deutschland zu. Im selben Jahr rief der deutsche Bundestag den „Rat für Formgebung" ins Leben, eine staatliche Agentur, die für optimale Gestaltung deutscher Produkte sorgen sollte.

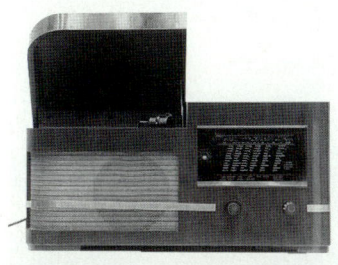

Die von Max Bill geleitete Hochschule verstand sich als Bauhaus-Reinkarnation. Die dort tätigen Dozenten gingen noch einen Schritt weiter und schafften vollständige Produkt-Systeme, wie die damaligen Produkte der Firma Braun zeigten.

Nur kurz gestört durch das Wiederaufflammen einer durch schwere Stilmöbel getragene Innenarchitektur in den 50er-Jahren, dem „Gelsenkirchener-Barock", wurden die Deutschen im Gefühl des Wirtschaftwunders ganz zu den Produkten und der Musik aus Amerika hingezogen. Im Rahmen der deutschen Musterschau auf der Brüsseler Weltausstellung entstand der Begriff der **Guten Form**. Dies war ein weiterer Schritt nach vorn für deutsche Industrieprodukte auf dem Weltmarkt.

Mit der Olympiade 1972 schaffte Deutschland entgültig die Rückkehr auf die Weltbühne. Otl Aicher entwarf von der Kleidung über die Plakate und die bekannten Leitsysteme das gesamte Erscheinungsbild dieser Spiele. Darüberhinaus leitete er mit der Neugestaltung der Lufthansa und der gleichzeitigen Rationalisierung eine Bewegung im Design und der Wirtschaft ein, die man als funktionalistische Renaissance bezeichnen kann. Kunststoffbeschichtete Küchen, funktionales Geschirr ohne einen Schnörkel, Coca Cola, Wein aus Wassergläsern, klare Linien, wabenartige Trabantensiedlungen, Fußgängerzonen in den Städten, futuristisch anmutende Fahrzeuge wie der RO 80 und 1965 der neue Porsche 911. Der Mensch bricht auf zu neuen Ufern und Designer wie Esslinger, Colani, Zapf, Sacco, u. a. erobern die Produktwelt.

Leitfigur; Otl Aichers Piktogramme sind wegweisend für die visuelle Kommunikation. Piktogramm für die Olympischen Spiele in München, 1972

Epoche 4: 1981 – 2001

Möbel Perdu, Subkultur, Consumer's Rest, Einstürzende Neubauten, Neues deutsches Design, Luxus und Genuss, Deutsche Vereinigung, Baumarktkultur, Bundespreis, Produktdesign

In den 80er-Jahren wurde nun alles „designt", was den Gestaltern in die Hände fiel und wenig blieb übrig von der „Guten Form". Die „jungen Wilden" verarbeiteten und vermischten alles zu „Design", ob Sperrmüll, Kitsch, Bauhaus, Subkultur u. a.. Regale mit schrägen Schubladen, rot-weiß gestreifte Lampen, Einkaufswagen als Sitzgelegenheit wurden von den „Designdilettanten", so die Hüter des klaren und wahren Designs, entworfen. Das „Neue deutsche Design" stand im krassen Widerspruch zu den gestandenen Designern aus der Ulmer Bewegung.

Nach verschiedenen Auswüchsen wie der Mercedes S-Klasse in Übergröße, die Popkultur und den Lifestylegelüsten einer urlaubs- und konsumhungrigen Gesellschaft, besannen sich vor allem Designer wie Hartmut Esslinger, Alexander Neumeister, Werner Aisslinger u. a. auf die Wurzeln der Gestaltung und stellten mit Ihren Produkten wieder die Funktionalität und die Benutzerfreundlichkeit in den Vordergrund. Design orientiert sich heute vielfach am globalen Markt mit seinen vielschichtigen Bedürfnissen der Kulturen und an den Vorlieben und Wünschen sowie an den ergonomischen Voraussetzungen des Benutzers.

Das **deutsche Design** hat in seiner über hundertjährigen Geschichte vielschichtige Einflüsse über sich ergehen lassen müssen, die sich an den unterschiedlichen Erscheinungsweisen der Produkte über Jahrzehnte hinweg ablesen lassen. Einige wenige Firmen sind sich selbst und ihren gestalterischen Grundsätzen durch alle gestalterischen Wirren hindurch treu geblieben. Heute lebt Design wieder von der Reduktion und der Rückbesinnung auf das Notwendige, wobei dieser Prozess durch einen höheren Grad an Automation der Maschinen und Geräte, wesentlich unterstützt wird. Die Aufgabenbereiche der Zukunft werden der ökologische Aspekt und das Aufzeigen von Wegen zu einer ganzheitlichen Markenstrategie sein, die nicht nur das Produkt in den Mittelpunkt stellt, sondern darüberhinaus die Randbereiche wie Kommunikation, Service, einheitliches Erscheinungsbild auf Ausstellungen oder auch die Gestaltung der Verkaufsräume.

Designbegriff

Design und Kunst werden oft in Verbindung gebracht. Waren die Entwürfe eines Andy Warhols nun Design oder Kunst? Sicher ist, dass hinter jedem gestalterischen Entwurf eine Absicht bzw. ein Auftrag steht. Die Absicht etwas schöner, funktioneller, zweckmäßiger, farbiger, benutzerfreundlicher ... zu machen. Der Designprozess hat immer einen Gegenstand, eine Maschine, ein Buch, ein Kleid, ein Haus o. a. als Auslöser. Dabei ist der Gegenstand noch gar nicht existent, wird es aber in der Zukunft. Er tritt in die Welt, um sich hier zu behaupten, wodurch das Design Kompromisse eingehen muss, um Machbares zu schaffen.

Die Kunst benötigt keinen sachlichen Auslöser, und gestaltet sich frei von wirtschaftlichen Interessen und eingefahrenen Wegen. Der Künstler schafft das Kunstobjekt als ein Unikat und gibt darin sein Wesen wieder. Andy Warhol's Arbeiten haben neue Denkweisen und Handlungen hervorgerufen. So haben diese Anregungen für das Design gegeben. Viele Gestalter lassen sich von der Freiheit der Kunst inspirieren und entwickeln daraus neue Entwürfe für ihre Produkte.

3.2   Politische Perspektive

Medien wurden, seit es sie gibt, in vielfältiger Weise für politische Zwecke eingesetzt und der Mensch als der Bürger dadurch manipuliert. Eine einseitige Berichterstattung, die verzögerte Weitergabe von Informationen ist nach wie vor in vielen nicht demokratisch orientierten Ländern der Normalfall, in denen die Nachrichten staatlich kontrolliert sind. Zum besseren Verständnis betrachten wir nachfolgend einen medientheoretischen Zusammenhang.

Der Mensch ist im Kommunikationsmodell nicht mehr nur eine Variable, sondern stellt sich als Ansammlung einer Vielzahl von Faktoren dar. Der Mensch ist unterschiedlich geprägt und benützt aus unterschiedlichen motivationalen Gesichtspunkten und Bedürfnissen Medien und Nachrichten in selektiver Form. Dabei stellt sich heraus, dass der aktive Empfänger im Erleben eines Mediums die Befriedigung von Bedürfnissen sieht. Das macht er nur dann, wenn es für ihn von Nutzen ist, das bedeutet natürlich auch, dass Nutzen etwas völlig Unmaterielles sein kann, wie beispielsweise die Suche nach der Ruhe, einfach nur abschalten, etwas anderes wie den Alltag erleben. Was der Rezipient an medialen Produkten konsumiert, hängt also von dem Nutzen ab, den er sich davon verspricht. Durch die intensive Nutzung oder Ablehnung einzelner Medien gibt der Mensch ein Feedback. Daher erlaubt es der Nutzenansatz, von einer Interaktion zwischen Nutzern und Medien zu sprechen.

Nutzenansatz – Medium dient zur Befriedigung von Bedürfnissen, die dem Menschen nutzen

Der konstruktivistische Ansatz basiert auf der Erkenntnis, dass der Mensch aus seinen Erfahrungen sein Weltbild selbst formt. Bei der radikalen konstruktivistischen Betrachtungsweise, ist der Mensch überhaupt nicht in der Lage, die „wahre Realität" zu erkennen. Medien sind nach dieser Theorie bestenfalls Wirklichkeitsentwürfe und Journalisten schaffen oder konstruieren diese Realität erst, wenn sie schreiben. Die Frage nach einer **objektiven Berichterstattung** wäre demnach von vornherein sinnlos.

Auch erkenntnistheoretische Ansätze erklären nur zum Teil die Beziehung des Empfängers mit dem Medium. Maturana geht davon aus, dass wir durch unser Leben die Welt erzeugen, in der wir leben. Wir schaffen unsere Wirklichkeit durch unser Tun. Der Ansatz klingt gut, müsste aber darüber erweitert werden, dass wir nicht allein am Machen sind, sondern dass wir in einem globalen Gebilde stecken, in dem mehrere Lebewesen etwas erschaffen, das mein Wirken ergänzt oder verändert oder abschwächt oder …

Ein letzter Ansatz kommt der heutigen Betrachtungsweise der Zusammenhänge sehr nahe und zeigt anschaulich, warum es möglich ist, dass viele gesellschaftliche Bereiche Einfluss auf das Zustandekommen und Wirken eines Mediums haben. Dabei stützen wir uns auf die Existenz von drei **Wirklichkeitsebenen**, die primäre Wirklichkeit (WI), die mediale oder sekundäre Wirklichkeit (WII) und die wahrgenommene oder tertiäre Wirklichkeit (WIII).

Beispiel für die drei Wirklichkeitsebenen: Die Entstehung der Evangelien ist nicht vollständig nachvollziehbar, die Wissenschaft geht davon aus, dass sie zwischen 100 bis 300 Jahre, nachdem Jesus und seine Jünger gelebt haben, erst geschrieben wurden.

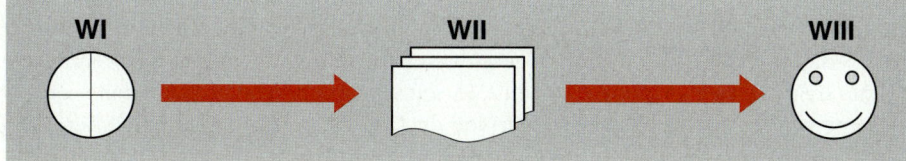

Zu dieser Theorie gehören folgende Grundannahmen:

- Es existiert eine reale objektive Ausgangssituation, sie lässt sich jedoch in ihrer Existenz weder beweisen noch widerlegen.
- Es gibt subjektive Erkenntnisleistungen.
- Selektivität ist ein wesentliches Merkmal des Erkenntnisprozesses auf der Ebene WII und WIII.

Die Möglichkeit besteht nun, dass es zwischen den Ebenen einen Informationssprung, eine Informationsveränderung bzw. einen zeitlichen Versatz geben kann. Hier besteht die Möglichkeit der Manipulation. Viele Eingriffe in der politischen Vergangenheit in den Medienbereich zielten darauf ab, Informationen zu filtern oder zu verändern, diese vollständig zu negieren oder sie zeitlich verspätet zu übermitteln. Nachfolgend sollen einige Beispiele aus der jüngeren Geschichte, an das negative Einwirken politischer Kreise auf die mediale Welt erinnern:

Sprüche Salomonis, aus Gutenbergs 42-zeilige Bibel, 1453 bis 1456

- Mit der Entwicklung des Buchdrucks im Mittelalter bestand die Möglichkeit, dass prinzipiell jeder Bürger nun zu Informationen kommen konnte. Die Möglichkeit, mehr Bildung zu erlangen wuchs. Klerus und Adel verhinderten jede unkontrollierte Veröffentlichung durch eine entsprechende Zensur und kontrollierten auch die Verbreitung aus Angst vor Machtzerfall. Es durften nur bestimmte Bürgerkreise Bücher käuflich erwerben.
- Der deutsche Kaiser unterstützte Ende des 19. Jh. die Entwicklung der Funktechnik mit großem finanziellen Einsatz aus politischen Gesichtspunkten, um sich vom englischen Nachrichtenmonopol zu befreien. Das Funkwesen wurde der Reichspost unterstellt und war damit unter staatlicher Kontrolle. Dadurch waren alle Bereiche wie Militärfunk, Schiffsfunk sowie Weltfunk mit Kolonialfunkverkehr in staatlicher Hand.
- Im „Dritten Reich" wurden die ca. 1000 Filme, von Heimatfilmen bis zu Propagandafilmen, auf der Basis nationalsozialistischem Gedankenguts gedreht. Die Filmindustrie unterstand dem Propagandaministerium Goebbels. Für Drehbücher und Produktionen bestand eine Vorzensur, Filmkritiken waren verboten und viele Schauspieler durften ihren Beruf nicht weiter ausüben. 1942 wurde die Filmindustrie verstaatlicht. In Filmen zur Kriegsberichterstattung wurde die Sichtweise der Nationalsozialisten dargestellt.
- Der Aufbau der Rundfunkanstalten und der journalistische Neustart nach dem Krieg ist ein Verdienst der Alliierten. In der Ostzone nahm der Mitteldeutsche Rundfunk die Übertragung wieder auf. Der MDR wird in der Folge (nach 1951) einem Komitee des Ministerrats unterstellt. Alle Übertragungen und Produktionen unterlagen bis 1989 einer strikten Zensur.
- Der Irakkrieg der Vereinigten Staaten und einer Anzahl verbündeter Staaten im Jahr 2003 war mit der Existenz von Massenvernichtungswaffen sowie einer angeblichen Verbindung mit der Terrorgruppe Al-Qaida begründet worden. Für beides gibt es bis heute keine Belege. Außenminister Powell wollte den Weltsicherheitsrat mit später als falsch erkannten Behauptungen von der Notwendigkeit des Irak-Kriegs überzeugen. In den USA selbst wurden dabei die von der Regierung veröffentlichten Kriegsgründe von den amerikanischen Massenmedien

weitgehend übernommen und kaum anders lautende Begründungen veröffentlicht. Trotz des Beweises des Gegenteils glaubten 2004 immerhin ca. 55% der Amerikaner, dass der Irak das Netzwerk von Al-Quaida unterstützt und ein Programm zur Erlangung von Massenvernichtungswaffen gehabt hätte.

• Nach dem zweiten Weltkrieg wurde die Tagespresse Zug um Zug wieder aufgebaut. Es entstand eine facettenreiche Zeitungslandschaft. Mitte der 70er Jahre folgte eine Konzentration des Pressewesens in nationalen und internationalen Medienkonzernen. Durch die Reduzierung des Informationsangebots verringert sich zwangsläufig die Möglichkeit einer offenen demokratischen Meinungs- und Willensbildung. Durch die Konzentration ergaben sich für Kritiker viele machtpolitische Fragen. Wem gehört welcher Verlag? Welche politische Ausrichtung hat der Verleger / die Verlagsgruppe? Welche Verbindung gibt es zwischen Medienunternehmen und Parteien bzw. Institutionen? Wie frei ist die redaktionelle Arbeit der Journalisten?

Auf der anderen Seite besitzen die Medien als vierte Macht im Staat eine wichtige Regulierungsfunktion für das gesellschaftliche Handeln und eine Kontrollfunktion über das politische Handeln. Die Medien in ihrer heutigen Form entsprangen dem Drang der Menschen nach Freiheit und einer demokratischen Lebensform und können im Wirken für die Demokratie nicht in Frage gestellt werden.

Der freie Journalismus hat in vielen Fällen dafür gesorgt, dass brisante politische Themen aufgedeckt, Politiker gestürzt und wirtschaftliche Missstände ans Tageslicht gelangten. Diese auch als investigativer Journalismus ❶ bezeichnete Recherche und Veröffentlichung wird oft abwertend als Enthüllungsjournalismus bezeichnet, erhält sie jedoch gerade durch ihre Hartnäckigkeit die demokratischen Formen unserer Gesellschaft (Checks and Balances). Die Basis für diesen Wirkmechanismus der Informationsaufbereitung und Verbreitung ist und bleibt die Festschreibung der Pressefreiheit im 19. Jh.. Diese Errungenschaft konnten auch Politiker und Monarchen nur bedingt einschränken, zu weit verzweigt ist das journalistische und mediale Netzwerk in alle Ecken der Erde.

Zukünftig könnten wir vielleicht neue Wege in der Informationsgesellschaft gehen, hin zu einem offenen Austausch ohne finanzielle Abhängigkeiten. Die Bewegung **Open Culture** arbeitet an Konzepten, um den freien Zugang zu Informationen, Kultur, Technik, Software u. a. zu ermöglichen. Open Culture verbindet Schaffende, die nicht aus rein kommerziellen Gründen tätig sind, mit Nutzern, denen aus ökonomischen Gründen proprietäres geistiges Eigentum, Kultur und Produkte schwer zugänglich sind. Darüber hinaus soll das Schaffen frei und nicht durch die Interessen aus Wirtschaft und Politik beschränkt sein. Beispiel dafür sind das freie Publizieren mit Hilfe des Internets, die Verbreitung freier Bild- und Tonwerke, der freie Zugang zu Bildung und offenen Datenbanken (Open Access), im EDV-Bereich die Entwicklung kostenloser Programme mit offenem Programmcode (Freie Software, Open Source), die Schaffung frei verfügbare Spezifikationen (Offene Standards), die unter anderem in freien Formaten und standardisierten Schnittstellen genutzt werden, im technischen Bereich freie Hardware und im Gesundheitswesen Open Medicine mit dem Zugriff auf freie Datenbanken.

❶ **investigativer Journalismus**: investigare = genauestens untersuchen

Beispiele:
Flick Spendenaffäre 1980
Hitlertagebücher von Konrad Kujau 1983
CDU Spendenaffäre 1999
Abfindungen für Manager nach der Übernahme von Mannesmann durch Vodafone 2000

Konferenz *OPEN CULTURES - Free Flows of Information and the Politics of Commons*, 5. bis 6. Juni 2003 in Wien

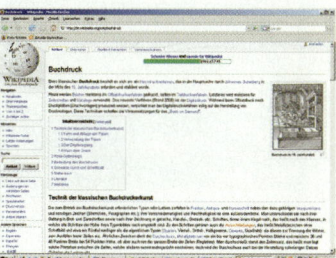

3.3   Gesellschaftlich-kulturelle Perspektive

In jeder zeitlichen Epoche spiegelt das Entwicklungsstadium der Medien den Entwicklungsstand der Gesellschaft wider. Dies lässt sich beispielsweise an der Nutzung der Computertechnik erkennen, im Vergleich zwischen Industriestaaten und Entwicklungsländern.

Im Mittelalter steht die Informationsvermittlung ganz im Dienste weltlicher und kirchlicher Bedürfnisse. Adel und Kirchenvertreter nutzten die medialen Möglichkeiten des Buchdruckes, um sich zu den Themen Bildung, Religion und Naturwissenschaften einen Vorsprung gegenüber dem Bürgertum und der Unterschicht zu verschaffen. Wachsende Bildung und Alphabetisierung der Bevölkerung und das Interesse an kulturellen und politischen Themen sorgen für eine stetige Entwicklung von Zeitungen und Zeitschriften ab Ende 17. Jh.. Gleichzeitig entwickelte sich nach der Erfindung des Buchdrucks von Gutenberg das Buch zu einem Kulturmedium, mit der Entstehung von Lesegemeinschaften, sogenannten Büchergilden. Ende des 19. Jh. wurde die Buchpreisbindung eingeführt, nachdem Verleger und Buchhändler 1825 den **Börsenverein** als gemeinsame Dachorganisation gründeten. Das Massenprodukt konnte billig produziert werden (Taschenbuch) und war als Fachbuch für die berufliche Entwicklung der Menschen ein wichtiger Begleiter und besaß auf der anderen Seite als Publikumsliteratur einen hohen Unterhaltungswert. Mit dem Aufkommen des Rundfunks gab das Buch den Anteil der Unterhaltung ab, später übernahm den Unterhaltungsbereich dann das Fernsehen. Mit den Bildungssendungen wie Telekolleg war auch ein Teil der Fachliteratur gefährdet, doch sieht man gerade auf dem Bildungssektor in den letzten Jahren wieder ansteigende Tendenz bei der Produktion von Büchern.

Decretum Gratiani, Veroneser Malerei, 14. Jahrhundert

Mit dem Siegeszug der elektronischen Medien und den heutigen Möglichkeiten, ein Buch und die Tageszeitung nicht nur in gedruckter, sondern auch elektronischer Form zu nutzen, war das Buch und die Zeitung endgültig schwer angeschlagen. Es hat sich aber bis heute gezeigt, dass das gedruckte Produkt ein kulturelles Erbe darstellt und in allen gesellschaftlichen Schichten seinen Platz hat. Je nach soziokulturellem Umfeld wird es nach wie vor mehr oder weniger als alternativer Zeitvertreib und als Informationsmedium eingesetzt.

Der Aufstieg des Rundfunks wurde durchweg euphorisch betrachtet, als Möglichkeit, kulturelle, gesellschaftliche und politische Ereignisse in alle Haushalte zu fördern. Das Radiohören wurde neben den alltäglichen Hausarbeiten und im Beruf als schmückendes Beiwerk gesehen und als familiäre Freizeitbeschäftigung. Der Kulturfaktor Radio erlangte durch Bildungs-, Wissenschafts- und Kunstbeiträge sowie die Übertragung von Musik- und Sportveranstaltungen einen hohen Stellenwert in der Gesellschaft. Kritiker des Rundfunks meinten, dass die Kultur einer Gesellschaft durch ihn zerstört würde. Die aufkeimende Angst entstand vor dem Hintergrund eines sich ausbreitenden Massenmediums. Dasselbe erlebte man mit dem Medium Fernsehen und heute mit dem Medium Internet.

Mit der fortschreitenden Nutzung automatisierter Technologien und der wachsenden Mobilität hat der Mensch mehr Zeit und besitzt mehr Möglichkeiten für ein vielseitiges Freizeitprogramm. Neben dem wachsenden Fitnesstrend spielen Computerspiele, Internetnutzung und Fernsehen eine tragende Rolle im Leben der meisten Familien. Mit einem Mausklick fliegen wir seit ein paar Jahren um die ganze Welt ❶, per Fernsteuerung holen wir uns Menschen ins Wohnzimmer, die wir uns sonst wahrscheinlich nie einladen würden und durch das Handy sind wir so gut wie überall ansprechbar. Die technologischen Entwicklungen zum Ende des 20. Jh. hin können guten Gewissens als dritte industrielle Revolution bezeichnet werden, haben sie doch nicht nur unser gesamtes mediales Verhalten verändert, sondern auch gleichzeitig die Globalisierung und damit auch die Öffnung der Staaten vorangetrieben. Einen ersten Abschluss fand diese Entwicklung mit der Gründung der EU und der Einführung des Euro als gemeinsame Währung.

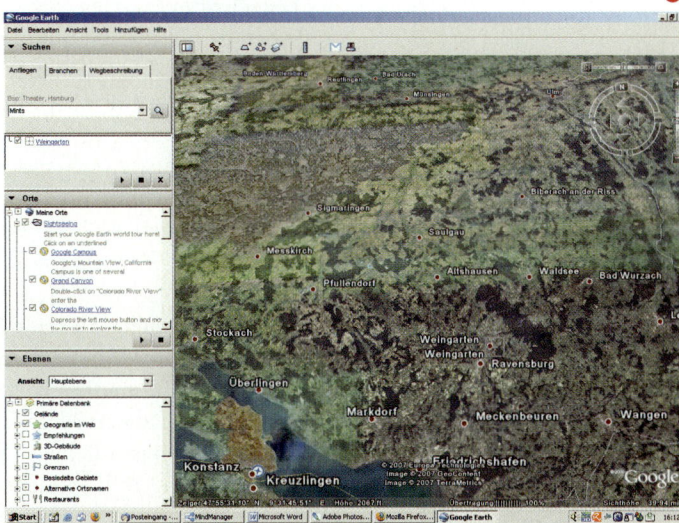

3.4 Wirtschaftliche Perspektive

Bereits Anfang des 18. Jh. wurden neben den Nachrichten auch Anzeigen in den Zeitungen gedruckt. Zunächst einmal waren das amtliche Bekanntmachungen, aber auch bezahlte private Anzeigen, die jedoch keine politischen Inhalte enthalten durften. Mit der Industrialisierung wuchs die Kaufkraft, expandierten die Arbeitsmärkte, stieg das Interesse nach Informationen. Mit der stärkeren Verbreitung der Zeitungen und Zeitschriften ergaben sich größere Absatzmöglichkeiten durch Anzeigenwerbung.

Mit der Gründung des **öffentlich-rechtlichen Rundfunks** nach dem Krieg wuchs die Verbreitung von Informationen und gleichzeitig auch die Möglichkeit, Werbung flächendeckend zu platzieren. Durch interessante tontechnische Entwicklungen und Audioproduktion wurde die Produktwerbung zur einer wichtigen Einnahmequelle des Hörfunks.

Die Zeitungen kämpften untereinander im direkten Wettbewerb um Anzeigenkunden, die vor allem im Bereich der regionalen Werbung, im Stellenmarkt oder auch Dienstleistungsbereich angesiedelt waren. Die Entwicklung Mitte des 20. Jh. zeigte, dass die Finanzierung eines Zeitungsverlag mindestens gleichrangig aus dem Anzeigenerlös und nicht mehr ganz überwiegend aus dem Vertriebserlös wie in den Anfangszeiten erfolgen konnte. Gegen Ende des 20. Jh. gehen die Anzeigenerlöse der Zeitungen stark zurück, dafür wächst die Zahl der Publikums- und Fachzeitschriften überdurchschnittlich und damit auch das Anzeigenvolumen.

Das Fernsehen und der Film- und Kinomarkt erlebten ein kontinuierliches Wachstum. Zu Beginn des 21. Jahrhunderts haben sie das Umsatzvolumen des Zeitungs- und Zeitschriftenmarktes erreicht. Der stärkste Medienmarkt in Deutschland ist inzwischen das Fernsehen mit mehr als 11 Mrd. Euro, wobei ca. die Hälfte davon allein auf die öffentlich-rechtlichen Sender ARD und ZDF entfallen, der den bislang führenden Zeitungsmarkt mit ca. neun Mrd. Euro von der führenden Position abgelöst hat. Die Fernsehwerbung hat im Programm einen starken Zuwachs erfahren. So hat sich die Zahl der Fernsehwerbespots in den letzten zehn Jahren auf über vier Mio. Spots verdreifacht. Die Einnahmen beim Film kommen vor allem aus dem Verkauf und Verleih sowie aus Lizenzrechten. Beide Bereiche stagnieren in der technischen als auch wirtschaftlichen Entwicklung.

Dafür entwickelt sich seit den 90er-Jahren der **Video- und Computerspielemarkt** zu einem bedeutenden medialen Wirtschaftszweig. Er hat umsatzmäßig inzwischen den Film- und Kinomarkt überflügelt. Bedeutend dabei ist unter Anderem, dass die Spielesoftware an entsprechende Spielehardware gekoppelt ist. Zielgruppen sind nicht nur Kinder und Jugendliche, sondern die ganze Familie. Video- und Computerspiele werden zukünftig immer mehr zu einer ernst zu nehmenden Alternative von Film und Fernsehen.

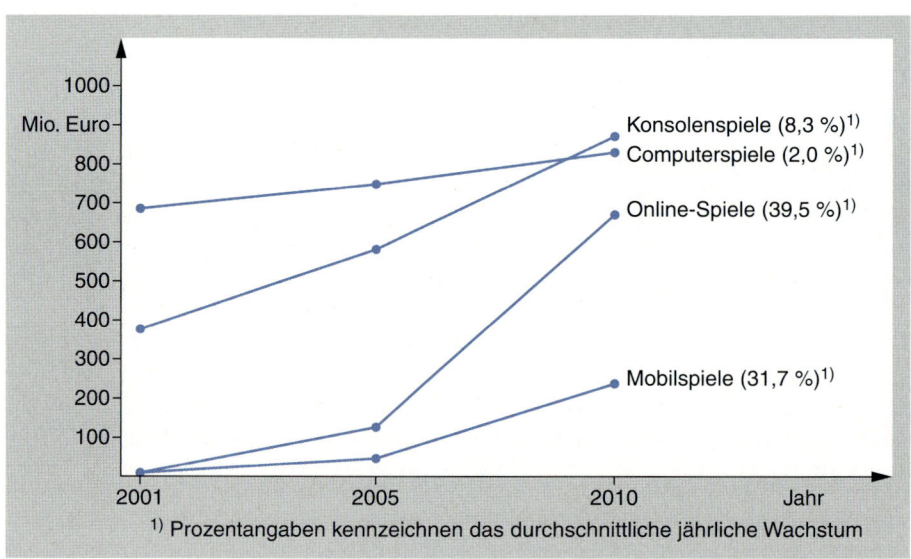

3.5 Zeitreise

Wie sich die Medien aus technologischer Sicht im Einzelnen entwickelt haben lässt sich in einer Zeitreise gegliedert nach den Bereichen Schrift und Buchdruck, Presse, Fotografie und Film, Telegrafie und Telefon, Funk und Rundfunk, Fernsehen sowie Computer mit den jeweils anhängenden Technologien darstellen.

Entwicklung Schrift und Buchdruck

3500 v. Chr.	Ägypter entwickeln frühe Schriften
100 n. Chr.	In China wird das Papier erfunden
ca. 900 n. Chr.	In China wird mit Druckstöcken eine Schriftrolle gedruckt
1100 – 1300	In Asien werden die ersten beweglichen Lettern aus Holz gefertigt
ab 1400	Feinpapier wird in einer Papiermühle in Nürnberg aus Lumpen hergestellt, vorher aus Pergament
1440	Johannes Gutenberg erfand den Buchdruck mit beweglichen Bleilettern und einer Handpresse, erstes Werk die 42zeilige Gutenbergbibe
1480	Erstes Fachbuch wird gedruckt
1775	Didot führt ein einheitliches Größensystem für Druckbuchstaben ein, der typografische Punkt (1 Didot-Punkt = 0,3750 mm)
um 1800	Senefelder erfindet in München die Lithografie, den Flachdruck mit Steinplatten Erfindung der Tiegeldruckpresse, später wurde der Tiegel durch eine Walze ersetzt
1840	Erste Rotationsdruckmaschine druckt im Flachdruckverfahren (Offsetdruck)
um 1880	Erste Schriftsetzmaschine von Mergenthaler ersetzt das Zusammensetzen der Buchstaben von Hand
1950	Fotosatzverfahren löst Bleisatz ab
1967	Fotoelektronischer Lichtsatz durch Computer gesteuert (Digiset)
1977	Drucker mit Lasertechnik, Nadeldrucker, Tintenstrahldrucker

Entwicklung Presse (Zeitschrift, Zeitung)

1609	Erste Wochenzeitungen in Wolfenbüttel und in Straßburg
1650	Gründung der ersten Tageszeitung „Einkommende Zeitung" in Leipzig
1690	Erste amerikanische Zeitung in Boston erscheint
1695	Erste Schritte zur Abschaffung der Zensur in Großbritannien, „LIcensing Act"
Ende 17. Jh.	Unterhaltungszeitschriften aus England, Blütezeit Mitte 18. Jh. in Deutschland mit „Der Weltbürger", „Der Biedermann".
1702	Erste englische Tageszeitung „The Daily Courant".
1776	Pressefreiheit in Amerika in den Bill of Rights festgeschrieben
1789	Die Pressefreiheit wird in Frankreich in der Erklärung der Menschen- und Bürgerrechte festgelegt
1848	Die Tageszeitung „Times" wird erstmals in London auf einer Rotationsmaschine gedruckt

1848	Pressefreiheit im Grundrecht Deutschlands festgeschrieben, zunächst bis die Sozialistengesetze Ende des 19. Jh. diese wieder teilweise beschränkten
1922	Zeitschrift „Reader's Digest" erscheint erstmals in den USA
1923	Erstes Nachrichtenmagazin „Time" erscheint in den USA
1933	Einschränkung der Pressefreiheit durch die NSDAP im Deutschen Reich
1935	Taschenbücher im Paperback als Massenpublikation
Ende 1944	Lizenzierung der Presse in Deutschland durch die Alliierten
1946	Das Nachrichtenmagazin „Der Spiegel" erscheint erstmalig
1949	Lizenzfreigabe durch die Alliierten in der BRD
1949	Gründung der Frankfurter Allgemeinen Zeitung
1952	Gründung der Bildzeitung durch Axel Springer

Entwicklung Fotografie und Film

ca 900 n. Chr.	Entdeckung des Grundprinzips der Optik mit der „camera obscura"
Ende 18. Jh.	Niepce erfindet die Fotografie
1837	Daguerre entdeckt die Kochsalzlösung zum Fixieren belichteter Platten. Daguerreotypie als Verfahren veröffentlicht.
1840	Erstes Negativverfahren von Talbot vorgestellt. Er unternimmt erste fotografische Versuch auf Papier.
1878	Zelluloidrollfilm als Trägermaterial für Bildfolgen
1890	Erste Kamera der Fa. Kodak
1895	Die Brüder Lumière führen erstmals öffentlich in Paris einen Kinofilm vor
1902	Erste Linsensysteme (Tessar, Voigtländer)
1912	Edison stellt sein Kinetophon vor, Kombination von Filmkamera und Phonograph (früher Tonfilm)
1916	Erste Farbfilme von Agfa
1917	Erster Spielfilm in Farbe in den USA
1917	Gründung der UFA
1924	Leitz, Wetzlar, baut die erste Kleinbildkamera in Großserie (Leica)
1927	Erste Tonfilme in den USA, Warner und Fox
1932	Erste Spiegelreflexkamera
1936	Mehrschichtfarbfilm nach dem subtraktiven Farbsystem, AGFA-Color-Farbfilm
1947	Erfindung des Polaroidverfahrens, Sofortbild-Fotografie
1982	Mavica (Magnetic Video Camera) war die erste digitale Fotokamera, die die Bilder auf einer 3,5''-Diskette speicherte
1995	„Toy Story" ist der erste computergenerierte Film
1998	Film kann erstmals vollständig auf DVD gespeichert werden.

Entwicklung Telegrafie und Telefon

1. Jh. n. Chr.	Im Römischen Reich werden Rauchtelegrafen zum Übermitteln von Nachrichten eingesetzt
17. Jh.	Seeleute verständigen sich durch Flaggensignale
1791	Der Chappe'sche Telegraf (Sémaphore) arbeitete mit 196 Zeichen. Über 22 Stationen wurde von Paris nach Lille (200 km) optisch telegrafiert.
um 1800	Elektrischer Telegraf von Salva benötigt für jeden Buchstaben eine eigene Leitung
1809	Sömmering überträgt in München mit einem elektrischen Telegrafen Nachrichten über einige Kilometer.
1833	Gauß und Weber entwickeln einen elektromagnetischen Telegrafen mit zwei Leitungen
1838	Erfindung des Morsealphabets (Strich und Punkt), Telegraf mit einem Draht und Fernschreiber
1844	Erste Telegrafenverbindung zwischen zwei Städten (Washington und Baltimore)
nach 1850	Telegrafenverbindung Frankfurt – Berlin, Tiefseekabel Dover – Calais, Unterseekabel England – Kanada (3475 km)
1870	Philip Reis erfindet das erste Telefon
1876	Graham Bell baut die ersten marktfähigen Telefone
1890	Einführung der drahtlosen Telegrafie (Funktelegrafie)
1908	Erste automatische Telefonzentrale zur Vermittlung von Gesprächen in Hildesheim
1960	Telefongesellschaften entwickeln elektronische Wählverfahren
1962	Erste transatlantische Bildübertragung über den Satelliten Telstar
1965	Erster geostationärer Nachrichtensatellit
1970	Erste Direktwahl zwischen Europa und USA möglich
1977	Glasfaserkabel-Verbindung in Berlin
1983	Breitbandkommunikation möglich, C-Netz
seit 1990	Digitaler Mobilfunk

Entwicklung Funk und Radio

1886	Experimenteller Nachweis des elektromagnetischen Feldes und der entsprechenden Wellen durch Maxwell und Hertz
um 1900	Erfindung eines Hörers durch Braun und Slaby
seit 1905	Gründung von Gesellschaften für Radioelektronik: Marconi, Telefunken, Sociéte francaise de radioélectricité
1907	Einrichten eines drahtlosen Telegrammdienst zwischen London und New York durch Marconi
1911	Großfunkstationen in deutsche Kolonien, Aufbau einer Funkverbindung in die USA
1919	Vorführung eines Röhrensenders durch Bredow
1923	Erstes deutsches Musikprogramm wird in Berlin auf Mittelwelle ausgestrahlt
1935	Erste Tonbandgeräte werden durch AEG entwickelt
1939	Entwicklung der Frequenzmodulation (FM) durch Armstrong
1948	Die Langspielplatte mit Mikrorillen speichert Musik
1961	Radiosendungen werden in den USA in Stereofonie ausgestrahlt, zwei Jahre später auch in Deutschland.
1965	Das erste Kassettengerät (Philips) kommt auf den Markt.
1971	Musik wird durch Quadrophonie zum Tonerlebnis
1980	Die Industrie bringt die ersten Compact Disk und CDs mit Musik auf den Markt
ab 1980	HIFI-Rundfunkgeräte bieten klangtreuen Klang, Geräte mit elektronischen Bauteilen
seit 1995	Sony bietet die Mini-CD als bespielbare Speichermedien
seit 1992	MPEG1-Standard zur Codierung von Audiodaten
seit 1995	MPEG3-Standard nutzt psychoakustische Effekte der Wahrnehmung des Menschen zur Codierung von Audiodaten

Entwicklung Fernsehen

1884	Nipkow erfand eine Scheibe zur Bildabtastung und –zerlegung, sowie Übertragung und Wiedergabe, bei sehr kleiner Bildgröße
1898	Braun erfindet die sog. Braunsche Röhre, die zur Bildaufnahme und Bildwiedergabe genutzt wurde
1935	Erste Fernsehsendung in Berlin als regelmäßiger Fernsehbetrieb
1936	Höhepunkt der Propaganda der NSDAP durch die Übertragung der Olympischen Spiele in Berlin, Einrichtung von öffentlichen Fernsehstuben, BBC strahlt erstmals ein Fernsehprogramm mit scharfen Bildern aus.
1945	Übergabe der Sender in deutsche Hände, erste Ausstrahlung des NWDR; Gründung der Landesanstalten MDR in ostdeutscher Verwaltung
1950	Gründung der ARD, erster öffentlich-rechtlicher Sender
1951	Auflösung der Landessender durch den Ministerrat und Zentralisierung des Fernsehens in der DDR
1953	Erste Eurovisionsübertragung der Krönung von Queen Elisabeth II.
1954	Einführung des Farbfernsehens in den USA, Gründung der Eurovision als Länderzusammenschluss mit Sitz in Brüssel
1957	In Frankreich wird das SECAM-System eingeführt
1960	Fernsehdirektübertragung der amerikanischen Präsidentschaftskandidatur zwischen Nixon und J.F.Kennedy
1961	Entwicklung des PAL-Fernsehsystems durch Walter Bruch
1963	ZDF sendet als zweiter öffentlich-rechtlicher Sender
1967	Einführung des Farbfernsehen
1969	Die Mondlandung im Fernsehen
1980	Satelliten-Pilot-Projekt TV-SAT; Bildschirmtext (BTX) und Videotext (VTX) und das Kabelfernsehen.
1981	Stereofonie im Fernsehen
1988	HDTV, hochauflösendes Fernsehen, erstmals zu den Olympischen Spielen in Seoul
bis 2010	Flächendeckende Einführung des terrestrischen digitalen Fernsehens (DVB-T)

Entwicklung Computer

1672	Leibniz entwickelte eine Rechenmaschine, die multiplizieren, dividieren und die Quadratwurzel ziehen konnte. Leibniz entwarf die Devise: „Ohne Gott ist nichts", woraus er schlussfolgerte, dass unser Denken ein Rechenvorgang sei und Gott „1" ist und Nichts „0". Das binäre Zahlensystem oder Dualsystem war erfunden.
1818	Rechenmaschine von Thomas, Colmar, die Wurzelziehen, Potenzieren und Winkelfunktionen berechnen konnte
1847	Boole entwickelte die logischen Verknüpfungen in algebraischen Gleichungen
1886	Hollerith erfand die elektromechanische Sortier- und Zählmaschine zum Auslesen von Lochkartendaten
1930	Am MIT in Cambridge geht der erste elektromechanische Großanalogrechner in Betrieb
1941	Konrad Zuse stellt seinen digitalen Rechenautomaten „Zuse Z 3" vor, der erste programmgesteuerte Rechner
1944	Aiken und IBM konstruieren den elektromechanischen Rechenautomaten „Mark I"
1946	Erste Großrechenanlage „ENIAC" an der Uni von Pennsylvania
1948	IBM baut den ersten lochkartengesteuerten Großrechner „IBM 604"
1952	MIT in Cambridge stellt erstmals eine NC-gesteuerte Werkzeugmaschine vor.
1960	Verfahren zur Herstellung von integrierten Halbleiterbauteilen (IC) werden entwickelt
1963	IBM baut Computer mit Transistortechnik im Miniformat, gleichzeitig kommt die elektrische Schreibmaschine mit Zwischenspeicher auf den Markt.
1968	Elektronikkonzerne stellen Computer mit integrierten Schaltkreisen her.
1971	Erster Mikroprozessor und erster Taschenrechner von Texas Instruments, Hoffmann LaRoche stellt die erste Flüssigkristallanzeige (LCD) her.
1972	Erstes elektronisches Spiel am Computer von Bushnell
1974	Erster programmierbarer Taschenrechner
1978	Intel 8086, erster 16-Bit-Prozessor
1979	VisiCalc-Tabellenkalkulation von Apple
seit 1980	akademische Nutzung des Internets
1980	IBM-PC erhalten Microsoft-DOS als Betriebssystem
1982	IBM präsentiert den Personalcomputer „PC XT", Bürorechner mit Festplatte
1983	Apple stellt den „Macintosh" vor; Intel bringt den 80286-Prozessor für IBM-AT-PC
1984	Sony und Philips entwickeln die CD-ROM
1985	Intel 386-Prozessor verarbeitet 32-Bit
1990	Windows Version 3.0 wird Betriebssystem mit GUI auf den PCs
ab 1990	mit Abschaltung von Arpanet wird das Internet kommerzialisiert (www)
1990	Truetype-Font-Technologie von Microsoft
1994	Netscape-Browser bringt die Benutzer ins Internet
1995	Java als plattformunabhängige Sprache
1996	Nintendo bringt Spielekonsole auf den Markt
1997	Pentium II kommt auf den Markt
1998	DVD-Laufwerke erweitern CD-ROM Speichermöglichkeiten, erste Flachbildschirme
...	Netzwerke, Servertechnologie, USB, Firewire, drahtlose Bedienung, Spielekonsolen, expandierender Spielesektor, ...

Aufgaben und Übungen, Literaturhinweise

Aufgaben und Übungen

1. Beschreiben Sie Aufgaben und Kennzeichen des Nachrichtenwesens in der Antike, im Mittelalter, in der Industrialisierung und in der Modern.
2. Stellen Sie die Entwicklung der Schrift in einer Präsentation dar.
3. Weshalb hat die Erfindung Gutenbergs die Buchherstellung revolutioniert? Welche kulturellen und gesellschaftlichen Auswirkungen waren damit verbunden?
4. Erläutern Sie die wichtigsten Verfahrensschritte zur Buchherstellung von Gutenberg bis zur heutigen Satz- und Drucktechnik.
5. Suchen Sie nach Beispielen für Staaten, in denen die Pressefreiheit abgeschafft wurde.
6. Nehmen Sie Stellung zu der Aussage „Nachrichten spiegeln die Realität wider".
7. Erstellen Sie eine Übersicht zur Entwicklung des Rundfunks und des Fernsehens im 20. Jh..
8. Wie konnte eine Verringerung der benötigten Übertragungsleitungen in der elektrischen Telegrafie erreicht werden?
9. Beschreiben Sie die Funktion des Glasfaserkabels.
10. Stellen Sie Daten zusammen, welche die Entwicklung der Filmindustrie als bedeutenden Wirtschaftsfaktor dokumentieren.

Literaturhinweise

Burckhardt, Martin: Metamorphosen von Raum und Zeit, 2. Aufl., Frankfurt/M. 1997 (Campus)

Burckhardt, Martin: Vom Geist der Maschine, Frankfurt/M., New York 1999 (Campus)

Faßler, Manfred; *Halbach*, Wulf R. (Hrsg.): Geschichte der Medien, München 1998 (W. Fink)

Hartmann, Frank: Globale Medienkultur, Wien 2006 (UTB WUV)

Hiebel, Hans H.; *Hiebler*, Heinz; *Kogler*, Karl; *Walitsch*, Herwig: Große Medienchronik, München 1999 (W. Fink)

Hörisch, Jochen: Eine Geschichte der Medien, Frankfurt am Main 2004 (Suhrkamp)

Kerlen, Dietrich: Einführung in die Medienkunde, Stuttgart 2003 (Reclam)

Schanze, Helmut (Hrsg.): Handbuch der Mediengeschichte, Stuttgart 2001 (Kröner)

Kümmel, Albert; *Scholz*, Leander; *Schumacher*, Eckhard: Einführung in die Geschichte der Medien, Paderborn 2004 (UTB W. Fink)

Wilke, Jürgen: Grundzüge der Medien- und Kommunikationsgeschichte. Von den Anfängen bis ins 20. Jahrhundert, Köln, Weimar, Wien 2000 (Böhlau)

B

Gestaltung und Produktion

Medien tauchen heute selten isoliert auf – sie bilden vielmehr einen Verbund einzelner Elemente. Zeitungs- und Internetseiten enthalten Text und Bild, das Fernsehen zeigt Informationen in Bild-, Grafik und vielen anderen Formaten.

Im zweiten Teil dieses Lehrbuches sollen die in den Medien verwendeten Bausteine näher betrachtet werden. Die Gestaltungsregeln und -spielräume sind entscheidend für eine erfolgreiche Medienproduktion.

In den Kapiteln 4 und 5 werden gestalterische Grundlagen gelegt, die für die verschiedensten Medienbausteine von Bedeutung sind. Ebensolche Bausteine sind das Bild und die Grafik, beschrieben in den Kapiteln 6 und 7. Werden Bild und Grafik bewegt, ergeben sich Bewegtbild und Animation, in Kapitel 8 und 9. Analog hierzu werden Töne, deren Produktion und Bearbeitung in Kapitel 10 behandelt.

Diese zunächst isoliert zu sehenden Medienbausteine finden in Druck- und Multimediaproduktionen Ihre Anwendung. In Kapitel 11 und 12 werden dann die Bausteine zusammengefügt. In unserem modernen Kommunikationszeitalter nehmen darüber hinaus noch das Internet in Kapitel 13 und die damit verbundene Medieninformatik in Kapitel 14 einen hohen Stellenwert ein.

4 Elementares Gestalten

Gestaltung hat etwas mit der Gestalt zu tun und ein wesentliches Element der Gestalt ist die Form. Die elementare Gestaltungslehre beschäftigt sich mit Formen, Formelementen, deren Anordnung, sowie deren Beziehung zueinander und der damit verbundenen Wirkung auf den Betrachter. So wird aus dem elementaren, dem grundsätzlichen Gestalten, ein Gestalten mit Elementen.

Mit Hilfe verschiedener Parameter bekommen wir schließlich einen Einblick in das Regelwerk der Gestaltung. Zu diesen Parametern gehören neben den Formen auch die Farben und Buchstaben, sowie die Schrift – einige der wichtigsten visuellen Hilfsmittel, mit denen wir unsere Nachrichten und Botschaften verbreiten.

In diesem Zusammenhang verweisen wir auf das Kapitel Typografie (Gestalten mit Schrift), dem wir aufgrund seiner Wichtigkeit ein eigenes Kapitel gewidmet haben.

4.1 Grundsätze der Gestaltung

Jeder Mensch gestaltet täglich sein persönliches Umfeld. Lehrer gestalten ihren Unterricht, Architekten konstruieren Gebäude und Onkel Franz entwirft mal eben eine Glückwunschkarte am heimischen Computer. Nicht vergessen sollte man die gestaltenden Konditoren, die Friseure und Modeschöpfer, die Schreiner und viele mehr.

Bei der Gestaltung handelt es sich um einen **Schaffensprozess**, einen Prozess, welcher im Idealfall am Ende ein Ergebnis zum Vorschein bringt.
Im Mittelpunkt des Schaffens steht jedoch nicht nur das Ergebnis, sondern vor allem auch der Weg dort hin. Diesen Weg bezeichnet man auch als den **Gestaltungsprozess** oder den **Entwurfsprozess**.

Doch wie funktioniert Gestaltung? Wie macht man sich auf den Weg, eine interessante Glückwunschkarte, ein spannendes Plakat oder eine fesselnde Internetseite zu entwickeln?

➲ **Gestaltung braucht Regeln!**

Vor allem in einer Zeit, in der immer schnellere Computer in die Büros und heimischen Wohnzimmer einziehen, wird ein gestalterisches Regelwerk immer wichtiger!

- Warum verwendet Onkel Franz für die Glückwunschkarte als Hintergrundfarbe ein helles Grün mit dunkler Schrift darauf?
- Welche Farben passen zueinander?
- Welche Formen erzeugen Spannung?
- Welche Schrift sieht interessant aus?

Hierbei gilt allein der Grundsatz: „Der Zweck heiligt die Mittel!"
Aber er „heiligt nicht nur die Mittel", sondern auch das gesamte Erscheinungsbild eines Medienproduktes. Dies bedeutet, dass die Gestaltung durch den Verwendungszweck bestimmt wird. Das Aussehen hat sich der **Funktion** unterzuordnen ❶.

Oftmals wird die Gestaltung aber mit der Kunst verwechselt – man gestaltet „schöne Dinge". Die Kunst jedoch definiert sich durch ein freies, emotional gesteuertes Schaffen ❷.

Die folgenden Kapitel sollen einen Einblick in das Regelwerk der elementaren Gestaltungslehre geben.

❶ **Form follows function:**
„Die Form eines Gebäudes oder eines Gegenstandes leitet sich von seiner Funktion ab."
Gestaltungsgrundsatz aus dem 18. Jahrhundert, erstmals schriftlich vom US-amerikanischen Architekten Louis Sullivan formuliert.

❷ Gestaltung ist zweckorientiert, Kunst ist zweckfrei!

4.2   Sehen und wahrnehmen

Wer die Regeln der elementaren Gestaltungslehre verstehen will, muss sich zunächst mit den Gesetzmäßigkeiten der **Wahrnehmung** auseinandersetzen.

➲   Die Wahrnehmung bezeichnet im Allgemeinen eine bewusste Informationsaufnahme. Einen Vorgang, bei dem wir eine Sache gedanklich, seelisch oder physisch verinnerlichen, nachdem wir ihn mit unseren Sinnesorganen aufgenommen haben.

Ein Beispiel:
Bei einem Waldspaziergang kann man das Gezwitscher der Vögel hören, man riecht den Duft der Fichten und Tannen, man fühlt den Wind, der über das Gesicht streicht und man sieht, wenn man Glück hat, Füchse und Rehe auf ihrer Pirsch.

Der Eindruck vom Hören, Riechen, Fühlen und Sehen wird von unserem Gehirn verarbeitet und einem Ergebnis zugeordnet: Der Waldspaziergang vermittelt ein positives Gefühl. Man nimmt seine eigene Umgebung als angenehm wahr.

4.2.1   Wahrnehmungskette

Den oben geschilderten Wahrnehmungsvorgang bezeichnet man im Allgemeinen als **Wahrnehmungskette**. Diese beschreibt sechs miteinander verknüpfte Aktionen, welche sich nacheinander direkt beeinflussen und zu einem Wahrnehmungsergebnis führen.

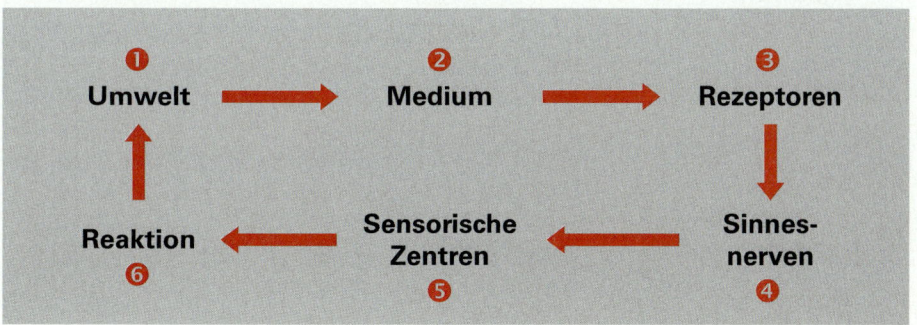

Die Stationen der Wahrnehmungskette im Einzelnen:

1. Die **Umwelt** ist der Ausgangspunkt jeder Wahrnehmung (Aufenthaltsort: Wald).
2. Das **Medium** überträgt die Eigenschaften der Umwelt an den Menschen (der Wind oder die Schallwellen des Vogelgezwitschers).
3. Die **Rezeptoren** sind Sinneszellen des Körpers, welche vom Medium direkt gereizt werden und die Information weitergeben an das Sinnesorgan (das Medium Licht reizt die Sinneszellen des Auges).
4. Die **Sinnesnerven** leiten die Reize der Sinnesorgane gebündelt weiter an das Gehirn.
5. In die **sensorischen Zentren** im Gehirn münden die Sinnesnerven der Sinnesorgane ein. Hier werden direkte Assoziationen hergestellt, Prozesse wie Erinnern, Erkennen und Kombinieren führen vom Sinneseindruck zur Wahrnehmung (der Waldspaziergang erzeugt bei positiver Grundstimmung zum Wald im Allgemeinen eine positive Wahrnehmung).
6. Das Wahrnehmungsgefühl führt zu einer **Reaktion**, die wiederum die Umwelt beeinflussen und einen neuen Kreislauf auslösen kann.

Für die elementare Gestaltungslehre bedeutet dies, dass die Wahrnehmung keinesfalls isoliert unter dem Aspekt der Sinnesorgane betrachtet werden kann. Der Gestalter versucht vielmehr, sich mit Hilfe des Regelwerkes der elementaren Gestaltungslehre in die Wahrnehmungskette einzuklinken und diese an geeigneten Stellen zu beeinflussen. So kann man auf die Umwelt und das Medium einwirken, um schlussendlich eine gewünschte Reaktion, einen Eindruck hervorzurufen.

Ein Beispiel:
Die Einladungskarte zu einem Kindergeburtstagsfest soll Fröhlichkeit und gute Laune zum Ausdruck bringen. Dies gelingt, wenn Gestaltungsregeln hinsichtlich der verwendeten Elemente beachtet werden. Die Wahrnehmungskette wird in Gang gesetzt und erzeugt beim Betrachter der Einladungskarte eine Reaktion (Freude).
Wendet der Gestalter jedoch „falsche Regeln" an, wird die Reaktion eine Andere sein!

Die für den Gesamteindruck der Einladungskarte verantwortlichen Elemente sind:

Die Schriftart
Die Farbigkeit
Die Grundelemente
Die Platzierung

So kann aus der Einladungskarte schnell eine Trauerkarte werden!

4.2.2 Wahrnehmungsarten

Man unterscheidet, ausgehend von den Sinnesorganen, sieben Wahrnehmungsarten:

* Visuelle Wahrnehmung: Sehen (Augen)
* Auditive Wahrnehmung: Hören (Ohren)
* Taktile Wahrnehmung: Tasten, Fühlen (Haut, Hand und Mund)
* Olfaktorische Wahrnehmung: Riechen (Nase)
* Gustatorische Wahrnehmung: Schmecken (Mund, Gaumen und Zunge)
* Kinästhetische Wahrnehmung: Bewegungsempfindung (Sehnen, Muskeln und Gelenke)
* Vestibuläre Wahrnehmung: Gleichgewichtsregulation (Vestibulärapparat)

Von besonderem Interesse ist die **visuelle Wahrnehmung**, da der Mensch die meisten seiner alltäglichen Informationen über das Auge erfasst. Jedoch:

➲ **„Nur" Sehen ist nicht Wahrnehmen!**

Durch das Sehen wird die Wahrnehmungskette in Gang gesetzt und veranlasst uns zu immer neuen Aktionen und Reaktionen. Eine besondere Bedeutung bei jedem Wahrnehmungsvorgang muss man der individuellen Erfahrung des Betrachters zuordnen!

Ein Beispiel:
Wir sehen täglich auf der Armatur unseres Wasserhahnes im Badezimmer die Farben Rot und Blau. Unsere Wahrnehmung verknüpft aufgrund unserer Erfahrung die Farbe Rot mit warmem Wasser und die Farbe Blau mit kaltem Wasser!

4.3 Gestaltgesetze

Das Regelwerk der elementaren Gestaltungslehre geht von der visuellen Wahrnehmung als eigentliche Basis aus. Die Grundlage hierzu sind die **Gestaltgesetze**.

➲ Gestaltgesetze sind Gesetzmäßigkeiten, welche die menschliche Wahrnehmung lenken, beeinflussen oder auch täuschen können (positiv wie negativ).

Ihren Ursprung haben diese Gesetzmäßigkeiten in der **Gestaltpsychologie** ❶.
Ein guter Gestalter versteht es, die verschiedenen Gestaltgesetze für seine Ziele auszunutzen, ja sogar zu manipulieren.

Optische Täuschungen:
Die Wahrnehmung kann durch Unregelmäßigkeiten im Zusammenspiel von Auge und Gehirn getäuscht werden!

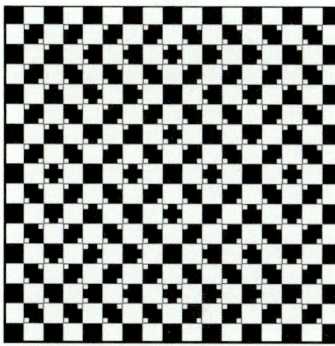

Das Quadrat besteht aus schachbrettartig angeordneten dunklen und hellen Teilquadraten. In einigen der dunklen Teilquadrate sind die Ecken durch kleine helle Quadrate gestört.
Es entsteht der Eindruck, als seien die – nachweislich geraden – Trennlinien zwischen den Teilquadraten wellenförmig gekrümmt.

❶ **Gestaltpsychologie:**
Wurde zu Beginn des 20. Jahrhunderts von dem Psychologen Max Wertheimer (1880-1943) begründet. Er bezog sich dabei auf eine Begriffsbildung von Christian von Ehrenfels (1859-1932), der 1890 den Aufsatz „Über Gestaltqualitäten" veröffentlicht hatte.
Die Gestaltpsychologie widmet sich der Erforschung des Vorganges, wie der Mensch „Figuren", „Ganzheiten" und „Sinneinheiten" wahrnimmt. In den Gestaltgesetzen kommt die Gestaltpsycholgie zur Anwendung.

Handelt es sich hier um den liegenden Buchstaben H oder um zwei weiße Rechtecke auf einer schwarzen Fläche?

4.3.1 Figur-Grund-Beziehung

Die menschliche Wahrnehmung nimmt bei einer Zusammenstellung von Elementen entweder Figurenelemente oder Grundelemente (auch Hintergrundelemente) wahr. Die Figurenelemente sind immer Blickpunktelemente, sollten immer im Mittelpunkt des Betrachters stehen, während die Grundelemente immer einen undifferenzierten Eindruck hinterlassen sollten.

Kann sich unsere Wahrnehmung nicht entscheiden, ob wir eine Figur oder deren Hintergrund sehen, entsteht der unerwünschte Effekt einer Kippfigur. Dies ist meistens bei zielgerichteter Gestaltung ein Hindernis, wenn es darum geht, einen Sachverhalt klar darzustellen.

- ➲ Der Grund (auch Hintergrund) sollte von der eigentlichen Aussage der Figur nicht ablenken!
- ➲ Kippfiguren und unerwünschte Nebeneffekte sollten vermieden werden!

4.3.2 Das Gesetz der Nähe

Nahe beieinander liegende Elemente werden leichter als Einheit wahrgenommen, als solche, die weit voneinander entfernt sind. Elemente, die nach dem Gesetz der Nähe zueinander angeordnet sind, reduzieren die Komplexität der Gestaltungsobjekte und verstärken die Beziehung der jeweiligen Elemente untereinander. Ein Fehlen der Nähe unterstreicht im Gegensatz dazu die Verschiedenartigkeit der Elemente.

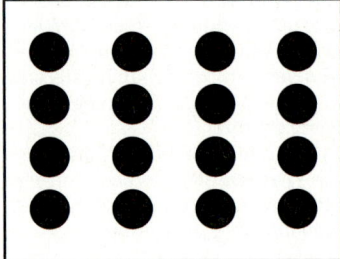

Die Punkte werden als senkrecht angeordnete Reihen wahrgenommen.

- ➲ Zueinander gehörende Elemente sollten nahe beieinander liegend dargestellt werden!
- ➲ Nicht zueinander gehörende Elemente sollten in einem ausreichenden Abstand dargestellt werden!

4.3.3 Das Gesetz der Geschlossenheit

Einzelne Elemente werden nicht mehr als einzelne Elemente wahrgenommen, sondern als zusammengehöriges, erkennbares Muster. Wir verfügen über eine sehr starke Neigung, Muster wahrzunehmen. Dabei schließen wir bei Bedarf Lücken in vorhandenen Mustern und ergänzen so die Formen zu einem Ganzen. Elemente, die diese Eigenschaft nutzen, wirken in der Regel besser strukturiert, als Elemente, die einer wahllosen Anordnung folgen.

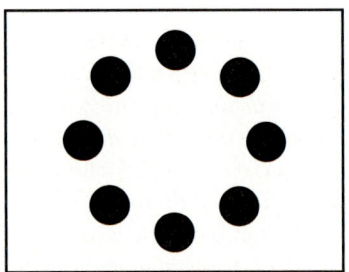

Die Punkte werden zuerst als Kreis wahrgenommen, dann erst als einzelne Elemente.

- ➲ Zusammengehörende Elemente können durch ihre Anordnung neue Formen und Zugehörigkeiten erzeugen!
- ➲ Die wahllose Anordnung von Elementen sollte grundsätzlich vermieden werden!

4.3.4 Das Gesetz der Kontinuität

Elemente lassen sich sehr gut dadurch gruppieren, dass man Ihnen einen fortlaufenden Charakter verleiht. Werden die Elemente daher auf Linien oder Kurven angeordnet, empfinden wir diese als zusammengehörig.

Wie bereits beim Gesetz der Geschlossenheit bringt auch das Gesetz der Kontinuität das Auge dazu, nicht sichtbare Teilstücke von Linien oder Kurven zu ergänzen. Bei der Anordnung der Elemente ist daher auf einen entsprechend passenden Abstand der Elemente zueinander zu achten.
Das Gesetz ist auch bekannt unter dem Gesetz der guten Fortsetzung.

- Zueinander gehörende Elemente sollten auf einer Linie oder Kurve liegen. Man nennt dies die Platzierung auf einem Anordnungspfad.
- Nicht zueinander gehörende Elemente sollten verschiedene Anordnungspfade haben.

Die Zusammengehörigkeit der Punkte und Quadrate ist aufgrund des jeweiligen Anordnungspfades sehr deutlich erkennbar.

4.3.5 Das Gesetz der Ähnlichkeit

Elemente, die sich ähnlich sind, werden besser als Gruppe erkannt, als Elemente, die sich völlig unterscheiden.

Auch hier finden die zuvor dargestellten Gestaltgesetze Anwendung und werden durch verschiedene Parameter erweitert. So können die Elemente sich nicht nur in der Form ähnlich sein, sondern zum Beispiel auch in Farbe und Größe.

- Elemente sollten so angeordnet werden, dass ihre Ähnlichkeit auch deren Zusammengehörigkeit entspricht.
- Für Elemente, die nicht zusammen gehören, sollten verschiedene Farben, Formen und Größen verwendet werden.

Unsere Wahrnehmung kann sofort die entsprechenden Gruppen erkennen.

4.3.6 Das Gesetz der Prägnanz

Dieses Gesetz besagt, dass einfache Formen besser wahrgenommen werden, als komplexe Gebilde.

Wird unsere Wahrnehmung mit einer Reihe nicht eindeutiger Elemente konfrontiert, entscheiden wir uns immer für die einfachste Zusammenstellungsvariante. Dabei gilt außerdem, dass symetrische Formen schneller erkannt werden.
Bei der Gestaltung von Logos ist dieses Gesetz sehr wichtig, da sich unser Gehirn einfache Formen besser einprägen kann, als komplizierte Formen.
Das Gesetz ist auch bekannt unter dem Gesetz der guten Gestalt oder dem Gesetz der Einfachheit.

- Die Gestaltungselemente sollten auf ein Minimum beschränkt werden.
- Einfache, eventuell sogar symmetrische Formen sind komplexen Gebilden vorzuziehen.

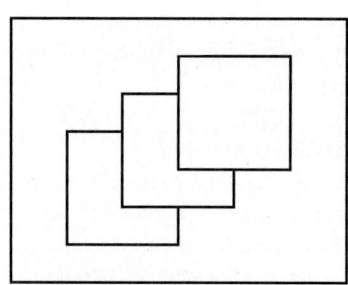

Diese Figuren werden als sich überschneidende Quadrate wahrgenommen. Eine andere Deutung (die hinteren Quadrate könnten auch als „L" gesehen werden) ist sehr unwahrscheinlich.

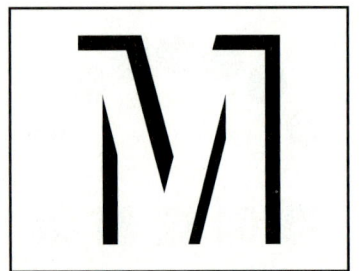

Unsere Wahrnehmung erkennt hier sofort den Buchstaben „M", obwohl Konturlinien fehlen.

4.3.7 Das Gesetz der Erfahrung

Neben den optischen Eigenschaften eines Elementes spielt vor allem unsere individuelle Erfahrung bei der Einordnung ins **Gedächtnis** eine große Rolle.

Die zuvor erläuterten Gestaltgesetze zeigen die Fähigkeit unserer Wahrnehmung, fehlende Elemente und Linien zu ergänzen. Ob die Ergänzung nun korrekt ist, hängt von unserer individuellen Erfahrung und vor allem von unserem Lebensraum ab.

Ein Beispiel:
Chinesen können im Allgemeinen mit dem lateinischen Alphabet, das der deutschen Sprache zugrunde liegt, nicht viel anfangen. Sie kennen die Formen der Buchstaben nicht; sie haben keine Erfahrung im Umgang mit diesen Buchstaben.
Chinesen werden daher das abgebildete „M" nicht erkennen können.

Das Gesetz der **Erfahrung** ist ein sehr wichtiges Gestaltgesetz, da es verantwortlich dafür ist, ob das visuell Wahrgenommene aufgrund unserer individuellen Erfahrung im Gehirn gespeichert wird!

4.3.8 Anwendungsbeispiele

Die Gestaltung von Medienprodukten aller Art lehnt sich bewusst und unbewusst an die Gestaltgesetze an. Egal, ob Internetseite, Plakat oder Postkarte, die Gestaltgesetze sollten erkennbar sein! Im Folgenden werden zwei Beispiele vorgestellt.

❶ Figur-Grund-Beziehung:
Der zurückhaltende Hintergrund der Internetseite lenkt nicht vom Inhalt ab.

❷ Gesetz der Geschlossenheit:
Die Linien grenzen einzelne Nachrichten auf der Internetseite vom restlichen Inhalt ab.
Diese Nachrichten bilden dadurch eine Einheit.

❸ Gesetz der Nähe:
Die einzelnen Rubriken im Navigationsmenü sind räumlich nahe beieinander.
Dadurch zeigt sich das Menü einheitlich und aufgeräumt.

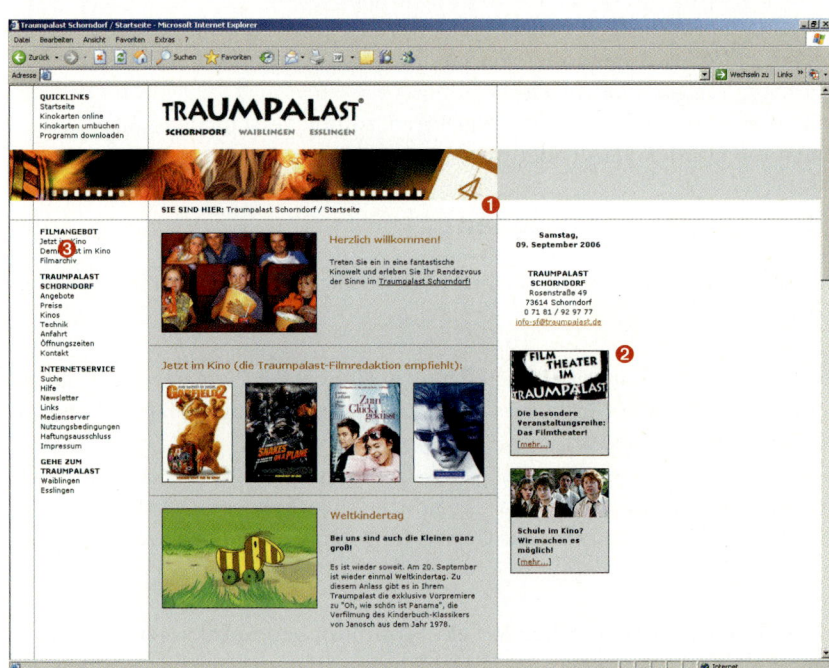

Internetauftritt der Traumpalast-Kinos (www.traumpalast.de)

Ausstellungsplakat eines Schülerwettbewerbes mit dem Motto:
„Ich sehe was, was Du nicht siehst"

❶ **Gesetz der Kontinuität:**
Uns bekannte Buchstaben werden durch ihre sinngemäße Abfolge zu einer Einheit verbunden. Der Untertitel „Schüler-Kunst in Ausstellung" wird somit trotzdem gut verständlich dargestellt, obwohl die Leserichtung nicht unserem gewohnten Lese-Pfad von links oben nach rechts unten folgt.

❷ **Gesetz der Ähnlichkeit:**
Die farbigen Kreise sind räumlich weit auf dem Plakat verteilt. Dennoch empfinden wir die Kreise als zusammenghörig, da es keine weiteren Grundformen auf dem Plakat mehr gibt. Die Kreise sind ähnliche Elemente.

❸ **Gesetz der Prägnanz:**
Wichtige Grundelemente auf dem Plakat sind die farbigen Kreise und der rote Balken auf der linken Seite.
Die Wirkung dieser Elemente ist sehr stark, da es sich um einfachste Grundelemente handelt. Diese werden besser wahrgenommen, als kompliziertere Elemente.

❹ **Gesetz der Erfahrung:**
„Ich sehe was, was Du nicht siehst" lautet das Motto der Ausstellung.
Das Wort „nicht" wurde auf dem Plakat gespiegelt dargestellt. Unsere Erfahrung mit dem deutschen Wortschatz macht das Wort für uns dennoch leicht verständlich, obwohl es eigentlich in der gewohnten Leserichtung schwer lesbar ist.

4.4   Formelemente der Gestaltung

❶ Aristoteles:
Griechischer Naturwissenschaft-
ler, Philosoph und einflussreicher
Denker der abendländischen Geis-
tesgeschichte, 384 - 322 v. Chr.

Aristoteles ❶ hat vor langer Zeit einen Gedanken in Worte gefasst, der meistens der heutigen **Gestaltpsychologie** zugesprochen wird:

➲   „Das Ganze ist mehr als die Summe seiner Teile."

Dieser Gedanke lässt sich sehr gut auf die elementare Gestaltungslehre übertragen! Jedes „Ganze" wird zwar aus vielen „Teilen" zusammengesetzt, dabei ergibt das Ganze aber eben mehr, als nur eine Ansammlung von Teilen:

➲   Das Ganze hat eine Wirkung!

Ein Beispiel:
Das auf der Seite zuvor abgebildete Plakat soll auf eine Ausstellung aufmerksam machen. Das Plakat wurde aus vielen Teilen zusammengesetzt. Bilder, Texte und so weiter sollen den Betrachter anregen, sich die Ausstellung anzusehen. Dabei darf das Plakat weder traurig noch ausladend wirken. Es soll vielmehr das Thema der Ausstellung präsentieren und eine positive Wirkung auf den Betrachter haben.

Um ein solches Plakat gestalten zu können, ist es daher notwendig, Kenntnisse über die „Teile" zu haben, damit ein wirkungsvolles „Ganzes" am Ende des Entwurfsprozesses steht!

Betrachten wir im Folgenden die „Teile" der elementaren Gestaltungslehre, die sogenannten **Formelemente**.

❷ Mediengestaltung:
Befasst sich mit der Gestaltung
von Medien, d.h. neben den
alltäglichen Publikationskanälen
Radio, Fernsehen, Internet auch
Zeitungen, Plakate, Magazine
u. a.

Der **Punkt** ist das kleinste Formelement der elementaren Gestaltungslehre. Wird der Punkt fortgesetzt, in die Länge gezogen, entsteht die **Linie**. Die Linie wiederum wird durch deren Breite zur **Fläche**. Durch das Volumen von Flächen entstehen letztlich **Körper**.

In der elementaren Gestaltungslehre werden nach dieser Definition folgende Formelemente unterschieden:

❸ Produktgestaltung:
Befasst sich mit der Gestaltung
von Produkten des täglichen
Gebrauchs, unterscheidbar in
Konsumgüter (Rasierapparate,
Kaffeemaschinen, Mixer) und
Investitionsgüter (Maschinen,
die ihrerseits andere Dinge
herstellen können, zum Beispiel
Verpackungsmaschinen, Druck-
maschinen).

- Der Punkt (dimensionslos)
- Die Linie (eindimensional)
- Die Fläche (zweidimensional)
- Der Körper (dreidimensional)

Punkt, Linie und Fläche werden als allgemeingültige Form- und **Grundelemente** aller Gestaltungsdisziplinen (insbesondere jedoch der **Mediengestaltung** ❷) bezeichnet, während die sehr komplexen Körper eine eigene Betrachtung im Rahmen der **Produktgestaltung** ❸ benötigen. Auf die Körper werden wir daher in den folgenden Abschnitten nicht eingehen.

4.4.1 Der Punkt

In der Mathematik wird der Punkt als nulldimensionales Objekt ohne jede Ausdehnung verstanden. An der Börse steigen oder fallen unsere Aktien um einen Punkt.

In der elementaren Gestaltungslehre ist der Punkt als Ursprung der visuellen Gestaltung zu verstehen, das kleinste Element. Im Gegensatz zur Mathematik jedoch hat der gestalterische Punkt eine Ausdehnung, da er sonst nicht sichtbar wäre. Der Punkt ist daher mit Vorsicht als Punkt zu genießen, da er durch die Ausdehnung auch als Fläche gesehen werden kann. Durch Darstellungen mit dem Punkt können die gestalterischen Mittel auf ein absolutes Minimum beschränkt werden.

Die Parameter des Punktes sind:

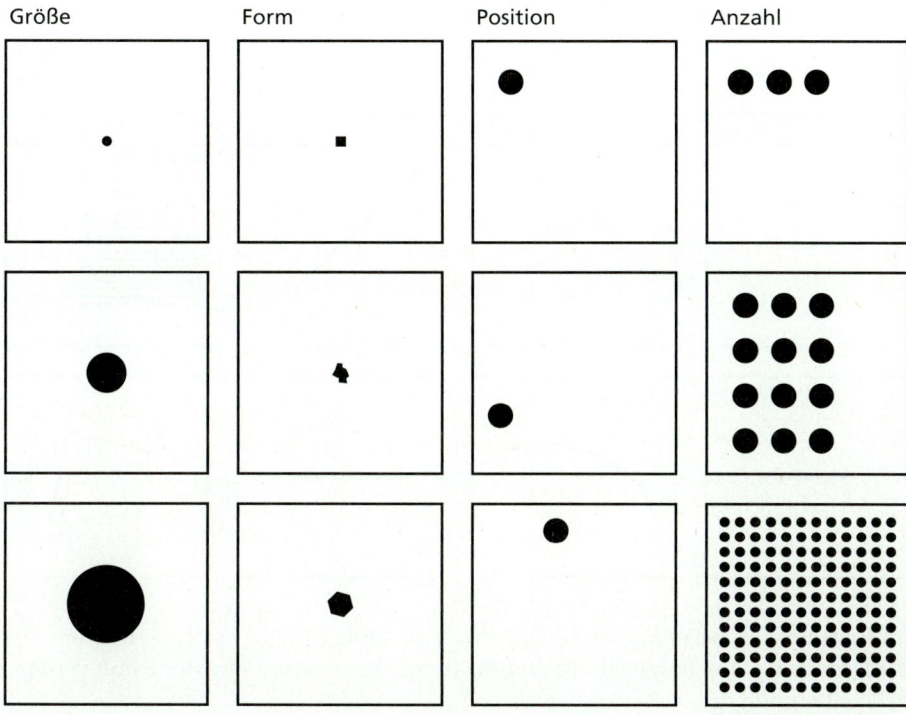

Größe	Form	Position	Anzahl

Durch die Kombination der Parameter untereinander entstehen in der Verwendung der Elemente unterschiedliche Interpretationen.

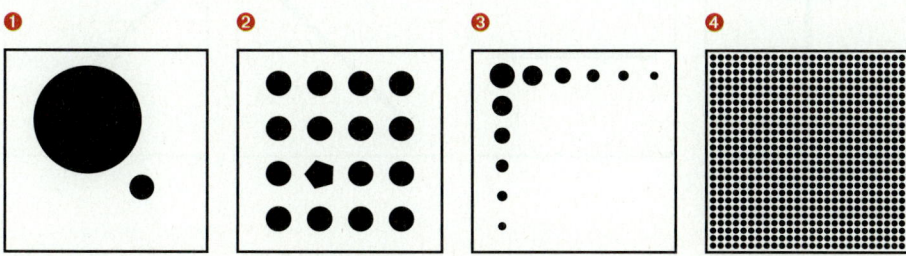

Aus dem Spätlateinischen:
punctus = Einstich
Ursprünglich das von einem Schreibgriffel in eine Wachstafel gestochene Satzzeichen.

Anhaltspunkt
Anknüpfungspunkt
Ausgangspunkt
Aussichtspunkt
Berührungspunkt
Blickpunkt
Brennpunkt
Fixpunkt
Gefrierpunkt
Höhepunkt
Kernpunkt
Minuspunkt
Mittelpunkt
Notenpunkt
Nullpunkt
Orientierungspunkt
Pluspunkt
Punkt für Punkt
Punkte sammeln
Schnittpunkt
Schwerpunkt
Standpunkt
Strafpunkt
Tiefpunkt
Treffpunkt
Wendepunkt
Zeitpunkt
...

❶ Großer Punkt, kleiner Punkt
❷ Auffallender Unterschied eines Punktes in der Menge
❸ Variierte Größe, Form und Position ergeben eine interessante Reihung
❹ Viele Punkte erzeugen ein Muster

4.4.2 Die Linie

Außenlinie
Buslinie
Fluglinie
geradlinig
Innenlinie
Leitlinie
Lineal
linientreu
liniert
Luftlinie
Markierungslinie
Mittellinie
Schifffahrtslinie
Schlangenlinie
seine Linie finden
Seitenlinie
Sichtlinie
Startlinie
Straßenbahnlinie
Ziellinie
...

Verbindet man zwei Punkte miteinander, ensteht eine gerade Linie.

Fügt man auf der Linie einen weiteren Punkt hinzu, kann die Linie an diesem Punkt knicken. Wird an den Enden einer Linie auf diese Druck ausgeübt, entsteht eine gebogene Linie.

Die Parameter der Linie sind:

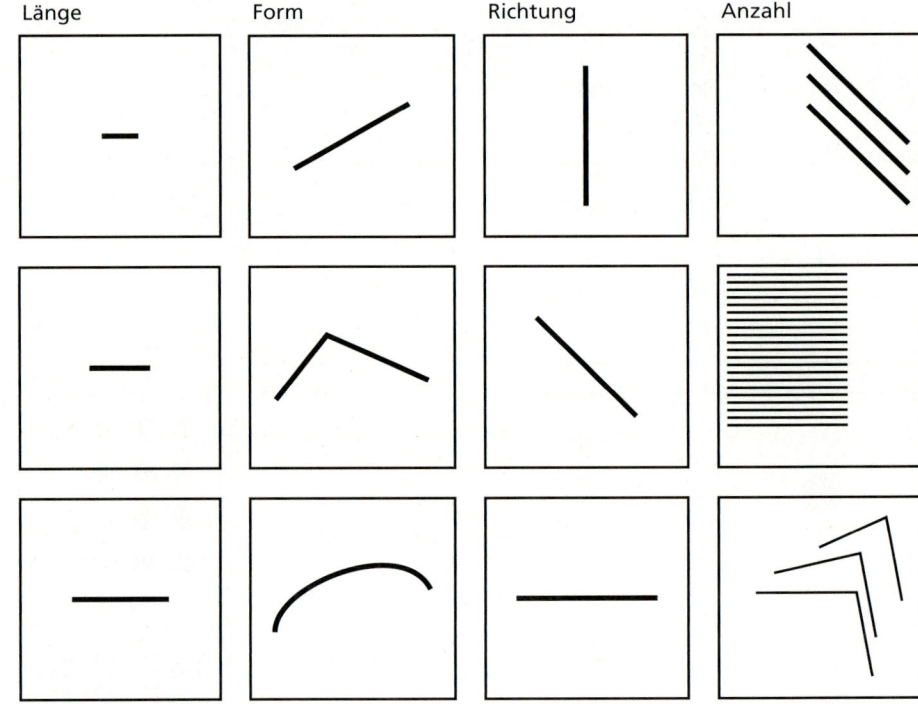

Im Gegensatz zum Punkt, der noch keine Ausdehnung besitzt, kommt der Linie bei der Gestaltung eine besondere Bedeutung durch deren Länge und der damit verbundenen Richtung bei.

❶ Senkrechte Linien stehen für Statik und Aktivität
❷ Waagerechte Linien stehen für Ruhe und Passivität
❸ Die steigende Linie hat eine positive Wirkung, es geht aufwärts
❹ Die fallende Linie hat eine negative Wirkung, es geht abwärts

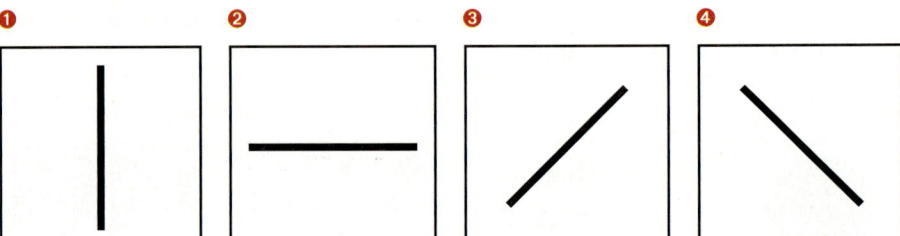

4.4.3 Die Fläche

Die Fläche ist ein sehr komplexes Formelement der elementaren Gestaltungslehre. Gebildet wird sie durch die Linie, die hierbei als Begrenzung einer zunächst noch offenen Fläche fungiert.

So grenzt eine gekrümmte Linie, welche an den Endpunkten geschlossen ist, eine runde Fläche ein. Drei gerade Linien bilden eine dreieckige Fläche, vier gerade Linien eine viereckige Fläche. Die Fläche ist also eine Begrenzung mit Hilfe von Linien.

Die Parameter der Fläche sind:

Größe   Form   Lage   Anzahl

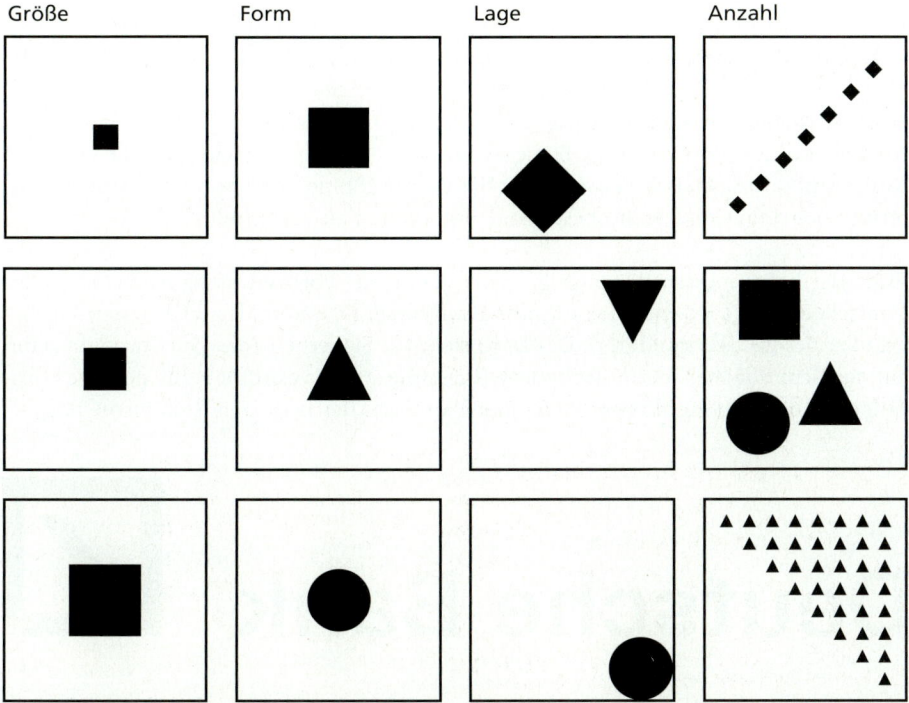

Auf der Basis des Formparameters unterscheidet man in der elementaren Gestaltungslehre drei Grundelemente: Quadrat, Dreieck und Kreis.

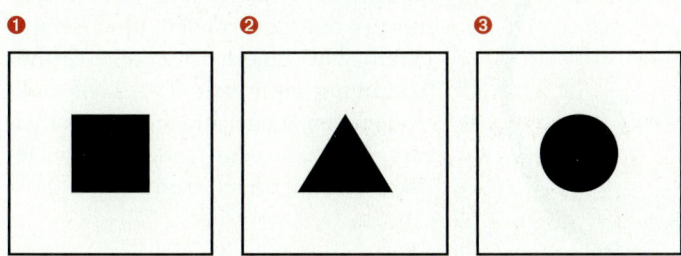

❶   ❷   ❸

Aus der Seemanns-Sprache überliefert: **das Flach**
Seichte, nicht tiefe Stelle im Meer oder Fluß, ein ausgedehntes Flach soll zum Durchqueren benutzt werden.

abflachen
Außenfläche
flach
Flachheit
Flachland
großflächig
Häuserfläche
Innenfläche
Oberfläche
oberflächlich
Seitenfläche
...

❶ Das Quadrat steht für Stabilität, Sicherheit und Männlichkeit
❷ Das Dreieck steht für Aggression, Warnung, Neutralität
❸ Der Kreis steht für Harmonie, Vollkommenheit, Weiblichkeit

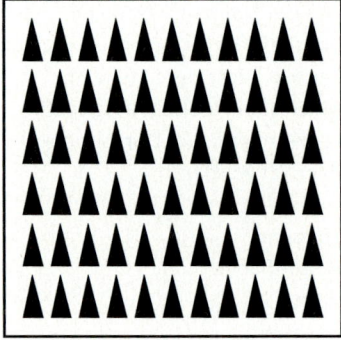

❶ Die visuelle Kommunikation beschäftigt sich mit der Übertragung von Nachrichten oder Botschaften auf rein visuellem Weg (...mit dem Auge sichtbar).

❷ Anton Stankowski (1906 – 1998) gilt als Pionier des Grafik-Design. Bereits in den 20er Jahren erstellte er Fotografien und Erscheinungsbilder. 1951 gründete Stankowski sein eigenes Atelier, 1974 entstand das Logo der Deutschen Bank.

Anton Stankowski

4.5   Gestalten mit Formen

➲   **Gestaltung verfolgt immer ein Ziel!**

Ziele brauchen einen **Plan**, Pläne macht man mit **System**! Die Formelemente der Gestaltung (hier: Punkt, Linie und Fläche) eignen sich hervorragend, um die **Ordnung** von Systemen zu erfassen!

Man kann die Formelemente auf verschiedenste Weise anordnen, wodurch verschiedene Wechselwirkungen der Elemente untereinander entstehen. Man spricht hierbei von der Formanordnung und der damit verbundenen Formbeziehungen.

Die Kenntnisse über die Formbeziehungen sind für einen Gestalter von großer Wichtigkeit, da diese wesentlich für Ausdruck und Wirkung jeder Gestaltungsarbeit sind!

Formen rufen aber auch bestimmte Gefühle und Stimmungen hervor. Man spricht hierbei von der Formwirkung. Diese ist ein sehr wichtiger Bestandteil der **visuellen Kommunikation ❶**. Das Wissen über die Formwirkung wird von den Werbegestaltern gezielt angewendet, um bestimmte Botschaften zu vermitteln.

Eines der bekanntesten Beispiele für eine gelungene **Formwirkung** ist das Logo der Deutschen Bank (entworfen von Anton Stankowski **❷**, einem der wichtigsten Werbegrafiker des 20. Jahrhunderts). Das Logo steht für Sicherheit (das Quadrat steht stabil auf der Grundfläche) und Aufschwung (die Linie steigt, vermittelt eine positive Stimmung) und gilt in Fachkreisen heute noch als eines der bedeutendsten Firmenlogos.

Deutsche Bank

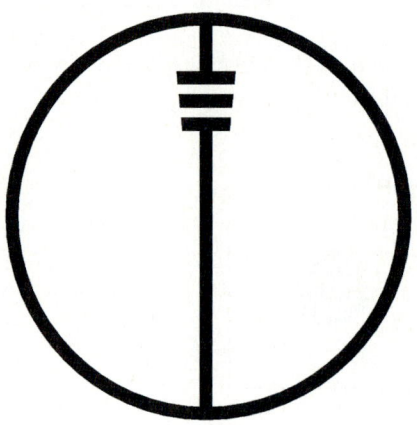

Ein weiteres Beispiel stellt das ebenfalls von Stankowski entworfene Logo des Süddeutschen Rundfunks von 1954 dar. In der Visualisierung des Fernsehturmes in einem runden, umfassenden Raum wird eine harmonische Grundstimmung vermittelt. Der Kreis stellt zudem den Sender in einer Gesamtheit dar. Das hätte kein anderes Formelement in dieser Art leisten können.

4.5.1 Formanordnung

In der elementaren Gestaltungslehre kann man die Formelemente wie folgt anordnen:

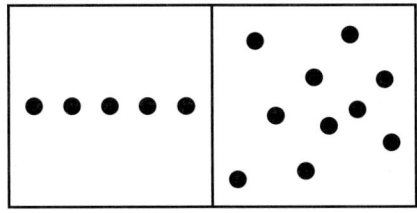

Reihung / Streuung:
Die Parameter der Formelemente finden hier Anwendung durch das Verändern der Position und der Anzahl. Wird die Position innerhalb einer linienförmigen Anordnung beliebig verändert, entsteht eine Streuung.

Gruppierung / Auflockerung:
Durch das Anpassen von Position und Anzahl können strenge Gruppen zusammengefasst werden. Je lockerer die Abstände der Elemente untereinander sind, um so stärker wird die Auflockerung.

Symmetrie / Asymmetrie:
Die symmetrische Anordnung entsteht durch die Wiederholung gleicher Formelemente. Alle bereits bekannten Parameter können hier in der Reihung und der Gruppierung Anwendung finden.

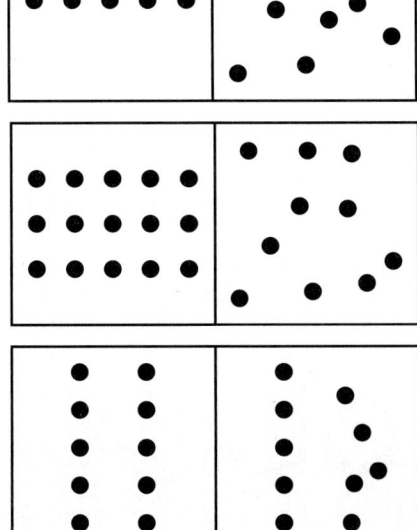

Kombinatorik:
Die Kombinatorik von einzelnen Formelementen beschreibt das systematische Anordnen anhand der oben bereits genannten Eigenschaften. Es entstehen beliebig modifizierbare Muster.

Strukturen:
Die Strukturen sind eine durch die Kombinatorik entstehende Sonderform. Es werden Formelemente der elementaren Gestaltungslehre mit regelmäßig wiederkehrenden Gesetzmäßigkeiten verwendet.

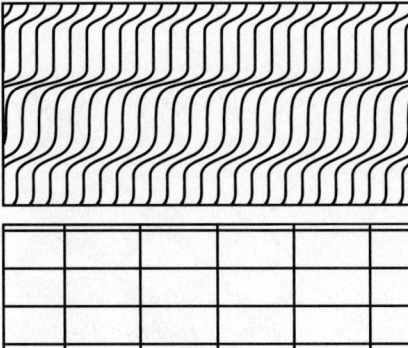

Raster:
Tauchen bei der Verwendung von Formelementen streng festgelegte Verwendungsprinzipien auf (meist in geometrischen Grundformen) entsteht ein Raster, eine Sonderform der Struktur.

❶ Eine Transformationsreihe bezeichnet allgemein die Veränderung der Form in eine andere.

Ein Beispiel für Formanordnungen nach dem kombinatorischen Prinzip stellen **Transformationsreihen** ❶ von Grundelementen dar. Solche Reihen werden in mehreren Schritten entwickelt. Zuerst wird eine Art „Startreihe" gestaltet: Hier verändert ein schwarzes Dreieck seine Aussenform und seine Füllung in neun Schritten zu einem weißen Kreis.

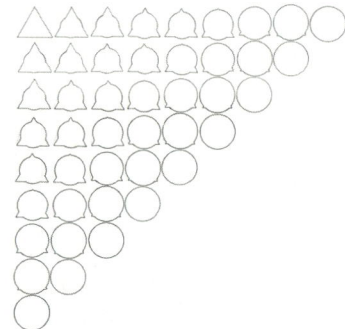

Die so erstellte Reihe wird nun noch um 90 Grad im Uhrzeigersinn dupliziert. Durch das Auffüllen der Lücken entsteht eine Matrix voller Platzhalter. Der weiße Kreis bildet die Diagonale einer späteren quadratischen Fläche. In der Ecke, die dem schwarzen Dreieck gegenüberliegt, wurde ein schwarzes Quadrat platziert. Dies bedeutet, dass noch eine Transformationsreihe vom weißen Kreis zum schwarzen Quadrat erfolgen muss. So entsteht schließlich eine spannende Kombination, welche von Hand oder mit Hilfe des Computers gezeichnet werden kann.

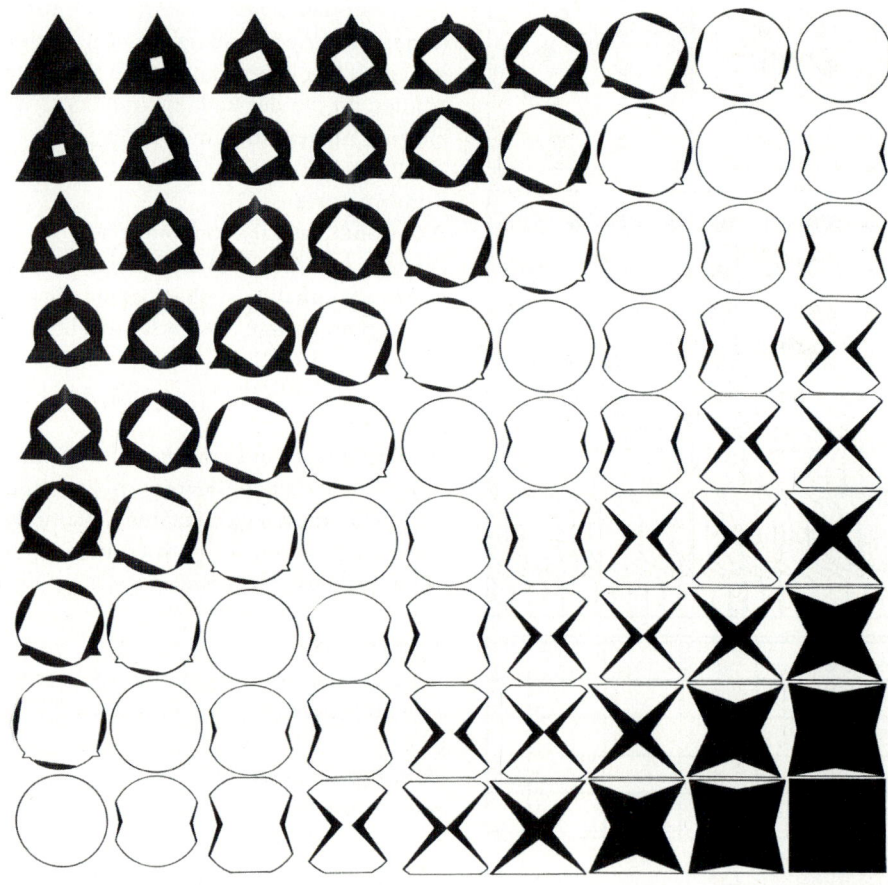

4.5.2 Formbeziehung

In der elementaren Gestaltungslehre kann man die Formbeziehungen wie folgt unterscheiden:

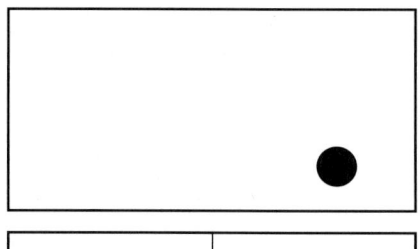

Schwerpunktbildung:
Wird ein Formelement auf einer Grundfläche angeordnet, entsteht durch den direkten Zusammenhang ein neuer Schwerpunkt der gesamten Konstellation, man spricht von der Schwerpunktbildung.

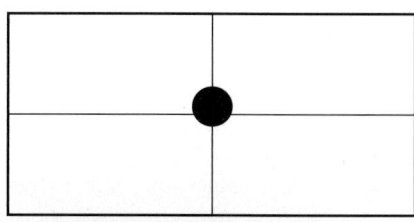

Optische Mitte:
Die konstruierte, geometrische Mitte einer Fläche wird von vielen Menschen als zu tief empfunden. Wird das Element etwas höher angesetzt, spricht man von der optischen Mitte. Diese ist oft als bessere Mitte sichtbar.

Proportionen:
Unter Proportionen versteht man Verhältnisse einzelner Teile zu einem Ganzen. Bei Flächen kann durch deren Einteilung die Wirkung untereinander definiert oder verändert werden.

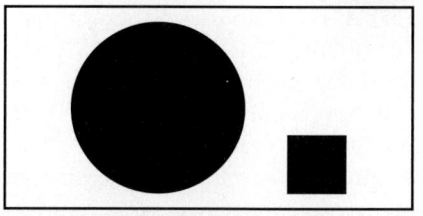

Kontrast:
Kontrast ist der Gegensatz einzelner Elemente untereinander. Durch Kontraste entstehen meistens spannungsreiche und aktive Zusammenstellungen. Je größer der Kontrast, umso größer ist die Wirkung.

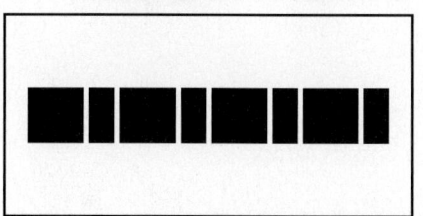

Rhythmus:
Durch die Wiederholung von Formelementen in gleichmäßig wiederkehrenden Anordnungen entsteht der Rhythmus. Dieser hat immer etwas mit Bewegung zu tun.

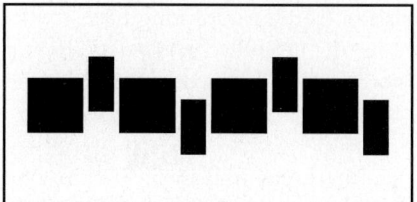

Dynamik:
Wird der gleichmäßige Rhythmus variiert, enstehen neue Bewegungsmuster. Diese sind oft dynamischer und spannungsreicher, als reine Wiederholungen. Dynamik hat etwas mit „Aus-der-Reihe-tanzen" zu tun.

Kontrast

❶ Kontrast:
Starker Gegensatz, auffallender Unterschied.
„Der Kontrast ist das fundamentale visuelle Darstellungsprinzip schlechthin. Ohne Form kein Kontrast, kein Kontrast ohne Form."
(Anton Stankowski)

Die in den Formbeziehungen dargestellten Möglichkeiten bezeichnet man auch als **Gestaltungsmittel**. Eines dieser Gestaltungsmittel ist der Einsatz von Kontrasten. ❶

Die verschiedenen Kontrast-Arten der elementaren Gestaltungslehre lassen sich von den Parametern der Formelemente ableiten:

- Größenkontrast (groß / klein)
- Formkontrast (rund / eckig)
- Positionskontrast (links / rechts)
- Richtungskontrast (oben / unten)
- Mengenkontrast (wenig / viel)
- Längenkontrast (kurz / lang)
- ...

Die Kontrastpaarungen sind mit den oben genannten natürlich noch lange nicht vollständig! Eine eigene Betrachtungsweise der Farbkontraste erfolgt innerhalb dieses Kapitels im Abschnitt 4.6 (Gestalten mit Farbe).

Aber alle diese und weitere Kontrastarten haben Eines gemeinsam:

➲ **Kontraste sind das Salz in der Suppe der Gestaltung!**
➲ **Ohne Kontraste ist Gestaltung langweilig!**

Ein Beispiel:
Warum haben sich einige Generationen mit Dick & Doof amüsiert? Dick ist dick. Und Doof ist doof. Das ist aber eigentlich noch nicht lustig. Erst die weiteren Gegensätze der beiden scheinbaren Freunde machen das Ganze interessant. Dick, alias Oliver Hardy, scheint ein Denker zu sein. Ein schlauer Kerl, handwerklich begabt. Doof, alias Stan Laurel, ist im Gegensatz dazu etwas einfältig und naiv. Ihm scheint nichts zu gelingen, was er in die Hand nimmt. Darüber hinaus ist er sehr schlank, geradezu dünn! Dick und dünn, klug und doof, begabt und naiv sind interessante und kontrastreiche Paarungen!

Oliver Hardy (1892 – 1957) und Stan Laurel (1890 – 1965) drehten zwischen 1926 und 1951 als US-amerikanisches Duo über 100 Filme. Sie gelten als eines der berühmtesten und erfolgreichsten Film-Duos aller Zeiten.

Rhythmus und Dynamik

Zwei weitere **Gestaltungsmittel** sind Rhythmus und Dynamik.

Bei der Anordnung von Formelementen kann man, bestimmt durch den Parameter Position, viele Variationen entwickeln. Eine Variation ist die Anordnung nach rhythmischen Gesichtspunkten. Der Rhythmus bezeichnet die periodische Wiederkehr von Vorgängen verschiedenster Art. Rhythmische Anordnungen sind jedoch in der Regel monotone Anordnungen.

Die Dynamik ist eine besondere Erscheinung des Rhythmus und bietet hierzu eine gelungene Abwechslung! Sie entsteht daher als rhythmische Störung und ist ein „Aus-der-Reihe-tanzen".

Diese Abbildungen zeigen zwei Postkartenentwürfe, von Hand gestaltet und geklebt, zum Thema „Zeit". Die obere Postkarte wurde gezielt mit Hilfe des Gestaltungsmittels Kontrast entworfen, die untere Postkarte nach den Gesichtspunkten des Rhythmus und der Dynamik.

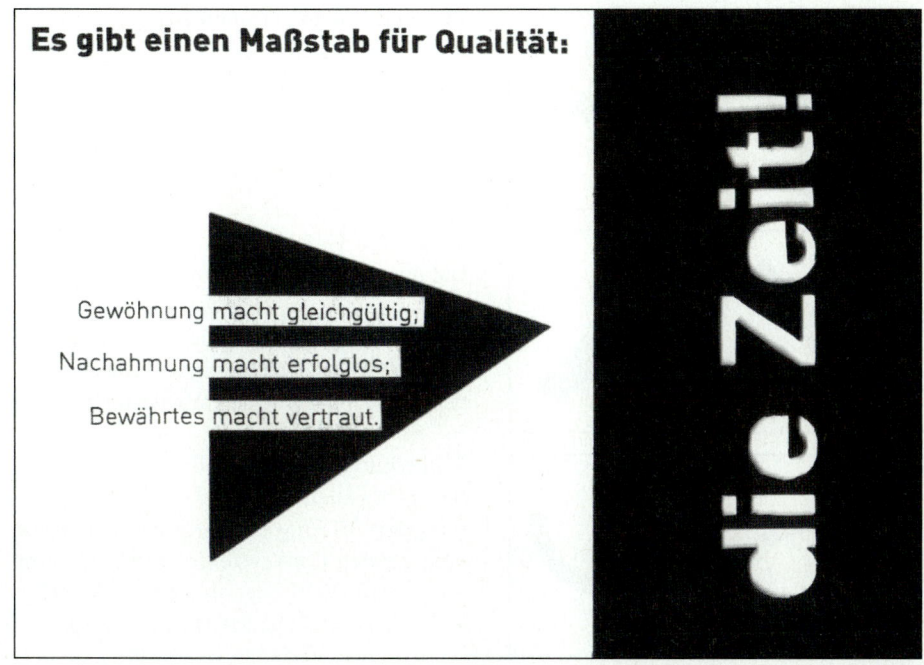

Kontrast:

Der Kontrast entsteht hierbei durch die Verwendung der schwarzen Flächenelemente auf einem weißen Hintergrund. Die Schriften variieren in der Größe, der Richtung und der Schriftstärke.

Man erkennt daher die Kontrast-Arten:
hell / dunkel
groß / klein
horizontal / vertikal
dick / dünn

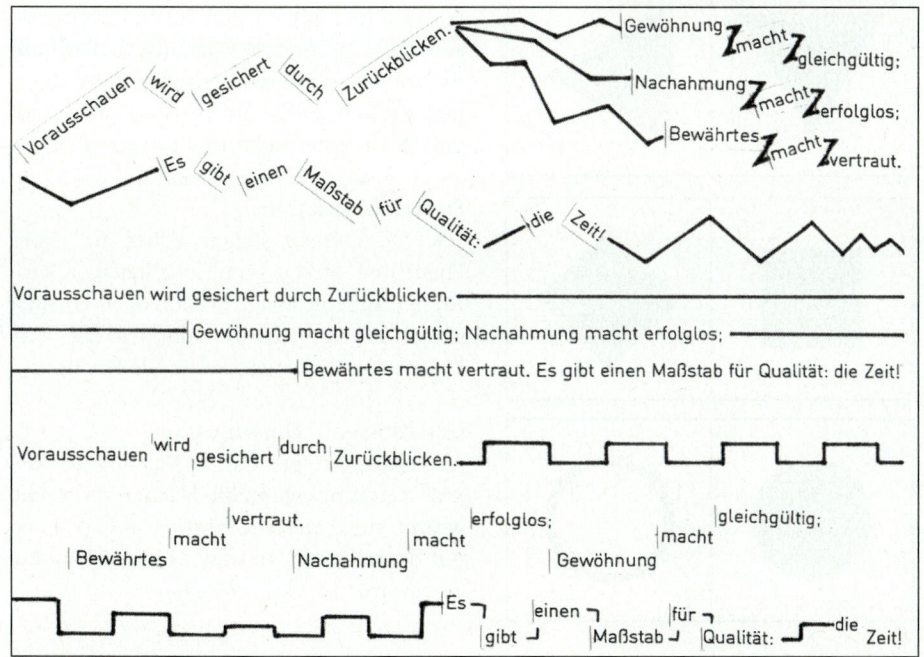

Rhythmus:

In der Mitte der Karte sind die Schriftlinien sehr regelmäßig dargestellt. Der Abstand von Linie zu Linie ist gleich, wodurch eine rhythmische Anordnung entsteht.

Dynamik:

Interessant wird die Postkarte dadurch, dass es Zickzack-Linien oberhalb und „Aufundab"-Linien unterhalb der rhythmischen Linien in der Mitte gibt.

4.5.3 Formwirkung

In der elementaren Gestaltungslehre kann man die Wirkung von Formen wie folgt unterscheiden:

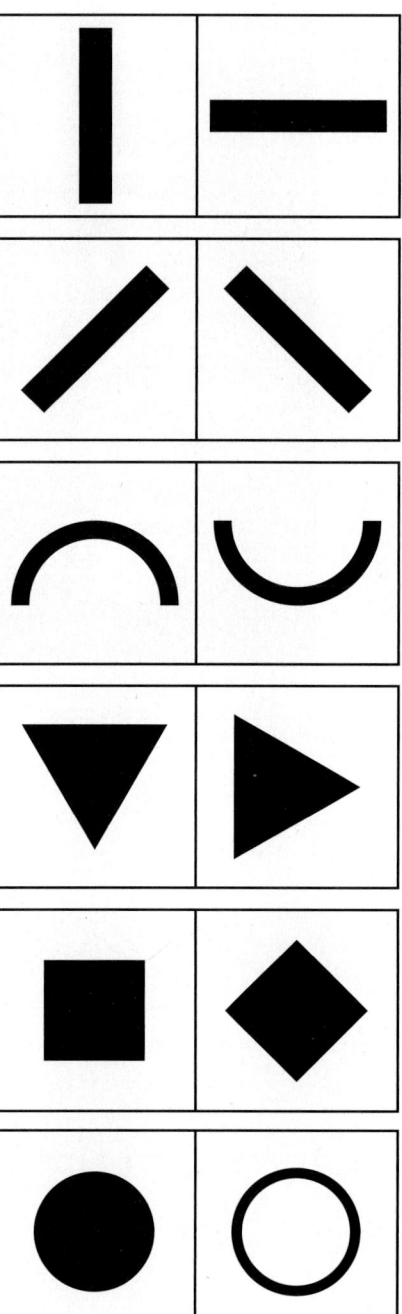

Emporstrebend / Ruhend:
Linien und linienhaft geformte Flächen wirken kraftvoll und aktiv bei einer vertikalen Anordnung. Die horizontale Anordnung hingegen erzeugt eine ruhige und ausgeglichene Wirkung.

Steigend / Fallend:
Die Anordnung von links unten nach rechts oben symbolisiert eine Aufwärtsbewegung, einen positiven Trend. Die Anordnung von links oben nach rechts unten drückt einen negativen Trend aus, eine Abwärtsbewegung.

Schützend / Empfangend:
Bei gebogenen Formen spielt die Richtung der Öffnung eine große Rolle. So hat eine auf den Kopf gestellte „Schüssel" eine schützende Wirkung, während die Kehrseite eine empfangende Wirkung zeigt.

Dynamisch / Richtungsweisend:
Formen mit Spitzen und Ecken haben eine sehr dynamisierende Wirkung, da Formen, die auf der Spitze stehen, immer umzukippen drohen. Diese Spitze kann aber auch gezielt auf eine Richtung hinweisen.

Statisch / Instabil:
Flächige Formen stehen sicher auf einer Ebene und wirken damit sehr statisch. Beim Kippen auf eine Spitze drohen diese Formen jedoch auf eine Seite umzukippen. Die Wirkung kehrt sich in eine instabile Position.

Geschlossen / Umschlossen:
Alle Flächen zeigen eine in sich abgeschlossene Wirkung, wenn die Flächen als solche gefüllt sind. Flächen können aber ebenso gut dazu dienen, in sich weitere Elemente zu vereinen, zu umschließen.

4.5.4   Anwendungsbeispiel

Die Erkenntnisse aus Formanordnung, Formbeziehung und Formwirkung lassen sich anhand eines Beispieles nochmals nachvollziehen.

Plakat (Schülerarbeit) zum Thema: „Sehen und Wahrnehmen"

Es werden auf dem Plakat die 26 Buchstaben des lateinischen Alphabetes abgebildet. Die Buchstabenformen wurden in der Natur entdeckt.

Formelemente:

Alle Quadrate (hauptsächliches Flächenelement) sind gleich groß. Damit wird erreicht, dass einige Buchstaben nicht wichtiger erscheinen als andere. Weitere Elemente sind Schriftzeilen, die durch deren Anordnung auch als Linienelemente gesehen werden können.

Formanordnung:

Die Quadrate werden teilweise in einer Reihe, teilweise gestreut auf der Fläche angeordnet. So entsteht eine interessante Kombination der Elemente unter den Aspekten der Formbeziehung und -wirkung.

Formbeziehung:

Durch die Verwendung von freien Flächen (Weißraum) gelingt es, einen hohen Kontrast zu den sehr rhythmisch erscheinenden Quadraten herzustellen. Das einzelne nach rechts geneigte Quadrat stellt eine dynamische Variante zur Platzierung der restlichen Elemente dar.

Formwirkung:

Die Quadrate wirken ruhig und ausgeglichen. Sie lenken die Aufmerksamkeit des Betrachters auf das Wesentliche, den Inhalt des Plakates.

153

4.6 Gestalten mit Farbe

Die **Gestaltungsmittel** der elementaren Gestaltungslehre werden nun um ein weiteres erweitert: Die Farbe.

Farbe hat auf unsere Stimmungslage einen direkten Einfluß! Wir werden grün und blau vor Ärger, wir sehen nur noch rot vor Zorn und frisch Verliebte blicken durch eine rosarote Brille. Wir sehen Farbe, wir fühlen Farbe, wir gestalten mit Farbe. Unsere Welt ist farbig! Wir empfinden beim Betrachten von Farbe drei grundlegende Eigenschaften.

⊃ **Jede Farbnuance wird definiert durch den Farbton, die Farbhelligkeit und die Farbsättigung.**

Der **Farbton** bezeichnet die Eigenschaft, nach der man Farbempfindungen z. B. nach rot, gelb oder grün unterscheidet.

Der Begriff **Helligkeit** bezeichnet die Intensität der auf einen Betrachter wirkenden Strahlung. Man kann davon ausgehen, dass dunkle Farben einen Menschen eher müde machen, während helle Farben eher aufmunternd wirken. Dunkle Farben wirken also mit weniger Intensität auf den Betrachter, als Helle.

Der Begriff **Farbsättigung** beschreibt, wie stark sich ein farbiger Eindruck von einem unfarbigen Eindruck ❶ unterscheidet. Gesättigte Farben, auch reine Farben genannt, wirken anregend und dynamisch, entsättigte Farben meistens eher dezent.

4.6.1 Farbensehen

Um etwas sehen zu können, wird **Licht** benötigt. Das Licht gehört physikalisch betrachtet zu den elektromagentischen Wellen, die uns ständig umgeben (weitere Wellen sind zum Beispiel Radiowellen und Infrarotwellen). Diese **Lichtwellen** gelangen durch die Pupillenöffnung in unser Auge ❷. Die Linse projiziert das Licht nun auf unsere **Netzhaut**. Dort sind die eigentlichen **Sinneszellen (Rezeptoren)** für das Farbensehen angebracht: **Stäbchen** und **Zapfen**. Durch die unterschiedlichen Wellenlängen des Lichtes werden die Zapfen unterschiedlich stark angeregt.

Es gibt drei Zapfenarten. Die erste reagiert hauptsächlich auf die längeren Wellen des Lichtes (im Rot-Bereich), die zweite reagiert hauptsächlich auf die mittleren Wellen des Lichtes (im Grün-Bereich) und die dritte reagiert hauptsächlich auf kurze Wellenlängen (im Blauviolett-Bereich). Alle drei Zapfenarten analysieren also gemeinsam die Zusammensetzung des Lichtes. Im Gehirn entsteht dann schließlich, angeregt durch die Wahrnehmungskette (siehe Kapitel 4.2), der Farbeindruck.

❶ Farbeindruck:
Bezeichnet die im Gehirn gebildete Sinneswahrnehmung einer Farbe. Diese lassen sich in bunte und unbunte Farben einteilen. Unbunte Farben sind Schwarz, Weiß und alle dazwischen liegenden Grautöne. Bunte Farben sind alle Anderen.

❷ Schnitt durch das Auge:

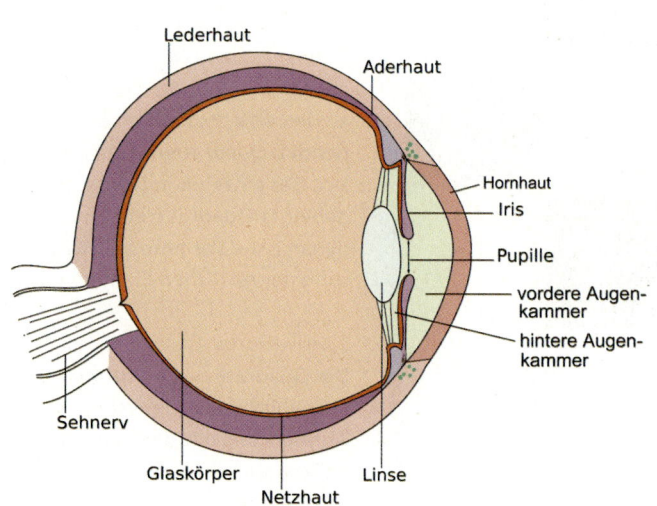

Lederhaut
Aderhaut
Hornhaut
Iris
Pupille
vordere Augenkammer
hintere Augenkammer
Sehnerv
Glaskörper
Linse
Netzhaut

Bei nachlassendem Umgebungslicht verlieren die Zapfen aber nach und nach ihre Aufnahmefähigkeit. Die Stäbchen sind lichtempfindlicher und senden weiterhin Signale ans Gehirn. Jedoch können die Stäbchen nicht zwischen den Farbnuancen unterscheiden sondern sind ausschließlich für die Intensität der Lichtstärke, also der Helligkeit zuständig. Unser Farbsehen lässt deshalb bei eintretender Dunkelheit langsam nach. Das Nachtsehen ist meist nur noch ein Differenzieren von Helligkeitswerten ohne Farbeindruck. Nachts sind eben alle Katzen grau!

4.6.2 Farbwahrnehmung

Alle Gegenstände und Lebewesen unserer Umwelt sind farbig. Oder besser gesagt: Durch das Betrachten dieser Gegenstände und Lebewesen entsteht in unserem Gehirn ein Farbeindruck. Diesen Eindruck nennt man auch die Farbwahrnehmung.

Ein für die Farbwahrnehmung wichtiges Prinzip ist die Unterscheidung der Farben in **Lichtfarben** und **Körperfarben**:

➲ Die Farben von nicht-selbstleuchtenden Gegenständen und färbende Substanzen wie Druck- und Malfarben werden zusammenfassend als Körperfarben bezeichnet.

➲ Die von Selbstleuchtern ausgesandte Farbe (Lampen, Sonne, ...) oder von Körperfarben reflektierte Farben werden zusammenfassend als Lichtfarben bezeichnet.

Der Vorgang der Farbwahrnehmung lässt sich nun wie folgt darstellen: Trägt ein Körper eine Farbsubstanz, ist also eine Körperfarbe, so wird ein Teil des einfallenden Lichtes von dieser Substanz absorbiert ❶. Es wird sozusagen vom einfallenden Licht subtrahiert. Die Zusammensetzung des Restlichtes wird reflektiert ❷. Diese kommt auf der Netzhaut an und bestimmt so den Farbeindruck. Der gesamte Vorgang dieses Teiles der Farbwahrnehmung wird Remission ❸ genannt.

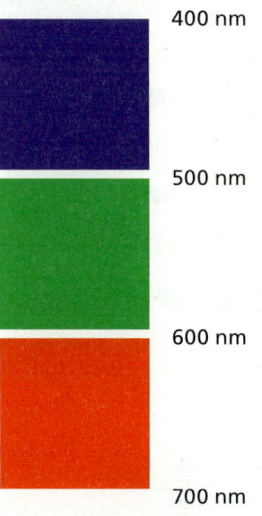

Wellenlängen des Lichtes (im sichtbaren Spektrum):

400 nm

500 nm

600 nm

700 nm

❶ Absorption:
Aus dem lateinischen: absorptio = Aufsaugung bezeichnet im Allgemeinen das Aufsaugen, das In-sich-Aufnehmen von etwas.

❷ Reflexion:
Aus dem lateinischen: reflectere = zurückbeugen wenn ein Lichtstrahl, eine elektromagnetische Welle, oder ganz allgemein, eine Welle von einer Oberfläche zurückgeworfen wird.

❸ Remission:
Ein Gegenstand oder Körper absorbiert einen Teil des auftreffenden Lichtes und reflektiert einen anderen Teil des Lichtes.
Remission = Absorption + Reflexion

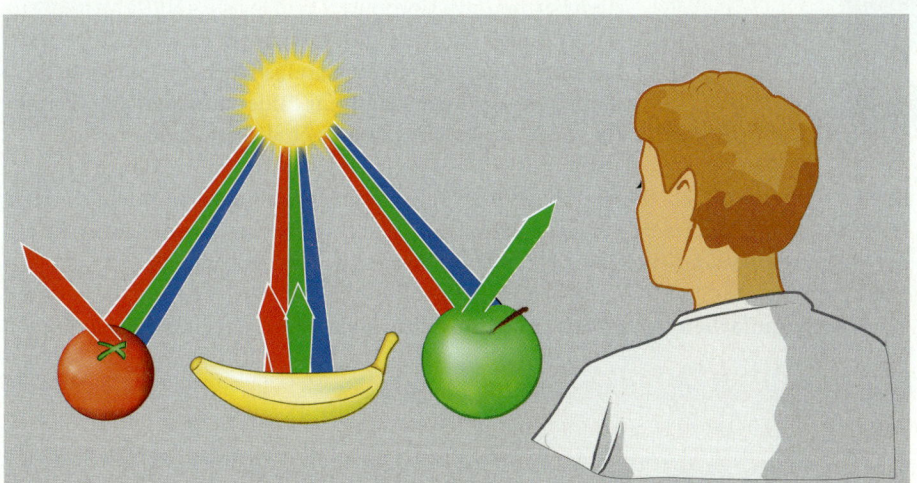

4.6.3 Farbordnung

Ein gesundes Auge kann rund 100.000 Farbnuancen unterscheiden. Dabei gibt es theoretisch aber noch viele weitere Nuancen. So ist zum Beispiel ein Computer in der Lage, in seinen Bilddaten mehrere Millionen Farben abzuspeichern.

Künstler, Gestalter und Medienfachleute versuchen schon seit vielen Jahren, diese Farben in verschiedene Kategorien einzuteilen. Man bezeichnet diese als **Farbordnungssysteme** oder einfach: **Farbsysteme**.

Diese Systeme unterscheiden sich grundsätzlich; auch gibt es weit mehr, als wir hier in diesem Buch vorstellen können. Die Systeme stammen aus unterschiedlichen Zeiten und verfolgen somit auch unterschiedliche Ziele. Im Folgenden sind einige Wichtige für das elementare Gestalten aufgeführt.

Lichtfarben, additive Farbmischung und RGB

Fällt verschieden farbiges Licht gleichzeitig auf die Netzhaut, so enthält das resultierende Licht alle Bestandteile der einzelnen farbigen Lichtquellen. **Lichtfarben** entstehen durch eine **additive Farbmischung**, durch die Addition der gesamten Bestandteile.

Wir wissen, dass das Sonnenlicht weiß ist. Es enthält ein kontinuierliches Farbspektrum. In Analogie dazu entsteht weiß, wenn die Grundfarben der additiven Farbmischung Rot, Grün und Blauviolett (RGB) zu gleichen Teilen gemischt werden. Dies beruht darauf, dass die Netzhaut genau für diese drei Grundfarben über entsprechende Rezeptoren verfügt. Werden diese zu gleichen Teilen und in voller Intensität gereizt, entsteht der Farbeindruck Weiß.

In der Mediengestaltung kommt das Farbmischprinzip bei allen Formen von Computer- und Fernsehbildschirmen zur Anwendung, denn ein Bildschirm ist im Grunde genommen nichts anderes, als eine „selbstleuchtende Lichtquelle". Außerdem arbeiten Geräte zur Bilderfassung (Digitalkameras und Scanner) ebenfalls nach diesem Prinzip.

In der Natur lässt sich dieser Sachverhalt bei einem Regenbogen beobachten. Hier wird das weiße Licht durch Regentropfen in der Luft gebrochen. In der Aufspaltung der einzelnen Bestandteile lässt sich so ein Farbsprektrukm beobachten.

➲ **Die Grundfarben der additiven Farbmischung sind Rot, Grün und Blauviolett.**

Körperfarben, subtraktive Farbmischung und CMY

In den meisten Fällen fällt das Umgebungslicht auf die Oberfläche eines Körpers und wird von dort in Richtung unserer Augen reflektiert. Die Zusammensetzung der farbgebenden Substanz bestimmt die farbliche Wirkung der Oberfläche.

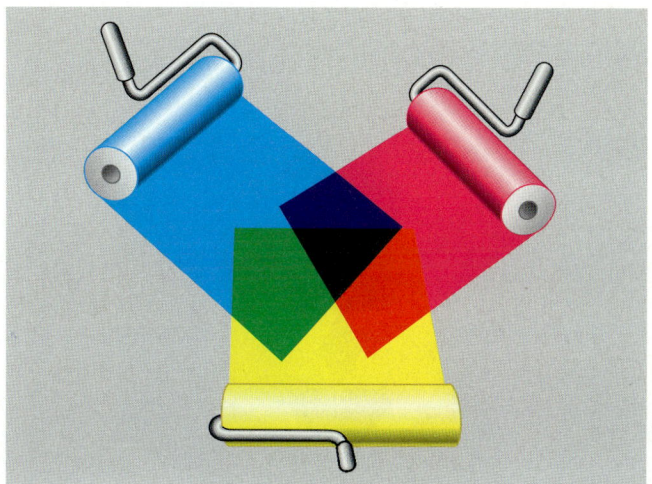

Körperfarben lassen sich anfassen. Ihre Eigenschaften enstehen durch die **subtraktive Farbmischung**. Die primären Körperfarben (praktisch die Grundfarben) sind Cyan, Magenta und Gelb (CMY, das Y steht für Yellow, englisch: Gelb). Werden Sie zu gleichen Teilen gemischt, so entsteht im Gegensatz zu den Lichtfarben theoretisch Schwarz.

In der Praxis jedoch ist das gemischte Schwarz ein eher dreckiges Dunkelbraun. Deshalb wird bei allen Formen des Druckens zusätzlich zu den drei Körperfarben Cyan, Magenta und Gelb noch ein Schwarz hinzugefügt, um einen echten, tiefdunklen Farbton zu erhalten.

➲ **Die Grundfarben der subtraktiven Farbmischung sind Cyan, Magenta und Gelb.**

Farbsechseck aus RGB und CMY

Das **Farbsechseck** besteht aus zwei Dreiecken: Dem Dreieck der Grundfarben der additiven Farbmischung Rot, Grün und Blauviolett, sowie dem Dreieck der Grundfarben der subtraktiven Farbmischung Cyan, Magenta und Gelb.

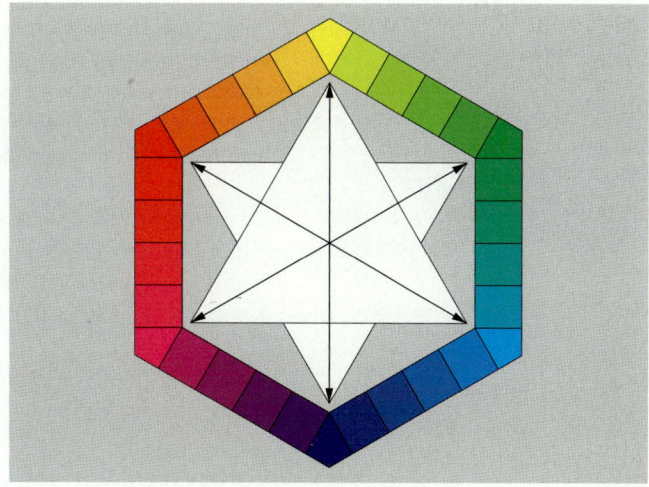

Die sechs Farben sind in den sechs Ecken angeordnet. So sind jeweils die drei elementaren Licht- und Körperfarben auf einem Sechseck zusammengefasst. Damit stehen sich jeweils zwei Farbtöne des jeweils anderen Farbsystemes gegenüber, die sich bei subtraktiver Farbmischung theoretisch zu Schwarz und bei additiver Farbmischung theoretisch zu Weiß ergänzen. Diese sich gegenüberliegenden Farben nennt man **Komplementärfarben** (auch Ergänzungsfarben). Auf den Schenkeln zwischen den einzelnen Grundfarben liegen die Mischfarbtöne benachbarter Farben.

Das Farbsechseck ist so anzuordnen, dass die untere Spitze den Farbton Blauviolett und die obere Spitze den Farbton Gelb enthält.

Farbsystem von Harald Küppers

Der Farbforscher Harald Küppers veröffentlichte seine Studien 1972. Diesen legte er das Farbsechseck zugrunde. Er nennt diese Farben **Buntfarben**. Zusätzlich nennt er Schwarz und Weiß, sowie alle in deren Mischung vorkommenden Grautöne **Unbunt-farben**.

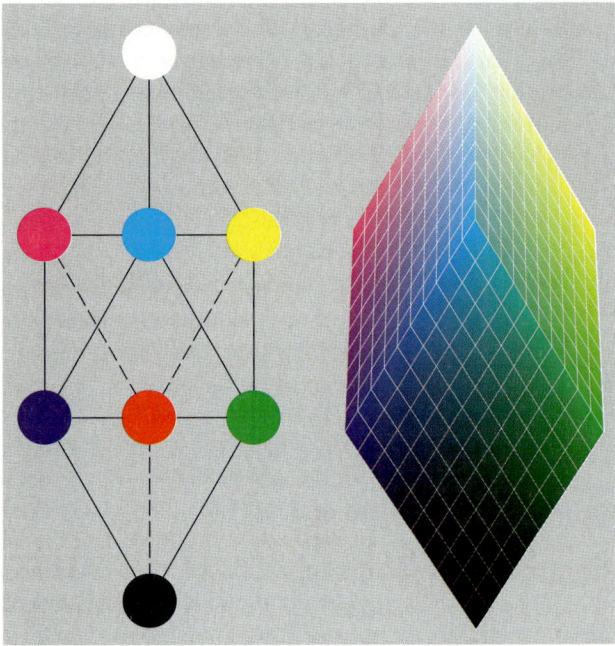

Bunt- und Unbuntfarben zusammengenommen ergeben ein dreidimensionales Farbordnungssystem, da ein logisches und systematisches Ausmischen sämtlicher Buntarten mit sämtlichen Unbuntarten nicht auf einer einzigen Fläche darstellbar ist. So ergibt sich ein rhomboederförmiges Farbsystem. Innerhalb dieses Modelles ist jeder Farbton als Zahlenwert darstellbar.

Die Unbuntfarben Schwarz und Weiß befinden sich am Fuß und an der Spitze des Rhomboeders. Die helleren Buntfarben Cyan, Magenta und Gelb liegen näher beim Weiß, die dunkleren Buntfarben Rot, Grün und Blauviolett liegen näher beim Schwarz, jeweils als gleichmäßige Pyramide angeordnet.

Das Farbsystem von Küppers gibt es als Farbsatz zu kaufen und eignet sich hervorragend, um die Mischung von Körperfarben zu üben.

Farbsystem von Johannes Itten

Johannes Itten, Maler und Kunstpädagoge, entwickelte um 1920 ein ganz anderes Farbsystem, als die uns bisher bekannten. Seine Basis bilden drei Grundfarben: Rot, Gelb und Blau. Diese drei Grundfarben bezeichnet Itten als **Primärfarben** (Farben erster Ordnung). Werden jeweils zwei dieser Primärfarben miteinander gemischt entsteht eine neue Farbe, eine sogenannte **Sekundärfarbe** (Farben zweiter Ordnung). Diese sind Grün (Gelb und Blau), Violett (Blau und Rot) und Orange (Rot und Gelb). Nun lassen sich erneut neue Farben durch das Mischen der Primär- und Sekundärfarben herstellen, die sogenannten **Tertiärfarben** (Farben dritter Ordnung). Daraus bildet Itten einen zwölfteiligen **Farbkreis**.

Gelb steht oben im Farbkreis, die weiteren Grundfarben Rot und Blau um jeweils 120° versetzt. Genau dazwischen, also bei 60°, 180° und 300° liegen die entsprechenden Sekundärfarben. Die Tertiärfarben liegen zwischen der jeweiligen Primär- und Sekundärfarbe. die Reihenfolge ist somit analog zum Spektrum des sichtbaren Lichtes und schließt sich bei Rot zu Violett.

Das Farbsystem von Itten zeigt deutliche Unterschiede zum System von Küppers. Laut Küppers lassen sich Ittens Farbmischungen nicht wirklich herstellen, da bereits die von Itten gewählten Grundfarben Rot, Gelb und Blau eigentlich keine Grundfarben sind, sondern bereits gemischte Farben. Dies lässt sich vor allem im Hinblick auf die Farbsysteme RGB und CMY nachvollziehen. So entsteht zum Beispiel das Blau von Itten durch eine Mischung von Cyan und Blauviolett im Farbsechseck. Ferner fehlen in Ittens Farbsystem Schwarz und Weiß, die nach Küppers vollwertige Farben sind, sowie die Grundfarbe Magenta.

Farbe für Bildschirmanwendungen

Computer- und Fernsehbildschirme, sowie die optischen Geräte zur Bilderfassung (Digitalkameras und Scanner), mischen ihre Farben nach dem **RGB-System**, also dem Prinzip der additiven Farbmischung. Der Computer- oder Fernsehbildschirm stellt winzige rote, grüne und blauviolette Punkte unterschiedlicher Leuchtkraft dar, welche von ausreichender Entfernung betrachtet, nicht mehr als einzelne Farbpunkte erkannt werden, sondern zu einem Bild verschmelzen.

In den Programmen, mit denen man multimediale Anwendung für den Bildschirm entwickelt, lassen sich die Farben nach dem RGB-Prinzip mischen.
Dabei wird jedem Farbpunkt ein Intensitätswert zwischen 0 (Schwarz) und 255 (Weiß) für die einzelnen RGB-Komponenten (Rot, Grün, Blauviolett) in einem Farbbild zugewiesen. Ein leuchtendes Blau hat z. B. einen Wert von 0 für R, 120 für G und 250 für B. Sind die Werte aller drei Komponenten gleich, ergibt sich daraus ein neutrales Grau. Beträgt der Wert aller Komponenten 255, entsteht reines Weiß, während ein Wert von 0 reines Schwarz entstehen lässt.

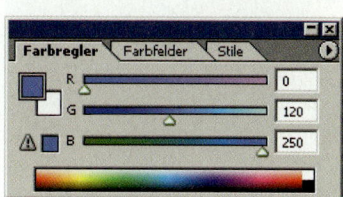

Farbe im Druck

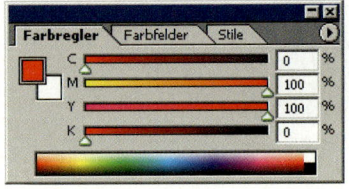

Die meisten heute erhältlichen Farbdrucker für den Hausgebrauch mischen ihre Farbe nach dem **CMYK-System**, also dem Prinzip der subtraktiven Farbmischung mit der zusätzlich verwendeten Druckfarbe Schwarz (CMYK, das K steht für Key, englisch: Schlüssel, hier verwendet für Schwarz). Das Hinzufügen von Schwarz zum konventionellen CMY-Farbsystem hat viele Vorteile: So wird Farbe gespart, da für gedruckte schwarze Flächen und Schriften anstatt der drei Grundfarben nur schwarz gedruckt werden kann. Außerdem werden gedruckte Bilder durch die zusätzliche Verwendung von Schwarz kontrastreicher. Allein durch die Zugabe von Schwarz lassen sich mit einer Buntfarbe weitere Farben mischen, die sonst aus der Mischung von drei Farben bestehen würden.

Dieses Farbsystem kommt auch in der professionellen Drucktechnik zum Einsatz. Dort bezeichnet man die Farben des CMYK-Systemes auch als **Prozessfarben**. Diese Farbauswahl wurde 1971 in der DIN-Norm 16539 als **Euroskala** bezeichnet, die Europäische Farbskala für den Offsetdruck. Im Zuge einer internationalen Vereinheitlichung verschiedener Farbskalen wurde die DIN 16539 im Jahr 2000 durch die internationale Norm ISO 2846-1 ersetzt. Der Begriff Euroskala hat dennoch in Fachkreisen durch seine langjährige Verwendung Gültigkeit.

In den Anwendungsprogrammen, mit denen man Dateien für den Druck aufbereitet, lassen sich die Farben nach dem CMYK-Prinzip mischen. Dabei wird jeder Farbe analog zur Deckung eines Farbauftrages auf einer Oberfläche ein Prozentwert zugewiesen (0% bedeutet kein Farbauftrag, 100% bedeutet maximaler Farbauftrag).

Zusätzlich zu den Prozessfarben CMYK können noch weitere Farben gedruckt werden, die sogenannten **Echtfarben**, oder auch **Schmuck**-, **Sonder**- oder **Volltonfarben** genannt. Es werden von mehreren Herstellern solche Echtfarbensysteme angeboten. Auf diese Art ist es möglich, Farben zu drucken, die mit den Prozessfarben nicht mischbar sind, wie zum Beispiel Gold, Silber oder verschiedene Lackarten.

4.6.4 Farbwirkung

Der für das elementare Gestalten wichtigste Bereich zum Thema Farbe ist dessen Wirkung auf den Betrachter. Haben Sie sich schon einmal dabei ertappt, in der Gummibärchentüte nach roten Bärchen Ausschau gehalten zu haben? Oder ist rot gar nicht Ihre Lieblingsfarbe? Sie suchen immer nach den Gelben? Seltsam nur, dass es keine blauen Bärchen gibt, laut Studien die immerwährende Lieblingsfarbe der Deutschen!

Bereits Johann Wolfgang von Goethe hat sich um 1800 als ganzheitlicher Denker mit der Farbwirkung auseinandergesetzt, nach seinen eigenen Worten sogar eine seiner wichtigsten Studien.

Goethes Farbtheorie baut auf einem polaren Gegensatz von Hell und Dunkel auf. Er bezeichnet Farben als Grenzphänomene zwischen Licht und Finsternis. Gelb liegt an der Grenze zur Helligkeit und Blau an der Grenze zum Dunklen. Seine Farbenlehre geht daher nur von zwei reinen Farben aus, Gelb und Blau, er betont jedoch, dass das Purpur in seinem Farbkreis nicht aus anderen Farben mischbar ist, das Rot hingegen schon.

Den vom Gelb zum Rot übergehenden Teil seines Farbkreises sieht Goethe als Plusseite und die andere Hälfte zum Blau hin als Minusseite. Dabei bringt er das Gelb mit Wirkung, Licht, Helligkeit, Kraft und Wärme in Verbindung und das Blau mit Beraubung, Schatten, Dunkelheit, Schwäche und Kälte.

Damit zeigt sich, dass Goethe den Schwerpunkt auf die **psychologische Wirkung von Farben** legte. Diese Erkenntnisse haben bis heute Gültigkeit!

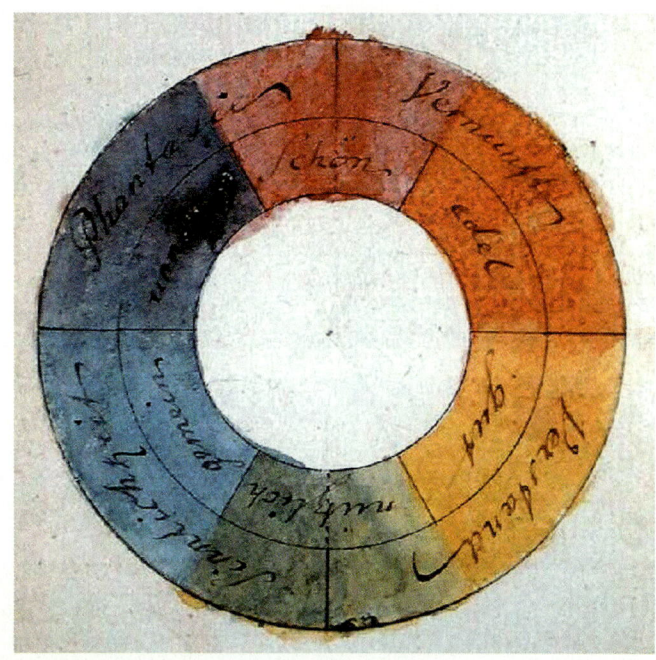

Die Wirkung von Farbe auf den Betrachter ist eine sehr subjektive Angelegenheit. Bei genauerer Betrachtung lassen sich jedoch drei grundsätzliche Merkmale feststellen:

➲ **Die Wirkung von Farbe hat biologische, kulturelle und individuelle Merkmale!**

Auf der Netzhaut unseres Auges befinden sich wesentlich mehr **Rezeptoren** für die Grundfarbe Rot, als für die anderen Farben. Dadurch fallen uns Farben mit Rotanteilen mehr auf, als Farben mit zum Beispiel Grünanteilen. Rot, Orange und Gelb gelten deshalb als Signalfarben.

Die Auslegung einer Farbe ist sehr stark durch den **Kulturkreis** eines Lebensraumes geprägt. Während die Farbe schwarz zum Beispiel im westlichen Kulturkreis den Tod und das Böse symbolisiert, steht sie im ägyptischen Kulturkreis für die Wiedergeburt und die Auferstehung.

Dennoch hat jeder Mensch auch bestimmte Vorlieben, wodurch der Farbwirkung ein hohes Maß an Individualismus zukommt. Die Mode ihrerseits beeinflusst ganz besonders unseren Geschmack und Zeitgeist.

➲ **Farbe wirkt nie neutral!**

Bei der Farbwirkung kann man zwei Arten erkennen:

➲ **Farbe kann Assoziationen herstellen!**
➲ **Farbe kann Gefühle und Stimmungen auslösen!**

Die Marke Coca-Cola hat eine exklusive Hausfarbe, die ihre Einzigartigkeit sichert:
Die Sonderfarbe Coca-Cola Rot 2000.
Sie kann nicht im Zusammendruck der vier Grund-Druckfarben hergestellt werden, sondern bedarf der separaten Anmischung.

Assoziationen sind Vorstellungen, gedankliche Verknüfungen, gebildet auf der Basis von Erinnerungen an Dinge wie zum Beispiel das Feuer (Rot), das Gras (Grün) oder die Zitrone (Gelb). Gefühle und Stimmungen kommen vor allem dann gut zum Ausdruck, wenn man Substantive in Eigenschaftswörter verwandelt oder von vornherein Eigenschaftswörter verwendet, die am ehesten Gefühle auszudrücken vermögen wie zum Beispiel gefährlich (Rot), giftig (Grün) oder frisch (Gelb).

Bevor man einzelne Farbtöne genauer betrachtet, lassen sich diese in ihrer Wirkung in bestimmte Gruppen einteilen. So wirken hellere Farben im allgemeinen freundlicher, dunklere Farben eher düster. Farben mit viel Rotanteilen wirken wärmer, Farben mit viel Blauanteilen wirken kälter!

Ein Gestalter muss versuchen, die Farbwirkung möglichst genau zu analysieren, um mit der Farbanwendung einen möglichst großen Personenkreis anzusprechen. Im Folgenden sind einige Farben mit Begriffen belegt worden. Diese erheben keinen Anspruch auf Vollständigkeit!

WEISS

Sauberkeit
Reinheit
Klarheit
Vollkommenheit
Unschuld
Sterilität

GELB

Wärme
Helligkeit
Optimismus
Heiterkeit
Freundlichkeit
Veränderung

BLAU

Unendlichkeit
Weite
Harmonie
Kälte
Passivität
Seriösität

GRAU

Neutralität
Nüchternheit
Langeweile
Nachdenklichkeit
Schlichtheit
Eleganz

ORANGE

Wärme
Lebhaftigkeit
Spaß
Aktivität
Wildheit
Aufmerksamkeit

GRÜN

Wachstum
Frische
Leben
Hoffnung
Entspannung
Ruhe

SCHWARZ

Eleganz
Würde
Trauer
Einengung
Schwere
Hoffnungslosigkeit

ROT

Aktivität
Dynamik
Hitze
Kraft
Temperament
Aggression

VIOLETT

Emanzipation
Mystik
Geheimnis
Würde
Spiritualität
Kreativität

4.6.5 Farbkontraste

Man spricht von einem **Farbkontrast**, wenn zwischen zwei nebeneinander liegenden Farben deutliche Unterschiede bestehen. Die Farbkontraste sind, wie schon die Kontraste im Allgemeinen, ein sehr wichtiges Gestaltungsmittel.
Nach Johannes Itten gibt es sieben Farbkontraste:

Farbe-an-sich-Kontrast:
Jeder Farbton unterscheidet sich zunächst von einem Anderen. Ittens Grundfarben Gelb, Rot und Blau zum Beispiel bilden den einfachsten und stärksten Kontrast. Auch die Unterscheidung von Schwarz und Weiß kann dazu gezählt werden.

Hell-Dunkel-Kontrast:
Farben mit helleren Farbanteilen unterscheiden sich von Farben mit dunkleren Farbanteilen. Dabei bilden Weiß und Schwarz natürlich den größten Kontrast.

Kalt-Warm-Kontrast:
Farbempfindungen werden subjektiv wahrgenommen und unterscheiden sich dadurch individuell. Durch die Assoziation mit Feuer und Sonne wird jedoch ein roter Farbton als warm wahrgenommen. Ein blauer Farbton wird als kalt wahrgenommen, da dieser mit Wasser und Eis verknüpft wird.

Komplementär-Kontrast:
Komplementär bedeutet Ergänzung. Komplementäre Farben liegen sich im Farbkreis oder Farbsechseck gegenüber und sollten sich in ihrer Mischung zu Grau ergänzen (je nach Farbmischprinzip). Komplementäre Farben haben somit einen der stärksten Kontraste zu bieten.

Simultan-Kontrast:
Der Eindruck eines Farbtones wird durch seine Umgebung beeinflusst. Betrachtet man eine Farbe, zum Beispiel ein helles Grau, auf verschiedenen Hintergründen, so wirkt das Grau zweimal ganz anders!

Qualitäts-Kontrast:
Aus dem Gegensatz von gesättigten, leuchtenden Farben zu stumpfen, getrübten Farben entsteht der Qualitäts-Kontrast. Man spricht hierbei von der Qualität einer Farbe, wenn diese farblich möglichst rein ist, sich also wenig Schwarz- oder Weißanteile darin befinden.

Quantitäts-Kontrast:
Hierbei geht es um die Verhältnisse „viel und wenig" oder „groß und klein". Es geht um die Menge einer Farbe im Vergleich zur Menge einer anderen. Die Leuchtkraft und die Flächengröße bestimmen somit die Wirkung der Farbe.

4.6.6 Farbharmonie

Griechisch: harmonia
(Zusammen)fügung.
Indogermanische Herkunft:
Vereinigung von Entgegen-
gesetztem zu einem Ganzen.

Harmonie bedeutet Wohlbefinden. Wir können uns wohl fühlen, wenn wir Musik hören oder ein Bild betrachten. Das Gegenteil der Harmonie ist die Disharmonie. Diese tritt auf, wenn wir uns im Gegensatz zur Harmonie nicht wohl fühlen.

In der elementaren Gestaltungslehre tauchen Harmonien immer dort auf, wo zwei oder mehr Elemente im Verbund gemeinsam für eine positve Grundstimmung sorgen. Hier stellt der Einsatz von Farben eine der besten Möglichkeiten dar.

Eine Farbe allein ist in der Regel langweilig, erst im Zusammenspiel mit anderen Farben oder Formen entfaltet sie ihre Wirkung. Farben müssen sich ergänzen und steigern sich im Idealfall gegenseitig. Aber je mehr Farben dazu kommen, um so schwieriger wird es, eine Harmonie herzustellen. Harmonie entsteht bei Farben nur dann, wenn gewisse Regeln und Gesetzmäßigkeiten beachtet werden!

- ➲ Farbkombinationen sind im Allgemeinen dann harmonisch, wenn der Kontrast nicht ganz so stark ist.
- ➲ Farbtöne mit gleicher Helligkeit harmonieren in der Regel besser, als Farbtöne mit ganz unterschiedlichen Helligkeitswerten.
- ➲ Farbtöne mit ähnlichen Sättigungswerten harmonieren in der Regel besser, als Farbtöne unterschiedlicher Sättigung.
- ➲ Harmonieren zwei Farben grundsätzlich miteinander, lässt sich aus deren Mischung eine dritte finden, die ebenfalls harmonieren wird.
- ➲ Auf dem Farbsechseck und anderen Farbkreisen harmonieren benachbarte Farben in der Regel miteinander.
- ➲ Unbunte Farben harmonieren mit bunten Farben immer dann, wenn der Sättigungsgrad und die Helligkeit der Farbtöne angepasst werden.

Ein Beispiel:
Der Westdeutsche Rundfunk hat ein konsequent durchgestaltetes Erscheinungsbild. Auszug aus dem Corporate Design Manual:
„Die Hausfarbe Blau im Logo vermittelt die kommunikative und servicefreundliche Grundhaltung des WDR. Die Akzentfarbe Gelb bringt das Blau zum Leuchten und unterstreicht die positive Stimmung des visuellen Auftritts. Weitere zehn Grundfarben ergänzen die Hausfarben zum wdr-Farbklima."
Die Farbtöne weisen alle in etwa die gleichen Sättigungs- und Helligkeitswerte auf und liegen jeweils in zwei Kombinationen benachbart auf dem Farbsechseck.

Blau:
Pantone 293
100% Cyan, 60% Magenta

Gelb:
Pantone 108
10% Magenta, 100% Gelb

4.6.7 Anwendungsbeispiel

Modell eines Würfels, Transformation durch Raum und Farbe mit Kalt-Warm-Kontrast in verschiedenen Entwicklungsschritten.

Entwurfsprozess:

In der Skizzenphase wird die Transformation der Konturen und der Farben mit einem Kalt-Warm-Kontrast entwickelt. Anschließend werden die Formen gezeichnet und die Farben von Hand oder am Computer gemischt.

Durch ein Stapeln der Transformationsreihe kann ein Kubus erstellt werden, der in verschiedenen Variationen modifiziert wird. Gestaltung mit System!

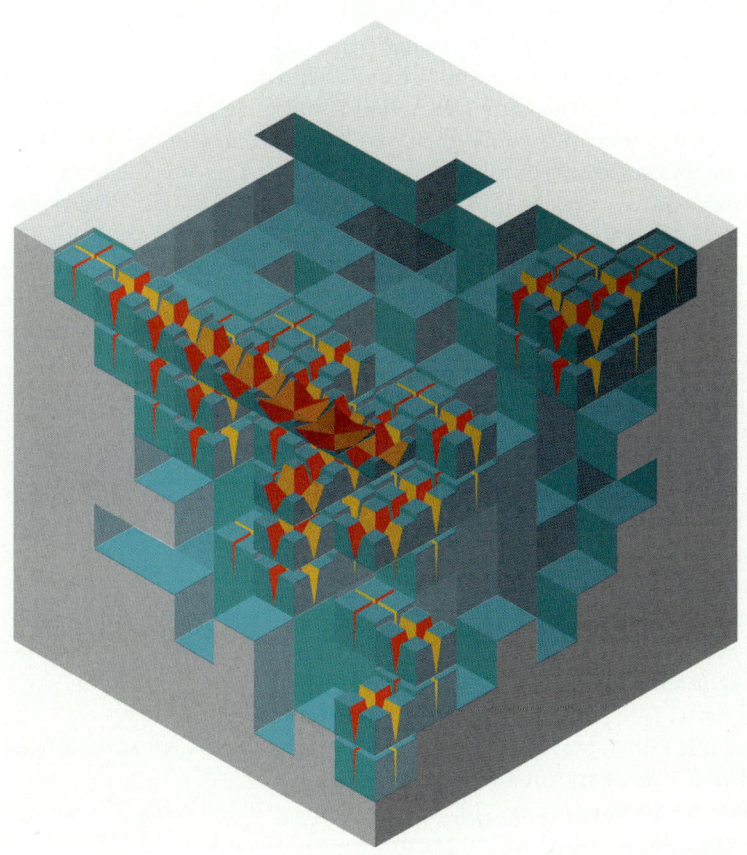

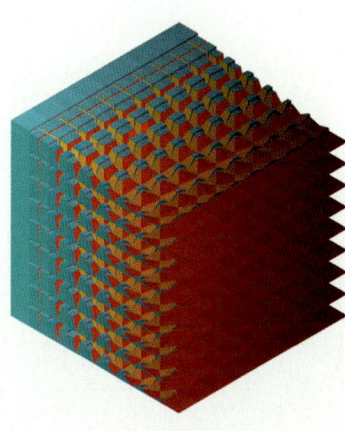

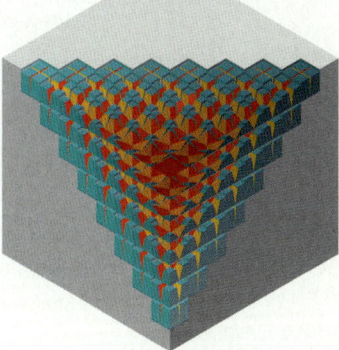

Aufgaben und Übungen, Literaturhinweise

Aufgaben und Übungen

1. Achten Sie bei Ihrem nächsten Waldspaziergang auf alle Ihre Sinne. Was nehmen Sie wahr?
2. Betrachten Sie verschiedene Einladungskarten und analysieren Sie diese hinsichtlich der dort verwendeten Gestaltungselemente.
3. Betrachten Sie einige Internetauftritte verschiedener Firmen und analysieren Sie diese hinsichtlich vorkommender Gestaltgesetze.
4. Visualisieren Sie die Begriffe Sommer und Winter, Helligkeit und Dunkelheit, Wärme und Kälte, indem Sie ausschließlich das Flächenelement Kreis (mit der Farbe Schwarz gefüllt) verwenden.
5. Erstellen Sie eine Transformationsreihe von einem beliebigen Flächenelement zu einem Anderen. Verwenden Sie einschließlich des Start- und Schlusselementes neun Schritte. Versuchen Sie dabei, die Farbe der Elemente zu invertieren. Ein weisses Grundelement soll schwarz werden, ein schwarzes soll weiss werden. Das Verwenden von Halbtönen ist nicht erlaubt!
6. Erzeugen Sie mit Hilfe der Formelemente der elementaren Gestaltungslehre verschiedene Kontrast-Arten, zum Beispiel: hell und dunkel, groß und klein, dick und dünn, laut und leise.
7. Erstellen Sie einen „Kampf der Formen". Lassen Sie acht Kreise gegen acht Dreiecke antreten, in dem Sie die Formen aufzeichnen.
8. Farben drücken Gefühle, Emotionen und Stimmungen aus. Für Gestalter ist es daher wichtig, einem Unternehmen mit Hilfe der Farben bestimmte Stimmungen und Emotionstendenzen zuordnen zu können. Dies geschieht mit Hilfe von Farbmusterkarten. Entwerfen Sie eine Farbmusterkarte für das Unternehmen: Women's most fashioned (Modelabel für Frauen mittleren Alters).
   Legen Sie eine Grundfarbe als Hausfarbe fest. Begründen Sie Ihre Entscheidung! Arbeiten Sie auf der Basis der Hausfarbe drei weitere Anwendungsfarben heraus, welche den allgemeinen Farbgesetzen der Farbkontraste und der Farbhormien folgt. Begründen Sie Ihre Entscheidung!

Literaturhinweise

Böhringer, Joachim; Bühler, Peter; Schlaich, Patrick: Kompendium der Mediengestaltung für Digital- und Printmedien, 3. Auflage, Berlin 2005 (Springer Verlag)

Bruckner, Martin; Ehm, Klaus; Napp-Zinn, Christoph: Design, Leipzig 1993 (Klett Schulbuchverlag)

Bühler, Peter: Mediafarbe analog und digital, Itzehoe 1998 (Verlag Beruf und Schule)

Fröbisch, Dieter; Lindner, Holger; Steffen, Thomas: Multimediadesign, München 1997 (Verlag Laterna Magica)

Hauffe, Thomas: Design, 6. Auflage, Köln 2002 (DuMont Buchverlag)

Heller, Eva: Wie Farben wirken. Farbpsychologie, Farbsymbolik, kreative Farbgestaltung, Reinbek bei Hamburg 2004 (Rowohlt Verlag)

Itten, Johannes: Kunst der Farbe, 28. Auflage, Leipzig 2003 (Verlag Seemann)

Kamp, Werner: AV-Mediengestaltung Grundwissen, Haan-Gruiten 2005 (Verlag Europa Lehrmittel)

Klein, Klaus: Grundlagen der Gestaltung, 4. Auflage, Bad Homburg vor der Höhe 1997 (Verlag Gehlen)

Küppers, Harald: Farbe verstehen und beherrschen, Köln 2004 (DuMont Buchverlag)

Lidwell, William; *Holden*, Kritina; *Butler*, Jill: Design. Die 100 Prinzipien für erfolgreiche Gestaltung, München 2004 (Stiebner Verlag)

Lewandowsky, Pina; *Zeischegg*, Francis: Visuelles Gestalten mit dem Computer, Reinbek bei Hamburg 2002 (Rowohlt Verlag)

Paasch, Ulrich: Farbe in Druck und Medien, Itzehoe 2001 (Verlag Beruf und Schule)

Paasch, Ulrich; *Moritz*, Christian; *Ottersbach*, Jochem; *Kieslinger*, Klemens; *Mörsberger*, Annette: Informationen verbreiten, Itzehoe 2003 (Verlag Beruf und Schule)

Prette, Maria Carla; *De Giorgiis*, Alfonso: Was ist Kunst, Klagenfurt 2000 (Neuer Kaiser Verlag)

Radtke, Susanne; *Pisani*, Patricia; *Wolters*, Walburga: Handbuch Visuelle Mediengestaltung, Berlin 2001 (Cornelsen Verlag)

Satzinform: Handinhandbuch, 7. Auflage, Berlin 2006 (Eigenverlag Satzinform)

Siegle, Michael: Logo. Grundlagen der visuellen Zeichengestaltung, Itzehoe 2000 (Verlag Beruf und Schule)

Thissen, Frank: Screen-Design-Handbuch, 2. Auflage, Berlin 2001 (Springer Verlag)

Turtschi, Ralf: Mediendesign, 2. Auflage, Zürich 2000 (Verlag Niggli)

Turtschi, Ralf: Praktische Typografie, 5. Auflage, Zürich 2003 (Verlag Niggli)

5   Typografie

Aus dem Griechischen:
típografía (típos = Schlag, Abdruck, Figur, Typ und gráphein = malen, schreiben, ritzen)
Ursprünglich das Malen und Schreiben von Figuren und Typen.

Der Mensch beginnt seinen schulischen Werdegang damit, dass er das Alphabet lernt, Großbuchstaben von Kleinbuchstaben unterscheidet und in sein erstes Schulheft Wörter und Sätze niederschreibt. So wird das Heft nach und nach mit Schrift gefüllt, die Schrift und das Heft gehören untrennbar zusammen.

Wir schreiben Wörter und Sätze meistens auf ein zunächst leeres Stück Papier oder auch direkt am Bildschirm mit Hilfe des Computers. Die Grundlage für das Schreiben ist somit immer zuerst eine leere Fläche!

Die Typografie bedeutet im engeren Sinne das **Gestalten mit Schrift**. Es genügt aber nicht, für diese Art der Gestaltung die Schrift isoliert zu betrachten. Vielmehr gehört die Fläche, welche die Schrift umgibt, ebenso zur Typografie, wie die Schrift selbst.

5.1   Grundsätze der Typografie

Das Schreiben dient nicht dem Selbstzweck. Es dient der **Kommunikation** wie das Gespräch. Die Worte, die ein Mensch spricht, werden von der Sprache, dem Dialekt, dem Tonfall und dem Auftreten des Sprechers beeinflusst und spielen bei der Übertragung der Information eine große Rolle. Wer schreibt, kann aber nicht selbst auftreten oder sprechen. Vergleicht man das geschriebene mit dem gesprochenen Wort, gelangt man von der Sprache zum Satzbau, vom Tonfall zur Formulierung und vom Auftreten auf die Gestaltung ganzer Medienprodukte.

Nach der bereits oben formulierten Auffassung, dass Schrift und Fläche immer zusammen gehören, kann man die Typografie einteilen in die Mikro- und die Makrotypografie:

➲   Mikrotypografie beschäftigt sich mit dem Aufbau der Buchstaben, den Zeichen, Wörtern und Sätzen.
➲   Makrotypografie beschäftigt sich mit dem gesamten gestalterischen Werk, also der Gestaltung von Text und Bild.

Die Aufgabe der Typografie ist stets zweckorientiert! Sie soll:

• Inhalte zielgruppenorientiert kommunizieren.
• Inhalte strukturieren und ordnen.
• Emotionen und Stimmungen erzeugen.
• Aufmerksamkeit erregen (oder auch von einer Sache ablenken).
• Trendig und nicht ganz alltäglich sein.

Zwischen der Typografie und dem elementaren Gestalten gibt es große Gemeinsamkeiten! Im Prinzip kann die Schrifttype, der Buchstabe, als Formelement der elementaren Gestaltungslehre gesehen werden. Im Folgenden wird auf solche Gemeinsamkeiten, vor allem im Rahmen der geschichtlichen Entwicklung, hingewiesen.

5.2   Geschichte der Schrift

Die Entwicklung der Schrift steht in engem Zusammenhang mit den architektonischen Strömungen der Jahrhunderte. So basieren die griechischen Schriften um 450 v. Chr. auf den Flächenelementen der elementaren Gestaltungslehre Rechteck, Kreis und Dreieck. Die Römer verliehen den streng geometrischen Formen der griechischen Schrift, durch Hinzufügen von Querstrichen, ein Aussehen, das den heutigen **Serifen** ❶ sehr nahe kommt. Man nimmt an, dass bei der Entwicklung der Großbuchstabenschrift Kapitalis Quadrata ❷ die Portalformen römischer Gebäude Pate gestanden haben.

Mit der Karolingischen Minuskel ❸ um 800 n. Chr., wurde eine Kleinbuchstabenschrift entwickelt, die erste Züge von geschriebener Schrift enthält. Erst in der Romanik um 950 bis 1250 n. Chr. wurden Klein- und Großbuchstaben in der Schreibweise gemischt. In dieser Zeit entstanden aus dem Lateinischen die Romanischen Sprachen, wie beispielsweise Rätoromanisch, Italienisch, Französisch und Spanisch. In der Epoche der **Gotik** schuf Johannes Gutenberg 1454 mit der 42-zeiligen Bibel das erste Zeugnis des Buchdrucks mit beweglichen Metalllettern. Der spitzbogige Duktus ❹ der gotischen Minuskel, der auch an Kirchen dieser Zeit zu erkennen ist, ist das Merkmal der Textura-Schriftarten des 14. und 15. Jh.

Die Schrift entwickelte sich fortan weiter mit den architektonischen und gesellschaftlichen Strömungen. Mit der **Renaissance**, der „Wiedergeburt des Menschen", die von Italien ausging, stellte sich das Schriftbild als eine Mischung aus Großbuchstaben der römischen Kapitalis dar. Das **Barockzeitalter** ist gekennzeichnet durch eine mystische Entrückung ins Jenseits, durch die Darstellung von Unendlichkeit und Tod. Der Mensch lebt in der Spannung zwischen der Gegenwärtigkeit des Todes und der Stärkung des eigenen Lebensgefühls, was sich in glanzvollen Festen niederschlägt. Die Schrift des 17. und beginnenden 18. Jh. zeigt sich ganz in dieser spielerischen, unendlichen und schwungvollen Leichtigkeit. Im **Rokoko** entwickelte sich die Schrift durch Zierschwünge zu Kursiv- und Schreibschriften.

Beginnend mit dem **Klassizismus** um 1800 enstand eine Drucktype, die bis in das Zeitalter der „neuen Sachlichkeit" (1930) zum Einsatz kam. Grundlage dieser sachlichen auf Funktionalität ausgerichteten Sichtweise war die **Bauhaus**-Bewegung ❺. Daraus entstand eine moderne Architektur, ein funktionales Industriedesign und dazu passende gerade, schnörkellose Schriften.

❶ Als Serifen oder Füßchen bezeichnet man die Linien, die einen Buchstabenstrich am Ende, quer zu seiner Grundrichtung abschließen.

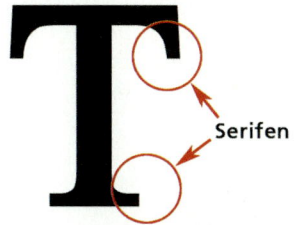

Serifen

❷ Kapitalis Quadrata

❸ Minuskel = Kleinbuchstabe, Gemeine

Majuskel = Großbuchstabe, Versalie

❹ Duktus = Schriftzug, Pinselstrich

❺ Das **Bauhaus** war Deutschlands berühmteste Kunst-, Design- und Architekturschule der Klassischen Moderne des frühen 20. Jahrhunderts. Das Bauhaus bestand von 1919 bis 1933 in den Städten Weimar (1919 - 1925), Dessau (1925 - 1932) und Berlin (1932 - 1933).

5.3 Gestalten mit Schrift

5.3.1 Schriften bezeichnen

❶ Unter einer **Druckschrift** versteht man heute eine mit dem Computer oder anderen professionellen Herstellungsverfahren druck- oder darstellbare Schrift. Man vermutet heute etwa rund 60.000 solcher Schriften.

Es gibt heute eine Unmenge verschiedener **Druckschriften**. ❶ Diese Vielzahl bringt automatisch die Qual der Wahl, für einen bestimmten Gestaltungszweck eine entsprechende Schrift auszuwählen. Bevor wir uns gezielt mit dieser Wahl beschäftigen können, wollen wir im Folgenden einige Grundbegriffe zur Thematik Schrift darstellen.

Schriftfamilie und Schriftschnitt

Schriften werden in **Schriftfamilien** zusammengefasst, wie zum Beispiel die Univers, die Frutiger oder die Times New Roman. In ihr sind alle Varianten einer Schrift, die sogenannten **Schriftschnitte**, zusammengefasst. Die Schnitte einer Schrift werden gekennzeichnet von der Schriftstärke, der Schriftbreite und der Schriftlage.
Die gängigsten Bezeichnungen sind:

❷ Adrian Frutiger, in der Schweiz 1928 geboren, gilt als einer der bedeutendsten Typografen des 20. Jahrhunderts. Die gleichnamige Schrift Frutiger wurde die Hausschrift des Pariser Flughafens Charles de Gaulle. Frutiger entwarf noch weitere Schriften, allen voran auch die Univers und eine Machinenschrift, die OCR-B.

- Schriftstärken: Fein, Thin, Ultralight
  Leicht, Light, Mager
  Normal, Buch, Roman, Regular, Medium, Book
  Halbfett, Semibold, Demi, Heavy, Bold
  Fett, Black, Extrabold, Ultrablack, Poster

- Schriftbreiten: Eng, Ultra Condensed
  Schmal, Condensed
  Normal
  Breit, Extended

- Schriftlagen: Normal (gerade)
  Kursiv, Italic, Oblique

So ergibt sich für eine Schriftfamilie je nach Schrift eine mehr oder weniger große Anzahl von Schnitten. Zum Beispiel einige Schnitte der von Adrian Frutiger ❷ 1975 entworfenen gleichnamigen Schrift Frutiger in der Schriftgröße von 10 Punkt:

Frutiger 45 Light
Frutiger 46 Light Italic
Frutiger 47 Light Condensed
Frutiger 55 Roman
Frutiger 56 Italic
Frutiger 57 Condensed
Frutiger 65 Bold
Frutiger 67 Bold Condensed
Frutiger 77 Black Condensed
Frutiger 87 Extra Black Condensed
Frutiger 95 Ultra Black

Bildquelle:
DVZ Druckmarkt Verlag
Zürich GmbH

Einsatz der Schriften und Schriftschnitte

Je mehr Schriftschnitte eine Schrift besitzt, um so gezielter und damit auch universeller ist eine Schrift einsetzbar! Dabei muss allerdings beachtet werden, dass insbesondere die Schriftlage und meistens auch die Schriftstärke von allen Anwendungsprogrammen am Computer einstellbar ist, viele Schriften aber gar keinen echten Schriftschnitt mit einer entsprechenden Schriftlage oder Schriftstärke besitzen. In diesem Fall täuscht (= emuliert) das Anwendungsprogramm durch eine Verfettung der Schriftstärke oder durch einfaches Schrägstellen der Buchstaben entsprechende Schriftschnitte vor.

Schrifteinstellung im Anwendungsprogramm Word:

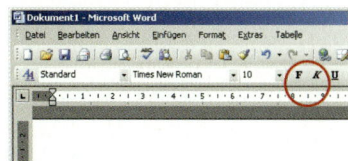

Mit Klick auf das dicke **F** wird ein fetter Schriftschnitt emuliert. Mit Klick auf das schräge **K** wird ein kursiver Schriftschnitt emuliert.

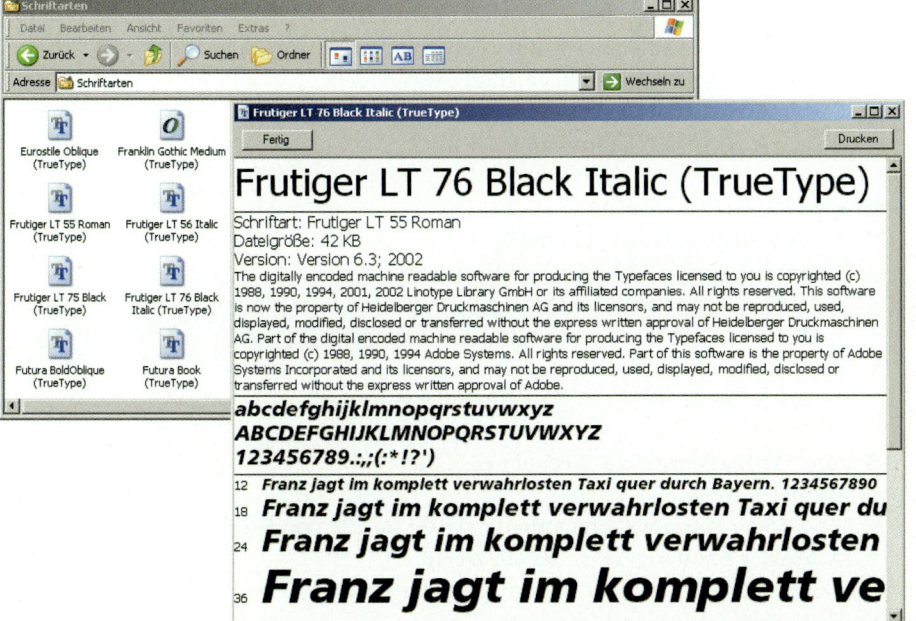

❶ Je nach Computerplattform an unterschiedlichen Orten erreichbar:

Windows XP:
Start > Einstellungen > Systemsteuerung > Schriftarten

MAC OS X:
Festplatte > System > Library > Fonts

Echte Schriftschnitte einer Schriftfamilie sind im Ordner Schriftarten im Betriebssystem ❶ zu finden! Sind Sie dort nicht vorhanden, emuliert das Anwendungsprogramm den entsprechenden Schriftschnitt. Dies sollte jedoch grundsätzlich vermieden werden!

5.3.2 Klassifikation der Druckschriften nach DIN 16518

Die wachsende Anzahl an Schriften zwang die Typografen zu einem **Ordnungsprinzip**, einer Art System, um die Schriften unterscheiden zu können. Dieses Ordnungsprinzip wurde 1964 in einer DIN-Norm verabschiedet, der **DIN 16518 zur Klassifikation der Druckschriften**. Die Schriften werden in dieser Norm in **11 Gruppen** eingeteilt.

Unter Schriftexperten ist diese Klassifikation umstritten. Ihr wird vor allem vorgeworfen, dass sich die Schriftentwicklungen der letzten Jahre in das historisch eingeteilte Schema nicht gut einordnen lassen. Außerdem wird eine zentrale Frage nicht geklärt: Welche Schrift für welchen Zweck? Die Norm wird daher gegenwärtig überarbeitet, eine Einigung der Experten über die Neufassung ist jedoch noch nicht absehbar.

Centaur
Zwölf Boxkämpfer jagen Viktor quer über den großen Sylter Deich

Gruppe I: Venezianische Renaissance-Antiqua (seit ca. 1470)
- Kräftige Serifen
- Übergang zu den Serifen deutlich ausgerundet
- Achse der Rundungen deutlich nach links geneigt
- Querstrich des kleinen e liegt fast immer schräg
- Großbuchstaben basieren auf der römischen Capitalis
- Beispiele: Centaur, Stempel Schneidler

Bembo
Zwölf Boxkämpfer jagen Viktor quer über den großen Sylter Deich

Gruppe II: Französische Renaissance-Antiqua (seit ca. 1532)
- Kräftige Serifen
- Übergang zu den Serifen deutlich ausgerundet
- Achse der Rundungen nach links geneigt
- Querstrich des kleinen e liegt immer waagerecht
- Strichstärke differenziert
- Beispiele: Bembo, Garamond, Palatino

Baskerville
Zwölf Boxkämpfer jagen Viktor quer über den großen Sylter Deich

Gruppe III: Barock-Antiqua (seit ca. 1722)
- Serifen nicht so kräftig ausgeprägt
- Übergang zu den Serifen schwach ausgerundet
- Achse der Rundungen leicht nach links geneigt oder senkrecht
- Querstrich des kleinen e liegt immer waagerecht
- Strichstärke deutlich differenziert
- Beispiele: Baskerville, Caslon, Times New Roman

Bodoni
Zwölf Boxkämpfer jagen Viktor quer über den großen Sylter Deich

Gruppe IV: Klassizistische Antiqua (seit ca. 1789)
- Dünne Serifen
- Kein (oder kaum wahrnehmbarer) Übergang zu den Serifen
- Achse der Rundungen immer senkrecht
- Querstrich des kleinen e liegt immer waagerecht
- Strichstärke deutlich differenziert
- Beispiele: Bodoni, Utopia, Walbaum

Rockwell
Zwölf Boxkämpfer jagen Viktor quer über den großen Sylter Deich

Gruppe V: Serifenbetonte Linear-Antiqua (seit ca. 1815)
- Stark betonte Serifen
- Unterscheidung nach
- a - Egyptienne (Serifen rechteckig ohne Übergang)
- b - Clarendon (Serifen zum Stamm ausgerundet, enden rechteckig)
- c - Italienne (Serifen stärker als der Grundstrich)
- Beispiele: Rockwell, Clarendon, Zirkus

Helvetica
Zwölf Boxkämpfer jagen Viktor quer über den großen Sylter Deich

Gruppe VI: Serifenlose Linear-Antiqua (seit ca. 1816)
- Keine Serifen
- Schriften ohne Serifen werden auch Groteskschriften genannt
- Strichstärke annähernd gleich
- Grundformen auf Basis geometrischer Formen oder Grundformen auf Basis der Antiqua-Schriften
- Beispiele: Helvetica, Frutiger, Univers

Gruppe VII: Antiqua-Varianten
- Antiqua-Varianten, die nicht in die Gruppen I bis III, VIII und IX passen
- Mit oder ohne Serifen
- Strichführung weicht vom Charakter der oben genannten Gruppen ab
- Meist Versalschriften für Werbezwecke (dekorativ und monumental)
- Beispiele: Codex, Optima, Copperplate

Codex
Zwölf Boxkämpfer jagen Viktor quer über den großen Sylter Deich
Ceg

Gruppe VIII: Schreibschriften
- Ahmen die Wirkung heutiger Handschriften nach (mit der Feder geschrieben)
- Manchmal verbundene Buchstaben
- Schon zu Bleisatzzeiten vorhanden
- Mit dem Zeitalter des Computers sehr in Mode gekommen
- Beispiele: Mistral, Brush Script, Wiesbaden Swing

Mistral
Zwölf Boxkämpfer jagen Viktor quer über den großen Sylter Deich
Ceg

Gruppe IX: Handschriftliche Antiqua
- Basieren auf der Antiqua oder der Kursiva
- Buchstaben sind handschriftlich abgewandelt
- Ahmen die Wirkung heutiger Handschriften nach (mit der Feder geschrieben)
- Buchstaben nicht verbunden
- Beispiele: Post-Antiqua, Omnia, Hobo

Post-Antiqua
Zwölf Boxkämpfer jagen Viktor quer über den großen Sylter Deich
Ceg

Gruppe X: Gebrochene Schriften (seit ca. 1445)
- Basieren auf der Schreibweise mit einer Breitfeder
- Rundungen und Ecken sind gebrochen
- Unterscheidung nach
  a: Gotisch
  b: Rundgotisch
  c: Schwabacher
  d: Fraktur
  e: Frakturvarianten
- Beispiele: Wilhelm Klingspor, Fette Fraktur, Old English

Gotisch
Rundgotisch
Schwabacher
Ceg

Gruppe XI: Fremde Schriften
- Alle Schriften, die nicht lateinischen Ursprunges sind
- Lassen sich nicht in die Gruppen I bis X einsortieren
- Beispiele: Chinesisch, Japanisch, Kyrillisch

‰₀‰ Γг
山田太郎
Χεγ

Die Gruppen I bis IV sind streng genommen nach **Kulturepochen** eingeteilt. Diese haben vor allem einen zeitlichen und geschichtlichen Bezug. Ab Gruppe V erfolgt die Einteilung nicht mehr nach zeitlichen sondern nach **Formmerkmalen**. Die Schriften sind teilweise geometrisch konstruiert und weisen gewisse Ähnlichkeiten zu den Formelementen der elementaren Gestaltungslehre auf.

Bei näherer Betrachtung dieser Schriften kann ein gezielter Vergleich von Formmerkmalen und deren Wirkung auf den Betrachter erfolgen!

5.3.3 Schriftwirkung

Wir sind täglich von Schrift umgeben!

Morgens lesen wir nach dem Aufwachen die Uhrzeit des Weckers ab, während des Frühstücks lesen wir die Tageszeitung und nach verschiedenen Erledigungen suchen wir an einer Hauswand nach den Sprechzeiten von Ärzten und Rechtsanwälten.

Dabei kann man feststellen, dass man die Schrift unter dem Aspekt der Buchstaben kaum wahr nimmt; aber im gesamten Kontext eines Lese-Objektes scheinen die Buchstaben den Charakter einer Schrift zu prägen. Schrift wirkt!

⊃ **Schrift wirkt nie neutral!**

Für den Gestalter und Typografen folgt daraus eine besondere Verantwortung im Umgang mit Schrift, denn zur Übertragung einer Information ist die Wirkung des Informationsmediums von besonderer Bedeutung!

Die Kenntnisse aus dem Bereich der Farbwirkung (Kapitel 4.6.4) lassen sich direkt auf die Wirkung von Schriften übertragen:

⊃ **Schrift kann Assoziationen herstellen!**
⊃ **Schrift kann Gefühle und Stimmungen auslösen!**

❶ Die **gebrochenen Schriften** wurden 1941 per Reichserlass des NS-Regimes verboten, weil man vermutete, dass die Schwabacher von einem dort lebenden Juden entworfen wurde. Diese Behauptung jedoch konnte nie belegt werden.
Viel wahrscheinlicher ist, dass die Menschen in den von der Wehrmacht besetzten Gebieten gebrochene Schriften und damit das, was die Nazis dort schriftlich bekannt gaben, nicht lesen konnten. Also wurde die „deutsche" Schrift schnell zur „Judenletter" erklärt und verboten.

Die Wirkung von Schrift lässt sich anhand von drei verschiedenen, und sich doch gegenseitig beeinflussenden Merkmalen ableiten:

⊃ **Schrift hat immer Form-, Zeit- und daraus folgende Stil-Merkmale!**

Damit wird deutlich, dass die Wurzeln der Schriftwirkung eigentlich im Formaspekt zu suchen sind. Die Formen, so konnte man im geschichtlichen Überblick feststellen, stehen wiederum in einem engem Zusammenhang zum Zeitaspekt. **Form** und **Zeit** prägen letztlich einen **Stil**!

Man kann die Wirkung von Schrift aber nicht dogmatisch einteilen. Diese Wirkung liegt ebenso wie die Wirkung von Formen und Farben oftmals im „Auge des Betrachters". Dieser wird aber vor allem durch persönliche Erfahrungen innerhalb seines Lebensraumes und seines Kulturkreises gebildet.

Ein Beispiel:
Die Schwabacher ❶, eine Schriftart aus der Gruppe der gebrochenen Schriften, war etwa von 1480 bis 1530 die vorherrschende Druckschrift in Deutschland. Abgelöst wurde sie von Fraktur-Varianten, die sich bis in die Zeit des zweiten Weltkrieges hielten. Viele Zeitungen wurden durchgehend in gebrochenen Schriften gedruckt. Heute signalisiert auf Warenverpackungen die Verwendung einer gebrochenen Schrift ein Produkt von althergebrachter Art und Qualität. Auch im Gaststättenbereich steht der Name in einer gebrochenen Schrift für einen mit Liebe geführten Traditionsbetrieb, zumindest aber für Gemütlichkeit.

Matrix zur Analyse des Schriftcharakters

Man kann bei der Auswahl von Schriften wie folgt vorgehen: Zunächst muss das **Gestaltungsobjekt** definiert werden. Für wen oder was soll die Schrift sein? Dann kann nachgeprüft werden, welche Schriften zur Verfügung stehen, die dem **Zweck** und dem **Inhalt** des Objektes entsprechen. Zu guter letzt sollte der **Charakter** der in Frage kommenden Schriften analysiert werden. Hierzu hat sich nach den vorausgegangenen Ausführungen eine Analyse ❶ nach den Aspekten Form, Stil und Zeit bewährt!

❶ Vergleiche:
Turtschi, Ralf:
Praktische Typografie,
Zürich 2003 (Verlag Niggli),
Seite 80

Schriftart:

Wiesbaden Swing

Analysieren Sie den Charakter einer Schrift, indem Sie versuchen, den Eigenschaftspaaren einen Wert zuzuordnen!

	2	1	0	1	2	
FORM						
weich / rund	●					hart / eckig
anmutig	●					technisch
statisch				●		dynamisch
lesefreundlich					●	nicht lesefreundlich
vermittelnd			●			aggressiv
STIL						
würdevoll		●				stillos
leichtfüßig		●				schwerfällig
kostbar / teuer	●					wertlos / billig
abwechslungsreich		●				langweilig
still		●				laut
selten	●					alltäglich
ZEITASPEKT						
alt				●		neu
traditionell				●		avantgardistisch
konservativ					●	modern
geschichtlich				●		futuristisch
bewahrend			●			erneuernd

Die Wirkung von Schriften zeigt sich nicht nur bei der Verwendung einzelner Buchstaben. Bei der Gestaltung mehrseitiger Produkte (Magazine, Faltblätter, Zeitungen, ...) kann eine Schrift eigentlich erst ihre Wirkung voll entfalten.

Diese Aspekte gehören zur Makrotypografie und werden im übernächsten Abschnitt betrachtet.

5.3.4 Klassifikation der Druckschriften in der Praxis

Klassifikation nach Form-Merkmalen

Praxisnahe Klassifikation:

Antiqua-Schriften

Grotesk-Schriften

Schreibschriften

𝕲𝖊𝖇𝖗𝖔𝖈𝖍𝖊𝖓𝖊 𝕾𝖈𝖍𝖗𝖎𝖋𝖙𝖊𝖓

In der Praxis der Mediengestaltung hat sich die Klassifikation nach DIN 16518 aufgrund dort genannter Probleme bis heute nicht richtig durchsetzen können. Die Norm ist zwar ein Anhaltspunkt und heute meistens noch Grundlage der Ausbildungsberufe in dieser Branche, Medienprodukte gezielt nach diesen Erkenntnissen zu gestalten ist jedoch beinahe ein Ding der Unmöglichkeit. Viel zu gering sind manchmal die Unterschiede in den Schriften selbst oder es gibt Probleme mit der Zuordnung in einzelne Gruppen.

So hat sich heute für die Medienpraxis eine Unterteilung in vier Schriftgruppen als meistens ausreichend erwiesen:

- Die Gruppe der Antiqua-Schriften (mit Serifen)
- Die Gruppe der Grotesk-Schriften (ohne Serifen)
- Die Gruppe der Schreibschriften
- Die Gruppe der gebrochenen Schriften

Mit dieser Einteilung ist jedoch eine gründliche Analyse der Schrift vor deren Einsatz verbunden. Denn es gibt bei jeder Schriftgruppe noch sehr viele verschiedene Charakteristika!

Klassifikation nach produktionstechnischen Aspekten

❶ Je nach Computerplattform an unterschiedlichen Orten erreichbar:

Windows XP:
> Programme > Zubehör
> Systemprogramme
> Zeichentabelle
(sofern sie installiert wurde)

MAC OS X:
Programme > Schriftsammlung
> Bearbeiten... > Sonderzeichen
> Zeichenpalette
(seit 10.4 Tiger in fast allen Programmen unter Bearbeiten
> Sonderzeichen)

Immer wichtiger wird auch die Frage nach dem Einsatzgebiet der Schrift in produktionstechnischer Hinsicht. In welcher Größe soll die Schrift hauptsächlich publiziert werden? Gilt es ein Schaufenster oder eine Postkarte zu gestalten?
Dies ist unter Umständen deshalb sehr wichtig, da man auf einen großen **Zeichenvorrat** zurückgreifen können muss! So ist zum Beispiel der Zeichenvorrat der Schrift Courier sehr begrenzt. Ein Euro-Zeichen sucht man vergeblich!

Der Zeichenvorrat einer Schrift kann in der entsprechenden **Zeichentabelle** ❶ oder -palette eingesehen werden.

5.3.5 Anwendungsbeispiel

Welche Schrift passt am Besten? Nun, es gibt hier kein absolutes „Richtig" oder „Falsch", vielleicht eher ein „Sehr passend" und ein „Weniger passend".

Welche **Assoziationen** verbinden Sie mit Pizza? Ein Glas Rotwein an einem lauen Sommerabend, den Sonnenuntergang genießen. Lust auf Pizza? Für Freunde der Romantik ist sicherlich eine Variante in einer Schreibschrift ❸ sehr gelungen!
Oder bedeutet die Pizza für Sie doch eher den schnellen Imbiss zwischendurch? Dann ist wahrscheinlich die schnörkellose Variante einer Grotesk-Schrift ❶ besser geeignet. Ganz bestimmt nicht funktioniert die gebrochene Schrift ❹. Die Assoziationen zur traditionellen, gut bürgerlichen, einheimischen Küche sind hier doch sehr weit weg.

Bei diesem Beispiel wurde ein Faltblatt eines Pizza-Express-Lieferservice so verändert, dass der gleichnamige Schriftzug in vier verschiedenen Schriftarten vorliegt, aus jeder der im vorangegangen Abschnitt geschilderten Gruppen eine.

5.4 Mikrotypografie

Die Mikrotypografie beschäftigt sich mit dem Aufbau der Buchstaben, den Zeichen, Wörtern und Sätzen. Vereinfacht ausgedrückt kann man auch sagen: Sie beschäftigt sich mit dem, was sich rund um und zwischen den Buchstaben abspielt. Die Mikrotypografie umfasst danach sowohl den Entwurf von Schriften, also die optische Konstruktion der Buchstaben und Figuren selbst, als auch deren Anwendung.

5.4.1 Buchstabe und Wort

Wenn man sich mit den Details einer Schrift befasst, ist es sehr wichtig, eine einheitliche Sprache zu sprechen – man spricht von der **Typologie** der Schrift! Damit sind die Fachbegriffe gemeint, die man benutzt, wenn man sich mit anderen Gestaltern und Typografen über die Merkmale einer Schrift austauscht. Diese Fachbegriffe sind für die gesamte Arbeit an und mit Schrift sehr wichtig. Das Arbeiten an Schriften bezeichnet den Entwurfsprozess einer Schrift, wohingegen das Arbeiten mit Schrift Typografie selbst bedeutet.

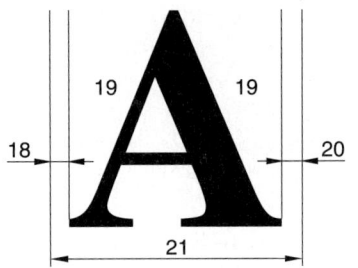

1	Grundstrich, Hauptstrich	10	Punzen, Innenform	18	Vorbreite
2	Haarstrich	11	Kehlung	19	Fleisch
3	Serife	12	Schriftlinie	20	Nachbreite
4	(Schatten)achse	13	Versalhöhe	21	Dickte
5	Anstrich	14	Oberlänge		
6	Abstrich, Endstrich	15	Mittellänge, x-Höhe		
7	Scheitel	16	Unterlänge		
8	Bauch	17	Max. Ausdehnung,		
9	Schlinge		hp-Höhe		

Es genügt bei der Arbeit mit Schrift natürlich nicht, sich nur über die Begrifflichkeiten im Klaren zu sein. Ebenso wichtig sind die Bezugsgrößen, um Schriften miteinander zu vergleichen, um Maß zu nehmen und um Schriften zu messen!

Maßeinheit von Schriften

Die Maßeinheit ❶, um Schriften zu vermessen, ist der **typografische Punkt**. Diese Maßeinheit bildet jedoch kein allgemeingültiges, gesetzlich festgelegtes Längenmaß, sondern ein Maß, welches lediglich im Bereich der Gestaltungs- und Medientechnik Gültigkeit hat. Erschwerend kommt hinzu, dass es mehrere typografische Punkte gibt, die sich aus der geschichtlichen Entwicklung ableiten.

Seit 31.12.1977 darf für die Maßeinheit zur Vermessung von Schriften nach der Ausführungsverordnung des Einheitengesetzes nur noch das metrische System ❷ verwendet werden. Da sich aber bei Einführung dieser Verordnung der typografische Punkt seit einigen Jahrhunderten etabliert hatte, konnte sich bis heute das metrische System in der Gestaltungs- und Medientechnik noch nicht ganz durchsetzen. Obwohl die Branche damit gegen geltendes Recht verstößt, wird es nach der Ausführungsverordnung geduldet.

Seit 1999 existieren in Deutschland zwei gültige DIN-Normen ❸, der Drucktechnik zugeordnet, welche die Maßeinheiten von Schriften festlegen:

⮕ DIN 16507-1, Ausgabe:1998-09
  Drucktechnik - Schriftgrößen, Maße und Begriffe - Teil 1: Bleisatz und verwandte Techniken

⮕ DIN 16507-2, Ausgabe:1999-05
  Drucktechnik - Schriftgrößen, Maße und Begriffe - Teil 2: Digitaler Satz und verwandte Techniken

Der Hintergrund für die Verwendung dieser zwei Normen liegt in der geschichtlichen Entwicklung begründet: Teil 1 der DIN-Normen 16507 bezeichnet das Maßsystem des **Bleisatzes** ❹, Teil 2 des **digitalen Satzes**.

Geschichtlicher Hintergrund

Der Pariser Schriftgießer Pierre Simon Fournier definierte 1737 ein typografisches Maßsystem auf der Grundlage des englisch-amerikanischen Fußes (304,8 mm). Er teilte den Fuß in 12 Teile ein; ein Teil entspricht hier der Größe eines Zolls. Den zwölften Teil eines Zolls nannte er eine Linie, den sechsten Teil einer Linie nannte er den typografischen Punkt.

⮕ **Typografischer Punkt nach Fournier: 0,35277 mm**

Der französische Typograf François Ambroise Didot griff die Angaben von Fournier auf, glich aber die Größe des Fußes dem „Pied de Roi" an, dem französischen königlichen Fuß (324,9 mm). Damit ergab sich nach Fourniers Einteilung ein neuer typografischer Punkt:

⮕ **Typografischer Punkt nach Didot: 0,37604 mm**

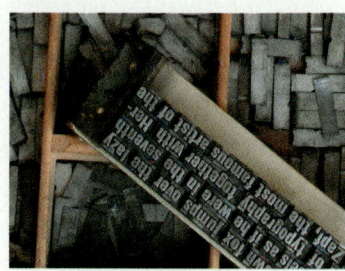

Umrechnungstabelle für den
DTP-Punkt (Werte gerundet)

1 DTP-Punkt [pt]	= 0,353 mm
72 DTP-Punkte	= 2,54 cm
	= 1 inch
1 DTP-Cicero	= 12 DTP-Punkte
	= 4,236 mm
	= 1,668 inch

Das Cicero wurde nach dem römischen Schriftsteller Marcus Cicero benannt, da in dieser Schriftgröße erstmals im Jahre 1467 „Ciceros Briefe" in Rom gedruckt wurden.

❶ **DTP = Desktop Publishing:**
Englisch für das Publizieren vom Schreibtischcomputer aus. Gemeint ist das computergestützte Setzen hochwertiger Dokumente, die aus Texten und Bildern bestehen und später als Publikationen, wie zum Beispiel Broschüren, Magazinen oder Büchern ihre Verwendung finden. Im Mittelpunkt des DTP steht ein Computer, Software für die Erstellung der Seiten und ein Drucker.

Dieser von Didot eingeführte typografische Punkt löste in Westeuropa den Fournier-Punkt ab. Die kleinste typografische Maßeinheit war ab diesem Zeitpunkt nur noch der Didot-Punkt.

Im Jahre 1879 stellte die Vereinigung der deutschen Schriftgießereien einen Antrag, den Didot-Punkt auf ein handhabbares Maß nach dem metrischen System abzurunden. Die deutschen Typografen Herrmann Berthold und Wilhelm Foerster legten den Didot-Punkt so fest, dass 2660 Punkte genau einen Meter ergeben:

➲ **Typografischer Punkt nach Didot ab 1897: 0,376 mm**

In den USA wurde der Fournier-Punkt weiterhin benutzt und verschmolz im Laufe des 19. Jahrhunderts mit einem von William Caslon 1720 erstellten englischen Punkt-System zum Pica-Point. 1892 wurde der Pica-Point in den USA durch die „American Type Founders Company" offiziell eingeführt (ein Pica-Point ist 0,025 mm kleiner als der Didot-Punkt):

➲ **Typografischer Punkt [P] in den USA (Pica-Point): 0,351 mm**

1979 hat der Bundesverband Druck den Vorschlag gemacht, gerundete Werte (mit 0 und 5) bei der Verwendung des für Deutschland geltenden Didot-Punktes einzuführen. Dieser Wert wurde damit verbindlich festgelegt und gilt nach DIN 16507-1:

➲ **Typografischer Punkt [p] im Bleisatz: 0,375 mm**

Mit der Einführung der EDV-Systeme in der Satztechnik 1985 sollte der Didot-Punkt eine weitere Revolution erfahren.

Die von der Firma Adobe 1984 entwickelte Seitenbeschreibungssprache PostScript verwendet einen Punkt anderer Größe, welcher als **DTP-Punkt** bezeichnet wurde. Die Basis für diesen Punkt bildet das Zoll (inch), denn die ersten Apple Macintosh DTP-Computer ❶ verwendeten eine Bildschirmauflösung von 72 Pixeln pro Zoll. Ein Pixel sollte nun einem Punkt entsprechen, um die Schriften möglichst präzise auf dem Bildschirm darstellen zu können. Ein DTP-Punkt ist also der 72. Teil eines Zolls. Heutige Layout-, Grafik- und Textverarbeitungsprogramme greifen in der Regel auf diesen DTP-Punkt zurück:

➲ **Typografischer Punkt [pt] im DTP: 0,353 mm**

Die DIN-Norm 16507-2 schlägt nun einen neuen, typographischen Punkt von genau 0,25 mm vor, um dem oben geschilderten Zahlenwirrwarr ein Ende zu setzen. Ob dieser aber je Realität werden wird, erscheint höchst zweifelhaft, da er im internationalen Vergleich aufgrund der beiden unterschiedlichen Maßsysteme (metrisch und angloamerikanisch) nicht standhalten kann. Die Norm, eine ausschließlich deutsche Norm wird zwar international begrüßt, aber es findet keine Umrechnung ins angloamerikanische System statt, weshalb dieses Maßsystem mit der Bezeichnung 0,25 mm nichts anzufangen weiß.

Messen von Schriften

Die Größe einer Schrift wird definiert durch die **Schriftgröße**, auch **Schriftgrad** genannt. Diese Definition stammt noch aus der Zeit des Bleisatzes. Dort waren die Buchstaben auf einem Bleikegel montiert. Die Kegel mussten wegen des Zeilensatzes alle gleich hoch sein. So definiert die Schriftgröße das Maß des Kegels, die Kegelgröße. Dies ist auch heute noch die Ursache dafür, dass unterschiedliche Schriften bei gleicher Schriftgröße optisch unterschiedlich ausfallen können, da es keine Regelung gibt, wie die Verteilung der Versalhöhe, der x-Höhe und der Unterlängen auf dem Kegel auszufallen hat.

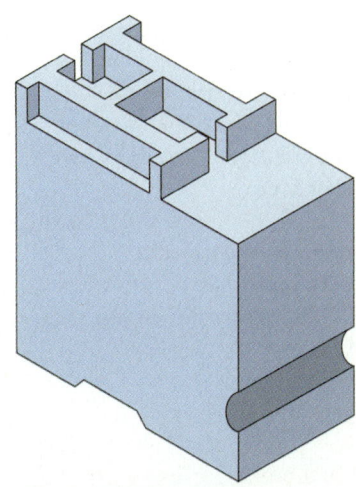

In der Praxis kann man heute die Kegelgröße nicht mehr nachvollziehen. Man kann daher festlegen, dass die maximale vertikale Ausdehnung einer Schrift zur Ermittlung der Schriftgröße geeignet ist.

Um die Schriftgröße und weitere typografische Maße ermitteln zu können, benötigt man ein **Typometer**. Dies ist ein aus transparentem Kunststoff bestehendes Lineal von etwa 10 Zentimeter Breite und 32 Zentimeter Länge. Es gibt verschiedene Hersteller, die verschiedene Messmethoden anbieten, üblich ist es jedoch in ein vorgegebenes Feld die maximal vertikale Ausdehnung einer Schrift einzupassen. Dann kann der Wert der Schriftgröße direkt abgelesen werden.

Bleikegel mit Buchstabe

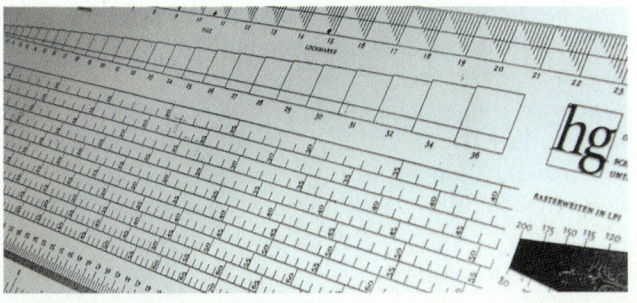

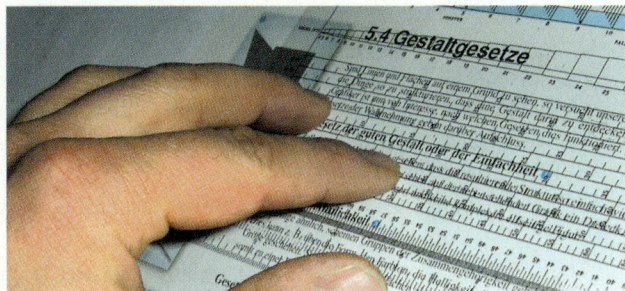

5.4.2 Vom Buchstaben zur Schrift

Schrift taucht immer in einer bestimmten Größe und in der Regel zeilenweise auf. Kommen mehrere Zeilen Schrift zusammen, haben diese meistens einen Abstand zueinander, den Zeilenabstand. Auch die Buchstaben eines Wortes haben einen Abstand zueinander, den Buchstaben- oder Zeichenabstand. Wörter haben einen Wortabstand und die Buchstaben und Wörter im Verbund haben eine Laufweite.

Diese Eigenschaften haben Einfluss auf die **Leserlichkeit** ❶ eines Textes. Die Leserlichkeit ist ein Maß für die **Lesegeschwindigkeit**. Danach lässt sich ein Text mit guter Leserlichkeit schneller lesen, als ein Text mit schlechter Leserlichkeit.

⊃ Das Einstellen einer optimalen Leserlichkeit ist Aufgabe der Mikrotypografie!

❶ **Leserlichkeit von Schrift:**
Für lange, gedruckte Texte sind in der Regel Antiqua-Schriften leserlicher als Grotesk-Schriften. Für den Einsatz am Bildschirm gibt es jedoch spezielle Grotesk-Schriften, die hier deutlich leserlicher sind als Antiqua-Schriften. Für den Gestalter besteht bei der Schriftwahl eine Herausforderung!

Grundschriftgröße

Schriftgrößen können in vier Lesegruppen eingeteilt werden:

Konsultationsgröße
Kleine Schriftgrade bis 8 Punkt. Verwendet in Fußnoten, Randbemerkungen (=Marginalien), Lexika, etc.

Korrespondenzgröße
Auch Lesegröße genannt. Normale Schriftgrade von 9 bis 12 Punkt. Verwendet in Büchern, Zeitungen, Magazinen, etc.

Schaugröße
Schriftgrade bis etwa 48 Punkt. Verwendet für kleinere Plakate, Überschriften in Zeitungen, etc.

Plakatgröße
Auch Displaygröße genannt. Schriftgrade über 48 Punkt. Verwendung zur Erzeugung spezieller Kontraste, Großformatige Banner und Plakate, etc.

❶ Dickte = Buchstabenbreite + Vorbreite + Nachbreite

Bevor der Gestalter die **Schriftgröße** festlegen kann, muss er einen **Schriftstil** wählen und dann eine **Schriftfamilie**. Für den laufenden Text auf der Seite wird die **Grundschriftgröße** so gewählt, dass genügend Weißraum vorhanden ist, um ruhige Flächen auf der Seite zu schaffen und sollte natürlich auch nicht zu groß gewählt werden, damit die Seite nicht überfüllt wirkt und schwer lesbar wird.

In der Praxis wird die Grundschriftgröße zwischen 9 und 12 Punkt gewählt. Die Wahl einer geeigneten Größe ist abhängig vom Schriftstil. Serifenlose Antiqua-Schriften wirken i. d. R. größer als beispielsweise die serifenbetonte Barock-Antiqua. Damit kann eine Arial ruhig kleiner gewählt werden als eine Times.

Ist die Grundschriftgröße für den Fließtext festgelegt so ergibt sich daraus auch die Größe für die Überschrift (ca. + 2 Schriftgrade), sowie der Schriftgrad für die Marginalie, Kopf- und Fußnote (ca. - 2 Schriftgrade). Der Gestalter kann bei der Wahl der Schriftgrade darauf achten, dass die Proportionen des Schriftbildes unter Berücksichtigung der Seitengröße erhalten bleiben. Das heißt, dass für das Format DIN A5 die Schriftgrade 8 bis 11 Punkt, für das Format DIN A4 die Größen 9 bis 13 Punkt gewählt werden können.

Darüber hinaus spielt der Adressatenkreis bei der Wahl der Grundschriftgröße eine entscheidende Rolle. Kinderbücher und Literatur speziell für ältere Menschen werden bevorzugt mit größeren Schriftgraden gesetzt. Im Kinderbücherbereich kann die Schriftgröße bis 24 Punkt sein. Klassische Literatur und Romane werden i. d. R. mit 9 bis 12 Punkt geschrieben, um der inhaltlichen Umfang noch vertretbar im Buch unterzubringen und die Lesefreundlichkeit zu erhalten. Für Prospekte und Werbedrucksachen werden meist Grundschriftgrößen über 14 Punkt verwendet, da die Werbebotschaft eher stichwortartig oder in kurzen Sätzen ins „Auge stechen" soll.

Laufweite und Unterschneiden (Kerning)

Die **Laufweite** einer Schrift ist durch den Aufbau der Buchstaben vorgegeben und hängt grundsätzlich von der Dickte ❶ der Buchstaben ab. Die Laufweite ist der Abstand der Buchstaben im Wort. Mit der Wahl der Schriftart und Schriftgröße wird die Laufweite der Buchstaben verändert.

Die Laufweite einer 14 pt großen Schrift.

Die Laufweite einer 18 pt großen Schrift.

Die Laufweite einer 20 pt großen Schrift.

Vergrößert sich der Schriftgrad, kann der Betrachter das Gefühl haben, dass der Satz optisch auseinanderbricht. Die Zwischenräume der Buchstaben vergrößern sich durch die Vergrößerung der Vor- und Nachbreite des Buchstaben. Bei Schriftgraden ab 18 pt, macht sich dieser Effekt dann stärker bemerkbar.

Die Laufweite lässt sich in solchen Fällen verändern, indem die einzelnen Buchstaben stärker ineinandergeschoben werden, so dass die Harmonie im Satzbild wieder hergestellt wird.

Dieser Vorgang wird **Unterschneiden** genannt und lässt sich in Grafik- und DTP-Programmen durchführen. Dazu wird der betreffende Satz markiert und ein negativer Unterschneidungswert oder Begriffe, wie schmal oder sehr schmal, eingegeben.

➲ Buchstaben sollten sich aus Gründen der Leserlichkeit nicht berühren!

20 pt ohne Unterschneidung
20 pt mit kleiner Unterschneidung
20 pt mit deutlicher Unterschneidung

Texte mit einer Schriftgröße im Lesebereich müssen in der Regel nicht unterschnitten werden, da sich die Veränderung kaum bemerkbar macht.

Zeilenbreite und Zeilenabstand

Die **Zeilenbreite** ist der Abstand vom Beginn einer Textzeile bis zum Ende oder Umbruch der Zeile. Im Rahmen der Makrotypografie wird aus der Zeilenbreite die **Spaltenbreite**, also die Breite einer ganzen Textspalte auf einer Seite. Der Abstand von einer Textzeile zur darunterliegenden wird als **Zeilenabstand** bezeichnet. Die Leserlichkeit eines Textes hängt ganz entscheidend von diesen beiden Parametern ab.

Einige Beispiele:

Das Zeitalter Friedrichs des Großen
Der Kronprinz
In dem hochzeremoniösen Zeichen der Hofes Friedrichs I. ist die größte Persönlichkeit unter den Hohenzollern geboren und getauft worden. ❶

Ein reicher Mann trat dem Diogenes in den Weg: „Ich weiche keinem Schurken aus." Der Philosoph umschritt ihn: „Aber ich." ❷

Eine individuelle Form des Unterschneidens bezeichnet man als Kerning. Hier werden gezielt sogenannte kritsche Buchstabenpaare unterschnitten (Av, AV, Aw, AW, LT, LV, Ly, Ta, To, Ty, Te, Va, Vo, Ya, Yo, ff, fl, fi, etc.). Gemeint sind Buchstabenpaare, die aufgrund ihrer Form ohne Überlappung einen zu großen Abstand voneinander hätten.

Va

Die Buchstabenkombination Va ohne Kerning.

Va

Die Buchstabenkombination Va mit Kerning.

❶ Auszug aus einem Geschichtsbuch in einer gebrochenen Schrift mit übergroßer Zeilenbreite

❷ Anekdote in einer Antiqua mit zu großer Zeilenbreite für die zwei Sätze. „Ich weiche ..." muss auf die nächste Zeile.

❶ Technische Information in Groteskschrift mit zu schmaler Zeilenbreite und zu vielen Worttrennungen. Häufig auftretendes Problem in mehrspaltigen Bedienungsanleitungen mit mehreren Sprachen.

❷ Grauwert:

Der Grauwert eines Textabschnittes ergibt sich, wenn man aus einiger Entfernung bei dessen Betrachtung die Augen etwas zukneift. Der Text sollte dann als homogene Graufläche erscheinen. Im Idealfall sind kaum mehr die einzelnen Textzeilen als Linien zu erkennen. Versuchen Sie es!

Text mit Zeilenabstand 100%
Lorem ipsum dolor sit amet, consectetuer adipiscing elit, sed diam nonummy nibh euismod tincidunt ut laoreet dolore magna aliquam erat volutpat. Ut wisi enim ad minim veniam, quis nostrud exerci tation ullamcorper suscipit lobortis nisl ut aliquip ex ea commodo consequat.

Text mit Zeilenabstand 120%
Lorem ipsum dolor sit amet, consectetuer adipiscing elit, sed diam nonummy nibh euismod tincidunt ut laoreet dolore magna aliquam erat volutpat. Ut wisi enim ad minim veniam, quis nostrud exerci tation ullamcorper suscipit lobortis nisl ut aliquip ex ea commodo consequat.

Text mit Zeilenabstand 150%
Lorem ipsum dolor sit amet, consectetuer adipiscing elit, sed diam nonummy nibh euismod tincidunt ut laoreet dolore magna aliquam erat volutpat. Ut wisi enim ad minim veniam, quis nostrud exerci tation ullamcorper suscipit lobortis nisl ut aliquip ex ea commodo consequat.

Kräftiger Magnetfuß mit ein- und ausschaltbarem Dauermagnet hoher Haftkraft. Fußunterseite mit Prisma zum Aufsetzen auf zylindrische Teile und Planflächen zum Aufsetzen auf ebene Flächen ❶

Wie die Beispiele zeigen, ist eine zu große Zeilenbreite aber auch eine zu kleine Zeilenbreite für den Leser schlecht zu erfassen. In den ersten beiden Fällen kann das Auge die gesamte Zeile nicht auf einmal erfassen, sondern muss beim Lesen einen längeren Weg zur Erfassung der Zeile zurücklegen. Im dritten Fall hemmen zu viele Worttrennungen den Lesefluss.

In Büchern und Medienprodukten mit langer Lesezeit haben sich bei einer Korrespondenzschriftgröße in der Regel 40 bis 60 Zeichen pro Zeile bewährt, 80 Zeichen pro Zeile sollten auf keinen Fall überschritten werden! Bei Zeitschriften und Alltagslektüre kann man von etwa 30 bis 40 Zeichen pro Zeile ausgehen.

Der Zeilenabstand wird von Schriftlinie zu Schriftlinie gemessen. Normalerweise beträgt der voreingestellte Wert in den gängigen Anwendungsprogrammen 120% der Schriftgröße. Eine Schriftgröße von 10 pt hat nach diesem Wert einen Zeilenabstand von 12 pt. Die Leserlichkeit eines Textes ist in der Regel bei diesem Wert gut, der optische Zeilenabstand ist meistens etwas größer und liegt bei etwa zwischen 130% und 150%, je nach Schriftart. Unter dem optischen Zeilenabstand versteht man den optimalen Wert, bei dem eine lockere Anordnung der Zeilen für einen angenehmen Grauwert ❷ des Textes sorgt.
Der Zeilenabstand hat enorme Auswirkungen für die Leserlichkeit eines Textes!

➲ Je schmaler die Textspalte, umso kleiner kann der Zeilenabstand gewählt werden.
➲ Ein optisch angepasster Zeilenabstand wirkt meist ästhetischer!

Der veraltete Begriff für den Zeilenabstand ist der Durchschuss ❸. Damit bezeichnete man früher den Raum, der zwischen den Schriftzeilen noch sichtbar war. Dieser Begriff wird von den heutigen Anwendungsprogrammen nicht mehr unterstützt und sollte daher auch nicht verwendet werden.

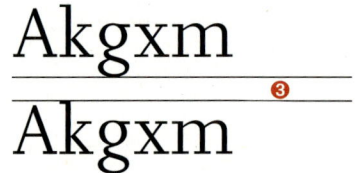

5.4.3 Anwendungsbeispiel

Die mikrotypografischen Gesetzmäßigkeiten kommen vor allem bei der Gestaltung von Logos und Wortmarken, sowie beim Einsatz von Hausschriften zum Einsatz. Auszug aus den Gestaltungsrichtlinien der Traumpalast-Kinos:

Als Grundschrift für Lesetexte wird verwendet:

Rockwell (Schriftgröße 10 pt, Zeilenabstand 13 pt)

Die weiteren Schriftgrößen sind frei wählbar. Bitte achten Sie dabei jedoch auf eine Anpassung (Erhöhung) des Zeilenabstands.

Als plakative Schrift und als Basisschrift der Wortmarke wird verwendet:

LITHOS (BOLD)

Für die Publikation von digitalen Dokumenten (Internet) wird verwendet:

Verdana (Schriftgröße 11 pt, Zeilenabstand 15 pt)

Die weiteren Schriftgrößen sind frei wählbar. Bitte achten Sie jedoch auf eine Anpassung (Erhöhung) des Zeilenabstands.

Die Wortmarke in Kombination mit Slogan (links oben) und Motto (rechts unten):

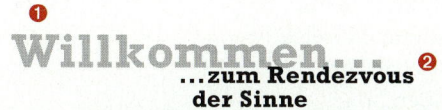

Die Hausschriften finden in Werbeanzeigen und sonstigen Publikationen Anwendung.

Die Schrifteinstellungen innerhalb der Wortmarke:

❶ Rockwell Bold 20 pt
ZAB 150 % / LW +3

❷ Rockwell Bold 10 pt
ZAB 100 % / LW +3

❸ Wortmarke auf Basis Lithos, verfremdet

❹ Lithos Bold 12 pt
ZAB 100 % / LW auto

❺ Rockwell Regular 9 pt
ZAB 150 % / LW +5

❻ Rockwell Bold 10 pt
ZAB 100 % / LW +3

❶ Willkommen...
❷ ...zum Rendezvous der Sinne

❸ TRAUMPALAST®

SCHORNDORF
Rosenstraße 49
73614 Schorndorf
(0 71 81) 92 97 77

WAIBLINGEN
Bahnhofstraße 50-52
71332 Waiblingen
(0 71 51) 95 92 80

ESSLINGEN ❹
Kollwitzstraße 1
73728 Esslingen
(07 11) 5 50 90 70

❺ Besuchen Sie uns im Internet unter www.traumpalast.de!

❻ ...faszinierend anders!

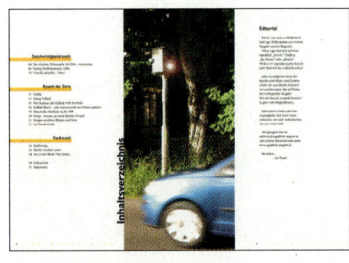

5.5 Makrotypografie

Im Gegensatz zur Mikrotypografie beschäftigt sich die Makrotypografie mit dem gesamten gestalterischen Werk, also der Gestaltung von Text und Bild. Hierzu gehören insbesondere das Format, der Satzspiegel, der Aufbau und die Gliederung der Seite im Verhältnis von Text und Bild.

5.5.1 Lesefreundlichkeit

Die **Lesefreundlichkeit** eines Medienproduktes bestimmt dessen Erfolg oder Misserfolg. Unter der Lesefreundlichkeit ist im weitesten Sinne daher der „Mehrwert" für den Leser zu verstehen. Ist ein Konzept mikrotypografisch gut aufgestellt sind dies schon gute Voraussetzungen, um ein lesefreundliches Produkt zu gestalten. Hinzu kommen aber Gesetzmäßigkeiten der visuellen Kommunikation; die Hauptfrage hierbei:

➲ **Kommt die Botschaft beim Leser an?**

Lesefreundlichkeit ist daher in die beiden Bereiche aufzuteilen:

* Leserlichkeit (mikrotypografische Gesetzmäßigkeiten)
* Lesbarkeit im Sinne der visuellen Kommunikation

Lesbarkeit

Hans-Peter Willberg ❶ unterscheidet die Medienprodukte nach **Lesearten** ❷.
Im Folgenden werden jeweils zwei Beispiele genannt:

* Romane, Geschichten   > linear
* Zeitungen, Sachbücher   > informierend / selektiv
* Aufsätze, Diplomarbeiten   > wissenschaftlich
* Lexika, Telefonbücher   > konsultierend
* Werbefaltblätter, TV-Werbung   > aktivierend / inszenierend
* Internet, Multimedia   > vernetzt

Nach dieser Unterscheidung können die verschiedenen Medienprodukte daher keinesfalls gleich gestellt werden. Jedes Medium hat seine eigenen Anforderungen zu erfüllen. Einige werden im Abschnitt Anwendungsbeispiele dargestellt.

Dennoch gibt es eine Gesetzmäßigkeit, die für alle Medienprodukte gilt: Die Lesefreundlichkeit! Man sollte beim Betrachten einer Werbeanzeige Lust bekommen, das beworbene Produkt zu kaufen. Man sollte ein Magazin gerne aufschlagen, um darin zu schmökern. Man sollte sich durch die morgendliche Tageszeitung nicht „durchquälen" müssen. Nein, das Lesen soll Freude bereiten! Dabei muss das Lesen als ganzheitlicher Wahrnehmungsprozess verstanden werden!

❶ Hans Peter Willberg lebte von 1930 bis 2003. Er war ein bedeutender deutscher Typograf und galt als einer bedeutendsten Buchgestalter der Nachkriegszeit.

❷ Vergleiche:
Willberg, Hans-Peter:
Lesetypografie, Mainz 2005
(Verlag Hermann Schmidt),
Seite 15 ff.

Beurteilungskriterien

Die Wirkung eines Lesemediums ist nicht allein dem subjektiven Geschmack des Betrachters unterworfen, sondern lässt sich nach objektiven Kriterien beurteilen. Allerdings haben Betrachter, Gestalter und Typografen Präferenzen, nach denen die eigene Kriterienliste in einer Art „Rangfolge" geordnet wird. Das ist durchaus legitim! Im Folgenden werden einige typografische Kriterien genannt:

Visuelle Kommunikation:
- Kommt die Nachricht beim Adressaten an?
- Ist die Nachricht zielgruppengerecht dargestellt?
- Welche Gesamtwirkung hat das Medienprodukt auf den Betrachter?
- Ist die Gestaltung „gewöhnlich" oder „originell"?

Schriftwahl und Schriftwirkung:
- Ist die Schrift passend zum Medium gewählt?
- Wird mit der gewählten Schrift die gewünschte Wirkung erzielt?
- Passen die Schriftmischungen zueinander?
- Sind die Schriftschnitte gezielt eingesetzt und stimmig?

Mikrotypografie und Leserlichkeit:
- Ist eine angemessene Schriftgröße vorhanden?
- Ist die Laufweite korrekt eingestellt?
- Gibt es noch kritische, nicht unterschnittene Buchstabenabstände?
- Ist der Zeilenabstand optisch angepasst?

Elementare Gestaltung:
- Sind die Seiten kontrastreich gestaltet?
- Werden die Gesetzmäßigkeiten der Formwirkung beachtet?
- Stehen die Elemente in den richtigen Beziehungen und Proportionen zueinander?
- Werden die Gestaltgesetze richtig interpretiert?

Farbgebung:
- Passen die Farben zum Produkt?
- Sind die Farbkombinationen harmonisch gewählt?
- Unterstützt der Farbeinsatz die Leserlichkeit?
- Sind die Farben zu penetrant oder halten sie sich dezent im Hintergrund?

Makrotypografie und Lesbarkeit:
- Ist der Satzspiegel richtig eingestellt?
- Gibt es eine Leseführung oder muss der Betrachter seine Inhalte „suchen"?
- Ist eine typografische Gliederung der Lesbarkeit zuträglich?
- Stören Bilder oder sonstige Elemente den Lesefluss?

Inhaltliche Vollständigkeit:
- Sind alle Inhalte korrekt erfasst und dargestellt?
- Wurde der Text oder das Bildmaterial verändert?
- Entstehen durch inhaltliche Veränderungen Missverständnisse?

Der Entwurfsprozess:

1. Am Anfang steht immer eine Idee oder ein Kundenauftrag.

2. Der Auftrag wird von Hand, mit Hilfe von Papier und Bleistift in mehreren Skizzen visualisiert. So entsteht eine Ideenvielfalt! Die Skizzen dürfen „Briefmarken-Größe" haben.

3. Wenn man diese Ideen einem Bekannten oder Kollegen zeigt, hat dieser vielleicht noch weitere Anregungen!

4. Nach der Auswahl einiger weniger Entwürfe sollten diese am Computer umgesetzt werden. Hilfreich ist das stichwortartige notieren der typografischen Vorgaben!

5. Man sollte immer einen Ausdruck seiner Entwürfe machen. Eine Beurteilung der Typografie lässt sich nicht am Bildschirm vornehmen (bei gedruckten Medien).

6. Eine Nacht über die Entwürfe schlafen birgt manchmal Wunder! Am nächsten Tag hat man mehr Distanz und kann objektiver an die Sache herangehen.

7. Im sogenannten Reinlayout wird nach allen Korrekturschritten das Medienprodukt schließlich fertig gestellt.

5.5.2 Seitengestaltung

Zur **Seitengestaltung**, auch **Text-/Bild-Integration** genannt, zählt man die Gestaltung aller Medienprodukte, die als **Ausgangsbasis** eine **leere Fläche** haben. Dies kann ein leeres Blatt Papier ebenso sein, wie ein noch nicht gefüllter Bildschirm einer Internetseite. Im Laufe des Entwurfsprozesses wird diese unbedruckte Fläche zur bedruckten Fläche. Die beiden Flächen stehen in einer engen Wechselwirkung zueinander.

⮑ **Die unbedruckte Fläche ist Ausgangsbasis für spannungsreiche Gestaltung!**
⮑ **Die bedruckte Fläche wirkt erst bei der Beachtung der Anordnungsregeln für Text und Bild!**

Nach dieser Kennzeichnung umfasst die Seitengestaltung ein- und mehrseitige Produkte. Zu den einseitigen Produkten zählen Visitenkarten, Briefbögen und Plakate. Die Königsdisziplin der Makrotypografie ist jedoch die Gestaltung mehrseitiger Produkte. Hier muss zusätzlich zu den Regeln der Seitengestaltung darauf geachtet werden, dass die einzelnen Seiten auch noch zusammen passen. Im Folgenden wird auf die Seitengestaltung gedruckter Medien eingegangen. Bezüglich der Seitengestaltung von Internetseiten und multimedialen Anwendungen verweisen wir auf die Kapitel 12 (Multimedia) und 13 (Internet).

Proportionen und Formate

❶ Papierauswahl im Layout-programm Adobe Indesign:

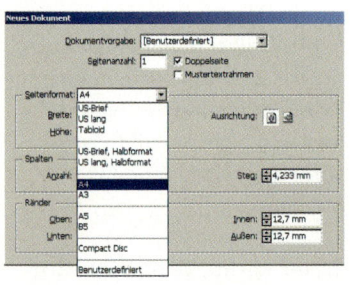

Die gängigen **Papierformate** im europäischen Raum entsprechen den Maßen des metrischen Systemes und sind für Deutschland in der DIN-Norm 476 aus dem Jahre 1922 festgelegt. Die deutsche Norm diente als Grundlage für das internationale Äquivalent DIN EN ISO 216, das wiederum in fast allen Ländern Anwendung findet. Unterschiede gibt es meist nur innerhalb erlaubter Toleranzen. Parallel existieren, etwa in den USA und Kanada, auch traditionelle, meist weniger systematisch und praktisch aufgebaute Systeme. Für die Anwendungsprogramme bedeutet dies, dass man meistens neben dem bekannten DIN A 4 Papier auch US-Formate auswählen kann ❶!

Die **DIN-Reihe** weist die Proportion $1:\sqrt{2}$ auf (1:1,414). Diese Proportion ist ausgewogen, dafür aber nicht unbedingt sehr spannend oder harmonisch.
Schwierig zu gestaltende Proportionen sind quadratische und darauf aufbauende Verhältnisse (1:1, 2:1, etc.).
Das Proportionsverhältnis nach dem **goldenen Schnitt** (($1+\sqrt{5}):2 = 1:1,618$) gilt in der Kunst, der elementaren Gestaltungslehre und vielen anderen wissenschaftlichen Disziplinen als sehr harmonisches Verhältnis. Weitere gängige Formate sind:

- Kleinbildformat: 24 × 36 mm = 1:1,5 (auch harmonisches Buchformat)
- Seitenverhältnis TV: 1,333:1 (entspricht 4:3, auch Doppelseite DIN A-Reihe)
- Seitenverhältnis TV: 1,777:1 (entspricht 16:9)
- Cinemascope (Kino): 2,35:1

Satzspiegel

Als **Satzspiegel** wird die Fläche auf einem Papier bezeichnet, die mit Bildern und Texten bestückt werden kann. Die Seitenränder Kopf, Bund, Fuß und Seite begrenzen die nutzbare Fläche.

Mit der Diagonalkonstruktion wird die Fläche des Satzspiegels definiert. Die Methode lässt sich im Buchlayout zur Unterteilung einer Doppelseite anwenden. Die klassische Konstruktion des Satzspiegels nach dem Goldenen Schnitt teilt die Seite des DIN-Formats im Verhältnis 1:1,414. Die Diagonalkonstruktion wird wie folgt durchgeführt: Zunächst zeichnet man zwei Diagonalen durch den Papierbogen sowie zwei Diagonalen durch die einzelne Seite. Die Schnittpunkte S sind die Ausgangspunkte für den Satzspiegel. Die Verbindungsstrecken mit dem Punkt A ergeben mit der Seitendiagonalen den Punkt 1. Die weiteren Begrenzungslinien des Satzspiegels werden über waagerechte und senkrechte Strecken, ausgehend vom Punkt 1, hergestellt.

Die so voreingestellte Seite lässt sich nun mit Hilfe eines Seitenrasters weiter einteilen. Dabei werden die Spalten und Zeilen in Segmente zerlegt. Dadurch lassen sich Bildformate, Textrahmen, Positionen von Überschriften, Marginalien, Kopf- und Fußzeilen exakt in der Größe über das gesamte Dokument festlegen.

Natürlich kann man Bilder und Texte auch außerhalb des Satzspiegels positionieren! Dies lockert sogar die sonst strenge Anordnung innerhalb eines Rasters auf. Allerdings sollte dieser Effekt nur sparsam und gezielt eingesetzt werden. Die Positionierung von Elementen, die sogar über den Papierrand hinausragen, nennt man **randabfallende Positionierung**. Diese schafft meistens gute Kontraste auf einer Doppelseite.

Satzarten

Zusammenhängende Texte können linksbündig, rechtsbündig, zur Mitte zentriert oder wie im vorliegenden Fachbuch über die gesamte Zeilenbreite angeordnet sein. Man spricht dann von Ausschließen. Besondere Bedeutung erhält das Ausschließen, wenn der Text auf die volle Zeilenbreite ausgeschlossen wird. Abhängig davon, ob bei einem Zeilenüberlauf ein Wort getrennt oder nicht getrennt werden kann, wird der Wortzwischenraum in einem Toleranzbereich gewählt.

Das unterschiedliche Schriftbild mit großen und kleinen Abständen, lässt sich in der Praxis nur durch die Veränderung der Zeilenbreite bzw. durch die Wahl der Satzart verhindern. Statt einem Satz über die gesamte Zeilenbreite sollte ein linksbündiger Satz gewählt werden.

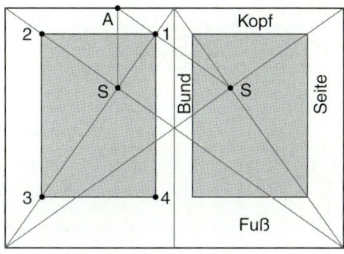

Das Referenzformat der DIN A-Reihe ist A0, dessen Flächeninhalt einen Quadratmeter beträgt.

Die DIN A-Reihe von 0 bis 10:

DIN A0	=	841	×	1189	mm
DIN A1	=	594	×	841	mm
DIN A2	=	420	×	594	mm
DIN A3	=	297	×	420	mm
DIN A4	=	210	×	297	mm
DIN A5	=	148	×	210	mm
DIN A6	=	105	×	148	mm
DIN A7	=	74	×	105	mm
DIN A8	=	52	×	74	mm
DIN A9	=	37	×	52	mm
DIN A10	=	26	×	37	mm

Das erstgenannte Maß ist immer das Maß der Breite! So ist immer klar, ob das Papier Hoch oder Quer vor einem liegt.

Blocksatz

Wird ein Text über die gesamte Zeilenbreite ausgeschlossen, dann bezeichnet man ihn als **Blocksatz**. Der Wortzwischenraum im Blocksatz ist, wie oben beschrieben, nicht konstant. Aus diesem Grund ist auf eine ausreichende Zeilenbreite zu achten, damit diese Eigenschaft im gesamten Schriftbild nicht ins Gewicht fällt.

Der Blocksatz strahlt durch sein einheitliches und gleichmäßiges Erscheinungsbild Ruhe und Geschlossenheit aus und steigert die Lesbarkeit. Durch Herausstellen von Punkt, Komma und Trennstrich außerhalb der rechten Seitenbegrenzung, wird ein registerhaltiger Blocksatz mit Randausgleich erzeugt. In Gutenbergs Bibel und alten Geschichtsbüchern wurde diese doch aufwendige Satzart angewandt. Aus wirtschaftlichen Gründen lässt sich der Blocksatz mit Randausgleich nicht immer verwirklichen.

➲ Der durchschnittliche Wortzwischenraum im Blocksatz sollte der Breite des „i" entsprechen.

Eignung: Grundtexte in Büchern und Zeitungen.

Flattersatz

Der dynamische Vertreter der Satzarten ist der **Flattersatz**. In Fließtexten wird der linksbündige Flattersatz angewandt. Damit das rechte Zeilenende einen günstigen Zeilenfall erhält, muss in der Regel manuell umgebrochen werden. In diesem Fall sind meist 3 bis 4 Zeilen betroffen, die nachfolgend kürzer werden. Dieser Eingriff eignet sich nur bei kleinen Textmengen. Mit der Einrichtung einer Flatterzone wird auch die Silbentrennung beeinflusst. Die Größe der Flatterzonen darf etwa 25 % der Spaltenbreite betragen. Dabei kann es zu unerwünschten Trennungen wie „Tex-te" kommen. Solche zweibuchstabigen Trennungen müssen wiederum von Hand nachgebessert werden.

Eignung: Aufzählungen und Texte mit kürzeren Zeilen.

Der rechtsbündige Flattersatz ist für längere Lesetxte nicht geeignet. Er kann aber in Ausnahmefällen für schmale Textspalten und im Kontrast zum restlichen Text eingesetzt werden. Bei allen Flattersatzarten gilt:

➲ **Die Flatterzone darf etwa 25 % der Spaltenbreite ausmachen!**
➲ **Die Trennungen sollten zuerst nach den Kriterien der Leserlichkeit erfolgen, dann nach der Ästhetik des Grauwertes der Spalte!**

Wird der Flattersatz nicht von Hand nachgebessert, sondern so belassen, wie das Anwendungsprogramm die Trennungen vornimmt, nennt man diese Art Flattersatz auch **Rausatz**. Dieser hat eine kürzere Flatterzone und ist meistens ästhetisch nicht so hochwertig.

Ungünstiger Flattersatz: Treppenförmige Abfolge der Zeilen, mit wiederkehrendem, eher eintönigem Verlauf.

Mittelachsensatz

Im **Mittelachsensatz** werden die Textzeilen zur Mitte zentriert
ausgeschlossen.
Die Definition der Mitte bezieht sich wie im vorliegenden Fall
auf die eingestellten Einzüge.

Positive Auswirkung auf die Lesbarkeit des Textes
hat auch im Mittelachsensatz der dynamische Zeilenfall
von oben nach unten.

Der Mittelachsensatz muss unbedingt einen dynamischen Zeilenfall besitzen, schon um sich vom Blocksatz abzuheben. Der mangelhafte Umbruch in diesem Absatz erzeugt wenig Spannung und ist dem Blocksatz sehr ähnlich. Die axiale Anordnung des Textes soll natürlich durch den Satzumbruch einen Leserhythmus erzwingen und auch Satzteile, beispielsweise in Gedichten besonders hervorheben.

Den Mittelachsensatz trifft man häufig in Titelblättern und Drucksachen für Anlässe an, wobei hier die Raumaufteilung und die Wahl der Schriftgröße eine große Rolle spielen. Dynamik erhält das Schriftbild dann durch Verstärken und Abschwächen der Schriftgröße und eine ungleichmäßige Aufteilung der Seite.

In jedem Fall soll der Mittelachsensatz für größere Textmengen vermieden werden, wie es doch leider zu häufig in Werbebroschüren zu sehen ist.

Eignung: Familiendrucksachen, Werbeanzeigen, Titelblätter, Urkunden.

Spaltenanordnung

Meistens ergibt sich die Anordnung der Textspalten durch das Einrichten des Satzspiegels. Allerdings erfragen die gängigen **Layoutprogramme** ❶ meistens die falschen Maße beim Einrichten eines neues Dokumentes, da zuerst die Ränder eingestellt werden sollen. Aus Gründen der Leserlichkeit ist es jedoch besser, zuerst die Spaltenbreite (= Zeilenlänge) des Dokumentes festzulegen. Hierbei ist folgende Vorgehensweise möglich:

- Festlegen der Spaltenbreite des Dokumentes.
- Festlegen der Spaltenabstände (= Stege).
- Festlegen der Ränder oben und unten.
- Die Positionierung der Spalten auf der Seite ergibt automatisch die Ränder rechts und links.

Diese Planungsschritte können vor der Einstellung im Programm auf Papier stattfinden! So ist eine Korrektur schneller möglich, als später, wenn das Dokument bereits angelegt ist.

❶ **Layoutprogramm**:
Anwendungsprogramm zur seitenorientierten Gestaltung im Desktop-Publishing. Text- und Bildelemente können mittels Rahmen frei auf der Fläche platziert werden.
Textverarbeitungsprogramme sind keine Layoutprogramme!
Beispiele:
Adobe InDesign, Quark XPress, Adobe PageMaker

Schnitt

Das Filmmagazin,
Gestaltung: Oktober
Kommunikationsdesign GmbH

Typografische Gliederung

Die **typografische Gliederung** eines Medienproduktes ist eine der Hauptaufgaben der Makrotypografie. Die Gliederung gewährleistet, dass der Leser nicht „suchend" auf der Seite umherirrt, sondern zielgerichtet geführt wird. Erst durch eine geschickte Gliederung kann der Gestalter sicher sein, dass die Nachricht des Produktes beim Leser ankommt! Zu den Gliederungselementen gehören:

Inhaltliche Elemente: Haupttitel ①
                       Untertitel, Spitzmarke ②
                       Rubriktitel ③
                       Zwischentitel ④
                       Pagina, Seitennummerierung ⑤

Lese-Elemente: Lesetext oder Grundtext ⑥
                       Enleitungstext ⑦

Doppelseite Ausgabe 3 / 2000

Erklärende Elemente: Autorenhinweis ❶
                        Legende ❷
                        Zitat ❸
                        Bildunterschrift ❹
                        Randbemerkung, Marginalie ❺
                        Fußnote

Schmuck-Elemente: Initiale ❻

Grafische Elemente: Linie ❼
                        Farbe ❽
                        Kasten, Fläche ❾
                        Stopper
                        Hintergrund

Gliederungselement Bild:
„Bilder sind schnelle Schüsse ins Gehirn" und eignen sich zur Gliederung makrotypografischer Aufgaben ganz besonders!
Sie können bei entsprechender Größe und Platzierung Blickfang sein und den Lesefluss ganz gezielt steuern.
Bilder lassen nach der Imagerie-Theorie Aktivierungspotentiale im Bereich der emotionalen, gedanklichen und physischen Reize entstehen!

Hervorhebungen durch Änderungen der Schriftbreite, -stärke oder -lage im Lesetext werden **Auszeichnungen** genannt und sind ein weiteres Gliederungselement!

Doppelseite Ausgabe 4 / 2006

5.5.3 Anwendungsbeispiele

Buchgestaltung: Medien verstehen – gestalten – produzieren (4. Auflage)

Dieses Buch liegt inzwischen in der vierten Auflage vor. Die ersten drei Auflagen hatten ein anderes Erscheinungsbild. Durch eine Erweiterung und Umstrukturierung der Inhalte sollte die vierte Auflage ein neues Gesicht bekommen.

Der hier dargestellte Entwurfsprozess ist ein klassisches Anwendungsbeispiel für eine komplexe makrotypografische Aufgabe. Am Beginn stand die Überarbeitung der Mikrotypografie. Schriften mussten gefunden, Schriftschnitte ausgewählt und Schriftgrößen festgelegt werden. Es kamen folgende Grundsätze zum Einsatz:

- Die Schriftmischungen sollten in einen möglichst hohen Kontrast gestellt werden.
- Der Grundtext sollte aufgrund der besseren Leserlichkeit mit einer Antiqua-Schrift gesetzt werden, diese musste aber – passend zur Thematik – „modern" sein!
- Die Randbemerkungen und Überschriften sollten zum Grundtext einen Schriftkontrast bilden und die inhaltliche Struktur durch möglichst hohe Sachlichkeit unterstützen.
- Der Satzspiegel sollte zwei Grundtextspalten und eine Marginalspalte aufnehmen.

Nach einer umfassenden Skizzenphase kamen zwei Entwürfe zur Ausführung eines Klebe-Layouts. Hierbei wurde ein sogenannter Blind-Text (Text ohne tieferen Sinn, ohne Inhalt) in der geplanten Spaltenbreite am Computer erstellt, ausgedruckt und dann mit Bildern versehen auf die Doppelseite geklebt.

Bei den Überlegungen in Sachen Bestimmung der passenden Schrift für den Grundtext fiel die Wahl auf die Joanna Regular, eine dynamisch-modern wirkende serifenbetonte Linear-Antiqua. Passend hierzu schien sich die Gill Sans Regular anzubieten, eine serifenlose Linear-Antiqua. Beide Schriften wurden von Eric Gill, einem sehr bekannten britischen Typografen und Grafiker, in den Jahren 1930 und 1931 entworfen. Aus Kostengründen fiel die Wahl dann aber schließlich auf die Frutiger, ebenfalls eine serifenlose Linear-Antiqua.

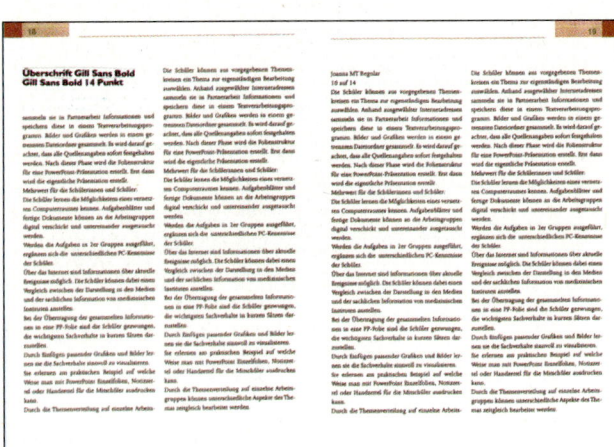

Aus ökonomischen Überlegungen heraus wurden weitere Vereinfachungen getroffen: Der zweispaltige Satzspiegel wurde in einen einspaltigen mit Marginalspalte überführt, da die Bücher der ersten drei Auflagen ebenfalls einspaltig waren und eine Änderung des Inhaltes allein von einer auf zwei Spalten viel Geld verschlungen hätte. Ebenso wurde das Format einer Seite mit 210 mm × 245 mm beibehalten. Ein weiterer Vorteil hierbei war, dass die vielen Bilder der ersten Auflagen in ihrer Größe so nicht geändert werden mussten.

Nach umfangreichen Farbstudien, Überlegungen zur Umschlaggestaltung, der Pagina, Rubriken-, Zwischen- und Untertitelung dauerte der Entwurfsprozess parallel zur Überarbeitung der Inhalte etwa zwei Jahre bis eine Gestaltungsrichtlinie verabschiedet werden konnte!

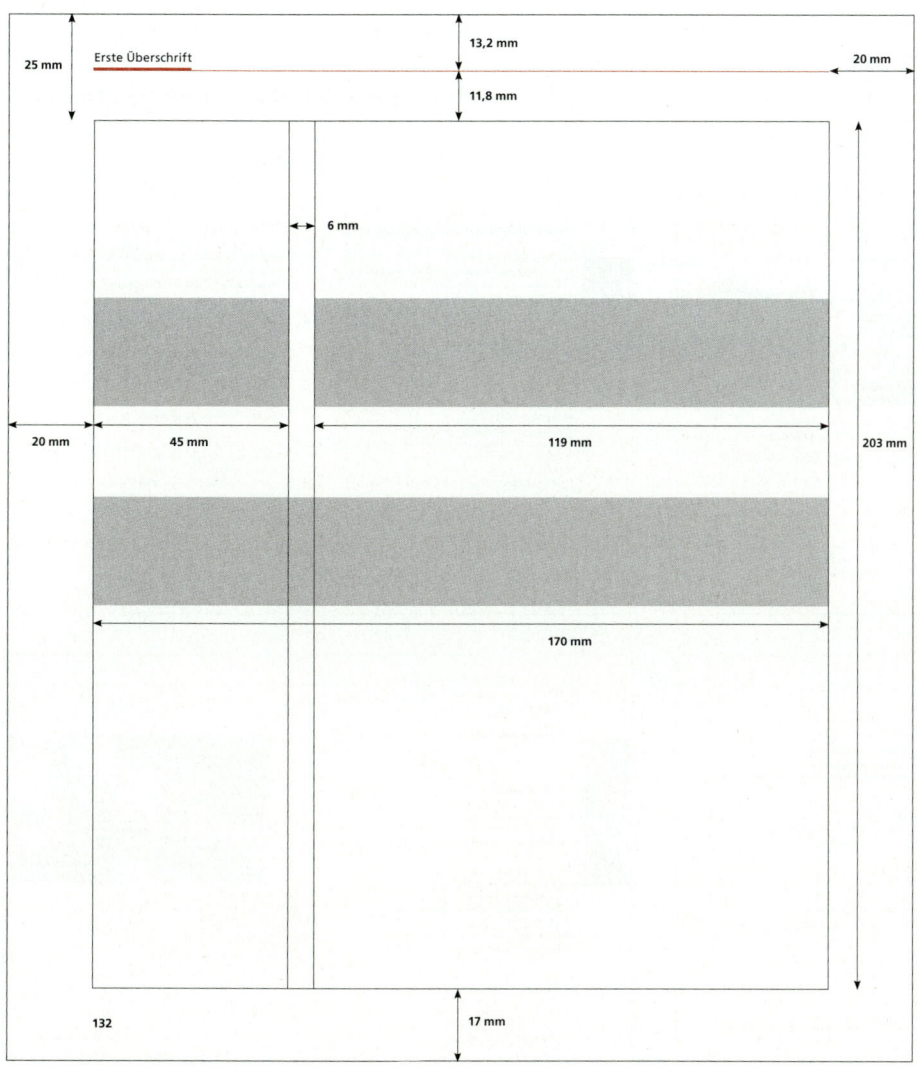

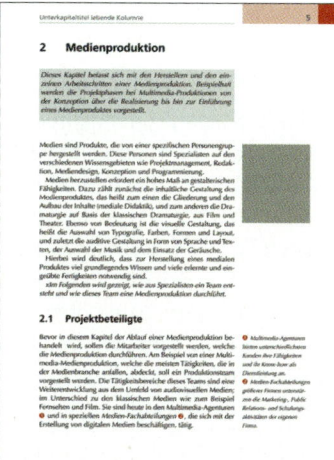

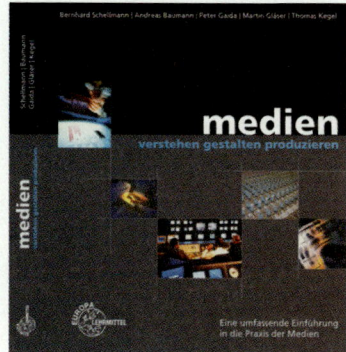

Der Entwurf des Umschlages lag zum Zeitpunkt der Erstellung dieses Kapitels noch nicht endgültig vor!

Gestaltung eines Faltblattes: Image-Darstellung

❶ Grafische Gestaltungsrichtlinien sind mikro- und makrotypografische Vorgaben, anhand
derer ein Unternehmen oder eine
Institution festlegt, wie die Medienprodukte zu entwerfen sind.
Die Vorgaben des Landes Baden-
Württemberg umfassen über
100 Seiten und sind über das
Staatsministerium zu beziehen.

Bei einem Faltblatt zur Image-Darstellung kommt es darauf an, mit einem soliden typografischen Konzept auf wenigen Seiten für ein Unternehmen oder eine Institution zu werben. Eigenschaften müssen in ein positives Licht gerückt, das Wichtige hervorgehoben und das Unwichtige im Hintergrund gehalten werden. Erschwerend kommt hinzu, dass alle Seiten „aus einem Guss" gefertigt sein sollten, um auf diese Weise eine durchgängige Gestaltung im Produkt zu gewährleisten.

Beim hier gezeigten Beispiel handelt es sich um ein schulisches Projekt. Während des Entwurfsprozesses wurden mehrere Entwürfe für ein Staatliches Seminar für Didaktik und Lehrerbildung gemacht. Das Faltblatt hat im Original das Format DIN A 5.

Die Typografie ist durch die grafischen Gestaltungsrichtlinien ❶ des Landes Baden-Württemberg vorgegeben. Die makrotypografischen Vorgaben sind sehr detailliert dargestellt und umfassen sogar die Positionierung von Schriften, Bildern und anderen grafischen Elementen.

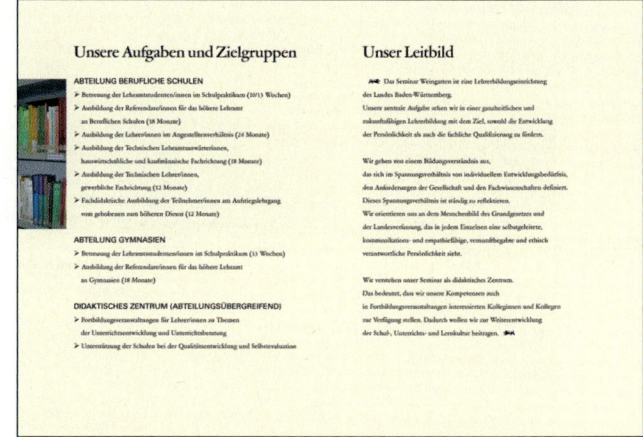

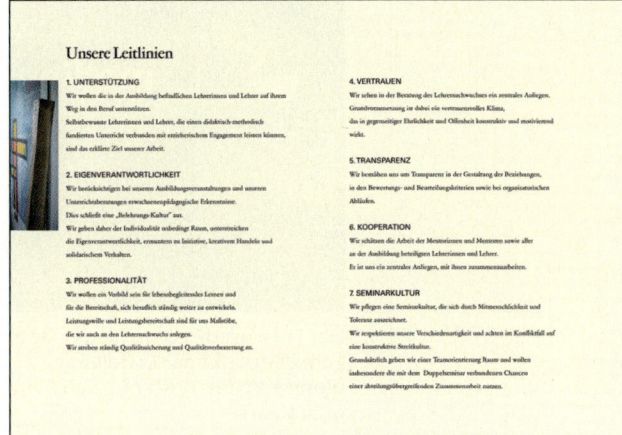

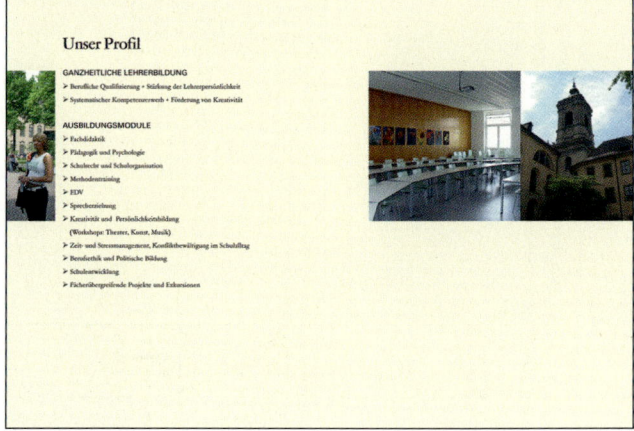

Magazingestaltung: Magazin von Schülern für Schüler

Bei der Magazingestaltung müssen vor allem die typografischen Gliederungselemente berücksichtigt werden, da der Leser über eine lange Distanz „bei Laune" gehalten werden muss. Hinzu kommt hier die Bedeutung des „ersten Eindrucks", die Gestaltung der Titelseite. Die Titelseite ist maßgeblich dafür verantwortlich, ob ein Magazin gekauft wird, oder nicht. Das hier dargestellte Beispiel, das Magazin „augenblick", einem Magazin von Schülern für Schüler, verfügt über eine kontrastreiche Gestaltung mit einem konsequent umgesetzten typografischen Konzept. Die Titelseite wurde im Schuljahr 2005/06 von der Spiegel-Redaktion ❶ mit einem dritten Platz im Wettbewerb ausgezeichnet.

Die Gestaltung der beiden hier gezeigten Doppelseiten stellt den Kontrast in den Vordergrund. Auf der ersten Doppelseite kontrastieren sich insbesondere Farbe und Schriftart, auf der zweiten Doppelseite Bild und Weißraum (unbedruckte Fläche). Der Einsatz unterschiedlicher Schriftgrößen im Bezug auf die Bedeutung des Inhaltes deuten einen weiteren spannenden Kontrast an.

❶ Auszug aus der Begründung der Spiegel-Redaktion in der Ausgabe des Schulspiegel 2005/06 zur Preisverleihung, Seite 21: „augenblick haben nicht nur – wie sie von sich selbst behaupten – den Durchblick, sondern auch Witz. (...) augenblick ist es gelungen, einen wirklich originellen Sinnzusammenhang zwischen Text und Bild herzustellen"

Aufgaben und Übungen, Literaturhinweise

Aufgaben und Übungen

1. Drucken Sie in einem Layout- oder Textverarbeitungsprogramm fünf verschiedene Schriftarten aus. Vergleichen Sie die Schriftarten und versuchen Sie, diese in die Klassifikation nach DIN 16518 einzuordnen.
2. Untersuchen Sie die Schriftcharaktere mehrerer Schriften nach den Merkmalen Form, Stil und Zeit.
3. Rufen Sie auf Ihrem Computer die Zeichensatztabelle auf. Untersuchen Sie die Schriftarten Times New Roman, Courier und Verdana auf ihren Zeichenvorrat hin.
4. Sammeln Sie verschiedene Werbebeispiele (Faltblätter, Baumarktprospekte, Supermarktwerbung, etc.). Beurteilen Sie die Typografie in Bezug auf die Kriterien der visuellen Kommunikation. Kommt die Nachricht beim Leser an?
5. Sie verwenden als Überschrift in einem Medienprodukt eine Schriftgröße mit 24 DTP-Punkten. Rechnen Sie diese Schriftgröße in mm, in Zoll und in Didot-Punkte um.
6. Setzen Sie in einem Layout- oder Textverarbeitungsprogramm mehrere Schriftzeilen in der Schriftart Times New Roman 12 pt ab. Verändern Sie nun den voreingestellten Zeilenabstand in drei Schritten auf 150 %, 130 % und 100 %. Untersuchen Sie die Leserlichkeit bei verschiedenen Zeilenlängen (60 Zeichen, 40 Zeichen und 30 Zeichen pro Zeile).
7. Analysieren Sie Ihr Lieblingsmagazin hinsichtlich der makrotypografischen Beurteilungskriterien.
8. Skizzieren Sie den Satzspiegel Ihres Lieblingsmagazines nach. Legen Sie dazu ein Transparentpapier über eine Doppelseite und zeichnen Sie Ränder und Spalten durch. Messen Sie anschließend den Satzspiegel aus und erstellen Sie diesen in einem Layout- oder Textverarbeitungsprogramm.
9. Entwickeln Sie einen Satzspiegel für eine Doppelseite im Format DIN A 4. Überlegen Sie sich Varianten für eine kontrastreiche Text- / Bild-Integration.

Literaturhinweise

Aull, Manfred; *Bühler*, Hubert; *Huth*, Willi; *Westlinning*, Werner: Grundlagen der Print- und Digitalmedien, 4. Auflage, Itzehoe 2003 (Verlag Beruf und Schule)

Böhringer, Joachim; *Bühler*, Peter; *Schlaich*, Patrick: Kompendium der Mediengestaltung für Digital- und Printmedien, 3. Auflage, Berlin 2005 (Springer Verlag)

Frick, Richard; *Graber*, Christine; *Minoretti*, Renata; *Sommer*, Martin: Satztechnik Typografie, Band 1 bis 5, Bern 2001 (comedia Verlag)

Klein, Klaus: Grundlagen der Gestaltung, 4. Auflage, Bad Homburg vor der Höhe 1997 (Verlag Gehlen)

Khazaeli, Cyrus Dominik: Crashkurs Typo und Layout, Reinbek bei Hamburg 1995 (Rowohlt Taschenbuchverlag)

Koschembar, Frank: Grafik für Nicht-Grafiker, Frankfurt 2005 (Westend Verlag)

Lidwell, William; *Holden*, Kritina; *Butler*, Jill: Design. Die 100 Prinzipien für erfolgreiche Gestaltung, München 2004 (Stiebner Verlag)

Neutzling, Ulli: Typo und Layout im Web, Reinbek bei Hamburg 2002 (Rowohlt Verlag)

Paasch, Ulrich; *Moritz*, Christian; *Ottersbach*, Jochem; *Kieslinger*, Klemens; *Mörsberger*, Annette: Informationen verbreiten, Itzehoe 2003 (Verlag Beruf und Schule)

Radtke, Susanne; *Pisani*, Patricia; *Wolters*, Walburga: Handbuch Visuelle Mediengestaltung, Berlin 2001 (Cornelsen Verlag)

Samara, Timothy: Der Typo-Scout, München 2006 (Stiebner Verlag)

Schrodt, Friedhelm: Formelsammlung Mediengestaltung, Stuttgart 2005 (Holland + Josenhans Verlag)

Siegle, Michael: Logo. Grundlagen der visuellen Zeichengestaltung, Itzehoe 2000 (Verlag Beruf und Schule)

Teschner, Helmut: Druck & Medien Technik, Fellbach 2003 (Fachschriftenverlag)

Thissen, Frank: Screen-Design-Handbuch, 2. Auflage, Berlin 2001 (Springer Verlag)

Turtschi, Ralf: Mediendesign, 2. Auflage, Zürich 2000 (Verlag Niggli)

Turtschi, Ralf: Praktische Typografie, 5. Auflage, Zürich 2003 (Verlag Niggli)

Willberg, Hans-Peter; *Forssmann*, Friedrich: Erste Hilfe in Typografie, Mainz 1999 (Verlag Hermann Schmidt)

Willberg, Hans-Peter: Lesetypografie, Mainz 2005 (Verlag Hermann Schmidt)

Willberg, Hans-Peter; *Thomas*, Monika: Schriften erkennen, 3. Auflage, Mainz 1990 (Verlag Hermann Schmidt)

6 Bild

Dieses Kapitel gibt einen Einblick in die gestalterischen Möglichkeiten beim visuellen, statischen Medium – dem Bild. Dies kann zum Beispiel bei einem Web-Auftritt, einem Videofilm oder einer multimedialen Produktion der Fall sein. Dabei steht nicht nur die Gestaltung im Mittelpunkt, sondern auch die dazu benötigte Technik und deren Werkzeuge. Visuell Gestaltetes soll optisch ansprechen, auffallen, „ins Auge springen", provozieren, eine Harmonie für die visuellen Sinne bieten, Gefühle wecken, Assoziationen hervorrufen oder einfach nur gefallen – keine leichte Aufgabe für den Gestalter, der dies erreichen soll. Die Wirkung der Gestaltung ist subjektiv, emotional und dem Zeitgeist unterworfen. Trotzdem ist es möglich, Regeln aufzustellen, die das Gestalten begleiten und unterstützen. Diese Regeln basieren auf optischen Gesetzen und den Eigenschaften der Medien. Gestalten nach Regeln – kann das kreativ sein? Warum nicht, denn Gestalten erfüllt selten nur einen Selbstzweck. Der Betrachter soll schließlich animiert, provoziert, fasziniert sein! Um dies zu erreichen, muss der Gestalter sein Handwerk verstehen. Er muss wissen, wie und wann er seine Medien einsetzt, und welche Gestaltungstechniken er benutzen kann. Außerdem sollte er über Kenntnisse der Medieneigenschaften verfügen. Ebenso sollte er für den Gestaltungsprozess die Möglichkeiten seiner Werkzeuge kennen.

6.1 Fotografie

❶ Die **Camera Obscura** bestand in den Anfängen aus einem großen Raum, in den über ein Loch ein „punktgespiegeltes" Bild projiziert wurde. Daher die Bezeichnung „Camera" für Zimmer und „Obscura" für das obskure Bild, welches sich durch die Projektion abzeichnete.

Die Ursprünge der Fotografie gehen bis auf die berühmte **Camera Obscura** ❶ zurück, deren Anfänge nicht mehr exakt nachzuverfolgen sind. Schon der griechische Philosoph Aristoteles (384-332 v. Chr.) soll die Camera Obscura verwendet haben, um die Sonnenfinsternis besser beobachten zu können.

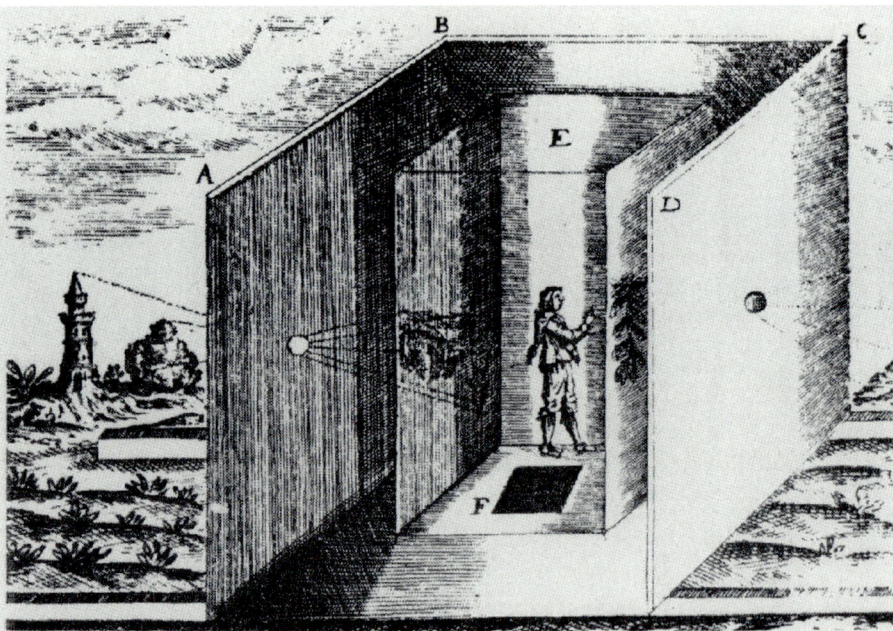

Transportable, begehbare Camera Obscura nach Athanasius Kircher um 1646.

Ab dem 17. Jahrhundert wurde sie in transportabler Form konstruiert und durch eine Sammellinse in ihrer Abbildungsleistung verbessert. Aber erst um 1826 begann man, das projizierte Bild mit Hilfe chemischer Verfahren zu konservieren. Anfang des 20. Jahrhunderts, begleitet durch wesentliche Fortschritte im chemischen Bereich, wurde mit dem ersten Rollfilm und kleinen transportablen Kameras die kommerzielle Ära der Fotografie eingeläutet.

6.1.1 Fotografischer Prozess

Zeit und Blende

Bei der Fotografie spricht man von ‚Belichten von Bildern‘, ob auf Filmmaterial oder auf einen elektronischen Chip. Voraussetzung für eine korrekte Belichtung ist, dass die richtige Menge Licht auf den Bildträger (Filmmaterial oder Chip) fällt.

Dies wird durch ein Zusammenspiel aus Zeit und Blende erreicht. Die beiden Faktoren bestimmen, in welcher Zeit (= **Belichtungszeit**) welche Lichtmenge (bestimmt durch die Größe der **Blendenöffnung**) durch das Objektiv auf den Bildträger fällt. Wie hoch die richtige Menge Licht für den Bildträger ist, hängt von dessen Lichtempfindlichkeit ab.

Wie kann sichergestellt werden, dass für jede Aufnahmesituation mit der richtigen Lichtmenge belichtet wird? Dies kann durch das Steuern der Belichtungsdauer und /oder Steuern der Blendenöffnung in Abhängigkeit mit Empfindlichkeitswerten des Bildträgers erreicht werden.

Die Belichtungsdauer wird über den Verschluss verändert.

Es wird prinzipiell zwischen dem Zentralverschluss und dem Schlitzverschluss unterschieden. Beim **Zentralverschluss** ❶ wird die Lichtöffnung durch mehrere dünne Lamellen aus Stahlfolie abgedeckt, die beim Auslösen des Verschlusses um einen festen Drehpunkt geschwenkt werden. Damit geben sie, von der Mitte her beginnend, kurzzeitig die Lichtöffnung zur Belichtung frei.

Beim **Schlitzverschluss** ❷, der horizontal wie auch vertikal angeordnet sein kann, laufen während des Belichtungsvorganges zwei Rollos, die aus Folie oder Metallstreifen bestehen können, über die Lichtöffnung hinweg. Während der Belichtung gibt das erste Rollo die Lichtöffnung frei und das zweite deckt es nachfolgend wieder ab. Dabei wird die Belichtungszeit nicht durch die Ablaufgeschwindigkeit der beiden Rollos bestimmt, sondern durch den zeitlichen Abstand, mit dem das zweite Rollo auf das erste folgt.

❶ Belichtungsvorgang bei einem **Zentralverschluss**.

❷ Belichtungsvorgang bei einem **Schlitzverschluss**.

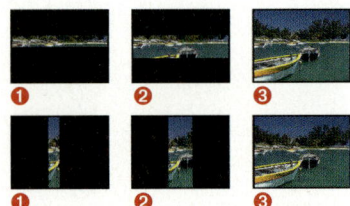

Bildreihe oben: Horizontal verlaufender Schlitzverschluss. Bildreihe unten: Vertikal verlaufender Schlitzverschluss.

❶ Kurze Belichtungszeit

❷ Mittlere Belichtungszeit

❸ Lange Belichtungszeit, bei der der zweite Rollo erst startet, wenn der erste komplett abgelaufen ist.

❹ Irisblende als regulierbarer Lichtbegrenzer.

❺ Der Blendenwert ist das mathematische Verhältnis von Brennweite zu Öffnungsweite des Objektives. Sie ist umgekehrt proportional zu der Lichtmenge, die in die Kamera fällt.

❻ Die Brennweite eines Objektives entspricht dreimal dem Durchmesser der größten Objektivöffnung und wird in Millimetern angegeben.

Die Dauer der Belichtung, auch Verschlusszeit genannt, wird in Sekunden oder Bruchteilen von Sekunden angegeben:

1   1/2   1/4   1/8   1/15   1/30   1/60   1/125   1/250   ...

➲ Der Wechsel von einer Verschlusszeit zur nächst kürzeren hat zur Folge, dass die Belichtungszeit und damit auch die Lichtmenge, die auf den Bildträger fällt, halbiert wird.

➲ Der Wechsel von einer Verschlusszeit zur nächst höheren hat zur Folge, dass die Belichtungszeit und damit auch die Lichtmenge, die auf den Bildträger fällt, verdoppelt wird.

Der zweite Faktor, der die Lichtmenge auf dem Bildträger beeinflusst, ist die **Blende**. Dieser mechanische Lichtbegrenzer, realisiert über verstellbare sogenannte Irisblenden ❹, regelt durch Veränderung der Lichtdurchtrittsöffnung die Lichtmenge und beeinflusst damit (zusammen mit dem Verschluss) die Belichtung des Bildträgers.

Die Größe der Blendenöffnung wird in Blendenwerten ❺ angegeben:

1,4   2,8   4   5,6   8   11   16   22

➲ Eine Halbierung bzw. Verdopplung der Lichtmenge, die durch das Objektiv fällt, erfordert eine Durchmesserveränderung der Blendenöffnung um etwa den Faktor Wurzel aus Zwei.

Die Größe der Lichtdurchtrittsöffnung hat, zusätzlich zur Steuerung der Lichtmenge auf den Bildträger, auch einen direkten Einfluss auf die Schärfentiefe, die den gesamten Entfernungsbereich vor und hinter einer eingestellten Entfernung definiert, in dem die fotografierten Objekte scharf abgebildet werden.

Die Größe dieses Entfernungsbereichs (Schärfentiefe) ist variabel und hängt von der Aufnahmeentfernung, der Blendenöffnung und von der Brennweite ❻ des Objektives ab.

Der Zusammenhang zwischen Blendenwert und Verschlusszeit ist in folgender Tabelle dargestellt:

Mehr Bewegungsunschärfe ⟶

1/15	1/30	1/60	1/125	1/250	1/500	1/1000	1/2000
22	16	11	8	5,6	4	2,8	1,4

⟵ Größere Schärfentiefe

Die Blenden- und Verschlusszeitkombinationen können bewusst für die Gestaltung verwendet werden.

Suchersysteme

In der Fotografie wird zwischen Durchsichtsuchern, Aufsichtsuchern und Spiegel-reflexsystemen unterschieden. Bei den Durchsichtsuchern wird zum Anvisieren des zu fotografierenden Objektes eine separate Linse mit einem Okular verwendet. Durch die leichte Abweichung ❶, der Sehachse des Suchers von der Sehachse des Objektives muss der Markierungsrahmen des Bildes im Sucher einen Parallaxenausgleich auf-weisen.

Dieses Problem gibt es beim Aufsichtsucher nicht. Beim Aufsichtsucher wird das durch das Objektiv fallende Bild direkt auf eine Mattscheibe projiziert. Ist der zu foto-grafierende Ausschnitt eingestellt, so wechselt der Fotograf die Mattscheibe gegen die Filmkassette aus. Dieses System eignet sich nur für Aufnahmen mit Stativ und wird primär bei Großbildkameras verwendet. Weiterer Nachteil: Das Sucherbild wird sei-tenverkehrt auf die Mattscheibe projiziert.

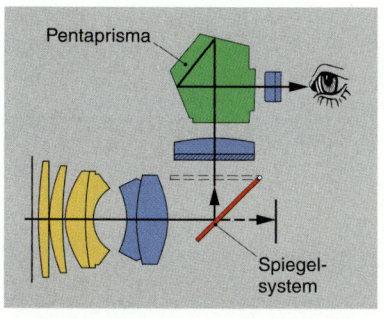

Bei Spiegelreflex-Systemen wird über ein Spiegelsystem das durch das Objektiv fallende Licht auf eine Mattscheibe geworfen. Über ein Pentaprisma, welches das Bild der Mattscheibe seitenrichtig und aufrecht dem Sucherokular weiterführt, hat der Fotograf ein Sucherbild, welches nahezu identisch mit dem Aufnah-mebild ist. Zur Aufnahme wird der Spiegel automatisch hochgeklappt und das Licht kann direkt auf den Bildträger fallen.

Objektive

Um ein Bild auf die Mattscheibe und damit auch auf den Bildträger zu bekommen, muss man eine Lichtlenkungs-Einrichtung benutzen – etwas, das die Lichtstrahlen sammelt und so bündelt, dass sie als scharfes Bild auf den Film gelangen. Sonst wür-den die unregelmäßigen Lichtstrahlen nur ein gleichmäßig belichtetes Stück Film erzeugen. Beispiel: Das reflektierende Licht von den Gegenstands-Punkten P1 und P2 treffen auf alle Flächenpunkte des Bildträgers ❷.

Wie kann man nun Lichtstrahlen bündeln? Nimmt man eine Lochblende mit einer sehr kleinen Öffnung, werden nur ganz wenige Lichtstrahlen eines Gegenstandspunk-tes auf den Bildträger geworfen. Es entsteht ein auf dem Kopf stehendes, seitenverkehr-tes Abbild. Da aber nur eine relativ kleine Öffnung benutzt werden kann, da sonst das Abbild wieder unscharf wird, muss eine sehr lange Belichtungszeit verwendet werden. Mit diesem Verfahren, bekannt als ‚Camera Obscura' ❸, begann die Fotografie.

Eine effektive Bündelung des Lichts erreicht man mit einer Linse. Mit einer Konvex-linse ❹, auch auf Grund ihrer Eigenschaft als Sammellinse bezeichnet, werden viele Strahlen, die von einem einzelnen Punkt reflektiert werden, gesammelt und auf der Bildebene zu einem einzigen Punkt vereinigt. So entsteht ein scharfes, lichtstarkes Abbild des Gegenstandes. Aber wie kann eine Linse das Licht lenken?

❶ Das Parallaxen-Problem bei einer Sucherkamera entsteht durch die unterschiedlichen opti-schen Achsen von Objektiv und Sucher. Spezielle Markierungs-rahmen im Sucher für Aufnah-men von fernen Objekten und Aufnahmen von nahen Objekten sollen diese Ausschnittsverfäl-schung korrigieren (Parallaxen-ausgleich).

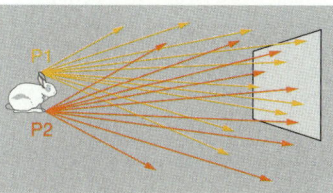

❷ Ungebündeltes Licht

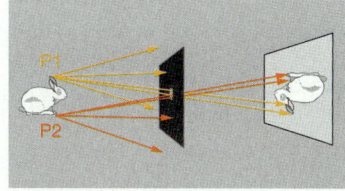

❸ Camera Obscura

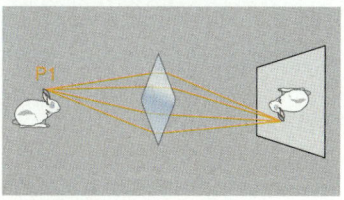

❹ Konvexlinse

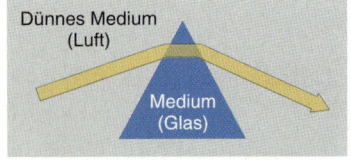

Trifft ein Lichtstrahl aus einem optisch dünneren Medium (Luft) in einem schrägem Winkel auf ein optisch dichteres Medium (Linse), ändert sich die Fortbewegungsrichtung des Lichts. Verursacht wird dieser Effekt durch die vom Medium abhängige Fortbewegungsgeschwindigkeit. Tritt der Lichtstrahl wieder aus dem dichten Medium in das dünne Medium aus, erfolgt auch an dieser Schnittstelle wieder eine Änderung der Fortbewegungsrichtung.

➲ **Durch Strahlenbrechung regeln und lenken Linsen das Licht.**

Eine Linse in der einfachsten Form ist die bikonvexe Sammellinse, die man von der Lupe her kennt. Linsen mit konvexer Form ❶ sammeln das Licht (Sammellinse) und Linsen mit konkaver Form ❷ zerstreuen das Licht. Für die Verwendung einer Linse als Objektiv würde zwar prinzipiell eine Sammellinse genügen, da sich aber nicht alle Lichtstrahlen gleich verhalten, treten Abbildungsfehler und Unschärfen auf. Diese Fehler werden korrigiert, indem man Linsen verschiedener Glassorten und Krümmung zu einem Objektiv aneinanderreiht.

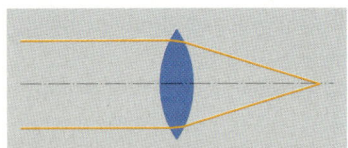

❶ **Sammellinse** (positive Linse). Parallele Strahlen werden von einer konvexen Linse so abgelenkt, dass sie sich in einem Punkt sammeln.

Die sechs wichtigsten Linsenformen sind:

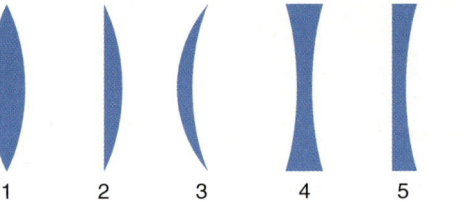

1 Bikonvex
2 Plankonvex
3 Konkavkonvex
4 Bikonkav
5 Plankonkav
6 Konvexkonkav

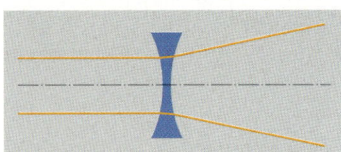

❷ **Zerstreuungslinse** (negative Linse). Parallele Strahlen werden von einer konkaven Linse so abgelenkt, dass sie sich nicht in einem Punkt sammeln.

Betrachtet man parallele Lichtstrahlen (etwa von der Sonne), die auf eine Sammellinse fallen, werden sie durch die konvexe Form der Linse dahingehend abgelenkt, dass sie alle durch den gleichen Punkt (Brennpunkt) laufen. Den Abstand des Brennpunktes zur Linsenmitte bezeichnet man als Brennweite.
Liegt das Objekt der Lichtstrahlen „unendlich" weit entfernt, also ist die **Gegenstandsweite** ❸ gleich unendlich, so gilt **Bildweite** ❹ gleich Brennweite.

❸ Die **Gegenstandsweite** ist die Distanz vom abzubildenden Gegenstand zum Objektiv.

❹ Die **Bildweite** beschreibt den Abstand zwischen Linsenmitte und der Bildebene (Filmschicht bzw. Digitalsensor).

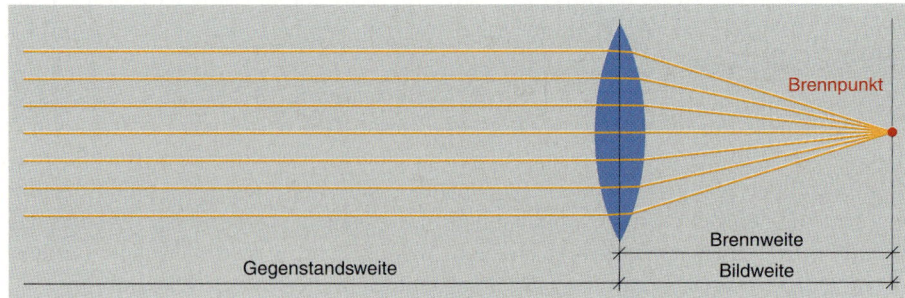

Die **Brennweite** bestimmt die Größe des Bildes auf dem Bildträger. Da ein Objektiv aber nur auf eine Distanz scharf darstellt und die Bildweite größer wird, je näher der Gegenstand an das Objektiv heranrückt, muss das Objektiv über eine Fokussierung verfügen.

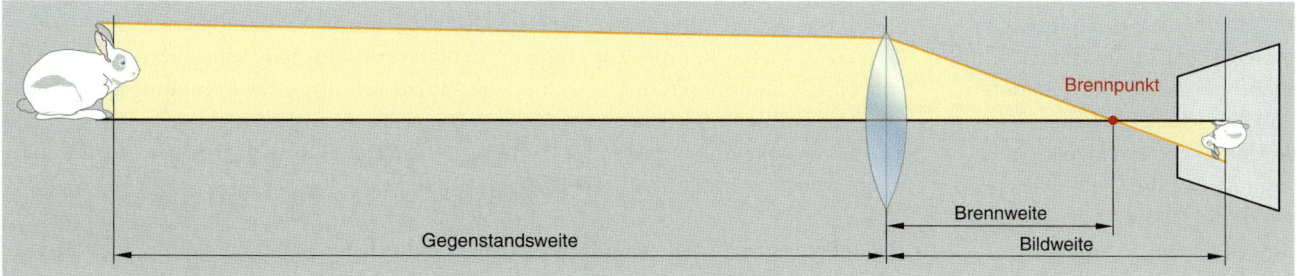

Wird das Objekt im Verhältnis 1:1 aufgenommen, ist Bildweite = Gegenstandsweite. Damit ist das abgebildete Objekt auf dem Bildträger gleich dem realen Objekt (Abbildungsgröße 1:1).

In der Praxis möchte man in der Gegenstandsweite möglichst flexibel sein, um unabhängig vom Aufnahmestandort unterschiedliche Abbildungsgrößen zu erreichen. Dazu benötigt man Objektive mit unterschiedlichen Brennweiten.

Mit **Weitwinkelobjektiven** können Objekte in einem großem Bildwinkel eingefangen werden. Die Abbildung enspricht jedoch einem kleinerem Maßstab.

Ein **Normalobjektiv** verfügt über einen Bildwinkel von 45° und einer Brennweite von 50 mm bei einem Bildträgerformat von 24 × 36 mm. Es kommt dem menschlichen Augeneindruck am nächsten.

Mit dem **Teleobjektiv** können von einem entfernten Standort aus Objekte in größerer Abbildung eingefangen werden. Wegen der Verwacklungsgefahr möglichst kurze Belichtungszeit oder Stativ verwenden.

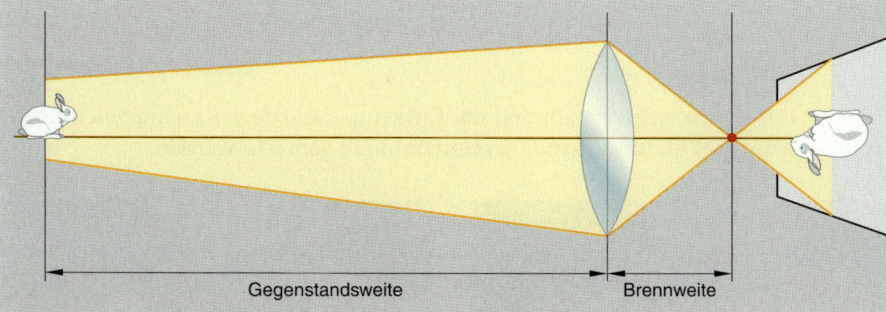

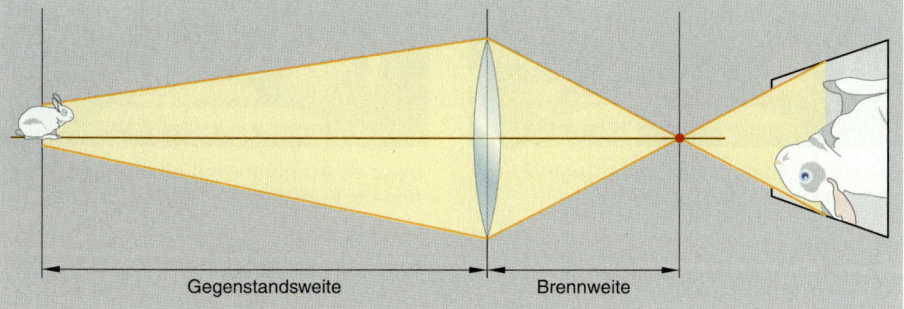

❶ Unter **Schärfentiefe** versteht man den Entfernungsbereich, innerhalb dem die abgebildeten Objekte scharf erscheinen. Je kleiner der Bildträger (bei digitalen Kameras der Bildsensor) ist, desto größer ist die generelle Schärfentiefe.
Beispiel der jeweiligen Schärfentiefe bei Blende 5,6 und einer Entfernung von 3 m:
Kleinbild = 1,15 m
4/3 Zoll Bildsensor = 2,22 m
2/3 Zoll Bildsensor = 4,57 m

Objektive mit veränderlicher Brennweite, sogenannte Vario-Objektive oder Zoom-Objektive, bieten bei meist geringen Qualitätsverlusten dem Fotografen den Vorteil, von einem Standpunkt aus verschiedene Bildausschnitte und Abbildungsgrößen des Objektes wählen zu können.

Mit Makroobjektiven kann der Fotograf Aufnahmen im Nahbereich vornehmen. Dabei sind Abbildungsmaßstäbe bis 1:1 realisierbar.

Teleobjektive und Makroobjektive verfügen bei offener Blende über eine sehr geringe **Schärfentiefe** ❶. Nur durch Abblenden (Wahl einer kleineren Blendenöffnung) kann die Schärfentiefe vergrößert werden.

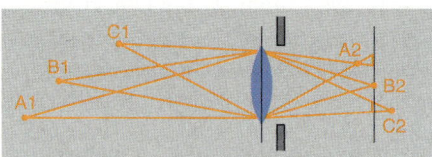 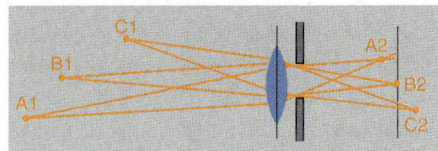

Geringe Schärfentiefe bei offener Blende. Punkt A und C werden sehr unscharf auf dem Bildträger abgebildet.

Größere Schärfentiefe bei kleiner Blendenöffnung. Punkt A und C werden nun schärfer auf dem Bildträger abgebildet.

❷ Beispiel:

Linsen Ø	35 mm
Brennweite	50 mm

Lichtstärke = 1 : 1,4

Ein weiteres Kriterium bei Objektiven ist die **Lichtstärke**. Sie ist ein Maß für die Lichtmenge, die auf den Bildträger gelangen kann. Man bezeichnet sie auch als „relative Öffnung". Sie wird als Verhältnis ❷ von Durchmesser der Frontlinse des Objektivs zu Brennweite des Objektivs angegeben.

Filter

Durch Verwenden eines Filters kann der Fotograf in die Wirkung der Aufnahmeoptik eingreifen. Dabei können Filter zur Korrektur verwendet werden oder zum Erzielen eines speziellen Trickeffektes.

❸ Die **Farbtemperatur** des Lichts beschreibt die spektrale Leistungsverteilung (Farbverteilung) einer Lichtquelle. Die Farbtemperatur wird in Kelvin (K) ausgedrückt. Um in der Fotografie farbechte Ergebnisse zu bekommen, muss die Filmemulsion an die Farbverteilung des Lichts angepasst werden. Farbemulsionen gibt es für Kunstlicht und Tageslicht.
Unter Kunstlicht versteht man künstliche Lichtquellen (Glühlampen, Scheinwerfer etc.), die eine Farbtemperatur von ca. 2000 K bis 5000 K aufweisen. Tageslicht bezeichnet vorwiegend natürliches Licht (Sonnenlicht) mit einer Farbtemperatur von etwa 6500 K.

Mit Hilfe von Korrekturfiltern können die Farbtemperatur ❸ der Lichtquelle mit der Sensibilisierung des Bildträgers in Übereinstimmung gebracht werden.

Beispiel: Aufnahme mit einem Tageslichtfilm bei Kunstlicht.

Beispiel: Aufnahme mit einem Tageslichtfilm bei Kunstlicht mit Korrekturfilter.

Kontrastfilter werden in der Schwarzweiß-Fotografie verwendet, um bewusst Kontraste zu erhöhen oder zu verändern. Dabei werden Farbkontraste in Hell-Dunkel-Kontraste umgesetzt.

Mit UV-Filtern werden ultraviolette Strahlen zurückgehalten. Eine hohe Konzentration von UV-Strahlen, wie sie oft im Hochgebirge anzutreffen ist, erzeugt eine Bildunschärfe auf dem Bildträger.

Spezialfilter, wie ein Infrarotfilter, lassen nur ein ganz spezifisches Lichtspektrum durch. Bei einem Infrarotfilter wird das sichtbare Licht (bis ca. 700 nm) gesperrt. Wird als Bildträger ein Infrarotfilmmaterial verwendet, kann der Fotograf zum Beispiel die faszinierende Stimmung einer Landschaft, gesehen mit Infrarot-Augen, aufnehmen.

Polarisationsfilter dienen zum Einen zur Kontraststeigerung in der Farbfotografie – zum Beispiel, um die Wirkung des blauen Himmels bei Landschaftsaufnahmen zu verstärken – und zum Anderen, um Spiegelungen auf nichtmetallischen Oberflächen ganz oder teilweise zu beseitigen.

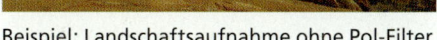

Beispiel: Landschaftsaufnahme ohne Pol-Filter   Beispiel: Landschaftsaufnahme mit Pol-Filter

Spezielle Trickfilter kommen in der Effektfotografie zum Einsatz. Dies können Weichzeichner, Sternfilter, Prismenfilter oder ähnliche Vorsätze sein.

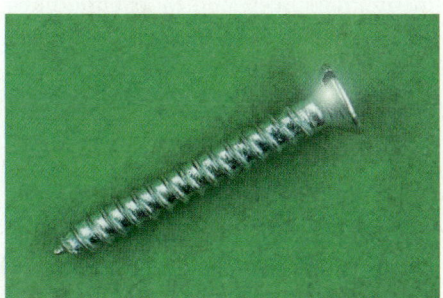

Beispiel: Objektfoto ohne Trickfilter   Beispiel: Objektfoto mit Sternfilter

Zubehör

Zusätzlich zu unterschiedlichen Objektiven und Filtern kommen in der Fotografie Zusatzgeräte und spezielles Kamerazubehör zum Einsatz.

Ein zusätzlicher Belichtungsmesser, der außerhalb der Kameramesseinrichtung das richtige Verhältnis von Blendenöffnung zu Belichtungszeit ermittelt, kann zur Objektmessung oder Lichtmessung eingesetzt werden.

Augenmuscheln dienen als Anlagefläche für das Auge des Fotografen und halten beim Blick durch das Okular das störende Fremdlicht fern.

Gegenlichtblenden am Objektiv dienen als Sonnenschutzblenden, um störende Gegenlichtreflexe auf der vordersten Linse zu vermeiden. Sie müssen immer speziell an das Objektiv angepasst sein, um nicht das Bildfeld abzuschneiden ❶ und trotzdem genügende Blendwirkung zu erreichen.

❶ Beispiel bei Verwendung einer falschen Gegenlichtblende. Die Bildränder werden abgeschnitten.

Mit einem **Stativ** kann der Fotograf trotz langer Belichtungszeiten, zum Beispiel bei Teleobjektiven, verwacklungsfreie Aufnahmen realisieren.

Für Langzeitbelichtungen auf einem Stativ, muss die Belichtung der Kamera erschütterungsfrei ausgelöst werden. Dies kann entweder mit einem eingebautem Selbstauslöser oder externen Auslöser in Form eines Drahtauslösers, bzw. eines elektrischen Auslösers erfolgen.

❸ Computer-Blitzgerät

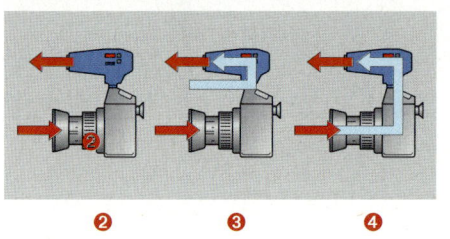

❷   ❸   ❹

Bei ungenügenden Lichtverhältnissen kommt das **Blitzgerät** zum Einsatz. Tragbare Blitzgeräte gehören zum unentbehrlichen Handwerkszeug eines Fotografen – nicht nur als Lichtergänzung, sondern auch zur Beleuchtung schattiger Motive oder als Hintergrundbeleuchtung. Die einfachsten Blitzgeräte ❷ erzeugen einen Blitz unveränderlicher Intensität, zu dem die Blendeneinstellung entsprechend der Filmempfindlichkeit und Motiventfernung berechnet werden muss. Bei Computer-Blitzgeräten ❸ misst das interne Messsystem des Blitzgerätes durch einen eingebauten Sensor die erforderliche Blitzleuchtdauer und regelt dann den Blitz. Eine noch etwas elegantere Methode ist die TTL-Belichtungsmessung (TTL = Through The Lens) ❹. Dabei wird die Blitzdauer über den kameraeigenen Belichtungsmesser gesteuert.

Kameras, die keinen integrierten motorischen Filmtransport besitzen, können durch einen zusätzlichen Motor erweitert werden. Der **Motor** ❺ sorgt für den automatischen Filmtransport und für die Verschlussspannung.

❺ Kamera mit externem Motor.

Bei Kamerasystemen mit Mattscheiben können, je nach Typ, die **Einstellscheiben** ausgewechselt werden. Spezielle Einstellscheiben für spezifische Anwendungen, wie der Architekturfotografie, der Mikro- und Makrofotografie, verfügen über besondere Einstellhilfen für die Fokussierung und für die Auswahl des Bildausschnittes.

Speziell für die Mikro- und Makrofotografie kommen Balgengeräte und/oder Zwischenringe zum Einsatz, die es dem Fotografen erlauben, die Bildweite zu verlängern und damit die für die Nahfotografie notwendigen Abbildungsmaßstäbe zu erreichen.

6.1.2 Analoge Fotografie

Unter analoger Fotografie versteht man das Fotografieren mit Filmmaterial. Dabei muss das Filmmaterial nach der Belichtung mit Hilfe von chemischen Prozessen entwickelt werden.

Kameras

Kameras für die analoge Fotografie können generell in Kleinbildkameras, Mittelformatkameras, Großformatkameras und Spezialkameras eingeteilt werden.

❶ Beispiel einer Kleinbild-Spiegelreflexkamera ❷ Beispiel einer Kleinbild-Sucherkamera

Die **Kleinbildkameras** arbeiten mit einem Bildfeld von 24 × 36 mm. Sie sind die verbreitetsten Kameras der Welt und werden vom Hobby-Fotografen wie vom professionellen Fotografen eingesetzt. Das verwendete 35 mm Kleinbildformat liefert Farbdias für anspruchsvolle Projektionen und Negative, die Vergrößerungen im begrenzten Umfang zulassen. Kleinbildkameras als Spiegelreflexkameras ❶ überzeugen als Systemkameras durch ihre Flexibilität und das große Systemzubehör. Kleinbildkameras als Sucherkameras ❷ eignen sich durch ihre Kompaktheit besonders für den mobilen Einsatz, zum Beispiel für Schnappschussaufnahmen.

Mittelformatkameras sind üblicherweise für Rollfilme im Format 6 × 4,5 cm, 6 × 6 cm oder 6 × 9 cm ausgelegt. Durch das größere Filmformat sind Vergrößerungen bis zum Posterformat und Detailausschnitte problemlos machbar. Sie sind als einäugige Spiegelreflexkameras (SLR = Single Lens Reflexe) ❸ und als zweiäugige Sucherkameras ❹ verbreitet. Mittelformatkameras finden ihre Verwendung in der professionellen Fotografie, zum Beispiel für Produkt- und Modeaufnahmen. Auf Grund der Vorteile des SLR-Prinzips kommen heute nur noch Spiegelreflexkameras zum Einsatz. Das Standardobjektiv einer Mittelformatkamera hat eine Brennweite von etwa 80 mm, was einem 50 mm-Objektiv in einer Kleinbildkamera entspricht.

❸ Beispiel einer Mittelformat-Spiegelreflexkamera

❹ Beispiel einer zweiäugigen Mittelformatkamera. Sie verfügt über ein Aufnahmeobjektiv und einem Sucherobjektiv.

Spezialkamera stellt gleichzeitig vier Passbilder her.

Bei **Großformatkameras** ❶ sind die Formate 9 × 12 cm, 13 × 18 cm und 18 × 24 cm am weitesten verbreitet. Großformatkameras zeichnen sich durch die komplette Verstellbarkeit der optischen Achse von Objektiv zur Filmebene aus. Das kann nur mit unabhängigen Halterungen für Objektiv und Film erreicht werden, die beide über einen lichtundurchlässigen Balgen miteinander verbunden sind. Auf Grund der Komplexität in der Handhabung, aber auch auf Grund der Möglichkeiten in der Bildbeeinflussung, eignen sich Großformatkameras besonders als Studiokameras oder für Landschaftsaufnahmen, wenn hohe Bildauflösungen gebraucht werden.

❶ Beispiel einer historischen Großformatkamera

Besondere Anwendungen erfordern zusätzlich Spezialkameras, wie zum Beispiel Sofortbildkameras, Kleinstbildkameras, Hochgeschwindigkeitskameras, Panorama- oder Stereokameras.

Sofortbildkameras ❷ nach dem Polaroidverfahren erlauben dem Fotografen, das Ergebnis seiner Fotografie nach wenigen Minuten zu betrachten. Dieser zeitliche Vorteil führte vor der Verbreitung der digitalen Fotografie zur Entwicklung von einfachen Sofortbildkameras für die Schnappschuss-Fotografie oder für dokumentarische Anwendungen. Auch als Kamerarückteil für viele Groß- und Mittelformatkameras brachte das Polaroidverfahren große Vorteile, um Belichtung und Bildeinstellung zu testen.

❷ Beispiel einer einfachen Sofortbildkamera

Kleinstbildkameras, wie die berühmte Minox, mit speziell kleinen Filmformaten, finden auch in der Schnappschuss- oder dokumentarischen Fotografie ihren Einsatz.

Zum fotografischen Festhalten und Analysieren von schnell bewegten Objekten werden spezielle **Hochgeschwindigkeitskameras** eingesetzt. Sie zeichnen sich durch besonders kurze Verschlusszeiten und filmkameraähnlichen Mechanismen für den Filmtransport aus.

❸ **Panoramakameras** basieren auf einem Schwenkmechanismus, bei dem das Objektiv über das Bildfeld geschwenkt wird, während synchron dazu der Film langsam vortransportiert wird.

In der Landschaftsfotografie können spezielle **Panorama- und Weitwinkelkameras** ❸ eingesetzt werden, wenn es um Aufnahmen mit möglichst großem Bildwinkel geht und wenn möglichst keine optischen Verzerrungen vorkommen sollen.

Auch zum Herstellen von Stereobildern sind Spezialkameras notwendig. Mit speziellen **Stereokameras** wird durch das gleichzeitige Belichten von zwei durch den Augenabstand getrennten Objektiven ein Stereobild erreicht.

Filmmaterial

In der analogen Fotografie unterscheidet man grundsätzlich zwischen Schwarzweiß- und Farb- und Filmmaterial und zwischen positiven und negativen Filmmaterialien. Die Filmmaterialien gibt es mit Filmemulsionen ❶ für verschiedene Farbtemperaturen.

Farbumkehrfilme sind positive Filmmaterialien. Nach dem Entwicklungsprozess erhält man sogenannte Farbdiapositive. Diese Farbdias können dann unmittelbar betrachtet ❷ und mit einem Diaprojektor ❸ auf eine große Leinwand projiziert werden.

❶ **Filmemulsionen** können für Tages- oder Kunstlicht sensibilisiert sein. Tageslichtfilme sind auf eine Farbtemperatur von 5500 Grad Kelvin geeicht, Kunstlichtfilme auf 3200 Grad Kelvin.

❷ Leuchtpult zum Betrachten, Auswählen und Sortieren von Dias.

❸ Der Diaprojektor projiziert Dias auf eine große Leinwand.

Bei Farbdias werden die subtraktiven Farben, die das endgültige Bild bestimmen, während des Vergrößerungsprozesses selbst gebildet, so dass es hier keine Gelegenheit zu Bildgestaltung gibt. Diapositive haben ihre Stärken beim Kopieren, für Projektionen und als Druckvorlage.

Farbnegativfilme ergeben bei der Entwicklung ein Negativbild des Motivs in Komplementärfarben, von dem dann Positive (Papierbilder) hergestellt werden können. Beim Herstellen im Vergrößerer bietet dieser Prozess die Gelegenheit zur Korrektur von Unter- und Überbelichtungen und zur Farbabstimmung, also eine letzte Möglichkeit der direkten Bildgestaltung. Die Negative werden üblicherweise als Filmstreifen in transparenten Filmtaschen ❹ aufbewahrt.

Filmmaterialien gibt es mit unterschiedlichen Filmempfindlichkeiten. Angegeben wird die Filmempfindlichkeit in DIN (Deutsches Institut für Normung e. V.)- oder ASA (American Standard Association)- Werten.

❹ Transparente Filmtaschen für die Archivierung von Negativen.

Vergleichstabelle:

DIN	10	11	12	13	14	15	16	17	18	19	20	21	22
ASA	8	10	12	16	20	25	32	40	50	64	80	100	125

DIN	23	24	25	26	27	28	29	30	31	32	33	34	35
ASA	160	200	250	320	400	500	650	800	1000	1250	1600	2000	2500

Entwicklung und Verarbeitung

Das Entstehen eines Bildes beruht auf chemischen Prozessen. Der prinzipielle chemische Entwicklungsprozess ist bei der Film- und Papierentwicklung gleich.

Ein Film (**A**) besteht aus einem Trägermaterial, auf dem die Filmemulsion aufgebracht ist. Die Emulsion besteht aus lichtempfindlichen Kristallen, sogenannten Silberhalogenidsalzen.

Während der Belichtung (**B**) fällt Licht auf die Emulsion, die Silberhalogenidsalze zersetzen sich, und reines, metallisches Silber lagert sich in der Schicht ab.

Diese Silberpartikel dienen als Entwicklungskeime für den anschließenden Entwicklungsprozess (**C**), bei dem mit Hilfe von Chemikalien die Silberhalogenide zu reinem Silber reduziert werden. Dabei schwärzen sich die belichteten Stellen schneller als die unbelichteten. Der Entwicklungsprozess wird mit Hilfe eines Stoppbades abgeschlossen, sonst würden sich allmählich alle Stellen verschwärzen.

Im Fixierungsprozess (**D**) werden durch Chemikalien alle restlichen Silberhalogenide aus der Schicht entfernt und der Film haltbar gemacht.

Eine anschließende Wässerung entfernt die verschiedenen Chemikalienlösungen aus dem fotografischen Material. Nach dem Trocknungsprozess kann das fertige Filmnegativ ❶ (**E**) verwendet werden.

Zur Herstellung eines positiven Papierbildes wird mit Hilfe eines Vergrößerungsapparates oder eines Kontaktkopierers das Filmnegativ auf Fotopapier belichtet (**F**). Anschließend wird das Fotopapier entwickelt (**G**), fixiert, gewässert und getrocknet, damit man ein haltbares Papierpositiv ❷ (**H**) erhält.

❶ Beispiel eines Filmnegativs

❷ Beispiel eines Papierpositivs

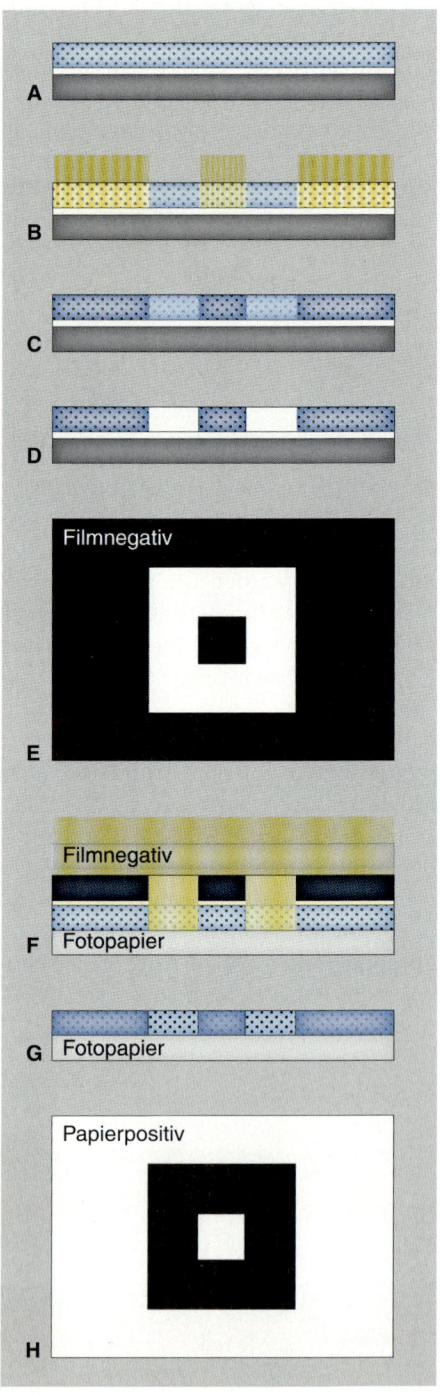

6.1.3 Digitale Fotografie

Im Gegensatz zur analogen Fotografie, bei der auf Filmmaterial aufgezeichnet wird, benutzt die digitale Fotografie zur Aufzeichnung ein elektronisches Medium. Dieses Medium besteht aus einem CCD-Chip (Charge Coupled Device).

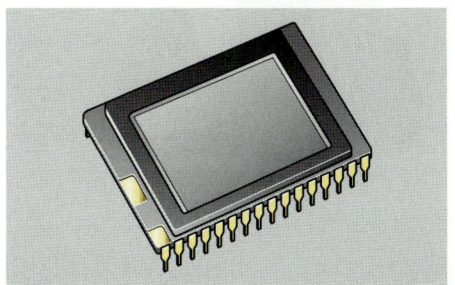

CCD-Sensor

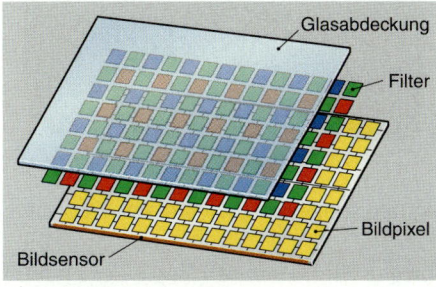

Prinzip eines CCD-Chips

Bei Lichteinfall laden sich die Pixel auf dem Chip elektronisch auf. Diese Ladungen werden mit Hilfe eines Mikroprozessors und einer speziellen Software ausgewertet, umgerechnet und an ein in der Kamera befindliches Speichermedium weitergegeben.

Kameras

Wie bei den analogen Kameras gibt innerhalb der digitalen Fotografie Sucherkameras und Spiegelreflexkameras. Desweiteren gibt es auch Datenrückteile für professionelle Mittelformat- und Studiokameras, die hier aber nicht weiter betrachtet werden sollen. **Sucherkameras** verfügen in der Regel über einen optischen Sucher, zusätzlich aber auch über ein LCD-Display ❶, welches das über den CCD-Chip empfangene Bild darstellt. Dieser Monitor übernimmt somit die Aufgabe eines Spiegelreflexsuchers.

❶ LCD-Displays zeigen bei Sucherkameras immer das effektive Bild. Über das LCD-Display können die Aufnahmen nachträglich betrachtet werden.

❷ Kompakte Sucherkamera mit optischen Sucher und LCD-Display.

❸ Sucherkamera mit elektronischem Sucher und schwenkbarem LCD-Display.

LCD-Displays dienen gleichzeitig zur Steuerung der Bildverwaltung.

Den größten Teil der Sucherkameras machen die digitalen Kompaktkameras ❷ aus. Sie verfügen meist über einen optischen Sucher, ein LCD-Display und ein versenkbares Objektiv – alles optimiert für den unkomplizierten und mobilen Einsatz. Semiprofessionelle Sucherkameras ❸ sind größer, verfügen aber über ein Objektiv mit großem Brennweitenbereich und viele weiter Funktionen, wie z. B. einem schwenkbaren LCD-Sucher.

Digitale Spiegelreflexkamera mit Wechselobjektive (Quelle: Canon).

Wechselobjektiv mit Image Stabilisator, speziell für digitale SLR-Kameras mit Crop-Faktor (Quelle: Canon).

Spiegelreflexkameras (Single Lens Reflex = SLR) gibt es mit fest eingebautem Zoomobjektiv und mit Wechselobjektiven. Letztere stellen für den professionellen Fotografen das flexibelste digitale Aufnahmewerkzeug dar. Das Spiegelreflex-Sucherokular erlaubt eine präzise, optische Beurteilung der Aufnahmesituation. Systembedingt ist dadurch keine Sucher-Funktion auf dem LCD-Display möglich. Wechselobjektive aus der analogen Fotografie können bei digitalen SLRs ebenso verwendet werden, wie spezielle digitale Wechselobjektive. Jedoch ist der Brennweitenangabe zum dargestellten Blickwinkel von der Sensorgröße abhängig. Bei SLRs mit vollformatigem Sensor entspricht der Sensor genau der Kleinbildgröße von 35 mm und bietet für die verwendeten Objektive den gleichen Blickwinkel wie bei analogen SLRs. Digitale SLRs mit einem sogenannten „Crop-Faktor" verfügen über Sensoren, die kleiner sind als die Kleinbildgröße. Dadurch werden die Ränder des Objektiv-Bildrahmens beschnitten und erscheinen um den Crop-Faktor vergrößert. Diese Kameras erfordern Objektive mit kürzerer Brennweite, um denselben Blickwinkel zu ergeben, wie bei einer analogen SLR, bzw. einer digitalen SLR mit vollformatigen Sensor.

Vollformat (35 mm und digital)	Normaler Blickwinkel (horizontal)	Digitalkamera mit 1,5-facher Vergrößerung	Effektiver Blickwinkel (horizontal)
14 mm	104' 15'	21 mm	80' 29'
17 mm	93' 16'	26 mm	69' 45'
20 mm	83' 58'	30 mm	61' 17'
24 mm	73' 44'	37 mm	52' 33'
28 mm	65' 28'	43 mm	45' 52'
35 mm	54' 25'	53 mm	37' 24'
50 mm	39' 35'	76 mm	26' 39'
85 mm	23' 54'	130 mm	15' 52'
105 mm	19' 27'	160 mm	12' 52'
135 mm	15' 11'	206 mm	10' 01'
180 mm	11' 25'	274 mm	7' 31'
200 mm	10' 17'	305 mm	6' 46'
300 mm	6' 52'	457 mm	4' 31'

Brennweiten und Blickwinkelvergleich zwischen Vollformat- und Crop-Faktor-SLRs

Speichermedien

Zum Speichern der großen Datenmengen, die bei der digitalen Fotografie anfallen, kommen in der Regel Speicherkarten zum Einsatz. Das Spektrum an Speicherkarten ist recht groß und unterliegt einer ständigen Weiterentwicklung. Dabei sind Größe, Robustheit, Datenspeicherkapazität und die Datentransferrate die bestimmenden Kriterien für die Leistungsfähigkeit und die Auswahl der einzelnen Kartentypen. Einige Kartentypen haben bereits das Ende der Entwicklung erreicht. Dazu gehört die Smartmedia-Karte, welche mit einer Kapazität von 128 MByte am Systemlimit ist. Alle derzeit erhältliche Speicherkarten verwenden Flash-Speicher zur Datenspeicherung. Eine Ausnahme stellen *Microdrives* dar, die aus einer elektromechanischen Festplatte in der CompactFlash (CF)-Bauform bestehen und die Daten magnetisch speichern. Bei einem Flash-Speicher hingegen werden die Daten auf „nicht flüchtige" Speicherzellen geschrieben, die ihre Information auch ohne Versorgungsspannung behalten. Dazu sind keine beweglichen Teile notwendig – dies macht Flash-Speicher äußerst unempfindlich gegenüber mechanischen Stößen. Die derzeit meist verwendeten Flash-Kartenformate sind:

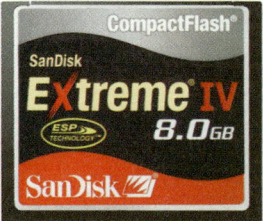

❶ Beispiel einer CompactFlash-Karte. Quelle: SanDisk

- CompactFlash (CF) Typ I und Typ II
- MultimediaCard (MMC) und Secure Digital (SD)
- Extreme Digital (xD-PictureCard)
- SmartMedia (SMC)
- Memory Stick

CompactFlash ❶ oder kurz CF-Karten genannt, sind sehr verbreitet und bieten hohe Leistungswerte. Es gibt sie in der Bauform Typ I mit 3,3 mm Stärke und Typ II mit 5 mm Stärke. Typ II kommt momentan nur als *Microdrive* zum Einsatz. Sie sind vorwiegend bei digitalen SLR-Kameras im Einsatz und werden auch bei anderen Geräten, wie MP3-Playern und PDAs eingesetzt.

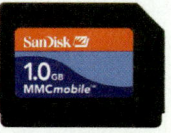

❷ Beispiel einer MultimediaCard für den mobilen Einsatz in Kleinsgeräten. Quelle: SanDisk

Die **MultimediaCard** (MMC) ❷ gibt es in vielen Ausprägungen. Angefangen bei der MMC, über die leistungsfähigere MMC Plus und diversen kleinen Varianten, speziell für Mobilgeräte, z. B. der MMC RS. Mittlerweile geht die Verbreitung der MMC zurück. Sie wird sich aber noch längere Zeit am Markt halten, da MMC-Karten auch in die weit verbreiteten SD-Kartenslots passen.

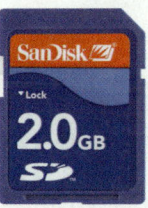

❸ Beispiel einer Secure Digital Speicherkarte. Quelle: SanDisk

Secure Digital (SD) ❸ ähnelt den MMC-Speichermedien, besitzen jedoch einen mechanischen Schreibschutzschalter zum Verhindern von unbeabsichtigtem Löschen der Bildinformationen. Mit SD High Capacity sind neue SDs auf den Markt gekommen, die auch Kapazitäten über 2 GByte abdecken können. Für Kleinstgeräte, z. B. im Mobilfunkbereich, kommen kleine Baugrößen der SD-Karte zum Einsatz: Die miniSD und die noch kleinere microSD.

Extreme Digital (xD-PictureCard) ❹ werden primär von Fuji und Olympus verwendet, sind sehr kompakt, besitzen aber keinen eigenen Controller auf der Speicherkarte. Die Controller-Funktion muss hierbei über die Kamera erfolgen. Dieses proprietäre Verhalten sorgt dafür, dass Universal-Kartenlesegeräte mit der xD-PictureCard in der Regel nicht kompatibel sind.

❹ Beispiel von xD-PictureCards. Quelle: Fuji und Olympus

❶ Beispiel einer Memory Stick PRO Duo. Quelle: SanDisk

Die **SmartMedia-Karten** (SMC) sind auf Grund der systembedingt auf 128 MByte begrenzten Kapazität mittlerweile ganz vom Markt verschwunden.

Der **Memory Stick** ❶ wurde von Sony für die eigenen Digitalkameras geschaffen. Mit dem Memory Stick Pro, dem Memory Stick der 2. Generation, sind nun theoretisch bis zu 32 GByte möglich. Für Kleinstgeräte gibt es den Memory Stick ebenfalls in speziellen kleinen Varianten: Den Memory Stick Duo und den Memory Stick Micro.

Kamerasensor (Megapixel)	3,2		4		5		6		7,6		13	
Mittlere Bildgröße (Raw), (JPEG)	4 MB	2 MB	5 MB	2 MB	7 MB	3 MB	8 MB	3 MB	10 MB	4 MB	18 MB	7 MB
Auflösung (X), (Y) in Pixel	2048	1536	2272	1704	2560	1920	2816	2112	3200	2400	4500	3000
Anzahl Bilder pro Speicherkarte												
Größe der Speicherkarte	RAW	JPEG	RAW	JPEG	RAW	JPEG	RAW	JPEG	RAW	JPEG	RAW	JPEG
128 MB	30	80	24	65	19	51	16	42	12	33	7	19
256 MB	60	160	49	130	39	102	32	84	25	65	14	37
512 MB	121	319	98	259	77	204	64	169	49	131	28	74
1 GB	241	638	196	519	154	408	128	338	99	261	56	149
2 GB	482	1277	392	1037	309	817	255	675	198	523	112	297
4 GB	965	2553	784	2074	617	1634	510	1350	395	1046	225	595
8 GB	1929	5106	1567	4149	1235	3268	1020	2701	790	2092	449	1190

Übersicht der Speicherkartengrößen und der Bildkapazitäten in Abhängigkeit des verwendeten Kamerasensors. Unter „RAW" ist das Rohdatenformat des Bildes und unter „JPEG" das von der Kamera in höchster Auflösung bearbeitete JPEG-Format des Bildes gemeint.

❷ Beispiel eines universellen **Kartenlesegerätes** mit USB-Anschluss.

❸ Beispiel eines universellen **Speicherkarten-Adapters** für den PCMCIA-Slot eines Notebooks.

Bildtransfer

Damit die aufgenommenen Bilder auf dem Speichermedium zur Weiterverarbeitung in den Computer übertragen werden können, bedarf es entweder einer Datenübertragung direkt von der Kamera zum PC über ein Datenübertragungskabel (z. B. USB2 oder Firewire), oder das Speichermedium wird aus der Kamera genommen und direkt an den PC angeschlossen. Zur Datenübertragung gibt es verschiedene Verfahren, die unterschiedliche Daten-Geschwindigkeiten erreichen:

* Die Serielle Datenübertragung über den COM-Port (RS232) lässt bis zu 14 KB/s zu, eignet sich also nicht zur Übertragung von Bilddaten.
* Mit der Datenübertragung über USB, der modernen „Universal Seriell Bus"-Schnittstelle USB 2.0 können bis zu 60 MB/s erreicht werden.
* Bei der Datenübertragung über Firewire, auch bekannt als der IEEE 1394-Standard, gibt es momentan zwei Varianten. Bei der Variante „Firewire 400" sind bis zu 40 MB/s und bei der Variante „Firewire 800" bis zu 88 MB/s Datenübertragungsrate möglich.

Zum direkten Anschließen des Speichermediums an den PC werden **Kartenlesegeräte** ❷ eingesetzt. Dieses stellt das Speichermedium im PC als externe Festplatte dar. Somit können die Bildinformationen direkt ausgewählt und mit den üblichen Kopierfunktionen auf den PC übertragen werden. Bei Notebooks kann ein Kartenlesegerät auch über einen kompakten PCMCIA-Adapter ❸ realisiert werden.

Drucken

Für digitale Medien, wie Multimedia, Internet, E-Mail etc., kann das digitale Bild direkt weiterverwendet werden. Möchte man das Bild jedoch in den Händen halten können, ist hier ein Mediensprung notwendig – das Bild muss auf Papier ausgedruckt werden. Um Farbausdrucke zu realisieren, haben sich vier verschiedene Druckmethoden durchgesetzt. Neben den preiswerten Tintenstrahldruckern gibt es Farblaser, Thermotransferdrucker und Thermosublimationsdrucker.

❶ Tintenstrahldrucker   ❷ Farblaserdrucker

Tintenstrahldrucker ❶ gehören heute zu den am häufigsten verwendeten Systemen. Das Dot-Matrix-Prinzip des Nadeldruckers ist hierbei extrem perfektioniert worden. Statt Nadeln spritzen kleine Düsen Tintentröpfchen auf das Papier. Heutige Tintenstrahldrucker verfügen über eine große Anzahl von sehr eng gruppierten Düsen. Auflösungen von 1000 dpi (Dots per Inch) sind keine Seltenheit. Ebenso ist Farbdruck in photoähnlicher Qualität möglich. Die Farben werden hierbei meist aus den drei Grundfarben Cyan (hellblau), Magenta (helles violett) und Yellow (gelb) zusammen gemischt, indem sie übereinander gedruckt werden. Der Druck ist sehr leise und von sehr hoher Qualität.

Farblaserdrucker ❷ sind sehr aufwendige Druckgeräte und gegenüber Tintenstrahl-Druckern sehr viel teurere Anlagen. Ein Laserdrucker sammelt die gesamten Daten einer Druckseite in seinem Arbeitsspeicher (RAM), dann projiziert er mittels eines Lasers das Bild auf eine umlaufende Trommel aus Selen oder Silizium. Die Trommel wird hierbei elektrisch aufgeladen. Diese aufgeladene Trommel (Belichtereinheit) bewegt sich an einem Tonerspender vorbei und zieht an den elektrisch aufgeladenen Stellen diesen an und bringt ihn im weiteren Verlauf auf das Druckpapier. Dieser Vorgang wird für die drei Grundfarben durchlaufen. Danach läuft das Druckpapier über eine Heizwalze (Fixiereinheit), wo der Toner fest auf das Papier gebrannt wird.

Diese Drucktechnik zeichnet sich durch höchste Qualität aus, ist jedoch mit höherem Aufwand für die Gerätewartung und auch Umweltproblemen verbunden. Toner als solcher ist giftig, man sollte ihn nicht einatmen. Ältere Laserdrucker erzeugen hohe Mengen von Ozon, welches ein Nervengift ist. Bei heutigen Geräten wird diese Emission meist gut gefiltert und gilt deshalb als unbedenklich.

Thermotransferdrucker sind Farbdrucker, welche das Druckbild aus den Grundfarben Cyan, Magenta und Gelb zusammenstellen. Jede Farbe liegt in Form einer Folie vor. Soll eine Farbe gedruckt werden, wird diese mittels Wärme auf das darunter liegende Papier übertragen. Diese einfach erscheinende Technik bietet eine sehr gute Farbwiedergabe (satte, kontrastreiche Farben), ist leise und die gedruckten Werke sind von sehr guter Haltbarkeit. Der Nachteil: Teure Druckfolien heben den Preis pro Seite erheblich. Da bei vielen Systemen pro gedruckte Seite jeweils eine Farbfolie pro Farbe verbraucht wird, sind Probe- und Fehldrucke sehr teuer.

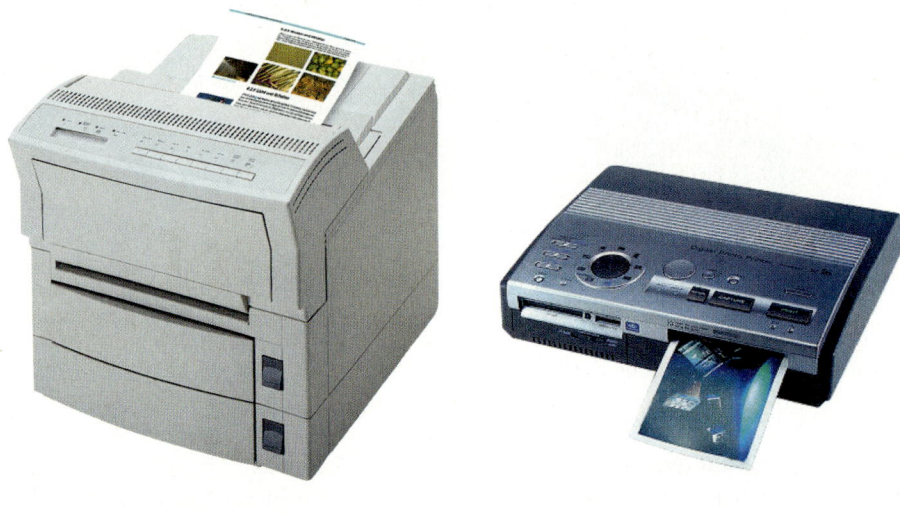

❶ Thermosublimationsdrucker   ❷ Digitalfotoprinter

Thermosublimationsdrucker ❶ bieten höchstmögliche Farbqualität. Bei dem aufwändigen Druckprozess werden aus einer Trägerfolie Farbpartikel verdampft, die dann als Gas in das Druckpapier eindringen. Es entsteht ein Farbbild mit einer rasterlosen Farbschicht mit kontinuierlicher Intensität. Da die Farben beim Thermosublimationsdruck nicht gerastert werden, sondern in das Spezialpapier eindringen, bleiben – trotz der teils geringen Detailauflösung – keine störenden Strukturen zurück. Mit speziellen Digitalfotoprintern ❷, die auf Basis des Thermosublimationsverfahrens arbeiten, kann ohne den Umweg über den Computer direkt von CompactFlash-Karten oder PCMCIA-Karten der Fotoabzug ausgedruckt werden. Als Standardausgabe ist das Postkartenformat 10 × 14 cm und das Format 10 × 24,5 cm möglich. Darüber hinaus können Indexbilder mit bis zu 25 Verkleinerungen auf einem Einzelabzug untergebracht werden.

6.2 Gestalten von Bildern

6.2.1 Funktion des Standbildes

Die Dokumentarische Beschreibung

Soll ein Gegenstand bildlich so beschrieben werden, dass der Betrachter eine klare Vorstellung von ihm bekommt, dann spricht man von einer dokumentarischen Beschreibung. Dabei können Bildelemente, wie Fotos, Grafiken oder Illustrationen verwendet werden. Ziel ist dabei immer, den Gegenstand möglichst klar zu beschreiben.

Die Situationsbeschreibung

Steht nicht nur ein Gegenstand im Vordergrund, sondern eine bestimmte Situation von Gegenständen und deren Konstellationen, spricht man von einer **Situationsbeschreibung**. Ist dem Betrachter diese Situation aus dem Alltag bekannt, erreicht das Bild eine bestimmte emotionale Wirkung. Ob und wie stark diese Wirkung erzielt wird, hängt von den persönlichen Erfahrungen des Betrachters ab.

Die Funktionsbeschreibung

Soll der Ablauf eines Vorganges beschrieben werden, damit der Betrachter die funktionalen Zusammenhänge des Prozesses versteht, spricht man von einer **Funktionsbeschreibung**. Dabei können auch sehr abstrakte Zusammenhänge visualisiert werden.

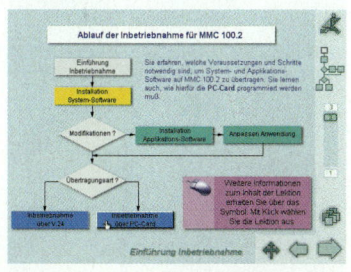

Da das Standbild in diesem Verwendungsbereich sehr rasch an die Grenze der Visualisierungsfähigkeit stößt, setzt man das Standbild gern im Verbund mit anderen Medien, wie Ton, Animationen und Video, ein.

Für jede Anwendung und für jede Zielgruppe muss die Bildsprache entsprechend angepasst werden. Bilder zur Unterhaltung verfügen über eine andere Bildsprache als Bilder zum Lernen, Dokumentieren oder Werben.

Kinder reagieren auf bildliche Beschreibungen anders als Erwachsene, Fachleute erkennen die Bildinhalte anders als Laien. Der Anspruch für den Gestalter ist hoch, wenn er sichergehen möchte, dass er mit seinem Bild die gewünschte Reaktion beim Betrachter erreicht. Eine Zielgruppenanalyse und ein gutes Einfühlvermögen sind dabei wichtige Voraussetzungen für eine wirkungsorientierte Gestaltung.

Welche Gestaltungsformen sollte der Gestalter für seinen Bildaufbau beachten ?

Dazu gehören die **Einstellung**, die **Perspektive**, die **Raumtiefe**, die **Farbgestaltung**, die Gestaltung von **Strukturen**, das Gestalten mit **Licht** und das Gestalten mit **Schärfe** und **Unschärfe**.

❶ Detail

❷ Groß

❸ Nah

❹ Amerikanisch

6.2.2 Einstellungen

Die Einstellung, beschrieben durch die Einstellgröße, ist die klassische Einheit für die Bildgestaltung. Sie definiert die Distanz zum abzubildenden Objekt. In der Fotografie, wie auch in der Filmkameratechnik, werden die möglichen Bildausschnitte in acht Einstellgrößen unterteilt, die von der Größe des menschlichen Körpers abgeleitet sind.

Einstellung: Detail
Die Detaileinstellung ❶ ist die extreme Großeinstellung. Sie zeigt z. B. nur Körperteile, wie Hände, Augen, Mund etc. Objekte, so im Detail dargestellt, wirken offen und enthüllend und deshalb äußerst emotional in ihrer Bildwirkung.

Einstellung: Groß
Die Großaufnahme ❷ zeigt einen kleinen Ausschnitt des Ganzen. Dieser Bildausschnitt verdichtet auf Einzelheiten des Objektes, die sonst nicht stark wahrgenommen werden würden. Bei der Darstellung von Personen zeigt die Großaufnahme beispielsweise bildfüllend den Kopf.

Einstellung: Nah
Die Naheinstellung ❸ zeigt bei Personen etwa ein Drittel seiner Körpergröße. Diese Einstellung ist stark subjektiv und wählt bewusst einen Teil des Objektes aus. Auch diese Einstellung hat noch emotionalen Charakter in der Bildwirkung.

Einstellung: Amerikanisch
Die amerikanische Einstellung ❹, bekannt aus amerikanischen Western-Filme zeigt Personen im Mittelpunkt vom Scheitel bis zum Knie. Das besondere Augenmerk ist dabei die mögliche Darstellung eines Revolvers als Machtmittel. Sie liegt etwa zwischen den Einstellgrößen Nah und Halbnah.

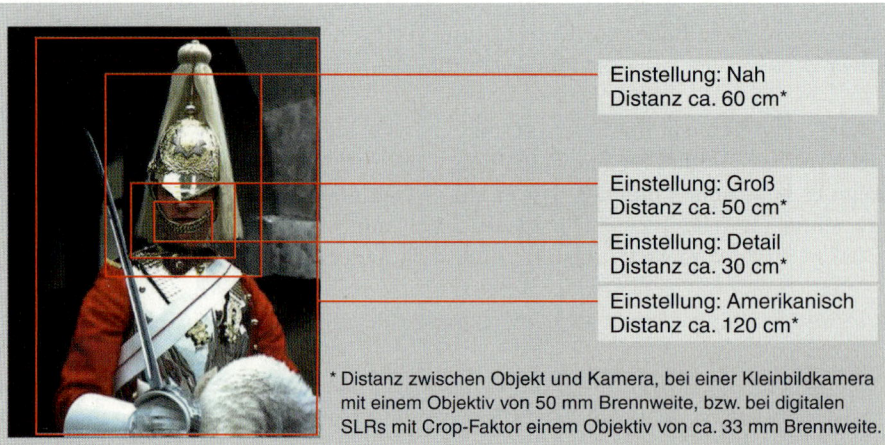

Einstellung: Nah
Distanz ca. 60 cm*

Einstellung: Groß
Distanz ca. 50 cm*

Einstellung: Detail
Distanz ca. 30 cm*

Einstellung: Amerikanisch
Distanz ca. 120 cm*

* Distanz zwischen Objekt und Kamera, bei einer Kleinbildkamera mit einem Objektiv von 50 mm Brennweite, bzw. bei digitalen SLRs mit Crop-Faktor einem Objektiv von ca. 33 mm Brennweite.

Die Einstellgröße ist abhängig von der Brennweite des verwendeten Objektivs und des Bildaufnahmeformats.

Einstellung: Halbnah

Bei der Einstellgröße Halbnah ❶ handelt es sich um einen Teilausschnitt, bei dem noch die unmittelbare Umgebung zu erkennen ist. Bei Personen oder Personengruppen sind dabei etwa zwei Drittel ihrer Körpergröße zu erkennen. Diese Betrachtungsweise lässt schon eine objektivere Bildwirkung zu.

Einstellung: Halbtotale

Bei der Halbtotalen ❷ sind die Objekte ganz zu erkennen und füllen den Bildausschnitt aus. Dabei ist das Blickfeld noch etwas eingeschränkt und lässt nicht so viel von der Umgebung erkennen. Die Bildwirkung ist vorwiegend objektiv und weniger emotional.

Einstellung: Totale

Die Totale ❸ erlaubt einen Überblick über das gesamte Geschehen. Diese Einstellung übernimmt die Funktion des distanzierten Beobachters mit objektiver Bildwirkung. Da die Totale eine Fülle von Einzelobjekten enthalten kann, benötigt der Betrachter mehr Zeit, um einen klaren Eindruck des Bildausschnittes zu bekommen.

Einstellung: Weite

Die Einstellung „Weite" ❹ bietet gegenüber der Totalen einen noch größeren Raum, bei dem mögliche Personen eine völlig untergeordnete Rolle als Detail darstellen. Diese Einstellgröße vermittelt „Weite" und wird daher gern bei Landschaftsdarstellungen verwendet.

❶ Halbnah

❷ Halbtotale

❸ Totale

❹ Weite

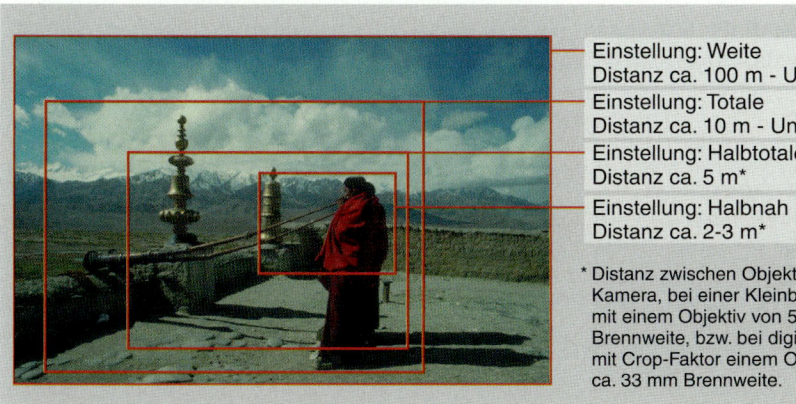

Einstellung: Weite
Distanz ca. 100 m - Unendlich*

Einstellung: Totale
Distanz ca. 10 m - Unendlich*

Einstellung: Halbtotale
Distanz ca. 5 m*

Einstellung: Halbnah
Distanz ca. 2-3 m*

* Distanz zwischen Objekt und Kamera, bei einer Kleinbildkamera mit einem Objektiv von 50 mm Brennweite, bzw. bei digitalen SLRs mit Crop-Faktor einem Objektiv von ca. 33 mm Brennweite.

Die Einstellgrößen, die dem Betrachter den Überblick verschaffen, sind die Weite, die Totale, die Halbtotale und Halbnah.

⮑ Die Einstellgröße definiert den relativen Abstand des Betrachters zum Objekt. Sie ist gleichzeitig die erste Vorselektion in Bezug auf „Was soll der Betrachter sehen und was nicht".

6.2.3 Perspektive

Neben den unterschiedlichen Einstellgrößen beeinflusst die Wahl der **Perspektive** maßgeblich die Wirkung des Bildausschnittes. Unter Perspektive versteht man den Standpunkt des Betrachters, wie „normal", „oben", „unten" oder „schräg". Zusammen mit der Blickrichtung, wie „von vorn", „von hinten", „seitlich", und der variablen Einstellgröße, formt die Perspektive die innere Beziehung zwischen dem Betrachter und dem Objekt. Das macht die Faszination der Medien aus, dass je nach Standpunkt des Betrachters und dessen Bildausschnitt die Bildwirkung sehr unterschiedlich sein kann. Durch Verzerrung der gewohnten Betrachtungsweise von ganz normalen Objekten können völlig neue und ungewohnte Eindrücke entstehen. Objekte können dabei bewusst übertrieben, verzeichnet oder entstellt dargestellt werden.

➲ **Rein fotografisch verleiht die Perspektive den visuellen Medien eine dritte Dimension – die Raumtiefe.**

Die Perspektive lässt sich auf Grund der vier Standpunkte primär in die **Normalperspektive**, die **Froschperspektive**, die **Vogelperspektive** und die Perspektive auf Basis eines **schrägen Standpunktes** einteilen.

Die Normalperspektive ❶
Darunter versteht man die Normalansicht aus der gewohnten Augenhöhe des Betrachters. Diese Perspektive lässt Gegenstände und Personen bewusst vertraut erscheinen.

Die Froschperspektive ❷
Nimmt man einen Standpunkt ein, der den Blick von unten nach oben ermöglicht, erscheinen alle dargestellten Gegenstände, Objekte und Personen selbstbewusst, erhaben, überlegen oder sogar unheimlich. Durch gezielten Einsatz dieses Standpunktes kann bewusst eine visuelle Faszination erreicht werden.

Die Vogelperspektive ❸
Von oben betrachtete Gegenstände und Personen wirken eher erniedrigt, einsam oder unterwürfig.

Der schräge Standpunkt ❹
Wird zusätzlich zu einem Oben- oder Unten-Standpunkt die optische Achse gedreht, so erreicht man stark irreale Eindrücke. Bewusst eingesetzt kann damit eine stark dramaturgische Bildwirkung erzielt werden.

6.2.4 Raumtiefe

Die Illusion von Tiefe auf zweidimensionalen **Bildkompositionen** ist eine traditionelle Herausforderung an den Gestalter.

Raumtiefe entsteht durch den Größenunterschied zwischen den Objekten im Vordergrund und denen im Hintergrund. Dabei kann die lineare Perspektive mit Hilfe von geometrischen Regeln auf die richtigen Proportionen der Objekte hinweisen, die mit wachsendem Abstand kleiner werden. In der Natur vorkommende parallele Geraden lässt sie zusammenlaufen, um damit Tiefe zu vermitteln.

6.2.5 Denken in Schwarzweiß

Formen, Linien und Muster von Objekten lassen sich mit reinen **Schwarzweiß**-Bildkompositionen auf das Wesentliche konzentrieren. Durch das Fehlen der **Farbkomponente** führt man das Auge des Betrachters unwillkürlich auf die elementaren Eigenschaften von **Form**, **Tonwert** und **Licht**.

In der Fotografie ist der Blick durch den Sucher farbig. Der Gestalter muss deshalb das Ausblenden der **Farbkomponente** im Kopf üben, damit das Ergebnis seiner Erwartung entspricht.

6.2.6   Denken in Farbe

Farbe ist in der **Bildkomposition** ein sehr starkes Element. Farbe spricht die Gefühle des Betrachters sehr direkt an. Manche Farbkompositionen wirken freundlich und harmonisch, andere lebendig, dramatisch oder sogar störend. Farben, die im Farbkreis einander gegenüberliegen, wie Rot und Grün, oder Gelb und Blauviolett, werden **Komplementärfarben** genannt.

In eine **Bildkomposition** umgesetzt, erreichen sie starke und lebendige Kontraste. Nebeneinanderliegende Farben, wie Rot, Orange und Gelb harmonieren in einer Bildkomposition und bewirken eine ausgewogene Stimmung. Farben unterscheiden sich auch in ihrer Helligkeit. So wirkt Gelb heller als Blau. Auch wird die Wirkung einer Farbe durch die Nachbarfarbe beeinflusst. Eine für sich allein stehende Farbe auf neutralem Hintergrund wirkt besonders lebhaft. Steht sie hingegen zusammen mit vielen anderen Farben in einer Komposition, so wird sie abgeschwächt.

6.2.7   Kontur und Umriss

Hat der Gestalter das Ziel, ein Objekt in seiner **Form und Gestalt** klar herauszustellen, und sollen dabei andere Eigenschaften des Objektes ausgeblendet werden, so stellt er nur die Kontur bzw. den Umriss des Objektes dar. Der **Umriss** ist das sparsamste Gestaltungselement.

Umrisse lassen sich besonders gut im **Gegenlicht** darstellen. Dabei wird das Objekt als Silhouette im Gegenlicht aufgenommen. Es lässt sich sehr einfach durch Verwendung von Filmmaterial mit geringem Tonwertumfang, z. B. Diafilm, erzielen.

6.2.8 Muster und Struktur

Muster tragen zur Harmonie einer **Bildkomposition** bei. Muster entwickeln sich aus der Wiederholung eines Grundmusters. Jede erkennbare Form lässt sich zu einem Muster verwandeln. Ein charakteristisches Merkmal für Muster in der Fotografie ist, dass solche Bildkompositionen immer flach wirken und keine Raumtiefe besitzen.

❶ Atmosphäre mit Licht

6.2.9 Licht und Schatten

Durch Licht ❶ und Schatten entsteht Räumlichkeit. Durch Setzen von Licht erreicht man verschiedenartige Ausleuchtungen und damit verschiedene Bildwirkungen beim Betrachter. Damit der Gestalter die Möglichkeiten von Licht und Schatten einsetzen kann, muss ihm bewusst sein, dass Licht verschiedenartige Qualität haben kann. Es kann hart oder weich, diffus oder gebündelt sein. Es kann variieren in seiner Stärke, der Entfernung zum Objekt und in der Farbzusammensetzung. Durch Gegenlicht oder starkes Seitenlicht hebt man die plastische Wirkung von Objekten an. Durch direktes Licht wirken Objekte flacher.

Das Licht erzeugt Schatten durch die angestrahlten Objekte. Die Qualität der Schatten hängt von der Lichtquelle und deren Abstand zum Objekt ab. Schräg einfallendes Licht erzeugt lange Schatten und direktes Licht von oben erzeugt weniger Schatten.

❷ Bewusstes Spiel mit der Schärfe und Unschärfe von Objekten.

6.2.10 Schärfe und Unschärfe

Durch bewussten Einsatz von Schärfe und Unschärfe ❷ lassen sich Elemente eines Gesamtbildes voneinander trennen. Bildwichtige Teile können hervorgehoben und unwichtige Teile verdrängt werden. Da diese Technik durch Wahl geeigneter Objektive und Blendeneinstellungen ❸ erreicht wird, kann sie auch nur bei der fotografischen Aufnahme durch besondere Handhabung der Kamera eingesetzt werden.

❸ Setzt auch einen ausreichend großen Bildsensor bzw. Bildträger voraus. Digitalkameras mit kleinem Bildsensor haben eine große Schärfentiefe, die eine bewusste Unschärfe zur Gestaltung nicht erlaubt.

6.3 Bearbeiten von Bildern

Ist die fotografische Aufnahme gemacht, so muss der kreative Gestaltungsprozess noch lange nicht abgeschlossen sein. Das nachträgliche Bearbeiten der Bilder eröffnet dem Gestalter ein fast unerschöpfliches Betätigungsfeld, wenn es um das Überarbeiten oder Verfremden der Aufnahmen geht. Im Prozess der analogen Fotografie gibt es zwei grundsätzlich unterschiedliche Bearbeitungsmöglichkeiten.

- Das Beeinflussen der Aufnahme im fotografischen und chemischen Vergrößerungsprozess. Dabei können Vergrößerungen, Verkleinerungen, Ausschnitte, Farb- und Tonwertkorrekturen vorgenommen werden. Alle weiteren Veränderungen sind nur sehr mühevoll realisierbar. Auch kann der aktuelle Veränderungsprozess des Bildes nicht direkt kontrolliert werden. Das Ergebnis zeigt sich immer erst nach dem chemischen Entwicklungsprozess.

- Die analoge Aufnahme wird zur Bildbearbeitung mit leistungsfähigen Digitalscannern digitalisiert und kann dann komplett digital nachbearbeitet werden ❶.

Auf Grund der Tatsache, dass die Möglichkeiten und der Komfort der digitalen Bildbearbeitung die der analogen Bearbeitung um Faktoren übersteigt, wird im weiteren die digitale Bildbearbeitung beschrieben. Sind die Aufnahmen schon digital erzeugt worden, so können sie auch direkt digital weiterverarbeitet werden ❷.

6.3.1 Digitalisieren

Zum Digitalisieren von Standbildern gibt es verschiedene Hardware-Geräte, sogenannte Scanner, am Markt. Prinzipiell arbeiten alle Scanner mit einer CCD (Charged Coupled Device). Diese erzeugen getreu des einfallenden Lichtes eine analog dazu reagierende Spannung, die – abgetastet und digitalisiert – als Bilddatei zur Verfügung steht. Die CCD-Zeile, das zentrale elektronische Element, ist farbenblind. So erfassen billige Geräte die drei Grundfarben Rot, Grün und Blauviolett in drei Durchgängen, wobei entweder die Belichtungsfarbe wechselt oder ein kleiner Motor den passenden Farbfilter vor die Scanoptik schiebt. Dieses Dreischrittverfahren kostet Zeit und zudem besteht bei diesen Three-Pass-Scannern die Gefahr, dass sich bei höheren Auflösungen die drei Teilbilder nicht zu einem scharfen Gesamtbild zusammenfügen, das Bild erscheint unscharf. Die Single-Pass-Ausführung, bei der drei CCD-Zeilen im Schlitten jeweils mit einem eigenen Farbfilter kombiniert sind, benötigen einen Durchgang, um die Vorlage vollständig einzulesen. So wird deutlich weniger Zeit für den Scan-Vorgang benötigt, zudem sind die Ergebnisse schärfer und kontrastreicher als bei den billigeren Three-Pass-Modellen. Die Scanner werden in verschiedenen Bauformen angeboten.

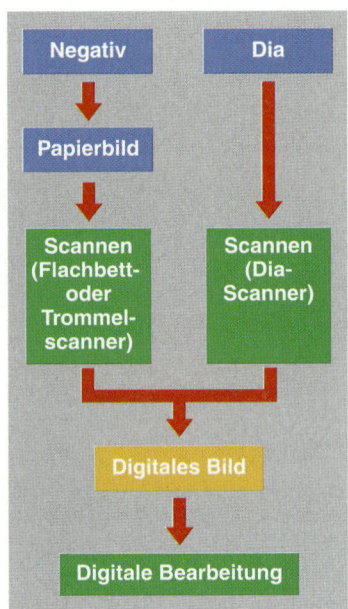

❶ Prinzipieller Prozess zur digitalen Bearbeitung von analogem Filmmaterial.

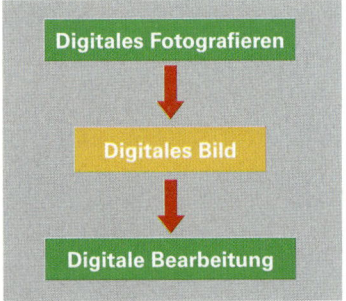

❷ Direktes Weiterverarbeiten des digitalen Bildes bei der digitalen Fotografie.

Film- und Diascanner

Der qualitativ beste Weg ist die Digitalisierung über spezielle Film- und Diascanner. Die hohen optischen Auflösungen reiner Diascanner ❶ erlauben die Vergrößerung kleiner Vorlagen auf Ganzseiten- oder Posterformaten.

Wichtige Parameter für die Scan-Qualität sind dabei die **Auflösung** bzw. die Pixelanzahl des Scan-Ergebnisses. Die physikalische Auflösung guter Diascanner liegt bei ca. 3600 bis 7200 dpi (Dots per Inch). Schon bei einem Scanvorgang mit 3600 dpi ergeben sich bei einem Kleinbild-Dia bei einer 24 Bit-Farbtiefe (3 Byte/Bildpunkt) unkomprimiert eine Datenmenge von ca. 60 MB pro Bild. Bei 7200 dpi wären das sogar ca. 230 MB pro Bild. Je nach gewünschter Weiterverarbeitung werden die Scan-Daten in der Regel komprimiert, was aber zu Qualitätseinbußen führt. Weitere wichtige Kriterien für die Scan-Qualität sind die Planlage und Wölbung des Dias beim Scan, die eine partielle Unschärfe verursachen können. Auch das Vorhandensein von Staubpartikeln und Kratzern auf der Diaoberfläche, insbesondere bei älteren Diamaterialien beeinträchtigen das Scan-Ergebnis. Dazu sind gute Scanner mit Hardware-basierten Staub- und Kratzerkorrekturverfahren ausgestattet. Am weitesten verbreitet ist dabei die **ICE-Technologie** ❷. Dabei wird zusätzlich zum gescannten Farbbild ein Infrarot-Scan vorgenommen, welches die Farbinformationen des Bildes nicht wiedergeben kann, dafür aber Erhöhungen (Staubkörner) und Rillen (Kratzer) wiedergibt. Danach werden über eine Korrektur-Software beide Bilder (Farbinformationen und Beschädigungen) miteinander verglichen und die Beschädigungen mithilfe von Algorithmen entfernt.

❶ Beispiel eines Diascanners.
Quelle: Nikon

❷ ICE ist eine Abkürzung für „Image Correction and Enhancement".

Flachbettscanner

Flachbettscanner ❸ sind sehr beliebt, weil sie mechanisch einfach zu bedienen sind: Deckel heben, Vorlage auf das Glas (oder Plexiglas) legen und Deckel schließen – fertig! Den Rest erledigen der Scanner und die Scansoftware allein. Flachbettscanner aller Preisklassen folgen diesem ergonomischen Prinzip, dennoch gibt es Unterschiede, die vor allem die Bildqualität und Verarbeitungsgeschwindigkeit betreffen. Die Flachbettscanner verfügen optional auch über einen Dia-Aufsatz. Dieser ist notwendig, um durchsichtige Vorlagen einlesen zu können. Anstelle des Vorlagendeckels wird der Dia-Aufsatz auf dem Scanner angebracht. Dann bewegt sich synchron zum Scanschlitten eine weitere Lampe und leuchtet quasi von oben durch die aufgelegten Dias oder Negativfilme. Die Scanqualität bei Dia- oder Negativfilmen kommt aber nicht an die speziellen Film- und Diascanner heran.

❸ Flachbettscanner

Trommelscanner

In der Druckbranche hatten bisher Trommelscanner den Standard für Spitzenqualität gesetzt. Die in sich geschlossenen Systeme sorgten nicht nur aufgrund ihres enormen Platzbedarfs und der aufwendigen Bedienung, sondern vor allem wegen der hohen Anschaffungskosten (von 300.000 € an aufwärts) dafür, dass nur Betriebe mit großem Investitionsvolumen sich Trommelscanner leisten konnten. Mittlerweile wurde die Produktion der Trommelscanner eingestellt und von professionellen Flachbett- und Filmscannern abgelöst.

3D-Scanner

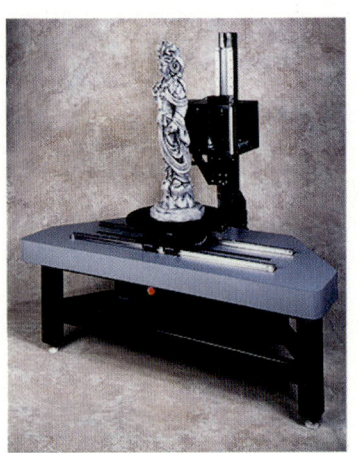

❶ Beispiel eines **3D-Scanners** mit Drehteller und Scan-Einheit. Quelle: Cyberware

Nicht nur für flache Bilder, sondern auch für dreidimensionale Objekte existieren spezielle **3D-Scanner** ❶. Sie vermessen mittels eines aufgefächerten Laserstrahls eine vertikale Reihe von Punkten auf dem Objekt. Das Objekt rotiert auf einem Drehteller, oder der Scanner kreist um das Objekt, so dass man eine Abtastung von allen Seiten erhält. Verwendet werden die Scanner zum Beispiel in der Filmindustrie. So wurden die Gesichter der Hauptdarsteller für die Spezialeffekte in Terminator II digitalisiert. Weitere bekannte Beispiele sind The Abyss, Star Trek IV und Jurassic Park.

Auch wissenschaftliche und industrielle Anwendungen benutzen 3D-Scanner. Operationsplanungssysteme digitalisieren das Gesicht eines Patienten, um das Aussehen nach der Operation zu simulieren. Ein anderer Scanner-Typ vermisst Zahnhohlräume, um ein exakt passendes Inlay zu fertigen. Unzählige weitere Anwendungen sind denkbar.

Mittlerweile sind 3D-Scanner auch als kleine tragbare Einheiten zu erschwinglichen Preisen erhältlich. Diese 3D-Scanner arbeiten meist nach dem Prinzip der Lasertriangulation.

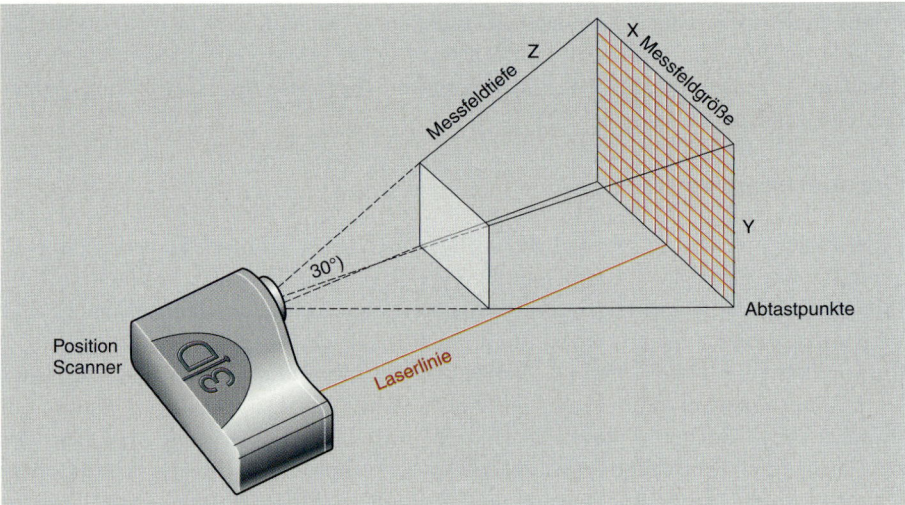

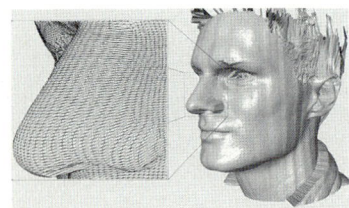

Bei der Lasertriangulation wird ein sichtbarer Laserstrahl linienhaft abgelenkt und die Oberfläche des Messobjekts mit hoher Frequenz auf einer einstellbaren Messfeldgröße gescannt. Durch mehrfache Positionierung wird – ähnlich einer Sprühpistole – die Oberfläche flächendeckend erfasst.

Das Ergebnis eines 3D-Scans ist immer eine Punktewolke, bestehend aus vielen Koordinatenpunkten im dreidimensionalen Raum. Für die Weiterverarbeitung der Daten in CAD- oder 3D-Animationsprogrammen müssen mittels spezieller Software aus den 3D-Einzelkoordinaten sinnvolle Flächenobjekte erzeugt werden.

6.3.2 Entwickeln

Beim digitalen Fotografieren liegen die vom Bildsensor aufgenommenen Daten zuerst in Form von Rohdaten vor, bevor sie durch die kamerainterne Software in das Zielformat (JPEG) „entwickelt" werden. Bei diesem kamerainternen Prozess werden diverse Bearbeitungsschritte durchgeführt. Dazu gehören der Weißabgleich, das Nachschärfen, die Rauschunterdrückung und eventuell Veränderungen an der Farbsättigung, der Helligkeit und den Kontrasten. Anschließend wird das Zielformat (JPEG) abgespeichert und die Originaldaten gelöscht. Professionelle und semiprofessionelle Kameras erlauben es, diese Rohdaten in Form von RAW-Dateien ❶ auf der Speicherkarte abzuspeichern. Die RAW-Dateien sind verlustfrei komprimierte Daten und belegen deshalb mehr Speicherplatz als JPEG-Dateien (siehe hierzu Kapitel 6.1.3 Digitale Fotografie – Speichermedien). Mit Hilfe von speziellen RAW-Konvertern kann der Fotograf die Entwicklung dann individuell vornehmen. Der Vorteil an diesem Prozess ist, dass bei Bildkorrekturen auf die originalen Aufnahmedaten mit hohem Informationsumfang ❷ zurückgegriffen werden kann. Damit kann beispielsweise eine Fehlbelichtung in einem Spektrum von bis zu 4 Blenden ausgeglichen werden.

❶ RAW-Dateien sind vom Kamerahersteller abhängige, proprietäre Bildformate. Sie beinhalten zusätzlich zu den Bilddaten auch Informationen zu Belichtung, Weißabgleich etc.
Dies wird auch als „digitales Negativ" bezeichnet.

❷ RAW-Daten werden mit 12 Bit pro Farbe abgespeichert. Dies erlaubt bis zu 4096 Abstufungen pro Farbe. Bei JPEG-Dateien hingegen muss mit 256 Abstufungen ausgekommen werden. Dieser Unterschied eröffnet dem Fotografen bei Korrekturen einen größeren Spielraum.

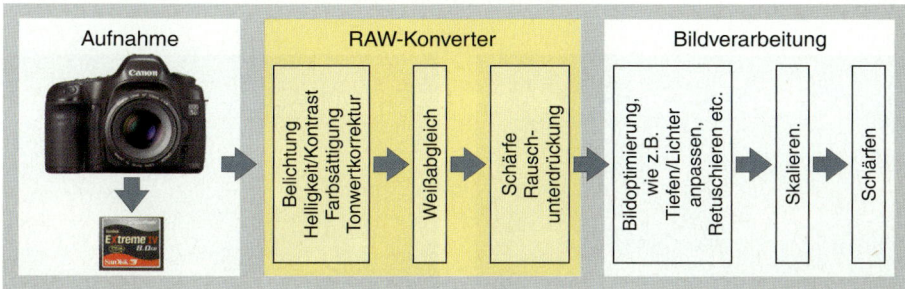

Beispiel eines Workflows auf Basis von RAW-Dateien.

RAW-Konverter dienen auch der ersten Sichtung des aufgenommenen Bildmaterials und sollten einen übersichtlichen und effizenten Workflow unterstützen.

Beispiel eines RAW-Konverters. Quelle: Phase One.

6.3.3 Bildoptimierung

Eine Aufnahme kann aus den verschiedensten Gründen Mängel aufweisen. Vorausgesetzt, die Mängel sind nicht bewusst als gestalterisches Element eingesetzt worden, können über die Bildbearbeitung im elektronischen Fotolabor immer noch sehr brauchbare Ergebnisse erzielt werden. Die klassischen Methoden zum Optimieren und Verbessern eines digitalen Bildes sind:

- Tonwertkorrektur
- Farbkorrekturen
- Gradationskurve
- Partielle Aufhellungen und Abdunkelungen

Und danach entsprechend der Bildverwendung:
- Tiefen und Lichter anpassen
- Ausschnittvergrößerung
- Skalierung
- Scharfzeichnen und Weichzeichnen

Tonwertkorrektur
Bei der Tonwertkorrektur werden die hellsten und dunkelsten Pixel des Bildes als Weiß- und Schwarzwerte definiert und die dazwischenliegenden Pixel proportional verteilt.

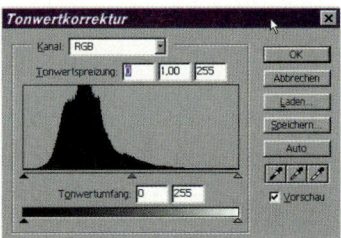

Tonwertkorrektureinstellung in einer Bildbearbeitungssoftware.

Originalbild

Bild mit Tonwertkorrektur

Farbkorrekturen
Farbkorrekturen sind immer dann notwendig, wenn die Aufnahme zu flau erscheint oder aber die Aufnahme bei ungünstigen Lichtverhältnissen die Farben verfälscht erscheinen, zum Beispiel bei Kunstlichtaufnahmen mit einem Tageslichtfilm.

Originalbild

Bild mit Farbkorrektur

Zur Farbkorrektur kann zum Einen die **Farbbalance ❶**, das heißt das Verhältnis der Farben Cyan, Magenta und Gelb zueinander, verändert werden. Zum Anderen ist die Einstellung des Farbtons und der **Sättigung ❷** maßgeblich am Farbeindruck des Bildes beteiligt.

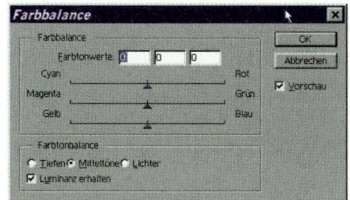

❶ Einstellung der Farbbalance

Originalbild

Bild mit Farbkorrektur

Gradationskurve

Als Ergänzung zur Tonwertkorrektur können über das Verändern der Gradationskurve ausgewählte Tonwertzonen, zum Beispiel nur die dunklen Bildpunkte, angehoben bzw. gesenkt werden.

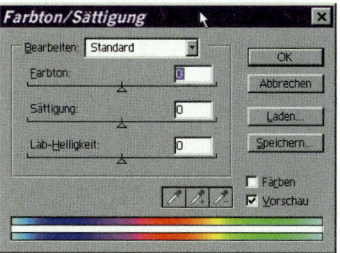

❷ Einstellung von Farbton und Sättigung.

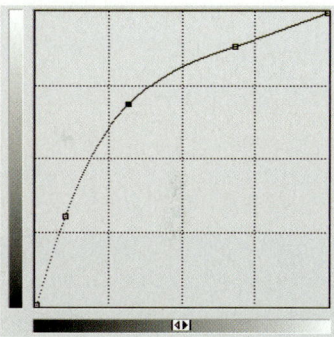

Originalbild

Bild mit veränderter Gradationskurve

Partielle Korrekturen

Nicht immer sind Unter- und Überbelichtungen oder Farbfehler auf die gesamte Aufnahme anzuwenden. Beispiel: Ein Motiv ist vor hellem Hintergrund, eventuell sogar noch bei Gegenlicht, aufgenommen worden. Das Resultat ist meist ein zu dunkles Motiv bei zu hellem Hintergrund. In solchen Fällen müssen Aufhellungen bzw. Abdunkelungen partiell, das heißt begrenzt auf die notwendigen Bildelemente, vorgenommen werden.

Bei der partiellen Farbkorrektur ist jeder Farbkanal individuell anpassbar.

Originalbild

Bild mit partiellen Aufhellungen

Tiefen und Lichter anpassen

Bei starken Kontrastverhältnissen kann die Funktion zum Anheben der Helligkeit speziell in dunklen Bildteilen und zusätzlich das Abschwächen von Lichter-Partien hilfreich sein. Hierbei werden Schatten (Tiefen) aufgehellt, ohne bereits vorhandene helle Flächen noch weiter aufzuhellen. Im Gegenzug können helle Flächen (Lichter) verdunkelt werden, ohne bereits vorhandene dunkle Flächen noch dunkler zu machen.

Originalbild   Bild nach der Tiefen- und Lichterkorrektur

Ausschnittvergrößerung

Die nachträgliche Bestimmung des Bildausschnittes und die Vergrößerung eines Bilddetails sind in der digitalen Bildverarbeitung ebenfalls möglich. Eine Ausschnittvergrößerung aus einem digitalen Bild reduziert jedoch gleichzeitig die Auflösung. Jedes digitale Bild verfügt über eine genau definierte Anzahl von Pixeln. Nimmt man bei einer Ausschnittvergrößerung nur einen Teil des Bildes, so erhält man auch nur diesen Anteil der Pixel.

Originalbild   Großer Ausschnitt   Kleiner Ausschnitt

Skalierung

Das Verkleinern eines Bildes auf die gewünschte Zielgröße sollte mit dem noch ungeschärften Bild erfolgen, da sonst Qualitätsverluste auf Grund der harten Kantenübergänge entstehen können. Beim Neuberechnen von Bildern werden neu erstellten Pixeln Farbwerte zugewiesen, die auf den Farbwerten vorhandener Pixel im Bild basieren. Die verwendete Interpolationsmethode, z. B. bikubisch, sorgt dafür, dass Qualität und Detailgenauigkeit der Originalbilder beim Neuberechnen erhalten bleiben. Derartige Interpolationsmethoden kommen auch zum Einsatz, falls das Bild hochskaliert, also vergrößert, werden muss, was aber, auf Grund der begrenzten Bildinformationen, nur begrenzt möglich ist.
Beim Erstellen von Bildern für Print-Medien empfiehlt es sich, die Bildgröße anhand der Ausgabegröße und Bildauflösung festzulegen. Diese beiden Maße werden als Dokumentgröße bezeichnet und bestimmen die Gesamtzahl der Pixel und somit die

Dateigröße des Bildes. Beim Erstellen von Bildern für Non-Print-Medien hingegen ist die Aulösung auf 72 dpi, der Bildschirmauflösung, festgelegt und die Bildgröße, z. B. 800 × 600 Pixel, von der gewünschten Größe innerhalb der Anwendung abhängig.

Scharfzeichnen

Das Schärfen sollte immer die letzte Korrekturmaßnahme sein, bevor das Bild endgültig verwendet wird – egal, ob im Print-Bereich oder Non-Print-Bereich. Durch das Scharfzeichnen kann ein leicht unscharfes Bild nachträglich aufgebessert werden. Das Anheben der Bildschärfe ist aber nur begrenzt möglich, da es nicht mehr Details in das Bild bringen kann, sondern nur die Konturen und Übergänge in den Bildelementen verstärkt und somit einen subjektiven Eindruck von Schärfe erzeugt.

Leicht unscharfe Aufnahme

Nachträglich scharfgezeichnetes Bild

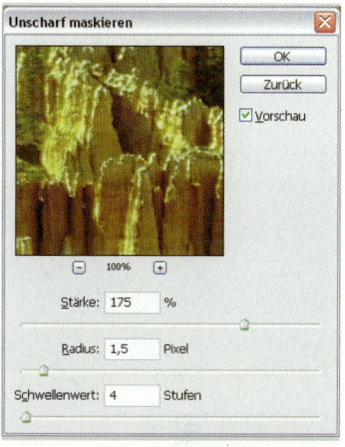

❶ Mit den Einstellwerten beim **Unscharf maskieren** kann das Scharfzeichnen sehr individuell vorgenommen werden. Quelle: PhotoShop CS2

Das professionelle Werkzeug zum Schärfen ist das **Unscharf maskieren** ❶. Dabei sorgen die drei Standard-Einstellwerte **Stärke**, **Radius** und **Schwellenwert** für eine Kontrolle über die Schärfe. Die „Stärke" beschreibt, in Prozent ausgedrückt, die Intensität des Schärfens. Bei Bildern in hoher Auflösung können das zwischen 150-200% sein. Der „Radius" definiert den Bereich der Pixel, die zur Schärfung herangezogen werden. Je größer der Radius gewählt wird, desto breiter erscheinen die Kanten der Schärfung. Bei hochaufgelösten Bildern sind in der Regel 1-2 Pixel sinnvoll. Der „Schwellenwert" gibt in Tonwertschritten an, wie groß der Unterschied der angrenzenden Pixel dargestellt werden soll. Bei der Stufe 0 wird alles geschärft und bei Stufe 10 nur die Kanten, die einen Tonwertunterschied von mindestens 10, also z. B. jene mit 162 und 178, aufweisen. Bei hochauflösenden Bildern liegt der Wert zwischen 2 und 20.

Weichzeichnen

In bestimmten Situationen möchte man den genau umgekehrten Effekt erzielen. Das Bild soll bewusst weich erscheinen. Durch das Weichzeichnen kann eine sanfte oder auch romantische Stimmung hervorgerufen werden. Dieser Effekt wird fast ausschließlich in der Porträt- und Aktfotografie verwendet. Bei einem Porträt wirkt das Gesicht weicher und die Haut glatter.

ohne Weichzeichner

mit Weichzeichner

6.3.4 Verfremdungen

Verschiedene Motive eignen sich auch zu besonderen Bildverfremdungen. Die folgenden Beispiele zeigen, jeweils im Vergleich zum Ausgangsbild, wie moderne Bildbearbeitungswerkzeuge durch Effektfilter interessante Bildverfremdungen produzieren können.

Kunst- und Malfilter-Effekte

Originalbild

Filter mit Ölfarbbild-Effekt

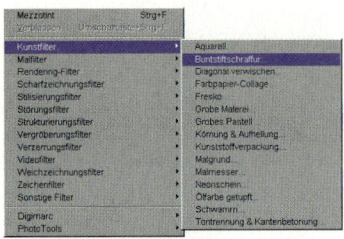

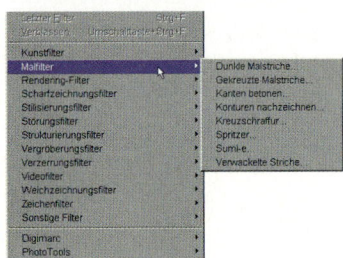

Die modernen Bildbearbeitungswerkzeuge verfügen über eine Vielzahl von Filtern, die zur Bildverfremdung eingesetzt werden können.

Originalbild

Filter mit Buntstift-Effekt

Originalbild

Filter mit Farbcollagen-Effekt

Originalbild

Filter mit Kohlezeichnungs-Effekt

Struktureffekte

Originalbild

Filter mit Kornstruktur-Effekt

Originalbild

Filter mit Glasstruktur-Effekt

Über das interaktive Verändern der Filterparameter kann der Gestalter den Effekt direkt am Bildschirm kontrollieren.

Verzerrungs- und Vergröberungseffekte

Originalbild

Filter mit Strudel-Effekt

Originalbild

Filter mit Vergröberungs-Effekt

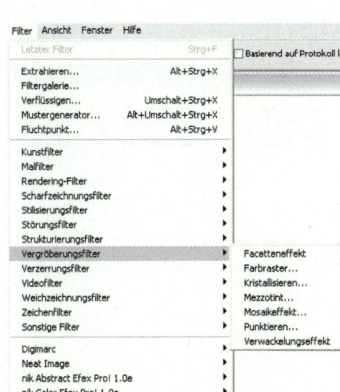

Filter und Zusatzfunktionen können als Plug-in direkt in das Bildbearbeitungsprogramm geladen werden und stehen dann dem Gestalter für seine Kreativität zur Verfügung.

Jede Menge Filter für Bildverfremdungen sind für professionelle Bildbearbeitungsprogramme im Handel erhältlich und können als Plug-In hinzugeladen werden.

6.4 Einsatz in Medienproduktionen

6.4.1 Datenmengen

Vergleich von Speicherkapazitäten:

3,5"-Diskette . . . 1,44 MB
USB-Stick. . . . . bis 64 GB
CD-ROM . . . . . 650-700 MB
Blue-ray Disc. . . . 50 GB
Festplatte . . . . . bis zu 1 TB

Das Einbinden verschiedenster grafischer Medien setzt ein gewisses Grundverständnis bezüglich der auftretenden Datenmengen voraus.

Warum ist dieses Verständnis so wichtig? Auf Grund der Präsentations-Rahmenbedingungen, der begrenzten Datenübertragungswege und der verfügbaren Speicherkapazitäten für eine Multimedia-Produktion müssen Medien in ihrer Informationsmenge begrenzt und eventuell speziell komprimiert werden, damit sie den Empfänger erreichen können.

Gründe für eine Datenreduktion:

• Datendurchsatz der Abspiel-Plattform, z. B. bei Mobil-Anwendungen
• Begrenzte Datenübertragungswege, z. B. über das Internet
• Begrenzte Speicherkapazitäten

Um für die Zielgruppe der Multimedia-Produktion – trotz aller systembedingten Einschränkungen – eine gewohnte Medienqualität zu erreichen, müssen vom Produktionsteam einige Klimmzüge absolviert werden.

➲ **Zum Einen muss die Abspiel-Hardware/Software optimal ausgenutzt werden und zum Anderen die Informationsmedien auf das Wesentliche reduziert werden.**

Bei der Darstellung einer Grafik mit 10 verwendeten Farben ist es eine Verschwendung, wenn die Grafik mit einer Farbtiefe von mehr als 4 Bit eingesetzt wird. Als Fallbeispiel nehmen wir mal eine 200 × 300 Pixel große Grafik.

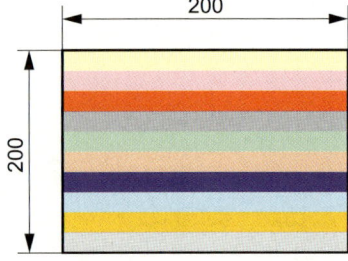

Abgespeichert in True Color (24 Bit): $200 \times 300 \times 24 \div 8 = 180$ kByte und abgespeichert in einer 16 Farbdarstellung (4 Bit): $200 \times 300 \times 4 \div 8 = 30$ kByte

Man kann also sagen:
Eine Unachtsamkeit kann hier eine 6-fach größere Datenmenge produzieren, die einer Abspiel-Hardware/Software natürlich mehr zu schaffen macht. Die Qualität bleibt hierbei die Gleiche.

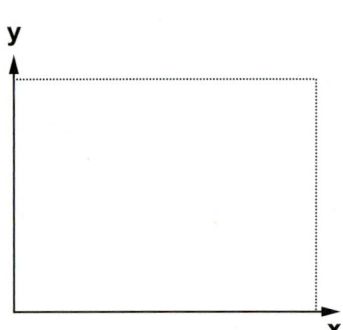

Auflösung

Die Pixelauflösung ist ein wichtiges Kriterium für alle visuellen Medien. Bei einer Standard-VGA-Bildgröße der Anwendung sind das 640 × 480 Pixel, somit also 307200 Bildpunkte auf der Bildschirmseite.

Farbtiefe

Kommt jedem darzustellendem Bildpunkt noch die Wertigkeit einer Farbe hinzu, so errechnet sich die Datenmenge im dreidimensionalen Raum.

In einem Schwarzweißbild werden nur zwei Werte gebraucht, das heißt, pro Pixel reicht ein Bit aus. Um dagegen True-Color darzustellen – immerhin beeindruckende 16,7 Millionen mögliche Farben – bedarf es einer 24 Bit-Grafik, bei der pro Bildpunkt 3 Bytes (24 Bit) benötigt werden.

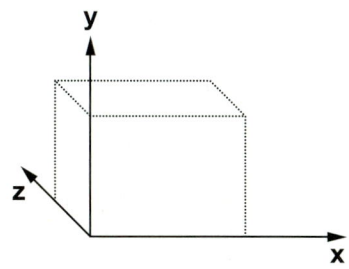

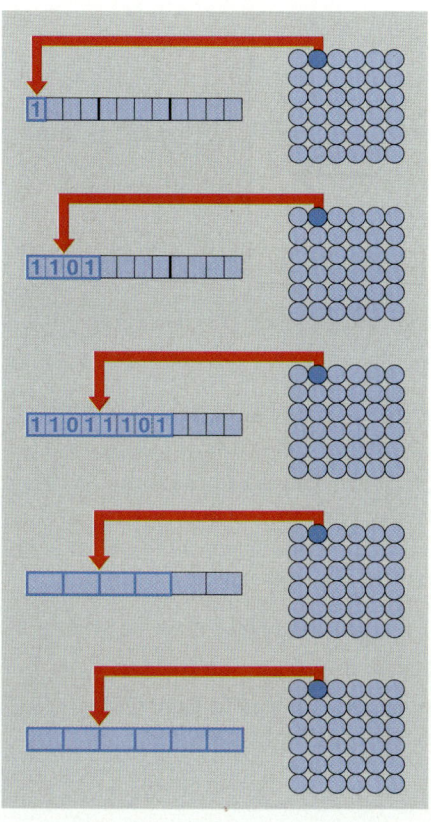

1 Bit ermöglicht eine Schwarz- oder Weiß-Darstellung eines Bildschirm-Bildpunktes.

4 Bit ermöglichen die Darstellung von 16 möglichen Farben eines Bildpunktes.

8 Bit ermöglichen die Darstellung von 256 möglichen Farben eines Bildpunktes.

16 Bit ermöglichen die Darstellung von 65536 möglichen Farben eines Bildpunktes.

24 Bit ermöglichen die Darstellung von 16,8 Millionen möglichen Farben eines Bildpunktes.

Die Farbtiefe wird üblicherweise in Dual-Zahlen ausgedrückt. Dies sind Hochzahlen zur Basis 2:

2^0	=	1	
2^1	=	2	= 1 Bit
2^2	=	4	
2^3	=	8	
2^4	=	16	= 4 Bit
2^5	=	32	
2^6	=	64	
2^7	=	128	
2^8	=	256	= 8 Bit
2^9	=	512	
2^{10}	=	1024	
2^{11}	=	2048	
2^{12}	=	4096	
2^{13}	=	8192	
2^{14}	=	16384	
2^{15}	=	32768	
2^{16}	=	65536	= 16 Bit

Eine vollflächige Hintergrund-Grafik bei Standard-VGA in True-Color (24 Bit) kommt somit auf 921,6 kByte, also fast 1 MByte.

Soll die Grafik beim Ablauf einer Anwendung über das Internet geladen werden, so würde sie, trotz schneller Internetanbindung mit DSL von theoretisch 1024 kbit/s, ca. 8 Sekunden benötigen. Und das nur für eine Grafik mit 640 × 480 Bildpunkten.

Das heißt, die Grafik muss für die Anwendung auf jeden Fall komprimiert werden und um nicht notwendige Informationen reduziert werden. Nicht notwendige Informationen können in der Grafik die nicht verwendeten Farben sein. Oftmals reicht es aus, eine Grafik oder ein Bild mit einer geringen Farbtiefe (z. B. 8 Bit) zu verwenden, um es noch in einer brauchbaren Qualität darzustellen. Jedoch darf der Bildinhalt dabei nicht aus Farbverläufen und somit aus vielen feinen Tonabstufungen bestehen, sonst leidet die Bildqualität durch unschöne Treppenabstufungen in den Verläufen.

Bildschirmauflösung / Anzahl Bildpunkte / Datenvolumen (24 Bit)

Auflösung	Bildpunkte	Datenvolumen
320 × 240	76.800	225 KB
640 × 480	307.200	900 KB
800 × 600	480.000	1,37 MB
1280 × 1024	1.310.720	3,67 MB
1528 × 1146	1.751.088	5,01 MB
1600 × 1200	1.920.000	5,49 MB

6.4.2 Farben für das Web

❶ Beispiel einer mobilen Anwendung.

Aus der Zeit, als Grafikkarten und Monitore noch keine Farbtiefe von 16 oder 24 Bit darstellen konnten, kommt die Verwendung von Farbpaletten, oder auch „Indizierte Farben" genannt. Hierbei wird ein Index, eine Farbtabelle von einzelnen Farben verwendet, auf welcher die Bilddarstellung reduziert wird. Auf die Farbtabelle wird auch heute noch gerne für Web-Anwendungen zurückgegriffen, um Farbbilder mit möglichst geringem Speicherbedarf zu erhalten. Dieses Verfahren erhält im Zuge der Verbreitung von mobilen Anwendungen ❶ wieder eine besondere Bedeutung.

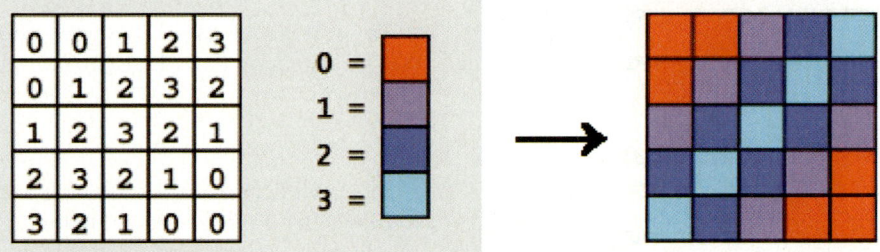

Beispiel einer Farbtabelle mit 3 Bit pro Pixel. Dies entspricht 22 = 4 Tabelleneinträge, also 4 darstellbare Farben pro Pixel.

In der Farbtabelle sind alle Farben aufgeführt, die im Bild vorkommen. Die Information der eigentlichen Bilddaten bestehen nicht aus den Farben selbst, sondern nur aus dem Indexverweis auf den Farbwert in der Farbtabelle. Durch die Trennung zwischen Farbtabelle und Pixeldaten werden sehr kleine Dateigrößen erreicht.

Um zu einer Farbtabelle zu kommen, gibt es zwei Möglichkeiten:

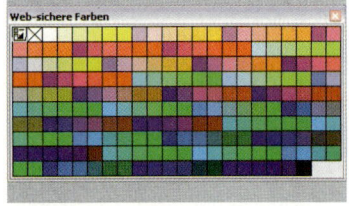

❷ Websichere Farbtabelle mit 216 Farben

- Verwenden der **Websicheren Farben**
  Hierbei handelt es sich um eine standardisierte Farbtabelle mit 216 Farben ❷, die einen großen Farbbereich abdeckt. Eine besondere Untermenge bilden die 20 VGA-Farben ❸, die für alle VGA-Grafikkarten einheitlich sind.

❸ Die VGA-Farbpalette besteht aus den 20 Grundfarben.

- Erzeugen einer **Individuellen Farbtabelle**
  Bei dieser Methode werden über eine Farbquantisierung die 256 für das Bild repräsentativsten Farben ermittelt und daraus die Farbtabelle gebildet. Diese Farbtabellen erlauben die Darstellung von qualitativ hochwertigen, indizierten Farbbildern. Voraussetzung ist aber, dass das Farbspektrum nicht zu groß ist.

Zusätzlich kann über ein sogenanntes **Dithering** die Bildqualität von indizierten Farben verbessert werden. Dabei werden die unerwünschten Farbabstufungen, die auf Grund der begrenzten Farbnuancen entstehen, durch Punktmuster aus den indizierten Farben aufgelöst.

Folgende Bildbeispiele zeigen die Qualitätsunterschiede bei der Verwendung von indizierten Farben mit Farbtabellen.

Original (24 Bit)   Websichere Farbtabelle   Websichere Farbtabelle mit Dithering   Individuelle Farbtabelle

6.4.3 Bilddateiformate

Standards für Bilddateien

Bilddateien bestehen nicht nur aus den eigentlichen Bilddaten, sondern beinhalten zusätzlich ein kleines Vorschaubild (Thumbnail) zur Voransicht im Datei-Browser und Metadaten für die Bildverwaltung.
Als Metadaten haben sich das **Exif**, das „Exchangeable Image File Format", und der **IPTC-Standard** (International Press Telecommunications Council), verbreitet. Die Exif-Metainformationen werden kameraseitig integriert und beschreiben die aufnahmespezifischen Daten des Bildes. Die IPTC-Informationen werden erst beim Transfer der Bilddaten auf den PC ergänzt und dienen der individuellen Bilddatenverwaltung.

Dateiformate

Je nach Verwendungsgebiet haben sich unterschiedliche Dateiformate verbreitet.
Für die Verwendung im Web sind heute jedoch nur drei Dateiformate gebräuchlich: **GIF**, **PNG** und **JPEG**, alles Formate, die speziell für die Web-Umgebung optimiert sind. Als Austauschformate für die Bildverarbeitung kommen vorwiegend **TIFF** und **BMP** zum Einsatz. Ursprungs-Bilddaten aus der Fotografie werden üblicherweise in den kameraspezifischen **RAW-Formaten** archiviert.

	Web-geeignet	Farbtiefe	Dithering	Transparenz	Verlustfreie Kompression	Verlustbehaftete Kompression
TIFF: Tagged Image File Format	nein	bis 32 Bit	-	ja	X	
GIF: Graphics Interchange Format	ja	8 Bit	ja	ja	X	
PNG: Portable Network Graphics	ja	bis 24 Bit	ja	ja	X	
JPEG: Joint Photographic Experts Group	ja	24 Bit	-	nein		X
JPEG2000: Modernes, aber noch nicht sehr verbreitertes JPEG-Format	nein	24 Bit	-	ja	X	X
Bitmap (BMP): Bilddatenaustauschformat von MS Windows	nein	bis 24 Bit	-	ja	X	
CRW, NEF, SRF: Rohformate der Kamerahersteller Canon, Nikon, SONY	nein	12 Bit	-	nein	X	
DNG: Universelles RAW-Datenformat von Adobe	nein	12 Bit	-	nein	X	

Übersicht der verbreitesten Bildformate

6.4.4 Bildformate

Die gestalterische Freiheit mit allen Gestaltungsformen ist in der Praxis meistens auf eine bestimmte Fläche begrenzt. Diese Fläche, rechteckig, und definiert durch Länge und Breite, wird als **Bildformat** bezeichnet.

In der Fotografie muss der Gestalter sich zwischen **Hochformat** und **Querformat** entscheiden. Normalerweise entscheidet der Fotograf auf Grund des zu fotografierenden Objektes bzw. Motivs.

Beispiel: Querformat

Querformat

Querformatige Bilder findet man oft bei Landschaften, Autos, breiten Objekten oder liegenden Personen. Auch Objekte der Stille und der Passivität verlangen nach einer querformatigen Darstellung. Das Querformat entspricht auch eher der natürlichen Sichtweise des Menschen, der die Welt auf Grund seiner zwei nebeneinander liegenden Augen quasi querformatig wahrnimmt.

Hochformat

Hochformatige Bilder eignen sich besonders für hohe und schmale Objekte, wie Türme und Kirchen. Aber auch für nahe Objekte, wie z. B. bei Portraits, oder für außergewöhnliche Darstellungen kommen hochformatige Bilder zum Einsatz.

Beispiel: Hochformat

➲ **Für den Bildschirm gestalten heißt im Querformat arbeiten.**

Aufgaben und Übungen, Literaturhinweise

Aufgaben und Übungen

1. Schärfentiefe
   Suchen Sie einen Standpunkt, von dem Sie ein Fahrrad oder Motorrad in drei
   Ebenen (Vorder-, Mittel- und Hintergrund) sehen können. Mache Sie drei Fotos
   mit offener Blende – und fokussiere Sie jeweils eine andere Ebene an.
2. Brennweite
   Suchen Sie ein Objekt aus Beton oder Holz und fotografieren Sie es vom gleichen
   Standpunkt aus mit drei verschiedenen Brennweiten, im Weitwinkel-, Normal-
   objektiv- und dem Telebereich.
3. Perspektive
   Suchen Sie ein Möbelstück und fotografieren Sie es aus der Normalperspektive,
   der Froschperspektive und der Vogelperspektive.
4. Schwarzweiß
   Suchen Sie vier Fotomotive, die sich besonders gut für Schwarzweiß-Fotografie
   eignen und begründen Sie warum.
5. Muster und Struktur
   Stellen Sie eine Mustermappe mit Fotografien zusammen, in denen die Muster
   und Strukturen natürlicher Elemente, wie Gras, Holz etc. beinhaltet sind.
6. Layout
   Erstellen Sie an Hand einer Website für einen Sportverein ein Rastersystem für
   die Layout-Raumaufteilung.

Literaturhinweise

Art Directors Club: ADC-Jahrbuch 2001, Mainz 2001 (Verlag Hermann Schmidt)
Buss, Alexander; *Ehricke*, Rainer: Digital Fotografieren, Bonn 1999 (MITP)
Freeman, Michael: Digitale Fotografie – Spiegelreflexkameras, Köln 2005
    (Verlag Taschen GmbH)
Gulbins, Jürgen: Grundkurs Digital Fotografieren, Heidelberg 2004
    (dpunkt.verlag GmbH)
Haasz, Christian: Digital-Proline - Digitalfotos professionell bearbeiten, Düsseldorf
    2006 (Data Becker GmbH & Co. KG)
Oliver, Vincent: Profikurs Digitale Fotografie, Reinbeck bei Hamburg 2005
    (Rowohlt Verlag GmbH)
Maschke, Thomas: Digitale Kameratechnik – Technik digitaler Kameras in Theorie
    und Praxis, Berlin Heidelberg 2004 (Springer Verlag)
Maschke, Thomas: Digitale Aufnahmetechnik – Digitale Fotografie in der Praxis,
    Berlin Heidelberg 2004 (Springer Verlag)
Maschke, Thomas: Digitale Bildbearbeitung – Bildbearbeitung, Farbmanagement,
    Bildausgabe, Berlin Heidelberg 2004 (Springer Verlag)
Walter, Thomas: MediaFotografie – analog und digital, Berlin Heidelberg 2005
    (Springer Verlag)
Zimmert, Gerhardt: Digital Workflow für Fotografen, Heidelberg 2005
    (mitp Redline GmbH)

7 Grafik

❶ Das Sprichwort tauchte erstmals in gedruckter Form im Jahre 1921 in einer Fachzeitschrift der Werbebranche auf.
Bilder drücken nach diesem Sprichwort also nicht nur Emotionen aus, sie werden verwendet, um Sachverhalte zu erklären.

❷ Aus dem griechischen:
gráphein = malen, schreiben
Ursprünglich war das Malen und Schreiben gemeint.
Heute im Zusammenhang mit Grafik zu verstehen im Sinne von „be"-schreiben.

Das bekannte Sprichwort „Ein Bild sagt mehr als tausend Worte" ❶ bezieht sich darauf, dass man komplizierte Sachverhalte mit einem Bild oftmals schneller und präziser erklären kann als mit einem langen Text. Diesen Umstand versucht man sich insbesondere bei der Vermittlung von betriebswirtschaftlichen Zahlen und Statistiken zunutze zu machen. Mit Bildern sind dann aber **Grafiken** ❷ gemeint. Man könnte sinngemäß das oben dargestellte Sprichwort umtaufen in „Eine Grafik sagt mehr als tausend Zahlen".

Doch Grafiken lassen sich nicht nur auf Zahlen oder Statistiken beschränken. Immer dann, wenn wir mit einer Fotografie eine Sache nicht erklären können, wir aber bildhaft arbeiten wollen, müssen wir unser Bild künstlich erzeugen, indem wir zeichnen, malen oder am Computer illustrieren.

In den verschiedenen Gestaltungsdisziplinen wird der Begriff der Grafik vielschichtig verwendet. Die folgenden Abschnitte sollen die Verwendung von Grafiken, deren Erstellung und den Einsatz in der Medienpraxis darstellen.

7.1 Technische Merkmale

Standard am Bildschirm sind 72 pixel per inch (ppi). 1 Zoll setzt sich also aus 72 Punkten zusammen. Die Maßeinheit dots per inch (dpi) gilt in Zusammenhang mit Druckern, wird aber häufig gleichgesetzt.

Am Bildschirm werden alle Bilder mit Pixeln (picture elements = Bildpunkte) angezeigt. Die Art der Beschreibung der Darstellungen kann jedoch unterschiedlich sein. Um zum Beispiel ein Dreieck am Bildschirm reproduzieren zu können, gibt es zwei verschiedene Möglichkeiten: **Vektor**- oder **Pixelgrafik**.

7.1.1 Vektorgrafik

In einer **Vektorgrafik** werden nur wenige Daten über Eigenschaften benötigt um eine Grafik eindeutig reproduzieren zu können. Zum Beispiel die Koordinaten der Ecken, die Breite und Farbe der Umrisslinie und die Füllfarbe des Dreiecks. Diese Eigenschaften bezieht die Grafik aus mathematischen Beschreibungen in Form von Vektoren.

Die Vektorgrafiken müssen vor der Ausgabe am Bildschirm umgewandelt werden. Diesen Umwandlungsprozess nennt man Rasterung. Die mathematischen Vektoren werden in Pixel zerlegt.

Vektorgrafiken sind geeignet, um mit einfachen Elementen zu gestalten. Der besondere Vorteil liegt darin, dass die erstellten Abbildungen **ohne Qualitätsverlust skalierbar** sind. Das bedeutet, dass sie in ihrer Größe verändert werden können, ohne dass dabei störende Effekte wie „Treppenstufen" auftreten. Die Linienkonturen bleiben glatt.

Vektorgrafiken werden mit Vektorgrafikprogrammen oder auch Illustrationsprogrammen erstellt. Diese wiederum werden in Anwendungen ❶ unterschieden, die zwei- oder dreidimensionale Grafiken erzeugen können. Verwendung finden diese Grafiken im Planungs- und Entwurfsprozess von Produkten aller Art. Immer dann, wenn ein Produkt noch nicht existiert, der Gestalter sich dieses jedoch vorstellen und anderen zeigen möchte, kann eine Vektorgrafik erstellt werden. Im Entwurfsprozess können Vektorgrafiken schnell und unkompliziert Farb- und Formgebung in verschiedenen Ansichten visualisieren.

❶ Anwendungsprogramme zur Erstellung von Vektorgrafiken sind zum Beispiel für zweidimensionale Grafiken:
• Adobe Illustrator
• Macromedia Freehand
• CorelDraw
dreidimensionale Grafiken:
• Maxon Cinema 4D
• Autodesk 3ds Max

7.1.2 Pixelgrafik

In einer **Pixelgrafik** werden im Gegensatz zur Vektorgrafik sehr viele Informationen benötigt, um die Eigenschaften einer Abbildung zu speichern. Jedes Pixel benötigt einen Farbwert und eine genaue Koordinatenposition, an der es sich befindet.

Die Bezeichnung Pixelgrafik wird immer dann verwendet, wenn eine zuvor erstellte Vektorgrafik so umgewandelt wurde, dass sie am Bildschirm ausgegeben werden kann. Dabei ist zu beachten: Eine Pixelgrafik kann nur mit großer Mühe in eine Vektorgrafik verwandelt werden, eine Vektorgrafik aber leicht und jederzeit in eine Pixelgrafik. **Pixelgrafiken** können im Gegensatz zu Vektorgrafiken **nicht ohne Qualitätsverlust** vergrößert werden! Es entstehen beim Vergrößern „Treppenstufen".

⊃ **Die Mediengestaltung bezeichnet Abbildungen aus der Realität (Fotografien) nicht als Pixelgrafiken, sondern als Bilder (siehe vorhergehendes Kapitel)!**

Die Abbildung zeigt die Veränderung beim Skalieren einer Pixelgrafik.

7.2 Darstellungsmethoden

Heutzutage arbeiten Designagenturen und Unternehmen in Entwurf und Konstruktion eng zusammen. Das Produkt entwickelt sich über mehrere Phasen hinweg. Dabei entstehen Darstellungen in Form von Vektorgrafiken, Illustrationen oder Zeichnungen von Hand, welche nach unterschiedlichen Methoden ausgeführt werden. Welche Bedeutung die einzelnen Darstellungsmethoden in der Praxis haben und wie sie eingesetzt werden, wird in den folgenden Abschnitten erläutert.

7.2.1 Entwurfszeichnung

Die **Entwurfszeichnung** ist eine Zeichnung, meist von Hand angefertigt, welche zu unterschiedlichen Zeitpunkten im Entwurfsprozess den aktuellen Entwicklungsstand visualisiert. Die Qualitätsanforderungen einer solchen Entwurfszeichnung legen deren Bezeichnung und Größe fest.

Die einfachste zeichnerische Umsetzung einer Idee wird als **Scribble** (Mediengestaltung) oder **Ideenskizze** (Produktgestaltung) bezeichnet. Es handelt sich hierbei um eine kleinformatige Umsetzung der Idee in Briefmarken-, maximal Postkartengröße. Bemaßungen am Objekt sind meistens noch nicht notwendig.

In Form des **Layouts** werden Scribble oder Skizze konkretisiert. Die Darstellungsgröße muss annähernd genau und proportional gezeichnet sein. Maßeintragungen sollten vorhanden sein.

Das **Reinlayout** ist eine 1:1-Umsetzung in Originalgröße und dient als Produktionsvorlage in der Mediengestaltung für die Reinzeichnung, die Fertigstellung eines Medienproduktes mit Hilfe des Computers. Das Reinlayout entspricht in der Produktgestaltung den entsprechenden Darstellungsmethoden in den folgenden Abschnitten.

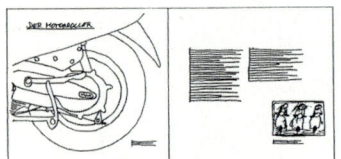

Scribbles einer Broschüre zum Thema Motorroller

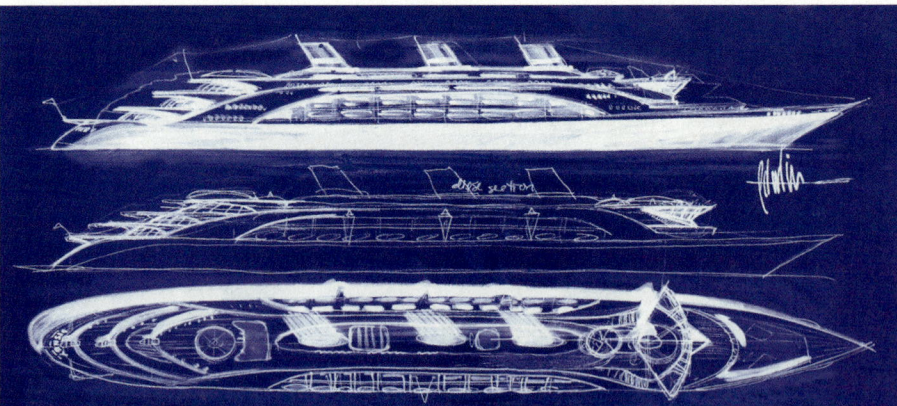

Ideenskizzen für das Kreuzfahrtschiff „Disney Magic". In seinen Entwürfen orientierte sich die international agierende Designagentur „frogdesign" an der Raumfahrt und an Science-Fiction-Filmen.

7.2.2 Prinzipdarstellung

Die Prinzipdarstellung stellt das Funktionsprinzip dar, zeigt Bewegungsmöglichkeiten eines Gegenstands, Handhabungsabläufe oder auch das Gebrauchsprinzip auf.

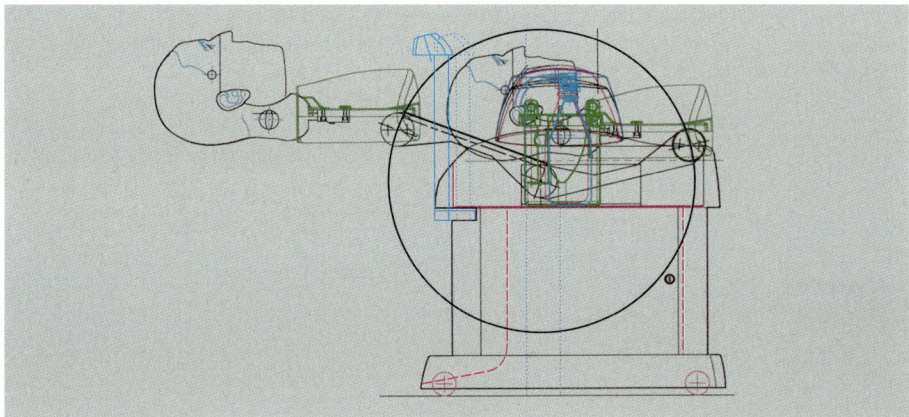

Darstellung der Bewegungsmöglichkeiten eines dentalen Patienten-Simulators, Fa. Kavo Dentaltechnik. Der Kopf kann in verschiedene Arbeitspositionen gebracht werden.

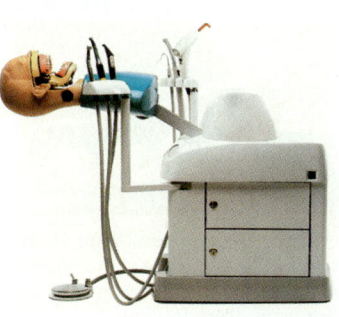

7.2.3 Ergonomische Darstellung

Die Darstellungsmethode findet dort ihren Einsatz, wo die Arbeitsbedingungen für den Menschen untersucht und optimiert werden müssen. Dies betrifft beispielsweise die Gestaltung von Computer-, Schreib- und Montagearbeitsplätzen, Sportgeräte sowie Möbel. Für die Festlegung der Maße für Möbel, Geräte und Maschinen werden normierte Personen zugrunde gelegt.

Ergonomie: Wissenschaft von den Leistungsmöglichkeiten und -grenzen des arbeitenden Menschen und von der Anpassung der Arbeitsbedingungen an den Menschen.

Dynamisches Sitzen: Schreibtischstühle werden heute so gestaltet, dass der Mensch sich jederzeit darauf bewegen kann und dadurch ständig seine Sitzposition verändert. Hierbei wird die Rückenlehne in Abhängigkeit von der Sitzflächenneigung um einen bestimmten Winkel mitgeschwenkt.

7.2.4 Schematische Darstellung

Die schematische Darstellung ist eine auf wesentliche Merkmale des abzubildenden Objekts reduzierte eher „schemenhafte" Zeichnung oder Computergrafik. Dabei können durchaus verschiedene Bauteile detailliert dargestellt werden. Damit können beispielsweise Anzeigeinstrumente eines KFZ-Armaturenbretts im Bild hervorgehoben oder auch die Anordnung von Schaltflächen an einem Fernseher vorgenommen werden.

Hier wurde eine neuartige Schlittschuhkufe entwickelt, die nach Abnutzung ausgetauscht werden kann. Die drei konstruktiv entscheidenden Teile sind der Systemträger, der Stabilisator und das Kufenmesser.

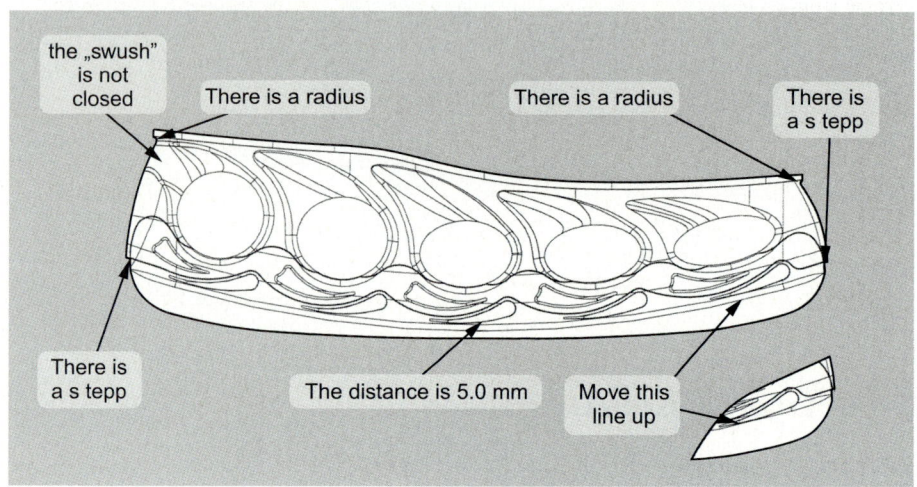

7.2.5 Dimensionsdarstellung

Sind sich Entwickler und Designer über die Gestaltung des Produktes einig, werden die besonderen Merkmale, normierten Bauteile, Normvorgaben und Werkstoffe sowie Oberflächenbeschaffenheit festgelegt. Diese Angaben werden in einer Art Pflichtenheft festgehalten und dienen dem Designer für die Feinbearbeitung des Projekts. Dann werden die maßgenauen Darstellungen in Form einer Zusammenbau- oder Baugruppenzeichnung und die Darstellungen von Einzelheiten des Gegenstands, Geräts oder der Maschine angefertigt. Damit sind die Grundlagen für die Einzelteilzeichnungen der Konstruktion geschaffen, nach denen dann gefertigt werden kann.

Konstruktionen und Entwürfe zum Kufensystem eines Schlittschuhes: Der Entwurf des Schuhs mit dem Trägersystem für die Kufe muss so gestaltet sein, dass unterschiedliche Fußgeometrien mit dem Systemträger kombiniert werden können.

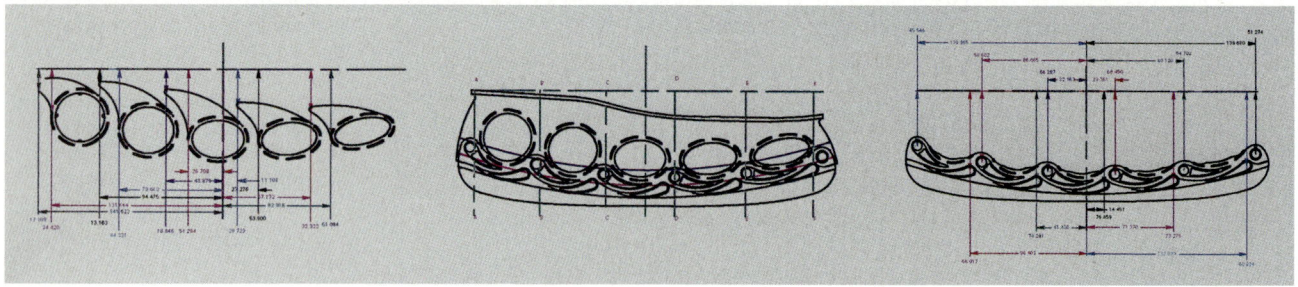

7.2.6 Explosionsdarstellung

In der Explosionsdarstellung werden die einzelnen Bauteile eines Gerätes räumlich abgebildet und so geordnet, wie sie zusammengebaut werden müssen. Diese Art des Bildes zeigt auch komplexe Bauteile, wie Getriebe und Motoren in Teilschnitten, um die Funktionen kenntlich zu machen. Die Explosionsdarstellung kommt vor allem in Ersatzteillisten und Montageanleitungen zum Einsatz.

❶ Montage des Kufenmessers am Trägersystem des Schlittschuhs als gerenderte 3-D-Darstellung.

❷ Funktionsdarstellung einer Messuhr, durch Abheben der einzelnen Elemente aus der Ebene heraus.

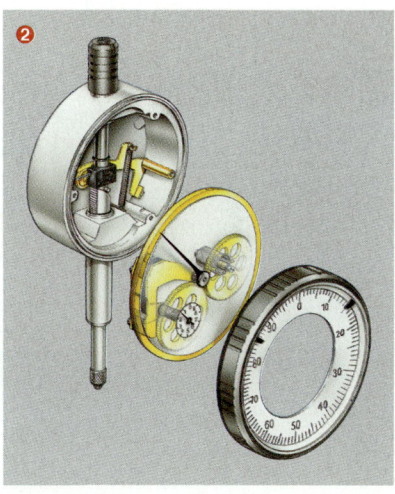

7.2.7 Gerenderte Darstellung

Sollen Designlösungen präsentiert werden, können sie durch eine Rendering-Zeichnung ❸ oder durch eine gerenderte dreidimensionale Darstellung am Rechner dem Betrachter so realitätsnah wie möglich vorgeführt werden. Mit Hilfe einer Kamerafunktion in den dreidimensionalen Programmen lassen sich auch „Flüge" in und um das Produkt simulieren. Darüberhinaus ist es möglich, beliebige Ansichten des Objekts „einzufrieren".

❸ **Rendern**: Projektion einer drei-dimensionalen Objektdarstellung in die zweidimensionale Ebene der Bildschirmdarstellung mit einer entsprechenden Nachbearbeitung des entstehenden Bildes durch Licht, Schatten, Reflexionen und Farben.

Auf der Basis von Vektor-Daten wird in einem Anwendungsprogramm das Kufensystem als Gitterdarstellung erzeugt. Mit Materialeigenschaften und Oberflächentexturen wird die Darstellung zu einer wirklichkeitsgetreuen Abbildung und lässt sich von allen Seiten betrachten.

7.3 Räumliche Darstellung

Werden Körper auf einem Papier gezeichnet, so erhält man eine Darstellung auf einer Ebene. Die Dreidimensionalität der Gegenstände kann durch Veränderung der Linienstärken, Schatten, Hell-Dunkel-Effekte und Perspektiven auf dem Papier erzeugt werden. Körper und umgebender Raum können mit Hilfe der **perspektivischen** oder **axonometrischen Darstellung** räumlich dargestellt werden. Eine weitere Möglichkeit ist die **Darstellung in Ansichten** als Flächendarstellung.

7.3.1 Perspektivische Darstellung

Wesentliches Element der perspektivischen Darstellung ist die perspektivische Verkürzung. So wirken Gegenstände, die auf einem Tisch weiter hinten stehen kleiner als der gleiche Gegenstand, der vor dem Betrachter steht!

Zur perspektivischen Darstellung müssen einige Dinge beachtet werden:
Die Horizontlinie ist die Linie, die sich in horizontaler Richtung in Höhe der Augen des Menschen ziehen lässt. Der Blick des Betrachters fokusiert sich in einem Fluchtpunkt oder Augpunkt. Der Betrachter steht auf dem Boden. Dieser Boden wird Grundebene genannt. Senkrecht unter den Augen des Betrachters befindet sich die Grundlinie. Der Weg, auf dem der Betrachter steht, verjüngt sich zum Fluchtpunkt hin (perspektivische Verkürzung). Will der Betrachter nun einen Körper, den er vor sich sieht, abbilden, verhält sich dies, als wenn der Betrachter durch ein Fenster hindurch schaut und auf die Scheibe des Fensters zeichnet, was er vor sich sieht. Dieses „Fenster" wird Bildebene genannt.

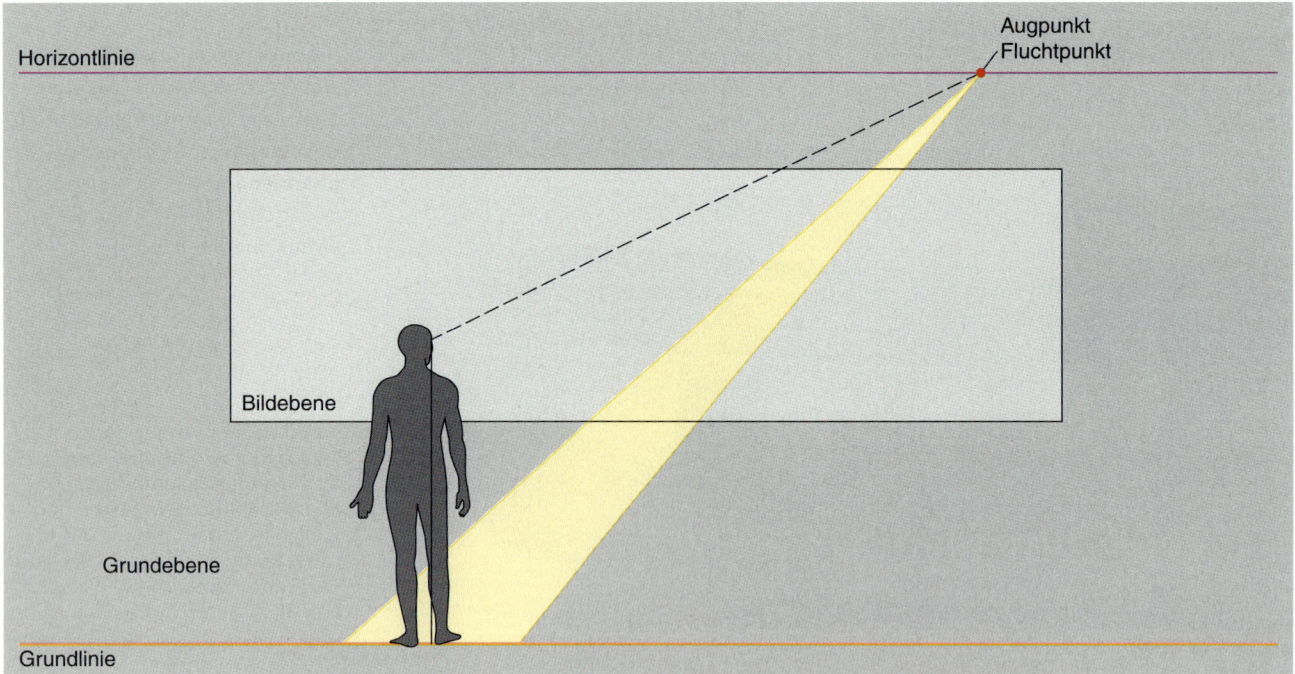

⮡ Die perspektivische Darstellung von Gegenständen mit einer nach vorne gerichteten Ecke nennt man Dreifluchtpunktperspektive (Vogel- oder Froschperspektive).

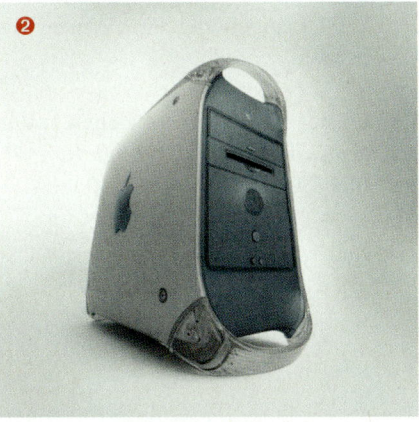
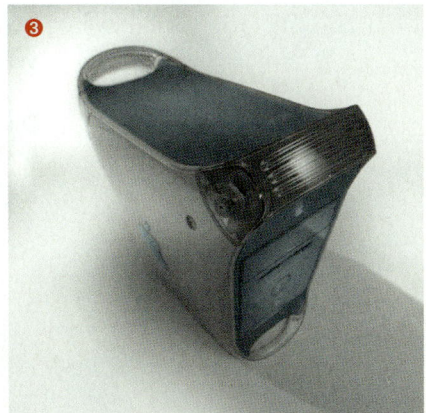

Abbildungen eines Computers in der Normalperspektive ❶ (zwei Fluchtpunkte), der Froschperspektive ❷ (drei Fluchtpunkte) und der Vogelperspektive ❸ (ebenfalls drei Fluchtpunkte). Die Fluchtpunkte ergeben sich jeweils aus der Verlängerung paralleler Objektkanten.

7.3.2 Axonometrische Darstellung

Die axonometrischen Darstellungen zeigen den Körper wie er ist und nicht aus einem entsprechenden menschlichen Blickwinkel. Die Merkmale Horizont, Fluchtpunkt und Entfernung haben hier keine Bedeutung. Das planparallele Projektionsverfahren stellt den Körper mit drei Seiten in einem bestimmten Maßverhältnis und unter einem vorgegebenen Winkel dar.

Wegen ihrer Einfachheit wird die **Axonometrie** gerne für schnell zu erstellende und maßhaltige Skizzen verwendet, aber auch in der Architektur und in weiteren Sparten der Technik. Ebenso beliebt ist die Axonometrie in der EDV, weil sie zum Beispiel für Blockdiagramme einfach programmierbar ist und eine gute räumliche Visualisierung erlaubt.

Seit 1998 existiert eine gültige DIN-ISO-Norm ❹, dem Technischen Zeichnen zugeordnet, welche die axonometrischen Darstellungen festlegt:

❹ Zu beziehen sind die Normen beim Beuth Verlag GmbH, einem Tochterunternehmen des Deutschen Institutes für Normung e.V.

⮡ DIN ISO 5456-3
 Technische Zeichnungen – Projektionsmethoden – Teil 3:
 Axonometrische Darstellungen

Bei der axonometrischen Darstellung unterscheidet man die **Isometrie** mit gleichem Seitenverhältnis und die **Dimetrie** mit unterschiedlichem Seitenverhältnis.

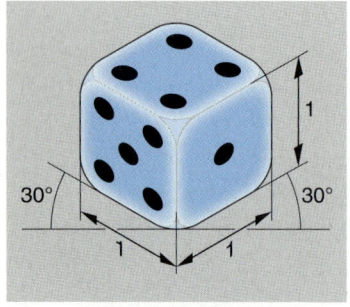

Isometrie

Der Begriff Isometrie kommt aus dem Lateinischen und lässt sich in die Worte „iso = gleich" und „metrie = Länge" aufteilen. Breite, Höhe und Tiefe werden im gleichen Verhältnis 1:1:1 abgebildet. Ein Würfel wird dabei mit gleichlangen Kantenlängen gezeichnet.

Die Winkel zur Horizontalen stehen unter 30°/30°. In älteren Darstellungsformen findet man noch Erhebungswinkel von 45°/45°. Diese entsprechen jedoch nicht der gültigen DIN-ISO-Norm.

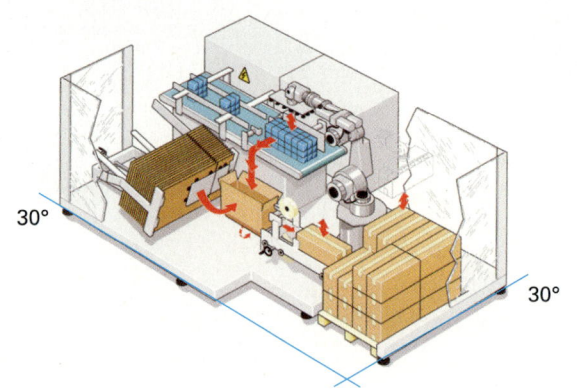

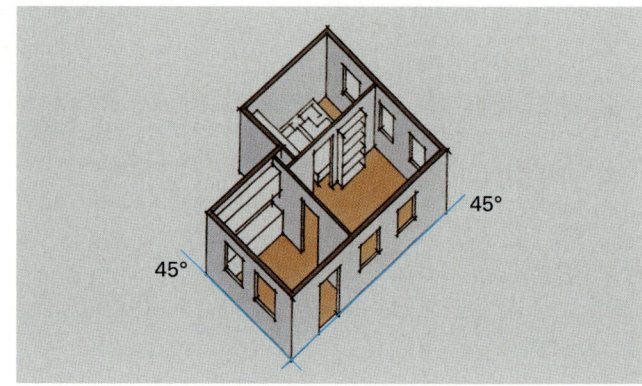

Dimetrie

In der dimetrischen Darstellung wird die Vorderseite des Körpers hervorgehoben. Die Darstellung wird durch die Winkelung von 7°/42° erzeugt. Die Dimetrie beinhaltet zwei unterschiedliche Längenmaßstäbe, wie schon der Begriff „Di = zwei" sagt. Breite, Höhe und Tiefe verhalten sich wie 1:1:1/2. Das bedeutet, dass der Körper in der Tiefe um die Hälfte verkürzt dargestellt wird.

Die Darstellung in der dimetrischen Projektion wirkt realistischer, da die Verkürzung des Körpers in der Tiefe dem räumlichen Empfinden des Menschen näher kommt als die Isometrie.

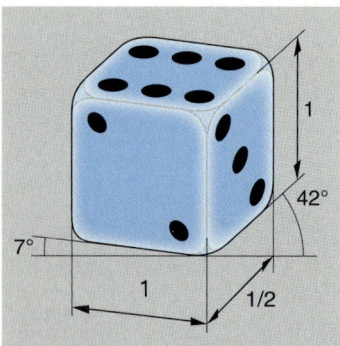

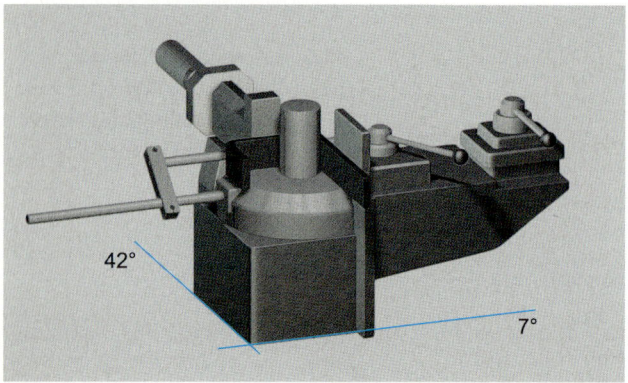

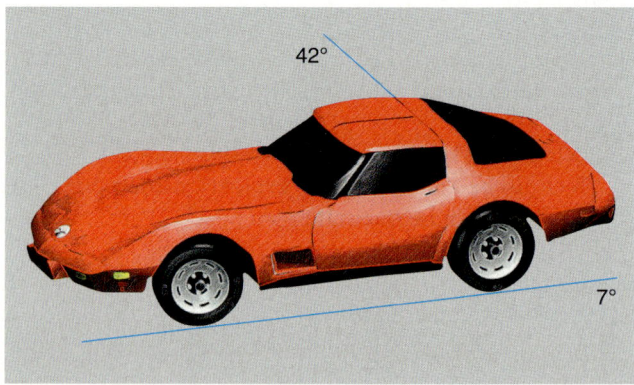

7.3.3 Darstellung in Ansichten

Die Darstellung in Ansichten wird vor allem in technischen Einzelteilzeichnungen oder in der Architektur verwendet, wenn die Proportionen und Maße eines Körpers oder von Räumen im Vordergrund stehen. Der Körper wird dabei in der Ebene ohne räumliche Tiefe dargestellt. Dadurch besteht die Zeichnung immer aus zwei Dimensionen in der x/y-, x/z-, y/z-Ebene. Man benötigt zur Darstellung der Tiefe mindestens eine zweite Ansichtsdarstellung. Die Anzahl der zu zeichnenden Ansichten richtet sich nach der Komplexität des Körpers. Insgesamt stehen bis zu 6 Ansichten zur Verfügung, die durch Umklappen aus der Vorderansicht erzeugt werden.

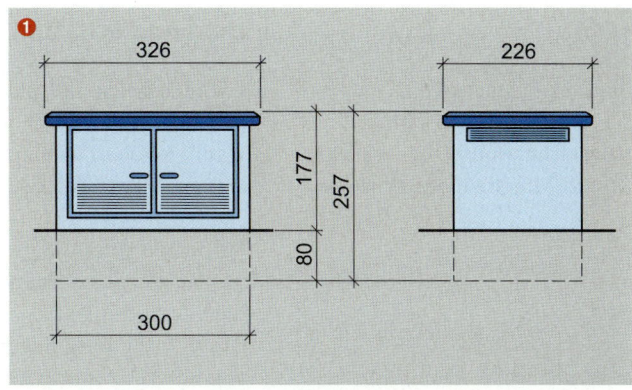

In den meisten Fällen werden die Vorderansicht, eine ❶ oder zwei Seitenansichten und eine Draufsicht gezeichnet ❷. Seit 1998 existiert eine gültige DIN-ISO-Norm, dem Technischen Zeichnen zugeordnet, welche die Darstellung in Ansichten festlegt:

⮕ DIN ISO 5456-2
Technische Zeichnungen – Projektionsmethoden – Teil 2: Orthogonale Darstellungen

Eine Variante der Ansichtsdarstellung stellt die plastisch wirkende Zeichnung ❸ dar, die auch zu Präsentationszwecken oder für Werbeprospekte verwendet wird. Diese Zeichnungen erzeugen beim Betrachter durch Lichter und Schatten in den Konturen des Körpers und durch Einfärben eine räumliche Vorstellung.

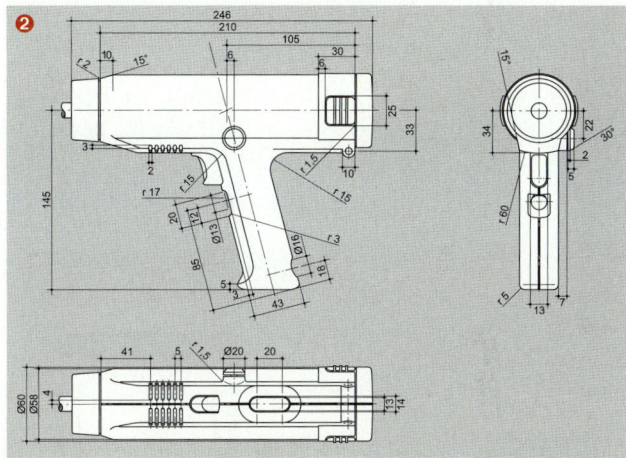

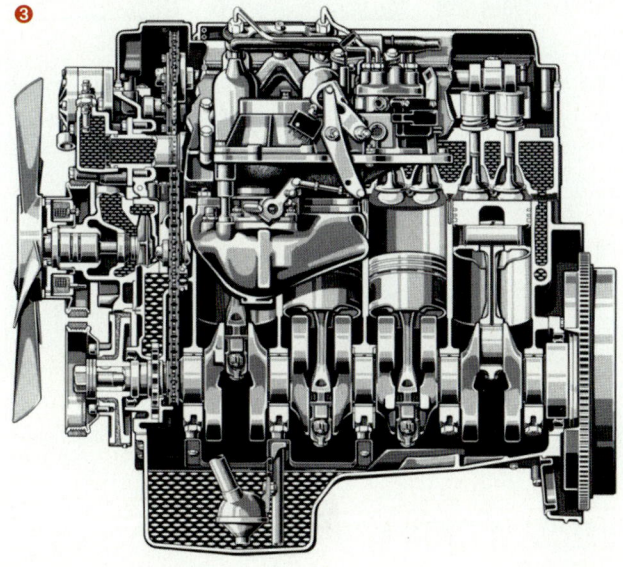

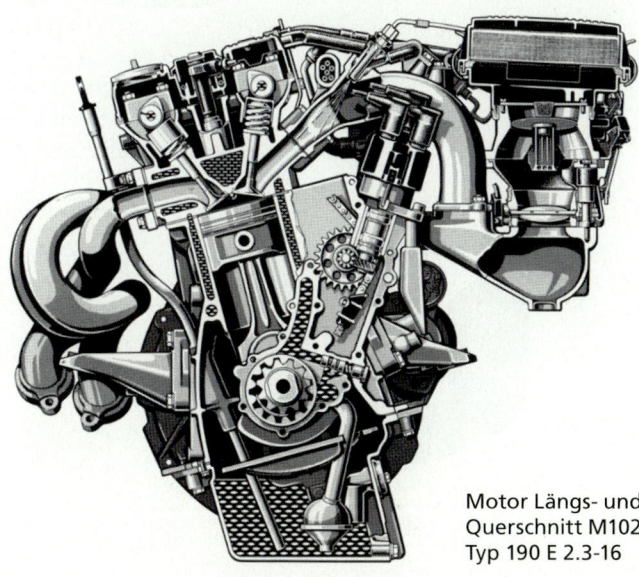

Motor Längs- und Querschnitt M102 Typ 190 E 2.3-16

7.3.4   Steigerung der räumlichen Wirkung

Licht und Schatten

Darstellungstechniken,
Schattenkonstruktionen.
Vergleiche: Holder, Eberhard:
Design – Darstellungstechniken

Zur Steigerung des plastischen Eindrucks wird in der Darstellung von Gegenständen mit Licht und Schatten gearbeitet. In den meisten Darstellungen wird eine Lichtquelle von links oben angenommen. Diese strahlt paralleles Licht aus, womit die Lichtstrahlen zur Konstruktion des Schattens verwendet werden können.

Beleuchtet man einen Körper, dann werden die dem Licht zugewandten Kanten heller dargestellt, die dem Licht abgewandten Kanten dunkler. Zeichnerisch erzielt man diesen Verdunkelungseffekt durch unterschiedliche Strichstärken der Körperkanten. Durch Verteilung der Helligkeit auf der Fläche, erzeugen eines Körperschattens, wird ebenso eine räumliche Wirkung erzielt.

Dabei besitzt ein Kubus drei unterschiedliche Körperschatten, die je nach Größe des Körpers auch als Hell-Dunkel-Verlauf auftreten können. Bei zylindrischen Körpern verläuft der Körperschatten aufgrund der Wölbung in jedem Fall von Dunkel nach Hell und wieder nach Dunkel.

Licht und Schatten lassen sich besonders durch Körperteile wie Rohre, Vertiefungen, Rippen, Mulden, Schlitze, Ringe oder Gitter erzielen. Dadurch wird auch eine verstärkte Tiefenwirkung erzielt.

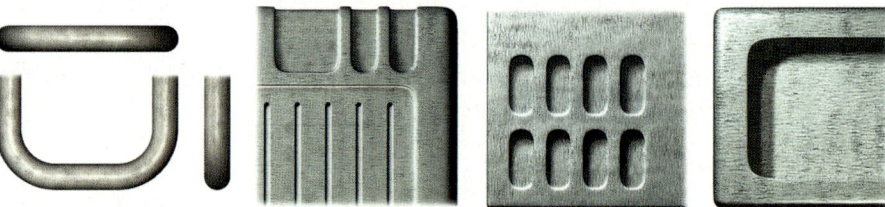

Durch die Möglichkeiten der Fotografie und der 3-D-Animation können auch Schatten durch mehrere Lichtquellen gestaltet werden. Dadurch werden interessante Schattenspiele, Effekte und Betonungen von bestimmten Elementen erzielt.

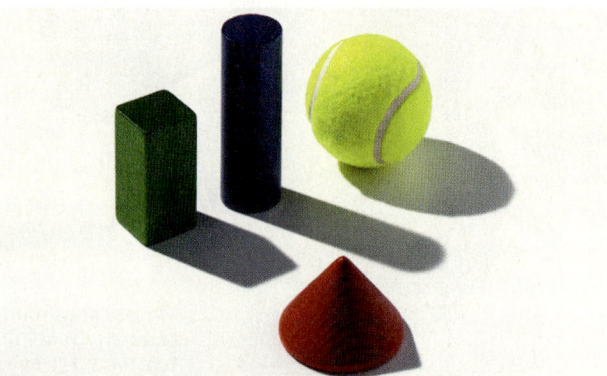
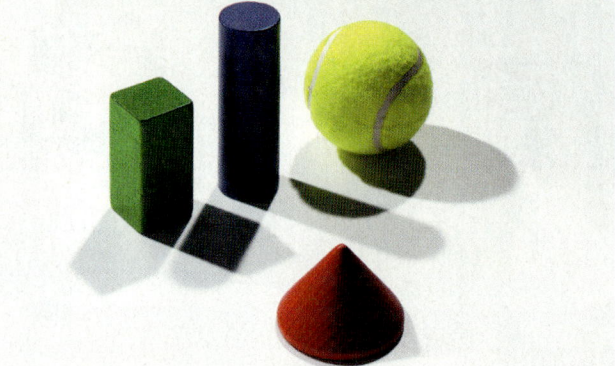

Farbe

Durch Farbe im Bild werden Objekte räumlich verstärkt oder getrennt oder auch von ihrem Hintergrund abgehoben. Zum Zwecke stärkerer räumlicher Wirkung und zum Hervorheben von Gegenständen kann eine Schwarz-Weiß-Grau-Darstellungen mit farbigen Hintergründen ❹ versehen werden und umgekehrt farbige Gegenstände mit Grauverläufen hinterlegt werden. Durch einen **Komplementärkontrast** ❶ kann die Farbwirkung gesteigert und dadurch eine intensivere Betonung des Körpers erzielt werden.

Bei der Farbwahl ist zu beachten, dass z. B. die orangefarbenen Töne ❷ am wärmsten wirken und die Farbtöne im blauen und grünen Bereich ❸ am kältesten sind. Weiterhin hat man festgestellt, dass z. B. graue Gegenstände stärker hervortreten und gelbe Flächen eher zurücktreten ❹.

Komplementärkontrast: Polare Farben, z. B. rot und grün, liegen sich auf dem Farbkreis ❶ gegenüber.

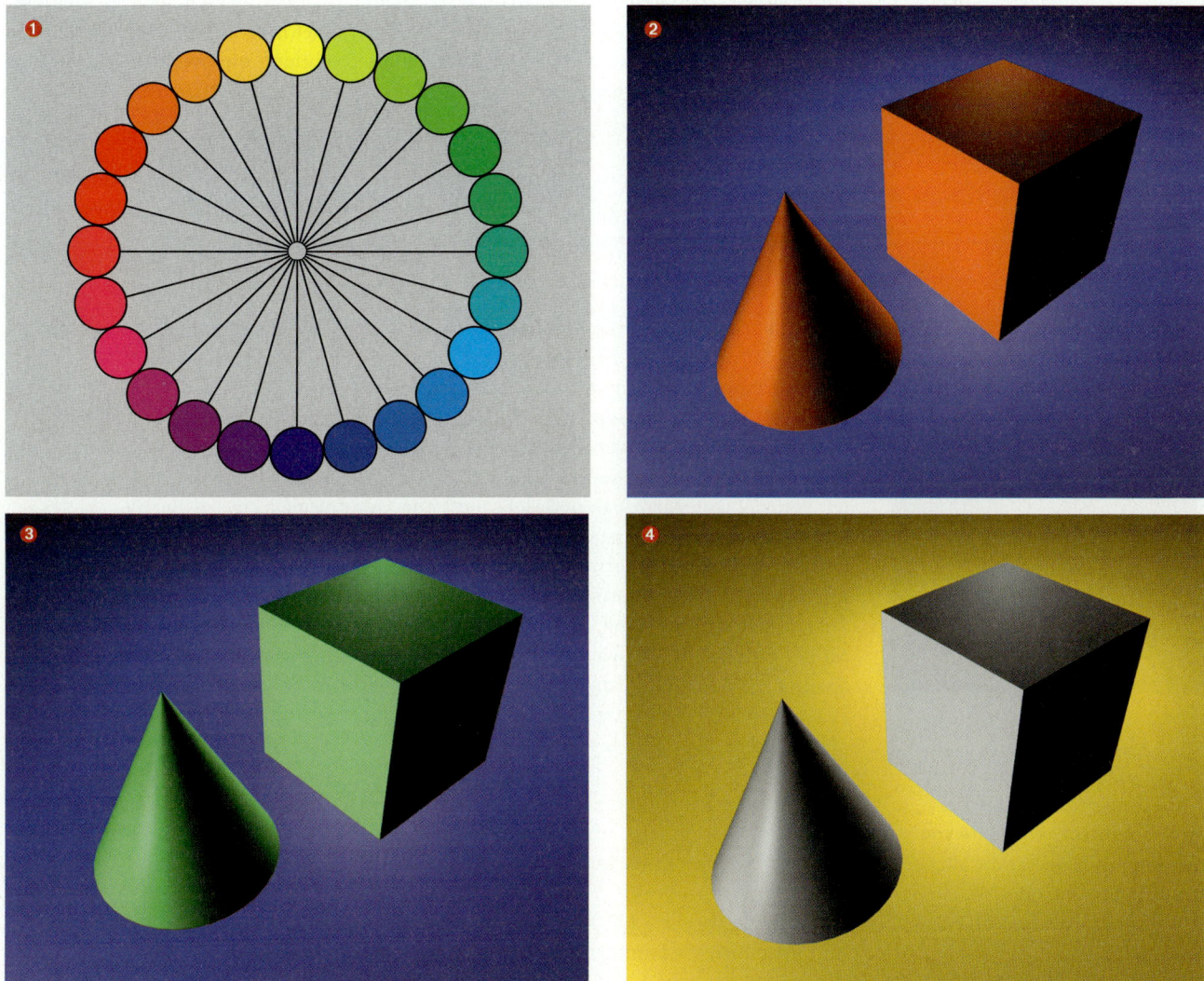

7.4 Flächige Darstellung

Flächige Darstellungen finden immer da Verwendung, wo wir mit einfachen gestalterischen Mitteln einen Sachverhalt erklären wollen. Im Abschnitt 4.5 (Gestalten mit Formen) haben wir den Zusammenhang der Formwirkung anhand einiger Beispiele dargestellt und in einen Bezug zur visuellen Kommunikation gestellt.

Eine weitere, sehr wichtige Disziplin im Rahmen der **visuellen Kommunikation** ❶ ist die Entwicklung von **Symbolen** aus einem Zeichenvorrat. Diese Symbole finden sich in **Zeichensystemen** wieder; ein solches System aus dem Bereich der flächigen Darstellungen bilden zum Beispiel die Piktogramme.

7.4.1 Zeichen

Unter einem **Zeichen** versteht man ganz allgemein ein unterscheidbares Element, dem eine Bedeutung zugesprochen wird. So bezeichnet man die Buchstaben unseres Alphabetes zum Beispiel auch als Schriftzeichen. Sie bilden eine wichtige Grundlage unseres Kommunikationssystems. Weitere Elemente sind zum Beispiel Gesten, Gebärden und Laute.

Für die Bewältigung situativer Sprachbarrieren hat sich die Einführung von bildhaften oder grafischen Zeichen etabliert, wenn gleich es auch auf diesem Wege keine Garantie auf eine „internationale Verständigungsform" gibt! Die NetZeitung stellte am 26.05.2006 fest (Zitat):

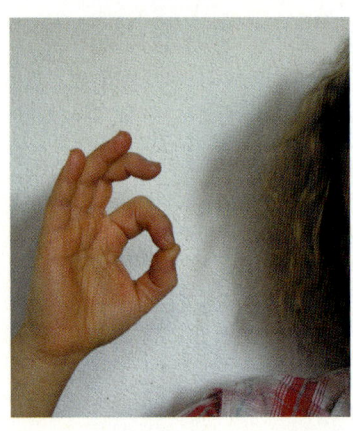

„Fremde Länder sprechen nicht nur bei den Worten andere Sprachen. Auch Handbewegungen und Gesten können außerhalb des eigenen Kulturkreises zu Missverständnissen führen und Touristen im Ausland in Unannehmlichkeiten bringen. Denn was in Mittel- und Westeuropa zum Beispiel Zustimmung oder Wohlwollen signalisiert, kann anderswo eine Beleidigung sein. „Probleme kann es immer dann geben, wenn dieselbe Geste unterschiedliche Bedeutungen hat!", sagt die Linguistin Cornelia Müller von der Internationalen Gesellschaft für Gestenforschung in Berlin. „Vieles sei zwar gar nicht so unterschiedlich, wie häufig angenommen wird. Deutsche könnten aber vor allem in Ländern Südeuropas in unangenehme Situationen hinein geraten." Ein Beispiel: Der Fingerkreis. Bei der so genannten Ringgeste formen Daumen und Zeigefinger in Kopfhöhe einen Kreis. „Super", „Spitze" oder „Okay" heißt das Prof. Müller zufolge in Europa und Nordamerika. In Frankreich und Südeuropa, etwa in Spanien, sei „der Ring" dagegen eine obszöne Geste. In Belgien, Frankreich und Tunesien könne die Geste auch so aufgefasst werden, dass der jeweilige Gegenüber als „Null" oder „Wertlos" beschimpft werde."

Zeichen werden nach dem oben zitierten Beispiel zum **Symbol**, zu einem **Sinnbild**. Die Interpretation liegt im Auge des Betrachters. Weitere Varianten in der Interpretation von Zeichen sind das **Ikon** (= Abbild) und der **Index** (= Hinweis).

Es gibt eine wissenschaftliche Disziplin, welche die Zeichen auf deren Verwendung und Bedeutung hin untersucht und erforscht: Die **Semiotik**. ❷

Die Sprachwissenschaftler bezeichnen einen semiotischen Vorgang wie folgt: Eine codierte Nachricht wird von einem Sender zu einem Empfänger gesendet und vom Empfänger decodiert, also entschlüsselt. Der Code ist Teil eines verwendeten Zeichensystems. Die Nachricht wird dann durch den Empfänger klassifiziert und interpretiert. Durch diesen Prozess ist der Empfänger in der Lage, in eine Interaktion mit dem Sender zu treten. ❶ Die Semiotik wird in drei sich überlappende Teilbereiche gegliedert: Syntax, Semantik und Pragmatik.

❶ Die verschiedenen Kommunikationstheorien werden in Kapitel 1 in diesem Buch beschrieben.

Syntax

Die Syntax eines Zeichens bestimmt dessen **äußere Form**. Hierzu zählt man neben der Form selbst die Farbe, die Bewegung und die Anordnung der Elemente.

⊃   **Die Syntax klärt die Frage: „Was zeigt diese Darstellung?"**

In der visuellen Kommunikation kann man die Syntax von Zeichen in Wahrnehmungsbereiche gliedern. So unterscheidet man:

• sichtbare (visuelle) Zeichen
• hörbare (auditive) Zeichen
• tastbare (taktile) Zeichen
• riechbare (olfaktorische) Zeichen
• schmeckbare (gustatorische) Zeichen

Die Wahrnehmungsbereiche sprechen also gezielt die verschiedenen Sinne an. Ein Zeichen muss daher so ausgerichtet sein, dass ein entsprechender Sinn angesprochen werden kann. Die Syntax der Ringgeste bildet zum Beispiel die Haltung von Fingern und Hand. Ein blinder Mensch kann aber mit dem Fingerzeichen der Ringgeste im oben zitierten Beispiel nichts anfangen, da er es nicht sehen kann!

Semantik

Die Semantik eines Zeichens bestimmt die **Bedeutung** eines Zeichens, den Symbolgehalt eines Zeichens.

⊃   **Die Semantik klärt die Frage: „Was bedeutet diese Darstellung?"**

In der visuellem Kommunikation steht die Semantik damit direkt für ein durch ein Zeichen erzeugtes Gefühl oder eine Stimmung. Am Beispiel der Ringgeste lässt sich dies leicht nachvollziehen, da für die Menschen in Deutschland die Bedeutung eine andere ist, als für die Menschen aus Tunesien. Die Semantik der Ringgeste ist somit kontextabhängig und steht in Deutschland für „Okay" und in Tunesien für „Null". Die Semantik eines Zeichens hat sehr viel mit der Formwirkung der elementaren Gestaltungslehre gemeinsam!

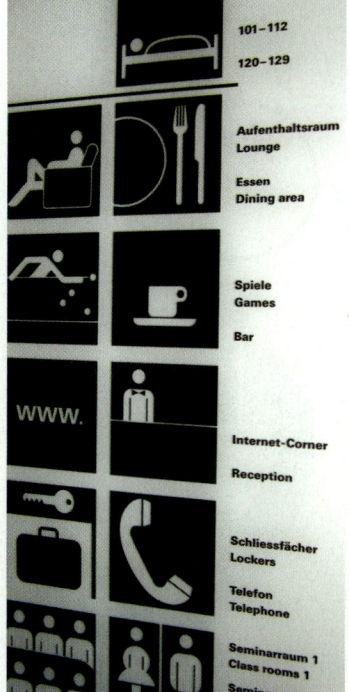

Piktogramme in einer Jugendherberge. **Semiotische Analyse** des Zeichens mit der Benennung „Bar"
Syntax: Kaffeetasse und Unterteller
Semantik: Hier kann man einen Kaffee trinken
Pragmatik: Hingehen, Getränk bestellen

Das Piktogrammsystem von ERCO ist seit nahezu 30 Jahren wegweisend: Piktogramme finden sich dort, wo sprachübergreifend kommuniziert werden soll oder es auf eine schnelle und sichere Orientierung ankommt.
Die Qualität eines Piktogrammes zeigt sich in seiner Einfachheit.
Quelle: ERCO

Pragmatik

Die Pragmatik eines Zeichens bestimmt den Einsatz eines Zeichens und die damit verbundene **Wirkung** des Zeichens.

➲ **Die Pragmatik klärt die Frage: „Welche Wirkung hat diese Darstellung?"**

Die Ringgeste wird in Deutschland sicher zu einer anderen Handlung aufrufen, als in Tunesien. Die Wirkung ist eine andere!

Die Pragmatik ist eine sehr wichtige Konstante der Prozesse in der visuellen Kommunikation, da diese versucht, über verschiedene Zeichensysteme die Wirkung auf die Menschen zu steuern. Anhand der im Folgenden erklärten Zeichensysteme lässt sich dies nachvollziehen.

7.4.2 Zeichensysteme

Zeichen tauchen selten einzeln auf, sondern stehen in einem Verbund miteinander, in einem **Zeichensystem**. Die Sprache dieser Systeme, der **Zeichencode**, muss jedoch erst erlernt werden. Eine „Königsdisziplin" der visuellen Kommunikation ist damit der Entwurf von Zeichen, deren Syntax einfach, deren Semantik eindeutig und deren Pragmatik selbstverständlich ist. Dieser Prozess findet Anwendung in der Gestaltung von Logos und Markenzeichen von Firmen. Zeichensysteme sind zum Beispiel:

• Alphabete (Buchstaben, Schriftzeichen, Morsezeichen, ...)
• Musiknoten (Notenlinien und Noten, Schlüssel, ...)
• Gebärdensprachen (Gestik, Mimik, ...)
• Verkehrszeichen
• Korrekturzeichen
• Sternzeichen
• Piktogramme
• ...

Im Folgenden werden drei Zeichensysteme etwas näher betrachtet.

Piktogramme

Man spricht von einem Piktogramm, wenn ein bildhaftes Symbol mit Hilfe einer reduzierten flächigen Darstellung eine Nachricht vermittelt.

Der Grafiker Otl Aicher hat Ende der sechziger Jahre vom Nationalen Olympischen Komitee den Auftrag bekommen, für die Olympischen Spiele 1972 in München ein Leitsystem zu entwickeln. Ein Bestandteil dieses Leitsystems bestand aus der Entwicklung der Piktogramme. Aicher entwickelte im Auftrag der Leuchtenfirma ERCO die Piktogramme bis 1975 weiter. Es entstand somit ein international gültiges Piktogramm-Leuchtensystem für alle Bereiche des täglichen Lebens.

Verkehrszeichen

Ein Verkehrszeichen ist eine behördliche Anordnung, die von allen Verkehrsteilnehmern eigenverantwortlich beachtet werden muss. Geregelt wird dies in Deutschland durch die Straßenverkehrsordnung.

Die Verwendung von Verkehrszeichen geht zurück bis ins alte Rom. Die eigentliche Entwicklung der Straßenverkehrszeichen im heutigen Sinne begann jedoch erst mit der Erfindung des Automobils. Charakteristisch für das System ist eine möglichst genaue Klassifikation der Grundmengen. So muss die Menge aller möglichen Straßensituationen mit der Menge aller möglichen Handlungen von Kraftfahrern unter einen Hut gebracht werden. 1949 gelangte die Entwicklung des europäischen Verkehrszeichensystemes auf einer Sitzung der Vereinten Nationen zu einem vorläufigen Abschluss. Bis heute ist es noch nicht gelungen, ein internationales Abkommen über die Einheitlichkeit von Verkehrszeichen zu treffen, obwohl es hierzu mehrere Konferenzen der UNO gegeben hat.

Emoticons

Setzt man die Satzzeichen des lateinischen Aphabetes zu visuellen Zeichenfolgen zusammen ergeben sich die sogenannten Emoticons. Es handelt sich hierbei um ein Zeichensystem der schriftlich-elektronischen Kommunikation. Die Emoticons sollen Stimmungen und Gefühle der Kommunikationspartner ausdrücken, wenn diese sich nicht sehen können. Die Emoticons stammen aus der Zeit, in der man über das Internet ausschließlich Texte verschicken konnte. Die Bezeichnung Emoticon ist eine Wortkreuzung, gebildet aus Emotion und Icon.

:-) lachendes Gesicht, Ausdruck von Freude

;-) zwinkern, Ausdruck: Nicht so ernst nehmen!

:-(trauriges Gesicht, Ausdruck von Ärger

Heute werden in einer ständig zunehmenden Anzahl von Programmen und Mobiltelefonen Emoticons in eine Grafik umgewandelt, etwa von der Instant-Messenger-Software wie ICQ, MSN Messenger oder E-Mail-Clients wie Mozilla Thunderbird.

Internetforen verwenden heutzutage fast ausschließlich in Grafiken umgewandelte Emoticons, die meisten zeigen zum Beispiel vielfältige Abwandlungen eines Smileys.

Einige grafische Emoticons des MSN Messenger

Die Emoticons verdeutlichen sehr gut, welchen Weg die visuelle Kommunikation seit der Einführung der Verkehrszeichen über Otl Aichers Piktogramme bis heute gegangen ist. Geht es bei den konventionellen Zeichen doch im allgemeinen eher um den pragmatischen Aspekt (bei einem Stop-Schild auch anzuhalten), so stehen bei den Emoticons semantische Aspekte im Vordergrund (der Smiley lächelt, also bin ich fröhlich). Ob der Grad der Fröhlichkeit (vom Lächeln bis zum Sich-biegen-vor-Lachen) beim Kommunikationspartner auch so ankommt, bleibt in den Chatsystemen meistens eher unwichtig. Und der pragmatische Aspekt wird bei dieser Entwicklung fast ganz aus den Augen verloren (lächelt der Kommunikationspartner nun überhaupt zurück?).

7.5   Informationsdarstellungen

Das statistische Bundesamt in Wiesbaden sammelt Zahlen aller Art. Es erhebt statistisch Informationen, bereitet diese auf, analysiert sie und stellt sie dar. Die Darstellungsart reicht von einer einfachen Zahlenkolonne, über eine sortierte Tabelle bis hin zur Grafik, der Informationsgrafik.

⬤ **Unter einer Informationsgrafik versteht man eine visuelle Darstellung von Gesamtzusammenhängen aller Art in einer Abbildung.**

Informationsgrafiken sollten sich um eine möglichst effiziente Vermittlung von Fakten bemühen und dabei großen Wert auf **Klarheit**, **Genauigkeit** und **Anschaulichkeit** legen. Die Fakten, die es darzustellen gilt, müssen zunächst sortiert werden, bevor die grafische Auswertung in Diagrammarten erfolgen kann. Man spricht hier von der Informationsorganisation.

7.5.1   Informationsorganisation

Es gibt für die Auswertung von Informationen fünf verschiedene Organisationsformen: Alphabetische, zeitliche, örtliche, hirarchische und kategorische Organisation.

Ein Beispiel:
Wir stellen hier sechs FreundInnen vor. Die FreundInnen haben unterschiedliche Geschlechter, kommen aus unterschiedlichen Regionen Deutschlands und sind nicht gleich alt.

- Peter, 23 Jahre alt, aus Stuttgart
- Sophie, 16 Jahre alt, aus München
- Lisa, 19 Jahre alt, aus Köln
- Frank, 18 Jahre alt, aus Hamburg
- Timo, 20 Jahre alt, aus Berlin
- Katrin, 17 Jahre alt, aus Frankfurt

❶ Vergleiche:
Lidwell, William:
Design, München 2004
(Stiebner Verlag), Seite 84

Die reine Auflistung der sechs FreundInnen ist nicht operabel und man erkennt keine Ordnung. Eine Organisation ❶ der Information ist unumgänglich.

Alphabetische Organisation:
Wörterbücher oder Enzyklopädien sind in alphabetischer Reihenfolge gegliedert. Es liegt daher nahe, unsere sechs Freunde alphabetisch aufzulisten, wenn wir deren Telefonnummern oder Adressen in ein Register eintragen wollen. Frank (F) steht links, Timo (T) rechts.

⬤ **Alphabetische Organisation eignet sich immer dann, wenn Informationen auf andere Informationen verweisen.**

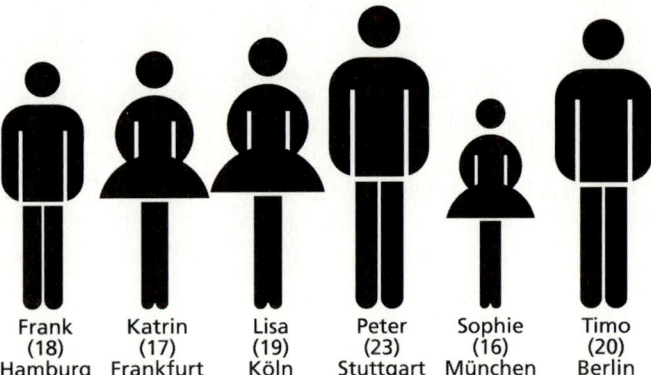

Frank (18) Hamburg   Katrin (17) Frankfurt   Lisa (19) Köln   Peter (23) Stuttgart   Sophie (16) München   Timo (20) Berlin

Zeitliche Organisation:

Die Programmübersicht in Fernsehzeitschriften teilt den Tag in einer zeitlichen Abfolge ein. Unsere sechs FreundInnen sind zu unterschiedlichen Zeitpunkten geboren; sie haben heute daher alle ein anderes Alter. Wir stellen die jüngste Person (Sophie) nach links, die älteste (Peter) nach rechts.

➲ **Zeitliche Organisation eignet sich immer dann, wenn Ereignisse über einen festen Zeitraum dargestellt werden sollen.**

Örtliche Organisation:

Möchte man die Position der Notausgänge in einem Gebäude grafisch darstellen erstellt man einen Lageplan. Unsere sechs FreundInnen wohnen in Deutschland. München ist die südlichste Stadt Deutschlands, Hamburg die nördlichste. Deshalb steht Sophie links und Frank rechts.

➲ Örtliche Organisation eignet sich immer dann, wenn eine Orientierung oder Wegweisung mit einem räumlichen Bezug dargestellt werden soll.

Hierarchische Organisation:

Bereits im Kindesalter treten wir in einem Wettkampf untereinander an: Wer ist der Größte, der Schnellste, wer springt am Weitesten. Die Kleinste unserer sechs FreundInnen (Sophie) steht links, der Größte (Frank) rechts.

➲ Hierarchische Organisation eignet sich immer dann, wenn eine Sortierung nach Eigenschaften dargestellt werden soll.

Kategorische Organisation:

Die Warengruppen eines Kataloges im Internet oder die Gänge im Baumarkt sind nach der Ähnlichkeit der Produkte sortiert. So findet man die Schrauben wohl kaum bei den Gartenartikeln. Die Gruppe unserer sechs FreundInnen setzen sich aus drei Mädchen und drei Jungen zusammen. Die Mädchen stehen links, die Jungen rechts.

➲ Kategorische Organisation eignet sich immer dann, wenn Ähnlichkeiten und Zusammenhänge dargestellt werden sollen.

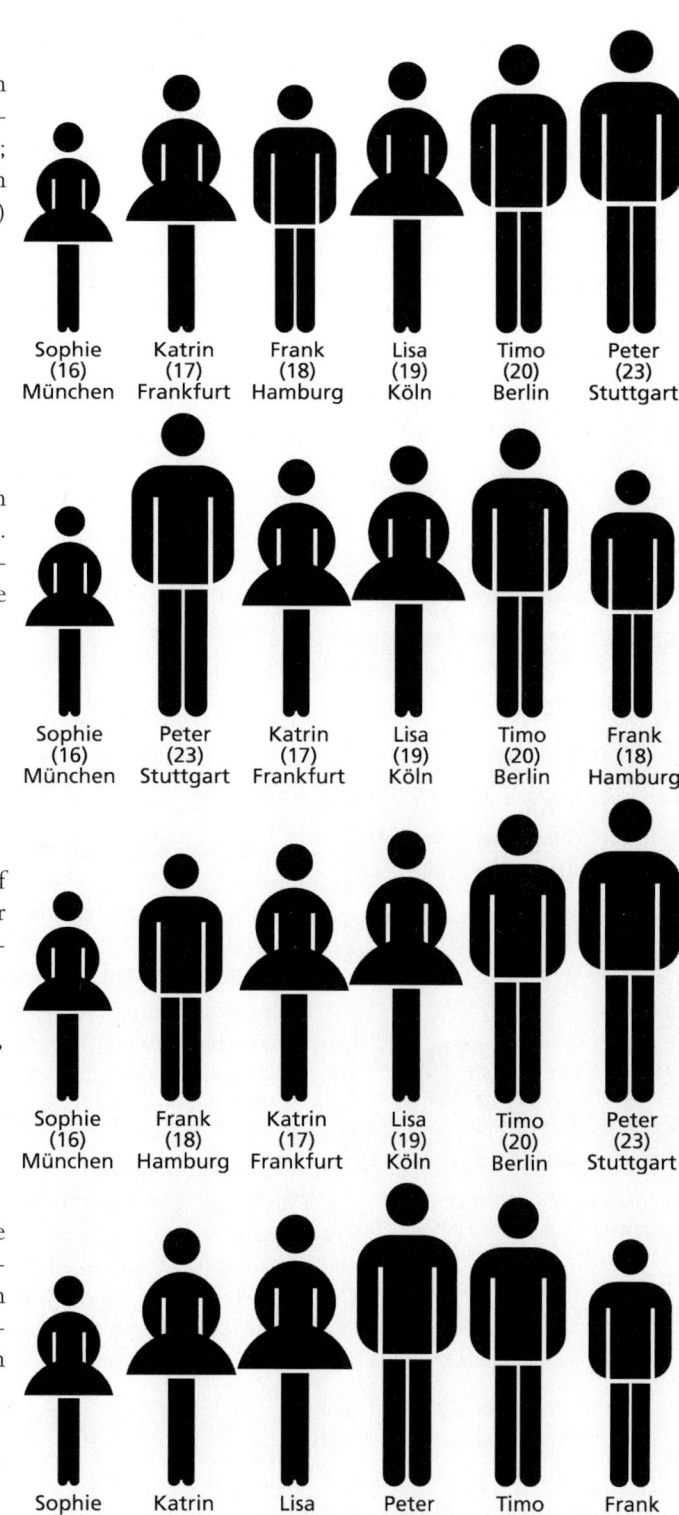

7.5.2 Diagrammarten

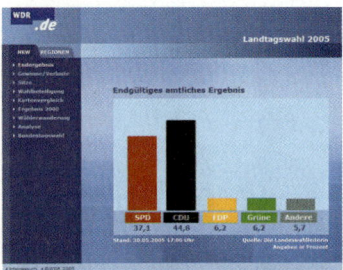

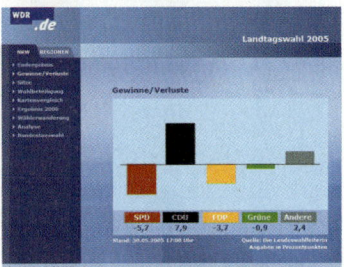

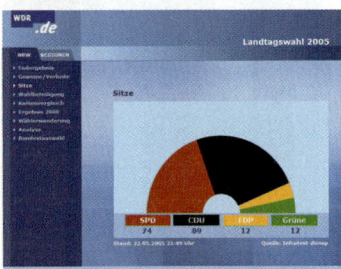

Diagramme der WDR Online-Redaktion zur Landtagswahl 2005 in Nordrhein-Westfalen.

Unter einem Diagramm versteht man die grafische Darstellung von **Daten**, **Sachverhalten** oder **Informationen**. Je nach der Zielsetzung des Diagramms werden höchst unterschiedliche Typen eingesetzt. Die Bandbreite ist dabei sehr groß und reicht von bildhaften Elementen bis hin zu rein abstrakten Gebilden.

Als Abgrenzung zum reinen Zeichen möchte ein Diagramm vor allem einen Zusammenhang erklären. Häufig werden jedoch auch Zeichensysteme (zum Beispiel Piktogramme) in Diagrammen verwendet.

Man unterscheidet folgende grundsätzliche Diagrammarten; die Einteilung erfolgt nach gestalterischen Formelementen:

- Kreisdiagramm
- Balkendiagramm
- Säulendiagramm
- Liniendiagramm
- Punktdiagramm

Der Kreis bei einem **Kreisdiagramm** ist der Container, der eine **Gesamtheit** bildet. Wird der Kreis (oder ein anderer Container) in dessen Anteile zerlegt, erkennt man die prozentualen Teile des Ganzen.
Zum Beispiel: Wie verbringen Schüler ihre Freizeit?

Das **Balkendiagramm** stellt horizontale Balken dar, die in einer Art **Rangfolge** angeordnet sind. Wichtig ist eine gemeinsame Bezugsgröße, sodass die Balken im Verhältnis zueinander stehen. Das Ergebnis muss im Gegensatz zum Kreisdiagramm kein Ganzes ergeben, da Mehrfachnennungen möglich sind.
Zum Beispiel: Welches ist die liebste Freizeitbeschäftigung der Schüler?
Ein weiterer Einsatzbereich des Balkendiagrammes ist die Darstellung von **Korrelationen** (Beziehungen).
Zum Beispiel: Welches ist die liebste Freizeitbeschäftigung der Schüler, unterschieden nach Mädchen und Jungen.

Das **Säulendiagramm** bildet im Gegensatz zum Balkendiagramm keine Rangfolge. Es stellt eine **Korrelation** unterschiedlicher Sachverhalte dar, in dem die Säulen nebeneinander einen Größenvergleich ergeben. Wichtig ist auch hier eine gemeinsame Bezugsgröße, sodass die Säulen im Verhältnis zueinander stehen.
Zum Beispiel: Sind die Schüler mit den Lehrern, den Mitschülern, dem Essensangebot in der Mensa und dem Freizeitangebot während der Mittagspause zufrieden?
Ein weiterer Einsatzbereich des Säulendiagrammes stellt die **Häufigkeitsverteilung** dar.
Zum Beispiel: Welche Schüler, sortiert nach Altersgruppen, sind mit den Lehrern, den Mitschülern, dem Essensangebot in der Mensa und dem Freizeitangebot während der Mittagspause zufrieden?

Das **Liniendiagramm** stellt immer einen Sachverhalt über einen Entwicklungszyklus dar. Die Einheit dieses Zyklus kann ein Zeitabschnitt, eine Zahlenperiode oder etwas ähnliches sein. Es wird somit ein **Trend** visualisiert.

Zum Beispiel: Welche Durchschnittsnote haben die Schüler in ihrer Abschlussprüfung während der vergangenen 15 Jahre erreicht?

Ein weiterer Einsatzbereich des Liniendiagrammes stellt die **Häufigkeitsverteilung** dar. Die Häufigkeit ergibt sich hier als vereinfachte Form des Säulendiagrammes.

Zum Beispiel: Welche Durchschnittsnote haben die Schüler, sortiert nach Altersgruppen, in ihrer Abschlussprüfung während der vergangenen 15 Jahre erreicht?

Das **Punktdiagramm** visualisiert eine **Korrelation** verschiedener Sachverhalte. Die Häufigkeit der Punkte innerhalb eines bestimmten Bereiches visualisiert einen Zusammenhang und lässt eine Schlussfolgerung zu.

Zum Beispiel: Welcher der drei Bücher steht in der Gunst der Schüler am Höchsten?

	Kreisdiagramm	Balkendiagramm	Säulendiagramm	Liniendiagramm	Punktdiagramm
Gesamtheit					
Rangfolge					
Trend					
Häufigkeit					
Korrelation					

7.5.3   Anwendungsbeispiel

Digitaler Recherchearbeitsplatz „global access"

Daten zur Geburtenrate des Landes China, der EU und den USA im Vergleich aufbereitet von der ❶ Text- zur ❷ Tabellenform, zum ❸ Balkendiagramm, zum ❹ Trend über mehrere Jahre und als örtliche Organisationsform auf einer ❺ Weltkarte.

Für die EXPO 2000, der Weltausstellung in Hannover, wurde im Rahmen einer Diplomarbeit ein digitaler Recherchearbeitsplatz entwickelt, mit dem die Komponenten aus Wirtschaft, Ökologie und Gesellschaft datengrafisch und multimedial aufbereitet werden können. Im Zuge zunehmender Globalisierung und immer stärker werdender Bindungen der einzelnen Länder untereinander auf wirtschaftlicher, ökologischer und sozialer Ebene ist es für alle Menschen von großer Bedeutung, diese Zusammenhänge zu erkennen und zu erschließen. Die Medienlandschaft beschränkt sich meistens immer nur auf Teilsequenzen dieses Geflechtes. Die Aufgabe von „global access" ist es, Daten visuell einfach und dennoch vergleichbar darzustellen.

❶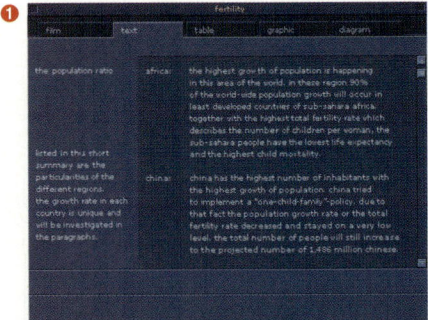

❷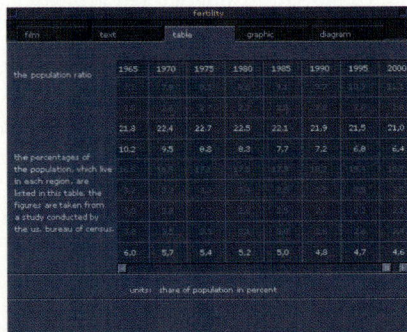

❸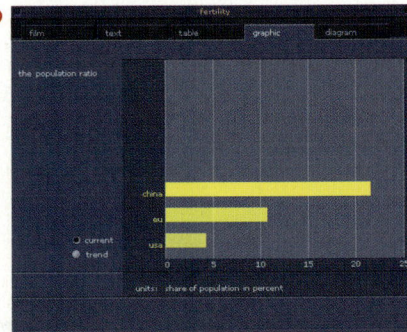

❹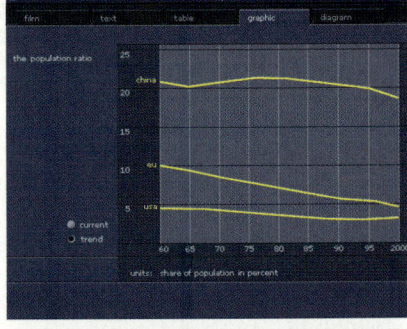

❺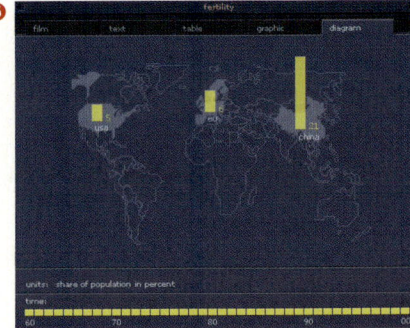

Die datengrafischen Darstellungen mussten umfangreich entwickelt werden. Bei der Visualisierung der Internetnutzer als Trend wurde eine Variante mit einem Säulendiagramm getestet, welches normalerweise für Häufigkeiten verwendet wird. Um eine bessere Übersichtlichkeit zu gewährleisten wurden die Grafiken stark vereinfacht.

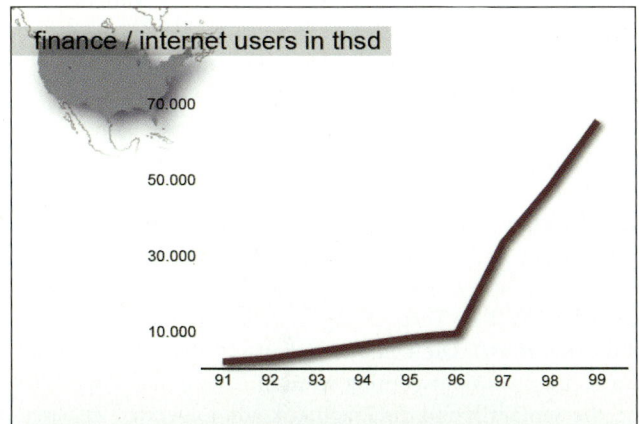

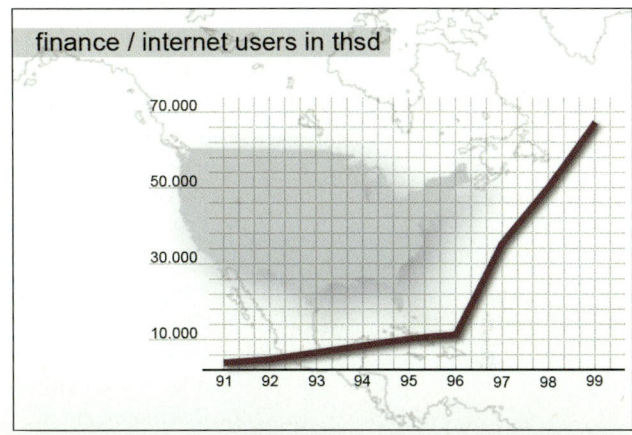

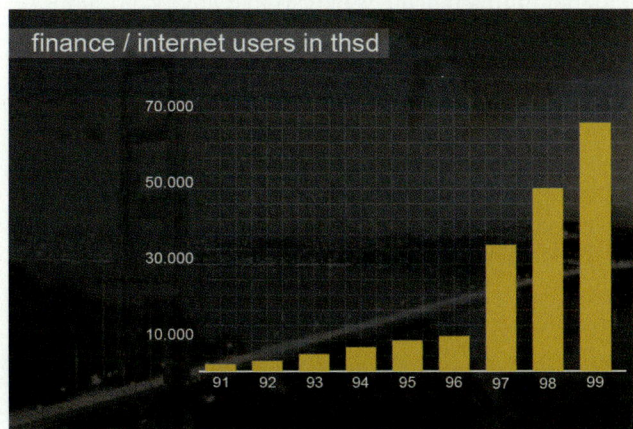

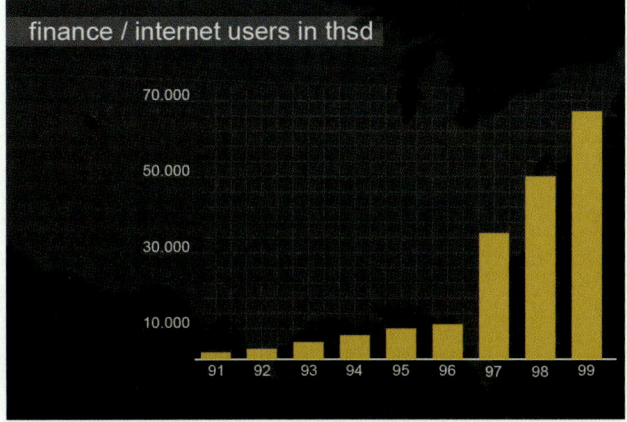

Um eine Weltkartensilouette in einem digitalen, interaktiven System einsetzen zu können war es wegen der geringen Abbildungsschärfe am Bildschirm notwendig, der Kartendarstellung die Komplexität zu entziehen und sie zu vereinfachen.

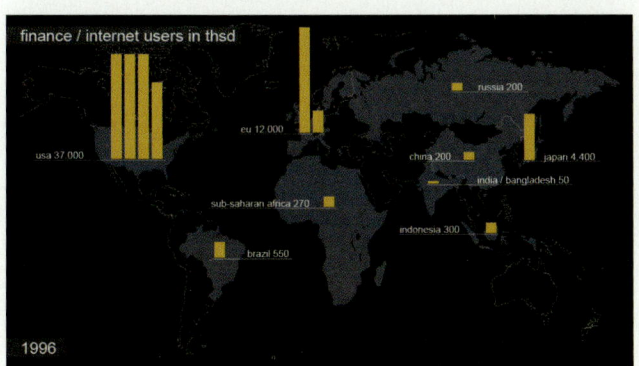

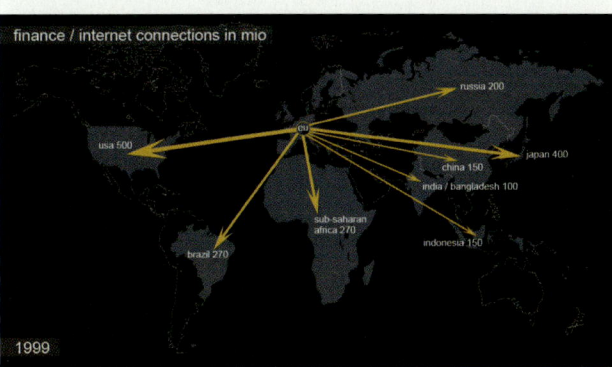

Aufgaben und Übungen, Literaturhinweise

Aufgaben und Übungen

1. Erstellen Sie in einem Illustrationsprogramm das Abbild eines Autos. Vereinfachen Sie soweit wie möglich und lassen Sie unwichtige Teile weg.
2. Suchen Sie in Bedienungs- und Aufbauanleitungen (zum Beispiel für Möbel) nach verschiedenen Darstellungsmethoden und ordnen Sie diese ein!
3. Erstellen Sie eine Übereckperspektive eines bekannten städtischen Gebäudes. Die Zeichnung kann freihand, mit Lineal oder mit einem Illustrationsprogramm ausgeführt werden.
4. Erstellen Sie eine Zentralperspektive des Raumes, in dem Sie sich gerade aufhalten. Die Zeichnung kann freihand, mit Lineal oder mit einem Illustrationsprogramm ausgeführt werden.
5. Zeichnen Sie eine Kaffee- oder ähnliche Verpackung in axonometrischer Darstellung (isometrisch und dimetrisch). Die Zeichnung kann freihand, mit Lineal oder mit einem Illustrationsprogramm ausgeführt werden.
6. Definieren Sie die Syntax, die Semantik und die Pragmatik von folgenden Zeichen: Rote Ampel, Toilettenpiktogramm (männlich / weiblich) und Emoticon „Smiley".
7. Recherchieren Sie nach den fünf Höchsten Türmen eines beliebigen Landes. Ordnen Sie diese nach den Prinzipien der Informationsorganisation.
8. Erheben Sie Zahlen, indem Sie einige Ihrer Bekannten nach folgenden Sachverhalten befragen: Einkommen, Wohnort, Körpergröße, Religionszugehörigkeit und Lieblingshobby. Erstellen Sie geeignete Informationsgrafiken.
9. Suchen Sie verschiedene Informationsgrafiken in der Tagespresse. Bestimmen Sie die Diagrammart und bewerten Sie die grafische Aufbereitung.
10. Erstellen Sie Piktogramme für die folgenden Begriffe: Kinderspielplatz, Bibliothek, Kino und Supermarkt.
    Setzen Sie die Piktogramme anschließend mit einem Illustrationsprogramm um.

Literaturhinweise

Aicher, Otl; *Krampen*, Martin: Zeichensysteme der visuellen Kommunikation, Neuausgabe, Stuttgart 1996 (Ernst & Sohn Verlag)

Böhringer, Joachim; *Bühler*, Peter; *Schlaich*, Patrick: Kompendium der Mediengestaltung für Digital- und Printmedien, 3. Auflage, Berlin 2005 (Springer Verlag)

Erco: Lichtbericht, Lüdenscheid 1977 (Selbstverlag)

Doelker, Christian: Ein Bild ist mehr als ein Bild, Visuelle Kompetenz in der Multimedia-Gesellschaft, Stuttgart 2002 (Verlag Klett-Cotta)

Holder, Eberhard: Design – Darstellungstechniken, Augsburg 1994 (Augustus Verlag)

Klein, Klaus: Grundlagen der Gestaltung, 4. Auflage, Bad Homburg vor der Höhe 1997 (Verlag Gehlen)

Krisztian, Gregor; *Schlempp-Üker*, Nesrin: Ideen visualisieren, 4. Auflage, Mainz 2004 (Verlag Hermann Schmidt)

Lidwell, William; *Holden*, Kritina; *Butler*, Jill: Design. Die 100 Prinzipien für erfolgreiche Gestaltung, München 2004 (Stiebner Verlag)

Lewandowsky, Pina; *Zeischegg*, Francis: Visuelles Gestalten mit dem Computer, Reinbek bei Hamburg 2002 (Rowohlt Verlag)

Paasch, Ulrich; *Moritz*, Christian; *Ottersbach*, Jochem; *Kieslinger*, Klemens; *Mörsberger*, Annette: Informationen verbreiten, Itzehoe 2003 (Verlag Beruf und Schule)

Prenzel, Rudolph: Bauzeichnung und Darstellungstechnik, 3. Auflage, Stuttgart 1994 (Krämer Verlag)

Radtke, Susanne; *Pisani*, Patricia; *Wolters*, Walburga: Handbuch Visuelle Mediengestaltung, Berlin 2001 (Cornelsen Verlag)

Rathgeb, Markus: Otl Aicher, Berlin 2006 (Phaidon Verlag)

Siegle, Michael: Logo. Grundlagen der visuellen Zeichengestaltung, Itzehoe 2000 (Verlag Beruf und Schule)

Turtschi, Ralf: Mediendesign, 2. Auflage, Zürich 2000 (Verlag Niggli)

Turtschi, Ralf: Praktische Typografie, 5. Auflage, Zürich 2003 (Verlag Niggli)

8 Bewegtbild

In diesem Kapitel geht es um das bewegte reelle Bild. Angefangen beim dynamischen Wechsel von Gesamtbild zu Gesamtbild (Überblendungen) bis hin zur Gestaltung von kompletten Filmsequenzen (Videos) werden die notwendigen Elemente und Techniken beschrieben, die der Gestalter für seine Arbeit kennen sollte.

Schon das Flimmern der ersten Stummfilme löste bei den Zuschauern eine enorme Faszination für die „bewegten Bilder" aus. Heutzutage ist das bewegte Bild ein selbstverständliches Element in vielen Medien, mit denen wir täglich konfrontiert werden. Zum Einen sind es die dynamischen Bildwechsel, die heute möglich sind, und zum Anderen die realitätsnahe Simulation von kontinuierlichen Bewegungsabläufen einzelner Objekte, die den bewegten Bildern quasi Leben einhauchen können.

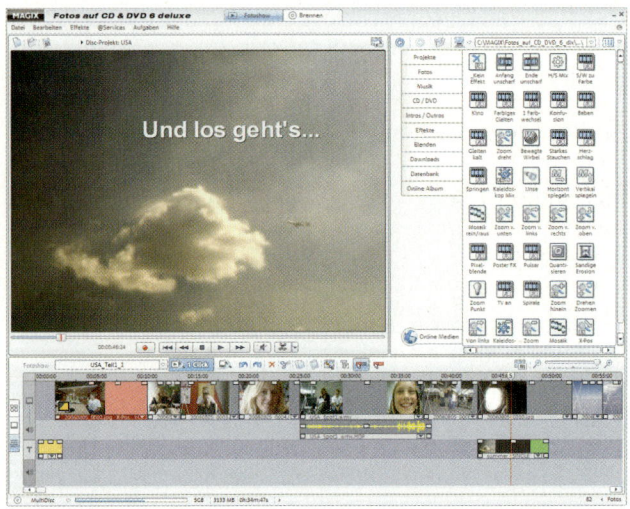

❶ Dynamische Bildwechsel durch Überblenden von Einzelbildern oder Einblenden von Titeln. Beispiel: Diashow-Programm Magix Fotos auf CD & DVD 6.

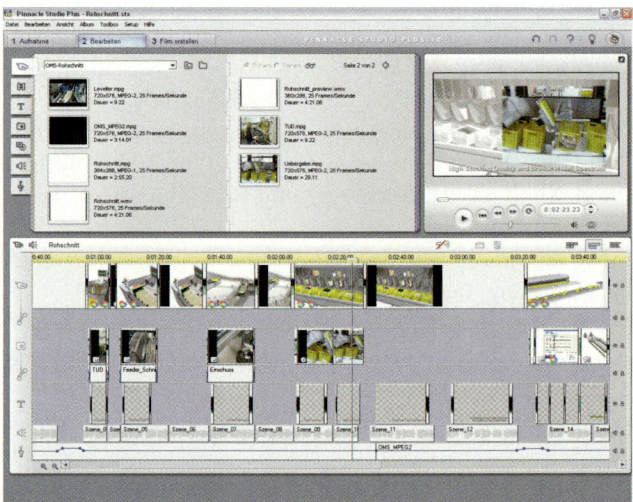

❷ Gestalten von Videosequenzen mit einem digitalen Schnittsystem. Beispiel: Pinnacle Studio 10 Plus.

Dynamische Bildwechsel entstehen zum Beispiel bei Diashows ❶ durch gegenseitiges Auf- und Abblenden der Einzelbilder, beim Überblenden von Filmszene zu Filmszene bei einer Film- bzw. Videoproduktion oder bei einer Multimedia-Anwendung beim Wechsel von einem Bildschirminhalt zum nächsten Bildschirminhalt. Man spricht dabei von einer visuellen Blende.

Bei dynamisch bewegten Bildern hingegen wird die sich kontinuierlich verändernde Bewegung von Objekten mit dem schnellen Ablauf einzelner Bilder einer Bewegungsphase simuliert. So entsteht Bewegung in den Bewegtbildmedien, wie der Animation, dem klassischen Film oder in der Videotechnik ❷.

8.1 Dynamische Bildwechsel

8.1.1 Visuelle Blende

Wie kann ein statisches Bild in Bewegung gesetzt und zu einem dynamischen Bild werden?

Durch Mischen von statischen Bildern erreicht man auf einfache Weise neue Bildkompositionen, die ohne echte Bewegungsabläufe beeindruckende Bildeffekte hervorrufen können. Diese sogenannten Blenden erleben wir alle tagtäglich in den Medien, wie Film, Video oder Fernsehen. Angefangen bei einfachen Bildüberblendungen mit zwei Diaprojektoren bis hin zu komplexen digitalen Überblendungen bei Multimedia-Anwendungen, erreicht man mit visuellen Blenden einen zeitlich gedehnten Übergang von einer Bildkomposition zur nächsten Bildkomposition.

❶

❷

❸

❹

❺

❻

❼

❽

Beispiel von Überblendeffekten:

❶ Ausgangsbild
❷ Endbild
❸ Einfache Wischblende
❹ Irisblende
❺ Runde Irisblende
❻ Schachbrettblende
❼ Jalousieblende
❽ Kreuzblende

Moderne Schneidesoftware, z. B. Adobe Premiere, verfügt über eine Vielzahl von Überblendeffekten.

269

❶ Klappblende
❷ Würfelblende
❸ Weiche Überblendung
❹ Blätterblende

Die Frage ist nur, welche Blende nimmt man für welchen Zweck?

Entscheidend für die Beantwortung der Frage ist die angestrebte dramaturgische Wirkung beim Betrachter, die die Wahl der Effekte bestimmt.

8.1.2   Auf- und Abblenden

Mit diesem dramaturgischem Mittel lassen sich Themen optisch gut voneinander trennen. Dabei kann auf jede beliebige Farbe geblendet werden. Mit Schwarzblenden erreicht man Themenabgrenzungen. Dabei wird die vorherige Bildkomposition komplett auf Schwarz geblendet und erst danach die nächste Bildkomposition möglichst mit dem umgekehrten Effekt wieder eingeblendet.

Beispiel: Schwarzblende

8.1.3 Einblendungen

Um in ein bestehendes Bild weitere Bild-, Text- oder Grafikelemente zu integrieren, benutzt man sogenannte Einblendungen. Bei Titeleinblendungen wird eine Schrift zusätzlich in ein Gesamtbild eingeblendet. Die Lesbarkeit der Schriftinformation wird dabei sehr stark von den verwendeten Farben und der Kontraste beeinflusst.

Digitale Einblendung eines Titels über eine Maskenfunktion in einer Videoschnitt-Software.

Durch Einblendungen von ganzen Bildteilen, die aus Realbild oder Grafik bestehen, können ganz neue Bildkompositionen erzielt werden. Diese Technik erlaubt das Gestalten ganzer Bildcollagen.

Bei allen Blenden fällt der Blendcharakteristik ❶ eine besondere Bedeutung zu.

❶ Je nach Geschwindigkeit des Ein-, Aus- bzw. Überblendens einzelner Bildelemente kann die Dramaturgie und die gewünschte Bildwirkung sehr stark variieren. Bei Überblendungen kann die Blendgeschwindigkeit und die resultierende Lichtintensität synchron erfolgen, das heißt beide Bilder ergeben zum gleichen Zeitpunkt immer die Lichtintensität von 100%, oder asynchron erfolgen, dass heißt, die gesamte Bildhelligkeit schwankt.

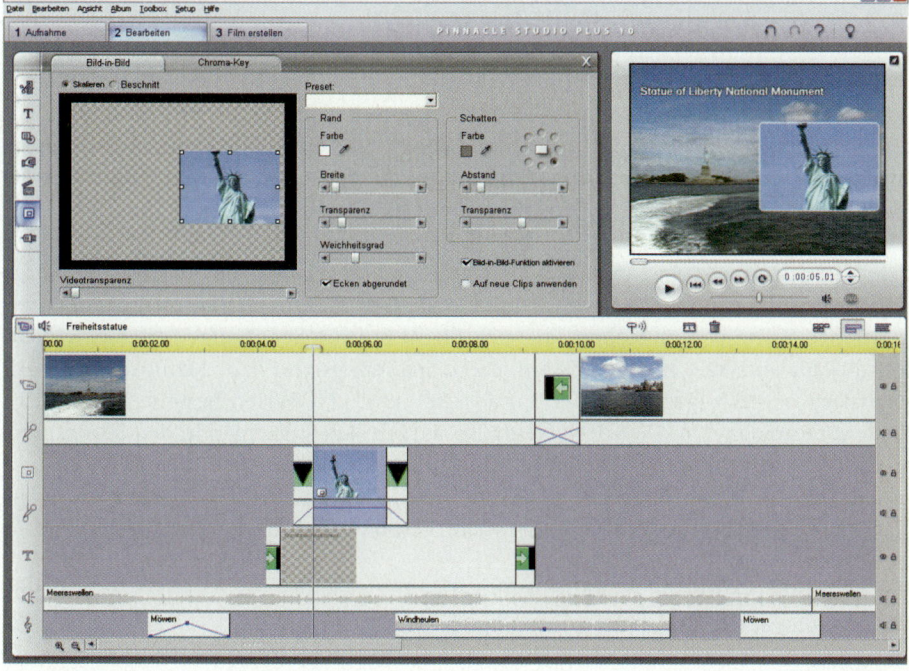

Beispiel einer „Bild in Bild"- Komposition. Realisiert mit der Videoschnitt-Software Pinnacle Studio Plus.

8.2 Film und Video

8.2.1 Vom Film zum Video

Bei Film- und Videoproduktionen dreht sich alles um das bewegte Bild. Gegenüber dem Standbild bietet eine Film- bzw. Videosequenz entscheidende Vorteile. Es können realistische Darstellungen von Handlungsabläufen, Verhaltensbeobachtungen und Geschichten aller Art visuell und auditiv erzählt werden.

Bei klassischen Filmherstellungen sind Kamera, Schneidetisch und Trickkamera die primären Hardware-Komponenten.

Mit der Filmkamera werden die Einzelbilder auf fotografischem Wege mit üblicherweise 24 Bildern pro Sekunde eingefangen. Bevor die Bilder verwertet werden, muss der Film in einer Entwicklungsanstalt nach fotochemischen Prozessen entwickelt werden. Nach der Entwicklung erfolgt der Filmschnitt auf mechanischen Schneidetischen, die ausschließlich einen Filmschnitt mit harten Blenden erlauben. Sobald Tricktechniken verwendet werden sollen, kommt die Trickkamera bzw. die Filmkopierung zum Einsatz, die mit relativ hohem handwerklichen Aufwand durch fotografische Prozesse Überblendungen und Einblendungen von Titeln usw. produziert.

Mit Beginn der Entwicklung der Videostandards, dem elektronischen Aufzeichnen von Bewegtbildern, begann eine neue Epoche in der Mediengeschichte, die eine Fülle von neuen Gestaltungsmöglichkeiten eröffnet. Auf Grund der einfachen und vielfältigen Bearbeitungsmöglichkeit wird in diesem Buch die Videotechnik zur Realisierung des Bewegtbildmediums beschrieben.

8.2.2 Analoges vs. digitales Video?

Das Videosignal, wie es seit Beginn des Fernsehzeitalters definiert wurde, ist ein analoges Signal, bei dem Spannungswerte ❶ direkte Helligkeitswerte auf dem Bildschirm zur Folge haben. Dabei wird das gesamte Videobild aus einzelnen kleinen Komponenten, den sogenannten Bildpunkten (Pixel), zusammengesetzt. Die Bildpunkte werden in Zeilen angeordnet und ergeben zusammen das Videobild.

❶ Die Amplitudenwerte des analogen Videosignals entsprechen den Helligkeitswerten auf dem Bildschirm

Zur Aufzeichnung dieses Videosignals werden technische Geräte auf Basis des magnetischen Aufzeichnungsverfahrens verwendet. Qualitätsverluste können dabei durch vielfältige Störungen entstehen, die sich direkt auf die Spannungswerte auswirken. Beim digitalen Video hingegen wird jedem Spannungswert bzw. Helligkeitswert ein digitaler Code ❷ zugeordnet, der nur aus „0"- und „1"-Werten besteht. Wird dieser Code aufgezeichnet und wieder gelesen, so wirken sich Störungen in den Spannungswerten des Aufzeichnungsverfahrens nicht auf die Videoinformation aus.
Erst durch das digitale Video ist eine Multimedia-Anwendung mit Bewegtbildern auf handelsüblichen Computern für die weite Verbreitung auf alle Haushalte möglich geworden.
Bei Multimedia-Anwendungen ist Video eine Komponente, die in eine Gesamtkomposition eingebettet ist.

❷ Beim digitalen Video repräsentiert ein digitaler Code die Spannungswerte

Video innerhalb einer Gesamtkomposition bei einer Multimedia-Anwendung. Der Film läuft in einem separaten Fenster ab.

8.2.3 Analoge Videotechnik

Das Grundprinzip der analogen Videotechnik entspricht der momentan üblichen Fernsehtechnik, die den verbreiteten Fernseh-Standards zu Grunde liegt.

Zur Aufnahme wird das Originalbild von der Videokamera zeilenweise abgetastet und in Pixel zerlegt. Für jedes Pixel werden zur Datenübertragung oder Datenspeicherung die jeweiligen Informationen zur Helligkeit, Farbe und Lage im Gesamtbild übertragen. Zur Reproduktion des Originalbildes werden die Bildpunkte zeilenweise wieder zusammengesetzt. Damit der zeilenweise Bildaufbau nicht wahrgenommen wird, müssen die Zeilen für jedes Bild schnell aufgebaut werden und die Bildfolge der Einzelbilder sehr rasch aufeinander erfolgen. Das bei einer zu geringen Bildwiederholfrequenz entstehende Flimmern wird durch die Halbbildverdopplung verringert: Dabei werden nach dem Prinzip des **Zeilensprungverfahrens ❶** die Zeilen nicht nacheinander, sondern im ersten Halbbild die 1., 3., 5., ... und im zweiten Halbbild die 2., 4., 6., ... Zeile übertragen. Das bewirkt, dass anstelle von Vollbildern die doppelte Menge von Halbbildern gesendet und damit die Bildwiederholfrequenz verdoppelt wurde.

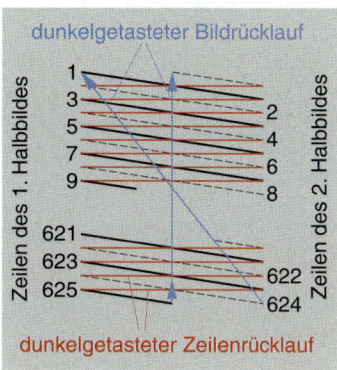

❶ Prinzip des **Zeilensprungverfahrens** zur Verdopplung der Bildwiederholfrequenz.

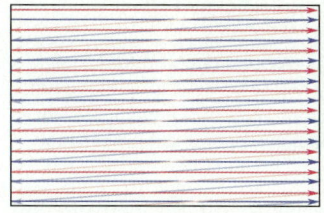

Zeilensprungverfahren

Zeilen mit ungeraden Nummern

Zeilen mit geraden Nummern

Vollbild

Dieses **Zeilensprungverfahren** ist nur für Videos von Bedeutung, die im Fernseher gezeigt werden sollen. Videosignale für den Computer benötigen das Zeilensprungverfahren nicht. Aber auch in der modernen Fernsehtechnik geht der Trend zum Vollbildverfahren, dem sogenannten **Progressive Scan**, bei dem keine Halbbilder, sondern ausschließlich Vollbilder übertragen und dargestellt werden. Dadurch wirkt das Bild schärfer und ruhiger, außerdem wird Zeilenflimmern vollständig eliminiert. Fernsehgeräte benötigen dafür entweder einen analogen VGA- oder YPbPr-Eingang (Component Video) oder einen digitalen DVI- oder HDMI-Anschluss.

Das Prinzip der elektronischen Bildübertragung auf Basis der analogen Video- bzw. Fernsehtechnik funktioniert folgendermaßen: Als Aufnahmeeinheit dient eine Videokamera mit elektronischem Chip oder die Videokamera mit Aufnahmeröhre. Über die Ablenkschaltung wird eine zeilenweise Bildabtastung auf der Sender-Seite vorgenommen. Der Sender verknüpft das Bildsignal mit den Bild- und Zeileninformationen zu einem Videosignal und überträgt es zum Empfänger, der diese Informationen wieder in ein Bildsignal und die Synchronsignale für die Ablenkschaltung trennt. In der Bildröhre wird aus diesen Signalen zeilenweise das Bild aufgebaut.

Prinzip der elektronischen Bildübertragung bei der analogen Videotechnik.

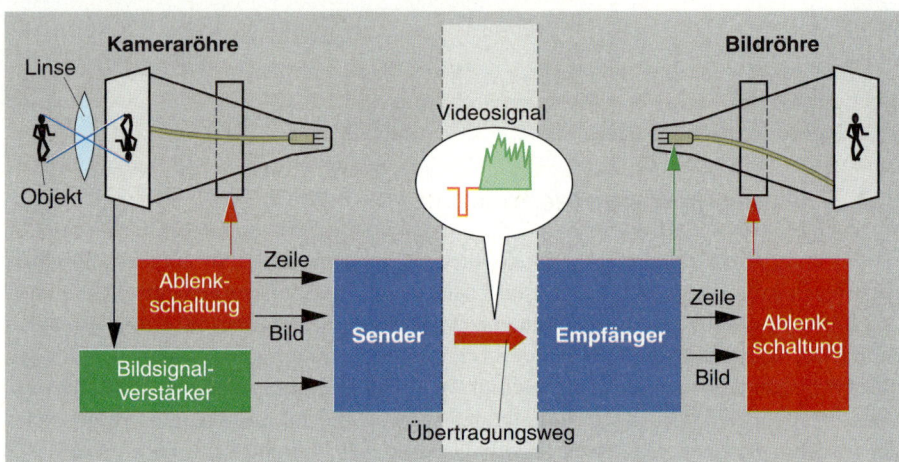

Analoge Video-Formate

Für die Speicherung der Helligkeitsinformation (Luminanz; Y) und Farbinformation (Chrominanz; C) bei analogen Videosignalen wurden verschiedene Prinzipien entwickelt:

Composite-Video	FBAS (Farb-Bild-Austast-Synchronsignal)	Farb- und Helligkeitsinformationen werden in einem Signal geführt
Component-Video	S-Video oder Y/C-Video	Getrennte Übertragung der Farb- und Helligkeitsinformationen
Component-Video	YUV-Video	Getrennte Übertragung des Farbtons, der Farbsättigung und der Helligkeitsinformation
(Computertechnik)	RGB-Video (Rot, Grün, Blau)	Große Bandbreite notwendig, deshalb nicht als Video-Aufzeichnungsprinzip praktikabel

Die Speicherung analoger Videosignale erfolgt üblicherweise auf Magnetband. Im Laufe der Zeit haben sich mehrere Formate etabliert:

- **VHS ❶**, ein im Heimbereich, insbesondere im Austausch und Verkauf von Spielfilmen, weit verbreitetes Format. Es arbeitet mit dem FBAS-Signal. Als VHS-C in kleinerer Kassettenform auch im Camcorder-Bereich eingesetzt.
- **Video-8**, ähnlich dem VHS-Format, aber mit kleineren Kassetten
- **S-VHS**, die Weiterentwicklung von VHS, arbeitet mit dem Y/C-Video
- **Hi-8** arbeitet mit dem Y/C-Video und wird semiprofessionell eingesetzt.
- Betacam und **Betacam SP** kommen im professionellen Bereich zum Einsatz. Sie verwenden das hochwertige YUV-Videosignal.

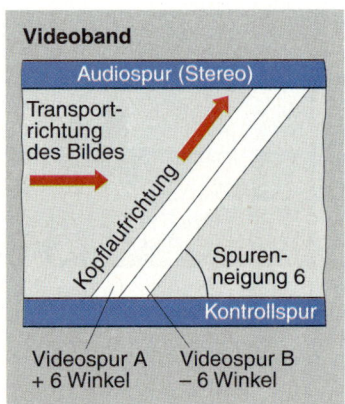

❶ Aufzeichnung von analogem Video nach dem VHS-Videoband-Format.

Für das bildgenaue Bearbeiten der auf Magnetband gespeicherten analogen Video-signale muss jedes Bild mit einer Adresse – dem Timecode ❶ – versehen werden. Damit wird jedem Bild eine eindeutige Position zugewiesen und andere Audio- und Videoelemente können damit synchronisiert werden.

❶ Der verbreitetste Timecode ist der SMPTE-Timecode der Society of Motion Picture and Television Engineers.

Fernseh-Standards

Für die analoge Video- und Fernsehtechnik haben sich weltweit mehrere Standards bzw. Normen durchgesetzt:

- **PAL** (Phase Alternation Line), ein in Deutschland und anderen Europäischen Ländern verwendeter Standard mit einer Bildwiederholfrequenz von 50 Halb-bildern pro Sekunde und 625 Zeilen, davon 576 sichtbare Zeilen. Die Auflösung beträgt 768 Bildpunkte × 576 Zeilen. Die Erweiterung PAL-Plus bietet zusätzlich das 16:9-Breitbildformat bei voller Kompatibilität zum PAL-Format.
- **NTSC** (National Television Systems Commitee), ein in der USA eingeführter Fernseh-Standard mit 60 Halbbildern pro Sekunde und 525 Zeilen, davon 480 sichtbare Zeilen. Die Auflösung beträgt 640 Bildpunkt × 480 Zeilen. Gegenüber dem PAL keine zuverlässige Farbübertragung.
- **SECAM** (Sequentiel Couleur à Mémoire), ein in Frankreich und Osteuropa ver-wendeter Fernseh-Standard. Unterscheidet sich gegenüber des PAL in seiner Farb-übertragung.

Ein weiterer Standard mit höherer Auflösung ist **HDTV** (High Definition Television) und bedeutet soviel wie „Fernsehen mit hoher Auflösung". HDTV arbeitet mit einer deutlich höheren Bildauflösung von bis zu 1920 × 1080 Pixeln (2,1 Megapixel) bei einem Seitenverhältnis von 16:9. HDTV gibt es in der Ausprägung „1080i" mit der vollen Bildauflösung und in einer geringeren Auflösung „720p" von nur 1280 × 720 Pixeln (0,9 Megapixel). Die Unterschiede zwischen PAL und HDTV liegt nicht nur in der Bildqualität, sondern auch in der Übertragungstechnik. Beim HDTV-Format gibt es zwei Standards: 1080i und 720p. Die HDTV-Version „1080i" baut das Bild eben-falls im Halbbildverfahren auf und erreicht die volle Bildauflösung von 1920 × 1080 Pixeln. Dagegen erzeugt 720p die Fernsehbilder im sogenannten Vollbildverfahren (progressive) mit einer etwas geringeren Auflösung von nur 1280 × 720 Pixeln (0,9 Megapixel). Hier wird jede Zeile sequentiell beschrieben.

	PAL	720p	1080i
Auflösung	576 × 768	720 × 1.280	1.080 × 1.920
Bildpunkte gesamt	442.368	921.600	2.073.600
Bildpunkte pro Sek.	11.059.200	46.080.000	51.840.000
Bilddarstellung	Halbbild (interlaced)	Vollbild (progressive)	Halbbild (interlaced)
Frequenz	50 Hz	50 Hz	50 Hz
Format	4:3	16:9	16:9

Vergleich Fernseh-Standard PAL mit HDTV

Als Gütesiegel für Geräte, die HDTV in ganzer Qualität darstellen kann, wird das Logo „HD ready" verwendet. Die werbeträchtigen Slogans „HD-fähig" oder „HDTV-kompatibel" definieren generell nur die Kompatibilität zum Empfang des HD-Signals, können dieses aber nicht in der vollen Qualität darstellen.

8.2.4 Digitale Videotechnik

Analog-digital-Wandlung

Das Prinzip der Analog-digital-Wandlung:

1. Die Ausgangsbasis ist ein analoges Signal.
2. In festen Zeitabständen wird das analoge Signal abgetastet (Sampling).
3. Die abgetasteten Amplitudenwerte werden digitalen Werten zugeordnet (Quantisierung)
4. Die digitalen Abtastwerte werden binär kodiert.

Jedes aufzunehmende Bild muss mit einem A/D-Wandler (Analog-digital-Wandler) digitalisiert werden. Dies geschieht entweder direkt im Aufnahmegerät (Digitalkamera) oder mit einer speziellen Digitalisierungskarte (Video Capture Card) im Computer.

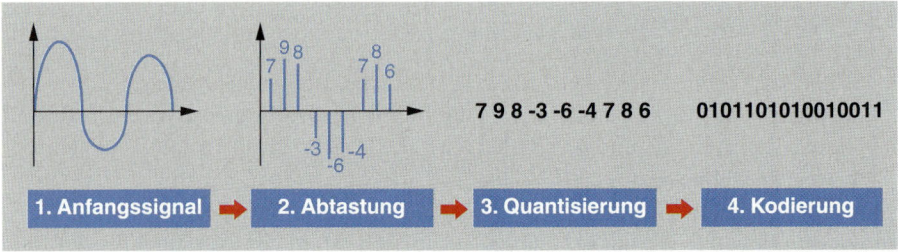

Das Endprodukt sind digitale Videodateien, gespeichert auf der Festplatte des Computers. Sollen die Dateien wieder auf analoge Bänder zurückgespielt werden, ist dafür eine D/A-Wandlung notwendig. Ein maßgebliches Kriterium für den weiteren Gestaltungsprozess ist die Videoqualität nach dem Digitalisierungsprozess.

❶ Video in Broadcast-Qualität dient primär als analoges Ausgangsmaterial für die Digitalisierung.

❷ Die digitalisierten Datenmengen müssen oft begrenzt werden. Über eine eingeschränkte Farbpalette (die Bildpixel des Videos können nur eine begrenzte Anzahl von Farben annehmen) kann eine Datenreduzierung vorgenommen werden.

❸ Eine starke Reduzierung der Auflösung des Videos und eine nachträgliche Vergrößerung des Bildes hat immer Informationsverluste zur Folge.

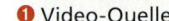

❶ Video-Quelle

❷ Reduzierte Farbpalette

❸ Reduzierte Auflösung

Die Qualität des digitalisierten Videos hängt zum einen von der Hard- und Software der Digitalisierungsausrüstung ab, und zum anderen von dem gewünschten späteren Einsatzumfeld des Videofilms. Das Einsatzumfeld ist die Hard- und Softwareausrüstung der Zielgruppe zum Abspielen des Videofilmes. Diese Ausrüstung erfordert oft eine bewusste Reduzierung der Video-Datenmenge mit einer Begrenzung der Pixelauflösung, einer Begrenzung der Farbauflösung (Farbtiefe) und einer Begrenzung der Bilder pro Sekunde.

Digitale Video-Formate

Für die Bandaufzeichnung kommen folgende Formate zum Einsatz:

- **ITU 601**, ein Komponenten-Video-Format, das durch Digitalisierung analoger Videoformate in der Komponenten-Repräsentation entsteht. Das Abtastratenverhältnis Y:U:V von Luminanz (Y) und zwei Grundfarben (U, V) ist 4:2:2 bei einer Grundabtastrate von 3,374 MHz und einer Auflösung von 720 × 568 Pixel.
- **D1, D2, D3** sind Videoformate im Komponenten-Format von 4:2:2 für den professionellen Bereich mit sehr hohen Datenströmen bis zu 27 Mbyte/s.
- **Digital-Betacam**, ein Komponenten-Video-Format mit 4 digitalen Tonspuren
- **Mini-DV ❶** im YUV-Format 4:2:0. Ton wird mit 44,1 KHz/16 Bit oder 32 KHz/12 Bit aufgezeichnet. Die Gesamtdatenrate beträgt 41 Mbit/s. Mini-DV wird bei digitalen Camcordern verwendet.
- **DV** ist aufgebaut wie das Mini-DV-Format, verwendet jedoch größere Kassetten. Es verwendet zwei Tonspuren mit 48 KHz/16 Bit oder vier mit 32 KHz/12 Bit.
- **DVCAM** und **DVCPro**, sind professionelle Varianten des DV, nur mit vergrößerter Spurbreite.
- **Digital 8**, verwendet das Mini-DV-Format mit der Kassette des analogen Hi8.

Für die Verwendung am Computer bzw. für die Verbreitung in Datennetzen kommen folgende Formate zum Einsatz:

- **CIF**, das Common Intermediate Format. Ein digitaler Standard für Videokonferenzsysteme mit einem Abtastratenverhältnis von 4:1:1 bei einer Auflösung von 352 × 288 Pixel.
- **QCIF**, das Quarter Common Intermediate Format. Entspricht dem CIF, jedoch mit einer Auflösung von 180 × 144 Pixeln.
- **H.261**, ist der Standard für die Bewegtbildkomponente bei audiovisuellen Diensten, z. B. der Videotelefonie. Es arbeitet mit einem YUV-Signal nach dem QCIF bzw. CIF. Die Bildrate liegt zwischen 10 und 30 Bildern/s.
- **MJPEG**, das Motion-JPEG-Format. Es beruht auf dem Einzelbild-Kompressionsstandard JPEG. Durch die Intraframe-Technik wird jedes Bild einzeln komprimiert.
- **MPEG**, das Format der Moving Pictures Expert Group. Ein Videostandard, der Interframe- und DCT-Technologie (Discrete Cosinus Transformation) benutzt. MPEG-1 erreicht eine Datenrate von 1 Mbit/s (VHS-Qualität) bei einer Auflösung von 352 × 266 Pixeln. MPEG-2 hat Datenraten zwischen 2 und 60 Mbit/s (Fernsehqualität), wird als Videoformat für DVDs (720 × 576 Pixel) verwendet und ist in der Auflösung variabel bis zu 1920 × 1080 Pixel. MPEG-4 ist für die Übertragung in Datennetzen gedacht und ermöglicht eine hohe Komprimierung.
- **WMV** steht für „Windows Media Video" und umfasst mehrere Audio- und Video-Codecs für verschiedene Anwendungszwecke (u. a. Streaming, Screencapturing, HD, 5.1 Audio und ein DRM (Digital Rights Managment) System.
- **AVI** steht für „Audio Video Inter leaved" und ist ein Video-Dateiformat für Windows. Die Dateiendung *.AVI sagt dabei noch nichts über die Kompressionsmethode des Videos aus, sondern ist als „Container-Format" zu verstehen, welches verschiedene Codecs beinhalten kann. Sehr verbreitete Codecs sind der „Cinepac", der „Indeo" und der „Microsoft 1".

❶ Beim **Mini-DV-Format** wird das RGB-Signal (Rot, Grün, Blau) in ein YUV-Signal (Signal mit getrennter Übertragung des Farbtons, der Farbsättigung und der Helligkeit) umgewandelt, digitalisiert und komprimiert. Zum Einsatz kommen dabei spezielle Mini-DV-Kassetten.

- **MOV**, das Quicktime-Format ist eine universelles Format für Multimedia-Daten und ist als „Container-Format" in der Qualität und im Abspielverhalten vom verwendeten Codec abhängig.
- **Real Media Video** ist ein speziales Videoformat für Streaming Video über das Internet.

Für die Video-Containerformate sind die verschiedensten Codecs verfügbar. Zum Erreichen von sehr hohen Komprimierungsverhältnissen bei guter Bildqualität werden neben den standardisierten Formaten auch Codecs verwendet, die nicht standardisiert und ständig weiterentwickelt werden. Typischerweise definiert ein Containerformat nur die Art und Struktur, wie der Inhalt aufzubewahren ist. Container ermöglichen so zum Beispiel das synchrone Wiedergeben von Audio- und Videospuren. Der verbreitete AVI-Container kann beispielsweise eine mit dem XviD-Codec erstellte MPEG-4-Videospur und eine mit LAME erstellte MP3-Audiospur enthalten. Einige Containerformate können darüber hinaus weitere Daten wie Untertitel, Menüstrukturen oder zusätzliche Audiospuren enthalten. Das Zusammenführen der Audio- und Videospuren in einen Video-Container übernimmt ein Multiplexer. Beim Abspielen werden die Spuren entsprechend durch einen Demultiplexer bzw. Splitter wieder getrennt, um dann vom Codec dekodiert werden zu können.

↻ Wenn Dateien anderen Anwendern zugänglich gemacht werden sollen, muss darauf geachtet werden, dass nicht jeder Codec auf allen PCs installiert ist. Der richtige Codec ist aber zwingende Voraussetzung für das Abspielen des damit verpackten Videos. Im Zweifelsfall lieber die etwas ältere Version eines Codecs bei der Komprimierung der Video- oder Audio-Dateien verwenden.

❶ **Firewire**, auch als **IEEE 1394 – Schnittstelle** bezeichnet, ist ein plattformübergreifendes Protokoll für Hochgeschwindigkeitsübertragungen.

Zur Übertragung der auf Band aufgezeichneten Daten von der Kamera zum digitalen Schnittsystem hat sich die **Firewire-Schnittstelle** ❶ durchgesetzt.
Im Konsumer-Bereich setzen sich mittlerweile immer mehr Videokamera durch, die nicht mehr auf Band aufzeichnen, sondern direkt auf eine Speicherkarte oder eine DVD schreiben. Diese Datenträger können dann direkt am PC gelesen werden und benötigen somit keine serielle Übertragung per Kabel.

Videokompression

❷ Unter **Broadcast-Qualität** versteht man sendefähiges Videomaterial mit 25 Bildern pro Sekunde und einer Datenmenge von ungefähr 1 MB pro Einzelbild.

Setzt man eine normale CD-ROM als Datenträger für den digitalen Videofilm ein, so stünden bei **Broadcast-Qualität** ❷ ohne spezielle Datenkompression nur 20 Sekunden Spielzeit zur Verfügung. Aber auch die Datengeschwindigkeit zwischen den Computerkomponenten würde für diese enormen Datenmengen, die pro Sekunde auftreten, nicht ausreichen. Damit Video auf handelsüblichen Personalcomputern abgespielt werden kann, muss der Videofilm auf eine praktikable Größe komprimiert werden. Ziel ist dabei immer: möglichst hohe visuelle Qualität bei gleichzeitiger Sicherstellung, dass die zur Verfügung stehende Abspielhardware nicht überlastet wird.

Die am weitesten verbreiteten Kompressionsverfahren für die Hardware-unabhängige Wiedergabe digitaler Videofilme sind Microsoft's Video für Windows und das Windows Media Video, Apple's QuickTime oder das MPEG-Verfahren. Diese Verfahren arbeiten in Bezug auf Kompressions- und Dekompressionsverhältnis asynchron, das heißt, obwohl für die Kompression eine hohe Prozessorleistung benötigt wird, kommt man auf der Wiedergabeseite mit relativ geringer Leistung für die Dekompression aus. In den meisten Fällen kann eine solche Kompression bis zu 95% der analogen Originaldaten eines Videos entfernen, ohne die visuelle Bildqualität stark einzuschränken. Dazu werden komplexe mathematische Algorithmen benutzt, die das Video hinsichtlich redundanter Informationsinhalte untersucht und diese dann ausblendet.

Das **Grundprinzip** lässt sich am Beispiel des MPEG-Verfahrens erklären:
Aus den gesamten Videoeinzelbildern (Frames) werden wenige Bilder vollständig im JPEG-Verfahren als Intraframe-Bild (I-frame) komprimiert. Zwischen den I-frames nehmen spezielle Zwischenbilder (P-frames) die Bildinformationen auf, die sich von einem I-frame zum nächsten I-frame ändern. Zusätzliche Zwischenbilder (B-frames), die immer die Bildinformationen beinhalten, die sich von Frame zu Frame ändern, komplettieren den Datenstrom. Zum Erzeugen der Zwischenbilder wird jedes Bild in festgelegte Rasterblöcke unterteilt. Dabei wird vorausberechnet, ob und wie sich der Bildinhalt jedes Blocks über die Zeit verändert. Die Daten der sich nicht verändernden Blöcke werden von Bild zu Bild nicht gespeichert, sondern nur die Daten der Blöcke, die sich von Bild zu Bild unterscheiden, werden neu kodiert und gespeichert.

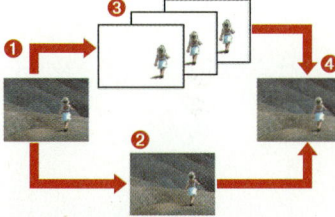

❶ Komplettes Video mit allen Daten jedes Einzelbildes.

❷ Gesamtbild (I-frame) – komplett mit statischen Daten. I-frames müssen nur wenige übertragen werden.

❸ B-frames und P-frames beinhalten nur die sich ändernden Bildinformationen, z. B. Bewegungen eines Objektes, in festgelegten Rasterblöcken.

❹ Das Ergebnis nach der Dekompression: I-frames, B-frames und P-frames wurden wieder zusammengeführt.

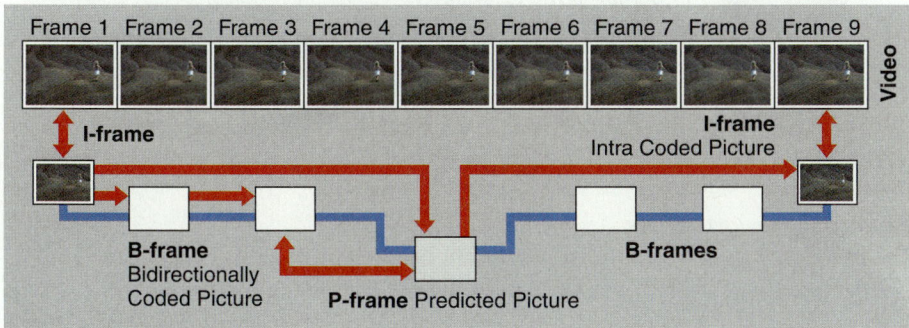

Prinzip des MPEG-Verfahrens.

Beim Gestalten von digitalen Videosequenzen, die komprimiert werden sollen, muss darauf geachtet werden, dass möglichst nicht die gesamte Bildfläche verändert wird, sondern nur begrenzte Bildteile. Sonst werden die durch die Kompression erzeugten B-frames und P-frames zu groß. Dies trifft insbesondere bei Schwenks und Zooms zu. Da die Kompressionsalgorithmen üblicherweise auf eine konstante Datentransferrate eingestellt sind, kompensieren die Systeme eine solche Erhöhung der Datenmenge durch eine Reduktion in der Pixelauflösung, die sich jedoch negativ auf die Bildqualität auswirkt.

8.3 Filmgestaltung

In der Filmgestaltung gelten auch die Grundsätze der Bildgestaltung, wie Einstellungen und Perspektive (siehe Kapitel 6). Hinzu kommen noch mehrere Parameter, die sich erst beim bewegten Bild zeigen.

8.3.1 Bewegung

Bewegung kann durch den Wechsel des Betrachtungsstandpunktes erreicht werden. Verändert der Gestalter den Bildausschnitt, in dem er die Kameraposition oder die Brennweite der Kamera verändert, so kommt Bewegung ins Bild. Dies kann durch verschiedene Bewegungsarten realisiert werden.

❶ Unter **Eigenbewegung** der Objekte versteht man das örtliche Verändern der dargestellten Objekte, sowie die Veränderung der Objekte in ihrer Gestalt.

❷ Bei der **Bewegung des Betrachtungsstandpunktes** wird dynamisch die Einstellgröße des Bildausschnittes verändert. Die klassische Kamerafahrt ist ein typisches Beispiel für diese Gestaltungsform.

Bewegung von Ort zu Ort
Die Bewegung in Bewegtbildmedien beruht hauptsächlich auf der Eigenbewegung ❶ der dargestellten Objekte oder der Bewegung des Betrachtungsstandpunktes ❷.

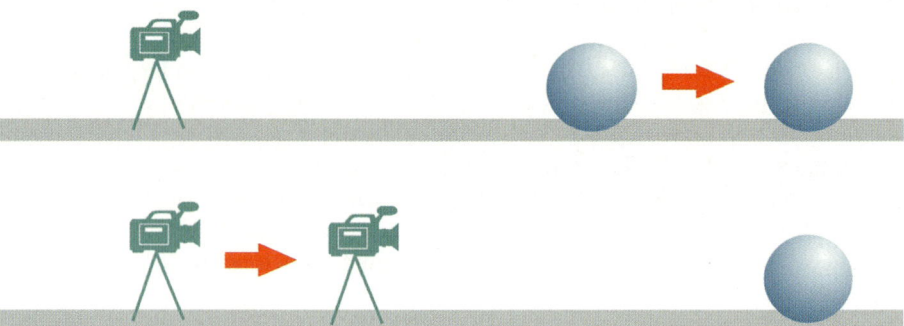

Zoom als Bewegung

Anders als bei der Bewegung des Betrachtungsstandpunktes (Kamera) wird bei einem **Zoom** ❶ lediglich die Brennweite des Objektivs verändert. Dadurch erfolgt zwar auch eine dynamische Änderung der Einstellungsgrößen, aber mit dem Unterschied, dass gleichzeitig der Aufnahmewinkel im Sinne der Perspektive mitverändert wird. Das hat zur Folge, dass sich je nach Brennweite, die Beziehung zwischen dem Objekt im Vordergrund und seinem Bildhintergrund verändert.

❶ Der Zoom im Bewegtbild wird gern als Pseudo-Ortsveränderung verwendet.

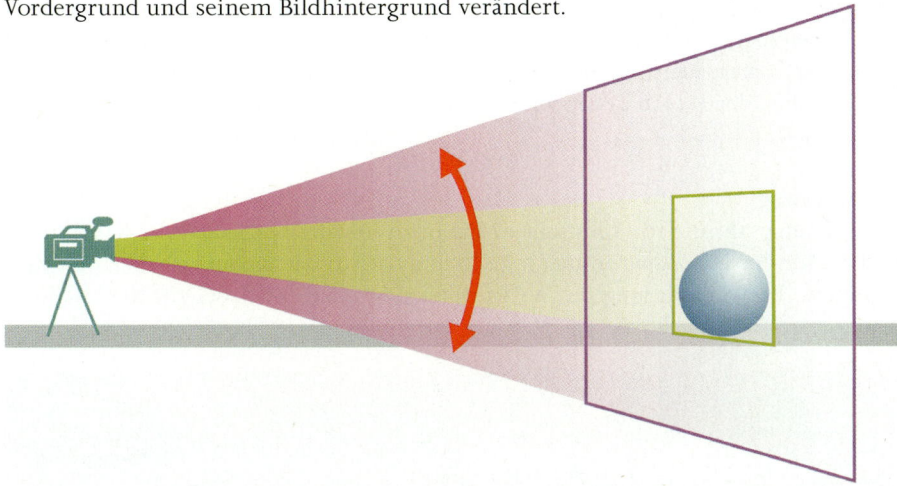

Einstellungen mit großer Brennweite verdichten den Vordergrund und Hintergrund. Einstellungen mit kleiner Brennweite vermitteln eher einen räumlichen Eindruck mit großer Distanz zwischen Vordergrund und Hintergrund.

Schwenk als Bewegung

Veränderungen des Bildausschnitts im Bewegtbild um seine Horizontal- und Vertikalachse bezeichnet man als **Schwenk**.

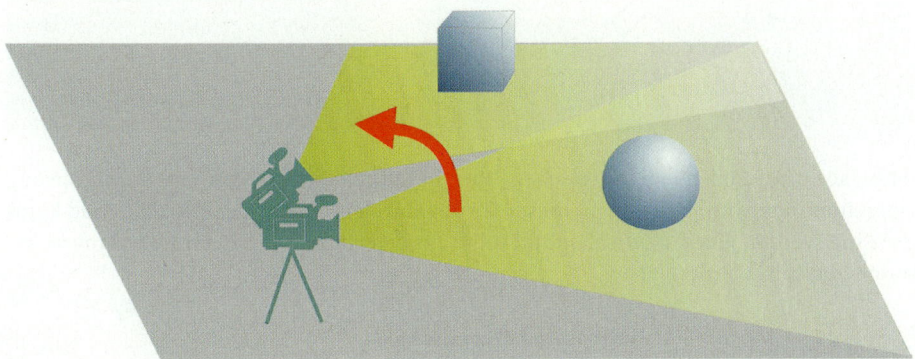

Je nach Geschwindigkeit und Richtung der Schwenkbewegung können mit dieser Gestaltungsform unterschiedliche Funktionen erreicht werden:
Sie verschaffen einen Überblick, oder können den Blick des Betrachters lenken.

Ein Schwenk innerhalb einer **Szene** ❷ von einem Objekt zu einem anderen leitet von einer Einstellung in eine andere über.
Eine Veränderung um die vertikale Achse bezeichnet man als **Tilt** ❸.

❷ Eine Szene besteht aus einer oder mehrerer Einstellungen, die durch den Ort oder die Handlung verbunden sind.

❸ Tilts werden gerne für hohe Gebäude eingesetzt oder als dramaturgisches Mittel, wenn durch die Emporbewegung eine Spannung aufgebaut wird.

8.3.2 Richtung

❶ Die **subjektive Kamera** nimmt die Position einer Figur ein und zeigt deren Sichtweise.

❷ Die **objektive Kamera** betrachtet Figuren und Handlung aus neutralen Standpunkten.

Grundsätzlich unterscheidet man zwischen einer „subjektiven" ❶ und einer „objektiven" ❷ Kameraführung.

Blickrichtung
Sollen Menschen in Einstellungsgrößen zwischen „Halbnah" und „Groß" dargestellt werden, so muss der Kameramann der Person in seiner Blickrichtung ausreichend Luft geben. Durch diese meist asymmetrische Bildaufteilung wird der Blick des Zuschauers mit dem Blick der Person gekoppelt und zieht mit einer Spannungshaltung über das gesamte Bild.

❸ Die Wahrnehmung und Interpretation einer Bewegung vor der Kamera orientiert sich an der Handlungsachse, einer gedachten Linie zwischen den handelnden Figuren bzw. Personen im Bild. Sie sorgt beim Zuschauer für die räumliche Orientierung und die Kontinuität der Bewegung von Einstellung zu Einstellung und den Bezug der Personen zueinander. Die Kamerapositionen (1-4) sind auf einer Seite der Handlungsachse. Überspringt die Kamera unvorbereitet diese Linie, so kann der Zuschauer die Szene nicht mehr logisch nachvollziehen.

Achsensprung
Um Handlungsabläufe mit filmischen Mitteln zu beschreiben, muss die Kameraführung ein für den Zuschauer immer logisch und nachvollziehbaren visuellen Eindruck vermitteln. Bei Veränderung des Aufnahmestandpunktes ist dabei auf die „Achsensprung-Regel" ❸ zu achten.

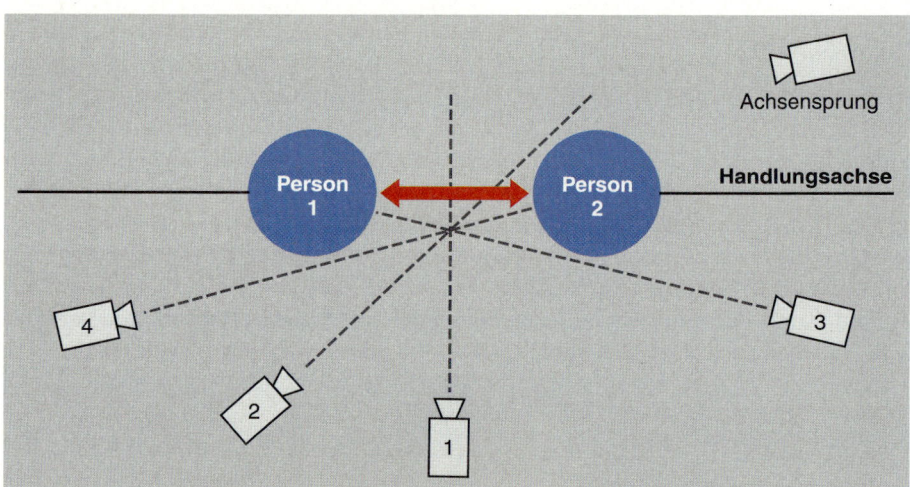

Muss aus räumlichen, gestalterischen oder inhaltlichen Gründen ein Achsensprung vorgenommen werden, so kann dieser Sprung durch ein neutrales Zwischenbild kompensiert werden. Dieses Zwischenbild sollte aus der Blickrichtung der Handlungsachse aufgenommen werden.

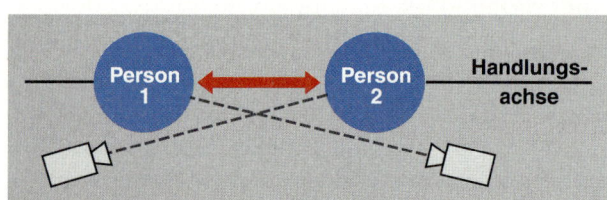

Schuss und Gegenschuss
Soll die Unterhaltung von zwei Partnern filmisch umgesetzt werden, so bietet sich die abwechselnd veränderte Kameraposition und ihrer Richtung an. Dabei nehmen die Kameras im Wechsel eine fest entgegengesetzte Position ein.

Obwohl die Personen jeweils getrennt aufgenommen werden, wirkt die Handlung nach dem Schnitt für den Zuschauer räumlich und zeitlich zusammengehörig.

8.3.3 Beleuchtung

Wie in der Bildgestaltung ist beim Gestalten einer Filmeinstellung das Aufnahmeobjekt, je nach gewünschter dramaturgischer Wirkung, richtig auszuleuchten. Dies ist nicht nur in lichtschwachen Innenräumen notwendig, sondern auch in freier Umgebung, bei der genügend Tages- oder Sonnenlicht vorhanden ist.

Bei Außenaufnahmen und strahlender Sonne ist der entstehende große Beleuchtungskontrast nicht immer erwünscht. Mit Aufhellschirmen, Aufhellspiegeln und Reflektoren können einzelne Bildbereiche bewusst aufgehellt werden.

Bei Dämmerung, Nachts oder in Mischlichtsituationen muss auch im Freien zusätzliches künstliches Licht eingesetzt werden.

In Innenräumen und in Filmstudios kommt die künstliche Beleuchtung im vollen Umfang zum Einsatz. Sie wird in folgende Arten eingeteilt:

*   Hauptlicht 1 leuchtet die Szene und all ihre Objekte fast ohne Schatten aus.
*   Führungslicht ist ein starkes, auf das Objekt gerichtetes Licht.
*   Füll-Licht als Aufhellung mindert Schatten und gleicht Kontraste durch eine weiche Ausleuchtung aus.
*   Gegenlicht befindet sich hinter dem Objekt und schafft einen Lichtkranz um das Objekt. Es darf nicht in die Kamera fallen.
*   Hintergrundlicht leuchtet nur den Hintergrund aus, unabhängig von der Hauptbeleuchtung.
*   Kamera-Licht wird als kleine Lichtquelle auf die Kamera montiert, wirkt ähnlich einer „Grubenlampe".

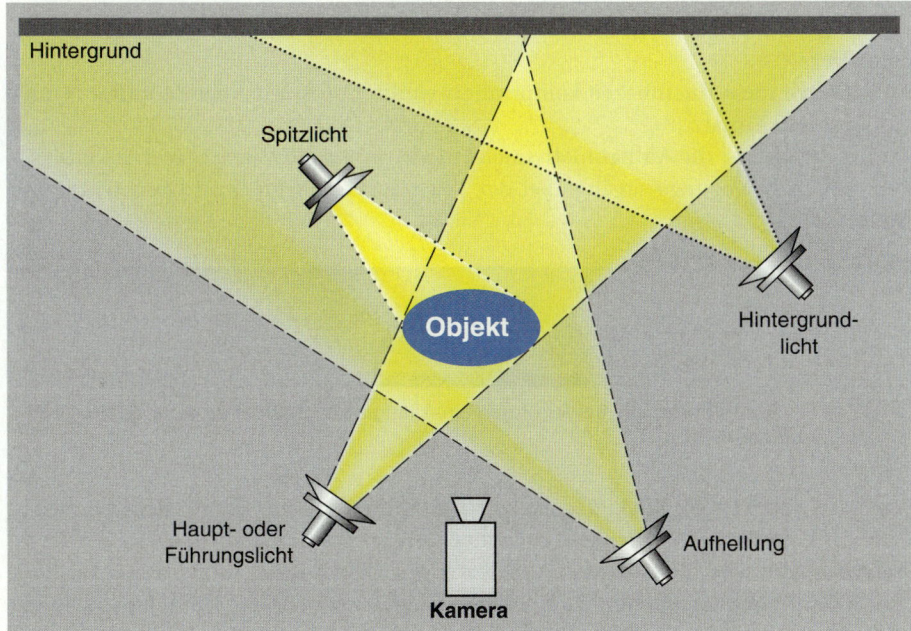

❶ Je nach Anordnung und Intensität des Hauptlichtes erreicht man unterschiedliche Lichteffekte:

Voll-Licht

Schlank-Licht

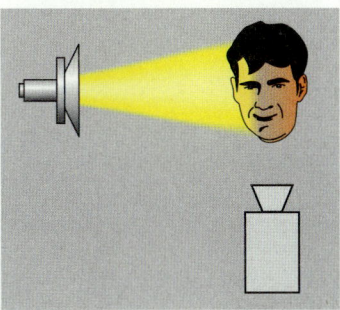

Teilungslicht

Prinzipielle Studiobeleuchtung mit Hauptlicht, Spitzlicht, Hintergrundbeleuchtung und einer Aufhellung.

8.3.4 Aufnahmetechniken

Die Gestaltungsmöglichkeiten während der Videoaufnahmen eröffnen zur Gestaltung des einzelnen Bildausschnittes auch zusätzliche Tricktechniken.

Dies kann sich zum Beispiel auf die Manipulation der Filmzeit beziehen. Filmzeit und Wirklichkeit stimmen innerhalb einer Einstellung im Allgemeinen überein. Es gibt jedoch immer wieder Situationen, in denen durch bewusste Veränderung dieser Über-einstimmung Handlungen und Objekte in einer ganz neuen Betrachtungsweise gesehen werden können.

Zeitlupe
Soll eine Zeitdehnung vorgenommen werden, kann der Gestalter die Zeitlupe (Slow Motion) einsetzen.
Dabei ist die Aufnahmefrequenz höher als die Wiedergabefrequenz. Bei der Wiedergabe mit normaler Bildfrequenz wird der Bewegungsablauf somit verlangsamt.

Die **Zeitlupe** ermöglicht eine Zeitdehnung von Momentaufnahmen bei Sportereignissen (Beispiel: Startprozess beim 100 m-Lauf).

Wie durch ein Vergrößerungsglas kann plötzlich mehr erkannt werden. Beispielsweise beim Start eines 100 m-Laufes zeigt Slow Motion den genauen Startprozess der Sprinter und lässt genaue zeitliche Einzelheiten erkennen. Wer zuerst vom Startblock losgekommen ist, bleibt somit kein Geheimnis mehr.

Zeitraffer
Soll dagegen die Aufnahmezeit komprimiert werden, so kommt der Zeitraffer (Quick Motion) zum Einsatz.
Beim Zeitraffer ist die Aufnahmefrequenz niedriger als die Wiedergabefrequenz. Somit werden Bewegungsvorgänge bei der Wiedergabe mit größerer Geschwindigkeit dargestellt.

Der **Zeitraffer** komprimiert alle Bewegungen eines langen Zeitraumes zu einer kurzen Szene (Beispiel: Sonnenaufgang).

Besonders interessante Effekte lassen sich mit Hilfe der Einzelbildschaltung erzielen. Dadurch besteht die Möglichkeit, zwischen die Belichtungen der Einzelbilder lange Wartepausen einzuschieben. Mit einer derartigen Aufnahmemethode lassen sich zum Beispiel Landschaften über einen Tagesablauf darstellen oder das Auffalten von Blüten und andere normalerweise nicht als Bewegung erkennbare Wachstumsvorgänge.

Blue Screen-Technik

Eine weitere sehr populäre Gestaltungstechnik bei der Videoaufnahme ist die sogenannte Blue Screen-Technik oder auch **Blue Box** genannt. Ein Projektionsverfahren,
mit dem es möglich ist, einzelne Objekte separat aufzunehmen und direkt im Aufnahmestudio vor einen beliebigen Hintergrund einzublenden. Diese Technik erlaubt zum
Beispiel das Agieren eines Schauspielers vor einem fiktivem Hintergrund.

Ein bekanntes Beispiel ist der Flug des Drachens Fuchur bei der Verfilmung von Michael
Endes ‚Die unendliche Geschichte'. Aufgenommen mit der Blue Box Technik lässt der
Regisseur den Drachen mit dem Darsteller Bastian für den Zuschauer über weite Landschaften fliegen. Aber auch aus den täglichen Nachrichten ❶ ist die Blue Box Technik
bekannt. Themenbezogene Bilder werden in den Hintergrund des Nachrichtensprechers eingeblendet und unterstreichen damit bildlich die Meldungen, ohne den Sprecher auszublenden. Ein anderes Beispiel ist Rüdiger Nehberg als Survival-Führer ❷
oder Peter Lustig bei der Multimedia-Anwendung ‚Löwenzahn' ❸, bei der er als Darsteller auf einem grafischen Hintergrund durch die interaktive CD-ROM führt.

❶ Blue Box Technik bei Nachrichtensendungen.

❷ Rüdiger Nehberg, einkopiert in eine fiktive Survival-Land-
schaft (Rüdiger Nehberg - SURVIVAL).

❸ Peter Lustig agiert in voller Größe auf dem Screen
(Löwenzahn - Terzio-Verlag)

Wie funktioniert nun die Blue Screen Technik? Möchte man zum Beispiel das Küken mit
dem Ei in eine Wüste versetzen ohne es wirklich an diesen heißen Ort zu bringen, so wird
einfach das Küken vor einer einfarbigen (am Besten einer blauen) Leinwand aufgenommen.

| Objekt | Freigestelltes Objekt | Trickbild | Hintergrund |

Alle Teile der Vollfarbe Blau werden auf elektronische Weise aus den Aufnahmen
ausgeblendet. Das so freigestellte Objekt kann auf einem beliebigen Hintergrundfilm
eingestanzt werden.

❶ Die Farbe Blau als Hintergrundfarbe war der Namensgeber für die Stanztechnik „Blue Screen" bzw. „Blue Box".

Um keine unschönen Nebeneffekte zu produzieren, muss darauf geachtet werden, dass das Vordergrundobjekt keine Stellen mit blauer Vollfarbe ❶ besitzt, sonst würden diese selbstverständlich auch entfernt. Alternativ zur Farbe blau können auch andere Vollfarben verwendet werden, die sich mit ausreichendem Kontrast vom Vordergrundobjekt abheben.

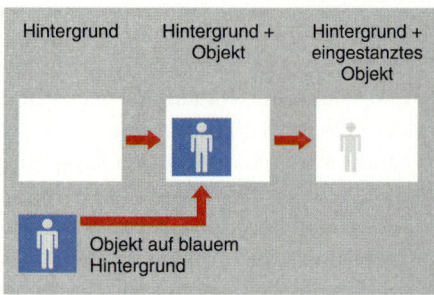

8.4 Video-Produktion

Das Produzieren von Videofilmen ist ein sehr umfangreicher Prozess. Er beginnt bei der Ideenfindung und geht bis hin zur Integration des Films in die Präsentationsumgebung.

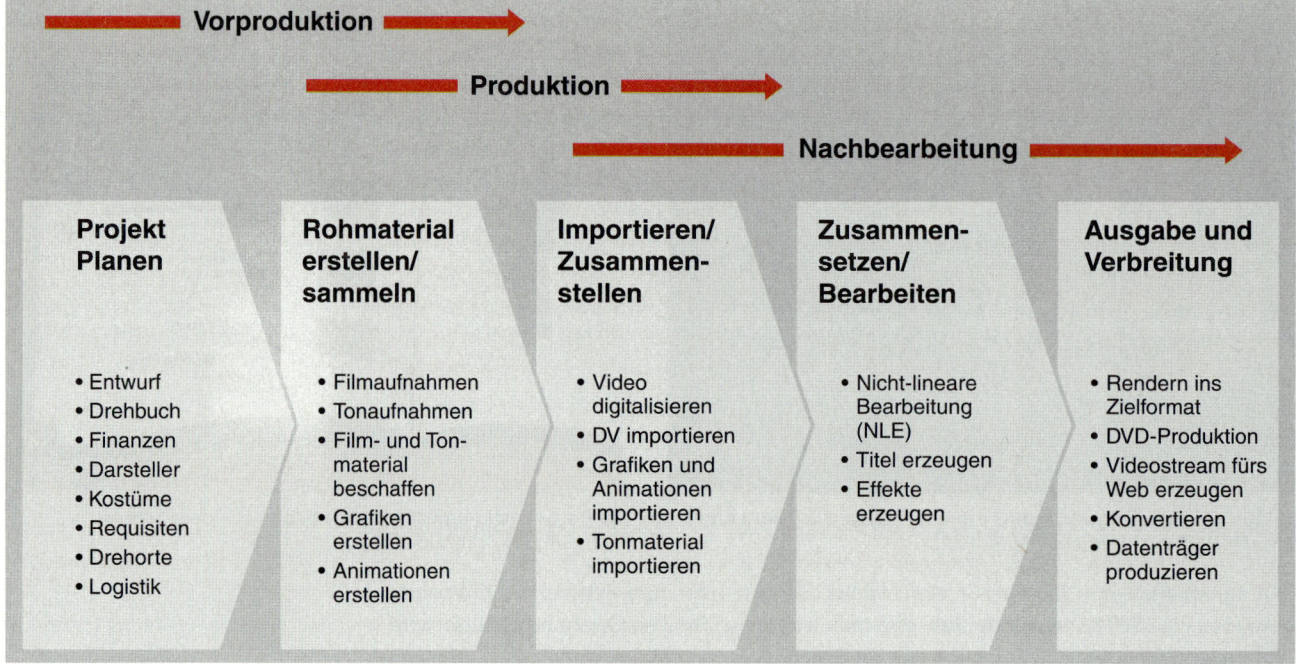

Prinzipielle Vorgehensweise bei einer Videoproduktion

Schon bei den ersten konzeptionellen Schritten sollte der Gestalter von Filmsequenzen bei seiner Arbeit in kontinuierlichen Zeitabläufen denken, in der Aneinanderreihung von Filmszenen.

➲ **Eine Szene gilt im Allgemeinen als kleinste Einheit einer Filmerzählung, die aus einer oder mehreren Einstellungen besteht, welche durch Ort oder Handlung miteinander verbunden sind.**

Die Gestaltung des einzelnen Bildausschnittes reicht für die Gestaltung eines Filmes noch lange nicht aus.

8.4.1 Drehbuch

Konzeptionelle Ideen sollten schriftlich festgehalten werden, damit für die weitere Produktion eine Basis zur Verfügung steht. Dazu dient das Drehbuch.

Das **Drehbuch** – die Anleitung oder der Entwurf für einen Film – ist eine in Bildern erzählte Geschichte. Es geht um eine Person, oder Personen, die an einem Ort, oder mehreren Orten, eine Handlung vollziehen. Und wie bei den meisten Geschichten gibt es einen eindeutigen Anfang, eine präzise Mitte und ein definiertes Ende.

Das klassische Drehbuch hat immer diese grundlegende, geradlinige Struktur. Ein solches Modell eines Drehbuches bezeichnet man als **Paradigma** ❶ (Grundmuster). Hierbei rechnet man mit einer Seite Drehbuch pro Minute, das sind bei einem 2 Stunden Film ca. 120 Seiten Drehbuch.

1. Akt Der Anfang: Exposition
Auf dem ersten Drittel des Drehbuches wird die Geschichte etabliert. Die Hauptfigur wird vorgestellt und der erste Eindruck über die Geschichte und die Situation vermittelt. Am Ende des ersten Aktes steht ein **Plot Point** ❷.

2. Akt Die Mitte: Konfrontation
Im zweiten Drittel des Drehbuches wird der Großteil der Geschichte abgehandelt. Der Konflikt beherrscht die dramatische Handlung. Es werden die Grundbedürfnisse der Hauptfigur und die Ziele, die sie erreichen soll, behandelt. Am Ende des zweiten Aktes führt wieder ein Plot Point zur Auflösung der Geschichte.

3. Akt Das Ende: Auflösung
Im letzten Drittel des Drehbuches wird die Geschichte aufgelöst. Was ist mit der Hauptfigur passiert? Überlebt oder stirbt sie? Gewinnt oder verliert sie? Ein starker Schluss löst die Geschichte auf und macht sie dadurch verständlich.

Jeder einzelne Akt steuert vom Aktanfang aus auf die Plot Points am Aktende hin. Dies bedeutet, dass das Drehbuchschreiben immer einer klaren **Entwicklungslinie** ❸ folgt und die Plot Points am Ende des 1. und 2. Aktes gewissermaßen Zielpunkte darstellen.

Die Form des Drehbuchs

Das klassische Drehbuch ist sehr einfach gehalten. Es beschreibt die Handlung und die Dialoge – Szene für Szene und Einstellung für Einstellung. Eine Einstellung im Drehbuch ist das, was die Kamera sieht und eine Szene besteht aus einer oder mehreren Einstellungen.

Kameraanweisungen, spezifische Kamera-Einstellungen und detaillierte Fachterminologie kommen nicht darin vor. Denn – die Umsetzung des Drehbuches in Kamera-Positionen und Regieanweisungen – ist Sache des Regisseurs, der die Aufgabe hat, das Buch zu verfilmen. Unterstützt wird er dabei durch den Kameramann, der durch seine Kameraführung und die richtige Lichtsetzung die Geschichte filmisch einfängt.

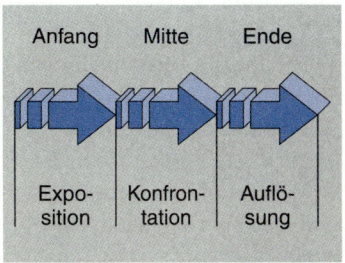

❶ Das **Paradigma** ist das Schema oder Grundmuster des Drehbuch-Aufbaus. Es gibt einen Überblick über die Struktur des Drehbuchs.

❷ Ein **Plot Point** ist ein Vorfall oder Ereignis, das in die Geschichte eingreift und sie in eine andere Richtung lenkt.

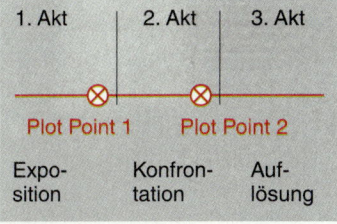

❸ Die **Entwicklungslinie** sichert das Paradigma.

Die Form des klassischen Drehbuches:

❶ Ortsangabe / Zeitangabe

❷ Beschreibung der Szene

❸ Vorschlag für Kameraführung und Wechsel von außen nach innen

❹ Neueingeführte Person immer in Großbuchstaben

❺ Dialoge, eingerückt

❻ Geräusche und Musikeffekte immer in Großbuchstaben

❼ Person, die spricht, in Großbuchstaben, zentriert, Regieanweisung für Schauspieler in Klammern

❽ Ende einer Szene mit SCHNITT oder BLENDE bezeichnen

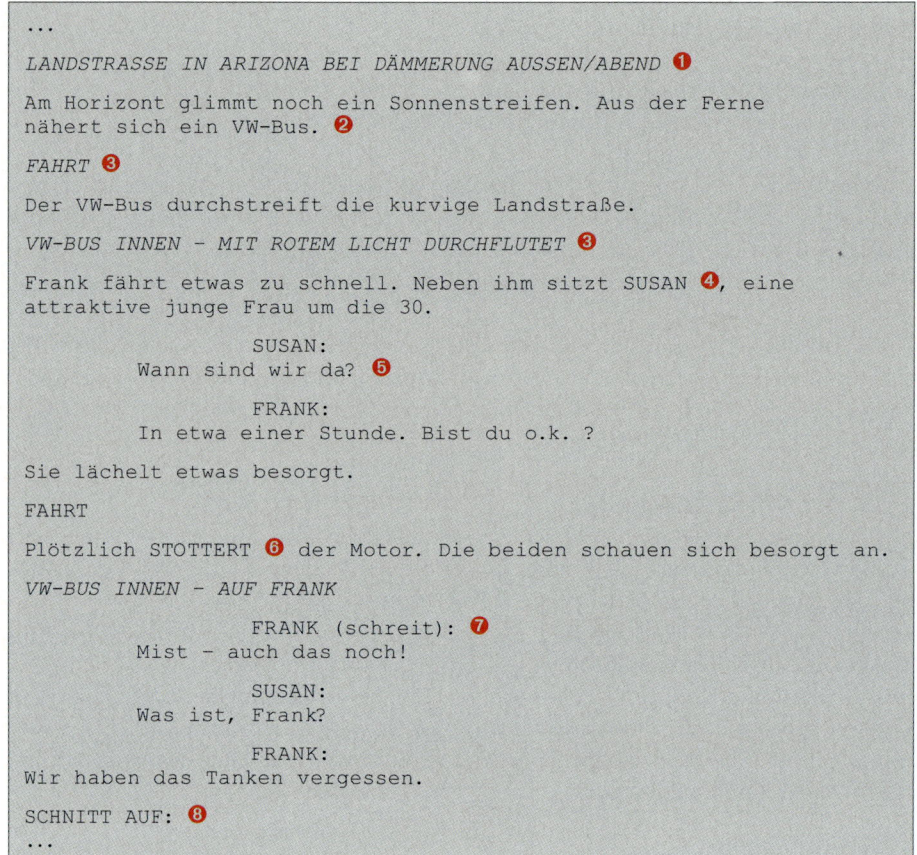

```
...
LANDSTRASSE IN ARIZONA BEI DÄMMERUNG AUSSEN/ABEND ❶

Am Horizont glimmt noch ein Sonnenstreifen. Aus der Ferne
nähert sich ein VW-Bus. ❷

FAHRT ❸
Der VW-Bus durchstreift die kurvige Landstraße.

VW-BUS INNEN - MIT ROTEM LICHT DURCHFLUTET ❸

Frank fährt etwas zu schnell. Neben ihm sitzt SUSAN ❹, eine
attraktive junge Frau um die 30.

                SUSAN:
          Wann sind wir da? ❺

                FRANK:
          In etwa einer Stunde. Bist du o.k. ?
Sie lächelt etwas besorgt.
FAHRT

Plötzlich STOTTERT ❻ der Motor. Die beiden schauen sich besorgt an.
VW-BUS INNEN - AUF FRANK

                FRANK (schreit): ❼
          Mist - auch das noch!

                SUSAN:
          Was ist, Frank?

                FRANK:
Wir haben das Tanken vergessen.

SCHNITT AUF: ❽
...
```

Beispiel eines Drehbuch-Auschnittes im klassischen Drehbuchstil

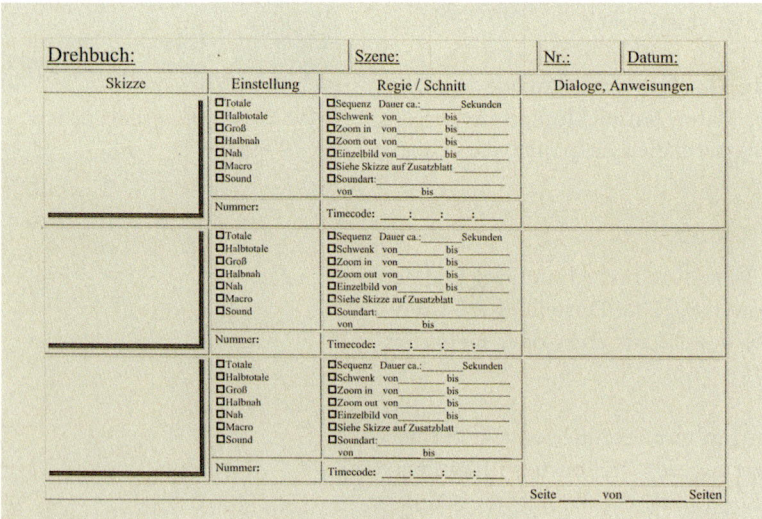

Abweichend vom klassischen Drehbuch werden für Videoproduktionen aber auch Drehbücher mit detaillierten Regieanweisungen ❾ verwendet.

Dies kann sinnvoll sein, wenn Drehbuch-Autor und Regisseur in Personalunion den Videofilm umsetzen.

Als Regieanweisungen können zum Beispiel Vorschläge für Kamera-Einstellungen und Schnitt-Hinweise aufgeführt werden.

Damit erhält das Produktionsteam eine Basis für den gesamten Produktionsprozess.

❾ Beispiel einer **Formularvorlage** eines Drehbuches mit detaillierten Regieanweisungen.

Software zur Drehbuch-Erstellung

Neben Talent und handwerklichem Können gibt es noch ein wichtiges „Werkzeug", das Drehbuchautoren bei ihrer Arbeit sinnvoll unterstützt: Die **Drehbuchsoftware**.

In den USA schreibt nahezu jeder Drehbuchautor seine Drehbücher mit einer Drehbuchsoftware. Der Grund liegt darin, dass Drehbücher nach einer festgelegten Norm gestaltet werden müssen, um als professionell wahrgenommen zu werden. Und nur, wenn diese Normen und Anforderungsprofile eingehalten werden, haben Drehbücher bei Produktionsfirmen heutzutage noch eine Chance, gelesen zu werden. Das geht sogar so weit, dass ein Drehbuch ungelesen in den Papierkorb wandert, wenn es nicht dieser Norm entspricht, und das sogar, wenn nur ein anderer Zeichensatz verwendet wird. Das klingt übertrieben, ist aber verständlich, wenn man bedenkt, dass die Produktionsfirmen jeden Tag unzählige Drehbücher lesen und beurteilen müssen.

Programme wie „Final Draft" oder „Movie Magic Screenwriter 2000" sind im professionellen Bereich am häufigsten anzutreffen und erfüllen die üblichen Anforderungsprofile mit einem großen Funktionsumfang. Im Freeware-Bereich ist „Celtx" ❶ eine Drehbuchsoftware, die zusätzlich zum Drehbuch-Schreiben auch Darsteller, Requisiten, Locations u. v. m. verwalten kann. Aber auch mit Lösungen, die auf Word aufsetzen, wie „Moving Plot" oder „ScriptWright", erzielt man brauchbare Ergebnisse.

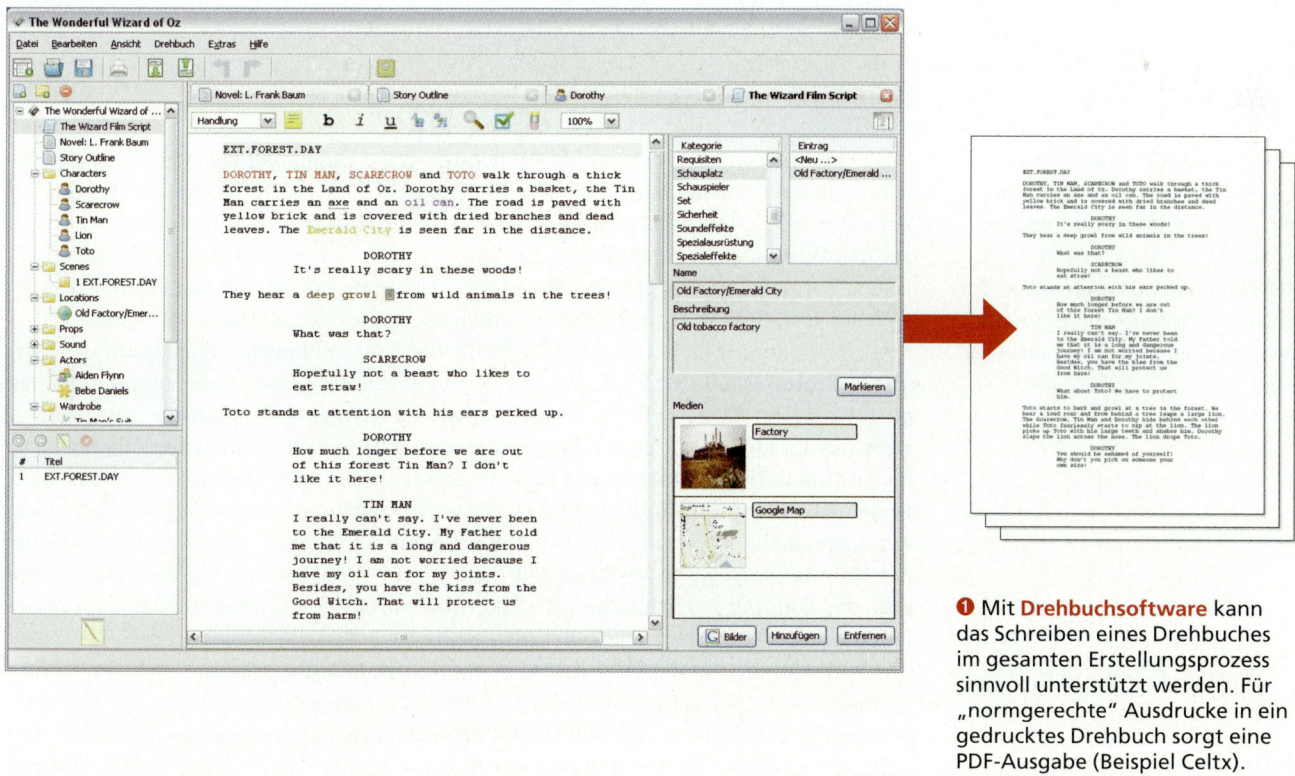

❶ Mit **Drehbuchsoftware** kann das Schreiben eines Drehbuches im gesamten Erstellungsprozess sinnvoll unterstützt werden. Für „normgerechte" Ausdrucke in ein gedrucktes Drehbuch sorgt eine PDF-Ausgabe (Beispiel Celtx).

8.4.2 Nachbearbeitung und Videoschnitt

Nach der aufnahmetechnischen Filmgestaltung eröffnen sich für den Gestalter bei der Postproduktion noch zahlreiche kreative Gestaltungsmöglichkeiten. Der Begriff „Postproduktion" umschreibt alle weiteren Bearbeitungsschritte im Videoerstellungsprozess, die nach den Aufnahmen erfolgen.

Grundlagen

❶ Im Gegensatz zu einem „linearen" Schnittsystem, bei dem die Takes linear auf einem Band gespeichert sind, stehen bei einem **non-linearen** Schnittsystem die einzelnen Takes immer direkt zur Verfügung. Deshalb werden diese Schnittsysteme auch **NLE-Programme** (non-linear editing) genannt.

❷ Beim traditionellen Analogschnitt hingegen erfolgte der Schnitt durch Kopieren von Band zu Band, wobei bei jeder Kopie weitere Qualitätsverluste entstanden.

❸ Beim **Capturing** werden die Videodaten auf die Festplatte des Schnittsystems übertragen.

❹ Beim **Logging** werden die einzelnen Szenen, die verwendet werden sollen, für das Capturing markiert.

Mittlerweile hat der digitale Schnitt den früheren analogen Schnitt fast gänzlich verdrängt. Der wesentliche Vorteil des digitalen Videoschnitts ist, dass dabei sehr einfach geschnitten und manipuliert werden kann. Dabei kann jedes Einzelbild per Mausklick kopiert, gelöscht, verschoben und zu Sequenzen zusammengestellt werden, die jederzeit abgespielt und in ihrer Wirkung betrachtet werden können. Man spricht dabei von einem **non-linearen Schnitt** ❶. Dieser einfache Umgang mit dem Medium eröffnet dem Gestalter enorm viel Freiheit im kreativen Prozess des Videoschnittes. Auf Grund der digitalen Speicherung der Sequenzen als binärer Code können beliebig viele Schnittvarianten als Dateien erstellt werden, ohne das Originalmaterial zu beeinträchtigen. Genauso einfach kann auf verschiedene Videosequenzen zugegriffen werden. Dies geschieht durch einfaches und schnelles Einladen der Videodateien ohne lästiges Vor- oder Zurückspulen von Bändern. Ein weiterer Vorteil ist, dass beim Schneiden keine Qualitätsverluste ❷ entstehen. So einfach wie die Videosequenzen visuell am Bildschirm angelegt werden können, so einfach erfolgt auch das synchrone Anlegen des Tons, der ebenfalls visualisiert dargestellt wird.

Grundprinzipien des Schnitts

Man beginnt mit dem Sichten des Videomaterials. Dazu müssen die auf Band aufgezeichneten Videoaufnahmen dem digitalen Schnittsystem (NLE) zur Verfügung gestellt werden. Einfache NLE-Programme kopieren dazu die Aufnahmen vom Band auf den Computer, komprimieren die Videodaten und legen sie auf der Festplatte ab. Dieser Vorgang wird **Capturing** ❸ genannt. Hat man jedoch viel Aufnahmematerial, welches erst einmal grob gesichtet werden muss, um Brauchbares von Unbrauchbarem zu trennen, so benötigt diese Methode viel Zeit und belegt viel Platz auf der Festplatte. Professionelle NLE-Programme verfügen deshalb über eine integrierte **Logging-Funktion** ❹. Es können aber auch spezielle Logging-Programme zum Sichten verwendet werden. Mit diesen Programmen steuert man das Videoabspielgerät, sichtet das Rohmaterial und markiert die relevanten Szenen zum Überspielen in das NLE-Programm. Dazu setzt man für jede zu verwendende Szene den In- und den Out-Punkt mit ausreichend Vor- und Nachlauf für genügend Spielraum im späteren Schnitt. Ist das Material ausgewählt, so kann mit dem Capturing begonnen werden. Dazu übergibt die Logging-Funktion die In- und Out-Punkte der Szenen an die Capturing-Funktion des NLE-Programms. Beim Capturing werden die Szenen in den PC kopiert und komprimiert auf der Festplatte abgelegt. Einige NLE-Programme verfügen zusätzlich noch über die Möglichkeit des Offline-Capture-Formats, welches für die Bearbeitung beim Schnitt geringauflösendes Videomaterial verwendet und erst beim endgültigen Rendern, dem Ausspielen des fertigen Films, das hochauflösende Material verwendet. Dies spart Platz und beschleunigt die Bearbeitungsphasen im Schnitt.

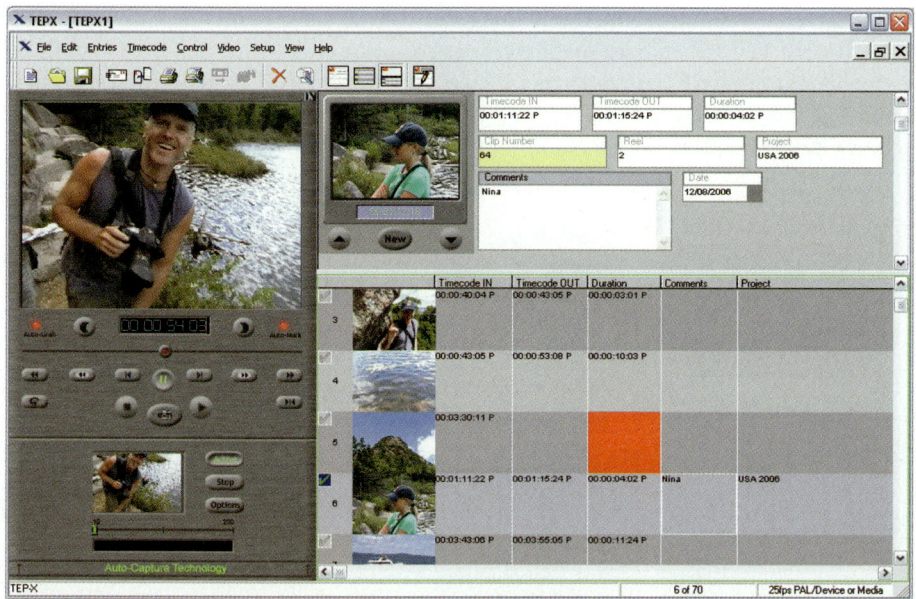

Logging-Programme helfen beim Sichten des Rohmaterials und sorgen für eine effiziente Verwaltung der Videoszenen für das Schnittsystem. Beispiel Imagine TEPX.

Zur Definition der In- und Out-Punkte und generell für ein bildgenaues Verarbeiten wird der **SMPTE-Timecode** ❶ als Standard im professionellen Videoschnitt verwendet. Er stellt für jede Position im Videomaterial eine Art Adresse mit der Form Stunden:Minuten:Sekunden:Frames zur Verfügung.

Aufbau der Schnittsystem-Oberflächen

Die Benutzeroberflächen der Schnittsysteme ähneln sich hinsichtlich des Aufbaus. Sie bestehen in der Regel aus den Fensterbereichen „Archiv", „Vorschaufenster" und „Zeitleiste". Im Archiv werden alle Video-Clips, dargestellt durch „Thumbnails" aufgelistet. Im Vorschaufenster kann der ausgewählte Clip oder die aktuelle Schnitt-Sequenz abgespielt werden. In der Zeitleiste erfolgt die eigentliche Schnittarbeit. Hier werden Clips und zusätzliche Medienelemente, wie Geräusche, Sprache und Titel, zeitlich angeordnet und aufeinander abgestimmt.

❶ Der **SMPTE-Timecode** ist ein von der Society of Motion Picture and Television Engineers eingeführter Standard im Fernseh-, Rundfunk- und Studiobereich, der Geräte unterschiedlicher Hersteller und beliebiger Video- und Audiotechniken miteinander synchronisiert.

Im Archiv-Bereich werden die Clips mit Thumbnails übersichtlich dargestellt.

Das Vorschaufenster zum Testen.

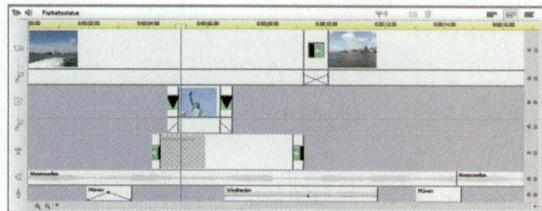

In der Zeitleiste erfolgt die „Schnittarbeit" mit den Medienelementen.

Die Zeitleiste ist die grafische Darstellung des Inhalts eines Films. Sie kann in unterschiedlichen Maßstäben dargestellt werden. Damit ist eine übersichtliche Darstellung vieler Sequenzen, wie auch eine detaillierte Sicht in kurzen Zeitabschnitten zum präzisen Anlegen der Clips und Effekte möglich. Die meisten NLE-Programme bieten verschiede Zeitleistendarstellungen an.

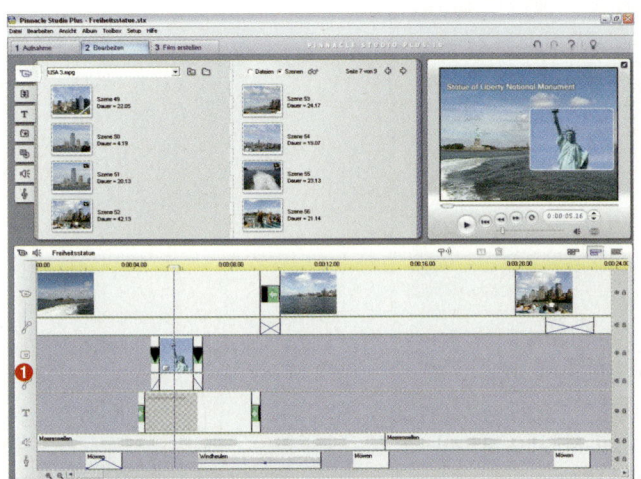

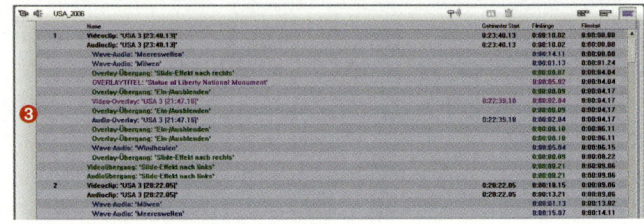

Verschiedene Zeitleistendarstellungen: Die proportionale „Timeline-Darstellung" ❶ und die „Storyboard-Ansicht" ❷ sind die maßgebenden Schnitt-Umgebungen. Einige Programme bieten auch weitere Darstellungen, wie „Listen-Ansicht ❸ (Beispiel Pinnacle Studio 10 Plus).

❹ Ein Track ist ein Informationskanal der Zeitleiste, der Video-, Audio- oder Titelmaterial beinhaltet und diese dem Video-Schnitt zuordnet.

NLE-Programme im Konsumer-Bereich verfügen in der Regel über eine begrenzte Anzahl von Tracks ❹, die über die Zeitleiste bearbeitet und miteinander kombiniert werden können. Zum Beispiel beim Pinnacle Studio Plus ist man auf zwei Video-Tracks begrenzt. Bei professionellen Programmen können eine Vielzahl von Video- und Audio-Tracks verwendet werden.

Professionelle Schnittsysteme bieten umfangreiche Darstellungsmöglichkeiten für die notwendigen Fensterbereiche (Beispiel: Pinnacle Liquid Silver).

Professionelle NLE-Programme erlauben es, diese Bereiche über mehrere Monitore zu verteilen. Dies verbessert die Übersicht und erlaubt den direkten Zugang zu den wichtigsten Funktionen, ohne langwieriges Auswählen über mehrstufige Menüs.

Aufbau einer Schnittfolge

- Zuerst werden die Clips im Archiv-Bereich ausgewählt. Hierzu können die Clips über das Vorschaufenster beurteilt werden.
- Dann nimmt man ein Trimmen ❶ der Clips vor, damit später auf der Zeitleiste nur der Teil des Clips aufgebaut wird, den man auch verwenden möchte.
- Per ‚Drag and Drop' setzt man dann die Clips in der gewünschten Reihenfolge auf die Zeitleiste ein. Zur besseren Übersicht für diese auch als Assemble-Schnitt ❷ bezeichnete Vorgehensweise bietet sich die „Storyboard-Ansicht" der Zeitleiste an.
- Zur weiteren Optimierung des Schnitts verwendet man die „Timeline-Darstellung" der Zeitleiste, um eine genaue Übersicht über Länge und Positionierung der einzelnen Clips zu bekommen.
- Jetzt können die einzelnen Clips in der Zeitleiste einzelbildgenau angeordnet werden. Falls erforderlich, können längere Clips in kleinere Clips geteilt werden.
- Dann können mit Hilfe des Insert-Schnitts ❸ die Clips neu geordnet, bzw. weitere Clips hinzugefügt werden.
- Sollen Clips durch andere ersetzt werden, so wendet man die Overwrite-Schnitt-Technik ❹ an. Im Gegensatz zum Insert-Schnitt wird die bestehende Sequenz in diesem Teil überschrieben. Dies eignet sich zum Beispiel dazu, um zusätzliches Material, das aus einer anderen Perspektive aufgenommen wurde, in die ursprüngliche Film-Sequenz zu integrieren.
- Lässt man dabei die Tonspur der ursprünglichen Film-Sequenz unangetastet, spricht man von einer B-Rollen-Technik, bei der durch den ununterbrochenen Ton beim Zuschauer der Eindruck von Gleichzeitigkeit entsteht. Dieses Verfahren wird gerne bei Interviews verwendet, um bei gleichbleibendem Ton ein Wechsel zwischen den beteiligten Personen vorzunehmen.
- Dann werden die Clips hinsichtlich des Anfangs und Endes nochmals „getrimmt" und, falls gewünscht, mit entsprechenden Überblendeffekten (siehe auch „Dynamische Bildwechsel" in diesem Kapitel) versehen.

Bei allen Clip-Bearbeitungen über Trimmen, Teilen und Schnitt-Techniken bleiben die Original-Videodateien der Clips unberührt. Es wird lediglich eine Aufgabenliste mit allen Bearbeitungsschritten erzeugt. Diese Schnitt-Information ist bei professionellen NLE-Programmen als elektronische Schnittliste, die EDL (Edit Decision List), systemübergreifend austauschbar.

Erst beim Ausspielen der Film-Sequenz, dem sogenannten Rendern, werden entsprechend der Schnittliste die Original-Videodateien herangezogen. Sie werden dabei mit allen digitalen Effekten, wie Titeleinblendungen, Szenen-Überblendungen und den Tönen zu einem neuen Videofilm im Zielformat produziert. Dazu muss vom NLE-Programm jedes Einzelbild (Frame) errechnet werden. Dieser Render-Prozess stellt, je nach Komplexität der Effekte, enorme Anforderungen an die Rechenleistung des Schnittsystems.

❶ Unter **Trimmen** versteht man das genaue Festlegen von Anfang und Ende des einzusetzenden Clips.

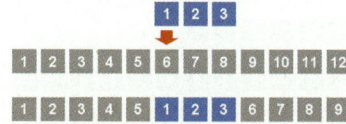

❷ Beim **Assemble-Schnitt** werden die Clips ohne Zwischenraum sequentiell aneinandergereiht.

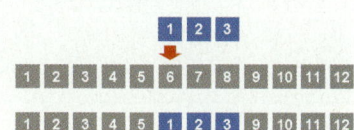

❸ Beim **Insert-Schnitt** wird der einzufügende Clip in die vorhandene Sequenz eingesetzt und die Sequenz wird entsprechend verlängert.

❹ Beim **Overwrite-Schnitt** wird der Teil der alten Sequenz in der Länge des neuen Clips überschrieben. Die Länge der gesamten Film-Sequenz ändert sich dabei nicht.

Besondere Schnitttechniken

Dank der digitalen Schnitttechnik lassen sich auch außergewöhnliche Anforderungen sehr einfach umsetzen. Zum Beispiel gibt es aufnahmetechnische Situationen, die in umgekehrter Richtung einfacher zu realisieren sind. Mit dem NLE-Programm lässt sich diese Szene dann durch **Umkehren der Laufrichtung ❶** wieder richtigstellen.

❶ Rückwärtslauf durch **Umkehren der Frame-Folge**.

Der Laufrichtungswechsel und das Verändern der Ablaufgeschwindigkeit ist für einen Clip jederzeit möglich und eröffnet kreativen Spielraum. Beispiel Pinnacle Studio.

❷ **Zeitraffer-Effekt** durch Weglassen von Frames.

Durch Ändern der Clip-Geschwindigkeit kann ein **Zeitraffer-Effekt ❷** produziert werde. Das NLE-Programm lässt dabei Frames wegfallen, der Clip läuft dadurch schneller ab. In einem begrenzten Rahmen ist auch ein **Zeitlupen-Effekt ❸** möglich. Da für diese Zeitdehnung aber zusätzliche Frames notwendig sind, werden sie durch Duplizieren erzeugt. Dies ergibt einen etwas „holprigen" Effekt, da die Informationen der Zwischenbilder fehlen.

❸ **Zeitlupen-Effekt** durch Duplizieren von Frames.

❹ Bei der **Freeze-Frame-Technik** wird ein Frame als Standbild dupliziert.

Mit der **Freeze-Frame-Technik ❹** kann ein Clip angehalten, sozusagen „eingefroren" werden. Dabei wird aus dem Clip ein Standbild erzeugt und dieses für eine bestimmte Zeit in der Film-Sequenz dargestellt. Zur Verstärkung des Effekts kann es Sinn machen, über die Standbilddauer den Bildausschnitt in der Darstellungsgröße zu verändern.

Bild-Optimierung

Die meisten NLE-Programme ermöglichen nachträgliche Belichtungs- und Farbkorrekturen der einzelnen Clips. Damit können Clips besser aufeinander abgestimmt werden. Die Bandbreite der Möglichkeiten zieht sich dabei vom nachträglichen Weißabgleich, der Kontrast- und Helligkeitsanpassung, einer Rauschunterdrückungs-Funktion für Aufnahmen bei schwachem Licht bis hin zur Kompensation verwackelter Clips durch eine Image-Stabilisation.

Titel und Abspann

Sogar die einfachsten NLE-Programme bieten eine umfangreiche Möglichkeit an Text-einblendungen in die Film-Sequenz. Sei es als Filmtitel, Untertitel oder Abspann. Dabei stimmt man die Länge der Einblendung, die optische Gestaltung mit Farbe und Schrift und die Art des Effektes mit dem Inhalt des Filmes ab. Vorspann- und Abspann-Dauer sollte in einem vernünftigen Verhältnis zur Filmlänge stehen.

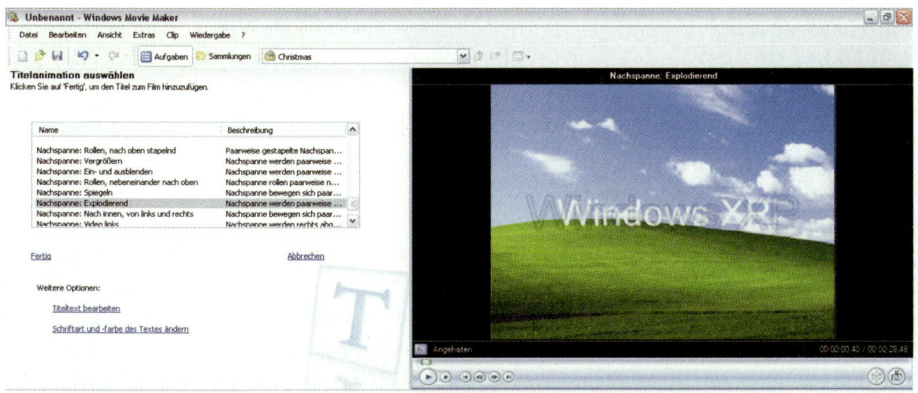

Titeleffekte im Windows Movie Maker, dem NLE-Programm von Windows XP.

Titelgenerator im Pinnacle Studio.

⊃ **Die Standzeit bzw. die Laufgeschwindigkeit der Texteinblendung muss an die Lesegeschwindigkeit angepasst sein.**

Die Texteinblendung als Vorspann und Abspann auf neutralem Hintergrund ist in der Regel die wirkungsvollste Methode, die Textinformation zu präsentieren.

Unruhige Titelhintergründe sollte man im Allgemeinen vermeiden. Falls es sich nicht vermeiden lässt, ist bei Einblendungen in kontraststarke Bilder auf eine einwandfreie Lesbarkeit zu achten. Zum Abheben der Schrift kann mit Hinterlegungen gearbeitet werden.

Titel ohne Hinterlegung

Titel mit transparenter Hinterlegung

Titel mit schwarzem Hintergrund

Dies können transparente Flächen sein, die unter den Titel gelegt werden, einge-stanzte Farbflächen oder auch nur Schriftumrandungen, die eine Kontrastverstärkung des Titels zur Folge haben.

8.4.3 Video-Ausgabe

Ist der Film mit allen Medien-Elementen und Effekten fertig gestellt, kann im NLE-Programm mit der Ausgabe begonnen werden, dem Rendern des Films in das Zielformat. Die Wahl des Zielformats hängt dabei direkt von dessen Verwendung ab und muss entsprechend dafür optimiert sein.

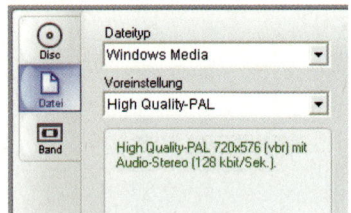

WMV ist für verschiedene Qualitätsstufen skalierbar

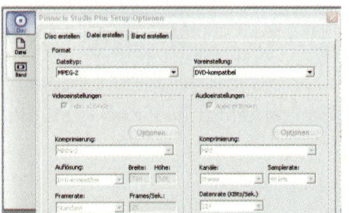

MPEG2 ist das Videoformat für die Video-DVD

❶ **Anamorphe** Speicherung bedeutet, dass ein 16:9-Video in ein 4:3-Bild gequetscht und bei der Wiedergabe wieder entzerrt wird.

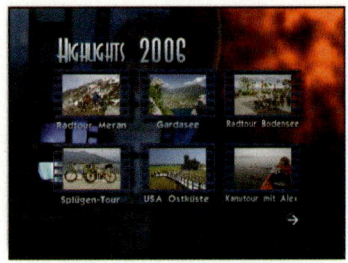

DVD-Menü mit Kapitelauswahl und bewegtem Hintergrund.

Videofilm zur Weitergabe im LAN-Netzwerk
Entscheidend für die Wahl des Formats ist die PC-Zielumgebung. Welche Formate können dort abgespielt werden? Können eventuell Codecs nachgeladen werden? Hat der PC-Benutzer die Berechtigung für deren Installation? Dies sind typische Fragen, die im Vorfeld geklärt werden müssen. Falls dies nicht möglich ist, sollte immer auf sichere Formate gesetzt werden. Dies sind zum Beispiel bei Windows XP das WMV-Format (nicht höher als Version 8) oder MPEG 1.

Videofilm auf Datenträger CD oder DVD
Falls der Film unabhängig von einem PC auf handelsübliche Videoabspielgeräte (DVD-Player) abgespielt werden soll, bietet sich die Video-DVD oder die Video-CD an. Beide Systeme bieten die Möglichkeit, Menüs und begrenzte Interaktionen zur Steuerung der Videosequenzen zu verwenden. Die Video-CD (VCD) basiert auf dem CD-ROM-Datenträger, bietet in etwa VHS-Qualität und hat seit der starken Verbreitung der Video-DVD an Bedeutung verloren.

Die Video-DVD ist momentan der Quasi-Standard-Datenträger für Videos. Als Videoformat kommt dabei MPEG2 mit bis zu 720 × 576 Pixel in 4:3 oder 16:9 anamorph ❶ zum Einsatz. Weiterentwicklungen der DVD sind die HD-DVD (High-Density-DVD) und die Blu-ray Disc (BD) mit höheren Kapazitäten und verbesserten Kopierschutzmaßnahmen, die jedoch wiederum eigene Abspiel-Hardware benötigen. Ist der PC das Abspielgerät, ist auch ein Videoformat für das LAN-Netzwerk, wie WMV oder MPEG möglich, welches dann auf einer Daten-CD bzw. Daten-DVD verteilt werden kann.

DVD-Authoring
Eine consumergerechte Aufbereitung von Video-Inhalten über eine DVD beinhaltet auch das Design von interaktiven Menüs und, falls erforderlich, auch eine Programmierung, so dass der Anwender die Möglichkeit hat, auf einfache Art und Weise durch die Inhalte der DVD zu navigieren oder gar einfache, interaktive Spiele zu spielen.
Des weiteren bietet die Video-DVD für den Benutzer nicht nur die Videosequenzen zur Auswahl, sondern kann auch unterschiedliche Tonspuren in verschiedenen Sprachen und Qualitäten, sowie verschiedene Untertitel anbieten. Sogar Videosequenzen aus unterschiedlichen Perspektiven (Multi-Angle-View) sind möglich.

Für umfangreiche Produktionen im professionellen Bereich werden dazu spezielle DVD-Authoring-Programme, wie zum Beispiel Adobe Encore oder DVD Studio von Apple verwendet.

Für einfache Produktionen bieten mittlerweile die meisten NLE-Programme einen integrierten Bearbeitungsschritt zum Erstellen der DVD-Menüs.

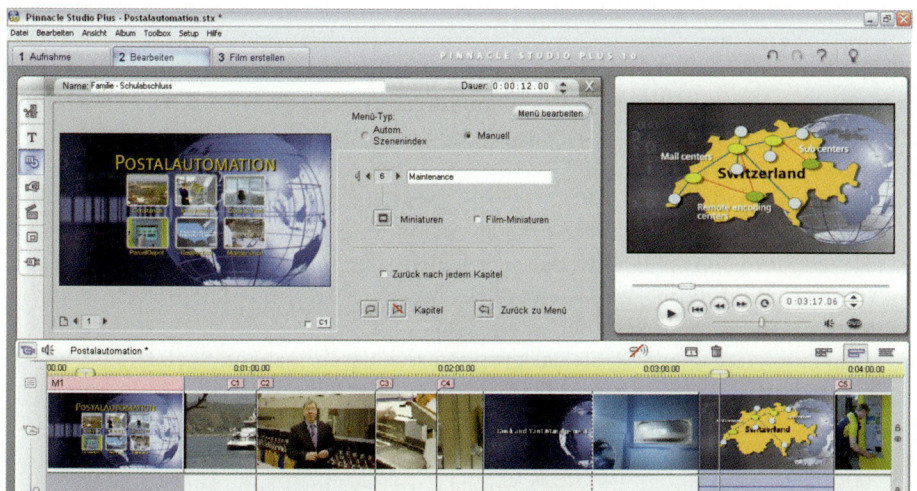

Über Marker werden Kapiteleinsprünge für das DVD-Menü gesetzt. Beispiel Pinnacle Studio 10 Plus.

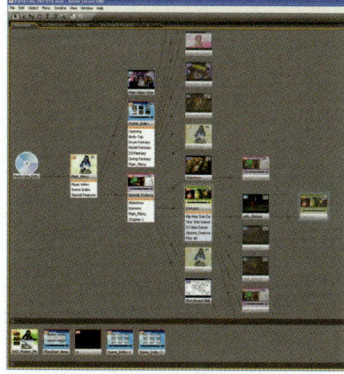

Visuelle Strukturdarstellung umfangreicher DVD-Menüs. Beispiel Adobe Encore.

Vorgehensweise zur Erstellung von einfachen Menüs im NLE-Programm:

- Im Menü werden für jede anzusteuernde Videosequenz Kapitelaufrufe erstellt. Dazu können auch mehrere Menüseiten verwendet werden.
- Als Hintergrund sind Standbilder, aber auch kurze Videosequenzen einsetzbar.
- Im Film werden dann die Einsprungstellen mit Markern versehen und mit den interaktiven Schaltflächen verknüpft.
- Die Schaltflächen können dann ein inhaltstypisches Thumbnail als visuelle Orientierung zugeordnet bekommen.

Videosequenz für interaktive Anwendungen

Soll eine Videosequenz im Rahmen einer interaktiven Anwendung für den PC, zum Beispiel in einer Präsentation oder in einem Lernprogramm, verwendet werden, gibt es dazu zwei unterschiedliche Vorgehensweisen:

Konvertierung in das Flash-eigene FLV-Format.

- Das Video wird mit eigenen Videotreibern oder mit den Betriebssystem-eigenen Treibern aufgerufen und innerhalb der Anwendung dargestellt. Hier muss ebenfalls die PC-Zielumgebung berücksichtigt werden. Anwendungsbeispiel Microsoft Powerpoint: WMV oder AVI mit Cinepac-Codec.
- Das Video wird in ein internes Format der Anwendung konvertiert und dort eingebettet (embedded). Die Anwendung übernimmt dann die Videodarstellung mit eigenem Decoder. Anwendungsbeispiel Adobe Flash: Video wird in das eigene Format FLV (Abk. für Flash Video), zum Beispiel mit dem Sorensen-Codec, konvertiert und kann dann komplett in eine Flash SWF-Datei eingebettet werden.

Videofilm zur Veröffentlichung im Internet

Da Videosequenzen als normale Internet-Downloads in der Regel sehr zeitintensiv sind, verwendet man hierfür Video-Streaming ❶. Dazu ist auf der Empfängerseite eine spezielle Abspiel-Software erforderlich.

❶ **Video-Streaming**: Durch dieses Verfahren wird der Film geladen und gleichzeitig schon abgespielt.

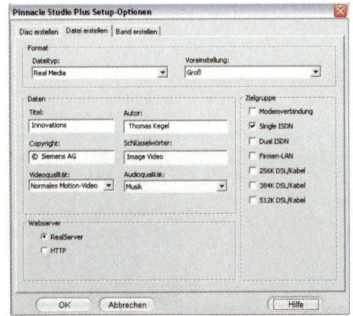

Schon beim Erstellen der Streaming-Videodateien ist die Internet-Anbindung der Zielgruppe zu beachten.

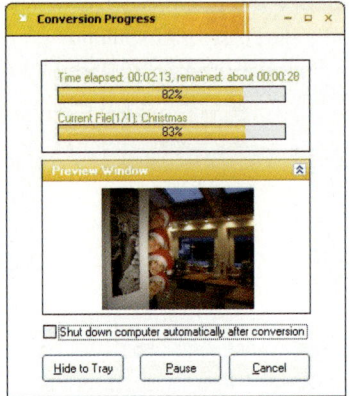

Videokonverter für mobile Endgeräte. Beispiel Jodix Konverter.

Konvertierte Videosequenz auf dem videofähigen mobilen Endgerät iPOD von Apple.

Dies kann ein im Web-Browser integriertes Plug-In oder ein eigenständiges Wiedergabeprogramm sein. Um das „Streamen" zu ermöglichen, muss gleichzeitig auf dem Web-Server ein spezieller Streaming-Server installiert sein, der die synchrone Kommunikation gewährleistet. Es existieren eine Vielzahl verschiedener konkurrierender Technologien für das Video-Streaming:

- **Windows Media Video** (WMV) ist das proprietäre Codec-Format von Microsoft. Auf Grund der weiten Verbreitung des in Windows integrierten Windows Media Players sind WMV-Videostreams sehr beliebt, da in den meisten Fällen kein extra Player benötigt wird. Zum Bereitstellen der Videostreams auf dem Web-Server wird der Windows Media Server benötigt.
- **RealVideo** (RV oder RM) ist das proprietäre Videoformat von RealMedia. Die Qualität ist vergleichbar mit MPEG-4-Videocodecs wie XviD oder DivX, sowie Windows Media Video 9.
- **QuickTime** (MOV) ist das Format von Apple, das aber auch in der Windows-Welt weit verbreitet ist. Auf dem Server wird der QuickTime Streaming Server zum Bereitstellen der Live-Streams über das Internet benötigt.
- **Flash Video** (FLV) ist das Video-Dateiformat von Adobe Flash. Flash zeichnet sich dadurch aus, dass es plattformübergreifend genutzt werden kann und neben dem Flash Player, der in vielen Internet-Browsern schon vorhanden ist, keine Codecs zum Abspielen installiert werden müssen.

Die für die Übertragung zur Verfügung stehende Datenübertragungsrate muss größer sein, als die für das Streaming verwendete Datenübertragungsrate. Deshalb ist die Qualität noch entsprechend niedrig, um bei den heute üblichen Datenübertragungsraten eine flüssige Übertragung zu ermöglichen. Um unterschiedliche Laufzeiten der Daten-Pakete im Internet auszugleichen und damit verbundene Stockungen zu verhindern, wird in der Abspiel-Software ein Puffer verwendet, der die Wiedergabe um einige Sekunden leicht verzögert, aber dann den Abspielfluss sicherstellt.

Videofilm zur Verwendung auf tragbaren Mediengeräten

Seit der Verbreitung der mobilen Medien-Abspielgeräte, die auch Videosequenzen abspielen können, steigt der Bedarf an speziell für diese Plattformen angepasste Videoausgabe-Möglichkeiten. Dabei sind es nicht vorwiegend Spielfilme, die den Weg auf die mobilen Abspielgeräte finden, sondern kleinere Videosequenzen, zum Beispiel in Form von sogenannten Video-Podcasts, den kleinen individuellen Videobeiträgen, die sich einer immer größeren Beliebtheit erfreuen. Bietet das NLE-Programm eine solche Ausgabemöglichkeit nicht direkt, wird erst ein Standardformat, wie zum Beispiel MPEG2 gerendert und dann durch einen nachgeschalteten Konvertierprozess mit einem speziellen Videokonverter der Film in das Zielformat gewandelt. Die Anforderungen an die zu verwendenden Codecs sind einfach: Trotz der sehr kleinen Bildschirmgröße, zur Zeit sind 320 × 240 Pixel üblich, und der begrenzten Speicherkapazität, soll der Film qualitativ gut wirken. Hier wird zur Zeit der MPEG4-Codec verwendet, da er einer der modernsten Codecs mit den stärksten Komprimierungsraten ist. Für iPODs und für die SONY PSP (PlayStation Portable, der Handheld-Spielkonsole von Sony) kommt er in gerätespezifischen Varianten zum Einsatz. Aber auch das WMV-Format von Microsoft ist für diese Größe entsprechend skalierbar und wird von den meisten tragbaren Video-Abspielgeräten verstanden.

Aufgaben und Übungen, Literaturhinweise

Aufgaben und Übungen

1. Blue Screen Technik: Nehmen Sie Beispiele auf Video auf, die die Blue Screen Technik aus bekannten Film- und Fernsehproduktionen zeigen.
2. Visuelle Blende: Beschreiben Sie an Hand einer Nachrichtensendung die verwendeten Überblendeffekte mit der Einstellung davor und der Einstellung danach.
3. Beleuchtung: Bauen Sie die Beleuchtungssituation für eine Portrait-Aufnahme auf. Variieren Sie die Hauptlichtanordnung zwischen Voll-, Schlank und Teilungslicht. Beschreiben Sie die Änderung der dramaturgischen Wirkung. Wie verändert sich die Wirkung bei zusätzlichem Spitz- oder Hintergrundlicht?
4. Drehbuch: Schreiben Sie ein Drehbuch im klassischen Stil für eine Kurzgeschichte. Welche Vorteile bietet eine spezielle Drehbuch-Software gegenüber einem einfachen Textverarbeitungsprogramm?
5. Aufnahmetechnik: Erstellen Sie Videosequenzen ohne Schwenk, für ein von zwei Personen geführtes Interview. Erstellen Sie dazu bewusst ausreichend Material in Schuss- und Gegenschuss-Perspektive.
6. Schnitttechnik: Fügen Sie das Material von Aufgabe 5 zu einem abwechslungsreichen Schnitt zusammen. Benutzen Sie dazu die B-Rollen-Technik.
7. Digitale Video-Formate: Rendern Sie den fertigen Schnitt aus Aufgabe 6 in die verschiedensten Formate und vergleichen dann Dateigröße, Auflösung und Qualität der Formate.

Literaturhinweise

Ang, Tom: Digitales Video. Ausrüstung, Techniken, Projekte, Nachbearbeitung, London 2005 (Dorling Kindersley)

Büchele, Fridhelm: Digitales Filmen. Einfach gute Videofilme drehen und nachbearbeiten, Bonn 2005 (Galileo Press)

Burder, John: Postproduction für Film & Video.Handbuch zur Film- und Videonachbearbeitung, Stein-Bockenheim 2001 (Mediabook-Verlag Reil)

Gabathuler, Simon: Video Digital, München 2006 (Markt & Technik)

Kandorfer, Pierre: Lehrbuch der Filmgestaltung. Theoretisch-technische Grundlagen der Filmkunde, Stein-Bockenheim 2003 (Mediabook-Verlag Reil)

Kramarek, Johannes; *Pockrandt*, Rainer; *Kerstan*, Peter: DuMont's Handbuch für die praktische Filmgestaltung, Köln 1986 (DuMont)

Rogge, Axel: Die Videoschnitt-Schule. Tipps und Tricks für spannendere und überzeugendere Filme, Bonn 2006 (Galileo Press)

Saalfeld, Stefan: Grundlagen der Fernseh- und Videotechnik, Stein-Bockenheim 2006 (Mediabook-Verlag Reil)

Schiemann, Bernd: Informationstechnik und Kommunikationstechnik. Fachwissen IT-Berufe, Haan-Gruiten 2001 (Europa Lehrmittel-Verlag)

Schmidt, Ulrich: Digitale Film- und Videotechnik, München 2002 (Hanser Fachbuchverlag)

9 Animation

Dieses Kapitel gibt einen Einblick in die Welt der bewegten Grafik – der Animation. Es werden die grundsätzlichen Prinzipien, nach denen Animationen aufgebaut sind, vorgestellt. Man erfährt, wie komplexe Animationen mit 3D-Objekten aufgebaut werden, welche Werkzeuge dafür eingesetzt werden und wie über virtuelle Realität die Animation interaktiv wird.

Mit Überblendungen, Ein- und Ausblendungen, wie sie im letzten Kapitel dargestellt wurden, sind nur sehr begrenzte Effekte realisierbar. Um Objekte richtig in Bewegung zu setzen, sind Animationen notwendig.

Animationen werden typischerweise durch Film- oder Videoformate, also durch eine kontinuierliche Abfolge von einzelnen Bildern, dargestellt. Die Bewegungswahrnehmung wird damit wie in der Film- und Videotechnik durch die Trägheit des menschlichen Auges sichergestellt, die diese Abfolge als Bewegung interpretiert.

Eine Animation beschreibt hierbei alle Änderungen, die einen visuellen Effekt bedingen. Visuelle Effekte können dabei verschiedener Natur sein:

*   Bewegungsdynamik, bei der die Position eines Objektes über einen Zeitraum hinweg verändert wird
*   Änderungsdynamik, bei der Form, Farbe, Transparenz, Struktur und Musterung eines Objektes über die Zeit verändert wird
*   Änderung der Beleuchtung, der Kameraposition und des Fokus über einen Zeitraum hinweg.

Diese Effekte können bei Präsentationen als Blickfang oder zur Veranschaulichung von komplexen Inhalten dienen. Die Bandbreite der Animationen geht von einfachen Veränderungseffekten von Objekten, zum Beispiel als Visualisierung einer Schaltfläche für verschiedene Zustände, bis hin zu komplexen 3D-Animationen.

9.1 Prinzip der Animation

9.1.1 Bewegungswahrnehmung

❶ Ab 18 Einzelbildern pro Sekunde werden die einzelnen Phasenbilder als kontinuierliche **Bewegung** wahrgenommen.

Ab 72 Einzelbildern pro Sekunde ist das Flimmern für das menschliche Auge unsichtbar.

Animationen sind nur möglich auf Grund eines biologischen Phänomens, bekannt als ‚Persistence of Vision'. Das Abbild eines durch das menschliche Auge gesehenen Objekts bleibt auch nach dem Abbilden auf der Netzhaut für einen kurzen Moment erhalten. Dadurch ist die visuelle Illusion einer Bewegung ❶ durch eine Serie von schnell aufeinander folgenden Bildern möglich. Schon das allgemein bekannte Daumenkino basiert auf diesem Effekt.

Am Beispiel einer Uhr mit mehreren aufeinander folgenden Zeigerstellungen kann man diesen Effekt gut darstellen. Wenn die Einzelbilder in schneller Abfolge gezeigt werden, verwischen die statischen Zeigerstellungen zu einer kreisenden Bewegung der Uhrzeit. Führt man die Einzelbildserie bis zu 12 Stunden weiter, wird ein kontinuierlicher Bewegungsprozess erreicht, der durch ständige Wiederholungen permanent dargestellt werden kann.

9.1.2 Bildraten in der Animation

Für den Animationseffekt sind primär zwei Arten von **Bildraten** ❶ verantwortlich. Die eine spiegelt die dargestellte Anzahl der Bilder pro Sekunde wieder, während die andere die Anzahl der verschiedenen Bilder, die pro Sekunde vorkommen, darstellt. Die Erstgenannte ist die sogenannte **Playback Rate** (Bildwiederholungsrate), und die Zweite ist die **Sampling Rate**. Im Fernsehen werden 25 Bilder pro Sekunde dargestellt, während alte Comicsendungen zum Beispiel aber nur 5 verschiedene Bilder pro Sekunde enthalten. Um nicht den Geschwindigkeitseindruck zu verändern, muss somit jedes Bild fünfmal wiederholt werden, damit die Bildwiederholungsrate von 25 Bildern pro Sekunde eingehalten wird. Tut man dies nicht, läuft der Film zu schnell ab (Zeitraffer-Effekt).

❶ Unter **Bildrate** versteht man die Anzahl von Einzelbildern pro Sekunde.

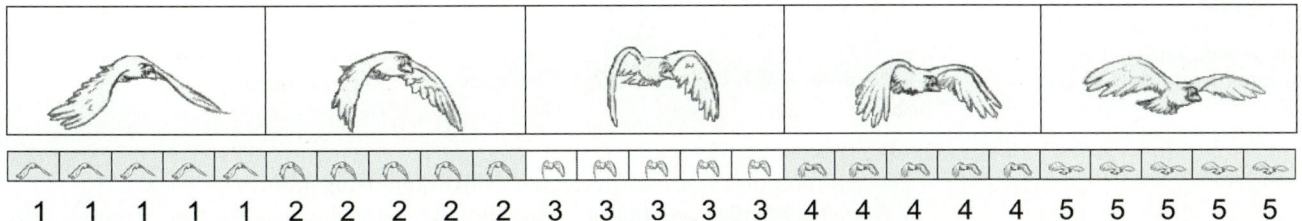

| 1 | 1 | 1 | 1 | 1 | 2 | 2 | 2 | 2 | 2 | 3 | 3 | 3 | 3 | 3 | 4 | 4 | 4 | 4 | 4 | 5 | 5 | 5 | 5 | 5 |

Durch Bildwiederholungen wird ein Trickfilm, der eine geringe Frame Rate besitzt, an einen Film mit höherer Bildwiederholungsrate angepasst. Beispiel: Trickfilm (5 Bilder/Sekunde) für das Fernsehen (25 Bilder/Sekunde).

9.1.3 Phasenanimation

Die meisten Animationen bauen auf einfachen Zeichnungen von **Einzelphasen** ❷ auf, wie man sie aus dem klassischen Zeichentrickfilm kennt. Für einfache Bewegungsanimationen reichen oft auch schon wenige Phasenzeichnungen aus.

❷ Bei der **Einzelphasenanimation**, auch „Frame-by-Frame-Technik" genannt, wird jedes Einzelbild gezeichnet.

Phasenanimationsbeispiele: Springende Zeichentrickfigur (oben), kontinuierlich drehende Weltkugel (mitte) und drehender Fräseinsatz (unten).

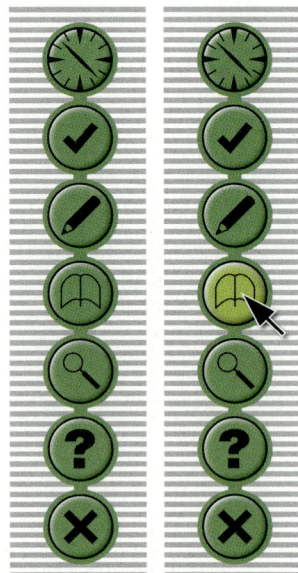

Farbveränderungen von interaktiven Schaltflächen (Buttons).

Bei schnellen Bewegungen in begrenzten Bildteilen zeichnen schon drei Einzelbilder eine fließende Bewegung aus. Die Visualisierung einer Schalterbewegung erfordert lediglich eine einzige Zwischenphase.

Die einfachste und am häufigsten eingesetzte Animationsform ist das Wechseln zwischen zwei Einzelbildern, die als Reaktion einer Benutzereingabe erfolgt. Dabei müssen die Einzelbilder standgenau positioniert werden.

Diesen Effekt trifft man sehr oft bei der Gestaltung von Benutzeroberflächen bei interaktiven Anwendungen an. Dabei können sich die Einzelbilder in Form, Farbe und Größe ändern.

❶   ❷   ❸   ❹

Formveränderungen von interaktiven Schaltflächen (Buttons). Von links nach rechts:
❶ Aktiv,
❷ Mauscursor über dem Button,
❸ Klick auf Button,
❹ Deaktiv.

Phasenanimation mit oszillierenden Bildveränderungen
Sollen gleichmäßig und linear verlaufende Bewegungen, wie Fließen, Strömen oder Pulsieren visualisiert werden, so kann diese besondere Art der Phasenanimation verwendet werden. Der Effekt der kontinuierlichen Bewegung wird hierbei durch den sukzessiven Austausch von Teilbildern innerhalb einer Animationsschleife erreicht, bei denen die Phasenelemente leicht versetzt angeordnet werden.

Bild 1 ➡ Bild 2 ➡ Bild 3 ➡ Bild 4 ➡ Bild 5 ➡ Bild 1 ➡ Bild 2 ➡ u.s.w.

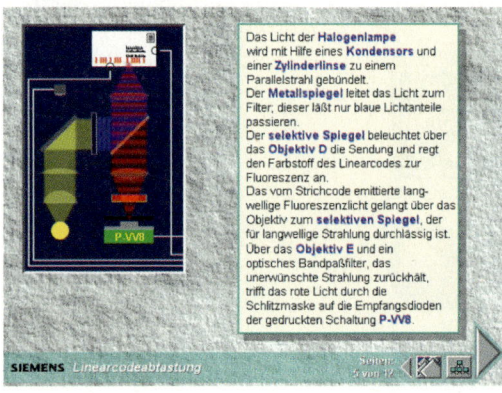 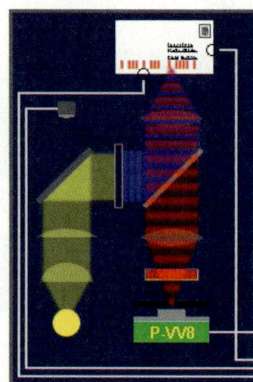 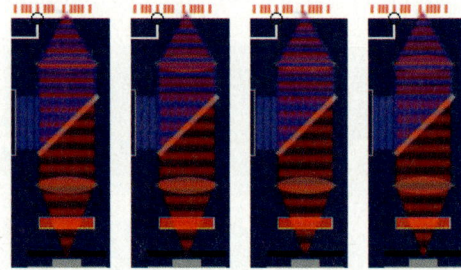

Beispiel einer Animation mit oszillierenden Bildveränderungen durch 4 Teilbilder: Visualisierung von gebündelten Lichtstrahlen bei einem Barcode-Scanner im Einsatz innerhalb eines technischen Lernprogramms.

Um den Effekt der fließenden Bewegung zu verstärken, müssen alle Phasenbilder standgenau übereinander gelegt werden. Ein wirklich flüssiger Bewegungsablauf wird aber erst erreicht, wenn sich die Phasenelemente leicht überlappen 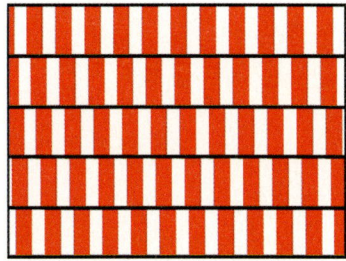❶.

Die Qualität des Bewegungsablaufes kann durch möglichst viele Phasenbilder erhöht werden. Um eine Bewegungsrichtung zu erkennen, werden mindestens drei Phasenbilder benötigt. Ab vier zueinander versetzten Phasenbildern wird der Bewegungsablauf flüssig. Je höher die Bildfrequenz der Animationsschleife gewählt wird, umso flimmerfreier wirkt die Animation.

Für komplexe Bewegungsabläufe ist die reine Phasenanimation nicht besonders effizient. Bezieht sich die Bewegung auf die gesamte Bildschirmfläche, muss bei der Phasenanimation für jedes Einzelphasenbild das gesamte Bildschirmbild benutzt werden. Um eine solche Animation möglichst ruckelfrei ablaufen zu lassen, wird eine hohe Bildfrequenz benötigt. Effizienter ist da die Kombination aus Phasenanimation und Pfadanimation.

❶ Die Lücken in den Phasenteilbildern werden durch **leichtes Überlappen** geschlossen. Damit erreicht man einen flüssigen Bewegungsablauf.

9.1.4 Pfadanimation

Bei diesem Animationstyp, auch **Cel-Animation** ❷ genannt, werden Vordergrundobjekte von den Hintergrundobjekten getrennt. Die Objekte im Vordergrund können beliebig über den Hintergrund bewegt werden. Damit erspart man sich die Einzelphasenbilder. Oft werden Animationstechniken gemischt. Phasenanimationen in der Frame-by-Frame-Technik werden zu einer kompakten Animationsschleife gebunden und wie ein einziges Grafikobjekt in der Cel-Technik über einen statischen Hintergrund bewegt.

❷ Die **Cel-Animation** (Cel = Cellophan) wurde nach der herkömmlichen Folientechnik benannt, bei der das zu bewegende Objekt auf einer Folie über den Hintergrund bewegt wird.

Die Bewegung des Mannes wird als kompakte Phasenanimations-Schleife dargestellt. Wirkung: Der Mann tritt auf der Stelle.

Die Phasenanimations-Schleife wird nach der Cel-Technik auf einem Hintergrund bewegt. Wirkung: Der gehende Mann bewegt sich nun von links nach rechts.

Im Zusammenspiel dieser Animationstechniken sind komplexe Animationen im zweidimensionalen Bereich möglich. Im Gegensatz zur reinen Phasenanimation ist hierbei auch das Datenaufkommen viel geringer.

9.2 Techniken der Bewegungsanimation

Da es verschiedene Arten von Animationen gibt, haben sich auch für die jeweilige Animation passende Erstellungstechniken etabliert, die auf unterschiedlichen Ansätzen basieren. Im Folgenden werden Techniken beschrieben, bei denen der Entwickler auf viele Einzelheiten der Animation Zugriff hat und somit das Resultat direkt beeinflussen kann.

9.2.1 Schlüsselbildtechnik

Die Schlüsselbildtechnik kommt aus der traditionellen Zeichentrick-Animationstechnik. An markanten Schlüsselpunkten der Aktion oder der Handlung werden aussagekräftige Komplett-Bilder erstellt. Diese sogenannten **Schlüsselbilder** oder **Key Frames**, stellen den roten Faden durch die Handlung der zu erstellenden Animation dar.

Zur Komplettierung der Animationssequenz werden zwischen diesen Key Frames Zwischenbilder eingesetzt, die den Übergang von Key Frame zu Key Frame realisieren. Dieser Prozess wird In-Betweening oder auch Tweening genannt und wird vom Animationsprogramm durch automatisches Interpolieren des Objektes in den Zwischenbildern erreicht. Der Interpolationsalgorithmus ist dabei ein entscheidender Faktor für das Erscheinungsbild der endgültigen Animation.

Diese Schlüsselbildtechnik veranschaulichen wir an Hand eines kleinen Beispiels mit vier Key Frames.

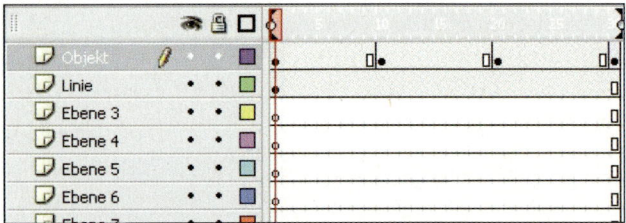 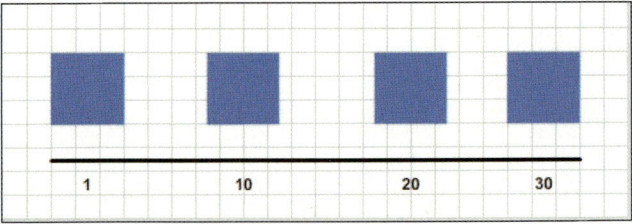

Beispiel eines Animationsaufbaus nach der **Schlüsselbildtechnik**. Auf einer Zeitleiste sind an den Positionen 1, 10, 20 und 30 für das Objekt „Blaues Quadrat" sogenannte Key Frames erstellt worden. Darstellung im Animationsprogramm Adobe Flash.

9.2.2 Positions-Interpolation

Ohne eine Interpolation gibt es nur die vier unterschiedlichen Positionen des Objektes an den Key Frames. Durch ein **Bewegungs-Tweening** werden neue Einzelbilder zwischen den Key Frames durch Interpolation vom Animationsprogramm errechnet.

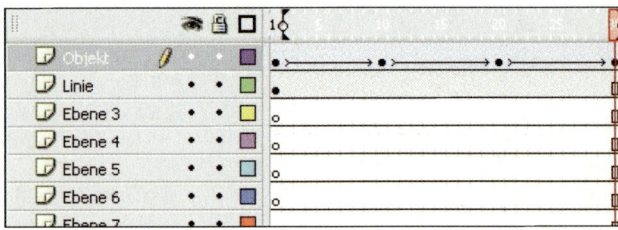 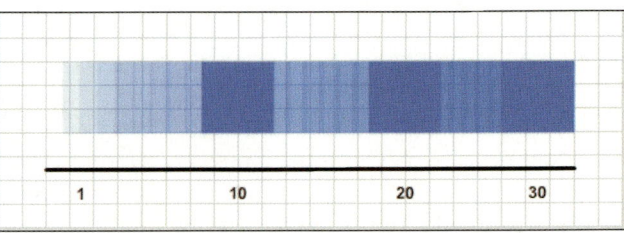

Zwischen den Key Frames sind durch ein **Bewegungs-Tweening** Zwischenbilder erzeugt worden.

9.2.3 Form-Interpolation

Erfolgt die Veränderung von Key Frame zu Key Frame nicht nur über die Position des Objektes, sondern auch in der Darstellung des Objektes, können über die Form-Interpolation alle notwendigen Zwischenbilder erzeugt werden. Die Veränderung kann sich dabei auf Skalierung und Position (**lineare Transformation**), Form (**Warping** und **Morphing**) und Objekt-Attribute, wie Farbe, auswirken. Die Zwischenbilder zeigen dann die einzelnen Übergangsphasen der Objekt-Veränderung.

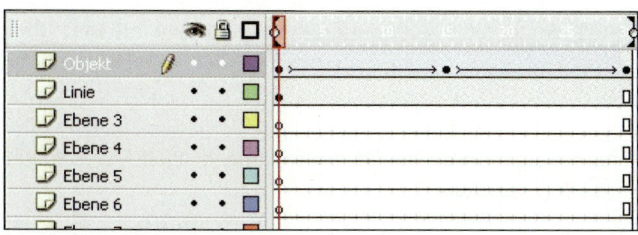 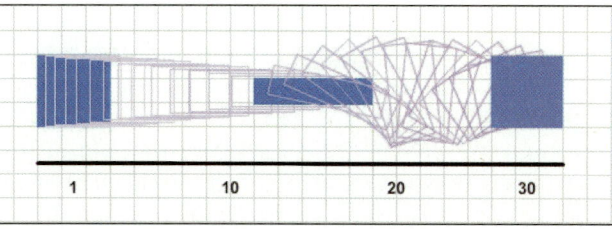

Rotationen und nicht-einheitliche Skalierungen durch lineare Transformation verändern die Form des Objekts. Beispiel mit drei Key Frames: Vom Quadrat (Position 1), über ein Rechteck (Position 15) rotiert wieder zum Quadrat (Position 30).

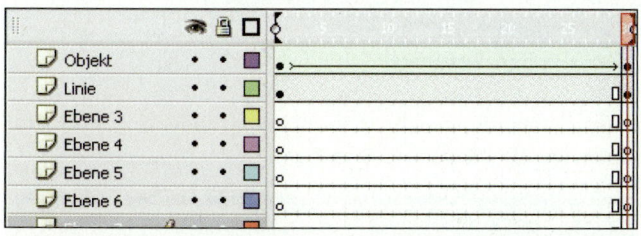 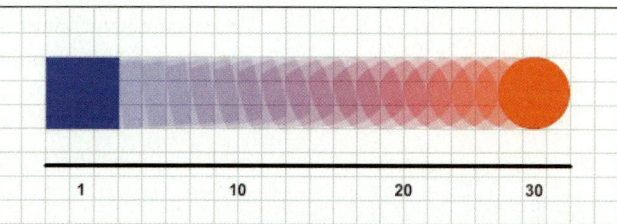

Morphing interpoliert zwischen Form und Attributen von zwei Objekten und sorgt für eine Formüberblendung. Beispiel mit zwei Key Frames: Vom blauen Quadrat (Position 1) zum roten Kreis (Position 30).

Warping und Morphing verändern die Form graphischer Objekte. Beim Warping werden einzelne Objekte deformiert, während beim Morphing immer zwischen zwei graphischen Objekten interpoliert wird.

9.3   3D-Animation

Animationen mit dreidimensionalen Darstellungen von Objekten eröffnen beim Visualisieren sehr beeindruckende und realitätsnahe Effekte. 3D-Animationen finden mittlerweile in allen digitalen Medien ihre Verwendung. Über Werbespots und Filmproduktionen erreichen sie heutzutage fast jeden Haushalt und tragen zu einem automatischen Selbstverständnis des Machbaren bei.

Aber auch im Bereich der Technik, Architektur und Naturwissenschaft bieten sich interessante Möglichkeiten der realitätsnahen und anschaulichen Dokumentation. So sind z. B. Simulationen und Konstruktionen visualisierbar, die in der Realität noch nicht verfügbar sind. Der Zielgruppe gibt man somit eine neue Dimension der Vorstellungskraft in die Hand.

Mit den heutigen Werkzeugen zur 3D-Animationserstellung ist es nur noch eine Frage des Aufwandes, und damit von Zeit und Geld, auf welche Weise mehr oder weniger realistisch wirkende virtuelle Gegenstände und virtuelle Welten dargestellt werden. Beispiele des aktuell Machbaren können wir meist auf der Kinoleinwand bei verschiedenen Filmproduktionen bewundern, da hier, dank der kräftigen finanziellen Grundlage, die heutigen Systeme zur 3D-Animationserstellung voll ausgespielt werden können.

Komplexe realitätsnahe Animationen, wie zum Beispiel natürlich wirkende dreidimensionale Simulation menschlicher Bewegungsabläufe erfordern eine sehr teure Hard- und Softwareausstattung. Auch die Macher dieser Animationen müssen über ein entsprechendes Know-how verfügen, da diese Systeme in der Regel nicht sehr intuitiv zu bedienen sind.

Der Arbeitsablauf einer Animationserstellung im 3D-Raum kann je nach Komplexität in verschiedene Bereiche gegliedert werden:

* **Modellierung**, das Konstruieren der Objekte
* **Rigging**, dem Hinzufügen der Bewegungseigenschaften
* **Mapping** und **Shading**, Oberflächen definieren und beleuchten
* **Animation**, dem zeitlichen Verhalten der Objekte
* **Rendering**, dem Errechnen des End-Resultates

Professionelle 3D-Animationsprogramme, welche diese Bereiche abdecken, sind zum Beispiel 3D Studio Max, Soft Image 3D, Maya und Blender 3D.

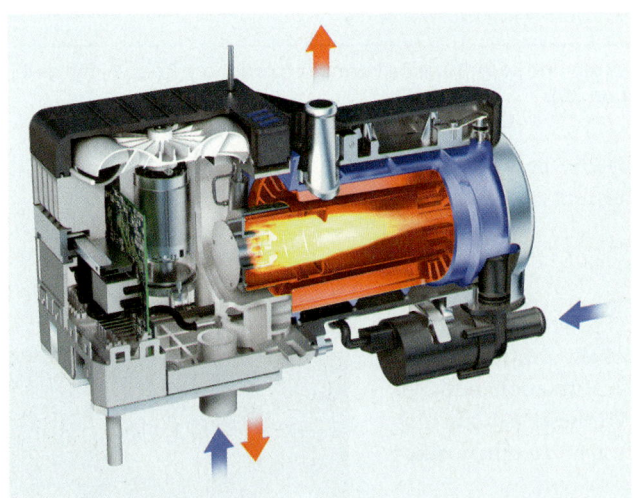
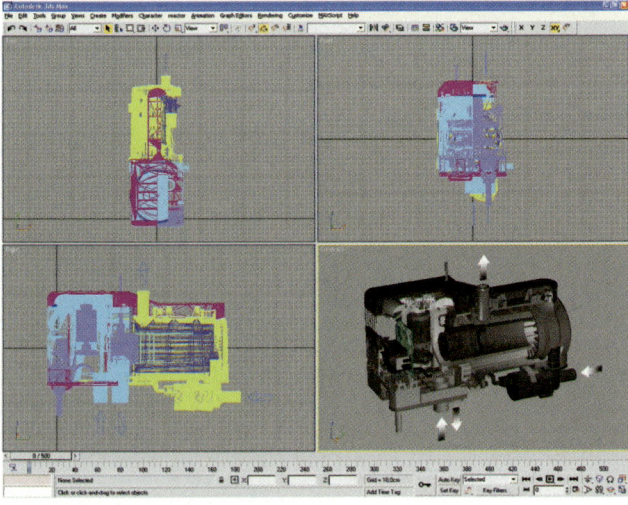

3D-Visualisierung für technische Produkte am Beispiel einer Hydronic Standheizung. Konstruiert in 3D Studio Max. Quelle: Image Affairs für Firma Eberspächer GmbH & Co. KG.

9.3.1 Modellierung

Um dreidimensionale Animationen erstellen zu können, müssen zuerst die Objekte als 3D-Modell konstruiert und im dreidimensionalen Raum festgelegt werden. Hierzu gibt es verschiedene Ansätze, die je nach umzusetzendem Modell ihre Vorzüge haben.

Einsatz vordefinierter Primitive

Einfach, vorgefertigte Objekte, wie Kugel, Quader, Zylinder, Rohr usw. lassen sich durch Eingabe bestimmter Parameter automatisch generieren. Diese Grundkörper, auch **Primitive** ❶ genannt, dienen als Bausteine für komplexere Modelle. Über die Methode der **Constructive Solid Geometry** (CSG) ❷ können die Primitive miteinander kombiniert werden. Durch boolesche Operatoren, das sind mathematische Aktionen, wie Addition, Subtraktion und deren Kombinationen, entstehen somit zusammengesetzte, neue Objekte. Diese neuen Objekte können dann wiederum mit andern Primitiven kombiniert werden. So lassen sich zunehmend komplexere Körper konstruieren.

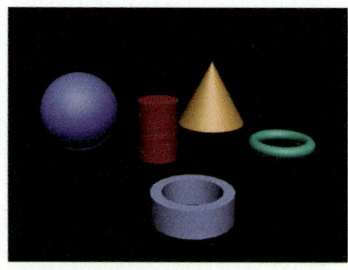

❶ Beispiele von **Primitive**.

 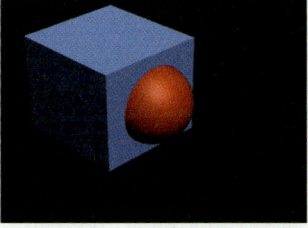  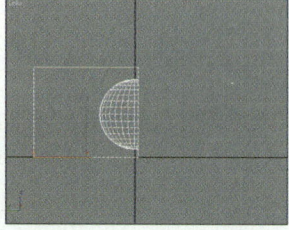

❷ Beispiel der Erstellung eines neuen Objektes mit Hilfe der **Constructive Solid Geometry**. Mit einem Quader und einer Kugel wird ein neues Objekt kombiniert, indem vom Quader-Volumen ein Teil des Kreis-Volumens subtrahiert wird.

Freiform-Modellierung

Diese Methode definiert ein Objekt anhand seiner Oberflächen. Dabei unterscheidet man hinsichtlich der Arbeitsweise und der Konstruktionsmethode generell zwischen dem Polygon-Verfahren und dem Spline-Verfahren.

Beim **Polygon-Verfahren** ❸ setzt man Objekte aus einer Vielzahl kleiner Flächen (Polygone) zu Netzen (Meshes) zusammen. Polygone sind im Computer leicht zu verarbeiten und die Speicherung und Berechnung einer Grafik aus Polygondaten ist sehr effizient. Jedoch werden runde Formen wie bei Kugeln nur näherungsweise dargestellt. Deshalb können diese Körper nicht beliebig vergrößert und verformt werden.

❸ In den 3D-Programmen besteht ein **Polygon** aus einer Fläche mit 3 Punkten.

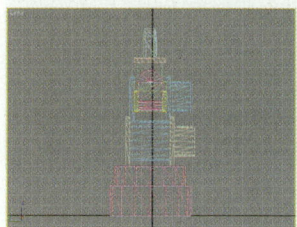 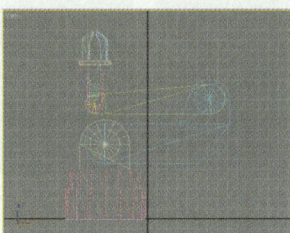 

Beispiel eines zusammengesetzten Körpers, der aus Polygon-Netzen besteht. In den Drahtgitteransichten sind die Polygon-Dreiecke klar zu erkennen.

Über Methoden, wie dem Sub-Division-Surfaces, bei dem die Polygon-Flächen weiter unterteilt und abgerundet werden, lässt sich die Auflösung verbessern. Nur wird das Modellieren dadurch schwieriger.

⮕ Polygone eignen sich für einfache Objektmodelle mit überschaubaren Datenmengen, zum Beispiel Objekte in Computerspielen.

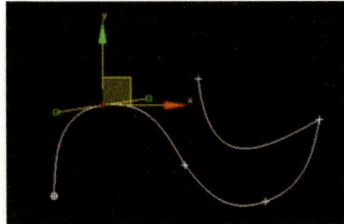

❶ Splines bestehen aus einer Linie zwischen zwei oder mehreren Punkten. Der Verlauf der Linie kann über sogenannte Anfasser verändert werden, welche die Steigung der Kurve bestimmen.

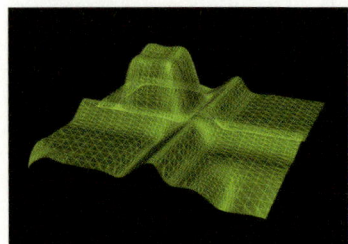

❷ NURBS (Non Uniform Rational B-Splines) ist eine Methode, um Flächen und Körper mit Splines zu modellieren. NURBS eignen sich besonders für weiche, organische Flächen. Sie stellen jedoch höhere Anforderungen an die Rechenleistung des 3D-Grafiksystems.

Beim **Spline-Verfahren ❶** werden die Körper anhand komplexer mathematischer Beschreibungen der geometrischen Form definiert. Splines berechnen Kurven aus zwei Endpunkten und zwei Kontrollpunkten, die die Stärke der Auslenkung eines Kurvenabschnitts bestimmen. Die Modellierung kann auflösungsunabhängig ohne Qualitätsverlust erfolgen. Um Flächen und Körper mit Splines aufzubauen, gibt es verschiedene Verfahren. Beim Patch-Verfahren wird eine drei- oder viereckige Oberfläche, die in Einzelflächen unterteilt ist, an den Kanten durch Splines modelliert. Beim **NURBS-Verfahren ❷** kann jeder dieser Punkte mit einem Gewichtsfaktor belegt werden, sodass ihr Einfluss auf die Form unterschiedlich wird.

Modellierung über Rotation und Extrusion
Eine effiziente Methode, dreidimensionale Modelle zu entwerfen, ist das Zeichnen von Querschnitten mit Splines. Für Rotationskörper wird die Splinekurve um eine Achse im Raum gedreht und mehrmals dupliziert. Für Extrusionskörper wird ein Splineprofil entlang einer Achse verschoben und dabei kopiert. Die kopierten Splines werden zu einer Oberfläche verbunden, damit ein Körper entsteht.

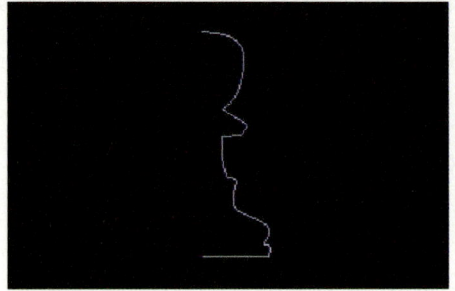 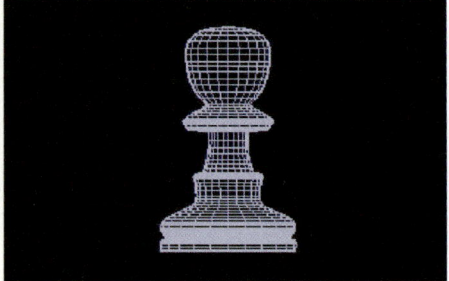

Beispiel der Erstellung eines Rotationskörpers. Die gezeichnete Splinekurve wird im Raum dupliziert und so zu einem Körper geformt.

 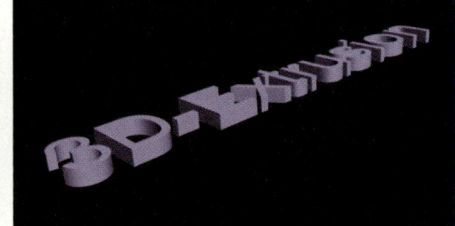

Extrusion am Beispiel eines Textobjektes. Das Splineprofil wird entlang einer Achse dupliziert und so zu einem Körper geformt.

Weitere Modelliermethoden
Zur Übertragung von reellen Objekten in 3D-Grafiksysteme können auch 3D-Scanner eingesetzt werden, die das reelle Objekt mit umkreisenden Laserstrahlen abtasten und Oberflächenpunkte mit exakter Lage berechnen. Auch aus Fotos sind 3D-Informationen errechenbar, vorausgesetzt, die zu bestimmenden Eckpunkte des Objekts sind auf mindestens zwei Fotos zu erkennen. Mit einer speziellen Software müssen dann die Eckpunkte miteinander synchronisiert werden, damit daraus das 3D-Modell berechnet werden kann. Diese Methoden erfordern in der Regel eine Nachbearbeitung im 3D-Grafiksystem.

9.3.2 Rigging

Für komplexe Objektanimationen, zum Beispiel mit bewegten Figuren, müssen die Objekte mit Bewegungseigenschaften versehen werden. Dabei wird definiert, wie die hierarchische Verknüpfung der zu bewegenden Objekte zueinander ist und welche Bewegungsbeschränkungen notwendig sind. Fragen wie: „Soll sich Objekt 2 immer bewegen, wenn sich Objekt 1 bewegt, aber umgekehrt nicht", gehören zu diesen Eigenschaften.

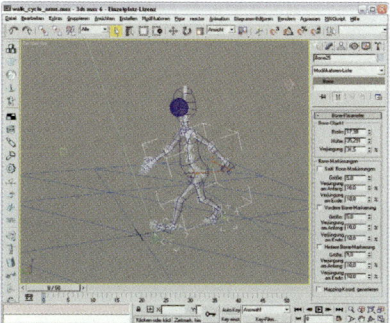 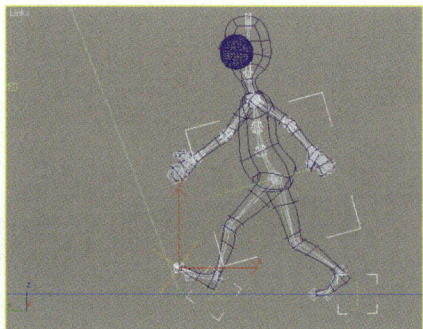 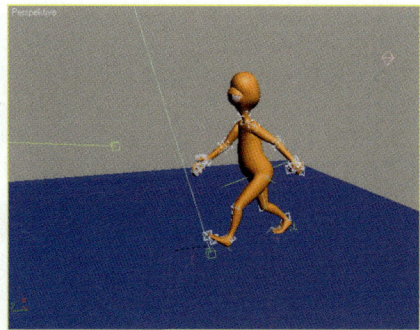

Beim Rigging, dem Vorbereiten der Modelle für die Animation, werden die zu bewegenden Teilobjekte als Skelettsystem miteinander verbunden. Zur Animation muss dann nur noch das Skelettsystem bewegt werden.

Dazu können spezielle Techniken zum Einsatz kommen, wie z. B. das Motion Capturing oder die Inverse Kinematik.

Beim **Motion Capturing** werden menschliche Bewegungen eines Akteurs mit speziellen Sensoren an den Gelenken in Echtzeit auf virtuelle Figuren in ein 3D-System übertragen. Die Koordinaten werden als Key Frames des Skelettsystems verwendet.

Die **Inverse Kinematik** bezieht sich auf die Position und Geschwindigkeit von Massepunkten. Jedes einzelne Teilobjekt des dreidimensionalen Objektes, z. B. ein Arm der Figur, besitzt eine Vielzahl von physikalischen Parametern. Setzt man die Teilobjekte zu einer Gesamtfigur zusammen, bekommen die Teilobjekte einen begrenzten Spielraum in ihrer Bewegung, z. B. ein Unterarm kann nicht nach hinten gebogen werden. Da alle Teilobjekte in einer bestimmten Abhängigkeit zueinander stehen, ergeben sich bei äußeren Einwirkungen auf die Gesamtfigur ganz spezifische Reaktionen.

 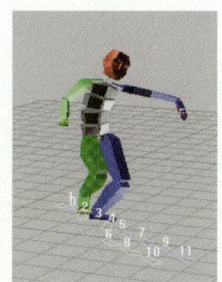  

Beispiel eines Schrittablaufes. Die Schritte werden vorgegeben. Die durch inverse Kinematik verknüpften Teilobjekte ziehen in der Animation mit.

9.3.3 Mapping und Shading

❶ **Texturen** (Maps) bestehen aus Bilddaten.

Beim Mapping können die Modelle mit verschiedenen Oberflächen, sogenannten **Texturen** ❶, versehen werden. Die 3D-Programme verfügen hierzu über Material-bibliotheken mit realistisch aussehenden Oberflächenstrukturen. Für die Beleuchtungswirkung kann das Mapping ganz selektiv Oberflächeneigenschaften kontrollieren. Beispielsweise kann in Abhängigkeit von der Textur die Farbe, Leuchtstärke oder Transparenz beeinflusst werden.

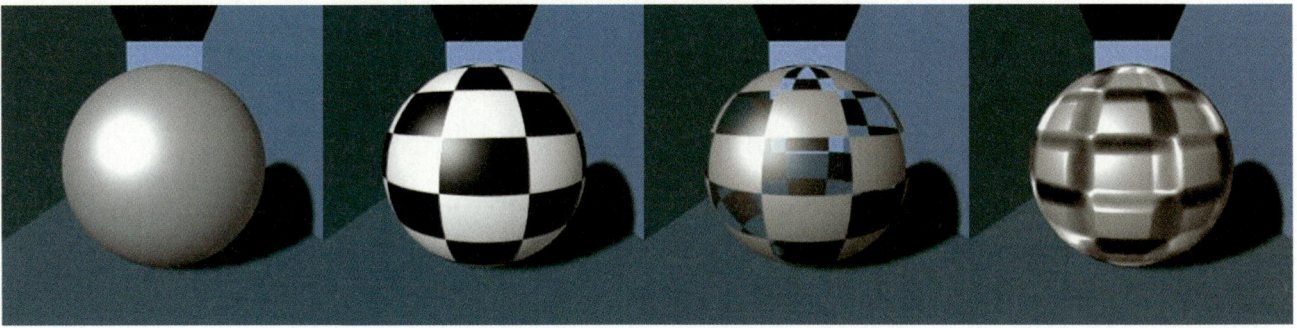

Kugel ohne Mapping

Beim Farb-Mapping wird die Farbe der Oberfläche durch eine Textur ersetzt.

Beim Transparent-Mapping bestimmt die Textur die Transparenz.

Bump-Mapping simuliert eine Oberflächenstruktur

❷ **Shading** bedeutet in der Computer-Animation „Gestalten mit Farbverläufen". Es wird durch Beleuchtungsmodelle (Shader) mit deren komplexen Algorithmen realisiert.

Beim **Shading** ❷ wird festgelegt, wie die Oberflächen auf das einfallende Licht reagieren. Man unterscheidet zwischen spiegelndem und diffusem Reflexionsverhalten.

Sind die Oberflächen definiert, wird durch Setzen der Lichtquellen und der Kamera-positionen die virtuelle Beleuchtungssituation aufgebaut. Das Modellieren der Lichtquellen besteht aus dem Einrichten ihrer Position und Definition der Lichtfarbe und der Lichtform (beispielsweise Punktlicht, Spotlicht und Umgebungslicht). Zum Einrichten der Kamera wird deren Position und Einstellung bestimmt.

Eine erweiterte Form der Beleuchtungsverfahren ist das **Ray Tracing** und das Radio-sity. Hierbei handelt es sich um komplexe Algorithmen für eine möglichst realitätsnahe Wiedergabe einer Szene. Diese Verfahren berücksichtigen stets auch Phänomene wie Schattenwurf, Transparenz und Reflexion im Zusammenspiel mit anderen Objekten.

Beispiel: Zwei nebeneinander liegende Kugeln mit Chrom-Mapping über **Ray Tracing** gerendert, erzeugen gegenseitig mehrfache Lichtspiegelungen.

Beim Ray Tracing, dem Strahlverfolgungsverfahren, werden neben der Reflexion von Lichtstrahlen auch die Refraktion und die Schattenbildung bei spiegelnden und transparenten Objekt-Oberflächen berücksichtigt. Beim Rendervorgang wird dabei von jedem Pixel des Bildes ein Strahl in die Szene geschickt. Dieser wird hinsichtlich der Räumlichkeit ausgewertet und die Farbe des Pixels kann berechnet werden.

Beim **Radiosity**, dem Lichtenergiekalkül, wird zu Grunde gelegt, dass die Summe der ausgestrahlten und reflektierten Energie der gesamten Menge der von einer Oberfläche abgestrahlten Energie entspricht. Damit kann unabhängig vom Betrachtungs-standpunkt die Farbe jedes Pixels des Bildes berechnet werden. Diese Art der Berechnung ist sehr zeitintensiv, liefert aber eine realitätsnahe Beleuchtung.

9.3.4 Animation

Sind die Objekte erst einmal konstruiert, hat jetzt der Gestalter alle Möglichkeiten, die Objekteigenschaften über einen Zeitraum zu verändern. Dazu verfügen die Programme über die Schlüsselbildtechnik mit Key Frames und Zwischenbildanimationen, sowie über die Möglichkeit der Pfadanimation.

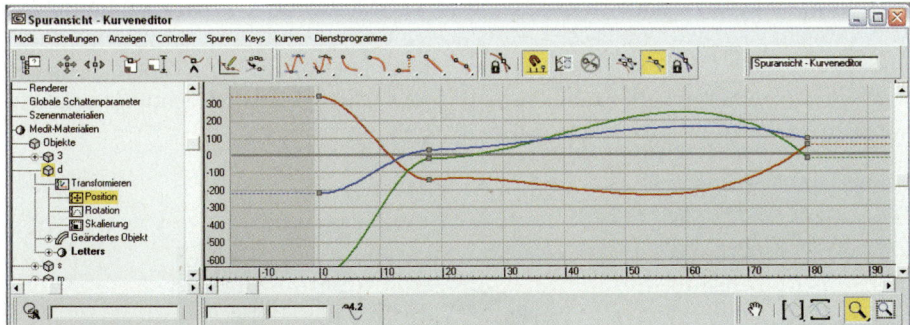

Jede Eigenschaft der Objekte kann zeitlich präzise animiert werden.
Beispiel: Kurveneditor des 3D-Programms 3DStudio Max.

Bei der Erstellung einer Animation müssen generell die Positionierungen der Beleuchtung, der Kamera und der Objekte beachtet werden. Bei der Kamera gehören Schwenks und Fahrten durch die Szene zu den Bewegungsanimationen.

Für jeden Key Frame kann der Zustand und die Position der Objekte, der Kamera und der Beleuchtung verändert werden. Dazu zählen auch Skalierungen und Formveränderungen der Objekte.

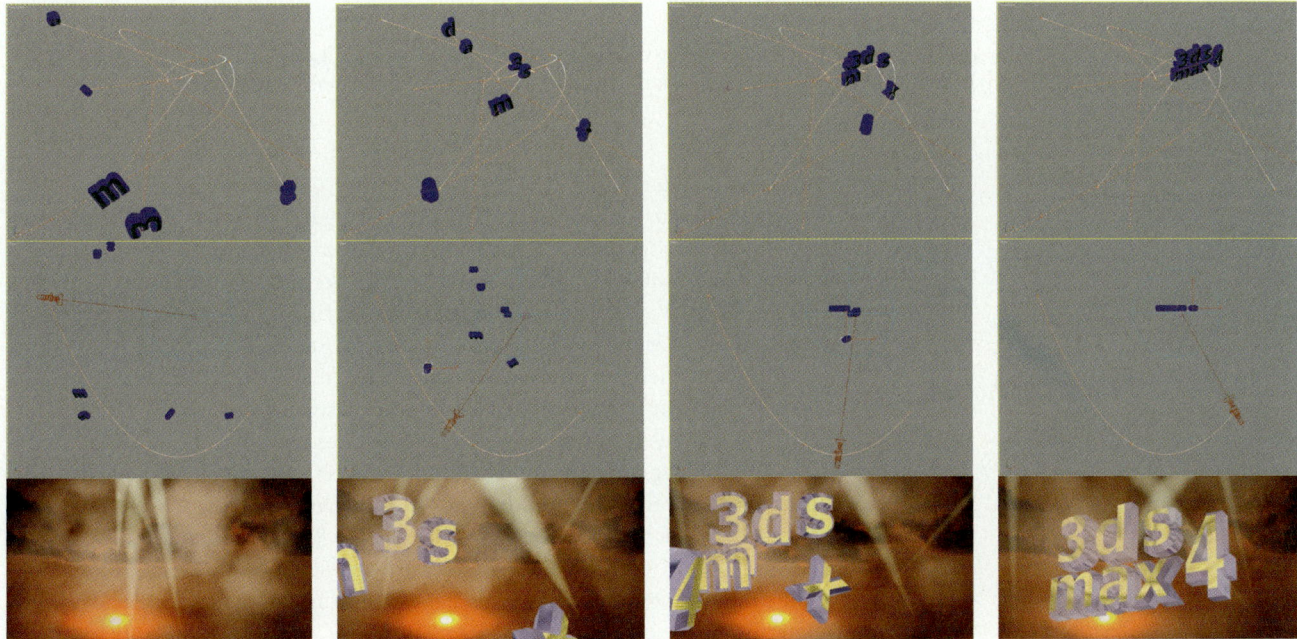

Beispiel einer 3D-Animation mit einem sich aufbauenden Buchstaben-Logo. Die obere Reihe zeigt die Pfadanimation, die mittlere Reihe den Kameraschwenk von oben und die untere Reihe die gerenderte Sequenz aus der Kameraperspektive.

9.3.5 Rendering

Beim Rendering berechnet das 3D-Programm alle Einzelphasenbilder mit allen Veränderungen des Objektes, der Lichtwirkung und der Kamerafahrt. Je nach verwendetem Renderverfahren werden Schattenwurf der Objekte, Reflexion und Transparenz der Oberflächen berücksichtigt. Entscheidend für die Qualität einer realitätsnahen Darstellung ist neben der exakten Modellierung der Szene in erster Linie die genaue Bestimmung der Lichtverteilung auf den Oberflächen der Objekte, welche sich aus der Beleuchtung durch direkte und indirekte Lichtquellen und der Interaktion mit anderen Körpern (Schatten und Reflexionen) ergibt. Dies kann, insbesondere bei komplexen Beleuchtungsverfahren wie dem Radiosity, zu sehr zeitintensiven Berechnungen führen.

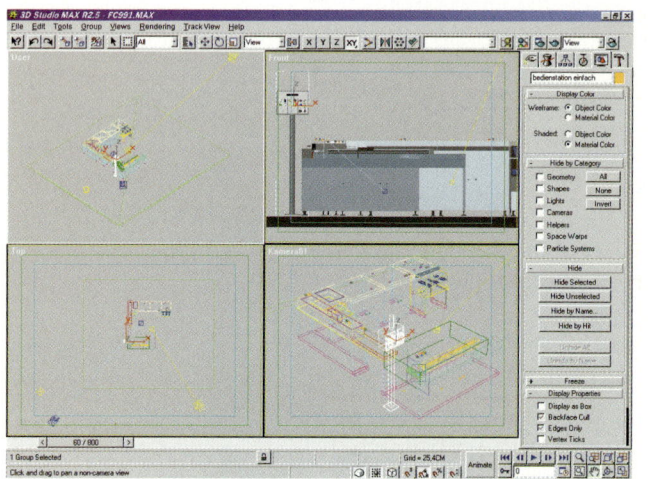 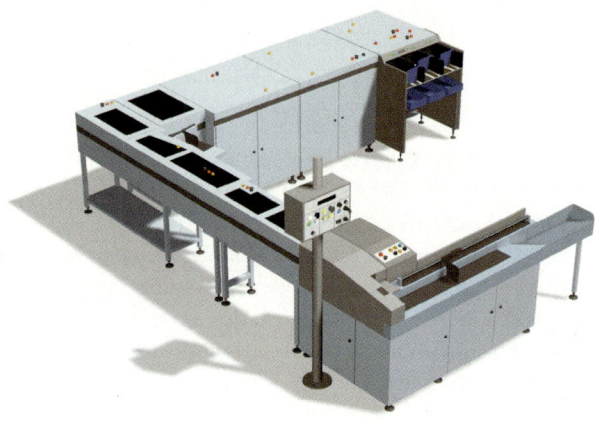

Komplexe technische Maschine aus der Automatisierungstechnik. Das linke Bild zeigt das Objekt, konstruiert und mit Beleuchtung versehen im 3D-Programm und das rechte Bild zeigt ein daraus gerendertes Einzelbild für eine Filmsequenz.
Quelle: Siemens AG.

Bei der Wahl des Render-Verfahrens ist dabei immer Qualität gegenüber dem Zeitaufwand zu optimieren. Dazu werden im professionellen Bereich Renderaufgaben auf mehrere Rechner, sogenannte **Render-Farmen**, verteilt. Damit kann die rechenintensive Aufgabe beim Rendern durch einen Parallelbetrieb von mehreren Rechnern beschleunigt werden. Viele 3D-Grafikprogramme verfügen bereits im Standardumfang oder als Modul über die Möglichkeit, eine eigene Render-Farm aufzubauen. Eine Render-Farm besteht meist aus handelsüblichen PCs, die miteinander vernetzt sind. Dabei kommuniziert ein Render-Manager mit einer festgelegten Gruppe von Render-PCs, um Aufträge zuzuweisen und den Fortgang des Renderns zu überwachen. In der Regel erfolgt die Auftragsvergabe auf Einzelbildbasis. Ein Render-PC erhält den Auftrag, ein Einzelbild zu rendern. Nachdem er das Bild errechnet hat, schickt er es zum Render-Manager zurück und erhält dann den nächsten Auftrag, wieder ein Einzelbild zu rendern usw. Wenn ein einzelner Render-PC ausfällt, rechnen die anderen PCs weiter. Steht nicht genügend Rechenkapazität zur Verfügung, kann die Render-Farm durch weitere PCs erweitert werden.

Umfangreiche Render-Farmen kamen unter anderem bei aufwendigen 3D-Animationen für Kinofilme, wie zum Beispiel „Herr der Ringe" oder „Titanic" zum Einsatz.

9.4 Virtual Reality

Virtual Reality (VR), die virtuelle Realität, ist heutzutage wohl die faszinierendste Bildkomponente bei Multimedia-Anwendungen. Im Wesentlichen ist es eine Technik, die dem Benutzer erlaubt, sich interaktiv in einer computergenerierten, oft dreidimensionalen, Umgebung zu bewegen. Das Besondere an VR-Komponenten ist die Interaktivität. Einfach per Mausklick ändert der Benutzer den Betrachtungsstandpunkt und bekommt ein neues Bild präsentiert. Man unterscheidet bei Virtual Reality-Systemen zweidimensionale (2D) und dreidimensionale (3D) Systeme.

9.4.1 2D-VR-Systeme

Zweidimensionale VR-Anwendungen bieten auf einem Computerbildschirm äußerst interessante Möglichkeiten. Speziell zusammengesetzte Raumbilder können durch einfaches Steuern mit der Maus verändert werden. Dabei kann der Betrachter die Blickrichtung um 360° drehen und mit Hilfe einer Zoomfunktion den Bildausschnitt verändern. Hinsichtlich der Betrachtungsweise unterscheidet man hierbei zwischen **Panoramen** ❶ und **Objekt-Movies** ❷.

Für das Darstellen der Panoramen und Objekt-Movies wird eine eigene Viewer-Software benötigt. Für Publikationen im Internet werden proprietäre Viewer-Programme verwendet, die sich entweder in Form von Plug-ins in den Internet-Browser integrieren oder als Java-Applets durch die Java-Funktionalität des Browsers dargestellt werden. Verbreitete Plug-ins sind dabei das QuickTime Virtual Reality (QTVR) von Apple oder das iPIX-Plug-in von IPIX-Software.

❶ Giraffen als interaktives Panorama im iPIX-Viewer.

❷ Uhr als Object-Movie im QTVR-Viewer.

Interaktive VR-Panoramen

Diese Anwendungen verwenden Panoramabilder, die aus Einzelbildern zusammengesetzt wurden. Die Einzelbilder können anhand von Fotografien oder computergenerierten Bildern erstellt werden. Das Zusammenfügen der Einzelbilder erfolgt durch das **Stitching-Modul** ❸ der Panorama-Erstellungssoftware. Für das realitätsnahe Darstellen im Viewer ist es erforderlich, dass eine Raumkrümmung durch Projektion erzeugt wird. Je nach Projektionsform unterscheidet man zwischen Zylindrischen Panoramen, Sphärischen Panoramen und Kubischen Panoramen.

❸ Der Begriff Stitchen kommt aus dem Englischen und bedeutet wörtlich übersetzt „Nähen". Man bezeichnet damit das nahtlose Zusammenfügen von Einzelbildern.

❶ Zylindrische Projektion

❷ Sphärische Projektion

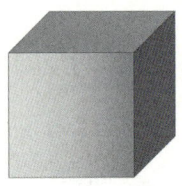

❸ Kubische Projektion

Bei der **zylindrischen Projektion** ❶ wird das Panoramabild quasi um einen Zylinder gewickelt, in dessen Mitte sich der Betrachter befindet. Durch eine leichte Wölbung bekommt das Bild die notwendige realistische Anmutung. Bei dieser Art der Projektion können Panoramen mit einem vertikalen Bildwinkel bis zu 120° erstellt werden.

Im Gegensatz zur zylindrischen Projektion ist bei der **sphärischen Projektion** ❷ der vertikale Bildwinkel nicht begrenzt, reicht also komplett von unten nach oben und erreicht deshalb 180°. Dabei werden die Bilder kugelförmig projiziert und der Betrachter befindet sich optisch im Zentrum der Kugel.

Beispiel eines Panoramas in sphärischer Projektion. Mit dem Viewer kann der Benutzer das komplette Raumbild, horizontal 360° und vertikal 180°, erkunden.

Die **kubische Projektion** ❸ projiziert die Bilder in Form eines Würfels. Die Speicherung des Panoramabildes erfolgt über sechs Teilbilder. Um bei der Projektion eine kantenlose Darstellung zu erreichen, werden die Teilbilder bei der Projektion je nach Betrachtungsposition entsprechend verzerrt.

Virtuelle Rundgänge mit Hotspots

Diese Technik eignet sich besonders zum eigenen Erkunden innerhalb eines virtuellen Raumes, zum Beispiel im Innern eines Gebäudes. Aber auch als Benutzerschnittstelle kann VR dem Benutzer einen völlig neuen Zugang zu Informationen eröffnen. Technisch werden **virtuelle Rundgänge** ❹ so realisiert, dass mehrere Einzelpanoramen mittels so genannter **Hotspots** miteinander verlinkt sind. Klickt man auf einen Hotspot im Panorama, so gelangt man zur nächsten Stelle des Rundgangs und kann auf diesem Panorama den Rundgang fortsetzen.

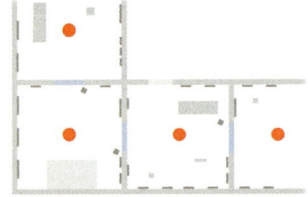    

❹ Beispiel eines virtuellen Galerie-Rundganges. Die Einzel-Panoramen (rot) sind über Hotspots (blau) miteinander verbunden.

Interaktive VR-Object Movies

Ein Objekt-Movie ist ein umgekehrtes Panorama. Hier wandert der Betrachtungswinkel sozusagen um das fotografierte Objekt. Es entsteht der virtuelle Eindruck, dass sich das Objekt um die eigene Achse dreht. Im Gegensatz zu VR-Panoramen sind Object-Movies aus einer größeren Anzahl von Bildern zusammengesetzt.

Object-Movie mit QuickTimeVR

Um in einem **Object-Movie** das Produkt fließend darzustellen, sollten für eine 360° Umrundung möglichst viele Einzelbilder (> 36) verwendet werden.

Jedes Bild zeigt das Objekt von einem sich gering unterscheidenden Winkel. Wenn der Benutzer das Objekt nach links oder rechts bzw. hoch oder herunter bewegt, wird die entsprechende Bildfolge als Film abgespielt. Mit anderen Worten sind VR-Object Movies navigierbare Filme von Objekten.

Produktion der VR-Panoramen und VR-Object Movies

Zur Produktion dieser VR-Anwendungen muss zuerst für die richtige Aufnahmetechnik gesorgt werden. Man erfasst dazu die komplette 360°-Umgebung durch eine Vielzahl von Einzelbildern mit handelsüblichen Fotokameras.

Die Vorgehensweise ist dabei Folgende: Die Kamera wird auf ein Stativ gestellt und das erste Einzelbild wird fotografiert. Dann wird die Kamera um einen bestimmten Winkel weitergedreht, dort wird das nächste Bild aufgenommen, bis die kompletten 360° erfasst sind. Dabei müssen die Einzelbilder im Winkel eine Überlappung aufweisen, damit sie später sauber zusammengefügt werden können.

❶ Bei der **Singlerow-Technik** wird eine Reihe von Einzelbildern aufgenommen. Diese Technik eignet sich für **zylindrische Projektionen**.

❷ Bei der **Multirow-Technik** werden mehrere sich überlappende horizontale Bildreihen aufgenommen. Durch diese Technik kann der für die **sphärische** und **kubische Projektion** notwendige vertikale Bildwinkel von 180° erreicht werden.

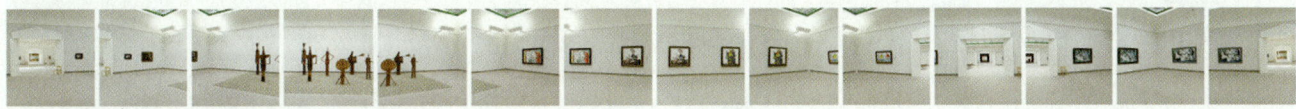

❶ Einzelbilder eines Singlerow-Panoramas.

Je nach Projektionsform des Panoramas ist entweder die **Singlerow-Technik** ❶ oder die **Multirow-Technik** ❷ zu verwenden. Für sphärische Panoramen muss auf Grund des großen vertikalen Bildwinkels die Multirow-Technik verwendet werden.

Die Belichtung sollte auf einen für alle Einzelbilder gültigen Mittelwert konstant eingestellt sein. Um Parallaxefehler zwischen Bildvordergrund und –hintergrund zu vermeiden sollten Spezialstative Verwendung finden, die um den **Nodalpunkt** ❸ drehen können.

❸ Der **Nodalpunkt** bezeichnet das optische Zentrum einer Kamera- und Objektivkombination.

Einzelbilder eines Multirow-Panoramas.

Mit einer **Stitching-Software** ❶ werden die Einzelbilder dann zu dem 360° Panoramabild zusammengefügt. Dabei wird mit Hilfe der sich überlappenden Bereiche der Einzelbilder das Komplettbild zusammengefügt.

9.4.2 3D-VR-Systeme

Eine weitere Stufe zur virtuellen Realität ist die **Virtual Reality Modeling Language** (VRML), ein Format zur dreidimensionalen VR-Darstellung. Über VRML ist es möglich, nicht nur die Ansichten interaktiv zu bestimmen, sondern VRML erlaubt zusätzlich eine komplette 3D-Navigation in vom Computer erzeugten virtuellen Räumen. Im Gegensatz zu image-orientierten VR-Formaten, wie z. B. QTVR, ist VRML ein vektor-orientiertes Grafikformat. Alle Informationen des 3D-Raumes werden dabei erst bei Bedarf errechnet. Die eigentliche Informationsmenge ist dabei gegenüber reiner Image-Formate sehr gering. Zur Wiedergabe im Internet-Browser wird eine Programmerweiterung (Plug-in), ein sogenannten VRML-Viewer, benötigt. Das individuelle Bild ruft der Anwender mit Hilfe der interaktiven Steuerung ab.

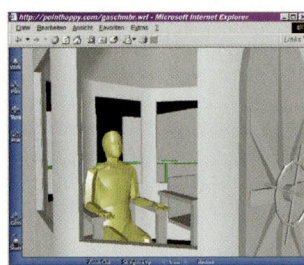 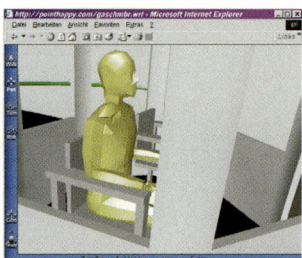 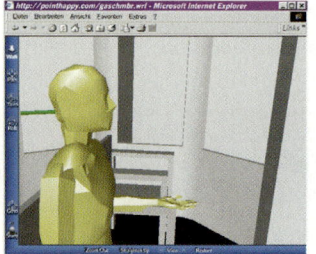 

Virtual Reality mit VRML erlaubt interaktiv ein freies Bewegen in einem virtuellen Raum.

9.4.3 3D-VR-Simulatoren

Spezielle VR-Simulationseinrichtungen erlauben mit Hilfe zusätzlicher Hardwarekomponenten verblüffend wirklichkeitsnah, in computergenerierten 3D-Welten zu navigieren. Spezielle Monitorbrillen, die beiden Augen leicht versetzte Bilder vorspielen, lassen beim Anwender einen räumlichen Eindruck entstehen.

Die interaktive Steuerung durch den Anwender kann durch den **Datenhandschuh** ❶ erfolgen, der die Handposition und Handgestik in Steuerungsbefehle umsetzt. Abhängig von der Steuerung des Anwenders wird mit Hilfe eines enormen Rechenaufwands in Echtzeit das jeweilige dreidimensionale Bild der virtuellen Umgebung errechnet. Über die **Monitorbrille** ❷ sieht der Anwender zu jeder Zeit dann genau das Bild, das der virtuellen Umgebung entspricht. Eine weitere Stufe der virtuellen Realität ist z. B. Cyberstage™ der GMD oder CAVE™. Beim System CAVE ❸ handelt es sich um einen zimmergroßen Raum, der von allen Seiten durch Rückprojektionen beleuchtet wird. Darin können mehrere Personen, ausgerüstet mit **Shutter-Brillen** ❹ faszinierende virtuelle Welten erleben. Gebäude, die noch nicht existieren, werden begehbar, Ärzte können Operationen am genau nachgebildeten Computermodell eines Patienten durchführen, um sich auf schwierige Operationen vorzubereiten. Dies stellt eine vielversprechende Technologie für die Zukunft dar.

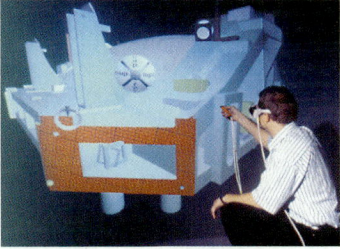

Virtual Reality Anwendung „Personal Immersion System" des Fraunhofer-Instituts.

❶ **Datenhandschuh** für die interaktive Navigation in der virtuellen Welt.

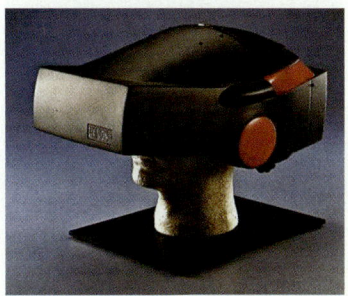

❷ Head-Mounted Displays (HMD) als **Monitorbrille** für VR-Anwendungen.

❹ **Shutter-Brillen** blenden, synchron zur Bildwiederholfrequenz des zu betrachtenden Bildes, im Wechsel immer ein Auge zu und erlauben dadurch das Betrachten von virtuellen 3D-Bildern. Quelle: 3D Revelator von Elsa.

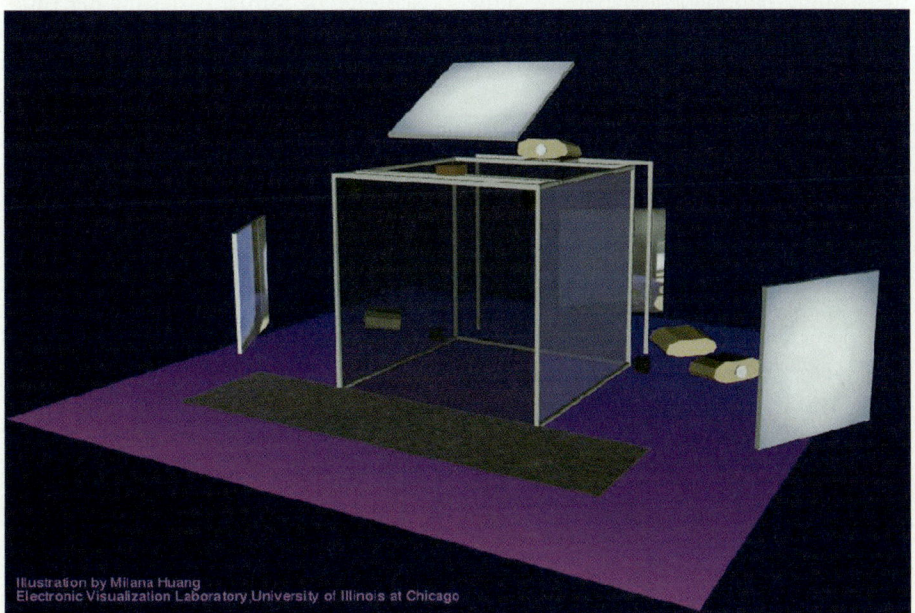

Illustration by Milana Huang
Electronic Visualization Laboratory, University of Illinois at Chicago

❸ **CAVE** – Cave Automatic Virtual Envirement (Electronic Visualisation Laboratory, University of Illinois).

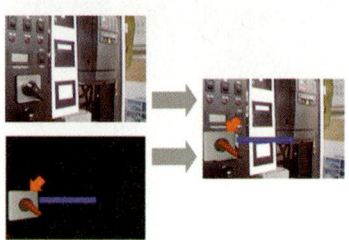

❶ AR-Systemkomponenten: Tragbarer Computer, Monitorbrille, Kamera und Sensoren. Quelle: Rockwell.

❷ In der AR werden Realbild mit Computergrafik in Echtzeit überlagert. Beispiel: Service-Anwendung in der Industrie.

9.4.4 Augmented Reality

Augmented Reality (AR) steht für „erweiterte Realität" und bezeichnet eine Weiterentwicklung der Technologien der 3D-Visualisierung und der Virtual Reality.

In der Augmented Reality wird nicht versucht, die reale Welt im Computer komplett nachzubilden, sondern die Umgebung wird integriert. Der Anwender nutzt dabei einen tragbaren Computer ❶ mit spezieller Monitorbrille, der mit unterschiedlichen Sensoren ausgestattet ist.

Ein AR-System funktioniert prinzipiell folgendermaßen:
*   Das AR-System erkennt und analysiert die Umgebung.
*   In Abhängigkeit der analysierten Umgebungsinformationen generiert das System Bilder und Daten.
*   Mit Hilfe eines Tracking-Verfahrens werden die generierten Bilder mit den realen Bildern in Deckung ❷ gebracht.
*   Über Spezialmonitore, z. B. Monitorbrille, werden die kombinierten Bilder direkt in das reale Sichtfeld des Anwenders eingeblendet.

Dazu muss das System über aufwändige Algorithmen für die Bilderkennung verfügen, ein schnelles Rendern der generierten Computerbilder ermöglichen und in Echtzeit (Realtime) Realbild und Computerbild deckungsgleich zur Anzeige bringen.

Die dafür notwendige Echtzeit-Systemleistung (Realtime-System) sprengt heute noch handelsübliche IT-Systeme. AR ist eine Technologie, die sich weltweit noch im Pionierstadium befindet, sich aber durch die fortschreitende Miniaturisierung der Gerätetechnologie und der zunehmenden Leistungsfähigkeit in vielfältigen Anwendungen weiterentwickeln wird.

Beispiele für zukünftige Anwendungsbereiche finden sich bei der Unterstützung in der Industrie von Entwicklung bis Service, der Architektur, dem Tourismus, dem Medizinbereich, dem Militär und der Archäologie.

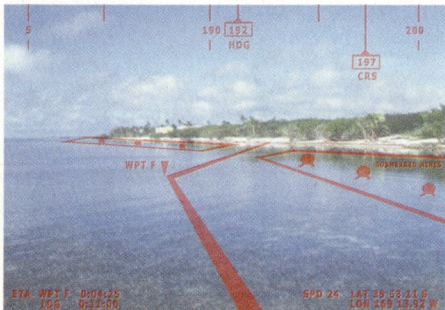

❷ Beispiel von Realbild und 3D-Bild- Überlagerung. Quelle: Mars Outdoor AR, Columbia University.

AR zur Auto-Navigation. Der Navigations-Bildschirm zeigt landschaftliche Details fast fotorealistisch. Navigationshinweise werden direkt auf der Windschutzscheibe abgebildet. Quelle: Siemens VDO.

AR Minenfeld-Navigation in einer Küstenzone. Beispiel aus dem militärischen Bereich. Quelle: Information in Place, USA.

Aufgaben und Übungen, Literaturhinweise

Aufgaben und Übungen

1. Phasenanimation
   Erstellen Sie in einem MS Powerpoint eine Figur mit separat angelegten Elementen „Körper", „Beine", „Füße", „Arme" und „Kopf". Duplizieren Sie diese Figur 10 mal und verändern Sie die Position der Elemente so, dass Einzelphasenbilder entstehen. Die Einzelphasenbilder können Sie nun über „Automatische Folienübergänge" zu einer Phasenanimation ablaufen lassen.
2. Button-Animation
   Erstellen Sie wie in Aufgabe 1 insgesamt drei Einzelphasenbilder eines Buttons (Schaltfläche) für die Zustände „Aktiv", „Mouse-over" und „Deaktiv". Verknüpfen Sie über „Aktionseinstellungen" die Einzelphasen-Elementen untereinander.
3. Schlüsselbildtechnik
   Erstellen Sie in einem 2D-Animationsprogramm, z. B. Adobe Flash, mit der Schlüsselbildtechnik eine Interpolations-Animation mit Form- und Bewegungs-Tweening.
4. 3D-Modellierung
   Entwickeln Sie eine Vorgehensweise in Skizzen, wie Sie die Objekte „Flasche", „Golfball" und „Eierbecher" in einem 3D-Programm modellieren würden. Verwenden Sie dabei unterschiedliche Modellierungsmethoden.
5. VR-Panorama
   Fotografieren Sie die notwendigen Einzelbilder für ein zylindrisches VR-Panorama in Singlerow-Technik. Verwenden Sie dazu ein Stativ und eine manuelle Belichtung. Verknüpfen Sie die Einzelbilder mit einer Stitching-Software und exportieren das Panorama in ein Viewer-fähiges Format (z. B. QTVR oder Java).

Literaturhinweise

Friedrich, Wolfgang: ARVIKA. Augmented Reality für Entwicklung, Produktion und Service, München u. a. 2004 (Publicis Corporate Publishing)

Jackel, Dietmar; *Neunreither*, Stephan; *Wagner*, Friedrich: Methoden der Computeranimation, Berlin 2006 (Springer Verlag)

Jacobs, Corinna: Digitale Panoramen. Tipps, Tricks und Techniken für die Panoramafotografie, Berlin u. a. 2004 (Springer Verlag)

Kohlmann, Klaus: Der computeranimierte Spielfilm. Bielefeld 2007 (Transcript-Verlag)

Lama, Toni: 3D-Welten. Professionelle Animationen und fotorealistische Grafiken mit Raytracing, München u. a. 2004 (Carl Hanser Verlag)

Parent, Rick: Computer Animation. Algorithms and Techniques, San Francisco 2001 (Morgan-Kaufmann)

Schäffer, Florian: Das große Buch Webdesign. Design, Navigation, Grafik, Animation, Düsseldorf 2001 (Data Becker)

Weishar, Peter: Blue Sky: The Art of Computer Animation. Algorithms and Techniques, New York 2002 (Harry N. Abrahamas)

Velsz, Istvan: Grundlagen und Praxis der 3D-Visualisierung und –animation, München u. a. 2002 (Addison Wesley)

10 Audio

Dieses Kapitel soll einen Einblick in die Welt der Töne geben, Möglichkeiten der Gestaltung mit Tönen in den Neuen Medien aufzeigen und Grundlagen der dabei erforderlichen Tontechnik vermitteln.

Fast jeder kennt die Kinofilme „2001- Odyssee im Weltraum", „E.T.", „Jurassic Park" und „Titanic". Es sind nur einige wenige Beispiele hervorragender Vertreter ihres Genres. Wie wirkungsvoll verwoben das bewegte Bild, Sprache, Musik und Geräusch ist, lässt sich erahnen, wenn wir diese Filme ohne Ton betrachten.

Auch in interaktiven Anwendungen, wie zum Beispiel „SimCity 3000" oder „Die Sims 2", wird der Ton vorteilhaft in das Programm integriert. Musik und Geräusche ertönen und sogleich glaubt der Betrachter die Handlung nicht mehr nur auf einem flachen Bildschirm zu erleben, sondern in einem Raum, der sich von der Mattscheibe zu lösen scheint. Sprecher führen den Nutzer durch die Anwendung, stellen Aufgaben oder geben Hinweise. Der Ton wird ein Teil des Dialogs zwischen Mensch und Maschine. Diese Produkte stehen am Ende einer intensiven und spannenden Arbeit am Ton.

Oft bleiben dem Hörer die Vorarbeiten zur Tonaufnahme verborgen. So müssen Tonquellen für eine Nachvertonung ausfindig gemacht und daraufhin möglicherweise Verwertungsrechte an Tonmaterialien geklärt werden.

Seit es interaktive Anwendungen gibt, spielt der Programmierer eine wichtige Rolle im Produktionsteam. Mit ihm werden die Möglichkeiten der programmiertechnischen Einbindung von Ton in die interaktive Anwendung erörtert und gegebenenfalls Standards für das Produkt definiert. In der Arbeit am Ton finden wir sowohl Musiker, wie Komponisten, Sounddesigner und Geräuschemacher, Sprecher und Synchronsprecher, Multimedia-Autoren, -Produzenten und Regisseure, Mischtonmeister und Sound Editoren.

DVD-Menu zum Film „Amadeus" von Milos Forman. The Saul Zaentz Company 1984, Time Warner Entertainment Gesellschaft.

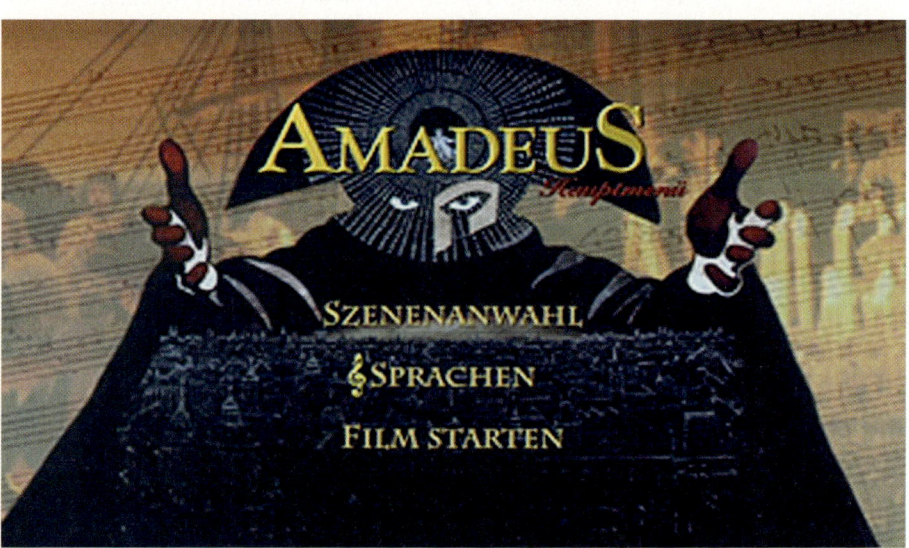

10.1 Töne

Auf dem Bahnhof, im Cafe, auf dem Flughafen, in der Sporthalle beim Basketballspiel, im Schwimmbad, auf der Straße sind unsere Ohren stets offen, für das, was auf sie einströmt; es sei denn, wir halten uns die Ohren zu. Da dies jedoch selten der Fall ist, müssen wir davon ausgehen, dass unsere Ohren ständig für alles auf Empfang stehen, was uns umgibt, sogar im Schlaf.

Im alltäglichen Leben steht der visuelle Sinn stark im Vordergrund der Wahrnehmung. Man denke an die vielen Schilder, die im Straßenverkehr zu beachten sind. Oder gar an das Informationsleitsystem auf einem Flughafen, das in überwiegendem Maße auf den visuellen Sinn ausgerichtet ist.

Im Gegensatz zur visuellen Wahrnehmung über die Augen verrät uns das Gehör zusätzlich etwas über den Raum, der außerhalb unseres Gesichtsfeldes liegt. Dabei muss etwas an die Ohren dringen, was sie in ihrer Funktion als Empfänger aufnehmen können: der Schall. Er ist begrifflich der Physik zuzuordnen und geht von Schallerzeugern aus, von Menschen, Musikinstrumenten oder anderen Gegenständen. Sprechen, Singen, Schreien, Musizieren, Knallen. Auditive Ereignisse werden in drei Kategorien unterteilt: Sprache, Musik und Geräusch. Spätestens seit der Musique concrète des Franzosen Pierre Schaeffer verschwimmt beispielsweise die Definition von Musik und Geräusch. In seiner Musik hat er Straßenlärm, Maschinengeräusche und vieles mehr verarbeitet. Er wäre sicherlich hoch erfreut gewesen, hätte er Ende der vierziger Jahre die Sample-Maschinen der Techno-Musiker als Werkzeuge für seine Musik einsetzen können. Hiermit sei lediglich angedeutet, dass es uns nicht um musikwissenschaftlich eindeutige Definitionen oder gar um das Verwerfen der drei Kategorien Sprache, Musik und Geräusch geht. Wir verwenden sie im alltäglichen Sinn.

Schallereignis, Hörereignis

Es ist heiß. Das Fenster steht offen, um ein wenig frische Luft hereinzulassen. Draußen lärmt der Straßenverkehr. Die Tür geht auf. Jemand tritt ein und beginnt ein Gespräch. Im ersten Moment ist kaum etwas zu verstehen. Das Fenster wird besser wieder geschlossen.

Schallereignis = objektiv
Hörereignis = subjektiv

Sprache kann sich mit Hilfe von Schallwellen ausbreiten. Ob jedoch die Sprache ins Bewusstsein des Zuhörers dringen kann, ist eine andere Sache. Deshalb wird zwischen dem objektiven Schallereignis und dem subjektiven Hörereignis unterschieden. Dabei ist das Schallereignis der messbare, physikalische Vorgang und das Hörereignis das, was der Wahrnehmungsvorgang daraus macht.

Schallereignis

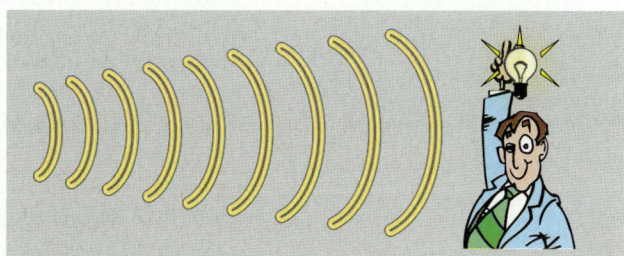

Hörereignis

10.1.1 Physik der Töne

Ton oder Ton?

Was ist allen Schallereignissen gemeinsam? Hierfür müssen wir die Physik bemühen. Für den Physiker ist das kleinste Element des Schalls der Ton. Er wird beschrieben von einer sinusförmigen Druckschwankung der Luft an einem festen Ort, z. B. dem Trommelfell oder einer Mikrofonmembran. Diese sinusförmige Druckschwankung hat eine Frequenz $f = 1/\Delta t$ und eine Amplitude.

Spricht jedoch der (klassische) Musiker von einem Ton, so meint er im Sinne der Physik bereits einen Klang oder ein Tongemisch, denn natürliche Schallquellen können nur annähernd reine Sinustöne abgeben.

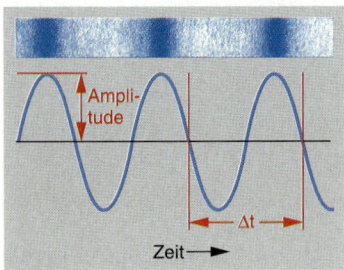

Sinuston

A: Darstellung dreier Schwingungen. Das Verhältnis der Frequenzen der hohen Töne zum tiefsten Ton (Grundton) ist ungeradzahlig.

B: Zeigt das Ergebnis ihrer Überlagerung, wenn sie gleichzeitig ertönen.

C: Überlagerung von mehr als drei Schwingungen mit ungeradzahligem Verhältnis der Frequenzen zur Frequenz des tiefsten Tones (Grundton).

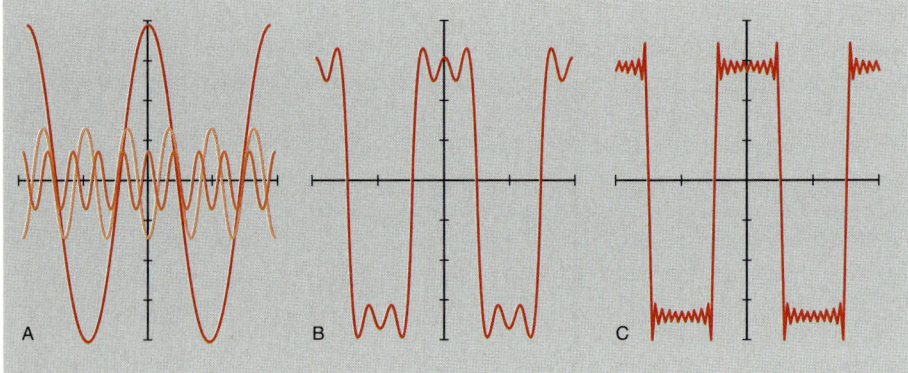

Klangverlauf

Der Klang einer natürlichen Schallquelle durchläuft die Einschwing-, die quasistationäre- und die **Ausschwingphase**.

Einschwingphase:
In der **Einschwingphase** formieren sich sozusagen die spektralen Bestandteile des Klanges. Neben Grundton und harmonischen **Obertönen** bilden auch nichtharmonische Bestandteile den Klang. Sie sind abhängig von der Art der Schallquelle. Bei einem Instrument, wie z. B. dem Vibraphon, überwiegen in der Einschwingphase zunächst die nichtharmonischen spektralen Bestandteile. Sie verleihen dem Klang seine metallische Färbung. Einschwingvorgänge haben bei Schlaginstrumenten eine Dauer von einigen Millisekunden, bei großen Orgelpfeifen und Bassinstrumenten bis zu einer halben Sekunde. Im anschließenden Ausschwingvorgang des Vibraphons bestimmen die harmonischen Obertöne die Klangfarbe, der Ton klingt im Verlauf zunehmend weicher. Bei diesem Instrument ebenso wie bei allen anderen Schlag- und Zupfinstrumenten setzt der Ausschwingvorgang bereits nach dem Einschwingvorgang ein.

Quasistätionäre Phase:
Anders ist dies bei Schallquellen, die für ihre Tonbildung eine permanente Anregung erfordern. Das ist bei allen Blasinstrumenten, einer Orgel, einer Sirene oder beim Singen der Fall. Hier sorgt der Luftstrom für eine permanente Anregung. Bei

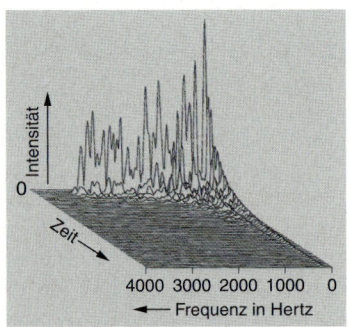

Quelle: J. R. Pierce, Klang. Mit den Ohren der Physik, 1999, S. 44. Klangverlauf: Veränderung des Tonfrequenzspektrums eines Instrumentes über der Zeit t

ihnen schließt sich nach der Einschwingphase deshalb eine quasistationären Phase des Klangverlaufes an. Quasistationär, weil sich der Klang auch in dieser Phase noch ändert, also nicht exakt stationär ist, messtechnisch jedoch als stationär betrachtet werden kann. So ist diese Phase durch dauernde leichte Veränderungen von Frequenz und Amplitude der Teiltöne gekennzeichnet, was zu Schwebungen, Vibrato und Tremolo führen kann. In dieser Phase bestimmen der Grundton und seine Obertöne das Klanggeschehen. Deren Frequenzen stehen im Mittel in einem ganzzahligen Verhältnis zur Frequenz des Grundtons. Das ist nicht so bei Schallquellen, die einen starken Anteil an Rauschhaftem im Klang haben, wie zum Beispiel dem Becken.

Teile von Schallquellen schwingen um für sie typische Mittenfrequenzen herum besonders gut. Beispielsweise der Boden, die Decke und das eingeschlossene Luftvolumen einer Geige werden in **Resonanz** versetzt. Sie wirken dabei wie Klangfilter. Sie filtern das Frequenzspektrum der schwingenden Saite. Die Frequenzbereiche, die auf diese Weise durch Resonanz entstehen, werden Formanten genannt. Auch bei sich ändernder **Tonhöhe** der Saitenschwingung bleiben sie unverändert. Sie stehen für die Schallquelle fest, denn die Größe der resonierenden Teile oder Hohlräume sind unveränderlich. Deshalb prägen sie einen Teil des charakteristischen Klangbildes.

Die Mundhöhle lässt sich jedoch in ihrer Größe variieren. Das Ergebnis sind unterschiedliche Formantbereiche, die Grundlage der Vokale. Ohne diese wäre unsere menschliche Sprache undenkbar.

Weiterhin ist auch in der quasistationären Phase ebenso wie in der Einschwingphase Rauschhaftes im Klang vertreten, was z. B. bei Blasinstrumenten vom Anblasen oder bei Streichinstrumenten vom Streichen der Saite mit dem Bogen herrührt.

Ausschwingphase:
Die Ausschwingphase beendet den Klangverlauf. Sie setzt ein, sobald die Anregung des Instrumentes beendet ist. Nimmt z. B. ein Geiger in der Bewegung den Bogen von der Saite, so ist in dem Resonanzsystem der Geige noch Energie gespeichert. Sie wird großenteils im Ausschwingvorgang über die Schallwellen abgegeben.

10.1.2 Empfindung von Tönen

Tonhöhe

Die Empfindung der Tonhöhe eines musikalischen Tones wird durch die Frequenz seines Grundtones bestimmt. Je höher seine Frequenz, desto höher wird der Ton empfunden. Das Tonhöhenempfinden ändert sich mit dem Logarithmus der Frequenz. Das Intervall einer Oktave beispielsweise besteht aus zwei Tönen deren Frequenzen im Verhältnis 1:2 stehen.

Beispiel: 20 Hz zu 40 Hz; 500 Hz zu 1000 Hz; 8000 Hz zu 16000 Hz. Der Tonfrequenzbereich des menschlichen Gehörs umfasst etwa 10 Oktaven.

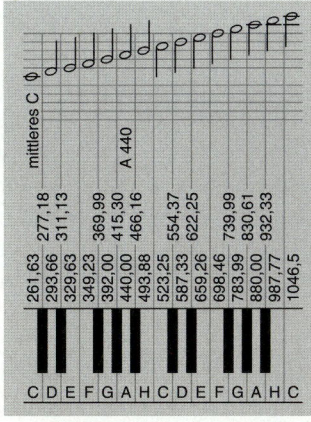
Zwei Oktaven

Wenn sich reine Töne mit geringfügig unterschiedlicher Frequenz überlagern, dann entsteht ein Klang mit langsam periodisch schwankender Amplitude, der Schwebung.

Vibrato = periodische Schwankung der Tonhöhe
Tremolo = periodische Schwankung der Lautstärke

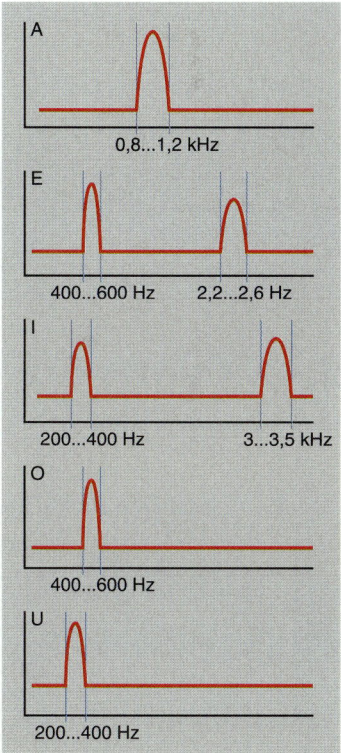
Formantbereiche der deutschen Sprache

Lautstärke

startender Düsenjet (Schmerzschwelle)	140
startendes Propellerflugzeug	120
U-Bahn-Express	100
laute Radiomusik/ lauter Straßenlärm	80
normales Gespräch	60
ruhiges Wohngebiet	40
Blätterrascheln	20
kaum hörbares Geräusch (Schwelle)	0

Lautstärkevergleich in dB

Die Empfindung der Lautstärke eines musikalischen Tones ist dagegen komplexer. Vom Gebrauch der Stereoanlage ist uns das bekannt. Hören wir beispielsweise Musik leise im Hintergrund, so entsteht der Eindruck, die Musikaufnahme klänge flach, habe keine Bässe und keine Höhen. Eine Korrektur des Klangbildes mit dem Loudness-Schalter verstärkt die spektralen Bestandteile der tiefen und hohen Frequenzen. Drehen wir den Lautstärkeregler danach jedoch wieder auf, beginnt es zu dröhnen und das Klangbild wird aufdringlich höhenreich und spitz. Das legt die Vermutung nahe, dass die Empfindung der Lautstärke eines Tones auch von seiner Frequenz, und bei Klängen von ihrer spektralen Zusammensetzung abhängig ist.

Dies belegen Untersuchungen, die mit vielen Testhörern durchgeführt worden sind. Als Ergebnis ergaben sich die Kurven gleicher Lautstärkepegel von Fletcher und Munson.

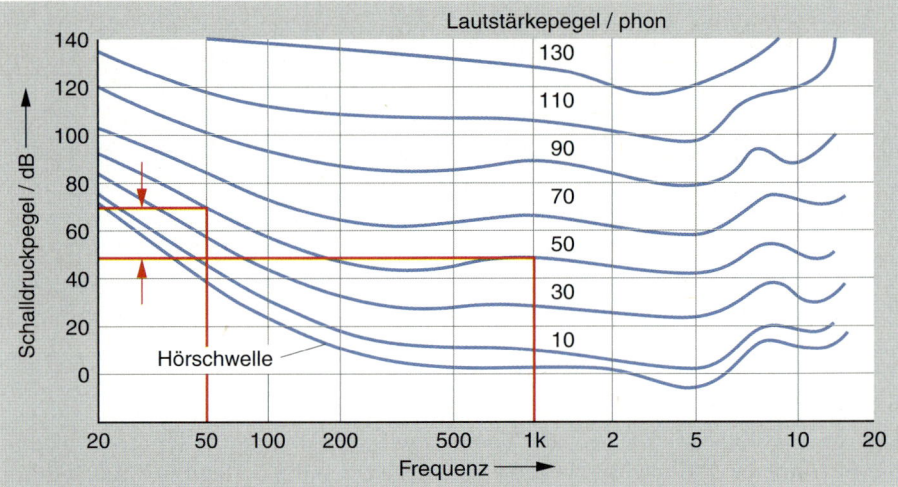

Kurven gleicher Lautstärkepegel

Die obigen Kurven gleicher Lautstärkepegel sind entstanden durch den Vergleich von Tönen mit einer Frequenz von 1000 Hz und benachbarten Tönen höherer oder tieferer Frequenz. Dabei hat sich gezeigt, dass Töne unterschiedlicher Frequenz mit dem selben **Schalldruckpegel** unterschiedlich laut empfunden werden. Wie groß der Schalldruckpegel eines Tones im Vergleich zu einem Ton von 1000 Hz sein muss, um gleich laut empfunden zu werden, zeigen die Kurven. Ein Ton mit 1000 Hz und einen Lautstärkepegel von 50 Phon wird gleich laut empfunden, wie ein tiefer Ton mit der Frequenz von 50 Hz mit einem Schalldruckpegel von 70 dB. Der tiefe Ton muss demnach einen Schalldruckpegel haben, der um 20 dB höher ist als der Ton mit 1000 Hz, um gleich laut empfunden zu werden. Lautstärkepegel und Schalldruckpegel haben für einen Ton mit der Frequenz von 1000 Hz den gleichen Betrag.

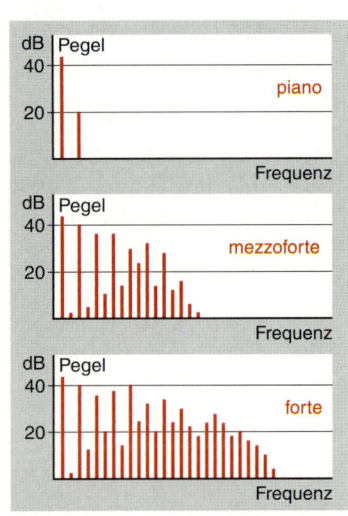

Spektrum verschiedener Dynamikstufen

Das Gehör scheint im Bereich mittlerer Frequenzen am empfindlichsten zu sein. Menschliche Rufe oder Schreie sind deshalb besonders gut auch über große Entfernung wahrzunehmen. Dies ist vermutlich eine überlebensbegünstigende Entwicklung der menschlichen Evolution.

Klangfarbe

Im musikalischen Ton liegt wie bereits beschrieben nicht nur die Amplitude eines einzelnen „physikalischen" (reinen) Tones vor, sondern die Amplituden der Teiltöne, des Grundtones und seiner Obertöne. Die Klangfarbe eines musikalischen Tones wird von der Zusammensetzung genau dieser Teiltöne charakterisiert. Wird ein Ton laut gespielt, so treten seine Obertöne gegenüber dem Grundton deutlich stärker hervor, als wenn er leise ertönt. Deshalb wird hier anschaulich klar, dass die Empfindung der Lautstärke eines musikalischen Tones davon abhängt, wie stark die einzelnen Obertöne gegenüber dem Grundton vertreten sind und wie sich der musikalische Ton aus eben diesen Teiltönen zusammensetzt. Es wirkt sich also auf die Empfindung der Lautstärke aus. Flüstern wird nicht zum Schreien, nur weil es elektrisch verstärkt wird! Obenstehende Grafik des Spektrums für verschiedene Dynamikstufen zeigt dies deutlich.

Werden die Amplituden der Teiltöne mit dem Grundton gleichmäßig in gewissen Grenzen erhöht, so empfinden wir dies selbstverständlich auch als Erhöhung der Lautstärke.

Dauer

Eine Fotografie ist eine Momentaufnahme eines Ereignisses in einem Vorgang, fängt ein Portrait oder ein Stillleben ein. Es ist ein kurzer Moment, den der Fotograf mit dem Foto als Zeitscheibe aus einem Vorgang herauslöst. Der Faktor Dauer spielt hierbei keine Rolle. Nicht so im Ton.

Ein auditives Ereignis ist ohne den Faktor Zeit bei Aufnahme und Wiedergabe nicht vorstellbar.

Richtung und Entfernung

Neben **Tonhöhe**, **Klangfarbe** und Dauer wird auch die Richtung und Entfernung als Teil eines Hörereignisses empfunden.
Dabei ist es besonders wirkungsvoll, die Ereignisse im Raum so zu platzieren, dass sie dem Geschehen auf der visuellen Ebene entsprechen. Besonders eindrucksvoll wird der Ton mit Surround-Sound-Systemen wiedergegeben. Sie arbeiten mit mehr als nur zwei Lautsprechern und lassen den Ton gezielt aus mehreren Richtungen im Raum auf den Zuschauer einströmen. Auch in Hörspielen entstehen neue Welten durch die auditive Abbildung virtueller Räume. Um diese technischen Möglichkeiten nutzen zu können, brauchen wir ein Grundverständnis für die Wahrnehmung von Richtung und Entfernung.

Richtung

Zunächst teilen wir den uns umgebenden Raum in eine horizontale und eine vertikale Ebene.

Horizontalebene:
Die Empfindung der Richtung auf der horizontalen Ebene beruht auf der Auswertung der Unterschiede des Schalls zwischen linkem und rechtem Ohr.

Der Grundton ist der Ton mit der niedrigsten Frequenz im Spektrum eines Klanges. Obertöne sind weitere reine Töne (Sinusschwingungen) höherer Frequenzen im Klang.
Die Beziehung von Oberton zu Grundton heißt harmonisch, wenn deren Frequenzen in einem ganzzahligen Verhältnis stehen.

Hinweis: In der Filmvertonung müssen auch im nachhinein Klänge an das Geschehen angepasst werden. Das erfordert auch die nachträgliche Veränderung der Lautstärke von Tönen. Durch eine elektroakustische Verstärkung eines Tones lässt sich nur bedingt der Eindruck erwecken, er sei auch laut erzeugt worden! Das Wesentliche ist in diesem Zusammenhang die Beschaffenheit seines Spektrums. Soll also ein Ton laut klingen, so muss das Ereignis bereits entsprechend eingespielt worden sein, oder die betreffenden Obertöne müssen mit geeigneten Mitteln entsprechend verstärkt werden.
Jedoch führt dies häufig nur zu einem begrenzten Erfolg!

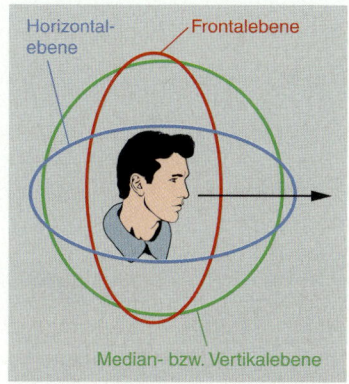

Koordinatensystem zur Beschreibung der Richtungswahrnehmung

Hinweis: Richtungsinformationen in der Tonproduktion sind am einfachsten mit Intensitätsstereofonie realisierbar. Am Mischpult finden wir den Regler Panorama. Mit ihm weisen wir dem linken und rechten Kanal einen entsprechenden Pegel der gleichen Tonquelle zu. Und platzieren somit die Tonquelle auf der Verbindungslinie zwischen den beiden vorderen Lautsprechern.

Beide Abbildungen zeigen die Abhängigkeit der Laufzeitdifferenz Δt von dem Schalleinfallswinkel Ψ

0°= Einfallsrichtung aus der Mitte von vorne
90°= Einfallsrichtung von links, hier erreicht die Laufzeit ihr Maximum
180°= Einfallsrichtung aus der Mitte von hinten

Hinweis: Wie aus den beiden obenstehenden Grafiken ersichtlich ist, sind die Laufzeiten für vorn und hinten gleich. Hier wird bereits deutlich, dass die Richtung des einfallenden Schalls in der auditiven Wahrnehmung aus mehreren zusammenspielenden Verfahren ermittelt wird.

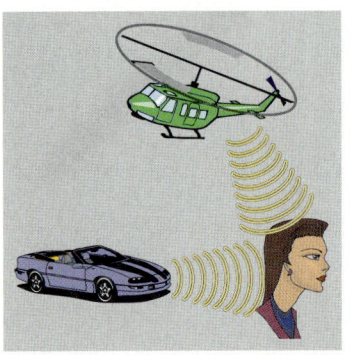

Intensität und Klangfarbe:

Der Kopf schattet den Schall bei seitlicher Schalleinfallsrichtung ab. Der Schall ist deshalb auf einem Ohr leiser als auf dem anderen. Dieser Effekt ist jedoch erst wirksam oberhalb von etwa 500 Hz und nimmt mit steigender Frequenz zu. Bei breitbandigem Schall verändert sich dadurch sein Frequenzspektrum auf dem Ohr der abgewandten Seite des Kopfes. Unterhalb von etwa 500 Hz wird der Schall um den Kopf gebeugt.

Laufzeit:

Bei seitlichen Einfallsrichtungen braucht der Schall zum abgewandten Ohr eine geringfügig längere Zeit als zum zugewandten. Die Differenzen liegen deutlich unter 1 ms. Auch aus dieser Differenz leitet unser auditives Wahrnehmungssystem die Richtung ab.

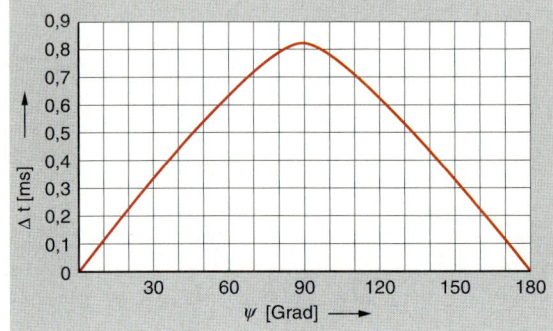

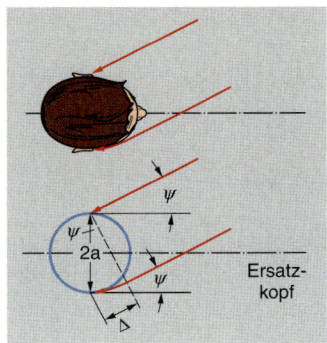

Vertikalebene:

Aber was ist mit der Richtung auf der vertikalen Ebene? Der Schall, der auf beide Ohren trifft, ist in diesem Fall gleich! Form und Beschaffenheit von Kopf und Ohrmuscheln wirken wie ein akustisches Filter in Abhängigkeit von der Schalleinfallsrichtung. Bei unterschiedlichen Schalleinfallswinkeln auf der Vertikalebene werden entsprechende richtungbestimmende Frequenzbänder angehoben. Diese Beziehung zwischen Schalleinfallsrichtung und Klangfarbe wird für die Empfindung der Richtung ausgewertet.

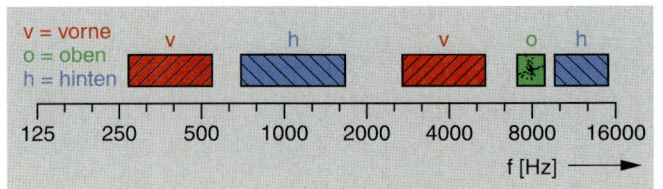

Frequenzbänder für die Ortung des Schalls auf der Vertikalebene

Fliegt ein Hubschrauber über uns hinweg, so trifft der Schall von oben auf den Kopf. Der Frequenzbereich um 8000 Hz im Schall des Flugzeuges wird angehoben. Werden wir von einem hinter uns fahrenden PKW angehupt, so wird das Frequenzband von etwa 700-1800 Hz und das von etwa 10-15 kHz im Schall der Hupe angehoben.

Raumakustik und Richtungswahrnehmung:

Wie wir im Kapitel Raumakustik ebenfalls erfahren, trifft in geschlossenen Räumen der Schall einer punktförmig gedachten Schallquelle nach dessen Reflexionen an den Begrenzungsflächen des Raumes von allen Seiten beim Hörer ein. Die zuerst beim Hörer eintreffende Wellenfront bestimmt dabei die Richtung des Hörereignisses. Bedingung ist, dass die 2. Wellenfront mindestens etwa 1 ms später eintreffen muss. Dies nennt man das Gesetz der ersten Wellenfront (Haas- oder Präzedenzeffekt). Treffen die Wellenfronten mit einem Zeitversatz von mehr als etwa 60 ms ein, so wird die 2. Wellenfront als Echo wahrgenommen. Der Einfachheit halber nehmen wir an, der Schall von erster und folgender Wellenfront habe den gleichen Pegel.

Haas-Effekt

Entfernung

Warum können wir mit geschlossenen Augen feststellen, ob jemand aus nächster Nähe mit uns spricht, oder uns aus großer Entfernung zuruft?

Wenn ein **Schallereignis** in der Mitte vor mir stattfindet, so besteht kein Unterschied zwischen dem Schall an linkem und rechtem Ohr. Das legt die Vermutung nahe, dass sich die Entfernung auch mit lediglich einem Ohr wahrnehmen lässt. Sobald jedoch der visuelle Eindruck fehlt, ist dies nur noch eingeschränkt möglich. Die Entfernung des Hörereignisses stimmt nicht exakt mit der wirklichen überein, wird jedoch mit kleiner werdendem Abstand zwischen Schallquelle und Hörer genauer abgeschätzt.

Ein Park. Eine Wiese. Eine Person spricht unverändert und nähert sich Ihnen. Der Klang ihrer Stimme ändert sich. Auch ihre Lautstärke nimmt zu. Je näher sie kommt, desto voller klingt die Stimme. Die **Lautstärke** der tiefen Frequenzen im Frequenzspektrum der Stimme nimmt in größerem Maße zu.

Sowohl die Klangfarbe als auch die Lautheit des Hörereignisses ändern sich also mit der Entfernung des Hörers zur Schallquelle. Wodurch kommt das? Wir beschränken uns auf die Betrachtung eines Schallereignisses in einem (annähernd) freien Schallfeld, eben z. B. eine Wiese. Aus der Wellenlehre ist bekannt, dass sich tieffrequenter Schall (halb-) kugelförmig von der Schallquelle ausbreitet. Voraussetzung ist jedoch, dass deren Wellenlänge groß gegenüber den Dimensionen der Schallquelle ist. Unterschreitet die Wellenlänge die Größe der Abmessung der Quelle, so werden sie zunehmend gebündelt abgestrahlt. Die abgegebene Energie konzentriert sich sozusagen auf den Strahl, während sie sich im Falle der kugelförmigen Ausbreitung auf den gesamten umliegenden Raum verteilt. Aus der Anschauung wird somit klar, dass die Tiefen im Frequenzspektrum mit größer werdender Entfernung mit einem geringeren Pegel vertreten sind als die Höhen. Das Hörereignis verliert deshalb an „Fülle". Trotz gebündelter Abstrahlung wird die Energie der hochfrequenten Schallanteile mit steigernder Entfernung auf einen größer werdenden Raum verteilt. Deshalb verändert sich selbstverständlich die empfundene Lautstärke auch insgesamt.

Hierbei wirkt sich zusätzlich die Frequenzabhängigkeit der Empfindung der Lautstärke aus, die mit den Kurven gleicher Lautstärke beschrieben wird (vgl. Abschnitt Lautstärke). Bei größer werdender Entfernung nimmt die Lautstärke ab, wobei wir die Abnahme der Lautstärke der tiefen Frequenzen als größer empfinden als die der mittleren und hohen Frequenzen.

Hinweis: Vergleich mit Off-Stimmen in der Werbung und im Rundfunk. Durch die Betonung der tiefen Frequenzen wird Nähe in jeglicher Beziehung erzeugt.

Hinweis: Um den Eindruck der Entfernung zu unterstützen hilft es, die Tiefen im Klangspektrum (des direkten Schalls) der Tonquelle mit dem Klangfilter am Mischpult oder der Tonbearbeitungssoftware zu dämpfen.

Hinweis: Raumsimulationspro-
gramme (oder auch Hallpro-
gramme) sind in externen
Geräten, als Teil von Multief-
fektgeräten und als Softwarebe-
standteile/Plug-Ins von Tonbearbeitungsprogrammen erhältlich
(siehe unten). Das Mischungsverhältnis aus dem originalen und
bearbeiteten Ton bestimmt dabei
den Eindruck der Entfernung der
Tonquelle im künstlich erzeugten
akustischen Raum (synthetisches
Schallfeld) zum Hörer.

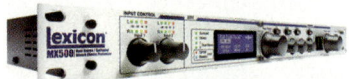

Externes Effektgerät
Quelle: Lexicon, Inc., Bedford USA

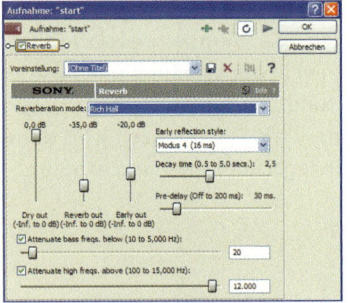

Plug-In eines Hallgerätes

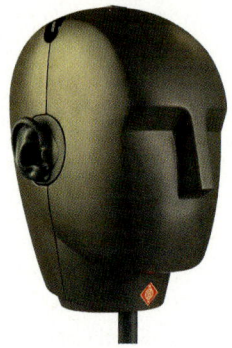

Kunstkopf
Quelle: Georg Neumann GmbH,
Berlin

Wie klingen Schallquellen aus nächster Nähe und welcher Abstand ist welchem Klang zuzuordnen? Hierfür ist natürliche, alltägliche Hörerfahrung notwendig.

Raumakustik und Entfernungswahrnehmung:
Finden Schallereignisse in einem geschlossenen Raum statt, so hören wir keinesfalls nur das, was direkt von der Schallquelle stammt, sondern auch das, was der umgebende Raum daraus macht. Das wird Hall genannt (vgl. Abschnitt Raumakustik). Eine Sporthalle. Der Basketball schlägt vor Ihnen auf. Der Anteil des Schalls, der direkt von der Schallquelle kommt, ist hoch im Gegensatz zum diffusen Schall (Hall) der Sporthalle. Der Basketball schlägt weit entfernt unter dem gegnerischen Korb auf. Der Anteil des direkten Schalls ist niedrig im Gegensatz zum diffusen Schall der Sporthalle. Ein Vergleich von direktem zu indirektem Schall ist eine zusätzliche Informationsquelle für die Wahrnehmung von Entfernung. Auch für diesen Vergleich ist eine gewisse Hörerfahrung notwendig, denn es müssen Kenntnisse beim Hörer darüber vorliegen, wie Räume unterschiedlicher Größe und Beschaffenheit klingen und welchen Abständen von Hörer zu Schallquelle welchen Verhältnissen von direktem zu indirektem Schall zuzuordnen sind.

Mit Hörerfahrung ist jedoch nicht diejenige von Audio-Profis gemeint, sondern das Ergebnis eines Prozesses, der bereits nach der Geburt beginnt. Ein Prozess des ständigen Zuordnens der Empfindung von Klängen und Lautstärken von Stimmen, Instrumenten, Geräuschen zu deren Positionen in ihrerseits „klingenden" Räumen.

Für das Erkennen von Richtung und Entfernung setzt unser auditives Wahrnehmungssystem alle angesprochenen Verfahren gleichzeitig ein. Mit unterschiedlichem Erfolg. Denn die Qualität der Beiträge an der Wahrnehmung durch die verschiedenen Verfahren, einzeln und in ihrer Gesamtheit, hängt nicht nur von der Leistungsfähigkeit unseres Wahrnehmungssystems ab, sondern auch von der Beschaffenheit des Schallereignisses! Beispielsweise lassen sich Töne tiefer Frequenz nur sehr schlecht bis gar nicht oder Dauertöne schlechter als impulshafter Schall (ähnlich der Sprache) orten.

Tonaufnahmen, die mit einem Kunstkopf gemacht werden, enthalten all die für unsere auditive Wahrnehmung wichtigen Informationen. Leider sind diese Aufnahmen an die Wiedergabe mittels eines Kopfhörers gebunden. Da diese Aufnahmen jedoch bereits Rauminformationen enthalten, wären sie z. B. in der Vertonungsarbeit nicht für alle Situationen einsetzbar. Schallereignisse werden zum Zwecke der Vertonung in der Regel mit möglichst geringem Anteil an Rauminformationen aufgezeichnet. Das eröffnet die Möglichkeit, dass Rauminformationen nachträglich künstlich entsprechend der im bewegten Bild sichtbaren Räume mit Hall- (Raumsimulatoren) und Verzögerungsgeräten erzeugt und dem Original zugemischt werden (vgl. Abschnitt Raumakustik) können.

Die Empfindung der Schallereignisse unterscheiden sich also in ihrer Tonhöhe, Lautstärke, Dauer, Klangfarbe und der Richtung, aus der sie einfallen. Diese elementaren Eigenschaften finden sich deshalb in allen drei auditiven Kategorien Sprache, Musik und Geräusch wieder. Sie werden uns deshalb in der Gestaltung mit Tönen ständig begegnen.

10.1.3 Raumakustik

Im Film wie auch in interaktiven Anwendungen werden Umgebungen innerhalb und außerhalb geschlossener Räume visuell abgebildet. In der Regel soll der Ton diesem Eindruck folgen. Beim Filmton machen manchmal unerwünschte Umgebungsgeräusche während der Dreharbeiten, zum Beispiel von den Generatoren für die Stromversorgung, eine Nachvertonung unumgänglich. Aber auch Computeranimationen für Filme oder multimediale Anwendungen erhalten ihren Ton häufig erst nach ihrer Fertigstellung. Dann müssen Tonaufnahmen nachträglich in Räumen ähnlich der abgebildeten erstellt oder Tonaufnahmen mit einem künstlich erzeugten Raumanteil versehen werden.

In der Filmtonmischung wird schon seit geraumer Zeit für die mehrkanalige Wiedergabe auf Surround-Sound-Systemen gemischt. Mit interaktiven Anwendungen und Filmen auf DVD hält der Mehrkanalton auch Einzug in die Wohnzimmer. Deshalb ist es für die Tonproduktion von Nutzen, den Einfluss des Raumes auf den Schall und auf das **Hörereignis** zu kennen (vgl. Abschnitt Richtung und Entfernung).

- Wie verhält sich ein Raum?
- Wie baut sich sein Schallfeld auf?
- Welchen Einfluss nimmt ein Raum auf ein **Schallereignis**?
- Was verändert er am Schall, der von einer Quelle in den Raum abgestrahlt wird?

Wenn Aufnahmen mit dem Mikrofon in geschlossenen Räumen statt finden, tritt auch die Akustik des Raumes in Erscheinung. Gleichgültig, ob es sich um Sprachaufnahmen in einer kleinen Kabine oder eine Choraufnahme in einer Kirche handelt. Das Mikrofon nimmt immer sowohl den direkten Schall, wie auch den Schall auf, der an den Begrenzungsflächen des Raumes oder an Gegenständen reflektiert, gebeugt, gebündelt oder zerstreut wird.

Bevor ein Raum nachzuhallen beginnen kann, muss er sich erst einmal mit Schallenergie „voll saugen". Nach dem Eintreffen von direktem Schall und den ersten **Reflexionen** von Decke, Boden und Wänden beim Hörer, vermehren sich die Reflexionen und verdichten sich rasch zu dem, was Hall genannt wird (vgl. Abschnitt Geometrische Raumakustik).

Der Hall hat ebenso wie der **Direktschall** charakteristische Klangeigenschaften. Seine Zusammensetzung hängt davon ab, wie die Oberflächen von Decke, Fußboden und Wänden beschaffen sind, welche Geometrie der Raum besitzt, ob der Raum bestuhlt ist und welche übrigen Gegenstände an welchem Ort im Raum versammelt sind usw. Direkter und indirekter (diffuser) Schall sind also verschieden.

Hinzu kommt, dass das Abstrahlverhalten von Schallquellen sehr komplex ist. Nicht alle Töne unterschiedlicher Frequenz werden kugelförmig oder in gleicher Richtung von der Schallquelle abgestrahlt. So übernimmt der Hall sozusagen den Transport der Schallanteile unterschiedlicher spektraler Zusammensetzung, die nicht auf direktem

Quelle: Camgaroo AG, München camgaroo - digitale video-produktion, Heft 02/2001, S. 36. Zu sehen sind die Arbeitsgegenstände und die Projektionsleinwand im Tonstudio Meloton des Geräuschemachers Mel Kutbay. Wenn nötig, so werden die hier entstehenden Geräusche mit einem Hall versehen, spätestens aber vom Mischtonmeister mit einem Raumsimulator in den auf der Leinwand sichtbaren Raum akustisch eingebettet. Deshalb müssen sich solche Aufnahmeräume „klangneutral" verhalten.

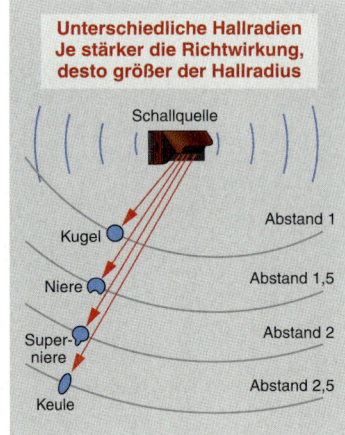

Unterschiedliche Hallradien
Je stärker die Richtwirkung,
desto größer der Hallradius

Richtwirkung und Hallradius

Kutsche in Milos Formans Film
Amadeus

Wege zum Hörer gelangen. Er färbt sie dabei ein. Beim Hörer verschmelzen direkter und indirekter Schall zu einem einzigen Hörereignis! Somit bestimmen immer die Schallquelle und ihre Umgebung den Gesamteindruck. Das entspricht unserer Hörerfahrung und -erwartung.

Beispiel: Direkter und indirekter Schallanteil werden bei einer Tonaufnahme dadurch voneinander (näherungsweise) getrennt, indem das Mikrofon weit innerhalb des Hallradius in sehr geringem Abstand zum Instrument aufgestellt wird. Damit werden die ersten Reflexionen und der Nachhall des Raumes sozusagen nahezu ausgeblendet. Das kann dazu führen, dass das Instrument seinen natürlichen Klangcharakter einbüßt, da der resultierende Klang des Instruments bei der Wiedergabe nicht der Erwartung des Instrumentenklanges aufgrund der Hörerfahrung entspricht. Dieser setzt sich zusammen aus dem Gesamteindruck von direktem und diffusem Schall am Ort des Hörers.

Aufnahmen im Freien finden selbstverständlich auch in der Nähe von Gegenständen oder Begrenzungsflächen statt.
Eine Filmszene: Eine Kutsche fährt auf altem Kopfsteinpflaster in einer Gasse. Häuserwände reflektieren den Schall der schlagenden Pferdehufe. Es kommt zu typischen Klangverfärbungen und Echos. Bedingungen, die für Musikaufnahmen oder gar Sprachübertragungen unvorteilhaft wären, führen hier zu einem authentischen Gesamteindruck von auditiver und visueller Ebene. Selbst ein Wald hat akustische Eigenschaften, denn auch dieser würde z. B. den Schall der Kutsche an seinen Baumstämmen reflektieren (streuen) und beugen.

Die geometrische **Raumakustik** betrachtet ähnlich der Strahlenoptik u. a. die Richtung und die Veränderung der Richtung des Schalls. Dies hat jedoch seine Grenzen genau dann, wenn sich die Reflexionen der Schallwellen bereits so stark vermehrt und „durchmischt" haben, dass sie nur noch als diffuser Schall ohne Richtungsinformation betrachtet werden können. Dies ist das Gebiet der statistischen Raumakustik.

Geometrische Raumakustik

Es hat sich gezeigt, dass ein Raum besonders angenehm klingt, wenn er möglichst homogen mit Schall „durchmischt" ist. Die Schallausbreitungsrichtungen der Reflexionen verlaufen dann nicht parallel und der Schall wird an Begrenzungsflächen gestreut.

Die Abbildungen zeigen, wie sich der Schall ausbreitet.

Links: Nicht parallel laufende Strahlen der Ausbreitungsrichtungen von Schallreflexionen

Rechts: Der Schall wird an einem Gegenstand gestreut.

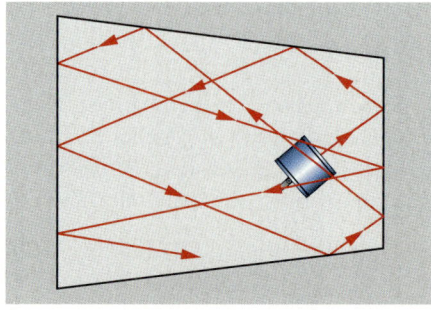

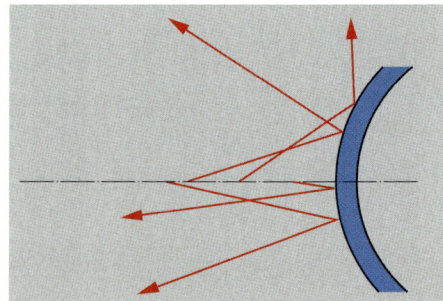

Zwischen planparallel angeordneten Wänden kommt es mit größer werdendem Abstand der Wände zueinander erst zu einem Schnarren und dann zu Flatterechos. Bei letzteren müssen die Verzögerungen der Wellenfronten der einzelnen Reflexionen zueinander mit mehr als etwa 30 ms am Ohr des Hörers eintreffen. Das tritt bei einer Wegdifferenz ab etwa 10 m ein und ist bereits in leerstehenden Räumen normaler Wohnungen zu beobachten.

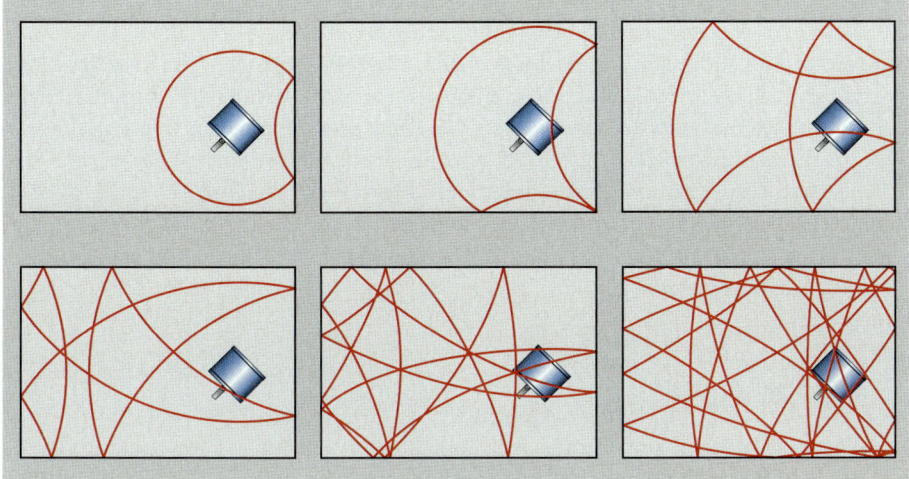

Die Abbildung zeigt von links nach rechts verschiedene Phasen der Schallausbreitung in einem Raum mit planparallelen Begrenzungsflächen. Die Linien zeigen die Wellenfronten der Reflexionen an den Begrenzungsflächen des Raumes. Im Punkt befindet sich die Schallquelle. Von ihr geht ein impulsartiger Schall (Knall) aus. Die Phasen zeigen auch, wie sich die Reflexionen zu einem Hall verdichten.

Statistische Raumakustik

Sie gibt uns Aufschluss darüber, wie groß die Dauer des Nachhalls eines Raumes ist. Die Nachhallzeit ist definiert als die Zeit, in der der Schalldruckpegel nach Abschalten der Schallquelle um 60 dB sinkt. Anzumerken ist dabei, dass die Nachhallzeit frequenzabhängig ist und auf diese Weise den Klangeindruck eines Hörereignisse entscheidend prägt. Das Frequenzverhalten des Halles wird beeinflusst durch die Materialien der Begrenzungsflächen und der Gegenstände im Raum und durch seine Geometrie. Am angenehmsten wird ein Hall empfunden, wenn er in seinem Spektrum gleichmäßig abnimmt.

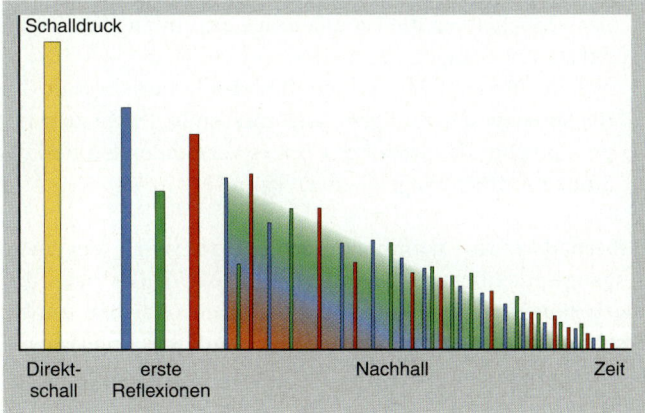

Die Abbildung zeigt die zeitliche Abfolge von Direktschall, ersten Reflexionen und Nachhall am Ort eines Hörers.

ARD Tagesschau

Das Procedere dieses Probanden darf generalisiert werden.
Besser:
Die Vorgehensweise der Testperson darf verallgemeinert werden.

❶

Die Spannvorrichtung, die... sitzt, an dem... zu beachten ist, wenn...
Besser:
Die Spannvorrichtung sitzt... .
Wenn..., dann ist... zu beachten.

❷

Da das Risiko..., sollten Sie sich vor Sonnenstrahlen schützen.
Besser:
Sie sollten sich vor Sonnenstrahlen schützen, da das Risiko ... .

❸

Ich führte eine Reparatur an meinem Mountain-Bike aus.
Besser:
Ich reparierte mein Mountain-Bike.

❹

❺

❻

❼

10.2 Funktion von Tönen

Bis hierher haben wir erfahren, welche elementaren Eigenschaften allen Tönen zu eigen sind und wie wir Töne empfinden. Im Weiteren soll es darum gehen, welche Funktionen Sprechtext, Musik und Geräusch einnehmen können. Gestalteter Ton findet sich in vielen Bereichen: Rundfunk, Theater und Konzert, Film und Video und natürlich interaktive Anwendungen im Multimedia-Bereich. Wir beschränken uns auf die Betrachtung des Tons im Zusammenspiel mit dem (bewegten) Bild, wobei ein Fokus besonders auf interaktive Anwendungen gelenkt wird.

Interaktive Anwendungen unterscheiden sich untereinander zum Teil sehr stark. Sie reichen von „Blättermaschinen" bis zu Expertensystemen, sind zum Teil mit Simulationen, Animationen und digitalen Videos versehen oder auch nur mit geschriebenem Text und Standbildern ausgestattet. Entsprechend unterschiedlich ist der Einsatz von Ton. Es folgt eine Zusammenfassung der vielfältigen funktionalen Verwendungsmöglichkeiten von Ton zu bewegtem Bild. Sie erhebt keinen Anspruch auf Vollständigkeit, sondern will in erster Linie die Bandbreite zeigen, mit der Musik, Sprache und Geräusch genutzt werden können. Und sie soll motivieren, mit Ton zu Bild zu experimentieren.

10.2.1 Sprechtext

Im Gegensatz zu Musik und Geräusch ist Sprechtext besonders gut geeignet, um Informationen möglichst eindeutig zu transportieren und Sinnzusammenhänge herzustellen. Beispiel: Gesprochener Text im Lehrfilm oder einem interaktiven Lernprogramm. Deshalb ist es besonders wichtig, darauf zu achten, dass genau diese Eigenschaft des gesprochenen Textes zum Tragen kommt. Gesprochener Text muss verständlich sein. Es ist zu bedenken, dass der Ton immer in der Zeit abläuft und sich im Gegensatz zum geschriebenen Text schlecht rekapitulieren lässt. Besonders schwierig wird es, wenn es sich um einen Reproduktionsvorgang handelt, der sich für den Anwender nicht anhalten und zurückstellen lässt. Als Beispiel lassen sich hier Rundfunk, Kino und Theater nennen (siehe auch Abschnitt 9.1.4 Umsetzung). Für die Verständlichkeit des gesprochenen Textes ist wichtig, dass

- der Wortschatz der Zielgruppe bekannt ist. Fremdwörter sind zu vermeiden ❶.
- kurze Sätze (keine Schachtel- oder Kettensätze) gebildet werden ❷.
- nach Möglichkeit die Hauptaussage am Anfang des Satzes steht ❸.
- Substantivierungen vermieden werden ❹.
- sich der Text auf das gezeigte Bild direkt bezieht (Bild-Text-Schere) ❺.
- die Sprechgeschwindigkeit angemessen ist (nicht zu schnell) ❻.
- der Sprecher den Inhalt des Textes verstanden hat und den Text beim Lesen in Sinnzusammenhänge gliedern kann ❼.

Insbesondere für kommentierende Texte wird ein mediengerechter, gepflegter umgangssprachlicher Stil gewählt. Der Anwender muss die Möglichkeit haben, die angebotene Information gedanklich nachvollziehen zu können! Deshalb erfolgen Beschreibungen in kurzen Sätzen. Die Häufigkeit und Dauer von Pausen sind angemessen und orientieren sich am Rhythmus der Folge von Szenen. Szenen und Sprechtext sollten sich inhaltlich und in ihrer Dauer entsprechen und ergänzen.

10.2.2 Musik

Musik wird der emotionalen Ebene zugeordnet. Sie „färbt" die übrigen Informationen emotional ein und kann somit die Bedeutung der Informationen ändern.

Musik zu Vorspann und Abspann

Es entsteht eine Erwartungshaltung durch den Einsatz von Musik oder Geräusch im Vorspann. Da Musik bei den meisten Menschen hauptsächlich die Emotionen anspricht, ist es hier möglich, den Nutzer auf die interaktive Anwendung einzustimmen. Hilfreich sind die musikalische Verarbeitung einfacher Klänge und musikalischer Motive, die in der Anwendung wiederzufinden sind. Auch komplette Musikstücke/Songs eignen sich dazu, sofern sie einen Bezug zu den Inhalten des Programms widerspiegeln. Im Abspann kann auf Tonmaterial zurückgegriffen werden, dass dem Anwender bereits aus der Anwendung bekannt ist. Es kann somit gelingen, den Gesamteindruck der Anwendung im Nutzer nachklingen zu lassen.

Dramaturgische Funktionen von Filmmusik

Musik kann sich sehr stark an dem orientieren, was parallel auf der visuellen Ebene geschieht. Ein Beispiel ist das Mickey-Mousing. Hier werden die Vorgänge mit Musik auf extreme Weise illustriert. Auch ohne Bilder glaubt man das Geschehen nur durch das Hören der Musik nachvollziehen zu können.
Sie kann aber auch kommentieren und interpretieren, sozusagen eine eigene Auffassung von dem mitteilen, was gerade auf der Leinwand oder dem Bildschirm zu sehen ist. Dem Betrachter wird somit eine Interpretationshilfe über die Musik angeboten für das, was Bilder zeigen. Zwischen diesen beiden Polen bewegt sich die Funktion der Musik zum bewegten Bild.

So ist es möglich, Klänge mit unterschiedlichen Bedeutungen zu schichten. Dabei entsteht eine komplexe Atmosphäre mit vielen Gefühlsebenen. Eine Polyphonie musikalischer Schichten.

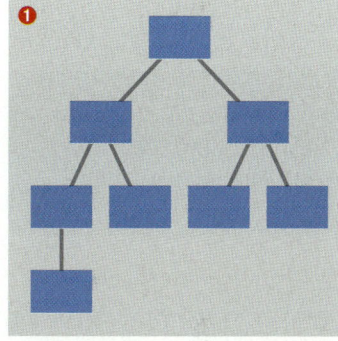

Baumstruktur einer interaktiven Anwendung

Wie bereits erwähnt, kann Musik strukturbildend ❶ wirken. Insbesondere kann sie in interaktiven Anwendungen z. B. Kapitel, Themenbereiche, Übergänge, Vor- und Abspann markieren. In Filmen wird sie zusätzlich an „Plot-Points" und an dramaturgischen Höhepunkten eingesetzt und lässt somit die Großform des Filmes erkennen. Ähnlich wie mit Geräuschen lassen sich Abschnitte im Geschehen mit Musik unterstreichen. Das wirkt dann wie das Ausrufezeichen ❷ am Ende eines Satzes.
In interaktiven Anwendungen wird unter Umständen Bild- oder Filmmaterial unterschiedlicher Herkunft verwendet und in einer Anwendung integriert. Mit der Unterlegung einer Musik lassen sich so die qualitativen und stilistischen Unterschiede teilweise ausgleichen.
Musik kann das Befinden der Handelnden vermitteln ❸. Sie gewährt damit einen Einblick in ihr Gefühlsleben, ihre Wahrnehmung und Erinnerung. Aber nicht nur das Befinden kann vermittelt werden, sondern auch die Handlung selbst kann Musik interpretieren. Ein klassisches Beispiel sind die tiefen Töne der Kontrabässe, die in uns die Erwartung eines nahenden Unglücks schüren und damit Ereignisse in Teilen vorwegnehmen können.

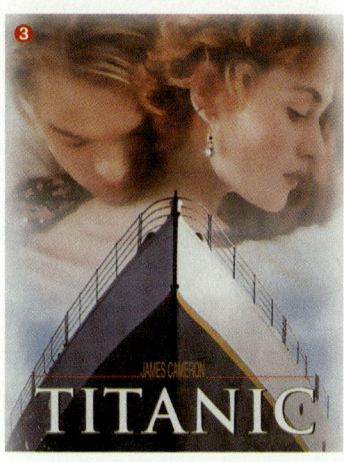

Geht es um eine Dokumentation eines gesellschaftlichen Problems aus der Zeitgeschichte, bietet es sich an, die Musik der damaligen Zeit und insbesondere der betroffenen Bevölkerungsgruppen zu recherchieren und zu verwenden. Auf diese Weise lassen sich gesellschaftliche und historische Zusammenhänge unterstreichen.

Wenn wir unsere Musik hören, dann fühlen wir uns Wohl und sind dazu bereit, Dinge wohlwollend zu betrachten, die mit dieser Musik in Beziehung gebracht werden. Es gibt Menschen, mit denen wir die Vorliebe zu dieser Musik teilen. Das erzeugt ein angenehmes Gruppengefühl. Wird diese Musik im Film oder einer interaktiven Anwendung eingesetzt, so sind zumindest wir als Zielgruppe positiv auf die Aussagen des Filmes eingestimmt.

Ein Beispiel: Eine Familie ist im Gleichschritt auf dem Weg zum Strandbad. Durch die Überzeichnung mit unterlegter Marschmusik lässt sich ihr Aufenthalt im Strandbad als stabsmäßig geplantes Ausflugsvorhaben karikieren.

Spezifische Musiken können Handelnden zugeordnet werden. Durch die entsprechende Wahl von Musik können sie in ihrer Größe ❶ oder generell in ihrer Wirkung beeinflusst werden. Die „Größe" der Musik sollte mit der „Größe" der Handelnden übereinstimmen. Damit ist nicht nur ihre physische Größe gemeint. In Stanley Kubricks Film „2001 – Odyssee im Weltraum" wird Musik aus „Also sprach Zarathustra" von Richard Strauss, einer Szene mit dem Zerstörungsrausch eines Affenmenschen an der Schwelle zum Aufbruch der Menschheit unterlegt.

Atmo = Atmosphäre
Die Atmo ist ein gleichförmiges Hintergrundgeräusch z. B. der Wellenschlag am Strand, das Rauschen der Blätter im Park, der Straßenlärm einer Großstadt.

Mit einer **Atmo** oder dem Eigenklang eines Raumes lässt sich relativ genau seine Beschaffenheit oder eine räumliche Umgebung akustisch darstellen. Mit Musik gelingt das nicht so präzise. Es gibt einen Tonraum mit hohen und tiefen Tönen, die in einem physikalischen Raum mit oben und unten eine Entsprechung findet. Doch gibt es auch hier in gewissen Grenzen eine Entsprechung. Ertönt beispielsweise beim Anblick eines Sees in einem Park eine sinfonische Musik, so erscheint die Umgebung groß. Musik beeinflusst die Wahrnehmung von Räumen ❷.

10.2.3 Geräusch

Für eine wirklichkeitsnahe Gestaltung braucht es für die visuellen Eindrücke eine Bestätigung durch begleitende auditive Ereignisse. Eine zufallende Tür verursacht einen Knall, ein Luftstrom verursacht ein Windgeräusch, ein Automotor verursacht im Betrieb ein Brummen.

Das Bild auf dem Computerschirm oder auf der Kino-Leinwand ist zweidimensional. Eine Zunahme der Wirkung des Bildes in der dritten Dimension lässt sich neben der Gestaltung der visuellen auch mit der auditiven Ebene erreichen. So zum Beispiel ist eine Tiefenstaffelung mit einer deutlichen Aufteilung in Vordergrund und Hintergrund mit Lautstärke und Klangfarbe von Tönen sehr wirkungsvoll. Große Lautstärke für Vordergrund, kleinere Lautstärke für Hintergrund. Dabei ist diese Wirkung um so größer, je größer die Dynamik des Mediums ist. Im Kino ist die Dynamik größer als im Fernsehen.

Die Filmsprache bedient sich vieler hintereinandergeschnittener Einstellungen ❶. Handeln sie an einem Ort, so können sie insbesondere durch Atmos räumlich verschmolzen werden. Dies fördert die Kontinuität der Bild- oder Einstellungsfolgen.

➲ Der Realitätseindruck kann verstärkt werden, indem visualisierte Vorgänge akustisch bestätigt werden, die Dreidimensionalität des Bildes gesteigert wird und die Kontinuität über Bild- bzw. Einstellungswechsel hinweg gewahrt bleibt.

Insbesondere Atmos vermitteln einen guten Eindruck von der Umgebung. Zumeist werden Atmos aus **Geräuscharchiven** entnommen oder „Nur-Ton"-Aufnahmen am Drehort erstellt und in der Postproduction zum Film angelegt.

Weiterhin sind Orientierungslaute sehr nützlich. Dies sind typische Laute ❷ eines Ortes (wie die Figur zum Grund). Jeder Raum verfügt über einen typischen Eigenklang, auch dann, wenn in ihm völlige Stille zu herrschen scheint. Wenn mit O-Ton gearbeitet wird und Dialogpausen im Film eintreten, ist nur noch das Ruhegeräusch des Raumes zu hören.

Hinweis: Es ist sinnvoll das Ruhegeräusch eines Raumes aufzunehmen, damit es kopiert und in Dialogpausen eingesetzt werden kann.

Nicht nur der Ort, sondern auch die Zeit lässt sich mit dem Ton festlegen. Zum Beispiel steht das Geräusch einer schlagenden Uhr für die entsprechende Uhrzeit.

So wie es Geräusche gibt, die einem Ort zuzuordnen sind, gibt es auch Geräusche, die typisch für eine Epoche oder eine Zeitspanne sind. Die Laute von Dinosauriern ❸ sind dieser Zeit eindeutig zugeordnet, weil die Tiere heute ausgestorben sind, selbst, wenn sie aus der Soundmaschine von Sounddesignern stammen. Das Fahrtgeräusch einer Dampflokomotive ist der Vergangenheit zuzuordnen.

Dinosaurier in Steven Spielbergs Film „Jurassic Park"

➲ **Geräusche können Ort und Zeitpunkt einer Handlung festlegen.**

Die Vergrößerung der Lautstärke und die Änderung der Klangfarbe bis hin zur Verfremdung lässt den Ton mit der Absicht in den Vordergrund treten, eine größere Anteilnahme vom Zuschauer zu erlangen.

Damit lässt sich Aufmerksamkeit erzeugen und lenken. Insbesondere in der Werbung werden diese Maßnahmen dazu verwendet, um die Zuschauer und Hörer wieder in ihrer Aufmerksamkeit zurückzuholen. Aus der Menge an visuellen Objekten, die im Bild angeboten werden, wird auf diese Weise die Aufmerksamkeit auf bestimmte Objekte gelenkt.

Tönende Flugobjekte in George Lucas „Krieg der Sterne"

Es gibt viele Vorgänge die sehr leise, oder sogar unhörbar verlaufen. Wird Unhörbares hörbar gemacht, so nimmt die Intensität des audiovisuellen Gesamterlebnisses zu. Beispiel: Es werden Fluggeräusche zu Bewegungen von Raumgleitern angelegt, obwohl sich bekanntlich im luftleeren Raum kein Schall entwickeln kann ❹. Zeichentrickfiguren, die bis über einen Abgrund laufen, kurze Zeit in der Luft auf der Stelle verharren, dabei wild mit Armen und Beinen kreisen und schließlich abstürzen. Auf dem Bild ist es Asterix, der Gallier, kurz nachdem er einen Schluck Zaubertrank zu sich genommen hat ❺.

Die Wirkung des Zaubertrankes an Asterix von Goscinny und Uderzo

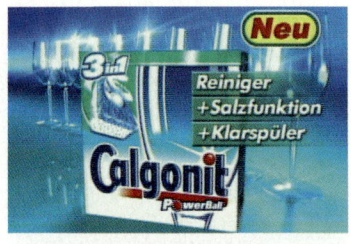

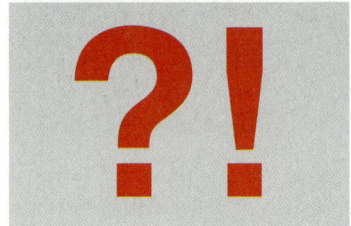

In der Werbung tragen diese Effekte zur Imagebildung bei. Beispiel: Die Reflexionen an strahlend sauberem Geschirr, die mit einem „Glöckchen-Klang" unterlegt sind.

➲ **Geräusche können visuelle Eindrücke verstärken.**

„Innere" Bilder dienen dem Zuhörer als Bildersatz für einen Vorgang oder ein Objekt. Beispiel: Auf einer Bühne wird ein Instrumental-Solist beklatscht. Der Zuschauer hört jedoch nur den Applaus und zu sehen ist nur das Gesicht des Solisten, die Klatschenden jedoch nicht. Der Zuschauer macht sich sein eigenes Bild vom applaudierenden Publikum.

➲ **Geräusche können Bilder ersetzen, indem sie „innere" Bilder beim Hörer erzeugen.**

10.2.4 Töne in interaktiven Anwendungen

Erinnern wir uns an die Definition von Multimedia: Integration von mehreren Medien, nämlich Bild, Ton, bewegtes Bild, Text. Sie müssen unabhängig voneinander abrufbar sein. Die Anwendung läuft auf einem Computer und ist interaktiv. Das eröffnet der Anwendung von Ton neue Dimensionen, stellt jedoch auch höhere Anforderungen an die Konzeption.

Im Gegensatz zu linear zu nutzenden Medien, wie Film und Video, lebt die interaktive Anwendung von der Dateneingabe und Beteiligung des Anwenders.

Software-Ergonomie und Interaktion

Viele haben schon einmal eine „leidige" Erfahrung gemacht, als sie einem Videorekorder „beibringen" wollten, eine bestimmte Sendung aufzuzeichnen. Die Ergebnisse können äußerst deprimierend sein. Am Besten kommen wir mit einer Benutzerführung zurecht, die eine Fehlbedienung sofort aufdeckt.

Gute Benutzerführungen leiten deshalb den Anwender mit intelligenten Rückmeldungen und einsehbaren Anweisungen von einem Programmschritt zum Nächsten.

Ein Videorekorder lässt sich anschauen, anfassen und beim Drücken einer Taste oder beim Einlegen einer Kassette gibt er Geräusche von sich. Das sind unmittelbare Rückmeldungen der Maschine, die uns über das Gehör signalisieren, wie die Maschine auf unsere Eingaben reagiert. Der Computer lässt sich zwar anfassen, die Anwendung selbst jedoch nicht. Deshalb muss eine Schnittstelle (Interface) zwischen Anwender und Anwendung gestaltet werden, die Rückmeldungen und Anweisungen über den Bildschirm wie auch über die Lautsprecher erlauben. Beim Screen- und **Sounddesign** müssen Inhalte und Corporate Design didaktisch angemessen umgesetzt werden. Navigation und Benutzerführung müssen intuitiv zugänglich gestaltet werden. Die Beachtung dieser software-ergonomischen Gesichtspunkte spielt eine entscheidende Rolle bei der erfolgreichen Nutzung und damit für die Akzeptanz der multimedialen Anwendung.

Beispiel: Der Nutzer eines Spieles wird vom Programm aufgefordert, mit dem Mauszeiger eine Taste auf dem Bildschirm zu drücken. Als Rückmeldung an den Nutzer verändert sich die Taste. Sie erscheint hineingedrückt. Gleichzeitig ertönt ein Klick-Geräusch, und signalisiert, dass die Taste mit dem Mauszeiger getroffen wurde. Im Anschluss daran springt das Programm an eine andere Stelle. Das wiederum braucht Zeit, denn es müssen Bilder und Texte in den Arbeitsspeicher geladen werden. Gleichzeitig ertönt bereits eine Musik, ein Flächensound oder eine (Geräusch-) **Atmo**. Der Ton leitet zum neuen Thema des Spieles über und signalisiert zusammen mit einem grafischen Fortschrittsanzeiger, dass das Programm mit einem Ladevorgang „beschäftigt" und keineswegs „abgestürzt" ist.

Musikunterlegter Fortschrittsanzeiger beim Simulieren der Dritten Dimension

Strukturieren einer Anwendung

Ein Nutzer soll sich möglichst einfach und intuitiv in der Anwendung orientieren können. Die auditive Ebene lässt sich für die Orientierung in interaktiven Anwendungen sehr gut nutzen. So ist es denkbar, (Geräusch-) Atmos, themenbezogene Musik oder Flächensounds den verschiedenen inhaltlichen Abschnitten (Kapitel, Umgebung, Menü, schriftlicher Dialog etc.) zuzuordnen. Wichtig dabei ist, dass entsprechend der Gestaltungsrichtlinien der interaktiven Anwendung die Zuordnung des Tones zu den Abschnitten stets eindeutig ist.

Freie Auswahl durch den Anwender

Manche Menschen mögen es, während einer Beschäftigung nebenbei das Radio laufen zu lassen oder eigene CDs abzuspielen. Interaktive Anwendungen geben die Möglichkeit, eine Auswahl an Musikstücken anzubieten. Diese können vom Anwender zusammengestellt und in eine entsprechende Reihenfolge gesetzt werden. Diese laufen dann im Hintergrund der Anwendung ab. Die Lautstärke kann vom Anwender eingeben werden. Wenn neben der Musik noch andere Tonquellen zu hören sind, ist häufig dem Anwender die Möglichkeit gegeben, das Mischungsverhältnis zwischen den Quellen selbst zu regeln.

Zusammenstellen per Zufall

Um die Aufmerksamkeit zu halten, kann es von Vorteil sein, die Musik in Abhängigkeit der Aktivitäten des Nutzers vom Zufall auswählen zulassen. In diesem Fall sollte die gesamte Anwendung jedoch einen spielerischen Charakter haben, vom Reiz des Unbekannten oder des Unerwarteten geprägt sein und eine vom Anwender durchschaubare Struktur und Navigation aufweisen.

Veränderung in Abhängigkeit der Nutzeraktivitäten

Besonders interessant wird die Möglichkeit, insbesondere Musik in Abhängigkeit der Nutzereingaben zu steuern.
Beispiel: Ein Anwender kämpft sich durch den Fragendschungel eines interaktiven Quiz-Spieles. Je mehr Fragen er beantwortet, desto mehr Zeit verstreicht. Die Spannung steigt. Bei jeder weiteren Schwierigkeitsstufe wird die Tonart der Musik einen halben Ton höher gerückt.

Hinweis: Es ist nützlich, Tonereignisse in Schleifen (loops) laufen zu lassen. So werden die Audio-Dateien möglichst klein gehalten und beanspruchen daher relativ wenig Speicherplatz. Die Gefahr besteht jedoch, dass Tonschleifen den Zuhörer nach kurzer Zeit wegen ihrer Eintönigkeit stören. Deswegen muss bei der Auswahl des Tonmaterials und der Erstellung größte Sorgfalt verwendet werden.

Musikauswahl in „Die SIMS 2"

Sprachaufnahmen in der Synchronisation: Andreas von der Meden leiht David Hasselhoff seine Stimme.
Quelle: Studio Hamburg GmbH

Raptoren in Steven Spielbergs Film „Jurassic Park"

Peitschende Geräusche der Laserwaffen in George Lucas „Star Wars" (Krieg der Sterne)

10.3 Tonaufnahme

Im vorangegangenen Kapitel haben wir Funktionen von Musik, Sprache und Geräusch kennen gelernt. Musik- und Geräuschaufnahmen können häufig aus Archiven entnommen werden, Sprachaufnahmen müssen jedoch individuell hergestellt werden. Deswegen soll anhand einer Sprachaufnahme gezeigt werden, wie prinzipiell eine Tonaufnahme stattfindet, welche Hard- und Software grundsätzlich erforderlich sind und was insbesondere für die Verwendung in interaktiven Anwendungen dabei zu berücksichtigen ist. Wie kommt der Ton in den Computer? Was für Möglichkeiten der Bearbeitung sind gegeben? Welche Bearbeitungen sind für interaktive Anwendungen notwendig? Zunächst soll es aber um konzeptionelle Vorüberlegungen zur Tonproduktion gehen.

10.3.1 Konzeptionelle Vorüberlegungen

Soll der Ton optimal auf die interaktive Anwendung abgestimmt sein, dann muss er in der Regel eigens dafür produziert werden. Am Anfang der Überlegungen zum Ton einer interaktiven Anwendung steht deshalb die Frage nach dem Budget. Danach entscheidet sich, welcher Aufwand in der Vertonung getrieben werden kann. Während die Produktion von Filmmusik mit Orchester in der Regel der Filmindustrie im Stile Hollywoods vorbehalten bleibt, so ist doch die Vergabe eines Auftrages für die Produktion von Musik mithilfe von **MIDI-Instrumenten** denkbar. Wenn neben der Musik auch Geräusche eigens für die Anwendung produziert werden sollen, so gibt es dabei verschiedene Möglichkeiten. So wäre es denkbar, zunächst Sounds von geeigneten Geräusch-CDs zu nehmen, zu verändern und miteinander zu mischen. Sollte das nicht zum gewünschten Erfolg führen, so bietet es sich an, mit einem DAT-Recorder, Mikrofonen und einem Kopfhörer geeignete Geräusche bei Außenaufnahmen einzufangen.

So ist beispielsweise der grauenhafte Schrei eines angreifenden Raptoren in Jurassic Park eine Mischung aus dem hohen Unterwasser-Schrei eines Delphins und dem tiefen Brüllen eines Walrosses. Ein anderes Beispiel sind die Laserhandfeuerwaffen in George Lucas „Krieg der Sterne". Ihr Sound ist entstanden, indem der Toningenieur gegen die Kabelstränge einer Funkstation schlug. Science-Fiction Geschichten sind ein dankbares Genre für eifrige Sounddesigner und Geräuschemacher. Selbst wenn die Geräusche nicht ganz den Lauten der Tiere der Vergangenheit oder der Gegenstände der Zukunft entsprechen, so unterstützen sie das bewegte Bild und lassen es realistischer und eindrucksvoller erscheinen. Und da wären wir bereits mitten im Tätigkeitsbereich der Sounddesigner.

Zunehmend wird die Gestaltung der gesamten Tonebene (Musik, Geräusch, Sprechtext) einer interaktiven Anwendung als Teil eines ganzheitlichen Prozesses in Abstimmung mit der Gestaltung der visuellen, didaktischen und ergonomischen Ebene als Sounddesign bezeichnet. Auf den Begriff Sounddesign stößt man nicht nur im audiovisuellen Bereich oder in der Filmproduktion. Zum Beispiel überlassen es Automobilhersteller nicht immer dem Zufall, wie die Türen ihrer Autos klingen, wenn sie ins Schloss fallen. Auch das ist das Ergebnis von Sounddesign.

Musik- und Geräuscharchiv

Musikarchive bieten häufig eine Alternative, wenn Musik nicht in Auftrag gegeben oder selbst produziert werden soll. Sie bieten Musik aus jeder Stilrichtung passend zu jedem Genre. Musikarchive erleichtern den Umgang mit Urheber- und Verwertungsrechten, um die Musik juristisch einwandfrei nutzen zu können. Denn grundsätzlich muss sich ein Nutzer um mehrere Rechte kümmern, um die von ihm gewünschte Musik verwerten zu dürfen. Dazu gehören das Vervielfältigungs- und Verbreitungsrecht, das Recht zur Nutzung eines Musikwerkes bzw. Werkteiles und das Recht der öffentlichen Wiedergabe. Will ein Nutzer also Musik von einem GEMA-Mitglied (Urheber und Verlag) verwerten, so übernimmt die GEMA das Inkasso und wacht darüber, dass die Musikstücke ordnungsgemäß vom Nutzer angemeldet werden.

Nur Nichtmitglieder dürfen ihre Musik ohne die GEMA frei zur Verwertung anbieten. Das ist die sogenannte GEMA-freie Musik. Diese Musik wird also von Komponisten hergestellt, die sich durch keine Verwertungsgesellschaft vertreten lassen. Die Musik wird auf eigenes Risiko produziert und an die Kunden in Lizenz zur Verwertung freigegeben. Dieser darf die Musik, wie jeder Andere nutzen. Der Kunde kann sich das Recht der Verwertung der Musik jedoch auch exklusiv sichern. D. h. die Musik darf dann nur von ihm für einen vereinbarten Zeitraum oder zeitlich unbegrenzt genutzt werden. Tantiemen sind also nur an den Anbieter der Musik abzuführen. Sie decken in der Regel nicht nur die Nutzung der „Noten" ab sondern auch der Musikaufnahme auf Tonträger.

Eine andere Kategorie bilden Musikverlage, die Musik auf Tonträger anbieten, für deren Nutzung GEMA-Gebühren für die Urheber anfallen. Das Recht der Verwertung der Tonaufnahmen auf vom Verlag überlassenem Tonträger wird mit einer Lizenz erworben und die verwendete Musik bei der GEMA angemeldet. Diese verlangt dann ebenfalls einen Obulus für die Urheber der Kompositionen, Bearbeitungen und Texte. Die Rechte an den Tonaufnahmen selbst liegen jedoch im Allgemeinen nicht zwangsläufig beim Komponisten, sondern möglicherweise beim Produzenten, dem Tonträgerhersteller, dem Verlag und den Interpreten. Diese Musikverlage haben sich jedoch die Rechte an den Musikaufnahmen bei den Beteiligten bereits gesichert, so dass für den Nutzer keinerlei juristische Probleme zu erwarten sind.

Bei Musik, deren zugehörige Verwertungsrechte ausschließlich von der GEMA wahrgenommen werden, muss direkt dort angefragt werden, ob eine Komposition zur Verwertung freigegeben werden kann. Die GEMA wird ihrerseits dem Nutzer dabei behilflich sein, die Erlaubnis bei den Urhebern einzuholen, um die Musik in dem zu erwartenden Rahmen und zu dem gewünschten Zweck verwenden zu dürfen. Liegt die Musik bereits auf Tonträger vor, so sind die Rechte an den Tonaufnahmen darüber hinaus zusätzlich zu klären.

Geräusche werden meistens aus einem **Geräuscharchiv** auf CD oder CD-ROM entnommen. Gedruckte Schlagwortkataloge oder Datenbanken erleichtern den Zugriff auf die gesuchten Geräusche. Mit den Ton- oder Datenträgern wird in der Regel auch das Recht der Nutzung der Geräusche erworben. CD-ROMs sind besonders für die computergestützte Tonproduktion geeignet.

Musik- und Geräusch-Archive

www.sonoton.com
www.sound-ideas.com
www.hollywoodedge.com
www.bestservice.de
www.masterbits.de

Interessante Links zum Thema Filmmusik (Film Scores) und Geräusche (Sound FX, Foley)

www.skysound.com
www.marblehead.net/foley
www.filmsound.org/starwars
www.scorereviews.com/
     horner.shtml
www.johnwilliams.org

GEMA: Gesellschaft für musikalische Aufführungs- und mechanische Vervielfältigungsrechte, vertritt die Rechte von Komponisten, Musikern und Verlegern an ihren Musikwerken.

Audio-Grabbing: Bei diesem Vorgang werden die tonrelevanten Daten einer Audio-CD digital kopiert und aus dem Format des Red Book-Standards in ein PC-übliches Format konvertiert. (Vgl. Abschnitt Überspielung von Ton einer Audio-CD).

Hinweis: Die Sprecherkabine und der Regierraum sind akustisch voneinander getrennt. Der Sprecher kann deshalb nicht hören, was im Regieraum geschieht. Deshalb kann der Sprecher unbeabsichtigt vom Geschehen abgeschnitten werden. Um dies unbedingt zu vermeiden, sollte der Sprecher mittels Gegensprechanlage darüber informiert werden, was sich im Regieraum zuträgt.

Hinweis: Erst nach dem alle Vorbereitungen technischer Art getroffen wurden, darf die Aufnahmesitzung beginnen.

Aus diesem Grund lassen sich damit insbesondere für interaktive Anwendungen bereits fertig „konfektionierte" Geräusch- oder Musik-„Schnipsel" nutzen. Sie liegen als Audio-Datei häufig in einem **WAVE- oder AIFF-Dateiformat** vor. Das hat den Vorteil, dass sie ohne Formatumwandlung verwendet werden können. Eine Alternative der digitalen verlustfreien Übertragung ist natürlich auch das Audio-Grabbing von Geräuschen einer käuflich erworbenen Audio-CD.

Sprechtext

Sprechtext nimmt in der Regel den größten Teil des Tones in interaktiven Anwendungen ein. Hier übernimmt er Funktionen, die vom Filmton bekannt sind und zusätzlich Aufgaben der Benutzerführung und der Navigation. Sprachaufnahmen müssen also neu und individuell für die Anwendung erstellt werden.

Aus der konzeptionellen Arbeit geht hervor, welche „Sorten" von Text es geben wird. Damit ist klar, welche Texte z. B. emotional oder eher sachlich gesprochen werden sollen. Der Text wird auf weibliche und männliche Stimmen verteilt.
Dann erfolgt die Auswahl von geeigneten Sprechern. Tonstudios oder Agenturen verfügen häufig über Sprecherkarteien mit entsprechenden Sprechproben / Demonstrationsmaterial professioneller Sprecher. Soll mit eigenen Mitteln (in der Schule, Fachhochschule, Universität, etc. mangels Budget) und eigenen Tonstudiogeräten gearbeitet werden, so kann in jedem Fall die eigene Stimme erprobt werden. Jedoch sollte eine „unabhängige" geschulte Person die Aufnahmen bewerten. Im Normalfall ist wenigstens darauf zu achten, dass die Stimme akzentfrei ist. Die Wirkung der Stimme und ihre Auswirkung auf die Glaubwürdigkeit des gesamten multimedialen Produktes ist nicht zu unterschätzen! Sie ist hier ebenso tragend, wie die Off-Stimme in einem Dokumentarfilm oder einer Werbung im Rundfunk. Im Zweifelsfall sollte für professionelle Produkte immer ein Budget für einen medienerfahrenen Sprecher eingeplant werden.
In einem ständigen Dialog zwischen Regie und Sprecher wird während der Aufnahmesitzung die Interpretation des Textes erarbeitet.

Abschließend folgen zwei Beispiele für die Einbindung von Ton in interaktiven Anwendungen und eine Checkliste.

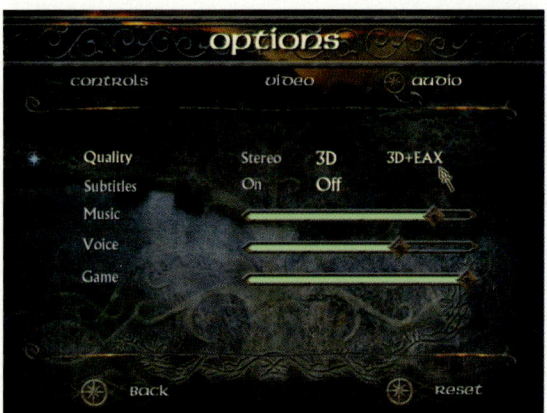

Einstellungsmöglichkeiten der auditiven Ebene in der interaktiven Anwendung „Herr der Ringe – Die Rückkehr des Königs". In dem Menu Audio wird angeboten,

- Soundqualität,
- Musik,
- Sprache,
- Effekte,

mittels abgebildeter beschrifteter Tasten (Buttons) und Schiebereglern den Wünschen des Anwenders anzupassen.

Das Mischungsverhältnis der drei Tonebenen zueinander kann mit den Schiebereglern auf der rechten Seite des Sound und Musik-Menus eingestellt werden.

Einstellungsmöglichkeiten der auditiven Ebene in der interaktiven Anwendung „Die SIMS 2".

In der oberen Hälfte des Menüs werden Audio-Optionen angeboten.

• Stimmen,
• Soundeffekte,
• Musik und
• Umgebung (HIntergrund)

mittels kleiner Check-Boxen ein oder auszuschalten und in ihrer Lautstärke zueinander festzulegen. Hierzu dienen die oben abgebildeten Schieberegler (Fader). Die Musik lässt sich aus einem Angebot von vielen Stücken zusammen stellen. Um die Auswahl zu erleichtern, lassen sich die Stücke zuvor markieren und abspielen.

Hier sind einige weitere Fragen, die zu Beginn der Produktion einer interaktiven Anwendung geklärt werden sollten:

Checkliste:

• Welchen Stellenwert besitzt der Ton?
• Wie viel Speicherplatz steht zur Verfügung?
• Wie hoch ist die Datentransferrate?
• Müssen Systemvoraussetzungen eigens für die Wiedergabe des Tones definiert werden?
• Welche Tonqualität muss/darf der Ton haben?
• Soll es Atmos und Feedback-Geräusche geben?
• Sollen mehrere Geräuschebenen im Sinne einer Tiefenstaffelung (vorne, Mitte, hinten) mit Atmos und Geräuschen (auch für Feedback) erzeugt werden?
• Können alle Geräusche aus einem Archiv entnommen oder müssen einige eigens für die Anwendung erzeugt werden (Sounddesign)?
• Muss Musik eigens für die Anwendung komponiert und produziert werden?
• Sollen Ton-Kanäle für Musik, Geräusch und Sprache einzeln abschaltbar und/oder in ihrer Lautstärke regelbar sein?
• Können einzelne Audio-Dateien im Autorensystem (Programmierwerkzeug) bei der Wiedergabe mit individueller Lautstärke versehen werden?
• Lassen sich mit dem Autorensystem (Programmierwerkzeug) Töne ein-, aus- und überblenden?
• Wie viele Ton-Kanäle lassen sich mit einem Autorensystem (Programmierwerkzeug), Betriebssystem und Hardware realisieren?
• Welche Dateiformate werden benötigt?
• Ist die Anwendung für CD-ROM oder/und Internet geplant?
• Ist Datenkompression erforderlich?
• Lassen sich komprimierte Dateien mit dem Programmierwerkzeug (Autorensystem) verwenden und beim Anwender wiedergeben?

Diese Checkliste dient der konzeptionellen Planung des Tones für interaktive Anwendungen. Hiermit lässt sich im Vorfeld prüfen, welche technischen Voraussetzungen beim Produzenten und Anwender vorhanden und welche gestalterischen Anforderungen an die Planung und Umsetzung gestellt werden.

10.3.2 Technik

In der Kette von Aufnahme, Speicherung, Bearbeitung und Wiedergabe von Ton steht zunächst ganz vorn das **Mikrofon**. Über einen Mikrofonvorverstärker oder ein **Mischpult** gelangt das Tonsignal an die **Soundkarte** mit ihren AD- und DA-Wandlern. Ist der Ton erst einmal mit ihrer Hilfe in eine digitale Form gebracht, so lässt er sich im RAM oder auf Festplatte speichern und mit geeigneter Software im Computer bearbeiten. Schließlich folgt am Schluss der Übertragungskette eine Monitoranlage im Studio, eine Hifi-Anlage oder kleine PC-Lautsprecher neben dem Bildschirm für die Wiedergabe des Tones.

Tonstudios sind für die unterschiedlichsten Zwecke eingerichtet. So unterscheidet sich z. B. die Arbeitsweise und die Ausstattung an Hard- und Software für den Filmton gravierend von denen bei der Produktion von klassischer Musik.

Sprecherkabine mit Schaumstoff ausgekleidet. Mikrofonhalterung mit Spinne und Mikrofon. (Nicht zu sehen: Lautsprecher der Gegensprechanlage). Die Spinne ist eine elastische Aufhängung für das Mikrofon. Sie dämpft jeglichen Körperschall, der über das Mikrofonstativ an das Mikrofon gelangt. Andernfalls würde Trittschall oder Bewegungen am Tisch zu Rumpeln in der Tonaufnahme führen. Aufgrund der Abmessungen der Sprecherkabine musste ein Kompromiss für die Position des Mikrofons gefunden werden.

Tonstudio: Sprecherkabine, Lautsprechermonitore, PC mit Aufnahme- und Bearbeitungssoftware, Gegensprechanlage, analoges Mischpult, Peripheriegeräte im 19"- und 9,5"-Einbaumaß, MIDI-Masterkeyboard

Deshalb beschränken wir uns auf die Betrachtung einer Sprachaufnahme für interaktive Anwendungen und hierbei nur auf die wesentlichen Schritte. In interaktiven Anwendungen werden häufig Stimmen aus dem Off eingesetzt. Sie geben z. B. Hilfen zur Navigation und führen den Anwender durch das Programm. Der Ort der Stimmen aus dem Off entspricht keinem abgebildeten Raum oder einer abgebildeten Umgebung. Deshalb sollten sie in einer reflexionsarmen **Raumakustik** aufgenommen werden. Es sei denn, es wird bewusst ein Raumeindruck zu erwecken versucht, der dem visuellen Eindruck auf dem Bildschirm entspricht. Selbst in diesem Fall ist es jedoch ratsam, die Aufnahme möglichst „trocken" zu halten. Auf diese Weise sind die Nachbearbeitungsmöglichkeiten flexibler zu handhaben.

Beispiel: Sprachaufnahmen sollen nachträglich mit dem künstlichen Hall einer Beton-röhre versehen werden, der einem auf dem Screen abgebildeten Raum entspricht. Dabei würde sich der Hall, der bereits zusammen mit der Sprache aufgenommen wor-den ist, mit dem künstlichen überlagern und möglicherweise stören.

Um Tonaufnahmen durchführen, bearbeiten und verteilen zu können, wird eine Vielzahl von Geräten benötigt. Hard- und Software eines kleinen Tonstudios ist auf den Abbildungen zu sehen.

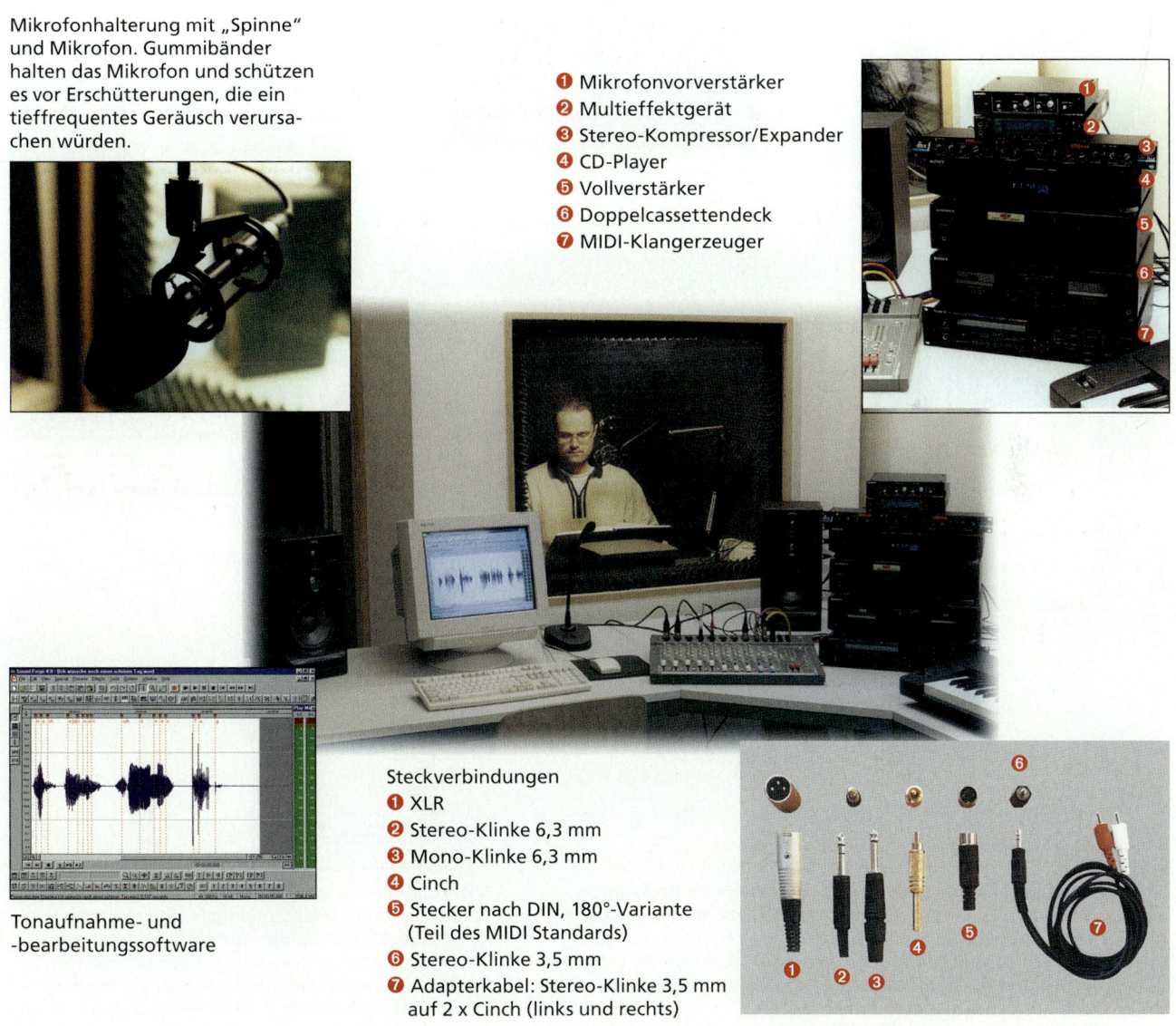

Mikrofonhalterung mit „Spinne" und Mikrofon. Gummibänder halten das Mikrofon und schützen es vor Erschütterungen, die ein tieffrequentes Geräusch verursa-chen würden.

❶ Mikrofonvorverstärker
❷ Multieffektgerät
❸ Stereo-Kompressor/Expander
❹ CD-Player
❺ Vollverstärker
❻ Doppelcassettendeck
❼ MIDI-Klangerzeuger

Tonaufnahme- und -bearbeitungssoftware

Steckverbindungen
❶ XLR
❷ Stereo-Klinke 6,3 mm
❸ Mono-Klinke 6,3 mm
❹ Cinch
❺ Stecker nach DIN, 180°-Variante (Teil des MIDI Standards)
❻ Stereo-Klinke 3,5 mm
❼ Adapterkabel: Stereo-Klinke 3,5 mm auf 2 x Cinch (links und rechts)

Plan eines einfachen Tonstudios mit PC

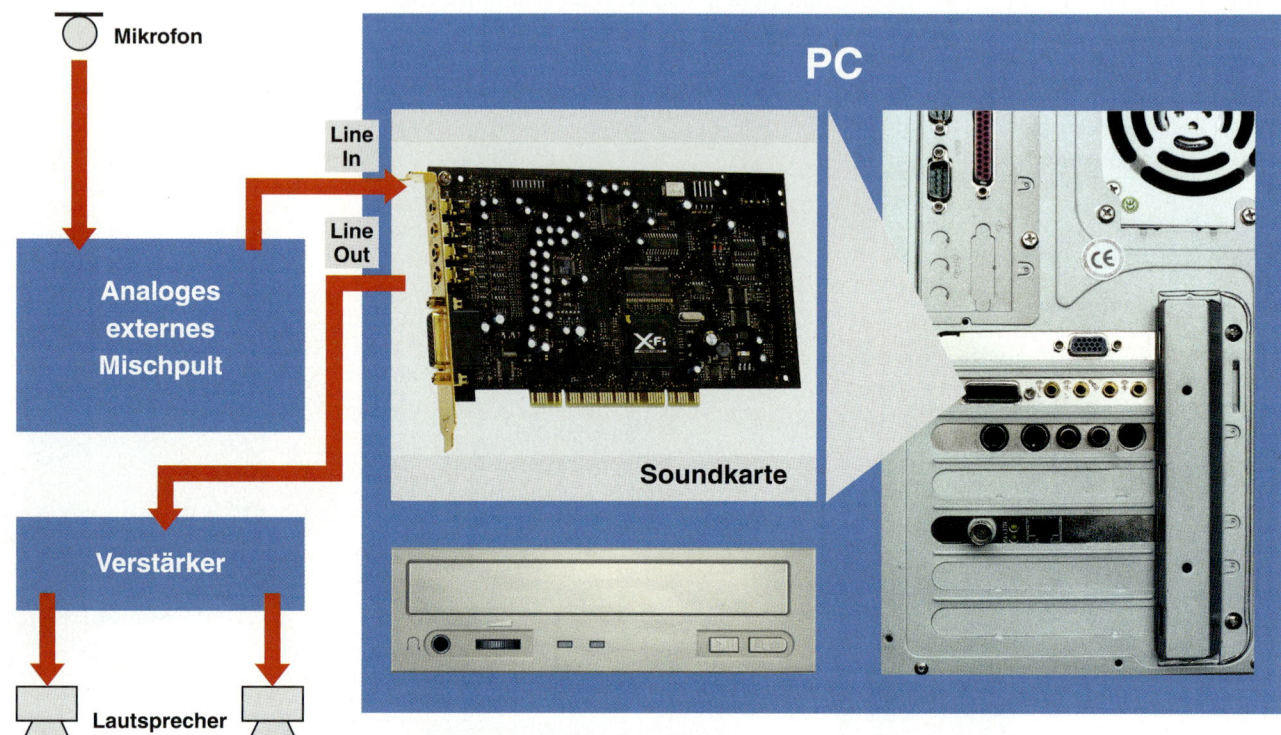

Mischpult, Verstärker, Lautsprecher, Soundkarte, Ausschnitt der Rückansicht eines PCs und internes DVD-ROM-Laufwerk

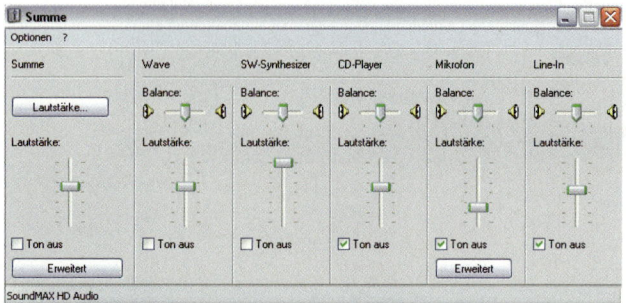

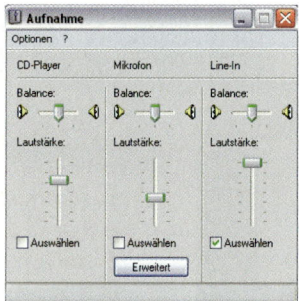

Mischpult für die *Tonwiedergabe* (Volume Control) unter Windows. Es wird nach einem Doppelklick auf das Lautsprechersymbol in der Symbolleiste sichtbar. Hier können die Quellen ausgewählt (oder stummgeschaltet) werden, die der Anwender hören möchte. Auch das Mischungsverhältnis lässt sich mit den Schiebereglern einstellen.

Mischpult für die Tonaufnahme (Recording Control) unter Windows. Unter *Optionen > Eigenschaften > Aufnahme* des Mischpultes für die *Tonwiedergabe* lässt es sich aufrufen. Auch hier lassen sich die Ton-Quellen auswählen und für die Aufnahme mit der Soundkarte vorbereiten.
Hinweis: Vor der Aufnahme alle nicht benötigten Quellen, insbesondere den Mikrofoneingang, ausschalten. Dadurch wird unnötiges Rauschen vermieden!

Verkabelung

Im Tonstudio werden viele verschiedene Geräte miteinander verbunden. Dabei wird bei der Übertragung von Tonsignalen im Wesentlichen zwischen analogen und digitalen Signalen unterschieden.

Analog:

Mikrofone geben Signale mit kleinem Spannungspegel ab. Sie werden über eine Mikrofonleitung zum Mischpult oder Vorverstärker übertragen. Die übrigen Geräte werden mit Leitungen verbunden, die einen höheren Pegel übertragen müssen.

Die niedrigen Ausgangspegel von Mikrofonen müssen mit einem externen Mikrofonvorverstärker oder einem in das Mischpult integrierten Vorverstärker verstärkt werden. Der Verstärkungsfaktor liegt häufig zwischen 50 und 1000. Wegen der kleinen Ausgangsspannung der Mikrofone und der hohen Verstärkung wirken sich deshalb selbst kleinste Störungen auf extreme Weise aus, denn diese werden ebenfalls um diesen Faktor angehoben. Deshalb brauchen ihre Signale einen besonderen Schutz. Das wird durch die Verwendung symmetrischer Leitungen erreicht. Im Allgemeinen verbinden sie Geräte, die mit Trennübertragern und/oder Symmetrierstufen an Eingang oder Ausgang bestückt sind.

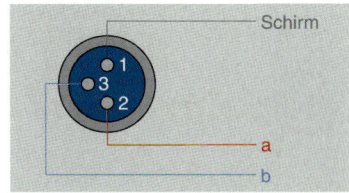

Belegung der Stifte eines XLR Steckers für symmetrische Leitungen

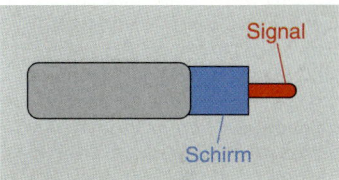

Belegung der Stifte eines Cinch-Steckers für asymmetrische Leitungen

Elektromagnetische Wechselfelder Φ_{Fremd} streuen in das Kabel und induzieren eine schwache Spannung U_{Fremd}. Da diese induzierte Störspannung U_{Fremd} jedoch in der oberen Ader a, wie in der unteren b gleich groß ist, heben sich beide in ihrer Summe zu null auf. In der Regel tragen die Kabel der symmetrischen Leitungen an ihren Enden **XLR-Stecker**. Für rechten und linken Kanal (L, R) wird jeweils eine Leitung gebraucht.

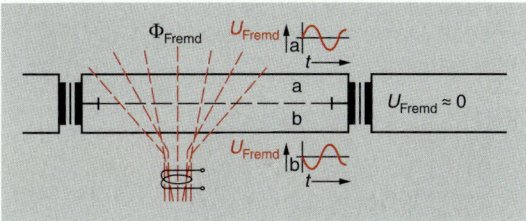

Wirkungsprinzip bei der Übertragung eines Tonsignals auf einer symmetrischen Leitung

Zwischen Geräten mit hochpegeligen Ein- und Ausgängen genügen in Studios mit kurzen Signalwegen ebenso wie bei der Verkabelung von Heim-Video/HiFi-Anlagen asymmetrische Leitungen. Dies reduziert zudem den Kostenaufwand erheblich. Der hohe Pegel wird auch Line-Level oder Line-Pegel genannt. Auf diese Weise werden niederpreisige Soundkarten und Effektgeräte, Mischpulte mit Line-Ein- und Ausgängen und CD-Player, DAT-Rekorder und Mini Disk-Rekorder mit analogen Ein- und/oder Ausgängen verbunden. Die Kabel tragen häufig **Cinch-Stecker** oder 6,3 mm Mono-Klinkenstecker. Auch hier benötigt man pro Kanal (L, R) eine Leitung. Soundkarten tragen häufig kleine 3,5 mm Stereo-Klinken Buchsen für den Line-Ein- und Ausgang. Hier werden für den linken und rechten Kanal (L, R) zwei asymmetrische Leitungen auf drei Adern geführt.

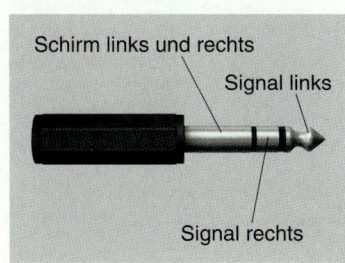

3,5 mm Stereo Klinke
Zwei asymmetrische Leitungen auf drei Adern

Digital:

Digitale stereofone Tonsignale werden jedoch bei S/P-DIF und AES/EBU pro Leitung mit zwei Känalen (L, R) übertragen! Bei geeigneter Hardware können mit der Consumer-Schnittstelle S/P-DIF auch Geräte mit Lichtwellenleiterkabeln (Toslink) verbunden werden. Ansonsten wird ein koaxiales Kabel mit einem Wellenwiderstand von 75 Ohm und einer maximalen Länge von 10 m mit Cinch-Steckern genutzt. Die Verbindungen nach dem professionellen AES/EBU-Standard verwendet symmetrische Leitungen und Kabel mit XLR-Steckern.

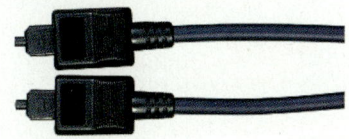

Lichtwellenleiter

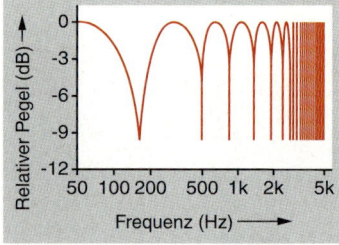

Quelle: Shure Europe GmbH, Heilbronn

Der **Kammfiltereffekt** tritt auf, wenn sich Originalklang und sein zeitverzögertes Signal (an einem Ort) überlagern. Das zeitverzögerte ist gegenüber dem Original phasenverschoben. Dadurch werden im Spektrum des Klanges in regelmäßigen Abständen auf der Frequenzskala Frequenzen verstärkt und andere bis zur Auslöschung abgeschwächt. Der Originalklang wird demzufolge klanglich verändert. Die entsprechende Filterkurve sieht aus wie ein Kamm.

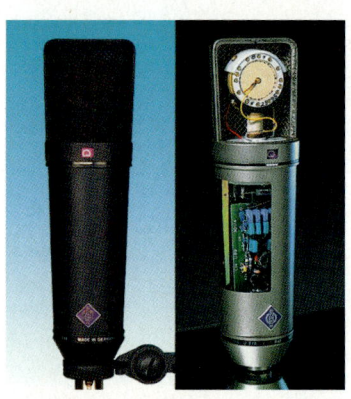

Kondensatormikrofon U 87
Quelle: Georg Neumann GmbH, Berlin

Prinzip eines Kondensatormikrofons (Schnittzeichnung)

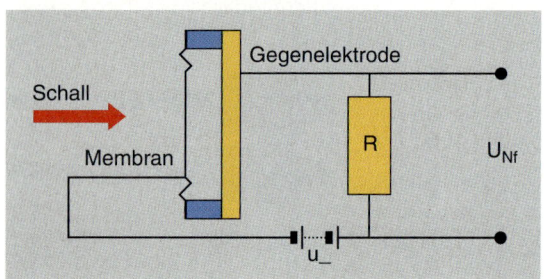

Raumakustik und Sprachaufnahmen

Wie bei Aufnahmen im allgemeinen, so ist auch bei Sprachaufnahmen besonders darauf zu achten, dass keine störenden **Reflexionen** an das Mikrofon dringen können. Das ist besonders der Fall bei **Laufzeitunterschieden** zwischen direktem und indirektem Schall bis etwa 10 ms. Hierbei treten Kammfiltereffekte mit unangenehmen Klangfärbungen auf. Aus diesem Grund wird nach der Modellvorstellung der geometrischen Raumakustik versucht, den Schall so zu lenken, dass sich dessen direkter und indirekter Anteil nicht zu früh am Ort des Mikrofons überlagert.

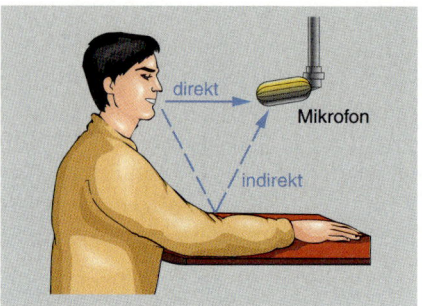

Klangfärbung durch Überlagerung von direktem Schall und Reflexionen beim Mikrofon

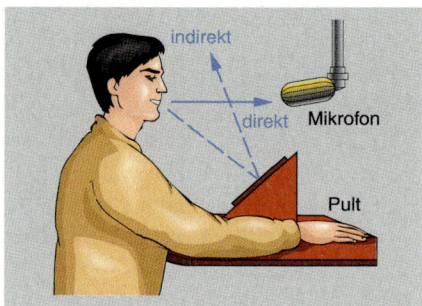

Vermeidung von unerwünschten Reflexionen und damit verbundenen Klangfärbungen

Mikrofone

Das Mikrofon wandelt mechanische in elektrische Energie. Besonders relevant für die Praxis im Tonstudio oder bei Außenaufnahmen sind deshalb die Unterscheidungsmerkmale im Wandlungsprinzip und zusätzlich in der Richtcharakteristik. Dies schlägt sich in der Bauart nieder und zieht viele weitere Eigenschaften der unterschiedlichen Mikrofone nach sich.

Wandlungsprinzip

Von besonderer Bedeutung für die Aufnahmepraxis sind das elektrostatische und das elektrodynamische Wandlungsprinzip.

Elektrostatisch: Verändert sich der Abstand der Platten eines Plattenkondensators, so verändert sich dessen Kapazität. Ist eine Spannungsquelle am Kondensator angeschlossen, so findet dann ein Ladungsausgleich statt und es fließt ein kleiner elektrischer Strom.

Im Kondensatormikrofon stehen sich sozusagen auch zwei „Platten" gegenüber. Eine „Platte" ist eine etwa 1-10 μm dünne den elektrischen Strom leitende schwingungsfähige Membran. Sie ist planparallel gegenüber einer feststehenden Gegenelektrode eingespannt. Der Abstand beträgt etwa 5-10 μm. Die zweite „Platte" des Plattenkondensators ist die Gegenelektrode. Trifft Schall auf die schwingungs-

Quelle: Georg Neumann GmbH, Berlin

Das elektrostatische Wandlungsprinzip erlaubt auch die technische Umsetzung einer veränderbaren Richtcharakteristik (vgl. Abschnitt Richtcharakteristik) ohne die Kapseln zu tauschen. So ist es möglich, mit einem Handgriff die Richtcharakteristik des Mikrofons an veränderte Aufnahmebedingungen anzupassen. Auch das ferngesteuerte Umschalten der Charakteristik aus dem Regieraum ist bei einigen Mikrofonen möglich. Auf diese Weise lässt sich während des Hörens der Einfluss des Raumes auf die Aufnahme variieren.

Kondensatormikrofon mit Verstärkerteil (unten) und auswechselbaren Mikrofonkapselaufsätzen für unterschiedliche Richtcharakteristiken (links Kugel, Mitte Keule), rechts ein Popp-/Windschutz. Sie lassen sich mit einem Gewinde verschrauben.

fähige Membran, so verändert sich die Kapazität dieser Anordnung mit der Frequenz der Schallschwingung am Ort der Mikrofonmembran. Es pulsiert ein schwacher Strom im Rhythmus dieser Frequenz.

Das Kondensatormikrofon ist der Hauptvertreter für das elektrostatische Wandlungsprinzip. Es kann sehr hohe Tonqualität mit sehr gutem **Frequenzgang** bieten, benötigt aber eine zusätzliche Betriebsspannung. Kondensatormikrofonkapseln lassen sich mit sehr kleinen Abmessungen herstellen. Deshalb sind sie gut geeignet überall dort, wo Mikrofone unauffällig zum Einsatz kommen sollen.

Elektrodynamisch:

Bewegt sich ein elektrischen Leiter senkrecht zur Richtung eines magnetischen Feldes, so wird in ihm eine elektrische Spannung induziert. Auf ähnliche Weise funktioniert auch ein Dynamo am Fahrrad. Für den Bau eines Mikrofons lässt sich dieses Prinzip ebenfalls nutzen. Beispiel: Eine Membran ist schwingungsfähig mit einer Spule verbunden. Trifft eine Schallwelle auf die Membran, so bewegt sie die mit ihr verbundene Spule im Rhythmus der Schallschwingung im Luftspalt eines Topfmagneten. Dabei wird in der Spule eine Spannung mit der Frequenz der Schwingung induziert.

Unauffälliger Einsatz von Kondensatormikrofonen in der Tagesschau

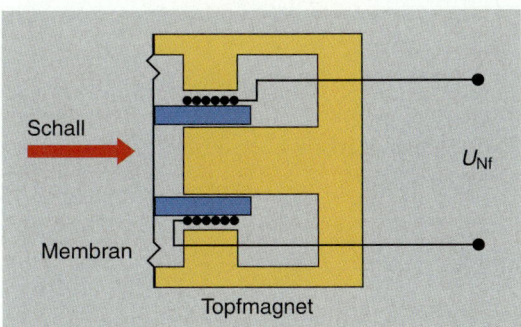

Prinzip eines Tauchspulenmikrofons (Schnittzeichnung)

Ganz rechts das dynamische Mikrofon SM58
Quelle: Shure Europe GmbH, Heilbronn

Das Tauchspulenmikrofon ist der Hauptvertreter des elektrodynamischen Wandlungsprinzips. Es ist sehr robust, benötigt keine Speisespannung (Phantomspeisung) und arbeitet auch noch bei hohen Lautstärken einwandfrei. Jedoch ist sein Frequenzgang im Vergleich zum Kondensatormikrofon unregelmäßiger. Es färbt den Originalklang stärker als ein vergleichbares Kondensatormikrofon.

Frequenzgang

Der Frequenzgang gibt an, wie sich das Übertragungsmaß in Abhängigkeit von der Frequenz verhält. Häufig wird dabei nur eine Schalleinfallsrichtung berücksichtigt. Sie zeigt dabei von vorn senkrecht auf die Mikrofonmembran. Ist die Linie lineal-glatt, so deutet dies darauf hin, dass das Mikrofon dem Originalklang der Schallquelle weder etwas hinzufügt noch wegnimmt. Das Mikrofon verhält sich klangneutral. Ist die Linie jedoch wellig, so beeinflusst das Mikrofon den Klang, wobei dies jedoch erwünscht sein kann. Mikrofone werden dann gezielt zu diesem Zweck eingesetzt. Messtechnisch ist dies ein Makel, gestalterisch jedoch beabsichtigt.

Frequenzgang eines Elektret-Kondensatormikrofons mit Kugelcharakteristik. Violette Linie: Schalleinfallsrichtung von 90°. Da die violette Linie von der Roten abweicht, lässt sich vermuten, dass Mikrofone ihre Richtcharakteristik nur näherungsweise einhalten!

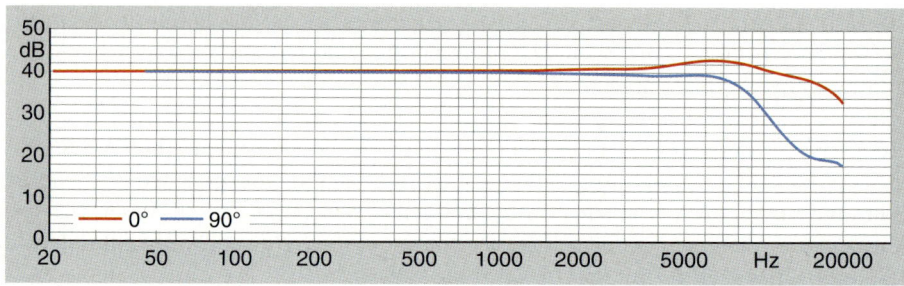

Quelle: Sennheiser electronic GmbH & Co. KG, Wedemark
Räumliche Darstellung der Richtcharakteristik eines Mikrofons. Hier ist es eine Niere.

Richtcharakteristik

Die Richtcharakteristik gibt an, wie sich das Richtungsmaß in Abhängigkeit von der Schalleinfallsrichtung und der Frequenz verhält. Welche Bedeutung hat das für die Praxis? Um den Einfluss der Umgebung bei der Aufnahme zu reduzieren, werden Mikrofone mit Richtwirkung benutzt. Die Richtwirkung ist umso größer, je „unempfindlicher" das Mikrofon gegenüber dem Schall von den Seiten oder von hinten ist. Verglichen wird dabei mit dem Schall, dessen Richtung senkrecht auf der Mikrofonmembran steht und deshalb aus der Mitte von vorn auf das Mikrofon trifft. Um dies für den Anwender zu verdeutlichen, wird eine Darstellung in einem Polardiagramm gewählt.

Um die Frequenzabhängigkeit der Richtwirkung bei möglichst vielen Frequenzen darstellen zu können, werden die Diagramme in eine linke und eine rechte Hälfte unterteilt. Das ist deshalb möglich, weil die Richtcharakteristik eines Mikrofons rotationssymmetrisch ist.

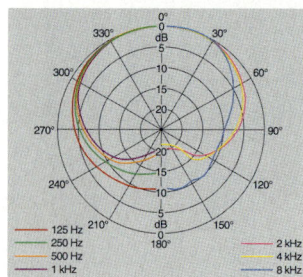

a: Richtcharakteristik: Niere, Schwache Richtwirkung

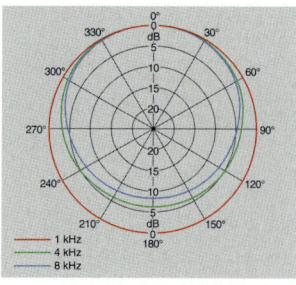

b: Richtcharakteristik: Kugel, Im Idealfall keine Richtwirkung

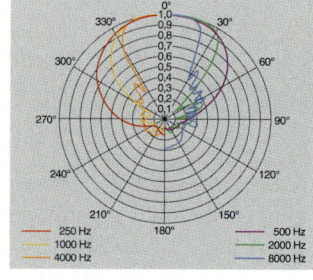

c: Richtcharakteristik: Keule, Starke Richtwirkung

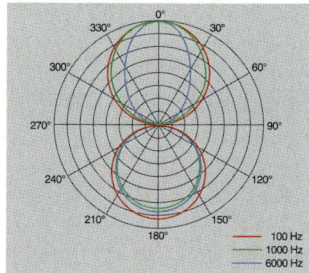

d: Richtcharakteristik: Acht, Richtwirkung von vorn und hinten

Nach dem Grad der Richtwirkung abgestuft gibt es folgende Charakteristiken: Kugel, Niere, Superniere, Hyperniere und Keule. Die Acht nimmt eine Sonderstellung ein, weil sie den Schall von vorne wie von hinten gleichermaßen aufnimmt und von der Seite im Idealfall nicht.

Niere und Superniere sind Standardcharakteristiken. Atmos (typische Umgebungsgeräusche) lassen sich mit einer Kugelcharakteristik gut einfangen. Ein Mikrofon mit Kugelcharakteristik erfordert jedoch im Einsatz bei Instrumental-, Gesangs- und Sprachaufnahmen eine gute Raumakustik und eine störungsfreie Umgebung. Deshalb werden bei Reportageeinsätzen mit ungünstigen störenden Umgebungsgeräuschen oder beim „Angeln" von O(riginal)-Ton beim Film gerne Mikrofone mit Hypernieren- oder Keulencharakteristik verwendet.

„Angeln" von Ton
Quelle: The Making Of Jurassic Park, Universal City Studios

Analog-Digital-Wandlung

Die **Luftschwingungen** werden am Ort der Mikrofon-Membran in elektrische Schwingungen gewandelt. Diese werden elektrisch verstärkt und einem Analog-Digital-Wandler zugeführt. Dort wird zum zweiten mal gewandelt. Aus einem analogen Signal entsteht ein digitales. Dieser Vorgang wird Digitalisieren oder auch Quantisieren genannt. Bedingung für diesen Wandlungsvorgang ist, dass sich das ursprüngliche analoge Signal möglichst exakt reproduzieren lassen soll.

Zu diesem Zweck werden am analogen elektrischen Signal in regelmäßigen zeitlichen Abständen (Spannungs-) Proben, engl. Samples, abgelesen.
Diese Proben von Spannungswerten werden mit Werten aus einem Wertevorrat verglichen. Er ist über die Digitalisierungshard- und -software vorgegeben. Die Größe des Vorrates entspricht der zur Verfügung gestellten Wortbreite in Bit.

Beispiel: 2^8 = 256 verschiedene Werte: entspricht 8 Bit
 2^{16} = 65.536 verschiedene Werte: entspricht 16 Bit
 2^{24} = 16.777.216 verschiedene Werte: entspricht 24 Bit

Diese Werte bilden ein Spannungsraster, welches eine zu digitalisierende Spannung maximal überstreichen kann. Der Wert, der der Spannungsprobe am nächsten kommt, wird genommen und vom **Wandler** ausgegeben. Je mehr Werte zur Verfügung stehen, desto feiner ist das Raster und desto genauer kann ein Wert aus dem Wertevorrat eine abgelesene Spannungsprobe repräsentieren. Diese Genauigkeit steht in einem direkten Verhältnis zum Rauschen, das dem ursprünglichen analogen Signal über den Wandlungsvorgang hinzugefügt wird. Je feiner das Raster, desto geringer das Rauschen. D. h.: Je größer die zur Verfügung gestellte Wortbreite in Bit, desto geringer das Rauschen.

Die Rasterung der Zeit (Abtastfrequenz):

Nicht nur die Spannung wird gerastert, sondern auch die Zeit. Um Spannungsproben (Samples) ablesen zu können, muss das elektrische Tonsignal im Analog-Digital-Wandler abgetastet werden. Die Häufigkeit, mit der dies pro Sekunde geschehen soll, wird mit der Abtastfrequenz festgelegt. Wie häufig muss ein Tonsignal abgetastet werden? Auch in diesem Fall ist das menschliche Gehör wieder das Maß der Dinge. Es hat einen Frequenzumfang von maximal 16 Hz-20 kHz. Der höchste zu reproduzierende

Hinweis: Musiker verstehen unter Samples digitalisierte Klänge, die z. B. per MIDI-Befehle mit einem Sampler (Musikinstrument) oder mit einem Harddisk-Recorder wiedergegeben werden (auch Kombinationen möglich). Nicht verwechseln mit Samples beim Digitalisierungsvorgang!

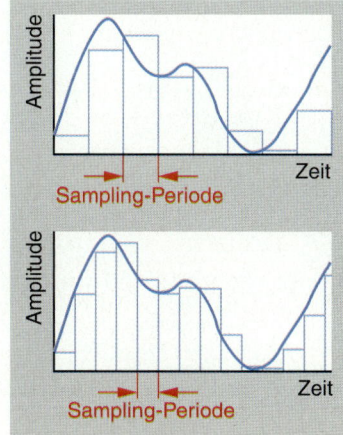

Sampling mit verschiedenen Abtastfrequenzen

physikalische Ton hat also eine Frequenz von 20 kHz. Um diesen Ton exakt reproduzieren zu können, muss er mindestens mit dem doppelten seiner Frequenz abgetastet werden. Das entspricht nach dem Abtasttheorem von Shannon in diesem Fall einer **Abtastfrequenz** von 40 kHz.

Diese Betrachtungen sind idealisiert. In der Praxis würde unser Ton entsprechend einer technischen Festlegung mit 44.1 kHz oder 48 kHz abgetastet werden. Geringere Abtastfrequenzen vermindern die Tonqualität gegenüber dem Original. Insbesondere leidet der Anteil der Höhen im Frequenzspektrum darunter.

Datenmenge:
Anhand eines Beispiels rechnen wir aus, wie groß die Datenrate, die dabei anfallende Datenmenge pro Zeiteinheit, ist. Pro Abtastung fällt ein Wert in Form eines digitalen Wortes mit einer Wortbreite in Bit an. Die Wortbreite sei 8 Bit. Die Abtastfrequenz sei 44.100 Hz. Das bedeutet, dass pro Sekunde die analoge Spannungskurve 44.100 mal abgetastet wird. Demnach fallen in einer Sekunde 44.100 digitale Worte mit einer Wortbreite von 8 Bit an.

Die Datenrate: *Abtastfrequenz [Hz]* × *Wortbreite [Bit]*
besser: *Abtastfrequenz [1/sec]* × *Wortbreite [Bit]*
44.100 [1/sec] × 8 [Bit] = 352.800 [Bit/sec]

Da 8 Bit zu einem 1 Byte zusammengefasst werden, vereinfacht sich die Sache zu:
44.100 [1/sec] × 1 [Byte] = 44.100 [Byte/sec]

Als nächstes wollen wir untersuchen, wie groß die Datenrate einer Tonaufnahme ist, die der Qualität einer Audio-CD entspricht. Wobei lediglich die Daten gemeint sind, die für unser Beispiel relevant sind. Keine zusätzlichen Kodierungsdaten!
Die Wortbreite der digitalisierten Tondaten einer Audio-CD beträgt 16 Bit, entsprechend 2 Byte. Also:
44.100 [1/sec] × 2 [Byte] = 88.200 [Byte/sec]

Berücksichtigen wir noch, dass zwei Kanäle, links und rechts, vorliegen, dann ergibt sich für die Datenrate:
Abtastfrequenz [1/sec] × *Wortbreite [Byte]* × *Anzahl d. Kanäle*
44.100 [1/sec] × 2 [Byte] × 2
= 176.400 [Byte/sec]
In der Minute sind dies also:
176.400 [Byte/sec] × 60 [sec] = 10.584.000 [Byte/min]

➲ **Eine Datei, die für eine Minute unkomprimierten „Ton in CD-Qualität" enthält, ist ca. 10 MByte groß!**

Hier deutet sich bereits an, dass sich durch geeignete Maßnahmen die Datenmenge reduzieren lässt. Zu Beginn eines Projektes einer interaktiven Anwendung werden Standards für die zu erstellenden medialen Bestandteile festgelegt. Die gewünschte Qualität ist hier das Maß dafür, wieweit die Reduzierung der Datenmenge gehen darf. Um hier zum gewünschten Erfolg zu kommen, ist ein Vergleich mit dem Original unumgänglich.

Aussteuerung

Im Übertragungsweg der elektrischen Signale befinden sich elektrische Bauteile. Sie enthalten Widerstände, Kondensatoren, Halbleiterelemente oder auch Elektronenröhren. Die thermische Bewegung der Atome und Moleküle verursacht Spannungsschwankungen. Sie sind statistisch gleichmäßig über der Zeit verteilt und ergeben deshalb eine Rauschspannung. Wie wir bereits erfahren haben, entsteht auch Rauschen durch den Wandlungsvorgang digitaler Wandler.

Die Schaltungen aus Halbleiter oder Elektronenröhren (in Mikrofonvorverstärkern sehr beliebt) arbeiten nur in gewissen Spannungs- (oder Strom-) Grenzen annähernd verzerrungsfrei. Werden diese Grenzen deutlich überschritten, so kommt es zu hörbaren Verzerrungen des Nutzsignals.

Werden Signale quantisiert, d. h. von der analogen Signalform in eine digitale überführt, so treten genau dann starke Verzerrungen auf, wenn die größtmögliche Spannung, die der Analog-Digital-Wandler digitalisieren kann, überschritten wird. Dann reicht der Wertevorrat zu größeren Werten hin nicht mehr aus, um den überschreitenden Spannungswert zu repräsentieren. Der Analog-Digital-Wandler wird übersteuert. Das Tonsignal, welches die Information trägt, das Nutzsignal, darf diesen Wert nicht überschreiten. Andererseits soll es aber auch nicht in die Nähe der Größe der Rauschspannung kommen, damit das Rauschen das Nutzsignal nicht zu stark beeinträchtigt. Der Abstand zwischen Nutzsignalspannung und Rauschspannung soll also möglichst groß sein, ohne dass jedoch das Nutzsignal verzerrt wird. Den dafür notwendigen Regelvorgang nennt man Aussteuern.

Bei der Betrachtung dieses Vorgangs ist jedoch zu berücksichtigen, dass ein grundsätzlicher Unterschied zwischen analogen und digitalen Systemen besteht. Analoge Systeme fügen dem Nutzsignal bei größer werdender Signalspannung eine größer werdende Verzerrung zu. Bei digitalen Systemen ist die Verzerrung knapp unterhalb der Übersteuerungsgrenze am geringsten, oberhalb nimmt sie jedoch sprunghaft zu.

Um Übersteuerungen zu vermeiden, werden Aussteuerungsmessinstrumente eingesetzt. Sie tragen eine dB-Skala und sind geeignet, um Spannungsspitzen oder/und einen „gemittelten" Spannungswert anzuzeigen.

Spitzenspannungsmessinstrumente (auch Peak-Meter genannt) sind geeignet, um Spannungsimpulse anzuzeigen, die insbesondere bei digitalen Systemen bei Übersteuerung zu hörbaren Verzerrungen führen können. Bei gleicher Amplitude werden kurze Impulse leiser empfunden als Dauertöne. Peak-Meter zeigen kurze Impulse jedoch deutlich an. Deshalb sind sie nur bedingt geeignet, um Lautheit zu kontrollieren. Generell ist es in der Tontechnik ein Problem, geeignete Instrumente für die Beurteilung der Lautstärke zu finden. VU-Meter (Volume Unit) sind der Empfindung der Lautstärke angenähert. Deshalb soll ein VU-Meter tendenziell besser für die Beurteilung von Lautstärke/Lautheit geeignet sein als ein Peak-Meter. Über die Anwendbarkeit gibt es jedoch unter Praktikern unterschiedliche Auffassungen. Heute werden in der Tonstudiopraxis auch Messinstrumente eingesetzt, die eine Kombination der Eigenschaften beider Aussteuerungsmessinstrumente in sich vereinen. Letztendlich entscheidet jedoch das Gehör!

Hinweis: Um Übersteuerungen zu vermeiden, ist eine Aussteuerungsreserve einzuplanen.

Quelle: Radio-Technische Werkstätten GmbH & Co. KG, Köln
RTW 1019 Analog Spitzenwert-, Lautheits- und Phasenkorrelationsanzeige

Hinweis: Tonaufnahmen sollten zunächst maximal ausgesteuert werden, unabhängig davon, in welchem Lautstärkeverhältnis zueinander sie später in der interaktiven Anwendung wiedergegeben werden sollen.

Hinweis: Werden (Pop-) Musik und Sprache gemeinsam in einer Anwendung verwendet, so ist bei der Empfindung gleicher Lautstärke die Musik tendenziell mit niedrigerem Pegel wiederzugeben als die Sprache! Bei „klassischer" Musik ist dies eher umgekehrt.

Aussteuern ist nicht nur ein technischer, sondern auch ein gestalterischer Vorgang. Geht es darum, dass Tonereignisse z. B. Sprachbeiträge und Musik von der Lautstärke her gleich groß sein sollen, dann ist dies nur bedingt am Aussteuerungsinstrument ablesbar. Die Empfindung der Lautstärke ist nicht identisch mit der Arbeitsweise eines Aussteuerungsmessinstrumentes. Hier hilft nur die Beurteilung mit dem Gehör.

In der Tonmischung ist ein guter Kompromiss zu suchen zwischen einem im Sinne der Messtechnik maximal möglichen und einem gestalterisch sinnvollen Aussteuerungspegel.

Überspielung von Ton einer Audio-CD

Red Book bezeichnet einen in einem roten Buch veröffentlichten Standard für die von Philips und Sony Ende der 70er Jahre entwickelte Audio-CD. Er gibt die Garantie, dass CDs aller Hersteller auf jedem CD-Player abgespielt werden können.

Ob Musik oder Geräusch, häufig liegt der Ton bereits digitalisiert auf CD vor. Wie kommt der Ton von der CD in den PC? Am besten über das eingebaute CD-ROM-Laufwerk. Denn dann gibt es mehrere Möglichkeiten der Übertragung.

Übertragung auf dem analogen Weg:
Das CD-ROM-Laufwerk muss zu diesem Zweck mit seinem analogen Ausgang mit der eingebauten Soundkarte verbunden sein. Das geschieht zumeist mit einem kurzen Kabel im Inneren des PCs. Jetzt ist nur noch das Softwaremischpult des Soundkartenherstellers für die Tonaufnahme oder das mitgelieferte Mischpult (Aufnahmeweg!) des Betriebssystems und die Tonaufnahmesoftware aufzurufen. Die Aufnahme kann hiermit ausgesteuert werden.

Hinweis: Bei stark verkratzten Audio-CDs und durch Jitter verursachten fehlerhaften Bitstrom besteht die Gefahr, die Daten nicht vollständig auslesen zu können. Das führt zu Knacksern und Aussetzern in den konvertierten Ton-Dateien.

Übertragung mit der digitalen Audio-Schnittstelle:
Der Vorgang ähnelt der analogen Übertragung. Der Ton verlässt jedoch nicht die digitale Ebene und die Aufnahme muss nicht noch einmal ausgesteuert werden. Erforderlich ist ein CD-ROM- oder DVD-Laufwerk mit einer digitalen Consumer-Audio-Schnittstelle namens S/P-DIF (Sony/ Philips Digital Interface oder auch Interconnect Format). Auch hier findet sich ein kurzes Kabel im Inneren des PCs zwischen Laufwerk und Soundkarte.

Übertragung mit dem Datenbus:
Ton-Dateien auf CD-ROM (z. B. Yellow-Book-Standard) liegen im Normalfall im WAVE-, AIFF- oder MP3-Format vor. Sie können ohne große Anstrengung auf Festplatte kopiert und mit einem Autorensystem in eine Anwendung integriert werden.

Etwas aufwändiger ist der digitale Kopiervorgang von Ton-Daten einer normalen Audio-CD (CD-DA). Hier liegt der Ton in einer Form vor, die ihrem Red Book-Standard entspricht. Sie werden von speziellen Programmen ausgelesen (Audio-Grabbing) und in das entsprechende Format, zumeist WAVE, AIFF oder MP3, konvertiert.

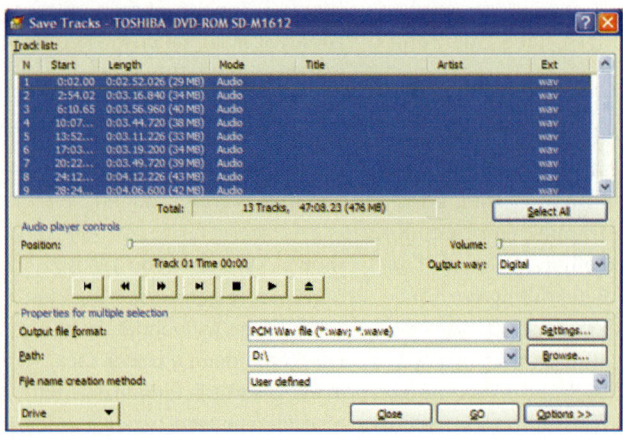

Funktionen eines Audio-Grabbers bei einer käuflich erworbenen und nicht kopiergeschützten Audio-CD.

10.3.3 Soundkarte

Um Ton mit dem Computer aufnehmen, speichern, bearbeiten und wiedergeben zu können, muss der Computer mit geeigneten Anschlüssen und Schnittstellen ausgestattet sein. Diese Funktion übernimmt in der Regel eine Soundkarte. Die Tondateien werden von CD-ROM oder Festplatte gelesen und über den PC-Bus an die Soundkarte übergeben. Für die Wiedergabe von Ton ist also eine Soundkarte erforderlich, die das digitale Tonsignal wieder in eine analoge Spannung zurückwandelt. Diese wird dann außerhalb oder mit einem Verstärker auf der Karte verstärkt und Lautsprechern oder einem Kopfhörer zugeführt. Viele Computerlautsprecher enthalten einen Verstärker, so dass der Ton unabhängig von einer Hifi-Anlage ohne viel Aufwand direkt am Computer abgehört werden kann.

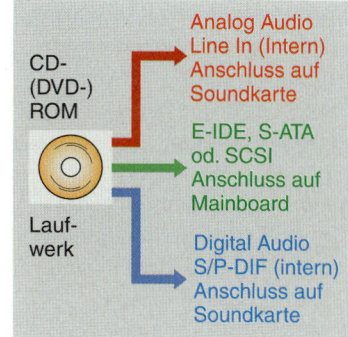

MIC In ❶
LINE In ❷
LINE OUT FRONT ❸
LINE OUT REAR ❹
S/PDIF OUT ❺
MIDI / JOYSTICK INTERFACE ❻
WAVETABLE EXTENSION ❼

❶ CD1 In (intern)
❷ CD2 In (intern)
❸ AUX In (intern)
❹ S/PDIF In (intern)
❺ Jumper2: TTL (CD-IN) S/PDIF OUT
❻ CS4294 FOUR CHANNEL
   AC97 AUDIO CODEC
❼ Jumper1: LINE OUT / HEADPHONE
❽ CS4624 PCI AUDIO CONTROLLER

Quelle: TerraTec Electronic GmbH, Nettetal

Je nach Verwendungszweck ist die Bestückung einer Soundkarte recht unterschiedlich. Was auf einer Soundkarte im Wesentlichen untergebracht sein kann ist hier kurz dargestellt:

Anschlüsse und Audio-Schnittstellen

Der Mikrofoneingang ist für kleine Pegel im Bereich von einigen Millivolt vorgesehen. Da einige Hersteller Mikrofone mit einer eigenen speziellen Beschaltung der Anschlussstecker versehen, um hauseigene Mikrofone daran betreiben und mit einer Speisespannung versorgen zu können, ist hier bei der Nutzung mit anderen Mikrofonen oder Quellen Vorsicht geboten. Der Line-Eingang ist für hochpegelige Eingangsspannungen gedacht. Hier können die analogen Ausgänge von CD-Playern, externen Mikrofon-Vorverstärkern, Mischpulten und u. ä. angeschlossen werden. S/P-DIF oder AES/EBU bezeichnen digitale Audioschnittstellen. S/P-DIF bezeichnet eine Schnittstelle von Sony und Philips für den Consumer-Bereich, während die Schnittstelle für professionelle Ansprüche kurz mit AES/EBU bezeichnet wird.

Hinweis: Die Lautsprecher sollten geschirmt sein, damit sie auch in unmittelbarer Nähe des Computermonitors aufgestellt werden können, ohne die Bildwiedergabe zu beeinträchtigen.

Hinweis: Zum Abhören in der Ton-Produktion sollten gute Studio-Monitore, deren Klangverhalten Sie kennen und durchschnittliche, kleine Computerlautsprecher zum Einsatz kommen. Schalten Sie regelmäßig zur Kontrolle von einem Lautsprecherpaar zum anderen.

Neben den Ausgängen, die mit Buchsen von außen zugängig sind, gibt es auch Anschlüsse, die nur nach Öffnen des Rechners direkt auf der Soundkarte erreichbar sind. Hier können z. B. die Audio-Ausgänge von DVD-ROM-Laufwerken, Videoschnittkarten oder MPEG-Decoder-Karten angeschlossen werden.

Der Ausgang für den Anschluss von aktiven Computerlautsprechern ist ebenso wie der Line-Eingang hochpegelig. Lautsprecher sind im Klang sehr unterschiedlich. Sie sind in der Übertragungskette das Glied, welches den Originalklang am stärksten beeinträchtigt. Deshalb hört der Toningenieur insbesondere beim Mischen mit unterschiedlichen Lautsprechern ab, um sich dabei einem Klangideal zu nähern, das sowohl auf durchschnittlichen wie auch hochwertigen Lautsprechern angemessen gut klingt.

Wandler

Der Analog-Digital-Wandler übernimmt die Quantisierung der analogen Eingangsspannung (vgl. Abschnitt Analog-Digital-Wandlung). In der Regel werden die Signale, die am Line-Eingang oder am Mikrofon-Eingang anliegen, zuvor mit einem Verstärker an den Wandler angepasst. Der Digital-Analog-Wandler führt den digitalen Datenstrom zurück in ein analoges Signal.

MIDI-Schnittstelle

MIDI ist ein Standard und bedeutet Musical Instrument Digital Interface. Hier können MIDI-Masterkeyboards, MIDI-Musik-Instrumente oder generell alles, was sich mit MIDI steuern lässt angeschlossen werden.

Soundchip

In den Soundchips liegen digitalisierte Musikinstrumentenklänge auf Abruf bereit. Nach dem General-MIDI-Standard muss dies eine festgelegte Auswahl von mindestens 128 Klängen sein. Sie sind nach diesem Standard nummeriert. Per MIDI-Befehl können die Klänge dann eindeutig aufgerufen und über einen DA-Wandler ausgegeben werden. Mittels **FM-Synthese** können ebenfalls Klänge erzeugt werden. Diese Art der Tonerzeugung spielt jedoch zunehmend eine untergeordnete Rolle.

Schnittstellen am DVD-Laufwerk

Ein IDE-DVD-Laufwerk wird in der Regel mit einem Flachbandkabel direkt auf dem Mainboard angeschlossen. SCSI-DVD-Laufwerke benötigen in der Regel eine eigene Schnittstellenkarte im Rechner. DVD-Laufwerke verfügen über einen eigenen Digital-Analog-Wandler, so dass beim Einlegen einer Audio-CD (CD-DA) der Ton mittels einer analogen Signalspannung zur Soundkarte geführt werden kann. Häufig lässt sich ein Kopfhörer auf der Vorderseite des DVD-Laufwerks anschließen. Mit geeigneten Programmen und Laufwerken lassen sich die Audio-Daten auch in digitaler Form von der Audio-CD auslesen (Audio-Grabbing) und z. B. in den Formaten WAVE, AIFF oder auch MP3 speichern.

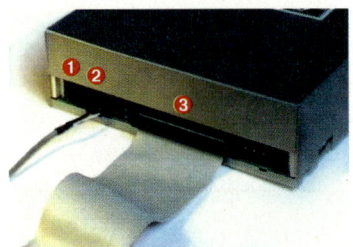

❶ S/P-DIF Digitaler Audioausgang
❷ Analoger Audioausgang
❸ EIDE Anschlusskabel

10.3.4 Harddisk-Recording

Was unterscheidet einen Harddisk-Recorder von einer Soundkarte mit Software? Der Begriff Harddisk-Recorder stammt aus einer Zeit, in der der Personal Computer den Anforderungen an Zuverlässigkeit und Technik für die Tonaufzeichnung auf Festplatte nicht gerecht werden konnte. Aus diesem Grunde basierten die Harddisk-Recorder auf eigenen Betriebssystemen und ihre Hard- und Software wurde auf die vom Anwender erwarteten Leistungen abgestimmt. Aufgrund der hohen Kosten waren diese Systeme ausschließlich professionellen Anwendern vorbehalten.

Aus den Anfängen des Soundsampling und Harddiskrecording: Synclavier von New England Digital (Direct-To-Disk im Bild nicht zu sehen)

Workstation – All-In-One

Wie bereits erwähnt, ist es von Vorteil, wenn der Ton digitalisiert vorliegt. Alle Bearbeitungsschritte lassen sich dann an einer Arbeitsstation abwickeln. Zu den Bearbeitungsschritten zählt auch das Mischen der Töne. Das ist häufig das Konzept von Harddisk-Recordern. Dann werden sie deshalb treffender Arbeitsstationen oder Workstations genannt und lassen genaugenommen einen Vergleich mit den analogen und digitalen Magnetband-Aufzeichnungsgeräten nicht mehr zu.

Eine normale Soundkarte mit geeigneter Tonbearbeitungssoftware nutzt die gesamte „Infrastruktur" des Personal Computers. Die damit zu erzielende Arbeitsgeschwindigkeit hängt deshalb ganz entscheidend von der Leistungsfähigkeit der einzelnen Komponenten, deren Zusammenspiel und der Software ab. Um diese Abhängigkeit zu reduzieren bieten Hersteller PC-Steckkarten an, die einige der Funktionen eines PCs übernehmen, jedoch speziell auf die erforderlichen Zwecke abgestimmt sind und die CPU des PCs entlasten. Der Übergang von der einfachen Soundkarte zum professionellen High-End-System ist fließend.

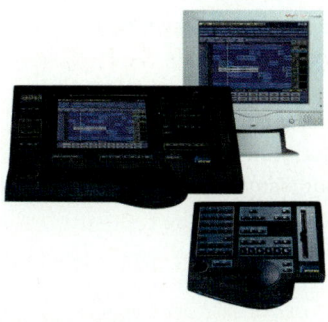

Professionelle Tonbearbeitung mit Soundstation von Digital Audio Research

Nach einer **Analog-Digital-Wandlung** speichern Harddisk-Recording-Systeme den Ton auf Festplatte oder einem geeigneten Wechselmedium. Im Gegensatz zu beispielsweise den DAT-Recordern, die ihre digitalen Tondaten linear auf Magnetband ablegen, bieten Harddisk-Recorder die Möglichkeit des wahlfreien Zugriffs und der exakten Reproduzierbarkeit von zusätzlichen Ton- und Bearbeitungsdaten. Was bedeutet das für die Praxis? Beim Tonschnitt lassen sich ähnlich wie in einem Textverarbeitungsprogramm Bestandteile ausschneiden und nach Belieben verschieben oder kopieren. Dabei wird zunächst nichts an den Originaldaten manipuliert, sondern lediglich zusätzliche Daten angelegt, aus denen hervorgeht, in welcher Reihenfolge die Tonbestandteile erklingen sollen. Auf diese Weise lassen sich die Bearbeitungsschritte beliebig oft ungeschehen machen und wiederholen. Dies gilt auch für alle anderen Bearbeitungsmöglichkeiten, von denen einige in Abschnitt Tonbearbeitung aufgeführt sind. Dies nennt man „Non-destructive Editing". Für die Verwendung in interaktiven Anwendungen sind die auf diese Weise entstandenen Dateien unbrauchbar. Deshalb werden am Schluss der Bearbeitungskette Tondateien erzeugt, die die Wirkungen, aller Bearbeitungsschritte hineingerechnet, enthalten. Einige Harddisk-Recorder tun dies bereits von sich aus nach jedem Bearbeitungsvorgang.

Recording mit Digi 002 Factory von Digidesign

Liegt der Ton nach einer Analog-Digital-Wandlung erst einmal in Form von digitalen Signalen vor, so lassen sich nicht nur Bearbeitungen des Tons durchführen, sondern

Sound Blaster Xtreme Gamer von Creative Labs

DSP = Digital Signal Processor Hochspezialisierte Bausteine zur kontinuierlichen, extrem schnellen und rechenintensiven Bearbeitung einer eng begrenzten Menge von Eingangssignalen. Dabei sind die Befehlssätze des DSPs für die Aufgaben optimiert.

Hinweis: Echtzeitfähigkeit wirkt sich direkt auf die Kosten eines digitalen Audio-Systems aus. Sowohl bei den Investitionen, wie auch bei den damit ausgeführten Dienstleistungen.

Hinweis: Die Wirtschaftlichkeit und Brauchbarkeit hängt sehr stark von den Arbeitsabläufen und dem Einsatzgebiet ab.

auch Analysen: Beispielsweise kann nach einer Stunde unbeaufsichtigter Tondigitalisierung überprüft werden, ob, wann und wie oft eine Übersteuerung vorgelegen hat. Selbstverständlich erscheint uns mittlerweile die grafische Darstellung des Tones auf dem Bildschirm und die durch Transformation gewonnene Visualisierung des Frequenzspektrums.

Für die Archivierung lassen sich den digitalen Toninformationen zusätzliche Daten hinzufügen. Über ein Netzwerk können die Daten aus einem Archiv von einem Server abgerufen oder von Arbeitsstation zu Arbeitsstation übertragen werden.

Echtzeitfähigkeit

Wird an der Hifi-Anlage ein Regler gedreht, so erwarten wir, das Ergebnis sogleich hören zu können. Im Gegensatz zu analogen Geräten ist das bei digitalen nicht selbstverständlich. Veränderungen an digitalisierten Tondaten erfordern immer eine Rechenzeit, auch wenn sie noch so klein ist. Nehmen wir diese Rechenzeit während der Bearbeitung nicht mehr wahr, so laufen die Bearbeitungsprozesse in Echtzeit. Je mehr Prozesse simultan laufen, desto mehr sind DSP und CPU gefordert. Je größer die Performance des Gesamtsystems, desto mehr Prozesse lassen sich pro Zeiteinheit durchführen.

10.3.5 Software für Ton und Bild

Professionelle Systeme verfügen über umfangreiche Synchronisationsmöglichkeiten. So ist es möglich Videorecorder zu steuern und den Ton mit dem Bild zu verkoppeln. Die Spulzeiten der Videorecorder jedoch hemmen den Arbeitsablauf. Es liegt also nahe, eine Software zu entwickeln, die sowohl den Ton, wie das dazugehörige Bild verarbeiten können.

Beschreibung der Hauptseite von Vegas Video von ehemals Sonic Foundry, jetzt Sony:
• Bild-/Videospur
• Audiospuren
• Tonbearbeitungsfunktionen
• Besonderheiten für das Anlegen des Tones an das Bild
• Import und Export Formate

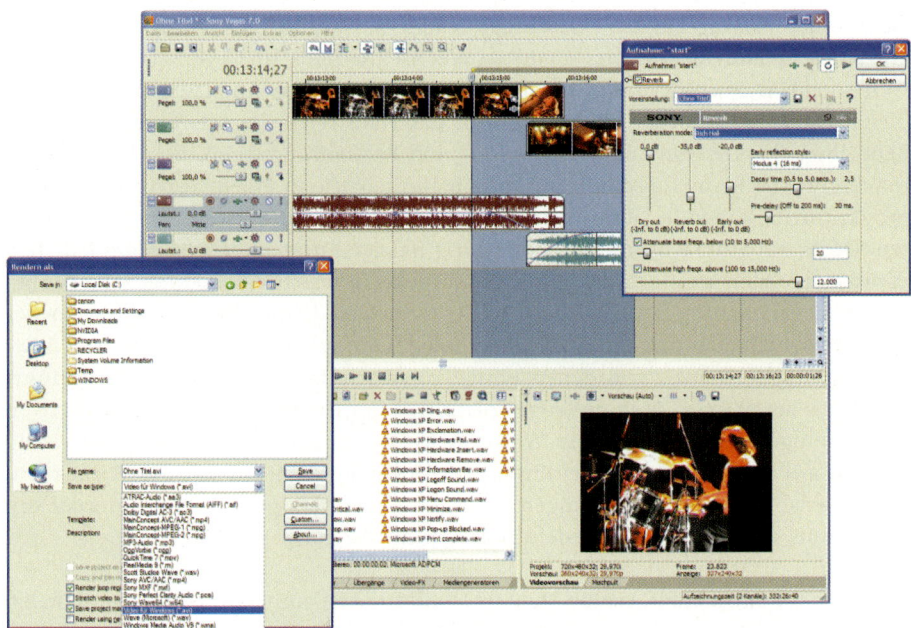

10.4 Tonbearbeitung

Mit geeigneter Tonbearbeitungssoftware und -hardware lassen sich auf dem Computer die aufgenommen Töne nicht nur abhören, sondern auch anschauen.

Das erleichtert das Auffinden geeigneter Stellen für die Tonbearbeitung, z. B. den Tonschnitt erheblich. Anhand der abgebildeten Wellenform lassen sich sogar Schlüsse auf das Tonmaterial ableiten. Dabei ist die Wellenform nichts anderes, als die Darstellung des Tonsignals über der Zeit.

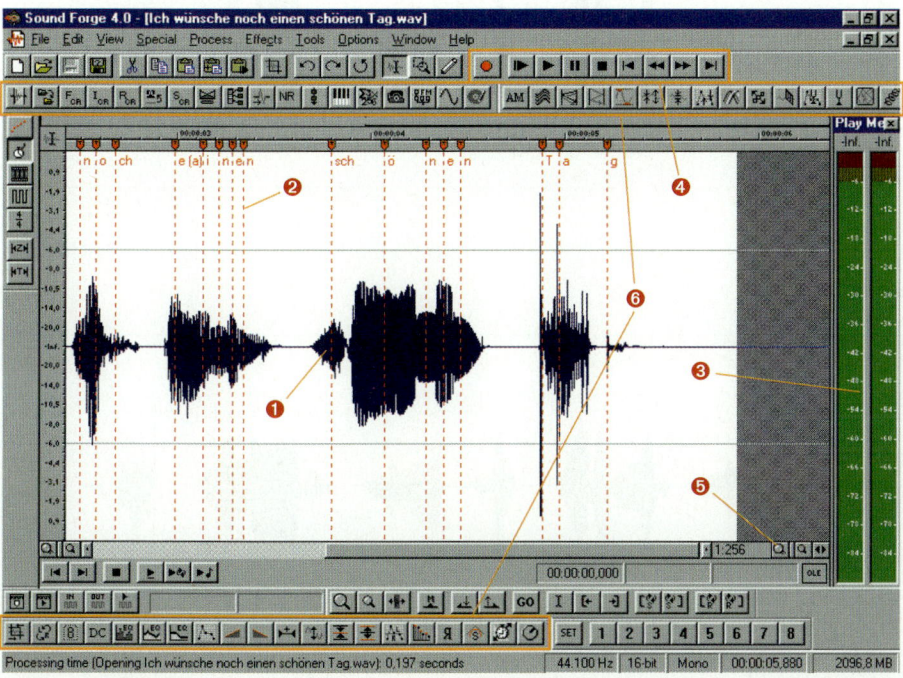

Sollte ein verlustfreier Bearbeitungsschritt einmal misslingen, so lässt er sich mit entsprechender Software beliebig oft wiederholen.

Ein Teil der aufgeführten Bearbeitungsfunktionen können von Geräten vorgenommen werden, die eigens für diesen Zweck meist in 19"- Einschubtechnik hergestellt worden sind. Häufig liegen sie aber auch als feste Bestandteile von oder als **Plug-Ins** für Tonbearbeitungs-Software vor. Siehe Abschnitt „All-In-One".

10.4.1 Bearbeitungsschritte

In diesem Abschnitt sind einige typische Schritte für die Bearbeitung von Sprache für interaktive Anwendungen auf dem Computer aufgeführt. Dazu dient nach einem Mundgeräusch und einmaligem Einatmen der Satz *„Ich wünsche noch einen schönen Tag."*

❶ Die Wellenformgrafik beschreibt den Verlauf der Spannung über der Zeit. Schön zu sehen sind die Sprechpausen. An diesen Stellen ist die Spannung nahezu Null bzw. -Inf. und die Grafik zeigt einen horizontalen Strich.

❷ In der Wellenformgrafik können Markierungen gesetzt werden. Diese lassen sich benennen und jederzeit leicht auffinden. Auf diese Weise können auch umfangreiche Aufnahmen strukturiert werden. Sie können bereits während der Aufnahme gesetzt werden und helfen dadurch fehlerhafte Stellen (Versprecher, schlechte Interpretationen) zu kennzeichnen. Somit ist bereits während der Aufnahme eine Vorauswahl möglich. Markierungen werden im WAVE-Format zusätzlich zu den Audiodaten gespeichert.

❸ Aussteuerungsmessinstrument

❹ Mit der Transport-Steuerung lässt sich der Ton aufnehmen, wiedergeben, anhalten an den Anfang springen, usw.

❺ Um eine Stelle im Ton genau finden zu können, wird die Darstellung der Wellenform verfeinert. Wie mit einer Lupe wird ein Ausschnitt der Grafik vergrößert. Für den Überblick wird die Darstellung vergröbert, so als würde man sich ein wenig von der Grafik entfernen.

❻ Hinter diesen Schaltflächen verbergen sich die Bearbeitungsfunktionen des Tonbearbeitungsprogramms.

DC-Offset – Tonsignal symmetrieren

Ein Gleichspannungsanteil kann einem Nutzsignal überlagert sein. Ursache hierfür können Ungenauigkeiten des Analog-Digital-Wandlers sein. Oder die Überlagerung ist bereits auf der Übertragung zum Wandler geschehen.

In diesem Screenshot ist die Achse der Wellenformgrafik nach oben verschoben. Das deutet auf einen positiven Gleichspannungsanteil hin.

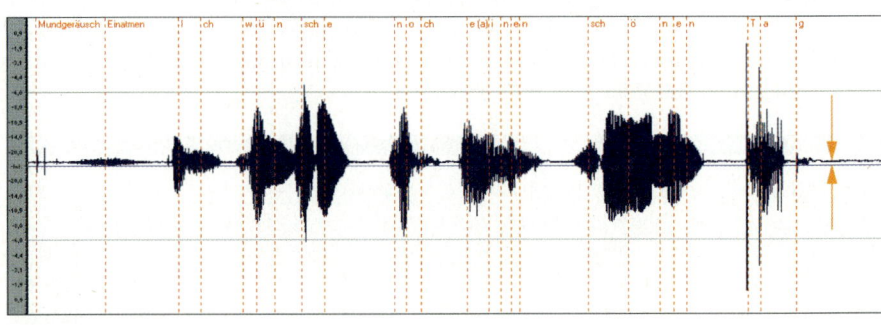

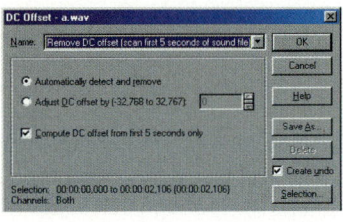

Beim Symmetrieren wird der Gleichspannungsanteil wieder aus dem Signal herausgerechnet.

Die beiden Achsen liegen wieder übereinander.

De-Esser – Zischlaute reduzieren

Ein Exciter fügt einem Klang Obertöne hinzu und verhilft ihm dadurch zu mehr Lebendigkeit. Die Sprachverständlichkeit steigt. Durch weitere Verfahren lässt sich das gesamte Frequenzspektrum erweitern.

Um einer Stimme die nötige Brillanz zu verleihen, werden Mikrofone mit entsprechender Klangcharakteristik verwendet oder die Stimme mit Klangregelung oder Exciter bearbeitet. Dabei nimmt der Pegel hoher Frequenzbestandteile der Sprechstimmen zu. Ein Übriges bewirkt ein kleiner Abstand von Sprecher zum Mikrofon. Die genannten Verfahren verleihen einer Stimme einen runden sonoren Klang. Die Folge ist jedoch häufig, dass die Zisch- und Explosivlaute danach zu stark im Klangspektrum vertreten sind. Wie stark diese Laute bei Sprechern vertreten sind, ist von Natur aus unterschiedlich. Um jedoch ein ausgewogenes Klangbild der Stimme zu erreichen, ist es deshalb nötig, diese Zisch- und Explosivlaute abzuschwächen. Der De-Esser leistet dabei gute Dienste. Er komprimiert den Pegel frequenzabhängig.

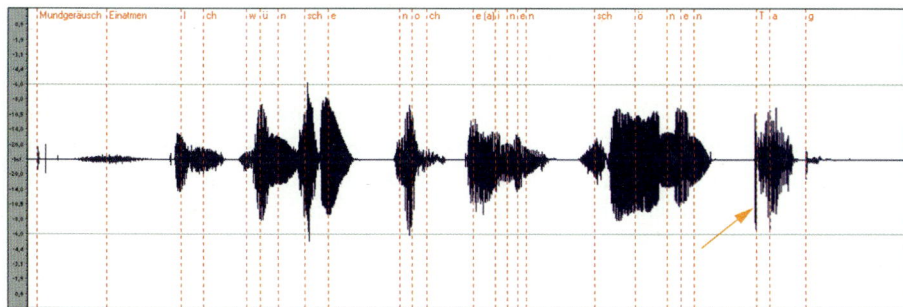

An dieser Stelle ist der Laut „T" vom Wort Tag in seinem Pegel reduziert worden. Das ist durch einen Vergleich mit der vorangehenden obigen Wellenformgrafik deutlich sichtbar.

Kompressor – Aufnahme komprimieren

Der Kompressor hat die Aufgabe, das Verhältnis zwischen laut und leise zu verkleinern. Die Dynamik einer Aufnahme wird damit verringert. D. h. laute und leise Stellen rücken in ihrer Lautstärke dichter zusammen. Auf diese Weise werden die Auswirkungen von Schwankungen des Abstandes von Sprecher zum Mikrofon ausgeglichen, soweit dies unter klanglichen Aspekten vertretbar ist. Die Aufnahme kann dann insgesamt in ihrem Pegel angehoben werden. Das erhöht die durchschnittliche Lautstärke der Sprachaufnahme. Dieser Effekt stellt sich auch bei gleichbleibendem Abstand des Sprechers zum Mikrofon ein. Das Klangbild verdichtet sich. Die Folge ist eine Erhöhung der Durchsetzungskraft der Stimme. Auch die Systemdynamik wird dabei besser genutzt. Damit ist sowohl einem gestalterischen, als auch dem technischen Anspruch an eine gelungene Aufnahme Genüge getan.

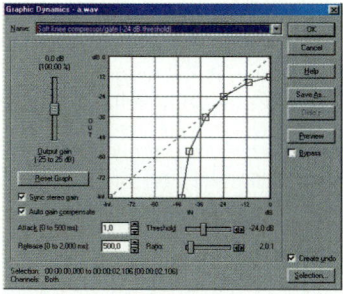

Hinweis: Komprimieren und Normalisieren sollten unbedingt vor einer Konvertierung von 16 auf 8 Bit durchgeführt werden, um die verbleibende Dynamik des Audio-Systems voll auszuschöpfen.

Normalize – Systemdynamik nutzen

In Tonbearbeitungssoftware lässt häufig die Bearbeitungsfunktion „Normalize" finden. Mit dieser Funktion wird die Aufnahme auf einen maximalen Spannungspegel gebracht. Auch dabei lässt sich bei einigen Programmen mit einer Variante der Normalize-Funktion auch zusätzlich der durchschnittliche Pegel erhöhen und damit ähnliche Wirkungen wie die eines Kompressors erzielen.

Hinweis: Beim Normalisieren den Pegel nicht zu hoch anheben, weil Soundkarten bei der Wiedergabe eventuell verzerren. Eine Sicherheitsreserve von 1 dB bis zum Aussteuerungsmaximum ist deshalb sinnvoll!

Die Wellenformgrafik ist gegenüber der vorangegangene obigen entlang der Pegel-Achse gespreizt. Der Spannungspegel hat sich also deutlich erhöht.

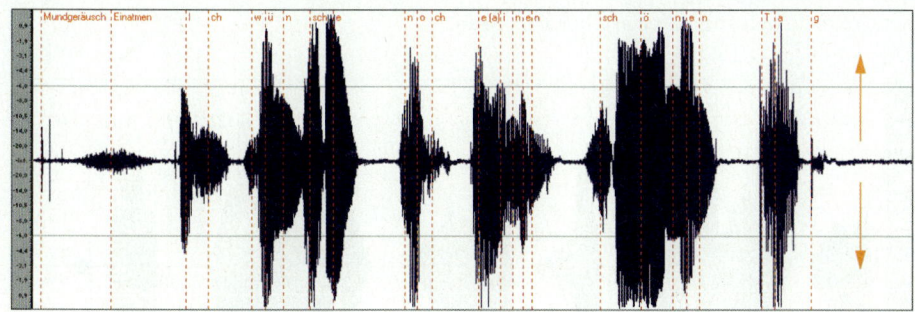

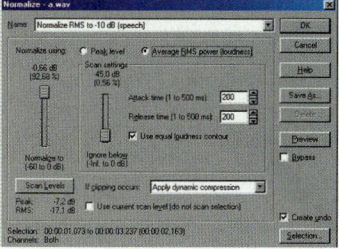

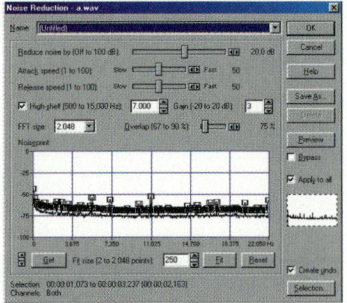

Gegenüber der vorangegangen Wellenformgrafik fehlen hier die rauschhaften Anteile. Das Rauschen wurde vermindert. Ganz besonders gut zu sehen in den Sprechpausen. Der schwarz markierte Teil der Grafik enthält unerwünschte Atem- und Mundgeräusche. Er wird im nächsten Schritt herausgeschnitten.

De-Noiser – Aufnahmen entrauschen

Liegen Tonaufnahmen in digitalisierter Form vor, so lassen sich ihre Daten durch entsprechende Algorithmen manipulieren. Beispielsweise wird bei einigen Programmen ein Noiseprint ähnlich eines Fingerprint (Fingerabdrucks) von einer Stelle abgenommen, die lediglich das für die Aufnahme typische Rauschen enthält. Dies wird analysiert. Das Ergebnis dient als Grundlage für den Vorgang des Entrauschens. Das Rauschen wird aus der gesamten Aufnahme heraus gerechnet.

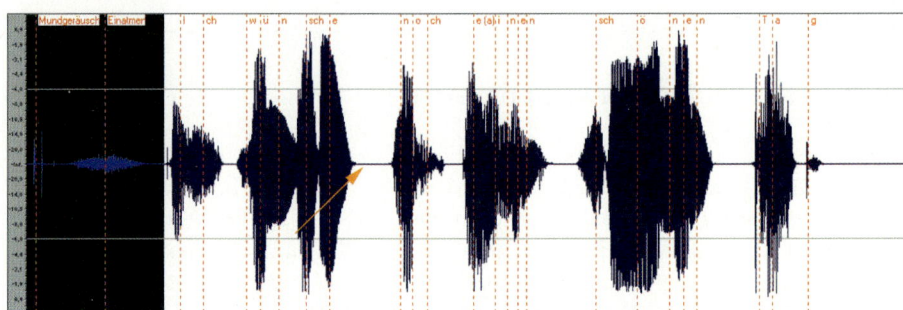

Cut, Copy, Paste – Sprechtext durch Schneiden für die Anwendung vorbereiten

Geräusche, die durch Mundbewegungen und Luftholen entstehen und die besonders laut aufgenommen werden, wenn der Sprecher nahe am Mikrofon spricht, werden in ihrem Pegel verringert oder gar herausgeschnitten. Ebenso verschwinden unnötige Pausen am Anfang und Ende von Textpassagen.

Gesprochene Texte werden in interaktiven Anwendungen zum Teil interaktiv abgerufen. Deshalb müssen die gesprochenen Texte in Abschnitte zerlegt und als voneinander getrennte Ton-Dateien vorliegen. Auch dies lässt sich mit den Funktionen Cut, Copy und Paste unterstützt von der Wellenformgrafik hervorragend meistern. Dabei lassen sich in der Regel Shortcuts und Cursorsteuerungen nutzen, die aus dem Bereich der Textbearbeitungssoftware bekannt sind.

Der in der vorangegangen Wellenformgrafik schwarz markierte Abschnitt fehlt hier, ist also aus der Aufnahme herausgeschnitten worden. Im Normalfall bleibt das entfernte Daten-Stück bei vielen Tonbearbeitungsprogrammen physikalisch im Speicher (z. B. Festplatte) erhalten, um den Vorgang rückgängig machen zu können (Non-destructive Editing).

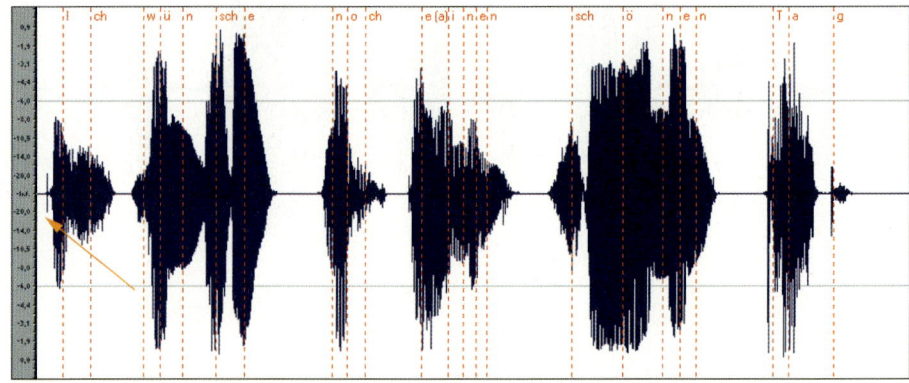

Fade in/out – Ein- und Ausblenden

Um sicher zu gehen, dass die Aufnahme nicht mit „knacksenden" Spannungssprüngen beginnt und endet, können kurze Blenden im Bereich von Millisekunden am Anfang und Ende in die Aufnahme gerechnet werden.

Schließlich werden die einzelnen Sprechtextbestandteile als Audio-Dateien in einem Format gespeichert, das für die Programmierung der Anwendung erforderlich ist. Die gängigsten Formate sind das WAVE-Format mit der Datei-Endung WAV und AIFF (Audio Interchange File Format) mit der Datei-Endung AIF. Die Eigenschaften dieser Formate sind recht ähnlich. So lassen sie sich auch an das Maximum für interaktive Anwendungen auf CD-ROM von 44.1 kHz und 16 Bit anpassen. Das entspricht der Abtastfrequenz und Auflösung und damit der Tonqualität einer Audio-CD.

Am Ende dieser Bearbeitungsvorgänge liegen oft sehr viele Audio-Dateien vor. Um auch noch in diesem Bearbeitungsstadium an allen Dateien die gleichen Veränderungen mit einem vertretbaren Arbeitsaufwand vornehmen zu können, werden Batch-(Converter)-Programme (Stapelverarbeitungsprogramme) eingesetzt. Beispiel: Die Audio-Dateien einer Anwendung auf CD-ROM sollen zukünftig auch im Internet verfügbar sein. Alle Dateien müssen vom WAVE-Format in das MP3-Format konvertiert werden.

10.4.2 Datenreduktion

Ganz allgemein ist Datenreduktion von Nutzen bei der Datenarchivierung oder Speicherung, der Verkürzung von Übertragungszeiten und Verringerung von Datenmengen bei begrenzter Übertragungskanalkapazität.

Im Speziellen gibt die Speicherkapazität von CD-ROMs und die **Datenübertragungsrate** von CD-ROM-Laufwerken Anlass, bereits bei der Konzeption zu überlegen, wie viel Speicher dem Ton in etwa zur Verfügung zu stellen ist. Abhängig von der Menge des Sprechtextes, der notwendigen Musik und der Geräusche muss dann überlegt werden, wie viele Daten pro Zeiteinheit der Ton haben darf. Davon abhängig ist jedoch die Tonqualität.

Läuft die Anwendung im Internet, so entscheidet ganz besonders die Datenübertragungsrate, in welcher Tonqualität die Übertragung stattfindet.
Falls nötig, gibt es mehrere Möglichkeiten, die Menge an Daten zu reduzieren.

Beispiel: Eine Minute Ton in CD-Qualität (44.1 kHz und 16 Bit) braucht ohne reduzierte Datenmenge ca. 10 MByte. Die Datenmenge soll schrittweise reduziert werden, um die Tonqualität zu testen:

Dann kann hintereinander konvertiert werden von

1. Stufe: Stereo nach Mono	ca. 5,00 MByte	1/2 vom Original
2. Stufe: 44.1 kHz nach 22.05 kHz	ca. 2,50 MByte	1/4 vom Original
3. Stufe: 16 Bit nach 8 Bit	ca. 1,25 MByte	1/8 vom Original

Wie leicht zu erkennen ist, verringert sich der Speicherbedarf von Stufe zu Stufe um den Faktor 0,5 (Vgl. Abschnitt Datenmenge).

Hinweis: Möglichst keine Zwischengrößen bei der Abtastfrequenz, wie z. B. 32 kHz nehmen, weil einige Soundkarten diese nicht unterstützen und es deshalb zu Klangeinbußen bei der Umrechnung in ein entsprechendes Format kommen kann (Microsoft Soundmapper mit Audio Compression Manager).

Hinweis: Die Sprachaufnahmen sollten zunächst in möglichst guter Qualität mit hoher Auflösung erstellt werden. Es ist Voraussetzung dafür, dass an dieser Stelle der Bearbeitungskette die Aufnahmen in die unterschiedlichsten Formate mit hoher oder niedriger Tonqualität konvertiert werden können. Die unterschiedlichsten Auflösungen und Formate in den unterschiedlichsten Qualitätsstufen stehen hierfür zur Verfügung. Datenreduzierende Formate nach dem ADPCM-Verfahren zählen ebenso dazu, wie das durch Internetanwendungen bekannt gewordene MP3-Format.

Hinweis: Für Sprache lässt sich eine Verminderung der Qualität auf 22.05 kHz und 16 Bit gegenüber den 44.1 kHz und 16 Bit einer Audio-CD zugunsten einer geringeren Datenmenge gut vertreten. Bei gleicher Reduzierung der Datenmenge ist das Ergebnis besser als mit 44.1 kHz und 8 Bit!

Perceptual Coding bezeichnet ein Kodierungsverfahren, dass die menschlichen Wahrnehmungseigenschaften berücksichtigt. Ziel ist eine möglichst geringe Datenübertragungsrate bei möglichst hoher Übertragungsqualität.

MPEG ist der Name eines 1988 gegründeten Normungsgremiums der ISO und der IEC http://www.chiariglione.org/mpeg/

ISO seit 1946 = International Organisation For Standardization, Unterorganisation der UNESCO http://www.iso.ch

Hinweis: Das Deutsche Institut für Normung e.V. DIN ist Mitglied der ISO.

IEC seit 1906 = International Electrotechnical Commission, später der ISO angegliedert

Streaming = Daten werden kontinuierlich zum Empfänger transportiert und dort sofort dekodiert, um z. B. Bilder und Töne in (nahezu) Echtzeit zu präsentieren.

Zu sehen sind die unterschiedlichen Kompressionsraten und deren Auswirkung auf die Audioqualität (subjektiv). Bezug genommen wird dabei auf die Audioqualität und die Bitrate einer Audio-CD nach dem Red Book-Standard.

ISDN = Integrated Services Digital Network

LAN = Local Area Network

MODEM = Gerät wandelt digitale Signale in analoge, um sie über eine Telefonleitung zu übertragen

Das WAVE-Format hat einige Varianten. Die bekannteste ist ADPCM. (Adaptive Delta Puls Code Modulation). Bei dem zugrunde liegenden Verfahren werden im Prinzip nur die Differenzen von Abtastwert zu Abtastwert kodiert. Das reduziert die Menge an Daten auf ein Viertel. Die Tonqualität bleibt erstaunlich nahe am Original. ADPCM ist Bestandteil des Standards für die CD-ROM/XA.

MP3 – Redundanz- und Irrelevanzreduktion

Redundanzreduktion liegt vor, wenn nach einer Datendekompression exakt die gleichen Daten vorliegen wie vor der Datenkompression. Damit bleibt der Informationsgehalt in jedem Fall unverändert. Die Datenkompression ist in diesem Fall verlustfrei. Das ist bekannt von der Datenreduktion bei Text- oder Tabellenkalkulationsdateien.

In Schallwellen sind weitaus mehr Informationen enthalten, als mithilfe des Gehörs in unsere Wahrnehmung gelangen. Nach der Digitalisierung von analogen Tonsignalen lassen sich mit geeigneten Algorithmen Daten herausfiltern, deren Informationsgehalt scheinbar von den meisten Menschen nicht wahrgenommen werden. Die also im Wahrnehmungsprozess von Tönen eines „Durchschnittshörers" irrelevant sind. Der Algorithmus nutzt somit Eigenschaften der Wahrnehmung (Perceptual Coding). Deshalb heißt diese Art der Datenreduktion Irrelevanzreduktion. Sie ist verlustbehaftet, da beim Reduktionsvorgang Daten unwiederbringlich verloren gehen.

Für die Erzeugung von Dateien im MPEG-Format wird sowohl die Irrelevanz- wie die Redundanzreduktion genutzt. Beim Konvertieren einer WAVE-Datei (16 Bit linear quantisiert und 44.1 kHz Abtastfrequenz) in ein MP3-Format (mit 128 KBit/sec) wird die Datenmenge auf etwa den 11ten Teil reduziert. Der Qualitätsunterschied von Original zu MP3-Datei ist dann häufig nur im A/B-Vergleich hörbar. Im Normalfall ist mit MP3 das Format einer Datei gemeint, die mit einem Kodierungsverfahren nach einem Standard der M(oving) P(icture) E(xperts) G(roup) MPEG-1 Layer 3 entstanden ist. Dieser Standard lässt auch andere Bitraten als 128 KBit/sec für das MP3-Format zu. Bei kleiner werdender Bitrate sinkt jedoch zunehmend die Ton-Qualität und reicht dann nicht mehr an die einer Audio-CD heran.

Bitrate (kBits/s)	Kompressionsrate	Streaming Anwendung	Subjektive Audioqualität
128	11:1	Intranet	Fast CD-Qualität
64, 80	22:1, 17:1	128 kBit/s ISDN, High-Speed LAN	Fast FM-Qualität
32, 48, 56	44:1, 29:1, 25:1	64 kBit/s ISDN, High-Speed LAN	Besser als AM
24	58:1	33,6 kBit/s MODEMs	Besser als AM
20	70:1	28,8 kBit/s MODEMs	Besser als AM
16, 18	88:1, 78:1	28,8 kBit/s MODEMs	AM-Qualität

10.5 Integration und Wiedergabe

Das Mischen von Tönen ist ein kreativer Prozess, bei dem über das Zusammenfügen der einzelnen Tonereignisse etwas Neues entsteht. So entsteht der charakteristische Sound einer Band im Extremfall erst am Mischpult. Dabei kommen eine Vielzahl von Bearbeitungsgeräten zum Einsatz, die die Tonaufnahmen wie mit einem Zuckerguss überziehen.

Die grundlegenden Aufgaben sind jedoch Folgende. Beim Mischen von Tönen wird das Verhältnis der Töne zueinander über Lautstärke und Klangfarbe festgelegt. Die Richtung und Entfernung, aus der ein Ereignis tönen soll, wird eingestellt und die akustische Beschaffenheit des Raumes in dem es stehen soll.

10.5.1 Tonmischung

Ein wesentlicher Aspekt der Definition von Multimedia ist die Unabhängigkeit der einzelnen integrierten Medien. Das trifft im Falle des Tones sogar auf dessen Ebenen für Geräusch (Atmo, Feedback für Aktionen), Musik und Sprache zu. Welche Zusammensetzung von Tonereignissen stattfindet, hängt davon ab, welche Aktion der Anwender in der Anwendung auslöst.

Beispiel: Ein interaktiver Reiseführer. Eine Musik untermalt die sich im Wind wiegenden Palmen an einem Strand mit weißem Sand. Jetzt beginnt sich der zukünftige Urlauber auch für das nahegelegene Hotel zu interessieren und klickt mit dem Mauszeiger auf eine einladende Taste, die eine entsprechende Auskunft erwarten lässt. Es macht „klick". Die Musik wird jedoch nicht unterbrochen, da sie auch zum kommenden Themenbereich „Hotel Südsee" fortgesetzt zu hören sein soll. Musik und Geräusch erklingen also gleichzeitig zu einem Zeitpunkt, den nur der Anwender mit seiner Aktion vorgibt.

In interaktiven Anwendungen liegen die einzelnen Tonbestandteile ohne zeitlichen Bezug unabhängig voneinander vor. Die einzelnen Spuren sind sozusagen zerschnitten in Sprechtextabschnitte, Musik und einzelne Geräusche. Sie liegen auf dem Datenträger der interaktiven Anwendung. Die interaktive Anwendung greift auf sie bei Bedarf zu. Die Tonmischung entsteht also während der Anwender das Programm nutzt. Das erfordert besondere Voraussetzungen. Das Autorensystem und die Hardware oder generell die Programmierung müssen es beispielsweise ermöglichen, dass mehrere Tonkanäle zur Verfügung stehen, um Töne gleichzeitig und voneinander unabhängig wiedergeben zu können.

Das Zusammenwirken der einzelnen Sprach-, Musik- und Geräusch-Elemente kann erprobt werden, indem sie in einem Harddisk-Recorder zeitgleich angeordnet werden. Die Balance der einzelnen Tonebenen zueinander wird festgelegt. Auch die Richtung und Entfernung, aus der ein Ereignis erklingen soll, spielt dabei eine Rolle. Schließlich wird die akustische Beschaffenheit der virtuellen Räume eingestellt und die Tonaufnahmen werden mit den nötigen Effekten versehen.

Hinweis: Die Anzahl der voneinander unabhängig real nutzbaren Tonkanäle und deren Kontrolle ist von den Programmierwerkzeugen (z. B. Autorensystemen), der Wahl des Betriebssystems und der Prozessorleistung abhängig. Deshalb ist es notwendig, sich bereits zu Beginn der Konzeptionsphase mit den Randbedingungen am Einsatzort vertraut zu machen und entsprechende Systemvoraussetzungen zu definieren!

Hinweis: Sollten nicht genügend Kanäle zur Verfügung stehen, so muss ein Kompromiss gefunden werden. Eventuell lassen sich Tonereignisse zusammenmischen.

➲ Alle Änderungen am Ton in Form von Effekten, wie Raumsimulation, Tonhöhenverschiebung usw., und Klangfilter müssen im Normalfall in die Tondateien hineingerechnet werden! Sie stehen in Autorensystemen als Echtzeit-Effekte bei der Wiedergabe in der Regel nicht zur Verfügung!

10.5.2 Anwenderbezug

Hinweis: Autorensysteme und PC-Hardware sind meist nur in der Lage, mehrere Tondateien der selben Abtastfrequenz gleichzeitig wiederzugeben! Andernfalls ist bei einem Teil der Dateien eine unfreiwillige Verschiebung der Tonhöhe die Folge.

Im Autorensystem Macromedia Director (ab Version 8) können beispielsweise im PC

- bis zu 8 Tonkanäle für Stereoton gleichzeitig voneinander unabhängig genutzt,
- Lautstärken für die Tonkanäle eingestellt,
- Ein- und Ausblendungen (Fade in/out) auf allen Kanälen vorgenommen,
- die Richtung der Töne mit dem Panorama festgelegt,
- datenkomprimierte Tondateien auf allen Kanälen abgespielt werden.

Die aufgelisteten Features sind auch von der Hardware und deren Konfiguration beim Anwender abhängig!

Hinweis: Wie bereits angedeutet muss der Hersteller der interaktiven Anwendung sich vergewissern, was die Zielgruppe an Hard- und Software zur Verfügung hat, um die Anwendung nutzen zu können.

Um einen zeitlichen Bezug zu Aktionen auf der visuellen Ebene herstellen zu können, werden den Tondateien Markierungen mit Tonbearbeitungsprogrammen zugefügt. Mit Hilfe dieser Markierungen können dann Ereignisse, z. B. Seiten- oder Bildwechsel, gesteuert werden. In der Regel werden Töne als Folge von Aktionen und Ereignissen ausgelöst.

An dieser Stelle wird deutlich, dass die programmiertechnischen und anwenderseitigen Voraussetzungen an Hard- und Software bei der Konzeptionierung des Einsatzes von Ton in einer interaktiven Anwendung eine entscheidende Rolle spielen.

Vergleich zwischen Filmtonproduktion und Ton in interaktiven Anwendungen. In beiden Fällen liegen die Tondateien auf einem Datenträger mit wahlfreiem Zugriff. Nachdem der Ton im Film zum Bild angelegt worden ist, hat er immer einen festen Bezug zur Zeitachse. Im Gegensatz dazu ist in interaktiven Anwendung sein Einsatz von den Aktionen des Anwenders abhängig!

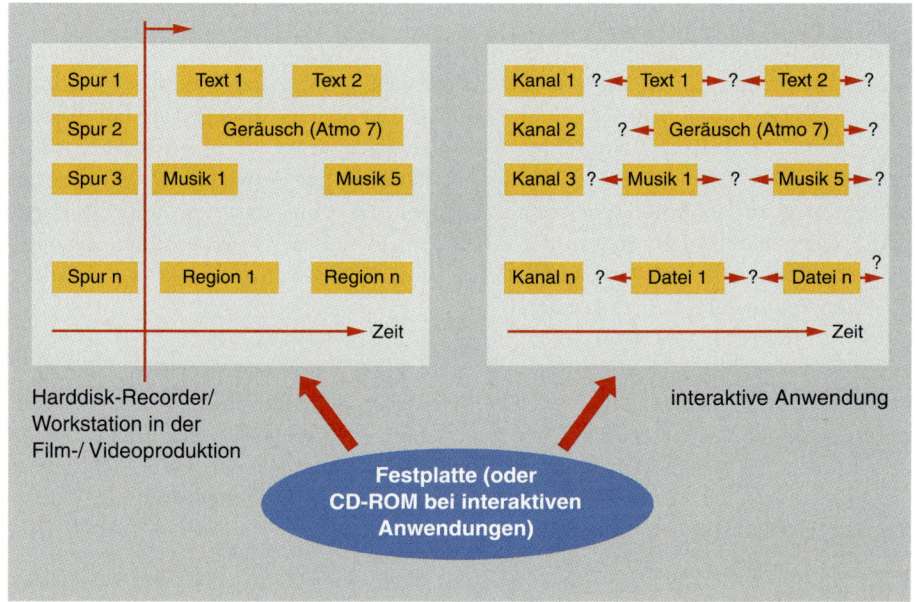

10.6 Ton und Internet

Alles, was bis hierher im Kapitel Ton behandelt worden ist, behält auch im Abschnitt Ton und Internet seine Gültigkeit. Heute ist ein Zugang zum Internet sowohl über das Telefon- und Fernsehkabelnetz wie auch über Satellit möglich. Die meisten Anwender nutzen den Zugang über das Telefonnetz, aber noch nicht alle verfügen über DSL. Deshalb nimmt auch heute noch der technische Aspekt bei der Konzeptionierung von Internet-Seiten in Bezug auf den Ton einen besonderen Stellenwert ein. Hervorzuheben ist dabei wie in jedem Netzwerk die Kombination von Client-/Server-Software, Dateiformat und Übertragungsprotokoll.

Download und Streaming

Beim Download wird eine Datei zunächst in voller Größe auf einen Rechner übertragen. Erst nachdem die Datei restlos übertragen worden ist, kann mit der Wiedergabe begonnen werden. Im Gegensatz dazu kann die Wiedergabe beim Streaming einer Datei bereits beginnen, nachdem die ersten Daten in einem Puffer zwischengespeichert worden sind.

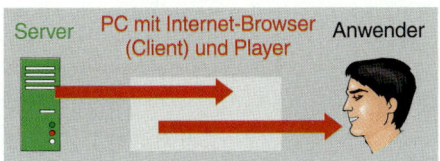 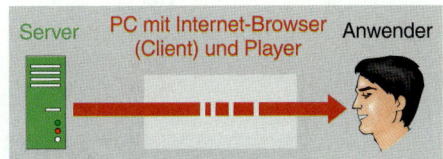

Herunterladen (Download) und anschließende Wiedergabe einer Datei
Streaming einer Datei

Die uns bekannten WAVE-, AIFF- und MP3-Dateien können mittels Standard HTTP-Server mit einem Download übertragen werden. Von den dreien eignet sich jedoch nur das MP3-Format für das Streaming im Internet.

Player

Mit den heutigen **Browsern** (Clients) können die gängigsten Formate für Ton und Bewegtbild wiedergegeben werden, sei es, dass die Funktionalität bereits fester Bestandteil der Browser ist, oder beim Installationsvorgang der Browser entsprechende Plug-Ins zusätzlich installiert werden. Die gebräuchlichsten Player sind der RealPlayer von RealNetworks, der Windows Media Player von Microsoft und der QuickTime Player von Apple. Sind bewegte Bilder, Grafiken, Ton und interaktive Elemente mit Flash oder Shockwave von Adobe erstellt worden, so benötigen wir das entsprechende **Plug-In** für Flash oder Shockwave zusätzlich zu unserem Browser. Werden streamingfähige Dateien durch den Browser von einem Server angefordert, so öffnet sich derjenige installierte Player, der dem eingetroffenen Dateiformat durch den Browser zugeordnet ist. Mit dem Player stehen typische (Laufwerks-) Funktionen, wie Stop, Wiedergabe, Pause, Vor- und Zurückspulen zur Verfügung.

Das Erscheinungsbild eines Players kann durch die Wahl aus verschiedenen Skins, vorgegebene und frei wählbare grafische Benutzeroberflächen, den eigenen Wünschen angepasst werden.

Infos zum Thema Streaming Media:
www.streamingmedia.com
www.streamingmediaworld.com

Quicktime von Apple:
http://www.apple.com/quicktime/ download/
RealPlayer von RealNetworks:
http://www.real.com/player/index.html
Shockwave- und Flash-Player von Adobe:
http://www.adobe.com/downloads
Media Player von Microsoft:
http://www.microsoft.com/germany/ms/windowsmedia

Quicktime Player von Apple, Voreinstellung für Anbieter von Internet-TV

Windows Media Player von Microsoft

Anhand des RealPlayers und des RealServers von RealNetworks soll gezeigt werden, wie eine Ton-Datei von einem Anwender abgerufen und mit einem Player im Streaming wiedergegeben wird:

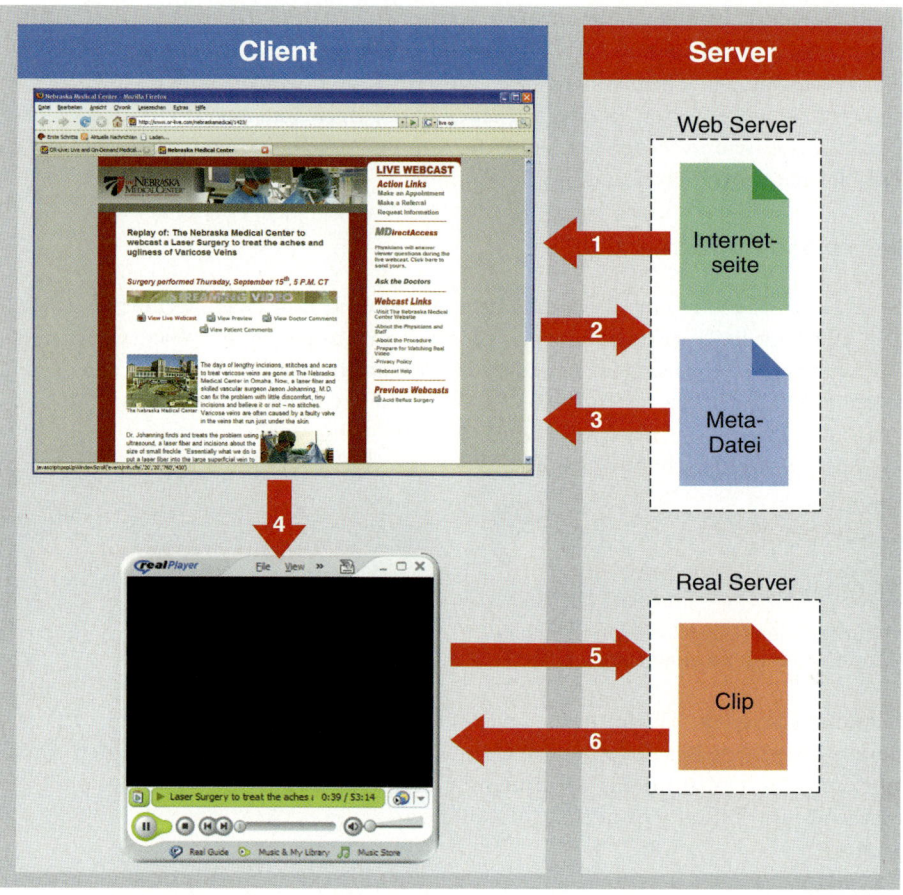

1. Der Browser zeigt eine Internetseite. Sie enthält einen Link zu einer RealAudio-Meta-Datei.
2. Der Anwender klickt auf den Link. Der Browser fordert die Meta-Datei vom Webserver an.

MIME = Multipurpose Internet Mail Extension

3. Der **Webserver** übergibt die RealAudio-Meta-Datei an den Browser. Für Dateien mit der Datei-Erweiterung .ram setzt der Webserver den MIME-Typ der Datei auf audio/x-pn-realaudio. Für Dateien mit der Erweiterung .rpm (RealPlayer Plug-In) setzt der Webserver den MIME-Typ der Datei auf audio/x-pn-realaudio-plugin.
4. Der Browser erkennt den MIME-Typ der RealAudio-Meta-Datei. In Abhängigkeit des MIME-Typs startet der Browser z. B. den RealPlayer als Anwendung und stellt eine Verbindung zur Meta-Datei her.
5. Der RealPlayer liest die erste URL der Meta-Datei und fordert den RealAudio-Clip vom RealServer an.

Quelle: nach Beggs/Thede, Designing Web Audio, 2001, S. 115

6. Der **RealServer** beginnt den angeforderten RealAudio-Clip zum RealPlayer zu streamen.

Protokolle

In den Anfängen des Internets ging es darum, Textdokumente über das Internet zugänglich zu machen. Hierfür leistete das **HTTP** und das **TCP/IP** gute Dienste. Kommt es im Internet zu Engpässen oder gar zum Verlust von Daten, so stellt das TCP sicher, dass alle Datenpakete fehlerfrei, vollständig und in der richtigen Reihenfolge beim Anwender eintreffen. Hierfür ist es jedoch notwendig, dass Daten wiederholt beim Server angefordert werden müssen. Es ist deshalb langsam und nicht für das Streaming geeignet.

Hier schaffen das **RTP** und das **UDP** Abhilfe. Das UDP ist schnell, weil es auf Fehlererkennung und -korrektur verzichtet. Diese Funktionen müssen aber von den darauf aufsetzenden Protokollen wie RTP oder **RTSP** und den folgenden Anwendungen mit Ihren entsprechenden Dateiformaten übernommen werden! Hier liegt die Priorität bei Kapazitätsengpässen im Internet darauf, dass ein kontinuierlicher Datenstrom mit höchstmöglicher Ton- und Bewegtbildqualität beim Anwender erhalten bleibt, anstatt Dateien bitgenau zu übermitteln. So lassen sich Daten mit geeigneten Servern, die die entsprechenden Protokolle nutzen, live im Internet übertragen. Im Unterschied dazu wird eine Datei On Demand (Auf Verlangen) abgerufen, wenn sich die Datei zunächst auf einem streamingfähigen Server befindet und schließlich zum Anwender gestreamt wird.

Dateiformate

Neben Quicktime von Apple und dem Advanced oder Active Streaming Format (ASF) von Microsoft werden in der Praxis weitere streamingfähige Dateiformate eingesetzt.

So sind Shockwave und Flash von Macromedia besonders gut geeignet, um Interaktionen zwischen Anwender und Anwendung zu unterstützen. Hier sind als Anwendungen Spiele, Präsentationen und eLearning-Module zu nennen. Diese Dateiformate eignen sich nicht für niedrigste Datentransferraten im Internet. MP3-codierte Töne können in Flash-Anwendungen eingebunden werden.

Werden größte Mengen an zeitgleichen Zugriffen erwartet, etwa auf die Filmmusiken von weltweit angekündigten Kinofilmen, so werden besonders hohe Anforderungen an die Technologie der Server gestellt. Datenströme können von einem zum anderen Server weitergeleitet werden (Splitting). Zudem können Server sozusagen verkoppelt werden (Clustering) und arbeiten wie eine Multiprozessor-Maschine. Um besonders bei Live-Übertragungen (z. B. Internet Radio) die Zugriffe auf einen einzigen Server zu verringern, werden die Daten innerhalb des Internet-Netzwerkes live auf andere Server verteilt. Von dort können sich die Nutzer dann den aus einer Live-Datenquelle entstehenden Datenstrom streamen (IP Multicasting). Dies alles wird mit dem Real-Server und dem Dateiformat RealAudio von RealNetworks unterstützt.

Die Einstellung der Datenübertragungsrate eines Players wird vom Server abgefragt und es kann möglicherweise dynamisch auf Veränderungen der Datenübertragungsraten im Internet mit einer Änderung der Qualitätsstufe der zu streamenden Datei reagiert werden (Bandwith Negotiation). Je niedriger die Datentransferrate ist, um so geringer fällt die Qualität des zu übertragenden Tones aus. Wie hoch die Tonqualität nach subjektiver Einschätzung ist, zeigt die Tabelle in Abschnitt 4.4.2 Datenreduktion.

HTTP =
HyperText Transfer Protocol

TCP =
Transmission Control Protocol
Es ist ein verbindungsorientiertes Transportprotokoll. Im Vergleich zu UDP gilt TCP als langsam aber zuverlässig. Deshalb wird TCP dort verwendet, wo viele Daten sicher übertragen werden müssen.

IP = Internet Protocol

RTP = Real Time Protocol

RTSP =
Real Time Streaming Protocol

UDP = User Datagram Protocol

Hinweis: Flash und Director Shockwave von Adobe, Beatnik mit Rich Music Format (RMF) von Headspace, QuickTime von Apple und MIDI sind Formate, die auch ohne die Unterstützung der Protokolle UDP und RTSP bzw. RTP für die Übertragungen auskommen. Sie lassen sich auch von einem Standard HTTP Webserver mit Funktionseinschränkungen streamen (Pseudo-Streaming). Jedoch besteht hier die Gefahr, dass die Übertragung von „Aussetzern" begleitet wird.

Hinweis: Mit RealFlash von RealNetworks lassen sich Flash-Anwendungen mit dem RealServer streamen.

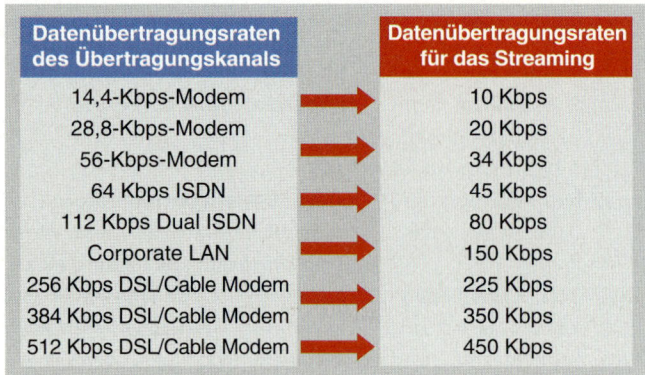

Datenübertragungsraten des Übertragungskanals	Datenübertragungsraten für das Streaming
14,4-Kbps-Modem	10 Kbps
28,8-Kbps-Modem	20 Kbps
56-Kbps-Modem	34 Kbps
64 Kbps ISDN	45 Kbps
112 Kbps Dual ISDN	80 Kbps
Corporate LAN	150 Kbps
256 Kbps DSL/Cable Modem	225 Kbps
384 Kbps DSL/Cable Modem	350 Kbps
512 Kbps DSL/Cable Modem	450 Kbps

Maximal erreichbare Datenübertragungsraten für das Streaming von Dateien im Internet bei gegebenen Datenübertragungsraten des Übertragungskanals

Vor der Produktion von Internetauftritten brauchen wir einen Anhaltspunkt für die zu erwartende maximale Datenübertragungsrate für die zu streamenden Dateien.

In der Tabelle ist zu sehen, dass sie etwa 60% - 90% der Datenübertragungsrate des Übertragungskanals (z. B. das Telefonnetz mit Modem) entspricht. Das Verhältnis verbessert sich zunehmens, je größer die Raten sind (z. B. xDSL). Zu beachten ist, dass hier jeweils die maximalen Größen angegeben sind. Im Internet sind die Datenübertragungsraten jedoch nicht immer stabil. Um auch noch eine Übertragung bei geringeren Raten zu gewährleisten, kann mit entsprechenden Dateiformaten, wie oben beschrieben, auf eine niedrigere Tonqualitätsstufe umgeschaltet werden. Die für die Tonübertragung im Internet gebräuchlichen Dateiformate und Protokolle unterliegen einer raschen Entwicklung. Für eingehende Betrachtungen sei deshalb auf die entsprechende Fachliteratur verwiesen.

Als Hilfestellung sind hier jedoch einige grundlegende Fragen für die Konzeptionierung eines Internetprojektes zusammengestellt, mit denen man auf die Suche nach geeigneten Dateiformaten und Übertragungsprotokollen für den Ton gehen kann:

• Hat die Internet-Anwendung einen hohen Grad an Interaktivität?
• Gibt es Vorgaben für die Qualität des Tones beim Anwender?
• Wie hoch ist der Verbreitungsgrad der erforderlichen Plug-Ins für die Browser. Hat die Zielgruppe das Know How und ist sie gewillt, sich bei Bedarf ein für die Wiedergabe des Tones erforderliches Plug-In selbst herunterzuladen und zu installieren?
• Wie störungsfrei soll die Übertragung selbst bei erheblich schwankenden und niedrigsten Datenübertragungsraten sein?
• Soll lediglich Sprache oder auch Musik (größeres Tonfrequenzspektrum) übertragen werden?
• Wie viele Teilnehmer sollen gleichzeitig auf die Tondateien zugreifen können?
• Soll es eine Beschränkung der Zugriffsrechte geben?
• Soll der Server Daten für eine Statistik aus den Zugriffen auf die Tondateien generieren können?
• Ist die Nutzung der Tondateien entgeltlich? Wird es ein Server gestütztes Abrechnungssystem geben müssen?
• Ist es erforderlich, dass der Tondatei aus Gründen des Urheber- und Verwertungsrechtes ein digitales Wasserzeichen mitgegeben werden muss?
• Genügt es, dem Anwender einen Download anzubieten, oder muss der Ton möglichst sofort hörbar sein?
• Sind die Mittel für das Einrichten eines weiteren Servers für das Streaming von Tondateien vorhanden?

Codec = Kunstwort aus dem Englischen. Setzt sich zusammen aus den Wörtern **Co**der und **Deco**der. Bezeichnet die aufeinander abgestimmten Funktionen für das Kodieren und das Dekodieren von Signalen.

➲ **Ausreichende Zugriffskapazitäten und Datenübertragungsraten, geeignete Übertragungsprotokolle und effiziente Codecs für die Datenkompression sind Voraussetzungen für technisch sinnvolle Anwendungen von Streaming Media!**

Aufgaben und Übungen, Literaturhinweise

Aufgaben und Übungen

Eine interaktive Anwendung soll entwickelt und hergestellt werden. Das kann eine Anwendung für einen Messestand, eine verkaufsunterstützende Produktpräsentation für den Außendienstmitarbeiter oder eine Anwendung nach Ihren Vorstellungen sein.

1. Bestimmen Sie Zielgruppe und Einsatzzweck der interaktiven Anwendung.
2. Bringen Sie in Erfahrung, in wieweit die programmiertechnischen Eigenschaften des zu verwendenden Autorensystems Ihre gestalterischen Wünsche unterstützt.
3. Finden Sie heraus, welche typischen Funktionen von Musik und Geräusch Sie für Ihren Ton nutzen können.
4. Legen Sie fest, in welchem Umfang Sie Sprechtext, Musik und Geräusch benötigen.
5. Überlegen Sie sich, auf wie vielen Ebenen der Ton abgebildet werden soll/kann.
6. Finden Sie heraus, welche Räume es mit dem Ton nachzubilden gilt.
7. Legen Sie eine Liste der zu erstellenden Tondateien an und achten Sie dabei auf eine eindeutige nachvollziehbare Benennung der Dateien für eine reibungslose Programmierung.
8. Recherchieren Sie die Quellen für Ihre Musik und Sounds und achten Sie dabei auf Verwertungsrechte.

Literaturhinweise

Arnold, Bernd-Peter: ABC des Hörfunks, 2. Aufl., Konstanz 1999 (UVK)

Beggs, Josh; *Thede*, Dylan: Designing Web Audio, Beijing, Cambridge, Farnham, Köln, Paris, Sebastopol, Taipei, Tokyo 2001 (O'Reilly & Associates)

Dickreiter, Michael: Handbuch der Tonstudiotechnik, 2 Bände, 6. Aufl., München, New York, London, Paris 1997 (Verlag K.G. Saur)

Pierce, John R.: Klang, 2. Aufl., Heidelberg, Berlin, Oxford 1999 (Spektrum)

Schneider, Norbert Jürgen: Handbuch Filmmusik I, Konstanz 1986 (UVK)

Simpson, Ron: Cutting Edge Web Audio, New York u. a. 1998 (Prentice Hall)

Webers, Johannes: Tonstudiotechnik, 7. Aufl., Feldkirchen 1999 (Franzis-Verlag)

Wolff, Harald: Geräusche und Film, Frankfurt am Main u. a. 1996 (Peter Lang)

Zander, Horst: Das PC-Tonstudio, Feldkirchen 1998 (Franzis-Verlag)

11 Druck

Die Erfindung der Drucktechnik geht zurück auf die Holztafeldrucke in China und Japan im 8. Jahrhundert n. Chr., wobei Bilder spiegelverkehrt in Holzplatten geschnitten wurden. In Europa wurde mit Beginn des 15. Jahrhunderts diese Technik eingesetzt. Mit den beweglichen Lettern von **Johannes Gensfleisch zu Gutenberg** begann dann 1452 der Buchdruck. Gutenberg erfand jedoch nicht nur die wiederverwendbaren Metalllettern, sondern auch eine hölzerne Druckpresse, mit deren Hilfe kostengünstige Vervielfältigungen der Druckwerke produziert werden konnten. Als Druckfarbe diente eine Mischung aus Ruß und Leinölfirnis, die mit Lederballen aufgetragen wurde. In kürzester Zeit wurden in Europa Druckereien gegründet und die Druckkunst fand rasche Verbreitung. Informationen konnten jetzt in größerer Stückzahl zu Papier gebracht und verteilt werden.

Die Drucktechnik entwickelte sich stetig weiter mit dem Steindruck, der sogenannten **Lithografie**, der ersten Zylinderdruckpresse Anfang des 19. Jahrhunderts über den Tiefdruck Ende des 19. Jahrhunderts bis zum **Offsetdruck** und dem **Siebdruck** zu Beginn des letzten Jahrhunderts. Mit der Entwicklung neuer Technologien wie Lasertechnik und **Digitaltechnik** sind die Wege und Produktionszeiten der Druckerzeugnisse kürzer geworden. Unterschiedliche Auflagen, individuell gestaltete Drucke sind möglich. Darüberhinaus können durch Datenfernübertragung (DFÜ) Druckdaten an jeden beliebigen Ort zur Weiterverarbeitung in einer Druckerei gesandt werden. In diesem Kapitel soll gezeigt werden, wie ein Druckprodukt entsteht und wie die unterschiedlichen Verfahren eingesetzt werden.

11.1 Vom Entwurf zum Druck

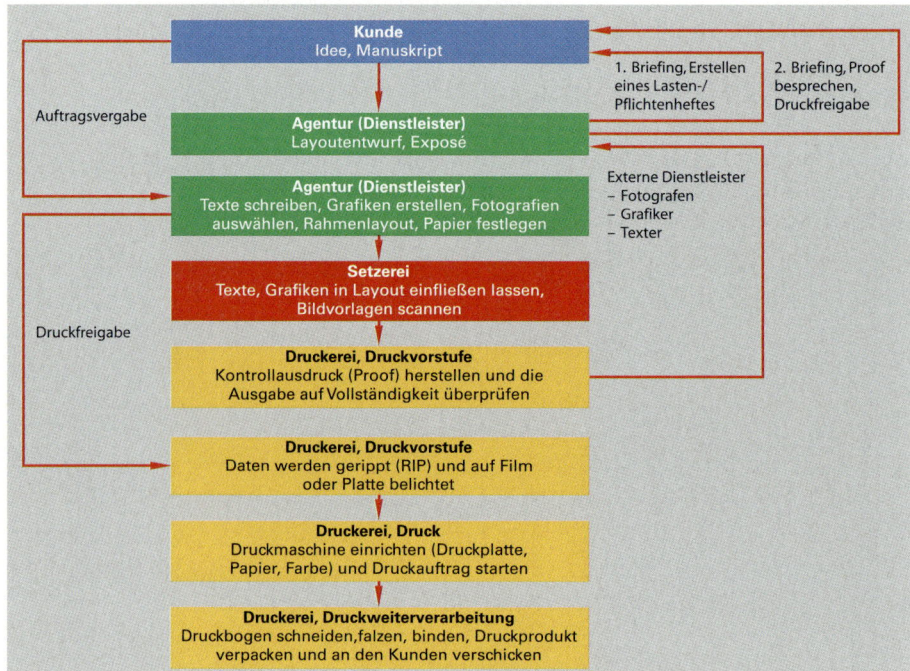

11.2 Vom Scan zum Druck

11.2.1 Bildvorlage und Ausgabequalität

Mit dem Entwickeln einer Idee stellt sich gleichzeitig die Frage nach der Umsetzung und dem Ausgabegerät für das Druckprodukt. Die Inhalte der Druckseiten werden durch Texte, Bilder und Grafiken wiedergegeben. Die Vorlagen liegen entweder analog vor, wie Halbtonvorlagen ❶ oder Strichvorlagen ❷ oder in digitaler Form als digitale Fotografie, Screenshot oder Vektorgrafik aus einem Grafikprogramm, wie beispielsweise Freehand, Illustrator oder Corel Draw. Früher wurden Halbtonvorlagen und Strichzeichnungen durch fotografische Reproduktion in Filmmaterial verwandelt. Mit der Erfindung des Scanners konnten die analogen Vorlagen digitalisiert werden. Hochwertige Scanner besitzen teilweise eine Option, die es ermöglicht, separierte Dateien ❸ im CMYK-Modus auszugeben.

Das Druckprodukt weist in der Regel ein Qualitätsmerkmal auf: die Schärfe der Bilder, sofern die Druckseite nicht durch die Vorgaben der Gestalter mit beispielsweise weichgezeichneten oder bewegungsunscharfen Bildern bestückt werden soll. Die Bildschärfe wird durch die Auflösung beim Scannen oder bei der Bildbearbeitung des digital vorliegenden Bildmaterials bestimmt. Mit der Auflösung wird die Feinheit der Abtastung des Bildes bestimmt, und damit die Anzahl der **Tonwertstufen** oder auch Graustufen für jeden Farbkanal Rot, Grün und Blauviolett. Damit nun festgelegt werden kann, mit welcher minimalen Eingabefrequenz, der Anzahl der Pixel pro Zentimeter (ppcm) oder Pixel pro Inch (ppi), der Scanner das Bild abtastet oder die Datei aus einem Bildbearbeitungsprogramm abgespeichert werden soll, muss zunächst ein Blick auf die Ausgabe des Druckprodukts geworfen werden.

Ausgabe am Drucker

Spricht man beim Scannen von **Pixeln** (Eingabepixel) als das kleinste Element des Bildes, so ist es beim Druckvorgang der **Druckpunkt** (Dot). So ein Dot ist ein 1-Bit-Element das zwei Zustände Schwarz und Weiß darstellen kann. Damit die Tonwertstufung eines Bildes im Druck wiedergegeben werden kann, benötigen wir eine größere Anzahl von Druckpunkten, die in einer **Rasterzelle** zusammengefasst werden. Die Rasterzelle kann man sich als eine quadratische Matrix vorstellen , die über eine bestimmte Anzahl von Gitterplätzen verfügt, welche mit den einzelnen Druckpunkten besetzt werden.

❶ **Halbtonvorlage**: Fotografische Abbildung oder Dia, das über theoretisch unendlich viele Grautöne oder Farbabstufungen verfügt.

❷ **Strichvorlagen**: Handskizze, Tuschezeichnung, Text, Gemälde

❸ **Separierte Dateien**: Die Tonwerte eines Farbkanals, wie beispielsweise bei der Vierfarbseparation, werden in einer eigenen Auszugsdatei abgelegt.

Auflösung der Graustufen: Im einfachsten Fall liegt die Information in Schwarz und Weiß vor, d. h. Farbe ist vorhanden oder nicht vorhanden. Die Graustufenauflösung beträgt dann 1 Bit = 2^1 = 2 Graustufen.

1 inch = 2,54 cm

371

Betrachten wir beispielsweise ein Quadratgitter 16 × 16, dann erhalten wir 256 Gitterplätze. Damit wir einen 30%-Rastertonwert abbilden können, benötigen wir einen Rasterpunkt mit 77 Dots innerhalb der Rasterzelle 16 × 16. Diese 77 Druckpunkte werden bei Laserbelichtern und Laserdruckern in sogenannten Belichterelementen innerhalb der Rasterzelle eingesetzt.

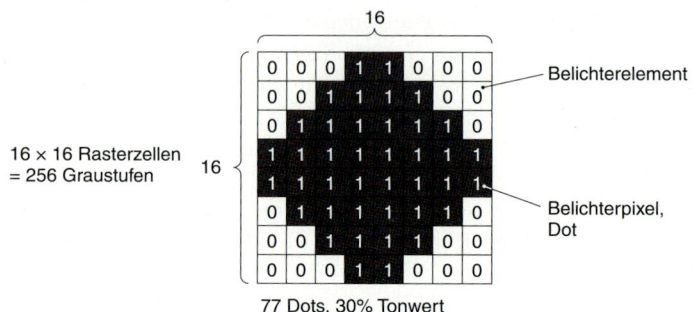

16 × 16 Rasterzellen
= 256 Graustufen

77 Dots, 30% Tonwert

Reiht man nun eine Vielzahl von Rasterzellen aneinander, dann erhält man eine Linie. Mehrere Linien aneinandergereiht stellen die **Rasterweite** oder **Rasterfrequenz** des Druckverfahrens dar. Die Rasterfrequenz wird in Linien pro cm (lpcm) oder in Linien pro inch (lpi) angegeben. Je nach angewandtem Druckverfahren und dem verwendeten Bedruckstoff variiert die Rasterfrequenz.

Druckverfahren	Rasterfrequenzwerte
Siebdruck (Durchdruck)	20 lpcm – 40 lpcm / 50 lpi – 101 lpi
Flexodruck (flexible, weiche Druckform, Hochdruck)	40 lpcm – 60 lpcm / 101 lpi – 152 lpi
Tiefdruck	70 lpcm / 178 lpi
Zeitungsdruck (Rollenoffsetdruck)	34 lpcm – 48 lpcm / 86 lpi – 122 lpi
Akzidenz-Offsetdruck	60 lpcm / 152 lpi

Die verschiedenen Graustufen (256) bzw. die Tonwertstufung von 0% bis 100% in einem Bild werden nun im Druck durch Rasterung wiedergegeben. Die Feinheit der Rasterung ist abhängig von der Größe der Rasterzelle, d. h. der Anzahl der Gitterplätze, die belegt werden können. Das menschliche Auge ist in der Lage, 100 Tonwertstufen bewusst zu unterscheiden. Das entspricht einer Rasterzelle mit 10 × 10 Gitterplätzen für die Druckpunkte. Die Farbwerte werden dann in 1%-Schritten gestuft abgebildet.

Bevor die Datei als EPS oder PDF für den Druck abgespeichert wird, muss festgelegt werden wie groß die Rasterzelle und die Tonwertstufung sein soll. In den Programmen wird sie über die Veränderung der Werte für die Rasterweite oder Rasterfrequenz (lpi, lpcm) und der Auflösung (dpi, dpcm) vorgenommen. Die Formel zur Berechnung der Anzahl der **Graustufen** lautet:

$$Graustufen = \left(\frac{Ausgabeauflösung}{Rasterweite} \right)^2 + 1$$

Beispiel: Auflösung im Druck 600 dpi und Rasterweite 50 lpi

$$\text{Graustufen} = \left(\frac{600 \text{ dpi}}{50 \text{ lpi}} \right)^2 + 1 = 12^2 + 1$$

$$\text{Graustufen} = 144 + 1$$

Ausgabefrequenzen (Auflösung) bei verschiedenen Druckprodukten:

Zeitung . . . . 76 dpi
Zeitung, gutes Papier . . . . . 85 dpi
Zeitschrift, Rollenoffset . . 150 dpi
Zeitschrift, Bogenoffset . . 300 dpi
Buch . . . . 130 dpi
Siebdruck, Flexodruck . . . . 45 dpi

In der Formelbeziehung wird 1 dazugezählt für den Zustand, dass in der Rasterzelle kein Dot geschwärzt wird.

Je höher die Anzahl der möglichen Graustufen ist, um so weicher und gleichmäßiger werden Übergänge und Verläufe im Bild. Die nachfolgende Tabelle beinhaltet die maximal mögliche Anzahl der Tonwertstufen für eine bestimmte Rasterweite und **Auflösung** (Ausgabefrequenz). Unter einem Wert von 100 für die Tonwerte muss man mit einer deutlichen Qualitätsverschlechterung rechnen.

Tonwertstufen	Auflösung			
Rasterweite	600 dpi	1200 dpi	2400 dpi	3200 dpi
50 lpi	145	577	2305	4097
86 lpi	50	196	780	1385
100 lpi	37	145	576	1025
120 lpi	26	101	401	712
150 lpi	17	65	256	456

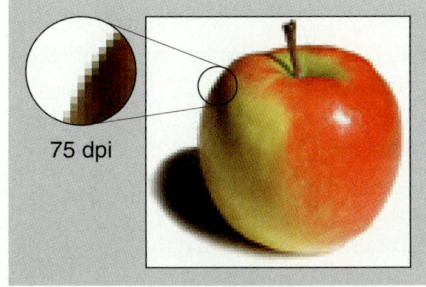
75 dpi

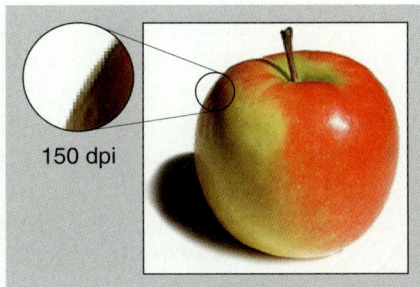
150 dpi

300 dpi

Rasterung und Moiré-Effekt

Bei einer **periodischen Rasterung** sind die Rasterpunkte nach einem festgelegten Muster in der Rasterzelle angeordnet. Die Punktform kann kreisförmig, elliptisch oder quadratisch auftreten. Werden nun die einzelnen Farben Cyan, Magenta, Gelb und Schwarz zusammengedruckt, so können regelmäßige Muster mit Rosetten entstehen, die man auch als Moiré bezeichnet. Sehr häufig tritt dieser Effekt im Druck dann auf, wenn die benutzten Bildvorlagen bereits gerastert waren. Bei periodischer Rasterung lässt sich der **Moiré-Effekt** dadurch vermindern, dass die Rasterstruktur um einen bestimmten Winkel gedreht wird. Im Vierfarbdruck haben sich folgende Winkel als praktikabel erwiesen: Gelb 0°, Magenta 15°, Cyan 75° und Schwarz unter 135°.

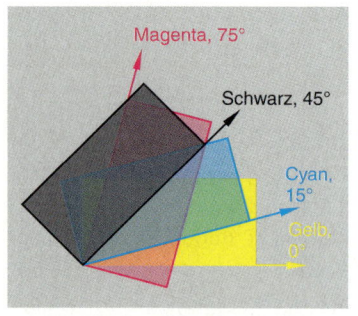

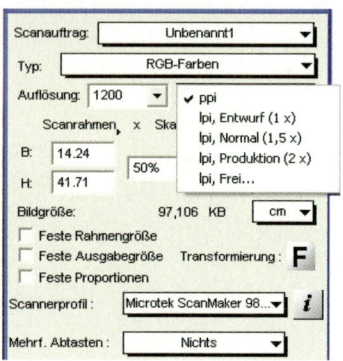

Abtastfrequenz oder auch Eingabefrequenz kennzeichnen die Auflösung beim Scannen. Die Auflösung wird beim Scannen und in der digitalen Fotografie in ppi oder ppcm angegeben.

Beim nichtperiodischen, **frequenzmodulierten Raster** (FM-Raster) gibt es keine festgelegten Rasterpunkte, Rasterweiten und Rasterwinkel. Die Rasterpunkte werden nur nach der Helligkeit des Bildes verteilt. Helle Bildflächen erhalten weniger zufällig angeordnete Druckpunkte, dunkle Bildflächen mehr Druckpunkte. Dadurch erhalten wir beim FM-Raster keinen Moiré-Effekt.

Eingabeeinstellungen zum Erstellen einer Bildvorlage

Die Rasterfrequenz des Druckverfahrens und der Bedruckstoff stellen die Kriterien dar, welche die Qualität des Druckprodukts auf der Ausgabeseite beeinflussen und begrenzen. Auf der Eingabeseite ist es die Bildschärfe, die durch die Auflösung bei der Aufnahme analog auf Film oder digital sowie durch die Auflösung beim Scannen begrenzt wird. Die spätere Verwendung im Zeitungsdruck, Hochglanzdruck oder in einer Bildschirmanwendung bestimmt die Höhe der Auflösung beim Abtasten des Originals.

Beim Abtastvorgang werden eine Vielzahl von Bildpixeln erfasst und gespeichert. Die Anzahl der Pixel pro Zentimeter (ppcm) ist ein Maß für die Abtastfeinheit oder auch **Abtastauflösung**. Mit der Größe der Auflösung wächst auch die Dateigröße an, was in den meisten Fällen vermieden werden soll. Die Auflösung in ppcm oder ppi sollte daher nur so groß als nötig gewählt werden. Als Grundregel zur Bestimmung der **Abtastfrequenz** (Eingabefrequenz) gilt:

Abtastfrequenz (Auflösung) =
Rasterfrequenz (Ausgabe) × Skalierungsfaktor × Qualitätsfaktor

Um eine möglichst gute Detailzeichnung des Bildes zu erhalten, wird in den meisten Fällen mit einem **Qualitätsfaktor** QF = 2 gearbeitet. Um Speicherplatz zu sparen kann auch ein Wert zwischen QF 2 und QF 1,4 gewählt werden. Unter QF 1,4 ist wieder mit Qualitätseinbußen zu rechnen. Der Skalierungsfaktor wird in den meisten Fällen auf 100% gesetzt, d. h. man scannt das Bild im Maßstab 1:1.

Beispiel Apfelbild: Bildgröße 82,5 × 82,5 mm, Rasterfrequenz 60 lpcm, Maßstab 1:1, Qualitätsfaktor 2

Abtastfrequenz = 60 lpcm × 1 × 2
Abtastfrequenz = **120 ppcm = 304 ppi**

Dateigröße für das Apfelbild:

Anzahl der Bildpixel: $(120 \text{ ppcm} \times 8{,}25 \text{ cm})^2 = 990 \times 990$
= 980.100 Bildpixel

RGB Farbinformation pro Bildpixel bei einer 8-Bit Graustufenauflösung (256) = 3 × 8 Bit oder 3 × 1 Byte

Speicherbedarf in verschiedenen Ausgabemodi:

Farbbild RGB: 3×980.100 Byte   = 2.940.300 Byte
                                            = **2,94 MB**

Graustufenbild: 980.100 Byte   = **0,98 MB**

Strichzeichnung: 2,94 MB : $24 \times (3 \times 8$ Bit$)$ = **122,5 kB**

Mit dem Qualitätsfaktor, oder auch **Samplingrate** genannt, steht fest, wie die Bildpixel in Verbindung zum Rasterpunkt beim Drucken stehen. Jeder Rasterzelle auf der Ausgabeseite werden vier Bildpixel zugeordnet. Mit dem Qualitätsfaktor 2 wird das Längenverhältnis zwischen zwei Bildpixeln im Scan und der Kante der Rasterzelle beschrieben. Die Tonwerte der vier Bildpixel wird gemittelt und das Ergebnis gespeichert. Mit diesem Mittelwert wird dann der Rastertonwert in Prozent bestimmt und daraus wiederum die Anzahl der Dots für einen Rasterpunkt berechnet (s. S. 375).

Die Bildvorlagen für das Scannen sind in der Regel ein Druckprodukt, das gerastert ist und damit eine bestimmte Rasterfrequenz besitzt. Um die bestmögliche Qualität umzusetzen, kann man bei vielen Scannern mit der Funktion **Entrastern** arbeiten. Dabei wird die Rasterweite der Vorlage berücksichtigt und beim Scanvorgang eingesetzt.

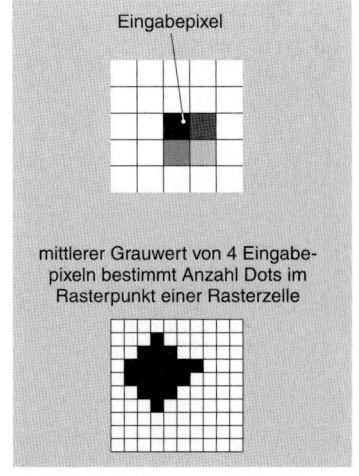

Eingabepixel

mittlerer Grauwert von 4 Eingabepixeln bestimmt Anzahl Dots im Rasterpunkt einer Rasterzelle

11.3 Schriftfont im Druck

Mit der Fertigstellung eines Seitenlayouts mit Bildern, Grafiken und Schriften ist die Arbeit der Agentur noch nicht beendet. Die Daten werden zur Filmerstellung an ein Belichtungsstudio gegeben, sofern sie nicht direkt durch einen digital druckenden Betrieb weiterverarbeitet werden. Bei der Zusammenarbeit mit einem Belichtungsstudio muss vorher geklärt werden, ob bei den Schriften **PostScript-Schriften** oder **TrueType-Schriften** verwendet wurden und ob das Belichtungsstudio die eingesetzten Schriften besitzt. Seitenlayout-Programme bieten die Möglichkeit über einen Menüpunkt die Namen der verwendeten Schriften im Dokument aufzulisten. Hersteller, Symbol und Format der Schrift können in der Aufstellung nachvollzogen werden.

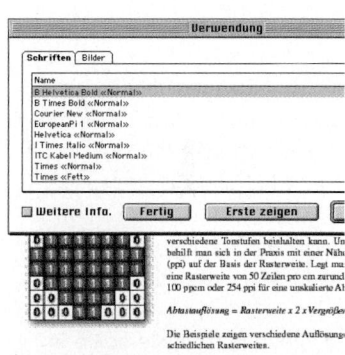

11.3.1 PostScript-Schrift

PostScript ist eine Programmiersprache, mit deren Hilfe gestaltete Seiten beschrieben werden können, um sie auf einer Druckmaschine auszugeben. Die beschriebene Seite wird wie eine Grafik verstanden, die keiner Einschränkung bezüglich Linienstärke, Flächen und Füllungen sowie Farben unterliegt. Texte werden bei einer PostScript-Schrift wie normale grafische Objekte behandelt, die durch Linien oder Kurvenzüge begrenzt sind. Diese Textobjekte können gefüllt oder hohl sein oder auch durch ein Rasterbild beschrieben werden. Ein PostScript-Interpreter sorgt dafür, dass die geometrischen Daten in ein Pixelmuster übersetzt und dann auf einer Druckmaschine gedruckt werden. Die Rasterung der Geometriedaten benötigt zusätzlichen Rechenaufwand, so dass die PostScript-Schriften aus zwei Dateien bestehen. Die Outline-Fontdatei beinhaltet die Buchstaben, in verschiedenen Größen gerastert, zur Ausgabe auf dem Drucker und eine Bitmap-Fontdatei stellt die Buchstaben für die Bildschirmdarstellung zur Verfügung.

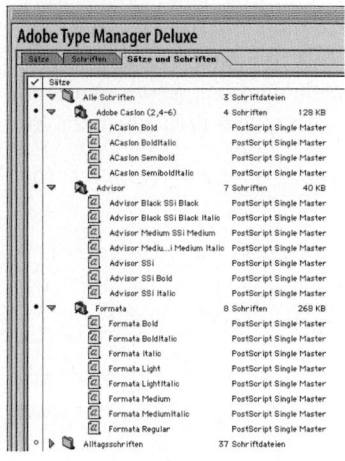

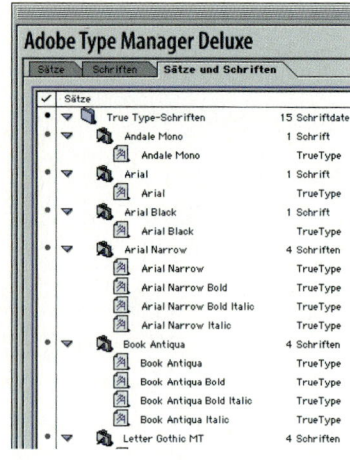

11.3.2 TrueType-Schrift

Die Alleinstellung der Firma Adobe mit PostScript verbündete die Firmen Apple und Microsoft zur Entwicklung eines eigenen Fontformats mit dem Namen TrueType. Mit den **TrueType-Schriften** kam Bewegung in den Schriftenmarkt, aber es entstanden auch einige Probleme. Das Betriebssystem von MAC oder PC rastert den TrueType-Font und liefert für den Bildschirm und den Drucker Bitmaps. Drucker verlangen jedoch nach PostScript-Fonts, was dazu führt, dass die TrueType-Schrift in eine PostScript-Schrift konvertiert oder durch eine ähnliche PostScript-Schrift ersetzt wird.

Viele Anwender umgehen diese Schwierigkeiten, indem sie ausschließlich Type 1-Fonts verwenden. Die Ausnahme bilden die Schriftfamilien Arial und Times, die auf der PostScript-Ebene durch die gleichnamigen Schriften mit äquivalenten Schriftschnitten ersetzt werden können.

Ein weiteres Schnittstellenproblem ist die Übergabe von Text aus dem Betriebssystem Windows nach MAC OS und umgekehrt. Gleichnamige Schriften auf den Rechnern der beider Betriebssysteme zeigen unterschiedliche Schriftbilder. Um die Texte ohne Veränderung an ein anderes Betriebssystem weiterzugeben, kann man die Schrift mit einem Grafikprogramm in Pfade und so in eine **EPS-Grafik**, in eine sogenannte Outline-Schrift, umwandeln.

11.3.3 Font-Probleme

Selbst wenn das Belichtungsstudio die Schriften besitzt, die man für seine Arbeit benötigt, so kann es nach der Belichtung doch zu Abweichungen kommen. Eine nochmalige Kontrolle wird notwendig sein, um die nachfolgenden Fehler zu vermeiden.

Schriftart Courier ❶
Wenn der Text in der Ausgabe als schreibmaschinenartige Courier erscheint, dann hat das Ausgabesystem die richtige Schrift nicht finden können. Das geschieht dann, wenn die gewünschte Schrift nicht installiert ist, oder es befindet sich jeweils eine TrueType und eine PostScript-Version der gleichen Schrift auf dem Rechner, was zu Konflikten führen kann.

Andere Schriftart außer Courier ❷
Die für die Ausgabe gewünschte Schrift wird durch eine falsche Schrift ersetzt. Der seltene Fehler tritt bei Font-ID-Konflikten auf. Das Belichtungsstudio sollte dann die gewünschte Schrift neu installieren und die falsch installierte Schrift beseitigen.

Zeilenumbrüche ❸
Handelt es sich um die gleiche Schrift, der Text ist jedoch anders umgebrochen wie auf dem Kontrollproof, dann wurde die falsche Schriftversion bei der Ausgabe verwendet. Dieselben Schriftarten von verschiedenen Herstellen, aber auch unterschiedliche Schriftversionen des gleichen Herstellers weisen häufig Unterschiede im Buchstabenabstand und in der Gestaltung des Schriftbildes auf. Dadurch kommt es zu unterschiedlichem Aussehen und anderen Zeilenumbrüchen. Gestalter und Belichtungsstudio sollten mit der gleichen Schriftversion desselben Herstellers arbeiten.

❶ Der junge Ehemann zu seiner Frau: „Bitte drehe den Gashahn weiter auf, damit das Essen schneller anbrennt! Wir kommen sonst zu spät ins Restaurant."

❷ Diese Marginalie sollte in einer Univers gesetzt werden und erscheint mit einer Arial: So mancher hat sich wohl die Welt bedeutend besser vorgestellt. Getrost! Gewiss hat sich auch oft die Welt viel mehr von ihm erhofft.
Eugen Roth

❸ Wo jeder das Recht hat, seine Meinung zu sagen, hat jeder das Recht nicht hinzuhören.

Wo jeder das Recht hat, seine Meinung zu sagen, hat jeder das Recht nicht hinzuhören.

11.4. Farbe im Druck

11.4.1 Colormanagement

Betrachtet man den Weg des Bildes vom Scan über die Bildbearbeitung in das Layoutprogramm und anschließend zum Andruck, dann erkennt man, dass die Farben des Bildes an einer bestimmten Stelle umgewandelt werden. Eine Bildvorlage wird im **RGB-Modus** gescannt und im gleichen Modus am Bildschirm dargestellt. Eine Alternative zum RGB-Modus stellt dabei das **HSB-System** dar. Diese mit Licht erzeugten Farben finden Anwendung in der Scantechnik und Bildbearbeitung, aber nicht im Druckvorgang. An der Schnittstelle von Bildbearbeitungsprogramm zu Layoutprogramm kommt es zum Wechsel des Farbraumes. Für die Umsetzung der Farben im Druck werden die vier Farben Cyan, Magenta, Gelb und Schwarz, also die Körperfarben CMYK benötigt oder im Sechsfarbdruck zusätzlich die Farben Orange und Grün.

ICC, International Color Consortium

CIE, Commission Internationale de l´Eclairage

HSB, **H**ue (Farbton), **S**aturation (Sättigung), **B**rightness (Helligkeit)

Da die Farbräume ❶ nicht deckungsgleich und die Farbwerte unterschiedlich definiert sind, benötigt man ein Hilfsmittel zur Umrechnung. Mit Hilfe des **Color-Managements (CMM)** wird eine optimale Farbwiedergabe gewährleistet, unabhängig vom Eingabegerät, dem Monitor und dem Ausgabegerät. Mit sogenannten **ICC-Profilen** werden die Farbwerte RGB in Farbkoordinaten im Raum umgerechnet. Die Umsetzung in Koordinaten erfolgt wie im CIE Yxy-Farbmodell in Hufeisenform oder wie im CIELAB-Farbmodell ❷ in einer Kugelform.

Benennung der Achsen im CIE Yxy-Modell:
Y-Achse (senkrecht zur Bildebene) – Helligkeit
x/y-Ebene – Farbtöne und Sättigung

Benennungen der Achsen im CIELAB-Modell:
L – Helligkeit
a – Rot bis Grün-Werte
b – Gelb bis Blau-Werte.

Das LAB-Modell entspricht in seinem Ansatz auch dem plattformunabhängigen HSB- oder FSH-Modell, nachdem die Farben in der Ebene in die verschiedenen Farbtöne eingeteilt werden, von innen nach außen die Sättigung zunimmt und in der Vertikalen die Helligkeit zunimmt. Alle Farben gleicher Helligkeit liegen auf einer Ebene.

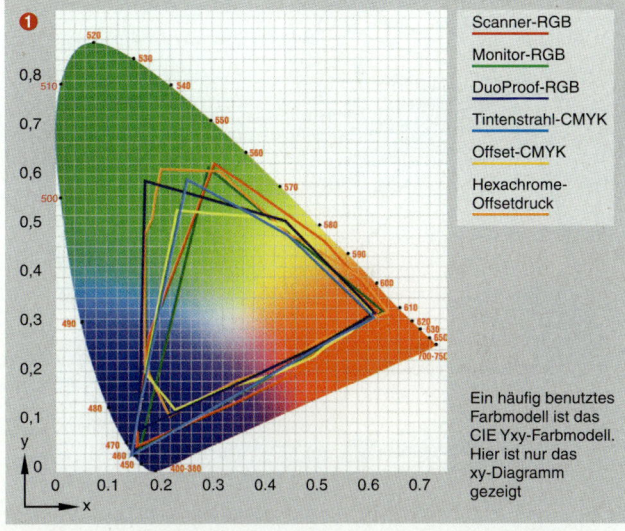

Scanner-RGB
Monitor-RGB
DuoProof-RGB
Tintenstrahl-CMYK
Offset-CMYK
Hexachrome-Offsetdruck

Ein häufig benutztes Farbmodell ist das CIE Yxy-Farbmodell. Hier ist nur das xy-Diagramm gezeigt

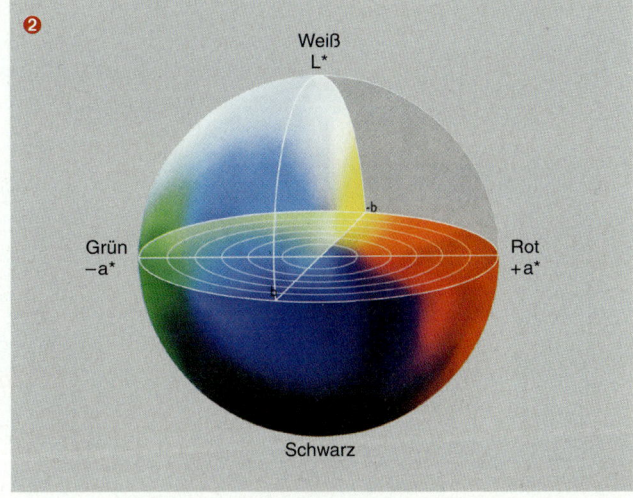

377

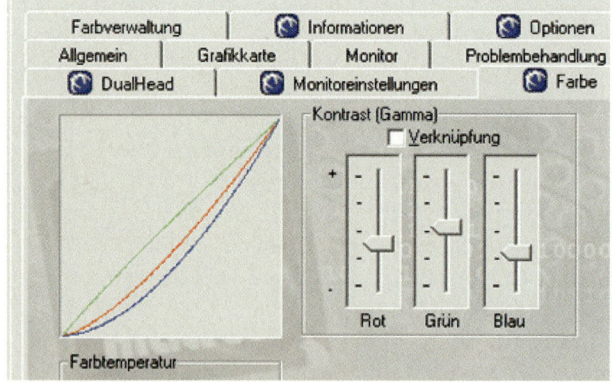

Ein wichtiges Kontrollinstrument stellt der Monitor dar. Er bildet die Schnittstelle zwischen Scanner und Ausgabegerät. Der **Gammawert** des Monitors soll so eingestellt sein, dass die Bildschirmdarstellung die Bildvorlage möglichst exakt wiedergibt. Die Einstellung lässt sich in der Systemdatei Bildschirmeinstellungen vornehmen. Daneben sollte der Monitor regelmäßig kalibriert werden.

Mit einem Kalibriergerät und Software wird der Weißpunkt des Bildschirms gemessen. Dabei werden softwareabhängig die Farben Rot, Grün und Blau schrittweise auf die Intesität 100% erhöht.

Mit dem kalibrierten Bildschirm werden die Bilddaten auf Vollständigkeit geprüft. Liegt abschließend auch das Druckverfahren fest, können die Farbwerte des Bildes mit dem entsprechenden Farbprofil in die Ausgabewerte (CMYK) umgerechnet werden. Neben CMYK gibt es weitere Farbsysteme die für Prozessfarben ausgelegt sind, wie Trumatch und Focoltone. Prozessfarben entstehen immer durch Farbmischungen aus Primärfarben. Sonderfarben wie Gold, Silber, Neonfarben oder andere spezielle Farben werden aus einem System wie Pantone oder HKS gewählt und stellen Volltonfarben dar. Die Farbabstufungen für diese Sonderfarben lassen sich aus den Farbfächern oder Farbmusterbüchern der Hersteller bestimmen.

Neben den drei bunten Druckfarben Cyan, Magenta, Gelb steht die unbunte Farbe Schwarz (K = **Key-Color**). Die Farbe Schwarz besitzt zwei besondere Merkmale. Sie trägt zum einen zur Senkung der Druckkosten bei und lässt sich zum anderen nicht aus den drei Druckfarben CMY mischen. Schwarz trägt, als die erste beim Drucken aufgetragene Farbe, zur Verstärkung dunkler Bildteile bei. Dadurch kann auf eine kostenintensive Mischung dunkler und gesättigter Farbtöne durch die Farben CMY verzichtet werden.

Für den Ersatz von Farben durch Schwarz werden zwei Verfahren in der Praxis angewandt. Bei der **Unterfarbenreduzierung** (UCR) wird die Druckfarbe Schwarz verwendet, um die anderen Prozessfarben in dunklen Bildteilen und Neutraltönen zu ersetzen. Beim **Unbuntaufbau** (GCR) werden grundsätzlich in allen Farbbereichen die Mischergebnisse der Buntfarben durch Schwarz ersetzt.

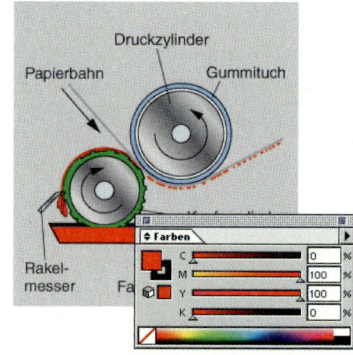

11.4.2 Farbsysteme

RGB: ❶

Rot, Grün und Blauviolett als additive Primärfarben. Mischt man alle drei Farben, so entsteht weiß. Ist keine der drei Farben vorhanden, dann wird die Farbe Schwarz abgebildet. Die Farben entstehen durch das Aussenden von Lichtenergie, die vom Auge als Farbe wahrgenommen wird.

HSB: ❷

Das System verwendet den Farbton (Hue), die Sättigung (Saturation) und die Helligkeit (Brightness) zur Definition der Farbe. Der durch Regler eingestellte Farbton entspricht der Winkelposition der Farbe im Farbkreis. Das Farbsystem wird vor allem in der Videotechnik eingesetzt.

CMYK: ❸

Cyan, Magenta, Yellow, Key, wobei Key für die „Schlüsselfarbe" Schwarz steht, sind die Farben die im Vierfarbdruck eingesetzt werden. Mit modernen Druckmaschinen ist es durch den Einsatz mehrerer Farbwerke möglich, auch den Mehrfarbendruck durchzuführen. Im Sechsfarbendruck werden beispielsweise die vier Farben CYMK erweitert durch die Farben Orange und Grün.

Focoltone: ❹

Ein weiteres Farbsystem auf der Basis der CMYK-Farben. In diesem System sind neben den Druckfarben auch Bildschirm- und Schmuckfarben enthalten.

TruMatch: ❺

Ein Farbsystem mit Druck- und Bildschirmfarben auf der Basis von CMYK. Die Farben sind in 1%-Schritten abgetönt.

Pantone: ❻

Der Industriestandard für Schmuckfarben wird in verschiedenen Ausführungen der Farbpaletten und Zusammenstellungen für unterschiedliche Anlässe angeboten. Die Druckfarben für die gewählten Pantonefarben stammen von der Herstellerfirma Pantone, Inc.

HKS: ❼

Der deutsche Standard für Schmuckfarben ist HKS und kann wie Pantone aus Farbfächern oder Farbtafeln entnommen werden.

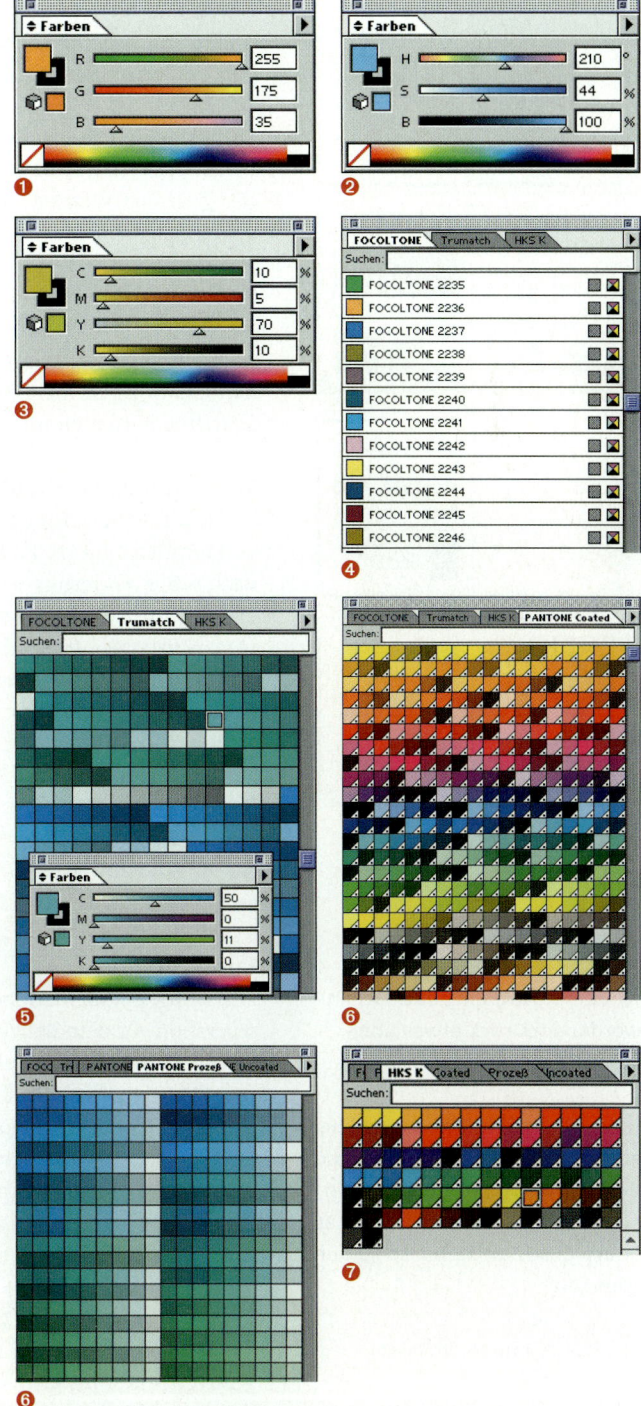

11.5 Kontrolle des Druckjobs

Bevor die fertiggestellten Dateien im Belichtungsstudio weiterverarbeitet werden, müssen sie nochmals kontrolliert werden. Die sorgfältige Kontrolle der Daten spart Zeit beim Belichten und damit auch Geld.

Unnötige Seiten löschen:
Sollen aus einem Dokument heraus nur einzelne Seiten oder bestimmte Texte und Bilder gedruckt werden, dann wird ein neues Dokument erstellt und die überflüssigen Seiten gelöscht.

Schriften auf Verwendung überprüfen:
Sind beispielsweise Schriften in einem Dokument geändert worden und werden nicht mehr verwendet, dann sollten sie gelöscht werden. Die nicht benötigten Schriften hängen oft noch mit Leerzeichen oder Absatzmarken zusammen. Im Proof sind diese Schriften natürlich nicht zu erkennen.

Verknüpfung der Grafikdateien überprüfen:
In Layout-Programmen besteht die Möglichkeit, die Aktualität und das Verzeichnis verknüpfter Objekte zu kontrollieren. Hier lässt sich auch überprüfen, ob die Dateien nach einer Änderung aktualisiert wurden und ob sie das gewünschte Format haben. Wichtig wird die Kontrolle der Grafikdateien, wenn mit dem **OPI-Bildaustausch** (Open Prepress Interface) gearbeitet wird. Hierbei werden im Arbeitsprozess niedrigauflösende Grafikplatzhalter (LowRes) verwendet, die vor dem Druck durch die hochauflösenden Bilder (HiRes) ersetzt werden.

Seiteneinrichtung und Skalierung richtig einstellen:
Durch die Ausgabe eines Laserproofs kann es vorkommen, dass das Seitenformat und die Skalierung verändert wurden, um den Druckvorgang durchführen zu können. Vor der Abgabe an das Belichtungsstudio ist unbedingt darauf zu achten, dass die Skalierung wieder 100% beträgt und das Format wieder für die Endausgabe eingestellt ist.

Farbseparation:
Ein häufiger Fehler tritt bei der Umwandlung der Farben für den Druck auf. Bei der Farbseparation vor dem Belichten tauchen dann plötzlich Grafiken im RGB-Modus auf und die Farben würden beim Belichten völlig falsch umgesetzt. Es müssen alle Grafiken darauf konrolliert werden, ob sie in vier Farben definiert sind oder als Schmuckfarbe mit Namen definiert sind. Der **Farbproof** deckt Fehler bei der Farbenfestlegung nochmals auf. Ein Korrekturabzug hilft auch beim **Trapping** und beim **Überfüllen**. Aufgrund leichter Verschiebungen des Papiers beim Drucken können aneinanderliegende Farben mit einem Versatz gedruckt werden. Eine Lücke am Übergang ist die Folge, die Papierfarbe scheint als schmaler Streifen durch.

Mit der Übergabe des Druckjobs an den **RIP** endet die Bearbeitung. Der RIP separiert die Druckdatei in vier neue Dateien, die Farbseparation. Diese Bitmapdateien sind gerastert und enthalten die Information 1 oder 0, geschwärzt oder nicht geschwärzt. Neben der Herstellung der Bitmapdatei prüft der RIP die Veränderung der Punktgröße und die Registerhaltigkeit.

Trapping: Angrenzende Farben werden im Druck etwas überlappt

Überfüllen: Eine Farbe wird über eine andere Farbe gedruckt, wie beispielsweise bei einer Linie in einer Fläche. Dadurch kann es zu unerwünschten Farbmischungen kommen.

RIP, Raster Image Processor

Bei der Übergabe des Rasterpunktes von der Druckplatte über das Drucktuch auf das Papier, kann es zu einer Vergrößerung des Rasterpunktes (Punktzuwachs) kommen. Dadurch erscheinen Bildteile auf dem Papier dunkler als vorgesehen. Diese Erscheinung ist auf die Qualität des Papiers, die Saugfähigkeit, die Eigenschaften der Druckfarben und die Einstellung der Druckmaschine zurückzuführen. Im Proof lassen sich diese Veränderungen erkennen, so dass der **Punktzuwachs** im Farbmanagement noch entsprechend berücksichtigt werden kann.

Überflüssige Objekte löschen:

Während der Arbeit in einem Layout-Programm werden viele Objekte auf der Montagefläche platziert. Diese Elemente können unter Umständen in der fertigen Ausgabe erscheinen. Ebenso verhält es sich mit Objekten, die hinter anderen Objekten auf dem Seitenlayout liegen und übersehen wurden. Diese können über das Verknüpfungsmenü erkannt und beseitigt werden.

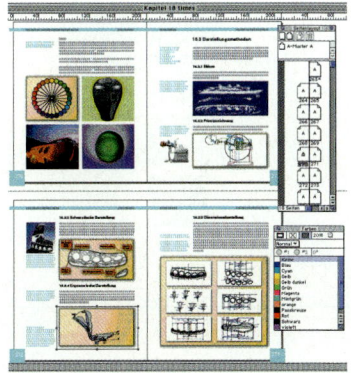

Belichtungzeit verkürzen:

Speziell Grafiken und Fotografien beeinflussen die Belichtungszeit. Durch die optimale Bereitstellung der Bilddaten wird der Aufwand zur Verarbeitung auf das notwendige Maß reduziert. Dazu lassen sich folgende Hinweise geben:

- Auflösung beim Scannen beachten und auf die Endgröße des zu druckenden Bildes einstellen. Wird das Bild im Anschluss verkleinert, dann vergrößert sich dadurch die effektive Auflösung.
- Bilder und Grafiken sollten bevorzugt im Grafikprogramm skaliert, beschnitten und gedreht werden. Erst danach wird die Bilddatei in das Layout-Programm importiert. So verknüpft man nur den bearbeiteten Teil des Bildes im Dokument, der wirklich gebraucht wird.
- Komplexe und sehr detaillierte Pfade können im Druck eventuell gar nicht wiedergegeben werden. Diese werden vorher im Grafikprogramm auf die notwendige Anzahl reduziert.
- Die Schriften müssen immer überprüft und eventuell nicht vorhandene Fonts oder TrueType-Fonts in EPS-Grafiken konvertiert werden. Der Vorgang lässt sich in Grafikprogrammen durch den Befehl „Text in Pfad umwandeln" durchführen.

Job Ticket, digitaler Auftragsordner, der alle technischen, organisatorischen, terminlichen und betriebswirtschaftlichen Informationen beinhaltet.

PDF erzeugen:

PostScript stellt eine Programmiersprache dar, die es ermöglicht Text, Grafik und Bilder für den Druckprozess zu codieren. Das Dokumentenaustauschformat PDF ist auf PostScript aufgebaut und ist als Datenformat vergleichbar mit EPS. Es kann, wie PostScript, eine Dokumentseite beschreiben, besitzt darüberhinaus viel umfangreichere Möglichkeiten. So kann man Inhalte verlinken, Such- und Indexfunktionen nutzen, Job Tickets verwalten und beispielsweise Hyperlinks und Videos integrieren. Eine PDF-Datei lässt sich nicht nur drucken, sondern genauso als Bildschirmpräsentation oder im Web nutzen.

PostScript-Dateien lassen sich über den Adobe Distiller in PDF-Dateien verwandeln. Danach können sie angesehen und beispielsweise für eine Bildschirmdarstellung aufbereitet werden. Das Erstellen von PDF-Daten aus Programmen wie Photoshop und InDesign läuft über Speicher- bzw. Exportfunktionen ab. Mit dem Speichern des Dokuments kann gleichzeitig die Schriftart eingebettet werden.

11.6 Proofen, Belichten, Bebildern

11.6.1 Der Proof in der Druckvorstufe

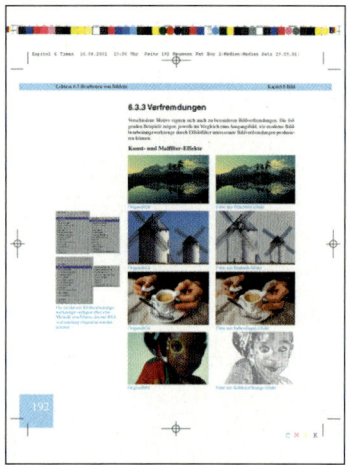

Analoge Farbproofverfahren:
- Matchprint (Imation)
- Color-Key (Imation)
- Color-Art System (Fuji)
- Cromalin-StudioSprint
- Cromalin-Tonerproof
- Maschinenproof mit
  Offset-Andruckmaschine

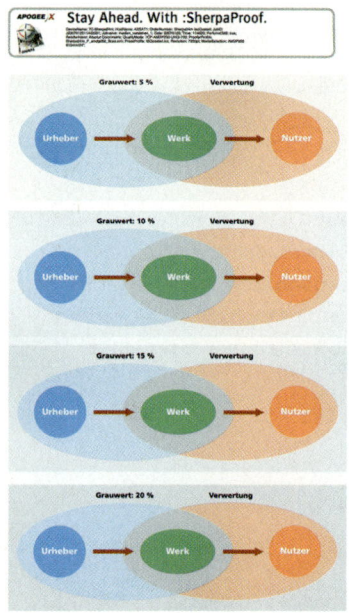

Wenn die Texte geschrieben und korrigiert sind, die Bilder in der richtigen Größe in der gewünschten Qualtiät an ihrem Platz stehen, der Satz abgeschlossen ist, dann kann es eigentlich losgehen mit der drucktechnischen Umsetzung. Ein wenig Unsicherheit schwingt trotz allem mit, und die Frage nach der farbgetreuen Wiedergabe lässt einen nicht schlafen. An dieser Stelle hilft ein **Proof**, das ist ein Andruck, der das spätere Druckprodukt nahezu identisch wiedergibt. Die Druckdatei wird zur Beurteilung am besten auf dem Originalpapier ausgegeben. Mit dem Andruck kann festgestellt werden, ob das Layout passt, ob die Farben, Schriften und Linien in Grafiken vorhanden und nicht deformiert sind oder treppenartige Erscheinungen aufweisen. Die Probleme können dann noch behoben werden.

Bei analogen Farbproofverfahren wird der Korrekturabzug auf der Basis von belichteten Folien oder mit Druckplatten im Offsetandruck erstellt. Vielfach wird heute aus Kostengründen eine digitale Lösung mit dem **Thermosublimationsverfahren** oder dem Laserdruckverfahren eingesetzt. Dabei entfällt die Filmbelichtung und die Daten kommen direkt von einem Rechner. Durch den Einsatz eines Farbmanagementsystems wird eine recht gute Übereinstimmung mit den Druckfarben erzielt. Abweichungen können immer auftreten, haben ihre Ursache aber vor allem in der Wahl des Bedruckstoffes und den zur Verfügung stehenden Farbpigmenten beim Andruck.

Bei den digitalen Proofverfahren gibt es, neben der Möglichkeit, einen Korrekturabzug in Papierform (**Hardproof**) zu erstellen, den Softproof. Hierbei wird der Druckjob auf einem kalibrierten Bildschirm dargestellt. Ein Farbmanagementsystem analysiert das Bild und stellt Abweichungen fest. Der **Softproof** eignet sich vor allem zur Korrektur von Farben und bietet eine plattformunabhängige Beurteilung der Daten an beliebigen Orten.

Beim Hardproof unterscheidet man grundsätzlich fünf Arten:

- **Blaupause** (Blueprint): Der Datenbestand kann kontrolliert werden auf Vollständigkeit und inhaltliche Übereinstimmung. Der Ausdruck ist einfarbig.
- **Standproof** (Layout- oder Imposition-Proof): Der Ausdruck ist in Farbe, jedoch nicht farbverbindlich. Eine kostengünstige Möglichkeit den Bestand der Bildelemente und den Inhalt zu prüfen.
- **Halbtonproof** (Color-Proof): Der Color-Proof stellt einen farbverbindlichen Korrekturabzug dar. Voraussetzung ist dabei der Einsatz eines Color-Management-Systems.
- **Rasterproof** (True-Proof): Farbe und Raster werden wie im späteren Druckprozess simuliert. Der Punktaufbau und die Einflüsse von Rasterpunkt, -winkel und -frequenz können geprüft werden. Tonwertverläufe, Moiré und Rosetten werden hier im Vorfeld der Druckproduktion erkannt.
- **Maschinenproof**: Der Andruck des Datenbestands erfolgt auf einer der Seriendruckmaschine vergleichbaren Maschine. Neben dem Proof werden auf diesen Maschinen häufig Kleinauflagen hergestellt.

11.6.2 Belichten und Bebildern

Der Datenbestand für ein zu druckendes Dokument liegt als PostScript-Datei mit Bildpixeln vor. Die Dateien werden an einen **Raster Image Processor** (RIP) weitergegeben. Der RIP sorgt dafür, dass die digitalisierten Daten für den Druck gerastert werden. Dies geschieht heute meist durch eine Software, einen Software-RIP. Seltener werden die hardwaretechnischen Lösungen mit Computerbausteinen zum elektronischen Aufrastern der Bildvorlagen. Der Software-RIP wird von verschiedenen Herstellern angeboten und auf leistungsfähigen Rechnern installiert. Neben der Aufgabe der Rasterung übernehmen diese Programme unter anderem auch die Bogenmontage mit dem entsprechenden Ausschießschema.

Computer-to-film:
Mit einem Laserbelichter werden vier Filme für die vier Farben belichtet. Diese werden dann entwickelt, montiert und auf Druckplatten kopiert. Der Film beinhaltet das Bild in unterschiedlichen Grautönen. Diese bilden die jeweilige Farbe und ihre Farbabstufungen ab.

Computer-to-plate:
Mit Hilfe von digitalen Plattenbelichtern (CtP-Anlage) können die Druckplatten direkt, ohne den Einsatz von Film, belichtet werden. Die zu druckenden Bereiche sind farbaufnehmend aufkopiert.

Computer-to-press:
Die Druckplatten sind bei einer Digitaldruckmaschine durch einen Plattenzylinder mit Folienmagazin ersetzt. Die Druckfolie mit Silikonschicht wird vor Gebrauch auf den Plattenzylinder gezogen. Ein präziser Laserstrahl „bebildert" die Druckfolie, da an den bestrahlten Stellen die Silikonschicht abgelöst wird und diese Stellen dadurch Farbe aufnehmen können.

Für den Rasterungsprozess werden am RIP die Rasterweite in lpi, z. B. 60 Zeilen pro cm, das sind ungefähr 150 lpi, sowie die Rasterwinkel und die Rasterpunktform vorgegeben. Bei 150 lpi ist jede Rasterzelle 0,16 × 0,16 mm groß.

11.6.3 Ausschießen

In der manuellen **Bogenmontage** werden auf einem Leuchttisch belichtete Filmabschnitte auf Umbruchbögen positionsgerecht (standgerecht) gelegt, fixiert und anschließend auf die Druckplatten kopiert. Mittlerweile wird die Bogenmontage am Bildschirm mit Hilfe einer Ausschießsoftware durchgeführt. Der fertigmontierte Standbogen wird dann im Anschluss auf einen Film belichtet, Computer to film-Verfahren, und davon die Plattenkopie hergestellt. Beim Verfahren Computer to plate spart man sich die Filmbelichtung und bebildert den Datensatz direkt auf die Druckplatte.

Die Anordnung in der Reihenfolge und Drehrichtung ist von verschiedenen Kriterien abhängig, wie dem Druckverfahren, der Druckmaschinenart mit Greifervorrichtung, der Bogenwendeart, der Falz- und Bindeart, der Papierlaufrichtung und der Falzmaschine. Den Vorgang nennt man Ausschießen.

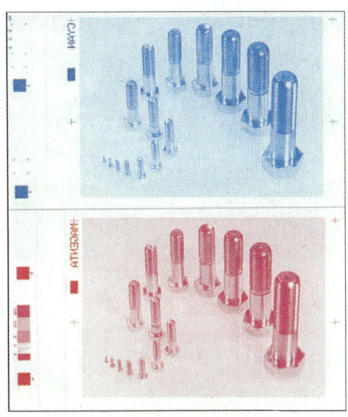

Raster Image Processor (RIP):
Der RIP rastert die fertige Seite und stellt für jede Farbe eines Vierfarbsatzes C-M-Y-K ein Bitmap her.

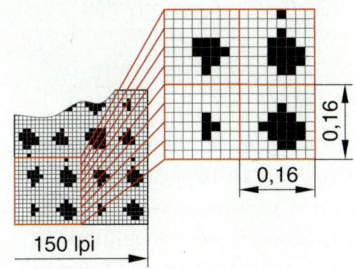

Die **elektronische Bogenmontage** vereinfacht die bisher manuellen Tätigkeiten des Ausschießens. Mit Hilfe einer Software werden die Seiten automatisch richtig positioniert und können noch mit Schneide- und Falzmarken, Farbkontrollstreifen und Passkreuzen versehen werden. Durch die Nachbearbeitung mit Falzen, Beschnitt der Ränder und Heftung entsteht eine fertig geordnete Broschüre. Die manuelle Bogenmontage ist noch mancherorts bei der Nachbearbeitung im Einsatz, wenn vor dem Andruck noch eine kurzfristige Änderungen des Standbogens notwendig wird und ein Artikel oder eine Werbeanzeige ausgetauscht oder zusätzlich eingefügt werden soll.

Das dargestellte **Ausschießschema** wird als „8 Seiten, Kopf-an-Kopf" bezeichnet, weil die acht Seiten so angeordnet sind, dass sich die Oberkanten, der Kopf der Seite, im Bund gegenüberstehen. Nach dem Druck wird der Bogen im Kreuzbruch dreimal gefalzt. Man bezeichnet den Bogen auch als Dreibruchbogen. Dies ist eine mögliche Herstellungsart für Bücher. Die Seiten sind dann von Seite 1 bis Seite 16 in der richtigen Reihenfolge, werden anschließend gebunden und beschnitten.

Beim Drucken mit Bogendruckmaschinen werden drei Verfahren unterschieden, um Vor- und Rückseite des Papiers zu bedrucken: das Umstülpen, Umschlagen sowie den Schön- und Widerdruck.

- **Umschlagen**: Ist die Hälfte der Druckauflage auf der einen Seite gedruckt, dann wird der Druckbogen um die senkrechte Mittelachse, in Druckrichtung gewendet und von der gleichen Druckform bedruckt.
- **Umstülpen**: Gedruckt wird mit einer Druckform wie beim Umschlagen. Gewendet wird der Druckbogen jedoch über die Querachse, d. h. quer zur Druckrichtung. Mit Umschlagen und Umstülpen können pro Druckbogen jeweils zwei doppelseitige Drucksachen hergestellt werden.
- **Schön- und Widerdruck**: Das Papier der gesamten Druckauflage wird auf einer Seite von einer Druckform bedruckt (Schöndruck). Anschließend wird das Papier nach dem Ausschießschema gewendet und von einer zweiten Druckform auf der Rückseite bedruckt (Widerdruck).

Ausschießschema für 16 Seiten auf dem Bogen

Falzkreuz

Rand für Rückenfräsung bei Klebebindung

Schnittmarke

Kopfschnitt

Fußbeschnitt

Sommer

Die Birne

BIRNE

Widerdruck (Rückseite)

Schöndruck (Vorderseite)

Seitliche Anlagemarke

Nutzen: Druckt man auf einem Druckbogen 16 Seiten im Schön- und Widerdruck, dann wird der Druckbogen einmal genutzt, es wird zu einem Nutzen gedruckt. Das entspricht einem Buchbinderbogen.

Stehen 32 Seiten im Schön- und Widerdruck auf einem Druckbogen, dann wird der Druckbogen zweimal genutzt, es wird zu zwei Nutzen gedruckt. Durch Auseinanderschneiden des Bogens erhält man nämlich zwei Buchbinderbogen.

Beim Falzen sei noch auf einen Effekt hingewiesen, der beim Zusammentragen für eine Rückstichheftung auftritt und mit Hilfe des Ausschießprogramms korrigiert werden kann, der **Bundzuwachs**. Dabei verschieben sich die Seiten in der Mitte des Buches nach außen, wodurch das gesamte Layout nach außen wandert. Durch eine Korrekturfunktion im Ausschießprogramm wird die Position des Satzspiegels jeder Seite verschoben und dadurch entsprechend der Seitenposition im Buch angepasst.

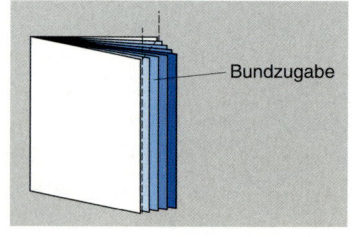

Bundzugabe

11.7 Druckverfahren

11.7.1 Einteilung der Druckverfahren

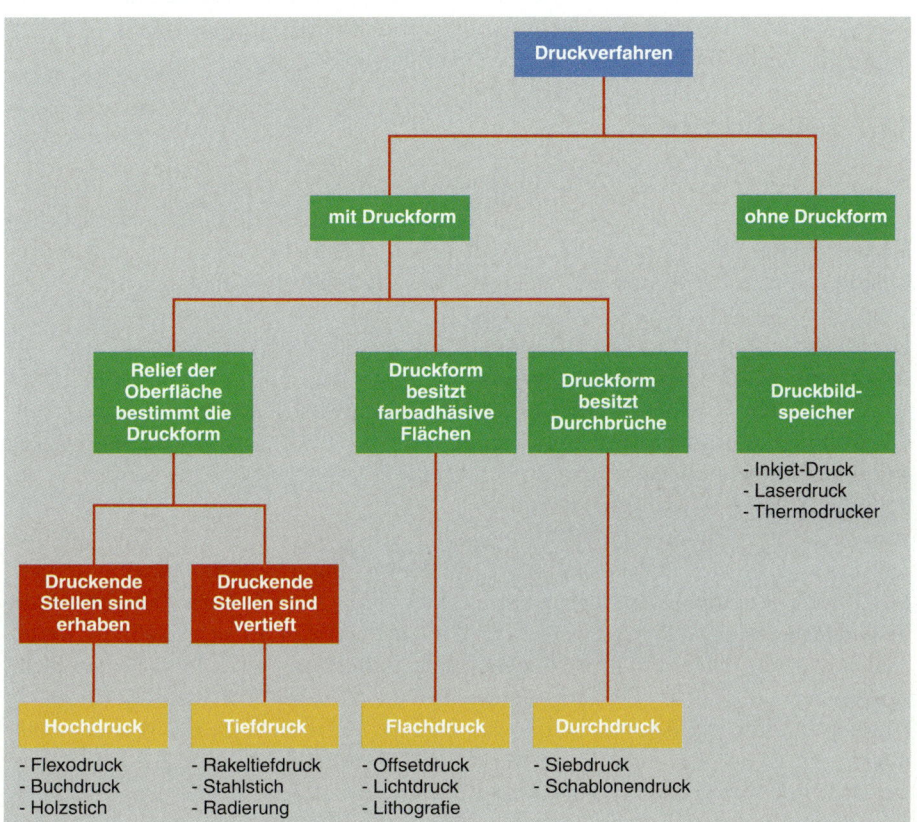

Aus der Vielzahl der Verfahren werden nachfolgend der Hochdruck mit Flexodruck, der Flach-, speziell der Offsetdruck, der Tiefdruck und der Digitaldruck besprochen.

11.7.2 Hochdruck

Der Hochdruck beruht auf dem Prinzip von Kraft und Gegenkraft und ist ein mechanisches Verfahren. Ähnlich wie bei einem Stempel liegen die zu druckenden Teile erhaben, d. h. hoch auf dem Druckträger. Die nicht druckenden Teile werden vertieft. Der klassische Vertreter der Druckträger ist die Bleisatzschrift oder die Holzschnitte. Bei diesem direkten Verfahren ist das Druckbild spiegelverkehrt auf der Druckform und wird nach dem Einfärben direkt auf das Papier übertragen. Damit breite Flächen und dunkle Teile einer Halbtonvorlage genau den gleichen Druck bekommen wie dünne Linien oder spitze Teile, wird mit einer reliefartigen Zurichtung gearbeitet, die für gleichen Druck sorgt. Der Hochdruck ist vor allem erkennbar an einem leichten Relief auf der Rückseite des bedruckten Bogens und an den Quetschrändern der Buchstaben. Mit dem Hochdruck erzielt man ein sehr scharfes Druckbild. Es lassen sich damit alle Papiere und Kartonagen bedrucken.

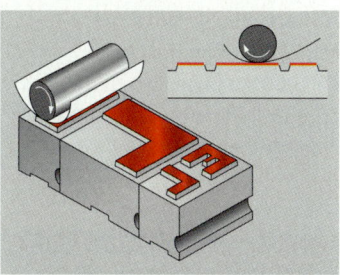

nicht belichtete Kopierschicht ≙
Druckträger

Belichten

Film ——— Positiv

Licht-
empfindl.
Schicht

Metall

Entwickeln

Bildstelle   Nichtbildstelle

Auflagen im Offsetdruck:
Mit Aluminiumplatten ca.
100 000 Auflage, Mit Bi- und
Trimetallplatten ca. 300 000
Auflage in bester Qualität

Flexodruck

Beim Flexodruck wird eine erhabene Druckfolie aus Weichgummi oder Fotopolymer (z. B. Nyloprint) verwendet, die das Druckbild übertragen. Mit den flexiblen Klischees, die auf Druckzylinder geklebt sind, werden Verpackungen, Folien, Aluminiumfolien, Versandhüllen und Wellpappe gedruckt.

11.7.3 Flachdruck

Das Druckverfahren entwickelte sich aus dem Steindruck, nach dem Prinzip, dass sich Fette und Wasser abstoßen. Die Druckplatten sind so behandelt, dass die druckenden Flächen Wasser abweisen. Der Flachdruck ist ein chemisches Verfahren, wobei druckende und nichtdruckende Teile in einer Ebene flach nebeneinanderliegen.

Die industrielle Form ist der **Offsetdruck** (to set off = absetzen). Dabei wird die Druckfarbe von den eingefärbten Stellen der Druckplatte auf ein Gummituch „abgesetzt". Diese Art zu drucken bezeichnet man als indirektes Verfahren. Der Zwischenschritt über das Gummituch ist notwendig weil die Druckplatte zu viel Feuchtigkeit auf das Papier übertragen würde. Zudem würde das Papier wie ein Schleifpapier auf der empfindlichen Oberfläche wirken.

Zur Herstellung der Druckplatte wird ein Positivfilm und eine lichtempfindliche Metallplatte benötigt. Die seitenverkehrten Positivfilme werden unter Vakuum auf die beschichtete Druckplatte gepresst und mit UV-Licht bestrahlt. An den zeichnungsfreien Stellen wird die lichtemfindliche Kopierschicht zerstört, an den anderen Stellen bleibt sie erhalten. Nach der Entwicklung werden die verbleibenden Schichtteile gehärtet, die aufgelösten Schichtteile gewaschen, so dass dort das Metall freiliegt. Der Wasser annehmende Teil ist nun das nichtbeschichtete Metall. Beim Drucken wird die Druckplatte zunächst mit Wasser und anschließend mit einer Druckfarbe auf Ölbasis befeuchtet. Die ölhaltige Farbe haftet auf den Stellen, die nicht mit Wasser befeuchtet sind.

Den Flachdruck erkennt man daran, dass er im Gegensatz zum Hochdruck keine Quetschränder hat und keine Reliefs auf der Bogenrückseite. Eine Variante des Offsetdrucks ist der Trockenoffsetdruck der ohne Feuchtwerk auskommt. Die nichtdruckenden Flächen stehen hervor, gedruckt wird mit Spezialdruckfarben. Durch den wasserlosen Druck werden einheitliche und intensive Farben mit geringem Punktzuwachs erzielt.

11.7.4 Tiefdruck

Der Vorläufer des heutigen Tiefdrucks ist der Kupferstich. Die zu druckenden Teile liegen dabei vertieft in einem Kupferzylinder. Durch einen Sprühmechanismus oder durch Eintauchen des Druckzylinders in die Farbwanne füllen sich die Näpfchen mit Farbe. Ein Rakelmesser, ein dünnes Stahllineal, streift die überschüssige Farbe ab. Daher stammt auch der Name Rakeltiefdruck. Durch unterschiedlich tiefgeätzte Näpfchen kann die gewünschte Farbmenge reguliert werden. Halbtöne werden nicht durch die Größe des Rasterpunktes festgelegt, sondern über die Farbmengenabgabe aus den Näpfchen. Je nach der Menge der Farbe, die über die Stege in die benachbarten Näpfchen fließt, entsteht der optische Eindruck eines Halbtones.

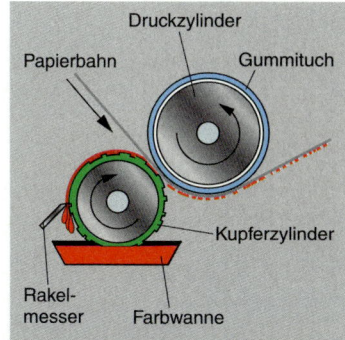

Auf dem Druckträger, einem Kupferzylinder, werden die Näpfchen heutzutage durch eine Gravureinrichtung mit Hilfe eines Elektronenstrahls oder eines Diamantstichels hergestellt. Die Näpfchen können je nach angewandtem Verfahren unterschiedlich groß und unterschiedlich tief sein. Bei der Gravur mit Diamantstichel wird eine Leistung von bis zu 4000 Näpfchen pro Sekunde erzielt, bei der Elektronenstrahlgravur eine Leistung von bis zu 150 000 Näpfchen. Die gleichmäßig über den Druckzylinder angeordneten Stege dienen zur Auflage des Rakelmessers. Auf eine Fläche von 1 cm² kommen ca. 4 900 Näpfchen. Typische Merkmale des Tiefdrucks sind die gerasterte Schrift und der satte Farbauftrag. Der Tiefdruck wird vor allem für Versandhauskataloge, Zeitschriften und Verpackungsmaterial eingesetzt. Durch die hohen Kosten für die Gravur oder Ätzung, sieht man im Buchdruck von diesem Verfahren ab.

11.7.5 Digitaler Druck

Durch den Einzug des Computers im gesamten Workflow von der Erstellung bis zum Druck veränderte sich auch die Druckvorstufe und die Bogenmontage. Verfahren wie Computer-to-Film und Computer-to-Plate waren der Anfang einer digitalen Datenweitergabe. Die Techniken werden mittlerweile ergänzt durch die Ausgabesysteme Computer-to-Press und Computer-to-Print. Unter Computer-to-Print versteht man das Drucken ohne Druckform, das sogenannte **Non-Impact-Printing** (NIP-Verfahren). Dazu zählen die Elektrofotografie sowie Inkjet- und thermografische Verfahren. Grundsätzlich zeichnen sich die Verfahren dadurch aus, dass die Bildinformationen in digitaler Form im Workflow weitergegeben werden. Ein wesentliches Merkmal eines sogenannten digitalen Druckverfahrens ist das Fehlen einer permanenten Druckform. Der Farbauftrag im Offsetdruck geschieht nach der Bebilderung nach wie vor analog. Und auch beim **Inkjetverfahren** (Tintenstrahldrucker) werden z. B. die digital vorliegenden Informationen einer Tonwertstufung, durch mehr oder weniger Tinte auf dem Papier, analog wiedergegeben.

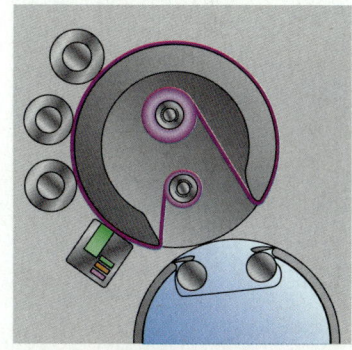

Ablauf „Direct Imaging"

Der Ablauf beim Verfahren Direct Imaging (direkte Bebilderung) stellt sich wie folgt dar. Mit Hilfe einer Layout-Software werden gestaltete Dokumente in der Datenvorbereitung der Druckerei auf ihre Vollständigkeit hin kontrolliert und an einen Raster Image Processor (RIP) weitergegeben. Der RIP rastert die Seiten und gibt von jeder zu druckenden Seite ein Bitmap aus, das von einer Bebilderungseinheit Punkt für Punkt auf den Druckträger übertragen wird.

Bei den Druckträgern handelt es sich beispielsweise um eine silikonbeschichtete Trägerfolie, die auf einen **Plattenzylinder** aufgezogen wird. Digital gesteuerte Laserstrahlen ätzen kleine Vertiefungen in die Silikonschicht. Wasserlose Druckfarben füllen diese Vertiefungen, um das Druckbild zu erzeugen, während die nichtdruckenden Stellen durch das Silikon geschützt bleiben. Der Druck erfolgt indirekt über ein Gummituch auf das Papier. Dieses Verfahren zählt zum Offset-Druck. Soll eine neue Bebilderung stattfinden, wird die verbrauchte Folie auf eine Leerwalze im Inneren des Plattenzylinders aufgewickelt und gleichzeitig eine neue Folie auf den Druckträger gespannt.

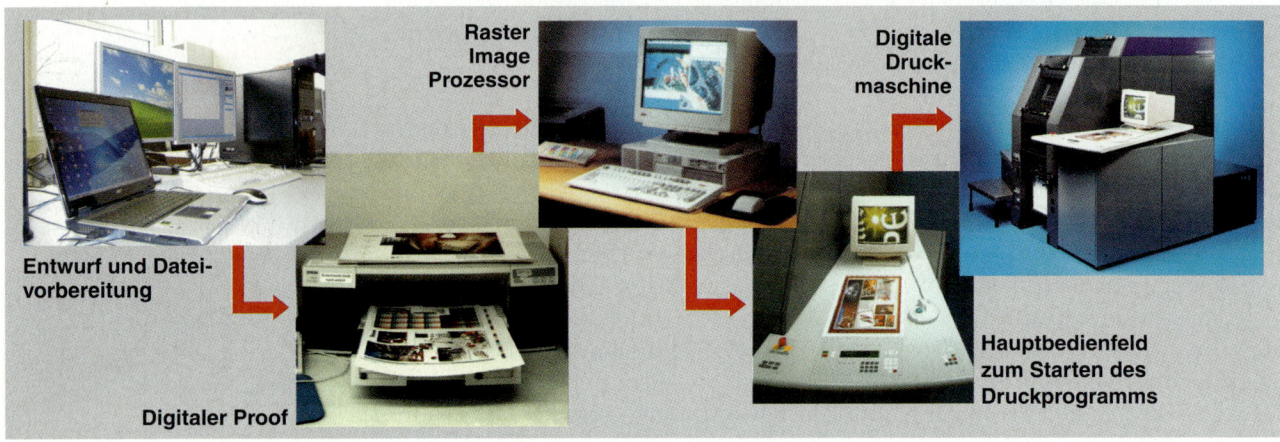

Entwurf und Datei-vorbereitung

Digitaler Proof

Raster Image Prozessor

Digitale Druck-maschine

Hauptbedienfeld zum Starten des Druckprogramms

Einsatz des Laserdruckers

❶

Ein anderes Belichtungsprinzip liegt bei Farblaserdruckern ❶ vor. Dabei wird ein Laserstrahl von einem Prisma reflektiert und lädt bestimmte Flächen einer Belichtungstrommel elektrisch auf. Der Toner wird von den geladenen Flächen angezogen und anschließend im direkten Druck auf das Papier übertragen. Ein großer Vorteil aller digitaler Verfahren besteht darin, dass Änderungen schnell und ohne große Mehrkosten durchführbar sind, da direkt in der Maschine auf den Druckzylinder bebildert wird. Der digitale Druck ist sicherlich im Kleinauflagenbereich durch seine Flexibilität und die geringeren Kosten im Vorteil, sieht man einmal von den Anschaffungskosten einer Digitaldruckmaschine ab.

Anwendungsgebiete digitaler Druck

Dezentraler Druck:
Regionalausgaben von Zeitungen, Broschüren, Plakate, Geschäftsdrucksachen lassen sich an jedem beliebigen Ort drucken. Die Daten werden mittels Datenfernübertragung in wenigen Minuten übertragen.

❷

Printing on demand ❷:
Das Drucken nach der Zahl der eingehenden Bestellungen bietet den Verlagen mehr Flexibilität. Daten können ständig aktualisiert in den Auflagendruck einfließen. Die Lagerkosten verringern sich, da ein Vorhalten einer gewissen Druckauflage auf der Basis einer geschätzten Nachfrage nicht notwendig ist. Printing on demand wird beispielsweise bei der Herstellung von Werbeunterlagen, wissenschaftlichen Abhandlungen, Zeitschriften oder auch von belletristischen Werken eingesetzt.

11.8 Druckmaschinen

Die Druckmaschine hat seit der Erfindung des Drucks eine lange Entwicklung durchgemacht. Zunächst wurde mit Tiegeldruckpressen eine flache Druckform auf einen flachen Bedruckstoff, meist Papier gepresst, später dann mit Zylinderdruckmaschinen auch rund gegen flach. Beide Maschinenarten gehören heute eher zu den Raritäten in den Druckereien, dominieren doch die Bogendruck- und Rollendruckmaschinen, die nach dem Prinzip der Rotation mit einem Plattenzylinder arbeiten.

11.8.1 Bogendruckmaschinen

Bogenoffsetmaschinen werden als Einfarben- oder Mehrfarbenmaschine mit bis zu sechs Farbwerken eingesetzt. Die einzelnen Papierbögen werden von einem Vorratsstapel in die Zufuhreinheit mit einem Greifer einzeln eingezogen.

Für den doppelseitigen Druck muss das Papier durch Umstülpen oder Umschlagen gewendet und wieder zugeführt werden. In einigen Druckmaschinen muss das Wenden manuell durchgeführt werden, in anderen Druckmaschinen wird der Vorgang automatisch ausgeführt. Druckmaschinen, die in einem Durchgang den Bedruckstoff vorn und hinten bedrucken, bezeichnet man als Schön- und Widerdruckmaschinen. Im Mehrfarbendruck wird „nass in nass" gedruckt, d. h. dass die noch nicht trockenen Farben hintereinander in einem Maschinendurchgang auf den Bedruckstoff gedruckt werden.

Die digitalen Bogendruckmaschinen bieten durch den Einsatz neuer Technik ein hohes Maß an Genauigkeit. Das Papier wird nur einmal über eine Greifereinrichtung auf den vierfachgroßen Druckzylinder geführt und dann ohne Bogenübergabe bis zur Auslage transportiert. Das Papier liegt durch viermaliges Überrollen in den Farbwerken und durch Adhäsion, der Anhangskraft des Papiers, exakt auf dem Druckzylinder auf. Das Auslagegreifersystem entnimmt das Papier und stapelt es nach dem Druck.

Bauweise einer digitalen Vierfarboffsetdruckmaschine:

Greifereinrichtung ❶
Druckzylinder ❷
Farb- oder Druckwerk ❸
Auslagegreifersystem ❹

Am Papierlauf ist auch die Druckreihenfolge Schwarz, Cyan, Magenta und Gelb erkennbar.

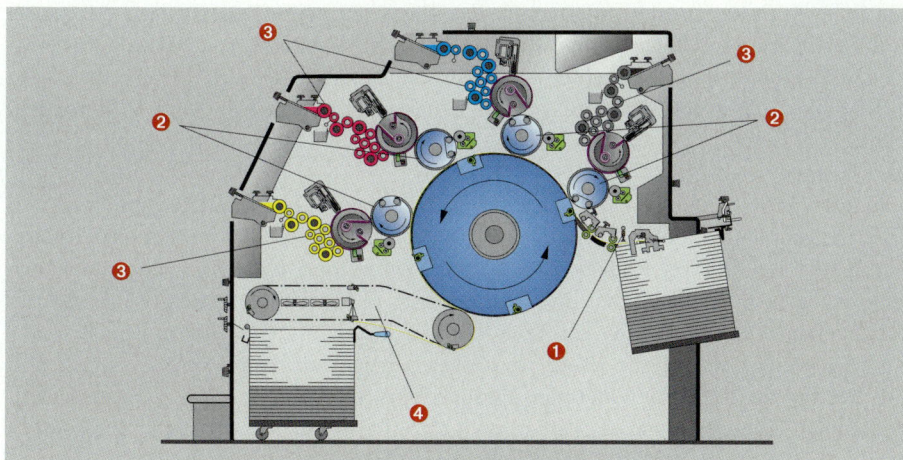

Funktionsprinzip einer Quickmaster DI 46-4, Heidelberger Druckmaschinen AG

Aufbau eines Farbwerks

Das Farbwerk einer Digital-Druckmaschine soll hier näher betrachtet werden. Das Farbwerk besteht aus 12 Walzen mit unterschiedlicher Funktion:

- Farbkasten mit gekühltem Farbduktor ❶
- Farbheber ❷
- Farbreiber, teilweise mit Kühlung ❸
- Übertragwalzen ❹
- Farbauftragwalzen ❺

Die Farbe wird aus dem Farbkasten über den Farbduktor auf den Farbheber abgegeben. Über die Farbreiber und die Übertragwalzen gelangt die Farbe auf die Farbauftragwalzen. Die Farbauftragwalzen übertragen die Farbe auf die silikonbeschichtete Druckfolie auf dem Plattenzylinder ❻. Die silikonfreien Stellen der Trägerfolie nehmen nun die Farbe auf und geben diese während des Druckvorgangs wieder an den Gummituchzylinder ❼ ab.

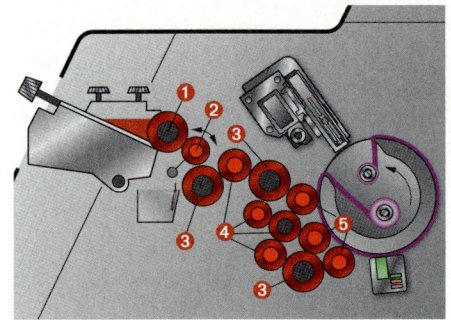

11.8.2 Rollendruckmaschine

Rollendruckmaschinen werden auch als Rotationsmaschinen bezeichnet. Den Druckvorgang bei einer Zeitung bezeichnet man auch als „Rotation".

Für hohe Auflagen speziell im Bereich der Tageszeitungen, Zeitschriften, Magazine und Versandhauskataloge, werden Rollenoffsetmaschinen eingesetzt. Durch das Hintereinanderschalten von Satellitendruckwerken können mehrere Farben in einem Durchgang und gleichzeitig auf beiden Seiten, also im Schön- und Widerdruck, gedruckt werden.

Rollendruckmaschinen sind oft schneller und flexibler in bezug auf Bogenlängen und -formate und haben eine hohe Druckleistung mit bis zu 60 000 Drucken pro Stunde. Durch den Einsatz von Rollenpapier können neben den üblichen acht Seiten auch großformatige Bilder für Poster und Banner gedruckt werden. Eine Beschränkung gibt es dabei nur in der Breite, die für die Rollendruckmaschine passend sein muss.
Eine Schwierigkeit tritt vor allem im Zeitungsdruck auf. Hohe Druckleistung und gleichzeitig niedriges Gewicht des Endprodukts erfordern reißfeste Papiersorten. Heutzutage ist es möglich das Papiergewicht reißfester Papiersorten im Zeitungsbereich auf 30 g/m^2 zu senken und so hohe Druckleistungen mit bis zu 30 000 Zeitungen à 48 Seiten pro Stunde zu erzielen.

Die Rollendruckmaschinen im Zeitungsbereich sind im Anschluss an das letzte Druckwerk mit einem Falzaggregat verbunden, aus dem die gefalzten und beschnittenen Zeitungen mit Greifereinrichtungen zu den Einlegestationen für Beilagen und Werbebroschüren gefördert werden. Die Kontrolle über die Farbgebung, die Registerhaltigkeit und die Passergenauigkeit wird bei Bogen- und Rollendruckmaschinen vom Computer übernommen und als **Computer Printing Control** (CPC) bezeichnet.

11.8.3 Drucküberwachung

Die Druckplatten befinden sich auf dem Druckzylinder, das Papier ist eingelegt und die Farbkästen sind mit Farbe gefüllt. Mit dem Starten der Druckmaschine übernimmt das Computer Printing Control-System die Überwachung der Druckergebnisse. Damit dieses System eingreifen kann, müssen dem Programm die Daten über Farben, Formate, Papiersorte u. a. eingegeben werden.

Das Einrichten des Systems findet im Vorfeld mit einem Andruck statt. Die Kontrolle des Andrucks ist notwendig, weil der Druckjob auf unterschiedliche Weise beeinflusst werden kann. Benötigt eine Fläche beispielsweise eine höhere Farbintensität, dann kann sich diese Erhöhung der Farbführung auch auf andere Abbildungen auswirken. Jede zu druckende Seite hat wichtige Bereiche, auf die besonders geachtet werden muss. So sind dies in einem Buch über Fotografie die Schärfe der Abbildungen sowie die Registerhaltigkeit der Farben und in einem Buch über Typografie die Schärfe und die richtige Verwendung der Schriften. In einem Reiseprospekt für ein Segelrevier sind die Farben des Himmels und des Wassers als wichtige Elemente zu betrachten. So muss der Techniker die entsprechenden Werte an der Druckmaschine einstellen und im Andruck überprüfen. Die Intensität und Balance der Farben werden meist nochmals vom Designer zum Zeitpunkt des Andrucks überprüft. Mit der Genehmigung des Proofs erteilt der Auftraggeber dann die Druckfreigabe. Jetzt ist es die Aufgabe des Druckers die Vorgaben zu kontrollieren und für die Einhaltung der Qualität zu sorgen.

Auf dem **Druckbogen** sind wichtige Hinweise zur Drucküberwachung gegeben. Die wichtigen Bereiche sind markiert, die vom Drucker und auch vom Auftraggeber kontrolliert werden sollten.

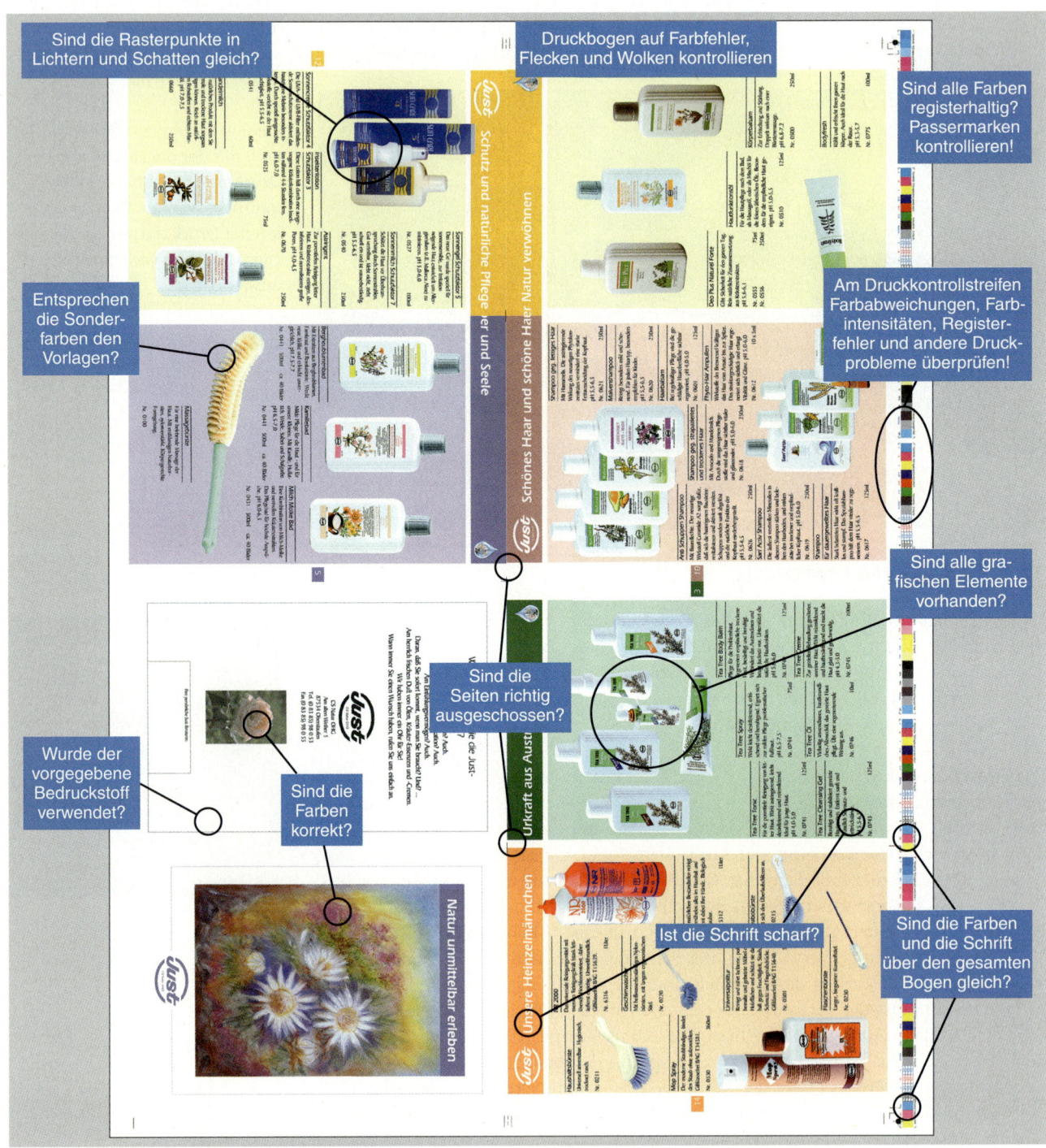

11.9 Bedruckstoff, Falzen, Binden

11.9.1 Bedruckstoff

Sieht man sich die geschichtliche Entwicklung der Herstellung von Papieren an, so entdeckt man Parallelen zur Drucktechnik. Auch hier entstanden erste handwerkliche Techniken schon sehr früh in China und im 14. Jahrhundert auch in Deutschland. Die industrielle Papierherstellung gelang erstmals mit der Erfindung der Papiermaschine von Nicolas Louis Robert in Paris. Erst gegen Ende des 19. Jahrhunderts wurden vor allem in Schweden und später in Danzig das heute noch gängige Zellstoffverfahren zur Herstellung von Papier entwickelt.

Papier ist aus unserem Leben nicht mehr wegzudenken, wir finden es als Briefpapier, Buch, Zeitung, Verpackung, Geldschein, Briefmarke und in vielen anderen Produkten unseres alltäglichen Lebens. Neben einer großen Zahl verschiedener Papiersorten haben sich für den täglichen Gebrauch als Bedruckstoff eine ganze Reihe weiterer Werkstoffe gesellt, die sich mit Druckmaschinen bedrucken lassen. Im Gegensatz zum Papier müssen diese Bedruckstoffe jedoch teilweise behandelt werden, damit sie die Druckfarbe annehmen und diese auch langfristig haften bleibt.

Bedruckstoffe

- **Papiere** werden nach Hauptsortengruppen eingeteilt in Druck- und Pressepapiere, Büro- und Administrationspapiere, Kopierpapier, Karton und Pappe für Verpackungszwecke, Hygienepapiere sowie Papier und Pappe für technische und spezielle Verwendungszwecke, beispielsweise als grafische Papiere.
- **Selbstklebepapier** ist mit einer selbstklebenden Beschichtung auf der Rückseite versehen. Es wird auch als „Crack-and-peel"-Papier bezeichnet und für Etiketten oder Aufkleber verwendet.
- **Polyesterfolie** ist ein weißes Folienmaterial auf Rollen, das meist für Pläne, auch technische Zeichnungen für den Außenbereich, Mouse-Pads für den Computer, Handbücher, Ausweiskarten und Schiffskarten verwendet wird, die in feuchter und schmutziger Umgebung eingesetzt werden.
- **Transparentfolie** findet man in selbstklebender Form als durchsichtiger Aufkleber auf Flaschen oder als Material für Tageslichtfolien.
- **Polypropylen-, PVC- und Acetat-Folie** werden eingesetzt für Lebensmitteltüten, Arzneimittel- und medizinische Verpackungen, Schutzhüllen und in vielen anderen Bereichen, in denen Waren mit bedruckten Folien verpackt werden.

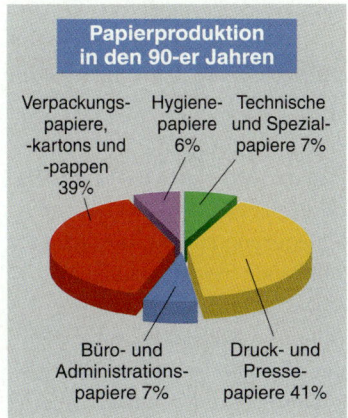

Papierproduktion in den 90-er Jahren

Verpackungspapiere, -kartons und -pappen 39%

Hygienepapiere 6%

Technische und Spezialpapiere 7%

Büro- und Administrationspapiere 7%

Druck- und Pressepapiere 41%

Lignin: Holzstoff, der neben Zellulose der wichtigste Bestandteil des Holzes ist, bewirkt bei der Einlagerung in die pflanzlichen Zellwände deren Verholzung, auch Lignifizierung genannt.
Zellulose: Der Hauptbestandteil der pflanzlichen Zellwand ist ein Polysaccharid und besteht aus Glucoseresten.

Rohstoffe und die Verarbeitung zu Papier

Papier besteht aus Holzfaserstoffen, Hilfsstoffen und Wasser. Nadelhölzer, wie Fichte, Kiefer und Tanne, sind bevorzugte Lieferanten langer Holzfasern, für bestimmte Anwendungen nimmt man auch die kurzfasrigen Laubhölzer Birke, Pappel oder Buche.

Geeignet für die Verarbeitung zu Papier sind Hölzer aus Durchforstungen, Schwachholz, aber auch Sägenebenprodukte, wie Hackschnitzel. Zu 95% wird Papier und Pappe aus Holz hergestellt und zu einem kleinen Teil aus Stroh, Bagasse (entzuckertes Zuckerrohr) und Bambus.

Holzstoff:
Um Holzfasern herzustellen, muss das Holz entweder mit einem Schleifstein oder thermomechanisch zwischen rotierenden Schleifscheiben geschliffen werden. Beim Schleifen mit dem Schleifstein werden Holzteile unter Zugabe von heißem Wasser an einen rotierenden Schleifstein gedrückt und dadurch Holzfasern von bis zu 4 mm Länge herausgerissen.
Beim thermomechanischen Verfahren weicht man durch eine Vordämpfung das zwischen den Fasern befindliche Lignin und löst es anschließend mit Hilfe von Chemikalien ab. Gegeneinander rotierende Schleifscheiben trennen das Holz in die Einzelfasern.

Zellstoff:
Löst man aus dem Holz die für das Papier nachteiligen Stoffe wie Lignin und Harze heraus, dann erhält man Zellstoff. Zur Herstellung des hochwertigen Papierrohstoffs wird Holz zunächst zu Hackschnitzeln zerkleinert und unter Beigabe von Wasser und Chemikalien gekocht. Dadurch wird das Lignin beseitigt und das Holz schonend in die Einzelfasern zerlegt. Zellstoff besitzt mehr Anteile an langen Holzfasern mit einer hohen Festigkeit und ist geschmeidiger als kurzfasriger Holzstoff.

Altpapier:
In der Papierproduktion wächst der Anteil des Altpapiers als Rohstoff. Über 60% beträgt heute der Anteil des Altpapiereinsatzes an der gesamten jährlichen Papierproduktion. Altpapiere werden in verschiedenen Qualitätsabstufungen gesammelt und für viele Papiersorten eingesetzt.

In Aufbereitungsanlagen wird das Altpapier zunächst aufgelöst und zerfasert. Zum Einsatz kommt eine Art Mixer, der sogenannte Stoffpulper, der die Stoffe auflöst. Über Siebe und Sortieranlagen wird Unrat beseitigt und der Altpapierfaserbrei abgezogen und behandelt.

Mit dem zusätzlichen **Deinkingprozess** (de-inken = abtrennen der Druckfarbe) können Fremdstoffe weitgehend beseitigt und Druckfarben abgelöst und entfernt werden. Durch den Einsatz moderner Technologien kann die Qualität, der auf Altpapierbasis erzeugten Papiersorten, wesentlich gesteigert werden, was sich auch im mengenmäßigen Absatz positiv auswirkt.

Die Holzfaserstoffe werden in einer Stoffaufbereitung mit Wasser vermischt, so dass die Masse pumpfähig wird. Die Faserbündel (Stippen) werden in Einzelfasern zerlegt und mehrmals gereinigt. In der Stoffzentrale werden die Ausgangsstoffe, Holzstoff, Zellstoff und Altpapier mit Füll- und Hilfsstoffen sowie Wasser in bestimmten Verhältnissen gemischt, um die Papierqualität, die Reißfestigkeit, die Geschmeidigkeit u. a. zu beeinflussen. Wichtige Füllstoffe sind Kaolin, Kreide und gemahlene Mineralien.

In der Papiermaschine wird die wässrige Fasermischung aus dem Stoffauflauf auf die Siebmaschine verteilt. Ein Sieb entzieht der Fasermischung das Wasser und ordnet die Holzfaserstoffe. Am Ende der Siebmaschine muss die Papierbahn durch eine Trocknungsanlage laufen, wo mit Hilfe von umlaufenden Filztüchern und anschließenden dampfbeheizten Trockenzylindern das Papier von 80% Wasseranteil heruntergetrocknet wird. Durch zusätzliche Maschineneinrichtungen in der Trockenpartie kann das Papier oberflächenbehandelt werden. Das anschließende Glättwerk verdichtet und glättet die fast trockene Papierbahn durch Walzen. Die Feuchtigkeit der aufgerollten Papierbahn beträgt am Ende des Herstellungsprozesses 5-8%.

Für unterschiedliche Ansprüche und Papiersorten folgt im Anschluss die Veredelung des Rohpapiers. Zu den Veredelungsprozessen gehören das Streichen, Glätten, Beschichten oder Kaschieren.

- **Streichen**: Mit Streichfarbe bestehend aus Pigmenten und Bindemittel erhält das Papier eine geschlossene Oberfläche.
- **Glätten**: Beim nachträglichen Glätten läuft das Papier durch mehrere Walzen mit verschiedener Härte und aus unterschiedlichen Materialien. Der Effekt verleiht dem Papier Glanz und eine glatte Oberfläche.
- **Beschichten**: Papiere, die beispielsweise wasserdampf- und aromadicht sein sollen werden mit Kunststoff beschichtet.
- **Kaschieren**: Für bestimmte Einsatzzwecke werden Papier und Karton oder Papier mit Papier oder Papier bzw. Pappe mit Metall- oder Kunststofffolien zusammengefügt.
- **Prägen**: Ein Prägestempel mit einer bestimmten Form drückt das Papier in eine Gegenform. Dadurch entsteht ein Erhöhung oder Vertiefung.
- **Stanzen**: Mit Stanzen lassen sich Teile aus dem Papier heraustrennen um dahinterliegende Teile einer Seite durchblicken zu lassen. Typisches Beispiel für das Stanzen ist das Adressfenster von Briefumschlägen.
- **Schützen** und **Veredeln**: Lackieren des Umschlags mit Drucklack oder UV-Lack schützt vor Gebrauchsspuren. Die Druckfarben werden mit dem Lack versiegelt. Eine teurere Variante stellt die Folienkaschierung dar, die auf dem Druckbogen vollflächig vorgenommen werden muss. Folien verändern darüberhinaus die Farbwirkung.

Papiereigenschaften

Parallel zur Gestaltung des Druckproduktes sollte das Druckpapier ausgewählt werden. Dabei spielen natürlich viele Dinge eine Rolle, wie der Geschmack, das Druckverfahren, die Weiterverarbeitung nach dem Druck und die Frage des Einsatzes, der Strapazierfähigkeit des Papiers. Papiere werden als Bogenpapiere oder Rollenpapiere angeboten.

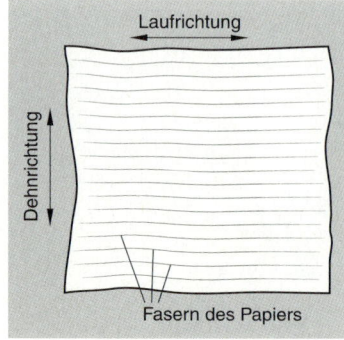

Laufrichtung

Dehnrichtung

Fasern des Papiers

Aufgrund seiner Herstellung hat ein Papier zwei Merkmale: Die Fasern sind in Laufrichtung des Papiers ausgerichtet. Quer dazu liegt die Dehnrichtung des Papiers. Um die **Laufrichtung** und **Dehnrichtung** von Papier festzustellen gibt es ein paar einfache Versuche. Reißt man ein Papier in Laufrichtung, so ist der Riss eher scharfkantig und geradlinig. In Dehnrichtung ist der Rissverlauf zackig. Ein anderer Versuch, um die Laufrichtung festzustellen, funktioniert mit dem Anfeuchten des Papiers. Die Kanten die parallel zur Laufrichtung liegen rollen sich nach oben. In Dehnrichtung wird das Papier wellig. Bei stärkeren Papieren und Kartons kann die Laufrichtung durch Biegen und Knicken festgestellt werden. Liegt die Biegekante in Laufrichtung ist der Kraftaufwand geringer und die Biegekante geradliniger. Die Laufrichtung findet vor allem Beachtung beim Falzen und in Büchern. Parallel zur Laufrichtung lassen sich Papiere besser falzen. Damit die Seiten im Buch aufgeschlagen liegen bleiben und die Seiten sich nicht wellen, soll die Laufrichtung des Papiers am Buchrücken verlaufen.

Papiersorten

Geht man von einer Papierdichte zwischen 700 und 1200 kg/m^3 aus, dann ist ein normales Kopierpapier mit 80 g/m^2 und einer Dichte von 800 kg/m^3 gerade einen zehntel Millimeter dick.

Ungestrichene Zeitungspapiere:	holzhaltig mit geringem Papiergewicht bis 30 g/m^2
Dünndruckpapiere:	Das Papier ist lichtdurchlässig und holzfrei; 25 bis 60 g/m^2
Naturdruckpapiere:	holzfrei, gut beschreibbar; 70 bis 120 g/m^2; Briefpapiere, Papiere für Bücher, Prospekte, Kopierpapier
Gestrichene Papiere:	gussgestrichenes, hochglänzendes Papier für den Einsatz im Bilder-, Kunstdruck, hochwertigen Prospekten, Präsentationen, Kunstdrucken und Hochglanzverpackungen.
Büttenpapiere:	Nach Kundenwunsch hergestellt, teilweise imprägniert und mit Inizialien geprägt, kommt zum Einsatz in der Privatpost; 120 bis 300 g/m^2.
Recyclingpapiere:	Aufbereitetes Altpapier, das nicht ganz weiß ist. Die Qualität schwankt erheblich und ist in der Druckherstellung nicht zu empfehlen.
Holzfreies Papier:	Es besteht aus aufbereiteten reinen Zellstoffen.
Holzhaltiges Papier:	Es wird hergestellt aus verholzten Fasern
Werkdruckpapier:	holzhaltiges oder auch holzfreies, maschinenglattes Papier; 60 bis 120 g/m^2.

Handgeschöpftes Papier

Rollenpapier

11.9.2 Falzen

In der Druckmaschine werden mit einer Druckplatte mehrere Seiten, in der Regel acht Seiten pro Bogen, gleichzeitig gedruckt. Damit die Buchseiten nach dem Druck in der seitenrichtigen Reihenfolge gebunden werden können, müssen sie schon auf der Druckplatte entsprechend angeordnet sein.

Dies geschieht in der Druckvorstufe durch Ausschießen der Dateien. Das angewandte Ausschießschema hängt von der Falzart ab, die nach dem Druck angewandt wird. Mit Falzmaschinen kann der Falzprozess wirtschaftlich durchgeführt werden. Neben den unten dargestellten Falzarten gibt es einige gebräuchliche wie den Kreuzbruchfalz, den Leporellofalz, der Wickelfalz oder auch Gemischtfalzungen wie Kreuz- und Parallelfalz.

Kreuzbruchfalz:
Der Bogen wird kreuzweise halbiert. Die Falzart wird auch nach der Anzahl der Brüche bezeichnet, z. B. Dreibruch.

Leporellofalz:
Prospekte oder Karten werden im Zickzack-Falz, meist mit zwei Brüchen zu sechs Seiten gefalzt.

Wickelfalz:
Beim Wickelfalz werden die Seiten in gleicher Richtung gefalzt oder „eingewickelt".

Für Werbematerial und Firmenpräsentationen werden heute häufig Gemischtfalzungen verwendet, die einzelne Bereiche der Seiten besonders hervorheben und durch die Art des Öffnens der Falzung eine bestimmte Lese- und Betrachtungsabfolge erzwingt.

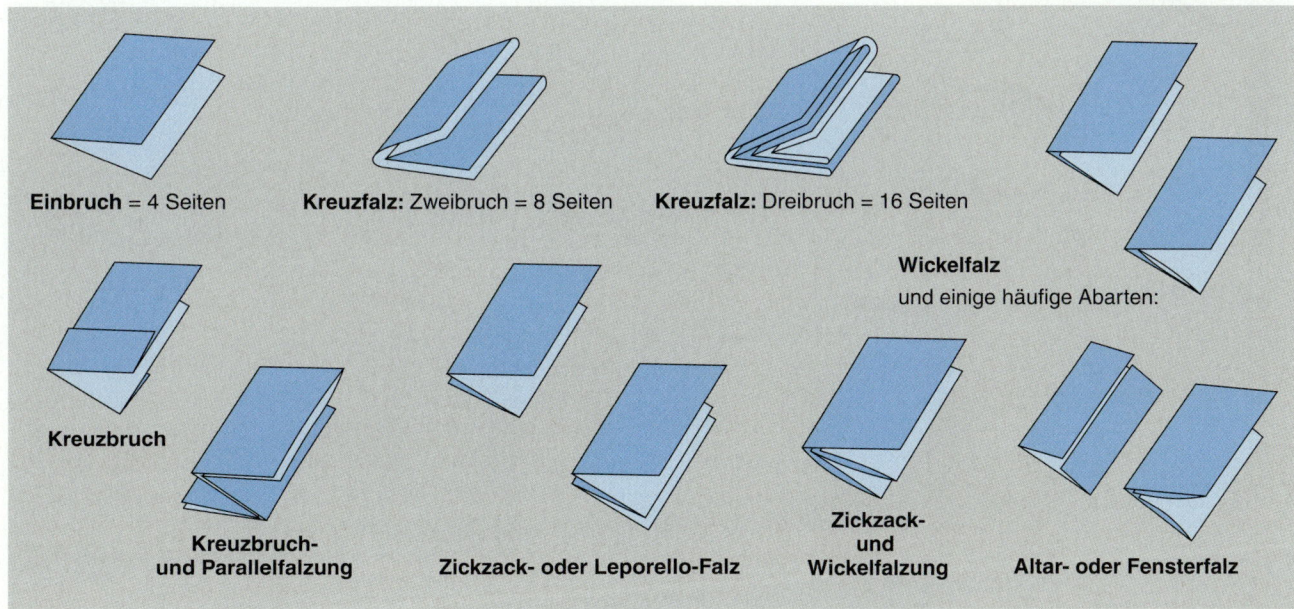

Einbruch = 4 Seiten   **Kreuzfalz:** Zweibruch = 8 Seiten   **Kreuzfalz:** Dreibruch = 16 Seiten

Wickelfalz
und einige häufige Abarten:

Kreuzbruch

**Kreuzbruch-
und Parallelfalzung**

Zickzack- oder Leporello-Falz

**Zickzack-
und
Wickelfalzung**

Altar- oder Fensterfalz

11.9.3 Binden

Alle Druckprodukte außer den Zeitungen werden nach dem Falzen noch gebunden. Die einzelnen Falzbogen eines Buchdrucks stellt man zu Buchblöcken zusammen und beschneidet sie.

Das Buchbinden hat viel Tradition und alte handwerkliche Buchbindeverfahren werden heute noch an wertvollen Büchern gepflegt. In der heutigen Zeit spielt jedoch die Wirtschaftlichkeit bei der Wahl des entsprechenden Buchbindeverfahrens eine große Rolle. Die Wahl der Bindetechnik hängt beispielsweise ab von der Auflagenhöhe und dem Buchpreis, von der Frage der Haltbarkeit hochwertig hergestellter Bücher oder auch davon, wie sich die Bücher und Dokumente aufschlagen lassen müssen. Einfache Firmendrucksachen und Tischvorlagen für Tagungen werden in kurzer Zeit mit klebelosen Bindungen hergestellt. Nachfolgend sind die heute wichtigsten Bindetechniken beschrieben und dargestellt.

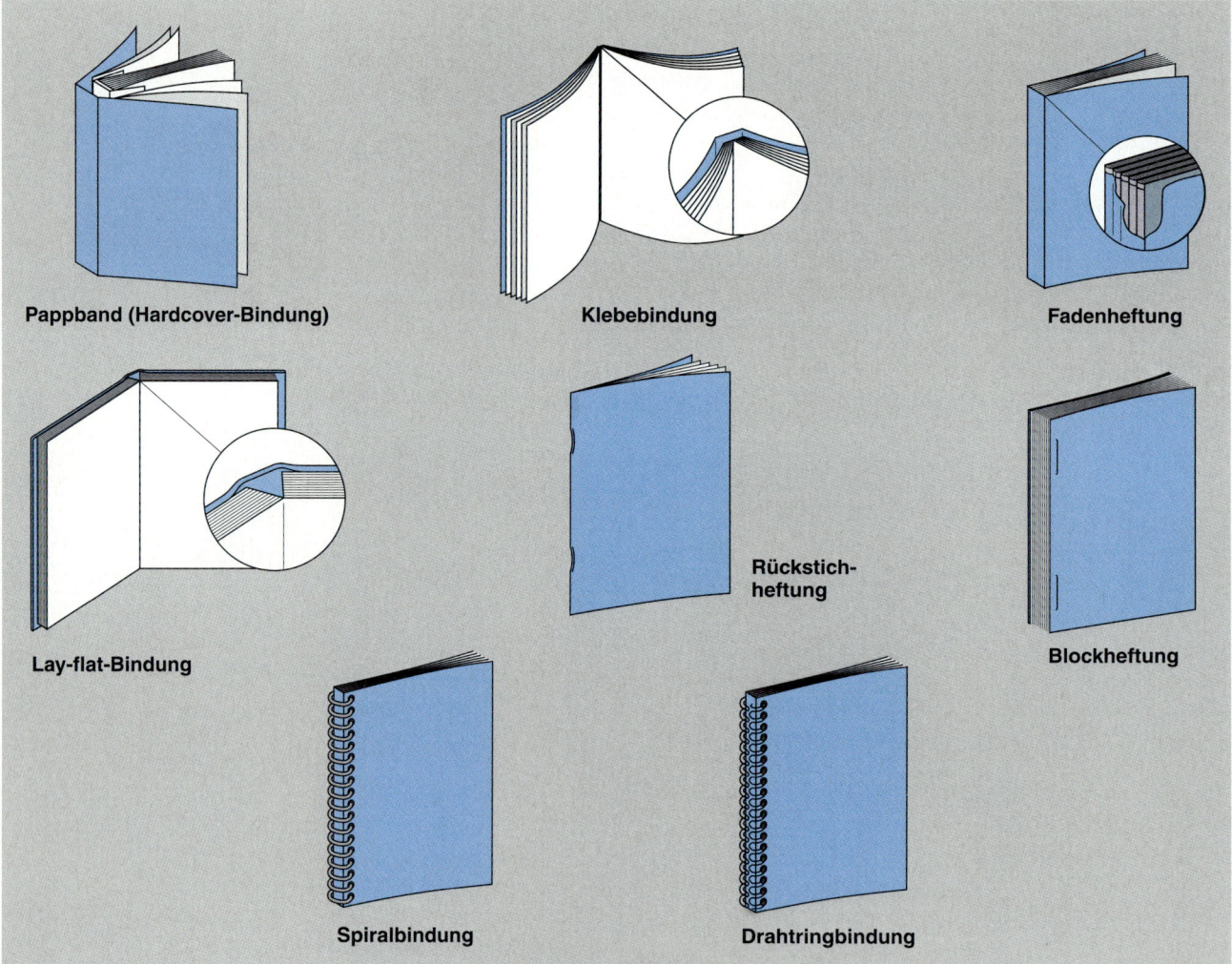

Pappband (Hardcover-Bindung) **Klebebindung** **Fadenheftung**

Lay-flat-Bindung **Rückstich-heftung** **Blockheftung**

Spiralbindung **Drahtringbindung**

11.10 Vom Manuskript zum Buch

Bücher werden abhängig vom Gebrauch und vom Inhalt in drei unterschiedlichen Formen gestaltet:

Klassische Buchgestaltung:
Alle Seiten des Druckwerks werden zusammenpassend konzipiert und bilden eine harmonische Einheit. Diese Gestaltungsform wird bei den meisten Büchern umgesetzt, die vor allem linear, d. h. zusammenhängend von Seite 1 bis Seite n, gelesen werden. Die gesamte Gestaltung entspricht in Schrift und Bild ordentlicher Qualität ohne größere Ansprüche, die Seitenflächen sind optimal genutzt.

Repräsentative Buchgestaltung:
Bildbände, Firmendarstellungen, Ausstellungskataloge, Ge-denkschriften oder Sonderausgaben werden großzügig gestaltet mit viel Weißraum, großen Schriften, qualitativ hochwertigen Abbildungen sowie schöner Bindetechnik mit edlen Materialien versehen. Diese Bücher fallen oft durch eine aufwendige künstlerische Gestaltung auf und dienen weniger der Vermittlung von Inhalten als vielmehr der Repräsentation.

Bibliophile und experimentelle Buchgestaltung:
Hierbei handelt es sich oftmals um moderne, experimentelle Buchdrucke mit ungewöhnlich aufgebauter Gestaltung der Seiten und atypischem Einsatz von Schrift und Bild. Diese Bücher sind oft Raritäten des Handpressendrucks oder auch Faksimileausgaben. Vielfach sieht man heute diese Versuche auch im Bereich der Magazine und Bücher für Wirtschaft und Design.

Faksimile: Der mit einem Original in Größe und Ausführung genau übereinstimmende Nachdruck.

Buchaufbau

Geht man von der klassischen Buchgestaltung aus, dann besteht ein Buch aus folgenden Gestaltungseinheiten:

Titelei:
- **Schmutztitel**, früher ein Papiereinband gegen Verschmutzung, mit Autor, Kurztitel und Verlag.
- Schmutztitelrückseite beinhaltet in bibliophilen Werken früherer Zeit ein Bild des Autors als Frontispiz (= lat., was vorn zu sehen ist), heute ist sie meist leer.
- **Haupttitel** ist die dritte Seite, die neben dem Autor, Haupttitel, Untertitel, Auflagenbezeichnung, Hinweise zu einer Neubearbeitung, ev. Name des Übersetzers, Illustrators, Zeichner und Fotografen sowie den Verlagsnamen und den Verlagsort beinhaltet. (DIN 1429, Titelblätter von Büchern)
- Haupttitelrückseite ist das Impressum des Buches mit allen bibliographischen Angaben wie Name der Druckerei und anderer Mitwirkender am Buch, Anzahl der Überarbeitungen, ISBN und weiteren Angaben zur Erfassung des Buchtitels.
- Widmung, mit einem einleitenden Motto oder einer persönlichen Ansprache sowie der Nennung von Personen.
- Vorwort mit Erläuterungen zum Gebrauch und zur Entstehung des Buches.

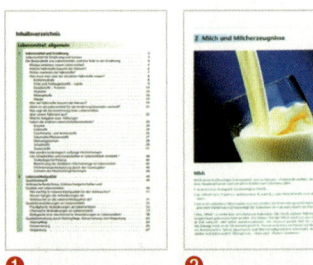

❶ ❷

❸ ❹

Beispiele für Vorschriften und Regeln zur Abgabe von Manuskripten:

- Seitenlayout definieren.
- Ordnungssysteme nach DIN 1421 verwenden.
- Angaben über Verwendung von Schriften.
- Bei Änderung im Manuskript die Korrekturzeichen des grafischen Gewerbes verwenden.
- Textmanuskript mit Platzhaltern und Bezeichnung der Bilder mit Nummern und Größe.
- Bildvorlagen mit definierten Farben und Größen.
- Verwendung von Rahmen und Linien beschreiben.

- Inhaltsverzeichnis ❶, das übersichtlich und anwenderfreundlich gestaltet sein muss. Überschriften erhalten durch eine entsprechende Gliederung ihre Wertigkeit. Sie können auch zusätzlich mit einem Nummernsystem nach DIN 1421 geordnet werden.

Hauptteil oder Textteil:

Dem Textteil kann ein Geleitwort oder eine Einleitung vorangestellt sein, die in der Hierarchie der Überschriften einen eigenen Platz einnehmen, meist mit der Zahl „0" gekennzeichnet. Der Textteil ❷ wird dann jeweils durch die Überschriften unterteilt und wenn notwendig durch ein Nummernsystem gliedernd ergänzt.

Anhang:

- Anmerkungen zu den Fußnoten.
- Literatur- ❸ und Quellennachweis nennt die Buchtitel, auf die im Buch Bezug genommen wird sowie weiterführende bzw. vertiefende Literatur.
- Schlagwortverzeichnis oder Index ❹ zeigt die Stellen im Buch an, wo der Begriff behandelt wird. Nach DIN 5007 wird die alphabetische Ordnung im Register festgelegt.
- Tafeln, Pläne, werden an den Schluss des Buches gesetzt. Sie sind teilweise zum Herausklappen oder auch zum Herausnehmen. CD´s befinden sich in einer Tasche auf dem Rückeneinband des Buches.

Buchherstellung

Manuskripterstellung:

Das gesamte Buchmanuskript umfasst ein Textmanuskript und ein Bildmanuskript. Das Manuskript ist die Vorlage zur Herstellung des Satzes durch eine Setzerei und für die anschließende drucktechnische Umsetzung in der Druckerei. Für die Erstellung und Ablieferung an den Verlag durch den Autor sind bestimmte Vorschriften und Regeln einzuhalten. Das Manuskript wird im Verlag vom Lektor inhaltlich, sprachlich und orthografisch überprüft, bevor es von der Setzerei gesetzt wird.

Das vom Autor abgelieferte Manuskript muss heute mindestens in Schreibmaschinenschrift verfasst sein. Handgeschriebene Manuskripte werden nicht mehr akzeptiert. Ein mit Schreibmaschine geschriebenes Manuskript kann mit dem Scanner erfasst und mittels OCR-Technik digitalisiert oder manuell eingegeben werden.

Am PC erstellte Manuskripte lassen sich im Satzbetrieb in DTP-Programme einlesen. Dadurch vereinfacht sich die gesamte Satzerstellung.

Soll eine Neuauflage mit geringen Korrekturen gedruckt werden, dann genügt es, mit Hilfe der Korrekturzeichen, am Rand der Seiten der letzten Auflage, Änderungen vorzunehmen. Bei größeren Überarbeitungen ist es notwendig, den Text für das Manuskript teilweise oder insgesamt neu zu erstellen. Ein entsprechender Datenträger mit den Korrekturen ist dann dem Verlag zuzusenden.

Das Bildmanuskript wird vom Textteil getrennt bearbeitet und besteht aus einer Anzahl Bildvorlagen ❶. Die Bildstelle wird im Text durch einen Platzhalter mit Nummer und Bildgröße markiert. Zum Bildmanuskript gehören Fotografien, Grafiken, Dias, Zeichnungen in Papierform und in digitalisierter Form als Dateien. Die Abbildung müssen in jedem Fall als reproduzierbare Vorlage vorliegen. Wenn es notwendig ist, müssen vom Autor die Bildrechte eingeholt werden.

Bildreproduktion:
Ein grafisches Büro bearbeitet die Bildvorlagen und fertigt von jeder Abbildung eine satzfähige Datei. Dazu müssen Zeichnungen und Skizzen oder Grafiken mit Hilfe eines CAD- oder Zeichenprogramms digital erstellt werden. Fotografien werden gegebenenfalls nachgeschärft und beschnitten sowie skaliert und gedreht. Die fertigen Dateien werden auf CD gebrannt und in den Satz gegeben.

Tabellen und einfache Grafiken, wie Diagramme und einfache Schaubilder, werden nicht vom Grafiker bearbeitet, sondern direkt in der Setzerei mit dem Textteil verarbeitet.

Typografische Gestaltung:
Verlag und Autor legen die typografische Gestaltung des Werkes fest und geben die Satzanweisung ❷ an die Setzerei weiter. In der Satzanweisung stehen alle Angaben über Schriftarten, Schriftgrade, Laufweiten, Zeilenabstände, Formate, Absatzgestaltung und Überschriften. Textauszeichnungen, wie fett und kursiv, gehen aus dem Textmanuskript hervor und sind im elektronischen Manuskript bereits eingebaut oder werden durch farbliche Kennzeichnung und Unterstreichung gekennzeichnet.

Satz:
Dem eigentlichen Satz geht vor allem bei wissenschaftlichen Publikationen und Lehrbüchern oft ein Probesatz einiger Seiten voraus, der alle wesentlichen Elemente des Buches enthält. Wenn der Probesatz von Autor und Verlag abgenommen ist, kann mit dem endgültigen Satz begonnen werden.

Der Satz stellt innerhalb des Produktionsablaufs die Druckvorstufe dar und besteht aus der Aufbereitung der Manuskripte mit deren Erfassung, der Seitengestaltung und der Bild-Textintegration mit Hilfe eines Layout-Programms.

Die Setzerei stellt Laserdrucke für die Korrektur bereit. In der Regel gibt es zwei Korrekturläufe, die von Autor und Lektor mit den üblichen Korrekturzeichen ❸ vorgenommen werden.

Nachträgliche Änderungen und Berichtigungen von Fehlern auf Seiten der Autoren sind für den Verlag kostenpflichtig, Satzkorrekturen gehen auf das Konto der Setzerei. Der Bildteil wird meist schon im ersten Korrekturlauf eingebaut und von den Autoren mitkorrigiert.

❶

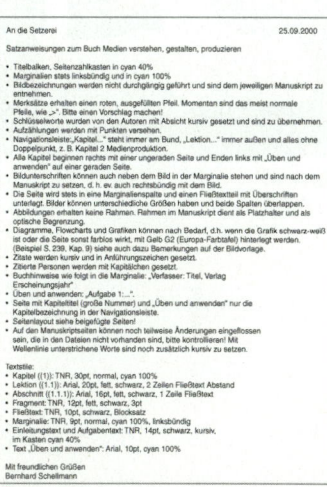

❷

❸

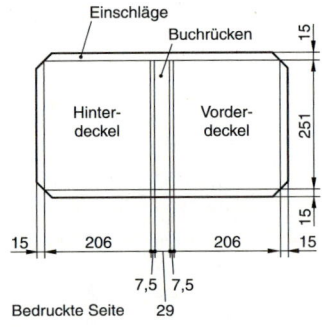

Einschläge
Buchrücken
15
Hinter-deckel   Vorder-deckel
251
15
15   206   206   15
7,5   7,5
Bedruckte Seite   29

❶

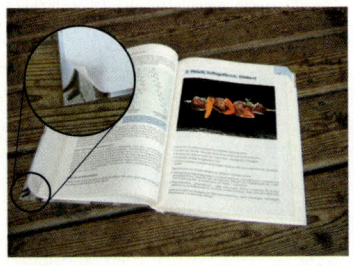

❷

Umschlaggestaltung:

Der Gestaltung des Einbandes eines Fachbuches stellt eine Verbindung zu den Inhalten her. Dabei werden die grafischen und fotografischen Elemente, Schrift und Farbe auf das Thema des Buches bezogen. Beim Roman und Sachbuch wird der Umschlag so gestaltet, dass er vor allem als Eyecatcher dient. In vielen Fällen lässt sich ein Bezug zum Geschehen im Buch nicht ableiten. Grundsätzlich lassen sich bei Büchern zwei verschiedene Umschläge unterscheiden: das **Paperback** ❺ oder auch **Broschur** genannt, ist eine dünne Pappe, die vor allem bei Taschenbüchern eingesetzt wird, und der **Hardcover-Umschlag** ❸ auch Deckenband genannt, bei dem unterschiedliche Materialien um eine Pappe gezogen werden.

Grundlage jeder Umschlaggestaltung ist der Aufriss ❶, eine Art technischer Zeichnung, welche die wichtigsten Maße des Umschlags beinhaltet. Die Maße ergeben sich aus der vorliegenden Seitenzahl und der Papierdicke. Bei der Gestaltung für einen Hardcoverumschlag muss der Einschlag ❷ mitberücksichtigt werden, vor allem dann, wenn Bilder bündig am Buchrand gestellt werden oder in den Einschlag hineinlaufen sollen.

Druck:

Sind alle Korrekturen eingebaut und der Satz abgenommen, kann mit dem Druck begonnen werden. Das Endprodukt, die fertige Datei wird auf einen Film oder direkt auf eine Druckplatte belichtet. Für den digitalen Druck werden die Dateien auf Datenträger oder durch Datenfernübertragung an die Druckerei geschickt. In der Mehrzahl der Fälle wird das Buch durch Offsetdruck hergestellt. Die Seiten sind auf einem Druckträger zu 16 Seiten, 8 Seiten Schöndruck und 8 Seiten Widerdruck, angeordnet ❹.
Der Druckbogen wird nach dem Druck so gefalzt, dass die Seiten in der richtigen Reihenfolge liegen.

Binden:

Den Abschluss des Herstellungsprozesses bildet das Binden des fertigen Druckwerkes. Durch die unterschiedlichen Buchbindetechniken erhält das Buch seine äußere Gestalt und Hülle. Durch eine zusätzliche Folienbeschichtung können Umschläge, vor allem bei häufigem Gebrauch im beruflichen Alltag, vor vorzeitigem Verschleiß geschützt werden.

❸

❹

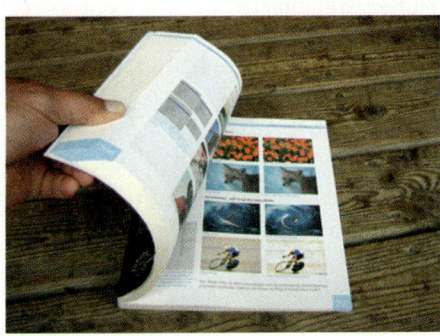

❺

Aufgaben und Übungen, Literaturhinweise

Aufgaben und Übungen

1. Drucken Sie ein Bild mit unterschiedlichen Auflösungswerten bei gleicher Raster-weite aus. Vergleichen Sie die Qualität des Ausdrucks. Testen Sie unterschiedliche Drucker im Haus.
2. Recherchieren Sie in einer nahegelegenen Druckerei nach der praktizierten Umsetzung der Ausgabeverfahren Computer-to-Film, Computer-to-Plate und Computer-to-Press.
3. Stellen Sie den digitalen Workflow vom Entwurf bis zum Computer-to-Print mit einer Bildschirmpräsentation dar.
4. Sie wollen ein Bild mit einem 60er-Raster auf einem Laserdrucker mit 600 dpi oder einem Filmbelichter mit 1270 dpi ausgeben. Wieviele Graustufen (Ton-werte) sind darstellbar?
5. Ein Bild wird im Maßstab 1:1 gescannt. Die Rasterfrequenz des Ausgabeverfahrens ist 150 lpi. Wie hoch muss die Eingabeauflösung sein, bei einer Samplingrate 2?
6. Drucken Sie eine Bilddatei auf verschiedenen Papieren aus und vergleichen Sie die Druckqualität und die Ausgabe der Farben.
7. Stellen Sie am Beispiel eines PDF-Dokuments die Anwendungsmöglichkeiten dar, die sich in Verbindung mit dem Programm Acrobat ergeben.
8. Untersuchen Sie unterschiedliche Bücher hinsichtlich Gestaltung des Titels, Auf-bau des Buches, Ordnungsprinzipien und Inhaltsverzeichnisstruktur.
9. Entwerfen Sie für ein Buch den Umschlag. Legen Sie für das Buch ein Format fest und beginnen Sie mit dem Zeichnen des Aufriss.
10. Stellen Sie auf einem DIN A3-Bogen ein achtseitiges Ausschießschema zusammen. Legen Sie die Falzabfolge fest und schneiden Sie anschließend den Bogen.

Literaturhinweise

Blana, Hubert: Die Herstellung: Ein Handbuch für die Gestaltung, Technik und Kal-kulation von Buch, Zeitschrift und Zeitung, München 1998 (Verlag K.G. Saur)
Kipphan, Helmut (Hrsg.): Handbuch der Printmedien, Berlin, Heidelberg 2000 (Springer)
Schönstedt, Eduard: Der Buchverlag, 2. Aufl., Stuttgart 1999 (Metzler)
Teschner, Helmut: Druck- und Medientechnik, 11. Aufl., Fellbach 2003 (Fachschriften-Verlag)
Holzki; *Rohloff*: Handinhandbuch, 7. Aufl., Berlin 2006 (satzinform, Berlin)
Martins; *Kobylinska*: PDF Workflow, Kilchberg 2002 (smartbooks)

12 Multimedia

Die Integration verschiedenartiger audiovisueller Medien auf einem Verbreitungs-medium (CD-ROM, Netzwerk, Internet, Diashow) mit einem bestimmten Kommuni-kationsziel wird im Allgemeinen unter dem Begriff **Multimedia** geführt.

In diesem Kapitel erfahren Sie, wie multimediale Anwendungen aufgebaut sind. Dabei geht es um die Aufbereitung und Strukturierung der Inhalte, der möglichen Interakti-onen für den Anwender und die Gestaltung der Benutzeroberfläche.

❶ Unter **Interaktivität** versteht man die Eingriffs- und Steuer-möglichkeiten eines Systems durch den Benutzer.

Schon bei den klassischen audiovisuellen Medien, wie Film oder Dia-AV, werden Ton und Bild miteinander verknüpft, um eine gemeinsame Wirkung beim Betrachter zu erzielen. Erst die Möglichkeit, die verknüpften Einzelmedien auf dem Bildschirm dar-zustellen und zusätzlich das Dargestellte durch eine **Interaktivität** ❶ vom Betrachter abhängig zu machen, ist die eigentliche Revolution in den Medien, die weit mehr Wirkung beim Betrachter erreichen kann, als eine Gestaltung der Einzelmedien und deren Verknüpfung.

Text und Videosequenz in einem Multi-medialen Informationssystem.
Quelle: Retrospect, Spiegel Online.

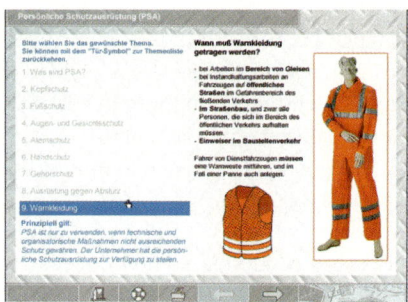

Abarbeiten eines strukturierten Lern-pfades in einem multimedialen Lernsys-tem. Quelle: Interaktive Arbeitssicher-heitsunterweisung, Siemens AG.

Interaktiv begehbare virtuelle Landschaft in einem Abenteuerspiel. Quelle: Myst III, Cyan Inc.

Dem Gestalter steht dazu fast die gesamte Palette der audiovisuellen Medien zur Ver-fügung. Hierzu gehören Text, Fotografie, Grafik, Animation, Film, Sprache, Sound-effekte und Musik sowie deren unterschiedliche Kombinationsmöglichkeiten mit und ohne Interaktivität. Eine multimediale Kombination muss natürlich nicht alle diese Elemente enthalten. Die gewünschte Wirkung beim Betrachter, also das Kommu-nikationsziel, steht im Vordergrund und sollte aus gestalterischen, didaktischen oder wirtschaftlichen Gründen die Kombination der Einzelmedien bestimmen.

12.1 Multimediale Anwendungen

Multimediale Programme sind interaktive Anwendungen, die aus Inhalten mit multi-medialen Komponenten, wie Text, Bild, Video und Ton, bestehen. Je nach Verwen-dung unterscheidet man zwischen Informations-, Lern-, Präsentations- und Unterhal-tungssystemen.

12.1.1 Informationssysteme

Unter Informationssystemen versteht man multimediale Programme, die durch wenige Mausklicks Informationen zu einem oder mehreren Themen anbieten. Die Darstellung der Information kann in Form unterschiedlicher Medien erfolgen.

➲ **Die prägnante Eigenschaft eines Informationssystems ist der schnelle Zugang zur Information.**

Beispiele sind Kiosk-Systeme, Enzyklopädien, multimediale Lexika usw.

  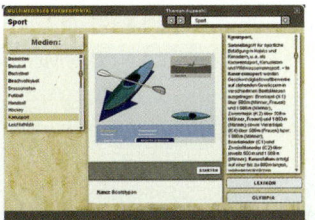 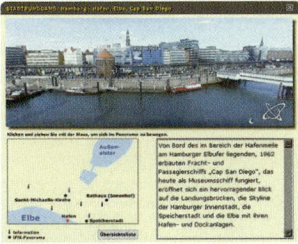

Beispiel eines Multimedialen Informationssystems: Der Brockhaus multimedial 2007. Quelle: F.A. Brockhaus AG.

Technisch realisiert werden Informationssysteme über Programmiersprachen ❶ oder Autorensysteme in der Regel mit Datenbankanbindungen. Bei Online-Informationssystemen kommen serverseitige Script-Sprachen, wie z. B. PHP, zum Einsatz, um Internetkompatibel zu sein.

❶ Im Kapitel Medieninformatik erfahren Sie mehr über Programmiersprachen und Autorenwerkzeuge zur Erstellung multimedialer Anwendungen.

12.1.2 Lernsysteme

Didaktisch aufbereitete Inhalte zum Selbststudium werden von Lernsystemen angeboten. Hierzu sind die Lernthemen sinnvoll aufeinander aufbauend abgestimmt. Durch einen zielgruppenspezifischen Lernweg und Lernerfolgskontrollen wird sichergestellt, dass das Lernziel erreicht wird.

➲ **Bei Lernsystemen steht das Lernen nach didaktischen Gesichtspunkten im Vordergrund.**

Um das Lernziel zu erreichen, bedarf es neben den multimedialen Inhalten zusätzlich interaktiver Komponenten zur Motivation des Lernenden. Beispiele sind **Computer Based Training** (CBT) und **Web Based Training** (WBT) ❷ über das Internet.

❷ Unter **Computer Based Training** versteht man das Lernen mit Hilfe von lokal gespeicherten Lernprogrammen.
Beim **Web Based Training** erfolgt das Lernen web-basiert über das Internet.

 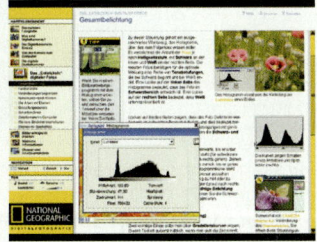 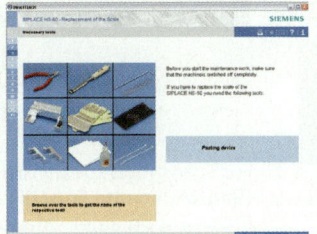 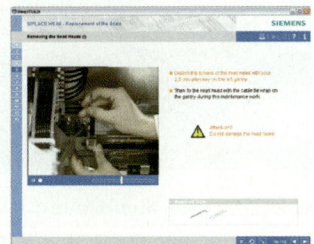

CBT-Beispiel Digitale Fotografie. Quelle: National Geographics.   **WBT-Beispiel: SIPLACE Scale Replacing. Quelle: Siemens AG.**

Technisch realisiert werden Lernsysteme in der Regel mit Autorensystemen, die für die Lernanwendung schon spezifische Funktionen von Haus aus mitbringen.

12.1.3 Präsentationssysteme

Wo mit multimedialen Inhalten neue Themen, Produkte und Sachverhalte vorgestellt und präsentiert werden sollen, findet man Präsentationssysteme. Dies kann sowohl im kommerziellen Bereich, zum Beispiel in der Werbung und Verkaufsförderung, als auch im nicht kommerziellen Bereich, zum Beispiel einer in Expeditions-Präsentation geschehen. Die Führung und Steuerung durch das Thema kann dabei über einen Live-Kommentar des Referenten oder automatisch per Programmsteuerung erfolgen.

Multivisions-Software Wings Platinum für großformatige HDAV-Präsentationen auf mehrere Projektionsflächen. Quelle: Werner Kenzel bei einem Multivisons-Vortrag mit AV-Systeme von Stumpfl.

❶ **Multivision** (Multidisplay) nutzt mehrere nebeneinander angeordnete Projektionsflächen für die multimediale Präsentation.

❷ **HDAV** (High Definition Audio Vision) ist ein Qualitätsstandard für digitale Audiovisions-Produktionen. Es unterstützt volle Medienintegration (Bild, Video, Ton) und Multivisions-Projektion über Video-Beamer.

❸ **Dia-AV** (Dia-Audiovision) bezeichnet eine durch Ton unterstützte Dia-Präsentationstechnik.

➲ Bei Präsentationssystemen steht die geführte Vorstellung von Themen im Fokus.

Technisch realisiert können Präsentationssysteme über Standard-Software-Produkte, angefangen bei Microsoft Powerpoint bis hin zu spezialisierten Software-Produkten für **Multivisionen** ❶ über **HDAV-Präsentationstechnik** ❷. Aber auch über PC-gesteuerte Diaprojektoren (**Dia-AV** ❸) sind Multivisionen möglich.

Für Fotoshows spezialisierte Präsentations-Programme bieten von der Medienintegration (Bild, Video und Ton) bis zur fertigen HD-DVD alle notwendigen Funktionen. Beispiel: Präsentation einer Urlaubsreise mit Magix Fotos auf CD&DVD.

12.1.4 Unterhaltungssysteme

Eeinen nicht unbeträchtlichen Anteil der multimedialen Systeme stellen Unterhaltungssysteme dar. Die Bandbreite dieser Systeme reicht von Spiele-Anwendungen über Erlebniswelten bis zu Virtuellen Gemeinschaften.

Die Gruppe der **Spiele** (Games) nimmt den größten Anteil ein und reicht von Reaktionsspielen bis zum komplexen Abenteuerspiel.

Echtzeit-Simulation einer Steinscheune in Hessen. Über virtuelle Realität wird ein Rekonstruktionsvorhaben erlebbar. Quelle: Scheinwelten Echtzeit, Braunschweig.

Gesellschafts-Simulationsspiel The SIMS mit hohem Interaktionsgrad. Quelle: EA Games.

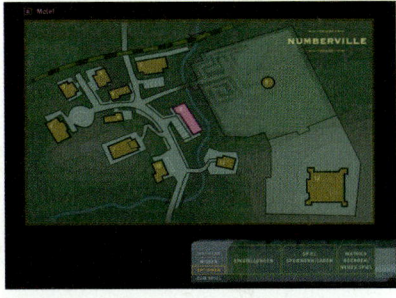

Abenteuerspiel Mathica. Spannende Kombination aus Spiel und Mathe-Trainer.

Erlebniswelten bieten Simulationen nach dem Prinzip der virtuellen Realität und stellen das Bindeglied zu Informations- und Lernsystemen dar. Damit lassen sich beispielsweise geschichtliche Themen über Computeranimation wieder auferstehen und sind so für den Betrachter erlebbar.

Virtuelle Gemeinschaften (Virtual Communities) bieten Benutzergruppen mit gleichen Interessensgebieten eine Kommunikationsplattform, die zum Informationsaustausch, aber auch zur Unterhaltung dienen kann. Kommunikationsformen wie Chat-Räume, Foren und Messenger können dabei durch Simulationen von Räumen und Mitgliedern durch multimediale Elemente visualisiert werden. Dadurch entstehen sogenannte virtuelle Welten. Beispiel: Online-Community Second Life.

➲ Bei Unterhaltungssystemen steht der Unterhaltungs- und Erlebniswert im Vordergrund und hat seine Dominanz innerhalb der Freizeitaktivitäten.

Technisch realisiert werden Unterhaltungssysteme mit Programmiersprachen, die eine grafikoptimierte Umsetzung erlauben.

Eine klare Abgrenzung der multimedialen Systeme ist in der Praxis jedoch nicht immer gegeben. Ein Beispiel für Vermischungen, die mehrere Systemformen beinhalten, findet man im Begriff Edutainment und Infotainment. **Edutainment** ist ein Kunstwort aus den englischen Wörtern Education (Bildung) und Entertainment (Unterhaltung) und bezeichnet das Konzept des unterhaltsamen Lernens. Der Spaßfaktor steht dabei im Vordergrund – die Lernanstrengung wird oft reduziert oder verharmlost. Unter **Infotainment** (Kunstwort aus dem Englischen: Information und Entertainment) versteht man die unterhaltsame Vermittlung von Bildungsinhalten und evtl. auch von Scheinwissen, das den Anspruch erhebt, Bildungsbestandteil zu sein.

Edutainment =
Education + Enter**tainment**

Infotainment =
Information + Enter**tainment**

Die Aufbereitung und Strukturierung der Informationen verfolgt das Ziel, dass der Anwender bzw. Betrachter (Rezipient) sich optimal dem Medium zuwendet und seine Inhalte aufnehmen kann. Dabei hat die „Gestaltung" die Funktion, Informationsinhalte und Ereignisse nach ganz bestimmten Regeln, Anforderungen und Bedingungen

- zu gliedern und zu ordnen (didaktische Prinzipien) und
- etwas lebhafter und aufregender darzustellen, als sie es in Wirklichkeit sind (dramaturgische Prinzipien),

damit beim Betrachter während der Wahrnehmung (Rezeption)

- positive Gefühle (affektive Wahrnehmung) der Anmutung und
- positive Elemente der Informationsaufnahme (kognitive Wahrnehmung) im Sinne von „Lernen" oder „Denken" entstehen.

12.2 Didaktik und Dramaturgie

Am Beispiel von Anwendungen aus dem Bereich „Lernen" soll im folgenden Abschnitt die Bedeutung von Didaktik und Dramaturgie in Multimedia-Produktionen aufgezeigt werden.

12.2.1 Didaktik

❶ Die Mediendidaktik umreißt den möglichst effektiven Einsatz audiovisueller Medien zur Erreichung optimaler Lehr- und Lernerfolge.

Die Aufgabe der Didaktik ist es, Lehr- und Lernprozesse optimal zu planen und zu organisieren. Mittlerweile hat sich aus dem Fachgebiet der Didaktik ein ganz neuer Forschungsbereich, die **Mediendidaktik ❶**, herausentwickelt.

Die Mediendidaktik findet überall dort ihre Anwendung, wo es um das Vermitteln von Wissen und die Weitergabe von Inhalten mit Hilfe von Medien geht.

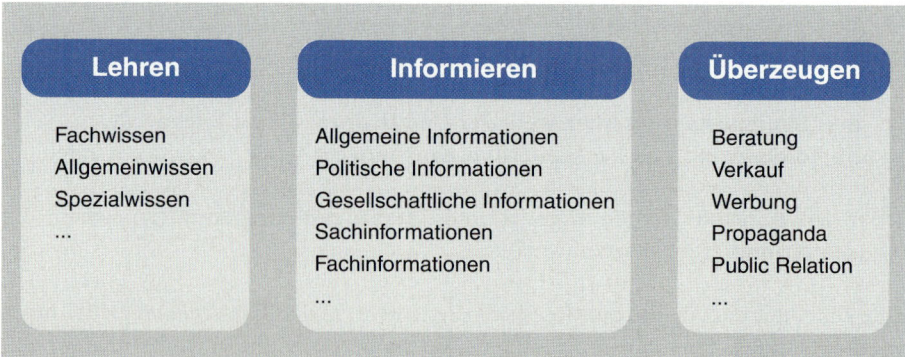

Lehren	Informieren	Überzeugen
Fachwissen	Allgemeine Informationen	Beratung
Allgemeinwissen	Politische Informationen	Verkauf
Spezialwissen	Gesellschaftliche Informationen	Werbung
...	Sachinformationen	Propaganda
	Fachinformationen	Public Relation
	...	...

Erhebungen in der Medienbranche haben ergeben, dass dicht hinter den Unterhaltungsprodukten (z. B. Computerspiele) die Lernanwendungen an zweiter Stelle stehen. Auf Grund immer kürzerer Innovationszyklen und der steigenden Qualitätsanforderungen werden immer größere Anforderungen an Weiterbildungsprogramme gestellt. Computerbasierte Lernsysteme, die einen immer wichtigeren Stellenwert in der Bildungslandschaft einnehmen, sollen dieser notwendigen Flexibilität gerecht werden. Bei diesen Multimedia-Projekten aus dem Bereich **Computer Based Training** kommt der Mediendidaktik eine besondere Gewichtung zu.

In allen Fällen geht es darum, dass beim Adressaten ein Zuwachs an Wissen angestrebt wird, wobei die Wissensart und deren Vermittlungsart abhängig ist

- von den Intentionen und den Zielen des Vermittlers, sowie
- von den Bedürfnissen und den Erwartungen der Adressaten.

Am Beispiel von Multimedia-Projekten aus dem Bereich „Computer Based Training" lassen sich die didaktischen Gesichtspunkte besonders gut aufzeigen. Dazu zählen im Allgemeinen:

Aufbereiten des Lernstoffes:
Welche Lerninhalte sind für das Multimedia-Projekt wichtig?
Welche Materialien können hierbei Verwendung finden?
Wie sieht die genaue Definition und Abgrenzung der Zielgruppe, die mit dem Multimedia-Projekt angesprochen werden soll, aus?

Definieren der Lernziele:
Was soll der Lernende unter welchen Bedingungen können?

Festlegen von Lernvoraussetzungen:
Welche Fähigkeiten und Vorkenntnisse sind erforderlich?

Festlegen der Lernstrategien:
Welche Strategie soll verwendet werden?
- Beobachtungslernen
- Programmiertes Lernen
- Forschendes Lernen
- Erfahrungslernen

Wie sind die Inhalte mit anderen Lernmedien verzahnt?
- Sind begleitende Handbücher vorgesehen?
- Sind zu diesem Medium zusätzliche Präsenztrainings vorgesehen?
- Ist zusätzlich eine netzbasierte Kommunikation, z. B. **Online-Tutor**, vorgesehen?

Lernmotivation:
Wie kann der Lernende animiert und motiviert werden, damit er das Lernziel erreicht?

Lernerfolgskontrollen:
Wie kann das Wissen des Lernenden abgefragt bzw. überprüft und ausgewertet werden?

Bereitstellen von Lernhilfen:
Welche Hilfsmöglichkeiten werden dem Lernenden geboten?

Instruktionsmethode

Mit der **Instruktionsmethode** kann der gesamte Lernprozess aufgegliedert werden. Sie ist abhängig vom Inhalt und vom jeweiligen Anwender und beschreibt den Schwerpunkt des Lernens. Das kann durch
• selbstgesteuertes,
• angeleitetes und/oder
• unterhaltendes
Lernen erreicht werden

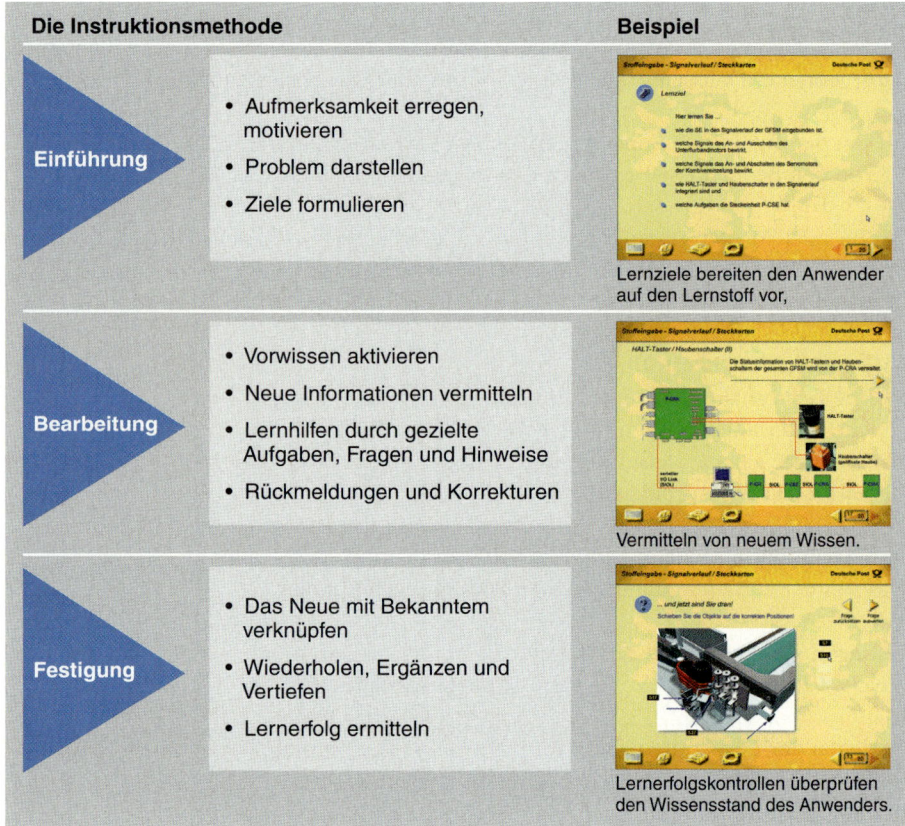

Die Instruktionsmethode

Einführung
• Aufmerksamkeit erregen, motivieren
• Problem darstellen
• Ziele formulieren

Bearbeitung
• Vorwissen aktivieren
• Neue Informationen vermitteln
• Lernhilfen durch gezielte Aufgaben, Fragen und Hinweise
• Rückmeldungen und Korrekturen

Festigung
• Das Neue mit Bekanntem verknüpfen
• Wiederholen, Ergänzen und Vertiefen
• Lernerfolg ermitteln

Beispiel

Lernziele bereiten den Anwender auf den Lernstoff vor,

Vermitteln von neuem Wissen.

Lernerfolgskontrollen überprüfen den Wissensstand des Anwenders.

Betrachtet man den mediendidaktischen Entwicklungsprozess, so kann man mit einem Modell den Prozess in einzelne Arbeitsschritte der Didaktik untergliedern.

Modell des systematischen Instruktionsdesigns (aus L. I. Issing, 1990).

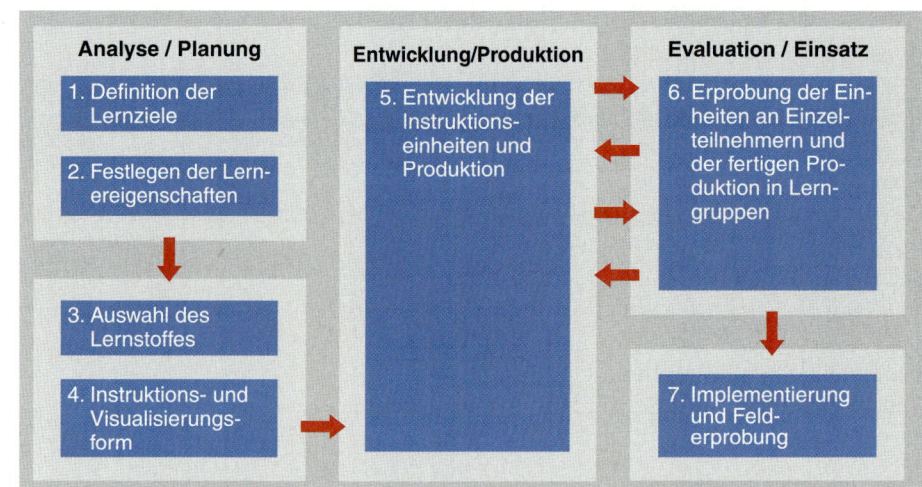

Analyse / Planung
1. Definition der Lernziele
2. Festlegen der Lernereigenschaften
3. Auswahl des Lernstoffes
4. Instruktions- und Visualisierungsform

Entwicklung/Produktion
5. Entwicklung der Instruktionseinheiten und Produktion

Evaluation / Einsatz
6. Erprobung der Einheiten an Einzelteilnehmern und der fertigen Produktion in Lerngruppen
7. Implementierung und Felderprobung

12.2.2 Dramaturgie

Die Dramaturgie bei multimedialen Kompositionen gewinnt immer mehr an Bedeutung. Viele Anwendungen weisen zwar einen klaren und strukturierten Aufbau auf, vernachlässigen aber noch zu oft, dass auf die eigentlichen Bedürfnisse des Anwenders eingegangen wird.
Eine für den Anwender übersichtliche Informationsdarstellung genügt nicht allein; sondern auch das Verhalten des Anwenders beim Kommunizieren mit der multimedialen Anwendung muss in das didaktische und dramaturgische Konzept einfließen.

Oft werden interaktive Oberflächen von multimedialen Anwendungen so gestaltet, dass sie Gegenstände aus der realen Umwelt als **Metapher** ❶ darstellen.

Die Handlungen und Bedürfnisse des Anwenders kann man noch besser durch optimale Orientierung und Benutzerführung in das Gesamtkonzept miteinbeziehen.

Sogenannte **Interface-Agenten** ❷ sind in der Lage, offene Situationen zu inszenieren, denn oft möchte der Anwender nicht alles selber herausfinden, sondern würde sich auch gerne führen und ansprechen lassen.

Auch wenn der Dramaturgie bei einer interaktiven Multimedia-Produktion keine so große Gewichtung zukommt, wie es bei einem linearen Film ist, so sollte der Gestalter von multimedialen Kompositionen sich nicht auf die ausschließliche „Spannung" der Interaktivität dieses Mediums beschränken, denn auch jede Inhaltseinheit für sich kann spannend gestaltet werden.

Spannung kann erzeugt werden durch:

*   Neugierde
*   Überraschung
*   Humor
*   Erregung
*   Kontraste

❶ **Metaphern** sind prinzipielle Abbildungen von realen Umgebungen in interaktiven Oberflächen und sollen dem Anwender den Informationszugang über gewohnte, dem Thema nahestehende Objekte, ermöglichen.

❷ **Interface-Agenten** sorgen für einen spielerischen Zugriff auf den Funktionsumfang der Anwendung. Sie agieren als digitale Mitspieler, verwenden Formen der direkten Ansprache und können einen hohen Anteil an Spannung, Emotionen und Anteilnahme erzeugen.

Die Metapher „Eingangshalle" als Informationszugang am Beispiel einer Firmen-Image-Präsentations-CD (Beispiel: Siemens ElectroCom GmbH).

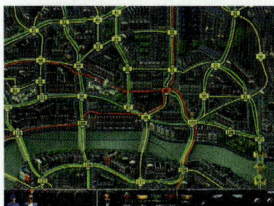 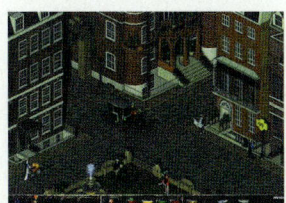 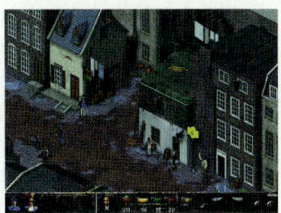

Dramaturgische Prozesse, wie Neugierde, Überraschung, Humor und Erregung kommen bei interaktiven Computerspielen besonders zur Geltung (Beispiel: Scotland Yard von Ravensburger Interactive Media GmbH).

❶ ❷ ❸ ❹ ❺

Dramaturgischer Aufbau einer Informations-Anwendung:

❶ Die Auswahl der Themen erfolgt zur Aufmerksamkeits-erregung über ein drehendes Themenrad.

❷ Jedes Thema wird über einen ansprechenden Einführungsfilm vorgestellt.

❸, ❹, ❺ Jeder einzelne Informationsblock innerhalb eines Themas weist einen eigenen dramaturgischen Bogen auf.

Bildreihe ❶ bis ❺ aus: Edison: der Zauber von Menlo Park, Tewi Verlag GmbH

Der dramaturgische Aufbau besteht immer aus einzelnen Bausteinen, die didaktische Aufgaben übernehmen. Die dramaturgischen Höhen visualisiert man am besten mit Hilfe eines Schemas.

Beispielschema eines Dramas:

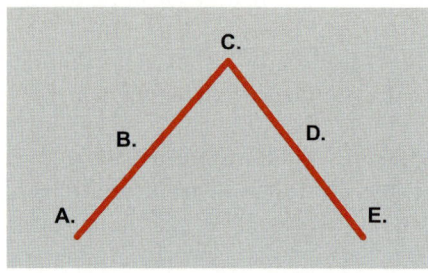

A. Einführung
B. Steigerung
C. Höhepunkt
D. Fallende Handlung
E. Katastrophe und Schluss

Beispielschema einer Promotion-CD:

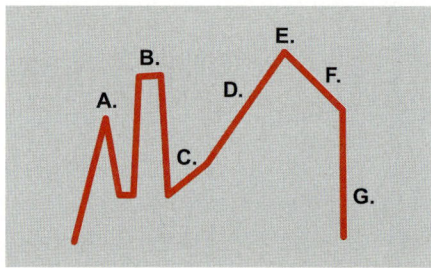

A. Vorstellung / Intro
B. Problemdarstellung
C. Marktanalyse
D. Strategie-Vorstellung
E. Ideen / Lösungspräsentation
F. Fazit
G. Entscheidungsphase

Ein dramaturgischer Spannungsbogen ist auch innerhalb einer Sequenz denkbar – und da befindet man sich wieder auf der Ebene des linearen Films.

➲ **Dramaturgisch geschickt aufgebaute Konstruktionen verfügen über einen großen Bogen, der das Gesamtthema „zusammenhält", sowie über mehrere kleine dramaturgische Einheiten.**

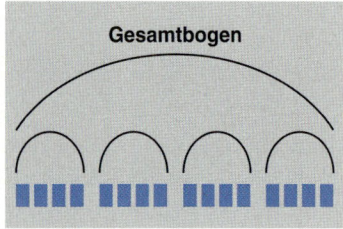

Durch die Interaktivität und die dadurch freie Auswahl der Sequenzen sollte sichergestellt sein, dass dem großen Spannungsbogen keine allzu gewichtige Bedeutung zukommt. Zu leicht könnte sonst das dramaturgische Gesamtziel verfälscht werden, wenn einzelne kleine dramaturgische Einheiten ausgelassen werden.

12.2.3 Montage

Die Verknüpfung zwischen Bild und Ton unter dramaturgischen Gesichtspunkten erzielt eine ganzheitlich wirkende Aussage.

Beim Medium Film und Video geschieht dies durch den Schnitt bzw. dem Editieren; in der Dia-AV durch dramaturgisch eingesetzte Überblendtechnik und im Bereich von Multimedia durch eine Vermischung dieser Techniken.

Die Art und Weise, wie diese Verknüpfung aufgebaut werden kann, wird „Montage" genannt.

➲ **Montage ist eine visuell gewordene Assoziation, die den einzelnen Medienelementen erst ihren endgültigen Sinn verleiht.**

Montage kann nach verschiedenen Ansätzen unterschieden werden:

Montage von Raum und Zeit:
Bei der erzählenden Montage wird der Inhalt einer Einstellung oder eines Bildes als Ursache des Inhalts der folgenden Einstellung bzw. Bilder verstanden und kontinuierlich und damit chronologisch verknüpft. Werden zwei oder mehrere ineinandergreifende Handlungsstränge dramaturgisch zu einem Auflösungspunkt zusammengeführt, spricht man von einer Parallelmontage.

Montage als Ideen-Assoziation:
Hier werden weniger die real abgebildeten Gegenstände miteinander montiert und in Beziehung ❶ gesetzt, sondern vielmehr die gedanklichen Assoziationen und Gefühle, die sie auslösen oder die Bedeutung, auf die die Bilder verweisen.

Montage als Formalprinzip:
Bei der formalen Montage werden nach ästhetischen Gesichtspunkten Objekte nach Form, Farbe und Bewegung verknüpft. Dabei liegen die Kriterien ausschließlich im optisch-graphischen Bereich.

❶ Bei dieser Montageart gibt es verschiedene dramaturgische Ansätze:
- **Assoziations-Montage**, bei der gedankliche Assoziationen und Gefühle miteinander in Beziehung gesetzt werden.
- **Ersatzmontage**, welche Augenblicke, die nicht gezeigt werden sollen, durch Ersatzbilder abdeckt. Zum Beispiel eine stehengebliebene Uhr für den Tod.
- **Metaphorische Montage**, die sich auf die Symbolkraft der Bildkombinationen stützt.

12.2.4 Umsetzung

Gedanklicher
Entwicklungsprozess:

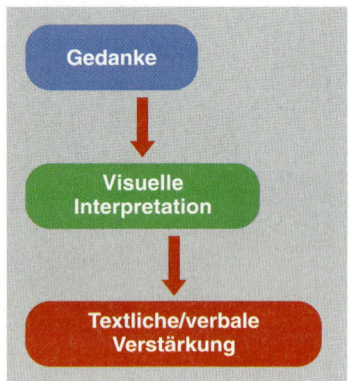

Die eigentliche Umsetzung der didaktischen und dramaturgischen Konzepte erfolgt hauptsächlich beim Prozess des Drehbuchschreibens. Dies setzt voraus, dass die grundsätzlichen Ideen in Form der Grobkonzeption bzw. des Treatments schon zu Papier gebracht worden sind. Wie setzt der Multimedia-Autor diese Ideen in einem Drehbuch um?

➲ Ein Drehbuch für eine Multimedia-Produktion wird für Zuschauer, Zuhörer und weniger für Leser verfasst. Literarische Rhetorik ist weniger gefragt, als ausdrucksstarke Bildersprache in Verbindung mit kurzen, prägnanten Text- und Sprachelementen.

Ein möglicher theoretischer Ansatz für diesen Denkprozess könnte folgendermaßen ausschauen:

1. Stufe
Zunächst formuliert man im Geist den Gedanken, den man mitteilen möchte.

2. Stufe
Man stellt sich eine Folge von Bildern zusammen, die diesen Gedanken veranschaulichen oder illustrieren. Dies können Realbilder, Filmsequenzen oder grafische Darstellungen sein.

3. Stufe
Dann schreibt man einen Teil des Text- bzw. Sprecherkommentars nieder.

Verständlichkeit

Der Anspruch auf verständliches Schreiben ist nicht neu. Schon seit den Anfängen des Films sind Ausdrucksweise und die Strukturierung und Größe der Inhaltseinheiten gegenüber der Literatur neu definiert worden.

Eine grundsätzliche Regel für Drehbuch-Autoren, die sowohl für Text als auch für Sprachpassagen gilt:

➲ Man muss in kurzen, klaren, einfach verständlichen Sätzen schreiben. Niemals sollte man lange oder komplizierte Sätze, ungewöhnliche Ausdrücke oder seltene Fremdwörter verwenden – auf keinen Fall einen verschachtelten Satzaufbau.

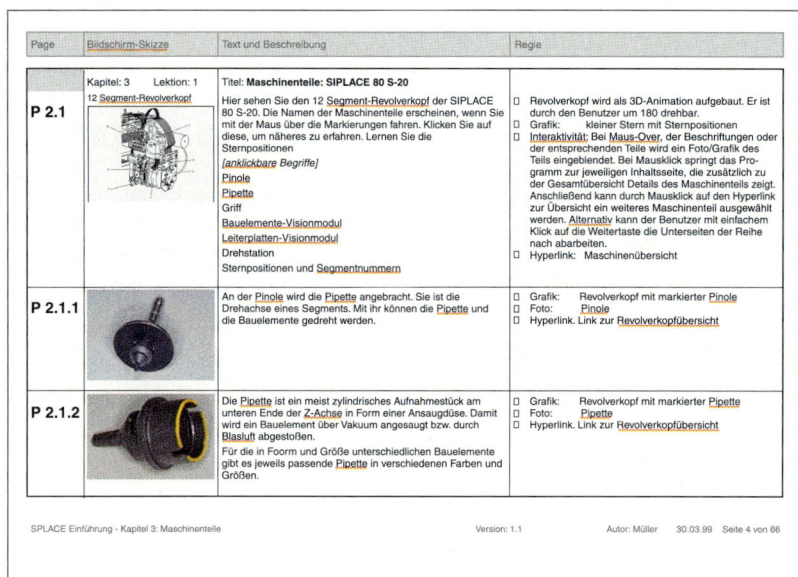

Beispiel einer Drehbuch-Seite eines technischen CBTs. Kurze und klare Sätze (siehe Textspalte) prägen dieses Medium (Quelle: Siemens AG)

Wenn man einen Text selbst ohne Schwierigkeiten laut lesen kann und wenn man den Text beim Anhören sofort versteht, dann wird ihn auch der Rezipient verstehen.

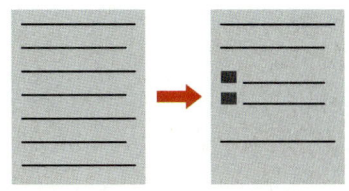

➲ **Schreibe wie Du sprichst!**

Entdeckt man dabei, dass manche Sätze schwer zu verstehen sind, dann sollte man sie umschreiben und in möglichst einfache Worte kleiden. Oft helfen dabei auch Merkmals- und Aufzählungsstrukturen:

Verben statt Substantive:
Substantivierungen sind zu vermeiden und durch Verben zu ersetzen.

In vielen Fällen sind Autoren besonders geneigt, auf knappem Platz zuviel an Informationen unterzubringen, indem sie aus Verben Substantive machen.
Ebenso sollten Passivsätze und Verneinungen vermieden werden.

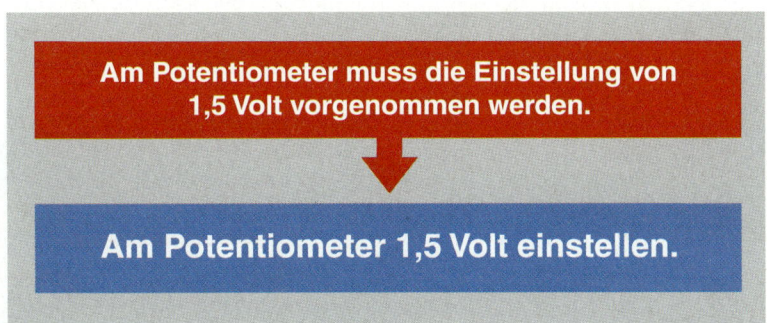

Richtiger Satzbau:
Lange Sätze sind in der Regel zu vermeiden – insbesondere komplizierte Schachtelsätze.

➲ **Wichtig ist, dass das für das Verständnis Wesentliche an den Anfang kommt.**

Mit etwas Mühe gelingt es immer, den Bandwurmsatz in mehrere selbstständige kurze Sätze aufzuspalten.

In Sequenzen denken:
Statt in einzelnen Absätzen sollte man in Sequenzen ❶ schreiben.

❶ Eine **Sequenz** ist ein Abschnitt des Drehbuches, in dem ein neues Thema textlich, verbal und visuell eingeführt und behandelt wird.

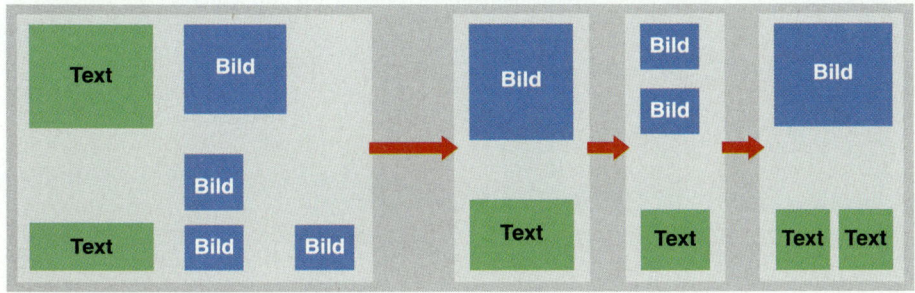

Anders als ein Absatz, der den Denkprozess eines Autors durch zunehmende Verdeutlichung eines allgemeinen Konzepts erkennbar macht, stellt eine Sequenz das Allgemeine und Besondere gleichzeitig dar.

Deshalb sollte der Verfasser eines Drehbuches in Sequenzen denken – in Einheiten von Texten und Bildern, die thematisch eine Einheit bilden.

In einer interaktiven Multimedia-Produktion kann die Aufeinanderfolge der Sequenzen, je nach Benutzereingabe (Interaktion) anders ausfallen.

Benutzereingabe A:

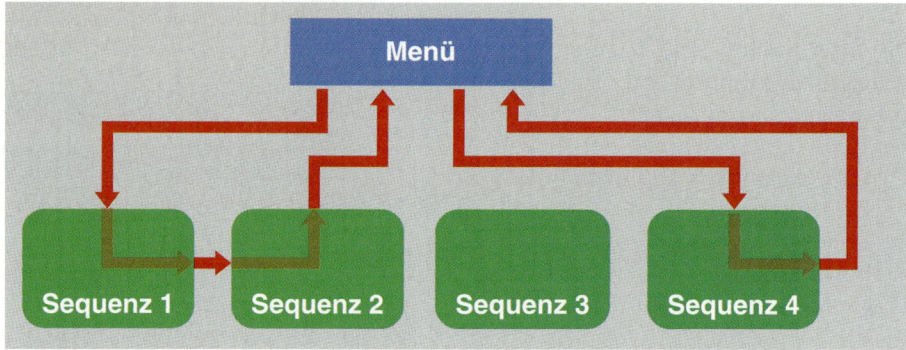

Hierbei durchläuft der Anwender zuerst Sequenz 1 und 2 und im Anschluss noch die 4. Sequenz.

Benutzereingabe B:

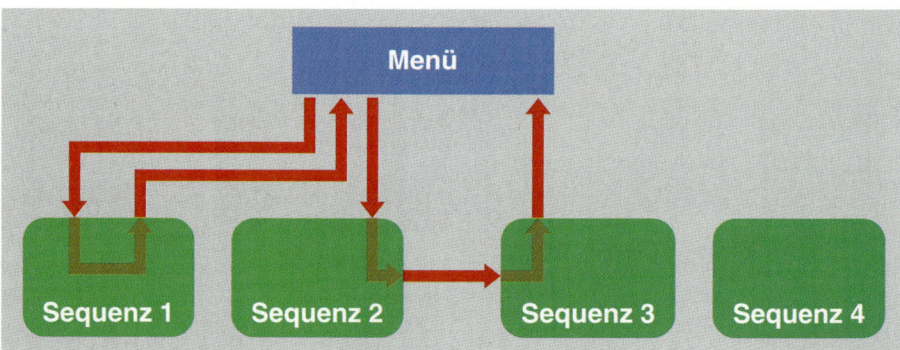

Bei diesem Beispiel unterbricht der Anwender die Bearbeitung der 1. Sequenz und setzt mit der 2. und 3. Sequenz fort.

Solche unterschiedlichen Bearbeitungswege setzen ein hohen Anspruch an einen ganzheitlich didaktisch und dramaturgischen Aufbau einer multimedialen Komposition.

12.3 Struktur

In dieser Lektion geht es um den strukturellen Aufbau von multimedialen Kompositionen. Anders als beim sequentiellen Aufbau der Bildelemente beim Medium Film und Video eröffnen sich bei interaktiven Medien eine Vielzahl von Möglichkeiten, wie Inhalte und Informationszugänge strukturiert werden können.

Welcher strukturelle Ansatz sinnvoll ist, hängt u. a. von der Art, dem Einsatz und der Zielgruppe, also dem Anwender, der Medienproduktion ab.

12.3.1 Strukturwahl

Um eine für den Zweck optimale Struktur zu finden, ist es sinnvoll, zunächst die unterschiedlichen Arten einer multimedialen Komposition zu klassifizieren. Bei der Unterscheidung nach der Klassifizierung, ob die Medien für einen **begrenzten Zeitraum** oder für **permanente Wiederverwendbarkeit** konzipiert worden sind, werden generell zwei Bereiche unterschieden:

- Multimedia-Systeme, die produziert und gleichzeitig konsumiert werden. Darunter fallen Videokonferenzen am PC, Online-Teaching, Multimedia-Mail etc.
- Multimedia-Systeme, die zeitversetzt produziert und konsumiert werden. Darunter fallen alle Multimedia-Produktionen, die sich immer wieder benutzen lassen. Das sind z. B. Lernprogramme, Präsentationsprogramme, Informationssysteme etc.

In den weiteren Betrachtungen bezüglich einer Multimedia-Produktion wird nur auf die zuletzt genannten Systeme eingegangen und diese aus praktischen Gründen folgendermaßen klassifiziert:

- **Informationssysteme**:
  Kiosk-Systeme, Kataloge, Online-Dokumentation,
  Lexika, Landkarten/Atlanten, Ausstellungs-Guide
- **Präsentationssysteme**:
  Produktvorstellungen, Firmenpräsentationen
- **Publikationen**:
  Fachmagazine, Multimedia-Zeitschriften
- **Lernsysteme**:
  Computer Based Training (CBT), Web Based Training
  (WBT)
- **Simulationssysteme**:
  Beratungssysteme für den Vertrieb, Kundendialog-Systeme

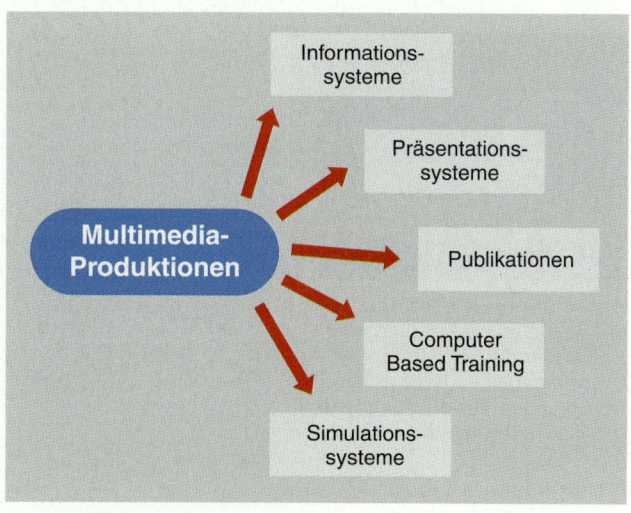

Natürlich sind noch weitere Produktarten im Rahmen von Multimedia denkbar, jedoch vom heutigen Standpunkt aus gesehen ist es sinnvoll, sich auf die oben genannten Produktarten zu beschränken. Schon im Rahmen des Grobkonzeptes macht sich das Produktionsteam Gedanken über die richtige Struktur des Multimedia-Programms.

Die grundsätzlichen Programmstrukturen werden über Metaphern ausgedrückt. Strukturelle Metapherszenarien verbildlichen die grundlegenden Bedingungen, nach denen die Informationsaufbereitung und Strukturierung des Lernprogramm-Ablaufes erfolgt. Ein Ablaufdiagramm, auch „Flowchart" genannt, veranschaulicht diese Metapher durch eine symbolorientierte Darstellung von zusammenhängenden Abläufen.

Grundsätzlich lassen sich diese Metaphern in drei verschiedene **Verknüpfungsmodelle**, auch „Flowdesign" genannt, unterteilen, die in der Praxis oft in Kombinationen auftreten:

CBT-Lernprogramme mit aufeinander aufbauenden Inhalten weisen oft eine Struktur nach der Leiter-Metapher auf, da der Anwender die Inhalte sequentiell durcharbeiten soll. (Beispiel: CBT für SIPLACE – Siemens AG)

- Leiter-Metapher
- Baum-Metapher
- Netzwerk-Metapher

12.3.2 Leiter-Metapher

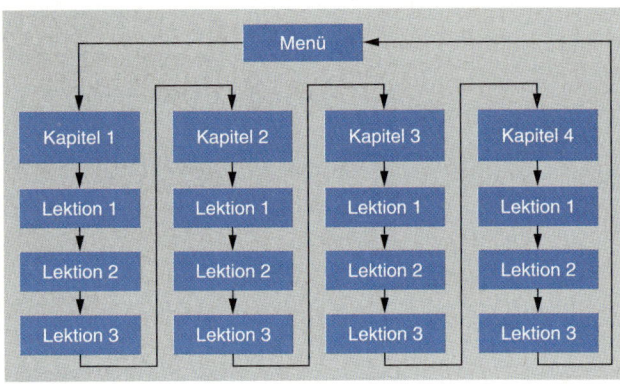

Ein einfaches Beispiel für die Leiter-Metapher ist die lineare Präsentation (z. B. mit dem Programm Microsoft Powerpoint). Auch für Lernprogramme, die aufeinander aufbauende Inhalte besitzen, eignet sich die Leiter-Metapher als Verknüpfungsmodell. Eine **lineare Abfolge** von aufeinanderfolgenden Informationseinheiten, bzw. Lernabschnitten, kennzeichnet diese Metapher. Diese Struktur bietet eine etwas eingeschränkte Interaktivität, die aber einige didaktische Vorteile für CBT-Programme mitbringt. Sie stellt am besten sicher, dass alle aufeinanderfolgenden Lernabschnitte dem Lerner automatisch angeboten werden und unterstützt so die beabsichtigten Lernziele.

12.3.3 Baum-Metapher

Präsentations- und Informations-Anwendungen sollen dem Anwender die größtmögliche Freiheit geben, sich die Inhalte anzuschauen, für die er sich interessiert. (Beispiel: Präsentation Audi TT – Audi)

Die Baum-Metapher gliedert die Informations- bzw. Lerneinheiten **hierarchisch** von oben nach unten. Von einem Hauptmenü gelangt man zu mehreren Untermenüs. Die Übersichtlichkeit kann je nach Menütiefe, d. h. wie viel Untermenüs werden verwendet, und je nach Menübreite, d. h. wie viel Untermenüs werden parallel angeboten, stark schwanken. Die betreffende Zielgruppe sollte hierbei als Kriterium für das „Flowdesign" herangezogen werden. Je weniger die Zielgruppe mit dem Medium vertraut ist, desto weniger sollte in die Menübreite strukturiert werden, sondern eher in die Menütiefe, bei der der Lerner mehr das Gefühl des Geführtwerdens hat.

Ist der Lerner mit dem Medium vertrauter, so erwartet er möglichst rasch, d. h. ohne über viele Menü-Auswahlschritte gehen zu müssen, den gewünschtem Lernstoff präsentiert zu bekommen.

Die Baum-Metapher erfordert im Gegensatz zur Leiter-Metapher eine höhere Gedächtnisleistung vom Lerner, damit er nicht die Orientierung verliert. Sie bietet aber den größten Freiheitsgrad bezüglich der Informationswahl in einem Lernprogramm.

Sie kann zusätzlich durch übergreifende Funktionen wie „Hilfe", „Drucken", „Exit", „Lexikon" oder Ähnliches ergänzt werden. Solche Sonderfunktionen können trotz Baumstruktur ebenenübergreifend von jeder Informationsseite aus zugänglich gemacht werden.

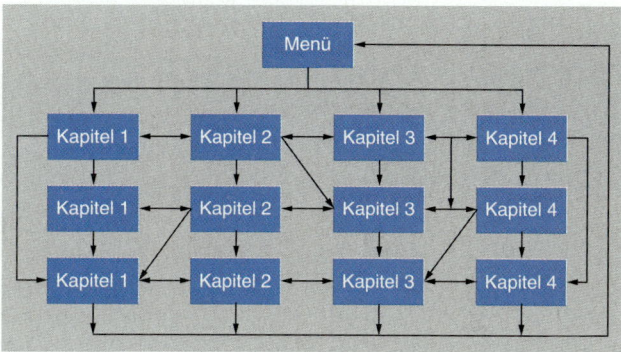

12.3.4 Netzwerk-Metapher

Die Netzwerk-Metapher eignet sich prinzipiell weniger als „Flowdesign" für CBT-Lernprogramme. Die Informationsverknüpfungen und Programmverzweigungen lassen zwar vielfältige Bearbeitungswege des Lerners zu, so dass sogar spontane Bewegungen in beinahe **alle Richtungen** möglich sind; eine Lenkung bzw. Führung des Lerners durch die Lernprogrammthematik ist bei dieser Struktur aber nur bedingt möglich. Die Gefahr, dass der Lerner die Orientierung im Programm verliert, ist ziemlich hoch und erfordert von ihm eine gewisse Disziplin bei der Auswahl und Inanspruchnahme der Informationsangebote.

Die Struktur der Netzwerk-Metapher trifft man vorwiegend bei Hypertext- und Hypermediasystemen an, die primär als Informationssystem konzipiert sind, da hierbei der Benutzer möglichst frei in einer Informationsvielfalt recherchieren soll.

Unter Hypertext versteht man sensitive Textbereiche (dargestellt durch eine Unterstreichung oder eine andere Textfarbe) auf der Bildschirmseite. Durch Klick auf diesen Bereich erfolgt eine Aktion, entweder das Einblenden eines Zusatztextes oder der Sprung (Hyperlink) zu einer anderen Seite.

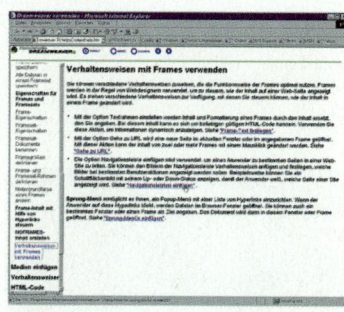

HTML-basierende Lernprogramme weisen oft starke Hypertext-Anteile auf. Damit ist ein schneller kontextbezogener Wechsel zwischen den Inhaltsteilen möglich. (Beispiel: Lernprogramm Dreamweaver – Macromedia).

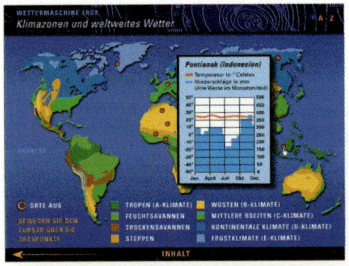

12.4 Interaktionen

In dieser Lektion geht es um die Interaktionen bei multimedialen Kompositionen. Interaktionen sind eine Form der Interaktivität. Die Interaktivität ermöglicht dem Anwender, sein Programm zu steuern, zu kontrollieren und Informationen auszuwählen. Je mehr Möglichkeiten der Anwender hat, in sein Programm einzugreifen und mit ihm zu kommunizieren, desto höher ist der Interaktivitätsgrad.

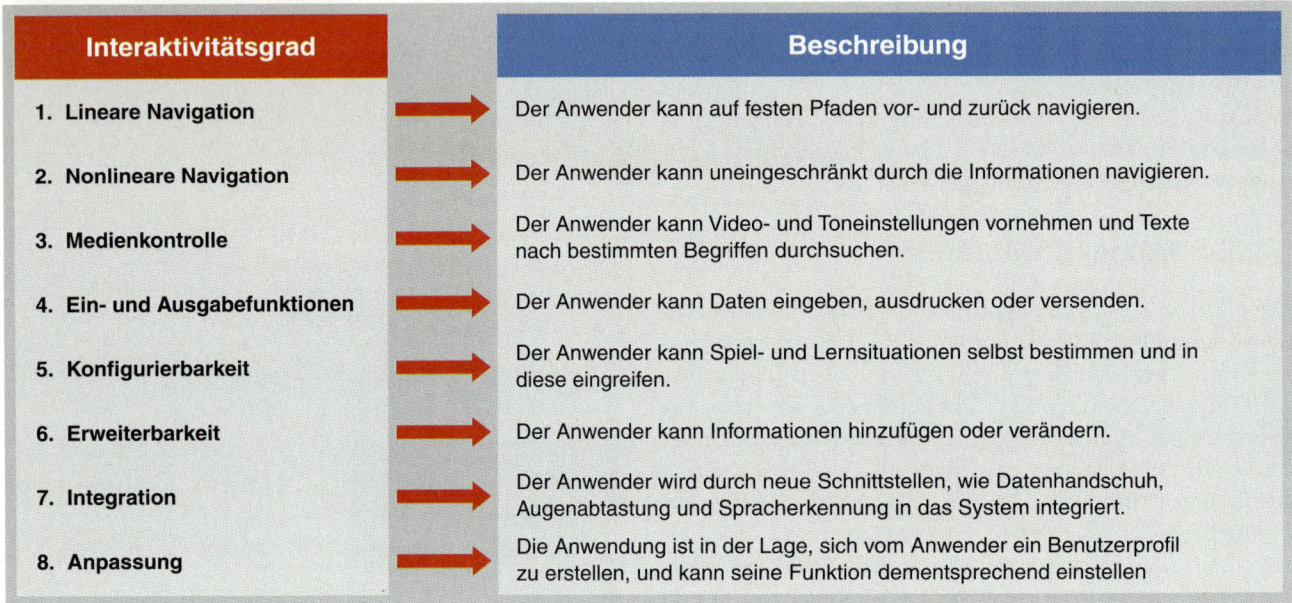

Interaktivitätsgrad	Beschreibung
1. Lineare Navigation	Der Anwender kann auf festen Pfaden vor- und zurück navigieren.
2. Nonlineare Navigation	Der Anwender kann uneingeschränkt durch die Informationen navigieren.
3. Medienkontrolle	Der Anwender kann Video- und Toneinstellungen vornehmen und Texte nach bestimmten Begriffen durchsuchen.
4. Ein- und Ausgabefunktionen	Der Anwender kann Daten eingeben, ausdrucken oder versenden.
5. Konfigurierbarkeit	Der Anwender kann Spiel- und Lernsituationen selbst bestimmen und in diese eingreifen.
6. Erweiterbarkeit	Der Anwender kann Informationen hinzufügen oder verändern.
7. Integration	Der Anwender wird durch neue Schnittstellen, wie Datenhandschuh, Augenabtastung und Spracherkennung in das System integriert.
8. Anpassung	Die Anwendung ist in der Lage, sich vom Anwender ein Benutzerprofil zu erstellen, und kann seine Funktion dementsprechend einstellen

Das Spektrum der Interaktivität zieht sich von einfachen Anwendungen mit linearer Navigation, über Informations- und Katalogsysteme mit Suchfunktionen und Möglichkeiten, Medien zu steuern, bis hin zu komplexen Lernanwendungen mit Auswertemöglichkeit von Benutzereingaben und der davon abhängigen Funktionalität.

⊃ **Das richtige Maß an Interaktivität, bezogen auf den Anwender und der Zielsetzung der multimedialen Komposition, entscheidet oft über die Akzeptanz des Mediums.**

Zuviel Interaktivität kann den Anwender leicht überfordern und führt zur Desorientierung in der Fülle aller angebotenen Informationen und Möglichkeiten. Der Begriff „Lost in Hyperspace" beschreibt den Zustand eines Anwenders, wenn er seinen Standpunkt und seine Herkunft in der Anwendung nicht mehr genau definieren kann. Der Begriff „Cognitive Overload" beschreibt die Situation des Anwenders, wenn er die Fülle der Informationen nicht mehr adäquat verarbeiten kann.

Interaktionen von einfachen Informationsabrufen bis zu Simulationen von Abläufen. (Beispiel: Das Wetter – Systhema Verlag GmbH).

Deshalb übernehmen die Elemente und Ausprägungen der Interaktionen eine sehr wichtige Rolle im Kommunikationsprozess und der Akzeptanz der interaktiven, multimedialen Kompositionen.

12.4.1 Dialog- und Benutzerführung

Aufgabe und Funktion

Damit der Benutzer die Inhalte einer multimedialen Anwendung erschließen kann, bedarf es einer sorgfältig überlegten Benutzerführung. Diese **Benutzerführung** erlaubt dem Benutzer, mit Hilfe von Zeichen, Symbolen und typografischen Elementen eine selbstständige Steuerung des Programms innerhalb der vorhandenen Struktur. Somit stellt sie die Schnittstelle zwischen Medium und Mensch dar. Ihre logische und ergonomische Gestaltung ist sehr entscheidend für eine Akzeptanz des Mediums bei der entsprechenden Zielgruppe. Dabei muss besondere Rücksicht auf die Fähigkeiten und Vorlieben der Zielgruppe genommen werden.

Ein ansprechendes und funktionales Design der Benutzerführung weist eine klare Trennung zwischen Inhalten und Navigationselementen auf.

Beispiel einer spielerischen Umsetzung einer Benutzeroberfläche. Themenspezifische Objekte als Metaphern stellen den Zugang zu den Inhalten dar. (Rüdiger Nehberg – SURVIVAL)

Beispiel einer symbolischen Umsetzung einer Benutzeroberfläche. Symbole stellen den Zugang zu den Inhalten dar. (fit for more – VITAL & aktiv)

➲ Die Benutzerführung sollte nicht Selbstzweck sein, sondern nur den Zugang zu den Inhalten ermöglichen.

Beispiel eines dem Thema angepassten Menüs (HOBBYTHEK – Betörende Parfüms).

Spielerischer Informationszugang mit Entdeckungscharakter (CLIMATE EFFECTS).

Für fast alle Anwendungsfälle gilt:

➲ **Eine Benutzerführung soll nicht nur gefallen, sondern sie muss auch funktionieren.**

Ob dies im Einzelfall zutrifft, kann man als Benutzer einer Anwendung auf jeder Seite an folgenden Kriterien messen:

• Sehe ich, wo ich mich in der Anwendung befinde?
• Ist zu erkennen, was ich alles auf dieser Seite tun kann?
• Wie geht es weiter im Programm?
• Sehe ich, wohin ich verzweigen kann?
• Ist es klar, von wo aus ich auf diese Seite gekommen bin?
• Gibt es eine Anzeige, wie viel Informationen ich noch zu erwarten habe?
• Ist es klar, wie ich das Programm verlassen kann?

❷ **Kiosksysteme** sind Informationsterminals, die z. B. auf Messen am Point of Information (POI) zum Abrufen von Produktinformationen eingesetzt werden.

Werden diese Kriterien erfüllt, so ist sichergestellt, dass der Benutzer seine Informationen schnell und problemlos findet und ein transparentes Bild der Anwendungsstruktur erhält. Dies ist besonders bei Informationsanwendungen ❶, wie Lernprogrammen und Kiosksystemen ❷, von Bedeutung. Je mehr Navigationsmöglichkeiten das Programm bietet, umso wichtiger wird der Aspekt der Orientierung innerhalb der Anwendung.

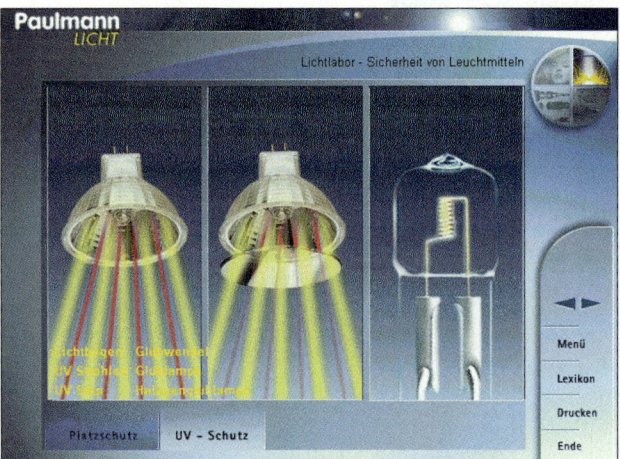

❶ Klar zu erkennende Elemente für die Navigation und Orientierung im Programm dienen der Benutzerführung (Beispiel: Paulmann LICHT – Multimedia CD-ROM).

❸ Eine codierte Benutzerführung nach dem Prinzip des Suchens und Entdeckens ergibt einen hohen Lern- und Unterhaltungseffekt (Beispiel: LIVING BOOKS – Der Hase und die Schildkröte).

Bei Anwendungen ❸, die eher auf einer spielerischen Umsetzung des Themas basieren, z. B. bei Spielen und Lernprogrammen für Kinder, gelten teils andere Regeln. Das bewusste Verstecken von Information und das damit verbundene Suchen und Entdecken kann dabei spaß- und lernorientiert eingesetzt werden.

Strukturelle Navigation

Die Navigationsmöglichkeiten eines Benutzers durch eine multimediale Anwendung können sehr vielfältig sein. Die zu Grunde gelegte Struktur der Anwendung bestimmt die **strukturelle Navigation** ❶. In einer Struktur nach der Leiter-Metapher wird der Benutzer sequentiell durch die Seiten geführt. Wird eine Struktur nach der Baum-Metapher verwendet, so erhält der Benutzer zum eingeschlagenen Weg immer mehr Verzweigungsmöglichkeiten und kann so immer tiefer in die Informationen eintauchen, von Hierarchiestufe zu Hierarchiestufe. Völlig freie Informationsverknüpfungen (Netzwerk-Metapher) und deren strukturelle Navigationen setzen beim Benutzer eine hohe Orientierungsfähigkeit innerhalb der Anwendung voraus. In der Regel entsprechen Anwendungen nicht nur einer Struktur, sondern weisen Mischformen auf, die nach inhaltlichen und didaktischen Erfordernissen kombiniert wurden. Der Zugriff erfolgt über **Strukturseiten** ❷ auf **Anwendungsseiten** ❸. Mischformen bieten auf Anwendungsseiten zusätzlich strukturelle Verzweigungen zu anderen Themen an.

❶ Unter **struktureller Navigation** versteht man den Pfad, auf dem der Benutzer sich durch die Information von Seite zu Seite bewegt. Von Menüs zu Anwendungsseiten und von Anwendungsseite zu Anwendungsseite.

❷ Strukturseite als Menü (Beispiel: Rechtschreibung 2000 – HEUREKA KLETT).

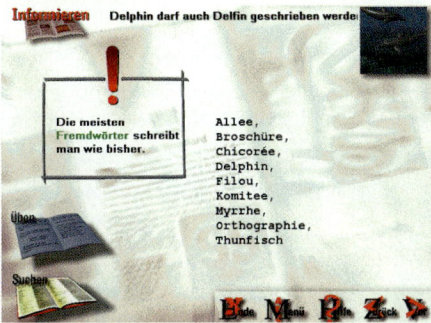

❸ Anwendungsseite als Mischform mit zusätzlicher Navigationsmöglichkeit auf andere Kapitel (Beispiel: Rechtschreibung 2000 – HEUREKA KLETT)

Über flache Hierarchien erreicht man einen schnellen Zugriff auf die Anwendungsseiten. Eine zu flache Hierarchie ❺ kann durch ihre Strukturbreite aber auch unübersichtlich wirken, da alle Anwendungsseiten über ein Menü angebunden sind. Strukturtiefe Anwendungen ❹ bieten viel Raum zur Strukturierung der Informationen. Der Benutzer benötigt jedoch mehrere Navigationsschritte, bis er auf der gewünschten Anwendungsseite ankommt.

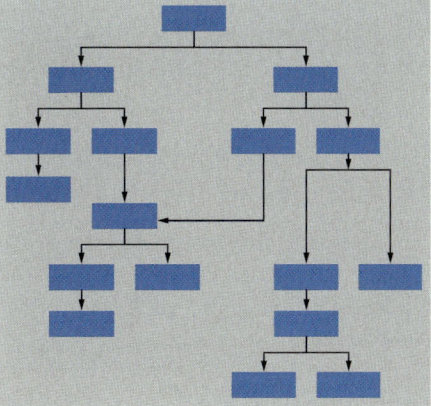

❹ Prinzipielles Flow-Chart einer strukturtiefen Anwendung

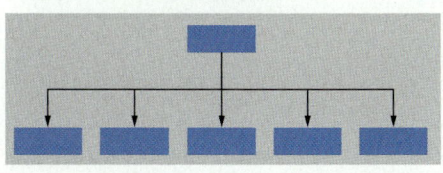

❺ Prinzipielles Flow-Chart einer strukturbreiten Anwendung

Inhaltliche Navigation

❶ Unter **inhaltlicher Navigation** versteht man das Aufrufen zusätzlicher Informationen auf einer Anwendungsseite, ohne diese Seite zu verlassen. Dies können zusätzliche Texte, Grafiken oder das Steuern von Bewegtbildern sein.

❷ **Roll-over-Funktionen**, auch Mouse-over-Funktion genannt, bezeichnen Aktionen, die durch die Position des Mauszeigers (Cursors) auf einem bestimmten aktiven Feld (Hot-Spot) ausgelöst werden. Bewegt der Mauszeiger sich aus dem aktiven Feld heraus, kann die Aktion beendet werden.

Aufruf zusätzlicher Medien, wie Videofilm und Ton, per Schaltfläche. Geschriebener Text wird multimedial vorgetragen (Beispiel: Language Trainer English – Bertelsmann).

❸ Überlagernde Objekte müssen „abklickbar" sein, entweder durch Anklicken des Objektes oder durch explizite Buttons, die eindeutig sind (Beispiel: MICROSOFT ENCARTA).

Im Gegensatz zur strukturellen Navigation zeichnet sich die **inhaltliche Navigation** ❶ durch Verknüpfung der Inhalte auf einer Anwendungsseite aus. Dabei werden themenbezogen zusätzliche Informationen auf die Seite gebracht oder Animationen und Videofilme bedient. Die Interaktionen können dabei durch **Roll-over-Funktionen** ❷, durch Anklicken von Elementen oder durch das Bedienen von Schaltflächen (Buttons) erfolgen.

Zusätzliche Bild- und Textinformationen per Roll-over-Funktion auf einer Anwendungsseite (Beispiel: Lebensraum Wälder – Bertelsmann).

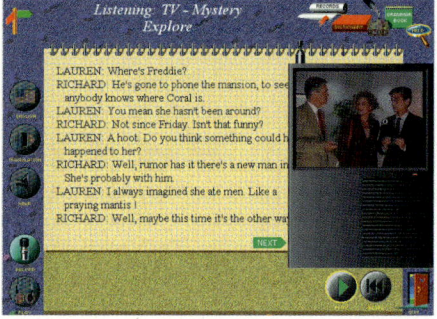 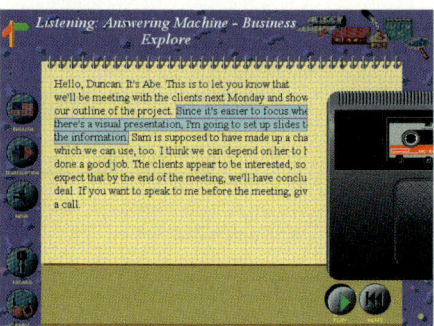

Für zusätzliche Elemente, die nicht per Roll-over aktiviert und deaktiviert werden, müssen zusätzliche Bedienfunktionen zum Deaktivieren ❸ vorgesehen werden.

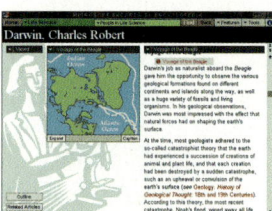 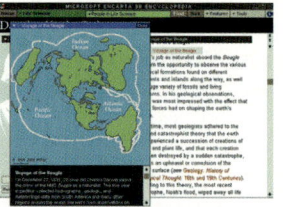 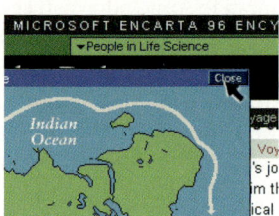

Bei informativ angelegten Multimedia-Anwendungen ist es wichtig, dass der Benutzer klar zwischen struktureller und inhaltlicher Navigation unterscheiden kann. Erwartet der Benutzer beim Drücken eines Buttons zusätzliche Informationen auf der Seite, so sollte er nicht durch den Sprung auf eine andere Seite enttäuscht werden. Eine klare Trennung kann durch ein eindeutiges visuelles Erscheinungsbild der aktiven Flächen bzw. Navigationselemente erreicht werden. Dieses Erscheinungsbild sollte in der gesamten Anwendung konsistent seine Verwendung finden.

Konsistente Benutzerführung

Die Auswahlsystematik und ihre visuelle Darstellungsformen für Navigationen und Interaktionen sollten innerhalb einer Anwendung konsistent verwendet werden. Alle Bedienungselemente müssen leicht nachvollziehbar und wiedererkennbar sein.

Alle aktiven Flächen und Elemente sollten als solche auch erkennbar sein. Dazu gehört auch die Änderung des Mauszeigers in ein anders Symbol, während er sich auf dem aktiven Feld befindet.

Eine Änderung des Mauszeigers weist den Benutzer auf ein aktives Element hin, welches durch Anklicken eine Aktion herbeiführt.

Auch eine graphische Veränderung des Elements beim Roll-over kann zur Signalisierung von aktiven Schaltflächen benutzt werden.

Eine graphische Veränderung von Objekten beim Roll-over deutet auf aktive Schaltflächen hin.

Zur Konsistenz in einer multimedialen Anwendung zählen ebenso einheitliche typographische Hervorhebungen bei besonderen Wertigkeiten der Textinhalte wie einheitliche farbige Markierungen bei graphischen Hinweisobjekten.

Technische Vorgaben durch die Hardware

Die visuelle Gestaltung einer Benutzerführung in multimedialen Anwendungen ist auch von den Ein- und Ausgabegeräten abhängig. Die Abspielkonfiguration, bestehend aus Hard- und Software, und der Einsatzort der Anwendung bestimmen die Ein- und Ausgabegeräte. Als Eingabegeräte kommen üblicherweise Tastatur, Maus oder Touchscreen zum Einsatz, als Ausgabegeräte Monitor, Videobeamer oder LCD-Bildschirm.

So müssen unter Anderem die aktiven Flächen, wie Navigationselemente etc., für eine Anwendung, die über einen Touchscreen-Monitor bedient werden soll, ausreichend groß gestaltet sein. Damit ist eine leichte Bedienbarkeit mit den Fingern gewährleistet.

Anwendungen für Touchscreen-Monitore müssen besonders gestaltet werden.

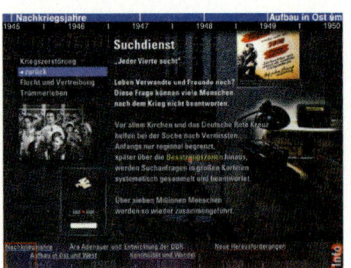

Navigation durch das Programm über einen Zeitstrahl (Beispiel: Chronik des 20. Jahrhunderts – Bertelsmann).

12.4.2 Navigationselemente

Gestaltung von Navigationselementen

Der Gestaltung von Navigationselementen für die Benutzerführung sind kaum Grenzen gesetzt. Von einfachen graphischen und typographischen Objekten bis zu aufwendigen Umsetzungen von thematischen Metaphern reicht die Bandbreite der Navigationselemente. Im Vordergrund steht dabei immer die Funktion. Das visuelle Erscheinungsbild sollte dem Benutzer ohne großen Interpretationsaufwand die Funktion signalisieren und ihn zur Benutzung der Elemente auffordern.

Eine zusätzliche Signalisierung des Zustandes, ob das Element aktiv ist oder nicht, wirkt einer Fehlbenutzung der Navigationselemente entgegen. Jede Schaltfläche (Button) kann dabei verschiedene Zustände einnehmen.

Mögliche Zustände der Schaltflächen sind:

- Button inaktiv ❶, d. h. die Schaltfläche kann nicht betätigt werden.
- Button aktiv ❷, d. h. die Schaltfläche kann betätigt werden.
- Button mit Roll-over ❸, d. h. die Maus befindet sich gerade über der Schaltfläche.
- Button gedrückt ❹, d. h. die Schaltfläche wird gerade mit der Maus betätigt.

Die Positionierung der Navigationselemente auf der Bildfläche sollte sehr sorgfältig vorgenommen werden. Zum Einen muss die Programmnavigation so klar ins Auge fallen, dass der Benutzer möglichst intuitiv die Bedienung vornehmen kann, und zum Anderen darf sie nicht die Wirkung der eigentlichen Inhalte der Anwendungsseite beeinträchtigen.

Oft werden die Bedienungselemente in Form einer Navigationsleiste am Bildschirmrand untergebracht. Dadurch erhält der Benutzer die Sicherheit, dass er die Navigationselemente immer an der gleichen Stelle aufgeräumt vorfindet. Gleichzeitig reserviert man sich eine im Programm immer gleich große Gestaltungsfläche für die Inhalte der Anwendung.

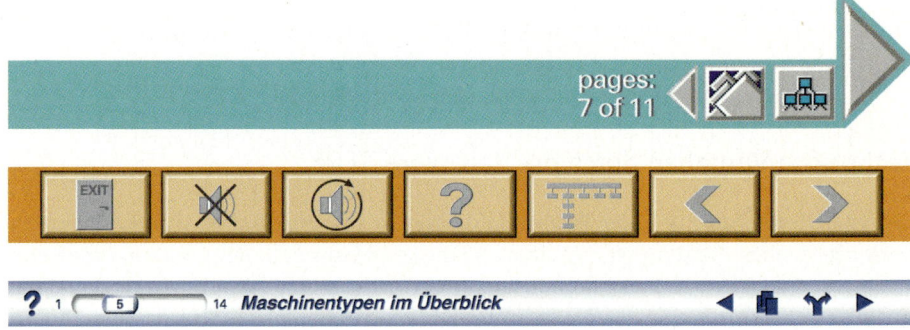

Ob die Funktion der einzelnen Elemente über Symbolik, über Text oder über eine Symbol-Text-Kombination dargestellt wird, ist nach den zu vermittelnden Inhalten auszurichten!

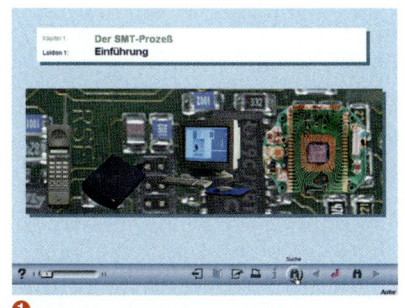

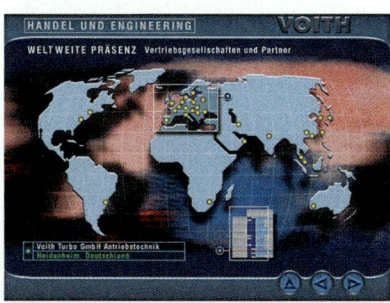

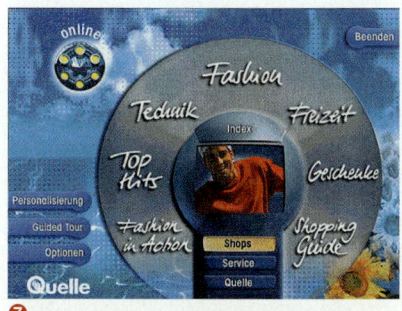

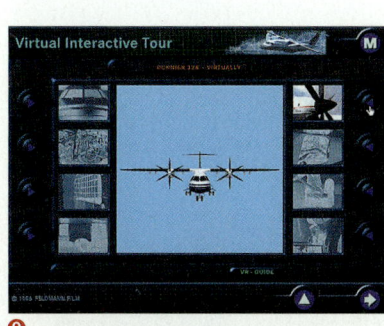

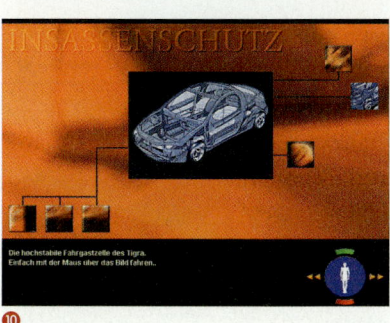
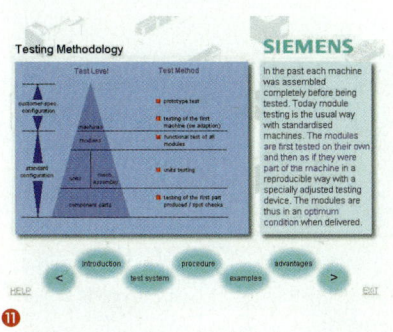
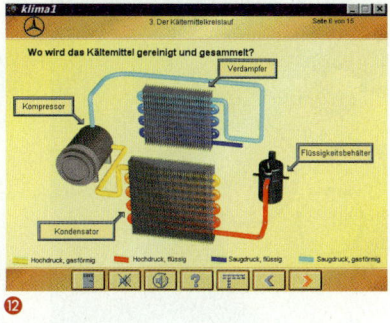

Verschiedenste Navigationselemente, jeweils harmonisch integriert in das Screendesign der jeweiligen multimedialen Anwendung. Beispiele: ❶ SIPLACE – Siemens AG, ❷ Mercedes-Benz C-Klasse – Mercedes-Benz AG, ❸ Deutsche Post AG / Siemens AG, ❹ Unternehmenspräsentation – Voith Turbo GmbH, ❺ Poroton-Ziegel - Schlagmann Baustoffe, ❻ Virtueller Messestand CeBIT 96 – Lüttgen & Scholt und Ministerium für Wirtschaft und Mittelstand, Technologie und Verkehr des Landes NRW, ❼ Easy Shopping per CD – Quelle Schickedanz AG, ❽ Wälder – Bertelsmann Lexikon Verlag GmbH, ❾ Do 328 – Dornier Luftfahrt GmbH, ❿ TIGRA – Opel, ⓫ Modulprüfung – Siemens AG, ⓬ Grundlagen der Klimatisierung – Mercedes-Benz AG.

Menüs

❶ Bei der Gestaltung von Menüs gilt, wie bei der Benutzerführung allgemein, der Leitsatz: „form follows function".

Zur Orientierung in einer Anwendung und als primärer Informationszugang werden in den Anwendungen spezielle Strukturseiten, sogenannte Menüs, verwendet. Bei der Gestaltung der Menüs sollte die Funktion ❶ den Vorrang haben.

Das heißt, der Benutzer soll sich schnell zurechtfinden, und dazu gehört, dass er die Struktur der Anwendung überblickt und schnell die Untereinheiten anwählen kann.

❷ **Pull-Down-Menüs** klappen bzw. rollen eine Auswahlliste aus einer Menü- oder Navigationsleiste heraus.

Menüs können mit Ziffern, Text, grafischen Elementen und Realbildern aufgebaut sein. Die Thematik der Anwendung und die Benutzer-Zielgruppe bestimmen die Wahl der Menüelemente und deren Gestaltung.

❸ Bei **Pop-up-Menüs** wird ein seperates Menüfenster auf den bestehenden Bildschirm gelegt.

Je nach Anwendung können auch Unterstrukturen dargestellt werden. Dies kann zum Beispiel über **Pull-down-Menüs** ❷, **Pop-up-Menüs** ❸ oder **Scrollbalken** ❹ erfolgen. Zusätzliche Vorschauinformationen, zum Beispiel kleine **Vorschaubilder** ❺, geben beim Anwählen (per Roll-over) einen kurzen Einblick in den anwählbaren Strukturpfad.

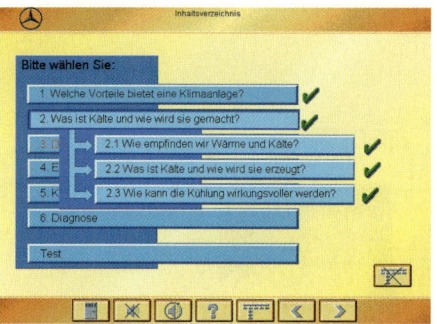

Mit Pull-down- und Pop-up-Menüs können viele Menüpunkte platzsparend gezeigt werden (Beipiel: CBT Klimaanlage – Daimler Chrysler).

Markierungen an den Menüpunkten zeigen Bearbeitungsstände oder, wo man sich befindet (Beispiel: ShopMill – Siemens AG)

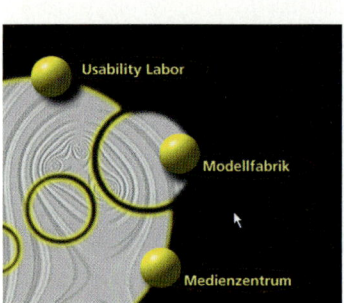

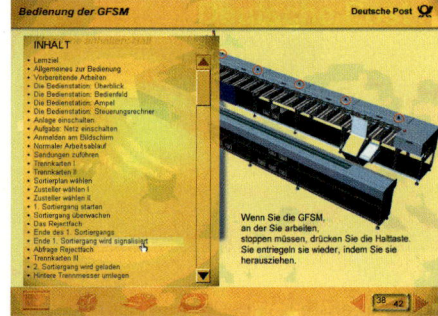

❺ Menü mit **Vorschaubildern** (Beispiel: Technologie Management – Fraunhofer Institut)

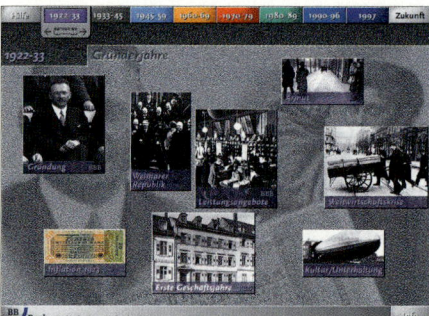

Zeitstrahl als Menüsystem (Beispiel: 75 Jahre Badische Beamtenbank)

❹ Schnelle Informationsanwahl bei flacher Hierarchie durch ein Pull-up-Menü mit **Scrollbalken** (Beispiel: GFSM – Siemens AG für Deutsche Post AG)

Metaphern

Für spezielle Themen bietet es sich an, Benutzerumgebungen in ganz besonderer Form zu gestalten.

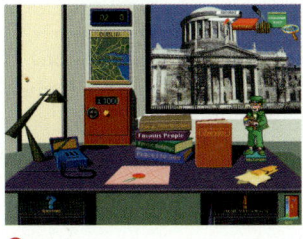
❶

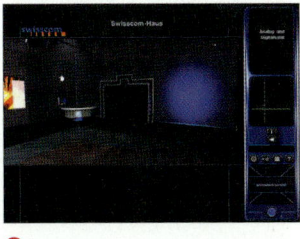
❷

❸

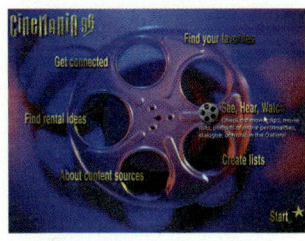
❹

Die Identifikation der Zielgruppe mit der Metapher und die spielerische Umsetzung steht bei der Gestaltung derartiger Menü-Umgebungen im Vordergrund. Der rein informative Überblick rückt dabei etwas in den Hintergrund, kann aber durch eine hohe Benutzerakzeptanz kompensiert werden.

❶ Language Trainer English – Bertelsmann
❷ Comcity – Swisscom AG
❸ Rüdiger Nehberg, Die Kunst zu überleben – Navigo Multimedia
❹ Cinemania 96 - Microsoft

Aufgaben und Übungen, Literaturhinweise

Aufgaben und Übungen

1. Didaktik: Wenden Sie die Instruktionsmethode an einem beliebigen Lernthema an. Gliedern Sie den gesamten Lernprozess mit Beispielen auf.
2. Dramaturgie: Suchen Sie einen Werbespot, der in Spielfilm-Manier aufgebaut ist. Skizzieren und analysieren Sie den dramaturgischen Aufbau.
3. Verständlichkeit: Nehmen Sie einen beschreibenden technischen Text aus einem Fachbuch und bereiten Sie ihn mediengerecht für ein CBT vor. Benutzen Sie Bildelemente, gliedern und strukturieren Sie den Inhalt des Textes in Sequenzen.
4. Struktur: Suchen Sie eine Multimedia-Anwendung, analysieren und skizzieren Sie die Struktur der Inhaltsseiten.
5. Interaktionen: Beschreiben Sie an Hand von Multimedia-Anwendungen verschiedene Interaktionsformen zur inhaltlichen und strukturellen Navigation.

Literaturhinweise

Clement, Ute; *Kräft*, Klaus: Lernen organisieren: Medien, Module, Konzepte, Berlin u. a. 2001 (Springer-Verlag)

Fröbisch, Dieter; *Lindner*, Holger; *Stetten*, Thomas: MultiMediaDesign, das Handbuch zur Gestaltung interaktiver Medien; Benutzerführung, Text, Bild, Sound & Grafik, München 1997 (Laterna Magica)

Holzinger, Andreas: Basiswissen Multimedia. 3 Bände. Bd. 1: Technik, Bd. 2: Lernen, Bd. 3: Design, Würzburg 2001 (Vogel-Verlag)

Thissen, Frank: Kompendium Screen-Design, Effektiv informieren und kommunizieren mit Multimedia, Berlin u. a. 2003 (Springer Verlag)

13 Internet

In diesem Kapitel dreht sich alles um das Thema Internet, dem weltumspannenden Medium. Es werden die Grundlagen für das Verständnis dieses Mediums vermittelt und praktische Anwendungsbeispiele vorgestellt.

Das Internet ist mittlerweile als Informationsmedium nicht mehr wegzudenken. Es hat den erfolgreichen Einzug in fast alle gesellschaftlichen Schichten und Themen gehalten. Das Internet hat nicht nur die Art des Nachrichtenaustauschs verändert, sondern ganz allgemein auch den Umgang mit Informationen. Die Präsenz „im Netz", dem Internet, ist selbstverständlich geworden. Die Angabe der Internetadresse hat teilweise schon einen höheren Stellenwert als die Postadresse erreicht. Fernsehsendungen veranstalten „Chats" während aktueller Sendungen. Bücher und Zeitschriften verweisen auf weiterführende Informationen im Internet. In Foren und Auktionshäusern im Internet treffen sich Tausende von Gleichgesinnten, fachsimpeln und handeln miteinander. Millionen von Internet-Nutzern tauschen untereinander E-Mails aus. In Sekunden können in einem gigantischen Informationspool Recherchen durchgeführt werden. Ganze Marktsegmente wickeln ein Großteil ihrer Geschäfte „online" ab. Und ein Ende dieses Veränderungsprozesses ist noch lange nicht abzusehen.

Im Jahr 2007 lag die Reichweite des Internets in Deutschland bei etwa 60% aller Bewohner. Und das mit steigender Tendenz.

Informationsportale im Internet, Diskussionsforen zum Erfahrungsaustausch, Enzyklopädien an denen jeder mitwirken kann und Weblogs zur gemeinsamen Diskussion sind typische Informationstechnologien, die das Internet von heute prägen. Beispiele von links nach rechts: 1. Portalseite Google; 2. Fotografie-Forum dforum; 3. Enzyklopädie Wikipedia; 4. Weblog Blogger.de.

Parallel zur ständig weiteren Verbreitung verändert sich das Medium Internet von einem reinen Abrufmedium zu einem pro-aktiven Interaktionsmedium. Die „neue Generation des Internets", das sogenannte Web 2.0, verändert mittels neuer Informationstechnologie, wie Wikis, Blogs und kollaborativer Softwareplattformen das Zusammenspiel sozialer Entwicklungen und technischer Elemente.

Ein großes Potential liegt auch in der automatisierten Verknüpfung der bestehenden Dienste und Angebote untereinander, um neue, umfangreiche Informations- und Kommunikationsangebote zu generieren.

13.1 Grundlagen

13.1.1 Definition Internet

Das Internet ist ein komplexes, sehr dynamisches Medium mit den verschiedensten Auswirkungen auf unser tägliches Leben. Es kann die hauptsächlichen Elemente der Kommunikation (Text, Bild, Sprache, Ton, Video) verwenden und über verschiedenste Interaktionsebenen zu einem Kommunikationsmedium verbinden. Im Internet gibt es eine Reihe verschiedener Anwendungen, sogenannter Dienste, wobei das WWW (World Wide Web) im Allgemeinen als „das Internet" bezeichnet wird.

Technisch ist es als riesiges Netzwerk zu verstehen, das verschiedene Technologien miteinander verbindet. Dabei kann es sich um komplette Datennetze oder auch einzelne Rechner oder Rechnersysteme handeln, die miteinander verbunden sind. Diese Systeme basieren auf unterschiedlicher Hardware und Software, die nur über weltweit allgemein gültige Standards ❶ miteinander in Verbindung treten können. Grundlage sind Protokolle, die einheitliche Standards für den Datenaustausch festlegen. Damit ist eine vom System unabhängige Kommunikation sichergestellt. Eine Besonderheit des Internets ist auch die netzförmige Verknüpfung aller Systeme, die bei Ausfall eines Teilsystems das Internet in seiner Funktion nicht beeinträchtigt.

Keine einzelne Firma oder Organisation betreibt das Internet, sondern das Internet ist eine Sammlung vieler individueller Netzwerke und Organisationen, die über einheitliche Standards und Protokolle miteinander kommunizieren, aber alle werden einzeln betrieben und finanziert. Zur Koordination steuern verschiedene Gruppen das Internet-Wachstum, in dem Standardisierungen vereinbart, Entwicklungen unterstützt und die Internet-Registrierung gepflegt werden. Die Verwaltung der Internet-Adressen übernimmt das InterNIC ❷. Die Internet Society (ISOC) veranstaltet Kongresse und unterstützt die Arbeit des Internet Activity Boards (IAB), welches sich mit dem Aufbau des Internets beschäftigt. Das World Wide Web Consortium (W3C) erstellt Standards für die Entwicklung des WWW. Die administrativen Aufgaben, wie Zugang, Nutzungsbeschränkung, Adressenbeschaffung etc., die den Nutzer des Internets betreffen, übernehmen die Dienstleister des Internets (Provider ❸).

13.1.2 Entstehungsgeschichte

Die Anfänge des Internets begannen schon im Jahre 1958. Zu dieser Zeit starteten die USA zahlreiche Forschungsprojekte, die nach der Überlegenheit in der Militärtechnologie strebten. Ausgelöst wurde dies auf Grund wissenschaftlicher Erfolge der damaligen Sowjetunion, die erfolgreich die Raumsonde „Sputnik" ins Weltall sandte, und der ständigen Bedrohung durch einen möglichen Atomkrieg. Die kalifornische RAND Corporation ❹ wurde damals beauftragt, ein Konzept für ein militärisches Netzwerk zu entwickeln, dass im Fall einer Notsituation Informationen jederzeit überregional zur Verfügung stellt und gleichzeitig als dezentrale Kommunikationsplattform dienen konnte. Dieses System sollte auch dann noch funktionsfähig bleiben, wenn ein Teil des Netzes zum Beispiel durch einen atomaren Militärschlag vernichtet werden würde. Aufbauend auf dieses Konzept entwickelte die Advanced Research Projects

Lexikalische Definition des Begriffs „Internet": „Weltweit zugängliches, unkontrolliertes und nicht zentral verwaltetes Datennetzwerk aus miteinander standardisiert verbundenen Computern."

❶ Unter **Standards** versteht man technische Empfehlungen, die von nationalen oder internationalen Gremien ausgegeben werden. Sie spezifizieren und verabreden technische Prozesse.

❷ **Network Information Center** mit seinen nationalen Ablegern, in Deutschland DENIC, registriert offiziell gemeldete Computer im Internet mit Name und Rechnernummer.

❸ Die **Provider** stellen dem Internet-Nutzer den Zugang zum Internet zur Verfügung. Dies können sowohl kommerzielle Onlinedienste, wie AOL, T-Online, als auch reine Dienstleister für den Internet-Zugang sein.

❹ Research And Development, eine 1948 gegründete, nichtkommerzielle Forschungseinrichtung der Vereinigten Staaten.

❶ Bei der **paketorientierten Datenübertragung** wird die Information in kleine Datenpakete aufgeteilt, die unabhängig voneinander und auch auf verschiedenen Wegen zum Zielort transportiert und dort wieder zusammengesetzt werden.

❷ Bei der **leitungsorientierten Datenübertragung** wird eine feste Leitung zwischen den Rechnern benutzt. Bei dieser Datenübertragung führten etwaige kurzzeitige Unterbrechungen des Datenflusses zum Zusammenbrechen der bestehenden Kommunikationsverbindung.

❸ USENET, ein Netzwerk, über das Newsgroups transportiert werden.

❹ BITNET (Because It's Time Network), ein auf IBM-kompatible Rechner basierendes Netzwerk, welches die akademische Welt miteinander verband.

❺ EUnet (European Unix Network), ein 1982 gegründetes europäisches Forschungsnetz.

❻ Der Name des Internet kommt von „Interconnected sets of networks".

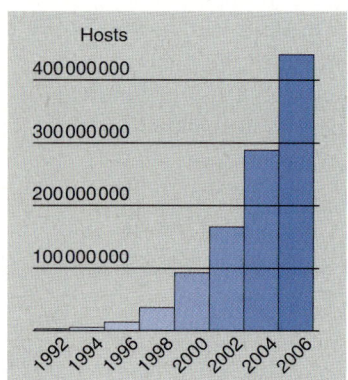

Agency (ARPA), eine Abteilung des US-amerikanischen Verteidigungsministeriums, die paketorientierte Datenübertragung ❶, welche die bis dahin übliche leitungsorientierte Datenübertragung ❷ ablöste. 1969 wurde von der ARPA das erste paketorientiert arbeitende Netz (ARPANET) mit dezentralen Netzknoten in Betrieb genommen. Bei diesem ersten überregionalem Netzwerk wurden zuerst vier Computersysteme – an der University of Utah, der University of Santa Barbara, der University in Los Angeles und dem Stanford Research Institute – miteinander verbunden. Drei Jahre später hatten sich 50 militärische und wissenschaftliche Institutionen an das ARPANET angeschlossen. Vorerst konnte ein Datenaustausch von Rechner zu Rechner über den FTP-Service (File Transfer Protocol) vorgenommen werden. Später kam für die angeschlossenen ARPANET-Teilnehmer mit der E-Mail (Electronic Mail) die elektronische Post zur direkten Kommunikation hinzu, dabei wurde das @-Zeichen für die Trennung von Name und Adresse eingeführt. Um an das ARPANET verschiedene andere paketorientierte Netze anschließen zu können und eine sichere Datenübertragung zu gewährleisten, schrieb 1974 der US-Amerikaner Robert Kahn das TCP/IP (Transmission Control Protocol/Internet Protocol), welches 1983 zum einheitlichen Protokoll auch im ARPANET wurde. In diesem Jahr schlossen sich weitere Netze an. Dazu gehörten das USENET ❸, das BITNET ❹ und das europäische EUnet ❺. Das damit entstandene „Netz der Netze" erhielt den Namen „Internet" ❻.

Durch den rasanten Zuwachs an angeschlossenen Rechnern und Angeboten bestand der Bedarf, die Namensgebung im Internet zu standardisieren. 1984 wurde das DNS (Domain Name System) vorgestellt, nach dem bis heute alle Rechner im Internet über Internet-Namen identifizierbar sind. Im Jahre 1986 spaltete sich das Netz in ein nicht-öffentliches, rein militärisches Netz (MILNET) und dem öffentlichen, forschungsorientierten ARPANET. Am Europäischen Forschungszentrum für Teilchenphysik CERN in Genf entstand 1990 das World Wide Web (WWW) auf Basis des neuen Internet-Protokolls HTTP (HyperText Transfer Protocol). Ziel des WWW war es, weltweit Dokumente mit eingebundenen Grafiken und Hypertextfunktionalität zur Verfügung zu stellen, die eine direkte Verknüpfung von Dokument zu Dokument erlauben. Im Jahre 1993 waren schon über 1,3 Millionen Nutzer im Internet. Die explosionsartige kommerzielle Nutzung des Internets wurde durch die Entwicklung benutzerfreundlicher Web-Browser für PCs und Macintosh vorangetrieben. 1994 entstanden die ersten Internet-Shops und 1995 waren die ersten Ton- und Filmsequenzen über das Internet abrufbar. Immer mehr Internetbasierte Dienste, welche die Internet-Wirtschaft geradezu beflügelten, kamen hinzu. Relativ kleine Internet-Firmen, wie Yahoo!, Intershop oder Amazon gingen an die Börse und schlugen in kurzer Zeit etablierte Großkonzerne in ihren Aktienwerten.

Der nahezu euphorisch umjubelte „Goldrush" vieler Internet-Firmen brach Mitte 2000 nach dem Platzen einiger hochspekulierter Aktienwerte zusammen. Manche Werte sanken regelrecht ins Bodenlose und verunsicherten viele spekulationsfreudige Anleger. Die Zeit der Konsolidierung im Internet-Business war angebrochen.
Die Anzahl der direkt im Internet erreichbaren Rechner, der sogenannten „Hosts" ❼ steigt stetig. Die Zahl der Hosts überschritt im Jahre 2006 die 400-Millionen-Grenze.

❼ Steigerung der erreichbaren Rechner im Netz.

13.1.3 Grundprinzip

Datenaustausch über TCP/IP

Der Informationsaustausch im Internet geschieht mit einheitlichen Verfahrens- und Ablaufvorschriften über viele Ebenen von Netzwerken, Computern und Kommunikationsverbindungen. Die wichtigsten Protokolle im Internet sind das Transmission Control Protocol (TCP) und das Internet Protocol (IP), kurz **TCP/IP** ❶ genannt. Zunächst werden die Informationen vom TCP in einzelne Pakete aufgeteilt. Mit Hilfe des IP werden diese Pakete an ihren Bestimmungsort gebracht und dort mit dem TCP wieder zusammengesetzt. Dabei können die Pakete, je nach Verkehrsaufkommen (traffic) auch unterschiedliche Pfade einschlagen. Unterwegs können die Informationen über verschiedenste Hardwarekomponenten, z. B. **Hubs** ❷, **Bridges** ❸, **Gateways** ❹, **Repeater** ❺ und **Router** ❻, transportiert werden, welche die unterschiedlichen Netze und Systeme miteinander verbinden.

❶ **TCP/IP** ist das Internet-Standard-Protokoll. Es besteht aus dem TCP, dem Protokoll für den paket-orientierten Datentransport, und dem für die Adressierung zuständigen IP.

❷ **Hubs** verbinden einzelne Computer zu Gruppen.

❸ **Bridges** verbinden örtliche Netzwerke miteinander. Sie lassen Daten für andere Netze passieren, lokale Daten halten sie zurück.

❹ **Gateways** verbinden unterschiedliche Netzwerke miteinander, in dem die Daten übersetzt werden.

❺ **Repeater** verstärken die Signale, um größere Entfernungen überbrücken zu können.

❻ **Router** verbinden Netze mit gleichen Protokollen und übernehmen die Datenpaketvermittlung im Internet. Sie geben die Datenpakete entsprechend der Zieladresse zum nächsten Router weiter.

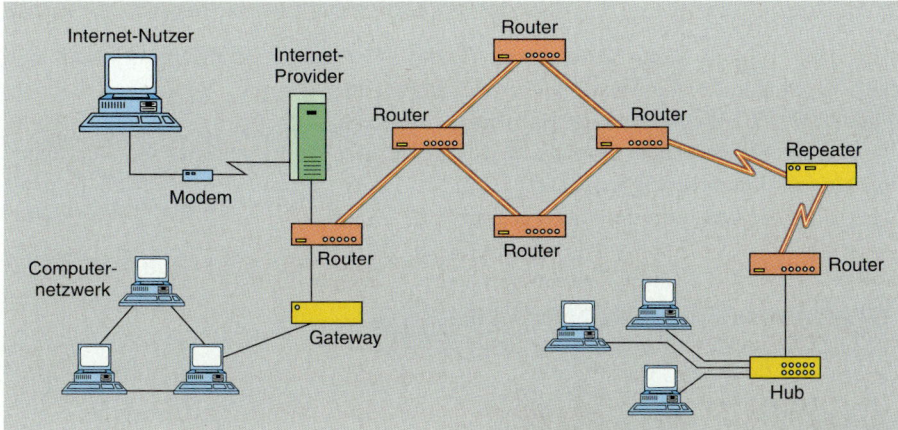

Damit die Datenpakete auch immer den richtigen Adressaten in dem komplexen Netzwerk erreichen, werden sie von Router zu Router auf dem schnellsten Wege weitergegeben. Sind sie dann entgültig beim Adressaten angekommen werden sie in der richtigen Reihenfolge zusammengesetzt und auf Vollständigkeit und Fehlerfreiheit geprüft. Fehlende oder fehlerhafte Datenpakete werden vom Sender nachgefordert. Zusätzlich zu den Protokollen des TCP/IP werden für die Internet-Dienste weitere Protokolle verwendet. Der gesamte komplexe Datenübertragungsprozess lässt sich in Form eines **Schichtenmodells** ❼ darstellen.

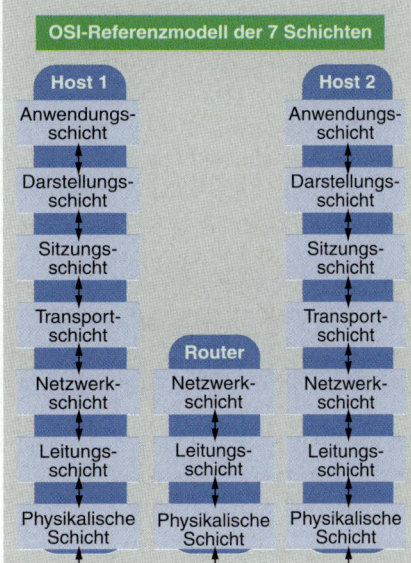

❼ Das **Schichtenmodell** nach dem OSI-Referenzmodell definiert 7 Schichten. Die reine Bitübertragung erfolgt in der untersten Schicht. Höhere Schichten kümmern sich um die fehlerfreie Datenübertragung und auf der obersten Schicht werden die plattformunabhängigen Internet-Dienste angeboten. Somit ist die eigentliche Anwendung von der Aufgabe des Datentransportes entkoppelt.

❶ Eine **IP-Adresse** nach unserem momentan verwendeten IP der Version IPv4 besteht aus 32 Bits. Da der IP-Adressraum jetzt schon knapp ist, wird parallel das IPv6 mit 128 Bits eingeführt.

❷ Die **Domain-Namen** können – sofern noch nicht belegt – weitgehend frei ausgesucht werden. In Deutschland ist dafür das Deutsche Network Information Center (DeNIC) für die Vergabe zuständig. Die Beantragung einer Domain kann auch über einen Internet-Provider erfolgen. Mittlerweile werden schon interessante Domain-Namen in verschiedenen Auktionen versteigert. Welche Namen von wem registriert sind, erfährt man über die WHOIS-Datenbank (www.whois-service.de).

.eu	Europa
.at	Österreich
.be	Belgien
.ch	Schweiz
.cz	Tschechische Republik
.de	Deutschland
.dk	Dänemark
.es	Spanien
.fi	Finnland
.fr	Frankreich
.is	Island
.it	Italien
.uk	Großbritannien
...	...

❸ Beispiele für geografische Top Level-Domains.

.com	Kommerzieller Anbieter
.edu	Bildungseinrichtung
.gov	Regierungsbehörde
.mil	Militäreinrichtung
.net	Netzanbieter / Provider
.int	Internationale Organisation
.mobi	Mobile Endgeräte
...	...

❹ Beispiele für Top Level-Domains nach Nutzergruppen.

Adressen im Internet

Damit auch immer die richtige Adresse im Internet gefunden werden kann, benutzt das Internet Protocol (IP) eine aus vier Zahlengruppen bestehende eindeutige **Internet-Adresse** (IP-Adresse) ❶. Sie besteht aus einer Zahlenfolge mit vier Nummernblöcken, die durch Punkte voneinander getrennt sind, z. B. „132.51.131.71". Jeder dieser vier Zahlen kann Werte von 0 bis 255 annehmen. Da diese Zahlengruppen schlecht zu merken sind, wurde das Domain-Name-System (DNS) entwickelt. Dieses System gibt jedem Computer im Internet einen **Domain-Namen** ❷ (Host-Namen) mit leicht verständlichen Wörtern und Buchstaben. Jeder Domain-Name ist einer eindeutigen IP-Adresse zugeordnet. Spezielle „Name-Server" führen Listen der Domain-Namen und vermitteln zwischen IP- und Domain-Adresse.

Beispiel: IP-Adresse 139.18.1.11 ⟷ Domain-Name www.ub.uni-leipzig.de

Nach dem Domain-Name-System sind Domain-Namen hierarchisch aufgebaut und durch die einzelnen Ebenen durch Punkte voneinander getrennt. Beginnend mit dem Rechnernamen, über eventuelle Sub-Domains (Rechnergruppen), der Domain und zum Schluss die Top Level-Domain, wird der Domain-Name gebildet. Die Top Level-Domains sind entweder geografisch ❸ nach Ländern organisiert oder nach Zugehörigkeit zu einer bestimmten Nutzergruppe ❹.

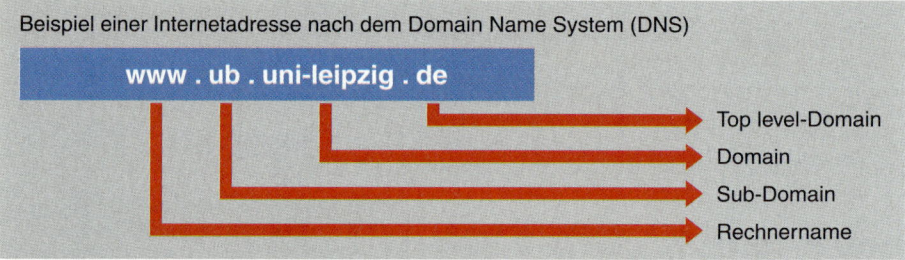

Beispiel einer Internetadresse nach dem Domain Name System (DNS)

www . ub . uni-leipzig . de

Top level-Domain
Domain
Sub-Domain
Rechnername

Die Second Level-Domain (oder einfach Domain genannt) wird über DeNIC vergeben. Die Sub-Domain und den Rechnernamen vergibt der Systemadministrator des jeweiligen Rechners. So hat auch jedes Dokument, auf das im Internet zugegriffen werden kann, seine eigene Adresse, die sogenannte **URL** (Uniform Resource Locator).

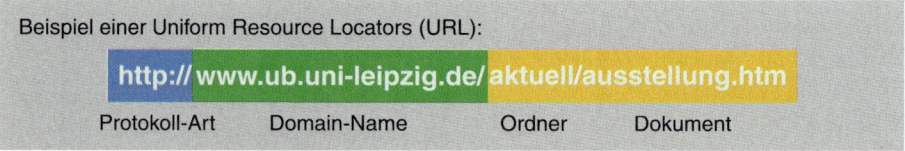

Beispiel einer Uniform Resource Locators (URL):

http:// www.ub.uni-leipzig.de/ aktuell/ausstellung.htm

Protokoll-Art   Domain-Name   Ordner   Dokument

Bei einer URL wird zusätzlich das notwendige Protokoll angegeben, welches zum Lesen des Dokumentes benötigt wird. Im WWW werden hauptsächlich Daten im **HTTP** (Hypertext Transfer Protokoll) ausgetauscht. Aber auch **FTP** (File Transfer Protokoll) zum Datei-Transfer wird im **WWW** verwendet. Das eigentliche Dokument wird dann über den Pfad (Ordner und evtl. Unterordner) und dem Dokumentennamen gefunden.

13.2 Dienste im Internet

Im Internet kommen verschiedene Anwendungen, sogenannte Dienste, zum Einsatz. Alle Dienste basieren auf dem Client-Server-Prinzip, das heißt, ein Rechner (der sogenannte Server) stellt eine Dienstleistung im Internet zur Verfügung, die von anderen Rechnern (den sogenannten Clients) in Anspruch genommen werden können.

13.2.1 World Wide Web

Das World Wide Web (WWW) wird im Allgemeinen als „das Internet" bezeichnet, da hier die meisten Online-Aktivitäten, im Volksmund auch gerne „Surfen" genannt, ablaufen. Das WWW ist der momentan spannendste, innovativste und am schnellsten wachsende Teil des Internets. Es ist als global vernetztes gigantisches Informationssystem zu verstehen, wie auch schon durch die Bezeichnung „Web" (engl. = Spinnennetz) zu erkennen ist. Das WWW arbeitet mit dem Hypertext Transfer Protocol (HTTP) und erlaubt die weltweite Verknüpfung von Hypertext-Dokumenten. Zur Anzeige der Dokumente wird ein sogenannter **Browser** ❶ verwendet. Da dies der meistgenutzte Internet-Dienst ist, wird in der nächsten Lektion dieses Kapitels die Funktionsweise des WWW noch genauer behandelt.

❶ **Browser** kommt vom englischen Wort „to browse", was soviel bedeutet wie das flüchtige Durchblättern eines Buches.

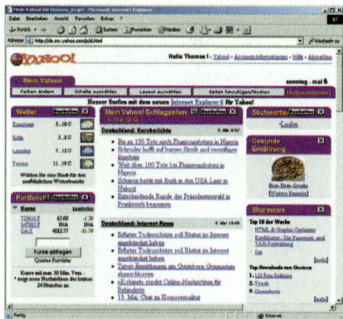

Beispiel eines Browsers: Der Internet Explorer von Microsoft.

13.2.2 E-Mail

E-Mail, aus dem englischen Begriff „Electronic Mail" abgeleitet, ist die elektronische Post im Internet. Jeden Tag verschicken und empfangen Millionen Internet-Nutzer E-Mails zum schnellen Informationsaustausch. E-Mail arbeitet zeitversetzt, das heißt, die Sender und Empfänger müssen nicht gleichzeitig im Internet anwesend sein. Der E-Mail-Versand erfolgt nicht direkt von Computer zu Computer, sondern über sogenannte Mail-Server, an denen sich die Benutzer mit einer **E-Mail-Software** ❷ anmelden und E-Mails zum Versand abgeben bzw. erhaltene E-Mails abrufen. Der Mail-Server übernimmt die Aufgabe eines Postamtes mit individuellen Postfächern. Für den Transport der E-Mails werden mehrere Protokolle verwendet. Das Senden der E-Mail vom Mail-Client zum Mail-Server übernimmt das seit 1982 eingeführte SMPT-Protokoll (Simple Mail Transfer Protocol). **SMPT** ist ein einfach gehaltenes Protokoll, das einige Probleme und Risiken mit sich bringt: SMPT kann nur ungeschützte Textnachrichten übertragen und erfordert vom Mail-Server eine ständige Empfangsbereitschaft. Da man dies für das Empfangen von Mails mit dem Mail-Client nicht voraussetzen kann, kommt für das Abholen der Mails vom Mail-Server das weit verbreitete **POP3** (Post Office Protocol) oder das **IMAP4** (Internet Message Access Protocol) zum Einsatz. Das IMAP4 bietet für den mobilen Internet-Benutzer mehr Flexibilität, da er zum Beispiel Eingangspost auf dem Mail-Server lagern kann. So kann von unterschiedlichen Orten mit mehreren unabhängigen PCs auf das gleiche Postfach zugegriffen werden. Der eigentliche Datenaustausch von Mail-Server zu Mail-

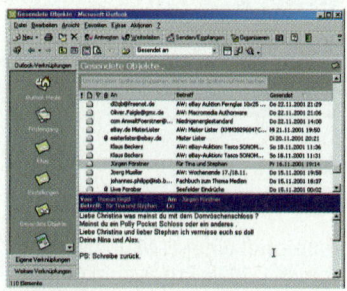

❷ Die **E-Mail-Software**, auch Mail-Client genannt, ist für den E-Mail-Benutzer die Kommunikationszentrale auf dem PC. Damit werden Nachrichten vom Mail-Server auf den eigenen Computer geholt. Anschließend können die Nachrichten gelesen, gespeichert, gelöscht oder beantwortet werden. (Beispiel: Microsoft Outlook)

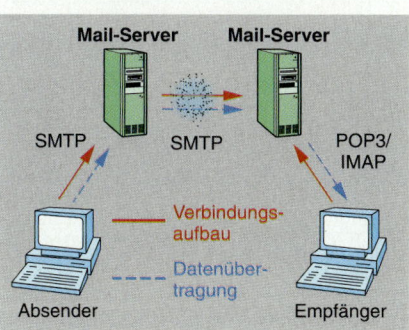

Server erfolgt meist in wenigen Sekunden. Wie lange die E-Mail wirklich unterwegs ist, hängt von der Distanz, den Router-Verbindungen und der Netzauslastung ab.

E-Mails mit Anhang

Mit E-Mails können nicht nur Nachrichten in Form von Text verschickt werden, sondern auch Bilder, Grafiken, Sound-Dateien und andere binäre Daten, z. B. Programm-Dateien. Da das SMPT-Protokoll nur reine Textnachrichten mit den Zeichen des amerikanischen 7-Bit-ASCII-Standards ❶ übertragen kann, haben sich die Mehrzweck-Erweiterungen MIME (Multi Purpose Mail Extensions) durchgesetzt. Durch MIME können in E-Mails beliebige Sonderzeichen verwendet und binäre Daten können als sogenannte Anhänge (Attachments) mitgeschickt werden. Für den Transport im Internet werden die binären Daten mit dem Mail-Client in den ASCII-Code ❷ umgewandelt und müssen beim Empfänger wieder in binäre Daten rückgewandelt werden. Die meisten Mail-Clients erlauben dem Sender, die Mails entweder als reine Textnachrichten (ASCII), als HTML-Datei, oder sogar in einem proprietären Format ❸, wie z. B. dem Microsoft Outlook-Rich-Text-Format, zu verschicken. In proprietären Formaten oder im HTML-Format lassen sich Textinformationen durch Gestaltungselemente, wie Farbe, Schriftformatierungen, Verknüpfungen und sogar integrierte Bilder aufwerten. Doch Vorsicht: Es gibt keine Gewähr dafür, dass diese Formatierungen beim Adressaten auch wirklich ankommen.

Aufbau der E-Mail

Eine E-Mail ❹ besteht immer aus dem E-Mail-Kopf (E-Mail-Header) und der Textnachricht (Body). Eventuell kann eine elektronische Unterschrift (Signatur) am Ende der Textnachricht integriert und zusätzliche Dateien angehängt werden. Der E-Mail-Header besteht hauptsächlich aus der Adresszeile mit der E-Mail-Adresse des Empfängers (An- oder To-Zeile), den möglichen Empfängern einer Kopie (CC-Zeile, auch Carbon Copy genannt), der E-Mail-Adresse des Senders, dem Datum und der Betreff-Zeile (Subject).

E-Mail-Adresse

Eine E-Mail-Adresse ist im Internet die Post-Adresse des Benutzers. Nur, dass im Internet ein Benutzer auch über mehrere E-Mail-Adressen verfügen kann und dass über die E-Mail-Adresse nicht auf den eigentlichen Wohnort und Namen des Benutzers zu schließen ist. Sie ist prinzipiell nach dem Muster IhrName@IhrProvider.de aufgebaut. Das „@"-Zeichen trennt dabei den persönlichen, selbstdefinierten Namen vom Namen des Internet Service Providers ❺, der das E-Mail-Konto und den Mail-Server anbietet und der Top Level-Domain. Auch E-Mail-Adressen mit eigener Domain ❻ sind möglich. Einige Provider bieten webbasierte E-Mail-Konten an, die über den Browser bedient werden. Anbieter kostenloser E-Mail-Konten sind z. B. MSN Hotmail, Yahoo!, GMX und FreeMail.

❶ **ASCII** (American Standard Code for Information Interchange) ist der Standard für den Austausch von Texten. Dabei steht für jedes Zeichen ein Zahlencode.

❷ Die Umwandlung der binären Dateien erfolgt innerhalb von **MIME** z. B. mit der Base64-Codierung. Alternativ wird auch die UUEncode-Kodierung verwendet. Beide Seiten, Sender und Empfänger, müssen über die gleichen Verfahren verfügen, sonst können die Datei-Anhänge nicht gelesen werden.

❸ Proprietäre Formate sind nicht offiziell standardisierte Formate, die jedoch auf Grund der starken Verbreitung eines Software-Produktes sehr oft verfügbar sind. Werden solche Formate vorwiegend eingesetzt, spricht man von einem „Quasi-Standard".

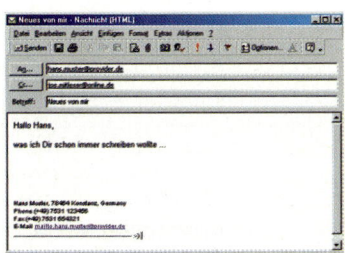

❹ Beispiel einer E-Mail, geschrieben im E-Mail-Programm Microsoft Outlook.

❺ Beispiel einer E-Mail-Adresse über den Internet-Provider T-Online: HansMuster@t-online.de.

❻ Beispiel einer E-Mail-Adresse mit eigenem Domain-Namen: thomas@foerstner-kegel.de

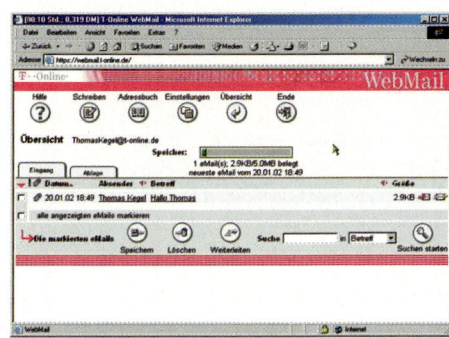

Einige Provider bieten auch ein webbasiertes Interface für das Email-Konto an.

Mit der weiten Verbreitung des E-Mail-Dienstes steigt auch das Problem der Werbe-E-Mails. Dies sind in der Regel Werbesendungen von Firmen, von denen man häufig noch nie etwas gehört hat. Diese unerwünschten Nachrichten werden als **Spam** ❶ oder **Junk-Mail** bezeichnet. Die Versender derartiger Mails kaufen E-Mail-Adressen oder erstellen E-Mail-Listen über Roboter-Software, die z. B. Newsgroups nach E-Mail-Adressen durchsuchen. Um den eigentlichen Sender zu verbergen, sind die Sender-Adressen oft verfälscht und bieten keine Möglichkeit der Streichung von der entsprechenden Spam-Liste. Um sich dennoch vor der Überflutung von Spam-Mails zu schützen, gibt es entweder beim E-Mail-Provider oder in der verwendeten E-Mail-Software Spam-Filter, die derartige Werbe-Mails blockieren. Leider bedienen sich die Versender der Spam-Mails immer mehr der Methode der Verfälschung des Adressen-Headers und können deshalb nicht immer ausgefiltert werden. Mittlerweile gibt es eine Reihe von Gesetzesvorschlägen, die Spam-Mails regulieren bzw. verbieten wollen.

❶ Die Bezeichnung **Spam** stammt ursprünglich von einem Monty-Python-Sketch, bei dem mit jedem Gericht das Spam-Frühstücksfleisch (Abkürzung für Spice and Ham) serviert wurde.

Newsletter

Im Gegensatz zu unerwünschten Werbe-Mails können über sogenannte **Newsletter** neue Informationen als regelmäßig versendete E-Mails abonniert werden. Firmen und professionelle Redaktionen geben Newsletter heraus, um über Aktionen, neue Produkte oder sonstige Neuigkeiten zu informieren. Es gibt kostenlosen und kostenpflichtigen Bezug von Newslettern. Die Bestellung erfolgt in der Regel über die Homepage des Herausgebers.

 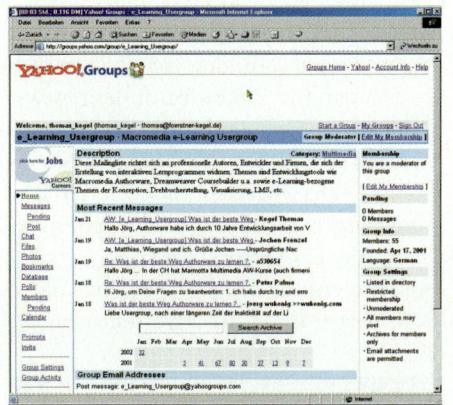

Über Mailinglisten werden Diskussionen geführt und neue Informationen per E-Mails verbreitet.

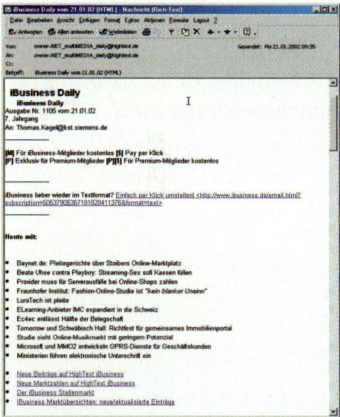

Beispiel einer E-Mail als Newsletter (iBusiness Daily – Hightext-Verlag)

Mailinglisten

Anders als bei Newslettern, bei denen nur ein Sender die Informationen verschickt und viele diese empfangen können, erfolgt die Kommunikation bei sogenannten **Mailinglisten** öffentlich, das heißt, jeder kann Informationen verbreiten. Die einzelnen Beiträge werden von den Teilnehmern an die Mailingliste geschickt und dann automatisch als E-Mail den anderen Abonnenten zugeschickt ❷. Bei moderierten Mailinglisten werden die Beiträge von einem Moderator daraufhin untersucht, ob dieser Beitrag zum Mailinglisten-Thema gehört und von allgemeinem Interesse ist. Mailinglisten werden vorwiegend als Medium zur Diskussion und zum Informationsaustausch innerhalb einer überschaubaren Interessensgruppe eingesetzt.

❷ Sehr aktive Mailinglisten erreichen problemlos 50 oder mehr Beiträge am Tag. Solche E-Mail-Mengen sind üblicherweise nur noch mit entsprechenden Mail-Eingangsassistenten zu bewältigen.

13.2.3 Newsgroups

❶ Das USENET wurde 1979 an der Universität von Duke in North Carolina entwickelt und integrierte 1983 in das Internet.

❷ Das Absenden eines Beitrages wird im News-Jargon „Posting" genannt.

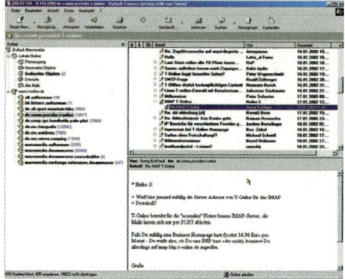

❸ Ein News Reader ist die Client-Software, mit der Newsgroups-Teilnehmer mit einem News Server in Verbindung tritt. Bei Internet-Browsern gehört ein News Reader zum festen Bestandteil.

Eine weitere Möglichkeit, über das Internet Informationen auszutauschen und Diskussionen zu führen, bietet das USENET ❶. Dieser News-Dienst, dessen Diskussionsforen **Newsgroups** genannt werden, ist als ein globales „Schwarzes Brett" zu verstehen. Das Prinzip ist einfach: Ein Teilnehmer stellt ein Frage oder veröffentlicht seine Meinung ❷ in einem der Diskussionsforen. Die anderen Teilnehmer können diese Nachricht lesen und ihrerseits darauf antworten. Newsgroups sind vergleichbar mit Mailinglisten, nur dass die Nachrichten nicht über E-Mails verteilt, sondern auf sogenannten News Servern gespeichert werden. Der Newsgroups-Teilnehmer tritt mit Hilfe eines **News Readers** ❸ mit einem News Server in Verbindung. Dabei reicht es meistens, nur mit einem News Server Kontakt aufzunehmen, da die News Server untereinander in Verbindung stehen und in regelmäßigen Abständen die Diskussionsbeiträge über das NNTP-Protokoll (Network News Transfer Protocol) untereinander austauschen. Im USENET sind die mehr als 10 000 Diskussionsforen nach Themen hierarchisch gegliedert. Die Struktur beginnt von links nach rechts mit der Hauptkategorie ❹ und geht über mehrere Unterkategorien bis hin zum Forumthema. Ein kompletter Forum-Name kann dann zum Beispiel so aussehen: „de.rec.reisen.camping".

Informationsfilter

Die meisten News Reader unterstützen den Anwender mit praktischen Suchfunktionen, die das umfangreiche Angebot der News Server durchforsten. Hat man interessante Foren gefunden, so können diese „abonniert" werden. Mit dieser Funktion werden dann in Zukunft mit dem News Reader immer die neuesten Nachrichten der abonnierten Foren auf den Client-Computer geladen. Somit kann der Anwender die Diskussionen seiner ausgewählten Newsgroups auf einfache Weise mitverfolgen. Man unterscheidet zwischen moderierten und unmoderierten Newsgroups. Bei moderierten Newsgroups überprüft der jeweilige Moderator der Group, ob dieser Beitrag zum Thema der Group passt und gibt die Nachricht frei bzw. lehnt sie ab. Bei unmoderierten Newsgroups hingegen gelangt der neue Nachrichten-Beitrag ungefiltert auf den News Server und wird veröffentlicht.

alt	Sonstige Themen
at	Österreichische Foren
comp	Computerthemen
de	Deutsche Foren
microsoft	Rund um Microsoft-Produkte
misc	Vermischtes
news	Mailboxen
rec	Freizeit und Unterhaltung
sci	Wissenschaftliches
soc	Kultur, Politik und Soziales
talk	Klatsch und Tratsch
...	...

❹ Beispiel von Hauptkategorien

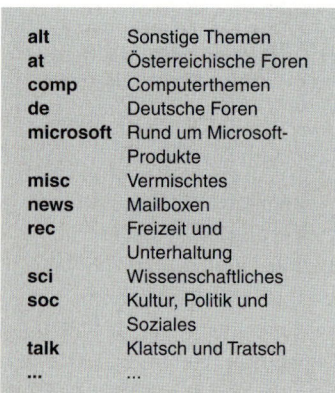

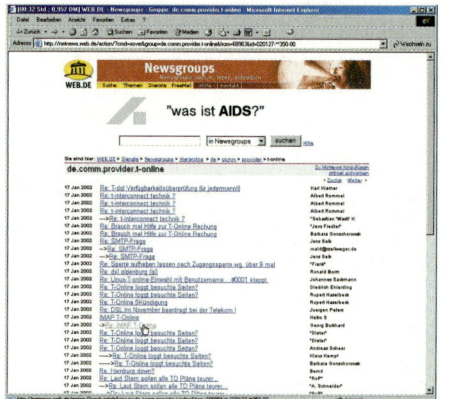

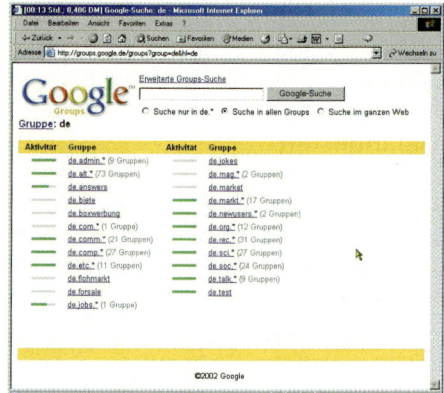

Über Spezialservices z. B. von Web.de oder Google.de kann auch ohne einen News Reader auf die Newsgroups des USENET zugegriffen werden.

13.2.4 Chat

Ein weitere Form des Informationsaustausches ist der **Chat**. Im Gegensatz zu den Newsgroups und den Mailinglisten handelt es sich beim Chat um eine Form der synchronen Online-Interaktion, bei der Menschen sich aus aller Welt in einem virtuellen Raum treffen und in Echtzeit – oder mit geringer Verzögerung – kurze Textnachrichten austauschen. Chat kommt von „plaudern" und hat im Internet eine eigene Kulturform angenommen. Das Besondere am „Chatten" ist der Kontakt und die Gespräche nicht nur mit Bekannten, sondern auch mit völlig fremden Menschen. Dabei kann jeder Teilnehmer des Chats eine Identität seiner Wahl annehmen, sei es als weiblicher oder männlicher Chatter, indem er sich nur mit einem **Nicknamen** ❶ zu erkennen gibt. Mit diesem Deckmantel der Anonymität ist es für manche Anwender einfacher und unkomplizierter als im realen Leben, mit Fremden ins Gespräch zu kommen.

❶ **Nickname** ist eine Art Spitzname oder „alias" des Chat-Teilnehmers. Richtige Namen werden im Chat üblicherweise nicht verwendet.

Die Chatter treffen sich in virtuellen **Chaträumen** (Chatrooms), auch **Kanälen** (Channels) genannt, die es zu allen möglichen Themengebieten gibt. In der Chat-Szene entstehen auch immer mehr sogenannte Online-Communities, bei denen sich Chatter regelmäßig treffen und sogar soziale Beziehungen entwickeln. Grundsätzlich gibt es zwei verschiedene Formen des Chat: den Internet Relay Chat (IRC) und den immer populärer werdenden Webchat.

Internet Relay Chat

Der Internet Relay Chat wurde 1988 als Weiterentwicklung von Unix-Talk, einem Chat-System aus der Unix-Betriebssystemumgebung, entwickelt und gilt als der klassische Chat. Das IRC arbeitet nicht über das WWW und den Browser, sondern es kommuniziert über ein eigenes Netzwerk von IRC-Servern. Auf der Anwenderseite wird eine spezielle Zusatzsoftware, der IRC-Client ❷, benötigt. Alternativ zum IRC-Client kann auch über Provider, die ein Web-Interface ❸ für den Zugriff auf das IRC anbieten, zugegriffen werden. Bei den über 42 000 IRC-Kanälen kann man leicht den Überblick verlieren. Zur besseren Orientierung sind die Kanäle nach Themen sortiert und bieten dem Chatter zu fast jedem Thema die Möglichkeit, Informationen auszutauschen.

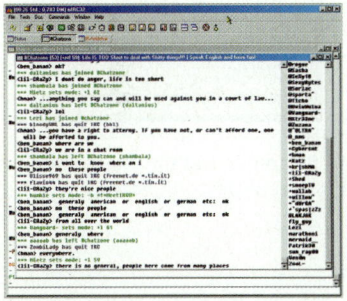

❷ Beispiel einer IRC-Client-Software: mIRC

Der IRC-Chat erfordert vom Chatter die Kenntnisse über IRC-Befehle, die immer mit einem „/"-Zeichen beginnen. Damit steuert der Chatter Aktionen und gibt Informationen aus. Zum Beispiel zeigt der Befehl „/list" alle verfügbaren Kanäle auf dem Server. Die Kanäle sind keine statischen Einrichtungen, sondern Chatter können Kanäle erzeugen und Kanäle werden bei Nichtbenutzung auch automatisch wieder geschlossen. Deshalb trifft man in den Kanälen häufig auf einen Bot, einen digitalen Roboter, dessen Aufgabe es ist, den Kanal offen zu halten, auch wenn sich kein Chatter mehr in diesem Kanal befindet.

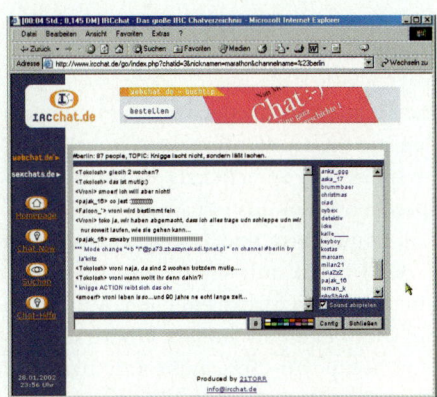

❸ IRC über ein Web-Interface. Dabei wird die IRC-Funktionalität über Programmerweiterungen in einem WWW-Browser realisiert, die in der Programmiersprache Java geschrieben wurden, (Beispiel: IRCchat.de).

WebChat

Die andere Form des Chats, der Webchat ❶, benötigt nur einen aktuellen Internet-Browser und ist im Umgang in der Regel einfacher zu erlernen als der IRC. Viele Portal-Anbieter, Onlineshops und Magazine bieten dezentrale WebChat-Dienste an. Diese sind jedoch untereinander nicht vernetzt und bieten in der Regel branchenspezifische Themen oder lokale Themen zum Chatten an. Zum Beispiel die Web-Auftritte von TV-Reportage-Sendungen wie „Sabine Christiansen" ❷ oder „WISO" ❸ bieten Webchats zu aktuellen Themen. Dabei sind diese Chat-Veranstaltungen meist direkt an andere Medien-Veranstaltungen, zum Beispiel als nachgeschaltete Diskussionplattform für eine TV-Reportage, gekoppelt. Auch das Chatten im lokalen Umfeld erfreut sich immer größerer Beliebtheit. Lokale Online-Communities eröffnen zusätzlich die Möglichkeit, aus der Anonymität des Chattens zu Treffen im richtigen Leben, in der Chat-Sprache „Real Life" genannt, zu wechseln.

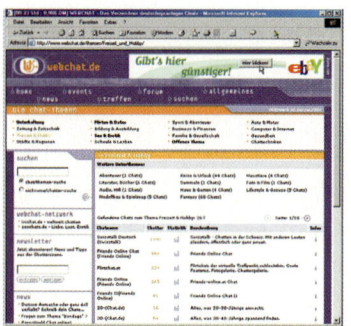

❶ Chatten über das WWW (Beispiel: webchat.de).

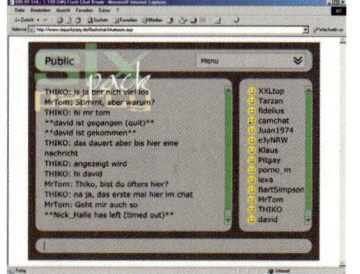

❹ Beispiel eines mit Macromedia Flash realisierten Chatroom.

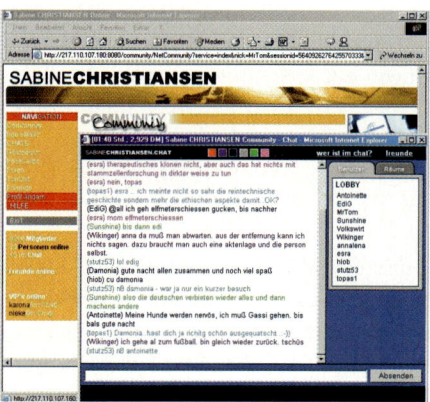

❷ Chat-Raum der TV-Talk Show mit Sabine Christiansen

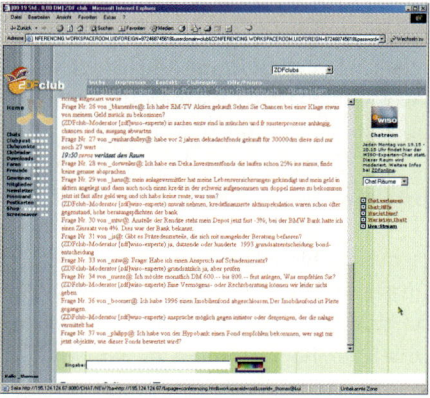

❸ WISO-Chat mit Fachexperten, parallel zum TV-Magazin „WISO".

Die Chat-Funktionalität im WebChat wird über zusätzliche Software im Browser realisiert. Dabei kommt z. B. JavaScript, Java oder Flash ❹ von Macromedia zum Einsatz.

Voice-Chat

Das Chatten ist mittlerweile nicht nur auf den textlichen Onlineplausch begrenzt. In speziellen Sprachchats ❺ kann – entsprechende Soundausrüstung, wie Mikrofon, Soundkarte und Boxen vorausgesetzt – der Chatter mit Freunden, Bekannten oder Fremden direkt sprechen. Auf Grund der notwendigen hohen Übertragungsbandbreite für Sprachübertragung sind diese Chat-Räume meist Mischformen aus Text und Sprache.

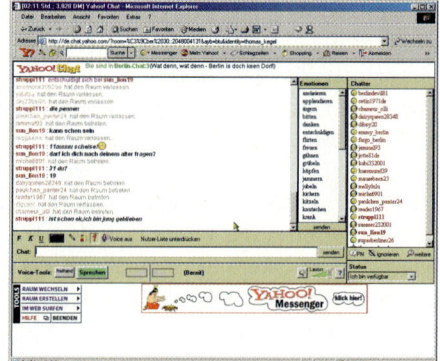

❺ Voice-Unterstützung im Yahoo!-Chat

Eine weitere Stufe ist das visuelle Chatten. Dazu muss eine Webkamera am PC ange-schlossen werden und eine spezielle Software, z. B. CUseeMe ❶ von CUseeMe Net-works oder Microsoft Netmeeting ❷ zum Einsatz kommen. Hat man diese technische Ausstattung, so kann über das Internet regelrecht eine Videokonferenz abgehalten werden. Bei Teilnehmern einer MS Netmeeting-Konferenz bietet das sogenannte „Whiteboard" den Teilnehmern eine gemeinsame grafische Arbeitsfläche zum Skiz-zieren von Ideen und Konzepten.

❶ Chatten im Videokonferenzstil mit CUseeMe.

❷ Bei MS Netmeeting unterstützt das Whiteboard das visuelle Chatten.

❸ **Application Sharing** (Anwen-dungsverteilung) bezeichnet die gemeinsame Nutzung von Software-Programmen innerhalb einer audiovisuellen Konferenz.

Zusätzlich bietet die Funktion **Application Sharing** ❸ eine gemeinsame Nutzung von Software-Programmen, die auf dem Rechner installiert sind. Dazu wird der Zugriff auf den PC für zwei oder mehrere Beteiligte gleichzeitig genutzt.

Zum Beispiel für Hotline-Unterstützungen ermöglicht dieser wechselseitige Zugriff auf den PC eine ferngesteuerte Anweisungshilfe zur Problemlösung.

Instant Messaging

Eine Art „Walkie-Talkie" im Internet ist das sogenannte **Instant Messaging**. Beim Instant Messaging handelt es sich nicht um ein eigenständiges Netzwerk, sondern um einen Service größerer Onlinedienste, bei dem kurze Informationen direkt von Teilnehmer zu Teilnehmer ausgetauscht werden können. Gleichzeitig wird eine Art Online-Status über Freunde und Bekannte (englisch: **Buddy**), die sich ebenfalls beim Instant Messaging eingetragen haben, gemeldet. Die Buddies müssen dem eigenen System angemeldet werden, damit über ein Telegrammprogramm den Teilnehmern sofort gemeldet wird, ob ein Buddy online gegangen ist oder sich gerade abgemeldet hat. Damit ist man immer über den Online-Status seiner Buddies informiert. Leider handelt es bei diesen Diensten um proprietäre Systeme, die untereinander nur bedingt austauschfähig sind. Im Rahmen der Messaging-Dienste kann über eine Art Mini-Chat direkt mit den Buddy kommuniziert werden. Verbreitete Systeme sind der AOL Instant Messenger (AIM) ❹, der MSN Messenger ❺ von Microsoft, der Yahoo! Messenger ❻, der Klassiker ICQ („I seek you" = Ich suche Dich) oder Messenger, die sozusagen Buddy-kompatibel sind, d. h. die Buddies aus unterschiedlichen Messengern integrie-ren können (z. B. Trillian oder Stern).

❹

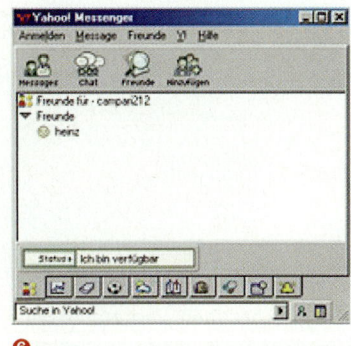

❺

❻

3D-Chat

❶ Das Wort Avatar bedeutet soviel wie die „Fleischwerdung" (Inkarnation) eines Geistes. In den digitalen Medien ist darunter die Repräsentation einer Person in einer virtuellen Gemeinschaft in Form einer Figur gemeint.

Eine weitere Stufe im multimedialen Chat stellt der **3D-Chat** dar. Hier agiert der Chatter als bewegliche 3D-Figur in virtuellen Räumen und trifft auf andere Chatter, mit denen er über Text, Mimik und Bewegung kommunizieren kann. Dabei nimmt jeder Chatter die Gestalt eines virtuellen Körpers, den sogenannten **Avatar** ❶, an.

„Avatare" sind virtuelle Körper, die über Bewegung, Mimik und Kleidung das Chatten in neue Dimensionen bringen. Der Chatter kann seinen virtuellen Körper (Avatar) wechseln und aktiv auf die Raumgestaltung einwirken. Diese Chat-Räume werden auch als **Communities** ❷ bezeichnet und benötigen noch spezielle Browser, die als proprietäre Software miteinander nicht kompatibel sind und zum Chatten vom Anwender vorher über das Internet geladen und installiert werden müssen. Einfacher verhalten sich da 3D-Chats, die in „Flash" von Adobe programmiert sind ❸. Flash ist in aktuellen WWW-Browser-Versionen als Standard-Erweiterung integriert und muss in der Regel nicht gesondert installiert werden.

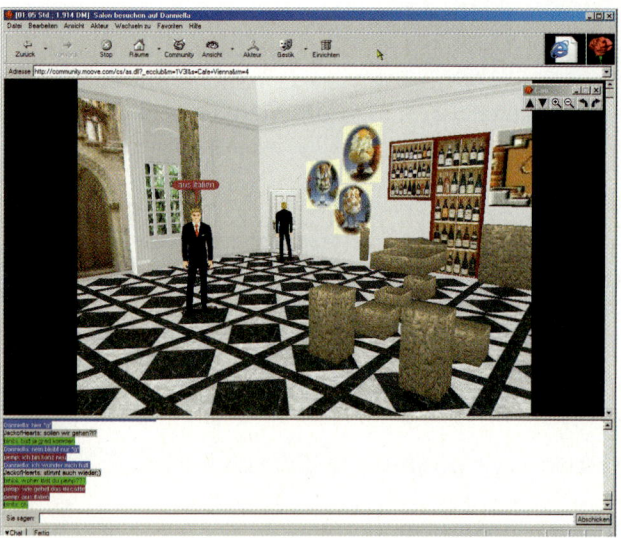

❷ In der Community „Moove Online" kann der Chatter die Gestaltung eigener virtueller Räume vornehmen (www.moove.de).

❸ Eine in Flash realisierte virtuelle Stadt als Chatwelt (Dubit-Flash-Chat, www.dubit.co.uk).

Eine sehr populäre Variante der 3D-Chat Communitys ist **Second Life**, das im Jahr 2007 schon über 6 Millionen registrierte Nutzer aufweisen konnte. Second Life vermischt 3D-Chat, Simulation und Online-Spiel. Die Nutzer können kommunizieren, spielen und Handel treiben, in dem sie sich gegenseitig virtuelle Waren und Dienstleistungen anbieten. Dazu existiert sogar eine virtuelle Währung, der sogenannte Linden Dollar, der auch in echte US-Dollars umtauschbar ist.

❹ Eine Serverfarm ist eine Gruppe von gleichartigen, vernetzten Servern, welche zu einem logischen System verbunden sind.

Die virtuelle Welt existiert dabei in einer großen **Serverfarm** ❹, die von Linden Labs betrieben wird. Zur Darstellung der kontinuierlichen 3D-Animation wird eine Client-Software verwendet, die ein Raumgefühl verleiht und in die zusätzliche Audio- und Videostreams eingebunden werden können.

Da die Nutzer die virtuelle Welt selbst entwickeln können, entstehen immer mehr neue Gegenstände, wie Landgestaltung, Häuser, Wohnungen, Kleider, Accessoires, mit denen auch gehandelt werden kann.

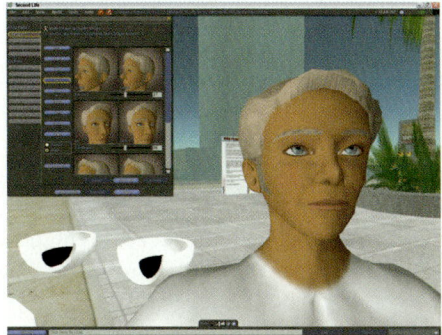

Der Nutzer kann seinen Avatar individuell gestalten.

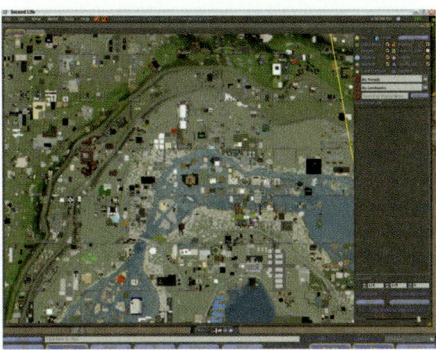

In Second Life kann Land erworben, Häuser gebaut und Handel betrieben werden.

Mittlerweile sind auch Firmen und Institutionen in Second Life vertreten, welche diese Plattform vor allem für PR-Zwecke verwenden. Firmen können hier ohne große Kosten Artikel erstellen und verbreiten, um zu sehen, ob die Produktinformationen oder das Image bei potenziellen Käufern Anklang finden würden.

Szene aus Second Life. Beispiel T-Online Beach.

Szene aus Second Life. Beispiel Apple auf Apfelland.

So nutzen Firmen, wie Adidas, BMW, Mercedes Benz, Mazda, IBM, Reebok, Sony BMG, Deutsche Post u. a. die virtuelle Welt als Kommunikationsmedium. Zum Beispiel bietet Adidas Schuhe aus der aktuellen Kollektion für den Avatar des Nutzers zum kaufen an.

Neben Firmen sind inzwischen auch verschiedene private und staatliche Organisationen und Institutionen in Second Life präsent. So findet man dort u. a. auch ein Büro von Greenpeace, virtuelle Botschaften sowie eine Repräsentanz des deutschen Bundeslandes Baden-Württemberg.

13.2.5 WebCams und Telefonie

WebCams

Immer öfter trifft man auf Internet-Seiten auf sogenannte „Live-Bilder", die in regelmäßigen Abständen aktualisierte Bilder von Internet-Kameras zeigen. Rund um den Erdball sind Kameras installiert, die dynamische Inhalte für Web-Sites liefern und den Internetnutzer zu einem distanzierten Beobachter machen. Nicht nur öffentliche Plätze und Orte, sondern auch intimere Orte werden so der Öffentlichkeit zur Schau gestellt.

Angefangen hat dieser Trend an der britischen Universität in Cambridge. Dort installierten Informatikstudenten aus Gründen der Bequemlichkeit die erste WebCam. Damit konnten die Studenten von allen PCs aus den Füllstand der Kaffeemaschine im Gemeinschaftsraum beobachten.

Technisch gesehen funktioniert diese visuelle Kommunikation folgendermaßen: Eine **Videokamera ❶**, die über eine Schnittstelle an einem PC angeschlossen ist, liefert das Videobild des aufzunehmenden Ortes. Der PC liefert in regelmäßigen Abständen, im Sekunden- oder auch Minutentakt, Videobilder an einen im Internet befindlichen Web-Server. Der Internet-Nutzer ruft dann die Web-Site mit seinem Browser auf und bekommt das immer wieder aktualisierte Bild der WebCam zu sehen.

Mittlerweile gibt es über tausende von WebCams, die ständig Augenblicke der realen Welt ins Internet stellen. Spezielle Kataloge ❷ im Web versuchen, dieses Angebot zu strukturieren und zu verknüpfen.

❶ Eine Videokamera (**WebCam**) kann über eine Videokarte, einer Parallel- oder USB-Schnittstelle an den PC angeschlossen werden.

❷ WebCam-Kataloge bieten Übersichten der installierten WebCams (Beispiel: www.net-camera.de)

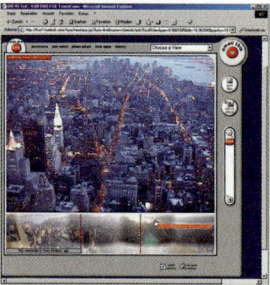

WebCam: Empire State Building New York.

WebCam: Berlin – Potsdamer Platz

WebCam: Niagara Falls.

Internet-Telefonie

Das Telefonieren über das Internet ist mit der Technik **Voice over IP** (VoIP) möglich. Dabei werden mit Hilfe einer besonderen Software die Telefonie-Stimmen in digitale Signale umgewandelt, komprimiert und über das Internet zum Zielcomputer transportiert, dort werden die Signale wieder in analoge Sprache zurückgewandelt. Soll mit Teilnehmern im Telefon-Festnetz telefoniert werden, so übernimmt ein spezielles Gateway die Umwandlung der Signale in analoge Signale für das Telefonnetz.

Bei der Internet-Telefonie unterscheidet man zwischen Verbindungen von PC zu PC (**PC2PC**) ❶, von einem PC zu einem Telefon (**PC2Phone**) ❷ und von Telefon zu Telefon (**Phone2Phone**) ❸. Verbindungen zwischen PCs setzen voraus, dass die Gesprächspartner „online" sind. Ob ein Partner online ist, kann zum Beispiel über Instant Messenger nach dem Buddy-Prinzip signalisiert werden. Möchte man von einem PC mit einem Gesprächspartner im herkömmlichen Telefonnetz in Verbindung treten, so muss dies über ein Gateway eines „Internet Telephony Service Provider" (ITSP) erfolgen. Eine Verbindung ganz ohne PCs kann über sogenannte „Voice-Gateways" abgewickelt werden, welche die Analog-/Digital-Wandlung übernehmen und dann die digitalisierte Sprache zum nächsten Voice-Gateway, welches sich in der Nähe des gewünschten Gesprächspartners befindet, weiterleiten. Dort wird das Signal wieder in analoge Telefonsignale umgewandelt.

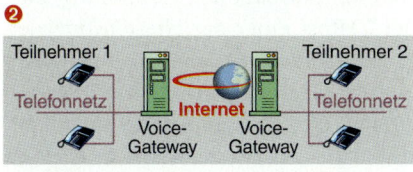

❶

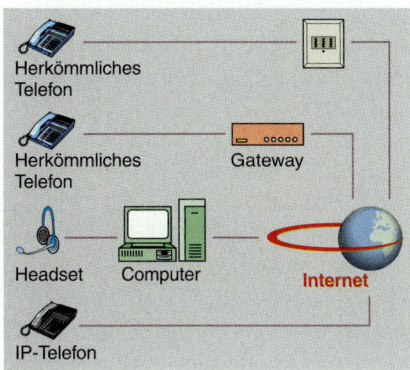

❷

❸

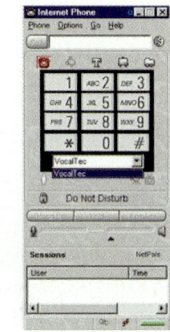

Beispiel: Internet-Telefonie mit „VocalTec".

Bei **VoIP-fähigen Endgeräten** ❹ und entsprechender Netzanbindung kommt man ganz ohne PC und Voice-Gateway aus.

Wie bei der klassischen Telefonie gibt es bei der VoIP die Vorgänge Verbindungsaufbau, Gesprächsübertragung und Verbindungsabbau. Dazu werden jedoch keine „Leitungen" durchgeschaltet, sondern die Sprache wird in kleinen Paketen über das Netzwerk transportiert. Die Steuerung des Verbindungsauf- und -abbaus erfolgt mit einem Signalisierungsprotokoll und dem Anmelden bei einem VoIP-Provider. Diese Anmeldung ist notwendig, da im Internet keine feste Zuordnung von Telefonnummern zu IP-Adressen

❹

besteht und das Endgerät des Anrufers beim Verbindungsaufbau dort immer die aktuelle IP-Adresse des Gesprächsteilnehmers erfragen muss. Als herstellerunabhängiges Signalisierungsprotokoll wird das Session Initiation Protocol (SIP) verwendet. Die Teilnehmer besitzen bei SIP eine SIP-Adresse (ähnlich einer E-Mail-Adresse) im Uniform-Resource-Identifier-Format (URI-Format), wie zum Beispiel „sip:12345@beispiel-server.de". Die eigentliche Gesprächsübertragung geschieht dann direkt über das Netzwerk von IP-Adresse zu IP-Adresse über das Real Time Transport Protocol (RTP).

Die am meisten verwendete VoIP-Software ist **Skype** ❺. Skypes VoIP-Protokoll ist proprietär und kann nur mit der Original Skype-Software genutzt werden. Mit anderen Protokollen, wie zum Beispiel SIP ist Skype nicht kompatibel. Skype arbeitet nach der Peer-to-Peer-Technologie (P2P) und verursacht auch ohne Telefonie, zum Beispiel für Telefonbuch-Anfragen, einen hohen permanenten Datenverkehr im Netz. Der Funktionsumfang von Skype wird durch Gruppenunterhaltungen und –diskussionen, Chat-Funktionen und Videogespräche kontinuierlich erweitert.

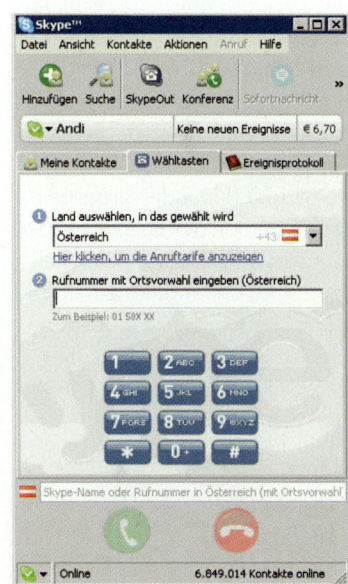

❺ Die VoIP-Software **Skype** wird inzwischen von mehr als 9 Millionen Benutzern täglich genutzt.

Da das Internet in seiner heutigen Form (Stand 2007) auf Grund des TCP/IP-Prinzips und der schwankenden Datenübertragungsgeschwindigkeit keine gesicherte Übertragungsqualität zwischen Teilnehmern garantiert, kann es durchaus zu Übertragungsverlusten, störenden Echos oder Aussetzern kommen, so dass die Sprachqualität nicht ganz der von herkömmlichen Telefonnetzen entspricht. Voraussetzung für VoIP ist ein qualitativ hochwertiger DSL-Anschluss mit hohen Down- und Upstream-Geschwindigkeiten.

13.2.6 FTP und Telnet

FTP

Der Internet-Dienst „File Transfer Protocol" (FTP) ermöglicht das Übertragen von Daten auf der Basis des TCP/IP-Protokolls. Er arbeitet nach dem Client-Server-Prinzip und verwendet während der Datenübertragung eine permanente Verbindung zwischen dem FTP-Server und dem FTP-Client. Der FTP ist einer der ältesten Internet-Dienste und wird vorwiegend für den Transport von großen Datenmengen eingesetzt. Dabei schickt der Sender (FTP-Client) die Daten per „Upload" auf dem FTP-Server, von dem andere Empfänger (FTP-Client) diese Daten per „Download" abholen können. Der Zugang zu einem FTP-Server kann paßwortgeschützt oder anonym ❶ erfolgen. Zur Bedienung der FTP-Kommandos verwendet man eine FTP-Client-Software ❷, die je nach Ausführung ein einfaches und visuelles Arbeiten, ähnlich dem „Windows-Explorer", erlaubt. Eine typische Anwendung für den FTP-Dienst ist das im Rahmen eines Website-Betriebes erforderliche „Hochladen" (Upload) der Homepage-Daten auf einen Web-Server.

Wie können Daten auf FTP-Servern gefunden werden? Dazu müssen die IP-Adresse des Servers und die Login-Daten bekannt sein. Für Anonymous-FTP-Server kann auch das „Archie"-Datenbanksystem ❸ genutzt werden. Der Zugriff auf dieses Datenbanksystem kann per E-Mail oder per Telnet erfolgen. Ein Archie-Server indiziert im Gegensatz zu einer WWW-Suchmaschine keine Textinhalte, sondern nur Dateinamen auf FTP-Servern. Mittlerweile haben die umfangreichen WWW-Suchmaschinen die Funktion der Archie-Datenbank mitübernommen und die meisten Archie-Systeme sind abgeschaltet.

Telnet

Über den Internet-Dienst „Telnet" ❹ kann auf die Ressourcen entfernter Rechner (Host) im Internet zugegriffen werden. Dabei kann man an diesen Rechnern so arbeiten, als ob die eigene Tastatur und der eigene Bildschirm direkt am entfernten Rechner angeschlossen wäre. Nur die längeren Antwortenzeiten bei langsamen Netzverbindungen erinnern an die große zurückzulegende Distanz. Über eine Telnet-Verbindung können Programme auf dem entfernten Rechner gestartet und Peripherie-Geräte, wie z. B. Drucker, angesprochen werden. Um mit Telnet auf einen entfernten Rechner zuzugreifen, muss dessen Internet-Adresse bekannt sein und die Form der Kommunikation, die sogenannte Terminal-Emulation, muss in der verwendeten Client-Software eingestellt werden. Die gebräuchlichste Emulation heißt VT-100.

❶ Bei sogenannten „Anonymous-FTP-Servern" lautet der Anmeldename „anonymous" und als Passwort wird immer die eigene E-Mail-Adresse eingegeben.

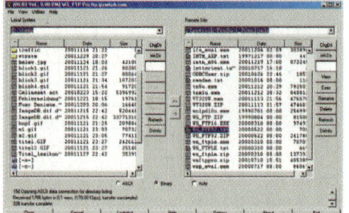

❷ Mit einer FTP-Client-Software wird der Datentransfer bedient. Beispiel: WS_FTP Pro.

❸ Das „Archie-Datenbanksystem" ist ein Archiv-Server, der Informationen über Dateien und Verzeichnisse von öffentlichen FTP-Servern speichert und zur Datensuche zur Verfügung stellt.

❹ Telnet war der erste Dienst im Internet. Mittlerweile verliert er auf Grund fehlender Sicherheitsstandards und geringem Benutzerkomfort an Bedeutung. WWW-Frontends und moderne Remote-Access Software-Produkte mit grafischer Unterstützung übernehmen immer mehr die Funktion von Telnet.

❹ Beispiel einer Telnet Login-Prozedur.

13.2.7 Suchdienste und Agenten

Mit der Verbreitung des WWW im Internet stieg das Angebot an Informationen und Dokumenten im Internet enorm. Da das WWW kein organisiertes Informationsnetz ist, scheint es nahezu unmöglich, die Informationen zu finden, die man sucht.
Um trotzdem im Internet fündig zu werden, gibt es eine Reihe von Lösungen: Portale, Webkataloge oder -verzeichnisse, Suchmaschinen und Metasuchmaschinen.

Portale

Namhafte Online-Dienste-Provider bieten „Portale" als Zugang zu den Informationen im WWW zur Verfügung. Portale sind aufwändig gestaltete Websites, die den Eindruck vermitteln sollen, dass sie den idealen Zugang zum Internet bieten. Sie versuchen, ein möglichst attraktives und vielfältiges Angebot von Diensten und Links auf weitere Informationen im Internet anzubieten.

Es gibt Portale, die eher von allgemeinem Interesse sind, wie z. B. Yahoo! ❶, MSN, AOL oder T-Online ❷, und Portale, die mit einem Themenschwerpunkt ❸ auf eine spezielle Zielgruppe gerichtet sind. Das Angebot ist in der Regel kostenlos und wird primär durch Werbebanner auf der Portalseite finanziert.

❶ Yahoo! war historisch gesehen eines der ersten Portale, als Jerry Yang und David Filo an der Stanford Universität begannen, eine durchsuchbare, nach Kategorien geordnete Linkliste zur Verfügung zu stellen.

❶ Portale bieten auch vom Benutzer konfigurierbare Bereiche (Beispiel: Yahoo!).

❷ Portale bieten eine Konzentration von aktuellen Informationen und Verknüpfungen (Beispiel: T-Online).

❸ Portale mit Themenschwerpunkten sprechen bestimmte Zielgruppen an (Beispiel: Linux-Knowledge-Portal).

Zu den üblichen Angeboten auf Portalseiten gehören:

- Nachrichten oder Neuheiten in Form von Schlagzeilen und Links
- Kommunikationsdienste, wie Instant Messager und Chat
- Links zu Lexika, Telefon-, Adress- und E-Mail-Verzeichnissen etc.
- Suchmaschine und Webkatalog
- Individuelle anpassbare Terminkalender, Adressbücher und Bookmark-Manager, die über das Internet von jedem PC aus verwendbar sind
- Bestimmte Bereiche des Portals individuell konfigurierbar, d. h. der Portal-Benutzer kann aus einer Auswahl seine Portalsicht zusammenstellen.

Webkataloge

Bei Webkatalogen oder -verzeichnissen ❶ erstellen Redaktionen eine bewertete Katalogisierung der Informationen im Internet. Sie begutachten unzählige von Webseiten und entscheiden, welche Themen für die Zielgruppe interessant sind. Dabei bilden sie Kategorien und Unterkategorien und legen virtuelle Karteikarten mit Stichwörtern an. Auf Grund dieses sehr zeitaufwändigen Verfahrens bilden Webkataloge nur einen Bruchteil des Internets ab. Durch die Prüfung und Bewertung wirken sie aber sehr aufgeräumt und bieten qualitativ hochwertige Links.

Eine automatisierte **Katalogisierung** ❷ erreicht heute noch nicht das Niveau, welches bei der manuellen Sortierung besteht.

❷ Ein bekanntes Beispiel der automatischen **Katalogisierung** ist die Bildung von Ad-hoc-Kategorien aus Suchbegriffen. Ein Beispiel ist der WiseGuide des Suchdienstes WiseNut.

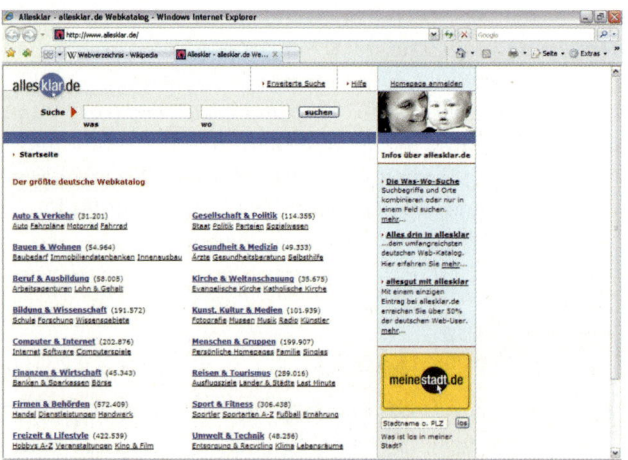 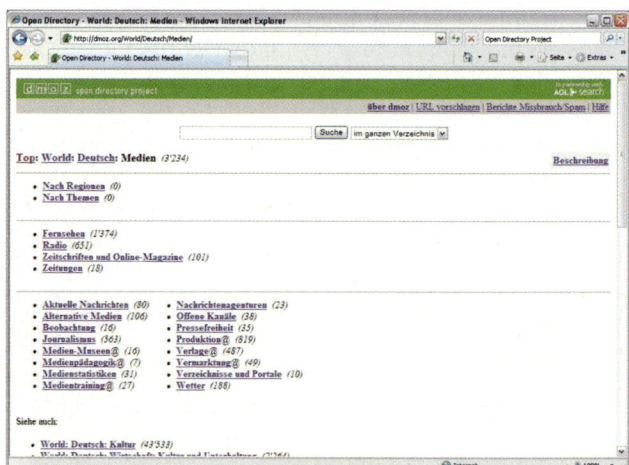

❶ **Webkataloge** bieten eine strukturierte Sicht auf eine Auswahl von Informationen im Internet (Linkes Beispiel: Allesklar.de. Rechtes Beispiel: Open Directory Project).

❸ Die **Suchmaschinen** werden auch WebSpiders bzw. Web-Crawler genannt, da sie bei der Suche nach Informationen das Internet durchkrabbeln (englisch: crawl) oder sich von Link zu Link wie eine Spinne (englisch: spider) durchhangeln.

❹ **Software-Agenten** sind Programme, die selbstständig Daten sammeln und ohne zusätzliche Benutzeraktion Daten austauschen. Agenten agieren unbeaufsichtigt durch das Netz, um ihre komplexen Aufträge zu erledigen. Deshalb werden sie auch gerne als „gutartige" Viren betrachtet.

Suchmaschinen

Einen weitaus unstrukturierteren Such-Dienst stellen die „Suchmaschinen" ❸ dar. Dabei handelt es sich vorwiegend um Hochleistungscomputer mit einer großen Datenbank. Die Suchmaschinen durchforsten rund um die Uhr das Internet nach neuen Webseiten. Dabei hangeln sich spezielle Datensammler, sogenannte **Robots** oder **Spider** genannt, von Link zu Link und melden bei einer neu entdeckten Website einem **Software-Agenten** ❹ der Suchmaschine den Namen der URL. Somit kann der Agent dieses Dokument holen und einer Index-Software übergeben, die aus der Website bestimmte Informationen ausliest, diese indiziert und der großen Suchmaschinen-Datenbank übergibt.

Startet nun ein Internet-Nutzer eine Suche, so gibt er Stichwörter, nach denen gesucht werden soll, in die Suchmaske der Suchmaschine ein. Je nach Suchmaschine bekommt er eine detaillierte Auflistung der Treffer aus der Datenbank mit kurzen Kontexthinweisen und der Angabe der Wahrscheinlichkeit.

Bei zu allgemein formulierten Suchbegriffen wird der Benutzer von der Suchmaschine regelrecht mit scheinbaren Ergebnissen überschüttet.

⊃   Je allgemeiner das Suchwort, desto unüberschaubarer das Ergebnis.

Zur genaueren Eingrenzung der Suche sollte man den Suchbegriff möglichst ausführlich formulieren. Darum bieten die Suchmaschinen mit logischen Verknüpfungen ❶, wie „UND" und „ODER" zusätzliche Verknüpfung von Suchbegriffen und besonderen Einschränkungen im Suchbereich. Die Standardeinstellung beim Suchbegriff ist bei den meisten Suchmaschinen die UND-Verknüpfung. Wenn nach Webseiten gesucht wird, bei denen zum Beispiel die Begriffe „Konstanz" und „Hörnle" gleichzeitig vorkommen sollen, so müssen nur die Begriffe mit einem Leerzeichen getrennt eingegeben werden. Bei der Suchmaschine Google ❷ können die einzelnen Suchbegriffe auch mit einem „+" getrennt, oder bei einer ODER-Verknüpfung mit einem „OR" oder „|" getrennt eingegeben werden.

Um die Suche weiter einzugrenzen, kann man auch nach exakten Phrasen suchen. Die Suchbegriffe tauchen dann nicht wahllos im Dokument auf, sondern müssen in einer bestimmten Anordnung vorhanden sein. Exakte Suchphrasen werden zum Beispiel bei Google mit Anführungszeichen „„..."" kenntlich gemacht.

Als weiteres Ausschlusskriterium kann zum Beispiel bei Google ein Minuszeichen „-" Verwendung finden. Suchbeispiel: „Hannibal -Lecter". Sucht nach einem antiken Feldherrn und schließt aber Seiten aus, in denen der Name in Verbindung mit einer Filmfigur namens „Lecter" steht.

❶ Die meisten Suchmaschinen unterstützen **Bool'sche Operatoren**. Damit lassen sich Suchbegriffe mit „und", „oder" oder „nicht" miteinander verknüpfen.

❷ Bei Suchmaschinenanfragen im deutschen Internet besitzt **Google** bereits einen Marktanteil von über 90 Prozent. Das Verb „googeln", wurde sogar in den Rechtschreib-Duden aufgenommen und steht dabei nicht nur für die Suche mit Google, sondern teilweise schon allgemein als Synonym für Websuche mit beliebigen anderen Suchmaschinen.

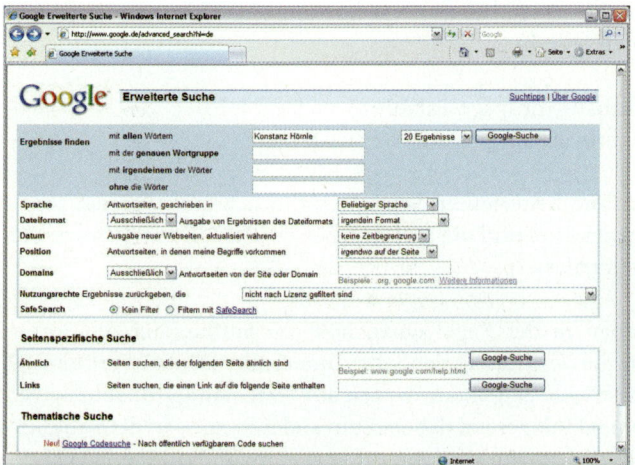

❸ Typische Suchmaske einer Suchmaschine bei einer erweiterten Suche (Beispiel: Google).

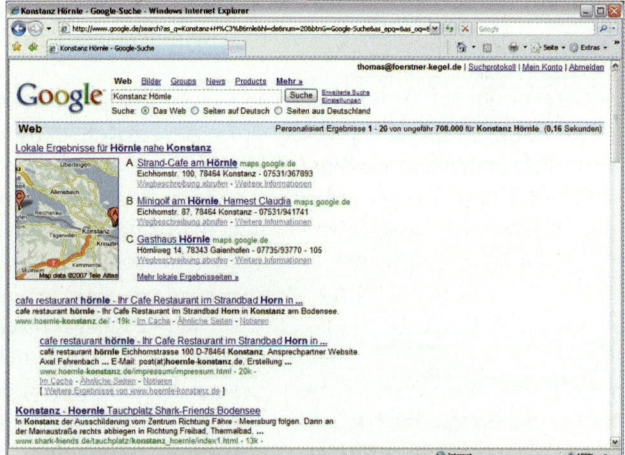

Auflistung der Treffer mit kurzen Kontexthinweisen und teilweise grafischen Ortshinweisen (Beispiel: Google).

Alle diese Funktionen sind über die Erweiterte Suche ❸ über ein Formular zugänglich. Dort finden sich auch darüber hinaus gehende Suchmasken, über welche die Suche zum Beispiel auf spezielle Dateitypen und Suchbereiche eingeschränkt werden kann oder es kann nach Webseiten gesucht werden, die einer anderen Website sehr ähnlich sind.

Trefferliste in der Suchmaschine
AltaVista.

Trefferliste in der Suchmaschine
Lycos.

❶ Über den Google-Toolbar, einer
Browser-Erweiterung, lässt sich
für jede Trefferseite der Google
PageRank ablesen.

Leider haben sich die Suchmaschinen beim Syntax nicht einigen können. Das heißt, der Umfang der Operatoren und deren Schreibweise variiert von Suchmaschine zu Suchmaschine.

Eine **Trefferliste** kann trotz Such-Einschränkungen immer noch zigtausende von Treffer beinhalten. Doch nur ein verschwindender Anteil daran ist überhaupt relevant für die Suche des Nutzers. Um diese relevanten Seiten weit oben in den Trefferlisten anzeigen zu können, sortiert eine Suchmaschine diese Treffer nach einem bestimmten Algorithmus. Dieser Algorithmus wird als Ranking-Verfahren bezeichnet.

Prinzipiell läuft ein **Ranking-Verfahren** folgendermaßen ab:

1. Die Suchmaschine ermittelt alle Seiten, auf denen der Suchbegriff vorkommt.
2. Der Ranking-Algorithmus weist jeder dieser Seiten einen Wert zu. Je relevanter der Algorithmus die Seite hält, umso höher wird der zugewiesene Wert ausfallen.
3. Die Trefferseiten werden nun durch verschiedene Filter geschickt, welche die Aufgabe haben, Seiten nach bestimmten Kriterien zu entfernen oder zumindest ihre Werte zu verringern. Meist handelt es sich dabei um Seiten, die typisch für Spamming-Seiten sind.
4. Alle nach dem Filtern noch vorhandenen Seiten werden anhand ihres nun eingestellten Wertes sortiert und beginnend mit der Seite, die den höchsten Wert aufweist, auf der ersten Trefferseite für den Suchbegriff aufgeführt.

Alle wichtigen Suchmaschinen setzen heute einen Ranking-Algorithmus ein, der im Wesentlichen aus zwei Teilen besteht:

1. Der Analyse des Seiteninhalts (on-page-Faktoren)
2. Der Analyse der Verlinkung (off-page-Faktoren)

Als **On-Page-Faktoren** sind die Kriterien zu verstehen, die sich auf der Seite befinden. Maßgebend sind dabei der Titel und die HTML-Überschriften. Zusätzlich werden auch benachbarte Seiten mitanalysiert.

Die **Off-Page-Faktoren** haben in der Regel einen höheren Einfluss auf die Sortierung und beziehen sich auf die Verlinkung der Seite. Unter einer „Guten Verlinkung" versteht man, dass möglichst viele Seiten, am besten auf voneinander unabhängigen Domains, auf diese Seite einen Link gesetzt haben. Zum anderen muss in dem anklickbarem Linktext dieses Links der gewünschte Begriff vorkommen. Dahinter steckt die Annahme der Suchmaschinen, dass eine Seite umso besser ist, je mehr fremde Seiten einen Link auf diese Seite gesetzt haben.

Google verwendet zur Ermittlung der Off-Page-Faktoren seine PageRank-Technologie und nennt den Wert **PageRank** ❶. Er wird auf einer Skala von null bis zehn gemessen. Der eigentliche PageRank-Wert ist unabhängig davon, wonach ein Benutzer der Suchmaschine gesucht hat. Er ist ein Maßstab für die angenommene Wichtigkeit der Seite im Internet.

Die Auflistung der Suchtreffer und deren Reihenfolge ist also immer eine Kombination aus On-Page- und Off-Page-Faktoren.

Metasuchmaschinen

Jede Suchmaschine hat eine eingeschränkte Sicht auf das Informationsangebot im Internet. Die Kombination mehrerer Suchmaschinen erhöht die Objektivität und die Trefferquote. Sogenannte „Metasuchmaschinen" ❶ mit ihrer Meta-Search-Software schicken keine eigenen Spiders oder Robots durch das Internet, sondern nutzen mit Hilfe von Software-Agenten vorhandene Suchmaschinen. Dabei werden gleichzeitig mehrere Agenten zu den Suchmaschinen geschickt, die den Suchbegriff übergeben.

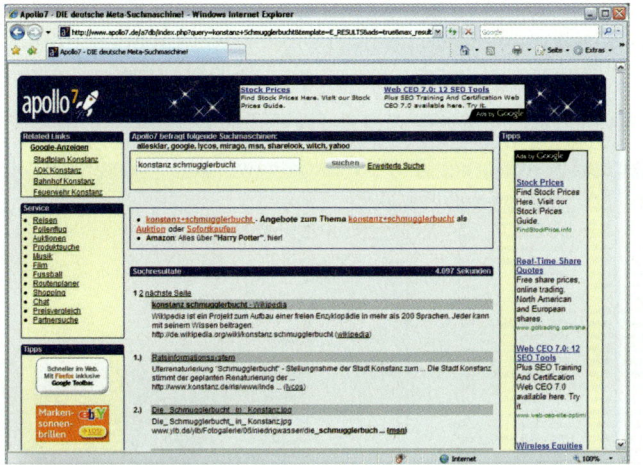

❶ Metasuchmaschinen zeigen in der Ergebnisliste die Quell-Suchmaschine an (Beispiel: Apollo7).

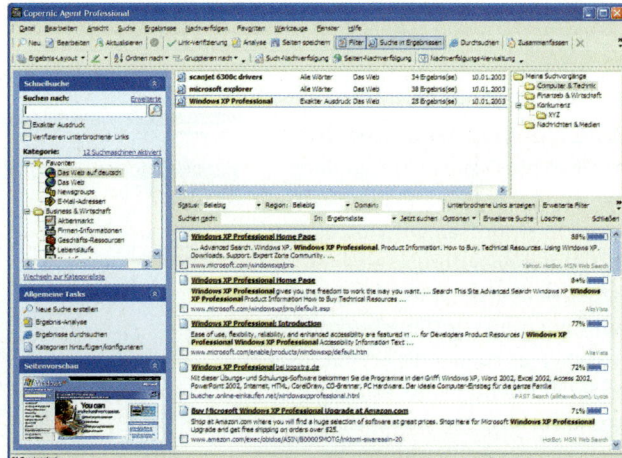

❸ Metasuchmaschine als Software-Lösung mit prozentualer Angabe der Wahrscheinlichkeit und Vorschaubilder der Treffer-Websites. Beispiel: Copernic Agent Professional.

Die Suchergebnisse empfängt der jeweilige Agent und schickt sie an die Meta-Search-Software zurück, welche alle gesammelten Ergebnislisten auf Doppelergebnisse überprüft und nach dem Wahrscheinlichkeitsgrad in die Gesamtergebnisliste einordnet.

Die Bandbreite der Metasuchmaschinen streckt sich von einfachen Front-End-Masken ❷, welche nur die Ansteuerung verschiedenster Suchmaschinen und Webkatalogen übernehmen, über webbasierte Software bis hin zu umfangreicher Software ❸, die beim Benutzer installiert werden muss.

Auf Grund der großen Trefferquote ist die Formulierung des Suchbegriffs bei Metasuchmaschinen noch wichtiger als bei normalen Suchmaschinen. Auch die Darstellung und der Informationsgehalt der Ergebnislisten sind dabei für die Informationssuche sehr entscheidend. Software-Lösungen, wie z. B. Copernic Agent Professional, bieten sehr gute Performance und exzellente Ergebnisdarstellungen, sogar mit grafischer Vorschau auf die Treffer-Webseite.

In der Praxis sind Portale, Webkataloge und Suchmaschinen mittlerweile nicht mehr so einfach voneinander zu trennen, da meist Kombinationen bzw. Verknüpfungen der Suchmechanismen angeboten werden.

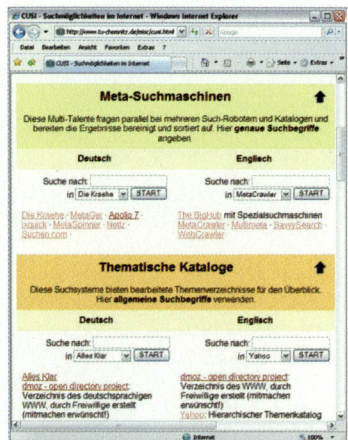

❷ Front-End für Suchdienste (Beispiel: CUSI (Comprehensive User Search Interface) der Universität Siegen).

Agenten

Software-Agenten ❶ werden nicht nur als Vermittler bei Metasuchmaschinen eingesetzt, sondern können als digitale Assistenten weitaus mehr Rechercheaufgaben im Internet übernehmen. Es handelt sich hierbei um gewissermaßen „intelligente" Robots, die selbstständig Webkataloge, Onlineshops und andere Informationsdienste besuchen und dabei mit diesen Diensten kommunizieren und hochwertige Informationen zusammentragen. Dies beschränkt sich nicht nur auf die Ortsbeschreibung von Suchtreffern, sondern es können Produkt- oder Preisvergleiche sein, das Zusammentragen von personalisierten Informationen für Online-Zeitungen oder das Mitteilen über Informationsveränderungen im Internet. Realisierungsbeispiele findet man zum Beispiel bei AutoBingooo ❷, Copernic Shopper, My Yahoo! und Webplanet.

❶ Als **Software-Agent** bezeichnet man ein Computerprogramm, das weitgehend unabhängig von Benutzereingriffen arbeitet, es löst Aktionen aufgrund eigener Initiative aus (proaktiv), reagiert auf Änderung der Umgebung (reaktiv), es kommuniziert mit anderen Agenten und lernt aufgrund zuvor getätigter Entscheidungen bzw. Beobachtungen.

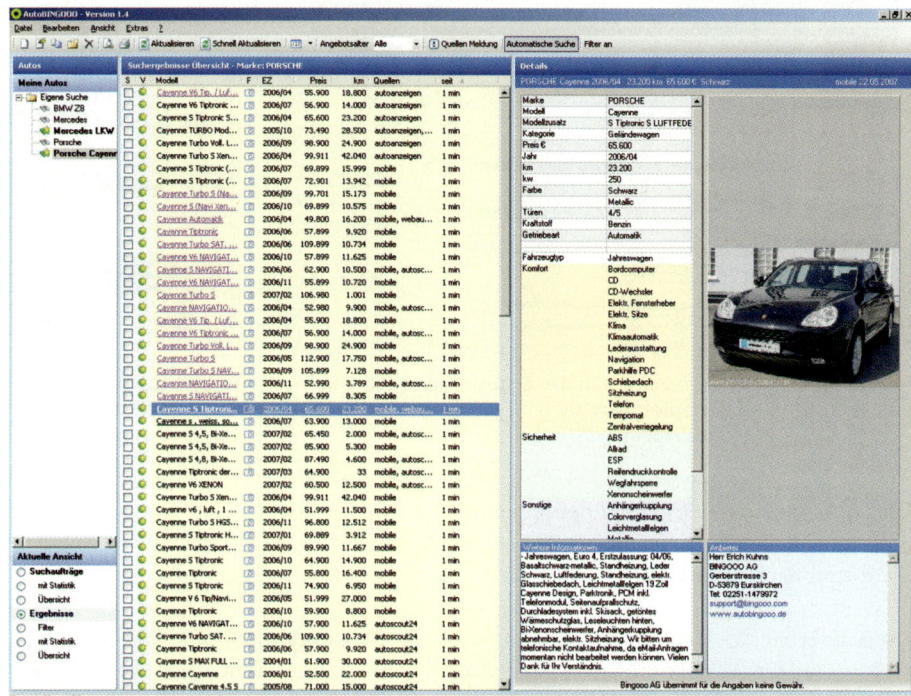

❷ Die Agenten-Software AutoBingooo durchsucht eine Vielzahl von Autobörsen und wertet die Daten der Neu- und Gebrauchtwagen aus. Die Ergebnisse werden einheitlich und übersichtlich mit Foto dargestellt. Zahlreiche weitere Details wie Preis, km-Stand, Motor etc. können als Ordnungs- und Selektionskriterium verwendet werden.

Das Anwendungsspektrum dieser digitalen Helfer ist derzeit noch sehr diffus und es wird an einer ganzen Reihe von Forschungsarbeiten und Projekten an immer spezielleren und umfassenderen Agenten gearbeitet. Eine Informationsplattform für die Entwicklung von Agenten ist die UMBC (University of Maryland Baltimore County).

13.2.8 Mobiles Internet

Der Zugriff von unterwegs auf Informationen im Internet bekommt einen immer höheren Stellenwert. Schnell mal eine Bahnverbindung abfragen, Kinokarten reservieren, E-Mails abrufen oder ortsspezifische Informationen über den aktuellen Urlaubsort erfragen, ist Dank heutiger mobiler Endgeräte ❶ und der immer schneller werdenden Mobilfunkstandards kein Problem mehr.

WAP

❶ **Mobile Endgeräte** für den Internetzugriff:
* Mobiltelefone mit WAP-Browser
* SmartPhones
* Personal Digital Assistent (PDA) als PocketPC (Windows Betriebssystem) oder als Palm PDA
* Blackberry Handhelds

❷ WAP-fähiges Mobiltelefon

❸ Tagesaktuelle WAP-Anwendungen

Angefangen hat der Internet-Zugang mit dem **WAP** (**Wireless Application Protocol**, deutsch: Protokoll für drahtlose Anwendungen), einem Internet-Dienst, der sich ausschließlich auf den mobilen Bereich konzentriert. Hierbei handelt sich um einen Standard, der es erlaubt, mobilen Benutzern mit entsprechenden Endgeräten jederzeit und überall auf speziell für das WAP aufbereitete Informationen und Dienstleistungen im Internet zuzugreifen.

Die Endgeräte können dabei neben Mobiltelefonen ❷ auch Organizer, Palmtops oder Pager sein, die über einen WAP-fähigen Microbrowser verfügen und über ein Mobilfunknetzwerk mit dem Internet in Verbindung treten. Aufgrund der geringen Datenübertragungsgeschwindigkeit beim Mobilfunkstandard GSM (9.6 kbit/s) und der geringen Displaygröße müssen die Inhalte speziell für WAP-Endgeräte angepasst werden. Dazu wurde die offene Sprache **WML** ❹ (**Wireless Markup Language**) entwickelt, die HTML (Hypertext Markup Language) sehr ähnlich ist. Der erwartete WAP-Boom nach der Markteinführung ist noch ausgeblieben. Der momentan hauptsächlich verwendete Mobilfunkstandard GSM, verfügt nur über eine geringe Bandbreite zur Datenübertragung. Somit konzentrieren sich die Anwendungen primär auf aktuelle Informationen in Textform ❸, wie zum Beispiel Fahrplanauskünfte, Telefonbücher, City Guides, Nachrichten etc.

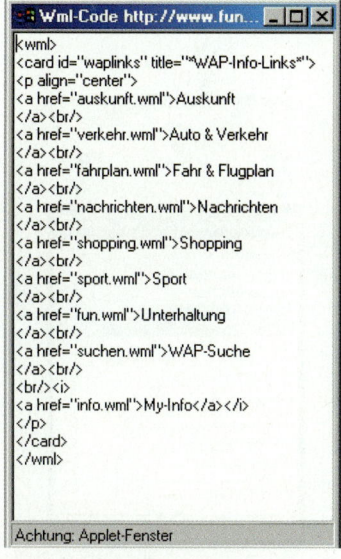

❹ Inhalte für das WAP müssen in **WML** aufbereitet sein.

PDA-gerechte Websites

Mit Verbreitung der mobilen Endgeräte, die über eine grafische Darstellung in entsprechender Auflösung ❶ verfügen, und schnellerer Mobilfunkstandards ❷, wird WAP immer bedeutungsloser. Normale Internet-Browser, die HTML und Grafiken anzeigen können, übernehmen auf den mobilen Endgeräten die Darstellung der Web-Seiten. Die begrenzte Auflösung wird durch PDA-gerechte Websites, die alternativ zur normalen Website abrufbar sind, kompensiert.

❶ Die gebräuchlichsten Auflösungen in Pixel für mobile Anwendungen sind:
- PDA mit QVGA-Display: 240x320 bzw. bei quadratischen Displays 240x240
- PDA mit VGA-Display: 480x640
- Smartphone: 160x240

❷ Geschwindigkeiten der aktuellen Mobilfunkstandards:
GSM: bis zu 14,4 kbps*
GPRS: bis zu 115 kbps
GPRS mit EDGE: bis zu 384 kbps
UMTS: 384 kbps bis zu 2000 kbps
* kbps = Kilobit pro Sekunde

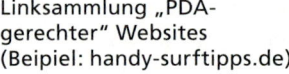

Linksammlung „PDA-gerechter" Websites (Beipiel: handy-surftipps.de)

Mobile Fahrplanauskunft (Beipiel: pda.bahn.de)

Aktuelle Nachrichten (Beipiel: mobil.spiegel.de)

❸ PDA mit Tastenwippe und Touchscreen-Bedienung (Beispiel MDA von T-Mobile)

Der Browser eines Handys oder eines PDA's ❸ wird anders bedient als ein Webbrowser an einem PC: gescrollt wird mit Funktionstasten, einer Tastenwippe oder einem seitlich angebrachten Scrollrad. Der Benutzer kann nur verhältnismäßig unbequem und zeilenweise durch eine Seite scrollen, der Blick springt dabei von Link zu Link.

Oft ist die einzige Möglichkeit das vertikale Scrollen. Schon beim normalen Webangeboten gilt das seitliche Scrollen als extrem benutzerunfreundlich, auf dem PDA oder dem Handy ist seitliches Scrollen oft gar nicht möglich. Der Benutzer hat keine Möglichkeit, in der Seite zu springen oder mit der Maus auf eine bestimmte Stelle zu springen. Ausnahme bilden hier PDA's oder Smartphones mit Stiftbedienung und berührungsempfindlichem Display (Touchscreen).

➲ PDA-gerechte Seiten sind lang, schmal und haben nur eine Spalte und wichtige Links sollten über die Zahlentasten direkt zugänglich sein

Auch audiovisuelle Inhalte werden über die mobilen Internetzugänge gefragt sein, die jedoch eine ausreichende Bandbreite zur Datenübertragung benötigen. Neue Mobilfunkstandards, wie GPRS (General Packet Radio Service) und das UMTS (Universal Mobile Telecommunication System) bieten zumindest in Städten schon heute eine gute Netzabdeckung für diese Bandbreite.

13.2.9 Netiquette

Die Vielfalt von Diensten und neuen Kommunikationsformen im Internet erfordern gewisse Spielregeln im Umgang miteinander. Dort, wo mehrere Personen miteinander in Kontakt treten (im Internet sind das mehrere Millionen Menschen) sind Benimmregeln, an die sich alle halten, unabdingbar. Unter dem Begriff „Netiquette" ❶ haben sich Standards für den Umgang der Internet-Teilnehmer in den einzelnen Diensten etabliert. Eigentlich ist die Netiquette eher als ein Ehrenkodex zu verstehen und nicht als bindendes Recht, da es die Nutzer und Betreiber selbst in der Hand haben, negatives Verhalten im Internet zu ahnden.

Beim Schreiben von E-Mails und bei öffentlichen Diskussionen in Newslettern, Mailinglisten oder im Usenet haben sich Vereinfachungen in Form von Abkürzungen und Emoticons ❷ verbreitet. Als Abkürzungen werden Akronyme ❸ verwendet.

❶ **Netiquette** ist ein Kunstwort aus dem englischen Wort „Net" und dem französischen „Etiquette", das die Benimmregeln und die Gepflogenheiten des zwischenmenschlichen Umgangs im Internet beschreibt.

❷ 1979 „erfand" Kevin MacKenzie das Emoticon. **Emoticons** sind aus Satzzeichen bestehende, um 90° nach links gedrehte kleine Gesichter (Smileys), die Emotionen ausdrücken sollen. Die gleichen Gefühle – textlich ausformuliert – würden oft mehrere Zeilen in Anspruch nehmen.

❸ **Akronyme** sind Abkürzungen, bei denen jeder Buchstabe für ein einzelnes Wort steht. Die Mehrzahl der Akronyme beruhen auf englischen Abkürzungen und stehen in der Regel für eine konkrete Aussage, die sonst sehr viel mehr Platz einnehmen würde.

Einige wichtige Smileys:	
:-)	Spaßig
;-)	Scherzhaft, ironisch
:-)))	Sehr fröhlich
:-D	Breites Lächeln
(:-)	Breites Grinsen
:-(	Ziemlich sauer
:-	Herbe Enttäuschung
:-[	Schmollen
:*)	Hicks
:-/	Skeptisch
:-v	Schreiend
:-@	Brüllen
:-I	Ist mir egal
:-x	Ich schweige wie ein Grab
:'-)	Weinen
I-o	Gähnen
:-<	Traurig
:-0	Ruhe!
:->	Bitterböse Bemerkung machen
:-e	Enttäuscht
%-(	Verwirrt

Einige wichtige Akronyme:	
<g>	grinsen
<i>	irony (ist ironisch gemeint)
<jk>	just kidding (nur ein Scherz)
<l>	laugh (lachen)
<s>	sigh (Seufz)
< >	no comment (kein Kommentar)
ASAP	as soon as possible (so bald wie möglich)
B4N	bye for now (Tschüss erstmal)
BAK	back at keyboard (bin zurück)
BTW	by the way (nebenbei)
CU	see you (bis später)
FYI	for your information (zu deiner Information)
IC	I see (ich verstehe)
HTH	hope that helps (ich hoffe das hilft)
RQWT	right question, wrong forum (Richtige Frage, falsches Forum)
\\//	live long and prosper (Lass es dir gut gehen!)
...	back in a second (ein Moment, bitte)

Grundsätzlich sollte der Internet-Nutzer

- durch Beobachten Erfahrung sammeln, bevor er aktiv loslegt;
- möglichst kurz und prägnant formulieren;
- Großbuchstaben vermeiden, denn sonst wirkt dies wie schreien;
- niemanden beleidigen;
- keine Schreibfehler oder Ausdrucksweisen anderer kritisieren;
- bei Antworten immer einen textlichen Bezug verwenden;
- Sonderzeichen vermeiden, da sich nicht alle Software-Clients gleich verhalten;
- keine Kettenbriefe oder Mailschleifen produzieren;
- die gewollte Anonymität Anderer respektieren.

Im Internet-Dienst Chat hat sich zusätzlich ein spezieller Chat-Slang etabliert:

aws	Auf Wiedersehen
bsvl	Biegt sich vor lachen
bvid	Bin verliebt in Dich
dbdb	Du bist der Beste
g	Grinsen
gn8	Gute Nacht
hea	Hau endlich ab
ikd	Ich küsse Dich
...	

13.3 World Wide Web

13.3.1 Definition WWW

❶ Als Startseite oder Homepage wird ein HTML-Dokument mit dem Namen „index.htm" oder „index.html" vom Browser erwartet.

Das World Wide Web (WWW), auch kurz „das Web" genannt, ist das am weitesten verbreitete und der am schnellsten wachsende Teil des Internets. Es besteht aus einer riesigen Anzahl von weltweit verteilten Websites. Jede Website besteht aus einzelnen, über eine Startseite ❶ miteinander verknüpften Dokumenten ❷, die aus multimedialen Inhalten, wie Texte, Grafiken, Sound und Videos aufgebaut sind.

13.3.2 Funktionsweise des WWW

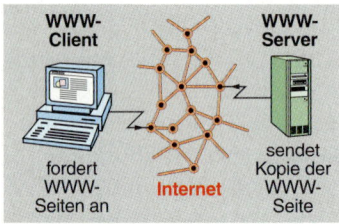

Das WWW arbeitet nach dem Client-/Server-Prinzip. Das heißt, mit einer Client-Software auf einem lokalen Computer, dem sogenannten „WWW-Browser" oder auch „Web-Browser", greift man über einen Internet-Zugang auf den „WWW-Server" zu, auf dem die Dokumente gespeichert sind. Das gewünschte Dokument wird über den Client am WWW-Server, auch Webserver genannt, angefordert. Die Server-Software nimmt die Anfrage entgegen und sendet dann eine Kopie des Dokuments an den Client, wo es mit Hilfe des Web-Browsers dargestellt wird. Zur gegenseitigen Kommunikation wird das HTTP-Protokoll verwendet.

❷ Die Dokumente im WWW sind primär in der Seitenbeschreibungssprache, der Hypertext Markup Language (HTML), codiert und als HTML-Dateien abgelegt. Jede Seite kann Verknüpfungen zu Inhalts-Medien oder zu anderen HTML-Seiten haben.

HyperText-Transfer-Protokoll (HTTP)

Das HTTP ist der Standard zur Übermittlung von multimedialen Dokumenten im Internet. Es regelt die Kommunikation zwischen den WWW-Servern und den WWW-Clients. Soll ein Dokument im WWW abgerufen werden, so wird die Adresse als URL des gewünschten WWW-Servers, bzw. des Dokumentes, über den Browser eingegeben und an den Rechner des Internet-Providers übergeben. Das Domain-Name-System (DNS) ermittelt aus dem Domain-Namen der URL die IP-Adresse des gewünschten WWW-Servers. Dann wird die Verbindung mit dem WWW-Server aufgebaut. In der Regel erfolgt dies über eine Vielzahl von Rechnern, bis der betreffende Server gefunden wird. Der WWW-Server empfängt die Anfrage über das HTTP-Protokoll und erhält dadurch die Mitteilung, welches Dokument gewünscht wird. Das Dokument wird dann dem Client zugeschickt und im WWW-Browser dargestellt. Wenn nur der Rechnername angefordert wird, so wird der WWW-Server automatisch die Startseite laden. Ist das HTML-Dokument übertragen worden, so werden nach und nach die im Dokument enthaltenen Bilddateien angefordert und übertragen. Ist die Übertragung komplett, dann ist diese Anforderung abgearbeitet und die HTTP-Verbindung zwischen Client und Server bis zur nächsten Daten-Anforderung beendet.

❸ **Hyperlinks** sind im Dokument markierte Wörter, Symbole oder Grafiken, die den Anwender nach Anklicken zu weiteren Informationseinheiten wechseln lassen.

Hypertext und Hypermedia

Im Gegensatz zu einem traditionellen Buch, bei dem die Informationen in der dargestell-ten Reihenfolge sequentiell von Seite zu Seite gelesen werden, bietet eine Hypertext-Anwendung durch **Hyperlinks** ❸, auch einfach nur „Links" genannt, den direkten Querverweis von einer Hypertext-Seite auf eine andere oder innerhalb einer Hypertext-Seite von Information zu Information. Diese Hyperlinks sind in den WWW-Dokumenten eingebettet und bestehen aus HTML-Befehlen, die beim Anklicken

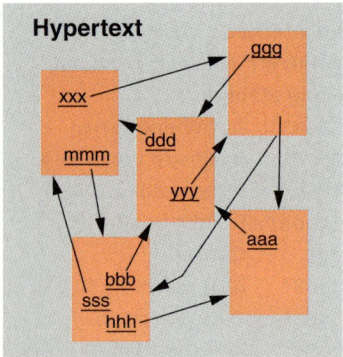

Das WWW ist eine Hypertext-Anwendung.

den WWW-Browser zum Sprung auf die Zieladresse veranlassen. Dabei kann die Zieladresse ein relativer Link oder ein absoluter Link sein. Ein relativer Link ❶ ist eine Verknüpfung auf ein anderes Dokument im gleichen Webserver. Ein absoluter Link ❷ hingegen verweist auf Informationen, die auf ganz anderen Webservern gespeichert sind. Damit sind assoziative Informationsverknüpfungen mit Dokumenten möglich, die auf den verschiedensten weltweit verteilten Webservern liegen.

Das jeweilige HTML-Dokument selbst besteht jedoch nur aus Text und HTML-Code. Bilder und Grafiken können über Links eingebettet werden. Der Browser lädt dann automatisch die Elemente und zeigt sie an. Auch andere Multimedia-Elemente wie Sound und Videos können über Links eingebunden werden und erweitern damit den Hypertext zum Hypermedia ❸.

13.4 Zugang zum Internet

13.4.1 Hardware

Die Zugangsmöglichkeiten zum Internet sind vielfältig. Grundvoraussetzung ist ein Internetfähiger ❹ Personalcomputer. Es muss nicht unbedingt ein IBM-kompatibler PC mit einem Windows-Betriebssystem sein. Auch Rechner von Apple oder PCs mit anderen Betriebssystemen, wie z. B. Unix, sind internetfähig.

Die meisten Internet-Nutzer setzen sich über die Telefonleitung mit dem Internet in Verbindung, egal ob analog, per ISDN oder über DSL. Aber auch andere Zugangswege in das Netz setzen sich immer mehr durch.

Zum Beispiel: Internet-Daten über **Satellit** ❺ oder **TV-Kabel** ❻, durch das **Strom-Netz** ❼ oder per Funk. Für den Internet-Zugang am Arbeitsplatz kann auch über ein Firmen-Netzwerk, ein sogenanntes LAN (Local Area Network), welches an das Internet angeschlossen ist, die Verbindung mit dem Internet aufgebaut werden.

Internet-Zugänge über die Telefonleitung kann man prinzipiell in drei Verfahren unterscheiden:

*   Über eine gewöhnliche analoge Telefonleitung mit Hilfe eines Modems
*   Über eine ISDN-Leitung mit einer ISDN-Karte
*   Über einen DSL-Zugang mit Splitter und DSL-Modem

Welches das geeignete Verfahren ist, hängt von den individuellen Leistungsansprüchen des Benutzers ab. Bei allen Verfahren muss vom Telefon-Anbieter der entsprechende Anschluss in der Vermittlungsstelle eingerichtet sein und über einen Internet-Provider der weitere Zugang zum Internet geregelt sein.

Modem

Beim Anschluss über eine analoge Telefonleitung muss eine Digital-Analog-Wandlung vorgenommen werden, damit die digitalen Informationen zwischen PC und dem Internet übertragen werden können. Diese Aufgabe übernimmt das Modem, welches zwischen PC und der Telefonanschluss-Dose (TAE-Dose) geschaltet wird. Das Modem (Modulator/Demodulator) wandelt digitale Informationen in akustische

❶ Beispiel für einen **relativen Link**: „/oursite/dokument.htm"

❷ Beispiel für einen **absoluten Link: „http://www.medien-verstehen.de/index.htm"**

❸ **Hypermedia** bezeichnet die Verbindung von Schrift, Grafik, Ton und Video in einem interaktiven Dokument.

❹ Möchte man die volle Bandbreite der Internet-Dienste, insbesondere die Angebote mit multimedialen Inhalten nutzen, so ist ein zeitgemäßer PC mit leistungsfähigem Prozessor (> 1 GHz), ausreichend Arbeitsspeicher (> 512 MB) und eine Festplatte (> 80 GB) notwendig.

❺ Internet-Zugänge über Satellit nehmen immer zwei Wege in Anspruch: Der Upload über den Telefonanschluss und der Download über die Sateliten-Emfangsanlage.

❻ Der Breitband-Internetzugang über das TV-Kabel wird auch **Kabel Internet** bezeichnet. Im Gegensatz zu DSL surft man völlig unabhängig vom Telefonanschluss. Für die Internet-Verbindung über den Kabelanschluss benötigt man ein Kabelmodem und einen rückkanalfähigen Hausverstärker. Im Moment sind Geschwindigkeiten bis zu 16 MBit/s möglich.

❼ PLC (**Powerline Communication**) nennt sich die Daten-Übertragung über das Stromnetz.

Geschwindigkeit verschiedener
Internet-Zugänge:

Modem-Datenrate.......< 56 kBit/s

ISDN-Datenrate ....64 kBit/s

DSL........................bis zu 16 Mbit/s

PLC ....bis zu 2 Mbit/s

SkyDSL................ bis zu 24 Mbit/s

Mobilfunk..............bis zu 7 Mbit/s

Signale (Modulation), um sie über eine analoge Leitung übertragen zu können. Am anderen Ende wandelt ebenfalls ein Modem die akustischen Signale wieder in digitale Signale um (Demodulation). Bei diesem Verfahren steht dem Nutzer immer nur eine Leitung zur Verfügung.

Internet-Zugang über Modem

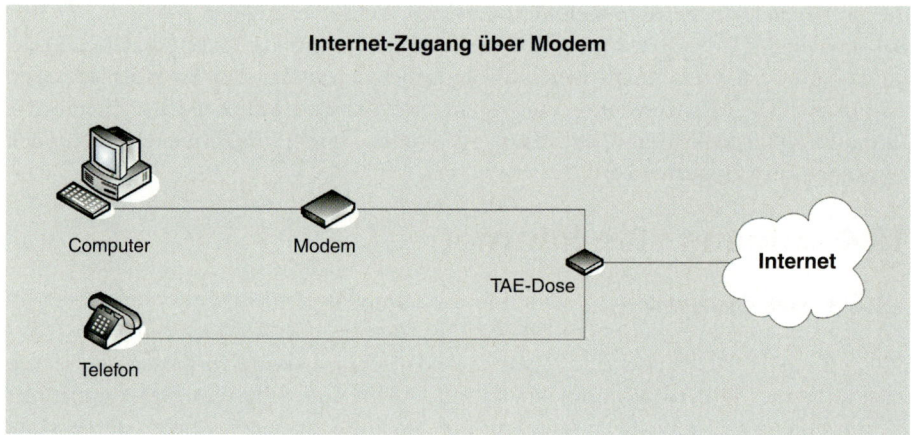

ISDN

❶ Der **NTBA** (Network Termination Basic Access) ist der Netzabschluss beim Teilnehmer und übernimmt die Wandlung der ankommenden Signale vom Anschlusskabel auf den S0-Bus des ISDN-Hausnetzes.

❷ Die **ISDN-Karte** übernimmt die Anbindung des PCs an das ISDN-Netz (S0-Bus). Sie wird als Steckkarte in den PC eingebaut.

❸ Auf einem Nutzkanal, auch B-Kanal genannt, wird normalerweise über das Point-to-Point-Protokoll (PPP) eine Internetverbindung mit einer Datenrate von 64 kBit/s betrieben. Mit einem Multilink-PPP ist es möglich, die beiden B-Kanäle zu bündeln um dadurch eine Datenrate von 128 kBit/s zu erreichen.

Mit Hilfe der ISDN-Technologie (Integrated Services Digital Network) werden die Daten direkt in digitaler Form über die Telefonleitung geschickt und müssen nicht mehr in analoge Signale gewandelt werden. Dadurch können höhere Datenübertragungsraten als bei einer Modemverbindung erzielt werden. Beim ISDN-Anschluss ist die digitale Endstelle beim Nutzer der **NTBA** ❶. Über eine ISDN-Karte ❷ wird der PC mit dem NTBA verbunden. An dem NTBA sind auch alle anderen ISDN-Endgeräte, wie z. B. ein ISDN-Telefon, angeschlossen. Bei einem ISDN-Basisanschluss stehen dem Nutzer gleichzeitig zwei Nutzkanäle ❸ mit je 64 kBit/s zur Verfügung. Das heißt er kann z. B. telefonieren und gleichzeitig im Internet surfen.

Internet-Zugang über ISDN

DSL

Mit der DSL-Technologie (Digital Subscriber Line) hat man Hochgeschwindigkeitszugänge geschaffen, die weit über die Leistungsfähigkeit von Modem- und ISDN-Verbindungen hinausgehen. Die DSL-Technologie gibt es in verschiedenen Varianten ❶. Die meistverbreitete und momentan auch für den normalen Internet-Nutzer erschwingliche, ist die ADSL-Technologie. Dabei handelt es sich um eine asynchrone Datenübertragung, das heißt, die Geschwindigkeit für den Download und den Upload sind unterschiedlich. ADSL ist in der Praxis neun Mal schneller als ISDN. Dies erreicht man zum Einen durch eine Begrenzung der Entfernung von Sender und Empfänger auf 5,5 Kilometer und zum Anderen dadurch, dass die Daten nicht, wie bei Modem- oder ISDN-Verbindungen, in hörbare Töne umgewandelt werden, sondern in unzählige verschiedene, für den Menschen nicht wahrnehmbare Frequenzen. Dadurch lassen sich deutlich mehr Daten über das Kupferkabel verschicken und die Übertragung wird wesentlich schneller. Weiterer Vorteil: Datenübertragung und Telefonieren ist gleichzeitig möglich. Die Trennung erfolgt durch den **DSL-Splitter** ❷. Der PC ist über eine Ethernet-Netzwerkkarte an das **DSL-Modem** ❸ angeschlossen, welches die Signale an den DSL-Splitter weitergibt.

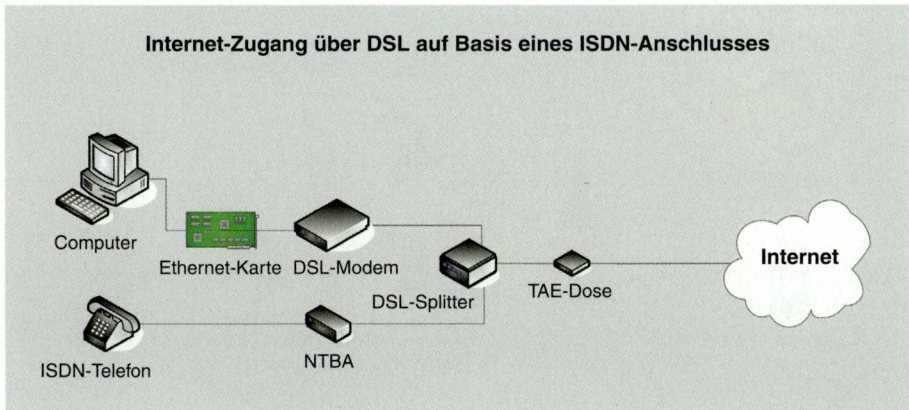

Internet-Zugang über DSL auf Basis eines ISDN-Anschlusses

- Computer
- Ethernet-Karte
- DSL-Modem
- DSL-Splitter
- TAE-Dose
- Internet
- ISDN-Telefon
- NTBA

Die verschiedenen DSL-Technologien stellen zwar erstaunliche Bandbreiten zur Verfügung, doch nicht immer wird die Verbindung ins Internet dadurch spürbar schneller. Der Grund: ADSL überbrückt lediglich die Strecke bis zum Provider. Alles, was danach kommt, vor allem die verwendeten **Backbones** ❹, sind davon nicht betroffen. Steht am anderen Ende der Leitung auch noch ein leistungsschwacher Server, der Daten nur zögerlich herausrückt, nützt auch das schnelle ADSL nicht viel.

	1997	1998	1999	2003	2004	2005	2006
Modem	80	64	56	35	34	25	25
ISDN	19	34	43	40	40	38	24
Breitband/DSL	-	-	-	24	24	36	48

Verteilung der Internet-Zugänge auf verschiedene Anschlussarten von 1997 bis 2006 (in %). Basis: Onlinenutzer ab 14 Jahren in Deutschland. Quelle: ARD-Online-Studie 1997, ARD/ZDF-Online-Studien 1998-1999, 2003-2006.

❶ Die DSL-Familie:
ADSL (Asynchronous DSL)
Datenrate theor. bis zu 8 MBits/s; praktisch:
Download............768-6000 kBit/s
Upload .... 128-1000 kBit/s
ADSL2+ (Erweitertes ADSL)
Datenrate theor. bis zu 25 MBits/s; praktisch:
Download......bis zu 16 000 kBit/s
Upload ....bis zu 3500 kBit/s
HDSL (High Data Rate DSL)
Datenrate .... bis zu 2,3 MBit/s
SDSL (Symmetrical DSL)
Datenrate ....bis zu 3 MBits/s
VDSL2 (Very High Speed DSL)
Datenrate .... bis zu 100 MBit/s

❷ Die ADSL-Informationen werden beim Anwender mit einem sogenannten **Splitter** aus dem gemeinsamen Daten-/Telefonstrom herausgeholt und zum DSL-Modem weitergeleitet.

❸ Das **DSL-Modem** ist per 10BaseT-Technik an den Computer angeschlossen. Es nimmt nicht, wie man vom Namen her meinen könnte, eine Analog-/Digital-Wandlung vor, sondern setzt die digitalen Signale auf unterschiedliche Frequenzen, damit die hohe Bandbreite an Daten übertragen werden kann.

❹ Unter **Backbone**, auch „Datenautobahn" genannt, versteht man die Fernnetze, die Server mit hohen Übertragungsraten miteinander verbinden.

Mobilfunk

❶ Datenraten in 2G-Mobilfunk-
netzen:

GSM............................bis 9,6 kBit/s

HSCSD ....bis 57,6 kBit/s

GPRS......................bis 171,2 kBit/s

EDGE .... bis 384 kBit/s

❷ Datenraten in 3G-Mobilfunk-
netz

UMTS .... bis 384 kBit/s

HSDPA.................... bis 7200 kBit/s

Als Internetzugang für den mobilen Einsatz kann der Mobilfunkstandard **GSM** (Global System for Mobile Communication) als Datenübertragungskanal genutzt werden. Damit erreicht man eine sehr hohe Netzabdeckung für einen mobilen Zugang ins Internet. GSM nutzt die Infrastruktur der vorhandenen D- und E-Mobilfunknetze. GSM als Datenübertragungsart der sogenannten 2. Generation (2G) **❶** wird auch Circuit Switched Data (CSD) genannt und erlaubt nutzbare Datenraten von 9,6 kBit/s. Für viele Internet- und Multimediaanwendungen ist dies zu wenig, so dass einige Mobilfunk-Provider mit Hilfe von Kanalbündelungen den HSCSD (High Speed CSD) einsetzen. Verbreiterter ist aber mittlerweile der paketvermittelte Datendienst **GPRS** (General Packet Radio Service). Bei GPRS besteht nur virtuell eine dauerhafte Verbindung zur Gegenstelle. Erst wenn wirklich Daten übertragen werden sollen, werden auch Daten gesendet. Deshalb braucht kein Funkkanal dauerhaft (wie bei HSCSD) für einen Benutzer reserviert zu werden. Die Kostenabrechnungen durch den Provider sind deshalb hauptsächlich von den übertragenen Datenmengen abhängig, und nicht von der Verbindungsdauer. Eine Weiterentwicklung von GPRS ist **EDGE** (Enhanced Data Rates for GSM Evolution), bei der ein effizienteres Modulationsverfahren eingesetzt wird.

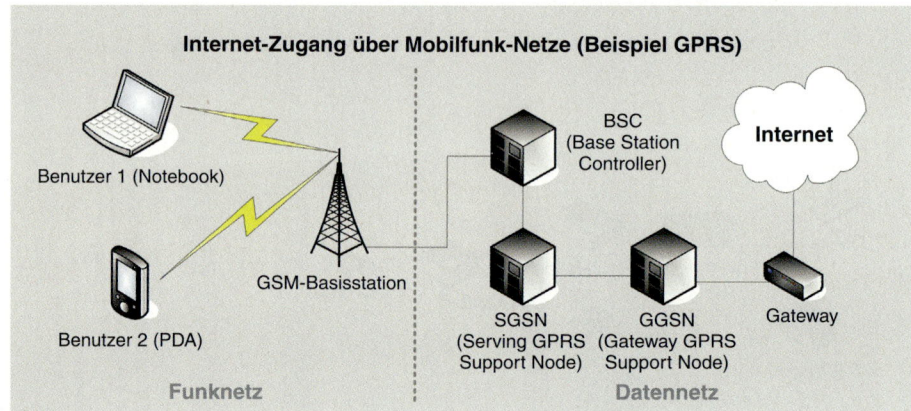

Aber erst durch die Einführung einer neuen Netzinfrastruktur der 3. Generation (3G) **❷** mit dem 3G-Standard **UMTS** (Universal Mobile Telecommunications System) und der UMTS-Erweiterung HSDPA (High Speed Download Packet Access) wird parallel zum GSM-Netz ein Netz für hohe Datenraten geschaffen.

WLAN

❸ Bei der **WLAN** (Wireless Local Network)-Technologie wird meist der IEEE802.11b/g-Standard verwendet. Dabei muss der Access-Point wie auch der WLAN-Adapter beim Benutzer über den gleichen Standard verfügen. In der Praxis werden dabei Datenraten von 2 bis 50 MBit/s erreicht. Pro Access-Point können ca. 30-100 Meter Reichweite aufgebaut werden.

Einen weiteren mobilen Zugang ins Internet bieten die drahtlosen Internetzugriffspunkte über **WLAN** **❸**, auch Hotspot genannt, an. Sie sind vorwiegend an öffentlichen Plätzen, wie Flughäfen oder Bahnhöfen vorzufinden, aber auch Hotels und Restaurants bieten diesen Service ihren Kunden an. Mit Hilfe eines eingebauten WLAN-Adapters kann mit einem Internet-fähigen Endgerät, zum Beispiel einem Notebook oder einem PDA, innerhalb des Funkbereiches (Hotspot) auf einen WLAN-Access-Point zugegriffen werden. Der Access-Point stellt dabei die Funkverbindung bereit und eine Router-Funktion übernimmt die Schnittstelle zwischen dem öffentlich zugänglichen WLAN und dem Internet. Dort findet – meist durch eine Authentifizierung am Router gelöst – eine Überprüfung statt, wer in das Internet gelangen darf. Je nach Anbieter des Hotspots kann der Service kostenfrei oder kostenpflichtig sein.

Den Zugangscode erhält der Benutzer direkt bei den lokalen Betreibern (z. B. bei Restaurants) oder bei größeren Hotspot-Betreibern (z. B. T-Mobile) als Abo oder Prepaid-Verfahren beim Provider.

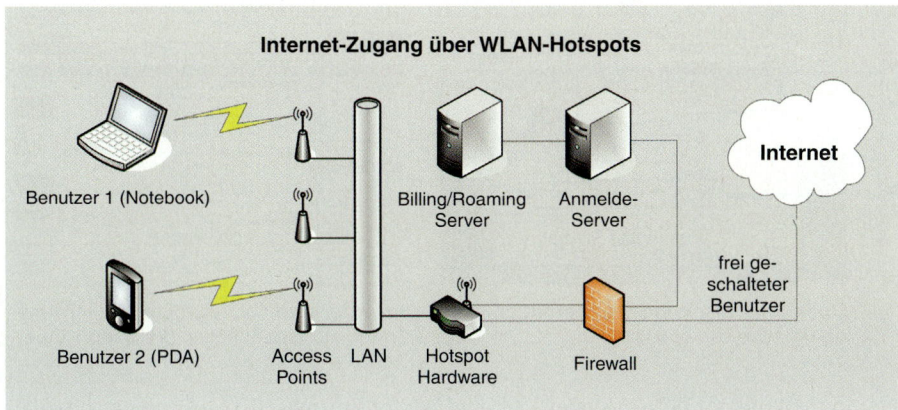

WiMAX

Mit der WiMAX-Technologie (Worlwide Interoperability for MicroWave) entstehen breitbandige Internetzugänge über ein Funknetz. Diese nicht mit dem WLAN kompatible Technik erreicht in städtischer Umgebung mit einer Basisstation üblicherweise eine Reichweite zwischen 2 und 3 Kilometer. Im ländlichen Bereich können aber auch größere Reichweiten erreicht werden. Die bisherigen (Stand 2007) WiMAX-Netze arbeiten mit Datenraten von bis zu 2 MBit/s.

13.4.2 Provider

Egal welche Zugangs-Technologie man wählt: erst der Provider (Lieferant, Dienstleister) verbindet den eigenen Computer mit dem Internet. Dabei kann zwischen reinen Internet Service Providern (ISP) und umfassenden Onlinediensten gewählt werden.

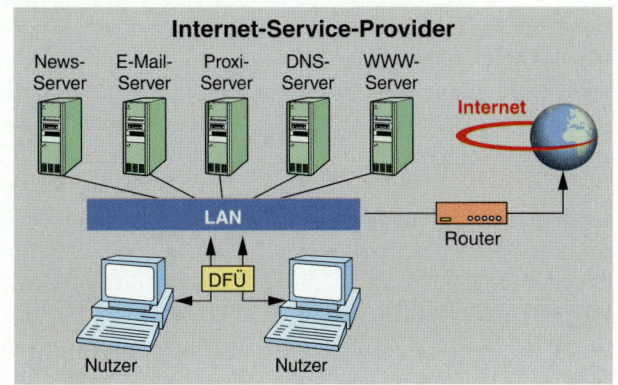

Internet Service Provider (ISP)

Der ISP sorgt für den technischen Zugang zum Internet. Mit einem DNS-Server löst er die URL-Adressen in IP-Adressen auf. Mit einem Proxy-Server versorgt er die Nutzer mit IP-Adressen und sorgt für eine Zwischenspeicherung stark frequentierter Daten, die dann nicht jedes Mal wieder im Internet angefordert werden müssen, sondern dann aus dem schnellen Proxy-Cache entnommen werden. Er stellt auch Server für die Internet-Dienste E-Mail, Newsgroups und WWW-Homepages zur Verfügung.

Onlinedienste

Onlinedienste sind Internet Service Provider und Informationsanbieter in einem. Compuserve war der erste große Onlinedienst, der schon 1991 online zur Verfügung stand. 1995 kam T-Online und AOL Deutschland hinzu, die heute die führenden Onlinedienste sind.

Themen-spezifisch aufbereitete Informationen (Beispiel: T-Online).

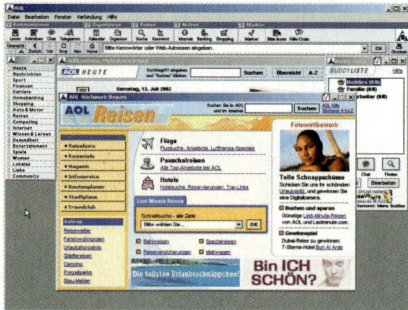

Onlinedienst mit eigener Benutzeroberfläche (Beispiel: AOL).

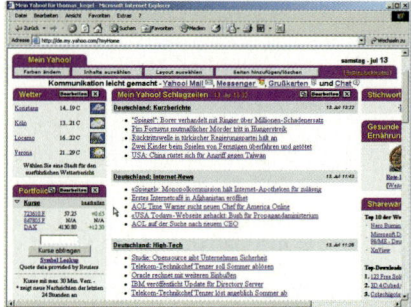

Benutzer-spezifisch aufbereitete Informationen auf einem Portal (Beispiel: Yahoo).

Die Leistungen der Onlinedienste können über verschiedene Tarife verrechnet werden, z. B.:

Internet by Call

Es werden nur die genau angefallenen Online-Minuten berechnet.

Tarife mit Grundgebühr

Eine Grundgebühr, meist mit begrenzten Freiminuten und ansonsten günstigen Minutenpreisen.

Flatrate

Mit einem festen Monatsbetrag sind alle Gebühren abgedeckt.

Als Abgrenzung zu ISPs verstehen sich Onlinedienste zusätzlich als Content-Provider (Inhaltsanbieter). Dabei sind redaktionell aufbereitete Informationen, wie Nachrichten etc., nur ein Teil des Angebotes. Das Besondere liegt in der Vorstrukturierung und Zusammenstellung der abzurufenden Inhalte, d. h., man findet schneller zu höherqualitativen Informationen. Zusätzliche Dienste, wie Messenger, Chats, Newsgroups etc. sollen den gesamten Kommunikations- und Informationsbedarf der Nutzer auf einen Onlinedienst konzentrieren. Dazu bieten die großen Onlinedienste umfangreiche Portale und sogar eigene Benutzeroberflächen, welche die Integration der vielfältigen Dienste optimieren sollen.

13.4.3 Software

Egal ob der ISP oder der Onlinedienst das Softwarepaket in seiner Grundinstallation mitliefert oder ob man die notwendige Software selbst installiert, die richtige Software, der Internet-Browser, entscheidet über Komfort und Flexibilität beim Surfen im World Wide Web.

Prozentuale Verteilung der Browser-Nutzung in Deutschland (Stand März 2007):

MS Internet Explorer 78,6%

Firefox....................................15,1%

Safari....................................... 4,5%

Opera...................................... 0,8%

Nestscape Communicator 0,7%

Andere.................................... 0,3%

1993 wurde der WWW-Browser NCSA Mosaic und der Netscape-Browser eingeführt. Erst in den Folgejahren entwickelte Microsoft seinen eigenen Browser: den Microsoft Internet-Explorer (MSIE). Mittlerweile hat Microsoft den größten Anteil am Browser-Markt.

Grundsätzlich ist es unerheblich, ob zum Surfen der Internet Explorer von Microsoft oder ein anderer Browser verwendet wird. Will man viele multimediale Informationsangebote aus dem Internet nutzen, so sollte man auf die Kompatibilität und Verfügbarkeit der zur Darstellung notwendigen Programmerweiterungen (Plug-Ins) mit dem verwendeten Browser achten.

Die Arbeitsweise mit diesen Browsern ist sehr ähnlich. Im oberen Bereich stehen die grundsätzlichen Browser-Funktionen ❶ zur Verfügung. Beide Browser benutzen „Bookmarks" (engl. = Lesezeichen) und eine Historie-Funktion zum späteren Nachvollziehen des Surf-Weges.

❶ Grundsätzlich stehen Navigations-Buttons für „Seite zurück", „Seite vor", „Seite neu aufbauen", „Sprung zur Anfangsseite" etc. zur Verfügung. Eine Adresszeile dient zur Dateneingabe der gewünschten Zieladresse (URL) und zeigt auch immer die aktuelle URL-Adresse. In einem separaten Fenster auf der linken Fensterseite des Browsers lassen sich z. B. Bookmarks oder Historie-Übersichten darstellen:

Der Internet Explorer von Microsoft (URL-Beispiel: www.zdf.de).

Der Communicator von Netscape (URL-Beispiel: www.zdf.de).

Der Funktionsumfang der Browser ist leicht unterschiedlich. Liefert Netscape gleich den Composer zum Bearbeiten und Erstellen von HTML-Seiten mit, so bietet Microsoft eine sehr enge Verzahnung seines Browsers in das Betriebsystem Windows.

➲ **Die Browser interpretieren die HTML-Befehle und die verwendeten Erweiterungen etwas unterschiedlich.**

Deshalb geben viele Informationsanbieter auf ihrer Startseite Empfehlungen und Hinweise, für welchen Browser-Typ das Informationsangebot optimiert ist.

13.4.4 Sicherheit im Internet

Jede Verbindung mit dem Internet ist gewissen Risiken ausgesetzt. Sobald ein Rechner mit dem Netz verbunden ist, kann er zur Zielscheibe bösartiger Angriffe werden. Generell gesehen drohen aus dem Internet zweierlei Gefahren: Durch Hackerangriffe oder durch verseuchte Mails können kleine Programme, sogenannte **Viren** ❷, auf den Computer gelangen und dort erhebliche Schäden anrichten. Aber auch persönliche Daten in E-Mails oder sogar Daten auf dem eigenen PC können durch Internet-Verbindungen in die Hände Unbefugter geraten.

Gegen Angriffe aus dem Internet schützt man sich durch

- den Einsatz von Antivirenprogrammen
- stets aktualisierte Internet-Software (Browser und Mail-Programme)
- die richtigen Sicherheitseinstellungen in der Internet-Software
- den Einsatz von Firewalls.

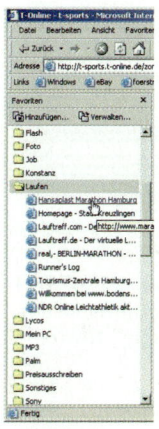 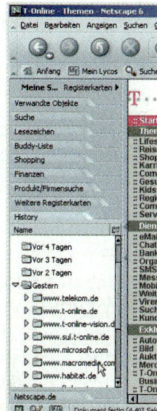

Bookmarks beim MSIE

Bookmarks beim Netscape 6

❷ **Viren** sind kleine, heimtückische Programme, die in der Regel den Auftrag haben, sich möglichst weit zu verbreiten und beabsichtigen, Daten zu verändern oder ganz zu löschen. Die meisten Viren nisten sich in ausführbare Programmdateien ein und aktivieren sich, sobald das betreffende Programm aufgerufen wird. Auf Grund der großen Verbreitung der Microsoft Office-Anwendungen treten auch verstärkt Makroviren auf, die sich innerhalb von Dokumenten als Makro einnisten und ebenfalls großen Schaden anrichten können.

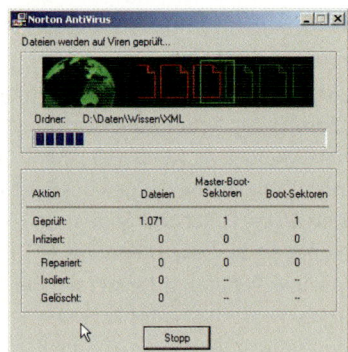

Antivirenprogramme durchsuchen Dateien nach möglichen Viren (Beispiel: Norton Antivirus).

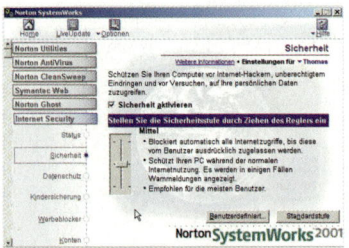

❶ Firewalls schützen eigene Netzwerke und PCs vor Angriffen aus dem Internet. (Beispiel: Norton Internet Security).

❷ Proxy-Server nehmen Anfragen des Benutzers entgegen und leiten diese gebündelt ins Internet weiter. Aus der Sicht des Internets agiert somit nur der Proxy-Server mit nur einer IP-Adresse und nicht der eigentliche Benutzer.

❸ Cookies sind kleine Datenpakete, die ein Server auf dem Rechner des Internet-Nutzers über den Browser abspeichern lässt. Wird die Seite, von der aus ein Cookie gespeichert wurde, wieder aufgerufen, überträgt der Browser automatisch das abgespeicherte Datenpaket. Damit können benutzerspezifische Einstellungen gespeichert und vom Informationsanbieter verwendet werden um z. B. personalisierte Seiten in einem Portal anzubieten.

Antivirenprogramme

Antivirenprogramme durchsuchen Dateien nach möglichen Viren. Dazu benutzen sie Erkennungsdatenbanken, die vom Benutzer immer aktuell gehalten werden sollten. Sie bieten in der Regel mehrere Funktionen an. So können sie „On Demand", d. h., bei Bedarf, zum Scannen von einzelnen Dateien oder auch ganzen Laufwerken eingesetzt werden. Außerdem können diese Programme auch im Hintergrund laufen, um „On Access", d. h., immer wenn Dateien aus einem Download gespeichert werden oder wenn E-Mails mit angehängten Dateien eintreffen, die betreffenden Daten zu scannen. Im Infektionsfall entfernen manche Antivirenprogramme den Virus selbstständig. Trotzdem ist es ratsam, sich über den betreffenden Virus, seine Auswirkungen und dessen Abhilfeschritte zu informieren.

Vorbeugende Maßnahmen

Das Infektionsrisiko wird verringert, wenn sichergestellt ist, dass die verwendeten Internet-Softwareprodukte auch aktuell sind. So sollten nur aktuelle Browserversionen mit allen notwendigen Sicherheitsupdates verwendet werden. Um nicht mit potentiellen Virenträgern in Kontakt zu kommen, ist es möglich, bei bestimmten Internet-Softwareprodukten entsprechende Sicherheitseinstellungen zu aktivieren. Dies ist aber immer ein Kompromiss zwischen Bequemlichkeit und Sicherheit, denn bei sehr strengen Sicherheitseinstellungen wird man ständig mit Rückfragen konfrontiert, ob man wirklich bestimmte Daten anzeigen oder Aktionen durchführen möchte.

Firewalls

Früher eher nur bei Firmen-Netzwerken eingesetzt, macht es nun auch bei einzelnen Internet-Anwendern Sinn, spezielle Schutzsoftware, sogenannte **Firewalls** (engl. = Brandmauer) **❶**, einzusetzen. Firewalls gibt es in unterschiedlichen Ausprägungen: Als Hard- und Softwarekombination oder nur als Softwarelösung. Generell filtert eine Firewall alle eingehenden Datenpakete. Auf Grund der Informationen aus dem Header lässt die Firewall manche Pakete durch, andere dagegen blockiert sie. In einigen Firewalls werden gleichzeitig **Proxy-Server** (engl. = Vertrauter, Stellvertreter) **❷** eingesetzt, die zusätzlich auch Zugriffe und spezielle Internet-Adressen sperren können.

Datenschutz

Durch die Kommunikationsmöglichkeiten im Internet kommt dem Datenschutz eine besondere Bedeutung zu, denn eine Internet-Nutzung ist alles andere als anonym. Beispielsweise können Verhaltensweisen und Vorlieben des Internet-Nutzers in Form von sogenannten **❸ Cookies** (engl. = Kekse) vom Informationsanbieter abgerufen werden, falls sie nicht explizit unterbunden werden. Auch die Datenübermittlung ist in der Regel nicht anonym, d. h. mit entsprechenden Maßnahmen kann der Datentransport im Internet von Unbefugten eingesehen werden. Eine Abhilfe bieten gesicherte Verbindungen mit Verschlüsselungstechnologie nach dem SSL-Protokoll (Secure Socket Layer) oder dem SHTTP (Secure-HTTP). Leider kann nur der Anbieter im Internet eine sichere Verbindung veranlassen und nicht der Benutzer allein.

SSL ermöglicht verschlüsselte Verbindungen ❶ und Echtheitsbestätigungen mit Zertifikaten ❷. SSL nutzt das **Public-Key-Verfahren** ❸. Wichtige Größe für die Datensicherheit ist dabei die verwendete Schlüssellänge – je länger, desto sicherer. Empfehlenswert ist eine Schlüssellänge von wenigstens 768 Bit.

Auch für den sicheren Austausch von E-Mails gibt es mittlerweile sichere Verfahren. **PGP** (Pretty Good Privacy, engl. = recht gute Privatsphäre) ❹ und **S/MIME** (Secure Multipurpose Internet Mail Extension) sind dabei gebräuchliche Verfahren. PGP arbeitet ebenfalls nach dem Public-Key-Verfahren.

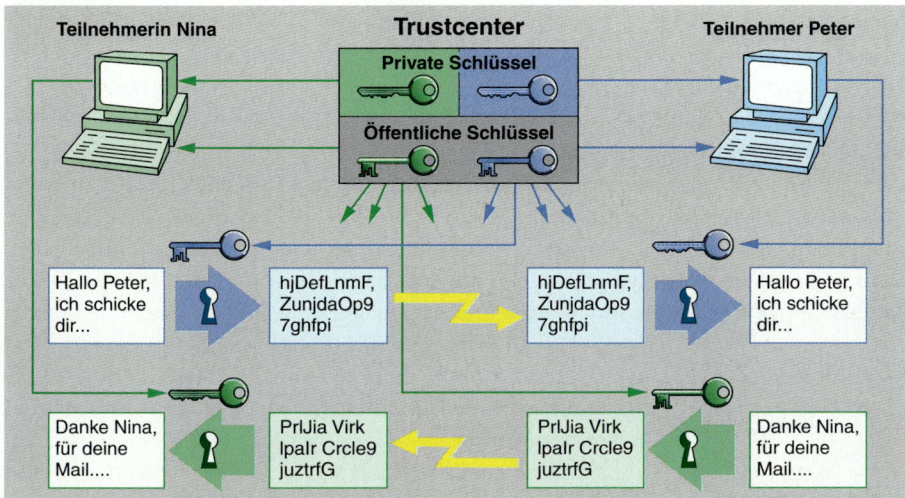

❹ Vereinfachte Darstellung eines gegenseitigen E-Mail-Austausches mit der Verschlüsselungsmethode PGP. Teilnehmerin Nina kodiert mit dem öffentlichen Schlüssel von Teilnehmer Peter ihre Mail und schickt sie über das Internet an Teilnehmer Peter. Er dekodiert diese Mail mit seinem privaten Schlüssel und kann sie lesen. Die Antwort-Mail kodiert Peter dann mit dem öffentlichen Schlüssel von Nina, die diese Mail mit Hilfe ihres privaten Schlüssels lesen kann.

13.4.5 Publizieren im WWW

Wer Informationen verbreiten will, die der ganzen Welt schon nach wenigen Minuten bekannt sein sollen, publiziert im Internet. Grundvoraussetzung für die eigene Website ist ausreichend „Webspace" – Platz auf einem Webserver. Diesen Platz stellen JSPs oder Onlinedienste zur Verfügung. Sie können auch gleichzeitig die Registrierung eines eigenen Domänen-Namens übernehmen. Als Software zum Erstellen der Inhalte kommen spezielle Web-Editoren wie Dreamweaver von Macromedia oder FrontPage von Microsoft zum Einsatz. Diese Web-Editoren visualisieren die Struktur der Website und erlauben das Setzen von Links per ‚Drag and Drop' (Beispiel: Dreamweaver von Macromedia). Zusätzlich übernehmen sie die Kommunikation mit dem Host – dem Webserver der Website. Das Erstellen geschieht „offline" in einem lokalen Speicherbereich, der jedoch spiegelbildlich zu seiner späteren „online"-Variante auf der Website aufgebaut wird. Bevor man jedoch mit dem Eingeben der Inhalte beginnt, ist es ratsam, sich Gedanken über die Struktur der Website und der Navigationsmöglichkeiten zu

Beispiel eines öffentlichen Schlüssels:

-----BEGIN PGP PUBLIC KEY BLOCK-----
Version: 2.7
mQA9Ai2wD2YAAAEBgJ18cV7rMAFv7P3
eBd/cZayI8EEO6XGYkhEO9SLJOw+DFyH
gPx5o+IiR2A6Fh+HguQAFEbQZZGVtbyA
8ZGVtb0B3ZWxsLnNmLmNhLnVzPokARQ
IFEC2wD4yR2A6Fh+HguQEB3xcBfRTi3D/
2qdU3TosScYMAHfgfUwCelbb6wikSxoF5
ees9DL9QMzPZXCioh42dEUXP0g===sw5W
-----END PGP PUBLIC KEY BLOCK-----

Tipps für die Praxis:

- Auf kurze Ladezeiten (< 8 s) achten, besonders bei der Startseite
- Navigation klar und intuitiv für die Zielgruppe gestalten
- Seiten nicht überfrachten
- Bilder und andere Medienobjekte in Unterverzeichnisse ablegen
- Bilder mit 72 dpi in der darzustellenden Größe einbinden
- Bilder mit Farbflächen im GIF-Format verwenden
- Bilder mit Fotografien im JPG-Format verwenden
- Website mit verschiedenen Browsern und Auflösungen testen.

machen. Dabei geht man immer von der Startseite, der sogenannten „Homepage", aus. Diese heißt in der Regel „index.html" oder „default.html". Dieser Seite kommt eine besondere Bedeutung zu. Sie repräsentiert den ersten visuellen Eindruck der Website. Auch für die Agenten der Suchmaschinen ist diese Seite von besonderer Bedeutung. Deshalb müssen die Metainformationen, wie Site-Beschreibung und Stichwörter, vorhanden sein. Hat man nun die HTML-Seiten, deren Verlinkungen und die eingebundenen Medienelemente erstellt und lokal getestet, so kann

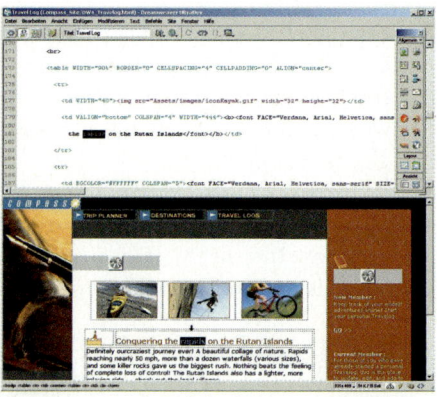
Editieren mit gleichzeitiger HTML-Code- und Layoutansicht (Beispiel: Dreamweaver).

mit der Veröffentlichung der Website begonnen werden. Mit einem FTP-Upload im Web-Editor stellt man die lokale Website spiegelbildlich auf den Webserver und testet danach die Website mit einem Browser. Ist die Seite veröffentlicht, heißt das noch lange nicht, dass sie auch von der gewünschten Interessensgruppe gefunden wird. Dazu muss sie erst bei Suchmaschinen angemeldet werden und mit aussagefähigen Beschreibungen, präzisen Stichworten und Kategorien versehen werden.

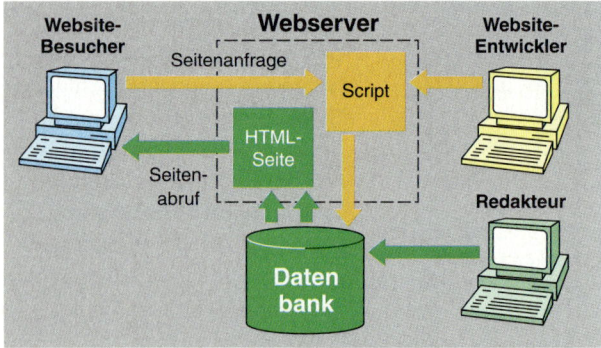
❶ Vereinfachtes Prinzip eines Content Management Systems. Die angeforderten HTML-Seiten werden stets vom System mit den aktuellsten Inhalten aus der Datenbank generiert.

Für Informationsanbieter, die Inhalte mit hohem Aktualisierungsbedarf veröffentlichen, bedeutet diese Vorgehensweise der Website-Erstellung immer noch einen beträchtlichen Zeitaufwand. Deshalb setzen Online-Redaktionen und vergleichbare Anbieter verstärkt **Redaktionssysteme**, bzw. **Content Management Systeme** (CMS) ❶ ein. Diese Systeme vereinfachen das Aktualisieren einer Website, indem sie mit standardisierten Seitenvorlagen arbeiten und die Inhalte über eine Datenbank pflegen. Beim Besuch auf der Website werden dann die einzelnen HTML-Seiten für den Interessenten „On Demand" aus der Datenbank zusammengestellt. Dazu verwenden die Systeme serverseitige Scriptsprachen, wie z. B. ASP (Active Server Pages) von Microsoft, PHP (Hypertext Preprocessor) oder JSP (JavaServer Pages) von Sun.

13.5 Anwendungen

13.5.1 Intranet und Extranet

❷ **Intranets** werden als firmeninterne Informations-Plattform eingesetzt, teils mit Schnittstellen zu internen Datenbank-Systemen, wie z. B. ERP-Systemen (Enterprise Ressource Planning) für Produktionsplanung, Finanzbuchhaltung und Personalabrechnung usw.

Als **Intranet** ❷ wird ein geschlossenes Computernetz auf Basis der Internet-Technologie bezeichnet, das nur innerhalb eines Unternehmens für die Mitarbeiter verfügbar ist. Intranets sind von außen nicht erreichbar und erlauben nur Mitgliedern der Organisation den Zugriff. **Extranets** ❸ sind im Gegensatz zu Intranets auch von außerhalb erreichbar, erlauben aber im Vergleich zum öffentlichen Internet nur registrierten Benutzern, also einer geschlossenen Benutzergruppe, den Zugang. Extranets werden meist für geschlossene Informationsangebote auf einem öffentlichen Webserver eingesetzt. Dieses Konzept wird häufig in der B2B-Kommunikation eingesetzt (B2B – Business to Business).

13.5.2 E-Business und E-Commerce

Unter E-Business versteht man alle Formen von elektronischen Geschäftsprozessen, unter Anderen auch den E-Commerce, den Handel von Waren und Dienstleistungen über das Internet.

Online-Banking und Online-Aktienhandel

Bankgeschäfte per Internet - für viele schon längst die Alternative zum Besuch am Bankschalter. Mittlerweile verfügt nahezu jede Bank über ein entsprechendes Angebot, Überweisungen ❶, Kontostandsabfragen und mehr von zu Hause aus erledigen zu können. Um den virtuellen Bankbesuch so abzusichern, dass kein Fremder Einsicht bzw. Manipulationsmöglichkeiten hat sind momentan zwei Verfahren verbreitet: Die SSL-Technik (Secure Socket Layer) ❷ und der HBCI-Standard (Homebanking Computer Interface). Beim HBCI-Standard werden alle Daten verschlüsselt gesendet und jeder Auftrag mit der „elektronischen Unterschrift" aus einer Chipkarte bestätigt. Dazu muss ein spezielles Lesegerät am PC verwendet werden.

❷ Bei der **SSL-Technik** wird der Transportweg verschlüsselt. Mit einer „Persönlichen Identifikationsnummer" (PIN) weist sich der Kunde aus und mit einer jeweils nur einmal gültigen „Transaktionsnummer" (TAN) „unterschreibt" er sozusagen den Bankauftrag.

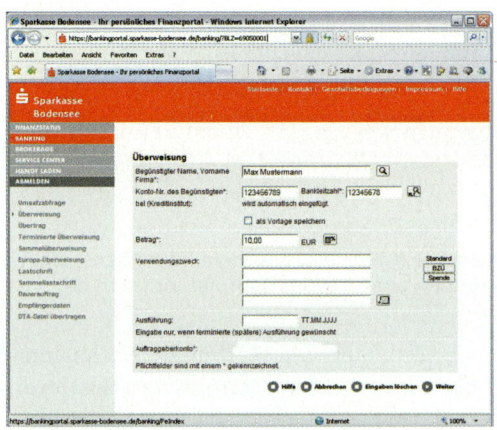

❶ Überweisung mit Online-Banking (Beispiel: Sparkasse Bodensee).

Auch im Aktienhandel eröffnet das Internet dem privaten Anleger interessante Möglichkeiten. Es bietet den direkten Zugriff auf aktuelle Börsenkurse und Hintergrundinformationen, unterstützt bei der Depotverwaltung und erlaubt den direkten Online-Aktienhandel, den sogenannten „Brokerage", bei dem Aktien mit Hilfe von PIN und TAN gekauft und verkauft werden können.

Online-Shops und Online-Auktionen

Der Marktplatz im Internet. Das ist Shopping von zu Hause aus, auch außerhalb der Ladenöffnungszeiten. Mittlerweile nutzen viele Firmen diesen Absatzweg für ihr Warenangebot. Die Vorteile liegen in der Vielfalt und Aktualität der Shops. Über Preisagenturen sind auch Preisvergleiche unter verschiedenen Anbietern möglich. Nur können dabei die Produkte noch nicht in der Hand gehalten und getestet werden. Um dies auszugleichen, versuchen die Anbieter, die Produkte multimedial zu präsentieren, z. B. bei Musik-CDs durch Anspielen der Musikstücke ❸.

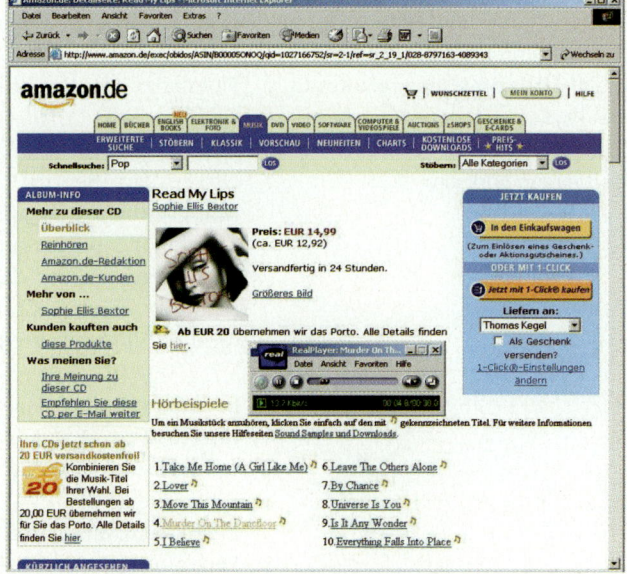

❸ In Musikstücke hereinschnuppern (Beispiel: Amazon.de).

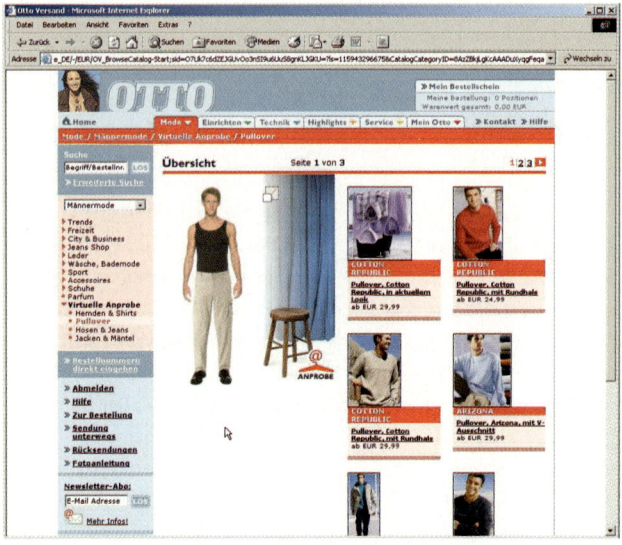

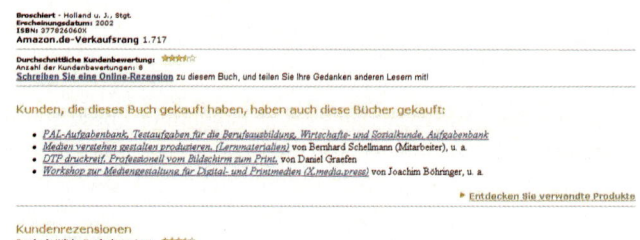

Eine multimediale Umsetzung finden wir bei Textilien durch virtuelle Anproben ❶, bei denen dreidimensionale Figuren die gewünschten Kleidungsstücke annehmen und dann von allen Seiten betrachtet werden können.

Auch lassen sich Käuferverhalten und Meinungen gezielt in die Produktangebote mit einbeziehen, z. B. in Buch-Shops gibt es Leser-Rezensionen zu Büchern und Hinweise auf Kaufverhalten von Gleichgesinnten ❷.

❶ Virtuelle Anprobe im Online-Shop (Beispiel: OTTO-Versand).

❷ Was kaufen andere Käufer mit gleichem Interessensgebiet? Online-Shops können es aufzeigen (Beispiel: Amazon.de).

❸ Die Kreditkarten-Daten sollten nur verschlüsselt (per SSL) oder über den SET-Zahlungsverkehr (Secure Electronic Transaction) einer Bank übertragen werden.

❹ PayPal ist ein Online-Bezahlverfahren für das Internet. Für Transaktionen müssen beide Geschäftspartner über ein Konto bei PayPal verfügen. Transaktionen sind für beide Partner ohne Zeitverzug wirksam.

Bezahlt werden kann dabei mit klassischen Methoden, wie Rechnung, Nachnahme, Lastschriftverfahren, per Kreditkarte ❸ oder mit einem der elektronischen Bezahlverfahren, wie zum Beispiel PayPal ❹ oder Click&Buy.

In Online-Auktionen, wie „eBay" ❺ findet sich fast alles – von Raritäten und Schnäppchen bis hin zu hochwertigen Neuprodukten. Verkäufer finden bei solch einem großen, überregionalen Flohmarkt für fast alles einen Interessierten.

Unter dem Begriff „Powershopping" laden virtuelle Marktplätze, wie z. B. „Letsbuyit.com", zu gemeinschaftlichen Einkäufen ein. Bei diesem kollektiven Kauf gilt: Je mehr Käufer, desto billiger wird es für den Einzelnen.

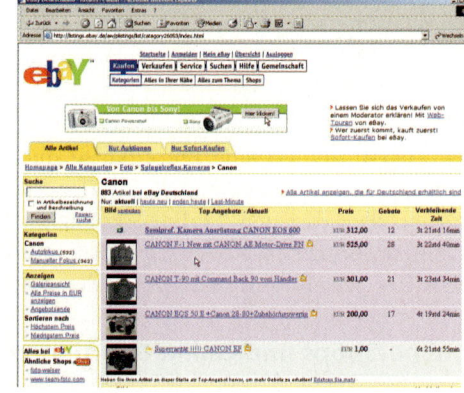

❺ Im Online-Auktionshaus eBay werden über 5 Millionen Artikel gleichzeitig angeboten.

Nicht nur Gegenstände werden über das Internet verkauft, sondern auch Dienstleistungen. Zum Beispiel lassen sich im virtuellen Reisebüro Hotels reservieren (Beispiel: www.hrs.de) und nach den billigsten Flügen suchen (Beispiel: www.start.de).

E-Business-Aktivitäten im nicht-kommerziellen Bereich, zum Beispiel in öffentlichen Verwaltungen und in Ämtern, bietet das Internet unter dem Begriff „E-Government". Immer mehr Städte und Gemeinden bieten Dienstleistungen für den Bürger, indem sie Amtsbesuche beschreiben und notwendige Formblätter zum Download anbieten. In Zukunft könnte der Bürger, ein entsprechendes Sicherheitssystem vorausgesetzt, online Steuererklärungen ausfüllen, Wahlen über das Internet durchführen und An- und Abmeldungen vornehmen.

13.5.3 E-Learning

E-Learning ❶ bedeutet im Allgemeinen Lernen über das Internet, in Form von „Web Based Training" (WBT) ❷. Hierbei können Teilnehmer unabhängig von Zeit und Ort selbstgesteuert auf Lerninhalte zugreifen. Der Lernende kann sowohl mit Tutoren als auch mit Lernkollegen über E-Mail, Chats, Blackboards und Foren kommunizieren. Die Inhalte (Content) der WBT-Programme können auf Grund der begrenzten Bandbreite des Internets den multimedialen Umfang (Rich Media) herkömmlicher CBTs ❸ noch nicht abdecken. Der Vorteil gegenüber konventionellen Lernformen liegt im Potential, in kurzer Zeit ortsunabhängig eine große Zielgruppe zu schulen und durch weniger Reise- und Ausfallzeiten die Trainingskosten zu senken.

❶ **E-Learning** findet statt, wenn Lernprozesse in Szenarien ablaufen, in denen multimediale und (tele)kommunikative Technologien integriert sind.
(Quelle: Seufert/Mayr: Fachlexikon e-le@rning).

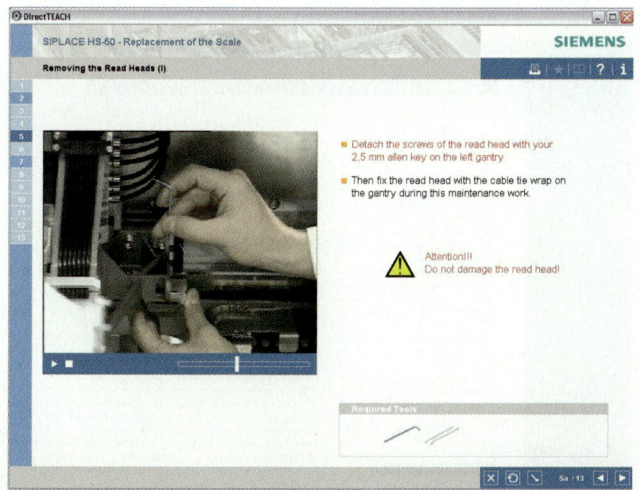

Technisches WBT zur Erläuterung von Handlungsanweisungen mit Videosequenzen (Quelle: SIPLACE, Siemens AG).

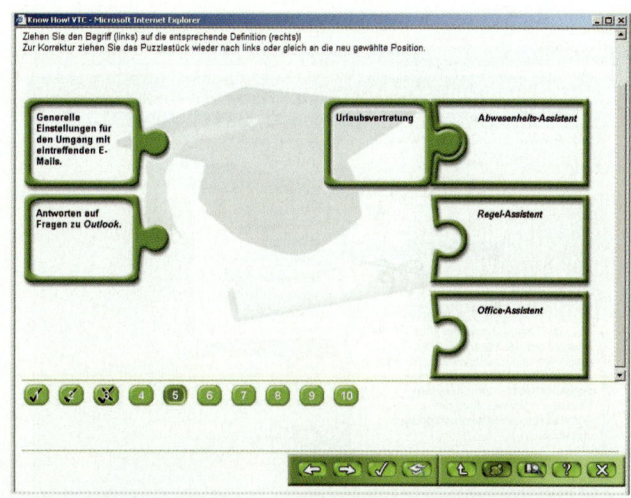

Lernerfolgskontrolle im WBT (Quelle: Know How! AG).

Die Hersteller der E-Learning-Inhalte bedienen sich spezieller Autorensysteme, um die Lernziele mittels Didaktik und der notwendigen Medienelemente wie Text, Bild, Animation und Ton umzusetzen. Dazu gibt es leicht bedienbare Systeme, die auch beispielsweise Dozenten die Möglichkeit bieten, ohne größere Kenntnisse über HTML, XML oder spezieller Programmiersprachen ihre Lernmaterialien in WBTs umzusetzen. Sollen produzierte Lerninhalte für verschiedene Kurse wiederverwendet werden oder werden Varianten und Sprachversionen benötigt, empfehlen sich leistungsfähigere Autorensysteme. Diese können für eine zukunftssichere Weiterverwendung mit XML-Technologien arbeiten und an ein Dokumenten-Management-System (Content Management System CMS) angeschlossen sein.

❷ **WBT** (Web Based Training) ist internet-basiertes Lernen mit Unterstützung durch Chats, E-Mail oder Diskussionsforen.

❸ **CBT** (Computer Based Training) sind Lernsysteme, die multimedial Lerninhalte vermitteln. In der Regel sind dies eigenständige Programme, die auf Datenträgern, wie CD-ROM oder DVD ausgeliefert werden.

In der Regel sind die E-Learning-Anwendungen für den Einsatz auf Desktop-PCs oder Notebooks konzipiert. Plattformunabhängige Standards und Tools ermöglichen aber auch den Einsatz auf mobilen Endgeräten, wie PDAs und Mobiltelefonen. Diesem Anwendungsbereich, der auch m-Learning oder Mobil Learning bezeichnet wird, steht auf Grund der rasanten Entwicklung im Bereich der mobilen Endgeräte ein hohes Entwicklungspotential bevor.

❶ **LMS** (Learning Management Systems) stellen zum Einen die notwendige Plattform und zum Anderen die Funktionalität zur Verwaltung von Kursen, der Teilnehmer sowie die gesamte Kommunikation zwischen den Teilnehmern zur Verfügung.

Um E-Learning-Inhalte im Internet zur Verfügung zu stellen und den Zugang für die Lernenden zu regeln, bedarf es einer Lernplattform, auch **Learning Management Systems** (LMS) ❶ genannt. Diese Software wird auf einem zentralen Server installiert und über einen lokalen Client, beispielsweise über einen Web-Browser, angesprochen. Die typischen Funktionsbereiche eines LMS umfassen in der Regel die Zugangsverwaltung für die Lernenden, das zur Verfügung stellen der WBT-Lektionen und sonstiger Lernmedien, die Kommunikation (E-Mail, Chat etc.), die Evaluation bzw. Bewertung der Ergebnisse und die Administration der Kurse und Termine.
Damit die WBTs und das LMS zusammenarbeiten, müssen beide die gleichen Standards (z. B. SCORM, AICC oder IMS) verstehen.

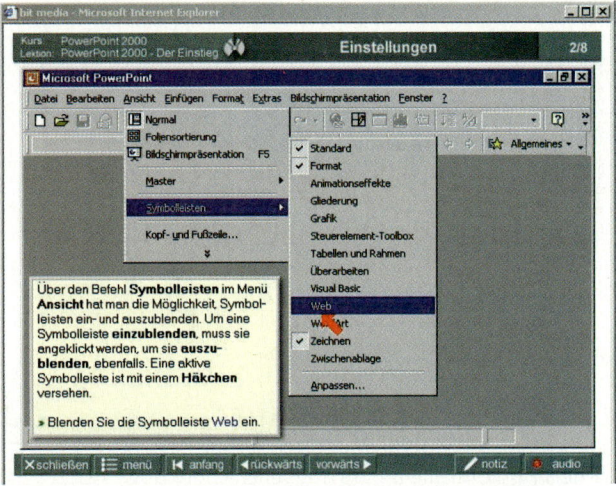

WBT-Lektion über Microsoft Excel (Quelle: bit media).

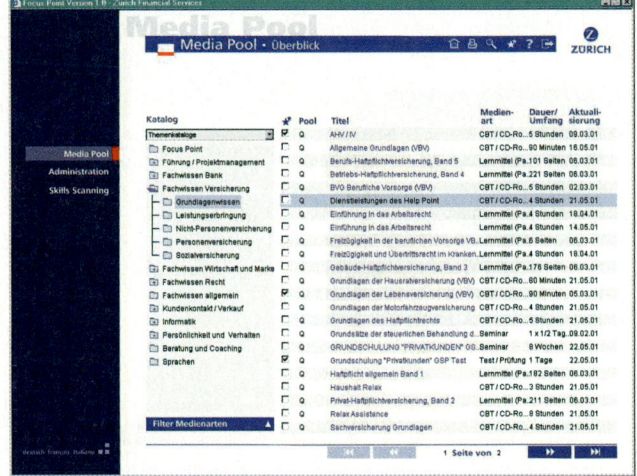

Lernportal mit Learning Management System (Quelle: Zürich Schweiz).

13.5.4 E-Collaboration

Kollaborative Software-Plattformen im Internet unterstützen die Zusammenarbeit von unternehmensübergreifenden Projektgruppen über zeitliche und räumliche Distanzen hinweg. Dieses sogenannte E-Collaboration (engl. Zusammenarbeit) hat in der Regel das Ziel, Kostenpotentiale auszuschöpfen, Qualitätsniveaus zu erhöhen und Entwicklungs- und Anpassungsprozesse zu verkürzen. Typische Komponenten dieser Software sind Dokumentenablage, Terminsteuerung, Planung- und Kommunikationstools.

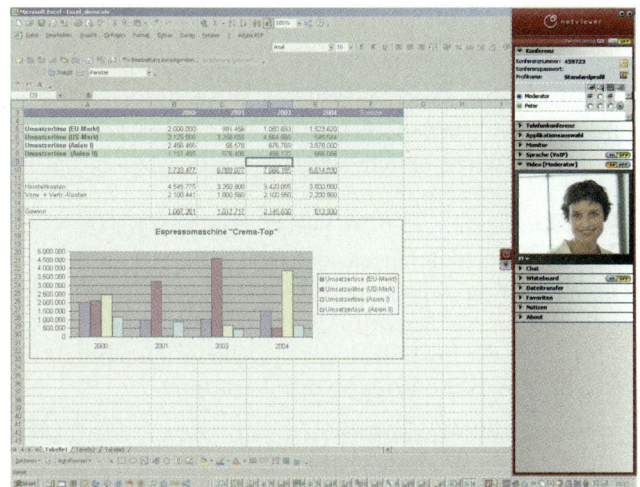

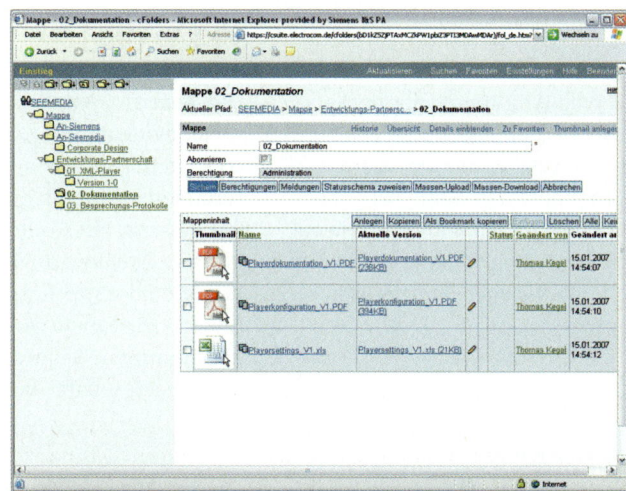

E-Collaboration mit Kommunikationsmöglichkeit über eine Webkonferenz (Beispiel: Netviewer).

E-Collaboration-Plattformen bieten Projekträume für gemeinsame Datenhaltung (Beispiel: cFolder von SAP).

13.6 Web 2.0

Das Internet entwickelt sich permanent weiter. In den Anfängen des Internet waren es vor allem statische HTML-Seiten, die für größere Zeitabstände ins Netz gestellt wurden, und primär zur Verbreitung von Daten, Informationen und Medien sorgten. Auch die Rollenverteilung war klar umrissen. Es gab auf der einen Seite den klassischen Informationsanbieter (Zeitung, Firma oder Institution) und auf der anderen Seite den klassischen Informationskonsumenten (Internet-Nutzer, der Informationen abruft). Diese Konstellation bezeichneten Dale Dougherty und Craig Cline ❶ als das alte Web 1.0 und führten sogleich das Schlagwort „Web 2.0" ein.

Unter Web 2.0 ❷ versteht man die Weiterentwicklung des Internets, vom Prinzip der zentral ordnenden Instanz hin zu einem Selbstregulativ, das von sozialer Verantwortung innerhalb der Nutzergemeinschaft getragen wird. Dahinter steht die Philosophie: Jeder kann publizieren – das Web zum Mitmachen. Vom „passiven" Konsumenten hin zum „aktiven" Nutzer, der Informationen kommentieren und beeinflussen kann.

Das neue Internet wird sich somit auch auf die soziale Vernetzung unserer Gesellschaft auswirken. Das kollektive Verhalten der Gemeinschaft stellt dem Einzelnen zusätzliche Informationen zur Verfügung. Dieser von der Gemeinschaft erarbeitete Mehrwert in Form von Hinweisen, Bewertungen und Ergänzungen durchbricht die klassischen Strukturen der Meinungsbildung durch Massenmedien.

Technisch gesehen ist diese Veränderung nicht so einfach zu definieren. Das technische Web 2.0 ist vielmehr eine Sammlung von neuartigen Technologien, die hochgradig interaktiv sind.
Mit Web 2.0 ist die Entwicklung des Internets mit Sicherheit nicht abgeschlossen. Am Horizont sind schon die Umrisse eines Web 3.0 zu erkennen, mit der Vision des semantischen Webs von Tim Berners-Lee ❸, bei dem semantische Technologie ❹ die automatisierte Nutzung von Diensten und Informationsquellen unterstützt.

❶ Dale Dougherty (O'Reilly-Verlag) und Craig Cline (MediaLive) kreierten anlässlich einer Konferenz im Jahre 2004 das Schlagwort **Web 2.0**.

❷ Typische Anwendungen, die dem Web 2.0 zugeordnet werden können, sind: **Wikis**, **Weblogs**, **Podcasts**, **Webcasts**, **RSS-Feeds** und generell das **Social Networking**.

❸ Tim Berners-Lee gilt als der Erfinder des World Wide Web.

❹ Die **Semantische Technologie** verwendet Daten im Web in der Form, dass sie von Maschinen gelesen, verarbeitet und auf sinnvolle Art interpretiert werden können. Durch das Wissen der inhaltlichen Bedeutung sind somit komplexe automatische Auswertungen möglich.

13.6.1 Wiki

❶ **Wiki Wiki** kommt aus dem Hawaiischen und wurde vom ersten Wiki-Entwickler Ward Cunningham gewählt, als er bei Ankunft am Flughafen auf Hawai die Bezeichnung „Wiki Wiki" für den dortigen Shuttle-Bus entdeckte.

Der Begriff „Wiki" ist die Kurzform des ersten Wikis, dem WikiWikiWeb ❶, was soviel bedeutet wie „sehr schnelles Web". Unter einem Wiki versteht man eine Wissensdatenbank, die aus vielen Internetseiten besteht, welche von den Lesern online verändert werden können.

Ein Wiki ist ein Content Management System mit einer Editierfunktion für das kooperative Arbeiten an Texten und Hypertexten. Für das einfache Editieren verwenden Wikis eine einfach zu erlernende Markup-Sprache. Die Ordnung und Struktur der Inhalte wird nicht von einer Redaktion, sondern von der Wiki-Gemeinschaft selbst übernommen. Dabei steigt die Qualität der Inhalte mit der steigenden Teilnehmerzahl der Gemeinschaft, da diese gleichzeitig die Kontrollinstanz übernimmt.

Wikipedia als bekanntes Beispiel einer Wissensdatenbank nach dem Wiki-Prinzip.

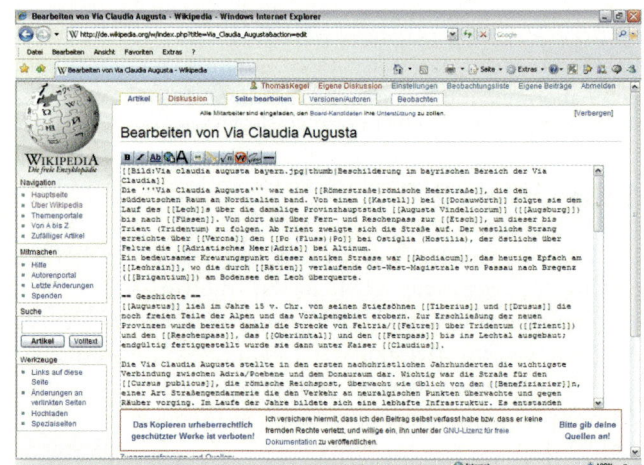

Die Bearbeitung von Beiträgen in einem Wiki erfolgt direkt am Text und mit Hilfe von so genannten „Tags" für die Auszeichnung einzelner Wörter.

❷ Beitragsänderungen werden in einem Wiki mit den Autorennamen protokolliert. Vorherige Zustände können auch wieder hergestellt werden.

❸ Neben MediaWiki, der Software des Wikipedia, gibt es unzählige **Wiki-Software**, auch Wiki-Engines genannt. Beispiele sind PhpWiki, MoinMoin, TeleparkWiki, TikiWiki, PmWiki u. a.

Die große Verbreitung von Wikis wurde maßgebend durch die freie Enzyklopädie Wikipedia, die mittlerweile einen sehr hohen Bekanntheitsgrad besitzt und in der englischen Version schon mehr als 1.800.000 Artikel umfasst, beschleunigt.

Ein Kritikpunkt an öffentlichen Wissensdatenbanken, wie der Wikipedia ist, dass neben bewusster Fehleintragungen, sich mittelfristig ein Halbwissen durchsetzen kann, welches nicht den Wissensstand der Gesellschaft, sondern den vorherrschenden Vorurteilen entspricht. Dies ist darauf zurückzuführen, dass die Minderheit, die über das Fachwissen verfügt, ständig von der Mehrheit korrigiert wird.

Wissensmanagement mit Wikis hat sich in den letzten Jahren auch in zahlreichen Unternehmen etabliert. So sorgen Wikis für eine zentrale Vernetzung der Mitarbeiterschaft über das Intranet. Durch das Fehlen der Anonymität ❷ wird eine signifikant erhöhte Transparenz des im Unternehmen vorhandenen Wissens erreicht. Auch im Bildungsbereich kommen Wikis vermehrt zum Einsatz.

Die Art, Texte und Links zu bearbeiten, hängt von der verwendeten Wiki-Software ❸ und deren Wiki-Syntax ab. In der Regel sind die Wiki-Dialekte nicht sehr unterschiedlich und sehr einfach für Jedermann zu erlernen.

13.6.2 Weblog

Weblog, oder die Kurzform **Blog**, bezeichnet ein digitales Journal im Web, deren Einträge in umgekehrter chronologischer Reihenfolge angeordnet sind. Das heißt, die aktuellen Beiträge erscheinen immer oben auf der Seite.

Blogs sind hinsichtlich ihrer Kommunikation vergleichbar mit Newslettern oder Foren. Sie verfügen in der Regel über eine Kommentarfunktion, die es den Lesern ermöglicht, einen Eintrag zu kommentieren und so mit dem Autor oder anderen Lesern zu diskutieren. Blogger ❶ greifen Themen anderer Blogger auf, interpretieren und erweitern das Thema um zusätzliche Informationen. Der ursprüngliche Blogeintrag wird dabei verlinkt. Über Trackback-Funktionen ❷ können Hinweise über weitere Einträge sichtbar gemacht werden.

Ein Beispiel: Alex liest bei Nina im Blog einen Beitrag über MP3-Player. Alex schreibt auch einen Beitrag über MP3-Player und bezieht sich auf Ninas Beitrag. Alex will, dass die Leute, die bei Nina den Beitrag lesen, auch seinen Beitrag beachten. Er schickt einen Trackback-Ping an die Trackback-URL, die in Ninas Beitrag angegeben ist. Jetzt erscheint auf Ninas Blog ein Verweis mit einem kurzen Textauszug zu Alex' Blog.

An Blogs können, je nach Berechtigung, auch mehreren Autoren beteiligt sein. Blogeinträge verfügen über stabile URLs, den so genannten Permalinks ❸.

Die meisten Blogs sind als so genannte „Private Blogs" im privat persönlichen Umfeld angesiedelt und dienen der Erlebnismitteilung und fördern die Aufmerksamkeit des Bloggers im Internet. Man schätzt, dass mittlerweile weltweit über 50 Millionen Blogs im Internet vertreten sind. Blogs werden aber auch immer mehr im nicht-privaten Bereich, zum Beispiel in Unternehmen und Institutionen eingesetzt. Diese „Corporate Blogs" dienen dabei als Kommunikationsinstrument, um auf einfache Weise ein Erfahrungs- und Wissenstransfer aufzubauen.

❶ Weblog-User werden in der Umgangssprache als **Blogger** bezeichnet.

❷ **Trackback** ist ein System, mit dem ein Hinweis auf einen Beitrag zum gleichen Thema in einem anderen Weblog hinterlassen werden kann.

❸ **Permalinks** sind permanente individuelle Links (URLs). Durch diese stabilen Internet-Adressen können Weblog-Beiträge einfach mit anderen Webseiten verlinkt werden.

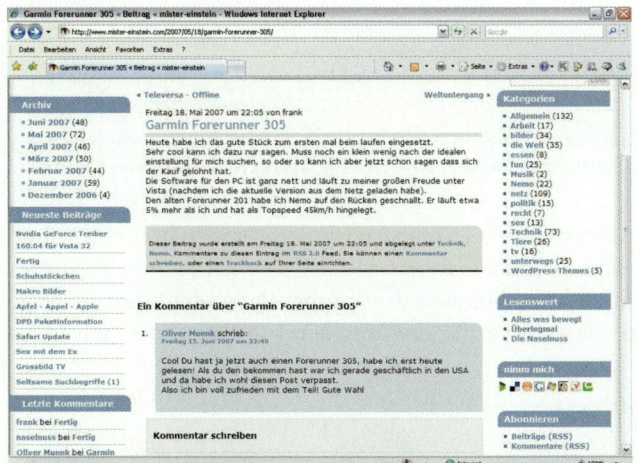

Beispiel eines privaten Blogs (Quelle: www.mister-einstein.com).

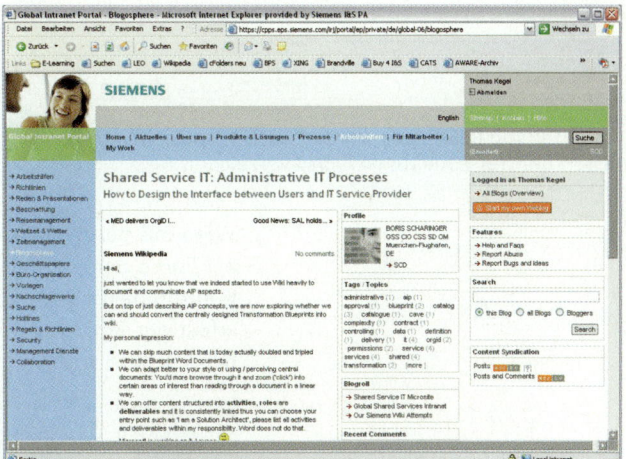

Beispiel eines Corporate Blogs (Quelle: Siemens AG).

Zum Beispiel kann ein Produktmanager in seinem Blog über aktuelle Entwicklungen, Planungen und Ideen für die Weiterentwicklung seines Produktes berichten. Oder ein Entwicklungsleiter schreibt über den aktuellen Stand der Arbeit seines Teams (sofern dies nicht zu vertraulich ist). Die Marketing-Mitarbeiter können damit den Status der Entwicklung verfolgen. Wartungstechniker informieren sich über Verbesserungen der Produkte und können über Kommentare zu den Blog-Einträgen sinnvolle Anregungen geben.

13.6.3 RSS-Feed

❶ Angebotene RSS-Feeds (engl. to feed = füttern) werden über ein Logo auf der Webseite visualisiert.

Um Artikel einer Website oder eines Weblogs in andere Websites zu integrieren, bedarf es einheitlicher Datenformate, die in maschinenlesbarer Form gespeichert werden. RSS (Really Simple Syndication) ist ein elektronisches Nachrichtenformat, das vom Informationsanbieter über so genannte RSS-Feeds ❶ auf der Website angeboten wird. Der RSS-Feed besteht aus einer XML-Datei, welche in strukturierter Form ausschließlich die Nachrichteninformation bereitstellt. Layout oder Formatierungen sind dabei unberücksichtigt. Mit Hilfe von Feed-Readern oder RSS-fähigen Browsern lassen sich die RSS-Feeds nach dem Prinzip des Abonnierens automatisiert herunterladen und in geordneter Form als Nachrichten-Sammlung anzeigen. Ebenso können fremde RSS-Feeds in eigene Webseiten integriert werden.

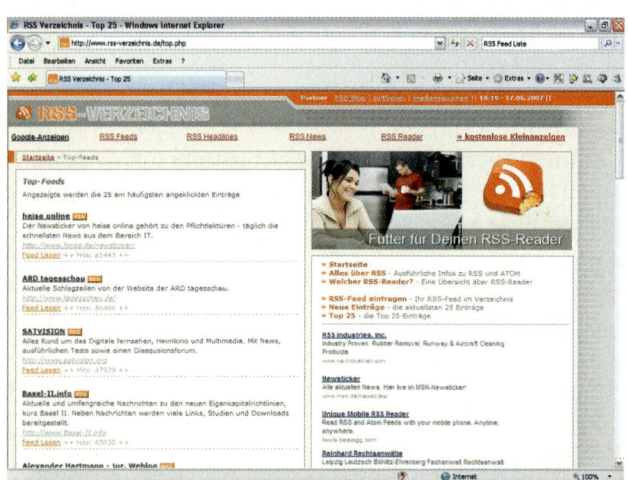

Anbieter von RSS-Feeds werden auch in speziellen Verzeichnissen gelistet (Quelle: www.rss-verzeichnis.de).

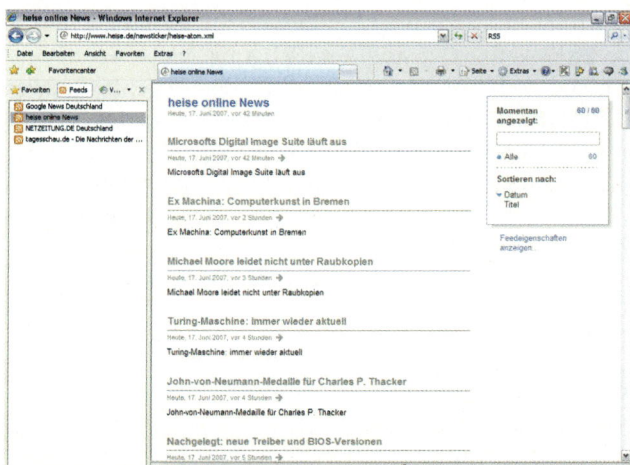

Nachrichtensammlung im RSS-Reader am Beispiel der Microsoft Internet Explorer 7. (Quelle: www.mister-einstein.com).

Während bei E-Mails der Sender aktiv die Information zum Empfänger schickt und bei Foren der Empfänger aktiv die Information aussucht, so wird bei RSS-Feeds der Kommunikationsprozess durch das Abonnieren einmalig angestoßen und in Folge erhält der Empfänger dann automatisch die gewünschten Informationen, sobald sie beim Sender vorliegen.

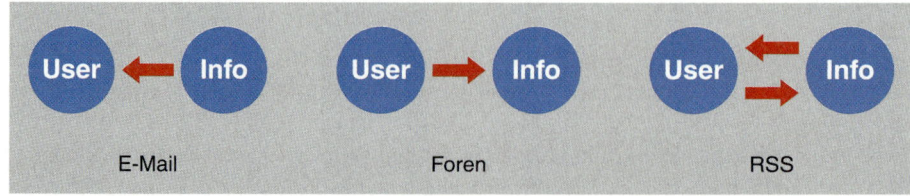

Vergleich der Kommunikationsprozesse zwischen E-Mail, Foren und RSS-Feeds.

Als Alternative zu RSS gibt es das konkurrierende Format Atom, welches ebenfalls auf XML basiert, aber nicht kompatibel zu RSS ist.

13.6.4 Webcast

Der Webcast ❶, auch „Webinar" oder „Onlineseminar" genannt, ist in der IT-Branche intern schon länger in Gebrauch, um aktuelle Informationen schnell, unkompliziert und möglichst kostengünstig einem beliebigen Kreis von Teilnehmern (Kunden, Interessenten, Partner) zugänglich zu machen. Die typische Präsentationsform eines Webcast ist, dass ein Moderator bzw. Referent in einer Live-Veranstaltung mehreren eingeladenen Teilnehmern über das Medium Internet Informationen vorträgt. Dies können zum Beispiel Produkt-Neuigkeiten oder der Umgang mit Produkten sein.

❶ Der Begriff **Webcast** ist die Kurzform von „Web Broadcast" und bezeichnet ein System, um Informationen von einer Person an viele Teilnehmer über das Internet zu verteilen.

Bei Webcasts unterscheidet man zwischen rein linearen Webcasts, die eine Live-Veranstaltung über einen Videostream präsentieren und interaktiven Webcasts, die einen speziellen Webcast-Client voraussetzen, dann aber die volle Funktionalität einer Webkonferenz bieten. Dazu gehört eine Chatfunktion, über der die Teilnehmer während der Veranstaltung dem Moderator Fragen stellen können und eine Teilnehmerliste, die zeigt, wer aktuell am Webcast teilnimmt.

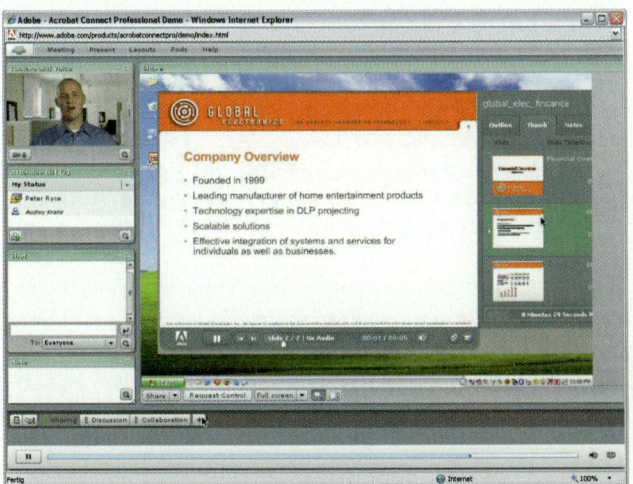

Interaktiver Webcast mit Acrobat Connect Professional (Quelle: Adobe).

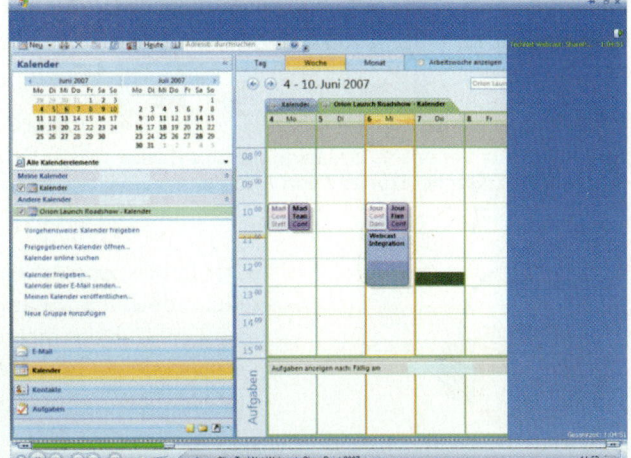

Linearer Webcast auf Basis eines Videostreams im Microsoft Medienplayer (Quelle: Microsoft TechNet Webcast).

Die primäre Informationsvermittlung geschieht dabei über Audio, dem Sprecherton des Referenten. Je nach verwendeter Webcast-Software geschieht dies über VoIP (Voice over IP) oder über eine hinzu geschaltete Telefonkonferenz.

Einige Veranstalter bieten ihre Webcasts auch nach der Veranstaltung als Aufzeichnungen in Form eines Webcast-Archivs an. Dies kann zum Beispiel als Windows Media File und als Powerpoint-Folien abrufbar sein.

13.6.5 Podcasting

❶ Das Wort **Podcasting** ist ein Kunstwort und setzt sich aus den Begriffen „iPod" und „Broadcasting" zusammen.

Unter Podcasting ❶ versteht man das Anbieten von Audio- und Videodateien über das Internet. Dabei entspricht die inhaltliche Aufmachung von Podcasts denen einer Radiosendung bzw. bei Video-Podcasts denen einer Fernsehsendung. Themen werden redaktionell aufgearbeitet und in einer Serie von regelmäßigen Medienbeiträgen (Episoden) über RSS-Feeds zum Download angeboten.

Wer Podcasts nutzen will, braucht einen RSS-Reader, um die gewünschten RSS-Feeds mit den Podcasts zu abonnieren und abrufen zu können.

Große Podcast-Verzeichnisse lassen sich mit iTunes durchsuchen (Quelle: iTunes 7 von Apple).

Die abonnierten Podcasts werden über die RSS-Reader-Funktion selbstständig geladen und direkt auf das Abspielgerät iPod übertragen (Quelle: iTunes 7 von Apple).

Das Podcast-Logo.

Der interessante Aspekt von Podcasts ist, dass sie, auf mobile Endgeräte übertragen, ein individuell zusammengestelltes Informationsprogramm für unterwegs bieten können. Und das nicht nur mit Informationen von großen Anbietern, wie Fernsehanstalten oder Radiosendern, sondern ähnlich wie bei Weblogs, auch von jedem Podcaster, der über dieses Medium etwas mitteilen möchte.

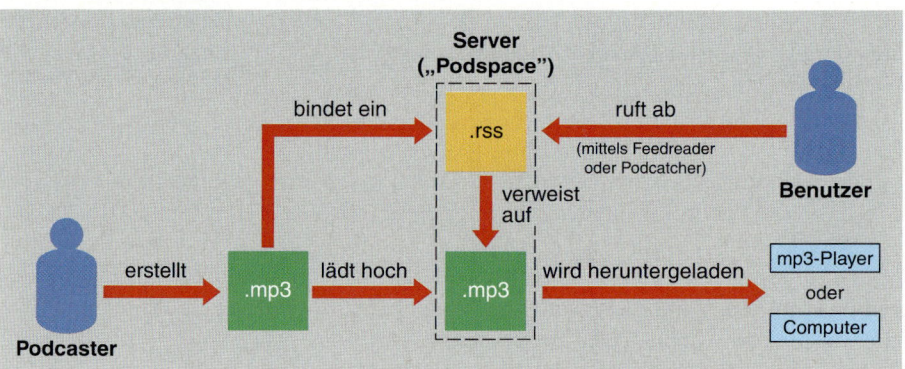

Die schematische Darstellung eines Podcasts-Produktionsprozesses, mit dem Podcast-Episoden im MP3-Format erstellt und mit Hilfe von RSS-Feeds bereitgestellt werden.

13.6.6 Social Networking

Durch die neuen Kommunikationsformen, die unter anderem durch Wikis, Foren und Weblogs geprägt werden, entstehen auch neue Internet-Gemeinschaften. Diese Virtuellen Gemeinschaften, oder auch Online-Communitys genannt, sind eingerichtete Plattformen für Menschen, die sich über das Internet begegnen und austauschen. In der Regel verfolgen die Teilnehmer dabei ähnlich gelagerte Interessen. Beziehen sich die gemeinsamen Interessen auch auf das Entwickeln und Pflegen von Bekanntschafts-Netzwerken, so spricht man von Social Networking. Hierzu haben sich mittlerweile viele Social Networking Plattformen etabliert.

Geschäfts-Netzwerke

In diesen Netzwerken steht das Beziehungsmanagement im Vordergrund. Es ermöglicht, Kontakte abzubilden, zu pflegen und neue zu knüpfen. Über Interessenangaben in den Mitglieder-Profilen und der Beziehungsstruktur lassen sich komplexe Vernetzungsstrukturen aufzeichnen und über Suchfunktionen abrufen. Das Netzwerk mit den meisten Mitgliedern ist mit mehr als 1,5 Millionen Benutzern XING von der Hamburger OPEN Business Club AG.

❶ **Foto-Tagging** = Personen auf Fotos können mit deren Kontaktdaten verlinkt werden.

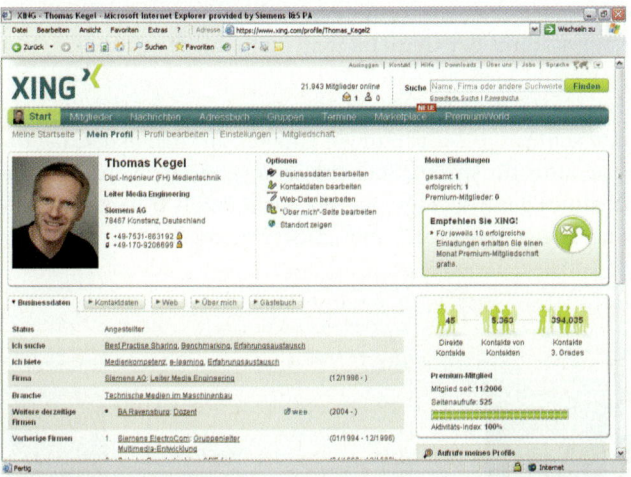

Jedes Mitglied erstellt ein aussagekräftiges Profil, um über das Geschäfts-Netzwerk Kontakte zu pflegen und neue zu knüpfen. (Quelle: XING.de).

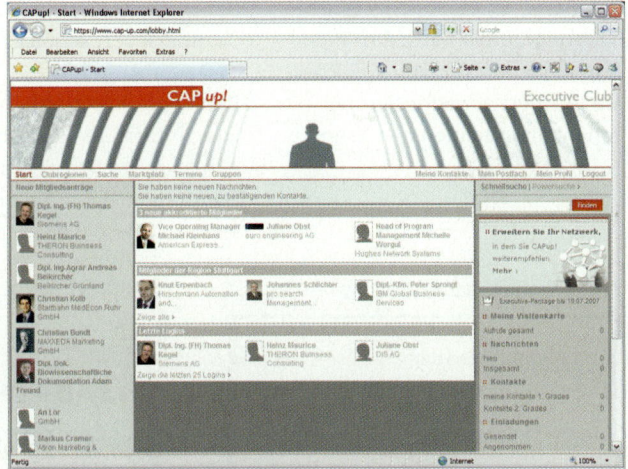

Untereinander können die Mitglieder über Geschäftsinteressen, Branchen, Regionen etc. vernetzt werden (Quelle: CAPup.de).

Freunde-Netzwerke

Auch hier steht das Beziehungsmanagement zu anderen Mitgliedern im Vordergrund. Nur geht es dabei um Kontakte und Freundschaften im privaten Bereich.
Typische Bestandteile dieser Netzwerk-Plattformen sind Mitgliederprofile, Kontaktlisten der Freunde, Suchfunktionen, Gruppen-Diskussionsforen, Foto-Tagging ❶, Gruscheln ❷ etc. Beispiele dieser Netzwerk-Plattformen sind „StudiVZ.net", „facebook.com", „piczo.com", „jappy.de" und „stayfriends.de".

❷ **Gruscheln** = Kunstwort aus „grüßen" und „kuscheln". Dient zur Kontaktaufnahme mit anderen Mitgliedern.

Freunde-Netzwerke sind ungezwungene Plattformen für das Knüpfen von Privat-Kontakten (Quelle: jappy.de).

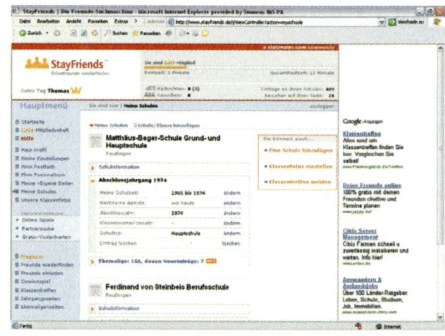

Auf frühere Schulfreunde spezialisierte Netzwerke dienen dem Auffinden alter Klassenkameraden/innen (Quelle: stayfriends.de).

Netzwerke für gemeinschaftliches Bewerten und Indexieren

❶ **Folksonomy**, zusammenge-setzt aus den englischen Wörtern folk (Volk) und taxonomy (Klassi-fizierung), drückt aus, dass beim Tagging jeder Nutzer im gleichen Maße an der Kategorisierung von Inhalten teilnehmen kann.

Plattformen, die Informationen, Themen, Bilder oder Bookmarks zum Bewerten durch die Gemeinschaft der Mitglieder anbieten, verfolgen das Ziel des gemeinschaft-lichen Bewertens und Indexierens. Der daraus resultierende Mehrwert, der durch die Gemeinschaft geschaffen wird, kommt der Gemeinschaft auch wieder zu gute.

Beim gemeinschaftlichen Indexieren geht man davon aus, dass sich eine große Anzahl von Nutzern auf sinnvolle und schlüssige Zuordnungen einigen, aus denen dann auto-matisiert ein Schlagwortverzeichnis für spätere Suchanfragen generiert werden kann. Dadurch entstehen ganze Sammlungen von Tags, auch Folksonomien ❶ genannt. Bei-spiel für diese Netzwerke sind „del.icio.us.com" und „mister-wong.de".

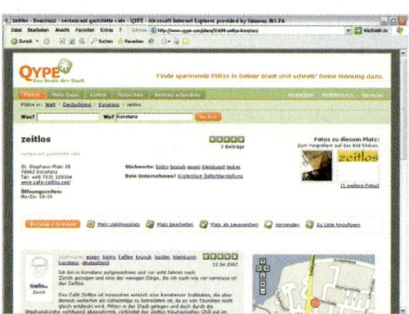

Qype bietet als Social-Networking-Branchenbuch örtliche Tipps mit Be-wertungen und Erfahrungen aus der Gemeinschaft (Quelle: qype.com).

YouTube erlaubt das Veröffentlichen von Videos. Die Gemeinschaft kann die Videos kommentieren und bewerten (Quelle: YouTube.com).

Mr. Wong ist eine Art Online-Bookmark-Sammlung, die von der Gemeinschaft bewertet und indexiert werden kann (Quelle: mister-wong.de).

Beim gemeinschaftlichen Bewerten werden Orte, Produkte, Medien oder andere The-men von Mitgliedern bewertet bzw. mit einer persönlichen Anmerkung versehen. Dadurch erhalten informationssuchende Mitglieder Hilfestellungen durch die Gemein-schaft. Beispiel für diese Netzwerke sind „Qype.com", „Flickr.com", „YouTube.com", „fotocommunity.de" und andere.

Aufgaben und Übungen, Literaturhinweise

Aufgaben und Übungen

1. Untersuchen Sie an einem frei gewählten Thema, wie der Informationsfluss bei Newslettern, Mailinglisten und Newsgroups zwischen den Internet-Nutzern abläuft.
2. Besuchen Sie Chats und Newsgroups und achten Sie auf die Verwendung von Akronymen und Emoticons. Übersetzen Sie die Kürzel in Fließtext.
3. Skizzieren Sie alle Hardware-Komponenten auf, die Sie für einen möglichst schnellen Internetzugang benötigen.
4. Vergleichen Sie an Hand von realen Beispielen das Leistungsangebot von einem reinen ISP gegenüber einem bekannten Onlinedienst.
5. Zeigen Sie die Darstellungsunterschiede der Browser Microsoft Internet Explorer, dem Netscape Communicator oder Firefox am Beispiel von zehn Internetauftritten.
6. Beschreiben Sie alle Maßnahmen, die notwendig sind, um möglichst viren- und datensicher E-Mails untereinander auszutauschen.

Literaturhinweise

Baumgart, Michael: Web Design, Berlin, Heidelberg, New York u. a. 2000 (Springer)

Beier, Markus; *Gizycki*, Vittoria von (Hrsg.): Usability – Nutzerfreundliches Webdesign, Berlin, Heidelberg, New York u. a. 2002 (Springer)

Gralla, Breston: So funktioniert das Internet, Ein visueller Streifzug durch das Internet, München 2001 (markt + Technik Verlag)

Grotenhoff, Maria; *Stylianakis*, Anna: Website-Konzeption. Von der Idee zum Storyboard. Bonn (Galileo)

Hofer, Klaus C.; *Zimmermann*, Hansjörg: Good Webrations, Eine Web Wirkungsanalyse, München 2000 (PROTEUS)

Langkau, Ralf: Webdesign und -publishing. Grundlagen und Designtechniken. 3. Aufl., München, Wien 2001 (Hanser)

Langkau, Ralf: Webdesign und -publishing. Projektmanagement für Websites. München, Wien 2000 (Hanser)

Möller, Erik: Die heimliche Medienrevolution. Wie Weblogs, Wikis und freie Software die Welt verändern, Hannover 2006 (Heise Zeitschriften-Verlag)

McKelvey, Roy: Hypergraphics, Reinbek bei Hamburg 2000 (Rowohlt)

Randerath, Detlef; *Neumann*, Christian: Streaming Media, Bonn 2001 (Galileo)

Renz, Florian: Praktiken des Social Networking, 2007 (Verlag Werner Hülsbusch)

Schenker, Amanda; *Meier*, Alexander: Internet-Konzept, Kilchberg 2000 (Smart Books Publishing)

Schieb, Jörg: Internet, Nichts leichter als das, Berlin 2001 (Stiftung Warentest)

Schnieders, Christian: Schnellkurs Internet, Köln 2001 (DuMont)

Schweibenz, Werner; *Thissen*, Frank: Qualität im Web, Berlin, Heidelberg, New York u. a. 2002 (Springer)

Siegel, David: Das Geheimnis erfolgreicher Web Sites, Haar bei München 1998

Stocksmeier, Thorsten: Business Webdesign, Berlin, Heidelberg, New York u. a. 2002 (Springer)

Zocholl, Michaele: Internet, Schritt für Schritt, Unterschleißheim 2001 (Microsoft Press)

14 Medieninformatik

❶ Programmierparadigmen
beschreiben das zugrundeliegende Prinzip der Programmiertechnik. Beispiele sind die imperative und die objektorientierte Programmierung. Siehe Abschnitt 14.1.2.

❷ Über die **Generationen** der Programmiersprachen entwickelte sich die Benutzerfreundlichkeit der Computer-Mensch-Schnittstelle. Beginnend bei der 1. Generation, den direkten Prozessorbefehlen, gefolgt von den symbolischen Sprachen (2. Generation) entwickelten sich die problemorientierten Sprachen (3.-5. Generation), die der menschlichen Denkweise näher kommt.

Der Prozessor des Computers versteht nur Maschinencode in Form von Nullen und Einsen.

Programmiersprachen sind die Schnittstelle zwischen dem Maschinencode und dem Programmierer.

Als Teilgebiet der klassischen Informatik konzentriert sich die Medieninformatik auf den Schwerpunkt Multimedia und die digitale Informationsverarbeitung in den Medien. Dabei setzt sich die Medieninformatik in vielfältigen medialen Formen mit den Mensch-Computer-Schnittstellen auseinander.

In diesem Kapitel werden Grundlagen, Techniken und Werkzeuge behandelt, die im Rahmen der Medieninformatik benötigt werden, um Medien-Anwendungen zu erstellen.

14.1 Programmieren

Das Umsetzen und Realisieren einer Medien-Anwendungen erfolgt mit Werkzeugen, die in der Regel eine Programmierung mit Hilfe einer formalen Sprache erlaubt. Diese Programmiersprache dient der Erstellung von Informationsverarbeitungsanweisungen für das verwendete Computersystem.

14.1.1 Klassifizierung der Sprachen

Programmiersprachen lassen sich unterschiedlich klassifizieren, je nach Anwendungsgebiet, entsprechend der Programmierparadigmen ❶ oder hinsichtlich der Sprachgenerationen ❷.

Maschinensprachen sind Sprachen der **1. Generation**. Sie bestehen aus einer Folge von Befehlen und Anweisungen, die der Prozessor eines Computers direkt verarbeiten kann. Maschinensprache liegt immer in binärer Form vor, als Folge von Nullen und Einsen. Jede Maschinensprache muss genau auf den Prozessor abgestimmt sein.

Assemblersprachen sind Sprachen der **2. Generation**. Im Gegensatz zur Maschinensprache werden anstelle eines nur schwer zu merkenden Binärcodes die Befehle und Operanden durch leichter verständliche mnemonische Symbole (Mnemonik) dargestellt. Für jeden Computertyp gibt es spezielle, auf den Befehlsvorrat (Befehlssatz) des Computers zugeschnittene Assembler-Sprachen. Anstelle der Kodierung der Maschinenoperation „Addieren", die in einem 8-bit-Code z. B. durch das Bitmuster 00010111 festgelegt sein kann, lautet die entsprechende Assembler-Anweisung „add".

Höhere Programmiersprachen bezeichnet man als Sprachen der **3. Generation**. Diese Sprachen werden unabhängig von Prozessoreigenschaften formuliert und vom Menschen wesentlich leichter „durchschaut". Eine in einer Hochsprache formulierte (abgeschlossene) Befehlsfolge nennt man Quellcode (Source Code). Programme in höheren Sprachen werden vor der Ausführung in einen Maschinencode gleicher Bedeutung übersetzt.
Beispiel für höhere Programmiersprachen sind: C++ und Pascal.

Abfragesprachen sind typische Sprachen der **4. Generation**. Diese Sprachen bieten einfache Sprachmittel zur Auslösung von komplexen Operationen. Abfragesprachen dienen dem Suchen und Sortieren von Daten innerhalb einer Datenbank oder Inter-

netsuchmaschinen. Einige Abfragesprachen ermöglichen es auch, Daten in einer Datenbank zu löschen, zu ändern oder neu aufzunehmen.
Beispiel für eine Abfragesprache: SQL (Structured Query Language)

Makrosprachen sind einfache Programmiersprachen, meist Interpreter-Sprachen, die es ermöglichen, häufig benutzte Folgen von Aktionen innerhalb eines Anwendungsprogramms in einem Makro zusammenzufassen, und teilweise sogar ganze Programme zu erstellen.
Eine der bekanntesten Makrosprachen ist VBA (Visual Basic for Applications), die Makrosprache für Microsoft Office Programme, Word und Excel.

Skriptsprachen sind einfach strukturierte und leicht zu erlernende Programmiersprachen, die es erlauben, innerhalb einer Anwendung Prozeduren (i. d. R. für die Verbindung zu einem Netz und zur Steuerung darin) zu schreiben.
Beispiele für Skriptsprachen: JavaScript, Perl, PHP, VBScript.

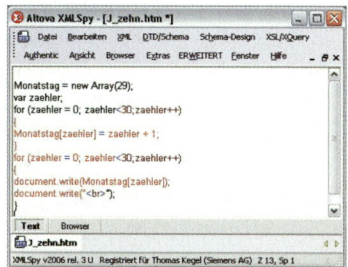

Skriptsprachen haben sich im Bereich der Web-Anwendungen durchgesetzt. Beispiel: JavaScript.

Unter dem Begriff **Autorensysteme** versteht man spezialisierte Programme, die für das Erstellen von Multimedia-Software wie z. B. Schulungsunterlagen, Lern-Software, Edutainment-Programmen konzipiert sind. Mithilfe dieser Autorensysteme werden unterschiedliche Komponenten wie Text, Grafik, Sound und andere Elemente in Beziehung zueinander gesetzt und zu einem Ganzen verknüpft. Während bei den ersten Autorensystemen Programmierkenntnisse unabdingbar waren, können mit den neueren Versionen einfache Anwendungen durch Auswahl vorgegebener Elemente aus Menüleisten zusammengestellt werden. Aus diesem Grund eignen sich Autorensysteme nicht nur für Programmierer, sondern auch für Gestalter, Pädagogen und alle, die nach kurzer Einarbeitungszeit Inhalte in multimediale Anwendungen umsetzen wollen. Über eine integrierte Skriptsprache kann der Funktionsumfang des Autorensystems durch Autoren, die über Programmierkenntnisse verfügen, erweitert werden.
Beispiele von Autorensystemen: Authorware, ToolBook, Director, Flash.

Autorensysteme bieten spezialisierte Komponenten für die Erstellung von Medien-Anwendungen. Beispiel: Adobe Flash.

Seitenbeschreibungssprachen sind keine Programmiersprachen im klassischen Sinne, sondern dienen dazu, Dokumente mit Hilfe von mathematischen Objekten so exakt zu beschreiben, wie diese in einem speziellen Ausgabegerät, zum Beispiel einem Drucker oder auf einem Monitor, aussehen sollen. Es handelt sich dabei um Ausgabeformate, die in der Regel nicht zur weiteren Bearbeitung vorgesehen sind.
Beispiele von Seitenbeschreibungssprachen sind: PostScript, PDF, PCL, XSL-FO.

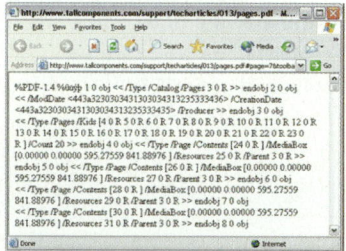

Seitenbeschreibungssprachen definieren die Medienausgabe, insbesondere für den Print-Bereich. Beispiel: PDF.

14.1.2 Grundprinzipien der Programmierung

Ein Programm besteht grundsätzlich aus der Abfolge von Anweisungen. Eine Anweisung entspricht einem einzelnen Verarbeitungsschritt, welches das Programm durchführen soll.

Variablen

Programmiersprachen verwenden **Variablen**, um Werte abzuspeichern, die zu einem späteren Zeitpunkt im Programmablauf verwendet werden sollen. Dabei handelt es sich um einen Speicherbereich, der mit einem Variablennamen angesprochen wird.

❶ Folgende **Datentypen** sind in den Programmiersprachen üblich:
- Ganze Zahlen
- Zeichenketten aus Buchstaben (String)
- Boolesche Werte mit „wahr" (true) oder „falsch" (false).

In vielen Programmiersprachen muss der Programmierer beim Anlegen einer Variablen angeben, welche Art von Information er darin speichern möchte. Dieses sogenannte **Deklarieren** einer Variablen lässt verschiedene **Datentypen ❶** zu.

Für tabellenartige Daten können auch **Arrays** verwendet werden, die über einen Variablennamen mehrere Werte aufnehmen. Die einzelnen Werte werden dabei über einen numerischen Index angesprochen.

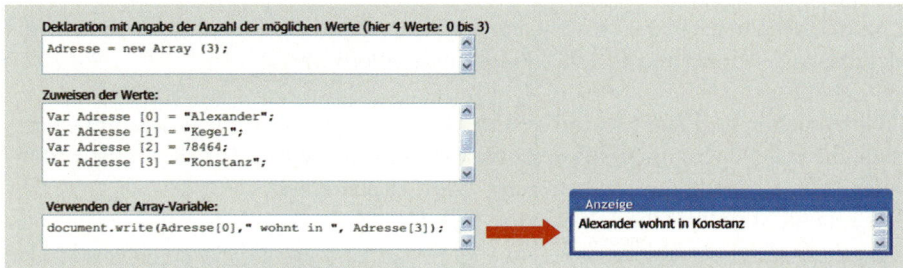

Beispiel eines eindimensionalen Arrays in JavaScript.

Variablen verfügen über unterschiedliche Gültigkeitsbereiche innerhalb eines Programms. **Lokale Variablen** gelten nur innerhalb einer Funktion, d. h. innerhalb eines Teilbereiches des Programms. Sie können somit in verschiedenen Bereichen unabhängig voneinander mehrfach eingesetzt werden. **Globale Variablen** hingegen gelten im gesamten Programm und dienen dem Speichern von funktionsübergreifenden Daten.

❷ Beispiels-**Operatoren** für
Zuweisungen: =
Arithmetik: + - * / %
Vergleiche: == != < > <= >=
Logik: and or xor && ||

Das Verändern der Daten beim Programmablauf erfolgt durch **Zuweisen der Werte** in Variablen mit Ausdrücken: Beispiel: Wert = (1+2)*3. Dabei können verschiedenste **Operatoren ❷** zum Einsatz kommen.

Eingabeanweisungen lesen Daten von der Tastatur, von einer Datei oder aus anderen Quellen ein. Ausgabeanweisungen geben Daten auf dem Monitor aus, schreiben sie in eine Datei oder schicken sie zu einem Drucker.

Kontrollstrukturen

Eine wesentliche Aufgabe von Programmen besteht darin, den Programmablauf in Abhängigkeit bestimmter Bedingungen zu steuern. Dazu verfügen die Programmiersprachen über so genannte **Kontrollstrukturen**, die in Form von **Schleifen** und **Fallentscheidungen** vorkommen können.

Schleifen (Iterationen) dienen der wiederholten Ausführung von der gleichen Anweisung. Typisch dafür sind Folgende:

- **While-Schleifen** wiederholen einen Programmteil, solange eine Bedingung „wahr" ist. Eine Variante der While-Schleife ist die Do-while-Schleife, welche die Anweisung im Inneren der Schleife erst einmal durchläuft und erst danach die Bedingung überprüft.
- **For-Schleifen** wiederholen ein Programmteil mehrmals, so oft, wie ein Variablenwert dies bestimmt.

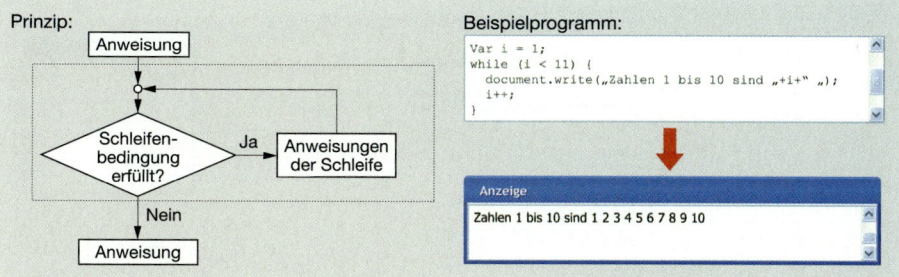

Beispiel einer While-Schleife in JavaScript.

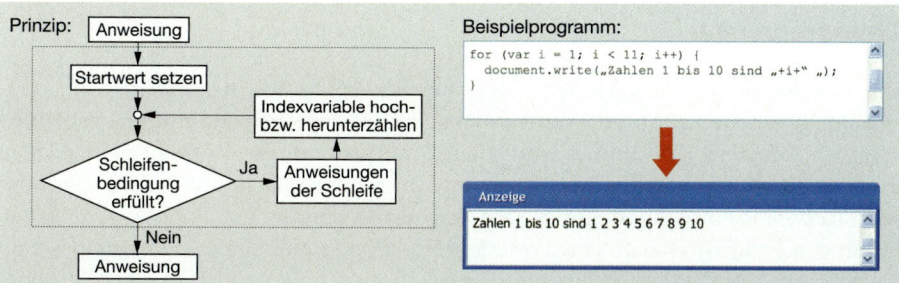

Beispiel einer For-Schleife in JavaScript.

Fallentscheidungen (Alternationen) werden eingesetzt, wenn der Programmablauf und die Ausführung von Anweisungen in Abhängigkeit unterschiedlicher Bedingungen verzweigt werden soll. Typisch dafür sind Folgende:

- **If...else-Bedingungen** sorgen für eine Programmverzweigung, wenn bestimmte Bedingungen erfüllt sind. Diese Fallentscheidung kann auch ohne „else"-Pfad verwendet werden, durchläuft dann die Schleife bei Nichterfüllen der Bedingung ohne Abarbeiten einer Anweisung. Mehrere if...else-Bedingungen können auch ineinander verschachtelt werden.
- **Switch-Bedingungen** verzweigen zu einem von mehreren Programmzweigen, je nach Zutreffen einer Bedingung. Falls keine vorgesehene Bedingung zutrifft, so greift der „Default"-Fall und führt die dafür vorgesehene Anweisung aus.

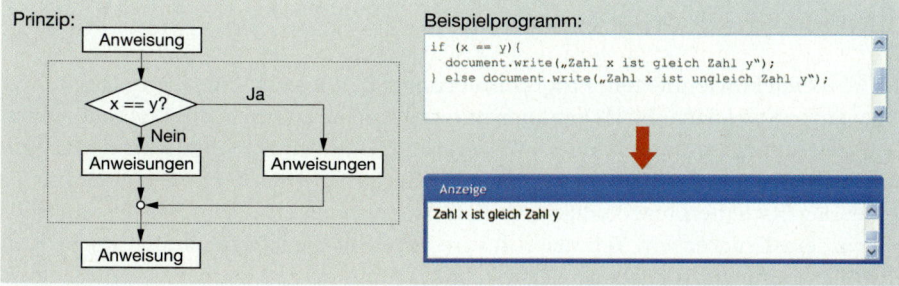

Beispiel einer if...else-Bedingung in JavaScript.

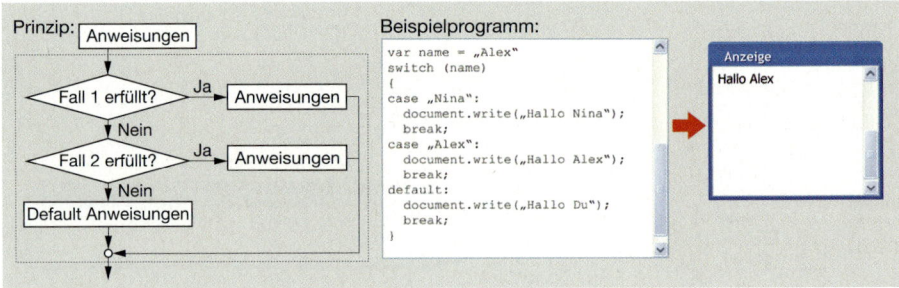

Beispiel einer Switch-Abfrage in JavaScript.

Unterprogramm

Bei einem Programm in C übernimmt die **Funktion** „main()" die Aufgabe des Hauptprogramms. Beliebig viele weitere Funktionen stellen dann das gesamte Programm dar, die von jeder Stelle aus aufgerufen werden können. Nach dem Durcharbeiten der Anweisungen in einer Funktion liefert diese einen Rückgabewert an das aufrufende Programm. Zum Beispiel den Ergebniswert einer mathematischen Berechnung.

Um eine Reihe von Anweisungen, die öfter verwendet werden sollen, nicht doppelt im Quellcode zu führen, werden diese zusammengefasst und mit einem Namen versehen. Diese als **Funktionen** benannten **Unterprogramme** (Subroutinen) können dann bei Bedarf von einer beliebigen Programmstelle aus aufgerufen werden und sind, da sie nur einmal gespeichert sind, leichter zu pflegen.

In einigen Programmiersprachen werden Funktionen, die keinen Rückgabewert an die aufrufende Stelle senden, **Prozeduren** genannt. Zum Beispiel kann dies die Änderung eines Schriftfonts sein. In der Programmiersprache C sind das Funktionen mit dem Datentyp „void". JavaScript kennt nur Funktionen und keine Prozeduren, da bei JavaScript der Rückgabewert nicht zwingend ist.

Imperative Programmierung

Die Programmiermethode, die eine Berechnung als Folge von Zustandsänderungen von Variablen betrachtet, wird **Imperative Programmierung** genannt. Ein Programm besteht dabei aus einer Folge von Befehlen an den Computer, wie z. B. „Schreibe in die Variable x den Wert 10" oder „Springe an die Stelle z im Programm". Dabei werden Eingabewerte in Variablen gespeichert und weiterverarbeitet. Dieses Verarbeiten wird in Funktionen oder Prozeduren zusammengefasst. Funktionen, bedingte Anweisung und Schleifen sind dabei ausreichend, um alle Algorithmen bei dieser Programmierung zu formulieren. Programmiersprachen-Beispiele sind: C, Pascal, Ada.

Objektorientierte Programmierung

Bei der **Objektorientierten Programmierung (OOP)** steht die Manipulation von sogenannten Objekten durch Funktionen und Prozeduren sowie die Verbindung von Objekten und deren Interaktion im Vordergrund. Unter einem **Objekt** kann man sich ein Software-Modell vorstellen, welches ein Gegenstand aus der realen Welt mit all seinen Eigenschaften und Verhaltensweisen beschreiben soll. Zum Beispiel ein Bildschirm, ein Drucker, ein Teil der Software selbst oder auch nur die Überschrift in einem Dokument kann dabei ein Objekt sein.

In der objektorientierten Programmierung werden Prozeduren und Funktionen mit dem Begriff **Methode** zusammengefasst. Methoden sind spezielle Funktionen, die einem Objekt zugeordnet sind und nur in Verbindung mit diesem vorkommen.

Ebenso verfügen die Objekte über verschiedene Eigenschaften. Diese Eigenschaften eines Objektes werden **Attribut** genannt.

In der Praxis muss sich der Programmierer bei den objektorientierten Programmiersprachen nicht mehr hauptsächlich um die technische Realisierung der Eigenschaften und Funktionen der Objekte kümmern, denn in Bibliotheken sind **Klassen** ❶ von Objekten gesammelt, aus denen der Programmierer für seine Aufgabe geeignete auswählt oder von diesen neue problemspezifische Objekte (**Instanzen** ❷) ableitet. Bei Bedarf kann der Programmierer auch vollkommen neue Objekte erstellen.

Programmiersprachen nach dieser Methode sind: C++, Turbo Pascal, Java, JavaScript

❶ In der OOP werden ähnliche Objekte zu Gruppierungen, sogenannten **Klassen**, zusammengefasst. Die Klassen können auch als Schablonen verstanden werden, die wie Baupläne für neue Objekte dienen.

❷ Die neuen Objekte, die aus vorhandenen Klassen entstehen, werden als **Instanzen** dieser Klasse bezeichnet. Durch eine **Vererbung** erhalten sie die Methoden und Attribute des Ursprungsobjektes mit auf den Weg.

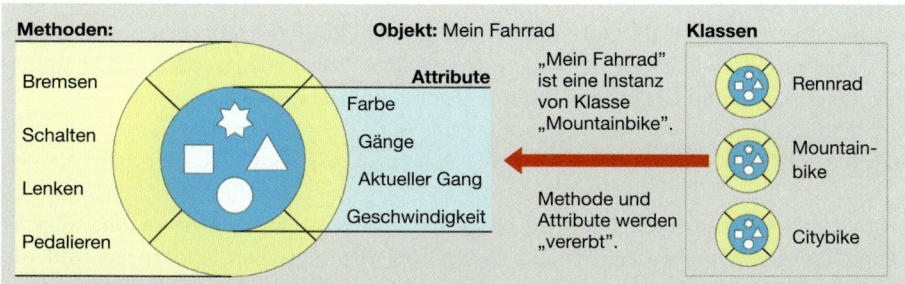

Veranschaulichung der Denkweise bei der objektorientierten Programmierung am Beispiel des Objektes „Fahrrad".

14.1.3 Grundkonzepte der Programmierung

Im Anschluss an die Programmierung wird der Quellcode in eine sogenannte lauffähige Programmdatei übersetzt. Je nachdem, ob diese Übersetzung vor oder während der Ausführung des Computerprogramms erfolgt, unterscheidet man zwischen kompilierenden oder interpretierenden Übersetzungsprogrammen. Wird ein Programmtext als Ganzes übersetzt, spricht man in Bezug auf den Übersetzungsmechanismus von einem **Compiler** ❸. Wird ein Programmtext hingegen Schritt für Schritt übersetzt und der jeweils übersetzte Schritt sofort ausgeführt, spricht man von einem **Interpreter** ❹.

❸ Ein **Compiler** ist ein Programm, welches den für den Menschen lesbaren Programmtext einer Programmiersprache in ein Programm übersetzt, welches aus Maschinencode besteht, der direkt vom Prozessor des Computers verstanden wird (z. B. EXE-Datei). Compiler kommen beispielsweise bei der Programmiersprache C++ zum Einsatz.

❹ Ein **Interpreter** übersetzt bei jedem Programmaufruf den Quellcode aufs Neue (während der Laufzeit des Programmes). Da dieses Lesen und Interpretieren des Quellcodes einer Programmiersprache zeitaufwändig ist, laufen diese Programme meist langsamer als kompilierte Programme. Zusätzlich vergrößert sich das Programm (z. B. die EXE-Datei) durch ein integriertes Interpreter-Modul.

Bekannte Interpretersprachen sind BASIC, Perl, Ruby und PHP.

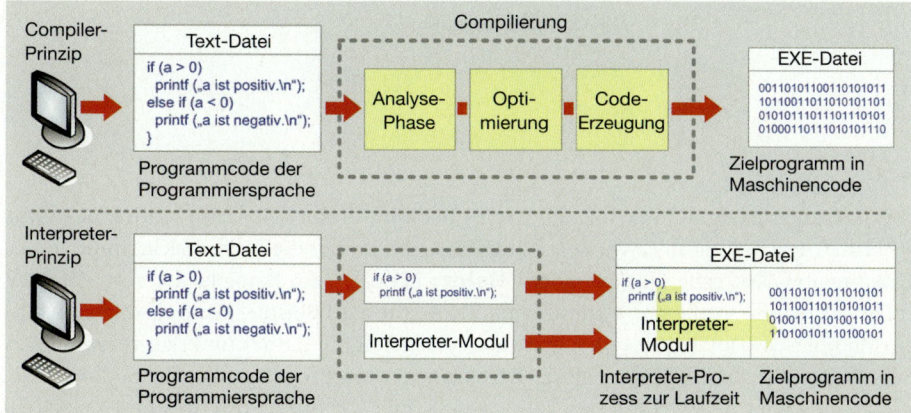

Gegenüberstellung der Prinzipien vom Quellcode zum Maschinencode.

14.2 Sprache des WWW

❶ Unter **Barrierefreiheit** im Web (Fachbegriff: Accessibility) versteht man , dass auch User mit einer eventuell vorhandenen Behinderung uneingeschränkt auf den Dokumenten navigieren und deren Informationen abrufen können. Dies setzt voraus, dass verschiedene Hilfsmittel existieren, z. B. ein Ein- und Ausgabegerät für Sprache, die Dokumente lesen können.

Die WWW-Dokumente und deren statische und dynamische Funktionalität werden mit Programmiersprachen erstellt. Dabei ist das Grundgerüst des WWW aus **HTML** aufgebaut und wird mit anderen Technologien, wie zum Beispiel Java, JavaScript, CGI, PHP, ActiveX um weitere Funktionen erweitert.

Teilweise werden auch ganze Oberflächen auf Basis der ActiveX-Komponente **Adobe Flash** realisiert. Da dies zwingend das entsprechende Plugin im Browser voraussetzt und das Indexieren der Suchmaschinen nicht unterstützt, sollte dies mit Bedacht eingesetzt werden.

Ein weiterer Aspekt ist die **Barrierefreiheit ❶**. Um die Barrierefreiheit zu unterstützen, müssen alle wichtigen Informationen als Text verwendet werden. Navigationselemente, Bilder und Grafiken müssen textlich beschrieben werden.

14.2.1 HTML

❷ HTML-Dokumente können mit Browsern auf den verschiedensten Betriebssystemen wie Windows, Unix, Apple usw. angezeigt werden.

❸ Beispiel: Internet Der Text „Internet" wird im Browser fett dargestellt.

HTML steht für **Hypertext Markup Language** und ist eine plattformunabhängige **❷** Seitenbeschreibungssprache. Mit ihr lassen sich die logischen Strukturen und die Anzeigeformate des Dokumentes beschreiben. Ein HTML-Dokument enthält neben dem eigentlichen Text sogenannte **Tags**, welche die Steueranweisungen beinhalten. Ein Tag beginnt immer mit einer geöffneten spitzen Klammer „<" und endet mit einer geschlossenen spitzen Klammer „>". Zwischen den beiden Klammern steht der eigentliche Befehl – die HTML-Anweisung. Tags werden immer paarweise eingesetzt, und zwar als „einleitender" Tag und als „beendender" Tag mit einem Schrägstrich vor der Anweisung. Der einleitende Tag eröffnet die Anweisung und der beendende Tag schaltet die Anweisung wieder aus **❸**.

HTML ist eine Interpreter-Sprache. Das heißt, der WWW-Browser, der das HTML-Dokument anzeigt, muss dazu Anweisung für Anweisung interpretieren und dann das Dokument darstellen.

```
1  <html>
2  <head>
3  <title>Das HTML-Dokument</title>
4  <meta http-equiv="Content-Type" content="text/html; charset=iso-8859-1">
5  </head>
6
7  <body bgcolor="#CCCCCC" text="#000000">
8  <h1>Beispiel</h1>
9  <p>Hier steht der eigentliche <b>Inhalts-Text</b>. |</p>
10 </body>
11 </html>
12
```

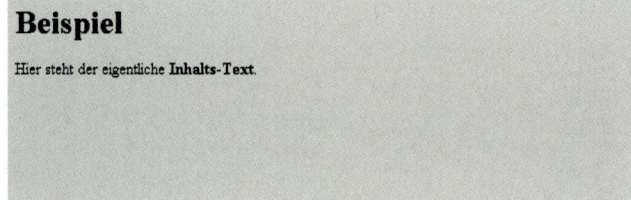

Beispiel

Hier steht der eigentliche **Inhalts-Text**.

Das Grundgerüst eines HTML-Dokumentes beginnt immer mit <html> und endet mit </html> und besteht aus zwei Bereichen. Dies sind immer die äußeren Klammern eines Dokumentes. Der erste Bereich ist der **Header** (Kopf) – ein Bereich, der vom Browser nicht dargestellt wird – der Metainformationen, die zum Beispiel Hintergrundinformationen über das Dokument, wie den Autor, das Erstellungsdatum und den verwendeten Schriftsatz enthalten können. Dieser Bereich wird von Programmen wie Suchmaschinen ausgewertet. Er wird mit den Tags <head> und </head> umschlossen.

Der zweite Bereich, ist der **Body** (Körper). Er wird mit den Tags <body> und </body> umklammert. Hier stehen alle im Browser sichtbaren Informationen des Dokumentes.

Dies können Texte, Formatierungen, Hyperlinks und Befehle zum Einbinden anderer Objekte sein.

➲ **Dabei muss beachtet werden, dass es grundlegende Layoutfaktoren gibt, die von den Einstellungen des verwendeten Browsers abhängen, und die der Gestalter nicht beeinflussen kann.**

Dies gilt besonders bei unformatiertem Text, der im Browser mit den browserspezifischen Einstellungen für Hintergrundfarbe, Textfarbe und Textgröße dargestellt wird. Auch eine Größenänderung des Browsers wirkt sich auf die Textlänge pro Zeile aus – verändert man die Größe des Browserfensters, so wird der Text anders umgebrochen. Um trotzdem auf die Gestaltung Einfluss zu nehmen, muss formatiert werden. Dies kann zum Einen mit Textstrukturierungen und zum Anderen mit dem Einsatz von Textattributen erfolgen.

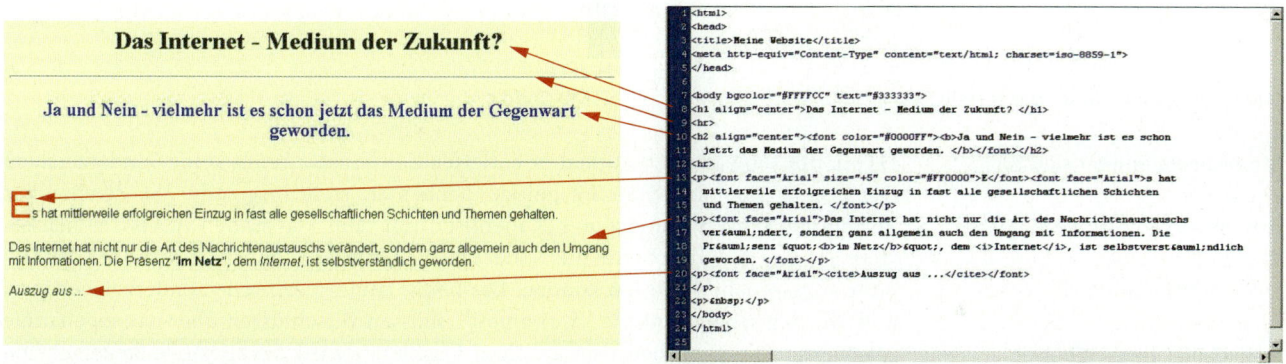

HTML-Code im Browser dargestellt.   HTML-Code

Eine einfache Art, den Text zu strukturieren, erreicht man mit der Zeilenschaltung, dem Tag
 (engl. „break"), und der Absatzschaltung, dem Tag <p> (engl. „paragraph"). Mit dem Tag <DIV> und einem dazugehörigen Parameter können Objekte im Broswer ausgerichtet werden. Die Grundeinstellung ist immer „linksbündig". Zum Beispiel zentriert der Tag <DIV align="center"> das folgende Objekt. Dem Objekt muss anschließend wieder ein </DIV> folgen. Auch einfache Trennlinien mit dem Tag <HR> können zum Strukturieren herangezogen werden.

Mit Überschriften kann zusätzlich logisch strukturiert werden. HTML kennt sechs **Überschriften** ❶, die sich üblicherweise nur durch ihre **Schriftgröße** ❷ unterscheiden. Innerhalb der Überschrift kann mit dem Parameter „align" zusätzlich eine Textausrichtung vorgenommen werden.

Zum Strukturieren verfügt HTML auch über weitere Funktionen, wie Listen, Aufzählungen und Tabellen.

Zum individuellen Gestalten von Textblöcken oder auch einzelnen Wörtern und Buchstaben setzt man Textattribute ein. Dabei wird zwischen logischen und physischen Anweisungen unterschieden. Logische Anweisungen beziehen sich auf die Bedeutung

❶ **HTML-Überschriften**:
<H1>...</H1> 1. Ordnung
<H2>...</H2> 2. Ordnung
<H3>...</H3> 3. Ordnung
<H4>...</H4> 4. Ordnung
<H5>...</H5> 5. Ordnung
<H6>...</H6> 6. Ordnung

❷ Die Größenangaben der Überschriften sind immer als relative Angaben zu verstehen, die von der Größe der Standardschrift des Browsers abhängen.

des Textinhaltes, werden jedoch über die Grundeinstellungen des verwendeten Browsers definiert. Beispiel: <cite> für ein Zitat.

Die physischen Anweisungen legen fest, wie ein Text aussehen soll. Dies kann zum Beispiel die **Schriftfarbe** ❶, die **Schriftgröße** ❷, die **Schriftart** ❸ oder die **Schriftauszeichnung** ❹ beeinflussen.

Für Schriftgestaltung wird der Tag <FONT> bzw. </FONT> mit entsprechenden Parametern verwendet.

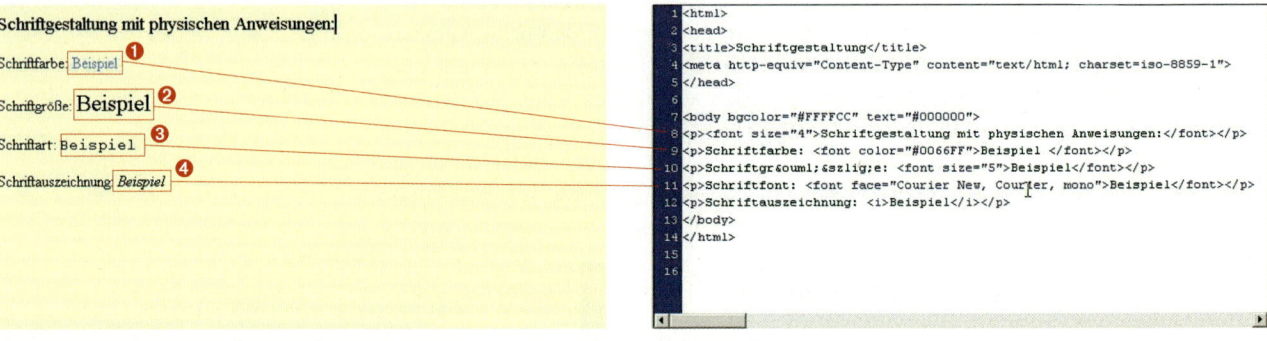

HTML-Code im Browser dargestellt.

HTML-Code

Mögliche Parameter sind für
❶ die **Schriftfarbe**
z. B. <FONT color=„#0066FF">;
❷ die **Schriftgröße**
z. B. <FONT size=5> ;
❸ die **Schriftart**
z. B. <FONT face=„Courier">.

❹ **Schriftauszeichnungen** sind Schrift-Eigenschaften wie „fett", „kursiv", „unterstrichen", sowie „hochgestellt" oder „tiefergestellt". Beispiel: <b> Fette Schrift </b>

❺ Beispiele für **Maskierungen**:
ä ä
Ä Ä
ü ü
Ü Ü
ß ß

HTML mit seinem international orientierten Zeichensatz kennt keine Sonderzeichen. Der bis zur Version HTML 3.2 gültige Zeichensatz stellt insgesamt 256 Zeichen zur Verfügung, wovon die ersten 128 identisch mit dem klassischen ASCII-Zeichensatz sind. Die zweite Hälfte beinhaltet Sonderzeichen, die jedoch nicht direkt über die Tastatur angesprochen werden können. Das heißt, landesspezifische Sonderzeichen, wie z. B. die deutschen Umlaute „ä, ö und ü", müssen verschlüsselt über das sogenannte **Maskieren** ❺ eingegeben werden. Zum Maskieren wird das spezielle Steuerzeichen „&" verwendet. Es teilt dem Browser mit, dass jetzt eine Maskierung folgt. Ein Semikolon (;) schließt die Maskierung ab. Ein Satz mit Umlauten kann dabei folgendermaßen aussehen:

„Die Fähre setzt über." wird in HTML „Die Fähre setzt über." geschrieben.

Aber nicht nur Text kann mit HTML geschrieben werden. In HTML-Dokumenten sind auch Grafiken und andere Objekte verwendbar. Grafiken müssen dabei in den Bildformaten **GIF**, **PNG** oder **JPEG** vorliegen. Sie werden nicht im Dokument gespeichert, da in HTML nur auf eine Grafikdatei referenziert wird. Der Browser lädt die Datei beim Darstellen automatisch hinzu. Dazu muss der Browser wissen, wo sich diese Grafikdatei befindet. Die Einbindung erfolgt mit Hilfe des Tag <IMG>. Als Parameter muss der Dateiname der Grafik mit dazugehörigem Pfad angegeben werden.

Beispiel: <IMG src=„img src=„Grafik/10_307-04.GIF" width=„280" height=„60">

Im Browser dargestellte Grafiken

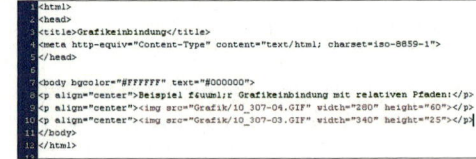

Dazugehöriger HTML-Code

Die Datei kann dabei über eine absolute Pfadangabe mit **URL** ❶ oder über eine relative Pfadangabe im Bezug zum aktuellen HTML-Dokument angegeben werden.

Eine zentrale Funktionalität von HTML, und dadurch auch vom WWW, sind Hyperlinks. Damit können Hypertexte erstellt werden. Über einen Verweis, auch Link genannt, kann der Anwender mit nur einem Mausklick auf andere HTML-Dokumente verzweigen. Diese Dokumente können sich auf der eigenen URL befinden, oder auch auf weit entfernten URLs von anderen Web-Servern.
Ein Hyperlink sieht von der Struktur her immer so aus:

Beispiel: <a href="http://www.tk.de/dokument2.htm">mehr Infos</a>

Über ein Hyperlink können beliebige Dienste ❷, wie FTP, Mail oder News, adressiert werden. Dabei ist als URL das passende Protokoll anzugeben.

Hyperlinks können auch gezielt zu besonders ausgezeichneten Stellen innerhalb eines HTML-Dokumentes führen.

Beispiel: <a href="#Einleitung">Zur Einleitung</a>

❶ **URL**: Uniform Resource Locator, dt. „einheitlicher Quellenanzeiger".

❷ Beispiele von Hyperlinks auf verschiedene Internet-Dienste: Aufruf eines Dokuments im WWW:
<a href="http://www.tk.de ...
Start eines FTP-Downloads:
<a href="ftp://ftp.sun.com ...
Start eines Newsgroup-Dienstes:
<a href="news://news.free.de ...
Start des E-Mail-Programms mit voradressierter Mail:
<a href="mailto:Bill.Gates@ ...

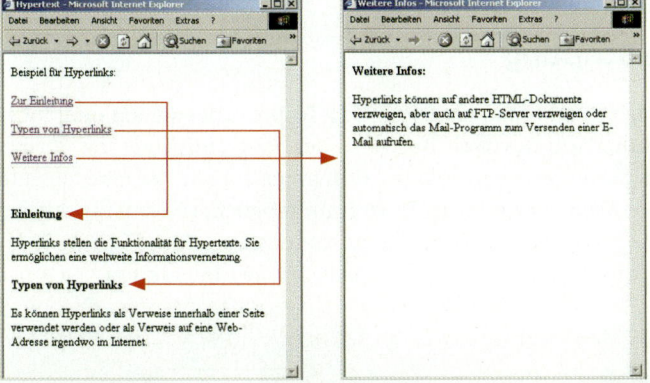

```
<html>
<head>
<title>Hypertext</title>
<meta http-equiv="Content-Type" content="text/html; charset=iso-8859-1">
</head>

<body bgcolor="#FFFFFF" text="#000000">
<p>Beispiel f&uuml;r Hyperlinks:</p>
<p><a href="#Einleitung">Zur Einleitung</a></p>
<p><a href="#Typen">Typen von Hyperlinks</a></p>
<p><a href="Dokument2.htm">Weitere Infos</a></p>
<p> </p>
<p><b>Einleitung</b><a name="Einleitung"></a></p>
<p>Hyperlinks stellen die Funktionalit&auml;t f&uuml;r Hypertexte. Sie erm&ouml;glichen
   eine weltweite Informationsvernetzung.</p>
<p><b>Typen von Hyperlinks</b><a name="Typen"></a></p>
<p>Es k&ouml;nnen Hyperlinks als Verweise innerhalb einer Seite verwendet werden
   oder als Verweis auf eine Web-Adresse irgendwo im Internet.</p>
</body>
</html>
```

Beispiel: HTML-Dokument mit Hyperlinks auf Stellen innerhalb der Seite und auf ein anderes HTML-Dokument.

Dazugehöriger HTML-Code des Beispiels-Dokumentes.

Der Funktionalität und der Interaktionsfähigkeit von HTML sind klare Grenzen gesetzt. Dies liegt darin begründet, dass HTML als Dokumentenbeschreibungssprache kreiert wurde und nicht als Programmiersprache. HTML lässt sich aber durch zusätzliche Technologien, die in Programmier- und Scriptsprachen geschrieben werden, erweitern.

Die aktuelle (und vorläufig letzte) Version von HTML ist die Version 4.01. Die Spezifikation von HTML erlaubt eine Reihe von Freiheiten, die auch von den aktuellen Browsern bisher toleriert wurden. Für ein schnelles und einfaches **Parsen** ❸ ist es wichtig, dass striktere Syntaxregeln eingehalten werden. Der neue **W3C-Standard** ❹ XHTML (**Extensible HyperText Markup Language**) bietet diese Vorteile und ist offener für zukünftige Erweiterungen.

❸ Unter **Parsen** (engl. to parse „analysieren") versteht man das Übersetzen eines Textes in ein für die Weiterverarbeitung brauchbares Format. Dazu wird die Struktur analysiert, welche die Hierarchie zwischen den Elementen ausdrückt.

❹ Das **World Wide Web Consortium** (kurz: W3C) ist das Gremium zur Standardisierung der das World Wide Web betreffenden Techniken.

14.3 Skriptsprachen

❶ Programme, die in Skriptsprachen geschrieben sind, werden
auch Skripte genannt.

Für kleine und überschaubare Programmieraufgaben ❶ kommen Skriptsprachen zum
Einsatz. Sie haben ihre Stärke in der schnellen Erlernbarkeit und unter Anderem in der
einfachen Handhabung von Variablen. Die Definition Skriptsprache reicht dabei von
Makrosprachen bis hin zu eigenständigen Programmiersprachen.

Anzutreffen sind sie dabei als integraler Bestandteil in einzelnen Anwendungsprogrammen, als eigenständige Programmiersprache oder in Web-Anwendungen.

Werden Scriptsprachen im Web verwendet, so unterscheidet man zwischen **Client
Side Scripting** und **Server Side Scripting**.

14.3.1 Skriptsprachen in Anwendungsprogrammen

Viele Anwendungsprogramme verfügen über eine interne Skriptsprache, um wiederkehrende Arbeitsschritte zu automatisieren und den eigenen Funktionsumfang zu
erweitern. Zum Beispiel nutzen die Microsoft Office-Produkte, wie Word und Excel,
die Skriptsprache VBA (Visual Basic for Applications), bzw. VBScript in den neueren
Windows-Versionen.

14.3.2 Client Side Scripting

Unter Client Side Scripting versteht man eine Scripting-Technik, bei der auf dem lokalen Computer (**Client**) innerhalb des Web-Browsers der Programmcode des Skripts
ausgeführt wird. Da das Skript auf dem lokalen Computer abläuft, ist eine bessere
Interaktion zwischen dem Benutzer und dem Programm möglich, ohne dafür ständig
eine Verbindung über das Web zum Server aufbauen zu müssen.
Einsatzbeispiele: Kleine Anwendungen, wie z. B. Spiele mit viel Interaktion.

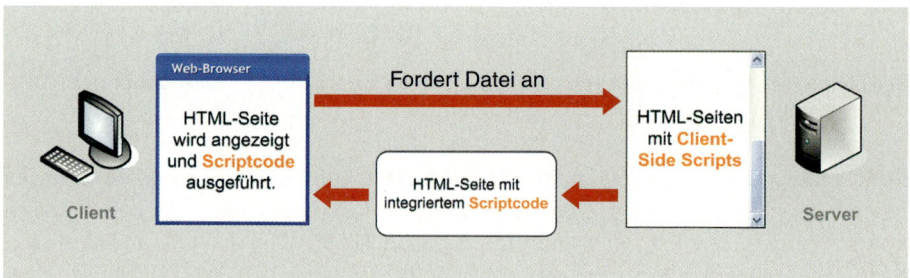

Prinzip-Darstellung des Client Side Scripting

DHTML

❷ Die Abkürzung von Dynamischem HTML ist DHTML (Dynamic
HTML).

Durch Ausführen eines Skripts auf der Client-Seite können Seiten mit dynamischem
HTML ❷ erzeugt werden, die während der Darstellung im Web-Browser ihren Inhalt
„dynamisch" ändern. Dies kann zum Beispiel das Aufklappen eines Menüs nach
erfolgter Benutzereingabe sein oder das Generieren eines aktuellen Kalenders auf der
Web-Seite.

➲ DHTML ist ein Konzept, um Inhalte einer Web-Seite in ihrer Position und ihrem Erscheinungsbild in Abhängigkeit von Benutzereingaben oder Skriptereignissen zu verändern.

DHTML verwendet zur dynamischen Darstellung von HTML

- Cascading Style Sheets (CSS)
- Document Object Model (DOM) ❶
- JavaScript oder VBScript

❶ Das **Document Object Model** beschreibt die Elemente einer Web-Seite nach einer Baumstruktur und erlaubt die skriptgesteuerte Veränderung von HTML Dokumenten.

und setzt deshalb entsprechend kompatible Web-Browser voraus. Um trotzdem alle Web-Benutzer zu unterstützen, insbesondere für „barrierefreie" Angebote, kann ein paralleles, statisches HTML-Web eingesetzt werden.

Cascading-Style-Sheets

Eine effiziente Methode, Formatierungen über alle HTML-Seiten einer Website aus einer Quelle zu beeinflussen, sind die **Cascading-Style-Sheets** (**CSS**), ein Standard zur Beschreibung der Layouteigenschaften von HTML-Dokumenten. Bei Cascading-Style-Sheets können Layoutinformationen auch für mehrere HTML-Seiten in separaten Dateien (Style Sheets) abgelegt werden. Sie sind vergleichbar mit Druckformatvorlagen von Textverarbeitungsprogrammen.

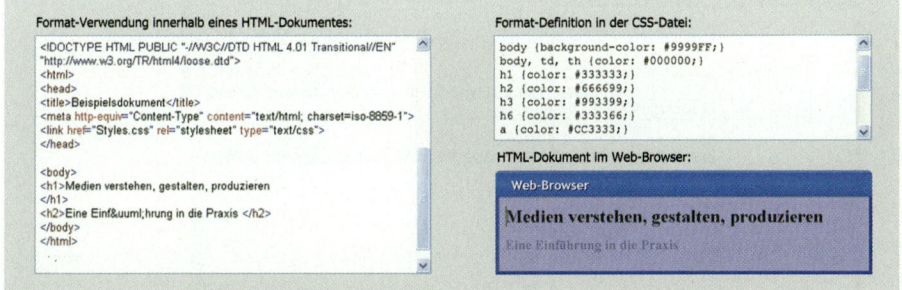

Im HTML-Dokument wird über <link href="Styles.css" rel="stylesheet"type="text/css"> auf eine externe CSS-Datei verlinkt, in der die Textattribute zentral definiert sind.

Java

Java ist eigentlich keine Skriptsprache, sondern eine von der Computer-Plattform unabhängige, objektorientierte Programmiersprache, die sich an die Syntax der weit verbreiteten Programmiersprache C/C++ anlehnt. Zur Unterstützung von HTML-Seiten wird Java ähnlich einer Skriptsprache eingesetzt, um HTML mit Programmfunktionalität zu erweitern. Dies erfolgt durch das Einbinden von kleinen Java-Anwendungen, die, wenn sie in einem Browser ablaufen, auch Java-Applets ❷ genannt werden.

Bei Java handelt es sich um eine Compiler-Sprache. Das bedeutet: Nachdem ein Programm geschrieben wurde, muss es kompiliert, das heißt, in einen speziellen, ausführbaren Binärcode übersetzt werden. Java-Applets sind auf fast allen Browsern, unter allen Betriebssystemen lauffähig.

```
{applet}
{applet license="development"}
|| My first java program
|| Version: 1.0
{title heading?=false, Hallo Welt-Applet}
{let hbox=HBox = {HBox
background="khaki",
color="blue",
font-size=24px,
"... mein Java-Applet Nr." & {value 0.5 + 0.5}
}
}
{paragraph
paragraph-justify="center",
paragraph-line-spacing=50px,
font-size=24pt,
font-family="Arial",
color="black",
{VBox
background="lightgray",
halign="center",
spacing=0.8cm,
font-size=10mm,
"Hurra, es funktioniert ... ",
hbox
}
{br} {italic Hallo Welt |||}
}
```

❷ Beispiele eines Java-Applets

ActiveX

❶ ActiveX-Anwendungen, auch **ActiveX-Steuerelemente** genannt, können mit verschiedenen Programmierwerkzeugen, wie zum Beispiel Visual Basic oder C++, erstellt werden.

Im Gegensatz zu Java ist ActiveX eine Technologie, die von Microsoft entwickelt wurde und die primär nur unter dem Microsoft Internet Explorer lauffähig ist. Es handelt sich um eine Mischung aus Plug-in und Java-Applet, welche zu den Standardfunktionen des Browsers hinzugefügt wird. Die Einbindung der ActiveX-Steuerelemente **❶** erfolgt mit dem HTML-Tag <object> und zusätzlichen Parametern.

Beispiele eines eingebundenen ActiveX-Steuerelementes:

Dazugehöriger Quellcode:

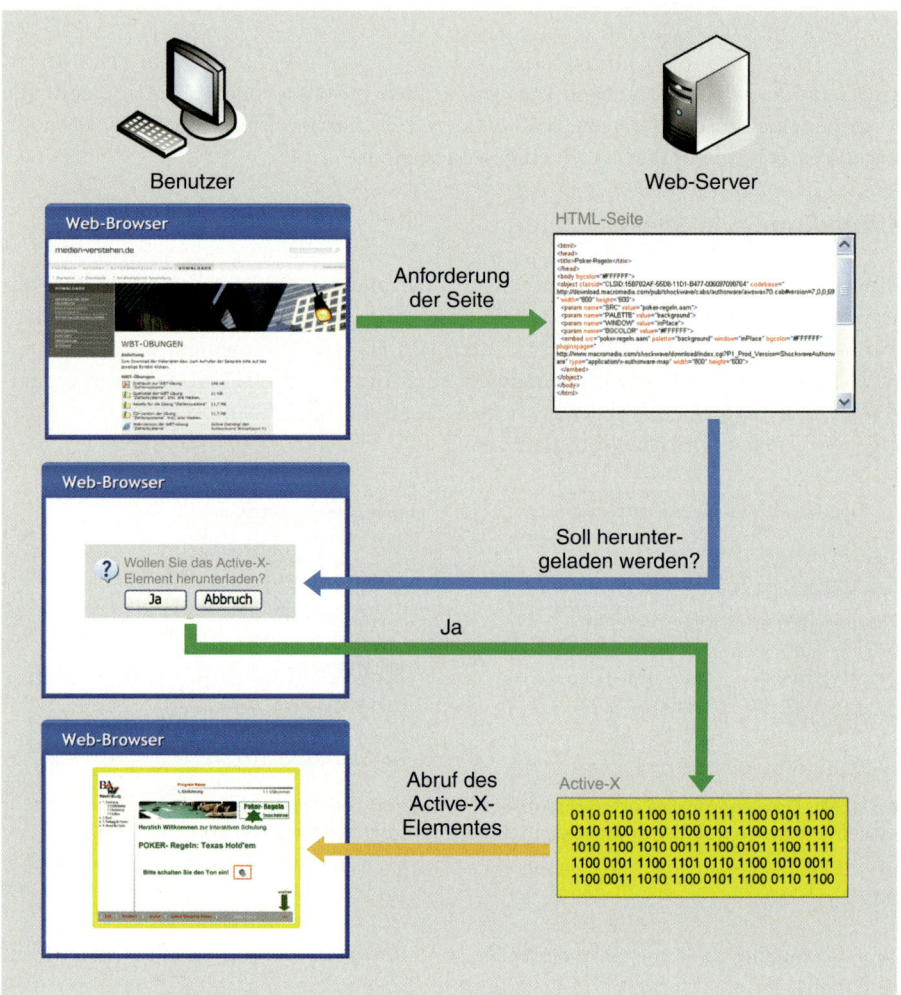

Wird die HTML-Seite mit dem Browser aufgerufen, so wird das eingebundene ActiveX-Steuerelement vom Web-Server abgerufen und auf dem lokalen Computer beim Benutzer gespeichert. Dabei erfolgt, je nach eingestellter Sicherheitsstufe im Browser, die Abfrage, ob das ActiveX-Steuerelement heruntergeladen werden soll oder nicht. Auf Grund seiner Funktionsvielfalt stellt jedes Programm eine mögliche Sicherheitslücke dar und sollte deshalb nur von vertrauenswürdigen Quellen akzeptiert werden. Ist das Element dann übertragen worden, so wird es auf dem lokalen Rechner ausgeführt.

JavaScript

Trotz seines Namens ist JavaScript keine Variante der Programmiersprache Java. Java-Script ist eine Scriptsprache, mit der die Funktionalität und Interaktivität von HTML-Seiten erweitert werden kann. **JavaScript** ❶ wird über spezielle Tags ❷ in Form von Klartext komplett in die HTML-Seite integriert. Dabei können die Befehle an mehreren Stellen in der Seite platziert sein. Befehle vor dem HTML-Tag <body> veranlassen deren Ausführung schon beim Laden der HTML-Seite.

Im Wesentlichen benutzt der Web-Designer JavaScript, um bestimmte Aktionen an Objekten der Website durchzuführen.

Die Grundsyntax nennt zuerst das Objekt, dann getrennt durch einen Punkt den Vorgang, der an dem Objekt (Empfänger) vorgenommen werden soll – die Methode.
Prinzip: Objekt.Methode(Argument)
Beispiel: document.write(„Hallo JavaScript !");

❶ **JavaScript** wurde in Zusammenarbeit von Sun und Netscape entwickelt.

❷ JavaScript wird über Script-Container eingebunden, die mit <Script> beginnen und mit </Script> enden.
Beispiel:
<Script Language="Javascript">
<!-- >
</Script>

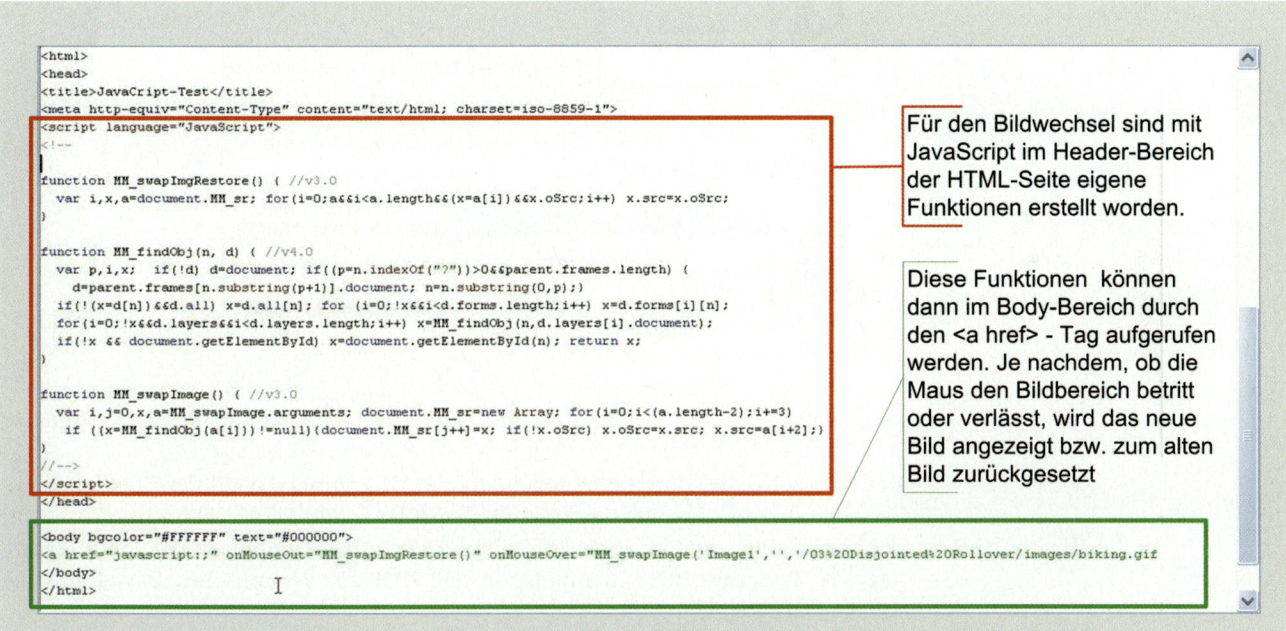

Für den Bildwechsel sind mit JavaScript im Header-Bereich der HTML-Seite eigene Funktionen erstellt worden.

Diese Funktionen können dann im Body-Bereich durch den <a href> - Tag aufgerufen werden. Je nachdem, ob die Maus den Bildbereich betritt oder verlässt, wird das neue Bild angezeigt bzw. zum alten Bild zurückgesetzt

❸ Beispiel der JavaScript-Integration für den Bildwechsel als „Roll-over"-Effekt in einer HTML-Seite.

Will man beispielsweise bestimmten Navigationselementen (Buttons) auf der HTML-Seite zusätzliche Interaktivität, wie einen „Roll-over"-Effekt ❸, verleihen, so kann die JavaScript-Funktion in den <a href> - HTML-Tag eingebunden und das Skript damit aufgerufen werden.

❸ Beispiel eines Bildwechsels als „Roll-over"-Effekt.

AJAX

Traditionelle Interaktionen im Web erfolgen über eine Anforderung des Benutzers an den Server, der daraufhin eine neue HTML-Seite übermittelt. Dies hat zur Folge, dass jedes Mal eine komplett neue HTML-Seite übermittelt und im Web-Browser des Benutzers aufgebaut werden muss. Wartezeiten und jedes Mal ein komplett neuer Seitenaufbau sind die Folge.

❶ Die AJAX-Technologie setzt seitens des Web-Browsers lediglich die Unterstützung von JavaScript voraus.

Mit dem Konzept **AJAX (Asynchronous JavaScript and XML)** ❶ werden nur die Teile der HTML-Seite übertragen, die sich in Abhängigkeit der Benutzereingabe verändern. Dadurch wird die Datenübertragung reduziert und es ist kein komplett neuer Seitenaufbau im Web-Browser des Benutzers notwendig. Das Ergebnis ist eine dynamische Web-Seite, die sehr zügig auf Benutzereingaben reagiert.

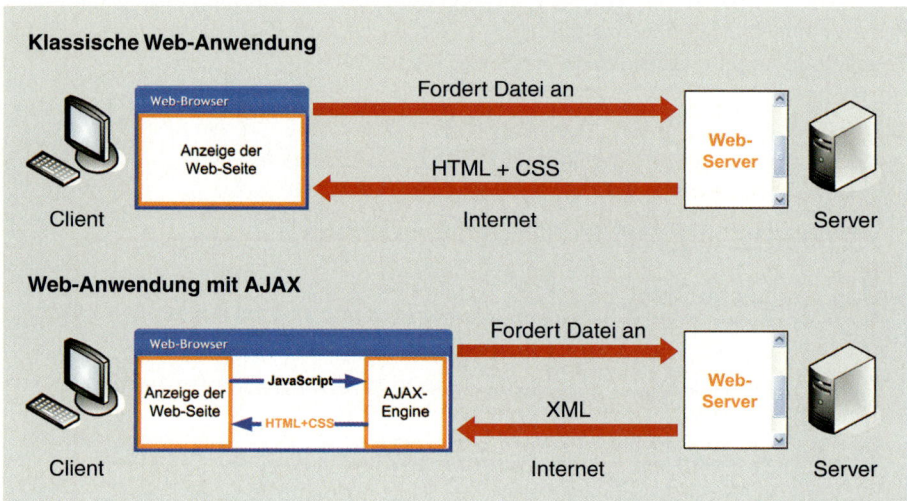

Vergleich einer klassischen Web-Anwendung mit einer auf AJAX basierenden Anwendung

Realisiert wird dies durch eine sogenannte **AJAX-Engine**, die auf der Client-Seite die Verarbeitung des Datentransports zwischen Client und Server übernimmt und die dynamische Anzeige der Web-Seite übernimmt. AJAX kombiniert bekannte Techniken wie JavaScript, DOM-Manipulation und XML zur dynamischen Darstellung der Inhalte einer Web-Seite.
Durch den Einsatz der AJAX-Technologie ist die Darstellung des Desktops im Web realisierbar.
Bekannte Beispiele sind „Google Maps", die Textverarbeitung „Ajax Write" und die Bildbearbeitung „nextImage".

14.3.3 Server Side Scripting

Unter Server Side Scripting versteht man eine Scripting-Technik, bei der auf dem **Server** der Programmcode des Skripts ausgeführt wird. Erst dessen Ausgabe wird an den Web-Browser geschickt. Da die HTML-Seite durch das Skript jeweils neu generiert wird, merkt der Benutzer gar nicht, dass die Seite dynamisch erzeugt wird.

Voraussetzung für das Ausführen von serverseitigen Skripten ist eine vorhandene Installation des Skript-Interpreters auf dem Web-Server des Providers.

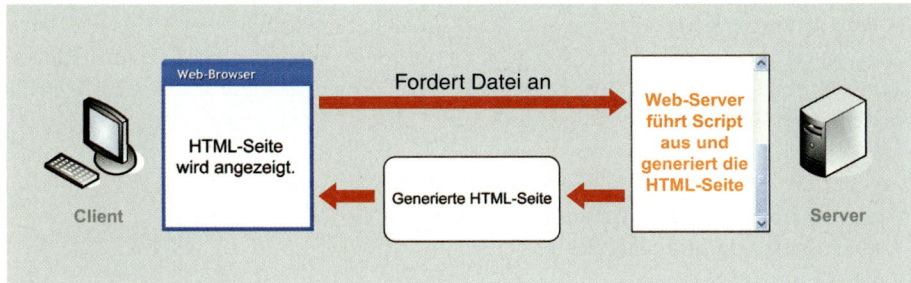

Prinzip-Darstellung des Server Side Scripting

In der Praxis sind verschiedene Skriptsprachen im Einsatz. Eine starke Verbreitung hat PHP und CGI erfahren, die in der Regel von den meisten Providern unterstützt werden.

CGI

Für Anwendungen, die mit Datenbanken kommunizieren sollen, werden meistens CGI-Programme verwendet. Das **Common Gateway Interface (CGI)** ist der Standard für interaktive Websites, bei denen ein Datenaustausch mit serverseitigen Ressourcen, z. B. Datenbanken, erfolgen soll. Ein CGI-Programm wird anders als Java, ActiveX oder JavaScript nicht auf dem lokalen Rechner, sondern auf dem Web-Server ausgeführt. CGI-Programme, bzw. CGI-Skripte, können in verschiedenen Programmiersprachen erstellt werden. Weit verbreitet ist dabei die Programmiersprache **Perl** ❶.

❶ **Perl (Practical Extraction and Report Language)** ist eine Skriptsprache, die hauptsächlich für den Datenaustausch von Servern mit anderen Anwendungsprogrammen eingesetzt wird.

```
#!/usr/bin/perl
# testform.cgi, Gaestebuchskript (Version 1.0)
require „cgi-lib.pl"; # „parsing" der FORM-Daten und Ausgabe der Variablen
require „datum.pl"; # eine Routine fuer das Datum
$date = &ctime(time);
chop($date);
&parse_form;
print „Content-type: text/html\n\n";
print „<HTML>\n";
print „<head><title>Neueintrag in das Gästebuch</title></head>\n";
print „<body>\n";
print „<center>\n";
print „<H2>Neueintrag in das Gästebuch</H2>\n";
print „am $date<p>\n";
print „<HR>\n";
print „</center><p>\n";
print „Wir haben von Ihnen folgende Angaben erhalten:<p> \n";
print „<ul> \n";
print „<li>Ihr Name lautet: <b>$in{‚username'}</b> \n";
print „<li>Ihre eMail Adresse ist: <b>$in{‚email'}</b> \n";
print „<li>Ihr Kommentar:<br> \n";
print „<b>$in{‚comments'}</b> \n";
print „</ul><p> \n";
print „<B>Vielen Dank für Ihre Eintragung in unser Gästebuch!</B><p> \n";
print „</BODY>\n";
print „</HTML>\n";
$outfile = „>> /home/m/meinlogin/public_html/gaeste/gaestebuch.html";
open(OUTFILE, $outfile);
print OUTFILE „
```

Beispiel einer Gästebuch-Formular-Maske als HTML-Seite (Abbildung unten), welches die Benutzerdaten an ein CGI-Programm (Abbildung links) übergibt, das die Eingabedaten auswertet und daraus den Gästebucheintrag als HTML-Seite generiert.

Gästebuchformular

Geben Sie hier bitte Ihren Namen ein:

Geben Sie hier bitte Ihre eMail Adresse ein:

Bitte geben Sie hier Ihren Beitrag fürs Gästebuch ein:

Senden

PHP

❶ Die Kennzeichnung des PHP-Codes erfolgt über:
<?php
// PHP-Anweisung
?>

PHP ("Hypertext Preprocessor", ursprünglich "Personal Home Page Tools" genannt) ist eine serverseitig interpretierende Skriptsprache. Sie verfügt über eine an C bzw. C++ angelehnte Syntax. Einer der größten Vorteile gegenüber klassischem CGI ist, dass der PHP-Interpreter gewöhnliche HTML-Dateien akzeptiert, in denen PHP-Anweisungen **❶** stehen. Das folgende Beispiel gibt in Abhängigkeit einer Punktezahl einen entsprechenden Antworttext aus:

```
<?php if ($punkte > 100) { ?>
   <h2>Spitze. Du hast alles richtig gemacht!</h2>
<?php } else { ?>
   <h2>Nicht schlecht. Schaue es dir aber noch mal an!</h2>
<?php } ?>
```

PHP ist eine Open-Source-Software, die beliebt ist zur Erstellung von dynamischen Web-Inhalten. Bekannte Beispiele sind "MediaWiki", die Software von Wikipedia, und "WordPress" zum Erstellen von Weblogs.

ASP

❷ Die Kennzeichnung des ASP- bzw. JSP-Codes erfolgt über:
<%
// ASP- bzw. JSP-Anweisung
%>

ASP (**Active Server Pages**) **❷** ist eine serverseitige Technologie von Microsoft zur Erzeugung von dynamischen Web-Seiten. Als ASP wurde im Jahr 2002 ASP.NET von Microsoft abgelöst.

JSP

JSP (**Java Server Pages**) **❷** von Sun Microsystem erlaubt das serverseitige Einbauen von Java-Code in HTML- und XML-Seiten zur Erzeugung dynamischer Web-Seiten.

14.4 Auszeichnungssprachen

❸ Unter **Tags** (engl.) versteht man das Auszeichnen eines Datenbestandes mit zusätzlichen Informationen. Bei SGML, XML oder HTML geschieht dies durch Kürzel, die in Klein- und Größerzeichen eingeschlossen sind. Beispiel: **<h2>**

Zum Beschreiben von Daten werden Auszeichnungssprachen (**Markup Languages**) eingesetzt. Mit Hilfe von **Tags** **❸** markiert man Wörter, Sätze und Abschnitte eines Textes und weist ihnen Eigenschaften und Zugehörigkeiten zu. Es wird dabei zwischen **Descriptive Markup Languages** (Beschreibende Auszeichnungssprachen) und **Procedural Markup Languages** (Aufgabenorientierte Auszeichnungssprachen) unterschieden.

- Den Descriptive Markup Languages sind unter anderem **SGML**, **XML** und HTML zuzuordnen.
- **PostScript** und **PDF** sind typische Procedural Markup Languages.

14.4.1 SGML

Der ISO-Standard SGML (**Standard Generalized Markup Language**) ist eine Metasprache, mit deren Hilfe man verschiedene Anwendungen und Auszeichnungssprachen für Dokumente definieren kann. Die bekannteste Anwendung, die mit dieser Metasprache erstellt wurde, ist HTML. Die bekannteste und aktuellste Auszeichnungssprache ist XML, die hier näher vorgestellt werden soll.

14.4.2 XML

XML steht für **Extensible Markup Language** und ist eine Untermenge von SGML. XML ist ein von den Systemen und Anwendungen unabhängiges Datenformat, das dem Programmierer eine Möglichkeit bietet, strukturierte Dokumente in lesbarer Form zu erzeugen und zu verwalten, die auf vielfältige Weise dargestellt werden können. Dazu können eigene Tags und Attribute definiert werden. Diese Tags haben nichts mit der Darstellung am Bildschirm zu tun, sondern sind **semantische Tags** ❶.

> **❶ Semantische Tags** sind inhaltliche Markierungen, welche die Möglichkeit unterstützen, sich so zu artikulieren, dass Computer diese Information inhaltlich interpretieren und austauschen können.

➲　**In XML wird Layout und Inhalt getrennt.**

Die vom World Wide Web Consortium (W3C) herausgegebene XML-Spezifikation definiert eine Metasprache, auf deren Basis durch strukturelle und inhaltliche Einschränkungen anwendungsspezifische Sprachen definiert werden.

XML-Dokumente besitzen einen physischen und einen logischen Aufbau. Dazu müssen sie den XML-Syntax-Regeln entsprechen:

- Die Dokumente müssen **wohlgeformt** („well-formed") ❷ sein. Das heißt, alle Elemente mit Inhalt besitzen eine Beginn- und eine Ende-Kennung.
- Sie sollten gültig bzw. **validiert** („validated") sein. Das heißt, sie entsprechen einer **Document Type Definition (DTD)** ❸. Beim Datenaustausch mit XML ist es wichtig, dass die „Grammatik" des Element-Aufbaus über eine DTD überprüft wird, um festzustellen, ob alle Elemente und Attribute richtig verwendet werden. Diese DTD kann im Dokument oder besser in einer separaten Datei verwendet werden. Alternativ zur DTD kann die Definition auch über ein **XML-Schema (XSD)** erfolgen, welches selbst in XML geschrieben ist.
- Es muss genau ein Element, das sogenannte Wurzelelement, auf der obersten Ebene enthalten. Unterhalb von diesem Dokumentelement können weitere Elemente verschachtelt werden.

> **❷** Die Elemente besitzen einen Beginn-Tag (in < und > eingeschlossen) und einen Ende-Tag (mit vorangestelltem „/").
> Beispiel:
> <AUSGABE>Hallo</AUSGABE>

> **❸** Beispiel einer DTD:
> <!DOCTYPE hallo [
> <!ELEMENT AUSGABE
> (ANZEIGE)>
> <!ELEMENT ANZEIGE
> (#PCDATA)>
>]>

Kommen in den XML-Daten häufig wiederkehrende Texte vor, so können diese mit sogenannten **Entities** abgekürzt werden. Die Definition erfolgt in der DTD.

Zum Beispiel: <!ENTITY text „Konstanz">
Im XML-Dokument kann die Entity dann mehrfach verwendet werden.
Zum Beispiel: <Ort>&text</Ort>

Zur besseren Lesbarkeit der XML-Datei können Kommentare verwendet werden. Beispiel: <!-- Jetzt kommt der Kommentar -->

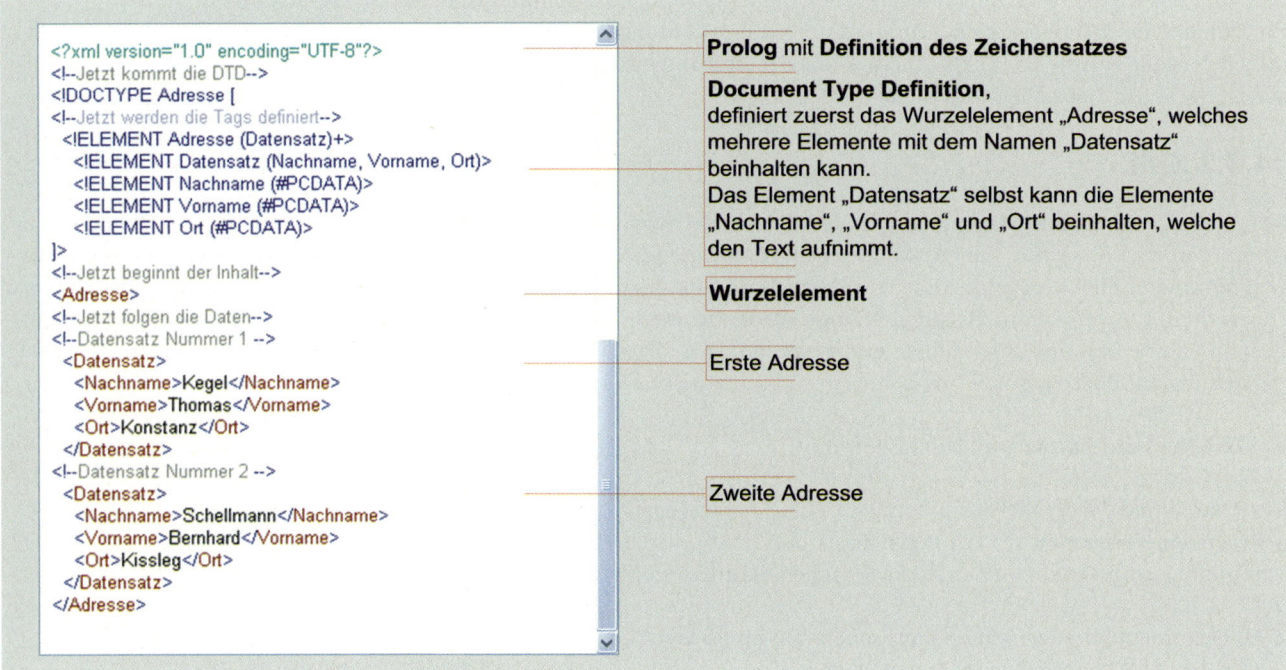

```
<?xml version="1.0" encoding="UTF-8"?>
<!--Jetzt kommt die DTD-->
<!DOCTYPE Adresse [
<!--Jetzt werden die Tags definiert-->
 <!ELEMENT Adresse (Datensatz)+>
  <!ELEMENT Datensatz (Nachname, Vorname, Ort)>
  <!ELEMENT Nachname (#PCDATA)>
  <!ELEMENT Vorname (#PCDATA)>
  <!ELEMENT Ort (#PCDATA)>
]>
<!--Jetzt beginnt der Inhalt-->
<Adresse>
<!--Jetzt folgen die Daten-->
<!--Datensatz Nummer 1 -->
 <Datensatz>
  <Nachname>Kegel</Nachname>
  <Vorname>Thomas</Vorname>
  <Ort>Konstanz</Ort>
 </Datensatz>
<!--Datensatz Nummer 2 -->
 <Datensatz>
  <Nachname>Schellmann</Nachname>
  <Vorname>Bernhard</Vorname>
  <Ort>Kissleg</Ort>
 </Datensatz>
</Adresse>
```

Prolog mit **Definition des Zeichensatzes**

Document Type Definition, definiert zuerst das Wurzelelement „Adresse", welches mehrere Elemente mit dem Namen „Datensatz" beinhalten kann.
Das Element „Datensatz" selbst kann die Elemente „Nachname", „Vorname" und „Ort" beinhalten, welche den Text aufnimmt.

Wurzelelement

Erste Adresse

Zweite Adresse

Beispiel eines XML-Dokumentenaufbaus an Hand einer Adressbuch-Datenbank mit den Datensatzfeldern Nachname, Vorname und Ort

Datenausgabe und Formatierung über XSL

XML-Daten werden ohne Format-Informationen, unabhängig von der Datenausgabe, der Darstellung auf dem Bildschirm, oder einem Ausdruck gespeichert. Zur Formatierung kann wie bei HTML das CSS (Cascading Style Sheets) eingesetzt werden, oder besser das flexiblere XSL. **XSL** steht für **Extensible Stylesheet Language**.

Dazu erfolgt im Prolog des XML-Dokuments die Zuweisung auf eine XSL-Datei. Beispiel: <?xml–stylesheet href="style.xsl" type="text/xsl"?>

XSL besteht aus verschiedenen Komponenten:

- Die Beschreibung eines Dokuments als Baum mit Formatierungsanweisungen und Stilangaben übernimmt in XSL das XML-basierte **XSL-FO** (**XSL Formatting Objects**).
- Für die Umwandlung von XML-Dokumenten in andere XML-Dokumente kommt das XML-basierte **XSLT** (**XSL Transformation**) zum Einsatz.
- Zum Adressieren von bestimmten Bestandteilen im XML-Baum wird **XPath** (**XML Path Language**) eingesetzt.

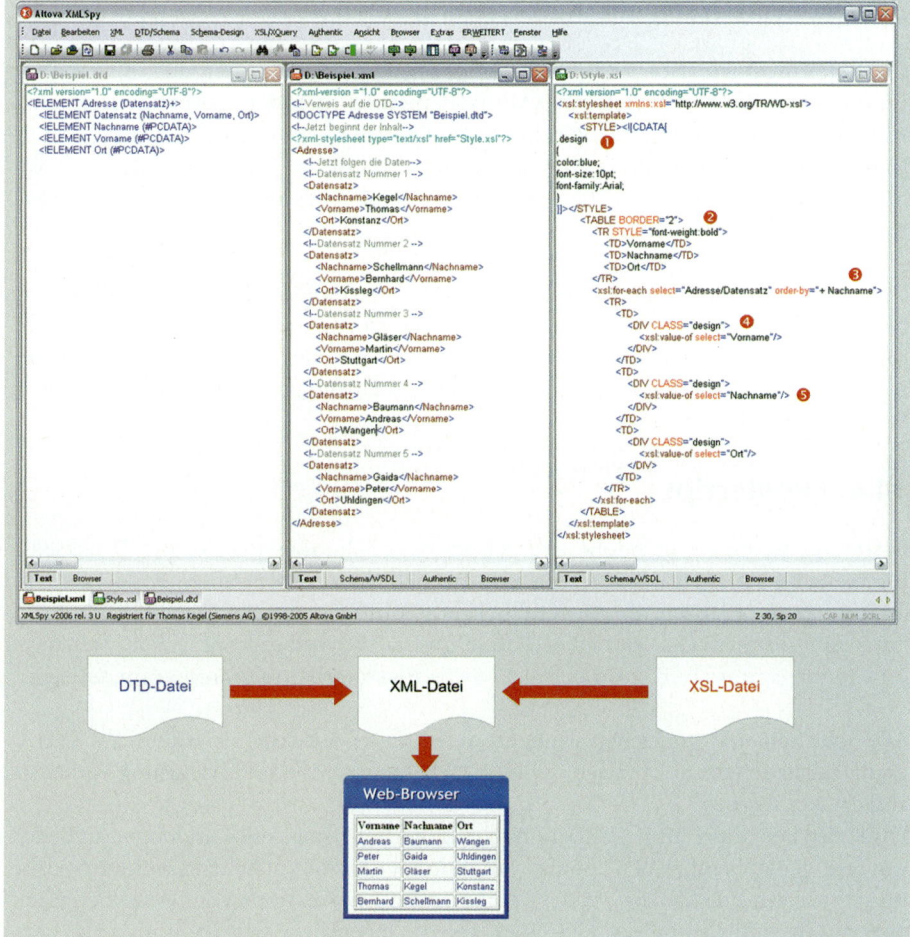

Darstellungsformatierung über eine **XSL-Datei**:

❶ Definition der globalen Stil-klasse „.design"

❷ Definition des Tabellenkopfs

❸ Durchsucht das Dokument nach allen Tags auf der Ebene „Datensatz", liest alle Inhalte und sortiert durch das Attribut „order-by" die Ausgabe nach den Nachnamen in aufsteigender Richtung.

❹ Ordnet dem Abschnitt den Style „design" zu.

❺ Liest und gibt alle Inhalte des Tags „Nachname" aus.

Im Web-Browser werden die Adressdaten formatiert und sortiert dargestellt.

Beispiel einer Adressdatenbank in XML

An Hand des oben dargestellten Anwendungsbeispieles lässt sich das Zusammenspiel von Daten, Logik und Formatierung aufzeigen. Die Document Type Definition erfolgt über eine separate DTD-Datei (links im Bild), die Datensätze stehen in der XML-Datei (in der Mitte des Bildes) und die Darstellungsformatierung erfolgt über eine XSL-Datei (rechts im Bild).

Soll nun die Darstellungsform verändert werden, so muss nur die XSL-Datei verändert werden. Die Textformatierung lässt sich einfach durch Textattribute in der Stilklasse „.design" verändern. Eine Sortierung der Adressliste nach dem Wohnort erreicht man durch Verändern des Attributes „order-by" auf „+ Ort".

Eine Erweiterung der Daten erfolgt in der XML-Datei, indem weitere Datensätze hin-zugefügt werde.

Soll die Adressdatenbank-Struktur erweitert werden, zum Beispiel durch ein neues Datenfeld „Telefon", so muss in der DTD-Datei das neue Element definiert werden kann dann in der XML-Datei verwendet werden.

Datenkonvertierung und Aufbereitung durch XSLT

Die **XSL-Transformation** (**XSLT**), als Komponente von XSL, dient der Umwandlung (Transformation) von beliebigen XML-Dokumenten in andere Formate. Zielformate können zum Beispiel HTML oder PDF sein. Ein XSLT-Dokument beschreibt, wie die Elemente und Attribute des XML-Quelldokumentes in die Bestandteile des Zieldokumentes umgesetzt werden sollen. XSLT-Programme sind nach den Regeln des XML-Standards aufgebaut.

Um eine XSL-Transformation durchzuführen, werden spezielle XSLT-Prozessoren benötigt. Sie lesen XSLT-Stylesheets ein und transformieren ein oder mehrere XML-Dokumente nach den Stylesheet-Regeln in das gewünschte Ausgabeformat. XSLT-Prozessoren sind mittlerweile auch in Web-Browsern integriert (Internet Explorer ab Version 6, Firefox, Mozilla).

14.4.3 Postscript

PostScript ist eine von Adobe entwickelte Auszeichnungssprache, um Druckseiten für die Ausgabe auf Laserdruckern und Belichtern zu beschreiben. PostScript wird fast immer automatisch von Anwendungsprogrammen, zum Beispiel einem Desktop-Publishing-Programm, oder über PostScript-Druckertreibern aus jedem beliebigen Anwendungsprogramm, zum Beispiel einem Textverarbeitungsprogramm, erzeugt.

Alle Schriften und grafischen Elemente werden in PostScript als skalierbare Vektorgrafik beschrieben und können daher in beliebiger Größe und Auflösung verlustfrei ausgegeben werden.
PostScript-Schriften sind qualitativ hochwertige Schriften, die Rundungen und Kurven sehr genau beschreiben können. Ein typischer PostScript-Schriftsatz besteht dabei immer aus einer PFM-Datei, welche technischen Informationen der einzelnen Buchstabenpaare enthält und der PFB-Datei, die die eigentliche Schriftinformation beinhaltet.

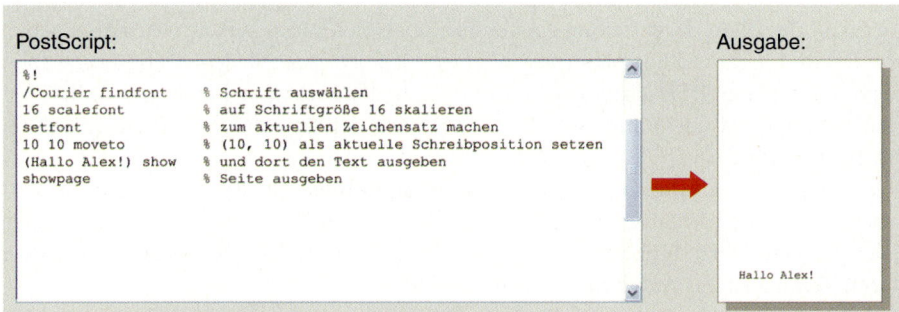

Das kleine PostScript-Programm schreibt „Hallo Alex!" in die untere linke Ecke einer Seite.

Eine Variante des PostScript ist das Datenaustausch-Format EPS (Encapsulated Post-Script), welches vorwiegend als Grafikformat verwendet wird.

14.4.4 PDF

Das ebenfalls von Adobe entwickelte **PDF** (**Portable Document Format**) baut auf Post-Script auf, verwendet jedoch nur einen eingeschränkten Befehlssatz. Es fehlen vor Allem die Strukturen einer Programmiersprache.

PDF ist ein plattformübergreifendes Dokumentenformat, welches sich mittlerweile zu einem Quasi-Standard für die Dokumentenweitergabe entwickelt hat. Obwohl PDF noch kein offizieller Standard ist, wurde die Verwendung von PDF hinsichtlich der Mindestanforderungen und Einschränkungen ❶ von der ISO (International Organization for Standardization) definiert.

Zur Darstellung von PDF steht der kostenlose Reader von Adobe zur Verfügung, der auch als Integration in verschieden Web-Browsern weite Verbreitung gefunden hat.

Zusätzlich zur Schrift- und Grafikdarstellung ist PDF auch hyperlinkfähig. Das heißt, es können zum Einen innerhalb des Dokumentes Verknüpfungen aufgebaut werden und zum Anderen externe Links zu Websites erstellt werden. Diese Funktionalität muss mit entsprechenden Editoren, zum Beispiel dem Adobe Acrobat, im PDF-Dokument aufgebaut werden, oder man übernimmt über Makros (z. B. dem PDFWriter) schon vorhandene Verlinkungen aus dem Quelldokument (z. B. Word oder Powerpoint).

Seit der Acrobat Version 7 lassen sich über PDF auch interaktive 3D-Objekte integrieren. Dieses **Acrobat 3D** eröffnet ganz neue Möglichkeiten für den Informationsaustausch im Bereich der CAD-Konstruktion, im Bauwesen, dem Marketing und der technischen Dokumentation.

❶ Spezifizierte Methoden beim Umgang mit PDF sind:
- **PDF/X** als Format für die Übermittlung von Druckvorlagen,
- **PDF/A** als Format für die Langzeitspeicherung und
- **PDF/E** als Format für technische Dokumente.

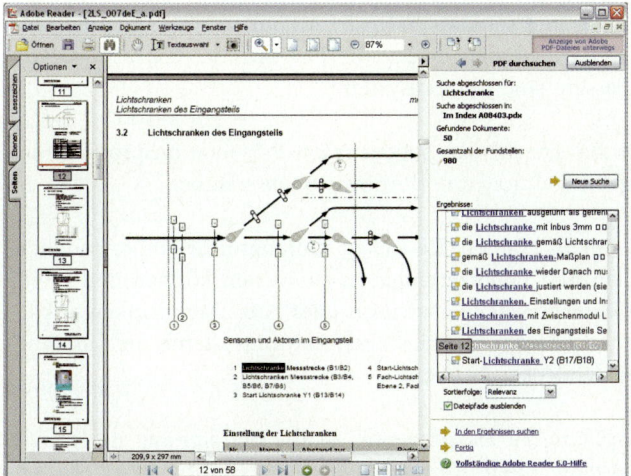

Die PDF-Darstellung im Adobe Reader erlaubt durch die Indexierung bei der „Catalog"-Funktion eine blitzschnelle Volltextsuche über viele PDF-Dokumente hinweg. Quelle: Siemens AG.

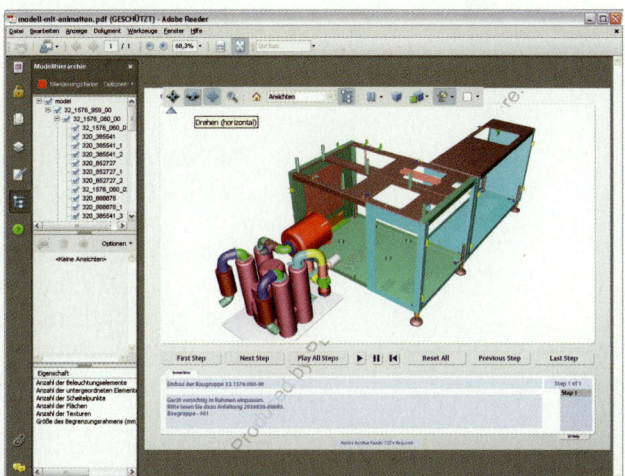

Über Acrobat 3D lassen sich interaktiv bewegbare Objekte mit Strukturbaum, vordefinierten Ansichten und Animationen in ein PDF-Dokument integrieren. Quelle: Siemens AG.

14.5 Autorensysteme

Autorensysteme sind, wie der Name schon sagt, Werkzeuge für Autoren. Im Allgemeinen sind dabei die Autoren von interaktiven Anwendungen gemeint.

Mit einem Autorensystem lassen sich einzelne multimediale Informationseinheiten zu multimedialen Anwendungen zusammensetzen. Dazu bieten sie dem Autor eine Arbeitsumgebung an, die in der Regel über grafische, interaktive Hilfsmittel verfügt und weitgehend ohne Programmierung auskommt. Autorenspezifische Anforderungen, wie zum Beispiel Interaktionen, Medieneinbindungen, etc. vereinfachen gegenüber reinen Programmiersprachen viele Aufgaben und sparen Zeit bei der Produktion.

Das hohe Ziel der Autorensysteme ist, dass der Autor sein Multimedia-Programm möglichst ohne das Schreiben von Programm-Routinen realisieren kann. Das heißt, dass der kreative Autor, der das Programm konzipiert, es auch selbst mit Hilfe eines solchen Autorensystems realisieren kann.

Die Definition des Begriffes „Autorensystem" ist relativ abstrakt, da sich am Markt verschiedenste Systeme etabliert haben, die generell der Zielsetzung eines Autorensystems entsprechen, jedoch spezifische Anwendungsnamen, wie zum Beispiel „Redaktionssystem", „Content Management System", „Präsentationssystem" oder „CBT/WBT-Systeme" verwenden.

14.5.1 Auswahl und Beschreibung

Drei unterschiedliche Ansätze

Um Autorensysteme beurteilen und sie klassifizieren zu können, muss für die Multimedia-Tools etwas vorselektiert werden. Nicht alle Programme, die Text, Grafik, Video und Ton integrieren lassen, sind Autorensysteme.

Auf dem Markt ist eine große Anzahl von sogenannten Präsentationsprogrammen erhältlich, die sogar bedingt Interaktionen und Animationen erlauben.

Autorensysteme sollten aber mehr können. Sie sollten umfangreiche Importmöglichkeiten besitzen, Interaktionen und Benutzereingaben auswerten können und offene Schnittstellen besitzen, die externe Geräte ansteuern oder z. B. Datenbanken ankoppeln können. Durch eine interne Skriptsprache sollten Autorensysteme auch umfangreiche Programmieraufgaben abdecken können.

Eine Möglichkeit, Autorensysteme zu klassifizieren, ist die Betrachtung der grundsätzlichen Programm-Philosophie. Diese Betrachtungsweise kann in Metaphern ausgedrückt werden.

Metapher „Buch"

Nach dieser Metapher arbeitet zum Beispiel „Hypercard" von Apple und „Supercard" von Silicon Beach Software auf der Apple-Seite und „ToolBook" von Click2Learn auf der Windows-Seite.

Wie der Name schon verrät, liegt dieser Metapher das traditionelle Buch zu Grunde. In einem Programm (Buch) mit einem oder mehreren Hintergründen werden die Informationen mit Hilfe von unterschiedlichen Schichten bzw. Layern (Karten oder Seiten) aufgelegt.

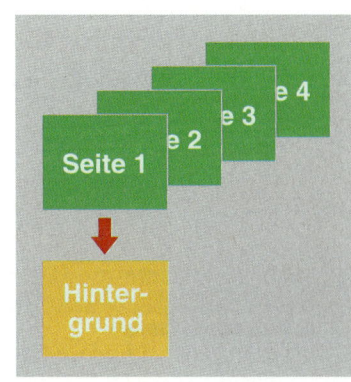

➲ Bei dieser Programm-Philosophie ist die Visualisierung der Struktur auf die Informationsschichten bezogen.

Deshalb eignen sich Programme nach dieser Metapher besonders für statische Anwendungen, wie Informationssysteme, Hypermedia-Datenbanken, aber auch Lernprogramme.

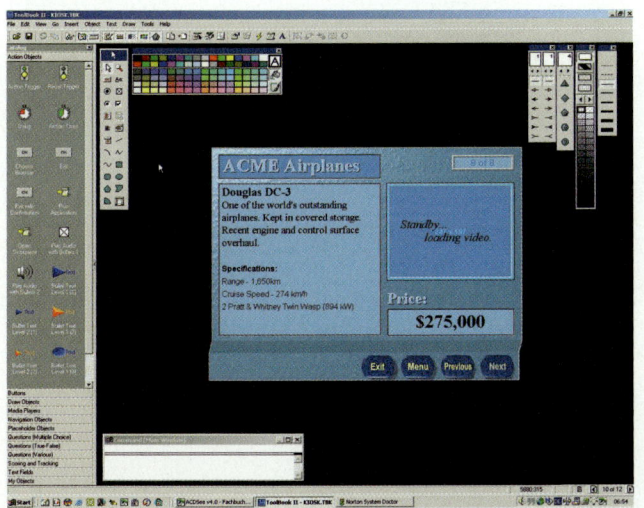 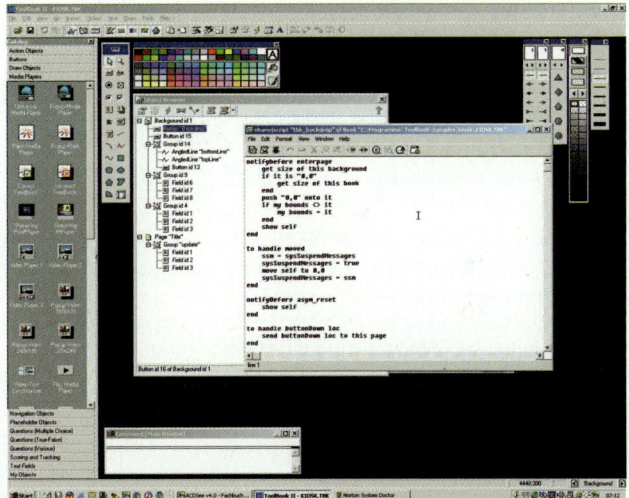

Das Autorensystem ToolBook von Click2learn ist ein typisches Autorensystem, welches nach der „Buch"-Metapher arbeitet. Es verfügt über leistungsstarke Assistenten und Vorlagen. Als Skript-Sprache kommt OpenScript zum Einsatz. Man kann zwar bei kleineren Projekten auf OpenScript verzichten, aber schon bei etwas größeren Anwendungen kommt man um das Erlernen und Anwenden dieser Programmiersprache nicht herum. ToolBook-Anwendungen können als Offline-Anwendung auf CD-ROM oder als Online-Anwendung mit Hilfe eines Plug-Ins oder einer DHTML-Ausgabe für Web-Anwendungen verwendet werden.

Metapher „Zeit"

Bei Programmen, die nach dieser Metapher arbeiten, ist die Zeit der grundlegende Bezugspunkt. Die bekanntesten Autorensysteme, welche zeitorientiert arbeiten, sind das Programm „Director" und das Programm „Flash" von Adobe , die beide für die Apple- und die Windows-Welt verfügbar sind.

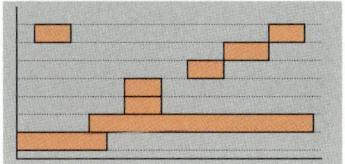

Über eine in Einzelbilder definierte Zeitachse werden Informationen, ähnlich einem Balkendiagramm, in Kanäle aufgeteilt. Bei diesen Programmen ist für jeden Ablaufzeitpunkt eine visuelle Kontrolle des Bildschirmes möglich.

➜ **Bei dieser Programm-Philosophie ist die Visualisierung der Struktur auf die Zeit bezogen.**

Deshalb eignen sich Programme nach dieser Metapher besonders für dynamische Anwendungen, wie Animationen, Präsentationen, Spiele etc.

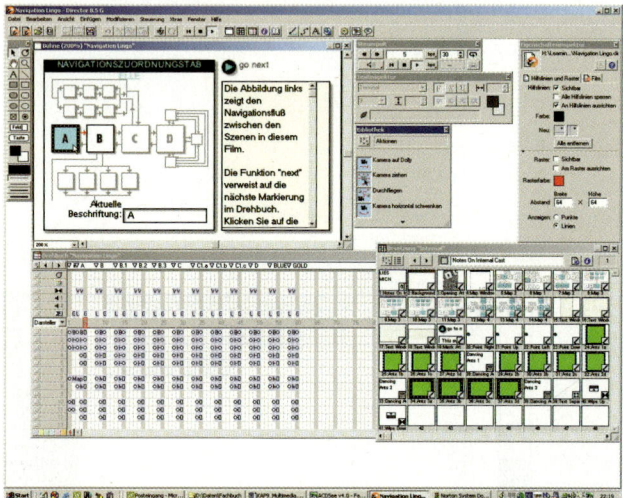

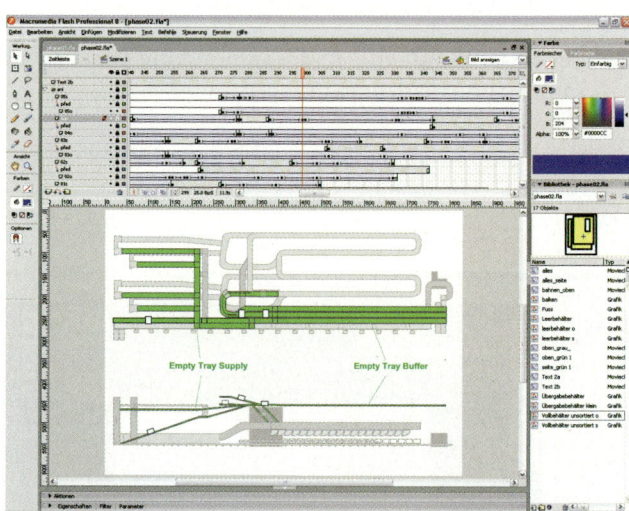

Director ist ein typisches Autorensystem, welches nach der „Zeit"-Metapher arbeitet. Seine Arbeitsweise ähnelt der einer Filmproduktion und er verwendet deshalb auch deren Terminologie. Filme werden mit Hilfe einer Besetzung, einer Bühne und einem Drehbuch erstellt und bearbeitet. Durch die Skriptsprache Lingo ist es flexibel erweiterbar.

Flash, anfänglich als Erstellungs-Werkzeug für Web-Animationen entstanden, hat sich Dank der mächtigen Skriptsprache ActionScript zu einem sehr verbreiteten Autorensystem entwickelt, was es auch der starken Verbreitung des Flash-Plug-Ins zu verdanken hat.

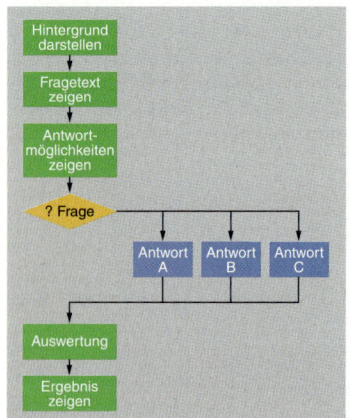

Metapher „Flussdiagramm"

Bei dieser Programm-Philosophie werden die Informationen in Form eines Flussdiagramms angeordnet. Per „Drag and Drop" wird mit Hilfe von Icons, welche die Programmfunktionen darstellen, ein Flussdiagramm zusammengestellt, das die Programmstruktur festlegt.

➜ **Bei dieser Programm-Philosophie ist die Visualisierung der Struktur auf die Zeit und die Verzweigungen bezogen.**

Deshalb eignen sich Programme nach dieser Metapher besonders für interaktive Anwendungen, die unterschiedliche Programmwege auf Grund von Benutzereingaben benötigen, wie Computer Based Training und Präsentationen. Das bekannteste Autorensystem dieser Art ist „Authorware" von Adobe.

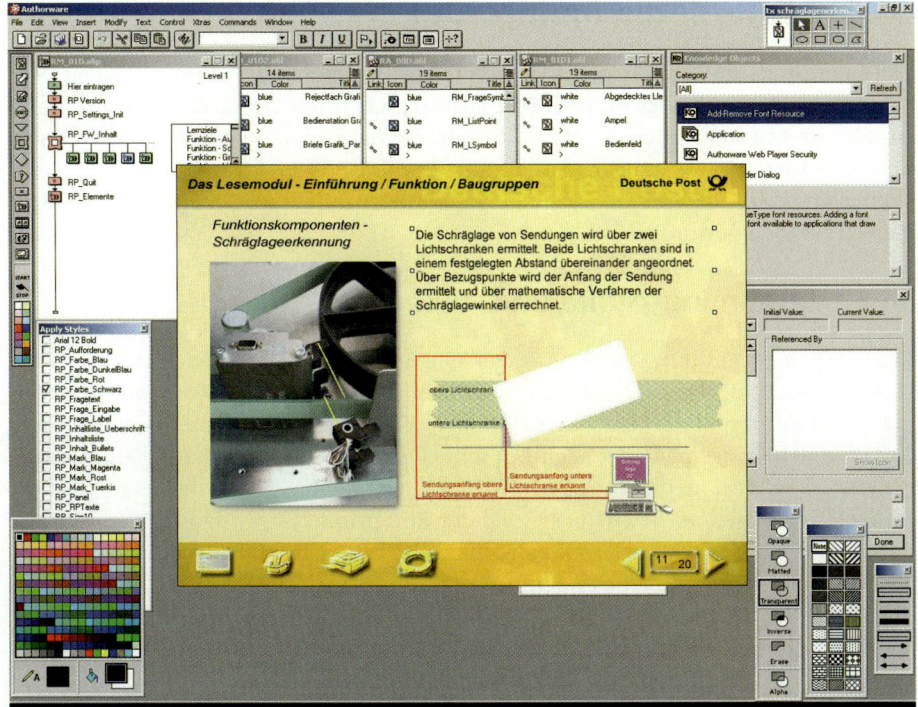

Über Symbole (Icons) in der Werkzeugleiste werden unterschiedliche Aufgaben und Funktionen abgedeckt.

Per „Drag and Drop" wird das Symbol auf das Flussdiagramm gesetzt. Damit baut man neue Strukturen auf und erstellt Interaktionen. Mit den Symbolen für die Medienelemente füllt man den Bildschirm mit Text-, Grafik und Animationselementen oder steuert digitale Videofilme und Tonsequenzen.

Authorware ist ein typisches Autorensystem, welches nach dem Flussdiagramm arbeitet. Mit den Funktions- und Programm-Vorlagen, den sogenannten Knowledge Objects, kann ein Autor rein visuell sein Programm zusammensetzen. Authorware verfügt über viele spezifische e-Learning-Funktionen und eignet sich deshalb besonders für die Lernprogramm-Erstellung. Mit der integrierten Skriptsprache **JavaScript** ist das Programm fast unbegrenzt erweiterbar. Mit dem Webplayer-Plug-In lassen sich die Anwendungen für das Web erstellen.

14.5.2 Systementscheidung

Das „Non-plus-ultra"-Autorensystem gibt es nicht. Es gibt zwar Highlights unter den Tools und Programme, die eher im Low-level-Bereich anzusiedeln sind; jedoch entscheidend für die Wahl eines Autorensystems sind primär folgende Kriterien:

- **Produkt-Typ** (Art der Multimedia-Anwendung)
  z. B. Informationssystem, Computer Based Training
- **Benutzerfreundlichkeit**
  hängt individuell vom Autor/Programmierer ab
- **System-Offenheit**
  Sind Schnittstellen und Add-on's vorgesehen?
- **System-Plattform**
  Auf welchen Plattformen soll die Anwendung laufen?

14.6 Multimedia im Internet

Das Internet ist anfänglich konzipiert worden, um textbasierte Informationen, wie Textdokumente und elektronische Post auszutauschen und an Diskussionsforen teilzunehmen. Mit steigender Leistungsfähigkeit der Personalcomputer und der Verbreitung schnellerer Internetzugänge ist die Verwendung von speicherintensiven Medienelementen, wie Videofilmen, Musik und Sprache, Animationen, sowie virtuelle Realitäten, möglich geworden.

14.6.1 Streaming-Audio und -Video

❶ Beispiel einer Internet-Seite mit Streaming-Video (Quelle: T-Online Vision)

Musik, Sprache und Geräusche in hoher Qualität als digitale Dateien haben häufig einen hohen Speicherplatzbedarf. Kommt dazu noch die visuelle Komponente Video hinzu, so entstehen für ein paar Sekunden Videofilm schnell mehrere Megabyte an Daten – und das bedeutet auch bei schnellen Internetanbindungen teils enorme Download-Zeiten. Um dennoch Websites mit einem hohen Anteil von audio-visuellen Medien zu realisieren, bedarf es besonderer Komprimierungs-Algorithmen, um die Daten auf die notwendigste Größe zu reduzieren. Trotzdem beansprucht ein kompletter Download einer großen audio-visuellen Datei einige Zeit – Zeit, die der Benutzer mit Warten verbringen muss, bis die Medien am Bildschirm erscheinen. Deshalb setzt man sogenannte **Streaming-Verfahren** ❶ ein, die es erlauben, schon während des Downloads mit dem Abspielen der Medien zu beginnen.

Beispiele für Streaming-Audio sind RealAudio und der Windows Media Player. VDO-Live und RealVideo sind Beispiele für Streaming-Video im Internet.

Der Realplayer von RealAudio

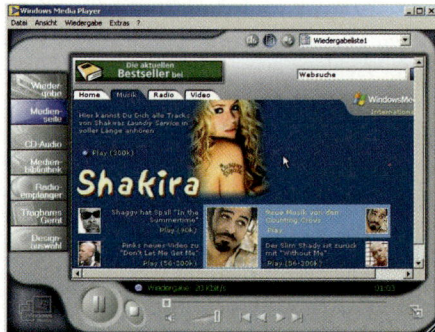

Der Windows Media Player von Microsoft

Das Streaming-Verfahren erlaubt die Übertragung von Audio- und Videodaten quasi in Echtzeit. Dabei kommen spezielle Server und anstelle des TCP/IP-Protokolls das IP mit dem UDP (User Datagram Protocol) zum Einsatz. Das UDP erlaubt gegenüber dem TCP eine kontinuierliche Datenübertragung, die für Live-Audio und Live-Video notwendig ist.

Plug-Ins

Nicht nur Audio und Video gehören zu den multimedialen Medienelementen im Internet, sondern verschiedenste Grafik- und Bilddaten. Virtual Reality-Umgebungen und ganze interaktive Programme können zusätzlich in die HTML-Seiten eingebunden werden. Um diese Medien anzeigen bzw. abspielen zu können, muss der Benutzer seinen Web-Browser mit den notwendigen Software-Erweiterungen ausrüsten. Diese Erweiterungen werden auch **Plug-Ins** ❶ genannt. Üblicherweise werden die Plug-Ins bei Bedarf (engl. On demand) direkt vom Plug-In-Lieferant als Download geladen und teils automatisch als Software-Erweiterung im Browser installiert.

❶ Die meisten **Plug-Ins** funktionieren nur mit einem Browser. Das heißt, beim Download eines Plug-Ins muss der Anwender den Typ seines Browsers angeben, damit die richtige Plug-In-Version verwendet wird.

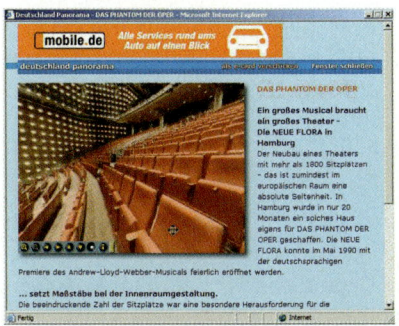

Virtueller Panorama-Rundgang mit dem IPIX-Viewer (Beispiel: Theater NEUE FLORA, Hamburg von Deutschland, Panorama.de)

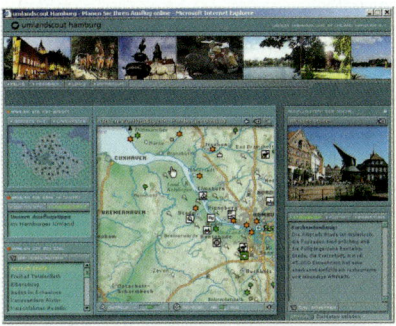

Komplette interaktive Anwendung in einem separaten Fenster mit Adobe Flash (Beispiel: Umlandscout – Reiseführer für Hamburg und Umland)

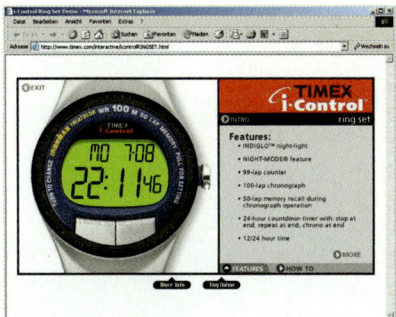

Interaktive Simulation, erstellt mit Adobe Director. Das interaktive Programm-Element ist in eine HTML-Seite integriert (Beispiel: Timex)

Weit verbreitete Plug-Ins sind zum Beispiel der Acrobat Reader von Adobe für das Anzeigen von Dokumenten, der Realplayer von RealAudio für Streaming-Audio und -Video, die Plug-Ins für interaktive Anwendungen, wie Flash, Director und Authorware von Adobe, und QuickTimeVR von Apple oder IPIX Virtual Tour Viewer von IPIX zum Darstellen von Virtual Reality.

Mit Plug-Ins lässt sich das Internet nahezu unbegrenzt multimedial erweitern. Jede Erweiterung kann jedoch eine Sicherheitslücke darstellen. Deshalb sollte die Herkunft der Erweiterungen geprüft und der Download nur von vertrauenswürdigen Quellen akzeptiert werden.

❷ **Web3D** ist keine Programmiersprache, sondern ein Oberbegriff für 3D-Sprachen.

14.6.2 3D-Visualisierung im Web

Standards zum Einbinden von Bildern, Sound und Video in Web-Seiten haben sich mittlerweile etabliert. Für dreidimensionale Anwendungen im Web, dem **Web3D** ❷, befinden wir uns noch in einer Sondierungsphase. Zum Einen gibt es die Bestrebungen des **Web3D-Konsortiums** ❸, offene Standards für 3D-Inhalte zu fördern und zu verbreiten. Zum Anderen versuchen Software-Hersteller in Kombination von 3D-Anwendungsprogrammen neue Formate zu verbreiten.

❸ Das **Web3D-Konsortium** ist ein nicht-kommerzieller Zusammenschluss aus Firmen und akademischen Einrichtungen, der sich der Entwicklung und Verbreitung von offenen Standards für dreidimensionale Inhalte im Internet widmet.

Standardisierte Formate

VRML97 ist ein einfaches und flexibles 3D-Format, welches aber wenig Akzeptanz und Verbreitung im kommerziellen Bereich gefunden hat. **X3D**, die Weiterentwicklung des VRML, basiert auf XML und könnte durch die Integration in das Videoformat MPEG4 stark an Bedeutung gewinnen.

Nichtstandardisierte Formate

Formate wie **Shockwave 3D** und **Acrobat 3D** von Adobe verfügen über mächtige Autorenwerkzeuge und nutzen die große Marktdurchdringung der Adobe Plug-Ins. **Java3D** von Sun Microsystems ist eine Klassenbibliothek der Programmiersprache Java. **Viewpoint**, spezialisiert auf hochwertige Produktpräsentationen, und **Cult3D** von Cycore, spezialisiert auf E-Commerce-Anwendungen, sind Technologien, die sich auf spezielle Anwendungsgebiete konzentrieren.

Anwendungsbereiche von 3D im Web

3D-Inhalte sind auf Web-Seiten noch nicht oft anzutreffen. Im Anwendungsbereich E-Commerce gibt es noch keine dreidimensionalen Einkaufszentren. Lediglich einzelne 3D-Produktpräsentatinen sind anzutreffen. Grund sind vorwiegend die hohen Erstellungskosten und das Fehlen von zielgruppenerprobten Benutzerschnittstellen.

Die größte Verbreitung von 3D-Inhalten findet derzeit im Unterhaltungsbereich statt. Dies ist auf die rasante Verbreitung von Online-Spielen im Web zurückzuführen. Auch im Bereich der Informationsvisualisierung, also der technischen Dokumentation, oder im Lehr- und Lernbereich, setzen sich 3D-Anwendungen immer stärker durch. Eine wichtige Plattform ist dabei Acrobat 3D, da dieses Format über das PDF-Plugin auf fast allen Web-Browsern verfügbar ist.

3D-Produktpräsentation im Web – realisiert mit Java3D
(Quelle: Seiko, produziert von 3D-Scapes)

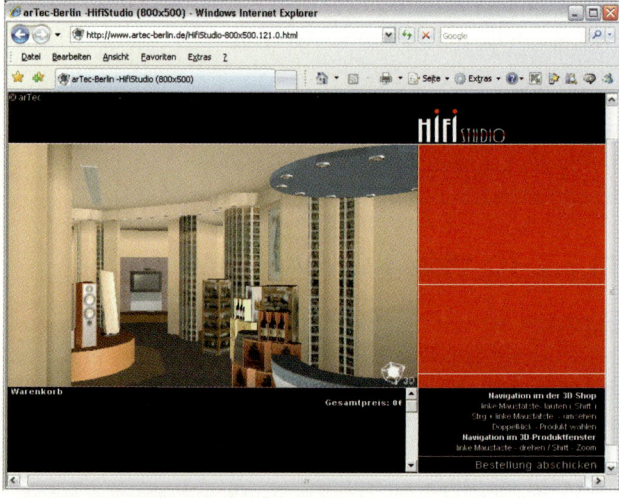

Demo eines virtuellen 3D-Shops für Hifi-Geräte
– realisiert mit Shockwave 3D (Quelle: arTec, Berlin)

14.7 Daten-Management

Die Bedeutung des effizienten Umgangs mit Daten hat auch in der Medieninformatik einen besonderen Stellenwert. Informationen, Medienelemente und sonstige Daten sollen nicht nur einmal aufbereitet und in ein Zielmedium umgesetzt werden, sondern aus den Informationen und Medienelementen soll der bestmögliche Nutzen erzielt werden. Dazu gehören auch Prozesse, die wiederholbar und universell einsetzbar sind.

14.7.1 Cross Media und Single Source Publishing

Das Zusammentragen der Informationen und der Medien-Elemente, sowie das redaktionelle Aufbereiten nimmt bei einer Medienproduktion in der Regel den längsten Zeitabschnitt in Anspruch. Deshalb sollte diese Aufbereitung systematisch erfolgen, um Wiederholungen und ähnliche Arbeiten zu vermeiden.

Mit einem Erstellungsprozess nach dem **Single Source Publishing** – Prinzip erstellt man kleine Informationsmodule. Das „eigentliche Dokument" verweist auf diese Informationsmodule. Erst bei einer Produktion werden die verknüpften Informationsmodule zu einem Dokument zusammengefügt. Moderne Systeme setzen dabei auf die Datenhaltung in XML und die Verwaltung der Informationsmodule über Metadaten.

Für die Ausgabe in verschiedene Zielmedien kann das sogenannte **Cross Media Publishing** zum Einsatz kommen. Hierunter versteht man die Produktionen verschiedener Zielmedien aus einer Informationsquelle, zum Beispiel die Produktion eines Handbuches und die Produktion einer Anleitung in Form von HTML-Seiten.

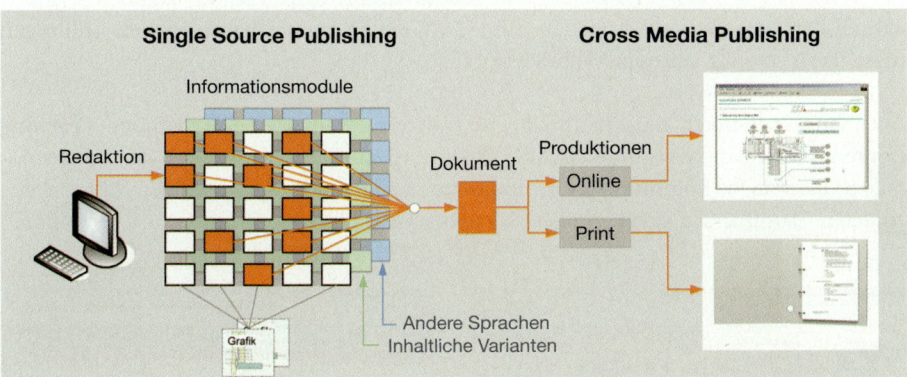

Beim **Single Source Publishing** werden die Inhalte als Informationsmodule gespeichert, auf die die Dokumenten-Produktion zugreift und dann beim **Cross Media Publishing** in das Zielmedium ausgibt.

14.7.2 Content Management Systeme

Die Funktionalität von Single Source und Cross Media Publishing sind in der Regel in so genannten **Content Management Systemen (CMS)** ❶ gebündelt. Merkmale eines CMS sind die medienneutrale Datenhaltung von wiederverwendbaren Informationsbausteinen, „Content" genannt, sowie Ausgabewege für verschiedene Zielmedien.

❶ Beim Einsatz eines **CMS** ist darauf zu achten, dass
• die Inhalte stark modularisiert werden müssen,
• die „Atomisierung" der Information, also das Aufteilen in kleinste Informationsmodule, einen hohen Verwaltungsaufwand bedeutet,
• Anforderungen an die Benutzer höher sind als bei konventionellen Systemen.

Professionelle CMS verfügen über umfangreiche Funktionen, um Informationsbausteine zu konfigurieren und aus verschiedenen Perspektiven zu betrachten. Damit können zum Beispiel inhaltliche Varianten und weitere Sprachen verwaltet werden. Dies ist beispielsweise als **Redaktionssystem ❶** in der technischen Dokumentation wichtig.

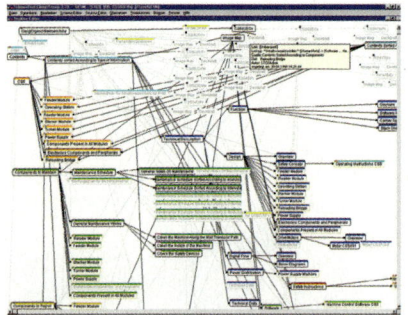

❶ Beispiel eines CMS für die Redaktion: Schematext CS von Schema (Quelle: Siemens AG)

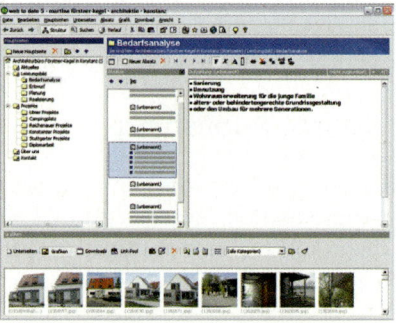

❷ Beispiel eines clientseitigen CMS für Websites: Web2Date von Data Becker. (Quelle: www.architektin-foerstner.de)

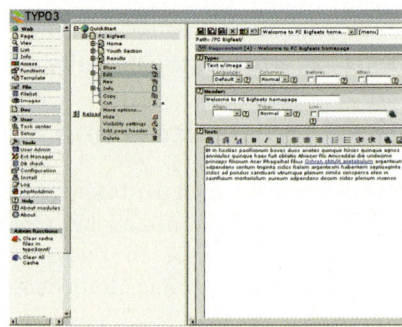

❸ Beispiel eines serverseitigen CMS für Websites: Open Source Software TYPO3 (Quelle: Typo3)

Für die Verwaltung von Web-Auftritten kommen spezielle **Web Content Management Systeme** zum Einsatz, die serverseitig, wie auch clientseitig, dynamisch oder statisch arbeiten können. **Clientseitige CMS ❷** verwenden ein lokal installiertes Programm und laden die Daten per FTP auf den Web-Server. **Serverseitige CMS ❸** hingegen laufen in Verbindung mit einer Datenbank auf einem Web-Server und werden über ein Web-Interface bedient. Dynamische CMS erstellen die HTML-Seiten bei jedem Aufruf der Web-Seite aus der CMS-Datenbank. Damit sind Änderungen an den Seiten sofort aktuell. Statische Systeme erstellen die HTML-Seiten immer komplett neu und legen diese dann statisch auf dem Web-Server ab.

Auch im Lernbereich müssen Inhalte verwaltet werden. Dies übernehmen **Learning Content Managementsysteme (LCMS) ❹**, die zusätzlich zur Verwaltung der Inhaltsmodule umfangreiche Kommunikationsfunktionen und Benutzerverwaltungen für Lernende anbieten. Damit lassen sich komplette Lernprozesse online durchführen und verwalten.

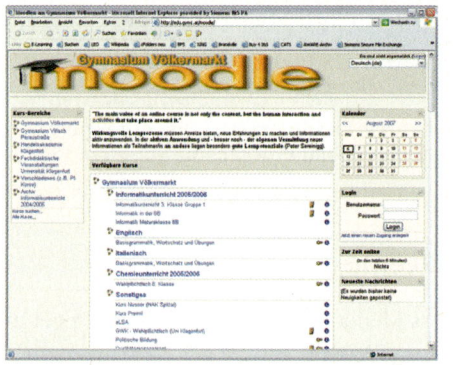
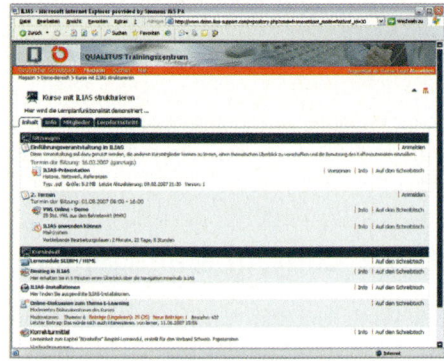

❹ Beispiele von LCMS aus dem Open Source Bereich. Links das LCMS Moodle (Quelle: Gymnasium Völkermarkt) und rechts das LCMS Ilias (Quelle: Qualitus)

Aufgaben und Übungen, Literaturhinweise

Aufgaben und Übungen

1. Programmiersprachen
   Beschreiben Sie den Unterschied zwischen einer höheren Programmiersprache und einem Autorensystem. Nennen Sie Softwarebeispiele und erläutern Sie mögliche Einsatzszenarien.
2. Grundprinzipien der Programmierung
   Wählen Sie für eine Skriptsprache (z. B. JavaScript) eine Kontrollstruktur aus, die geeignet ist, bei Erfüllung einer Bedingung eine Anweisung auszuführen und bei Nichterfüllung eine alternative Anweisung durchzuführen.
3. HTML
   Erstellen Sie das Grundgerüst eines HTML-Skriptes mit Texten in Überschriften unterschiedlicher Ordnung. Benutzen Sie Wörter mit Umlauten und bauen Sie Verknüpfungen über Hyperlinks innerhalb des Dokumentes auf.
4. Skriptsprachen
   Vergleichen Sie Client Side Scripting mit Server Side Scripting, zeigen Sie Vor- und Nachteile auf und nennen Sie typische Skriptsprachen dieser Prinzipien.
5. XML
   Nennen Sie Gründe für die Verwendung der Auszeichnungssprache XML.
6. Daten-Management
   Skizzieren und erläutern Sie das Prinzip des Single Source Publishing (SSP) bei einem Content Management System (CMS). Nennen Sie Kriterien, die bei einem CMS mit SSP beachtet werden sollten.

Literaturhinweise

Bruns, Kai; *Meyer-Wegener*, Klaus: Taschenbuch der Medieninformatik, München 2005 (Hanser Fachbuchverlag)

Dellwig, Elmar: JavaScript, München 2001 (Markt+Technik Verlag)

Steyer, Ralph: Jetzt lerne ich JavaScript und HTML, München 1999 (Markt+Technik Verlag)

Fuchs, Christian; *Gabriel*, Herbert; *Gailer*, Hannes; *Kleinbichler*, Arno: Medieninformatik 1, Wien 2004 (Manz Verlag Schulbuch)

Fuchs, Christian; *Gabriel*, Herbert; *Gailer*, Hannes; *Kleinbichler*, Arno: Medieninformatik 2, Wien 2004 (Manz Verlag Schulbuch)

Herold, Helmut; *Lurz*, Bruno; *Wohlrab*, Jürgen: Grundlagen der Informatik. Praktisch – Technisch – Theoretisch, München 2006 (Pearson Verlag)

Kersken, Sascha: Handbuch für Fachinformatiker, Bonn 2005 (Galileo Press GmbH)

Herczeg, Michael: Einführung in die Medieninformatik (Interaktive Medien), München 2006 (Verlag Oldenbourg)

Nation N3

29 August 2006 Tuesday

orts in Penang

lished in a Chinese daily

Wednesday.

The report

cost of a past

thousands to panic

C

Wirtschaft und Management

In Teil C geht es um die wirtschaftliche Seite der Medien und insbesondere um die Frage, was man alles berücksichtigen muss, wenn man Medienprojekte professionell und wirtschaftlich abwickeln möchte bzw. wie das „Management" von Medienprojekten funktioniert.

Die einzelnen Kapitel in diesem Teil C sind entsprechend dem sog. Wertschöpfungsprozess angeordnet. Danach muss ein Projekt zunächst konzipiert und geplant werden, bevor es gestartet wird. Kapitel 15 – überschrieben mit „Projektmanagement" – liefert das notwendige Know-how hierzu, indem es einen sehr kompakten, aber dennoch umfassenden Überblick über alle Schritte des Managements von Medienprojekten liefert.

Um einen Auftrag zu erlangen, ist es oft sehr wichtig, die Techniken der Akquisition und Präsentation zu kennen und anwenden zu können. Kapitel 16 liefert Grundkenntnisse hierzu. Unmittelbar nach der erfolgreichen Akquisition eines Auftrages stellen sich in der Regel vielschichtige Fragen des Rechteerwerbs und des Umgangs mit Rechten. Grundkenntnisse des Medienrechts sind daher erforderlich, wie sie in Kapitel 17 vermittelt werden.

Ferner muss jedes Projekt auf eine solide wirtschaftliche Basis gestellt werden, so dass sich die Frage stellt, wie man eine Kostenkalkulation erstellt. Die Techniken der Kalkulation werden mit zahlreichen Fallbeispielen in Kapitel 18 vorgestellt.

Die eigentliche Medienproduktion wird dann in Kapitel 19 beschrieben, gefolgt von der Darstellung der Vermarktungstechniken bzw. des Marketing in Kapitel 20. Eine besondere Beachtung wird dabei der Werbung geschenkt.

15 Projektmanagement

❶ **Projektmanagement** ist ein Gesamtkonzept, mit dem man komplexe Vorhaben zum Erfolg führt.

Einen Film, eine CD-ROM, einen Web-Auftritt oder ein anderes Medienprodukt herzustellen, ist eine komplexe Angelegenheit. Es ist nicht einfach, den Überblick zu behalten. Um auf Erfolgskurs zu bleiben, muss man den Ablauf straff organisieren, die richtigen Leute in einem Team vereinigen, den Kosten- und Zeitrahmen einhalten und ständig auf die Qualität achten. Das Rezept, um den Herausforderungen gerecht zu werden, heißt **Projektmanagement** ❶. Darunter wird ein Instrumentarium verstanden, mit dem es gelingt, außergewöhnliche und komplexe Vorhaben in den Griff zu bekommen.

Gutes Projektmanagement beginnt damit, dass man den Ablauf des Projekts übersichtlich strukturiert und den sog. **Projektlebenszyklus** sichtbar macht. Dabei können **sechs typische Phasen** unterschieden werden:

- Phase 1: Projekt-Entstehung
- Phase 2: Projekt-Definition
- Phase 3: Projekt-Start
- Phase 4: Projekt-Planung
- Phase 5: Projekt-Durchführung
- Phase 6: Projekt-Abschluss

Jede Phase wirft spezielle Fragen auf, auf die man sich gut vorbereiten muss, wenn man das Projekt im Griff behalten will. Im **Überblick** sind dies die folgenden Themen:

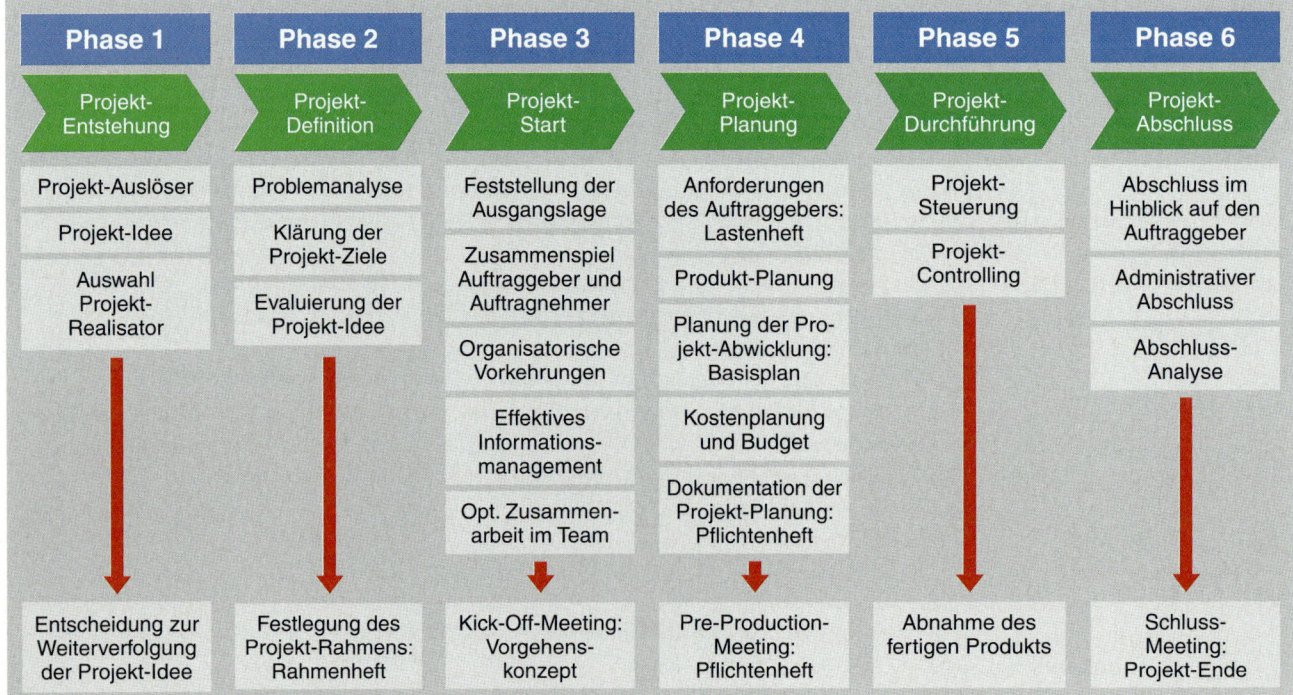

15.1 Projekt-Entstehung

15.1.1 Auslöser für Projekte

Projekte fallen nicht vom Himmel, sondern sie werden ins Leben gerufen. Auslöser für ein Projekt kann dabei ein externer oder ein interner Auftraggeber sein. Nachfolgende Abbildung zeigt die beiden voneinander zu unterscheidenden **Projekttypen**.

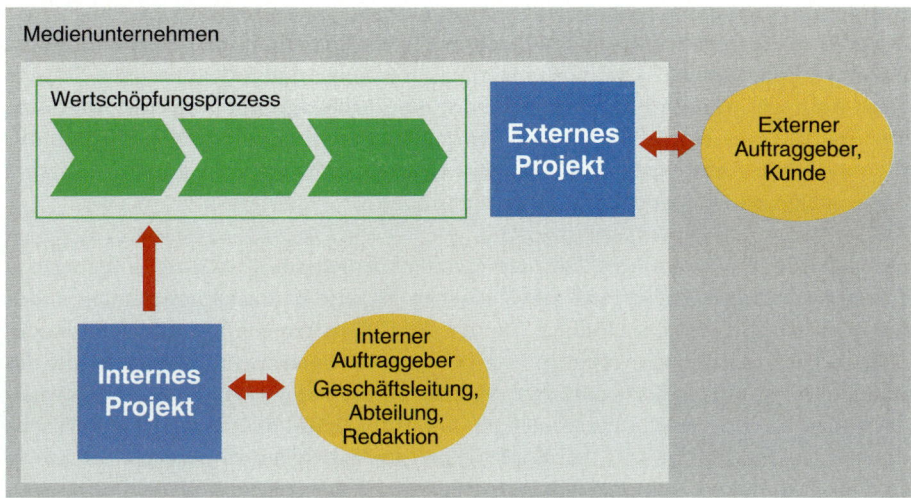

Externe Projekte

Auslöser für ein externes Projekt kann sein, dass ein **Auftraggeber von außen** an das Unternehmen herantritt und einen Auftrag erteilt. Das ist der Fall, wenn das betrachtete Medienunternehmen eine Filmproduktionsgesellschaft ist (z. B. Bavaria oder Studio Hamburg) und das ZDF oder RTL einen Auftrag zu einem Fernsehfilm vergibt ❶.

Beispiele: Das Radioprogramm SWR 3 veranstaltet ein „New Pop Festival" und sucht nach einer Event-Agentur, die das Projektmanagement von A bis Z übernimmt. RTL hat unter Einsatz eines sehr großen Budgets die Sturmflut-Katastrophe in Hamburg im Jahr 1962 verfilmt und als großes TV-Event gezeigt; hierzu sucht RTL eine geeignete Produktionsfirma, die dieses Großprojekt stemmen konnte.

Weit verbreitet ist es auch, dass ein Auftraggeber einen Projektauftrag über eine **Ausschreibung** vergibt. In diesem Fall muss ein Angebot vorgelegt werden, über das der Auftraggeber befindet und es entweder ablehnt oder annimmt. Diese Art der Auftragsvergabe ist typisch für den Bereich von Werbe- und Kommunikationsmaßnahmen. Bei großen Werbekampagnen findet sogar ein sog. **Pitch** statt, bei dem Agenturen um die Gunst eines zumeist großen Auftraggebers (z. B. BMW, Telekom oder Unilever) werben ❷. Will eine Agentur in einem Pitch bestehen, muss sie in der Regel viel an Ressourcen und Know-how investieren, um am Ende unter Umständen doch nicht zum Zuge zu kommen.

❶ In diesem Fall liegt eine klassische Auftragsproduktion vor. Projekte dieser Art werden als **Kundenauftragsprojekte** bezeichnet.

❷ Mit dem Begriff **Pitch** wird die Wettbewerbspräsentation einer (Werbe-)Agentur im Kampf um einen Auftrag („Etat") bezeichnet.

❶ Unter **Akquisition** versteht man alle Maßnahmen und Anstrengungen zur Kundengewinnung. Die erstmalige Ansprache eines potenziellen Kunden wird als „Kalt-Akquise" bezeichnet. Gegenüber Privatkunden sind sog. Kaltanrufe in Deutschland nach dem Gesetz gegen den unlauteren Wettbewerb (UWG) verboten und dürfen nur mit ausdrücklicher Genehmigung des Kunden erfolgen. Gegenüber Gewerbetreibenden reicht deren mutmaßliche Einwilligung, die sich aus dem Geschäftsgegenstand ergeben kann.

Ein anderer Typus externer Projekte liegt vor, wenn die Entstehung des Projekts auf einem Anwerbevorgang beruht, den man als **Akquisition** bezeichnet ❶. Dies ist dann der Fall, wenn beispielsweise ein freier Autor sein Drehbuch verschiedenen Filmproduzenten vorlegt in der Hoffnung, dass einer davon „anbeißt" und ein Filmprojekt daraus entsteht. Ein anderes Beispiel ist der Filmhändler, der einer TV-Sendergruppe ein großes Filmpaket zum Kauf und zur Verwertung anbietet.

Interne Projekte

Bei internen Projekten kommt der **Auslöser** für ein Projekt aus den **eigenen Reihen**. Dabei wird das Projekt – analog zu externen Projekten – entweder durch die Vergabe eines Auftrages an einen Projektleiter bzw. eine Projektgruppe ausgelöst oder eine Einzelperson oder eine Abteilung bemüht sich um den Auftrag, ein Projekt durchführen zu dürfen. Auftraggeber ist häufig die Geschäftsführung oder entscheidungsbefugte nachgeordnete Bereiche des Unternehmens.

Beispiele für interne Projekte bei Medienunternehmen sind die Durchführung von Sonderprogrammen in Hörfunk und Fernsehen. So wird häufig zu bestimmten Anlässen (z. B. 10 Jahre deutsche Einheit, hundertster Geburtstag von Hermann Hesse oder 200 Jahre Französische Revolution) eine besondere Programmaktion geplant, die das Standardprogramm außer Kraft setzt. Manche Radiosender (z. B. SWR 3) veranstalten große, nach Umfragen zusammengestellte Hitparaden, die für eine ganze Woche das gesamte Programm „auf den Kopf stellen". Im Fernsehen ist an große TV-Events zu denken, bei denen ein großer eigener Film (z. B. bei ARD und ZDF: „Napoleon", „Die Vertreibung" oder „Stauffenberg") thematisch in Form eines großen Abends mit Dokumentationen, Interviews und Talk Shows aufbereitet wird. Solche großen TV-Events werden veranstaltet, um sich in der großen Vielfalt der Fernsehprogramme hervorzuheben und der Konkurrenz Zuschauer abzujagen, oft aber auch deshalb, um sein Image als „wichtiger Sender" aufzupolieren. Zu denken ist auch an große Sport-Ereignisse wie die Übertragung der Fußball-Weltmeisterschaft durch ARD und ZDF.

Für alle diese Projekte ist es wegen der hohen Komplexität der internen Abwicklung erforderlich, **interdisziplinäre Projekt-Teams** einzusetzen, die alle Anforderungen (Programm, Marketing, Produktion und Technik, Finanzen) unter einen Hut bringen.

Andere Beispiele sind sog. „Change-Projekte", bei denen tiefgreifende Veränderungen in den Strukturen und Arbeitsabläufen vorgenommen werden sollen. Häufig geschieht dies im Zusammenhang mit der Einführung neuer Software, im Zuge von Rationalisierungsmaßnahmen oder bei Unternehmenszusammenschlüssen. Solche Projekte können eine **extreme Komplexität** annehmen, die dann oft nur noch durch eine externe Moderation von Consulting-Unternehmen gestemmt werden können. Ein Beispiel ist die Einführung eines Intranet, das die gesamte Mitarbeiterschaft besser mit Informationen für die Arbeitsabläufe versorgt und zur besseren Kommunikation untereinander beiträgt. Als sehr großes internes Projekt kann eine Fusion von Unternehmen angesehen werden, z. B. die Fusion der beiden öffentlich-rechtlichen Sender Süddeutscher Rundfunk und Südwestfunk zum Südwestrundfunk im Jahr 1998. Um dieses Großprojekt zu beherrschen, war eine ganze „Projekt-Infrastruktur" notwendig.

15.1.2 Von der Projekt-Idee zur Basis-Entscheidung

Projekt-Idee

Zentraler Ausgangspunkt eines Projekts ist die **Idee**, die mit diesem Projekt verfolgt werden soll. Jedes Projekt lebt von der Projekt-Idee, die eine Antwort auf die Frage gibt, welches Problem damit gelöst werden kann oder welchen Vorteil das Unternehmen damit für sich erzeugen kann. Manchmal ist es die mehr zufällige Anregung eines Einzelnen, die den Vorgang ins Rollen bringt, oft entsteht die Projekt-Idee als Folge eines systematischen Innovationsprozesses (z. B. in der Abteilung „Forschung und Entwicklung") ❶.

Schon im ganz frühen Stadium der Entstehung eines Projekts ist es notwendig, die Idee zu präzisieren, die dem Projekt zugrunde liegen soll. Eine Idee ist nichts Nebulöses oder Abstraktes, sondern ist eine **präzise Vorstellung** dessen, was mit dem Projekt „bewegt" werden soll. Am besten ist es, man formuliert die Projekt-Idee in Form eines **Projekt-Antrages** ❷.

Mit einem Projektantrag schafft man eine Basis, auf der die Entscheidung zur Projekt-Durchführung leichter gefällt werden kann, und man hat eine gute Vorarbeit für die konkrete Auftragserteilung.

Auswahl des Projekt-Realisators

Die Entscheidung, wer das Projekt durchführen soll, ist oft bereits in der Entstehungsphase des Projekts ein Thema. So stellt sich bei einem komplizierten, innovativen Filmprojekt beispielsweise die Frage, welcher Produzent überhaupt fähig ist, das Projekt umzusetzen, eine Frage, die insbesondere bei Projekten mit hohem technischen Einsatz in der Produktion und in der Nachbearbeitung (Special Effects) bedeutsam ist. Bei vielen solcher Projekte spielen bewährte und erfolgreiche Geschäftsbeziehungen der Vergangenheit bei der Auswahl des Projekt-Realisators eine große Rolle. Andererseits kommt es oft auch zu Ausschreibungen bis hin zu Pitches, um den richtigen Partner zu finden.

Bei internen Projekten ist es häufig so, dass schon sehr früh der Projektleiter bestimmt wird, der für die Realisation des Projekts verantwortlich sein soll. Das hat den Vorteil, dass diese Person schon früh in alle Erwägungen und Analysen, die im Vorfeld notwendig sind, einbezogen ist und es keiner unnötigen Einarbeitung zu einem späteren Zeitpunkt mehr bedarf.

Basis-Entscheidung zur Weiterverfolgung der Projekt-Idee

Alle Aktivitäten, die im Vorfeld eines Projekts ablaufen, haben zum Ziel, eine **verbindliche Entscheidung** über die Durchführung des Projekts zu erreichen. Diese Entscheidung kann aber üblicherweise erst getroffen werden, wenn das Projekt vollständig und im Detail definiert ist, was erst in der nächsten Projektphase – der Phase der Projekt-Definition – geschehen kann. Im Stadium der Entstehung des Projekts ist aber immerhin eine Basis-Entscheidung darüber möglich, ob die Idee zu einem Projekt weiterverfolgt werden soll oder ob man die Idee schon im Vorfeld „ad acta legen" will.

❶ Von innovativen Unternehmen ist bekannt, dass sie ihren Mitarbeitern Arbeitszeit zur Verfügung stellen (z. B. 10 %), in der diese nach Ideen suchen können, unabhängig davon, ob dies für das Unternehmen wertvoll erscheint. Durch diese Technik kommen deutlich mehr Initiativen für innovative Projekte zustande.

❷ Ein solcher Antrag sollte mindestens die folgenden Informationen beinhalten:
- Name des Projekts
- Kurzbeschreibung des Vorhabens
- Vorschlag zur Person, die die Projektleitung übernehmen soll
- Mögliche Partner: Unter-Auftragnehmer, Consultants, Experten
- Grobe Aussage zu Personalaufwand und Kostenrahmen
- Vorzusehender Fertigstellungstermin und Meilensteine
- Risikobetrachtung

❶ Mit dem Begriff **Leser-Blatt-Bindung** bezeichnet man den Grad der Verbundenheit und der emotionalen Beziehung von Lesern zu einem Periodikum: Regelmäßig erscheinendes Druckwerk wie z. B.: Zeitschriften, Tageszeitungen, Jahresbücher.

❷ Ein praktisches **Beispiel**: Ein Patient hat Schmerzen im Knie. Schritt 1 ist, die Problematik zu beschreiben und festzustellen, dass der Patient ein hohes Körpergewicht hat. In Schritt 2 wird man danach fragen, welche Hauptursachen für das zu hohe Gewicht verantwortlich sind und falsche Ernährungsgewohnheiten erkennen. Diese gilt es genau zu beschreiben nach Art, Umfang und Zeit. Schritt 3 schließlich gibt erste Hinweise für mögliche Lösungen des Problems wie Ernährungsumstellung und Gewichtsreduktion durch geeignete Bewegungsübungen.

15.2 Projekt-Definition

15.2.1 Problemanalyse

Projekte haben die Funktion, ein Problem, das sich bei einem Auftraggeber stellt, zu lösen. Als „Problem" wird dabei alles bezeichnet, was eine negative Abweichung zwischen einem gewünschten Soll-Zustand und einem Ist-Zustand darstellt. Dieses Problem gilt es zu erkennen, zu erfassen und zu bewerten, damit klar wird, was eigentlich das **Ergebnis des Projekts** sein soll.

⮕ Jedes Projekt zielt darauf ab, ein Ergebnis herbeizuführen, das ein Problem löst.

Beispiele: Eine regionale Tageszeitung erkennt, dass die Bindung seiner Leser an das Blatt zu bröckeln beginnt. Zur Verbesserung der Leser-Blatt-Bindung ❶ beschließt der Verlag, ein großes Event zu veranstalten. Ein national operierender Musik-Fernsehsender (z. B. Viva) fragt sich, ob er zum Hochhalten der Einschaltquote und des Marktanteils eine große Sonderaktion mit der Veranstaltung und Übertragung von Live-Konzerten starten sollte. Ein mittelständischer Handwerksbetrieb erkennt, dass die potenzielle Kundschaft zunehmend die Produkt- und Unternehmensinformationen im Internet sucht, wo er selbst nicht optimal vertreten ist. Um Einbrüche in der Auftragsgewinnung zu vermeiden, wird immer klarer, dass man einen völlig neuen, auf jüngere Zielgruppen zugeschnittenen Internet-Auftritt benötigt.

Problemanalyse bedeutet genaue Bestimmung des in Frage stehenden **Gegenstandes** und des **Problems**, das es zu lösen gilt. Geht es um das Image, um den Marktanteil, um Kundenbindung oder um die Bekanntheit der Produkte? Geht es bei einem Kino-Spielfilm um künstlerische Höchstqualität, um bei renommierten Festivals einen Preis zu erringen oder steht der kommerzielle Erfolg im internationalen Kontext zur Debatte – oder beides? Welche Rolle soll ein Intranet innerhalb eines Unternehmens spielen? Soll es zur verbesserten Kommunikation unter den Mitarbeitern beitragen oder soll es vorrangig über die Unternehmenspolitik berichten – oder beides? Welcher Ausgangspunkt liegt vor?

Oft fällt es schwer, das Problem überhaupt zu erkennen und richtig zu erfassen. Die **Problemanalyse** geht daher sinnvollerweise in **drei Schritten** vor:

• Schritt 1: Beschreibung der Problematik. Wie ist die Ausgangssituation? Wie tritt das Problem in Erscheinung? Wie ist das Problem entstanden? Welche Bereiche des Unternehmens sind beteiligt?
• Schritt 2: Ursachenanalyse. Welches sind die Hauptursachen für das Problem? Wie hängen die Ursachen miteinander zusammen? Welche Rückkoppelungseffekte gibt es?
• Schritt 3: Problemlösungen. Welche Ansatzpunkte bieten sich an?

Die Durchführung von Prozessschritten gemäß einer Abfolge-Logik ist im Projektmanagement weit verbreitet und hat sich bewährt, ein Vorgehen, das zur klaren und durchdachten Herangehensweise führt ❷.

15.2.2 Klärung der Projektziele

Grundlage aller Arbeiten im Projekt sind die **Projektziele**. Sie bilden ein **zentrales Herzstück** des Projektmanagements und stehen daher im Zentrum des Prozesses der Projekt-Definition. Die Ziele unterscheidet man nach dem Sachziel und den Formalzielen.

Sachziel

Beim Sachziel geht es darum, den **eigentlichen Projektzweck** zu definieren: Was soll mit dem Internet-Auftritt, dem Spielfilm, dem TV-Werbespot, dem Fachbuchprojekt, der Lern-CD-ROM oder mit dem Computerspiel erreicht werden? Das Ziel ist immer, bei einer Gruppe von Menschen – man spricht von Zielgruppe – eine gewollte Wirkung herbeizuführen. Unter Sachziel ist also, das Ergebnis zu verstehen, das der Auftraggeber des Projekts bei seiner Zielgruppe erreichen will. Beispiele sind: Verbesserung des angeschlagenen Images des eigenen Unternehmens in der Öffentlichkeit, Absatzsteigerung eines bestimmten Produktes bei bisherigen Nichtkäufern oder hoher Lernerfolg bei den Mitarbeitern einer Abteilung, die eine neue Software einsetzt.

Ohne Ziel kein Erfolg!

Formalziele

Formalziele definieren die **Form**, in der das Sachziel erreicht werden soll: Das Projekt soll zu einem bestimmten **Termin** abgeschlossen sein, es soll einen vorgegebenen **Kostenrahmen** nicht überschreiten und einem definierten **Qualitätsanspruch** genügen. Da zwischen diesen drei Teilzielen ein Konflikt besteht, spricht man in diesem Zusammenhang vom sog. Magischen Dreieck des Projektmanagements. Konflikte zwischen den Formalzielen sind vielfältiger Natur, was am Beispiel eines Hausbaus erkennbar wird: Will man z. B. ein Haus schon zwei Monate früher fertig stellen, fallen normalerweise Überstunden und Wochenendarbeit an, was zu höheren Kosten führt. Soll eine sehr hohe Qualität angestrebt werden, kommt es zu höheren Kosten. Schließlich kann das Ziel, den Bau des Hauses stark zu beschleunigen, zu ungenauem Arbeiten und Nachlässigkeit, also zu Qualitätsverlusten, führen.

Magisches Dreieck

➲ Für das Projektmanagement ist es von zentraler Bedeutung, die Ziele präzise und sauber zu setzen. Ohne Ziele kein Erfolg!

Auftraggeber	Produkt	Zielgruppe	Direktes Sachziel	Indirektes Sachziel
Langnese	Online-Relaunch	Jugendliche	Neue Produkte bekannt machen	Saisonale Absatzsteigerung
Bank xy	Computer Based Training, CD-ROM	Eigene Kreditberater	Kenntnisstand heben	Steigerung Kreditvergaben
Opel	TV-Spot Astra Coupé	Jung, hohes Einkommen, Lebensstil	Produkteinführung	Absatzsteigerung
Landes-Arbeitsamt	Interaktiver POI-Kiosk-Terminal	Junge, aufgeschlossene Arbeitslose	Verbesserter Service	Image-Steigerung
Verlag	Computerspiel	Spielfreudige vor allem junge Leute	Hohe Aufmerksamkeit in der Zielgruppe	Hohe Verkaufszahlen

Beispiele für die Formulierung von Sachzielen

❶ Große Kino-Spielfilme, die sich zum Zeitpunkt ihrer Entstehung in den **technisch noch machbaren Grenzbereich** bewegten, sind z. B. „Jurassic Park" oder „Titanic", die dementsprechend hohe Produktionsbudgets zur Folge hatten. Berühmt geworden ist auch „Fitzcarraldo" mit dem Regisseur Werner Herzog und dem Hauptdarsteller Klaus Kinski, bei dem es um ein Opernhaus im Regenwald ging und um das abstruse Vorhaben, ein Dampfschiff über einen Berg zu schaffen. Der Film konnte nur mit größter Mühe realisiert werden.

❷ Bei Kino-Spielfilmen ist die **Prüfung der Wirtschaftlichkeit** besonders bedeutsam. Grund ist das sehr hohe Risiko, dass der Film am Markt scheitert. Beim deutschen Film kommt hinzu, dass man sich üblicherweise um Filmfördermittel bemüht, die eine äußerst penible Durchleuchtung der Kalkulation notwendig macht.

Operationalisierung von Zielen

Ziele muss man ganz konkret definieren, sonst sind sie keine Ziele, sondern nur Wünsche oder nette Vorstellungen, die keine Orientierung bringen. Den Vorgang der **Konkretisierung** von Zielen nennt man **Operationalisierung**. Hierzu gibt es verschiedene „Formeln", z. B. die „DARMAZ-Regel". Sie besagt: Ziele müssen deutlich, anspruchsvoll, realistisch, messbar, akzeptiert und zeitbezogen sein. Ähnlich die „IAT-Formel": Inhalt: Was soll genau erreicht werden? Ausmaß: Wie genau und mit wie viel Kraft soll das Ziel erreicht werden? Termin: Bis wann muss das Ziel erreicht werden?

Ein Beispiel für eine falsche Zieldefinition: „Die Anwender sind mit dem neuen Programm zufrieden." Richtig muss es heißen: „Die Anwendergruppe hat in einer Zufriedenheitsumfrage das Programm mit mindestens der Note „gut" bewertet."

15.2.3 Evaluierung der Projekt-Idee

Eine Projekt-Idee muss sorgfältig darauf hin geprüft („evaluiert") werden, ob sie tatsächlich in ein Projekt münden soll oder ob es nicht eher geboten ist, die Idee zu „begraben". Als **Kriterien** der Evaluierung einer Projekt-Idee sind anzulegen:

- Machbarkeit: Lässt sich die Idee überhaupt umsetzen? Ist sie machbar?
- Wirtschaftlichkeit: Kann die Idee wirtschaftlich vernünftig umgesetzt werden?
- Eigenschaften des Vorhabens: Ist das Vorhaben tatsächlich so komplex und anspruchsvoll, dass man ein Projekt einrichten muss oder reicht es vielleicht aus, das Vorhaben im „Normalbetrieb" des Unternehmens abzuwickeln?

Prüfung der Machbarkeit

Je komplexer ein Projekt ist, desto wichtiger wird es, bereits im Vorfeld zu überprüfen, ob das Projekt überhaupt durchführbar bzw. machbar ist. Bei der Prüfung der **Machbarkeit** spielen **drei Aspekte** eine besondere Rolle:

- Technische Machbarkeit: So kann es z. B. sein, dass ein innovatives Filmprojekt so hohe Anforderungen an Technik und Gestaltung stellt, dass es (noch) nicht realisierbar ist ❶. Zu denken ist auch an die Entwicklung neuer IT-Anwendungen, bei denen man zur Prüfung der technischen Umsetzbarkeit oft mit Prototypen arbeitet, um die Funktionalität eines Systems und die realisierbaren technischen Lösungen auszuloten.
- Wirtschaftliche Machbarkeit: Kern der Prüfung ist die Frage, ob das vom Auftraggeber ins Auge gefasste Budget ausreicht oder ob der Kostenrahmen völlig „aus dem Ruder läuft" ❷.
- Rechtliche Machbarkeit: Einem Projekt können sich hohe rechtliche Hürden entgegenstellen und es dadurch zum Scheitern bringen. Daher ist besonders sorgfältig zu prüfen, ob Gesetze oder zivilrechtliche Einschränkungen eine Gefährdung darstellen oder ob das Projekt durch rechtliche Hindernisse unverhältnismäßig teuer würde. Insbesondere bei Events spielt der rechtliche Aspekt eine große Rolle. Zu denken ist auch an Drehgenehmigungen, die in manchen Staaten manchmal nur schwer oder nur mit hohen bürokratischen Hürden erlangt werden können.

Bei sehr innovativen, sehr großen und hoch riskanten Projekten kann es erforderlich sein, eine sog. **Machbarkeitsstudie** (engl. „Feasibility Study") durchzuführen, um die nötige Klarheit zu gewinnen. Eine solche Studie kann unter Umständen einen beachtlichen Geldbetrag verschlingen.

Stellt sich heraus, dass die Realisierbarkeit nicht gegeben oder stark eingeschränkt ist, müssen mögliche Alternativen („Optionen") geprüft werden. Wenn sich auch hierbei keine sinnvollen Alternativen der Problemlösung ergeben, müssen entweder die Ziele des Projekts revidiert werden oder die Beteiligten müssen erkennen, dass das Projekt nicht realisierbar ist. Problematisch ist es, wenn ein Projekt trotz erheblicher Zweifel an der Machbarkeit im Sinne eines „Augen zu und durch" und „schön Redens" dennoch gestartet wird.

Prüfung der Wirtschaftlichkeit

Eng mit der Frage der Machbarkeit ist die Prüfung der **Wirtschaftlichkeit** verbunden. Es geht darum, den vom Projekt erwarteten Nutzen den erwarteten Kosten gegenüberstellen und vergleichend zu bewerten. Dabei kann es vorkommen, dass ein Projekt aus wirtschaftlichen Gründen verändert oder gestrichen wird, obwohl die Machbarkeit prinzipiell gegeben ist.

Als Analyse-Instrument bietet sich ein „Nutzen-Kosten-Check" an, bei dem die vom Projekt zu **erwartenden Nutzen** den zu **erwartenden Kosten** gegenübergestellt werden. Besondere Schwierigkeiten bereiten die nicht unmittelbar fassbaren und in monetären Größen ausdrückbaren Nutzen und Kosten, die als „Intangibles" bezeichnet werden. Dabei handelt es sich z. B. bei einem neuen E-Commerce-Auftritt im Internet um Nutzenfaktoren wie die Verbesserung der strategischen Ausgangsposition des Unternehmens, die Verbesserung des Firmenimages beim Kunden und bei den eigenen Mitarbeitern, die Vereinfachung von Abläufen oder die Verbesserung der Kommunikation. Auf der Kostenseite geht es um verdeckte Kosten wie z. B. ein zunehmender Stress für Teile der Mitarbeiterschaft während der Einführung des Systems, Beeinträchtigungen des Betriebsklimas oder um verdeckten Mehraufwand durch Erhöhung des Arbeitstempos.

Keine oder geringere methodische Probleme bereitet die Ermittlung der direkten Nutzen und Kosten. Hierbei handelt es sich um die unmittelbaren und dem Projekt direkt zurechenbaren Auswirkungen (Beispiel Software-Entwicklung):

- Direkter Nutzen: Einsparungen beim Arbeitsaufwand, bei Material und Personal, Zunahme des erwirtschafteten Gewinns;
- Indirekter Nutzen: z. B. Steigerung der Arbeitsproduktivität;
- Einmalige Kosten: Unmittelbare Projektkosten, notwendige Anschaffungen an Hardware, Software, Räumen, Schulung der Mitarbeiter;
- Laufende Kosten: Personalkosten für die Redaktion der Inhalte, Wartung des Systems, Lizenzen, Materialkosten.

Insgesamt gesehen sind Nutzen-Kosten-Analysen eine schwierige Angelegenheit, aber dennoch unverzichtbar. Sie sind immer von subjektiven Einflüssen gekennzeichnet und bringen oft große Messprobleme mit sich.

Projekt: Ja oder nein?

Ein Projekt einzurichten, ist für jedes Unternehmen ein Vorgang, der aus der Routine des Tagesablaufs hinausreicht und ziemliche Bewegung in die Organisation hineintragen kann. Daher muss man es sich gut überlegen, ob man ein Projekt einrichtet. Kleinere, unkritische und routinemäßige Vorhaben benötigen keine eigenständige Projektorganisation; man würde „mit Kanonen auf Spatzen schießen". Erst wenn ein Vorhaben ganz bestimmte Eigenschaften aufweist, ist es gerechtfertigt, das Handwerkszeug des Projektmanagements auszupacken und ein Projekt zu definieren. Kleinere, einfache Vorhaben müssen nicht in Form eines Projekts abgewickelt werden, sondern können in der Linienstruktur abgewickelt werden.

❶ Nach der Norm DIN 69 901 ist ein **Projekt** „ein Vorhaben, das im Wesentlichen durch Einmaligkeit der Bedingungen in ihrer Gesamtheit gekennzeichnet ist". Zum Beispiel
- Zielvorgabe,
- zeitliche, finanzielle, personelle und andere Begrenzungen,
- Abgrenzung gegenüber anderen Vorhaben,
- projektspezifische Organisation.

Wichtige **Grundmerkmale von Projekten** sind die zeitliche Befristung (klarer Anfangs- und Endzeitpunkt), die Einmaligkeit des Vorhabens und eine hohe Komplexität der Aufgabenstellung ❶. Diese und weitere wesentliche Charakteristika eines Projekts lassen sich in einem Raster darstellen, anhand dessen man entscheiden kann, ob es angebracht ist, das Vorhaben unter Einsatz des Projektmanagement-Instrumentariums anzugehen.

Wie zu erkennen ist, kann man sich unterschiedliche **Profile** von Aufgabenstellungen vorstellen. So unterscheiden sich Medienprojekte u. U. ganz grundsätzlich: Während eine kleinere Werbekampagne sich eher in den üblichen Kategorien bewegt, kann ein großes innovatives Filmprojekt mit großem Budget eine maximale Ausprägung der Projektmerkmale erfahren. Vor diesem Hintergrund ist es verständlich, dass sich jedes Filmprojekt von einem anderen Filmprojekt grundlegend unterscheidet, da die Möglichkeit zu routinemäßigem Vorgehen begrenzt ist. Jedes Projekt bekommt seinen eigenen Regisseur, ein eigenes Filmteam wird zusammengestellt, eine eigene Projektorganisation wird geschaffen.

15.2.4 Festlegung des Projektrahmens

Nach der Evaluierung von Projekt-Ideen kann der Rahmen festgelegt werden, innerhalb dessen sich das Projekt abspielen soll. Der **Rahmen** beschreibt in groben Zügen die folgenden Bereiche:

- Inhalt
- Gestaltung
- Didaktisches Konzept
- Produktion
- Technik
- Wirtschaft

Es ist zweckmäßig, diesen Rahmen schriftlich zu fixieren, da er für alle weiteren Präzisierungen der Projektbedingungen maßgeblich ist ❶.

❶ Bei großen Projekten bezeichnet man das Dokument, das den Projektrahmen festschreibt, auch als **Rahmenheft**.

15.2.5 Start-Freigabe und Auftrag

Alle genannten Vorarbeiten sind dazu da, zu überprüfen, ob ein Projektantrag „das Zeug dazu hat", tatsächlich in ein Projekt überführt zu werden. Grundsätzlich gibt es die folgenden **Möglichkeiten**:

- Das Projekt wird in der beantragten Form genehmigt.
- Das Projekt wird mit bestimmten Auflagen und Änderungen genehmigt.
- Das Projekt wird zur Überarbeitung zurückgegeben.
- Das Projekt wird abgelehnt.

Verläuft die Prüfung zur Zufriedenheit, sind die Voraussetzungen dafür geschaffen, die Start-Freigabe vorzunehmen. Sichtbarer Ausdruck des Starts ist die Erteilung eines **Auftrages**, der die offizielle Freigabe des Projekts darstellt. Dieser Projektauftrag ist die Legitimationsbasis für die weiteren Entwicklungs- und Umsetzungsarbeiten im Projekt.

Der Auftrag wird von einer Person oder einem Gremium erteilt, das die Befugnis dazu hat. Auf Grundlage der positiven Entscheidung zur Durchführung des Projekts („Go-Entscheidung") werden alle weiteren Schritte eingeleitet. Wichtig ist die klare Entscheidung, wer als **Auftraggeber** für das Projekt auftritt. Dies ist besonders bei internen Projekten wichtig, damit jederzeit – auch in kritischen Phasen des Projekts – klar ist, wer für das Projekt-Team der Ansprechpartner ist.

Der Projektauftrag muss **schriftlich** erteilt werden. Mit der Unterschrift der Partner erhält der Projektauftrag Vertragscharakter. Allerdings ist es in diesem Stadium des Projekts zumeist noch nicht möglich, einen ausgearbeiteten Vertrag vorzulegen, da noch zu viele Einzelheiten abzuklären sind, was erst in der konkreten Planungsphase des Projekts geschehen kann. Insofern hat die vertragliche Vereinbarung zu diesem Zeitpunkt im wesentlichen die Bedeutung eines Vorvertrages. Der eigentliche Vertrag wird oft erst geschlossen, wenn ein ausgearbeitetes Pflichtenheft (vgl. Projekt-Planung) erarbeitet ist, das auch Bestandteil des Vertragswerkes ist.

15.3 Projekt-Start

15.3.1 Ausgangslage

Zum Projektstart ist es wichtig, sich die Ausgangposition bewusst zu machen, in der man sich befindet. Betroffen sind drei **Fragestellungen**:

- Wer sind die „Hauptdarsteller" des Projekts, also die wichtigsten Akteure?
- Welche Personen sind noch relevant für das Gelingen des Projekts? Das ist die Frage nach den Stakeholdern.
- Welches sind die kritischen Erfolgsfaktoren, also diejenigen Faktoren, die für das Gelingen des Projekts eine kritische Bedeutung haben?

Hauptdarsteller

Im Hinblick auf das Zusammenspiel aller am Projekt beteiligten Akteure erkennt man schnell, dass es sich bei einem Medienprojekt normalerweise um ein recht **kompliziertes Geflecht** von Auftraggeber, Zielgruppe, Agentur, Produktionsfirma und externen Dienstleistern handelt. Diese so zusammenzuführen, dass sie konstruktive Arbeit leisten können, ist eine große Aufgabe, vor der das Projektmanagement steht.

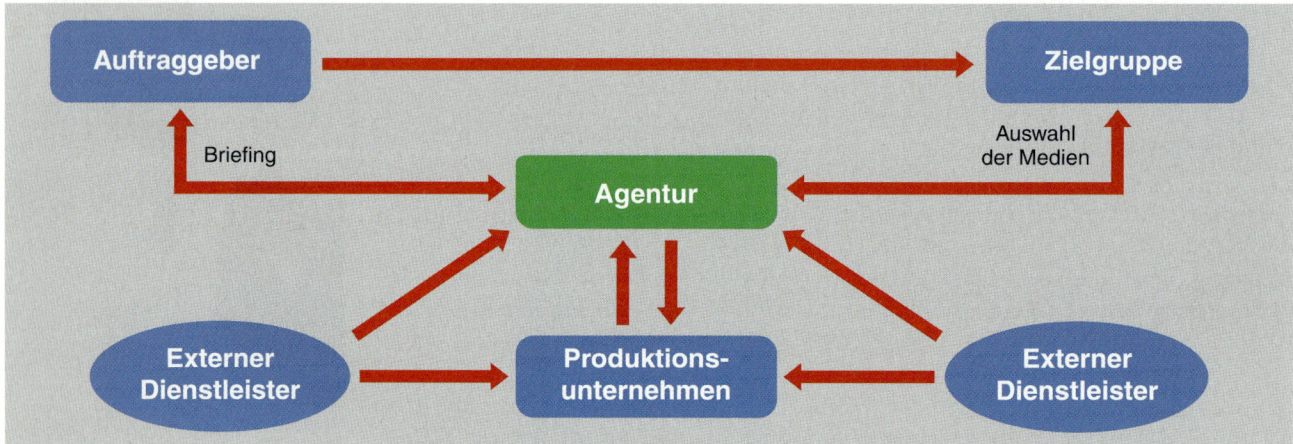

Stakeholder

Stakeholder sind Personen, auf die sich die Projektaktivitäten unmittelbar und mittelbar auswirken und die daher ein berechtigtes Interesse am Projektgeschehen haben. Sie haben einen Anspruch darauf, informiert und im gebotenen Umfang in das Geschehen einbezogen zu werden. Die Stakeholder nennt man daher auch „Anspruchsgruppen". Die Botschaft heißt: Betrachte nicht nur das Geschehen innerhalb des Projekts, sondern auch das direkte und das weitere Projektumfeld und sorge dafür, dass diese Außenstehenden ein positives Verhältnis zu deinem Projekt aufbauen. Entscheidend ist eine gute Kommunikation. Empfehlenswert ist es, eine genaue **Stakeholderanalyse** durchzuführen, die danach unterscheidet, welche Stakeholder dem Projekt gegenüber positiv oder eher negativ eingestellt sind und wie stark der Einfluss der jeweiligen Stakeholder ist.

Kritische Erfolgsfaktoren

Wenn das Projekt nun konkret gestartet wird, ist es gut, sich schon im Vorfeld mit den besonders kritischen Einflussfaktoren bewusst zu machen. Solche „Fallstricke" können im weiteren Projektablauf schwer zu schaffen machen. So haben zahlreiche Studien gezeigt, dass in Projekten immer wieder die gleichen typischen **Erfolgs- und Misserfolgsfaktoren** eine Rolle spielen ❶. Welche Faktoren besonders zum Erfolg eines Projektes beitragen, ist in zahlreichen Studien untersucht und verdeutlicht worden. Dabei hat sich die folgende „Hitliste" herauskristallisiert, wie man den Projekterfolg sicherstellen kann (vgl. Schelle/Ottmann/Pfeiffer 2005, S. 93):

1. Zieldefinition
2. Kommunikation
3. Planung
4. Topmanagement
5. Controlling
6. Projektleiterbefugnisse
7. Know-how Projektteam
8. Motivation Projektteam
9. Know-how Projektleiter
10. Planungs- und Steuerungsinstrumente
11. Partizipation

Hierbei wird deutlich, dass Projekte oft durch den **Faktor Mensch** zum Scheitern gebracht werden. Wichtig ist die Kompetenz und das Verhalten des Projektleiters. Ein besonderer Unruheherd ist erfahrungsgemäß aber auch die Kundenbeziehung. Blickt man beispielsweise auf den Agenturbereich, kann man als **typische Ursachen** für **mangelnde Kundenzufriedenheit** feststellen:

- Unbefriedigende Arbeitsergebnisse: Das Problem kann sein, dass die Agentur überfordert wurde (inhaltlich, kapazitätsmäßig, zeitlich). Meistens sind es aber unzulängliche und unpräzise Aufgabenstellungen, eine zu große Zurückhaltung der Agentur bei Rückfragen zu den Aufgabenstellungen und die fehlende Fähigkeit zum „Nein-Sagen" seitens der Agentur.
- Schlechtes Preis-Leistungsverhältnis: Oft ist ein mangelndes Verständnis des Kunden für die Kostenseite (v. a. bei Multimedia-Produktionen) festzustellen. Ebenso kann fehlende Transparenz v. a. im Hinblick auf die Kosten; mangelndes Vertrauen (Gefühl, übervorteilt zu werden) und mangelnde Sachkenntnis
- Fehlerhafte bzw. zu hohe Abrechnungen: unklare Verträge, festgelegte Leistungen und Honorierungen waren nicht klar dokumentiert; fehlender KVA (Kostenvoranschlag); Änderungen seitens des Kunden wurden nicht dokumentiert
- Mangelnde Transparenz: fehlender „Klartext" über Erwartungen und Möglichkeiten; fehlende Partizipation und Einbindung des Kunden in die Abläufe; mangelhafte Kommunikation
- Unzuverlässigkeiten: sind sowohl auf Kunden- als auch auf Agenturseite zu beklagen
- Mangelnde „Chemie" zwischen Personen: kein Mut, Personen in verfahrenen Situationen auszutauschen.

❶ Die Liste der **Misserfolgsfaktoren**, die eine kritische Bedeutung haben, ist lang:

- Ziele sind unklar definiert.
- Teambildung wird nicht unterstützt.
- Konflikte im Team werden ignoriert.
- Im Team herrsche eine negative Stimmung.
- Gewachsene Kulturen werden nicht berücksichtigt.
- Experten sind „abgehoben", nehmen keine Kritik an und suchen nur anspruchsvolle statt pragmatische Lösungen.
- Fehler aus alten Projekten werden wiederholt.
- Die Kompetenzverteilung im Team ist unklar.
- Es gibt keinen Verlass auf mündliche Absprachen.
- Die Dokumentation ist mangelhaft.
- Risiken werden unterschätzt.

15.3.2 Zusammenspiel zwischen Auftraggeber und Auftragnehmer

Das Zusammenspiel aller Akteure muss im Projektmanagement reibungslos funktionieren. Dabei kommt dem **Auftraggeber** – aus Sicht z. B. einer Agentur ist das der Kunde – eine **Schlüsselrolle** zu. Dieser vergibt den Auftrag, verfolgt damit ein Ziel und hat mehr oder weniger klare Vorstellungen davon, in welchem Rahmen das Projekt ablaufen soll. Damit der Auftraggeber seine Ziele erreichen kann, steht ihm die Agentur als Helfer zur Seite. Sie arbeitet eine Konzeption aus, gibt Empfehlungen, macht Vorschläge und sorgt für die Effektivität der Aktion. Neben der Auswahl der Medien wird sie auch die Produktion z. B. des Films oder der CD-ROM veranlassen und überwachen. Es ist von größter Wichtigkeit für die erfolgreiche Projektabwicklung, dass das Zusammenspiel zwischen Auftraggeber und Auftragnehmer gut funktioniert. Eine besondere Rolle spielen dabei das **Briefing** und die **Vertragsgestaltung**.

Briefing

„Briefing" ist englisch und bedeutet „Anweisung" oder „Lagebesprechung". In diesem Wort steckt auch „brief", was so viel wie kurz und knapp heißt. Unter einem **Briefing** versteht man daher eine kurze und **genaue Aufgabenbeschreibung** für alle am Projekt beteiligten Partner. Es ist eine Kurzfassung dessen, worum es im Projekt geht. Ein Briefing wird vom Auftraggeber erstellt und soll immer in schriftlicher Form verfasst sein. Normalerweise wird das erste Briefing dem Auftragnehmer zur Stellungnahme vorgelegt, der im sog. „Re-Briefing" seine Änderungsvorschläge einbringen kann. Beim Briefing handelt es sich also um einen Prozess, der die Präzisierung der Rahmenbedingungen des Projekts zum Gegenstand hat ❶.

❶ Eine umfassende und pragmatische Definition für das **Briefing** lautet (vgl. Back/Beuttler 2003: S. 10): „Im Briefing beschreibt der Auftraggeber eine kommunikative Aufgabe, die der Dienstleister im Rahmen eines festgelegten kreativen Spielraums bis zu einem gesetzten Termin lösen soll. Um ihm dies zu ermöglichen, formuliert das Briefing so präzise wie möglich die Ziele, die erreicht werden sollen, definiert den kreativen Spielraum und liefert in hoch verdichteter, gut strukturierter Form alle zum Verständnis der Aufgabe nötigen Informationen über Produkt, Markt, übergeordnete wirtschaftliche und kommunikative Strategien und Ziele sowie über das Unternehmen. Soweit noch nicht im Vorfeld erfolgt, muss das Briefing Rollen, Kompetenzen und Befugnisse klären. Es sollte deshalb auch die Erwartungen und das Selbstverständnis des Auftraggebers enthalten. Das Briefing als Startpunkt einer Kooperation darf sich dabei nicht auf eine Einwegkommunikation beschränken, sondern muss kooperative Formen und Feedbackstrukturen umfassen."

Der allgemeine Rahmen
Was ist das Thema, der Gegenstand des Projekts? Wie ist die Ausgangssituation? Welches Problem gilt es zu lösen? Welche Hintergrundinformationen sind wichtig?

Der Produktionsrahmen
Welche Randbedingungen für die Produktion werden gesetzt? Will man Fachberater hinzu ziehen? Liegen verwertbare Materialien wie Archivbilder oder Modelle vor? Welche organisatorischen Hilfen kann der Auftraggeber anbieten? Gibt es Einschränkungen im Hinblick auf die Realisationsmöglichkeiten? Werden Vorgaben für die Art der Produktion und Technik gemacht? Gibt es Vorgaben für die Locations?

Der spezielle Rahmen
Welche speziellen Rahmenbedingungen sollen eingehalten werden? Gibt es Geheimhaltungsvorschriften? Sind besondere Fragen der Nutzungsrechte zu beachten?

BRIEFING
... alle wichtigen Projekt-Grundlagen präzisieren!

Der Zeitrahmen
Welcher Fertigstellungstermin ist vorgesehen? Welche Meilensteine sollen gelten?

Der finanzielle Rahmen
Welcher Budgetrahmen darf nicht überschritten werden?

Der personelle Rahmen
Welche Personen sind auf der Seite des Auftraggebers verantwortlich? Gibt es Wünsche bezüglich des Projektteams (v. a. Projektleitung)?

Der Ziel-Rahmen
Für welche Zielgruppe wird das Projekt durchgeführt? Welche Ziele sollen verfolgt werden?

Der kreative Rahmen
Welcher Inhalt soll vermittelt werden? Welche Länge soll der Inhalt haben? Gibt es Vorgaben im Hinblick auf Darsteller, Regisseur etc.? In welcher Form soll der Inhalt vermittelt werden? Wie soll der Stil der Botschaft sein? Welches Image soll vermittelt werden? Welcher Art soll die Sprache sein? Welcher Gesamteindruck wird gewünscht? Welche Gestaltungsgrundlagen gibt es? Wie ist das Produkt positioniert? Welche Leitlinien für die Gesamt-Positionierung des Produkts gibt es?

Vertrag

Die gute Zusammenarbeit zwischen Auftraggeber und Auftragnehmer hängt neben dem Briefing auch von klaren Verträgen ab. Wie das Briefing kann man die **Vertragsgestaltung** man auch als einen **Prozess** auffassen, da sich die Entwicklung der Vertragswerke üblicherweise über einen längeren Zeitraum hinzieht. Denkt man z. B. an ein großes Kinospielfilm-Projekt, wird schnell klar, dass hier viel juristische Kleinarbeit notwendig ist, damit alle Beteiligten zu ihrem Recht kommen und Zweifelsfragen geklärt werden können. Das beginnt mit der Frage, welchen gesellschaftsrechtlichen Rahmen der Filmproduzent wählt, in dem die Produktion verwirklicht wird. Bevorzugt wird hier zumeist die GmbH oder die GmbH & Co. KG, um die Haftung auf das eingesetzte Kapital zu beschränken. Sodann ist ein umfangreicher „Vertragssatz" notwendig, um die Kinofilmproduktion rechtlich abzusichern (vgl. Clevé 2004, S. 159 ff.):

- Autoren- und Drehbuchvertrag, Ko-Autorenvertrag
- Produktions- und Koproduktionsvertrag (Fernseh-Koproduktionsvertrag, Auftragsproduktionsvertrag, Produktionsservicevertrag)
- Filmförderungsvertrag
- Vertrag zum Completion Bond (Fertigstellungsgarantievertrag)
- Verträge betreffend Stab und Darsteller (Regievertrag, Darstellervertrag, Mitarbeitervertrag, Komponistenvertrag)
- Musiklizenzvertrag, Synchronisationsvertrag, Lizenz- und Verwertungsvertrag, Verleihvertrag, Filmversicherungsverträge, Geräteverleihverträge
- Postproduktions-Serviceverträge

Ein großes Problem bei der Vertragsgestaltung ist, dass man zwischen Auftraggeber und Auftragnehmer schon in der frühen Entstehungsphase des Projekts eine Vereinbarung benötigt, damit die Bereitschaft nicht erlahmt, weitere Zeit und Ressourcen in das Projekt zu investieren. Allerdings hat man zu diesem Zeitpunkt noch keine genauen Vorstellungen, was alles gemacht werden soll und welche Konsequenzen im Hinblick auf Kosten und Zeit auf einen zukommen. Um dieses Problem zu lösen, empfiehlt es sich, schon ganz früh in der Projekt-Entstehung einen sog. **Letter of Intent** abzuschließen ❶. Der ausgearbeitete Vertrag kann dann in aller Ruhe erarbeitet werden und spätestens in der Phase der konkreten Projekt-Planung – am besten unter Einschluss des Pflichtenhefts – von den Vertragsparteien unterzeichnet werden. Bei Bedarf kann zusätzlich auch noch ein Rahmen- bzw. Vorvertrag dazwischen geschaltet werden.

❶ Ein **Letter of Intent** ist eine rechtlich relevante Absichtserklärung, dass die Beteiligten weiter zusammenarbeiten wollen. Sollte die Zusammenarbeit jedoch dennoch vorzeitig enden, verpflichtet sich der Auftraggeber zur Abgeltung der entstandenen Kosten.

15.3.3 Organisatorische Vorkehrungen

Projektteam bilden

Ist der Auftrag erteilt, wird man beim Produzenten ein **Team** zusammenstellen, das die professionelle Umsetzung der Aufgabe garantiert. Von besonderem Interesse sind die Fragen: Zusammensetzung des Teams, Größe des Teams und Aufgabenverteilung innerhalb des Teams. Wie das Team zusammengesetzt werden soll, ist eine schwierige Frage. Die Regel lautet: Man muss sicherstellen, dass alle notwendigen Fachkompetenzen im Team vertreten sind. Bei einem Multimedia-Projekt sind zum Beispiel die folgenden **Fachkompetenzen** gefordert (sortiert nach den jeweiligen Fachgebieten):

- Inhalt: Autoren, Texter, Konzeptioner
- Gestaltung: Designer, Grafiker
- Produktion: Programmierer, Medienspezialisten
  (Video, Audio; wird oft an externe Dienstleister vergeben)
- Projektmanagement: Projektleiter

Häufig ist es so, dass die eine oder andere Kompetenz, die man für die Durchführung des Projekts benötigt, nur von außen erschlossen werden kann, indem man **externe Experten** engagiert. Für Filmprojekte ist es sogar typisch, dass das Produktionsteam und die Darsteller auf dem freien Markt rekrutiert werden. Wichtig ist es, eine übersichtliche Struktur zu schaffen, bei der klar ist, wer zum Team gehört und wer nicht.

Bei Bedarf kann man zusätzlich in ein **Kern**- und ein **Gesamt-Team** unterscheiden. Denkbar ist auch, dass für bestimmte Teilaufgaben spezielle Teams gegründet werden, die dem Projekt fallweise („ad hoc") zuarbeiten („Ad-Hoc-Teams"). Alles in allem kann sich eine recht vielfältige Projektorganisation ergeben, was bei sehr großen Projekten ohnehin der Fall ist.

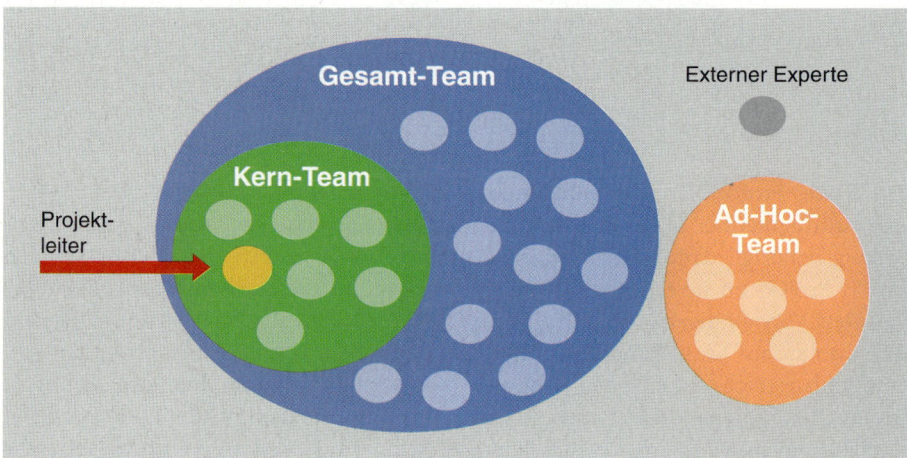

Wie **groß** das Team sein soll, hängt von der Komplexität und von der Schwierigkeit des Projekts ab:

- Für kleinere Projekte gilt eine Teamgröße von sieben Personen als günstig. Eine ungerade Zahl ist zu empfehlen ❶.
- Bei größeren und sehr großen Projekten lässt sich keine allgemeine Empfehlung aussprechen. Unter Umständen wird es notwendig sein, eine ganze „Infrastruktur" und das Gesamtteam in mehrere Teil-Teams zu untergliedern, z. B. in Steuerungsteam, Beratungsteam, Produktionsteam.

Wichtig ist schließlich, dass innerhalb des Teams eine klare **Aufgabenverteilung** und damit **Verantwortungsstruktur** hergestellt wird. Die folgenden Grundsätze sind dabei zu beachten:

- Jedes Teammitglied erfüllt die ihm zugeteilten Aufgaben in Eigenverantwortung.
- Alle Mitglieder sind gleichrangig.
- Der Projektleitung kommt eine Sonderrolle zu.

Damit das Team gut arbeiten kann, ist es wichtig, dass auf Seiten des Auftraggebers immer eine **konkrete Person** benannt ist, an die sich der Projektleiter jederzeit wenden kann.

Projektleitung bestimmen

Der Rolle des **Projektleiters** kommt eine **herausragende Bedeutung** für den Erfolg des Projekts zu. Daher muss die mit dieser Aufgabe betrauten Person über ausgeprägte **Fähigkeiten** verfügen. Neben Organisationstalent, Wirtschaftlichkeitsdenken und ergebnisorientiertem Denken und Handeln sind vor allem auch Fähigkeiten hinsichtlich der Menschenführung notwendig, das hat mit sogenannten „sozialen Kompetenzen" wie Kommunikationsfähigkeit und die Fähigkeit, mit Konflikten konstruktiv umzugehen und das Team zusammenzuhalten. Ob der Projektleiter erfolgreich arbeitet, hängt – theoretisch gesprochen – insbesondere von seiner **Rolle** ab, die er einnimmt ❷ sowie von seinem **Status** innerhalb des Teams ❸.

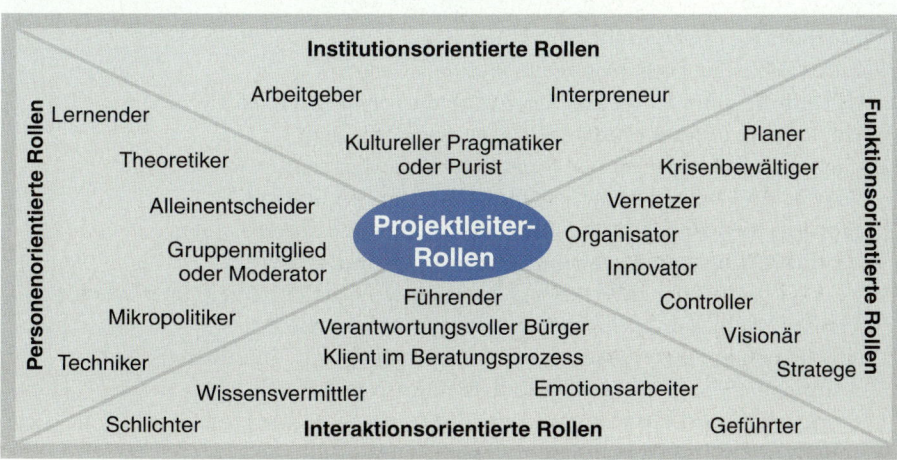

❶ Der Grund liegt darin, dass im Falle einer Abstimmung keine Patt-Situation entsteht. Allerdings sollten „Kampfabstimmungen" im Projektmanagement unbedingt vermieden werden. Besser ist es, Lösungen zu finden, bei denen alle Teammitglieder zustimmen können (Konsenslösungen).

❷ Unter einer **Rolle** wird ein Bündel von Erwartungen an das Verhalten einer Person verstanden. Daraus folgt die Interpretation von deren Aufgaben, Rechten und Pflichten sowie der Spielräume und Begrenzungen des Handelns. Die nebenstehende Darstellung stammt von Keßler/Winkelhofer.

❸ Der **Status** entscheidet über die hierarchische Positionierung des Projektleiters im Team. Unter „Status" wird verstanden, wie weit ein Mitglied von den Erwartungen der Gruppe abweichen kann, ohne Sanktionen von der Gruppe befürchten zu müssen. Dieses als „Idiosynkrasiekredit" bezeichnete Phänomen ist ein Indikator für das Ausmaß des Zusammenhalts in der Gruppe (Gruppenkohäsion). Je mehr Kredit der Projektleiter hat, desto höher ist sein Status.

① In der Kinofilmproduktion trägt die **Projektadministration** den Namen „Filmgeschäftsführung" oder „Production Accountant". Damit sind alle Personen bezeichnet, die für die finanzielle und buchhalterische Abwicklung der Filmproduktion verantwortlich sind.

② Ein virtuelles Team kann nicht regelmäßig an einem Ort zusammentreffen, sondern ist zur Verständigung untereinander auf technische Kommunikationsmittel angewiesen.

Projektadministration einrichten

Zu Beginn des Projektablaufs sollte man für eine schlagkräftige **administrative Infrastruktur** sorgen. Dieser Punkt wird nicht selten unterschätzt. Sinnvoll ist es – auch bei den kleineren Projekten – ein **Projektbüro** einzurichten, in dem alle Fäden zusammen laufen und insbesondere der ganze Verwaltungsapparat angesiedelt ist ①. Hierzu gehört neben der Beauftragung qualifizierter Verwaltungskräfte auch die Schaffung geeigneter Räumlichkeiten, in denen sich das Projektteam regelmäßig treffen kann.

Im Projektbüro soll auch der sog. „Projekt-Ordner" geführt werden, der alle wichtigen Dokumente des Projekts beinhaltet. Auch wenn im Zeichen des Computers alle Dokumente digital gespeichert werden, empfiehlt es sich aus Sicherheitsgründen dennoch, sie in der Papierfassung verfügbar zu halten.

Arbeitet das Projektteam an verteilten Standorten, steht man vor dem Problem des **virtuellen Projektmanagements** ②. Dies kann sehr große Dimensionen im Weltmaßstab annehmen. Zu denken ist beispielsweise an ein Unternehmen wie der Software-Hersteller SAP, der viele Projekte auf einer Achse Deutschland, Indien und USA abwickelt. Die Schwierigkeit dieser Art der Projektabwicklung besteht darin, dass die Mitglieder des Teams nicht so leicht eine gute „Team-Kultur" aufbauen können, da diese stark von der persönlichen Begegnung abhängt. Auch der Einsatz von Kommunikationstechnik wie Video- und Telefon-Konferenzen, die Einrichtung eines Projekt-Intranets oder der Einsatz von Projektmanagement-Software können dieses Defizit nicht vollständig ausgleichen. Daher gilt virtuelles Projektmanagement als besonders herausfordernd.

15.3.4 Effektive Information und Kommunikation

Eng mit der guten Organisation ist die Frage der Informationsversorgung der Mitglieder des Projekt-Teams verbunden. In jedem Projekt fallen eine Unmenge an Informationen mit Daten, Plänen, Listen, Grafiken, Schriftverkehr usw. an, die leicht zu einer unübersichtlichen Informationslage führen kann. Damit die Beteiligten des Projekts noch den Überblick behalten, ist es erforderlich, ein wirkungsvolles **Informations- und Kommunikationssystem** zu installieren. Dieses sollte den folgenden Anforderungen genügen:

- Informationen müssen immer aktuell sein.
- Informationsflut muss vermieden werden.
- Als Leitlinie gilt: „So wenig Informationen wie möglich, so viel wie nötig"
- Man arbeitet mit Zusammenfassungen und Auszügen.
- Man beschränkt sich auf den Sonderfall: „Management by Exception".
- Berichte sind auf den aktuellen Zeitbereich zu beschränken.
- Informationen sind je nach Empfänger stufenweise zu verdichten.
- Informationen sind entscheidungsorientiert aufzubereiten.
- Die Aussagekraft der Informationen soll durch Visualisierung erhöht werden.
- Wichtige (Schlüssel-)Informationen sind herauszustellen.
- Die Darstellung der Informationen erfolgt kurz, knapp und übersichtlich.
- In sinnvoller Weise werden Formulare eingesetzt.
- Informationen und Berichte sind sowohl Bringschuld der Projektleitung als auch Holschuld der Teammitglieder.

Projekt-Dokumentation

Effektives Informationsmanagement hängt stark von einer konsequenten **Projekt-Dokumentation** ab, die unbedingt sicher zu stellen ist. Eine Projekt-Dokumentation ist das entscheidende „Nachschlagewerk", das während des Projektablaufs und am Ende des Projekts die aktuellen Informationen liefert. Sie beruht auf einer Erfassung aller bedeutsamen Rahmen-, Planungs-, Beschluss- und Ergebnis-Daten in nachvollziehbarer Form. Sie ist notwendig, damit auch im Falle eines Wechsels in der Projektleitung oder in der Zusammensetzung des Teams die Umsetzung und der Transfer der Projekt-Erfahrungen in dokumentierter Form an die neuen Team-Mitglieder möglich ist. Auch der Transfer der Erfahrungen in Folgeprojekte wird durch eine gute Projekt-Dokumentation gewährleistet. Damit sind der aktuelle Projektstand und die getroffenen Entscheidungen permanent nachvollziehbar. Die Projekt-Dokumentation ist die umfassende Informationsgrundlage für alle Teammitglieder und Bearbeiter des Projekts. Für die lückenlose Projekt-Dokumentation sorgt die Projektleitung.

Adressatengerechte Aufbereitung

Besonders wichtig ist es, alle notwendigen Informationen **adressatengerecht** aufzubereiten. Der Auftraggeber hat einen anderen Informationsbedarf als die Projektleitung oder ein unternehmensinterner Steuerkreis, der über den Fortschritt des Projekts wacht. Ein Meilensteinbericht als Zwischenbericht ist für einen größeren Kreis interessant als ein Statusbericht, der ein einzelnes Arbeitspaket betrifft. Ein gutes Konzept der Informationsversorgung im Projekt könnte wie folgt aussehen (vgl. Schulz-Wimmer 2002, S. 261):

Art des Berichts	Verfasser	Empfänger	Wann?
Statusbericht Projekt	Projektleiter	Auftraggeber	monatlich
	Kernteam	Steuerkreis	(letzter Freitag)
		Projektteam	
Statusbericht Teilprojekt	Teilprojektleiter	Projektleiter	monatlich
			(3 Tage vor Statusbericht Projekt)
Statusbericht Arbeitspaket	AP-Verantwortlicher	Projektleiter	gemäß Vorgabe Projektleiter
Meilensteinbericht	Projektleiter	Auftraggeber	für festgelegte Meilensteine
	Kernteam	Steuerkreis	
		Projektteam	
Sofortbericht	Projektleiter	Auftraggeber	in Krisen
	Kernteam	Steuerkreis	
		Projektteam	
Ergebnisbericht	Projektleiter	Auftraggeber	zur Abnahme des Projekts
	Kernteam	Steuerkreis	
Abschlussbericht	Projektleiter	Auftraggeber	nach Abnahme des Projekts
	Projektteam	Steuerkreis	
Präsentation Phasenergebnis	Projektleiter	Auftraggeber	Ende einer Phase
	Kernteam	Steuerkreis	
Präsentation Projektergebnis	Projektleiter	Auftraggeber	Projektende
		Steuerkreis	

15.3.5 Optimale Zusammenarbeit im Team

Teamarbeit

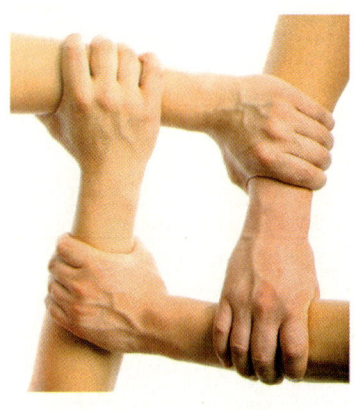

① Anders ausgedrückt: Ein **Team** ist eine kleine Gruppe von Personen, deren Fähigkeiten sich einander ergänzen und die sich für eine gemeinsame Sache, für gemeinsame Leistungsziele und für einen gemeinsamen Arbeitsansatz engagieren und gegenseitig zur Verantwortung ziehen.

Projektarbeit ist **Teamarbeit**. Die anstehende Aufgabe kann nur gelöst werden, wenn mehrere Menschen zielorientiert und konstruktiv im Team zusammen arbeiten. Ein **Team** ist eine Gruppe von Personen, die gemeinsam eine Aufgabe bewältigt **①**. Die Betonung liegt auf „gemeinsam", da nur bei koordiniertem und auf ein Ziel ausgerichtetem Handeln der notwendige „Teamgeist" entstehen kann, der zum Projekterfolg führt. Haben die Beteiligten unterschiedliche Vorstellungen über Ziele, Wege und Methoden, kann die Gruppe nicht zu einem Team zusammen wachsen.

Nicht jede Arbeitsgruppe ist ein Team. Um dieses Prädikat zu erlangen, müssen einige Voraussetzungen gegeben sein. So ist ein Team eine Arbeitsgruppe, die formell ins Leben gerufen wurde und die ganz bestimmte **Merkmale** aufweist:

- Kleine, funktionsgegliederte Arbeitsgruppe
- Gemeinsame Zielsetzung
- Relativ intensive wechselseitige Beziehungen
- Spezifische Arbeitsform („team work")
- Ausgeprägter Gemeinschaftsgeist („team spirit")
- Relativ starker Gruppenzusammenhalt („Gruppenkohäsion")

Erfolgsfaktoren effektiver Teamarbeit

Es ist wichtig, sich vor Beginn der eigentlichen Projektarbeiten bewusst zu machen, welche Faktoren ein Team erfolgreich machen, um bei allen Team-Mitgliedern ein positives Bewusstsein zu schaffen. Als **Merkmale eines Erfolgsteams** können genannt werden (vgl. Francis/Young 1996, S. 18 ff):

- Leistung: Ein Team ist im Stande, Leistungen zu erzielen, die die Mitglieder jeweils für sich allein nicht erbringen könnten. Ein Team ist mehr als die Summe seiner Mitglieder.
- Ziele: Ein Team hat ein klares (Haupt-)Ziel, das alle Mitglieder kennen und mit dem sie einverstanden sind und das ihnen erstrebenswert erscheint. Die Mitglieder stellen ihre persönlichen Ziele in den Dienst des Hauptziels.
- Dynamik: Die Mitglieder des Teams spornen sich gegenseitig an. Ein Team produziert Synergie, die gezielt aufgebaut und nutzbar gemacht werden kann.
- Struktur: Ein Erfolgsteam hat eine genau auf die zu lösende Aufgabe abgestimmte Struktur. Alle notwendigen Faktoren sind geregelt: Teilaufgaben, Führungsansprüche, Arbeitsstil.
- Klima: Die Mitglieder identifizieren sich mit dem Team, es herrscht ein Klima des Vertrauens. Persönliche Schwierigkeiten werden offen besprochen. Das Team arbeitet einfühlsam, flexibel und im Geist der gegenseitigen Freude und Ermunterung.

Vor diesem Hintergrund kann ein Team auch bezeichnet werden als eine „aktive Gruppe von Menschen, die sich auf gemeinsame Ziele verpflichtet haben, harmonisch zusammenarbeiten, Freude an der Arbeit haben und hervorragende Leistungen bringen.".

Teamarbeit erfolgreich zu machen, fällt den beteiligten Personen nicht in den Schoß. Im Gegenteil: Nur wenn sie sich dafür einsetzen, stellt sich der Erfolg ein. Die Frage stellt sich, wie man das am besten macht und wo man am zweckmäßigsten ansetzen soll. Welche Faktoren sind für den Erfolg besonders wichtig? Eine Liste solcher **Erfolgsfaktoren** könnte z. B. wie folgt aussehen (vgl. Winkelhofer 1997, S. 433 f.):

- Bekenntnis zum Team: Die Team-Mitglieder verstehen sich nicht als Individuen, die unabhängig voneinander arbeiten, sondern als eine Einheit. Die persönlichen Ziele werden zugunsten der Team- bzw. Projektziele zurückgestellt.
- Vertrauen: Die Teammitglieder vertrauen einander. Jedes Mitglied vertraut darauf, dass die anderen ihre Verpflichtungen erfüllen, Freundschaften nicht missbrauchen, ihre Hilfe anbieten und akzeptieren sowie sich allgemein berechenbar und angemessen verhalten.
- Zielbewusstsein: Die Teammitglieder arbeiten zielgerichtet. Dem Team ist bekannt, wie es in die Gesamtstruktur des Unternehmens hineinpasst. Die Teammitglieder fühlen sich als Eigentümer ihrer Arbeiten und erfassen den Beitrag, den sie zum Projekt- und Unternehmenserfolg leisten.
- Wirkungsvolle Kommunikation: Die Teammitglieder kommunizieren durch Sprechen und Handeln wirkungsvoll. Die Kommunikation ist durch die Qualität und Menge der Interaktionen, die von den Teammitgliedern sowohl untereinander als auch mit Außenstehenden gepflegt werden, bestimmt. Die Interaktion kann auf der Gesprächsebene und auf der Handlungsebene stattfinden und umfasst im weiteren Sinn auch den Umgang mit Konflikten.
- Kooperationsverhalten: Die Teammitglieder entscheiden gemeinsam. Jeder im Team erfüllt seine Rolle. Es wird trotz aller Verschiedenheit partnerschaftlich miteinander umgegangen. Ebenso wird jeder Beitrag respektiert und im Team besprochen. Das Team entscheidet im Konsens.
- Leistungsorientierte Methodik: Die Teammitglieder verfolgen ihre Planung, Entscheidungsfindung und Qualitätsbewusstsein in systematischer Weise. Zur Methodik, die notwendig ist, um zum Zielbewusstsein, das eine Gruppe entwickelt hat, zu gelangen, zählen Instrumente der Problemlösung, Planungsverfahren sowie die regelmäßigen Besprechungen mit Tagesordnung und schriftlicher Zusammenfassung.

Professionelles Konfliktmanagement

Ein „starkes Team" ist darauf gefasst, dass es im Projektablauf immer wieder zu Konflikten kommt. Darauf bereitet es sich geistig vor und verhandelt im Vorfeld über Regelungen, wie die zu erwartenden Konflikte schonend und konstruktiv in den Griff zu bekommen sind. Dazu sind Grundkenntnisse der **Konflikttheorie** erforderlich. Konflikte lassen sich nicht immer leicht identifizieren, da ihre Ursachen vielfältiger Natur sein können. Zu unterscheiden sind **fünf Konfliktfelder**, die sich zum einen in Konflikte auf der Sachebene und zum anderen auf der psychosozialen Ebene klassifizieren lassen (vgl. Schelle 2004, S. 235).

Der Schwierigkeitsgrad der Konfliktlösung nimmt von links oben (Zielkonflikt) nach rechts unten (Beziehungskonflikt) beständig zu. Der Grund liegt auf der Hand: Je mehr „Unsachlichkeit" im Sinne von Antipathie, Misstrauen und Vorurteilen im Spiel ist, desto schwerer fällt es dem Team, den Konflikt rational zu behandeln.

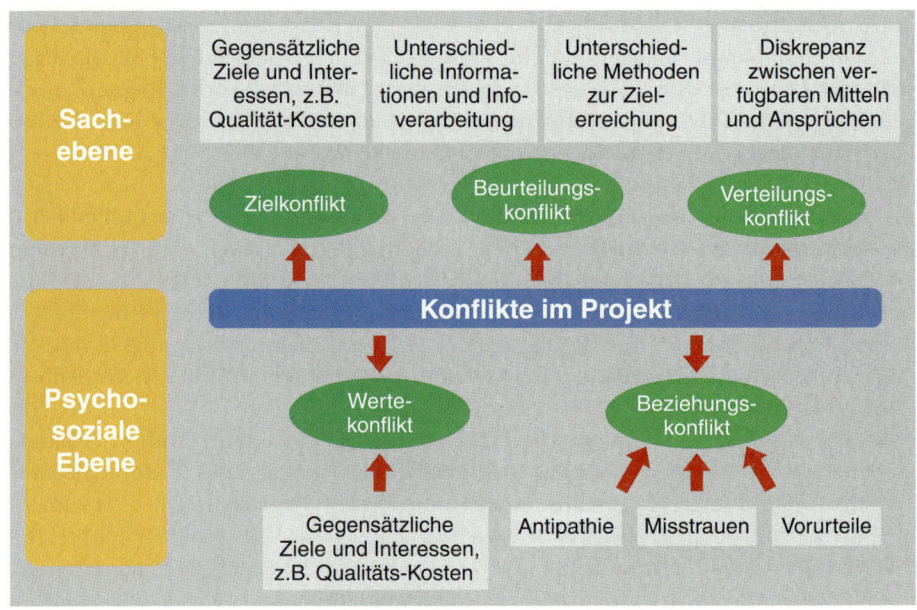

Phasenmodell der Teamentwicklung

Bei jedem Team ist festzustellen, dass sich seine „Kultur" im Zeitablauf verändert. Dabei hat man festgestellt, dass sich diese Veränderung im Zeitablauf nach einer gewissen Gesetzmäßigkeit vollzieht. Ein bekanntes **4-Phasen-Konzept** (nach Tuckman) besagt, dass ein Zustand hohen Zusammenhalts (Gruppenkohäsion) und hoher Leistungsfähigkeit (Performance) erst nach dem Durchlaufen von drei Stufen erreicht werden kann, ein nicht selten schmerzlicher Prozess für die Beteiligten. Gerade für Medienprojekte mit ihrer oftmals sehr divergierenden Teamstruktur spielt diese Gesetzmäßigkeit eine große Rolle. Ein Team durchläuft danach typischerweise die folgenden **vier Phasen** (vgl. Staehle 1999, S. 281):

- Phase 1 – Forming: Die Mitglieder definieren die Aufgaben, Regeln und geeigneten Methoden. Es herrscht allgemeine Unsicherheit, man probiert aus, welches Verhalten in der jeweiligen Situation akzeptabel ist. Die Führungsperson spielt eine große Rolle.
- Phase 2 – Storming: Konflikte entstehen. Es kommt zu emotionaler Ablehnung der Aufgabenanforderungen, zur Polarisierung der Meinungen und zum Aufstand gegen den Führer.
- Phase 3 – Norming: In einem Klima des offenen Austauschs von Meinungen und Gefühlen entsteht Kooperation. Es entwickelt sich Gruppenzusammenhalt, Gruppennormen und gegenseitige Unterstützung. Widerstände und Konflikte werden abgebaut bzw. bereinigt.
- Phase 4 – Performing: Die Energie der Beteiligten wird auf die konstruktive Bearbeitung der Aufgabe gelenkt. Man befindet sich nun (endlich) in der Hauptarbeitsphase, in der es zu Problemlösungen kommt. Die Probleme zwischen den Menschen sind gelöst, die Gruppenstruktur ist funktional zur Aufgabenerfüllung, das Rollenverhalten ist flexibel und konstruktiv.

15.3.6 Kick-Off-Meeting

Zum Ende der Phase des Projekt-Starts sind die entscheidenden Vorarbeiten geleistet, um die Projektaufgabe mit hoher Professionalität anzugehen. Man ist sensibilisiert, welche Anforderungen in sachlicher und menschlicher Hinsicht auf alle Beteiligten, auch auf den Auftraggeber, zukommen. Das Projekt kann nun konkret gestartet werden, was durch das sogenannte **Kick-Off-Meeting** geschieht. Das Kick-Off-Meeting ist von besonderer Wichtigkeit, da es das erste offizielle Zusammentreffen des Projektteams darstellt und bei dem eventuell auch Externe (z. B. eine Vertretung des Auftraggebers) beiwohnen.

Dieses Kick-Off-Meeting sollte sorgfältigst vorbereitet werden, nichts darf dem Zufall überlassen werden, gehen von ihm doch eine Reihe fundamentaler Signale aus, die das Zusammenwirken im Team und den weiteren Prozessablauf maßgeblich vorherbestimmen.

➲ Ein bekannter Projektmanagement-Merkspruch lautet: „Sage mir, wie dein Projekt beginnt, und ich sage dir, wie es endet!"

Das Kick-Off-Meeting hat für alle Beteiligten eine wichtige Orientierungs- und Formulierungsfunktion. Hier werden verschiedene „Pflöcke eingeschlagen", die das weitere Geschick des Projekts beeinflussen:

- Es wird klar, welche Arbeitsweise vorgesehen ist.
- Die Projektinhalte werden vorgestellt.
- Die Verbindlichkeit der Unternehmensführung kommt zum Ausdruck.
- Die Art der künftigen Zusammenarbeit der Beteiligten wird präzisiert.
- Es findet eine Verteilung der formalen und informellen Rollen der einzelnen Personen statt.

Empfehlungen

1. Wenn möglich, sollte die Auftaktsitzung vorrangig dem zwischenmenschlichen Kontakt vorzubehalten sein und der eigentlich sachliche Projektstart ist erst in der zweiten Sitzung vorzunehmen.
2. Man sollte überlegen, selbst bei kleineren Projekten, in einem vorgeschalteten Workshop („Projektstart-Workshop", vgl. Schelle/Ottmann/Pfeiffer 2005, S. 136) die Inhalte, die Dramaturgie und die Spielregeln des geplanten Auftakttreffens zu erarbeiten. Es gilt der Merksatz: „Ein guter Start des Projekts fällt dem Projektteam nicht in den Schoß, sondern muss hart erarbeitet werden". Hilfreich ist dabei z. B. die Verwendung von Checklisten für die Gestaltung von Sitzungen und Konferenzen.
3. Wer zum Kick-Off-Meeting einzuladen ist, ist nach dem Einzelfall zu entscheiden. Neben dem Projektteam und den unmittelbar beteiligten Entscheidungsträgern (evtl. Entscheidungsgremium) sind dies die Vertretung des Auftraggebers, Ad-hoc-Gruppen, externe Experten oder Personalvertretungsorgane. In jedem Falle soll das Kick-Off-Meeting der Information aller wichtigen Stakeholder – also den wichtigsten Interessengruppen und -personen im und um das Projekt herum – dienen.
4. Die Sitzung ist professionell unter Anwendung moderner Kommunikationstechniken zu führen. Eine klare und durchdachte Tagesordnung muss der Sitzung zugrunde liegen.

15.4 Projekt-Planung

Die erste zentrale Aufgabe nach dem Projekt-Start ist die konkrete („operative") Planung, wie man das Projekt realisieren will. Dazu gilt es, ausgehend von den Anforderungen, die der Auftraggeber stellt, die Planung des Produkts, der Abwicklung des Projekts und der Kosten vorzunehmen. Alle diesbezüglichen Arbeiten münden in einer umfassenden Planungsdokumentation, für die sich in vielen Bereichen der Begriff des „Pflichtenhefts" eingebürgert hat.

15.4.1 Anforderungen des Auftraggebers: Lastenheft

Das **Lastenheft** wird vom Auftraggeber erstellt und umfasst die Zielsetzung, die Aufgabenstellung und alle **Eckdaten des Projekts**. Es zeigt den Ist-Zustand auf und erläutert den Soll-Zustand, wie er aus Sicht des Auftraggebers erreicht werden soll. Im Lastenheft sollen die Ziele klar definiert werden, es soll vollständig sein und eine gute Grundlage für den Auftragnehmer und das Projekt-Team sein, alle konkreten weiteren Vorgehensschritte auszuarbeiten.

❶ Hinzuweisen ist darauf, dass nicht in jedem Bereich der Medienprojekte der Begriff **Lastenheft** und auch der an anderer Stelle erklärte Begriff des **Pflichtenhefts** gebräuchlich ist. Stark verwendet werden sie bei technischen Projekten und in der Software-Entwicklung.

Die Erstellung des Lastenhefts steht im engen Zusammenhang mit dem in der Startphase besonders relevanten Briefing-Vorgangs. Vereinfachend kann man sagen, dass das Dokument, wie es im Prozess des Briefing und Re-Briefing zwischen Auftraggeber und Auftragnehmer entsteht, als Lastenheft bezeichnet werden kann ❶. Ein Lastenheft sollte die folgende **Gliederung** aufweisen:

- Aufgabenstellung
- Charakteristik des Unternehmens
- Beschreibung der Ausgangssituation (Ist-Zustand)
- Beschreibung der Aufgabenstellung (Soll-Zustand)
- Anforderungen an den Projektablauf
- Allgemeine Hinweise
- Anlagen

Aus dem Lastenheft entwickelt der Auftragnehmer das Pflichtenheft.

15.4.2 Produkt-Planung

Ziel von Medienprojekten ist es, ein Produkt zu erstellen, das eine Lösung für eine Kommunikationsaufgabe darstellt. Besonders deutlich wird dies bei einer Werbekampagne, bei einem Imagefilm oder bei einem Medien-Event, aber etwa auch bei Kinofilmproduktionen, mit denen Investoren eine Kapitalisierung am Markt erzielen wollen.

Der strategische Ausgangspunkt des Planungsprozesses ist daher die genaue Planung und Beschreibung des im Projekt herzustellenden **Produkts**. Dieses Produkt muss genau beschrieben und charakterisiert werden, um einen „Bauplan" bzw. eine „Konstruktionszeichnung" zu besitzen, nach der die Realisierung des Projekts ablaufen kann. Generell wird dieser Bauplan als „Produktbeschreibung" bzw. „Leistungsbeschreibung" bezeichnet, aber auch andere Begriffe sind gebräuchlich, so in der Filmproduktion der Begriff der „Stoffentwicklung".

Beispiel Stoffentwicklung in der Kinofilmproduktion

Bei einem Filmprojekt ist die Stoffentwicklung Ausgangspunkt für alle weiteren Realisationsschritte. Grundsätzlich kann der **Projektablauf** in **vier Phasen** gegliedert werden (vgl. Clevé 2004):

- Stoffentwicklung
- Packaging
- Vorproduktion, Produktion, Postproduktion
- Verwertung

Ziel der **Stoffentwicklung** ist es, ein Drehbuch „auf den Tisch zu bringen", das man ganz konkret filmisch umsetzen kann und auf dessen Basis man die konkrete, detaillierte Kalkulation erstellen kann. Bevor es dieses Drehbuch nicht gibt, können diese Schritte nicht unternommen werden.

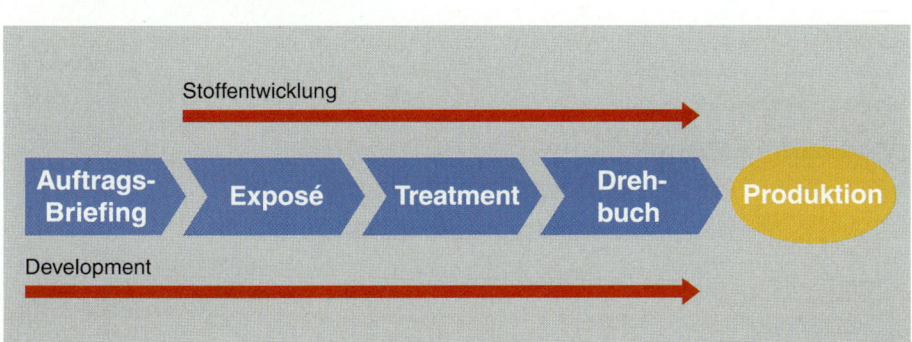

Die Stoffentwicklung, die im größeren Zusammenhang des „Development" steht, hat als Ausgangspunkt das (in welcher Form auch immer vorliegende) Briefing des Auftraggebers. Dort ist die Idee, die verfolgt werden soll, bereits so weit präzisiert, dass man sie weiterentwickeln kann. Dies geschieht in Form einer logischen Abfolge der permanenten Konkretisierung bzw. **Spezifikation** des Inhalts mit den **drei Schritten**:

- Exposé: Damit wird in der Filmproduktion eine umgangssprachliche Darstellung der Idee bezeichnet, die auf ein bis drei Seiten dargestellt ist. Beschrieben wird, um was es geht, welche Handlung mit welchen Akteuren gespielt wird, wann und wo diese ablaufen soll.
- Treatment: Im Exposé ist der fertige Film noch nicht vor dem inneren Auge erkennbar, da dieses noch nicht so detailliert und konkret den Inhalt beschreibt. Diese Aufgabe übernimmt das zumeist ca. 20- bis 40-seitige Treatment. Hierin werden die Akteure sehr detailliert und lebendig geschildert und der Handlungsablauf wird bereits ganz konkret beschrieben.
- Drehbuch: Aus dem Treatment wird nun das Drehbuch als konkrete Umsetzungsanleitung entwickelt. Als typische Faustregel gilt, dass eine Seite Drehbuch etwa eine Minute Spielfilm abbildet, was bedeutet, dass ein Drehbuch zumeist zwischen 90 und 120 Seiten umfasst ❶. Erfährt das Drehbuch eine bildhafte Darstellung (Visualisierung durch Zeichnungen), wie es vor allem beim Werbefilm üblich ist, spricht man vom „Storyboard".

❶ Der Begriff **Drehbuch** ist auch über den Bereich der Filmproduktion hinaus gebräuchlich, so auch z. B. in der Multimedia-Produktion.

Beispiel Leistungsbeschreibung bei Web-Projekten

Bei einem Web-Projekt entsteht die Beschreibung der Leistung ähnlich wie beim Film und durchläuft die Phasen der Spezifikation von der ersten Idee bis zur umsetzungsfähigen Produktionsvorlage, dem „Drehbuch". Was die Leistungsbeschreibung im engeren Sinne betrifft, kann man nach drei Aspekten unterscheiden, die als das „Magische Dreieck eines Web-Konzepts" bezeichnet werden kann (vgl. Lettau 2000, S. 47 ff.):

- Informationsarchitektur
- Navigationsarchitektur
- Screendesign

Die **Informationsarchitektur** repräsentiert dabei den Inhalt im eigentlichen Sinne. Als „goldene Regel" für Web-Auftritte kann dabei eine Trennung in einen Inhaltsblock, einen Kommunikationsblock und in Online-Mehrwerte („Add-Ons") gelten:

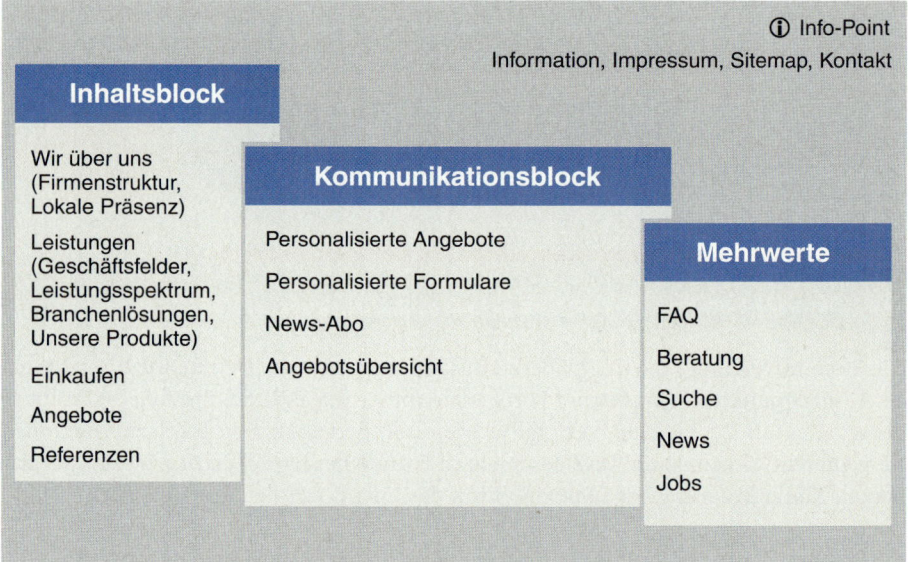

Bei der **Navigationsarchitektur** geht es darum, dem User eine schnelle und übersichtliche Informationsaufnahme zu ermöglichen und ihn konsequent mit möglichst wenigen Mausklicks durch die Anwendung zu führen. Dabei ist die „Usability", d. h. ein hohes Maß an Benutzerfreundlichkeit, von zentraler Bedeutung. Auf den Film übertragen geht es bei der Navigation um die Dramaturgie, im Hinblick auf das Feld von Lern-Software ist die Frage einer guten Didaktik angesprochen.

Das **Screendesign** schließlich betrifft die bestmögliche Gestaltung der Web-Site. Ziel ist es z. B., das Erscheinungsbild des Auftraggebers im Medium Internet gemäß dem offiziellen Corporate Design umzusetzen. Mit Blick auf die Nutzer geht es um deren Ansprüche an ein zeitgemäßes Design, die am besten mit einer „visuellen Provokation" beantwortet werden kann.

15.4.3 Planung der Projektabwicklung: Basisplan

Projektstrukturplan

Am Beginn der konkreten Ablaufplanung des Projekts steht der **Projektstrukturplan**, abgekürzt „PSP". Er ist als überaus wichtiges Planwerk anzusehen, weshalb er auch als „Plan der Pläne" bezeichnet wird. Er dient als Grundlage und Ausgangspunkt für alle weiteren Einzelplanungen. Aufgrund der Komplexität der Zusammenhänge ist es notwendig, dass das gesamte Projekt-Team in die Projektstrukturplanung eingebunden wird und einen übersichtlichen Projektstrukturplan sorgfältig erarbeitet. Es empfiehlt sich, dass das Team hierzu in Klausur geht.

Das Hauptergebnis der Projektplanung ist die Definition der sog. **Arbeitspakete**. Sie sind die kleinsten Einheiten im Projekt und entstehen auf der untersten Stufe des PSP. Auf der Grundlage der Arbeitspakete entwickelt man die Zeit- und Ressourcenplanung.

➲ Um das Projekt überschaubar zu machen, erarbeitet man den Projektstrukturplan (PSP). Er ist der „Plan der Pläne" und zerlegt die Gesamtaufgabe in überschaubare Einzelaufgaben, die „Arbeitspakete" genannt werden.

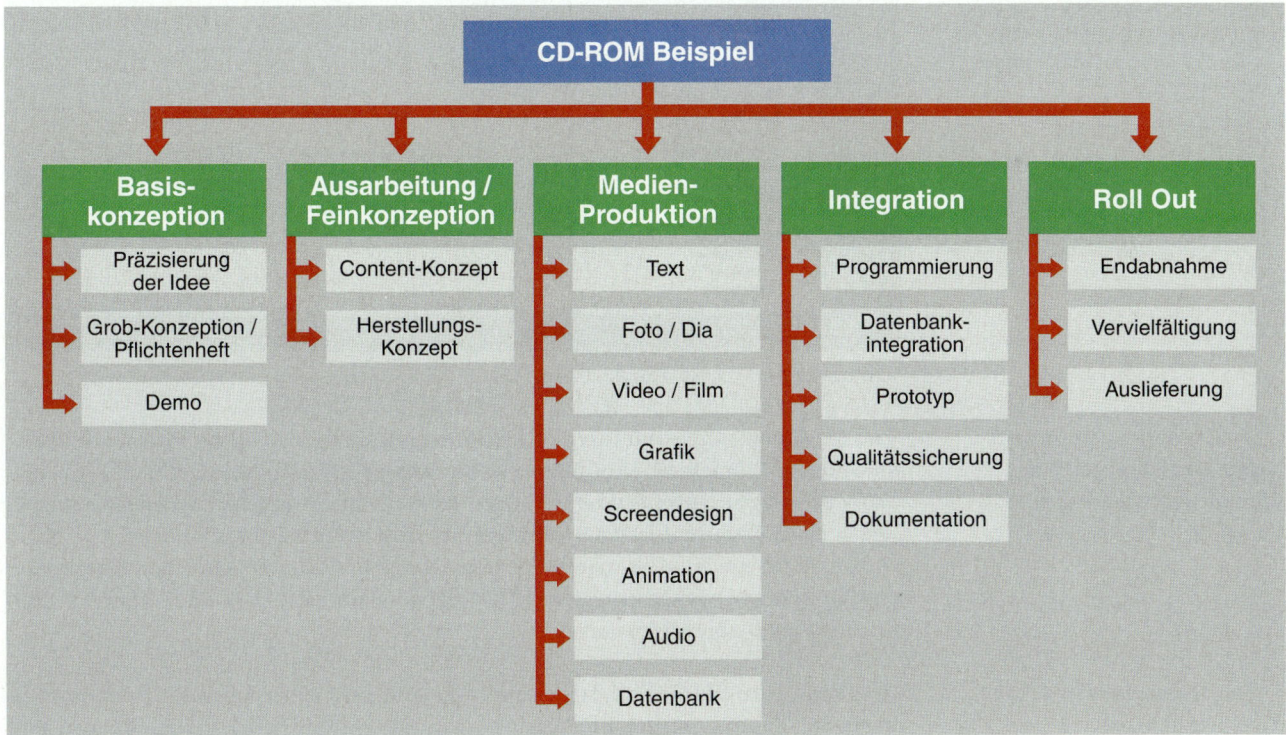

Normalerweise entstehen bei der Projektstrukturierung im Medienbereich zwischen 50 und 150 Arbeitspakete. Die Strukturierung sollte nicht zu tief gehen, damit das Projekt noch überschaubar bleibt. Aber auch ein zu grobes Raster ist andererseits nicht empfehlenswert.

Zeitplanung

Arbeitspakete sind der Ausgangspunkt für alle Planungen im Projekt. Sie sind die kleinsten Planungseinheiten. Jedes „AP" ist sorgfältig zu definieren und erhält eine genaue Beschreibung. Insbesondere ist festzulegen, wieviele Ressourcen notwendig sind und wie lange diese an Zeit benötigen, um es abzuarbeiten. Jedes Arbeitspaket bekommt eine „Visitenkarte":

Wenn der Projektstrukturplan mit den Arbeitspaketen vorliegt, kann die **Zeitplanung** erarbeitet werden. Bei der Zeitplanung fragt man zunächst danach, welchen Zeitbedarf jedes einzelne Arbeitspaket aufweist. Dazu listet man die Arbeitspakete in einer speziellen Liste auf, der sog. **Tätigkeitsliste,** und gibt an, wie lange sie voraussichtlich brauchen, bis sie abgearbeitet sind.

Ausarbeitung Produktion	
12	2 Tage
Mi 15.03.00	Do 16.03.00

Das Beispiel drückt aus, dass das Arbeitspaket Nr. 12 die „Ausarbeitung der Produktion" ist, dass dafür 2 Tage erforderlich sind, die für den 15. und 16. März eingeplant sind.

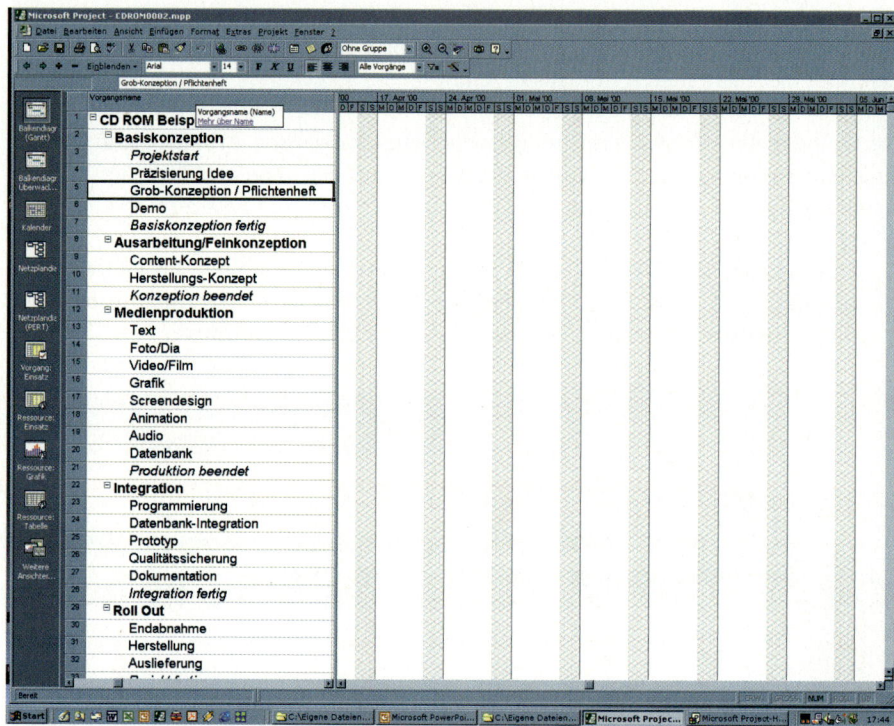

Screenshot MS Project: Tätigkeitsliste

❶ Die Gliederung der Arbeitspakete nach ihrer zeitlichen Abfolge nennt man auch **Projektablaufplan.**

Sind die Arbeitspakete mit ihrer Zeitdauer festgelegt, werden sie nun in eine zeitliche Reihenfolge gebracht ❶. Man überlegt sich, welche Arbeitspakete fertig sein müssen, bevor das nächste Arbeitspaket beginnen kann. Oder umgekehrt: Welche Arbeitspakete können gestartet werden, wenn ein bestimmtes Arbeitspaket erledigt ist? Dabei wird man feststellen, dass manche Arbeitspakete parallel nebeneinander abgearbeitet werden können, während andere es zwingend erfordern, dass ein vorhergehendes Arbeitspaket ❷ abgeschlossen ist.

❷ Ein vorhergehendes Arbeitspaket nennt man **Vorgänger**, ein nachfolgendes **Nachfolger**

Man kann nun die Arbeitspakete auflisten und sehr übersichtliche Darstellungen erzeugen, die für Ordnung im Projekt sorgen. Die entscheidenden Darstellungen sind das **Balkendiagramm** und der **Netzplan.**

Das **Balkendiagramm** ❶ ist ein sehr wirkungsvolles Instrument, um den zeitlichen Umfang der Arbeitspakete und deren logische Verknüpfung bildhaft und übersichtlich darzustellen. Es ist aus den verschiedensten Arbeitsgebieten bekannt, z. B. zur Darstellung von Dienstplänen, Einsatzplänen von Außendienstmitarbeitern oder Urlaubsplänen. Es folgt immer dem nachfolgenden Muster, bei dem die Arbeitspakete untereinander aufgelistet werden und deren zeitliche Länge horizontal sichtbar gemacht werden:

❶ Das Balkendiagramm wird nach seinem Erfinder auch **Gantt-Diagramm** genannt.

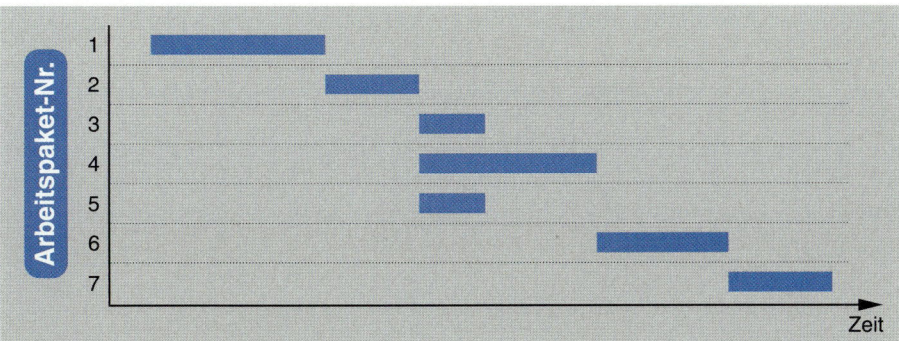

In MS-Project sieht das Balkendiagramm wie folgt aus, wobei die Arbeitspakete durch Pfeile miteinander verknüpft sind:

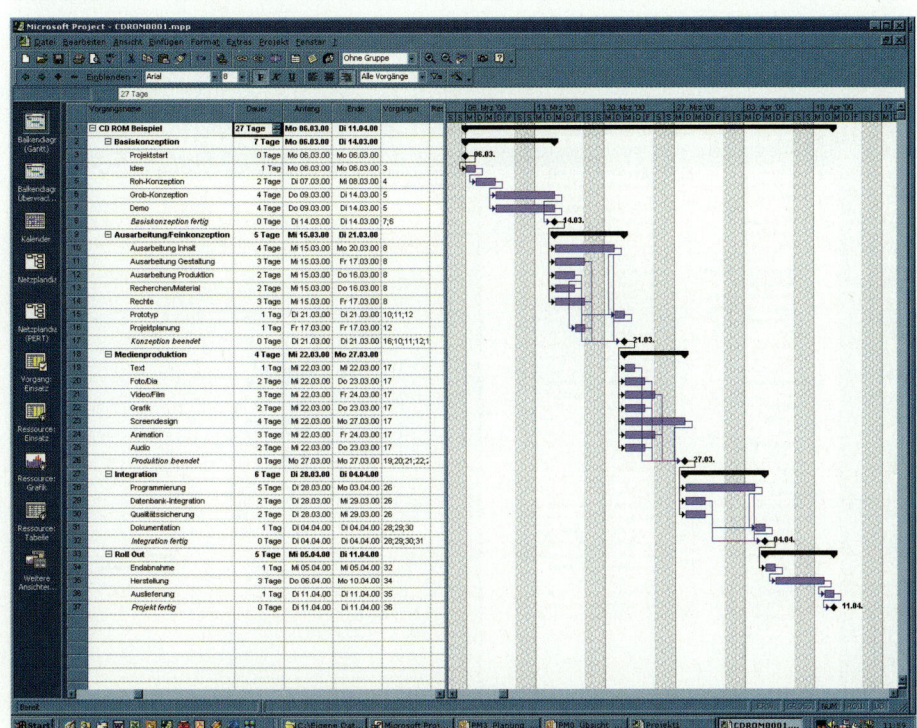

◆ Symbol für einen **Meilenstein**. Ein Meilenstein ist ein wichtiges Etappenziel im Projekt.

Grundsätzlich gibt es die folgenden Möglichkeiten der Verknüpfung:

- Die Arbeitspakete werden linear nacheinander abgearbeitet. Ein nachfolgende Arbeitspaket kann also nur starten, wenn das vorhergehende fertig gestellt ist. So muss z. B. die grafische Konzeption für einen Internet-Auftritt vorliegen, bevor man an die Ausarbeitung gehen kann.
- Arbeitspakete können auch parallel zueinander abgearbeitet werden, beispielsweise bei einer Multimediaproduktion, wenn das Foto-Shooting und die Erstellung des Screendesign zeitlich nebeneinander realisiert werden können.

❶ Dies ist allerdings nicht unbegrenzt, sondern nur innerhalb der gegebenen Voraussetzungen möglich.

Bei der parallelen Bearbeitung von Arbeitspaketen entstehen, sofern diese eine unterschiedlich lange Bearbeitungszeit erfordern, sog. **Pufferzeiten**. Besitzt ein Arbeitspaket eine gewisse Pufferzeit, kann der Startzeitpunkt desselben variabel gehalten werden, d. h. es muss nicht unbedingt zum frühest möglichen Zeitpunkt beginnen, sondern kann auch noch später starten ❶, ohne den ins Auge gefassten Endtermin des Projekts zu gefährden. Ausreichende Pufferzeiten senken das Risiko, von der Dynamik des Projekts in kritischen Phasen „überrollt" zu werden. Sie sind ein wichtiges Instrument, um innerhalb des Projekts ein wirkungsvolles Risikomanagement zu betreiben.

Das Balkendiagramm sorgt für eine übersichtliche Darstellung der geplanten Abfolge aller Arbeitspakete. Innerhalb dieses Beziehungsgeflechts gibt es eine Aneinanderreihung von Arbeitspaketen, die keinerlei Pufferzeit aufweisen. Diese spezielle Abfolge dieser Arbeitspakete – im nachfolgenden Screenshot von MS Project rot markiert – bezeichnet man auch als den **kritischen Pfad**.

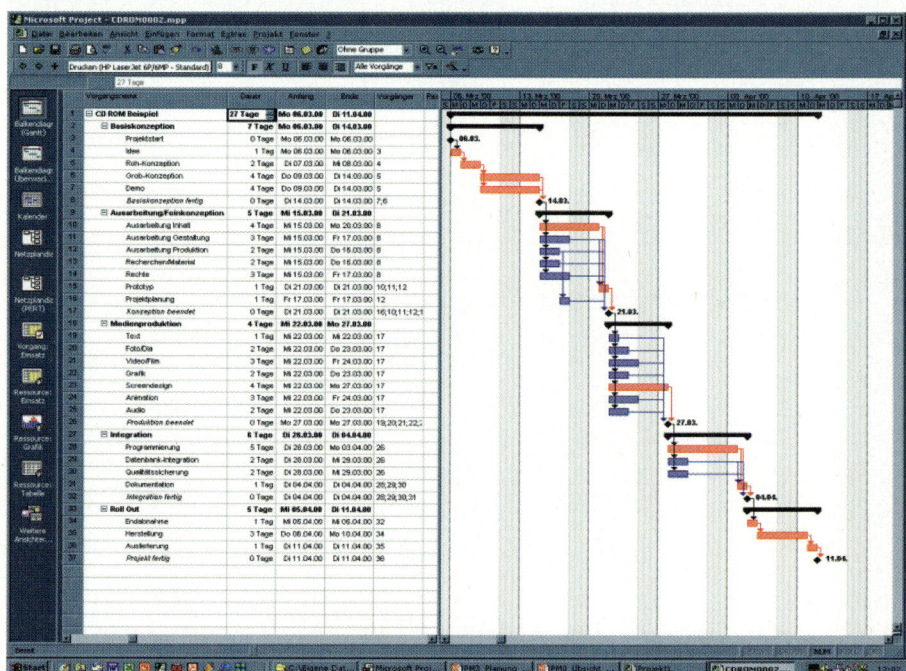

Screenshot MS Project: Kritischer Pfad

Der kritische Pfad wird deshalb als „kritisch" bezeichnet, weil er alle diejenigen Arbeitspakete markiert, die zeitlich gesehen als kritisch einzustufen sind, denn eine Verzögerung bei diesen Arbeitspaketen führt unweigerlich zu einem Zeitverzug des ganzen Projekts. Ein solcher Zeitverzug ist aber in der Regel nicht hinnehmbar, steht doch bei einem Medienprojekt z. B. ein Messetermin, ein Ausstrahlungstermin oder der Start einer Kampagne zur Realisierung an ❶.

❶ Rein rechnerisch gilt: Die Summe der Pufferzeiten auf dem kritischen Pfad ist gleich Null.

Ein weiteres zentrales Hilfsmittel für die wirkungsvolle Projektplanung ist der sog. Netzplan. Er ist eine andere Art der Darstellung desselben Sachverhalts und insofern die „Kehrseite" des Balkendiagramms. Im Netzplan werden die Arbeitspakete nicht als (liegende) Balken, sondern als Rechtecke dargestellt ❷.

❷ Der Begriff Netzplan leitet sich daraus ab, dass die Arbeitspakete durch Pfeile miteinander verknüpft („vernetzt") werden und damit eine anschauliche Übersicht über den gesamten Projektablauf entsteht.

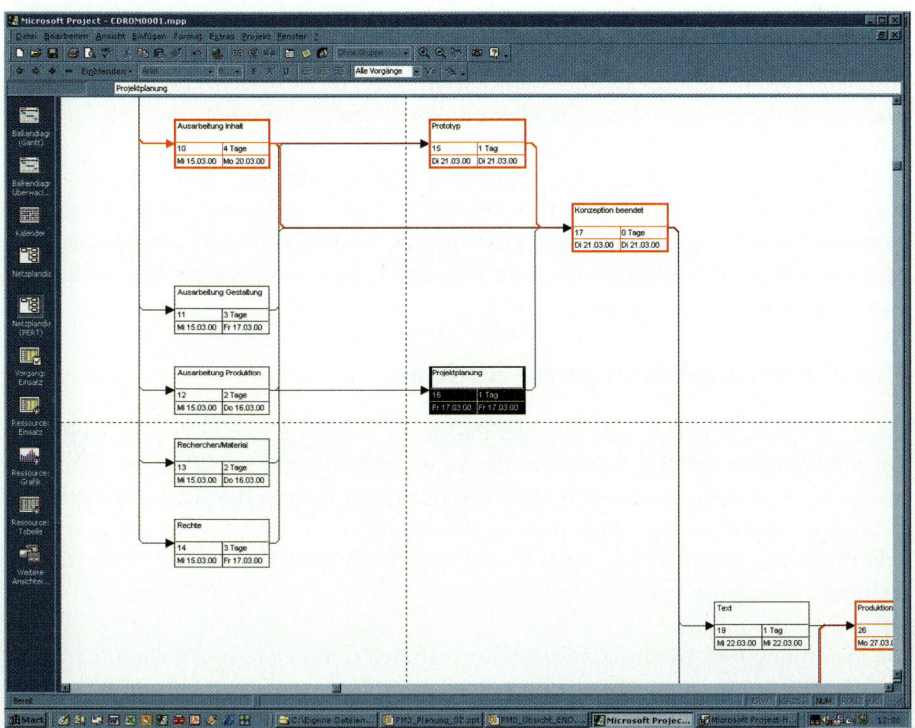

Screenshot MS Project: Netzplan

Der Netzplan ist eine optische Verknüpfung der Arbeitspakete. Er zeigt die logische Abfolge der Arbeitspakete (=Vernetzung) und den Typ der Arbeitspakete: Schwarz: „normale" Arbeitspakete rot: kritische Arbeitspakete. Bei letzteren darf kein Zeitverzug eintreten, ohne den Fertigstellungstermin des Projekts zu gefährden. Alle kritischen Arbeitspakete zusammengenommen bilden den sog. „Kritischen Pfad".

Bei der Erstellung eines Balkendiagramms bzw. Netzplans muss man sich fragen, nach welcher Methode man vorgehen will. Zur Auswahl steht die sogenannte Vorwärtsterminierung und die sog. Rückwärtsterminierung. Bei der **Vorwärtsterminierung** plant man die Arbeitspakete vom heutigen Zeitpunkt aus nach vorne, bei der **Rückwärtsterminierung** von einem definierten Endzeitpunkt aus rückwärts in die Gegenwart. In der Praxis kommt der Rückwärtsterminierung die größere Bedeutung zu, da in aller Regel feste Termine gegenüber dem Auftraggeber eingehalten werden müssen.

Ressourcenplanung

Im nächsten Schritt der Planungen überprüft man jedes einzelne Arbeitspaket darauf hin, welche Ressourcen notwendig sind, um es termingerecht fertig zu stellen. Unter Ressourcen versteht man alle Hilfsmittel, die zur Durchführung des Projekts erforderlich sind. Es gibt **zwei Typen von Ressourcen**:

- Personalressourcen, z. B. die geleisteten Arbeitsstunden des Programmierers oder des Projektleiters
- Sachressourcen, z. B. der Verbrauch an Material oder die Nutzungszeit eines Videostudios

Im Hinblick auf diese beiden Ressourcentypen werden die Arbeitspakete hinterfragt und der notwendige Ressourceneinsatz dokumentiert. Das Arbeitspaket „Prototyp erstellen" erfordert beispielsweise den Einsatz von vier Personen, die drei Tage tätig sind und in dieser Zeit entsprechende Computereinrichtungen nutzen.

Arbeitspakete spielen schließlich auch für die **Kostenplanung** eine wichtige Rolle. Wenn man den Bedarf an Ressourcen für das einzelne Arbeitspaket kennt, kann man diese mit Preisen versehen und den Ressourcenverbrauch bewerten. Man erhält dann die Kosten der Arbeitspakete, die eine wichtige Information für die Ermittlung der Gesamtkosten des Projekts sind.

15.4.4 Kostenplanung und Budget

Unter „Kosten" versteht man den Verbrauch an Ressourcen, bewertet in Geld. Die **Kostenplanung** schließt sich insofern direkt an die Planung der Ressourcen an, indem sie die im Projekt eingesetzten Ressourcen mit ihren Preisen bewertet. Aus Sicht des Projektmanagements bekommt man hierdurch einen Überblick, was die einzelnen Arbeitspakete kosten und wie sie sich diese sog. **Arbeitspaketkosten** auf Personal- und Sachressourcen verteilen.

Die Ermittlung der Arbeitspaketkosten ist hilfreich und liefert wertvolle Informationen über Kostenzusammenhänge im Ablauf des Projekts.

Dennoch findet die Kostenermittlung, auch „Kalkulation" genannt, weniger auf der Grundlage der Kategorien und Begriffe des Projektmanagements statt, sondern in einem eigenständigen Vorgang auf der Basis der üblichen Kategorien der **Kalkulation**. Dies ist im Rahmen der sog. „Zuschlagskalkulation" zum einen die Ermittlung der direkt dem Produkt zurechenbaren Kosten, die als „Einzelkosten" oder „direkte Kosten" bezeichnet werden, zum anderen die Ermittlung der „Gemeinkosten" oder „indirekten Kosten", die einem Produkt nur mittelbar zugerechnet werden können. Beide Kostenkategorien ergeben zusammen die sog. „Selbstkosten", die als Grundlage für den Gewinnzuschlag dienen. Neben der Zuschlagskalkulation spielen im Medienbereich auch Teilkostenrechnungen eine große Rolle, bei denen der Deckungsbeitrag von Produkten ermittelt wird.

Wegen der großen Bedeutung der Kalkulation wird diese Thematik in einem gesonderten Kapitel dargestellt.

15.4.5 Dokumentation der Projekt-Planung: Pflichtenheft

Ein **Pflichtenheft** ist ein Dokument, in dem alle Punkte beschrieben sind, die für das Projekt wichtig sind. Es wird gelegentlich als „Gebetsbuch" für das Projekt bezeichnet. Damit Auftraggeber und Auftragnehmer genau wissen, was bei dem ins Auge gefassten Projekt alles auf sie zukommt, „schreiben sie ihre Pflichten in ein Heft" und haben so eine klare Vorstellung über die Aufgaben, die zu erledigen sind. Das Pflichtenheft ist der sichtbare Ausdruck für die Basiskonzeption des Projekts. Es ist ein absolutes Schlüsseldokument und sollte bei keinem Medienprojekt fehlen. Es verankert alle wichtigen Grund-Entscheidungen und ist sozusagen der „Grundriss" für das Projekt. Ein Pflichtenheft sollte die folgenden **Bestandteile** haben:

- Ziele: Die Sach- und Formalziele sind sorgfältig auszuweisen.
- Inhalte: Festzulegen ist der Umfang der Anwendung (z. B. Länge des Films, Größe des Lernprogramms ❶), die Struktur der Inhalte (Welche Medienelemente – Text, Audio, Video, Animation, Grafik, Bild – sollen eingesetzt werden?), die Herkunft der Inhalte (Neuproduktion oder Archive), die Interaktionsstrukturen ❷, die Interaktionselemente ❸, und die Navigation (z. B. beim Film die Dramaturgie, bei Multimedia-Produktionen z. B. Schaltflächen, Platzierung auf dem Screen).
- Gestaltung: Festzulegen sind die Grundanforderungen an das Design, festgehalten im Style Guide ❹.
- Produktion: Zu dokumentieren ist das anzuwendende Produktionsverfahren, das wiederum von den einzusetzenden Medien abhängig ist. Bei multimedialen Produktionen ist die Wahl der Programmiertools ❺ von besonderer Wichtigkeit.
- Technik: Festzulegen ist die technische Plattform, was vor allem die Seite der Nutzung betrifft (z. B. Frage der PC-Ausstattung, bei Film Kinoproduktion oder nur Fernsehen).
- Ökonomie: Aufzuführen ist das Budget und seine grobe Aufteilung auf die einzelnen Zwecke (z. B. beim Film die Budgets ❻ für die Rechte, für Hauptdarsteller oder Effekte).
- Management: Zu zeigen ist eine grobe Vorstellung über den Projektverlauf (Entwurf Zeitplan, Meilensteine, wichtige Ecktermine).

Ein Pflichtenheft muss nicht in jedem Fall bis in alle Details ausgearbeitet sein. Bei kleineren Projekten bietet es sich an, nur eine einfache („schlanke") Form des Pflichtenhefts anzufertigen. Für sehr große Projekte wie z. B. die Entwicklung einer Software für den betrieblichen Einsatz benötigt man eine detailliert ausgearbeitete Pflichtenheft-Grundlage. Drei Formen eines Pflichtenhefts kann man daher unterscheiden:

❶ Die Größe eines Lernprogramms kann z. B. in den erforderlichen Lernstunden ausgedrückt werden, die ein normaler Nutzer benötigt, um das ganze Programm durchzuarbeiten.

❷ **Interaktionsstrukturen** unterscheiden sich nach linearer und nicht-linearer Präsentation.

❸ Elemente der **Interaktion** sind vor allem: Klicken, Berührung (Touch) und Sprache (Spracheingabe).

❹ Unter **Style Guide** versteht man die das Dokument, das die gestalterischen Grundlinien der Anwendung festlegt (das „Look and Feel").

❺ **Programmiertools** sind z. B. Autorenprogramme oder höhere Programmiersprachen.

❻ Ein **Budget** weist die für einen bestimmten Zweck bereitgestellten Mittel aus.

Kleines Pflichtenheft	Mittleres Pflichtenheft	Großes Pflichtenheft
einfach, grob	strukturiert, ohne Details	detailliert ausgearbeitet, stark in die Tiefe gehend

USP, **Unique Selling Proposition** kennzeichnet ein Leistungsmerkmal, das sich deutlich vom restlichen Wettbewerb absetzt (dt.: Alleinstellungsmerkmal).

Beispiele für Pflichtenhefte

Als Gliederungsprinzip eines Pflichtenheftes ist für eine **Produkt-CD-ROM** die folgende Struktur vorgeschlagen worden (vgl. Greunke 2000, S. 79):

I.   Einleitung
II.   Zielsetzung der Produkt-CD-ROM
III.   USP (Unique Selling Proposition) ❶
IV.   Zielgruppe
V.   Inhalte der CD-ROM
VI.   Produktfindung
VII.   Konzeption
VIII.   Technik
IX.   Wording
X.   Materialien
XI.   Aufbau des Pflichtenhefts
XII.   Termine, Meilensteine

Der Vorschlag bezieht sich auf eine aufwändige Multimedia-Produktion, bei der neben der Darstellung von Zielsetzung, Zielgruppe, Rahmenbedingungen und Terminen die Beschreibung und Definition von Aufgaben bzw. Funktionalitäten einen breiten Raum einnimmt.

Ein anderer Vorschlag bezieht sich auf ein **Web-Projekt** und führt sieben Punkte auf (vgl. Stoyan 2007, S. 26):

•   Gesamtziel des Projekts
•   Geschäftsmodell bezogen auf die Website
•   Beschreibung der Zielgruppe und ihrer Bedürfnisse
•   Priorisierte Anwendungen: Kundenvorgaben und -wünsche aller Art, umzusetzender Verbesserungsbedarf bei der vorhandenen Site
•   Gegebenenfalls Domainkonzept
•   Liste der Entscheidungen, die im Grobkonzept zu treffen sind
•   Inhaltsverzeichnis des Grobkonzepts

15.4.6 Pre-Production-Meeting

Am Endpunkt der Planungsphase des Projekts ist ein wichtiger Meilenstein erreicht, da das Team nun die Vorbereitungs- und Planungsarbeiten so weit vorangetrieben hat, dass man die Realisation und Umsetzung beginnen kann. Zu diesem Zeitpunkt wird das Team sinnvollerweise noch einmal „in sich gehen" und sich fragen, ob alle Bedingungen wie vorgesehen stimmen. Sämtliche Aspekte des Projekts werden noch einmal „durchgecheckt", geprüft und auf ihre Plausibilität hinterfragt.

Um diesen Meilenstein auch äußerlich zur Geltung zu bringen, empfiehlt es sich, ein spezielles Meeting anzuberaumen, bei dem die Produktionsreife in aller Form von allen Beteiligten festgestellt wird. Dieses Meeting kann – einen Begriff aus der Filmproduktion adaptierend – als **Pre-Production Meeting** bezeichnet werden.

15.5 Projekt-Durchführung

15.5.1 Projekt-Steuerung

Phasenorientierung

Nach Abschluss der vorbereitenden Planungen ist man nun gut gerüstet, um das Projekt in die Tat umzusetzen: Ein Pflichtenheft ist vorhanden. Es liegt eine ausgearbeitete inhaltliche Konzeption vor (vor allem das Drehbuch). Die vorbereitenden Planwerke sind erarbeitet (vor allem der Zeitplan). Nun kann die Durchführung beginnen. In der **Durchführungsphase** des Projekts wird man besonders darauf achten, dass möglichst alles „nach Plan läuft", dass also größere Abweichungen vom Plan vermieden werden. Plantreue ist zu gewährleisten. Um diese **Plantreue** sicher zu stellen, wird man in Phasen oder Etappen vorgehen, um den ganzen Projektprozess möglichst übersichtlich zu halten.

Immer wenn ein Etappenziel erreicht ist, befindet man sich an einem besonderen Punkt des Projekts, den man als **Meilenstein** bezeichnet. Meilensteine müssen sorgfältig ausgewählt werden und allen Beteiligten bewusst sein. An einem Meilenstein angekommen muss überprüft werden, wie der Zustand des Projekts aussieht. Die folgenden Fragen wird sich das Team dabei vorlegen: Wo stehen wir? Sind wir noch im Zeitplan? Laufen die Kosten aus dem Ruder? Haben wir wirtschaftlich gearbeitet? Ist die Qualität sicher gestellt? Wie sieht es mit der Stimmung im Team aus, mit dem „Betriebsklima"? Arbeiten wir zielorientiert und erfolgreich?

Alternative Vorgehensmodelle

Nicht jedes Projekt kann phasenorientiert abgewickelt werden. Insbesondere im Bereich der Software-Entwicklung und bei Multimedia-Produktionen kommen auch andere sogenannte **Vorgehensmodelle** zur Anwendung ❶. Welchem Vorgehensmodell gefolgt wird, darf nicht dem Zufall überlassen werden, vielmehr muss man eine klare Entscheidung darüber herbeiführen. Prinzipiell sind drei Vorgehenskonzepte denkbar: Phasenmodell, Prototyping, Evolutionäres Modell.

❶ Ein **Vorgehensmodell** bezeichnet die Methodik, nach der man die Strukturierung des Ablaufs eines Projekts vornimmt.

Das bereits angesprochene **Phasenmodell** (auch „Life-Cycle-Modell" oder „Wasserfallmodell") geht von einer prinzipiell sequentiellen bzw. linearen Abfolge der Einzelprozesse aus. Einer gänzlich anderen Vorgehensweise folgt das sog. **Prototyping**. Ein Prototyp ist eine vorläufige und unvollständige Testversion der fertigen Applikation, mit dessen Hilfe bereits frühzeitig wesentliche Merkmale des zu entwickelnden Produkts untersucht werden können. Die Phasen dieses Konzepts sind nicht mehr streng voneinander getrennt, sondern können überlappend ablaufen. Ist man bereit, den Prototypen bei Misslingen gänzlich wegzuwerfen, spricht man von „Rapid Prototyping" oder „Wegwerf-Prototyping". Im **evolutionären Modell** wird der Projektprozess in mehreren Entwicklungszyklen geplant, die jeweils gleiche Phasen durchlaufen. Die Konkretisierung geht nicht in Phasen, sondern in Entwicklungszyklen voran. Musterbeispiel ist ein Web-Projekt, bei dem die bestehende Website als Ausgangspunkt der Weiterentwicklung dient.

15.5.2 Projekt-Controlling

Was bedeutet Projekt-Controlling?

Unter **Projekt-Controlling** versteht man die Koordination des gesamten Führungssystems eines Projekts unter dem Blickwinkel, eine zielgerichtete Lenkung und Steuerung des Projekts sicherzustellen. Projekt-Controlling sorgt dafür, dass die Steuerung des Projekts „aus einem Guss" erfolgt, also durchdacht ist, aufeinander abgestimmt und in der richtigen Dimensionierung erfolgt.

Im Fokus steht die Frage, wie man damit umgeht, wenn beim Soll-Ist-Vergleich Abweichungen der Ist-Werte von den Plan-Werten festzustellen sind. Haupt-Betätigungsfeld von Projekt-Controlling ist das **Änderungsmanagement**.

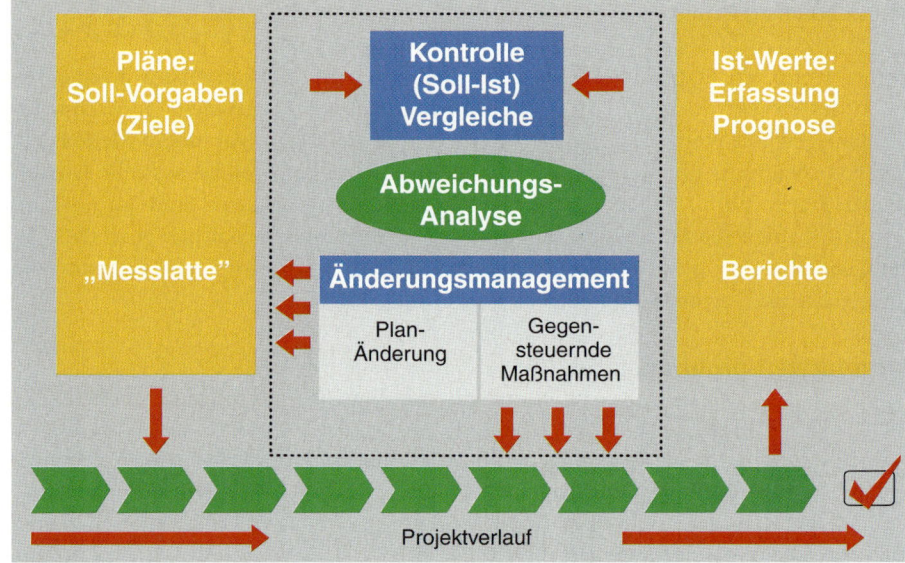

Abweichungen: Change Management

Trotz aller Bemühungen wird es nicht gelingen, den ausgestellten Plan minutiös einzuhalten. Abweichungen vom Plan wird es immer geben, so dass es im Projektverlauf immer wieder notwendig sein wird, Maßnahmen der **Gegensteuerung** zu ergreifen. Für diesen Fall bieten sich die folgenden Ansatzpunkte an:

- Leistung reduzieren: Der ursprünglich geplante Leistungsumfang wird auf das Machbare zurückgeführt, z. B. bei einem Film wird eine komplizierte Szene weggelassen oder nur vereinfachter Form gedreht.
- Aufwand reduzieren: Der Einsatz von Personal- oder Sachressourcen wird herabgesetzt, z. B. durch Ersatz einer ursprünglich vorgesehenen hochkarätigen Besetzung einer Nebenrolle durch einen preiswerteren Schauspieler.

- Kapazität erhöhen: Man setzt mehr Ressourcen ein oder verlängert die Zeit für die Herstellung des Produkts, z. B. durch Verlängerung der Drehzeit oder – wenn ein fixierter Endtermin ins Wanken gerät – durch Anordnung von Überstunden. Bei diesem Punkt kommt es eventuell zu der unliebsamen Erscheinung, dass der Auftraggeber das Projekt nachfinanzieren muss.
- Produktivität erhöhen: Man versucht, die Produktivität ❶ zu erhöhen, z. B. durch bessere Koordination, Umstellung der Pläne oder durch Rationalisierungsmaßnahmen, z. B. indem der Regisseur veranlasst wird, nicht unbedingt die letzte künstlerische Feinheit herauszuarbeiten und dadurch kostbare Zeit und knappes Geld zu „verbraten".

In einem Projekt das Ruder herumreißen zu müssen, kann für alle Beteiligten eine sehr schmerzhafte und konfliktträchtige Angelegenheit sein. An dieser Stelle ist in besonderem Maße das Verhandlungsgeschick und die Führungsstärke des Projektleiters gefordert.

Controlling-Instrumente

Als **Controlling-Instrumente** steht eine Vielzahl von Instrumenten zur Verfügung, angefangen von Instrumenten der Kostenrechnung bis zur „Balanced Scorecard" ❷.

Besonders bekannt geworden ist – als ein sehr einfaches Instrument – die Technik des „grünen Bereichs". Hierbei bilden die beiden besonders wichtigen Kategorien der Kosten und der Zeit die Dimensionen einer Positionierungsmatrix, bei der das innere Feld den grünen Bereich darstellt, in dem es keine Abweichungen vom Plan gibt. Bei geringen Abweichungen rutscht ein Projekt in den gelben Bereich, bei gravierenden Abweichungen in den roten Bereich.

❶ **Produktivität** ist das Verhältnis zwischen dem Ergebnis (Output) und den eingesetzten Mitteln (Input).

❷ Die **Balanced Scorecard** ist ein modernes Führungs- und Controlling-Instrument, welches – im Projektmanagement – die Ausrichtung auf das strategisches Ziel sowohl über finanzielle als auch über nicht-finanzielle Leistungsindikatoren misst und steuert. Die Balanced Scorecard weist vier Dimensionen auf: die Kunden, das Personal, die Prozesse und die Finanzen.

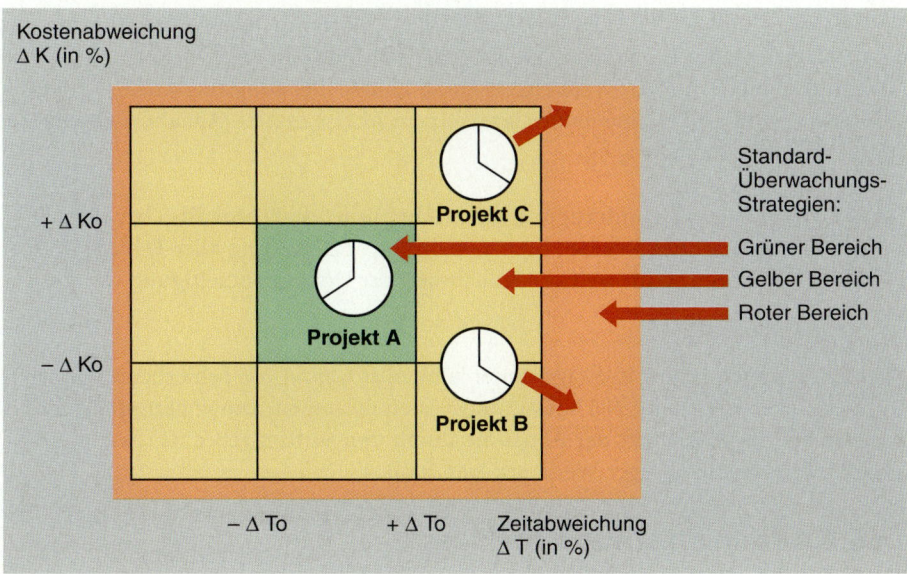

15.6 Projekt-Abschluss

Der Abschluss eines Projekts ist entgegen einer simplen landläufigen Meinung kein einfacher Schlusspunkt, sondern ein vergleichsweise **komplizierter Prozess**. Bei professioneller Vorgehensweise muss das Projekt in mehreren Einzelschritten systematisch „heruntergefahren" werden, um sämtlichen offenen administrativen und rechtlichen Punkte abzuarbeiten.

15.6.1 Abschluss im Hinblick auf den Auftraggeber

10-Stufen-Konzept

Gegenüber dem Auftraggeber bietet sich ein **10-Stufen-Konzept** für den **externen Abschluss** des Projekts an. Es sieht die folgenden Stufen vor:

- Stufe 1: Vor-Abnahme des fertigen Produkts durch den Auftraggeber
- Stufe 2: Nachbesserungen, Überarbeitungen
- Stufe 3: Lieferung aller fehlenden Unterlagen an den Auftraggeber
- Stufe 4: Abschluss-Präsentation mit Abnahme des Produkts vor dem Auftraggeber
- Stufe 5: Abnahme des überarbeiteten Produkts durch den Auftraggeber
- Stufe 6: Schriftliche Dokumentation der Abnahme und deren Übergabe
- Stufe 7: Rückgabe aller relevanten Unterlagen, Datenträger etc.
- Stufe 8: Übergabe der Projekt-Dokumentation (falls beauftragt)
- Stufe 9: Abschließendes Anschreiben mit Dank für Zusammenarbeit etc.
- Stufe 10: Übermittlung der Schlussrechnung

Abnahme des fertig gestellten Produkts

Bei Software- und Multimedia-Produkten ist ein **Abnahmetest** durchzuführen, bei dem Software einem Produkttest unterzogen wird (Funktionstest, Belastbarkeit, Ausfallsicherheit etc.), die Hardware einem Abschlusstest (Leistungsmerkmale, Geräteanschluss etc.) und die Systeme und Anlagen einem Akzeptanztest (Abnahme unter kundenspezifischen Bedingungen).

Empfehlenswert ist die Anfertigung eines **Abnahmetest-Protokolls**, bei dem Fehler erfasst und bewertet werden, eine ausführliche Erläuterung aller Fehler gegeben wird und angegeben wird, welche Maßnahmen zur Ursachenbeseitigung vorzusehen sind.

Nachforderungen an den Auftragnehmer können aufgrund von Fehlerbereinigungen, bei Preiskorrekturen oder Nachbesserungsfristen entstehen. Die wichtigste Anforderung an den Prozessschritt der Abnahme durch den Auftraggeber ist, dass die Produktübergabe in eindeutiger Weise erfolgen muss.

15.6.2 Administrativer Abschluss

Am Projektende sind eine Reihe von administrativen Arbeiten fällig, die sorgfältig erledigt werden müssen, um eventuellen Nachprüfungen und Nachfragen standhalten zu können. Gefordert ist eine saubere Archivierung aller projektrelevanten Unterlagen. **Zwei Phasen** sind dabei zu unterscheiden (vgl. Klose 1999, S. 168): Phase 1: Sichtung der kompletten Unterlagen (sofort nach der Präsentation); Phase 2: Abschließende Ablage (3-6 Monate nach offiziellem Projektende)

In **Phase 1** fallen die folgenden Abschlussarbeiten an:

- Abschlussrechnung, Information an Rechnungsabteilung
- Schließen des Projektkontos
- Abschlussmeldung
- Rückgabe von ausgeliehenen Unterlagen an Auftraggeber und an Dritte (z. B. Verbände, Institute, Verbände)
- Entsorgung nicht mehr benötigter Unterlagen (z. B. Zweitfassungen, Korrekturexemplaren)
- Vernichtung vertraulicher Unterlagen
- Zentrale Archivierung von Arbeitsunterlagen (z. B. Berichte, Software)
- Aufräumen (z. B. Löschen, Umkopieren, Zusammenfassen) von Dateien auf Projektspeicherplätzen
- Erarbeiten einer Projektdokumentation
- Personalrückführungsplan

Bei **Phase 2** muss beachtet werden:

- Kontrolle, inwieweit Phase 1 komplett durchgeführt wurde
- Aussortieren von Unterlagen, die nicht mehr benötigt werden

15.6.3 Abschlussanalyse

Projektabschlussbericht

Das Ergebnis der Abschlussanalyse ist der **Projektabschlussbericht**. In ihm werden alle wesentlichen Punkte des Projekts noch einmal zusammen gefasst und übersichtlich dargestellt. Die folgenden **Aspekte** sind zu berücksichtigen:

- Skizzierung des Auftrags
- Nachweis der Zielerreichung
- Beschreibung des fertigen Produkts
- Review der Projektplanung
- Statusbericht
- Ausblick
- Statistiken, Übersichten, Auswertungen

Um den Projektabschlussbericht erstellen zu können, sind eine Reihe von **Auswertungen** anzustellen, sowohl fachlich-inhaltlicher Natur als auch betriebswirtschaftlicher. Nachzuweisen ist insbesondere die Zielerreichung, also die Erreichung des Sachziels sowie der Formalziele Termin, Kosten und Qualität.

Erfahrungssicherung

Besondere Beachtung verdient die **Erfahrungssicherung**, die wegen der Aufwändigkeit und Zeitknappheit in der Regel sträflich vernachlässigt wird. Dabei verkennen die Beteiligten den hohen Nutzen, den ein Archiv der gemachten Erfahrungen für die weitere Projektarbeit stiftet. Die folgenden **Aspekte** sind bei der Erfahrungssicherung zu beachten:

- "Projektsteckbrief": Name, Nummer, Kurzbeschreibung, Status, Beginn-Ende, Projektleiter
- Welche Erfahrungsdaten sind besonders wichtig und müssen gesichert werden? Zu berücksichtigen auch „weiche" Faktoren
- Produkt- und Projektmessdaten, z. B. Plan- und Ist-Aufwand des Projekts, Dauer, Kosten, Prozentverteilung nach Phasen, Prozentualer Anteil für Qualitätssicherung, durchschnittliche Mitarbeiterzahl
- Zugrunde gelegte Aufwandsschätzverfahren
- Einflussgrößen: z. B. Enge des Etats, Enge der zur Verfügung stehenden Zeit, Grad der Arbeitsteiligkeit, Komplexität des Produkts, Anzahl externer Schnittstellen
- Kennzahlen, Kennzahlensysteme
- Erfahrungsdatenbanken: Nach technischen und betriebswirtschaftlichen Kriterien

15.6.4 Schluss-Meeting

Ein Schluss-Meeting ist genauso wichtig wie das Kick-Off-Meeting. Es beendet „mit Anstand" die meist lange Zeit gemeinsamer Arbeit, bei der dem zwischenmenschlichen Faktor eine hohe Bedeutung zukam. Dies sollte Grund genug sein, um am Ende eines Projekt nicht einfach „auseinander zu rennen", sondern nach einem würdigen Projektabschluss zu suchen. Notwendig ist das **Projektabschluss-Meeting** aber auch aus formalen Gründen, da hier die Entlastung der Verantwortlichen erfolgen muss. Die folgenden **Punkte** sollten im Schluss-Meeting thematisiert werden:

- Zielerreichung und Analyse
- Zufriedenheit des Kunden
- Einschätzung der „weichen Faktoren" (Klima im Team, Zusammenarbeit)
- Konsequenzen für künftige Projekte
- Entlastung von Projektteam und Projektleiter
- Erklärung der offiziellen Auflösung des Projekts

Zu erstellen ist ein **Projektabschlussbericht**, der an die an alle leitenden Projektbeteiligten und an den Auftraggeber verteilt wird. Weiterhin sind Abschlussfestlegungen, die Auflösung der Projektorganisation, eventuell die Überleitung von Personen in andere Funktionen und die Ressourcenauflösung zu vollziehen.

Ganz zum Schluss wird zu prüfen sein, ob die Beteiligten Raum und Kraft für eine Projektfeier finden, um dem zwischenmenschlichen Faktor Rechnung zu tragen.

Aufgaben und Übungen, Literaturhinweise

Aufgaben und Übungen

1. Entwickeln Sie – überblicksartig – ein Konzept für das Management einer privaten Geburtstagsfeier.
2. Stellen Sie sich als Projekt die Erstellung und den Einsatz eines Imagefilms für Ihre Bildungseinrichtung vor. Nehmen Sie eine Wirtschaftlichkeitsuntersuchung für dieses Projekt in Form einer Nutzen-Kosten-Analyse vor.
3. Wählen Sie aus der aktuellen Fernsehwerbung einen beliebigen TV-Spot aus und stellen Sie Überlegungen an, welche Zielvorstellung die Agentur und der Auftraggeber wohl damit verfolgen.
4. Erstellen Sie eine Liste von Faktoren, die bei der Zusammenarbeit innerhalb eines Teams zu Schwierigkeiten führen können. Gehen Sie von Ihren eigenen Erfahrungen aus und bringen Sie Fallbeispiele zu Papier.
5. Erstellen Sie ein einfaches Pflichtenheft für eine „Media Night", die Ihre Bildungseinrichtung durchführen will.
6. Erstellen Sie eine Tagesordnung für das Kick-Off-Meeting für ein Projekt, bei dem Sie die Projektleitung innehaben.
7. Nehmen Sie Stellung zu der These, der menschliche, d. h. „weiche" Faktor sei für den Erfolg eines Projekts wichtiger als die „harten" Faktoren.

Literaturhinweise

Back, Louis/*Beuttler*, Stefan: Handbuch Briefing, Stuttgart 2003 (Schäffer-Poeschel)

Clevé, Bastian: Gib niemals auf. Filmökonomie in der Praxis. Konstanz 2004 (UVK)

Friedlein, Ashley: Web-Projektmanagement, Heidelberg 2002 (dpunkt.verlag)

Francis, Dave/*Young*, Don: Mehr Erfolg im Team, 5. Aufl., Hamburg 1996 (Windmühle)

Greunke, Uwe: Erfolgreiches Projektmanagement für Neue Medien. Ein Praxisleitfaden, Frankfurt am Main (Deutscher Fachverlag)

Kellner, Hedwig: Ganz nach oben durch Projektmanagement, München 2000 (Hanser)

Keßler, Heinrich/*Winkelhofer*, Georg A.: Projektmanagement, Berlin, Heidelberg, New York 2004 (Springer)

Klose, Burkhard: Projektabwicklung, 3. Aufl., Wien, Frankfurt (Ueberreuter)

Lettau, Claudia: Das Web-Pflichtenheft, Bonn 2000 (MITP-Verlag)

Litke, Hans-Dieter (Hrsg.): Projektmanagement, München, Wien 2005 (Hanser)

Schelle, Heinz: Projekte zum Erfolg führen. Projektmanagement systematisch und kompakt, 4., überarb. Aufl., München (dtv-Taschenbuch 5888)

Schelle, Heinz/*Ottmann*, Roland/*Pfeiffer*, Astrid: ProjektManager, 2. Aufl., Nürnberg 2005, Nachdruck 2007. Mit-Herausgeber: GPM Deutsche Gesellschaft für Projektmanagement e.V.

Schulz-Wimmer, Heinz: Projekte managen. Werkzeuge für effizientes Organisieren, Durchführen und Nachhalten von Projekten, Freiburg i. Br. 2005 (Haufe)

Staehle, Wolfgang H.: Management, 8. Aufl., München 1999 (Vahlen)

Stoyan, Robert (Hrsg.): Management von Webprojekten, 2. Aufl., Berlin, Heidelberg, New York 2007 (Springer)

Winkelhofer, Georg A.: Methoden für Management und Projekte, Berlin, Heidelberg, New York 1997 (Springer)

16 Akquisition und Präsentation

Quelle: Fa. Neuland, Eichenzell

❶ **USP, Unique Selling Proposition**: Leistungsmerkmal, mit dem sich ein Angebot deutlich vom Wettbewerb abhebt.

❷ **Akquisition**: lat., alle Tätigkeiten von Verkaufsbereichen eines Unternehmens, um neue Kunden und Aufträge zu gewinnen oder weitere Geschäftsabschlüsse mit Altkunden zu tätigen.

Ein stets hart umkämpfter Wettbewerb um Marktanteile eines Produktes machen die Präsentation zu einem wichtigen Element, wenn es um die USP, die Unique selling proposition ❶, geht. Gerade bei der Akquisition ❷ neuer Kundenkreise kommt der spezifischen Präsentation eine wichtige Rolle zu. Wie man eine Präsentation plant, konzipiert und gestaltet sowie in der Praxis einsetzt, soll in diesem Kapitel betrachtet werden.

16.1 Akquisition

16.1.1 Phasen-Modell der Projekt-Initiierung

Ausgangssituationen:
- Der Auftraggeber (Kunde) ergreift die Initiative und kontaktiert in Eigeninitiative den Auftragnehmer (Anbieter).
- Der Auftragnehmer wird vom Auftraggeber zum Kontakt aufgefordert.
- Der Auftragnehmer betreibt die Kontaktaufnahme von sich aus.

Akquisition

Gerade in den Vertriebs- und Angebotsabteilungen herrschen oft traditionelle Leistungsformen vor: Arbeitsteilung statt Arbeitsintegration, Informationszurückhaltung statt Informationsmarkt. Erfolgreiche Angebote sind stets das Ergebnis differenzierter **Managementprozesse**.

- Erkennen der Kundenanforderungen
- Effiziente Bearbeitung zahlreicher Kontakte
- Erarbeitung des strategisch und operativ richtigen Angebots
- Follow-Up bis zur Auftragsvergabe

Welche Schritte sind zu einer erfolgreichen Akquisition eines Projektauftrages zu gehen? Die folgenden Anhaltspunkte zeigen, dass es methodische Ansätze gibt, um die Erfolgswahrscheinlichkeit der Akquisitionsanstrengungen zu erhöhen

Methoden zur Unterstützung der erfolgreichen Akquisition

Phase Vorlauf:
- Durchhaltevermögen aufbauen: „100-10-1-Regel“.
- Selektion der eigenen Stärken und Fähigkeiten: Konzentration auf Kernkompetenzen, Unterstützung suchen.
- Branchenkenntnisse nutzen: Konzentration auf die geläufigen Branchen; Standortvorteile prüfen und ausnutzen.
- Adressen von potenziellen Kunden aufbauen: Zugängliche Handbücher nutzen, z. B. RedBox, Medienhandbücher, Nachschlagewerke, Adressverlage, Verbände.
- Persönliche Kontakte aktivieren: Messen, Veranstaltungen, Stammtische.
- Aufbau und Pflege einer Datenbank.

„100-10-1-Regel“ = von 100 Ansprachen führen 10 zu einem Kontakt, wovon einer zum Erfolg führt.

Phase Kontaktaufnahme:

- Erstellung eines individuellen Angebots: Ein individuelles Angebot löst fast immer Kundeninteresse aus!
- Akquisitionsbrief, Akquisitionstelefonat: Regeln der Ansprache beachten
- Persönliches Akquisitionsgespräch: Wichtig! Erster Eindruck („Primacy Effect")
- Spontane Akquisition

Phase Commitment:

- Vertrauen aufbauen
- Schriftliche Bestätigung bzw. Letter of Intent
- Vertrag, Auftrag

Letter of Intent: Absichtserklärung, mit der eine Vertragspartei das Interesse am Abschluss eines Vertrages mitteilt.

Networking

Im Rahmen der Auftragsakquisition spielen konventionelle Vertriebsaktivitäten wie das Networking bzw. der Aufbau und die Pflege von Geschäftsbeziehungen eine große Rolle. Immer wichtiger werden internetbasierte Formen der Kontaktanbahnung und Auftragsakquisition.

Pitch

Mit dem Begriff „Pitch" wird die Wettbewerbspräsentation einer (Werbe-) Agentur im Kampf um einen Etat bzw. einen Klienten bezeichnet. Mit „Pitching" wird in der Medienbranche die Kontaktaufnahme zum Investor und die Präsentation der Idee bezeichnet. Hintergrund ist, dass z. B. eine gute Idee und ein gutes Drehbuch noch keinen guten Film ausmachen. Erforderlich sind Geld und ein Vertrieb.

Bevor die Zusammenarbeit mit einer Agentur beginnt, steht die Frage zur Entscheidung an, wem die Aufgabe anvertraut werden soll. Wettbewerbspräsentationen sind die aufwendigste Form der Agenturauswahl, aber nicht der einzige Weg. Auch große Etats werden durchaus vergeben, indem sich die ausgewählten Agenturen durch andere Formen des Kennenlernens qualifizieren konnten. Entscheidet sich der Auftraggeber aber zu einer Ausschreibung seines Etats durch eine Wettbewerbspräsentation, ist dies für alle Beteiligten mit einem hohen finanziellen und arbeitstechnischen Aufwand verbunden. In langjähriger Praxis haben sich Vorgehensweisen als besonders geeignet herausgestellt, um Wettbewerbspräsentationen für beide Seiten effizient zu gestalten – für den Auftraggeber, der das Risiko einer Fehlentscheidung minimieren will, für die beteiligten Agenturen, die unter fairen und transparenten Bedingungen antreten wollen.

Die nachfolgenden Regeln skizzieren den idealtypischen Ablauf einer **Wettbewerbspräsentation**. Die darin enthaltenen Empfehlungen haben sich in vielen Jahren der Praxis bewährt.

Die GWA-Empfehlungen zur Agenturauswahl haben das Ziel, zu einer erfolgreichen Zusammenarbeit zwischen Kunden und Agenturen beizutragen. Die Agenturverbände in Großbritannien, Irland, Italien, der Niederlande, der Schweiz und Tschechien sowie der europäische Dachverband EACA haben gleichfalls Empfehlungen zur Agenturauswahl veröffentlicht.

1. Es empfiehlt sich für den Werbungtreibenden, neben der Wettbewerbspräsentation die anderen Möglichkeiten der Agenturauswahl sorgfältig zu prüfen. Sie sind möglicherweise der spezifischen Situation angemessener.

2. Entscheidet er sich für eine Wettbewerbspräsentation, ist eine Vorauswahl von maximal zehn Werbeagenturen auf einer „Longlist" empfehlenswert.
3. Durch geeignete Verfahren (zum Beispiel Beratung oder Anhörung) empfiehlt sich die Herausbildung einer „Shortlist" mit höchstens drei bis fünf Agenturen.
4. Mit den Agenturen der Shortlist legt der Werbungtreibende fest, um welche Art der Wettbewerbspräsentation es sich handeln soll.
5. Das Honorar sollte sich für die Präsentation am Leistungsaufwand orientieren. Allen Agenturen sollte das gleiche Honorar gezahlt werden.
6. Die Agentur sollte für die Vorbereitung einer Präsentation mindestens vier Wochen, für eine strategisch/kreative Präsentation möglichst sechs bis acht Wochen Zeit erhalten.
7. Es hat sich bewährt, wenn für die eigentlichen Präsentationen ausreichend Zeit besteht (zwei Stunden pro Agentur) und wenn alle Entscheidungsträger persönlich anwesend sind.
8. Zwischen Werbungtreibenden und Agenturen sollte Vertraulichkeit mit den Daten des Auftraggebers und Nicht-Weitergabe der Nutzungsrechte bei Agenturen, deren Präsentationen nicht akzeptiert werden, vereinbart werden.
9. Es hat sich bewährt, wenn der Werbungtreibende alle beteiligten Agenturen möglichst am gleichen Tag informiert und mit der beauftragten Agentur abstimmt, wer in welcher Weise die Fachpresse informiert.

vgl: http://www.gwa.de/Pitch-Guide.750.0.html

16.1.2 Projekt-Start

Zusammenarbeit zwischen Auftraggeber und Auftragnehmer

Das gute Zusammenspiel von Auftraggeber und Auftragnehmer ist kein Zufallsprodukt, sondern hängt von der Schaffung von Erfolgsvoraussetzungen ab. Ein entscheidender Faktor ist die sog. Prozessevidenz.

Unter **Prozessevidenz** versteht man, welche Vorstellungen sowohl der Auftraggeber als auch der Auftragnehmer über den Verlauf eines Auftrages haben. Entscheidende Faktoren der Prozessevidenz sind das Prozessbewusstsein und die Prozesstransparenz. „Prozessbewusstsein beschreibt die grundsätzliche Erkenntnis einer beteiligten Partei, dass ein Auftrag Beiträge von allen Beteiligten erfordert und interaktiv abläuft. Prozesstransparenz beschreibt den Grad des exakten Wissens über Beiträge und Verläufe im einzelnen."

Defizite der Prozessevidenz können sowohl bei allen Beteiligten vorliegen. Systematisch gesehen ergeben sich die nebenstehenden „Transaktionssituationen" ❶, bei der lediglich Typ IV die reibungslose Zusammenarbeit zwischen Auftraggeber und Auftragnehmer garantiert: Typ I, II und III führen zu Unzufriedenheiten. Mit Engagement gelingt es, die Position von Typ IV zu erreichen.

Ursachen für Kundenunzufriedenheit

Gründe für einen Agenturwechsel:
68 % zu wenig Aufmerksamkeit
14 % nicht die gewünschte Leistung erhalten
9 % besserer Preis bei Wettbewerber
5 % persönliche Gründe
4 % Zuliefererkündigung

- Unbefriedigende Arbeitsergebnisse: Problem kann sein, dass die Agentur überfordert wurde (inhaltlich, kapazitätsmäßig, zeitlich); meistens aber: unzulängliche, unpräzise Aufgabenstellungen; zu große Zurückhaltung der Agentur bei Rückfragen zu den Aufgabenstellungen; fehlende Fähigkeit zum „Nein-Sagen" bei der Agentur.

- Schlechtes Preis-Leistungsverhältnis: zumeist unter dem Gesichtspunkt unbefriedigender Arbeitsergebnisse; oft mangelndes Verständnis des Kunden für die Kostenseite; fehlende Transparenz v. a. im Hinblick auf die Kosten; mangelndes Vertrauen (Gefühl, übervorteilt zu werden); mangelnde Sachkenntnis (Vergleich eines Fotoshootings im Wert von 8.000 Euro, all in all, mit einem 9 × 13 Color-Bild von Noname Fotoservice mit 20 Cent für das Umtauschrecht, wenn verwackelt!)
- Fehlerhafte/zu hohe Abrechnungen: unklare Verträge, festgelegte Leistungen und Honorierungen waren nicht klar dokumentiert; fehlender KVA (Kostenvoranschlag); Änderungen seitens des Kunden wurden nicht dokumentiert
- Mangelnde Transparenz: fehlender „Klartext" über Erwartungen und Möglichkeiten; fehlende Partizipation und Einbindung des Kunden in die Abläufe; mangelhafte Kommunikation
- Unzuverlässigkeiten: sind sowohl auf Kunden- als auch auf Agenturseite zu beklagen
- Mangelnde Chemie zwischen Personen: kein Mut, Personen in verfahrenen Situationen auszutauschen. Erwähnenswert ist ferner die Tatsache, dass nicht selten im vertragsfreien Raum agiert wird.

Erfolgsfaktor Transparenz

Vom guten Kontakt zum Kunden lebt das ganze Projekt, – und vor allem der Auftragnehmer. Isoliertes Vorgehen ohne die ständige Rückkoppelung zum Auftraggeber verursacht riskante Sprachverwirrungen und möglicherweise teure Auseinandersetzungen über die Auftragserfüllung, besonders über die nachträgliche Beurteilung der Qualität. Der Kunde ist als entscheidender Ausgangspunkt der Projektarbeit anzusehen, und Qualität ist stets im Spiegel der Kundenwünsche zu definieren. Eine alte Hausregel sagt: „Wahr ist nie, was Sie sagen. Wahr ist immer, was der andere hört. Für ihn nämlich." Insofern steht der (subjektive) kundenzentrierte Qualitätsbegriff klar im Mittelpunkt.

Auszug aus: Gläser, Martin (1996): Transparenz zahlt sich aus. Zum Qualitätsmanagement von Medien-Produkten, in: Wolfgang Wunden (Hrsg.): Wahrheit als Medienqualität (Beiträge zur Medienethik, Bd. 3), Frankfurt am Main 1996, S. 231-240:

Diesen Sachverhalt zu verinnerlichen, spielt schon deswegen eine große Rolle, weil die Kundenloyalität im allgemeinen drastisch abnimmt. Der moderne anspruchsvolle Kunde fühlt sich immer weniger an ein Produkt, einen Hersteller oder Anbieter gebunden – er verhält sich immer unverhohlener „multioptional". Umso entscheidender ist also dann der Aufbau einer guten und fruchtbaren Beziehung zum Kunden, die vom Geist der Partnerschaft und gegenseitigen Mitteilsamkeit getragen ist. Transparenz in den konstitutiven Bedingungen der Kundenbeziehung wird zum Erfolgsfaktor.

Für den Kunden ist der Kosten-Nutzen-Nachweis seines Auftrages das zentrale Anliegen. Eine durchschnittlich komplexe CD-ROM kostet heute 50.000,– Euro, und es gibt wenig Chancen, den Preis wesentlich nach unten zu drücken. Schnell gerät man aber in die Zone von 250.000,– Euro, sobald das Vorhaben anspruchsvoller wird, z. B. durch den Einsatz neu produzierter Video-Sequenzen oder aufwendiger 3D-Animationen. Für sein gutes Geld will der Kunde berechtigterweise gute Qualität sehen. Er will sichergestellt wissen, dass er mit seiner CD-ROM einen hohen Wirkungsgrad bei der Profilierung seiner Produkte oder seines Unternehmens erzielt.

Der gute Kontakt zum Kunden wird sich daher an der Nahtstelle des Leistungs- und Kostennachweises mitentscheiden. Transparenz und ungeschminkte Offenheit, eventuell auch konfrontativ dem Kunden gegenüber, muss hierbei sichergestellt werden. Typischerweise macht es in der Praxis große Probleme, die Kostenseite zu beherrschen. Eine verlässliche Kostenschätzung ist prinzipiell erst nach einer weit fortgeschrittenen Entwicklung des Stoffes bzw. des Inhaltes möglich. Erst bei Vorliegen eines produktionsreifen Drehbuches lässt sich eigentlich eine präzise Detailkalkulation erstellen. Dieser Zeitpunkt ist freilich für die Kostenvereinbarung mit dem Kunden zu spät, und zwar für beide Seiten. Sie muss grundsätzlich zu einem viel früheren Zeitpunkt erfolgen und bleibt damit auf einer eher unsicheren Grundlage. Die vereinbarten Kostenlinien sind damit stets als risikoreich zu bezeichnen. Hinzu kommt häufig das Begehren des Kunden, während der Projektentstehung Änderungen am Konzept vorzunehmen. Unter diesen Voraussetzungen ist leicht einzusehen, wie sehr es vom guten Willen, von guter Kommunikation, vom offenen Austausch der Informationen abhängt, wie sich Auftraggeber und Auftragnehmer konstruktiv verständigen können.

- Wie lässt sich Qualität in Geldgrößen übersetzen?
- Ist das, was „gut" ist, automatisch auch teuer?
- Was geht auch „billig" zu machen, ohne die Qualität zu gefährden?

Das sind Fragen, die bei jedem Medienprojekt angesprochen sind. Patentrezepte gibt es nicht, um Medienqualität auszudrücken, noch weniger, die Brücke zur Kostenseite herzustellen.

Phasenorientierung

Das Zusammenspiel zwischen Auftraggeber und Auftragnehmer im Projekt bezieht sich auf verschiedene Bereiche von der ersten Anbahnung des Geschäfts bis zu dessen „Nachbearbeitung" („After-Sales-Marketing"). Es sollte nach einer klaren und durchdachten "Dramaturgie" erfolgen, die mit der ersten Kontaktaufnahme und Akquisition beginnt und mit dem Projektabschluss formal endet. Die nachfolgende Darstellung gibt Anregungen für den Einsatz des Internet in allen Phasen.

www.dmmv.de
www.hightext.de

Aus einer Idee einen konkreten Projektauftrag zu generieren, bedarf einer durchdachten Methodik des Vorgehens. Es geht um die Fähigkeit zu professioneller Akquisition. Hilfreich ist ein methodisch durchdachtes Vorgehen. Beispielsweise könnte ein 8-Stufen-Konzept zur Anwendung gelangen, wie es vom Deutschen Multimedia-Verband (dmmv) vorgeschlagen wurde.

8-Stufen-Konzept des Deutschen Multimedia-Verbands, dmmv

Stufe 1: Kontakt
Stufe 2: erster Telefonkontakt, Fragebogen, Checkliste
Stufe 3: Investitionsempfehlung
Stufe 4: zweiter Telefonkontakt, schriftliches Briefing
Stufe 5: Projektanalyse, Brainstorming
Stufe 6: Re-Briefing
Stufe 7: Kostenvoranschlag, Angebot, Präsentation
Stufe 8: Auftragsvergabe, Schriftliche Auftragsbestätigung

16.2 Präsentation

16.2.1 Präsentationsziele festlegen

Durch das Festlegen der Ziele wird der Rahmen der Präsentation abgesteckt. Damit legt der Präsentator fest, wie weit er mit seinem Vortrag beim Zuhörer gehen und bei diesem ankommen möchte. Die Ziele sollten realistisch gesetzt sein und in der vorliegenden Präsentationszeit erreicht werden.

Sachliche Ziele

Mit den sachlichen Zielen wird festgelegt, welches Verhalten und welche Reaktion beim Zuhörer erzielt werden soll. Das erzeugte Verhalten soll zu einer unternehmerischen Handlung im Sinne des Vortragenden oder zu einer Entscheidung, beispielsweise einer Kaufentscheidung für ein Produkt, führen. Dies versucht der Präsentator durch den Ablauf der Präsentation und die Zielerreichungsstrategien zu steuern bzw. zu beeinflussen. Zielformulierungen werden willentlich formuliert und wirken dadurch sehr klar und eindeutig. Sie werden dann auch keinen Zweifel am Präsentator aufkommen lassen. Dazu einige Beispiele für Zielformulierungen:

- „Zu Beginn der Präsentation will ich mit dem Kunden den Ablauf eines Projektes in unserer Agentur durcharbeiten und die dabei mitwirkenden Personen im Bild zeigen."
- „Ich will dem Kunden eine Lösung zur Produktgestaltung entwickeln."
- „Desweiteren will ich dem Kunden drei Vermarktungsstrategien darstellen."
- „Am Ende der Präsentation will ich terminliche Vereinbarungen über das weitere Vorgehen treffen."

> **Sachliche Ziele:**
> - Informationen weitergeben.
> - Entscheidungen herbeiführen.
> - Verkaufen und Kaufhandlungen erzeugen.
> - Meinungen und Argumente abfragen.

Persönliche Ziele

Das persönliche Auftreten und die Wirkung, die beim Kunden erzeugt wird, steht bei diesen Zielformulierungen im Vordergrund. Persönliche Ziele können so formuliert sein, dass ich als Präsentator während einer Präsentation gezielt auf Schwachpunkte in meinem Auftreten, in der Gestik und Mimik oder auch in der Sprache achten möchte oder auch ein bestimmtes Auftreten herausstelle, mit dem ich ein Kundengewinnendes Argument verbinde.

Bei der Formulierung der persönlichen Ziele geht es zunächst um das Herstellen einer Beziehung zwischen Präsentator und Zuhörer. Große Bedeutung erlangen diese Ziele dann, wenn sich beispielsweise das zu präsentierende Produkt kaum oder garnicht von Konkurrenzprodukten in punkto Funktionalität und Qualität abhebt. Dann fällt die Entscheidung pro oder contra auf der Beziehungsebene.

> **Persönliche Ziele:**
> - Erscheinungsbild des Unternehmens positiv hervorheben.
> - Die eigene Person als innovativ, kompetent, zuverlässig und konstruktiv darstellen.
> - Den Kunden an Schlüsselpersonen des Betriebes binden.
> - Die USP, die Alleinstellung, des Unternehmens herausstellen.

Zielgruppe

Grundlage für die richtige Auswahl und Formulierung der Ziele ist die Kenntnis über die Zielgruppe. Durch Auswerten aller zur Verfügung stehender Informationsquellen klärt sich der Vortragende über die Gruppe auf und findet Antworten auf folgende Fragen:

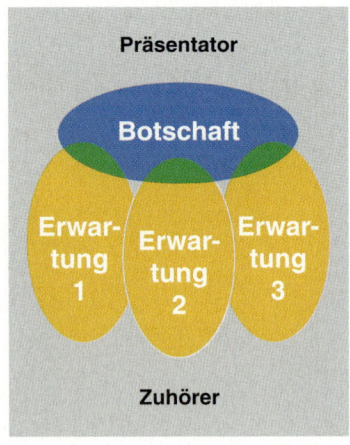

- Wie ist die Zusammensetzung der Gruppe? Ist sie homogen, z. B. nur Entscheider, oder heterogen, z. B. eine Abteilung mit allen Hierarchien?
- Mit welchen Vorkenntnissen und welcher persönlichen Vorbereitung gehen die Zuhörer in die Präsentationsveranstaltung?
- Welche Einstellung bringt der Zuhörer mit zur Veranstaltung? Muss er notgedrungen teilnehmen, weil es Vorgesetzte möchten oder sind es Eigeninteressen?
- Welche fachlichen Erwartungen setzen die Zuhörer in die Präsentation? Ist es die erste Informationsbeschaffung, soll eine Entscheidung getroffen werden, gibt es realen Bedarf an dem Präsentationsgegenstand, welchen Nutzen und welche Wünsche knüpfen die Zuhörer an die Präsentation?
- Welche persönlichen Erwartungen werden an die Präsentation und den Vortragenden gestellt? Bei dieser Frage geht es darum, die richtige Behandlungsweise des Zuhörers und dessen Wertschätzung zu finden sowie die Möglichkeit der aktiven Teilnahme (Interaktion). In diesem Zusammenhang nimmt auch die Seriosität, die Kompetenz und die Glaubwürdigkeit des Vortragenden zu.

16.2.2 Inhalte aufbereiten

In der Vorbereitungsphase zu einer Präsentation werden Ideen, Informationen und Bildmaterial zum Präsentationsthema gesammelt. Die Stoffsammlung kann beispielsweise in die Bereiche Wirtschaft, Technik, Mensch, Organisation und soziales Umfeld untergliedert werden. Je nach Zielgruppe werden die Inhalte auf der Basis der Argumentationsfolge aus den Bereichen zusammengestellt. Da während einer Präsentation davon ausgegangen werden kann, dass die Zuhörer aufgrund ihrer Vorkenntnisse, ihrer Stellung im Unternehmen und ihrer Interessen den Präsentationsgegenstand aus unterschiedlichen Blickwinkeln betrachten werden, muss der Vortragende seine Inhalte so wählen, dass er diesen unterschiedlichen Gesichtspunkten gerecht wird. Beispiele für inhaltliche Zuordnungen:

Wirtschaftliche Inhalte:	Umsatzzahlen, Kostenentwicklung, Gewinn- und Verlustrechnung, Absatzmarktbetrachtungen, Marketingstrategien.
Technische Inhalte:	Betrachtungen zur technischen Umsetzung, wissenschaftliche Untersuchungsergebnisse, Vergleichszahlen ähnlicher Projekte, verfahrenstechnische Gutachten.
Menschliche Inhalte:	Stellt den Menschen in den Mittelpunkt der Betrachtung des Produktes oder der Technologie.
Organisatorische Inhalte:	Stellt die Organisation eines Unternehmens in den Zusammenhang mit dem Präsentationsgegenstand. Dabei stehen beispielsweise Inhalte, die sich mit hierarchischen Strukturen oder der Planung des Produktionsablaufs beschäftigen, im Vordergrund.
Soziale Inhalte:	Aspekte der gesellschaftlichen und sozialen Auswirkung eines Produktes, einer Technologie, sowie die ökologische Wirkungsweise.

Zur besseren Veranschaulichung ist es hilfreich, mit praxisnahen Beispielen und Gegenbeispielen, mit realen Objekten, aber auch mit Zukunftsszenarien zu arbeiten.

Liegen alle Inhalte gesammelt vor, dann werden sie in drei Klassen eingeteilt. Um eine Auswahl für die Präsentation zu treffen, müssen die Inhalte gewichtet werden. Die wichtigsten Inhalte, die unbedingt vermittelt werden müssen, sind die Muss-Inhalte. Darunter sind die Kernkompetenzen des Unternehmens, wichtige Projekte, Produkt- und Leistungsangebote sowie Merkmale eines Produkts und die kundenspezifischen Nutzungsmöglichkeiten zu finden. Werden zusätzliche Beispiele, Gegendarstellungen aber auch Wiederholungen benötigt, dann fallen diese unter die Soll-Inhalte.

Lässt der zeitliche Rahmen es zu, dann lassen sich vertiefende Informationen, Beschreibungen technischer Detaillösungen oder auch schmückende Inhalte wie ergänzende Videos oder persönliche Erfahrungsberichte einfließen. Diese Inhalte bezeichnet man als Kann-Inhalte.

Bei der Abfolge der Inhalte ist nicht nur die Frage der Wichtigkeit von Inhalten zu klären, sondern sind auch didaktische Grundprinzipien einzuhalten. Diese didaktischen Abfolgen bieten dem Präsentationsanfänger schon eine gute Möglichkeit der Gliederung seiner Ziele und Inhalte. Jedes Teilziel wird mit einer Wiederholung zusammengefasst und so in sich abgeschlossen. Eine linear verlaufende Präsentation kann nachfolgende didaktische Struktur haben, jeweils von links nach rechts zu lesen.

- motivieren ——— aktivieren ——— informieren
- Überblick ——————————————— Detail
- Bekannte Inhalte ————————— Neue Inhalte
- Konkrete Sachverhalte ——— Abstrakte Sachverhalte
- Problematisierung ——— Lösungswege ——— Lösung

16.2.3 Präsentation gliedern

Präsentationen bestehen im Grundsatz aus drei Abschnitten, einer Ausgangssituation mit einem Problem, die durch eine motivierende Einleitung aufgebaut wird, einem Hauptteil mit Problemlösungsstrategien und dem Schlussteil mit dem Fixieren der Lösung bzw. der gefundenen Ergebnisse. Der Schluss bleibt erfahrungsgemäß am längsten haften, so dass eine knappe Zusammenfassung, mit den wichtigsten Informationen und der Kernbotschaft, die Präsentation abrundet.

Der Ablauf einer Präsentation lässt sich nach den **Prinzipien des Fünfsatzes** gliedern. Neben dem schon oben angesprochenen Problemlösungsansatz, einem linearen Fünfsatz ❶, kennt man für den Aufbau von Vorträgen und Präsentationen den parallelen ❷, den dialektischen ❸ und den divergierenden ❹ Fünfsatz.

Karteikartensystem:
Kennzeichnung der Karten mit
M = Muss-Inhalte
S = Soll-Inhalte
K = Kann-Inhalte

Der Vortragende muss daran denken, dass der Zuhörer nicht mehr als 3 Aspekte gleichzeitig verarbeiten kann!

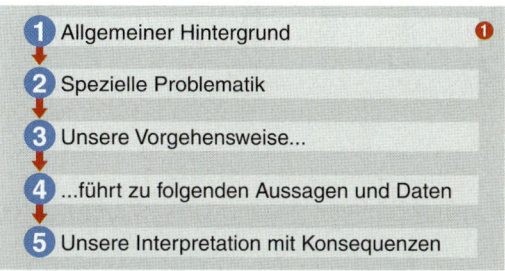

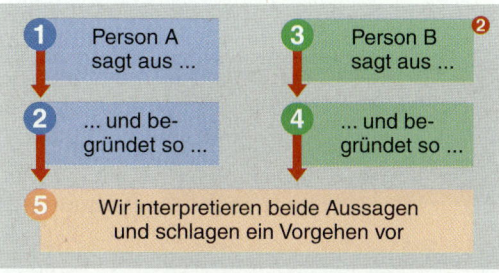

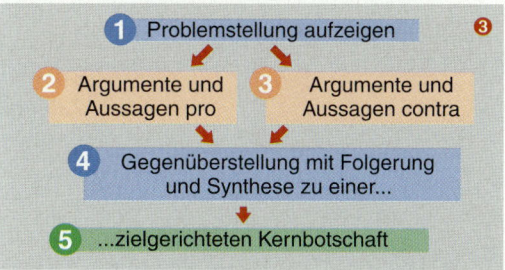

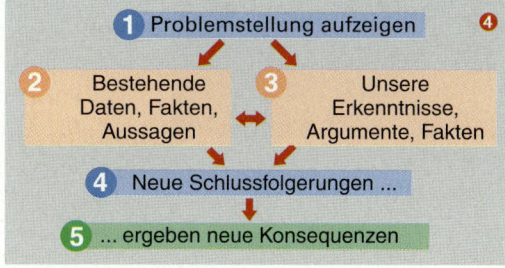

Gedächtnisleistung für Bilder, konkrete und abstrakte Begriffe

❶ Behaltensleistung (Kroeber-Riel)

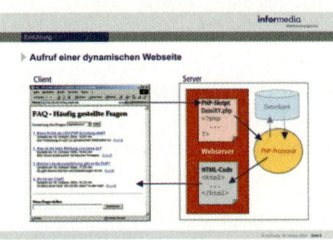

16.2.4 Grundsätze der Visualisierung

Die Aufnahme von Informationen gelingt dem Menschen besser, wenn er nicht nur das gesprochene Wort hört, sondern dieses Wort auch bildhaft dargestellt bekommt. Für die Planung der Präsentation bedeutet dies, dass drei Bereiche, Textdarstellung, Vortrag und Bild miteinander verknüpft werden müssen.

Nach einer amerikanischen Studie steigt die Entscheidungsfreudigkeit der Kunden mit dem Einsatz visueller Hilfsmittel. Dies ist nicht zuletzt dadurch begründet, dass ca. 80% der Entscheidungen emotional gefällt werden. Gerade Fotografien und Grafiken sind Übermittler von Emotionen und Stimmungen, die dramaturgisch gekonnt und zur rechten Zeit eingesetzt, die Aufmerksamkeit des Zuhörers wecken und Spannung erzeugen. Aufgrund der Verstärkung des Wortes durch das Bild wird die Behaltensleistung des Menschen gesteigert und Inhalte längerfristig verankert ❶. Im Übrigen wirken Präsentatoren nach Umfragen durch den wechselnden Einsatz der Medien und eine starke Visualisierung kompetenter und glaubwürdiger. Mit Hilfe der Vortragsstruktur lässt sich der Einsatz der Bilder optimal und ausgewogen planen.

Vortragsstruktur und Bildeinsatz

Einleitung
- Titelbild zum Thema
- Unternehmen und Referent vorstellen
- Motivierender Aufhänger, z. B. Bild, Zitat oder Cartoon
- Aktuelles aus der Öffentlichkeit, Zeitung oder Zeitschrift zum Präsentationsthema

Hauptteil
- Kernbotschaften nachdrücklich darstellen und dadurch hervorheben.
- Komplexe Inhalte veranschaulichen.
- Realität durch Fotografie wiedergeben, oder diese durch Grafiken nachbilden.
- Strukturen, Abläufe und Hierarchien darstellen.
- Zukünftige Szenarien anschaulicher und erklärbarer machen.
- Zahlenkolonnen und Tabellen verständlicher machen.
- Produktpalette im Überblick darstellen.
- Besondere Produktmerkmale hervorheben.

Schlussteil
- Zusammenfassung verstärken.
- Ausblick und Aufforderung zum Handeln interessant gestalten.
- Vortrag abschließen, Brücke zur Einleitung schlagen.

⊃ Für Fragen im Anschluss an den Vortrag ist es ratsam, visualisierte Lösungen für Antworten bzw. für die Diskussion bereit zu halten.

16.2.5 Vielfalt der Bilder

Präsentationen können vier verschiedene Typen von Bildern ❶ beinhalten. Dies sind fotografische Abbildungen, Schaubilder und Diagramme, auflockernde Elemente, sogenannte **Stimulanzien** und Textdarstellungen.

Fotografische Abbildung ❷:
Fotografie, Grafik und 3-D-Modelle als Standbilder sowie Video und Animation versuchen die Realität weitgehend getreu wiederzugeben. In Computerpräsentationen lassen sich daneben auch das Objectmovie, „Fahrt" um das Objekt, und die Panoramafotografie einsetzen. Dazu wird Software zum Abspielen der Filme benötigt. Hinweise:

• Foto, Video und Animationen beinhalten meist zu viele Informationen.
• Wichtige Botschaften müssen wegen der Vielzahl von Einzelheiten speziell hervorgehoben werden.
• Abbildungen können das Realobjekt ersetzen.

Schaubilder, Diagramme ❸:
Zahlenreihen, Tabellen lassen sich anschaulich in Form von Balken-, Kreis-, Säulen-, Punktdiagrammen oder Kurvenschaubildern darstellen. Organisationsstrukturen und Abläufe werden mit Hilfe von Struktogrammen (Flowcharts) anschaulicher gemacht. In den meisten Fällen ist diese Art der Visualisierung vom Publikum, aufgrund von Vorerfahrungen, ohne größere Erklärungen nachvollziehbar. Hinweise:

• Alle Diagramme beinhalten einen Vergleich, wie die Veränderungen über der Zeit, Objektrangfolgen, Häufigkeitsverteilungen eines Objekts, Zusammenhang zwischen zwei Variablen.

Stimulanzien ❹:
Die Präsentation bewegt sich nicht ständig auf höchstem Niveau, sondern wird sich zu einem Höhepunkt hinarbeiten, um anschließend zu einem beruhigenden Ende mit einer Lösung entgegenzustreben. Dazwischen liegen Höhen und Tiefen für den Zuhörer, Phasen in denen er mit Eifer dabei ist und Phasen, in denen der Vortragende wieder seine Aufmerksamkeit wecken muss.
Dazu dienen auflockernde Elemente wie Symbole, Piktogramme, Cartoons, Zitate, aber auch Bilder wie oben beschrieben. Damit sollen in eher trockenen Passagen und für wichtige Informationen optische Reize gesetzt werden, um diese insgesamt lebendiger zu machen. Hinweise:

• Der Einsatz dieser Elemente muss sparsam erfolgen.
• Cartoons und Clipart können zum Teil lächerlich und unseriös wirken.

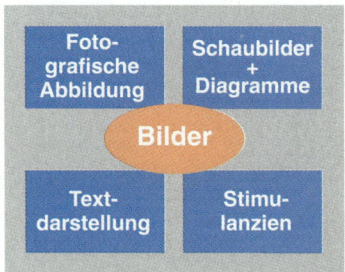

❶

❷

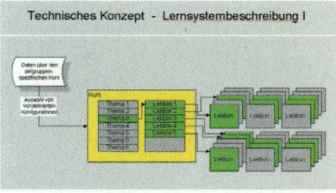

❸

❹

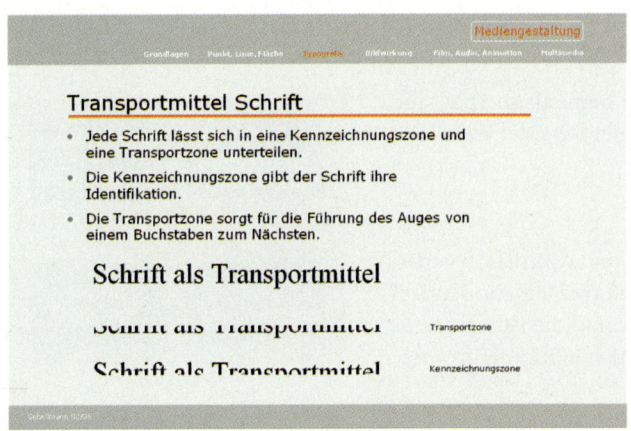

❶

Textdarstellung ❶:

Die meisten Präsentationen bestehen zu über 50 % aus Texten, wie Aufzählungen, Gliederungen, Aussagen, Fließtexte. Bedenkt man, dass gerade Texte am wenigsten aufgenommen werden, dann dürfen diese Bilder nicht überladen sein. Hinweise:

- Ein Thema pro Schaubild
- maximal 7 Zeilen pro Schaubild
- Schlüsselworte statt Sätze
- Gemischte Groß- und Kleinschreibweise

16.2.6 Folien- und Bildschirmgestaltung

Bei der Planung der Präsentation sind für die Folien, die Handouts, die Manuskripte und Bildschirmdarstellungen einheitliche Gestaltungsregeln aufzustellen. Das ist gerade dann ein wichtiger Punkt, wenn die Präsentation im Auftrag einer Firma produziert wird. In der Regel geben Firmen ihre Vorgaben in Form eines Style Guides heraus, eine meist tabellarische Zusammenfassung mit folgenden Angaben zum Corporate Design:

- Größe der Präsentation (Außenmaße)
- Position von Logo und Firmenname
- Position von Folientitel und Untertitel
- Aufteilung der Folie in Textblock, Bildteil
- Navigationssymbole oder -leiste anlegen; verwendete Symbole festlegen
- Position von Kernbotschaften, mit und ohne Hintergrundfarbe
- Farbendefinition
- Schriftdefinition
- Hinweise zur Abfolge einer Präsentation
- Standardfolien mit gleichbleibenden Inhalten (z. B. Firmengeschichtsdaten) für jede Präsentation
- Grafische Elemente zur Gliederung
- Vorgaben für Einsatz von Grafik und Bild im Inhaltsteil
- Angaben im Fußbereich zum Präsentator und Datum

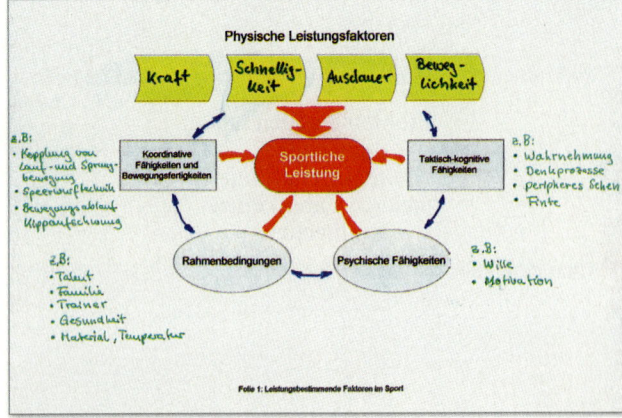

Die Folie und der Overheadprojektor haben noch lange nicht ausgedient. Im Unterricht, in Vorträgen und Produktpräsentationen wird die Folie als ergänzendes Medium zur Bildschirmpräsentation eingesetzt. Überall da, wo man flexibel auf die Einwürfe aus dem Zuhörerkreis reagieren muss, bietet sich die Folie an, die mit Folienschreibern erweitert und entwickelt werden kann. Die eher statische, aber in den meisten Fällen perfekt umgesetzte Bildschirmpräsentation ist dagegen langfristig vorbereitet, wobei jeder Text und jedes Bild an einer definierten Stelle steht. Trotz der augenscheinlich großen Unterschiede besitzen die klassische Folie und die „Bildschirmfolie" im Grundaufbau Gemeinsamkeiten.

Funktionale und inhaltliche Flächen

Eine Folie teilt sich immer in funktionale und inhaltliche Flächen. Funktionale Flächen bilden den Rahmen um die Inhalte. Die **funktionale Fläche** nimmt beispielsweise die Schaltflächen (Buttons), Informationen über das „Wo bin ich?", Titel und Untertitel, Name des Erstellers, Erstellungsdatum, Logo, Name der Firma u. a. auf. Das sind häufig sich wiederholende Informationen in gleicher Form oder wie bei der Seiten- und Kapitelnummerierung kontinuierlich aufbauend. Funktionale Flächen befinden sich immer im Randbereich Kopf-, Fuß- und Seitenränder der Folie. Es werden jedoch in der Praxis nicht alle Randbereiche benötigt.

Inhaltliche Flächen stellen den Raum für Texte, Grafiken und Bilder dar, die Informationen zum Thema weitergeben.

Damit die Folien und Bildschirmseiten nach diesen Prinzipien aufgeteilt werden können, behilft man sich mit dem handschriftlichen Entwurf auf einem DIN-A4-Papier. Das Papier wird nach Bedarf mit einem Raster unterteilt, beispielsweise mit einem **6er- oder 12er-Raster** mit einer beliebigen Zeilenzahl ❶. Folien sollten immer, wenn es möglich ist, im Querformat angelegt sein.

Mit der Hilfslinienfunktion grafischer Programme sind solche Raster schnell und einfach umgesetzt. Die einzelnen Inhalte, ob Text, Grafik oder Bild lassen sich so in der Größe besser anpassen und schneller positionieren. Das hat vor allem den Vorteil, dass ein unschönes Merkmal schlampig produzierter Präsentationen nicht vorkommt, nämlich das Springen von Textkanten, Bildkanten und Navigationselementen, wenn von einer Seite zur nächsten Seite weitergeschaltet wird.

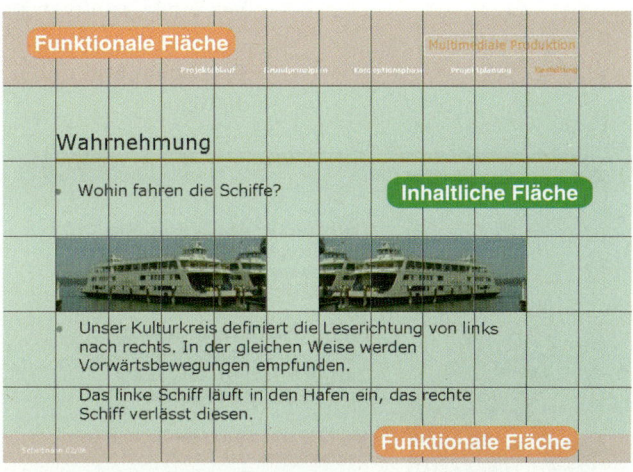

❶

Positionierung von Text und Bild auf inhaltlichen Flächen

Wir lesen in unserem Kulturkreis von links nach rechts und nehmen daher auch die Inhalte von Folien und Bildschirmseite auf diese Weise wahr. Dadurch erhält die Anordnung von Text und Bild, von Bildfolgen und Flussdiagrammen eine entsprechende Bedeutung und eine logische Abfolge der Inhalte ❷.

Das Auge beginnt links und durchläuft die Seite von oben nach unten. Damit wird eine Rangfolge der Elemente aufgrund ihrer Positionierung geschaffen. Mit der Anordnung von Bild und Text ergibt sich meistens auch die anzuwendende Satzart für den Textblock auf der Seite.

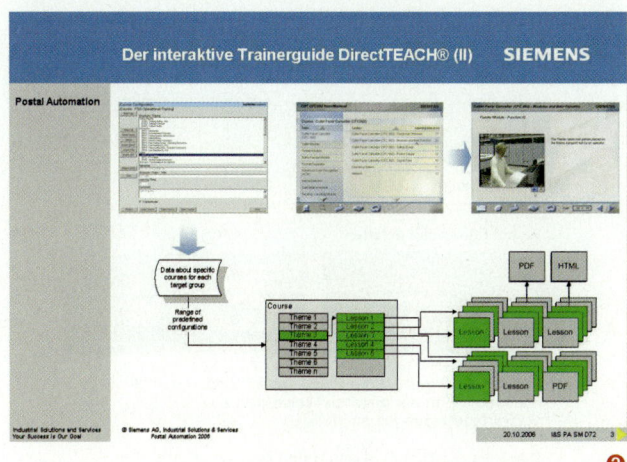

❷

Ist der Textblock rechts vom Bild angeordnet, dann kann er als linksbündiger Flattersatz oder Blocksatz dargestellt werden. Ist der Textblock links und das Bild rechts, dann sollte der linksbündige Flattersatz vermieden werden, da zwischen Text und Bild keine Verbindung entsteht. Die Texte werden sparsam eingesetzt, eher stichwortartig und sind bei einer Breite von maximal 60 Zeichen gut lesbar.

Bild links, Text rechts ❶: Das Bild führt auf den Text hin. Das Bild dient vielfach als Eyecatcher, muss auch nicht unbedingt Inhalte transportieren. Die Anordnung kommt häufig bei Auswahlmenüs und Inhaltsübersichten vor.

Text links, Bild rechts ❷: Text umfasst wichtige Inhalte. Das Bild vertieft oder visualisiert die geschriebenen Inhalte.

Bild oben, Text unten ❸: Die Anordnung wird dann benötigt, wenn die Inhalte im Bild einen größeren Platz benötigen. Das Bild hat dabei höhere Priorität.

Text oben, Bild unten ❹: Text dominiert die inhaltliche Umsetzung. Bilder ergänzen die Seite.

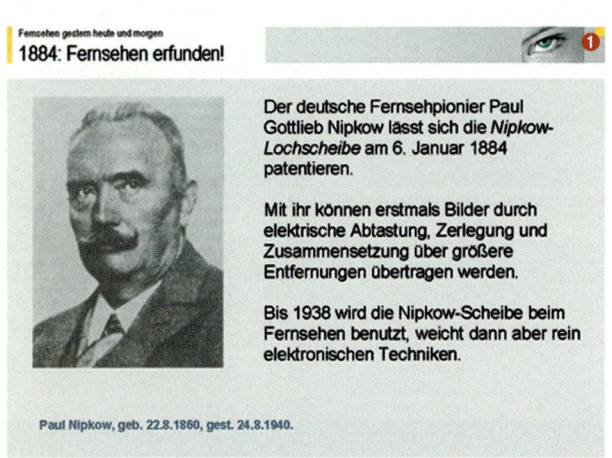

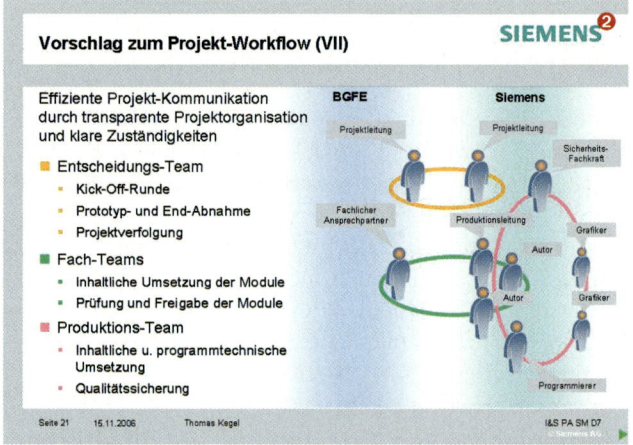

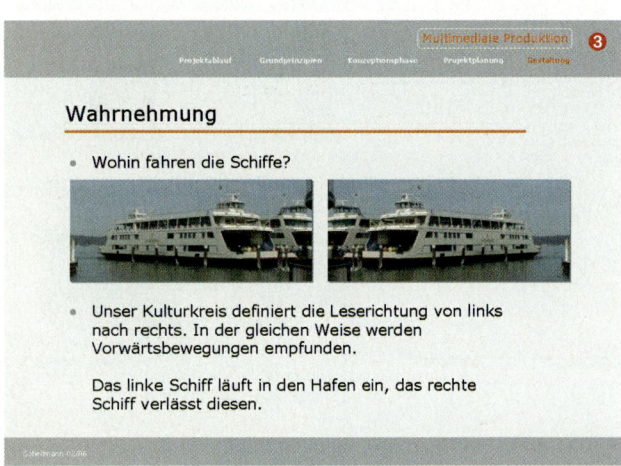

Schriftwahl

Die Wahl einer Schriftfamilie ist abhängig vom Produkt das präsentiert wird und von der Firma, für die diese Präsentation gemacht wird. In vielen Fällen haben Firmen sogenannte Hausschriften, die auch in den Präsentationen zum Einsatz kommen.

Grundsätzlich sollten maximal zwei Schriftarten verwendet werden. Dabei lassen sich serifenlose und Serifenschriften miteinander mischen. Für Präsentationen gibt es mittlerweile einige Standardschriftarten, die auf allen Rechnern zur Verfügung stehen, wie die Tahoma, Verdana, Times oder Arial (s. Kapitel Typografie).

Bei den Schriftgrößen sind verschiedene Varianten möglich, man sollte jedoch darauf achten, dass die Titel und Untertitel sich abheben vom Fließtext und dieser aber noch gut lesbar sein muss.

Schriftgrößen:
- Titel 24 pt bis 36 pt
- Untertitel 20 pt bis 24 pt
- Texte 14 pt bis 18 pt

Titel Times 28pt
Untertitel Verdana 20pt
Texte Tahoma 14pt

Farben

Mit Farben lassen sich die Blicke auf wichtige Flächen innerhalb der Präsentation lenken. Inhaltliche und funktionale Flächen werden mit Farben voneinander getrennt. Eine gute Lesbarkeit erhält man mit hellen Farbtönen (Pastellfarben) oder einem Hintergrund, der nicht Reinweiß sondern 5% bis 20% Schwarz beinhaltet. In vielen Präsentationen wird das Prinzip umgekehrt, dabei werden dunkelblaue oder schwarze Hintergründe verwendet in Verbindung mit weißer Schrift. Diese Farbzusammenstellung kommt dann zur Anwendung, wenn Fotografien intensiv in Szene gesetzt werden sollen. Alle Farbwerte sind im RGB-Modus angelegt und werden in einer Aufstellung (Style Guide) für weitere Anwendungen mit den Werten aufgelistet sein.

Kriterien für die Farbwahl (s. Kapitel Elementares Gestalten)

- Drei Farben für Hintergrund, Hervorhebungen und Zeichen bzw. Rahmen.
- Auf eine einheitliche Farbgestaltung innerhalb der gesamten Präsentation achten.
- Gleiche Farben für gleiche Sachverhalte.
- Farben können dann gewechselt werden, wenn damit eine neues Produkt, ein neuer Sachverhalt, Argumente für Pro und Kontra dargestellt werden sollen.
- Farben sollen kontrastreich jedoch nicht schrill wirken.
- Farben haben eine psychologische Wirkung und eine soziokulturelle Bedeutung.

Farbbeispiele im RGB-Format

R230 G230 B230
R204 G204 B204
R178 G178 B178
R152 G152 B152
R126 G126 B126
R100 G100 B100

R230 G52 B0
R230 G104 B0
R230 G152 B0
R230 G204 B0
R230 G230 B0

R52 G0 B152
R52 G78 B152
R78 G104 B178
R104 G152 B178
R152 G178 B204

R26 G104 B0
R52 G130 B0
R130 G130 B0
R178 G130 B0
R178 G178 B0

Farbbeispiele für inhaltliche und funktionale Flächen

R204 G204 B204
R255 G255 B220
R200 G200 B190
R230 G230 B180
R245 G240 B220

R255 G180 B0
R230 G230 B0
R60 G70 B200
R0 G120 B50
R220 G0 B20

16.3 Durchführung der Präsentation

16.3.1 Lampenfieber vor dem Auftritt

Präsentatoren werden durch Lampenfieber energiegeladen. Diese Energie wird beim Auftritt in der Bewegung und in der Stimme umgesetzt und abgebaut.

Quelle: Fa. Neuland, Eichenzell

Die Angst vor dem Unbekannten, welche Menschen sitzen da im Saal, verliere ich den Faden, wie wird der Vortrag ankommen, werde ich als Vortragender das Gesicht verlieren, werde ich den Erwartungen nicht gerecht oder verfehle ich meine Präsentationsziele, all das schlägt sich in dem bekannten „Lampenfieber" nieder. Die Reaktion des Menschen auf Ängste und Gefahren ist die Flucht. Diese Fluchtbewegung wird mit einem Energieschub im Körper, durch Ausschütten von Adrenalin, eingeleitet. Nun bedeutet dies für den Vortragenden, dass er diese zusätzlich freiwerdende Energie nutzt, um sie im Vortrag positiv umzusetzen. Energieventile sind dann beispielsweise bildhafte Gesten mit Armen und Händen, die kontrollierte Ortsveränderung und eine kontrastreiche, laute Stimme.

Ungeübte Präsentatoren zeigen in solchen Stresssituationen hektische, unkontrollierte Bewegungen, Redehemmungen und sprachliche Unsicherheiten sowie Konzentrationsmängel. Damit ist ein sicherer und überzeugender Auftritt nicht möglich.

Welche Maßnahmen lassen sich gegen Lampenfieber ergreifen?

- Gewissenhafte Vorbereitung mit Testpräsentationen durchführen.
- Vor der Veranstaltung mit dem Publikum ein paar Worte wechseln.
- Mit einer interaktiven Phase, z. B. Erwartungsabfrage mit Kärtchen, oder Impulsfrage an die Zuhörer, wie „welchen Stellenwert hat die Printwerbung und die Onlinewerbung für die Produktpalette des Unternehmens?"
- Präsentationsgliederung auf der Folie oder am Flipchart entwickeln.
- Schaffen Sie für Ihre Tätigkeit als Vortragender eine positive Einstellung!
- Stehen Sie zu 100 % hinter dem Thema und Ihren Inhalten!
- Zeigen Sie dem Publikum gegenüber ungeteilte Aufmerksamkeit und Wertschätzung!

16.3.2 Körpersprache während des Vortrages

Quelle: Fa. Neuland, Eichenzell

Die Glaubwürdigkeit und Überzeugung hängt stark davon ab, wie der Vortragende auftritt, d. h. wie seine Körpersprache ist, und wie sein äußeres Erscheinungsbild auf den Zuhörer wirkt. Wichtig erscheint, dass der Präsentator erkennt, dass die Zuhörer nicht wegen ihm allein kommen, sondern wegen den Inhalten, die er vermittelt und daneben noch wegen ihm. Das bedeutet, dass er unauffällig, seriös und gepflegt erscheinen sollte. Kleidung, Bewegung, sicherer Stand sowie positive Gestik und Mimik, sollen beim Zuhörer Vertrauen und Offenheit wecken und ihm signalisieren, dass hier ein Mensch vorträgt, der Stärke, Durchsetzungsvermögen und Engagement besitzt.

Der Zuhörer ist sehr sensibel für körperliche Signale, fühlt sich gegängelt, geringschätzig oder oberlehrerhaft behandelt oder kann Gefühle der Angst bekommen. Meist kommt es zu diesen negativen Auswirkungen, wenn der Vortragende die Gestik und Mimik schon im Vorfeld auf die Inhalte abstimmen und an entsprechenden Stellen im Vortrag einsetzen will und dadurch gekünstelt und unflexibel wirkt.

Grundsätzlich ist es besser, ein positives Verhalten und eine positive Körpersprache sich zu eigen zu machen, die man auch im alltäglichen Leben einsetzt. Dadurch wird der Vortragende während seiner Präsentation am Natürlichsten wirken, spontane Gesten und Verhaltensweisen zeigen und dann zum Sympathieträger beim Zuhörer avancieren.

Signale, die positiv wirken:

- Offene Körperhaltung, dem Zuhörer zugewandt.
- Fester, beidbeiniger Stand.
- Arme hängen locker seitlich oder Hände werden vor dem Körper ineinander gelegt.
- Bildhafte Gesten mit den Armen und Händen.
- Langsame, ruhige Bewegungen.
- Freundlicher, offener Blick allen Zuhörern entgegenbringen.
- Gezielte Ortsveränderung mit kontrollierten Bewegungen.
- Pausen während des Sprechens, laute Stimme, langsames Sprechtempo.

16.3.3 Wirkungsvoll sprechen

Inhalte müssen trotz aller Möglichkeiten der Visualisierung durch Sprache zum Zuhörer gelangen oder angekündigt werden. Aufgrund unterschiedlicher Voraussetzungen bei der Präsentation, große Räume mit viel Hall, Mikrofon und Verstärkeranlage, kleine oder große Zuhörerschaft u. a., muss die Stimme und die Art und Weise des Sprechens abgestimmt werden. Dazu ist es ratsam, vor der Präsentation die Räumlichkeiten zu besichtigen, eine Sprechprobe zu machen und sich über die Zahl der Zuhörer zu informieren.

Daneben sollte sich der Vortragende einige Grundsätze zu Eigen machen und dann seine Sprache in Testvorträgen überprüfen.

- Mit normaler, ruhiger Stimme die Präsentation beginnen.
- Zum ersten wichtigen Inhaltspunkt die Stimme und die Lautstärke verstärken.
- Wechsel der Lautstärke erzeugt Spannung und weckt die Aufmerksamkeit.
- Wichtige Worte im Vortrag betonen und stimmlich hervorheben.
- Wechsel des Sprechtempos erzeugt Dynamik und verhindert Monotonie.
- In wichtigen Passagen langsam und deutlich sprechen, damit die entscheidenden Inhalte nicht verloren gehen.
- Klare Artikulation und nicht „nuscheln".
- Keine Füllwörter wie „äh, mmh, also, dann" verwenden.
- Mit ausreichenden Sprechpausen sprechen, damit das Gesprochene auch verarbeitet werden kann.
- Pausen bieten die Möglichkeit, die Atmung zu kontrollieren und zu normalisieren
- Schnellsprechen und hektisches Formulieren vermeiden.
- Den Zuhörer zu Wort kommen lassen. Das sind aktive, erholende Pausen für den Vortragenden.
- Auf nichtsprachliche Signale der Unruhe, fehlender Blickkontakt, Schläfrigkeit achten und die Lautstärke sowie das Tempo variieren.
- Persönliche Erfahrungen, Zitate oder Wiederholungen lassen sich durch einen Rhythmuswechsel hervorheben.

Signale, die man vermeiden sollte:

- Hände auf dem Rücken.
- Hände in der Hosentasche.
- Arme vor dem Körper verschränken.
- Schiefe Körperhaltung einnehmen.
- Breitbeinig stehen.
- Zeigefinger hochheben.
- Auf den Zuhörer zeigen.
- Auf den Boden blicken.
- Verstecken hinter einem Pult.

16.3.4 Zuhörer begeistern

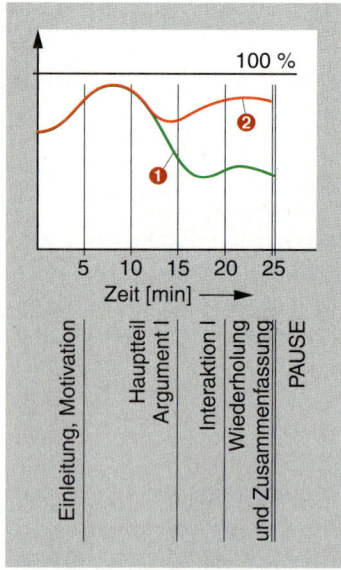

Die Aufmerksamkeit des Zuhörers ist starken Schwankungen unterworfen und muss zunächst geweckt und möglichst lange auf einem hohen Niveau gehalten werden. Wie die Kurve ❶ jedoch zeigt, fällt die Aufmerksamkeit schon nach relativ kurzer Zeit. Dieser Zeitpunkt ist jedoch nicht allgemeingültig und stellt zunächst einen Richtwert dar, der in der Planung der Präsentation berücksichtigt wird. Wie lassen sich diese 25 Minuten Präsentation so einteilen, dass der Abfall der Aufmerksamkeit bestmöglich kompensiert wird? Zunächst einmal erscheinen zwei Teilbereiche einer Präsentation entscheidend, um die Aufmerksamkeit zu steigern. Das ist zum einen die Zusammenfassung, die signalisiert, dass es dem Ende zugeht und die Inhalte abgeschlossen werden. Zum anderen ist es die Interaktion der Zuhörer, das aktive Einbeziehen in die inhaltliche Arbeit. Werden diese beiden Teile geschickt in den Zeitrahmen von 25 Minuten eingebaut, so lässt sich die Aufmerksamkeit wiedergewinnen ❷, gerade in einer Phase, da es stetig „bergab" geht. Welche Ursachen hat nun die sinkende Aufmerksamkeit?

- Die inhaltliche Umsetzung ist unverständlich oder auch zu komplex.
- Der Vortragende lässt keine Gliederung erkennen.
- Der Nutzen und die Zielsetzung bleiben unklar.
- Der Zuhörer wird mit dem Einsatz der Medien überfordert.
- Die Präsentation ist langweilig und monoton.

Durch eine geeignete Aktivierung des Zuhörers lässt sich die Aufmerksamkeit über den Zeitraum von 25 Minuten weitgehend aufrecht erhalten. Danach benötigt der Rezipient eine Pause, um die gehörten und gesehenen Inhalte zu verarbeiten.

Möglichkeiten, den Zuhörer zu aktivieren:

- Attraktiver Einstieg mit dem Ziel, die Neugier zu wecken und ein erstes Spannungsfeld aufzubauen. Diese Neugier lässt sich mit aktuellen Meldungen aus der Presse, einer amüsanten Geschichte, einer rhetorischen Frage, durch Aufzeigen der Nutzeffekte oder auch durch eine grafische, fotografische oder animierte Darstellung mit entsprechendem Knalleffekt erzeugen.
- Der Vortragende stellt in jeder Phase der Präsentation den Nutzen dar, den der Zuhörer und sein Unternehmen hat, zeigen ihm neue Märkte auf, neue Betätigungsfelder für das Unternehmen u. v. a. Der Vortragende versetzt sich in die Firmensituation und in die Situation des Angestellten.
- Einbeziehen des Zuhörers durch offene Fragen mit den Fragen „wer, wie, welche, was, wodurch, warum".
- Aus Vorgesprächen Fakten, Wünsche und Fragen aufnehmen und diese im Verlauf der Präsentation einstreuen.
- Der Vortragende bewegt sich gezielt, um die Aufmerksamkeit zu lenken.
- Durch geschickten Medienwechsel von Flipchart auf Computerpräsentation und Video, lassen sich monotone Abläufe vermeiden.
- Der versierte Redner spielt mit Tempo, Lautstärke, Betonung in der Stimme mit Höhen und Tiefen und setzt durch diese Reize Spannungspunkte.
- Gezielt humoristische und geistreiche Geschichten, Anekdoten oder Zitate einbauen, lockert den Ablauf auf.

Anekdoten Beispiele:
Quelle: Puntsch, Eberhard: Das große Buch der Witze, Fabeln und Anekdoten, Esslingen 2000
- Das Fernsehen macht aus dem Kreis der Familie einen Halbkreis.
- Wenn ein Politiker sagt, wir säßen alle in einem Boot, dann heißt das: Er will den Kapitän spielen, und wir sollen rudern.
- Konsequenz =
  Heute so, morgen so
  Inkonsequenz =
  Heute *so*, morgen *so*

16.4 Medieneinsatz

Der Einsatz von Medien soll helfen die Ziele zu erreichen, Aufmerksamkeit zu erzeugen und die wichtigen Informationen im Kopf des Rezipienten zu verankern.

Die unterschiedlichen Medien ermöglichen eine flexible Gestaltung, intensivere Interaktion mit dem Zuhörer, bessere Dokumentation von Aussagen, vielfältige Showeffekte. Die Wahl und der Einsatz entsprechender Medien richtet sich nach der Zielgruppe, nach den räumlichen Voraussetzungen und nach den zu vermittelnden Inhalten sowie nach dem geplanten Ablauf der Präsentation.

16.4.1 Folienpräsentation am Tageslichtprojektor

In allen Konferenzräumen dieser Welt sind Tageslichtprojektoren vorhanden, so dass jederzeit eine bildliche und textliche Darstellung mit Hilfe einer Folie umgesetzt werden kann. Bei kurzen Präsentationen mit geringem Folieneinsatz ist die Overheadprojektion günstiger und schneller als eine Computerpräsentation. Dabei muss man den technischen Aufwand durch den Einsatz von Computer und Beamer betrachten sowie die Vorbereitung der Dateien.

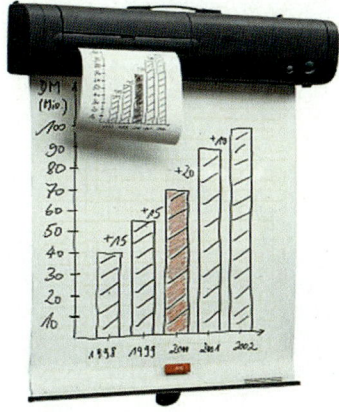

Quelle: Anders & Kern Präsentationssysteme GmbH

Wann kommt eine Folienpräsentation zum Einsatz?

- Bei Tageslicht sollen Bilder mit guter Qualität projiziert werden.
- Die Reihenfolge der Folien ist von Präsentation zu Präsentation beliebig.
- Bei Zeitproblemen lassen sich einzelne Folien problemlos überspringen.
- Bei Fragen können bestimmte Folien nochmals gezeigt werden.
- Folien lassen sich schriftlich ergänzen und markieren.
- Mit Blankofolien lassen sich Ergebnisse der Interaktion mit dem Zuhörer festhalten.

Quelle: Fa. Kettenbach GmbH

Vorbereitung von Folienpräsentationen

- Folien sollten immer im Querformat beschrieben werden, um die Höhe der Projektion nicht zu überschreiten.
- Glasfläche des Projektors mit einem Folienrahmen aus Pappe versehen. Zum Beschreiben der Folien den Rahmen verwenden. Folien wirken brillanter!
- Die Schrift so groß wählen, dass diese in der letzten Reihe des Präsentationsraumes gut lesbar ist. Schriftproben im Selbsttest prüfen.
- Notwendige Informationen ohne schmückendes Beiwerk liefern.
- Auf Verständlichkeit achten, Folien nicht überfrachten.
- Kernbotschaft deutlich herausstellen und visualisieren.
- Positionen der Leinwand und des Projektors sind meist vorgegeben, so dass die persönlichen Bewegungen sich nach den räumlichen Gegebenheiten richten muss. Vorher eine Raumbesichtigung durchführen!

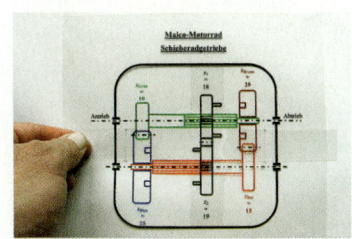

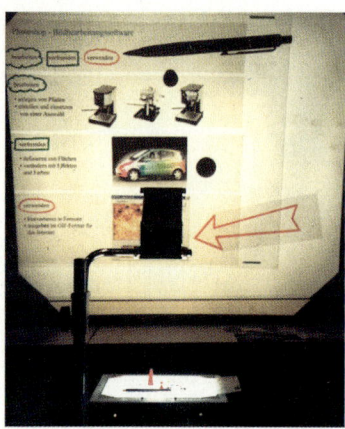

Tipps zur Durchführung

- Projektor zum Folienwechsel abdunkeln oder aus- und einschalten, damit wird die Aufmerksamkeit auf die Projektion gelenkt.
- Nicht im Projektionsstrahl stehen.
- Position neben dem Projektor einnehmen, mit Blickkontakt zum Publikum.
- Raschen Folienwechsel vermeiden, der Zuhörer muss Zeit zur Aufnahme der Informationen haben.
- Als Zeigehilfe einen Kugelschreiber oder eine am besten pfeilförmige, durchsichtige Zeigehilfe verwenden, jedoch nie den Finger.
- Niemals mit Fingern auf die Projektionsfläche zeigen und dort mit dem Rücken zum Publikum Sachverhalte erklären.
- Folienschlachten durch häufiges Folienwechseln unbedingt vermeiden!

Folien in vier Phasen präsentieren

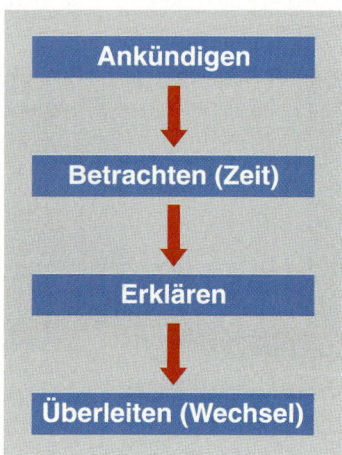

Phase 1: Folie dem Zuhörer ankündigen
Durch das Ankündigen des Folientitels oder durch eine kurze Einführung in die nachfolgende Darstellung, wird der Zuhörer auf die neuen Inhalte vorbereitet und seine Aufmerksamkeit auf die Folie ausgerichtet.

Phase 2: Zeit zum Betrachten geben
Nach dem Auflegen der Folie wird der Projektor eingeschaltet. Danach wird dem Betrachter kurze Zeit gegeben, die gesamte Folie zu betrachten. Neben dem Erfassen der Inhalte prägt sich die Folie wie ein Bild ein.

Phase 3: Erklären der Inhalte
Bei der Erläuterung der Folieninhalte geht es darum, zu erkennen, welche Vorkenntnisse beim Publikum bestehen und welche inhaltliche Elemente, Begriffe und Sätze der näheren Erklärung bedürfen. Der Präsentator sollte in Erfahrung bringen, wie ein Betrachter mit Flowchart, Diagrammen und Kennlinien umgehen kann.

Phase 4: Folie beenden und wechseln
Mit dem Abschluss der Folie durch eine Zusammenfassung wird eine Überleitung gefunden, um auf die Inhalte der nächsten Folie zu wechseln. Vor dem Folienwechsel muss unbedingt der Projektor abgedunkelt oder ausgeschaltet werden.

Präsentationstechniken

- **Aufdecktechnik**: Die Folie wird mit einem weißen Papier bedeckt und die Inhalte nach und nach freigegeben. Problem: Der Betrachter könnte sich gegängelt fühlen!
- **Überdecktechnik**: Mehrer Folien oder Teilstücke mit Inhalten werden so aufeinander gelegt, dass das vollständige Bild entsteht. Lichtstarker Projektor ist Voraussetzung!
- **Unterlegtechnik**: Die Folie mit einem unfertigen Bild wird unter einer Blankofolie platziert. Das Bild kann auf der Blankofolie mit Folienschreibern und Markern ergänzt werden.

16.4.2 Dia- und Videopräsentation

Die Präsentation von Stand- und Bewegtbildern hat ihren Stellenwert vor allem auf Messen sowie beispielsweise bei naturwissenschaftlichen und medizinischen Veranstaltungen und Kongressen. Die beiden Darstellungsformen kommen dann zum Einsatz, wenn in sich geschlossene Inhalte ohne Interaktion mit dem Publikum vorgestellt werden sollen. Dia- und Videopräsentationen werden aufgrund der Informationsfülle und -dichte in Form kleiner Blöcke bzw. Filmsequenzen vorgeführt.

Einsatzmöglichkeiten

- Einführen in das Präsentationsthema mit einer Bildfolge.
- Darstellen von komplexen Zusammenhängen, Prozessen und Entwicklungen.
- Visualisieren einer Unternehmenshierarchie.
- Abbilden verschiedener Objekte zum gleichen Thema.
- Zusammenfassen von Aussagen mehrerer Personen zum Thema (Interview).
- Hinzuschalten weiterer Vortragender mithilfe der Videokonferenz.

Quelle: Fa. Kettenbach GmbH, Neustadt/Weinstraße

Hinweise zum Einsatz der Medien

- In Verbindung mit Musik lassen sich eindrucksvolle Einleitungen mit einer Dia-überblendtechnik erzielen.
- Anmerkungen und Ergänzungen wie bei der Folienpräsentation sind hier nicht möglich. Der Vortragende wird in den Hintergrund gedrängt.
- Der Betrachter befindet sich in einer passiven Rolle und kann meist keine Informationen mitschreiben, da der Bildwechsel schnell erfolgt und der Präsentationsraum in der Regel abgedunkelt ist.
- Dias müssen übersichtlich und „leicht" sein. Das bedeutet für Textdarstellungen kurze Überschriften, höchstens drei bis fünf Zeilen Text.
- Dia- und Videoproduktionen eignen sich aufgrund ihrer brillanten und effektvollen Darstellungen als Stimulanzmittel in Situationen, in denen die Aufmerksamkeit abnimmt.
- Überwiegt der Einsatz von Dia und Video, kann der Vortrag schnell langweilig wirken.
- Diablöcke und Videofilm müssen genauso wie die einzelne Folie angekündigt, präsentiert und anschließend zusammengefasst werden.
- Diashow und Video können, sparsam und dramaturgisch an den richtigen Stellen eingesetzt, bereichernd für den Vortrag sein, da sie die Wirklichkeit besser darstellen als viele Grafiken geschmückt mit vielen Worten und sind damit für die Verständlichkeit förderlicher.
- Videos und Fotografien lassen sich in digitalisierter Form in Präsentationsprogrammen und Autorensoftware einbinden und präsentieren. Mit der geeigneten Schnittsoftware lassen sich Videos und Fotografien zusammenfassend bearbeiten und überblenden. In Verbindung mit der computerbasierenden Folienpräsentation, wäre für die Präsentationstechnik von Dia und Video nur Computer und Beamer notwendig.
- Wie beim Tageslichtprojektor, so gilt auch für den Dia- und Videoprojektor, dass die Gerätschaften in den meisten gut ausgestatteten Tagungsräumen zur Standardausstattung gehören. Wichtig für die Projektion ist es, den Raum abdunkeln zu können.

Quelle: Fa. Neuland, Eichenzell

Quelle: Fa. Neuland, Eichenzell

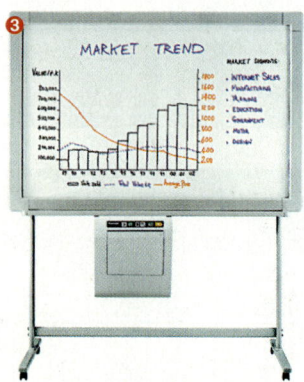

Quelle: Fa. Neuland, Eichenzell

16.4.3 Flip-Chart, Moderationskarten

Flip-Chart

Das Flip-Chart ❶ ist die richtige Ergänzung für die Computer- oder Folienpräsentation. Hier kann der Vortragende spontane Gedanken, Argumente aus dem Publikum, eine Gliederung des Vortrags oder eine Zusammenfassung festhalten. Mit Hilfe moderner Techniken lassen sich diese Aufschriebe direkt ausdrucken ❷. Komplexe Zusammenhänge, die aus der Hauptpräsentation nicht klar werden, können hier mittels Flow-Chart, Diagrammen, stichwortartigen Aufzählungen vertieft werden. Das gleiche betrifft Fragen im Anschluss an die Präsentation, die mithilfe der Visualisierung am Flip-Chart besser beantwortet werden, als durch Worte.

Dazu sollte der Präsentator ein geübter Zeichner sein, der spontan Inhalte mittels Skizzen, ohne Vorbereitung, für das Publikum darstellt. Die festgehaltenen Informationen stehen dem Publikum über den Zeitraum der Präsentation zur Verfügung, so dass sich dieses Medium gut für den roten Faden, die Gliederung, für Kerninformationen eignet und die Teilziele mit der Computer- oder Folienpräsentation erarbeitet werden.

Damit erklären sich auch die Grenzen des Flipchart. Es begleitet den Vortrag und wird nicht als Hauptmedium eingesetzt. Aufgrund der geringen Abbildungsgröße sind sie nicht für große Gruppen geeignet.

Neben der Zusatzeinrichtung zum Drucken des Flipchartaufschriebs kennt man in der Präsentationstechnik die sogenannten Copyboards ❸, die ein Mitschreiben während des Vortrags ebenso überflüssig macht. Die Schreibtafel besitzt zwei Schreibflächen, die auf Knopfdruck bewegt werden. Ein Lesekopf tastet, wie ein Scanner, das Bild ab und überträgt die Daten an den Drucker.

Moderationskarten

Interaktionen mit dem Publikum, zum Beispiel in einer Begrüßungs- und Einleitungsphase, werden mit Moderationskarten ❹ in Form von Rechtecken, Kreisen, Wolken u. a. durchgeführt. Die beschriebenen Karten werden von den Zuhörern an eine Pinwand geklebt oder können dort auch mit Magneten befestigt werden. Strukturen, Markierungen und Linien lassen sich im Anschluss auf dem Pinwandpapier herstellen ❺.

Quelle: Fa. Neuland, Eichenzell

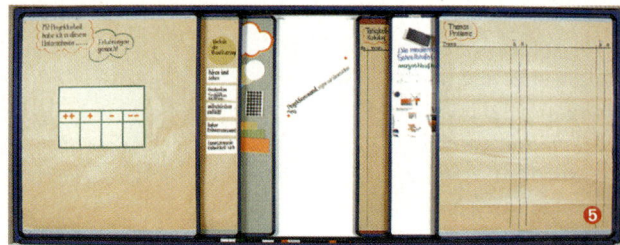

Arbeiten mit Flip-Chart und Moderationskarten

Um auf einem Flipchart oder mit Moderationskarten zu arbeiten bedarf es einiger Übung. Menschen, die es nicht gewohnt sind, vor einer Gruppe auf einer Tafel zu schreiben oder Skizzen zu entwerfen, werden diese Situation als unangenehm empfinden. Sie können sich den Kontrollblicken des Publikums ausgeliefert fühlen, die den Schreibstil beobachten, die Unsicherheit beim Skizzieren sehen oder auch den Fleck auf der Rückseite des Anzugs bemerken könnten, den man selber nicht sieht. Wenn der Vortragende mit dem Rücken zur Gruppe steht, werden ihm plötzlich solche Gedanken im Kopf herumgehen, die ablenken und unsicher machen. Wie arbeitet der Vortragende am Flip-Chart oder Pinnwand, damit die Pausen nicht zu groß werden, das Publikum unruhig und das Geschriebene dann nach Möglichkeit in guter Qualität erscheint?

Hinweise zum Einsatz ❶:

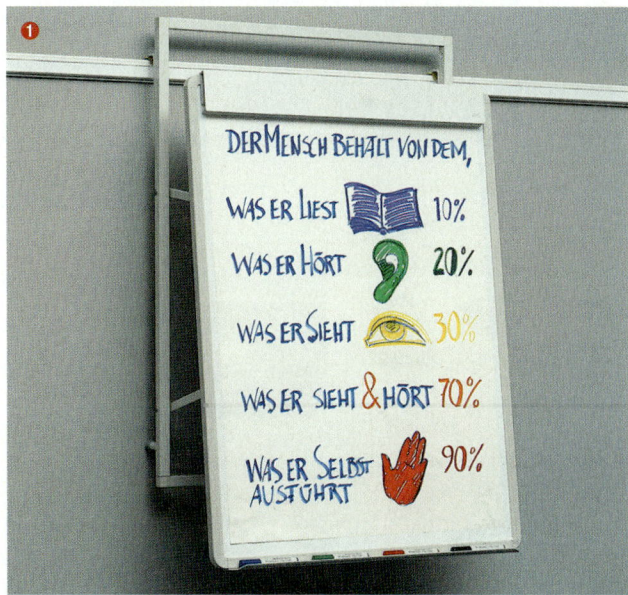

Quelle: Anders & Kern Präsentationssysteme GmbH

- Jeder Bogen erhält eine Überschrift.
- Kariertes Papier erleichtert die gerade Schreibweise.
- Kleinbuchstaben ein Karo hoch, Großbuchstaben zwei Karos.
- Einfache Sätze formulieren, keine Schachtelsätze.
- Kontrastreiche Farben wählen.
- Schlagworte mit Zeichen und Symbolen markieren.
- Fehler mit Tipp-Ex korrigieren, das wirkt nicht störend.
- In Druckbuchstaben schreiben, keine Schreib- oder Handschrift!
- Skizzen können schon in der Vorbereitung auf die Blätter gezeichnet und durch Umschlagen der Bögen aufgedeckt und dann beschriftet werden.
- Blatteinteilung vor der Präsentation vornehmen und Titel und Texte mit Bleistift leicht vorschreiben.
- Bei Moderationskarten den Platz für die Begriffe vorher grob einteilen ❷.

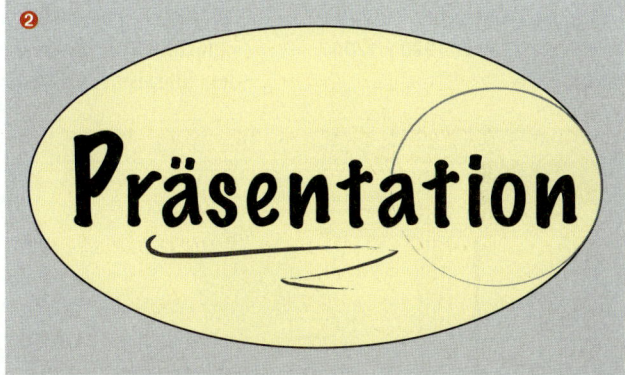

Präsentationsräume

In der Regel benötigen Pinnwände und Flipcharts einen entsprechenden Platzbedarf vor allem, wenn sie frei stehen. Zur Grundausstattung sollte eine Projektionsfläche, ein Flipchart und eine Magnettafel, sowie eine Fernsehanlage mit Videorekorder gehören. In kleinen Räumen bietet es sich an, diese Gerätschaften an der Wand zu befestigen ❸. In großen Räumen können Pinnwände auch als Raumteiler bei Kleingruppen-Veranstaltungen eingesetzt werden.

Quelle: Anders & Kern Präsentationssysteme GmbH

Quelle: Anders & Kern Präsentationssysteme GmbH

Beamer- / Bildschirmauflösungen:
SVGA 800 x 600
XGA 1024 x 768
SXGA 1280 x 1024
UXGA 1600 x 1200
MAC 720 x 480, 1440 x 900,
1680 x 1050 oder 1920 x 1200
Bildpunkte

Crossmedia: „Einmal erstellen, überall publizieren". Es bedeutet auch, dass die Darstellung eines Dokumentes auf jedem elektronischen Medium gleich ist, unabhängig von der Plattform und dem Betriebssystem.

Quelle: Fa. Neuland, Eichenzell

16.4.4 Computerpräsentation

Die große Flexibilität, der Einsatz einer breiten Palette an medialen Bausteinen wie Text, Grafik, Fotografie, Animation, Video und Ton innerhalb der Computerpräsentation sind die Vorzüge, auf die heute keiner mehr verzichten möchte. Daneben lassen sich auch Realteile in die Präsentation mit einbauen. Zur Darstellung von Objekten vor einem größeren Publikum eignet sich eine kleine Tischkamera ❶, die in Verbindung mit Computer und Beamer eine vergrößerte Abbildung des Gegenstands ermöglicht.

Der Beamer ist mittlerweile zu einem leistungsstarken Projektionsgerät geworden mit durchaus passablen Auflösungen. Die Helligkeit des Bildes an der Projektionswand hängt von der Bildgröße und der Leistungsfähigkeit des Projektors ab. Der Lichtstrom sollte bei normalen Lichtverhältnissen größer als 400 Lumen/qm betragen. Der Raum sollte dann noch gegen direktes Sonnenlicht abgedunkelt werden. Damit die vollständige Bildschirmseite projiziert werden kann, muss die Auflösung des Bildschirms am Laptop auf die Beamerauflösung verringert werden (Eigenschaften | Anzeige - Einstellungen).

Die zur Herstellung einer Bildschirmpräsentation verwendeten Programme zeichnen sich durch einfache Bedienbarkeit aus und sind in allen Officepaketen enthalten. Mit den klassischen Präsentationstools wie Powerpoint stellt man seitenbasierte Anwendungen zusammen. Diese Vorgehensweise kennen die meisten Benutzer aus der Arbeit mit Folien und sind es gewohnt eine Folie nach der anderen aufzulegen. In der gleichen Weise werden die Folien im Präsentationsprogramm dargestellt. Mit sogenannten Autorentools wie Director, Authorware und auch Flash werden umfangreiche multimediale Präsentationen, wie sie beispielsweise auf Messen gezeigt werden, Webauftritte oder Lernprogramme erstellt. Immer häufiger wird auch zum Herstellen einer kleinen Präsentation zu Flash gegriffen, da vielseitige Effekte möglich sind und die medialen Elemente zeitbasiert erscheinen.

Eine kostengünstige Möglichkeit zwischen den teuren Autorenprogrammen und den Officeprogrammen bietet der Mediator von Matchware, der die Vorzüge der Folie mit einem zeitbasierten Erscheinen der Medienelemente verbindet. Daneben bietet sich für Präsentationen das PDF-Dokument an. Die Vorteile eines PDF´s liegen darin, dass es crossmedial einsetzbar ist und neben dem Druckprodukt, eine interaktive Bildschirmdarstellung bietet. Mit Lesezeichen lassen sich beispielsweise Verknüpfungen zu verschiedenen Inhalten der Präsentation herstellen ❷.

Wirkungsvoller Einsatz

- Die Computerpräsentation zeichnet sich grundsätzlich positiv aus, durch den Einsatz moderner Animationstechniken, digitalisiertem Video, bearbeiteten Fotografien, Sounddateien sowie der Möglichkeit der Anbindung an das Internet, der Verbindung mit anderen Seminaren oder Rednern über Videokonferenz.

- Zur Verstärkung von Argumenten, zur Steigerung der eigenen Kompetenzwirkung, lassen sich Texte, Fotografien, Grafiken, Animationen, Video und auch Musik beliebig miteinander verknüpfen.

- Mithilfe von Scanner, Bildbearbeitungssoftware und Grafikprogramm können alle Materialien zur Visualisierung geschaffen werden.

- Die „Folie" lässt sich am Rechner schrittweise aufbauen und entsprechend auch wieder ausblenden.

- Zukunftsszenarien lassen sich über 3-D-Animationen ❶, man spricht auch häufig von virtuellen Welten, erstellen und in das Präsentationsprogramm einbinden.

- Zur Darstellung komplexer Prozesse in der Technik oder zur Demontage von Maschinen in Baugruppen, lassen sich sogenannte Object Movies herstellen. Darin hat der Benutzer die Möglichkeit, sich mithilfe von Mausbewegungen um das Objekt zu bewegen sowie auf- und abzufahren und über Hotspots in das Objekt zu gelangen. Zur Darstellung von Funktionen und Baugruppen, von Montagevorgängen oder für Kataloge ist diese Technik sehr gut geeignet.

- Über einen Internetanschluss lassen sich aktuelle Informationen während des Vortrages abrufen und in die Computerpräsentation einbauen. In Verbindung mit einem Drucker im Präsentationsraum werden innerhalb der Veranstaltung Informationsmaterialien für das Publikum gedruckt.

- Wirkungsvoll ist eine Präsentation nur dann, wenn sie die Zielgruppe trifft, wenn das Präsentationsmedium auch zur Zielgruppe passt. Folien lassen sich, in einer Präsentation einmal abgespeichert, nicht überspringen oder auslassen, weil sie vielleicht gerade auf diese Zielgruppe nicht zutreffend sind. Jede Präsentation muss stets neu aufgebaut und auf das Publikum abgestimmt werden. Um die Arbeit zu erleichtern schafft sich der Präsentator eine Datenbank mit Texten, Illustrationen, Bildern, Videos und Animationen.

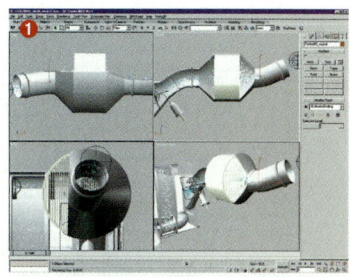

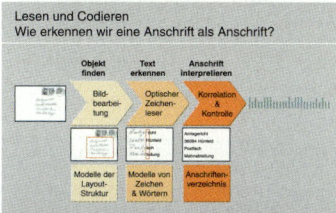

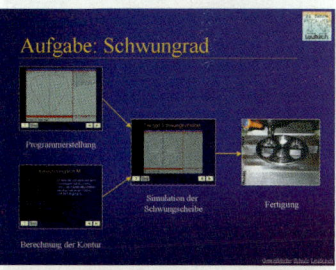

Quelle: Prof. Dr. Gläser, Vortrag, Medienlandschaft

Quelle: Realtech AG

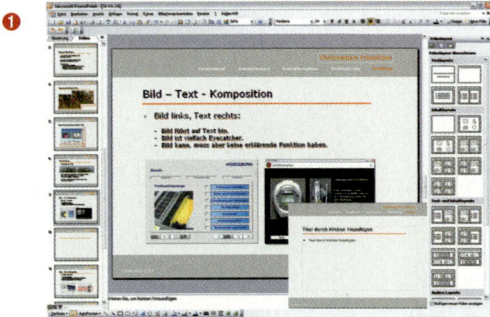

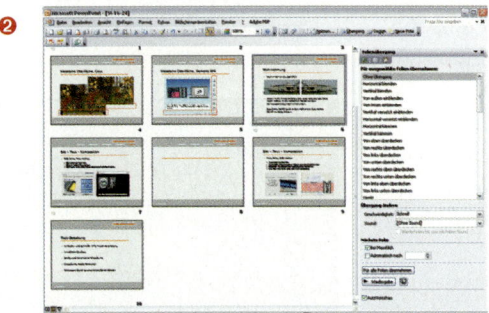

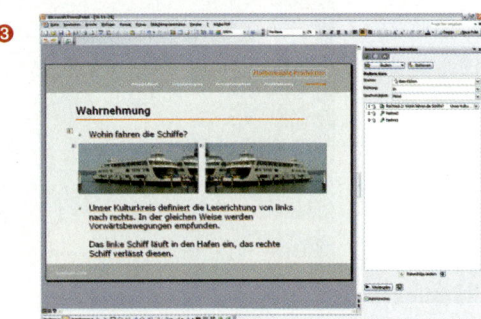

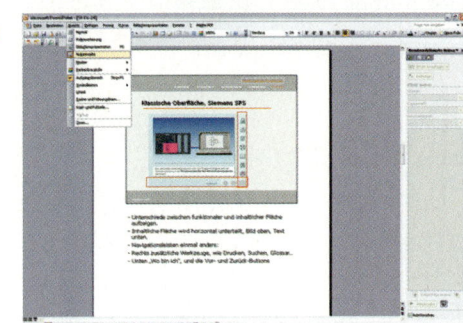

Checkliste zum Aufbau einer Präsentation

- Für die Planungs- und Durchführungsphase einer Computerpräsentation gelten dieselben Vorüberlegungen wie für eine klassische Folienpräsentation.
- Für die ersten Präsentationen bedient man sich der reichhaltigen Möglichkeiten der Präsentationssoftware, z. B. Microsoft Power-Point. Zunächst wird ein einheitliches Design mit Hilfe der Präsentationsvorlagen gewählt. Damit sind Schriftarten, Schriftgrößen für Überschriften und Fließtexte sowie Farben in den Schriften und dem Hintergrund festgelegt.
- Nach dieser Gestaltungswahl kann im Menü „AutoLayout" eine Folienart gewählt werden, z. B. Titel, Aufzählung, Text und Bild, u. a., in welche dann die Inhalte geschrieben werden und Bilder und Fotografien aus Datenbanken platziert werden können ❶.
- Mit dem Menüpunkt „Ansichten/Foliensortierung" lässt sich die Folienabfolge einsehen und einzelne Folien durch Drag and Drop an eine andere Stelle verschieben und die Präsentation umgestalten ❷.
- Um den Betrachter nicht mit Überblend- und Interaktionseffekten zu überhäufen, wählt man zwei oder drei Effekte für unterschiedliche Bausteine (Text, Grafik, Fotografie) aus, die mit den Menüpunkten „Aktionseinstellung" sowie „Benutzerdefinierte Animation" zugewiesen werden ❸.
- Um selbst den Überblick zu behalten, geht die Interaktionsstruktur möglichst nicht tiefer als zwei Ebenen.
- Die Inhalte auf das Wesentliche beschränken, wie die Kerninformation, kurze Sätze und Schlagworte.
- Begrenzt man eine Computerpräsentation auf 15 Minuten und stellt alle 90 s eine neue Folie dar, dann ergibt das 10 Folien.
- Bedenkt man, dass für Gliederung, Ergänzungen und Vertiefungen zusätzlich ein Flip-Chart oder eine Metaplanwand zum Einsatz kommt und für die Fragen am Schluss nochmals Folien mit Detail- und Zusatzinformationen zur Verfügung stehen, dann ist die Präsentation gut gefüllt.
- Wechselt der Präsentator das Medium, zum Beispiel auf Flip-Chart, müssen unbedingt Schwarzfolien zur Unterbrechung der Computerpräsentation eingebaut werden.
- Für die eigene Rede kann der Vortragende an seinem Rechner die Funktion „Notizenseite" wählen und Ergänzungen einfügen, die für den Betrachter nicht sichtbar sind ❹.
- Die Notizenseite, die Gliederung und die Foliensortierung lassen sich für Vorbereitungszwecke oder auch für den Zuhörer als Tischvorlage ausdrucken.

➲ **Auch hier gilt: Weniger ist mehr und übersichtlicher!**

Aufgaben und Übungen, Literaturhinweise

Aufgaben und Übungen

1. Präsentationen werden nach ihrem Einsatzzweck unterschieden und spezifisch darauf aufgebaut. Unterscheiden Sie die drei Präsentationsanlässe Produkt-, Firmen-, Dienstleistungspräsentation hinsichtlich inhaltlicher Schwerpunkte. Stellen Sie die Schwerpunkte in einer Tabelle gegenüber und suchen Sie in der Praxis nach umgesetzten Beispielen (Internet, Firmenkontakt).
2. In einer Bildschirmpräsentation möchten Sie Ihre Lieblingssportart vorstellen. Schreiben Sie eine Gliederung nach dem Fünfsatz für die Inhalte der Präsentation.
3. Legen Sie Musterbildschirmseiten an, um das Zusammenwirken von Farbe und Typografie zu testen. Unterteilen Sie die Seite in inhaltliche und funktionale Bereiche mit Hilfe eines Gestaltungsrasters.
4. Erstellen Sie die Präsentation mit nicht mehr wie 10 Folien.
5. Vergleichen Sie die Präsentationsmedien Flipchart, Metaplan, Whiteboard/Tafel und Overhead-Projektor hinsichtlich der Visualisierungsmöglichkeiten.
6. Erstellen Sie eine Präsentation mit den Medien unter Aufgabe 5 zu einem im Alltag gebrauchten Produkt mit den hervorstechenden Merkmalen und technischen Daten des Produkts.

Literaturhinweise

Breger, Grob: Präsentieren und Visualisieren, München 2003 (dtv)

Hartmann, Funk, Nietmann: Präsentieren, 7. Aufl., Weinheim 2003 (Beltz)

Hertlein, Margit: Präsentieren – Vom Text zum Bild, Hamburg 2003 (Rowohlt)

Hierhold, Emil: Sicher präsentieren – wirksam vortragen, München, Wien 1994 (Ueberreuter)

Schuhmann, Georg: Moderieren, Projektieren, Präsentieren, Haan 2006 (Europa-Lehrmittel)

Thiele, Albert: Überzeugend präsentieren, 2. Aufl., Berlin 2000 (Springer)

17 Medienrecht

In einer Darstellung des Medienrechts heißt es (Fechner 2006, S. 241 f.): „Wer nicht selbst Jurist ist, sollte doch in der Lage sein, eine juristische Fragestellung in das richtige Rechtsgebiet einzuordnen und mit Hilfe von juristischer Literatur, insbesondere Kommentaren und Leitentscheidungen der Gerichte, eine Einschätzung vornehmen zu können. In den alltäglichen Entscheidungsfragen dürfte dies bereits ausreichend sein, bei Spezialproblemen wird der ausgebildete Jurist zu Rate zu ziehen sein. Jedoch auch in diesem Falle ist es sinnvoll, gezielt die Problematik des Einzelfalls ansprechen zu können. Zudem sind Fachsprache und Sachkenntnis in jeder Verhandlung mit Geschäftspartnern oder Anspruchstellern hilfreich. Noch wichtiger als der Gebrauch von Rechtskenntnissen in juristischen Auseinandersetzungen ist die Einbeziehung des Rechts im Vorfeld von Streitigkeiten."

Vor diesem Hintergrund und mit diesem Anspruch sollen in diesem Kapitel die **rechtlichen Rahmenbedingungen** für die Medien näher betrachtet werden. Die Darstellung ersetzt nicht tiefergehende Betrachtungen, sondern führt den Leser an die Materie heran, die es dann weiter zu vertiefen gilt.

Das **Medienrecht** gilt als eine sog. „Querschnittsmaterie", was ausdrücken soll, dass es sich nicht um ein in sich geschlossenes Rechtsgebiet handelt wie z. B. das Strafrecht oder das Familienrecht. Es ist vielmehr eine rechtliche Materie, die sich aus verschiedenen Rechtsgebieten zusammensetzt. Um die Vielfalt der Bezüge in den Griff zu bekommen, ist es zweckmäßig, zwischen **zwei großen Bereichen** zu unterscheiden,

- zum einen das allgemeine Grundlagenrecht, soweit es für die Medien relevant ist, hier insbesondere das Grundgesetz und das Urheberrecht,
- zum anderen das medienspezifische Recht, das die drei großen Teilbereiche des Presserechts, Rundfunkrechts und Multimediarechts umfasst, ergänzt um das internationale Medienrecht.

Im ersten Teil des Kapitels wird daher ein grober und sehr knapp gehaltener Überblick über die relevanten Regelungen beider Bereiche gegeben, also sowohl über das allgemeine Grundlagenrecht als auch über das medienspezifische Recht, während im zweiten Teil das Urheberrecht in den Fokus genommen und einer vertieften Darstellung unterzogen wird.

❶ Mit Peer-to-Peer (P2P) bezeichnet man einen Verbund von Gleichberechtigten („Peers"), die sich gegenseitig Informationen zugänglich machen. Musterbeispiele sind legale und illegale Tauschbörsen für digitale Musik-Files im Internet, die man auch als „P2P-Tauschbörsen" bezeichnet.

Letzteres folgt der Einsicht, dass im Hinblick auf die Schaffung von Medienprodukten die Frage der **Urheberrechte** von herausragender Bedeutung ist. Man denke zum Beispiel an die Abklärung aller Rechte bei einer Filmproduktion, beginnend mit dem Drehbuch über die Drehgenehmigung bis zum Regisseur und den Darstellern, oder an die Frage von illegalen Downloads und Weiterverbreitung von Musiktiteln im Rahmen von Peer-to-Peer-Netzwerken ❶.

17.1 Überblick über das Medienrecht

Die nachfolgende Übersicht gibt einen groben **Überblick** über besonders wichtige medienrelevante Rechtsbereiche im Zusammenhang:

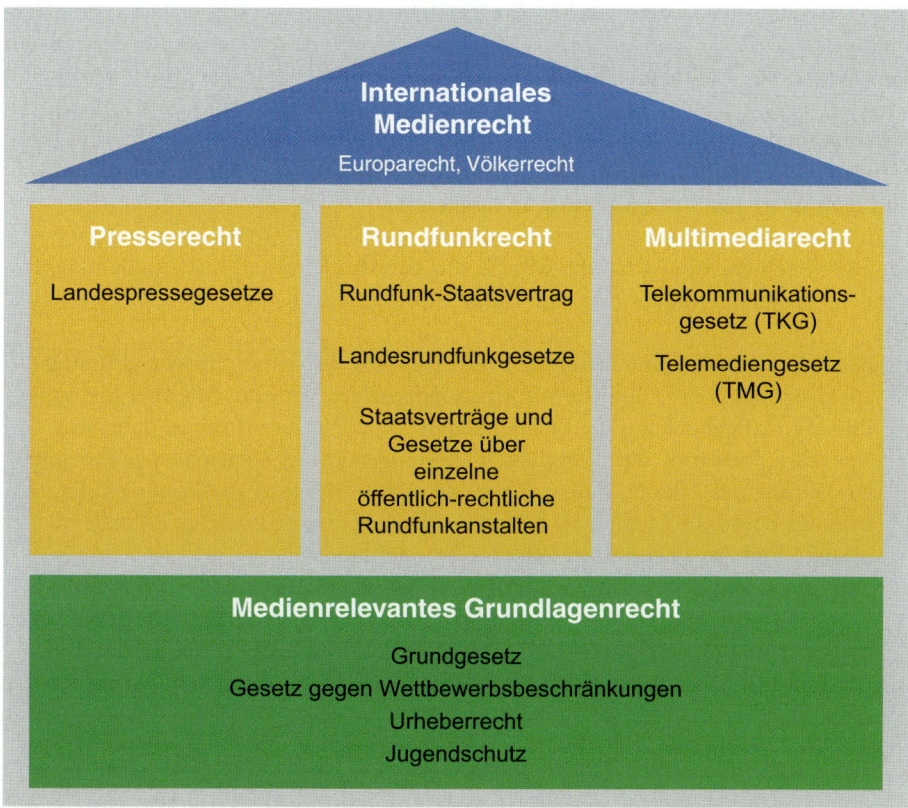

Dabei wird die angesprochene Feststellung deutlich, dass sich das Medienrecht aus höchst unterschiedlichen Bereichen zusammensetzt.

Erkennbar ist, dass die Basis des Medienrechts wesentlich vom Grundgesetz und dem Urheberrecht getragen wird und dann **drei große Säulen** das Medienrecht konstituieren:

- Presserecht
- Rundfunkrecht
- Multimediarecht

Von zunehmender Bedeutung fügt sich – gewissermaßen als Dach – das internationale Medienrecht hinzu.

17.1.1 Medienrelevantes Grundlagenrecht

Grundgesetz

❶ Artikel 5 GG:

(1) Jeder hat das Recht, seine Meinung in Wort, Schrift und Bild frei zu äußern und zu verbreiten und sich aus allgemein zugänglichen Quellen ungehindert zu unterrichten. Die Pressefreiheit und die Freiheit der Berichterstattung durch Rundfunk und Film werden gewährleistet. Eine Zensur findet nicht statt.

(2) Diese Rechte finden ihre Schranken in den Vorschriften der allgemeinen Gesetze, den gesetzlichen Bestimmungen zum Schutze der Jugend und in dem Recht der persönlichen Ehre.

(3) Kunst und Wissenschaft, Forschung und Lehre sind frei. Die Freiheit der Lehre entbindet nicht von der Treue zur Verfassung.

Beim medienrelevanten Grundlagenrecht spielt die **Verfassung** und damit das **Grundgesetz** und dessen Auslegung durch das **Bundesverfassungsgericht** (BVerfG) eine herausragende Rolle. Es setzt die entscheidenden Normen für die Gestaltung der Medien und bindet alle staatliche Gewalt einschließlich den Gesetzgeber. Im Vordergrund steht Art. 5 Abs. 1 GG. Dort wird jedem Bürger dieses Landes die freie individuelle und öffentliche Meinungsbildung umfassend gewährleistet ❶. Kernbegriffe sind **Pressefreiheit** und **Rundfunkfreiheit**, die als schlechthin konstituierend für die freiheitlich-demokratische Grundordnung anzusehen sind.

In seiner Rechtsprechung hat das BVerfG zur **Rundfunkfreiheit** insbesondere die folgenden Punkte hervorgehoben (vgl. Hesse 2003, S. 60-76):

- Der Rundfunk übt eine wesentliche Funktion für die demokratische Ordnung aus: Angesichts der Fülle von Informationen ist der Einzelne zu seiner Meinungsbildung maßgeblich auf die Medien angewiesen. Der Rundfunk ist daher ein zentrales „Medium" der öffentlichen Meinungsbildung. Zugleich ist er aber auch ein „eminenter Faktor", indem er die öffentliche Meinung direkt beeinflusst. Der Rundfunk und die Medien insgesamt spielen damit eine wichtige Rolle bei der Bildung und Artikulation der öffentlichen Meinung.
- Eine besondere Bedeutung kommt dem Fernsehen zu, da es das einzige Medium ist, das zeitgleich in Bild und Ton zu berichten vermag und dadurch den Anschein der Authentizität erweckt, das Miterleben fördert und bequem verfügbar ist.
- Der Rundfunk besitzt eine Verantwortung für das kulturelle Leben in der Bundesrepublik.
- Rundfunkfreiheit setzt die Freiheit von staatlicher Beeinflussung voraus. Medien üben eine öffentliche Kontroll- und Kritikfunktion gegenüber der Staatsgewalt aus, deren Wirksamkeit nicht beeinträchtigt werden darf.
- Damit der Rundfunk seine Aufgabe als Medium und Faktor der öffentlichen Meinungsbildung ausüben kann, bedarf es einer Ordnung, die sicherstellt, dass eine Vielfalt der vorhandenen Meinungen im Rundfunk in möglichster Breite und Vollständigkeit Ausdruck findet (Gebot der Meinungsvielfalt). Rundfunkfreiheit hat damit eine dienende Funktion, sie ist „dienende Freiheit".

Das Grundgesetz schützt im Übrigen auch die interessengeleiteten kommunikativen Inhalte wie Werbung und Public Relations (PR). Meinungsfreiheit umfasst auch die Freiheit zur massenkommunikativen Vermittlung von Werbebotschaften. Werbung in den Medien jedweder Art ist damit direkt vom Grundgesetz geschützt.

Art. 30 GG besagt, dass die Ausübung staatlicher Befugnis und die Erfüllung der staatlichen Aufgaben Sache der **Länder** ist. Dem Bund steht die Aufgabenerfüllung nur dann zu, wenn sich dem Grundgesetz eine entsprechende Kompetenz entnehmen lässt. Vor diesem Hintergrund ist Presse und Rundfunk eine Angelegenheit der Länder, die die sog. ausschließliche Gesetzgebungskompetenz besitzen.

Eine wichtige Rolle im Kontext des Grundgesetzes spielt ferner das allgemeine **Persönlichkeitsrecht** nach Art. 2 Abs. 1 in Verbindung mit Art. 1 Abs. 1 GG ❶. Danach haben die Medien in ihren Veröffentlichungen die Persönlichkeitsrechte derjenigen zu wahren, über die sie berichten. Das Eindringen in die Privatsphäre stellt eine Rechtsverletzung dar und kann zivilrechtliche Gegenansprüche in Form von Gegendarstellung, Unterlassungsanspruch, Berichtigungsanspruch, Widerruf, Ergänzung und/oder Schadensersatz und Schmerzensgeld nach sich ziehen.

Gesetz gegen den unlauteren Wettbewerb (UWG)

Von besonderer Relevanz für die Medien ist das Wettbewerbsrecht, insbesondere das Gesetz gegen den unlauteren Wettbewerb (UWG). Nach § 3 UWG sind alle unlauteren Wettbewerbshandlungen verboten.

Das UWG benennt als Beispiele unlauteren Wettbewerbs insbesondere die Vornahme von Wettbewerbshandlungen, die geeignet sind,

- die Entscheidungsfreiheit der Verbraucher oder sonstiger Marktteilnehmer durch Ausübung von Druck, in menschenverachtender Weise oder durch sonstigen unangemessenen unsachlichen Einfluss zu beeinträchtigen;
- die geschäftliche Unerfahrenheit insbesondere von Kindern oder Jugendlichen, die Leichtgläubigkeit, die Angst oder die Zwangslage von Verbrauchern auszunutzen.
- Unlauter ist es auch, den Werbecharakter von Wettbewerbshandlungen zu verschleiern.

Das UWG stellt also den **Wahrheitsgrundsatz** als besonders wichtig heraus. So muss z. B. ein Werbetreibender klar und verständlich kommunizieren, er darf nicht irreführen, er darf keine sog. „Mondpreise" setzen, „Lockvogelangebote" müssen mindestens zwei Tage lang vorrätig sein, E-Mail-Werbung ist ohne Einwilligung des Adressaten verboten u. v. m. Das Irreführungsverbot verlangt von den Medien größtmögliche Objektivität und Neutralität. Bereits durch das UWG wird damit z. B. die Grundlage für einen zentralen Grundsatz geschaffen, nach dem Werbebotschaften klar von redaktionell-programmlichen Inhalten getrennt werden müssen ❷.

Urheberrecht

Eine ebenfalls zentrale Rolle für die Medien spielt das **Urheberrecht**. Es verfolgt zwei **Ziele**: Zum einen soll es den Urheber gegen eine nicht zulässige Verwertung seines Werkes in den Medien schützen. Zum anderen bietet es Schutz des in den Medien veröffentlichten Werkes gegen die unzulässige Verwertung durch Dritte. Wichtige Punkte des Urheberrechts betreffen die folgenden **Aspekte**, die wegen ihrer hohen Bedeutung im zweiten Teil dieses Kapitels vertieft behandelt werden:

- Der entscheidende Ausgangspunkt und Schutzgegenstand ist eine individuelle schöpferische Leistung, die als „Werk" bezeichnet wird. Ein sog. „Allerweltserzeugnis" genießt keinen urheberrechtlichen Schutz. Zu unterscheiden sind Sprachwerke, Musikwerke, Werke der darstellenden, bildenden und angewandten Kunst, Fotografien, Filme, Darstellungen wissenschaftlicher oder technischer

❶ **Artikel 2 GG**: (1) Jeder hat das Recht auf die freie Entfaltung seiner Persönlichkeit, soweit er nicht die Rechte anderer verletzt und nicht gegen die verfassungsmäßige Ordnung oder das Sittengesetz verstößt.

Artikel 1 GG: (1) Die Würde des Menschen ist unantastbar. Sie zu achten und zu schützen ist Verpflichtung aller staatlichen Gewalt.

❷ Dieser Grundsatz wird als **Trennungsgrundsatz von Werbung und Programm** bezeichnet.

Art, Computerprogramme, Sammelwerke, Datenbanken jeglicher Art. Als Sonderformen von Werken und damit als eigenständige Werke mit Urheberrechtsschutz sind Bearbeitungen, Umgestaltungen oder Übersetzungen anerkannt.

- Ein „Urheber" ist der Schöpfer des Werkes und immer ein konkreter Mensch, d. h. eine natürliche Person. Je nach Werk spricht man von Autor, Schriftsteller, Verfasser, Komponist, Werbefilmer, Fotograf, Regisseur, Cutter, Kameramann, Verfasser, Software-Entwickler u. ä.
- Urheberpersönlichkeitsrecht: Rechtlicher Ausgangspunkt ist das Urheberpersönlichkeitsrecht, das dem Urheber als Werkschöpfer zufällt. Es ist unveräußerlich und umfasst das Veröffentlichungsrecht, das Recht auf Namensnennung und das Recht auf Verhinderung der Entstellung des Werkes.
- Verwertungsrechte: Der Urheber hat das alleinige Recht, über die Verwertung seines Werkes zu verfügen. Die wichtigsten Verwertungsrechte sind: Vervielfältigungsrecht, Verbreitungsrecht, Ausstellungsrecht, Vortrags-, Aufführungs- und Vorführungsrecht, Senderecht, Recht auf Wiedergabe durch Bild- und Tonträger.
- Leistungsschutzrechte: Diejenigen Personen, die ein Werk darstellen, vorführen, zur Aufführung bringen oder künstlerisch mitwirken, z. B. als Schauspieler, Sänger oder Musiker, sind sog. „ausübende Künstler" die keine Urheber im eigentlichen Sinne sind, aber als „Inhaber verwandter Schutzrechte" dennoch einen Schutz – allerdings eingeschränkt – genießen.
- Verwertungspraxis: Im Bereich von Texten, Bildern und Musik stehen die Autoren üblicherweise bei Verlagen unter Vertrag, wo dann auch die entsprechenden Rechte liegen. Bei bildenden Künstlern, Malern und Bildhauern liegen sie bei den Urhebern selbst. Für Komponisten kleinerer Werke, vor allem von Unterhaltungsmusik (sog. „Kleines Recht") steht zur Durchsetzung der Rechte die GEMA („Gesellschaft für musikalische Aufführungsrechte und mechanische Vervielfältigungsrechte") zur Verfügung, für Inhaber von Leistungsschutzrechten die GVL („Gesellschaft zur Verwertung von Leistungsschutzrechten") und für den Bereich Literatur und Wissenschaft die VG Wort (Verwertungsgesellschaft Wort).

Alle Rechte (außer das Urheberpersönlichkeitsrecht) sind **eingeschränkt**: Die Werke der Urheber genießen eine Schutzfrist von 70 Jahren, gerechnet ab dem Tod des Urhebers, bei Leistungsschutzrechte sind es 50 Jahre nach der Veröffentlichung des Werkes (z. B. Aufführung).

Mediengüter lassen sich zumeist leicht **reproduzieren**, als Papierkopie und erst recht, wenn der Inhalt in digitaler Form vorliegt, weshalb es schwer fällt, einen wirksamen Schutz der Rechte der Urheber sicherzustellen. So ist es verständlich, dass das Urheberrecht im Hinblick auf die Medien als ein vergleichsweise „starkes Recht" zu gelten hat, das bei Verletzung hohe Strafen androht. Verständlich ist es auch, dass mit dem Einsatz technologischer Mittel versucht wird, die Informationen zu verschlüsseln und die Urheberrechte durchzusetzen, ein Ansatz, der mit den Begriffen der Codierung ❶ und des Digital Rights Managements ❷ in Verbindung steht.

❶ Beim **Pay-TV** zum Beispiel wird das gesendete Signal vor seiner Ausstrahlung verschlüsselt (codiert) und beim Empfänger unter Einsatz der sog. **Set Top Box** wieder entschlüsselt (decodiert). Ziel ist es, den Zuschauer zu zwingen, für die Fernsehsendungen einen Geldbetrag zu entrichten.

❷ **Digital Rights Management (DRM)** bezeichnet alle technischen Maßnahmen zur digitalen Kontrolle von Urheber- und Verwertungsrechten an Inhalten (Content) aller Art. Der Schutz des Inhalts vor unerlaubter Nutzung erfolgt dabei durch Verschlüsselung.

Kinder- und Jugendschutz

Ein letzter wichtiger Bereich von grundsätzlichem Charakter für die Medien umfasst die Vorschriften für den **Kinder- und Jugendschutz**. Hierbei sind aus medienrechtlicher Sicht **zwei Bereiche** besonders hervorzuheben:

- Bundesrecht: Jugendschutzgesetz (JuSchG), hier besonders Abschnitt 3 „Jugendschutz im Bereich der Medien"
- Landesrecht: Staatsvertrag über den Schutz der Menschenwürde und den Jugendschutz in den Telemedien – Jugendmedienschutz-Staatsvertrag (JMStV)

Das **Jugendschutzgesetz** dient dem Schutz von Kindern (Personen, die noch nicht 14 Jahre alt sind) und von Jugendlichen (Personen, die 14, aber noch nicht älter als 18 Jahre alt sind) in der Öffentlichkeit und enthält, was die Medien anbelangt, u. a. spezielle **Regelungen** für die Abgabe von Filmen und Computerspielen:

- Computerspiele und Bildschirmspielgeräte müssen wie Kino- und Videofilme mit einer Altersfreigabekennzeichnung versehen werden. Diese Bildträger dürfen nur an Kinder und Jugendliche abgegeben werden, die das gekennzeichnete Alter haben.
- Indizierte Trägermedien dürfen Kindern und Jugendlichen nicht zugänglich gemacht werden ❶.
- Für schwer jugendgefährdende Medien, insbesondere solche mit Gewaltdarstellungen, gelten besonders scharfe Verbote. So sind auch ohne Indizierung durch die Bundesprüfstelle Trägermedien (z. B. Bücher, Videos, CD, CD-ROM, DVD), die den Krieg verherrlichen, die Menschen in einer die Menschenwürde verletzenden Weise darstellen oder Jugendliche in unnatürlicher, geschlechtsbetonter Körperhaltung zeigen, mit weitreichenden Abgabe-, Vertriebs- und Werbeverboten belegt.

Zuwiderhandlungen gegen das Jugendschutzgesetz können als Straftaten oder Ordnungswidrigkeiten mit einem Bußgeld bis zu 50.000 Euro geahndet werden.

Ergänzend zum Jugendschutzgesetz des Bundes gibt es den **Jugendmedienschutz-Staatsvertrag der Länder** (JMStV), der eine einheitliche Rechtsgrundlage für den Jugendschutz in den elektronischen Medien (Fernsehen, Hörfunk, Internet) schafft. Durch Verzahnungsregelungen in beiden Gesetzen ist sichergestellt, dass Bundes- und Ländereinrichtungen nach einheitlichen Schutzstandards entscheiden.

§ 1 beleuchtet die Rolle dieses Staatsvertrags: „Zweck des Staatsvertrages ist der einheitliche Schutz der Kinder und Jugendlichen vor Angeboten in elektronischen Informations- und Kommunikationsmedien, die deren Entwicklung oder Erziehung beeinträchtigen oder gefährden, sowie der Schutz vor solchen Angeboten in elektronischen Informations- und Kommunikationsmedien, die die Menschenwürde oder sonstige durch das Strafgesetzbuch geschützte Rechtsgüter verletzen." ❷

Der JMStV gilt nur für elektronische Informations- und Kommunikationsmedien, das heißt für den Rundfunk (Hörfunk und Fernsehen) und für Telemedien. „Telemedien" sind alle Angebote im Internet (Webshops, Auktionshäuser, Suchmaschinen, E-Mail-Dienste, Informationsdienste, Podcasts, Communities, Portale, Blogs usw.).

❶ Die **Indizierung** eines Mediums bedeutet, dass das Medium weder beworben noch Kindern und Jugendlichen zugänglich gemacht werden darf. Es darf nicht an Kiosken oder im Versandhandel verkauft und nicht im Rundfunk und Fernsehen gesendet werden. Zuständig für die Indizierung ist die Bundesprüfstelle für jugendgefährdende Medien (BPjM). Jede Bürgerin, jeder Bürger kann bei einer Behörde oder anerkannten Jugendhilfeeinrichtung in ihrer/ seiner Nähe auf ein Medium mit möglicherweise jugendgefährdendem Inhalt hinweisen und so auf die Einleitung eines Indizierungsverfahrens hinwirken. Die Indizierung hat nicht das generelle Verbot eines Mediums zur Folge. Sie verhindert aber, dass Kinder und Jugendliche mit jugendgefährdenden Medien konfrontiert werden.

❷ § 5 Abs. 1 stellt die Forderung: „Sofern Anbieter Angebote, die geeignet sind, die Entwicklung von Kindern oder Jugendlichen zu einer eigenverantwortlichen und gemeinschaftsfähigen Persönlichkeit zu beeinträchtigen, verbreiten oder zugänglich machen, haben sie dafür Sorge zu tragen, dass Kinder oder Jugendliche der betroffenen Altersstufen sie üblicherweise nicht wahrnehmen."

17.1.2 Presserecht

❶ Im absolutistischen Staat war das Presserecht ein Instrument zur Sicherung der Macht der Obrigkeit und zur Kontrolle der massenhaften Verbreitung von Gedankengut. Zentraler Grundwert des heutigen Presserechts ist die **Pressefreiheit**.

Das Presserecht hat eine doppelte Funktion, zum einen soll es den besonderen **Schutz** der redaktionellen Arbeit von **Journalisten** sicher stellen, zum anderen die **Pflichten** definieren, denen eben diese Journalisten unterworfen sind ❶.

Aufgrund der Gesetzgebungsbefugnis der Bundesländer (Art. 75 Abs. 1 Ziff. 2 GG i. V. m. Art. 72 GG) wird das Presserecht in Deutschland durch die Landespressegesetze bestimmt. Der Bund hat die Befugnis, ein Presserechtsrahmengesetz zu erlassen, wovon er bislang aber keinen Gebrauch gemacht hat, da die Landespressegesetze inhaltlich weitgehend übereinstimmen. Im Einzelnen sind die folgenden Regelungen zu den **Rechten** und **Pflichten der Journalisten** bedeutsam:

- Rechte: Die Presseangehörigen haben einen umfassenden Anspruch gegenüber den Behörden auf Auskunft, allerdings nicht, wenn die Behörden zur Geheimhaltung verpflichtet sind. Ein Auskunftsanspruch gegenüber privaten Unternehmen und Organisationen besteht nicht. Vor Gericht haben Journalisten ein Zeugnisverweigerungsrecht und besondere Rechte bei der Durchsuchung von Presseräumen und der Beschlagnahme von Materialien. Pressevertreter müssen Zugang zu allen öffentlichen staatlichen Veranstaltungen haben, ebenso zu Pressekonferenzen.
- Pflichten: Die Presseangehörigen haben eine besondere journalistische Sorgfaltspflicht bei der Recherche und Verbreitung von Nachrichten. Das Presseorgan ist von strafbaren Inhalten frei zu halten. Bei Zweifeln am Wahrheitsgehalt einer Meldung muss auf die Veröffentlichung verzichtet werden. Unter bestimmten Umständen besteht für den verantwortlichen Redakteur und für den Verleger die Verpflichtung zur Gegendarstellung. Ferner besteht eine Impressumpflicht, die dazu dient, die Verantwortung für die Inhalte klar zu fixieren. Verantwortliche Redakteure müssen ihren ständigen Aufenthalt innerhalb Deutschlands haben, die bürgerlichen Ehrenrechte besitzen und unbeschränkt geschäftsfähig sein. Der redaktionelle Teil und die Werbung müssen klar voneinander getrennt werden (Trennungsgebot).

❷ Der **Tendenzschutz** des Verlegers ist in § 118 Betriebsverfassungsgesetz (BetrVG) geregelt. Danach hat er das Recht, seinem Presseorgan eine bestimmte inhaltliche – auch politische – Meinung vorzuschreiben, womit die Mitwirkungsrechte des Betriebsrats zu Gunsten der publizistischen Unabhängigkeit beschnitten bzw. eingeschränkt werden. Dem steht diametral die Forderung (vor allem der Journalistenverbände und Gewerkschaften) entgegen, der Inhalt einer Zeitung müsse ganz und gar der Redaktion überlassen bleiben, eine Forderung, die als **innere Pressefreiheit** bezeichnet wird. In einer Entscheidung hat das Bundesverfassungsgericht festgelegt, dass es der öffentliche Auftrag der Presse erforderlich macht, die Grundsatzkompetenz dem Verleger zu überlassen.

Grundpfeiler aller Regelungen des Presserechts ist die **Pressefreiheit**, die über das Grundgesetz hinaus in allen Landespressegesetzen verankert ist. Hieraus ergeben sich die folgenden unmittelbaren **Konsequenzen**:

- Recht auf Gründung: Ein Presseunternehmen kann jederzeit frei und ohne staatliche Zulassung gegründet werden.
- Redaktionsgeheimnis: Die Redaktionsarbeit von Presseunternehmen ist in ihrer Vertraulichkeit geschützt. Die Presse darf daher ungehindert von staatlicher Einflussnahme Informationen sammeln und unterliegt nicht der Pflicht, Quellen offen zu legen. Allerdings dürfen keine Straftaten oder unzulässige Handlungen gerechtfertigt werden.
- Tendenzschutz: Wie jedermann, so steht auch einem Zeitungsverleger das Grundrecht der Pressefreiheit zu ❷.

Einschränkungen der Pressefreiheit können nur erfolgen, wenn sie vom Grundgesetz oder dem Landespressegesetz ausdrücklich zugelassen sind. Es herrscht ein **Zensurverbot** nach Art. 5 Abs. 1 Satz 3 GG.

17.1.3 Rundfunkrecht

Rundfunk wird – wie die Presse – in Deutschland als **Kulturgut** verstanden und fällt daher in die Kulturhoheit der Länder. Die folgenden **rechtlichen Grundlagen** – in nationaler Sicht – sind für den Rundfunk relevant:

- Rechtsprechung des Bundesverfassungsgerichts (BVerfG)
- Rundfunkstaatsvertrag (RStV) ❶
- Landesrundfunkgesetze
- Staatsverträge über ARD, ZDF und Deutschlandradio
- Gesetze bzw. Staatsverträge für die einzelnen Landesrundfunkanstalten der ARD (z. B. WDR-Gesetz, Staatsvertrag über den SWR)

Rechtsprechung des Bundesverfassungsgerichts

Der rechtliche Rahmen für den Rundfunk in Deutschland ist maßgeblich von der Rechtsprechung des Bundesverfassungsgerichts geprägt. In bisher insgesamt **zehn Urteilen** (seit 1961) sind die entscheidenden Vorgaben herausgearbeitet worden. Das Bundesverfassungsgericht hat insbesondere den Begriff der Grundversorgung als zentrales Kriterium für den Rundfunk herausgestellt ❷.

Mit **Grundversorgung** wird gleichzeitig auch der zentrale Funktionsbereich bzw. die Hauptaufgabe des öffentlich-rechtlichen Rundfunks beschrieben und festgeschrieben. Mit der Grundversorgung soll gewährleistet sein, dass der Rundfunk seine klassischen Aufgaben erfüllen kann, und zwar als Faktor und Forum der Meinungs- und politischen Willensbildung, als Unterhaltungsanbieter, als Einrichtung, die über die laufende Berichterstattung hinaus Informationsfunktionen erfüllt sowie als Kulturinstitution. Die Notwendigkeit des Grundversorgungsauftrags an den öffentlich-rechtlichen Rundfunk ergibt sich gemäß der Rechtsprechung des Bundesverfassungsgerichts unmittelbar aus Art. 5 Abs. 1 GG und kann vom Gesetzgeber nicht in Frage gestellt werden.

Rundfunkstaatsvertrag

Der **Rundfunkstaatsvertrag** (RStV) ist das zentrale Gesetzeswerk – sozusagen die „Bibel" – für den Rundfunk in Deutschland. Er schafft auf der Grundlage der Entscheidungen des Bundesverfassungsgerichts das konkret geltende Recht für den Rundfunk und enthält alle grundlegenden Regelungen sowohl für den öffentlich-rechtlichen als auch für den privaten Rundfunk.

Die **obersten Leitmaximen** des Rundfunkstaatvertrags heißen: freie Meinungsbildung, Meinungsvielfalt und Wettbewerb. In der Präambel des RStV heißt es daher: „Öffentlich-rechtlicher Rundfunk und privater Rundfunk sind der freien individuellen und öffentlichen Meinungsbildung sowie der Meinungsvielfalt verpflichtet. Beide Rundfunksysteme müssen in der Lage sein, den Anforderungen des nationalen und internationalen Wettbewerbs zu entsprechen. Im Zuge der Vermehrung der Rundfunkprogramme in Europa durch die neuen Techniken sollen Informationsvielfalt und kulturelles Angebot im deutschsprachigen Raum verstärkt werden."

❶ Genau heißt er: Staatsvertrag für Rundfunk und Telemedien (**Rundfunkstaatsvertrag** – RStV) vom 31.08.1991, zuletzt geändert durch Artikel 1 des Neunten Staatsvertrages zur Änderung rundfunkrechtlicher Staatsverträge vom 31.07. bis 10.10.2006 (GBl. BW 2007 S. 111), in Kraft getreten am 01.03.2007.

❷ „Der Begriff der Grundversorgung ist der Schlüssel für das Verständnis des geltenden Rundfunkrechts. Grundversorgung bedeutet, dass im Prinzip Sorge getragen sein muss, dass für die Gesamtheit der Bevölkerung Programme angeboten werden, die umfassend und in der vollen Breite des klassischen Rundfunkauftrags informieren und dass Meinungsvielfalt in der verfassungsrechtlich gebotenen Weise gesichert ist" (Fechner 2006, S. 250).

Der Rundfunkstaatsvertrag heißt „Staatsvertrag" und nicht „Gesetz", weil **Rundfunk** eine **Angelegenheit der Bundesländer** ist und sich eine einheitlich für ganz Deutschland geltende Regelung nur in der Weise herstellen lässt, dass sich die Länder auf eine gemeinsame Grundlinie verständigen und für eine gemeinsame Regelung sorgen. Der rechtliche Zusammenschluss der Länder geschieht im Staatsvertrag. Geltendes Recht werden diese Regelungen allerdings erst, wenn die Parlamente der Länder diese staatsvertraglichen Regelungen in konkretes Landesrecht umsetzen. Werden Änderungen notwendig, muss dies in einem sog. „Rundfunkänderungsstaatsvertrag" zwischen den Ländern geregelt werden. Derzeit befindet man sich auf dem „Parkett" des 9. Rundfunkänderungsstaatsvertrags.

Der RStV enthält im Prinzip einen Katalog an allgemeinen Vorschriften, der für alle Rundfunkveranstalter im dualen System Deutschlands gleichermaßen Gültigkeit besitzt, sowie zwei spezielle Teile, die die grundlegenden Regelungen für den öffentlich-rechtlichen auf der einen Seite und für den privaten Rundfunk auf der anderen Seite beinhalten.

Die Allgemeinen Vorschriften legen den Rundfunkbegriff dar, sie formulieren allgemeingültige Programmgrundsätze und sorgen für einen Rahmen im Hinblick auf Berichterstattung, Produktionsanteile, Werbung und Sponsoring. Die Vorschriften für den öffentlich-rechtlichen Rundfunk regeln die „funktionsgerechte Finanzausstattung", beschreiben das Verfahren zur Ermittlung des Finanzbedarfs und grenzt die Möglichkeiten für Werbung und Sponsoring ein. Die Vorschriften für den privaten Rundfunk schließlich umfassen Zulassungsvorschriften, die Messvorschriften, die den Maßnahmen zur Sicherung der Meinungsvielfalt zugrunde liegen (sog. Zuschaueranteilsmodell), beschreiben die Organisation der Medienaufsicht, formulieren Programmgrundsätze und die Regelwerke für die Durchführung von Werbung, Sponsoring und Teleshopping.

Die Rahmenregelungen des Rundfunkstaatsvertrages werden ergänzt und ausgefüllt durch die jeweiligen Landesrundfunkgesetze.

Weitere Regelwerke

Als weitere Regelwerke für den Rundfunk sind die **Landesrundfunkgesetze** bzw. **Landesmediengesetze** relevant, die spezielle Regelungen für die Zulassung von Veranstaltern, für die Sicherung der Meinungsvielfalt, für Programmgrundsätze und für die Organisation der Aufsicht durch eigens von den Ländern eingerichtete Landesanstalten enthalten.

Des weiteren sind die **Staatsverträge für ARD, ZDF ❶** und Deutschlandradio zu nennen sowie die Gesetze bzw. Staatsverträge für die einzelnen Landesrundfunkanstalten der ARD. Gesetze gibt es für öffentlich-rechtliche Rundfunkanstalten, deren Sendegebiet mit dem Gebiet des Bundeslandes übereinstimmen, so für den Bayerischen Rundfunk, den Hessischen Rundfunk und den Westdeutschen Rundfunk. Ein Staatsvertrag zwischen einzelnen Bundesländern ist immer dann erforderlich, wenn – wie beim Südwestrundfunk, beim Norddeutschen Rundfunk oder beim Mitteldeutschen Rundfunk – die Zuständigkeit über zwei oder mehrere Bundesländer gegeben ist.

❶ Der rundfunkrechtliche Laie nimmt immer wieder fälschlicherweise an, das ZDF sei wegen seines bundesweiten Sendegebietes eine Bundeseinrichtung. Da Rundfunk eine Angelegenheit der Länder ist, ist das **ZDF** jedoch eine **Länderanstalt**, die von allen Bundesländern gemeinsam getragen wird.

17.1.4 Multimediarecht

Das Recht der „neuen Medien" – auch als „Multimediarecht" bezeichnet – wird durch zwei große **Rechtsvorschriften** geprägt:

- Telekommunikationsgesetz (TKG)
- Telemediengesetz (TMG)

Telekommunikationsgesetz

Der **Telekommunikationsgesetz** schafft den rechtlichen Rahmen für den technischen Vorgang der Telekommunikation. § 1 TKG lautet: „Zweck dieses Gesetzes ist es, durch technologieneutrale Regulierung den Wettbewerb im Bereich der Telekommunikation und leistungsfähige Telekommunikationsinfrastrukturen zu fördern und flächendeckend angemessene und ausreichende Dienstleistungen zu gewährleisten." Die Regulierung der Telekommunikation ist eine hoheitliche Aufgabe des Bundes. Um die Regulierungsziele zu erreichen, ist ein detailliertes und kompliziertes Regulierungsverfahren installiert worden, das vor allem die folgenden Maßnahmenbereiche umfasst:

- Regulierung des Zugangs zu den Netzen der Telekommunikation. Ziel ist es, für alle Anbieter einen gleichwertigen Zugang zu gewähren und Chancengleichheit sicherzustellen ❶.
- Regulierung des Entgelts. Ziel ist es nach § 27, „eine missbräuchliche Ausbeutung, Behinderung oder Diskriminierung von Endnutzern oder von Wettbewerbern durch preispolitische Maßnahmen von Unternehmen mit beträchtlicher Marktmacht zu verhindern."
- Missbrauchsaufsicht durchführen.
- Festlegen der Frequenzordnung.

Telemediengesetz

Das am 01.03.2007 in Kraft getretene **Telemediengesetz des Bundes** – umgangssprachlich auch als **Internetgesetz** bezeichnet – dient der einheitlichen Regelung der rechtlichen Aspekte der „Dienste der Informationsgesellschaft, insbesondere des elektronischen Geschäftsverkehrs" ❷.

Unter **Telemedien** sind sämtliche Angebote im Internet zu verstehen. Dies sind Webshops (z. B. Amazon), Online-Auktionshäuser (z. B. eBay), Suchmaschinen (z. B. Google, Lycos), Webmail-Dienste, Informationsdienste (z. B. zu Wetter, Verkehrshinweisen), Podcasts, Chatrooms, Dating-Communities oder Web-Portale (z. B. Yahoo!, YouTube). Auch alle privaten Websites und Blogs fallen unter dieses Gesetz. Nicht als Telemedien gelten beispielsweise Live-Streams oder Webradios, da diese Rundfunk darstellen. Auch die bloße Internet-Telefonie („Voice over IP") ist kein Telemedium, sondern fällt unter die Telekommunikation. Telemedien sind im Gegensatz zu Rundfunkmedien zulassungs- und anmeldefrei. Allerdings haben die Diensteanbieter bestimmten Informationspflichten oder Impressumspflichten (wie z. B. Name und Anschrift, klare Erkennbarkeit von kommerzieller Kommunikation) zu genügen.

❶ § 19 Abs. 1 TKG lautet: „Die Bundesnetzagentur kann einen Betreiber eines öffentlichen Telekommunikationsnetzes mit beträchtlicher Marktmacht dazu verpflichten, dass Vereinbarungen über Zugänge auf objektiven Maßstäben beruhen, nachvollziehbar sein, einen gleichwertigen Zugang gewähren und den Geboten der Chancengleichheit und Billigkeit genügen müssen." Im Kern geht es darum, die Monopolmacht der Deutschen Telekom zu regulieren und auch anderen Anbietern faire Bedingungen sicherzustellen. Als Aufsichtsbehörde ist die Bundesnetzagentur zuständig.

❷ In § 1 heißt es: „Dieses Gesetz gilt für alle elektronischen Informations- und Kommunikationsdienste, soweit sie nicht Telekommunikationsdienste nach § 3 Nr. 24 des Telekommunikationsgesetzes, die ganz in der Übertragung von Signalen über Telekommunikationsnetze bestehen, telekommunikationsgestützte Dienste nach § 3 Nr. 25 des Telekommunikationsgesetzes oder Rundfunk nach § 2 des Rundfunkstaatsvertrages sind (Telemedien)."

17.1.5 Internationales Medienrecht

Als internationale Rechtsquellen für die Medien spielen die folgenden **Basis-Dokumente** eine wichtige Rolle:

- Europäische Menschenrechtskonvention (MRK): Art. 10: Meinungs- und Informationsfreiheit ohne Rücksicht auf Grenzen; Art. 25: Jeder Bürger der Bundesrepublik hat das Recht, bei Verletzung von Art. 10 den Europäischen Gerichtshof anzurufen.
- Allgemeine Erklärung der Menschenrechte der Vereinten Nationen: Art. 19: Jedermann stehen allgemeine Menschenrechte zu, wozu explizit die Meinungsfreiheit zählt.
- KSZE-Schlussakte von Helsinki 1975: Verpflichtung aller Teilnehmer, die Menschenrechte lt. Charta und Allgemeiner Erklärung der Menschenrechte zu achten und zu respektieren.
- Grundrechte-Charta der Europäischen Union vom 07.12.2000: Nach Art. 11 Abs. 2 Achtung der Freiheit der Medien und ihrer Pluralität (keine allgemeine Rechtsverbindlichkeit, jedoch Bindung der EU-Institutionen an die Charta).

Der europäische Kontext der Medienregelungen gewinnt im Zeichen von grenzüberschreitenden Medienangeboten („Spillover-Effekte") und der Digitalisierung, bei der die Grenzverläufe zwischen den Nationen und zwischen den Welten des Rundfunks und der Telekommunikation verschwimmen, erheblich an Bedeutung. Rechtliche Entscheidungen können daher nicht mehr von einem Land isoliert gefällt werden, sondern bedürfen vereinheitlichender Regelungen aller EU-Mitgliedsstaaten. Die nachfolgenden **EU-Rechtsgrundlagen** sind bedeutsam:

- Grünbuch „Fernsehen ohne Grenzen" von 1984: Ziel ist es, die Anstrengungen zu einem gemeinsamen Binnenmarkt für Dienstleistungen zu forcieren. Die Ansicht, Fernsehen sei eine Dienstleistung, wird bestätigt.

- 1988 Grundsatz-Urteil des Europäischen Gerichtshofs (EuGH), dass Fernsehen als Dienstleistung anzusehen ist. Rundfunk wird als eine rein wirtschaftliche Dienstleistung eingestuft.

- EU-Fernsehrichtlinie von 1989: Die jeweilige staatliche Rundfunkordnung muss den Anforderungen der Richtlinie entsprechen. Grenzüberschreitende Fernsehsendungen müssen richtlinienkonform sein, d. h., freier Empfang muss gewährleistet sein, Behinderungen bei der Einspeisung in die Kanäle dürfen nicht stattfinden.

- Protokoll der Amsterdamer Regierungskonferenz über den öffentlich-rechtlichen Rundfunk (1997): Die Rolle des öffentlich-rechtlichen Rundfunks für Demokratie, Gesellschaft, Kultur und Vielfalt wird ausdrücklich anerkannt.

Im Überblick ist festzustellen, dass das Integrationsrecht der Europäischen Union einen starken Impuls setzt, der vielfach unterschätzt wird: „Das Europarecht hat dabei Vorrang vor dem nationalen Recht, was hinsichtlich seiner Konsequenzen vielen Medienschaffenden nicht bewusst ist" (Fechner 2006, S. 259).

17.2 Urheberrecht im Fokus

17.2.1 Praxisbeispiele

Anschauungsbeispiel Berlin CD-ROM

Annahme: Zu produzieren ist die offizielle Stadt-Präsentation für die Bundeshauptstadt Berlin. Auftraggeber ist die „Stadtmarketing Berlin GmbH". Das Werk hat den Titel „Berlin – Europäische Metropole der Zukunft". Vorgesehen ist eine interaktive Multimedia-Produktion auf CD-ROM, die gleichzeitig eine Anbindung zum Online-Auftritt von Berlin hat. Die CD-ROM soll in den Touristenbüros, bei Reiseveranstaltern, in Bahnhöfen und anderen „Points of Information" zu einem angemessenen Preis verkauft werden. Bei bestimmten offiziellen Anlässen soll die CD auch als Geschenk („Give Away") an wichtige Persönlichkeiten („Multiplikatoren") vergeben werden.

❶ Ein fertiges Produkt heißt in der juristischen Fachsprache Werk.

Dieses Produkt ❶ herzustellen und wie vorgesehen zum Einsatz zu bringen, ist mit einer Vielzahl von Rechtsfragen verbunden. Das beginnt beim Auftraggeber und endet mit der Nutzung durch den Endverbraucher. Zur Verdeutlichung der anstehenden Rechtsfragen soll die nachfolgende **7-Stufen-Kette** einer **Medienproduktion** dienen:

- Stufe 1: Der Auftrag wird vergeben.
- Stufe 2: Die beauftragte Agentur erstellt eine Konzeption.
- Stufe 3: Ein Autor wird beauftragt, die Inhalte der Produktion zu verfassen.
- Stufe 4: Das Werk wird von dazu befähigten Spezialisten hergestellt.
- Stufe 5: Der Auftraggeber nimmt das fertige Werk ab.
- Stufe 6: Das fertige Werk kommt zum Einsatz.
- Stufe 7: Die vorgesehene Zielgruppe nutzt das Werk.

Auftraggeber	Agentur	Autor	Produzent	Distributor	Zielgruppe
Stufe 1	**Stufe 2**	**Stufe 3**	**Stufe 4 + 5**	**Stufe 6**	**Stufe 7**
Akquisitions-vorgang	Konzeption	Multimedia-Autor	Produktions-team	Verteilungs-vorgang	Nutzungs-vorgang
Auftrag	Kosten	Drehbuch-Autor	Externe Dienstleister	Verviel-fältigung	Inter-essenten
Vertrag	Briefing	Honorar	Rechte-Sicherung	Verbreitung	Freistellung von Ansprüchen Dritter
Umfang der Rechte	Umfang der Rechte	Umfang der Rechte	Abnahme	Umfang der Rechte	

Stufe 1: Der Auftrag wird vergeben

Die Stadtmarketing GmbH Berlin als Auftraggeber hat zunächst ein Interesse daran, das fertige Werk möglichst uneingeschränkt zu nutzen. Dazu muss sie sich schon im Vertrag mit der Agentur alle notwendigen Verwertungsrechte sichern. Im Mittelpunkt steht das Recht zur Vervielfältigung und zum Verkauf.

Ferner soll der Titel „Berlin – Europäische Metropole der Zukunft" exklusiv für Berlin gesichert werden. Es wäre fatal, wenn z. B. die Städte Rom oder Paris mit dem selben Slogan aufwarten würden. Angesprochen ist damit die Frage eines möglichen Titelschutzes im europäischen Rahmen. Hier sieht es für Berlin gut aus: Seit der Reform des deutschen Markenrechts 1995 und der Einführung der EU-Gemeinschaftsmarkenverordnung 1996 ist der Markenschutz erheblich erweitert und kann einzelne Worte, kurze Musiksequenzen und sogar bestimmte Farben wie z. B. das Lila von Milka erfassen.

Berlin als Auftraggeber hat des Weiteren ein Interesse daran, dass im fertigen Werk das offizielle Logo, das Erscheinungsbild und alle Design-Elemente der äußeren Erscheinung von Berlin Verwendung finden. Den Herstellern wird man daher zwingend die richtige Verwendung der „Marke Berlin" vorschreiben.

❶ Das Wettbewerbsrecht sorgt für die Einhaltung der Grenzen des zulässigen Wettbewerbs. Die zentralen Vorschriften sind im „Gesetz gegen den unlauteren Wettbewerb" (UWG) enthalten.

Die Stadtmarketing Berlin GmbH muss schließlich darauf achten, dass sie keine anderen gesetzlichen Grundlagen verletzt. In Frage könnte z. B. das Wettbewerbsrecht ❶ kommen, das einen unlauteren (Städte-)Wettbewerb untersagt. Dort ist z. B. festgelegt, dass ein Ideenklau bzw. das „Abkupfern" von Ideen wettbewerbswidrig ist. Wenn es so wäre, dass Rom oder Paris bereits mit einem ähnlichen Slogan aufwartet, müsste man ganz genau prüfen, ob hier eine Rechtsverletzung vorliegt.

Stufe 2: Die beauftragte Agentur erstellt eine Konzeption

Um das Projekt zu realisieren, muss eine Agentur eingeschaltet werden, die die ganze Konzeption erarbeitet und den Produktionsprozess überwacht. Die Konzeption ist eine wesentliche Voraussetzung für das Gelingen des fertigen Produkts. Die Leistung der Agentur muss daher angemessen vergütet werden.

Die Kosten für die Erarbeitung der Konzeption können beachtlich sein, dies vor allem deshalb, weil sich die Agentur neben der reinen Arbeitsleistung auch die Nutzungsrechte bezahlen lässt.

❷ Unter Briefing versteht man den direkten Informationsaustausch zwischen Auftraggeber und Auftragnehmer mit dem Ziel der genauen Festlegung der Aufgabenstellung.

Die Agentur wird vom Auftraggeber mit dessen Vorstellungen und Anforderungen bekannt gemacht, die im sog. Briefing ❷ festgehalten werden. Rechtlich ist festzulegen, dass die Agentur nach Beendigung des Projekts nicht die Möglichkeit hat, die Konzeption oder Teile daraus für andere Zwecke zu verwenden.

Die Stadtmarketing Berlin GmbH muss sich also vor der ungerechtfertigten Weiterverwendung der erarbeiteten Konzeption schützen. Dies geschieht durch Übertragung sämtlicher Nutzungsrechte an der Konzeption von der Agentur an die Berliner Stadtmarketing GmbH.

Stufe 3: Ein Autor wird beauftragt, die Inhalte der Produktion zu verfassen

Die Inhalte, die auf der CD-ROM erscheinen sollen, werden vom Multimedia-Autor bzw. Drehbuch-Autor erstellt. Er arbeitet das Flowchart ❶ aus, entwickelt den Themenbaum, schafft Übersicht, kurz: er verfasst die umsetzungsfähige Produktionsvorlage für das Produkt. Eine Multimedia-Produktion stellt hohe Anforderungen, da prinzipiell alle Medienelemente betroffen sind.

Der Autor tut gut daran, schon bei der Entwicklung der (komplexen) Inhalte die anfallenden Rechtekosten mit in Betracht zu ziehen. Von entscheidender Bedeutung ist die Frage, inwieweit die Medienelemente neu produziert werden müssen oder aber vorgefertigt vorliegen bzw. beschafft werden können. Der Autor entscheidet mit, wie hoch der Anteil an Neuproduktionen sein soll, und wie viele vorgefertigte Medienelemente benutzt werden können. Bereits fertiges Material kann aus verschiedenen Quellen wie z. B. Archive oder aus dem Netz bezogen werden.

❶ Mit dem **Flowchart** wird die Struktur einer interaktiven Anwendung visualisiert.

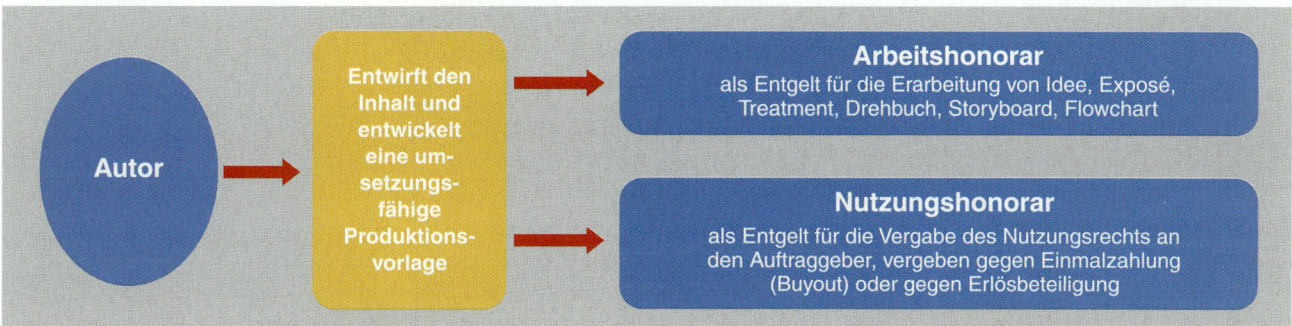

Dem Autor sollte klar sein, dass bei einer sehr umfangreichen Verwendung fremder vorgefertigter Elemente unter Umständen ein erheblicher Aufwand für die Rechteklärung entsteht, der bei multimedialen Produktionen geradezu „aus dem Ruder laufen" kann ❷.

Für den Autor selbst wird sich die Frage nach dem Honorar stellen. Dieses teilt sich nach zwei Bestandteilen auf:

- Arbeitshonorar: Entgelt für die Erarbeitung und Ausarbeitung von Idee, Exposé, Treatment, Drehbuch, Flowchart
- Nutzungshonorar: Honorar für die Vergabe des Nutzungsrechts der erstellten Inhalte an den Auftraggeber

Das Arbeitshonorar bemisst sich nach dem voraussichtlichen Aufwand, den der Autor einbringen muss, z. B. 10 Tage, die dann z. B. mit 500 Euro pro Tag vergütet werden. Davon zu trennen ist das Nutzungshonorar. Hier muss der Autor entscheiden, in welcher Form er das Nutzungsrecht erteilt: Zum einen kann er die Rechte gegen eine Einmalzahlung im Sinne eines „Buyout" ❸ abtreten, zum anderen wird er in Form einer regelmäßigen Lizenzzahlung am Erlös der Anwendung beteiligt. In der Praxis werden oft Arbeitshonorar und alle Nutzungsrechte incl. Buyout in einer gesamten Pauschale abgegolten.

❷ Allerdings gibt es die Hilfestellung von Agenturen. So wäre z. B. die Verwendung des Filmausschnitts aus der berühmten Kennedy-Rede 1963 „Ich bin ein Berliner" in einem vertretbaren finanziellen Rahmen zu realisieren.

❸ Unter **Buyout** versteht man die Entschädigung für die Überlassung des Veröffentlichungsrechts. In der Werbung wird es als prozentualer Aufschlag auf das Grundhonorar verrechnet.

❶ Üblicherweise wird der Video-teil bei Multimedia-Produktio-nen von externen Dienstleistern hergestellt.

Stufe 4: Das Werk wird von den dazu befähigten Spezialisten hergestellt

An der Herstellung der CD-ROM „Berlin – Europäische Metropole der Zukunft" ist eine Vielzahl von Spezialisten beteiligt. Auf der kreativen Seite sind dies vor allem die Mediendesigner, Screendesigner, Grafiker, Programmierer, auf der Produktionsseite der Vertreter des Multimedia-Produzenten, meist der Projektleiter, sowie Techniker und Operatoren. Wenn Video-Sequenzen eingeplant sind, wird ein Videoteam benö-tigt ❶. Eventuell kommen Darsteller hinzu. Erforderlich sind in jedem Fall Sprecher.

❷ Kreativleistungen genießen einen besonders starken urhe-berrechtlichen Schutz!

Man tut gut daran, zunächst davon auszugehen, dass die Arbeit aller Beteiligten einen urheberrechtlichen Schutz genießt – allerdings nicht im selben Umfang. Einen starken Schutz genießen vor allem diejenigen Beteiligten, die als Kreative mit der Schöpfung des neuen Werkes unmittelbar zu tun haben, und das können – wie oben gezeigt – eine ganze Reihe von Personen sein ❷. Geschützt ist das ganze Werk, aber auch jeder einzelne spezielle Beitrag einer Einzelperson zum Gesamtwerk.

Will also jemand das fertige Werk nutzen, im vorliegenden Falle die Stadtmarketing Berlin GmbH, so ist das Einverständnis hierzu von jedem einzelnen Beteiligten einzu-holen. Dieses Einverständnis einzuholen kann – muss aber nicht – zu einigen rechtli-chen Schwierigkeiten führen. Zwei Situationen sind denkbar:

- Im ersten Fall wird das Produkt oder wesentliche Teile davon von der Stadtmar-keting Berlin GmbH in Eigenregie produziert. Das führt dazu, dass sie mit allen Fragen der Rechteeinholung und Verhandlung über die Höhe der Vergütung der beteiligten Hersteller konfrontiert wird. Das könnte ein zeitraubendes und mög-licherweise rechtlich spitzfindiges Unterfangen werden.
- Im vorliegenden Beispiel wird es jedoch wohl eher so sein, dass die Herstellung der Berlin-CD an ein professionelles Produktionsunternehmen (nennen wir es „Multimedia Production Berlin AG") als Auftrag fremd vergeben wird. In diesem (sehr wahrscheinlichen) Fall hat die Stadtmarketing GmbH Berlin normalerweise kein Problem. Sie kann davon ausgehen, dass das Produktionsstudio alle Rechte an den erbrachten Leistungen besitzt und auch berechtigt ist, die Rechte an ihre Auftraggeber weiter zu geben. Das wird sich die Stadtmarketing Berlin GmbH garantieren lassen.

Die Frage der Rechte ist im letzteren Fall ein internes Problem zwischen der „Multimedia Production Berlin AG" und deren Angestellten und Mitarbeitern. Das Einverständnis der Weiterverwertung liegt normalerweise automatisch vor, wenn es sich um fest angestellte Mitarbeiter handelt, die dann im Rahmen ihres Arbeitsverhältnisses im Austausch gegen ihr Gehalt alle Rechte an ihren Auftraggeber abtreten. Bei freien Mitarbeitern und Subunternehmern sind die Rechte durch separate Vereinbarungen zu übertragen.

Nicht alle Teile der CD-ROM „Berlin – Europäische Metropole der Zukunft" werden neu zu produzieren sein. Viele Medienbausteine liegen vermutlich schon in der einen oder anderen vorgefertigten Form vor. Die folgenden Quellen lassen sich unterscheiden:

- Material aus PR- und Marketing-Archiven von Berlin, z. B. Logos, offizielles Bild-, Grafik-, Film- und Tonmaterial. Es darf davon ausgegangen werden, dass dieses Material sogar schon in digitalisierter Form vorliegt und die Rechte für jede Form der Verwertung bei der Stadtmarketing Berlin liegen.
- Material, das in diversen anderen Archiven von Berlin betreffend vorliegt, aber erst noch recherchiert werden muss. Zu denken ist z. B. an historische Archive, Museen, Sammlungen, Dokumentationen. Hier ist möglicherweise ein aufwändiger Prozess der Sichtung notwendig, um geeignetes Material zu finden. Die Frage, wie es mit den Rechten für dieses Material aussieht, ist völlig offen. Sie muss genauestens geklärt werden.
- Material, das man von kommerziellen Bild-, Ton- und Film-Archiven beziehen kann, z. B. von Agenturen wie Mauritius, Bavaria, Selected Sound oder Central Order. Hier ist es so, dass eine geradezu gigantische Fülle von verwertbarem Material auf dem Markt zur Verfügung steht. Jeder Produzent wird genauestens prüfen, ob Archivmaterial einsetzbar ist, bevor man in die viel teurere Neuproduktion einsteigt. Allerdings verlangen die Archive selbstverständlich je nach Nutzungsart und Nutzungszeitraum mehr oder weniger hohe Honorare.
- Lizenzfreies Material. Dieses gibt es in der unterschiedlichsten Form, z. B. in Form von Sammlungen, die gegen ein Einmalentgelt genutzt werden dürfen, aber auch als völlig kostenfreie, da über Werbung finanzierte Angebote. Lizenzfrei sind vor allem aber alle Werke, deren urheberrechtliche Schutzfrist (spätestens 70 Jahre nach dem Tod des Urhebers) abgelaufen ist. Solche so genannten „gemeinfreien Werke" können von jedem beliebig genutzt werden.

Abschließend eine Anmerkung zur Neuproduktion von Bildern und Filmsequenzen: Hier verdient die Frage, wie die im Werk abgebildeten Personen zu behandeln sind, eine besondere rechtliche Beachtung. Jede abgebildete Person besitzt nämlich ein unumstößliches und grundgesetzlich verankertes Persönlichkeitsrecht, das besagt, dass ein jeder das Recht auf eine Privatsphäre besitzt. Abgebildete Personen müssen daher der Veröffentlichung in einem Bild ausdrücklich zustimmen. Neben dem Grundgesetz sichert dieses Recht am eigenen Bild auch der Datenschutz und Spezialgesetze wie das Kunsturhebergesetz (KUG). Lediglich sehr bekannte Personen des öffentlichen Lebens müssen eine gewisse Einschränkung ihres Persönlichkeitsrechts hinnehmen.

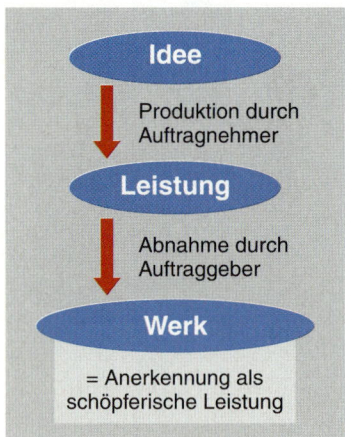

❶ Rechte, an die man denken muss:
- Vervielfältigungsrecht
- Verbreitungsrecht
- Senderecht
- Vorführungsrecht
- Merchandisingrecht

❷ Die **Freistellung von Ansprüchen Dritter** ist ein wichtiger Rechtsbegriff. Er spielt insbesondere im Zusammenhang von Auftraggeber, Agentur und Produktionshaus eine Rolle.

Stufe 5: Der Auftraggeber nimmt das fertige Werk ab

In dem Moment, in dem der Auftraggeber das fertig gestellte Werk akzeptiert, beginnt ein neues Kapitel rechtlicher Fragen. Mit der Abnahme wird nämlich das Werk als eine eigenständige Schöpfung anerkannt. Als eine solche „individuelle schöpferische Leistung" ist das Werk eigenständig geschützt. Es darf von niemandem einfach verwendet werden. Die Berliner Stadtmarketing GmbH als Rechteinhaberin muss gefragt werden, wenn das Werk von Dritten für deren Zwecke benutzt werden soll.

Die Erklärung aller Beteiligten, dass das Werk nun fertig ist, hat rechtlich also eine hohe Bedeutung. Jetzt ist man über das Stadium einer bloßen Entwicklung hinaus oder gar über den Zustand einer Idee. Ideen sind als solche praktisch nicht schutzfähig – im Gegensatz zum fertigen Werk.

Stufe 6: Das fertige Werk kommt zum Einsatz

Die Berliner Stadtmarketing GmbH will nun natürlich „loslegen". Das Produkt soll ja nun vervielfältigt werden, um es wie vorgesehen an Interessierte zu verkaufen oder es für PR-Zwecke zu verschenken. Dazu braucht die Stadtmarketing GmbH das Vervielfältigungsrecht ❶. Es braucht auch das Verbreitungsrecht, d. h. das Recht, das Produkt der Öffentlichkeit anzubieten und in Verkehr zu bringen. Vielleicht will man Teile der CD in Ausschnitten im Rundfunk verwerten, so dass auch an das Senderecht gedacht werden muss. Oder es ist eventuell vorgesehen, sie auf Messen und Ausstellungen vorzuführen, wozu man dann das Vorführungsrecht benötigt.

Jeder, der ein Werk erstellen lässt, um es zu verwerten, steht vor der Frage des Umfangs des Rechteerwerbs. Zwei Möglichkeiten gibt es:

- Die Nutzungsrechte werden in eingeschränkter Form erworben.
- Die Nutzungsrechte werden unbeschränkt erworben, zumindest für alle bekannten Nutzungsarten.

Das unbeschränkte Nutzungsrecht hat den Vorteil, mit dem Werk alle nur denkbaren Nutzungen vornehmen zu können, der Nachteil ist, dass die Kosten für den Rechteerwerb höher sind.

Die Stadtmarketing muss sich also genau fragen, welchen Umfang der Rechte sie sicher stellen soll. Üblicherweise wird man bei einem Produkt, das der Eigenvermarktung dient, die Rechte eher in Richtung uneingeschränkter Nutzung erwerben, um flexibel handeln zu können.

Stufe 7: Die vorgesehene Zielgruppe nutzt das Werk

Das Produkt ist vervielfältigt. Es wird nun an Endverbraucher verkauft und an bestimmte Zielpersonen verschenkt. Es versteht sich von selbst, dass die Personen der Zielgruppe erwarten, nicht mit Rechtsfolgen ihrer Nutzung konfrontiert zu werden. Sie dürfen zu Recht davon ausgehen, dass sie von irgendwelchen Ansprüchen Dritter freigestellt ❷ sind, wenn sie sich die CD anschauen.

Kleine praktische Fallbeispiele

Idee

Zwei Freunde treffen sich. Der eine (Freund 1) erzählt dem anderen (Freund 2) von seiner Idee, eine Software für eine neue Bediener-Oberfläche im Musikbusiness zu entwickeln. Als Freund 1 nun nach vier Wochen daran geht, mit der Software-Entwicklung zu starten, stellt er fest, dass zwei Tage zuvor Freund 2 seine Bediener-Oberfläche bereits umgesetzt hat und sich anschickt, diese erfolgreich am Markt zu verkaufen. Ist das „Abkupfern" der Idee durch Freund 2 rechtmäßig?

Antwort: Es liegt kein Verstoß gegen das Urheberrecht vor. Freund 2 erfuhr von den Ideen von Freund 1, bevor dieser konkrete Entwürfe oder Skizzen erarbeitet hatte. Ein schutzwürdiges Werk lag nicht vor.

Design-Entwurf

Mediendesigner Ludwig Kohlani konzipiert und gestaltet eine Oberfläche für die Internet-Website der Firma Abzock AG. Diese verwendet die Screengestaltung für den Internet-Auftritt einer Tochterfirma, ohne mit Kohlani vorher Kontakt aufzunehmen. Rechtmäßig?

Antwort: Es liegt ein Verstoß gegen das Urheberrecht vor, da hier ein Werk bzw. ein in sich abgeschlossenes Teilwerk nach außen hin eine wahrnehmbare Gestalt angenommen hat.

Pop-Musik

Die bekannte Pop-Gruppe „Die Beatles" verwenden in ihrem Lied „All you need is love" an einer bestimmten Stelle die Marseillaise, also die Nationalhymne Frankreichs. Dürfen sie das?

Antwort: Ja. Es handelt sich lediglich um ein sog. Zitat, und zwar hier um ein Musikzitat. Die Beatles wollten mit der kurzen Passage in den Köpfen ihrer Fans die Vorstellung erzeugen, dass die Franzosen etwas mit „l'amour" zu tun haben.

Künstlerische Plastik

Der Bildhauer Markus Kreativus erstellt für die Stadt Ordnungshausen eine sieben Meter hohe Plastik. Die Stadt, auf Sicherheit und Ordnung bedacht, füllt nach einem halben Jahr den Sockel der Plastik 25 cm hoch und kaum merklich mit Beton auf, um die Standfestigkeit des Monuments zu erhöhen. Handelt die Stadt richtig?

Antwort: Nein. Das vom Bildhauer geschaffene Werk ist gegen jede Form der Entstellung geschützt, mag sie auch noch so klein erscheinen. Die Gestaltung des Kunstwerkes darf ohne Zustimmung des Bildhauers nicht verändert werden.

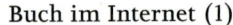

Buch im Internet (1)

Ich besitze ein Originalbuch aus dem Jahre 1875, das eine Reisebeschreibung der Türkei zum Gegenstand hat. Der Verfasser ist Herbert P. Glott. Als freundlicher Zeitgenosse will ich das Werk kostenlos der Menschheit zugänglich machen und stelle das ganze Werk gescannt ins Internet. Darf ich das?

Antwort: Da sämtliche Schutzfristen für das Werk abgelaufen sind, sowohl was den Autor als auch den Verlag, der das Buch produziert hat, anbelangt, ist mein Handeln rechtmäßig.

Buch im Internet (2)

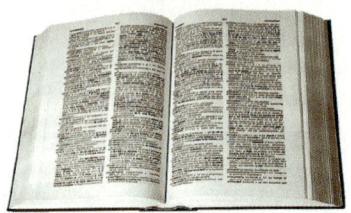

Ich als freundlicher Zeitgenosse bin der Meinung, dass man die Lesbarkeit erhöhen sollte und die Neuausgabe des Buches von Herbert P. Glott aus dem Jahr 1985 ins Netz stellen sollte. Immer noch rechtmäßig?

Antwort: Nein. Der herausgebende Verlag hat mit der Neuausgabe des Buches eine verlegerische Leistung erbracht und besitzt dadurch Rechte, gegen die ich nun bei der Veröffentlichung im Internet verstoßen würde.

Wagenfeld-Leuchte

Dem Bastler und Tüftler Sebastian Schlau fällt ein Konstruktionsplan einer Tischlampe im Bauhaus-Stil von Professor Wilhelm Wagenfeld (gest. 1990) aus dem Jahre 1924 in die Hände, von der er ganz begeistert ist. Würde er die Lampe kaufen wollen, müsste er eine Unsumme berappen. So entschließt er sich, diese Lampe selbst nachzubauen und sie der lieben Freundin zu Weihnachten zu schenken. Erlaubt?

Antwort: Ja. Es handelt sich um eine Vervielfältigung zu rein privatem Gebrauch. Die Weitergabe an die Freundin ist keine unerlaubte Verbreitung. Anders sähe es aus, wenn S. Schlau zehn Exemplare nachbauen und diese zum Verkauf anbieten würde, da die Erben des Schöpfers der Lampe Urheberschutz genießen.

Berliner Mauer

Die beiden Graffiti-Künstler Max und Moritz Mumm hatten in den 80er-Jahren in Berlin ein Mauerstück großflächig bemalt. Nach dem Abriss der Mauer kam ein großes Stück dieses Mauerabschitts in Monte Carlo zur Versteigerung. Erlös: eine Mio. Euro für die Firma XY. Die Graffiti-Künstler erfahren davon und verlangen Beteiligung am Versteigerungserlös. Ein berechtigtes Verlangen?

Antwort: Ja. Nach dem Urteil des Bundesgerichtshofs mussten die Künstler am Verkaufserlos angemessen beteiligt werden.

Anmerkung: Es handelt sich um einen wahren Fall (Namen geändert).

17.2.2 Bedeutung des Urheberrechts

Derjenige, der ein Werk schafft, z. B. ein Buch schreibt, ein Musikstück komponiert oder eine Multimedia-CD herstellt, geht zu Recht davon aus, dass er einen besonderen Schutz genießt. Es kann nicht sein, dass irgend jemand, ohne zu fragen und ohne sich die Erlaubnis zu holen, die Früchte harter Arbeit „abgreift" und für eigene Zwecke benutzt. Der Besitzer eines Autos würde ja auch heftig dagegen protestieren, wenn irgend jemand sich daran machen würde, sein Gefährt ungefragt für einen Personentransport zu benutzen!

Es geht also um die Frage der Nutzung von Eigentum, im Falle von Medienprodukten um die **Nutzung geistigen Eigentums**. Das fertige Medienprodukt ist ein eigenständiges **Werk**, das vor dem Zugriff unberechtigter Dritter geschützt ist. Nicht selten ist das Medienprodukt ja dazu da, einen finanziellen Erfolg zu erzielen, wie z. B. ein Fernsehwerbespot. Wenn die – u. U. sehr teure Produktion ❶ – einfach von einem Konkurrenten übernommen werden könnte, oder auch nur die Konzeption, wäre dies ein schwerer Schaden für das Werbung treibende Unternehmen, zumal sich der andere Wettbewerber einen ungerechtfertigten Zeit- und Kostenvorteil verschafft.

❶ Die Herstellungskosten eines Fernsehwerbespots können sich leicht auf mehr als 200 Tausend Euro und mehr belaufen.

Auch der Auftraggeber selbst, bzw. der Endkunde, kann das fertige Werk nicht nach Belieben nutzen. Auch er muss den Schutz des Werkes respektieren und kann sich nur das Recht zur Nutzung in einem genau festzulegendem Umfang sichern.

➲ **Das Urheberrecht ist das umfassende Recht des Schöpfers eines Werkes an seinem individuellen geistigen Werk.**

Dieses Recht hat den Charakter eines Eigentums ❷. Geschützt ist ein neu geschaffenes **Werk**, das eine persönliche **geistige Schöpfung** darstellt.

❷ Man sagt, das Urheberrecht ist ein „eigentumsähnliches Recht".

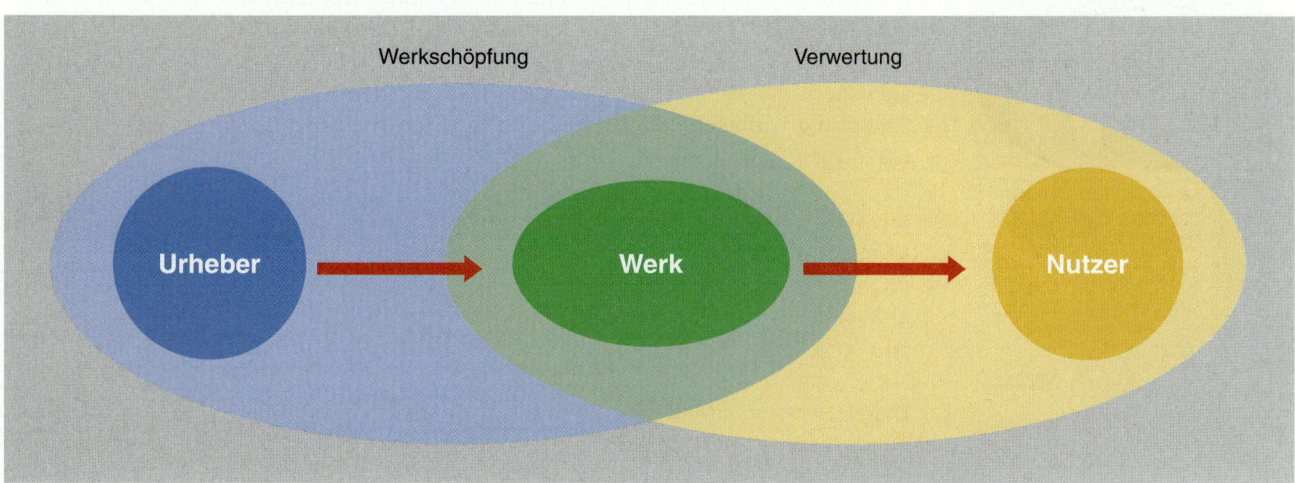

17.2.3 Werk als Schutzgegenstand

Definition Werk

❶ Der Schutzgegenstand im Urheberrecht ist das **Werk**.

Ein fremdes Werk oder auch nur Teile daraus ohne Genehmigung des Urhebers bzw. – wenn es mehrere sind – der Urheber zu verwenden, ist nicht erlaubt ❶. Dabei handelt es sich um ein schwerwiegendes Verbot, das dem Verbot gleichkommt, materielles Eigentum zu entwenden.

Allerdings ist nicht jedes erstellte Produkt und jede erbrachte Leistung gleich ein „Werk", das wie Eigentum geschützt ist. Nach dem Urheberrecht werden, damit eine Leistung als ein „Werk" eingestuft wird, bestimmte **Anforderungen** gestellt:

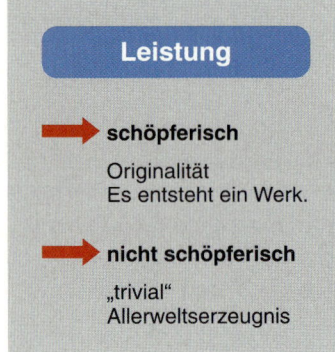

- Individuelle schöpferische Leistung
- Konkretisierung in einer eigenschöpferischen Form

Entscheidend ist vor allem die „individuelle schöpferische Leistung". Ein Werk muss das Ergebnis einer geistigen Schöpfung sein und sich durch die individuelle Prägung seines Schöpfers auszeichnen.

Ist das Kriterium der „individuellen schöpferischen Leistung" nicht erfüllt, spricht man von einem **Allerweltserzeugnis**, das keinen urheberrechtlichen Schutz genießt. Ein Allerweltserzeugnis wird als banal oder trivial angesehen, bei dem der Grad der Individualität und Originalität nicht ausreicht, um von einem „Werk" sprechen zu können. Allerweltserzeugnisse dürfen von jedermann frei benutzt werden.

Die Grenze vom Werk zum Allerweltserzeugnis ist weit gezogen, so dass auch noch scheinbar triviale Dinge wie Telefonbücher oder Sammlungen von Kochrezepten als Werk gelten und damit geschützt sind. Auch Datenbanken sind Werke, da sie auf Grund der Auswahl und Anordnung des Stoffes als eine eigene geistige Schöpfung ihres Urhebers anzusehen sind. Ebenso sind z. B. Werbegrafiken, die zu reinen Gebrauchszwecken dienen, normalerweise als Werke einzustufen, da eine geistige Schöpfung vorhanden ist. Gleiches gilt für Industriebauwerke, Bürohäuser oder Gartenanlagen, sofern es sich um künstlerische Schöpfungen handelt.

Ein Werk muss immer in einer „eigenschöpferischen Form" konkretisiert sein. Eine Idee, die lediglich in Worten geäußert oder mit wenigen Sätzen hingeworfen wird, reicht üblicherweise nicht aus, um als Werk anerkannt zu werden. Erforderlich wäre z. B. eine ausgearbeitete Projektskizze, die dazu noch Dritten bekannt gemacht wird. Nur so gelänge es dem genialen Ideengeber, sich gegen Ideenklau zu schützen.

Die Idee zu einem Multimedia-Produkt ist praktisch nur in Form eines ausgearbeiteten Exposés, Treatments oder Drehbuches, der ausgearbeiteten Benutzer-Oberfläche oder des fertigen Produkts schutzfähig.

Arten von Werken

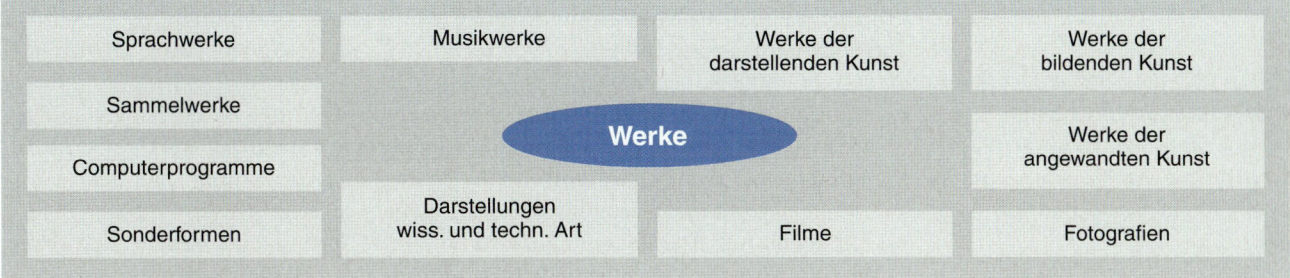

Sprachwerke	Musikwerke	Werke der darstellenden Kunst	Werke der bildenden Kunst
Sammelwerke	**Werke**		Werke der angewandten Kunst
Computerprogramme			
Sonderformen	Darstellungen wiss. und techn. Art	Filme	Fotografien

Das Urhebergesetz weist einen Katalog von Leistungen aus, in dem genau bezeichnet wird, was als Werk anzuerkennen ist. Dieser Katalog ist jedoch nicht abschließend zu verstehen. Im Einzelnen handelt es sich um die folgenden **Werke**:

- Sprachwerke: Texte jeder Art, mündliche Aufführungen (Reden). Übersetzungen, andere Bearbeitungen, Zusammenfassungen, Sammlungen von Werken sind selbständig neben den Originalwerken geschützt.
- Musikwerke: Alle Arten der „leichten" und „ernsten Musik" sowie bloße Improvisationen. Geschützt sind auch die Melodie und das Thema. Wenige einzelne Töne sind allerdings nicht mehr schutzfähig.
- Werke der darstellenden Kunst: Tanz, Pantomime, Theater, Choreographien.
- Werke der bildenden Kunst: Gemälde, Zeichnungen, Collagen, Skulpturen, Bauwerke usw.
- Werke der angewandten Kunst: Werbekonzeptionen, Werbetexte, Werbefotos, Werbefilme, Werbeplakate. Der Schutz von Werbeslogans und Warenetiketten wird überwiegend verneint.
- Fotografien: Geschützt sind nicht nur schöpferische Fotos („Lichtbildwerke"), sondern auch andere Fotos wie z. B. Schnappschüsse („Lichtbilder").
- Filme: Wie bei Fotografien wird zwischen schöpferischen Filmwerken und den sog. Laufbildern unterschieden. Bild- und Tonteile eines Filmes werden als eine Einheit betrachtet.
- Darstellungen wissenschaftlicher oder technischer Art: Pläne, Skizzen, Karten, Tabellen, Modelle, soweit sie geeignet sind, über technische oder wissenschaftliche Sachverhalte zu belehren. Darunter fallen z. B. auch Zeichnungen in Kindersachbüchern.
- Computerprogramme: Sie sind erst seit 1993 im Urheberrecht geschützt. Der Schutz umfasst nicht nur den Quellcode, sondern auch alles vorbereitende und begleitende Material.
- Sammelwerke: Sammlungen sind Werke, wenn sie durch Auslese oder Anordnung eine persönliche geistige Schöpfung sind.
- Datenbanken jeglicher Art: Hier handelt es sich um eine relativ neue Werkart. Es geht z. B. um den Katalog eines Shopping-Angebots, um eine Suchmaschine oder um ein Produktverzeichnis.

Neben den Werken sind deren Titel selbständig geschützt, ohne dass es einer Eintragung in das Markenregister beim Deutschen Patentamt bedarf.

Besondere Werke

Hinzuweisen ist auf einige **Sonderformen von Werken**. Die meisten, aber nicht alle aufgeführten Leistungen werden auch rechtlich als eigenständige Werke anerkannt:

- Bearbeitungen eines Werkes: Handelt es sich um eine eigenständige persönliche geistige Schöpfung, ist eine Bearbeitung wie ein selbständiges Werk geschützt ❶. Selbstverständlich bedarf die Veröffentlichung und Verwertung einer Bearbeitung der vorherigen Einwilligung des Urhebers des bearbeiteten Werkes.
- Umgestaltung: Eine Umgestaltung ist eine Veränderung eines bestehenden Werkes, das aber nicht die Qualität einer persönlichen geistigen Schöpfung erreicht und daher ungeschützt ist ❷.
- Übersetzungen: Die Übertragung eines Sprachwerkes in eine andere Sprache oder Mundart gilt stets als ein neues Werk und genießt daher einen eigenständigen Urheberschutz.
- Parodie: Hier handelt es sich um die Bearbeitung eines bestehenden Werkes mit dem Ziel, die übernommenen Werkteile komisch oder satirisch wirken zu lassen. Bis zur Grenze der Entstellung darf ein bestehendes Werk zum Zweck der Parodie frei benutzt werden. Einschränkungen sind aber im Musikbereich gegeben. Für musikalische Parodien sind die Grenzen sehr eng gezogen, weil es den sog. „starren Melodienschutz" gibt, nach dem die Melodie eines Musikwerkes keinem anderen Musikwerk zugrunde gelegt werden darf. Auch eine Variation einer Melodie anderer Komponisten ist unzulässig. Eine freie Benutzung im Musikbereich ist daher praktisch ausgeschlossen.
- Zitat: Grundsätzlich hat jeder das Recht, einzelne Stellen aus einem Werk zu zitieren (Zitierfreiheit). Dies ist eine Einschränkung des Urheberrechts im Interesse der Allgemeinheit. Ein Zitat liegt vor, wenn einzelne Stellen eines bestehenden Werkes in einem neuen, selbständigen Werk verwendet werden. Dabei muss der Zweck vorliegen, eine Assoziation herbeizuführen, ohne zu einem tragenden Bestandteil des neuen Werkes zu werden.
- Plagiat: Hier handelt es sich um ein Produkt, dessen Erschaffer fremdes Geistesgut übernimmt und als sein eigenes ausgibt. Der Erschaffer ist ein Plagiator und macht sich einer Rechtsverletzung schuldig. Beispiel: Ein Sachbuch-Autor übernimmt ganze Passagen eines anderen Sachbuches wörtlich, ohne irgendeinen Hinweis, in sein Buch.
- Gemeinfreie Werke: Dies sind solche Werke, deren Schutzfrist (70 Jahre nach dem Tod des Urhebers) abgelaufen ist. Sie dürfen frei verwendet werden.

Benutzung von Werkpartikeln

Häufig wird bei Medienproduktionen nicht das vollständige Sprach-, Bild- oder Filmwerk benutzt, sondern nur kleine und kleinste **Partikel** aus diesen Werken. So werden z. B. im Musikbereich oft nur diverse Sounds kopiert oder nur Musikelemente wie Schlagzeugfiguren, Bassläufe oder Keyboard-Einstellungen. Nach allgemeiner Ansicht sind diese Partikel urheberrechtlich nicht geschützt, da sie nicht „melodietragend" sind. Sie stellen lediglich „abstrakte Ideen ohne konkrete Form" dar und sind nicht urheberrechtsfähig.

❶ Beispiele sind die Dramatisierung eines Schriftwerkes, die Schaffung eines Klavierauszugs oder eines musikalischen Potpourris.

❷ Eine **Umgestaltung** ist kein eigenständiges Werk – im Gegensatz zur „Bearbeitung"!

17.2.4 Urheber als Werkschöpfer

Begriff Urheber

Der **Urheber** ist der **Schöpfer eines Werkes**. Schöpfer wird man, wenn man ein Werk „mit eigenen Händen", auch unter Zuhilfenahme von Werkzeugen, geschaffen hat. Der Begriff „mit eigenen Händen" darf nicht wörtlich genommen werden, beim Werk eines Urheber handelt es sich vielmehr um eine **persönlich-geistige Schöpfung**, die selbständig geschaffen wurde. Ein rein maschinell und über eine Software erzeugte Informationsdarstellung ist daher nicht schutzfähig.

Ein **Urheber** ist immer ein **konkreter Mensch**, d. h. eine natürliche Person. Niemals kann eine juristische Person, also ein Unternehmen, eine staatliche oder private Institution, eine kommerzielle oder gemeinnützige Organisation, Träger eines Urheberrechts sein.

An der Erstellung einer Medienproduktion sind normalerweise eine ganze Reihe von Personen beteiligt, ohne deren Einsatz und Sachverstand das Werk nicht zustande kommen würde. Man steht also oft vor der Situation, dass mehrere Personen ein Werk gemeinsam geschaffen haben, ohne dass sich die Anteile der einzelnen gesondert verwerten lassen. Auch in diesem Fall erlangt nicht die Menschengruppe, z. B. ein Multimedia-Produktionsteam, den Urheberstatus, sondern **jeder einzelne** des Teams wird zum Urheber oder Miturheber.

Nur derjenige, der ein Werk geschaffen hat, ist Urheber ❶. Die Urheberschaft kann nicht an einen Vorgesetzten, an einen Auftraggeber oder einen sonstigen Dritten abgetreten werden. Die Urheberrechte sind also immer an die Person des Werkschöpfers gebunden. Das hat Bedeutung für Urheber, die in abhängigen Arbeitsverhältnissen stehen: So kann ein Arbeitgeber logischerweise von seinen Angestellten nicht verlangen, die Urheberschaft für geschaffene Werke abzutreten.

Der Schöpfer ist Urheber, so lange er lebt. Diese Rolle kann nicht übertragen werden, auch nicht durch Vererbung ❷. **Übertragbar** ist lediglich das **Nutzungsrecht** am geschaffenen Werk, das auch weiter vererbt werden kann.

↪ Der Urheber ist der Schöpfers eines Werkes. Er ist immer eine natürliche Person.

Arten von Urhebern

Bei medialen Werken kommen eine Vielzahl von Personen in Betracht, die als **Urheber** anzusehen sind. Man kann dabei **nach Bereichen** unterscheiden:

- Text, Audio, Film: Textdichter, Drehbuchautor, Schriftsteller, Verfasser von Exposés, Treatments, Verfasser von wissenschaftlichen oder technischen Darstellungen, Komponist, Filmkomponist, Autor der Dialoge, Hauptregisseur
- Multimedia: Spezielle Urheber wie Drehbuchautoren, Programmierer, Screen-Designer, Konzeptionisten, Schöpfer von 3D-Animationen, Web-Designer

❶ Ohne Werk kein Urheber! Ohne Urheber kein Werk!

❷ Die **Urheberschaft** ist also ein unveräußerliches Gut und eine Tatsache, über die man nicht streiten kann.

Umstritten und daher im Einzelfall zu beurteilen ist, inwieweit z. B. der Kameramann oder die Cutterin in die Rolle der Urheberschaft schlüpfen können. Das Urheberrecht sieht dies eher negativ und wirkt mit einem eigenen Abschnitt darauf hin, dass die Verwertungs- und Leistungsschutzrechte nicht auf die einzelnen Beteiligten verteilt werden, sondern sich letztlich in der Person des Filmproduzenten vereinigen. Dadurch soll verhindert werden, dass einzelne an der Gestaltung des Filmes Mitwirkende die Verwertung des Filmwerkes im Zweifel unnötig erschweren.

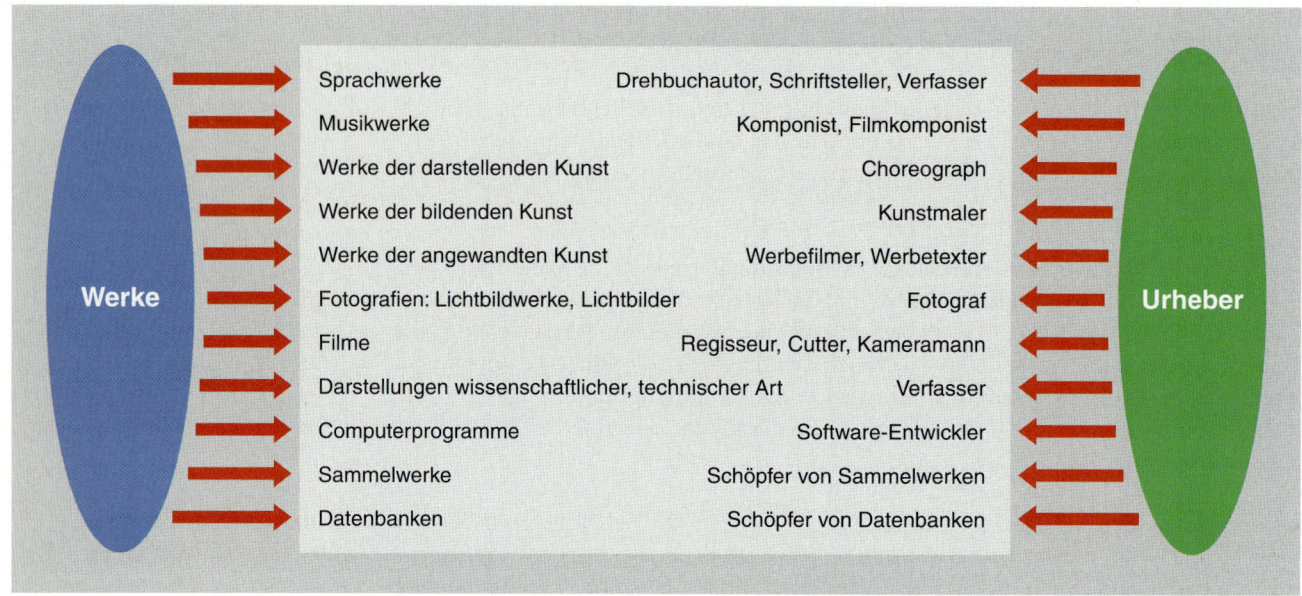

Leistungsschutzrechte der Mitwirkenden

❶ **Ausübende Künstler** sind:
- Schauspieler
- Sänger
- Musiker
- Tänzer
- Dirigenten
- Ensembles wie Orchester, Chöre, Musikgruppen, Ballett; vertreten durch den Vorstand
- Rezitatoren

Diejenigen Personen, die ein Werk darstellen, vorführen, zur Aufführung bringen, vortragen, präsentieren oder daran künstlerisch mitwirken, z. B. als Schauspieler, Sänger, Musiker oder als sonstige Mitwirkende, sind **Ausübende Künstler**, die sog. „Darbietungen" erbringen ❶. Sie sind keine Urheber im eigentlichen Sinne, sondern „Inhaber verwandter Schutzrechte" und genießen nur einen eingeschränkten Schutz.

Diese Schutzrechte werden auch **Leistungsschutzrechte** genannt ❷. Dass dieser Personenkreis überhaupt urheberrechtlich geschützt ist, darf nicht als selbstverständlich angenommen werden, denn nach dem Geist des Urhebergesetzes ist grundsätzlich nur die eigenständige schöpferische Leistung schutzwürdig. Der Schutz erklärt sich aus der Tatsache, dass die Leistungen der Mitwirkenden aber den Leistungen der Urheber in gewisser Weise ähnlich sind oder im Zusammenhang mit ihnen erbracht werden.

❷ **Leistungsschutzrechte** sind die Rechte der ausübenden Künstler, also derjenigen Personen, die ein Werk vortragen oder aufführen.

Kein ausübender Künstler (und schon gar nicht ein Werkschöpfer) ist z. B. ein Fernsehansager, da seine Äußerungen keine Wiedergabe eines schutzwürdigen Werkes sind. Mitwirkender ist im übrigen nur der, der auf die künstlerische Interpretation des Werkes einen bestimmenden Einfluss ausübt.

17.2.5 Geschützte Rechte

Das Urheberrecht schützt den Urheber zweifach: Zum einen ihn persönlich, zum anderen sein Werk. Die beiden Schutzbereiche sind daher zum einen das Persönlichkeitsrecht des Urhebers, zum anderen das Verwertungsrecht des Werkes.

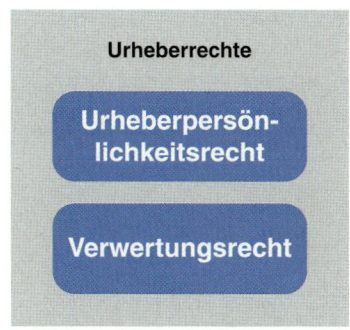

Urheberpersönlichkeitsrecht

Mit diesem Recht wird das Verhältnis des Urhebers zu seinem Werk bestimmt. Es ist ein Recht, das niemand dem Urheber nehmen kann. Zum Urheberpersönlichkeitsrecht gehören die folgenden **Teil-Rechte**:

- Veröffentlichungsrecht: Das ist das Recht des Urhebers, selbst darüber zu bestimmen, ob sein Werk überhaupt veröffentlicht wird, und wenn ja, wie.
- Recht auf Namensnennung: Ferner hat der Urheber das Recht, dass sein Name im Zusammenhang mit dem Werk genannt wird und mit welcher Urheberbezeichnung das Werk zu versehen ist.
- Recht auf Verhinderung der Entstellung des Werkes: Schließlich hat der Urheber das Recht, eine Entstellung oder Beeinträchtigung seines Werkes zu verbieten.

Verwertungsrechte

Die Verwertungsrechte schützen hauptsächlich die materiellen Interessen des Urhebers, im Gegensatz zu den angeführten persönlichen Interessen.

Danach hat der Urheber das alleinige Recht, über die Verwertung seines Werkes zu verfügen. Dieses Recht kann er anderen übertragen ❶. Die wichtigsten **Verwertungsrechte** sind:

❶ Nur das Verwertungsrecht ist übertragbar, nicht das Persönlichkeitsrecht!

- Vervielfältigungsrecht: Der Urheber hat das Recht, selbst darüber zu bestimmen, ob und in welcher Anzahl von seinem Werk Vervielfältigungsstücke hergestellt werden.
- Verbreitungsrecht: Dies ist das Recht, das Original-Werk oder Vervielfältigungsstücke des Werkes der Öffentlichkeit anzubieten, in Verkehr zu bringen, zu verkaufen, zu verschenken oder zu vermieten.
- Ausstellungsrecht: Es handelt sich um das Recht, das Original oder Vervielfältigungsstücke öffentlich zur Schau zu stellen (gilt besonders für Werke der bildenden Künste und der Fotografie).
- Vortrags-, Aufführungs- und Vorführungsrecht: Dies ist das Recht auf die unmittelbare öffentliche Wiedergabe des Werkes (ohne das Senderecht).
- Senderecht: Das Senderecht ist das Recht, das Werk durch Funk der Öffentlichkeit zugänglich zu machen. Der Begriff „Funk" ist als ein Oberbegriff zu verstehen, der alle technischen Verfahren erfasst, die Texte, Bilder und Töne von einer Sendestelle zu beliebig vielen Empfangsstellen übertragen. Darunter fallen auch das Internet und Online-Dienste.
- Recht der Wiedergabe durch Bild- und Tonträger: Hier handelt es sich um Zweitverwertungsrechte, da die Wiedergabe durch Bild- und Tonträger erst möglich ist, nachdem das Werk vervielfältigt worden ist.

17.2.6 Einräumung von Nutzungsrechten

Dauer des Urheberrechts

Nutzungsrechte einzuräumen ist nur möglich innerhalb der **gesetzlichen Schutzfristen**. Sind die Schutzfristen abgelaufen, kann das Werk von jedermann frei genutzt werden. Man spricht dann von **gemeinfreien Werken**.

Die Schutzdauer für „Werke" als die schöpferischen Leistungen beträgt 70 Jahre, gerechnet ab dem Tod des Urhebers. Für Inhaber von Leistungsschutzrechten (also z. B. Darsteller, Schauspieler, ausübende Künstler) werden nichtschöpferische Leistungen unterstellt und eine verkürzte Schutzfrist angesetzt. Sie beträgt grundsätzlich 50 Jahre nach Aufführung, Veröffentlichung oder Erscheinen des Werkes. Die Schutzfristen sind seit 1994 innerhalb der EU vereinheitlicht worden.

Schutzfristen

➡ **70 Jahre**
Urheber: 70 Jahre nach dem Tod des Urhebers

➡ **50 Jahre**
Ausübende Künstler: 50 Jahre nach Vorführung des Werkes

Beschränkung der Nutzungsrechte

Der Urheber kann die Nutzungsrechte an seinem Werk in freier Entscheidung vergeben. Dabei hat er eine Reihe von **Möglichkeiten**. Zunächst kann er die Rechte einfach oder exklusiv vergeben:

- Einfaches Nutzungsrecht: Vergibt der Urheber das einfache Nutzungsrecht, hat der Inhaber keinen Anspruch auf die alleinige, exklusive Nutzung des Werkes. Es kann also sein, dass mehrere Lizenznehmer das Nutzungsrecht gleichzeitig besitzen. Auch der Urheber selbst kann sein Werk weiterhin nutzen. In den meisten Fällen wird das einfache Nutzungsrecht wenig sinnvoll sein, da der Zweck des Rechteerwerbs untergraben würde. Man denke z. B. an eine TV-Werbekampagne oder eine Musikproduktion.
- Ausschließliches bzw. exklusives Nutzungsrecht: Der Erwerber dieses Rechts kann das Werk unter Ausschluss aller anderen Personen einschließlich des Urhebers nutzen. Er darf sogar – falls der Urheber zustimmt – weiteren Personen einfache Nutzungsrechte einräumen.

Die Nutzungsrechte können ferner auch noch räumlich, zeitlich und inhaltlich beschränkt sein. Zur Vermeidung von Irritationen müssen die Vertragspartner vor Auftragsbeginn genau festhalten, welche Rechte benötigt und eingeräumt werden.

- Räumliche Begrenzung: Hier erfolgt eine Beschränkung auf einzelne Länder, Sprachräume oder sogar Orte, z. B. für Berlin. Werden z. B. für eine Buchauflage nur die Rechte für den deutschsprachigen Raum erworben, ist bei einer weiteren Auflage in englischer Sprache eine zusätzliche Rechteeinräumung und Vergütung fällig.
- Zeitliche Begrenzung: Möglich ist die Beschränkung z. B. für die Dauer einer Werbekampagne, für eine bestimmte Anzahl von Monaten oder von Jahren.
- Inhaltliche Begrenzung: Die Beschränkung erfolgt hier im Hinblick auf die Nutzungsarten. So kann z. B. die Auflage eines Buches oder einer CD-ROM auf eine bestimmte Höhe begrenzt sein. Auch der Einsatz kann begrenzt sein, z. B. beschränkt auf die Kino- und Pay-TV-Ausstrahlung eines Filmes oder den Einsatz einer Archivszene nur für einen TV-Werbespot.

17.2.7 Verwertungspraxis

Verlage

Sollen z. B. in einer Multimedia-Produktion fremde Werkteile eingebaut werden, steht man vor der Frage, an wen man sich wenden soll, um sich das Nutzungsrecht zu sichern.

Bei bildenden Künstlern wie Malern und Bildhauern liegen die Rechte meist noch bei den **Urhebern selbst**. Geht es um Computer-Software, hat man es normalerweise mit **Arbeitnehmer-Urhebern** zu tun, und man muss sich an die betreffende Firma wenden.

Bei den Nutzungsrechten von Texten, Bildern und Musik liegen die Rechte demgegenüber normalerweise bei den **Verlagen**, bei denen die Autoren unter Vertrag stehen. Daher ist unbedingt der Verlag einzuschalten, wenn es um die Rechteklärung geht. Allerdings kann es hier zu unbefriedigenden Situationen kommen, da die Verlage die in Frage stehenden Rechte oft selbst nicht erworben haben, gerade wenn es um Multimedia-Produktionen geht. Daher muss die Rechtesituation bei Verlagen, Museen und Archiven besonders genau geprüft werden. Zu beachten ist, dass auch eine Haftungsklausel im Vertrag den Rechteverwerter vom Schadensersatz nicht freistellt, da es den „gutgläubigen Erwerb" ❶ im Urheberrecht nicht gibt.

Allerdings werden viele Autoren, die bei einem Verlag unter Vertrag stehen, häufig nicht bereit sein, ohne die Einschaltung des Verlags Rechte am Werk weiter zu geben. Daher empfiehlt es sich auf jeden Fall, mit dem Verlag Kontakt aufzunehmen, um auf der sicheren Seite zu stehen.

Verwertungsgesellschaften

Bedeutung der Verwertungsgesellschaften:
Die größte Rolle bei der Verwertung von Nutzungsrechten spielen die **Verwertungsgesellschaften**. Sie üben eine doppelte Funktion aus:

- Sie helfen denjenigen, die ein Nutzungsrecht suchen, die betreffenden Rechte ordnungsgemäß zu erwerben.
- Sie helfen vor allem aber den Urhebern, ihre Rechte durchzusetzen und nicht übervorteilt zu werden. Ohne ihre Hilfestellung würde es z. B. im musikalischen Bereich den Komponisten kaum gelingen, ihr Recht gegenüber den Konzertveranstaltern oder Restaurantbesitzern, die ihre Musikwerke zur Aufführung bringen oder abspielen, durchzusetzen. Nur weil sie sich der organisierten Form einer Verwertungsgesellschaft bedienen, können sie die systematische Abgeltung ihrer Ansprüche sicher stellen.

Nutzungsrechte können liegen...

... beim Urheber selbst.

... beim Unternehmen, bei dem der Urheber beschäftigt ist oder war.

... beim Verlag, bei dem der Urheber unter Vertrag steht.

❶ **Gutgläubiger Erwerb:** Jemand verleiht sein Auto an einen anderen und der verkauft es an einen Dritten. Der Dritte wird Eigentümer des Autos, da er dieses gutgläubig erworben hat.

Verwertungsgesellschaften setzen Rechte durch, und zwar ...

... der Urheber

... der Inhaber verwandter Schutzrechte

... gegenüber den Nutzern der Werke und Leistungen

Verwertungsgesellschaften sind für die Rechteinhaber im Sinne eines **Treuhänders** tätig. Sie schütten die eingehenden Gelder an die Mitglieder nach einem im voraus festgelegten Verteilungsplan aus, bei dem z. B. die Häufigkeit des gespielten Musikstücks eine Rolle spielt. Die Kosten der Verwertungsgesellschaften werden von allen Mitgliedern gemeinsam getragen und vorab vom erzielten Ertrag abgezogen.

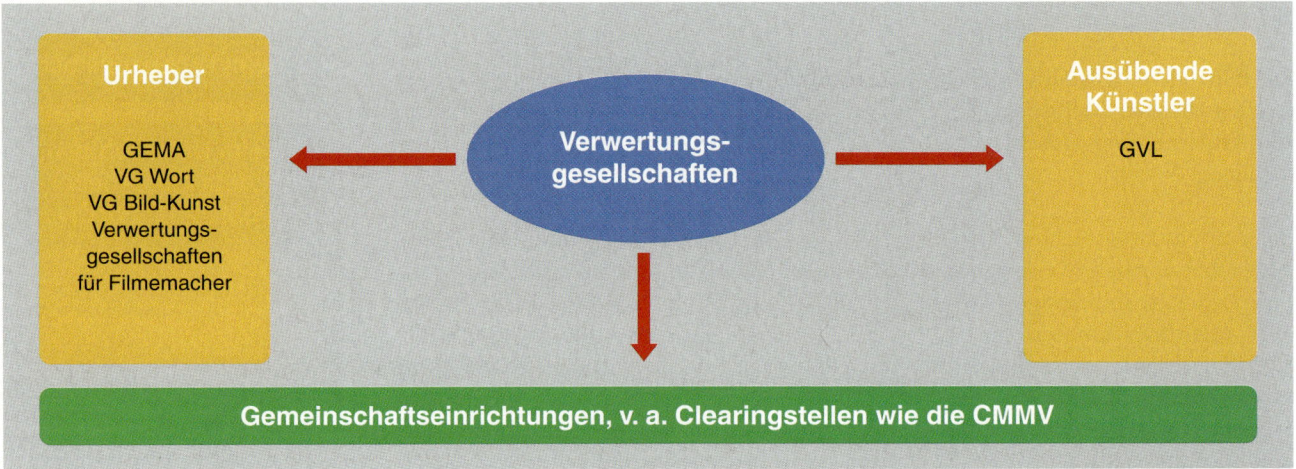

Urheber

GEMA
VG Wort
VG Bild-Kunst
Verwertungs-
gesellschaften
für Filmemacher

Verwertungs-gesellschaften

Ausübende Künstler

GVL

Gemeinschaftseinrichtungen, v. a. Clearingstellen wie die CMMV

❶ Es ist geplant, eine öffentliche Fete mit Disco-Betrieb zu veranstalten. Eintritt: 5 Mark. Der Veranstalter (z. B. drei junge Leute) ist gesetzlich verpflichtet, dies vorher der GEMA anzuzeigen und anschließend eine Liste der gespielten Titel zu übersenden.

❷ GEMA
Bayreuther Straße 37,
10789 Berlin
Rosenheimer Straße 11,
81667 München
www.gema.de

Die **Macht** und der **Einfluss der Verwertungsgesellschaften** ist groß. Das geht so weit, dass deren Tätigkeit per Gesetz ein besonderer Nachdruck verliehen wird. So ist gesetzlich vorgeschrieben, dass alle Veranstalter, die urheberrechtlich geschützte Werke öffentlich wiedergeben, sich bei der jeweiligen Verwertungsgesellschaft vorher anmelden müssen und nach der Veranstaltung eine Liste der aufgeführten Werke zu übersenden haben ❶. Soll also z. B. ein öffentlicher Dia-Vortrag mit fremden Bildern gehalten werden, so muss der Veranstalter dies zuvor der betreffenden Verwertungsgesellschaft (hier: VG Bild-Kunst) anzeigen. Die Arbeit der Verwertungsgesellschaften ist weltweit ausgerichtet, unterstützt durch sog. Gegenseitigkeitsverträge mit ausländischen Kollegengesellschaften. Die Aufsicht über die Verwertungsgesellschaften übt das Deutsche Patentamt aus.

GEMA:
Wegen der Missbrauchsmöglichkeiten werden bei musikalischen Werken die Verwertungsgesellschaften für besonders dringlich gehalten. So ist es nicht überraschend, dass gerade auf dem Gebiet der Musik die ersten Gesellschaften gegründet wurden. In Deutschland ist dies die „GEMA" ❷. GEMA steht für „Gesellschaft für musikalische Aufführungsrechte und mechanische Vervielfältigungsrechte" und ist ein wirtschaftlicher Verein. Sie nimmt insbesondere die **Rechte der Komponisten kleinerer Werke** wahr (sog. „Kleines Aufführungsrecht" bzw. „Kleines Recht"). Dazu zählen:

- Aufführungsrechte an in- und ausländischer Tanz- und Unterhaltungsmusik
- Mechanische Rechte zur Vervielfältigung und Verbreitung von Schallplatten und sonstigen Tonträgern
- Rechte an der bei der Vertonung von Filmen verwendeten Musik

Im Gegensatz dazu stehen dramatische Musikwerke wie Oper, Operette oder Sinfonien, die ein sog. „Großes Aufführungsrecht" bzw. **Großes Recht** begründen. Bei der Verwertung von Live-Konzerte oder für den Rundfunk nimmt in diesem Fall der Urheber selbst oder sein Musikverleger die Rechte wahr. Die GEMA ist in diesem Falle nicht eingeschaltet.

Ein wichtiger Einnahmenfaktor der GEMA sind die Pauschalzahlungen der öffentlich-rechtlichen Rundfunkanstalten, die sich an der Höhe der Rundfunkgebühr orientieren, sowie der Erlös aus dem Verkauf von CDs.

Die GEMA besitzt innerhalb der Verwertungsgesellschaften eine besonders starke Position. Sie ist die älteste und bekannteste. Die starke Position wird dadurch unterstrichen, dass der Gesetzgeber die sog. „GEMA-Vermutung" unterstellt, nach der von der GEMA die Rechtsinhaberschaft nicht nachgewiesen werden muss. Das heißt, im Streitfall muss der Verwerter nachweisen, dass der GEMA keine Rechte zustehen.

VG Wort:

Für den Bereich der Literatur und der Wissenschaft ist die „Verwertungsgesellschaft Wort", kurz: VG Wort, zuständig ❶. Die Tätigkeit der VG Wort besteht darin, Vergütungsansprüche von Wortautoren und Verlegern geltend zu machen. Da Textautoren ihre Rechte meist an Verlage übertragen haben, nimmt die VG Wort jedoch nur die Zweitverwertungsrechte der Autoren und Verleger wahr, z. B. im Hinblick auf die Vervielfältigung von Zeitungsartikeln in Online-Systemen oder die Verwertung im Radio und Fernsehen. Die Erstverwertungsrechte verbleiben bei den Autoren und Verlegern.

VG Bild-Kunst:

Was die GEMA für die Urheber von musikalischen Werken ist, die VG Wort für die Schöpfer von Sprachwerken, das leistet die „Verwertungsgesellschaft Bild-Kunst", abgekürzt: VG Bild-Kunst ❷, für die nachfolgend genannten Berufsgruppen:

• Bildende Künstler
• Fotografen
• Grafikdesigner
• Filmemacher: Filmurheber, Spielfilmproduzenten

Die VG Bild-Kunst schützt auch die Rechte von Bildagenturen.

Verwertungsgesellschaften für Filmemacher:

Für Filmemacher gibt es neben der VG Bild-Kunst drei weitere Verwertungsgesellschaften, die sich untereinander in gewisser Weise Konkurrenz machen:

• VFF, „Verwertungsgesellschaft der Film- und Fernsehproduzenten GmbH" ❸
• VGF, „Verwertungsgesellschaft für Nutzungsrechte an Filmwerken mbH"
• GÜFA, „Gesellschaft zur Übernahme und Wahrnehmung von Filmaufführungsrechten mbH"

❶ **VG Wort**
Goethestraße 49
80336 München
www.vgwort.de

❷ **VG Bild-Kunst**
Weberstraße 61
53113 Bonn
www.bildkunst.de

❸ **VFF**
Widenmayerstraße 32
80538 München
www.vffvg.de

Unter den Begriff der Filmemacher fallen auch die Multimedia-Produzenten. Sollen die Rechte an einer fertigen Multimedia-Produktion von einer Verwertungsgesellschaft gesichert werden, bietet sich die VFF als Ansprechpartner an. Sollen fremde Multimedia-Produktionen oder Teile davon in die eigene Produktion eingebaut werden, ist die VFF ebenfalls relevant.

GVL:

Die Leistungsschutzrechte nimmt die GVL, die „Gesellschaft zur Verwertung von Leistungsschutzrechten mbH", wahr ❶. Sie vertritt die Rechte der folgenden Berufsgruppen:

- Ausübende Künstler
- Veranstalter
- Tonträgerhersteller
- Hersteller von Videoclips
- Schallplattenhersteller

Im Falle von Multimedia-Produktionen übertragen die ausübenden Künstler der GVL zur Wahrnehmung gegenüber Dritten das Senderecht sowie das Recht der Aufnahme, Vervielfältigung und öffentlichen Wiedergabe von Funksendungen. Tonträgerhersteller übertragen der GVL das Recht zur Aufnahme von Sendungen auf Bildtonträger (CD-ROM) und Übertragung von einem auf einen anderen Träger zum privaten Gebrauch und die unkörperliche, digitale Verbreitung, z. B. im Weg von Online.

CMMV:

Die Deutschen Verwertungsgesellschaften haben im Jahr 1996 für Multimedia-Produktionen gemeinsam eine Einrichtung geschaffen, um die oft komplizierte Rechteabklärung in diesem Bereich zu vereinfachen. Sie nennt sich „Clearingstelle Multimedia für Verwertungsgesellschaften von Urheber- und Leistungsschutzrechten GmbH" (CMMV) ❷.

Bei Multimedia geht es um alle Formen von Werken oder Werkteilen, die eine Rolle spielen können, seien es Werke des Wortes, Musik-, Sprach-, Film- oder Bildwerke. Ein Multimediaproduzent kann Anfragen an die CMMV richten, die diese an die jeweils betroffenen Verwertungsgesellschaften weiterleitet. Auf diese Weise ist eine rationale Klärung der Rechtsinhaberschaft an bestimmten Werken gesichert. Der Anfragende erhält die Rechercheergebnisse gebührenpflichtig mitgeteilt.

Für weltweite Recherchen bietet sich ein Kontakt zur „CISAC" an, der „Confédération Internationale des Sociétés d'Auteurs et Compositeurs", ein Zusammenschluss von 116 Verwertungsgesellschaften aus 55 Ländern.

❶ **GVL**
Heimhuder Straße 5
20148 Hamburg
www.gvl.de

❷ **CMMV**
Rosenheimer Straße 11
81667 München
www.cmmv.de

Aufgaben und Übungen, Literaturhinweise

Aufgaben und Übungen

1. Sammeln Sie Beispiele von Fernsehsendungen, von denen Sie der Auffassung sind, dass die „Würde des Menschen" nach Art. 1 Grundgesetz in Frage gestellt sein könnte.
2. Recherchieren Sie, wie die Indizierungspraxis der Bundesprüfstelle für jugendgefährdende Medien (BPjM) aussieht.
3. Recherchieren Sie den „Cicero-Fall" zum Thema Pressefreiheit.
4. Lesen Sie sorgfältig den Text des Rundfunkstaatsvertrages (RStV) durch.
5. Verfolgen Sie eine Woche lang eine Tageszeitung und sammeln Sie Fallbeispiele, die mit dem Urheberrecht zu tun haben.
6. Analysieren Sie die nächste private Fete daraufhin, was rechtlich passieren würde, wenn es sich um eine öffentliche Veranstaltung handelte.
7. Finden Sie heraus, welche GEMA-Gebühren anfallen würden, wenn Sie eine öffentliche Veranstaltung mit einer Kleinkunstgruppe durchführen. Treffen Sie entsprechende Annahmen.
8. Beobachten Sie den Abspann eines Kinofilms und erklären Sie, welche der Funktionen unter den Urheberschutz im eigentlichen Sinne und welche und die Leistungsschutzrechte fallen.
9. Schneiden Sie eine Anzeige aus der Zeitung aus und erklären Sie, was es im Zusammenhang mit dieser Anzeige an urheberrechtlichen Fragen geben könnte.

Literaturhinweise

Altendorfer, Otto: Das Mediensystem der Bundesrepublik Deutschland, Band 2, Wiesbaden 2004 (VS Verlag für Sozialwissenschaften)

Fechner, Frank: Medienrecht – Rechtsgrundlagen für Medienmanager, in: Scholz, Christian (Hrsg.): Handbuch Medienmanagement, Berlin, Heidelberg, New York 2006 (Springer), S. 239-260

Fechner, Frank: Medienrecht, 8. Aufl., Stuttgart 2007 (UTB)

Fechner, Frank; *Schipanski*, Tankred; *Rösler*, Albrecht: Fälle und Lösungen zum Medienrecht, Stuttgart 2007 (UTB)

Harke, Dietrich: Ideen schützen lassen? 2. Aufl., München 2007 (dtv-Taschenbuch)

Hesse, Albrecht: Rundfunkrecht, 3. Aufl., München 2003 (Vahlen)

Homann, Hans-Jürgen: Praxishandbuch Filmrecht. Ein Leitfaden für Film-, Fernseh- und Medienschaffende. Berlin, Heidelberg, New York 2007 (Springer)

Jacobshagen, Patrick: Filmrecht – Die Verträge, Bergkirchen 2005 (Ppv Verlag)

Merx, Oliver; *Tandler*, Ernst; *Hahn*, Heinfried: Multimedia-Recht für die Praxis, Berlin, Heidelberg, New York 2002 (Springer)

Medienrecht: Vorschriftensammlung, zusammengestellt von Fechner, Frank; Mayer, Johannes C., 2. Aufl., Heidelberg 2006 (Müller)

Schrag, Wolfram: Medienlandschaft Deutschland, Konstanz 2007 (UVK)

18 Kalkulation

Ein Medienprodukt herzustellen erfordert nicht nur den geballten Sachverstand von Autoren, Gestaltern, Produzenten und Technikern, sondern auch den Sachverstand der Ökonomen und Projektmanager. Diese sorgen dafür, dass

- die Finanzierung des Projekts gesichert ist, was z. B. bei einem Kinofilm nicht selten eine besondere Herausforderung darstellt;
- das Gebot der Wirtschaftlichkeit beachtet wird, dass also z. B. der Film, das Buchprojekt oder der Internet-Auftritt kostengünstig und wirtschaftlich vertretbar hergestellt wird;
- dass der Produktionsvorgang, z. B. einer Multimedia-CD-ROM, einer Fernsehsendung oder einer Audio-CD gut organisiert ist und rationell und effektiv abläuft;
- dass die Vermarktung funktioniert, z. B. einer Spiele-CD, und daher die Chance auf Marktgewinne nicht vertan wird.

Eine besondere Herausforderung stellt die Kalkulation eines Medienproduktes dar, da es eine zentrale Voraussetzung für die Produktion ist: Erst wenn man weiß, was das Produkt kosten soll, kann man daran gehen, es herzustellen.

Methodisch gesehen ist die Kalkulation Teil der **Kosten- und Leistungsrechnung** und damit derjenige Teil des **Rechnungswesens** eines Unternehmens, der auf Informationen interner Art ausgerichtet ist. Zweck der Kosten- und Leistungsrechnung ist es, gesicherte Informationen für die Steuerung und das Management des betrieblichen („operativen") Bereiches zu gewinnen. Leitziel ist die Sicherstellung der **Wirtschaftlichkeit** des Wertschöpfungsprozesses.

❶ Ein **Kostenträger** ist also z. B. eine Buchauflage, eine Sendestrecke im Radio, eine einzelne TV-Sendung, ein Kino-Film oder ein Computerspiel sein.

Im Fokus der Betrachtung stehen die Endprodukte, also die zu erbringenden Leistungen, die in der Kosten- und Leistungsrechnung **Kostenträger** genannt werden ❶. Die Ermittlung der Kosten der Kostenträger bzw. Leistungen bzw. Produkte nennt man „Kalkulation". Vorrangige Aufgabe der Kosten- und Leistungsrechnung ist damit die Kalkulation der Kosten der Produkte, die hergestellt werden sollen. Im Überblick sind die folgenden **Zwecke der Kalkulation** sind zu unterscheiden:

- Schaffen einer Grundlage für die Abgabe eines Angebots und Ermittlung des Angebotspreises, Findung der Preisuntergrenze, Beherrschung der Kosten,
- Schaffen von Vergleichs- und Kontrollmöglichkeiten für das Kostencontrolling,
- Schaffen einer Grundlage für die Erfolgsermittlung und Erfolgskontrolle,
- Erarbeiten einer Unterlage für zukünftige Kalkulationen gleichartiger oder ähnlicher Leistungen, Aufbau eines Erfahrungsschatzes.

Endpunkt der Kalkulation ist die vollständige und transparente Aufbereitung der anfallenden oder angefallenen Kosten. Im vorliegenden Kapitel wird die Kalkulation von Medienprojekten näher beleuchtet. Das geschieht zum einen methodisch, indem ein 5-Schritte-Konzept der Kalkulation vorgestellt wird, das für jedes Medienprojekt angewandt werden kann. Zum anderen werden ausgewählte Medienbereiche im Sinne von Fallbeispielen vorgestellt.

18.1 Typische Kosten von Medienprodukten

Medienprodukte können sowohl in der Herstellung als auch in ihrer Verbreitung **beträchtliche Größenordnungen** annehmen. So stellte der Kinofilm „Titanic" im Jahr 1997 mit 200 Millionen Dollar Produktionskosten einen neuen „Weltrekord" auf, der zehn Jahre später durch Filme wie „Fluch der Karibik – Teil 3" (225 Millionen) und „Spider-Man 3" (258 Millionen) schon wieder übertroffen wurde ❶. Was die Kosten der Verbreitung von Medienprodukten anbelangt, bietet die Fernsehwerbung ein gutes Beispiel. Während die durchschnittlichen Herstellungskosten eines 30-Sekunden-TV-Spots, der für eine nationale Kampagne gedacht ist, immerhin auf stolze 150.000 Euro ausmachen, belaufen sich die Schaltkosten in den Medien auf ein Vielfaches. Die Schaltung eines einzigen 30-Sekunden-Spots z. B. in der Prime-Time von RTL kostet bis zu 70.000 Euro. Um eine ganze Fernsehkampagne zu fahren, kommt ein großer Markenartikler also schnell in eine Größenordnung eines zweistelligen Millionenbetrages.

❶ Wie rentabel solche Groß-Investitionen dennoch sein können, sieht man am weltweiten Einspiel-Erfolg der „Titanic", der sich bis heute auf mehr als 1,8 Milliarden Dollar beläuft!

18.1.1 Herstellungskosten

Die Welt der Kosten ❷ ist so bunt wie die Welt der Medienprodukte. Kein Fernsehwerbespot, kein Spielfilm, kein Computerspiel gleicht dem anderen. Jedes Medienprodukt hat seine ganz besondere Eigenart ❸, was zur Folge hat, dass es zwischen den einzelnen Formen vergleichsweise **große Kostenunterschiede** gibt. Zu unterscheiden sind dabei die Kosten für die Herstellung des Produkts sowie die Kosten, die für die Vervielfältigung, den Einsatz oder die Installation anfallen.

❷ Der **Begriff „Kosten"** ist durch drei Merkmale definiert:
• **Verbrauch an Ressourcen**
• **bewertet in Geld** und
• **auf das Projekt bezogen.**

Ein einfacher Videofilm kostet in der Herstellung z. B. deutlich weniger als eine komplexe CD-ROM, bei der viele Computeranimationen enthalten sind und ein hoher Programmieraufwand verursacht wird. Daher ist es nicht überraschend, dass es keine standardisierten Preise oder Listen gibt, aus denen sich die Kosten einer Medienproduktion ablesen lassen.

❸ Man spricht bei Medienprodukten von **Unikaten**, die in Einzelfertigung hergestellt werden müssen.

Präzise Vorstellungen über die Kosten bekommt man nur dann, wenn man das einzelne Medienprodukt genau definiert und in seine Bestandteile zerlegt. Immerhin gibt es gewisse Anhaltspunkte für typische Größenordnungen, die in der Branche bekannt sind.

Die nachfolgend genannten Zahlen verstehen sich als Herstellungskosten für durchschnittlich aufwändige („normale") Produktionen ohne die Kosten für Vervielfältigung, Montage, Vermarktung oder Einsatz. Einfache Produktionen („Low-Budget-Produktionen") mit wenigen Dreh- und Fototerminen und ohne Tricks und Grafiken können um einiges darunter liegen. Produktionen mit vielen Drehs, hohen Darstellergagen, Reise- und Übernachtungskosten und mit aufwändigen Tricks und Grafiken („High-Budget-Produktionen") liegen leicht um ein Vielfaches höher. Es ist wie beim Kauf eines Autos: Das Grundmodell ist erschwinglich, aber vergleichsweise langweilig. Das Salz in der Suppe sind die Extras, und die sind unter Umständen sehr teuer!

Typen von Produktionen

➡ **Low Budget**
Einfache Produktion ohne großen, insbesondere darstellerischen Aufwand

➡ **High Budget**
Aufwändige Produktion, meist szenischen Inhalts

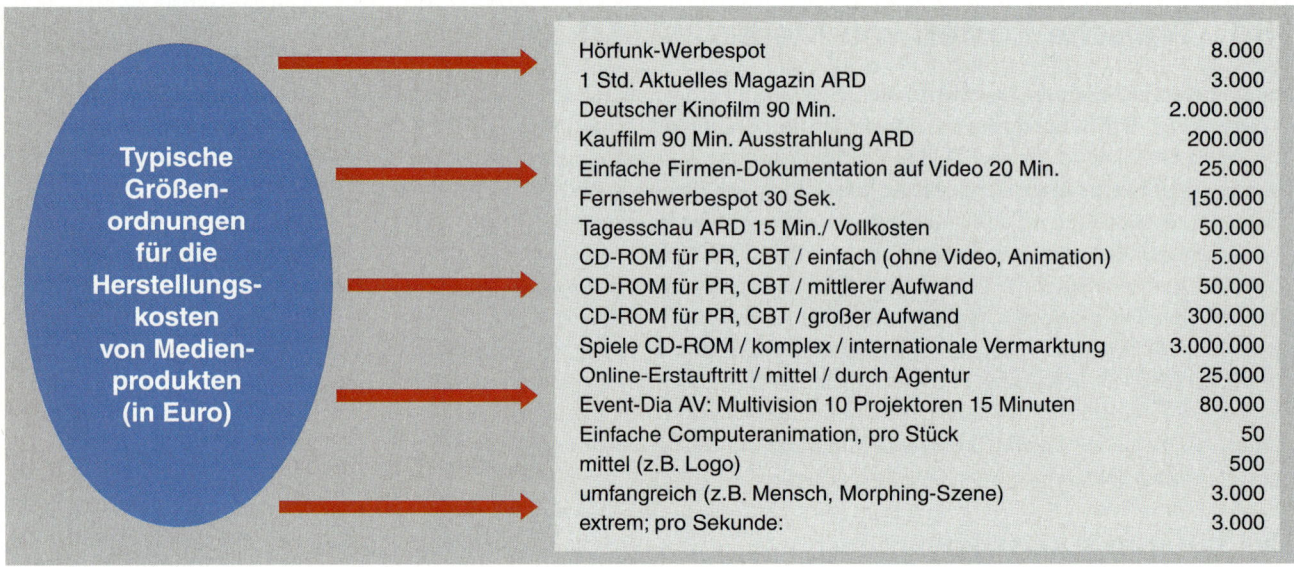

Typische Größenordnungen für die Herstellungskosten von Medienprodukten (in Euro)		
Hörfunk-Werbespot		8.000
1 Std. Aktuelles Magazin ARD		3.000
Deutscher Kinofilm 90 Min.		2.000.000
Kauffilm 90 Min. Ausstrahlung ARD		200.000
Einfache Firmen-Dokumentation auf Video 20 Min.		25.000
Fernsehwerbespot 30 Sek.		150.000
Tagesschau ARD 15 Min./ Vollkosten		50.000
CD-ROM für PR, CBT / einfach (ohne Video, Animation)		5.000
CD-ROM für PR, CBT / mittlerer Aufwand		50.000
CD-ROM für PR, CBT / großer Aufwand		300.000
Spiele CD-ROM / komplex / internationale Vermarktung		3.000.000
Online-Erstauftritt / mittel / durch Agentur		25.000
Event-Dia AV: Multivision 10 Projektoren 15 Minuten		80.000
Einfache Computeranimation, pro Stück		50
mittel (z.B. Logo)		500
umfangreich (z.B. Mensch, Morphing-Szene)		3.000
extrem; pro Sekunde:		3.000

18.1.2 Einsatzkosten

❶ Kosten für den Einsatz werden auch **Roll-Out-Kosten** genannt

Je nach Medienprodukt kommen zu den dargestellten Herstellungskosten noch die Kosten für den Einsatz ❶ dazu. Man spricht in diesem Zusammenhang auch von den „Roll-Out-Kosten". Es handelt sich um:

- Kosten der Vervielfältigung, z. B. bei einem Buchprojekt, einer Audio-CD, einer Lern-CD-ROM für einen bestimmten Mitarbeiterkreis innerhalb eines Großunternehmens
- Kosten für den Verkauf, die Vermarktung und Verwertung, z. B. Werbung für das Buch, Kiosk-Provision beim Einzelverkauf von Zeitschriften

❷ **POI** = „Point of Information", z. B. Bahnhöfe, öffentliche Plätze, Kulturzentren, Messen

- Kosten für die Verbreitung, z. B. bei der Schaltung eines Fernsehwerbespots in einer Reihe von TV-Sendern („Media")

❸ **POS** = „Point of Sale", z. B. Supermärkte, Verkaufsläden, Shopping Malls

- Aufstellung eines interaktiven Kiosk-Terminals auf einer Messe oder an einem „POI" ❷ oder „POS" ❸

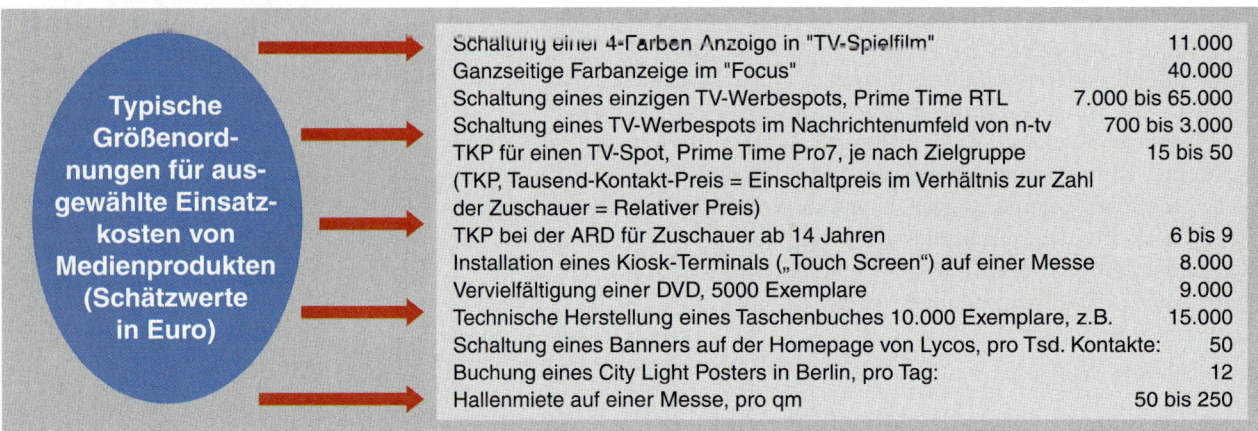

Typische Größenordnungen für ausgewählte Einsatzkosten von Medienprodukten (Schätzwerte in Euro)	
Schaltung einer 4-Farben-Anzeige in "TV-Spielfilm"	11.000
Ganzseitige Farbanzeige im "Focus"	40.000
Schaltung eines einzigen TV-Werbespots, Prime Time RTL	7.000 bis 65.000
Schaltung eines TV-Werbespots im Nachrichtenumfeld von n-tv	700 bis 3.000
TKP für einen TV-Spot, Prime Time Pro7, je nach Zielgruppe	15 bis 50
(TKP, Tausend-Kontakt-Preis = Einschaltpreis im Verhältnis zur Zahl der Zuschauer = Relativer Preis)	
TKP bei der ARD für Zuschauer ab 14 Jahren	6 bis 9
Installation eines Kiosk-Terminals („Touch Screen") auf einer Messe	8.000
Vervielfältigung einer DVD, 5000 Exemplare	9.000
Technische Herstellung eines Taschenbuches 10.000 Exemplare, z.B.	15.000
Schaltung eines Banners auf der Homepage von Lycos, pro Tsd. Kontakte:	50
Buchung eines City Light Posters in Berlin, pro Tag:	12
Hallenmiete auf einer Messe, pro qm	50 bis 250

18.2 Ein 5-Schritte-Konzept der Kalkulation

18.2.1 Das Drehbuch – die Grundlage der Kalkulation

Wenn man herausfinden will, was ein Medienprodukt kostet, wird man schnell erkennen, dass es vom Typ und von der Beschaffenheit des Produkts abhängt, wie die Antwort auf diese Frage ausfällt.

- Was kostet ein Haus?
- Was kostet ein Auto?
- Was kostet eine Urlaubsreise?

Solche Fragen sind viel zu pauschal und führen zu nichts. Erst der Bauplan des Architekten verrät, was das Haus kosten darf. Nur die Fahrzeugbeschreibung und der Leistungskatalog bringt Licht in das Dunkel, ob das Auto einen fairen Preis hat. Erst wenn man genau weiß, wohin die Reise gehen soll, kann man etwas Vernünftiges zu den Urlaubskosten sagen!

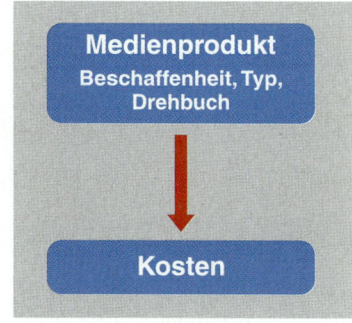

Genau so ist es bei einem Medienprodukt. Man denke z. B. an einen Kinospielfilm: Der Bauplan oder die **Leistungsbeschreibung** ist dort das sog. **Drehbuch ❶**. Das Drehbuch gibt Auskunft darüber, welche Handlung dem künftigen 90-Minuten-Streifen zugrunde liegt, wie viele Szenen die gesamte Handlung aufweist, wie die Szenen im einzelnen zu gestalten sind und wie sie dramaturgisch hintereinander ablaufen. Völlig zu Recht bezeichnet man das Drehbuch als die „Bibel" des Filmprojekts.

❶ Das **Drehbuch** ist die schriftliche Darlegung des Inhalts der Produktion.

Das Drehbuch liefert also die Informationen, die man haben muss, um überhaupt etwas zur Kostenseite sagen zu können. Je detaillierter das Drehbuch ausgearbeitet ist, um so genauer kann die Schätzung der Kosten ausfallen. Je weniger der Inhalt im Drehbuch festgelegt ist, um so eher muss man sich mit einer groben Kalkulation, eventuell sogar nur mit einer Schätzung „über den Daumen" begnügen.

❷ Das **Storyboard** stellt das Drehbuch in bebildeter Form dar.

⊃ Die Kalkulation eines Medienprodukts kann nur vorgenommen werden, wenn man eine klare Vorstellung vom herzustellenden Produkt hat. Ohne Drehbuch keine Kalkulation!

In verschiedenen Medienbereichen ist es üblich, die Szenen des Drehbuchs durch Zeichnungen zu visualisieren, also bildhaft darzustellen. Das entsprechende Dokument heißt beim Spielfilm, beim Werbefilm sowie bei Multimedia-Produktionen **Storyboard ❷**. Allgemeiner gesagt wird eine Visualisierung auch als Layout bezeichnet.

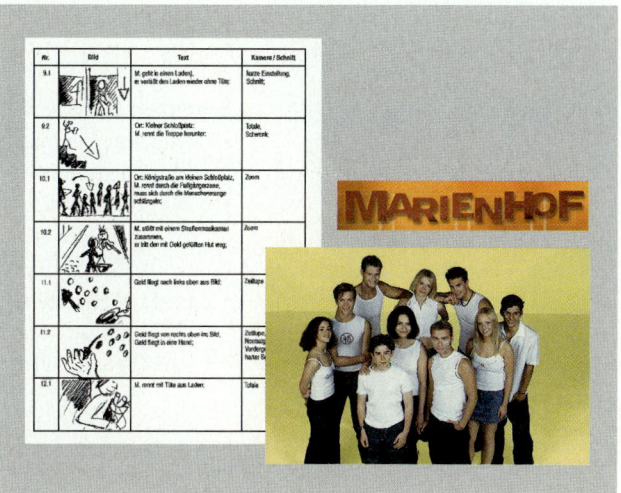

18.2.2 Ablauf der Kalkulation

In der Praxis der Film- und Medienproduktion ist die Vorgehensweise bei der **Kalkulation** grundsätzlich immer gleich. Sie lässt sich in **fünf Schritte** unterteilen:

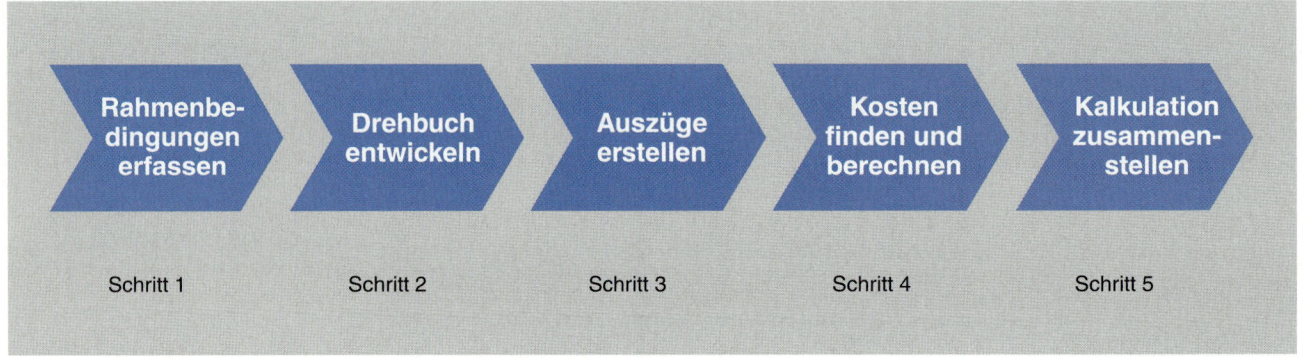

Rahmenbe-dingungen erfassen	Drehbuch entwickeln	Auszüge erstellen	Kosten finden und berechnen	Kalkulation zusammen-stellen
Schritt 1	Schritt 2	Schritt 3	Schritt 4	Schritt 5

❶ Immer wichtiger wird das 70 mm-Format, das dem IMAX-Kino zugrunde liegt.

❷ „SFX" = lautmalerische Nachbildung von **Special Effects**. Musterbeispiel: Effekte in „Jurassic Park"

Schritt 1: Die Rahmenbedingungen erfassen
- Festlegung der Art der Produktion: z. B. Kino-Spielfilm, TV-Spiel, TV-Serie, Daily Soap etc.
- Festlegung des Bildträgerformats: z. B. bei Film 16 mm oder 35 mm ❶.
- Vorgaben des Auftraggebers: u. a. Termin, spezielle Normen im Hinblick auf Drehtage, Drehverhältnis, Höhe der Gagen, Person des Regisseurs.

Schritt 2: Das Drehbuch entwickeln
- Am Anfang steht die Idee zur Geschichte (Stoffidee).
- Aus ihr heraus wird das Exposé entwickelt. Anstatt von Exposé wird auch von Basisentwurf gesprochen.
- Es folgt das Treatment, das einen Grobentwurf des Inhalts darstellt.
- Schließlich wird das umsetzungsreife Drehbuch erarbeitet, das die Grundlage für die Produktion ist.
- Die Visualisierung erfolgt durch das Storyboard.

Schritt 3: Die Auszüge erstellen
- Hierunter versteht man die Analyse des Drehbuchs Bild für Bild. Bei einem Spielfilm entstehen oft mehr als 120 Auszüge.
- Die Analyse erfolgt im Hinblick auf die notwendige Produktionstechnik: z. B. erforderliche Studiotechnik (Kamera, Licht, Aufbauten) oder Spezialausrüstung bei Außenaufnahmen,
- und im Hinblick auf die Faktoren, die für die Kosten verantwortlich sind: z. B. notwendiges Team, Spezialeffekte („SFX" ❷), Musik, besondere Drehbedingungen (Wüste, Urwald).

```
Drehbuch Auszug                              Datum _____


_____      _____      _____
Name der Filmproduktion    Titel            Nr. Auszug-Seite


_____      _____      _____
Szenen-Nr.            Name der Szene         Innen / Außen


_____                            _____
Beschreibung                                 Tag / Nacht


_____                            _____
                                             Drehbuchseite
```

Darsteller	Extras und Komparserie	Stunts
Ausstattung	Spezialeffekte	Requisiten
Autos / Tiere	Kostüm	Make-Up / Haare
Musik	Spezialausrüstung	Produktionsnotizen

Schritt 4: Die Kostenfindung

- Für jede Position, die Kosten verursacht, wird eine Schätzung vorgenommen. Hierzu ist viel Erfahrungswissen erforderlich, es müssen Recherchen vorgenommen werden, und Fachgespräche sind zu führen.
- Die Schätzung erfolgt in Form von Berechnungen (z. B. Filmmaterial),
- in Form von Näherungswerten (z. B. Drehort recherchieren),
- auf der Grundlage von Vergleichen (z. B. Drehverhältnis ❶)
- oder über Preislisten und Tarifverträge ❷.

Schritt 5: Die Kalkulation zusammenstellen

- Jede in der Kostenfindung ermittelte Kostenposition wird nach einem sinnvollen Schema zusammen gestellt und in eine übersichtliche Form gebracht.
- Dazu bietet sich z. B. für die Filmproduktion ein System von 10 Kostenblöcken an oder für Multimedia-Produktionen ein solches mit sechs (s. u.).

Die Ausarbeitung des Drehbuchs bis zur Kalkulation (Schritte 3 bis 5) obliegt dem Produktionsleiter ❸. Er ist der wirtschaftliche und organisatorische „Kopf" der Produktion. Wie sich jeder leicht vorstellen kann, handelt es sich bei der Produktionsleiterfunktion um eine höchst verantwortungsvolle Aufgabe.

❶ Das **Drehverhältnis** gibt das Verhältnis zwischen abgedrehtem Material und dem in der Produktion tatsächlich verwendeten Material an. Ein Verhältnis 1:10 besagt, dass von 10 Meter gedrehtem Film ein Meter in die Endversion eingeht.

❷ **Tarifverträge** werden zwischen Arbeitgebern und Arbeitnehmervertretungen (Gewerkschaften) für die einzelnen Branchen ausgehandelt.

❸ Die Arbeit des **Produktionsleiters** hat für die wirtschaftliche Steuerung von Medienprojekten Schlüsselbedeutung.

18.3 Kalkulationsbeispiele

18.3.1 Beispiel Film-Kalkulation

Kalkulation
= die realistische Einschätzung der Kostenseite des Projekts

Sorgfalt!
Transparenz!
Übersichtlichkeit!

Die Kalkulation dient der realistischen Einschätzung der finanziellen Seite des Filmprojekts. Von ihr hängt die effiziente Geschäftsführung, die Buchhaltung und der materielle Erfolg der Produktionsfirma ab. Sie einfach aus dem Bauch heraus zu entwickeln, birgt daher große Risiken.

Die Kalkulation muss mit größter Sorgfalt erstellt werden. Eine Hilfe ist ein klares und übersichtliches Kalkulationsschema, das sofort von allen verstanden wird und das wie eine Checkliste verwendet werden kann.

Ein solches Kalkulationsschema wird nachfolgend dargestellt. Es handelt sich um das **10-Kostenblöcke-Konzept**, das alle wichtigen Kosten einer Filmproduktion zusammenfasst und übersichtlich darstellt.

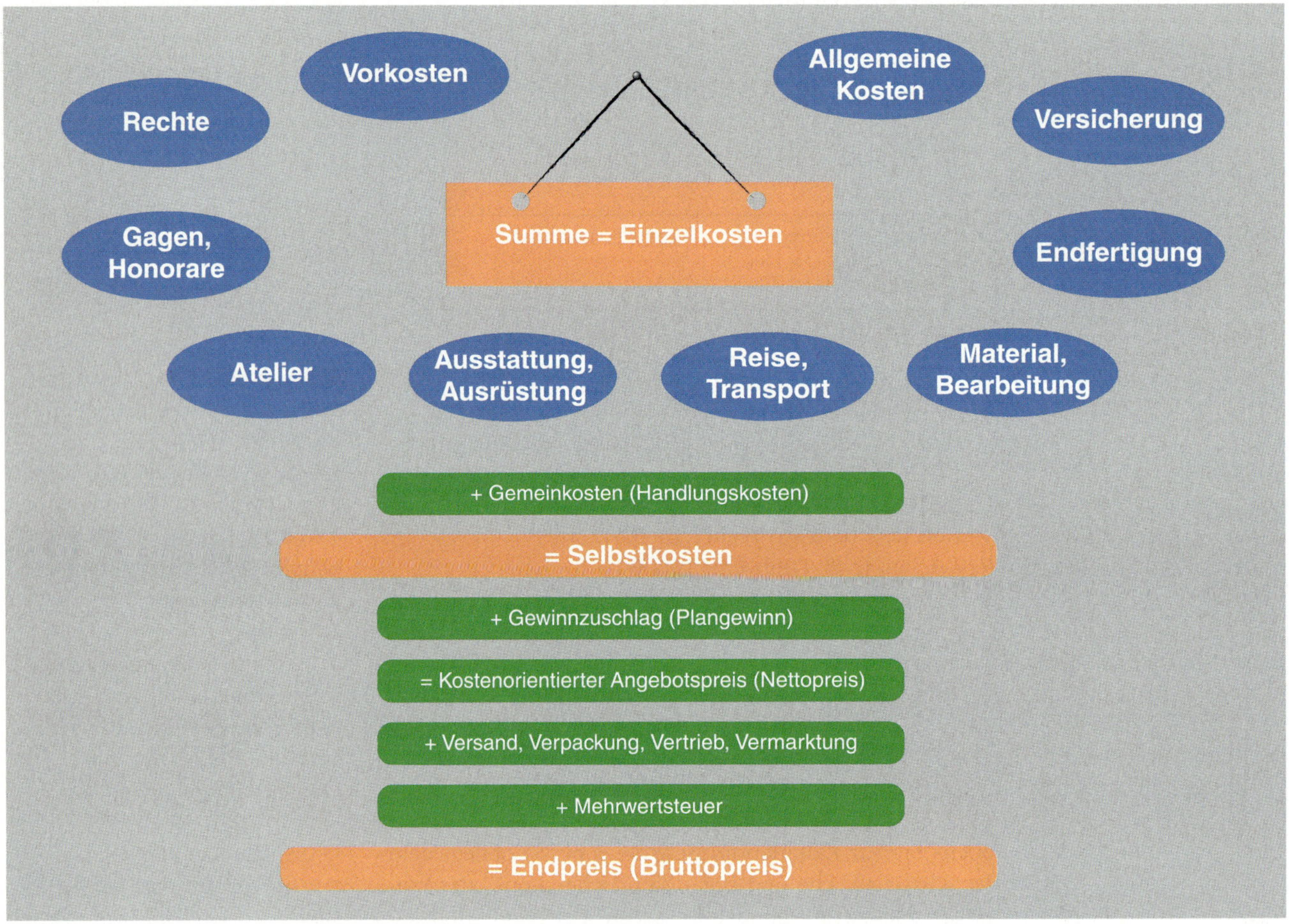

Vorkosten

Allgemeine Kosten

Rechte

Versicherung

Summe = Einzelkosten

Gagen, Honorare

Endfertigung

Atelier

Ausstattung, Ausrüstung

Reise, Transport

Material, Bearbeitung

+ Gemeinkosten (Handlungskosten)

= Selbstkosten

+ Gewinnzuschlag (Plangewinn)

= Kostenorientierter Angebotspreis (Nettopreis)

+ Versand, Verpackung, Vertrieb, Vermarktung

+ Mehrwertsteuer

= Endpreis (Bruttopreis)

Kostenblock 1: Vorkosten

Zu Beginn eines Filmprojekts fallen aufwändige Vorarbeiten an. Bei einem Dokumentarfilm müssen z. B. Auslandsreisen zur Abklärung von Drehmöglichkeiten unternommen werden, es sind umfangreiche Recherchen notwendig ❶ oder es muss der Rat von Experten eingeholt werden. Das alles führt zu Reisekosten, Telefonkosten und Honorarkosten.

❶ Oft wird ein Location Scout eingesetzt, der dazu da ist, einen geeigneten Drehort ausfindig zu machen.

Kostenblock 2: Rechte und Manuskript

Vor Beginn der Spielfilmproduktion ist es wichtig, alle notwendigen Rechte lückenlos einzuholen. Keinesfalls darf in irgend einer Form fremdes geistiges Eigentum verwendet werden, wenn nicht die ausdrückliche Zustimmung des Rechteinhabers vorliegt. Rechte an fremden Werken, deren Nutzung man sich genehmigen lassen muss, können sein:

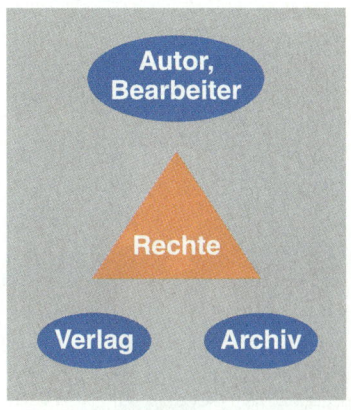

- Autorenrechte: z. B. für den Drehbuchautor, der das Original-Drehbuch schreibt, oder für den Komponisten der Filmmusik.
- Bearbeitungsrechte: z. B. für den Bearbeiter eines bereits vorliegenden Drehbuchs (das ist nicht selten der Regisseur oder ein anderer Autor). Das betrifft z. B. auch Übersetzungen oder das Synchrondrehbuch für Auslandsfassungen des Films.
- Verlagsrechte: wenn man eine literarische Vorlage verwendet, z. B. den Roman eines Erfolgsautors, aber auch bei Verwendung von Musik (Musikverlage). Viele (Wort- und Musik-)Autoren stehen bei Verlagen unter Vertrag, die dann die Verwertungsrechte besitzen.
- Nutzungsrechte von Film-, Ton-, Bildmaterial aus speziellen Archiven, z. B. bei Verwendung von historischem Material (z. B. Rede von Kennedy „Ich bin ein Berliner" oder Alexanderplatz in Berlin um 1900) oder einzelner Szenen (z. B. Sonnenuntergang, Flug über den Grand Canyon).
- Nutzungsrechte von Mitschnitten aus Konzerten, Theater-, Opern- oder Kabarett-Aufführungen.

In den Rechteerwerb müssen häufig Verwertungsgesellschaften eingeschaltet werden, wenn die Rechteinhaber ihre Ansprüche entsprechend übertragen haben. Die bekannteste Verwertungsgesellschaft ist die „GEMA", die die Rechte von Komponisten vertritt. Daneben gibt es zahlreiche weitere Verwertungsgesellschaften, z. B. die „GVL" (für die sog. Mitwirkenden wie Schauspieler oder Sprecher).

Die Nutzungsrechte können einen erheblichen Anteil an den Gesamtkosten ausmachen. So können sich die Kosten für ein Original-Drehbuch für einen deutschen Kino-Spielfilm leicht in die Größenordnung von 50.000 Euro bewegen. Dieser Betrag ist nachzuvollziehen, muss doch ein Drehbuchautor einige Monate Zeit investieren, um ein gutes Drehbuch auszuarbeiten.

Eine besondere Rolle im Bereich der Rechte spielt das sog. „Buyout". Darunter versteht man zusätzliche Zahlungen an Darsteller und Stabmitarbeiter, mit denen später eventuell fällige Wiederholungshonorare und Verkaufserlöse für immer abgegolten werden. Buyout-Zahlungen können das Drei- bis Vierfache des Grundhonorars oder sogar noch darüber ausmachen ❷.

❷ Beispiel: Ein Model erhält in der TV-Werbung ein Arbeits-Tageshonorar von 4.000 Euro. Bei zwei Tagen Einsatz sind das 8.000 Euro. Der Buyout-Zuschlag beträgt 400 Prozent, was einem Betrag von 32.000 Euro entspricht. Hinzu kommen noch andere Kosten (Agenturvergütung, Ausländerlohnsteuer), so dass der Einsatz des Models am Ende deutlich über 50.000 Euro kostet.

Personal-Ressourcen im Film

 Cast

Alle Darsteller vor Kamera und Mikrofon

 Staff

Der Stab hinter Kamera und Mikrofon

Kostenblock 3: Gagen und Honorare

Dieser Kostenblock bezieht sich auf den Aufwand aller am Filmprojekt beteiligten Personen sowohl vor als auch hinter der Kamera und des Mikrofons. Das sind zum einen die Darsteller, zum anderen ist es der Stab:

- Darsteller (vor Kamera und Mikrofon, auch „Cast" genannt): Hauptdarsteller, Kleine Rollen, Komparsen, Stuntmen, Doubles, Sprecher, Musiker.
- Stab (hinter Kamera und Mikrofon, auch „Staff" genannt): Produktionsstab (v. a. Produzent, Herstellungsleiter, Produktionsleiter, Aufnahmeleiter), Regiestab (Regisseur, Kameramann, Tonmeister, Cutter), Ausstattungsstab (Architekt, Requisiteur, Kostümbildner, Maskenbildner), Sonstiger Stab (Beleuchter, Bühnenmeister).

Die Gagen und Honorare pro geleistetem Arbeitstag bzw. pro Arbeitswoche richten sich in weiten Teilen nach den Tarifverträgen, die zwischen den Produktionsfirmen und den Gewerkschaften (vor allem IG Medien) abgeschlossen werden. Bei besonders wichtigen Mitwirkenden (Hauptrollen, Regisseur, Chef-Kameramann u. a.) werden jedoch spezielle Vereinbarungen getroffen. Die Höhe der zu kalkulierenden Gagen hängt ferner von der Beschäftigungszeit ab, die sich aus Vorbereitungszeit, Drehzeit, Reise- und Ruhetagen, Urlaubstagen sowie der Zeit für die Endfertigung zusammensetzt. Die typischen Beschäftigungszeiten für ein größeres Filmprojekt sind in einer gesonderten Übersicht dargestellt (s. u.).

Der Produzent und sein Produktionsleiter werden danach streben, mit allen beteiligten „Filmschaffenden" so weit wie möglich Pauschalverträge (meist auf Wochenbasis) abzuschließen. Dadurch erreichen sie, dass sämtliche Ansprüche abgegolten sind und später keine Zusatzforderungen erhoben werden. Die Gage für den Regisseur kann sich bei einem größeren Projekt leicht in die Größenordnung von 75.000 Euro bewegen. Dafür ist er freilich acht Monate mehr oder weniger intensiv für dieses Projekt im Einsatz.

Woody Allen	What's up, tiger lily?; Bananas; Der Stadtneurotiker; Radio Days; …
Francis Ford Coppola	The Godfather I+II+III, Apocalypse Now; Cotton Club; Dracula; …
Federico Fellini	La strada; La dolce vita; 8 $\frac{1}{2}$; F. Satyricon; Ginger und Fred; …
Alfred Hitchcock	Rebecca; Verdacht; Das Fenster zum Hof; Psycho, Die Vögel; …
Stanley Kubrick	Spartacus; 2001: A Space Odyssey; Clockwork Orange; Shining; …
Martin Scorsese	Taxi Driver; New York, N.Y.; Goodfellas; Zeit der Unschuld; …
Steven Spielberg	Jaws; 1941; E.T.; Die Farbe lila; Jurassic Park; Schindlers Liste; …
Francois Truffaut	Antoine-Doinel-Zyklus; Fahrenheit 451; Die amerikanische Nacht; …

❶ Unter **Catering** versteht man die Verpflegung des Teams während der Drehzeit.

Bei den Gagen und Honoraren spielen oft Zusatzkosten eine nicht unbeträchtliche Rolle. Zu denken ist z. B. an Überstunden- und Wochenendzuschläge (bis zu 100 Prozent Aufschlag), an Kosten für das Catering ❶ sowie an Beiträge zur Sozialversicherung, die vom Produzenten abzuführen sind.

Typische Beschäftigungszeiten in einem größeren Filmprojekt (in Wochen)

(in Anlehnung an Dress, Peter: Vor Drehbeginn, Berlin 1991, S. 179 f.)

Personal / Stab	Vorproduktion	Dreharbeiten	Nachbearbeitung
Regiestab	**Regiestab**	**Regiestab**	**Regiestab**
Regisseur	------	----pauschal----	------
Regie-Assistent	4	7	
Kameramann	------	----pauschal----	------
Kamera-Assistent	0,5	7	
Material-Assistent	0,5	7	
2. Kamera		0,5	
2. Kamera-Assistent		0,5	
Ton	0,5	7	0,5
Cutter		3	10
Cutter-Assistent		4	10
Cutter-Assistent		7	10
Standfotograf	------	----pauschal----	------
Script		7	
Trick		1	1
Ausstattungsstab	**Ausstattungsstab**	**Ausstattungsstab**	**Ausstattungsstab**
Architekt	------	----pauschal----	------
Ausstatter		3	
Kunstmaler	1		
Requisiteur Inland	2	4	
Requisiteur Inland	1	4	
Requisiteur Ausland	2	3	
Requisitenhilfe		3	
Kostümbildner	1,5	7	
Kostümbildner-Assistent	1,5	3	
Garderobier		7	
Maske	1	7	
Maske-Assistent			
Sonstiger Stab	**Sonstiger Stab**	**Sonstiger Stab**	**Sonstiger Stab**
Oberbeleuchter	1	7	1
Beleuchter 1		7	
Beleuchter 2		7	
Drehbühne Inland	1	4	
Drehbühne Ausland	1	4	
Baubühne	3	7	
Baubühnenhilfe	2	7	
Fahrer	3	7	1
Geräuschemacher			1
Geräuschemacher-Assistent			1
Pyrotechniker		1	
Hilfskräfte	2	7	1
Produktionsstab	**Produktionsstab**	**Produktionsstab**	**Produktionsstab**
Produktionsleiter	6	7	1
Produktionsleiter-Assistent	6	7	0,5
Aufnahmeleiter Inland	4	4	
Aufnahmeleiter Ausland	3	3	
Aufnahmeleiter Ausland	1	3	
Produktionssekretariat	6	7	2
Filmgeschäftsführung	------	----pauschal----	------

❶ Ein **Atelier** ist ein speziell ausgerüstetes Aufnahmestudio für Foto-, Film- und Videoaufnahmen. Ihre Größe reicht von kleinen Ateliers bis zu sehr großen TV-Studios mit z. B. 600 qm Grundfläche.

❷ Ein **Fundus** ist ein Lager für Requisiten.

❸ **Drehgenehmigungen** spielen beim Außendreh oft eine große Rolle, z. B. beim Dreh auf öffentlichen Plätzen, in öffentlichen und privaten Häusern oder auf Flugplätzen.

❹ **Pyrotechnik** = Erzeugen von Feuereffekten in Filmszenen

❺ **Kran**: Kamerawagen für vertikale Kamerabewegungen

❻ **Dolly**: Kamerawagen für horizontale Kamerabewegungen

❼ Technische Geräte wie Kameras, Stative, Einsatzfahrzeuge etc. werden mit dem Sammelbegriff **Equipment** bezeichnet.

Kostenblock 4: Atelier

Die Kosten für ein Atelier **❶** sind Mietkosten und werden üblicherweise in Form einer Pauschale abgegolten. Darin werden die Kosten für Personal, Apparaturen und Fundus **❷** verrechnet, aber auch Strom-, Wasser- und Heizungskosten. Bei der Anmietung muss man ausreichend viele Tage für den Auf- und Abbau berücksichtigen.

Atelierkosten sind Studiokosten und müssen von den Kosten, die bei Außenaufnahmen anfallen, unterschieden werden. Außenaufnahmen sind alle Aufnahmen, die nicht im Studio bzw. Atelier stattfinden.

Man darf sie nicht mit „Aufnahmen im Freien" gleichsetzen. Ein Dreh in einer Bankfiliale in München ist eine Innenaufnahme in einem Gebäude, gilt aber als Außenaufnahme, weil sie nicht in einem eigens dafür geschaffenen Filmstudio durchgeführt wurde.

Kostenblock 5: Ausstattung und Technik

In dieser Rubrik werden alle Kosten für Ausstattung und Technik erfasst, unabhängig davon, ob sie für Studio- oder Außenproduktionen anfallen:

- Genehmigungen und Mieten: Drehgenehmigungen **❸**, Motivnebenkosten (z. B. Absperrungen, Umbauten, Entfernen von Straßenschildern), Polizei- und Feuerwehreinsätze, Mieten
- Bau: alle anfallenden Materialkosten, Kosten für Geräte, Maschinen, Transporte, Reinigung, Müllabfuhr
- Ausstattung: Requisiten, Kostüme, Fahrzeuge im Bild, Tiere, Pyrotechnik **❹**, SFX-Material (Special Effects)
- Technische Ausrüstung: Kamera und Zubehör, Tongeräte, Hubschrauber, Beleuchtung, Bewegungsgeräte für die Kamera (Kran **❺**, Dolly **❻**)

Alle diese Positionen sind unter Umständen äußerst kostenträchtig. Zum Beispiel kann eine Drehgenehmigung manchmal nur zu extrem hohen Kosten beschafft werden und ein großes Loch in das Budget reißen. Das kann sogar dazu führen, dass man aus Kostengründen auf preiswerteres Archivmaterial zurückgreift.

Kostenblock 6: Reise- und Transportkosten

Die Reise- und Transportkosten werden nach Personen- und Sachkosten unterschieden. Bei den Personenkosten sind die Personentransporte zum und am Drehort (u. U. Ausland) zu verrechnen, ferner die Tage- und Übernachtungsgelder sowie das Kilometer-Geld.

Sachkosten werden auch als „Lasten" bezeichnet und umfassen alle Transporte auf der Straße, der Bahn, zu Wasser und in der Luft. Um Transportkosten zu sparen, kann bei weit entfernten Drehorten die Anmietung von Equipment **❼** notwendig sein.

Kostenblock 7: Material und Bearbeitung

Welches Filmmaterial verwendet wird, hängt von der Entscheidung des Regisseurs, des Kameramanns und des Produzenten ab. Regisseur und Kameramann entscheiden diese Frage nach gestalterischen Kriterien, während letzterer den Preis im Auge hat. Filmmaterial ist prinzipiell sehr teuer, wobei der Löwenanteil auf die Entwicklungskosten im Kopierwerk entfällt.

Beispiel: Bei einem durchschnittlich teuren Kinofilm in der Größenordnung von zwei Millionen Eur Gesamtkosten können die Materialkosten 100 bis 150 Tausend Euro, also schon fast zehn bis fünfzehn Prozent des ganzen Budgets, ausmachen.

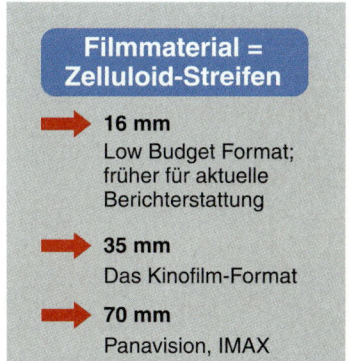

Filmmaterial = Zelluloid-Streifen

➡ **16 mm**
Low Budget Format; früher für aktuelle Berichterstattung

➡ **35 mm**
Das Kinofilm-Format

➡ **70 mm**
Panavision, IMAX

Kostenblock 8: Endfertigung

In der Endfertigung entsteht das „Gesicht" des Films. Es handelt sich um eine Vielzahl unterschiedlicher Arbeitsschritte: Das Filmmaterial wird geschnitten (Rohschnitt und Feinschnitt), die Sprach-, Musik- und Geräuschaufnahmen werden hergestellt, der Ton wird bearbeitet, und es erfolgt die Synchronisation und Mischung aller Medienelemente.

Je nach Drehbuchthema, Material und Finanzmitteln kann erheblicher Trickaufwand anfallen. Wie hoch der Aufwand für Titel, Grafik, Auslandsfassungen und Trailerherstellung ist, hängt vom späteren Einsatzzweck ab.

Kostenblock 9: Versicherungen

Eine Spielfilmproduktion ist ohne die Abdeckung von Risiken durch geeignete Versicherungen nicht denkbar, zu groß sind die Gefahren, dass unvorhergesehene Schwierigkeiten eintreten. In der Filmbranche gibt es eine Reihe von Spezial-Versicherungen:

- Ausfallversicherung für Personen: v. a. für Regisseur, Hauptdarsteller, gelegentlich auch für Produzent und Kameramann
- Ausfallversicherung Sach: betrifft v. a. Atelierbauten, wertvolle Requisiten, lebende Tiere und teure Spezialgeräte
- Negativversicherung: betrifft einen Schaden, den das abgedrehte Rohfilmmaterial erleidet (z. B. beim Transport in das Kopierwerk) und ein Nachdreh erforderlich wird
- Produktionshaftpflichtversicherung: Absicherung gegen Schadensersatzansprüche Dritter

Im Brennpunkt der Versicherungskosten, die bis zu drei Prozent der Gesamtkosten ausmachen, stehen üblicherweise die Ausfallversicherungen.

Kostenblock 10: Allgemeine Kosten

In dieser Position finden sich alle Kosten wieder, die vom Produktionsbeginn bis zur Fertigstellung des Films für einen reibungslosen Arbeitsablauf sorgen, so z. B. Kosten für Telefon, Kopien, Bewirtungen, Bürogeräte, für Hilfsmittel wie Landkarten oder Bücher. Ein häufiger Wechsel des Drehortes und Dreharbeiten im Ausland können diese Position empfindlich nach oben schrauben.

Gemeinkostenzuschlag

Die Kostenblöcke 1 bis 10 nennt man zusammen genommen die Einzelkosten. Manche Kosten können dem herzustellenden Produkt aber nicht direkt zugerechnet werden. Beispiele sind z. B. Kosten für Heizung, Strom, Gebäudemiete, allgemeine Versicherungen, Geschäftsfahrzeuge, Gehälter der Geschäftsleitung oder Beiträge zu Fachverbänden. Diese so genannten Gemeinkosten müssen pauschal auf die Kostenblöcke 1 bis 10 zugerechnet werden. Als Pauschale verwendet man normalerweise einen prozentualen Aufschlag. Solche Zuschläge bewegen sich in der Größenordnung von 10 bis 25 Prozent.

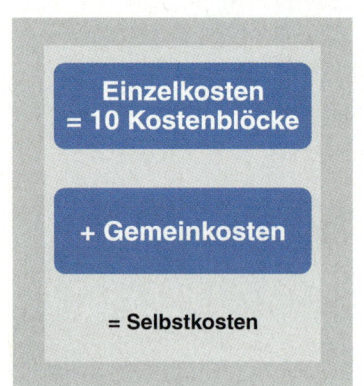

Filmkalkulationen arbeiten immer mit dieser Methodik. Es werden pauschal alle Kosten zugeschlagen, die dem Projekt nicht direkt zurechenbar sind. Solche Kalkulationen nennt man **Zuschlagskalkulationen**. Eine Zuschlagskalkulation verwendet man immer dann, wenn es sich um eine Einzelanfertigung oder „Maßanfertigung" handelt, also wie im vorliegenden Fall einer Filmkalkulation. Die Zuschlagskalkulation beruht auf dem folgenden **Grundraster**:

> Einzelkosten (direkt zurechenbare Kosten = Kostenblöcke 1 bis 10):
> \+ Gemeinkosten (nicht direkt zurechenbare Kosten)
> _____
> \= Selbstkosten

Gewinn

Ein angemessener Gewinnzuschlag ist erforderlich, damit die herstellende Produktionsfirma ihren Geschäftszweck erreicht, nämlich Gewinn zu erzielen. Als angemessen wird – je nach Projekt – ein Zuschlag von 7,5 bis 15 Prozent angesehen. Das Thema des Gewinnzuschlags verweist bereits auf die Frage, welcher Angebotspreis gesetzt werden soll. Eine Filmproduktion soll Gewinn abwerfen, was nur möglich ist, wenn in den Endpreis (= Bruttopreis) ein angemessener Gewinn einkalkuliert wird (Ausnahme: über die Filmförderungsanstalt FFA finanzierte Filme).

Zusammenstellung der Kosten im Kalkulationsschema

Auf den folgenden Seiten wird auf der Grundlage des 10-Kostenblöcke-Konzepts das Fallbeispiel einer Kalkulation für einen deutschen Kino-Spielfilm mit durchschnittlichem Budget vorgestellt (in Anlehnung an Dress 1991, S. 39 ff. DM-Werte wurden auf Euro 2:1 umgerechnet. Beim verwendeten Formular handelt es sich um die Richtlinien der FFA). Die folgenden Annahmen sind dabei unterstellt:

- Länge des Films: 90 Minuten.
- Es handelt sich um eine reine Außenproduktion (also keine Studioproduktion).
- Es wird ein großer Darsteller- und Ausstattungsaufwand betrieben.

Dieses Beispiel unterscheidet sich wesentlich z. B. von einer Werbefilmproduktion, bei der die Produktionsbedingungen völlig anders sind. Ein Fernsehwerbespot hat ja nur eine durchschnittliche Länge von ca. 20 Sekunden (bei 25 Bildern pro Sekunde macht das nur 500 Einzelbilder aus!). Werbefilme werden in der Regel innerhalb einer Woche gedreht, in einer weiteren Woche geschnitten und fertiggestellt, basierend auf einer ausgedehnten Konzeptions- und Vorlaufphase.

1.	**Vorkosten**			**c) Ausstattungsstab**			**e) Darsteller**		
001	Vorkosten	50.000	046	Szenenbildner	0	096	Hauptdarsteller	200.000
	Summe Vorkosten	50.000	047	Szenenbildner-Assistent	0	097	Kleine Rollen	212.500
			048	Ausstatter	13.200	098	Komparsen	25.050
2.	**Rechte und Manuskript**		049	Kunstmaler	0	099	Artisten/Stuntmen/Double	32.500
002	Verfilmungsrechte	0	050	Bildhauer	400	100	Choreograph	0
003	Treatment	0	051	Außenrequisiteur	8.000	101	Ballett	0
004	Drehbuch	20.000	052	Außenrequisiteur	0	102	Synchronsprecher	0
005	Synchronbuch	3.000	053	Innenrequisiteur	5.600	103	Kommentarsprecher	0
006	Archivrechte	3.500	054	Innenrequisiteur	0	104	(offen)	0
007	Musikrechte	5.000	055	Requisitienhilfe	2.500		*Summe Darsteller*	*470.050*
008	Textrechte	0	056	Kostümbildner	10.000		**f) Musiker**	
009	Komponist	12.500	057	Kostümbildner-Assistent	0	105	Musiker im Bild	0
010	Gema-Gebühren	0	058	Garderobier	4.000	106	Musiker im Aufnahmestudio	0
011	(Dolby-Stereo incl.Tonmeister)	5.000	059	Garderobier	0	107	Dirigent	0
	Summe Rechte und Manuskript	*49.000*	060	Garderobiere	0	108	Sänger und Chor	0
			061	Garderobiere	0	109	Instrumentenmiete und Transport	0
3.	**Gagen**		062	Garderoben-Aushilfe	2.000	110	Notenschreibarbeiten	0
	a) Produktionsstab		063	Herrenmaskenbildner	6.400	111	(pauschal)	20.000
012	Produzent	27.500	064	Herrenmaskenbildner	0		*Summe Musiker*	*20.000*
013	Herstellungsleiter	0	065	Damenmaskenbildner	3.200		**g) Zusatzkosten Gagen**	
014	Produktionsleiter	14.000	066	Damenmaskenbildner	0	112	Samstags- und Sonntagsarbeit	6.500
015	Produktionsleiter-Assistent	8.400	067	Maskenbildner-Aushilfe	1.250	113	Überstunden	20.000
016	Aufnahmeleiter	9.600	068	(offen)	0	114	Urlaubsabgeltung	17.180
017	Aufnahmeleiter	6.000	069	(offen)	0	115	Zusatzverpflegung	24.000
018	Aufnahmeleiter	3.000	070	(offen)	0	116	Berufsgenossenschaft	8.250
019	Aufnahmeleiter (Synchron)	0		*Summe Ausstattungsstab*	*56.550*	117	Sozialversicherung (Arbeitgeber)	35.870
020	Produktionssekretärin	6.300		**d) Sonstiger Stab**		118	Künstlersozialversicherung (AN)	3.000
021	Produktionssekretärin	4.500	071	Oberbeleuchter	6.400	119	(offen)	0
022	Kassierer	750	072	Beleuchter	6.800		*Summe Zusatzkosten Gagen*	*114.800*
023	Filmgeschäftsführer	22.500	073	Beleuchter	5.950			
024	Buchhaltung	0	074	Beleuchter	5.950	**4.**	**Atelier**	
025	(offen)	0	075	Aggregatfahrer	0		**a) Atelier-Bau**	
	Summe Produktionsstab	*102.550*	076	Drehbühnenmeister	6.400	120	Hallenmiete	0
	b) Regiestab		077	Drehbühnenmann	0	121	Hallenmiete	0
026	Regisseur	30.000	078	Drehbühnenmann	0	122	Miete Vorbauhalle	0
027	Regie-Assistent	8.000	079	Drehbühnenmann	0	123	Miete Nebenräume	0
028	Regie-Assistent (Coach)	7.800	080	Baubühnenmeister	6.750	124	Heizung	0
029	Regisseur (Synchron)	0	081	Baubühnenmann	1.000	125	Reinigung	0
030	1. Kameramann	20.000	082	Baubühnenmann	1.000	126	Feuerwehr	0
031	Kamera-Assistent	6.750	083	Baubühnenmann	0	127	Telefonkosten	0
032	Kamera-Assistent	0	084	Baubühnenmann	0	128	Löhne Baubühne	0
033	Material-Assistent	2.000	085	Produktionsfahrer	4.800	129	Material für Bau (Kauf)	0
034	2. Kameramann	4.000	086	Produktionsfahrer	4.000	130	Baufundus (Miete)	0
035	2. Kamera-Assistent	1.500	087	Produktionsfahrer	0	131	Geräte und Maschinen	0
036	Tonmeister	8.000	088	Wachmann/Sanitäter	3.000	132	Stromkosten	0
037	Tonassistent	4.800	089	Geräuschemacher	6.000	133	An- und Abtransporte	0
038	Cutter	17.600	090	Pyrotechniker, SFX	1.750	134	(offen)	0
039	Cutter-Assistent	10.800	091	Pyrotechniker, SFX	0	135	(offen)	0
040	2. Cutter-Assistent	4.000	092	Sonstiger Hilfskräfte	1.500		*Summe Atelier-Bau*	*0*
041	Synchron-Cutter	0	093	(Kinderbetreuung)	900			
042	Synchron-Cutter-Assistent	0	094	(Dolmetscher, Übersetzer)	500			
043	Standfotograf	3.500	095	(offen)	0			
044	Script	4.000		*Summe Sonstiger Stab*	*62.700*			
045	Fachmännischer Beirat	0						
	Summe Regiestab	*132.750*						

Kalkulation Kinofilm (Seite 1) – Angaben in Euro

b) Außenbau durch Atelier

136	Löhne Baubühne	0
137	Material für Bau (Kauf)	0
138	Baufundus (Miete)	0
139	Geräte und Maschinen	0
140	Lastentransporte	0
141	Personentransporte	0
142	Tage- und Übernachtungsgelder	0
143	(offen)	0
144	(offen)	0
	Summe Außenbau Atelier	*0*

c) Atelier Dreh

145	Hallenmiete	0
146	Hallenmiete	0
147	Miete Nebenräume	0
148	Heizung	0
149	Reinigung	0
150	Feuerwehr	0
151	Telefon	0
152	Löhne Beleuchter	0
153	Löhne Drehbühne	0
154	Beleuchtungsgeräte	0
155	Bel.geräte Verbrauch, Schaden	0
156	Kran, Elemack, Dolly usw.	0
157	Stromkosten	0
158	Transportfahrzeuge	0
159	Aufpro-, Rückpro-Anlage	0
160	Blue-Screen-Anlage	0
161	(offen)	0
162	(offen)	0
163	*Summe Atelier Dreh*	*0*

d) Abbau Atelier und Außenbau

164	Hallenmiete	0
165	Löhne Abbau	0
166	Geräte und Maschinen	0
167	Reinigung, Müllabfuhr	0
168	Lastentransporte	0
169	Personentransporte	0
170	(offen)	0
	Summe Abbau At., Außenbau	*0*

5. Ausstattung und Technik
a) Genehmigungen und Mieten

171	Drehgenehmigungen	42.500
172	Drehgenehmigungen	0
173	Motivnebenkosten	16.500
174	Polizei- und Feuerwehreinsätze	7.500
175	Mieten für Büroräume	5.000
176	Mieten für sonstige Räume	3.400
177	Telefon, Telex	5.500
178	(Telefax)	1.250
179	(offen)	0
	Summe Genehmigungen, Mieten	*81.650*

b) Bau und Ausstattung

180	Material für Bau (Kauf)	30.000
181	Baufundus (Miete)	2.500
182	Geräte und Maschinen	2.000
183	An- und Abtransporte	6.000
184	Sonstige Baukosten	0
185	Reinigung, Müllabfuhr	4.000
186	Kostüm (Kauf)	15.000
187	Kostüm (Miete)	5.000
188	Kostümtransporte	1.250
189	Schminkmaterial, Haarteile (Kauf)	3.500
190	Schminkmaterial, Haarteile (Miete)	3.000
191	Requisiten (Kauf)	16.500
192	Requisiten (Miete)	7.500
193	Requisitentransporte	4.000
194	Fahrzeuge im Bild	21.000
195	Großrequisiten im Bild	0
196	Tiere und Nebenkosten	0
197	Gärtnerarbeiten	0
198	Pyrotechnik-Material	15.000
199	Spezialeffekt-Material	5.000
200	Modellbau	5.000
201	(LKW versenken)	4.250
202	(Bergung LKW)	3.400
203	(Schiff 5 Tage je 500)	2.500
204	(offen)	0
	Summe Bau, Ausstattung	*156.400*

c) Technische Ausrüstung

205	Kamera	35.145
206	Kamerazubehör und Verbrauch	0
207	Zusätzliche Kameraausrüstung	6.750
208	Hubschrauber, Aufnahmewagen	0
209	Tonapparatur	5.550
210	Tonzubehör und Verbrauch	0
211	Playbackanlage	0
212	Sprechfunkgeräte usw.	2.925
213	Beleuchtungsgeräte	46.342
214	Beleuchtungsgeräte Verbrauch	5.500
215	Bühnengeräte	6.750
216	Bühnengeräte Verbrauch	3.825
217	Kran, Elemack, Dolly usw.	5.800
218	Aggregat	3.500
219	Stromkosten incl. Anschluss	3.500
220	Lastwagen Beleuchtungsgeräte	2.573
221	Lastwagen für Bühnengeräte	0
222	Kameratransportwagen	2.062
223	Tongerätewagen	0
224	Produktionsfahrzeug	1.305
225	Produktionsfahrzeug	2.475
226	Produktionsfahrzeug	2.232
227	Wohnwagen, Herrenmaske	1.800
228	(Wohnwagen, Damenmaske)	1.800
229	(Regiewagen)	3.000
	Summe Techn. Ausrüstung	*142.834*

6. Reise- und Transportkosten
a) Personen

230	Reisekosten zum Drehort Inl.	24.215
231	Fahrtkosten am Drehort Inland	1.050
232	Reisekosten zum Drehort Ausl.	0
233	Fahrtkosten am Drehort Ausl.	0
234	Tage- und Übern.-Gelder Inl.	15.000
235	Tage- und Übern.-Gelder Ausl.	0
236	Reisekosten (Synchron)	1.750
237	Tage- und Übern.-Gelder Syn.	2.250
238	Sonstige Personentransporte	1.750
239	km-Geld und Benzin	4.744
240	(offen)	0
241	(offen)	0
	Summe Reise-/Transport Pers.	*50.759*

b) Lasten

242	Transport zum Drehort, Inland	4.900
243	Transport am Drehort, Ausland	0
244	Transport zum Drehort, Ausl.	0
245	Transport am Drehort, Ausl.	0
246	Sonstige Lastentransporte	0
247	Bahn- und Luftfracht	5.000
248	Zoll- und Grenzkosten	2.500
249	(offen)	0
	Summe Reise-/Transport Last.	*12.400*

7. Filmmaterial und Bearbeitung

250	Rohfilmmaterial	27.500
251	Tonbandmaterial	6.315
252	Kopierwerksleistungen	73.206
253	Tonüberspielung	5.700
254	Video- und MAZ-Bearbeitung	4.000
255	Fotomaterial	2.250
256	Fotobearbeitung	2.250
257	Trailer	5.000
258	(offen)	0
259	(offen)	0
	Summe Filmmaterial, Bearb.	*126.221*

8. Endfertigung

260	Vorführung	2.295
261	Schneideraum	5.000
262	Schneideraum	4.000
263	Schneideraummaterial	1.500
264	Numeriermaschine usw.	300
265	Sprachaufnahmen	30.000
266	Geräuschaufnahmen	3.559
267	Musikaufnahmen	1.947
268	Mischung	13.366
269	IT-Mischung	4.373
270	(offen)	
	Summe Endfertigung	*66.340*

Kalkulation Kinofilm (Seite 2) – Angaben in Euro

9. Versicherungen

271	Ausfallversicherung	27.500
272	Negativversicherung	15.000
273	Haftpflichtversicherung	2.500
274	Unfallversicherung	3.000
275	Feuerregressversicherung	0
276	Apparateversicherung	0
277	Kassenversicherung	0
278	Requisitenversicherung	0
279	Lampenversicherung	0
280	Reisegepäckversicherung	0
281	(offen)	0
282	(offen)	0
	Summe Versicherungen	*48.000*

10. Allgemeine Kosten

283	Vervielfältigungen	3.250
284	Büromaterial	3.000
285	Bürogeräte (Miete)	2.500
286	Telefon, Telex, Porto	3.500
287	Übersetzungen	2.000
288	Kleine Ausgaben	1.000
289	Bewirtungen	7.500
290	FSK-, FBW-Gebühren	4.200
291	Produzentenverband	0
292	Produktionspresse	7.500
293	PR-Kosten	20.000
294	Rechts- und Steuerberatung	8.000
295	Projektberatung	0
296	Projektüberwachung	0
	Summe Allgemeine Kosten	*62.450*

11. Kostenmindernde Erträge (abzüglich)

297	Löhne Abbau	0
298	Geräte und Maschinen	0
299	Reinigung, Müllabfuhr	0
300	Lastentransporte	0
	Summe Kostenmind. Erträge	*0*

Kostenzusammenstellung

1.	**Vorkosten**		**50.000**
2.	**Rechte und Manuskript**		**49.000**
3.	**Gagen**		
	a) Produktionsstab	102.550	
	b) Regiestab	132.750	
	c) Ausstattungsstab	56.550	
	d) Sonstiger Stab	62.700	
	e) Darsteller	470.050	
	f) Musiker	20.000	
	g) Zusatzkosten Gagen	114.800	
	Summe		959.400
4.	**Atelier**		
	a) Atelier-Bau	0	
	b) Außenbau durch Atelier	0	
	c) Atelier-Dreh	0	
	d) Abbau Atelier und Außenbau	0	
	Summe		0
5.	**Ausstattung und Technik**		
	a) Genehmigungen und Mieten	81.650	
	b) Bau und Ausstattung	156.400	
	c) Technische Ausrüstung	142.834	
	Summe		380.884
6.	**Reise- und Transportkosten**		
	a) Personen	50.759	
	b) Lasten	12.400	
	Summe		63.159
7.	**Filmmaterial und Bearbeitung**		126.221
8.	**Endfertigung**		66.340
9.	**Versicherungen**		48.000
10.	**Allgemeine Kosten**		62.450
11.	**Kostenmindernde Erträge**		0
A.	**Summe = (Netto-) Fertigungskosten**		**1.805.454**

A.	**Netto-Fertigungskosten**	**1.805.454**
B.	**Handlungskosten (12 % von A.)**	**108.327**
C.	**Zwischensumme**	**1.913.781**
D.	**Überschreitungsreserve**	**100.000**
E.	**Zwischensumme**	**2.013.781**
F.	**Finanzierungskosten**	**60.000**
G.	**Zwischensumme**	**2.073.781**
H.	**Treuhandgebühren**	**45.000**
I.	**Netto-Herstellungskosten**	**2.118.781**

Kalkulation Kinofilm (Seite 3) – Angaben in Euro

18.4 Beispiel Multimedia-Kalkulation

Eine multimediale CD-ROM-Produktion unterscheidet sich von einer reinen Filmproduktion durch die grundsätzlich **höhere Komplexität** und sowie vor allem dadurch, dass es sich um eine interaktive Anwendung handelt. Die Stufen, die zur Kalkulation führen, sind im Prinzip die gleichen: Auch hier geht es darum, **fünf Stufen** zu durchlaufen, bis eine aussagefähige Kalkulation entstehen kann:

- Stufe 1: Rahmenbedingungen
- Stufe 2: Drehbuch
- Stufe 3: Auszüge
- Stufe 4: Kostenfindung
- Stufe 5: Kalkulation

Wie beim Film ist auch bei einer multimedialen Produktion das Drehbuch inkl. Storyboard das Basis-Dokument (Stufe 2: Drehbuch). Als erstes wird – analog den Auszügen beim Film – aus dem Drehbuch jeder einzelne Baustein, der auf dem Bildschirm (Screen) erscheinen soll, abgeleitet (Stufe 3). Baustein für Baustein werden nun die Inhalte beschrieben, differenziert nach den verschiedenen Medienelementen, den sog. Assets ❶, also Text, Bild, Grafik, Videosequenz, Audio oder Animation. Das Dokument, das die Assets auflistet, ist die sog. Medienliste. In der Medienliste kommt insbesondere zum Ausdruck, welche Teile der Produktion neu zu produzieren sind und welche Teile bereits als Archivmaterial vorliegen.

❶ Unter **Asset** versteht man das einzelne Datenobjekt einer Multimedia-Produktion, also Objekte der folgenden Art:
• Text
• Bild
• Grafik
• Videosequenz
• Audio
• Animation

Auf der Grundlage der Medienliste können nun die Kosten im einzelnen ermittelt werden (Stufe 4: Kostenfindung). Man schätzt für jeden Screen und dort für jedes Asset, welcher Aufwand erforderlich ist, um das Teil neu zu produzieren oder das vorliegende Archivmaterial zu bearbeiten. Daraus ergeben sich die erforderlichen „Manntage" für die Texterstellung, die Bildproduktion oder die Programmierung. Hinzu kommen die weiteren Kosten wie Urheberrechte, Konzeptionskosten und der Gemeinkostenzuschlag.

Alle Einzelpositionen werden anschließend in eine übersichtliche Form, also in ein Kalkulationsschema, gebracht und ergeben die Kalkulation (Stufe 5). Bei Multimedia ist es zweckmäßig, mit einem **6-Kostenblöcke-Konzept** zu arbeiten:

6-Kostenblöcke-Konzept

➡ Analyse und Basiskonzeption

➡ Feinkonzept, Storyboard, Rechte

➡ Produktion der Einzelmedien

➡ Nachbearbeitung, Programmierung

➡ Allgemeine Kosten, Sonstiges

➡ Gemeinkostenzuschlag

- Kostenblock 1: Analyse und Basis-Konzeption
- Kostenblock 2: Feinkonzept, Storyboard, Rechte
- Kostenblock 3: Produktion der Einzelmedien - Text, Ton, Bild, Grafik, Video und Animation
- Kostenblock 4: Integration: Nachbearbeitung, Programmierung
- Kostenblock 5: Sonstiges - Allgemeine Kosten
- Kostenblock 6: Zuschläge

Nachfolgend wird die Kalkulation für eine CD-ROM-Produktion wiedergegeben, bei der es sich um die interaktive Darstellung einer Kulturstätte handelt. Man kann die grundsätzlichen Unterschiede zur Filmkalkulation erkennen, sieht aber auch, dass sie vom Prinzip her ebenfalls der Methode der **Zuschlagskalkulation** folgt.

		Menge	Einzelpreis	Aufwand	Einzelpreis	Gesamtpreis
1	**Konzeption**					
1.1	Briefing/Workshop			1 Tage	1.100 €	1.100 €
1.2	Materialsichtung, Recherche			1 Tage	1.100 €	1.100 €
1.3	Exposé			1 Tage	1.100 €	1.100 €
1.4	Schnittstellendefinitionen			1 Tage	1.000 €	1.000 €
1.5	Grobdesign (Nutzerführung, Themenbaum)			1 Tage	1.000 €	1.000 €
	Zwischensumme Konzeption			*5 Tage*		*5.300 €*
2	**Ausarbeitung**					
2.1	Feinkonzept			1 Tage	1.000 €	1.000 €
2.2	Storyboard, Drehbuch, Screenbook, Flowchart	Seiten		5 Tage	700 €	3.500 €
2.3	Textredaktion für Specher und Screen (Autor)	Zeilen		2 Tage	700 €	1.400 €
2.4	Erwerb von Rechten (gesonderte Aufstellung)	GEMA etc.				
2.5	Projektplanung, Projektleitung, Freigabe			1 Tage	1.000 €	1.000 €
	Zwischensumme Ausarbeitung			*9 Tage*		*6.900 €*
3	**Produktion incl. Post-Produktion**					
3.1	**Produktion Video**					
3.1.1	Aufnahme einfachst, z.B. Moderation	10 min	500 €	1 Tage		5.000 €
3.1.2	Aufnahme einfach, z.B. Industrie, Sachvideo	10 min	800 €	1 Tage		8.000 €
3.1.3	Aufnahme szenisch, mittlerer Aufwand	min	3.000 €	Tage		
3.1.4	Aufnahme szenisch, großer Aufwand	min	5.000 €	Tage		
3.1.5	Videostudio			1 Tage	1.100 €	1.100 €
3.1.6	Digitalisierung (Einrichtung je Sequenz)	30 Sequ.	80 €	2 Tage		2.400 €
3.1.7	Digitalisierung MPEG offline Band (min. 5 Min.)	min	130 €	Tage		
3.1.8	Digitalisierung MPEG offline E-Bild (min. 5 Min.)	min	650 €	Tage		
3.1.9	Digitalisierung MPEG online Band (min. 5 Min.)	min	35 €	Tage		
3.1.10	Digitalisierung AVI vom Band (min. 5 Min.)	20 min	30 €	Tage		600 €
3.1.11	Konvertierung, Bearbeitung			1 Tage	1.100 €	1.100 €
3.1.12	Videoabnahme, ggf. Korrektur Kundenwünsche			0,5 Tage	1.000 €	500 €
	Zwischensumme Produktion Video			*6,5 Tage*		*18.700 €*
3.2	**Produktion Bild**					
3.2.1	Aufnahme (Fotograf)	Stück		Tage	500 €	
3.2.2	Aufnahme (Fotograf mit Studio)			1 Tage	800 €	800 €
3.2.3	Assistent			Tage	200 €	
3.2.4	Maske, Make Up, Haare, etc.			Tage	250 €	
3.2.5	Nebenkosten (Kleines Licht, Material, Requisiten)			Tage	250 €	
3.2.6	Modelle Laien			Tage	150 €	
3.2.7	Modelle Profis			Tage	500 €	
3.2.8	Scannen, Nachbearbeiten	Stück		0,5 Tage	1.000 €	500 €
3.2.9	Abnahme, ggf. Korrektur Kundenwünsche			0,5 Tage	1.100 €	550 €
	Zwischensumme Produktion Bild			*2 Tage*		*1.850 €*
3.3	**Produktion Grafik**					
3.3.1	Screendesign	75 Objekte		7 Tage	700 €	4.900 €
3.3.2	Texteingabe Screen			0,5 Tage	500 €	250 €
3.3.3	2D-Grafik	Objekte		Tage	950 €	
3.3.4	3D-Grafik	Objekte		Tage	700 €	
3.3.5	2D-Animation	min		Tage	800 €	
3.3.6	3D-Animation	min		Tage	850 €	
3.3.7	Abnahme, ggf. Korrektur Kundenwünsche			0,5 Tage	1.000 €	500 €
	Zwischensumme Produktion Grafik			*8 Tage*		*5.650 €*

		Menge	Einzelpreis	Aufwand	Einzelpreis	Gesamtpreis
3.4	**Produktion Ton**	Menge	Einzelpreis	Aufwand	Einzelpreis	Gesamtpreis
3.4.1	Sprecher	min		1 Tage	800 €	800 €
3.4.2	Sprachaufnahme Tonstudio	min		1 Tage	900 €	900 €
3.4.3	El. Musik u. Klang (Komposition und Aufnahme)	min/St.		0,5 Tage	700 €	350 €
3.4.4	Ton-Nachbearbeitung, Konvertierung, Schnitt	min		Tage	800 €	
3.4.5	Abnahme, ggf. Korrektur Kundenwünsche			0,5 Tage	1.000 €	500 €
	Zwischensumme Produktion Ton			*3 Tage*		*2.550 €*
3.5	**Programmierung**	Menge	Einzelpreis	Aufwand	Einzelpreis	Gesamtpreis
3.5.1	Programmierer A (C, Visual Basic etc.)			5 Tage	800 €	4.000 €
3.5.2	Programmierer B (Autorensysteme)			5 Tage	650 €	3.250 €
3.5.3	Programmierer C (HTML, PC-Grafik, Bilder)			Tage	500 €	
3.5.4	Komplettverschaltung			4 Tage	750 €	3.000 €
3.5.5	Funktionaler Test			1 Tage	500 €	500 €
3.5.6	Qualitätstest, Freigabe (Abnahme)			5 Tage	500 €	2.500 €
	Zwischensumme Programmierung			*20 Tage*		*13.250 €*
4	**Anteil Produktionsleitung**	10 %		4 Tage	1.200 €	8.690 €
5	**Herstellung**	Menge	Einzelpreis	Aufwand	Einzelpreis	Gesamtpreis
5.1	CD Einzelfertigung	1 Stück	100 €	0,2 Tage		100 €
5.2	CD Kleinauflage	20 Stück	3 €	Tage		60 €
5.3	CD-Mastering und Pressung	500 Stück	1 €	Tage		500 €
5.4	Begleitmaterial (Booklet, Inlaycard)	20 Stück		Tage		
5.5	Projektdokumentation	1 psch		1 Tage		
5.6	Abnahme, Versand	1 psch		0,2 Tage		
	Zwischensumme Herstellung			*1,4 Tage*		*660 €*
6	**Nebenkosten des Auftragnehmers**	Menge	Einzelpreis	Aufwand	Einzelpreis	Gesamtpreis
6.1	Reisekosten	500 km	0,80 €	Tage		400 €
6.2	Kommunikation (Telefon, Fax, Porto)	psch		Tage		
6.3	Übernahme bestehender Projekte	psch		Tage		
6.4	Laborkosten	psch		Tage		
6.5	Gerätekosten	psch		Tage		
6.6	Verbrauchsmaterial	psch		Tage		
	Zwischensumme Nebenkosten Auftragnehmer			*0 Tage*		*400 €*
7	**Zusatzkosten des Auftraggebers (z.B. POI)**	Menge	Einzelpreis	Aufwand	Einzelpreis	Gesamtpreis
7.1	Geräte (Miete)	1 psch		Tage		
7.2	Transport, Installation, Abbau	psch		Tage		
7.3	Standmiete (z.B. Zelt 5x5 m, 5 Tage)	1 psch	250 €	Tage		250 €
7.4	Betreuung	psch		5 Tage	500 €	2.500 €
	Zwischensumme Zusatzkosten Auftraggeber			*5 Tage*		*2.750 €*
	Summe					*66.700 €*
	Mehrwertsteuer				16 %	10.672 €
	Summe brutto					**77.372 €**

18.4.1 Beispiel Buch-Kalkulation

Die Kalkulation eines Buchprojekts verläuft etwas anders als die beim Film und im Multimediabereich vorrangig angewandte Zuschlagskalkulation. Im Buchverlag, der sich dadurch auszeichnet, dass er viele (kleine, mittlere und größere) Projekte gleichzeitig abwickelt, ist das vorherrschende Kalkulationsverfahren die sog. **Deckungsbeitragsrechnung**. Während man bei der Zuschlagskalkulation sämtliche Kosten ermittelt und diejenigen Kosten, die dem Produkt nicht unmittelbar zurechenbar sind, über Gemeinkostenzuschläge den direkten Kosten hinzufügt, verzichtet man bei der Deckungsbeitragsrechnung auf diesen Zuschlag. Man begnügt sich damit, die direkt von einem Produkt verursachten Kosten ❶ zu ermitteln und stellt diese Kosten – die also nur einen Teil der gesamten Kosten des Produkts darstellen – dem von diesem Produkt erwarteten Umsatzerlös gegenüber. Die Differenz, die sich dann ergibt, nennt man **Deckungsbeitrag ❷**.

Der Begriff „Deckungsbeitrag" bringt zum Ausdruck, dass dieser Betrag dazu dient, einen Beitrag zur Abdeckung der gesamten fixen Kosten des Verlags zu leisten. Alle Deckungsbeiträge aller Projekte zusammengenommen decken dann (hoffentlich) den gesamten Fixkosten-Block des Verlages ab und führen darüber hinaus zu einem Gewinn. Die nachfolgende Abbildung bringt den Zusammenhang bildhaft zum Ausdruck.

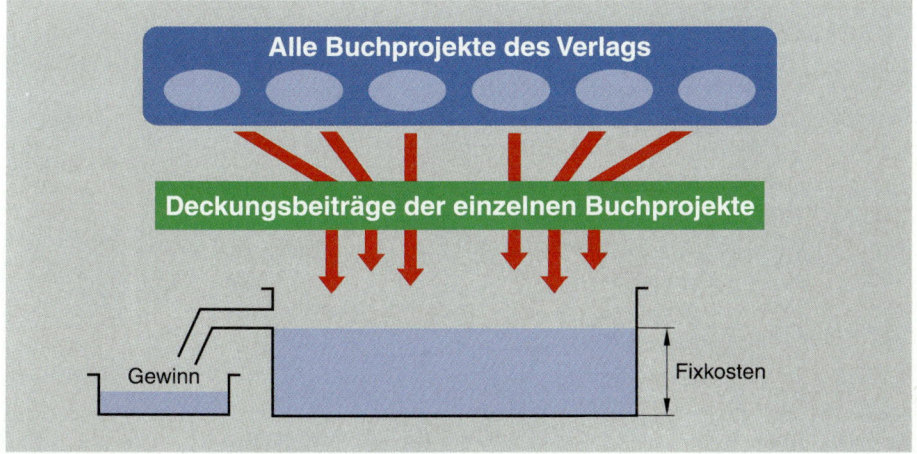

❶ Die von einem Projekt direkt verursachten Kosten nennt man **variable Kosten**. Typische variable Kosten im Medienbereich sind Kosten für Rechte, Honorare für freie Mitarbeiter, Materialverbrauch (Papier, Filmmaterial, CD-Rohlinge etc.), Reisekosten für Recherchen, Kommunikationskosten etc. Der Gegensatz zu den variablen Kosten sind die **Fixkosten**, die auch dann anfallen, wenn das Projekt nicht durchgeführt wird. Typische Fixkosten sind z. B. Gehälter für festangestellte Redakteure, Mieten, Versicherungen, „Flat Rates" oder Steuern.

❷ Der **Deckungsbeitrag** ist definiert als Differenz zwischen dem Umsatzerlös und den variablen Kosten. Er gibt an, wie viel das Produkt zur Deckung der Fixkosten und zum Gewinn (Totalerfolg) beiträgt.

Nochmals zum Sinn der Deckungsbeitragsrechnung: Ein Buchprojekt eines Verlages steht neben vielen anderen gleichartigen Projekten, die zumeist hoch riskante Vorhaben darstellen. Es muss sorgfältig geprüft werden, ob das Projekt durchgeführt werden soll oder nicht. Die Deckungsbeitragsrechnung liefert den Ansatz zur Abschätzung der voraussichtlichen Wirtschaftlichkeit des Projekts. Gleichzeitig liefert sie den Hinweis, welcher Verkaufspreis verlangt werden muss, um aus dem Buchprojekt ein rentables Buchprojekt zu machen.

Das **nachfolgende Beispiel** zeigt die Deckungsbeitragskalkulation eines Taschenbuch-Projekts und stellt dieses der Zuschlagskalkulation gegenüber (Quelle: Schönstedt 1999, Teil D).

Es geht um das folgende Projekt: Herstellung eines Taschenbuchs in der Auflage von 10.000 Stück. Als Brutto-Ladenpreis sind 10 Euro vorgesehen.

Angaben zu den Kosten:
- Mehrwertsteuer: 7 % vom Netto-Ladenpreis
- Herstellkosten („Technische Herstellkosten", „th"): 2,00 Euro
- Honorar/Lizenz („Pauschal-Honorar"): 5 % vom Netto-Ladenpreis
- Rabatt an Buchhandel („Durchschnittsrabatt", „Sortimenter-Rabatt"): 45 % vom Netto-Ladenpreis
- Spezielle Angaben für die Zuschlagskalkulation: Gemeinkosten: 46 % vom Netto-Preis; Geplanter Gewinn („Plangewinn") 0,31 Euro
- Spezielle Angaben für die Deckungsbeitragsrechnung: Vertreterprovision 8 % vom Netto-Preis; Auslieferung 12 % vom Netto-Preis; Werbung 10 % vom Netto-Preis

Begriffe:
- Brutto-Ladenpreis (Lp)
- Netto-Ladenpreis („Warenwert") = Brutto-Ladenpreis abzgl. Mehrwertsteuer
- Netto-Preis („Netto-Abgabepreis") = Netto-Ladenpreis abzgl. Rabatt

Kalkulation nach der Deckungsbeitragsrechnung

1.		Brutto-Ladenpreis (Lp)	10,00	Euro	
2.	./.	Mehrwertsteuer	0,65	Euro	
3.	=	Netto-Ladenpreis (Warenwert)	9,35	Euro	
4.	./.	Rabatt an Buchhandel	4,20	Euro	
5.	=	Netto-Preis („Netto-Abgabepreis")	5,15	Euro	
6.	./.	Vertreterprovision 8 % von 5.	0,41	Euro	$9{,}35 \times 45\%$
7.	./.	Auslieferung 12 % von 5.	0,62	Euro	
8.		Deckungsbeitrag I	**4,12**	**Euro**	
9.	./.	Pauschalhonorar 5 % von 3.	0,47	Euro	
10.	./.	Technische Herstellkosten (th)	2,00	Euro	
11.		Deckungsbeitrag II	**1,65**	**Euro**	$9{,}35 \times 5\%$
12.	./.	Werbung 10 % von 5.	0,52	Euro	
13.		Deckungsbeitrag III	**1,13**	**Euro**	
		(= eigentlicher Deckungsbeitrag pro Stück)			

Kalkulation nach der Zuschlagskalkulation (progressive Methode):

1.		Technische Herstellkosten (th)	2,00	Euro	
2.		Pauschalhonorar	0,47	Euro	
3.	=	Einzelkosten („Einstandskosten")	2,47	Euro	
4.	+	Gemeinkosten	2,37	Euro	$9{,}35 \times 5\%$
5.	=	Selbstkosten	4,84	Euro	
6.	+	Plangewinn	0,31	Euro	
7.	=	Netto-Preis („Netto-Abgabepreis")	5,15	Euro	
8.	+	Rabatt an Buchhandel	4,20	Euro	
9.	=	Netto-Ladenpreis	9,35	Euro	
10.	+	Mehrwertsteuer	0,65	Euro	$9{,}35 \times 45\%$
11.	=	Brutto-Ladenpreis (Lp)	**10,00**	**Euro**	

18.4.2 Kalkulation einer Drucksache

Faltblatt und Werbebroschüre

Drucksachen spielen sowohl im geschäftlichen als auch im privaten Bereich trotz der elektronischen Konkurrenz nach wie vor eine große Rolle. So sind beispielsweise im Direct Marketing gedruckte Medien als Werbeinstrument immer noch stark im Einsatz ❶. Dort unterscheidet man zwischen adressierten und unadressierten Werbesendungen:

- Adressierte Werbesendungen sind Mail Order Packages (Sendung mit Werbebrief, Prospekt, Rückantwortkarte und Versandkuvert), Kataloge, Kundenzeitschriften, Probezeitschriften, Prospekte, Geschenk-Mailings.
- Unadressierte Werbesendungen umfassen vor allem Handzettel, Prospekte, Warenproben, Hauswurfsendungen.

Nachfolgend soll der Bereich kleinerer Werbe-Drucksachen näher betrachtet werden. Die einfachste Form ist ein **Image-Faltblatt**, das heute zum Standard selbst in kleinen Firmen, Verbänden und Vereinen gehört. Wer zum ersten Mal auf diesem Wege an die Öffentlichkeit geht, ist vermutlich mit einem Image-Faltblatt zum Start am besten beraten. Ein Faltblatt ist in der Regel nicht mehr als ein dreimal unterteiltes, entsprechend gefalztes Blatt Papier im DIN-A4-Format, das beidseitig bedruckt ist. Es hat mindestens fünf wichtige Vorteile:

- Das Faltblatt ist leicht zu verteilen und passt in jede Jacketttasche.
- Falls das Faltblatt ausgelegt werden soll, passt es in die meisten Auslagestände, da sie auf dieses Format genormt sind.
- Alle Informationen auf dem Faltblatt sind „kurz und knackig" nachzulesen.
- Für Bild und Text lässt sich auf einem Faltblatt ein optimales Layout finden.
- Das DIN-A4-Format wirkt sich optimal auf die Druck- und Papierkosten aus, weil es keinen „Verschnitt" gibt. Auch das Falzen ist einfach.

Zur Eigenherstellung von Faltblättern gibt es kostenlose einfache Tools, beispielsweise in „Word" von Microsoft oder im „Publisher". Im Internet finden sich für den Druck zudem preiswerte Online-Anbieter. Bei der Produktion des Faltblatts in der Hand eines Profis sollte man von folgendem **Kalkulationsbeispiel** ausgehen: Eine Agentur verlangt für ein 6-seitiges Standard-Faltblatt in DIN-A4, 4-farbig, mit einer Druckauflage von 10.000 Stück als „Komplettpaket" (Beratung, Gestaltung, Satz, Druck und Anlieferung) rund 1.200 € (zzgl. MwSt.). Dieser Preis ist freilich nur ein Orientierungswert, der differieren kann.

Bei einer Werbebroschüre handelt es sich um eine textbetonte Drucksache von geringem Umfang ohne Einband, die im Digitaldruck auch bei kleinen Auflagen sehr kostengünstig herzustellen ist. Broschüren sind in der Herstellung komplizierter und gewöhnlich teurer als Faltblatt. Sie haben ebenso wie Faltblatt in der Regel das DIN-A4-Format oder die Hälfte davon – DIN-A5. Zwischenformate sind auch gebräuchlich.

❶ Das **Direct Marketing** umfasst alle Kommunikationsinstrumente eines Unternehmen, die darauf ausgerichtet sind, einen direkten Kontakt zu den Kunden herzustellen. Dies reicht von einfachen Prospekten als Hauswurfsendung über Telefon-Marketing, E-Mail-Werbung, Beihefter in Zeitschriften mit Antwortkarten bis hin zu Fernsehwerbespots mit der Aufforderung zum Anruf (sog. „Response-Aufforderung"). Vgl. im Einzelnen Bruhn 2005, S. 651 ff.

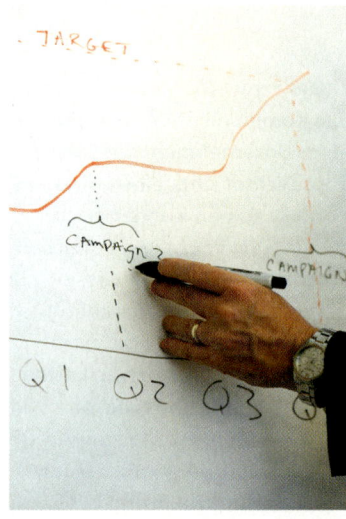

Kostenbereiche

Die Kalkulation einer Drucksache umfasst drei Kostenbereiche:
1. Entwicklung des Inhalts bis zur druckreifen Vorlage
2. Druck
3. Verbreitung

Bei der Entwicklung des Inhalts ist zwischen neuen und bereits bestehenden Inhalten zu unterscheiden. Um neue Inhalte zu generieren, bedarf es eines Ideengebers, ein Konzept muss entwickelt werden, der Fotograf entwickelt Bildmaterial, und Grafik und Design müssen konzipiert und umgesetzt werden. Bei der Verwendung bestehender Inhalte steht die Frage der Rechte an Bildern und Texten im Vordergrund.

Der Druck umfasst die folgenden drei Arbeitsschritte: (1) Druckvorstufe (mit Satz, Reproduktion und Montage und Druckformenherstellung, (2) Druck (Prozess der Übertragung von Farbe auf Papier oder einen anderen Bedruckstoff), (3) Druckweiterverarbeitung (Prozesse wie Schneiden, Falzen, Zusammentragen, Binden).

Bei der Verbreitung können höchst unterschiedliche Wege beschritten werden, die von der persönlichen Zustellung (Hauswurfsendungen) bis zu postalischen Zustellung bei Direct Mail-Aktion reichen.

Größere Drucksachen

Nachfolgend wird die **(Grob-)Kalkulation eines kleinen Reiseführers** für einen Landkreis wiedergegeben, der 64 Seiten Innenteil plus 4 Seiten Umschlag mit zahlreichen Farbfotos umfasst und bei dem Anzeigen vorgesehen sind (Quelle: Hermanni 2007, S. 193 ff.).

Interne Kosten (Verlag)

1. Redaktion/Autor (Arbeitszeit 2 Wochen)	€ 2.000,00
2. Lektorat (Arbeitszeit 3 Tage/24 Std. à € 25,–)	€ 600,00
3. Fotograf (pauschal)	€ 6.500,00
4. Grafik/Druckvorstufe (40 Std. à € 60,–)	€ 2.400,00
5. Buchhaltung (pauschal)	€ 500,00
Gesamtkosten intern (ohne MwSt)	€ 12.000,00

Externe Kosten (Druckerei, Rechte, Distribution)

1. Druckkosten (Auflage 5.000 Stück)	€ 4.500,00
2. Anzeigenverkauf (Basishonorar + Provision 20 %) Basishonorar für 3 Monate (freie Zeiteinteilung)	€ 3.000,00
3. Allgemeine Kosten	€ 300,00
4. Titelschutz-Anzeige (www.titelschutzanzeiger,de)	€ 150,00
5. Einkauf Fremdkommentare (2 ×)	€ 1.000,00
6. Einkauf Karten/Ortspläne (5 × € 400,–)	€ 2.000,00
7. ISBN-Nummer	€ 67,79
8. Distribution (als Beilage eines Anzeigenblattes) (pro 1.000 Stück = € 67,–; bei 5.000 Stück Auflage)	€ 335,00
Gesamtkosten extern (ohne MwSt)	€ 11.952,779
Herstellungskosten gesamt (ohne MwSt)	**€ 23.952,79**

18.4.3 Kalkulation eines Video-/ Computerspiels

Video- und Computerspiele gehören zu den **aufwändigsten Medienprodukten**. Spiele werden im internationalen Maßstab je nach technischem Aufwand und technischer Qualität in einer Raster von AAA (bestes Ergebnis) bis CCC (schlechtestes Ergebnis) eingestuft.

Das nachfolgende **Fallbeispiel** ❶ beruht auf der realen Kalkulation eines in Deutschland entwickelten, vergleichsweise einfachen Spielprojekts. Es ist als C/B-Projekt eingestuft, das sich also unterhalb des Durchschnitts befindet. Ein solches Produkt bewegt sich im mittleren Preissegment von ca. 30 Euro.

❶ Quelle: Müller-Lietzkow; Bouncken; Seufert 2006, S. 200 ff. Alle Angaben sind dieser sehr aufschlussreichen Studie entnommen.

Rahmendaten

Der Entwicklungszeitraum für dieses Projekt mittlerer Größe betrug 18 Monate. Bei größeren Projekten dauert die Entwicklung deutlich länger und erfordert mehr Personal. So liegt bei B/A-Projekten die Entwicklungszeit im Schnitt bei zwei Jahren und bei einem Personaleinsatz von 50 bis 60 Personen. AAA-Projekte ("Triple-A-Produktionen") agieren am oberen Limit und werden laut US-Experten mit einer Entwicklungszeit von drei Jahren und 100 bis 150 Personen kalkuliert. Großkonsolen-Spiele dieser Art bewegen sich in einem Budgetbereich, der jenseits der 10-Mio.-Dollar-Grenze liegt.

In der Kalkulation auf der folgenden Seite sind in der ersten Spalte von links die unterschiedlichen Kosten-Kategorien angegeben, die in der zweiten Spalte mit den entsprechenden Funktionen präzisiert werden. Die dritte Spalte gibt die Spannen von Monatsgehältern wieder, in denen sich die Leistungen bewegen. Die letzte Spalte schließlich zeigt die Berechnung der Kostenpositionen für das konkrete Projekt mit 18 Monaten und für die bestimmte Anzahl von Personen, die vor dem Doppelpunkt angegeben sind.

Die Kosten des Beispiel-Projekts summieren sich auf insgesamt 2.516.500 Euro und decken jedoch nur die Entwicklungskosten ab. Zu diesen Kosten sind für eine Gesamtkalkulation noch die Produktionskosten der Vervielfältigung der Träger, die Veröffentlichungskosten ("Publishing") und die After-Sales-Kosten zu ergänzen. Diese können bei Spielen dieser Art leicht noch einmal denselben Betrag wie die Entwicklungskosten erreichen, wenn nicht sogar überschreiten.

Das vorliegende Beispiel stellt − wie dargelegt − ein Beispiel der mittleren technischen Qualität dar. Das Spektrum der Spiele reicht jedoch auch in den Bereich von "Casual-Spielen", die mit sehr kleinem Budget entwickelt wurden, aber dennoch sehr erfolgreich sein können, wie das Beispiel "Moorhuhn" zeigt. Auch im Bereich von Kinderspielen sind die Budgets zumeist sehr viel geringer als das vorliegende Projektbeispiel. Übliche Produktionsbudgets liegen hier in einer Dimension von 100.000 bis 250.000 Euro.

Kostenkalkulation der Entwicklungskosten eines Spielprojekts

		Einzelkosten	Reales Projektbeispiel
Personal (Gehalt)		Pro Kopf/Monat in Euro	
	Management/ Executive Producer (2-3)	3.000 - 5.000 (Sek. 2.000 - 2.500)	2 : 144.000
	Grafiker (6-12)	2.500 - 4.000	6 : 342.000
	Programmierer (6-10)	3.000 - 6.000	6 : 432.000
	Gamedesign	3.000 - 5.000	1 : 72.000
	Leveldesigner (4-8)	2.500 - 3.000	4 : 180.000
	Musiker (1)	2.000 - 2.500	1 : 45.000
	Techniker (1)	2.000 - 3.000	1 : 36.000
	Personalnebenkosten	k.A.	350.000
Personal gesamt	**20-35 Personen**		**1.601.000**
Engines		Preisspannen	
	Grafik	100.000 - 500.000	250.000
	Physik	50.000 - 100.000	50.000
	Künstliche Intellegenz	25.000 - 50.000	25.000
	Sound & Musik	5.000 - 20.000	10.000
Engines gesamt		**180.000 - 670.000**	**335.000**
Ausstattungskosten pro Arbeitsplatz		Einmalige Projektausstattung pro Arbeitsplatz	
	Administration	2.500 - 3.000	5.000
	Grafiker/Designer	5.000 - 7.500	42.000
	Programmierer	3.000 - 5.000	24.000
	Leveldesigner	2.500 - 3.000	10.000
	Musiker	2.500 - 5.000	2.500
	Techniker	2.000 - 2.500	2.000
Ausstattungskosten gesamt		**85.500**	
Sonstige Kosten		Monatsbasis	
	Büroräume	2.000 - 3.000	45.000
	Laufende Kosten	10.000 - 20.000	270.000
	Reisekosten	4.000 - 6.000	90.000
	Kommunikationskosten	5.000	90.000
Sonstige Kosten gesamt		**21.000 - 34.000**	**495.000**
Kalkulationsbasis Beispielprojekt			**2.516.500**

Aufgaben und Übungen, Literaturhinweise

Aufgaben und Übungen

1. Nehmen Sie im Fernsehen eine Reihe von Fernsehwerbespots auf. Sortieren Sie diese danach, ob sie eher niedrige oder eher höhere Herstellungskosten verursacht haben (Low Budget vs. High Budget). Geben Sie Begründungen für Ihre Einschätzung.
2. Analysieren Sie fünf Ihnen bekannte Kinospielfilme darauf hin, ob sie eher Low-Budget- oder eher High-Budget-Produktionen darstellen.
3. Sie sollen eine kleine Szene mit einer Amateur-Videokamera drehen. Entwerfen Sie ein „Drehbuch" zu dieser Szene im Sinne einer groben Skizze. Entwickeln Sie nun aus diesem „Drehbuch" eine Kalkulation in grober Form.
4. Entwerfen Sie einen Image-Flyer für Ihre Bildungseinrichtung. Gehen Sie davon aus, dass von diesem Flyer 1.000 Exemplare gedruckt werden sollen, die aus Anlass einer großen Feierlichkeit verteilt werden sollen. Stellen Sie die Kalkulation für dieses Projekt dar.

Literaturhinweise

Beste, Johannes; *Hahn*, Hans; *Wolf*, Thomas: Rechnungswesen für Medienberufe, Troisdorf (Bildungsverlag EINS)

Bruhn, Manfred: Unternehmens- und Marketingkommunikation. Handbuch für ein integriertes Kommunikationsmanagement, München 2005 (Vahlen)

Bundesverband Druck und Medien e. V. (BVDM): Zahlreiche Publikationen zum Thema Kalkulation und Kosten- und Leistungsrechnung in den Bereichen Druck, Medien, Multimedia, Print- und Non-Print.

Clevé, Bastian: Gib niemals auf. Filmökonomie in der Praxis. Konstanz 2004 (UVK)

dmmv-Kalkulationssystematik. Leitfaden zur Kalkulation von Multimedia-Projekten. Autoren: *Dellingshausen*, Christoph von; *Gläser*, Martin; *Pracht*, Beate; *Walter*, Klaus; *Winkelhage*, Christoph, hrsg. v. dmmv und High Text-Verlag, München 2003.

Dress, Peter: Vor Drehbeginn. Effektive Planung von Film- und Fernsehproduktionen, Neuausgabe, Bergisch Gladbach 2002 (Bastei Lübbe)

Etat-Kalkulator, erscheint 2 mal im Jahr, creativ collection Freiburg i. Br.

Haberbecks Taschen-Kalkulator (www.haberbeck.de)

Hackenberg, Heidi: Kommunikationsdesign. Akquisition und Kalkulation, Mainz 2002 (Verlag Hermann Schmidt)

Hermanni, Alfred-Joachim: Medienmanagement. Grundlagen und Praxis für Film, Hörfunk, Internet, Multimedia und Print, München 2007 (Beck dtv-Taschenbuch)

Müller-Lietzkow, Jörg; *Bouncken*, Ricarda B.; *Seufert*, Wolfgang: Gegenwart und Zukunft der Computer- und Videospielindustrie in Deutschland, Dornach 2006 (Entertainment Media Verlag)

Schönstedt, Eduard: Der Buchverlag, 2. Aufl., Stuttgart, Weimar 1999 (J. B. Metzler)

19   Medienproduktion

Dieses Kapitel befasst sich mit dem Herstellungsvorgang von Medienprodukten. Es präzisiert damit die in Kapitel 15.5 angesprochene Phase der Durchführung eines Projekts und folgt daher den Phasen der Projekt-Entstehung, der Projekt-Definition, dem Projekt-Start und der Projekt-Planung. Es geht darum, nun das im Projekt geplante Produkt konkret herzustellen. Welche Herstellungsvorgänge hierzu notwendig sind, wird nachfolgend in verallgemeinerter Form und anhand von Beispielen beleuchtet.

19.1   Medialer Produktionsprozess im Überblick

Die jeweiligen medialen Produktionsprozesse unterscheiden sich in vielerlei Hinsicht erheblich. So erfordert die Herstellung einer Zeitung, einer Zeitschrift oder eines Buches z. B. eine völlig andere Technik als die Herstellung eines Kinofilms. Im einen Fall sind komplizierte Druckmaschinen notwendig, während im anderen Fall Kameras, Effektgeräte und Schnittsysteme erforderlich sind. Wieder anders verlaufen Multimedia- und Internet-Produktionen, wo ein hoher Programmieraufwand mit spezifischem Software-Einsatz im Vordergrund steht. Ebenso unterschiedlich sind die eingesetzten Personengruppen, die völlig unterschiedliche Fähigkeiten mitbringen müssen, um in der jeweiligen Medienproduktion tätig werden zu können.

Ein weiteres wesentliches Merkmal produktionstechnischer Unterschiede ist, dass Medienprodukte typischerweise im unterschiedlichen Umfang intern bzw. extern produziert werden. So wird z. B. fiktionale Unterhaltung im Fernsehen (also Spielfilme, Serien, Reihen) durchweg extern von unabhängigen Produzenten erstellt, während Informationssendungen (Nachrichten, Magazine, Reportagen, Dokumentationen) in der Regel intern produziert werden. Bei Letzterem finden oft Zulieferungen von Nachrichtenagenturen, freien Mitarbeitern oder thematisch spezialisierten Anbietern (z. B. Reporter von Katastrophen oder der „High Society") statt. Im Gegensatz dazu wird nichtfiktionale TV-Unterhaltung (das sind vor allem Spielsendungen, Shows, Musik- und Sportübertragungen) sowohl intern als auch extern produziert, allerdings mit einem Trend zu verstärktem Outsourcing.

Trotz dieser höchst unterschiedlichen Ausgangslage lassen sich über alle Medienprodukte hinweg **Gemeinsamkeiten** in den Produktionsvorgängen ausmachen. Typisch ist ein **gemeinsames Grundmuster** des medialen Produktionsprozesses, das sich mit den folgenden **vier Produktionsschritten** beschreiben lässt (vgl. Krömker/Klimsa 2005: 19):

Content = Inhalt

- Pre-Production: Recherche, Planung, Erzeugung von Content
- Production: Anpassung von Content an das jeweilige technische Vermittlungssystem
- Post-Production Verfeinern, Bearbeiten und Testen von Content
- Distribution Transfer von Content an die Zielgruppen

Nachfolgende **Übersicht** (Quelle: Krömker/Klimsa 2005, S. 20) verdeutlicht die Gemeinsamkeiten im Hinblick auf diese vier Produktionsschritte, die als vier Säulen dargestellt sind. In horizontaler Richtung wird für jeden Medienbereich nach Content und Technik unterschieden. Diese Aufteilung macht klar, dass jeder einzelne mediale Produktionsprozess, in welchem Segment er auch stattfindet, immer aus einem Zusammenwirken der beiden Faktoren Content und Technik besteht und ein Produkt nur dann entstehen kann, wenn sich der kreative Prozess der Erstellung von Inhalten bzw. Content und der Einsatz technischer Systeme miteinander „verbünden". Einzelheiten dieser Darstellung werden in den einzelnen Unterkapiteln erläutert.

		Pre-Production	Production		Post-Production		Distribution
Film	Content	Planung	Dreharbeiten		Material-Bearbeitung		Auslieferung/ Digitale Bereitstellung
	Technik	Management-System	Filmaufzeichnungs-System		Postproduktions-System		Testumgebung/ Testsystem
Fernsehen Hörfunk	Content	Themen-Recherche	Material-Recherche	Material-Erstellung	Material-Bearbeitung		Ausstrahlung
	Technik	Redaktionssystem	Browsing-System	Aufzeichnungs-Wiedergabe-System	Postproduktions-System		Sendeabwicklung
Musik	Content	Songwriting/ Komposition	Musikaufnahme		Musik-Nachbearbeitung	CD-Erstellung/Vervielfältigung	Auslieferung/ Digitale Bereitstellung
	Technik	Kompositions-System	Aufzeichnungs-/ Wiedergabe-System		Postproduktions-System	Vervielfältigungs-System	Vertriebssystem
Internet	Content	Anforderungsanalyse	Storyboard/ Flowchart	Anwendungserstellung	Anwendungs-Test		Digitale Bereitstellung
	Technik	Management-System	Prototyping/ Design-System	Entwicklungsumgebung	Testumgebung/ Testsystem		Provider-System
Print	Content	Themen-Recherche	Material-Recherche	Material-Erstellung	Vervielfältigung (analog/digital)		Auslieferung/ Digitale Bereitstellung
	Technik	Redaktions-System	Browsing-System	Schreib-/ Layout-System	Drucksystem/ Content Management System		Provider-System
Mobilfunk	Content	Anforderungsanalyse	Anwendungserstellung		Anwendungs-Test		Digitale Bereitstellung
	Technik	Management-System	Programmier-System		Testumgebung/ Testsystem		Provider-System

19.2 Beispiel Tageszeitung

Zeitungen stellen an den Druckprozess hohe Anforderungen, da sie in großen Auflagen täglich erscheinen. Im Gegensatz zur gehefteten Zeitschrift wird die Tageszeitung in Lagen gefaltet. Die tägliche Informationsvermittlung läuft mittlerweile auf vielen Kanälen ab, und die Möglichkeiten, die das Internet bietet, sorgen dafür, dass die Tageszeitung nicht nur in Papier, sondern auch in elektronischer Form ins Haus kommt. Nach wie vor kommt der Tageszeitung eine wichtige Aufgabe zu, die der Wächterinstanz, und bildet damit eine entscheidende Säule demokratischer Gesellschaften.

Die Tageszeitung stellt für jeden Leser tagesaktuelle Informationen aus allen Bereichen des Lebens bereit. Die Fülle an Informationen, die Zeitpunkte der Geschehnisse auf der ganzen Welt zwingen die Verlage dazu, die Wege des Druckprodukts zum Leser kürzer und damit schneller zu machen. Rotationsmaschinen für den Sechsfarbendruck, moderne Sortier- und Verpackungsanlagen und Lokalredaktionen mit ausgelagerten Produktionsstätten können den Arbeitsfluss beschleunigen. Dazu sind die elektronischen Hilfsmittel wie Datenbanken, Redaktionsprogramme zur Text- und Bildverarbeitung sowie die Datenfernübertragung eine wertvolle Unterstützung. Tageszeitungen haben eine regional bezogene Zusammenstellung aus einem Mantelteil, der vor allem die internationalen und überregionalen Ereignisse abbildet, und dem Lokalteil.

19.2.1 Daten und Fakten

Stuttgarter Nachrichten / Stuttgarter Zeitung:
- 390.000 Exemplare (2005)
- In einem Haushalt lesen im Durchschnitt zwei Personen die Tageszeitung.
- Der Marktanteil der Stuttgarter Nachrichten und Stuttgarter Zeitung liegt im Stadtzentrum Stuttgart bei ca. 62%, Ballungsgebiet Stuttgart bei ca. 69%.

Die Stuttgarter Nachrichten haben eigene Lokalausgaben mit insgesamt ca. 78.000 Zeitungen mit der Kernauflage der Stadt und erstellen außerdem die überregionalen Mantelseiten für zahlreiche Lokalzeitungen in der Region Stuttgart.

Schwäbische Zeitung
- Erscheint in einer Gesamtauflage von nahezu 190.000 Exemplaren für die Regionen Schwarzwald-Bodensee-Oberschwaben-Ostalb.
- 22 Lokalausgaben

Frankfurter Allgemeine Zeitung
- Deutsche Abonnement-Tageszeitung, Ausrichtung liberal-konservativ
- ca. 364.000 Exemplare (2006)
- höchste Auslandsverbreitung aller deutschen Qualitäts-Zeitungen.
- Die FAZ ist seit 2001 mit einem eigenen redaktionellen Teil (FAZ.NET) im Internet. Dieser Service wird von 1,32 Mio. Lesern pro Monat genutzt.

Süddeutsche Zeitung

*   Größte deutsche überregionale Abonnement-Tageszeitung,
    Ausrichtung liberal-kritisch
*   450.000 Exemplare pro Tag, ca. 1,2 Mio Leser pro Tag

Bildzeitung

*   3,8 Mio Jahresdurchschnitt (2005), 11,5 Millionen Leser
*   Die Lesedauer beträgt ca. 40 Minuten (Quelle: Käuferanalyse BILD 2000).
*   Der Anspruch von BILD lautet: Näher dran und schneller dran!
*   31 unterschiedliche Regional- und Lokalausgaben

Tageszeitung taz

*   ca. 62.000 Exemplare, davon ca. 49.000 Abonnements
*   seit 1979 am Markt, „gegründet ohne Verlag, ohne Kapital und ohne Erfahrung"
    (Zitat taz)
*   Ausrichtung linksorientiert, kritisch

Ergänzt wird die Tageszeitung durch wöchentliche Magazine im Fernsehprogramm oder eine siebte Sonntagsausgabe bzw. zusätzliche monatliche Beilagen zum Thema Wirtschaft, Computertechnik, Schönheit, Medizin, Konzert, Kultur u. a. Bei der Samstagsausgabe einer Tageszeitung mit Magazinen und Beilagen können dann Spitzenauflagen bis zu 950.000 Exemplaren erreicht werden.

19.2.2 Herstellungsvorgang

Die einzelnen Fertigungsschritte bis zum Zeitungsprodukt, das der Leser in den Händen hält, sehen im Überblick sehr einfach aus und doch müssen sie exakt abgestimmt und geplant sein, damit ein Rad in das andere greift.

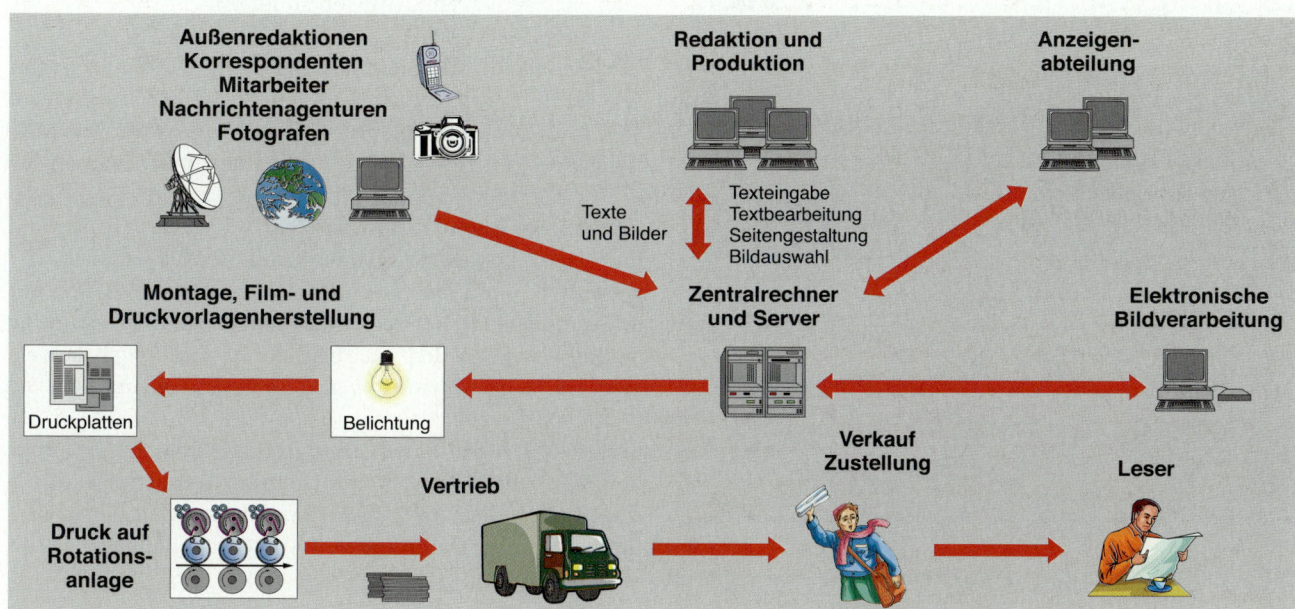

19.2.3 Von der Meldung zum Artikel

Am 13. Mai 1983 enthüllten die Stuttgarter Nachrichten den spektakulärsten Medienskandal der Nachkriegszeit. Konrad Kujau wurde als Fälscher der vom „Stern" veröffentlichten „Hitler-Tagebücher" entlarvt. Der Journalist Klaus-Ulrich Moeller erhielt für seine Enthüllungen den Theodor-Wolff-Preis.

Die Arbeitsweise hat sich für den Redakteur in vielen Bereichen verändert. Heute dominieren Datenbanken mit Korrespondentenberichten und Datenbanken der Agenturen wie SID, AP, KNA u. a. den Alltag der schreibenden Zunft. Aus der Fülle der bereit stehenden Informationen Wichtiges herauszufiltern und zu Artikeln, Glossen und Leitartikeln zu verarbeiten, ist die am häufigsten auftretende journalistische Arbeit, die Recherche vor Ort, mit dem Telefon oder über das Internet die andere und oft beschwerlichere Tätigkeit der Informationsbeschaffung.

So werden spektakuläre Nachforschungen, die beispielsweise zum Aufdecken der gefälschten Hitlertagebücher des Herrn Kujau führten, zu journalistischen Highlights, die nicht unbedingt den Alltag des Journalisten bestimmen.

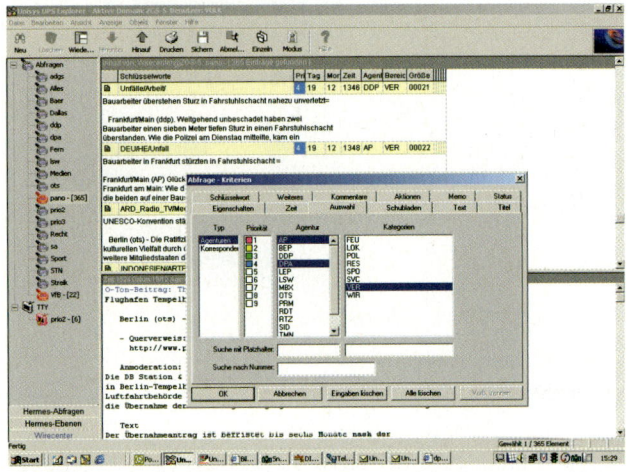

❶

Trotz unspektakulärer Routinearbeiten ist das journalistische Leben immer spannend, da man nie weiß, was an wichtigen Geschehnissen noch zur redaktionellen Weiterverarbeitung am Nachmittag eines jeden Tages eintrifft. Dann rückt die Zeit des Andrucks näher und die Seiten im Redaktionssystem füllen sich nach und nach mit den Inhalten.

Wie ein solches **Redaktionssystem** funktioniert, wollen wir uns im Folgenden näher anschauen. Agenturen auf der ganzen Welt und Korrespondenten stellen über Datenbanken Meldungen bereit, die der Redakteur mit Hilfe von Suchkriterien eingrenzen kann. Dabei hat er die Möglichkeit, verschiedene Einstellungen vorzunehmen, um die Informationen nach seinen Bedürfnissen zu filtern.

Der Redakteur orientiert sich beispielsweise daran, wann die Meldung geschrieben wurde, mit welchen inhaltlichen Stichworten sie versehen ist, von welcher Agentur die Meldung kommt bzw. welchem Ressort sie zuzuordnen ist ❶.

Die ausgewählten Meldungen werden ihm dann in Blöcken mit den wichtigsten Schlagzeilen auf dem Bildschirm dargestellt ❷. Ein Textfenster gibt den ausführlichen Text der Meldung wieder. Hat sich der Redakteur für eine bestimmte Meldung entschieden, die zu einem Artikel ausgebaut werden soll, dann übernimmt er diese in das Layoutfenster ❸.

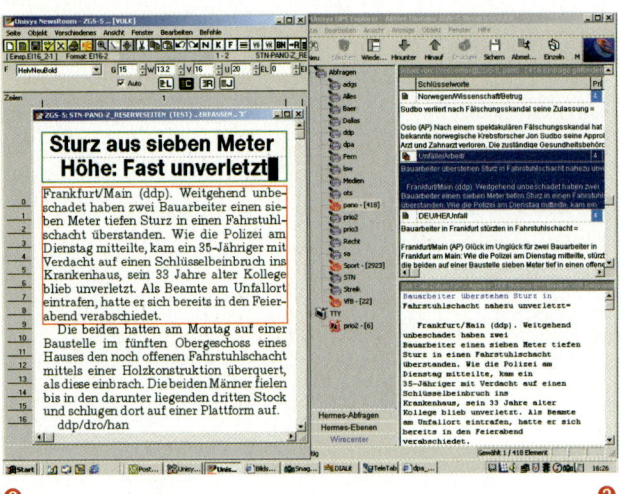

❸   ❷

Der Text der Meldung fließt in das geöffnete Editierfenster und der Redakteur kann nun Überschrift und Texte hinzufügen, verändern bzw. löschen und damit nach seinen Vorstellungen einen vollständigen Artikel formulieren.

Der **Text** ist nun fertig und wird abgespeichert. Jetzt kann er im Ansichtsmodus gelesen und korrigiert werden ❶. Mit Hilfe der Zoomfunktion lassen sich einzelne Artikel einer Seite vergrößern, um sie Korrektur zu lesen. Sollte der Text zu einem späteren Zeitpunkt nochmals überarbeitet werden, so kann der Artikel mit einem Doppelklick im Editierfenster wieder geöffnet werden.

Die Inhalte der Zeitungsseiten werden zu unterschiedlichen Zeiten fertiggestellt, wobei mit der Schlusssitzung der Redaktion der Schlusspunkt der Editierarbeit gesetzt wird. Um zwischenzeitlich einen Überblick darüber zu erhalten, ob ein Artikel fertiggestellt, gerade geschrieben oder ein Layoutfeld für eine Meldung noch frei ist, kann jeder Redakteur über den Status-Modus des Redaktionssystems erfahren ❷. In der **Seitenübersicht** erhält man sofort den momentanen Zustand der Zeitungsseite. Die farbigen Felder haben folgende Bedeutung:

* weißes Feld: Meldung wurde noch nicht geschrieben.
* türkisfarbenes Feld: Meldung wird gerade geschrieben.
* hellblaues Feld: Artikel ist verfasst, wird aber noch redigiert.
* dunkelblaues Feld: Artikel ist fertiggestellt.

Bilder sind das Salz in der Suppe eines Berichts, sofern zur Meldung auch welche zur Verfügung stehen. Über eine Bilddatenbank kann der Redakteur nach Bildern suchen, die zur Meldung passen oder es werden mit der Meldung bereits Bilder angeboten. Aus dieser Bilddatenbank ❸ wählt der Redakteur das passende Bildmaterial aus und setzt es zur Kontrolle innerhalb des Layoutfensters in den Artikel ein. Im Ansichtsfenster bekommt man dann einen ersten Eindruck, wie die Seite im Endprodukt wirken wird.

Die fertiggestellte Zeitungsseite wird nach der Freigabe durch die Redaktion auf einen Film (Computer-to-Film) oder direkt auf die Druckplatte (Computer-to-Plate) belichtet.

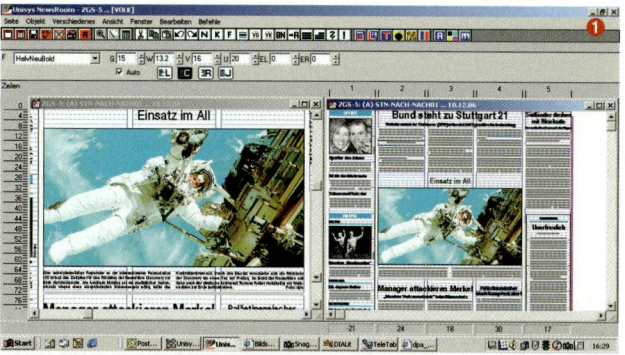

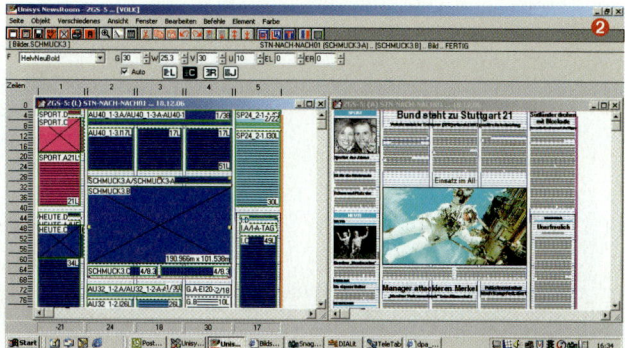

19.2.4 Druckprozess

Die Produktion einer Zeitung ist das Beispiel für ein sehr großes Druckprojekt. Betrachtet man den **Produktionsprozeess** von Druckprodukten ganz allgemein, so lassen sich die folgenden **drei klassischen Produktionsstufen** unterscheiden:

* die Druckvorstufe mit Reproduktion und Druckformherstellung (Prepress),
* der eigentliche Druckprozess (Press), und
* die Druckweiterverarbeitung (Postpress), sowie die Veredelung (Finishing).

Eine Übersicht über den hierbei entstehenden Material- und Datenfluss gibt die nachfolgende Abbildung (Quelle: Kipphan 2000, S. 14).

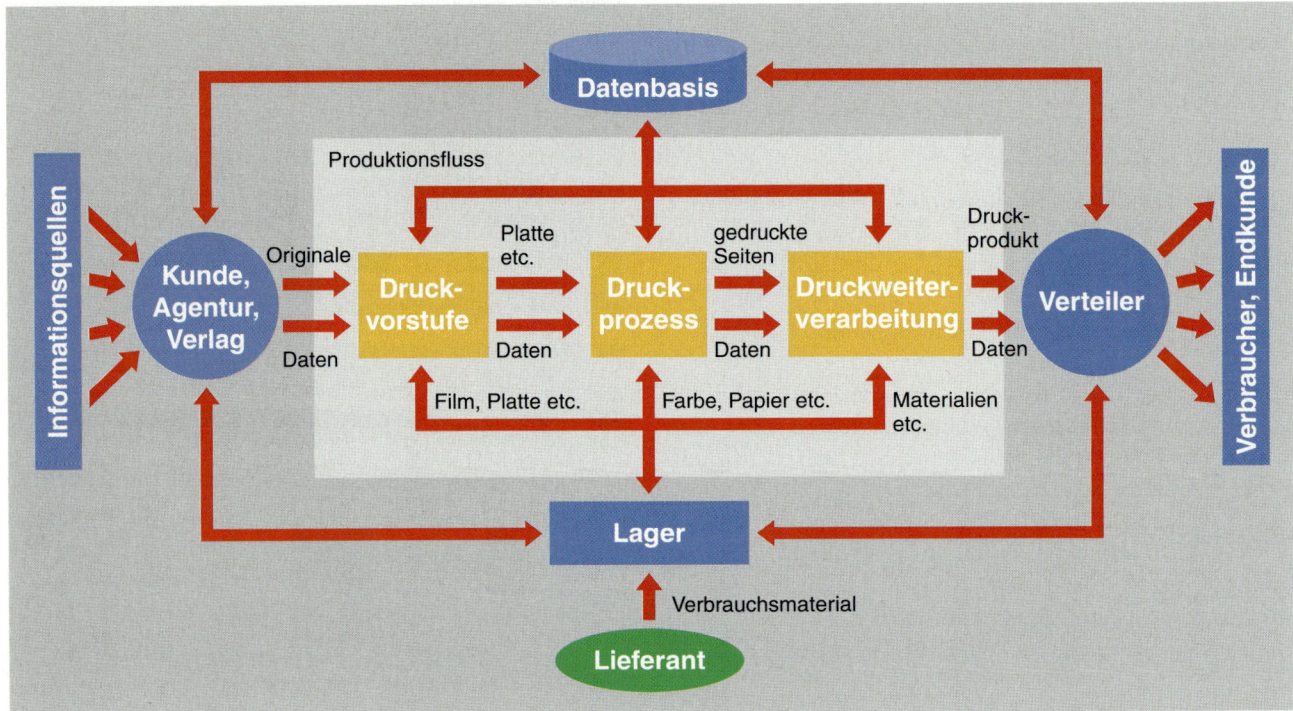

In dieser Darstellung wird deutlich, dass die ehemals strikte Trennung zwischen Print- und Non-Print-Techniken inzwischen aufgehoben ist. Die Entwicklung hierzu verlief geradezu dramatisch: Erst in den 70er-Jahren des vergangenen Jahrhunderts verdrängte der Fotosatz den Bleisatz und schaffte die Voraussetzung für den Offsetdruck. In den 80er-Jahren setzte sich Desktop-Publishing sowohl bei den Druckereien als auch bei deren Kunden durch, womit eine neue Technik der Bild- und Textverarbeitung zum Standard wurde. Die neuere Entwicklung wird nachhaltig durch die Digitalisierung angetrieben und macht die sog. „Computer-to-X"-Techniken möglich. Speziell spielt Computer-to-Plate eine wichtige Rolle, das ist die Bebilderung von Druckplatten direkt aus dem digitalen Datenbestand heraus.

19.2.5 Beispiel Newsroom

Im Zeichen des Internet wird die **integrierte Nachrichten-Erzeugung** zu einer zunehmenden Herausforderung. Ein Schlüsselbegriff lautet: „One Source – multi media", was zum Ausdruck bringt, dass die Nachrichten an einer Stelle erzeugt werden müssen und diese dann für alle möglichen Medien aufbereitet werden, vor allem für die Zeitung und das Internet.

Vor diesem Hintergrund spielt bei den Tageszeitungen der sog. **Newsroom** eine immer wichtigere Rolle. Ein Musterbeispiel ist der Newsroom, wie er im Jahr 2006 bei der Tageszeitung „Die Welt" installiert wurde ❶:

❶ Nachfolgender Auszug stammt aus dem Beitrag „Zeitung, Internet, Fernsehen: Wie Deutschlands modernster Nachrichtenraum funktioniert" in der „Welt am Sonntag" vom 19.11.2006, S. 78 f.

„Was zunächst wie ein normales Großraumbüro aussieht, symbolisiert auf über 400 Quadratmetern Fläche zwei wichtige Innovationen auf einmal. Die erste Neuerung hat etwas mit dem Internet zu tun: Erstmals in der Geschichte der „Welt am Sonntag" arbeiten hier Zeitungsjournalisten Schulter an Schulter mit den Online-Kollegen. Die alten Grenzen zwischen Zeitung und Internet verschwimmen, ein neues Bewusstsein entsteht. Früher gab es Experten für das Zeitungsmachen und Experten für das Internet. Und diese Journalisten hatten wenig miteinander zu tun.
Aus Sicht der Profis war das damals eine sinnvolle Arbeitsteilung, aber die Ansprüche der Leser haben sich geändert. Sie wechseln zwischen den Zeitungen und Internet mühelos hin und her. Was sie in der Woche als Nachricht im Internet bei Welt.de finden, wollen sie am Sonntag vertieft in der Zeitung lesen. Umgekehrt möchten sie Themen, die sie in der Zeitung interessierten, online mit Hintergründen, Videos, Bildergalerien und Diskussionsforen vertiefen. Wenn Leser zwischen den Medien wechseln, können Journalisten nicht bei ihrem angestammten Berufsbild bleiben.
Viele Menschen verbringen heute mehr Zeit im Netz als mit der Zeitung. Das bedroht Zeitungen nicht in ihrer Existenz; sie besitzen viele einzigartige Stärken, die ihnen eine erfolgreiche Zukunft sichern. Aber Zeitungen müssen besser als bisher mit dem Internet verzahnt werden.
Genau das ermöglicht der neue Newsroom: Wirtschaftsredakteure, Sportreporter oder Parlamentskorrespondenten schreiben sowohl für die Zeitung als auch für Online. Ganz gleich, wer eine interessante Geschichte zu erzählen hat, kommt in die Nachrichtenzentrale und schildert sie Kollegen. Dort sitzen Chefredakteur, Ressortleiter, Fotoredakteure, Layouter, Infografiker – sie beraten gemeinsam, ob die Geschichte eher für die Zeitung oder für Online taugt, ob sie in beiden Medien erscheinen soll und wie sie dort jeweils aufbereitet wird.
... Die zweite wichtige Neuerung, für die der Newsroom steht, hat mit den Schwesterzeitungen der „Welt am Sonntag" zu tun: „Die Welt", „Berliner Morgenpost" und „Welt Kompakt". Über Jahrzehnte arbeitete die „Welt am Sonntag" völlig getrennt von ihren Schwestern. Die Redaktionen standen im Wettbewerb untereinander. Obwohl man eine gemeinsame Kantine besuchte und sich im Aufzug traf, wurden Informationen eifersüchtig gehütet. ... Wie sieht die Arbeit in der Zentrale aus? Sie beginnt morgens um 6 Uhr mit der ersten Schicht für das Webangebot Welt.de. Korrespondentenberichte von anderen Kontinenten laufen ein, Aufträge werden verteilt, Beiträge geschrieben, Videos produziert. Früh am Morgen werden die Seiten auf den neuesten Stand gebracht. Wenn die Redakteure von „Welt" und „Morgenpost" zur Arbeit kommen, sind die Geschehnisse bereits ein erstes Mal bewertet und aufbereitet worden. Gegen halb zehn treffen sich die Ressorts, um 10 Uhr tagt die „Welt", um 11 Uhr die „Welt am Sonntag" um 12 Uhr die „Morgenpost". Im Laufe des Tages gibt es Sonderkonferenzen zur Gestaltung und zu den Kommentaren. Am Abend schließen die Tageszeitungen ihre Seiten ab. Parallel arbeitet die „Welt am Sonntag" an der Aufbereitung von Themen ... Gegen 20 Uhr beginnt dann die heiße Phase von „Welt Kompakt". Mit dem Redaktionsschluss um 0.30 Uhr ist dies Deutschlands aktuellste überregionale Zeitung. ...

An manchen Stellen blitzt ein Handlauf au

Zeitungsmachen ist ein Geschäft, das keinen Feiera
(aus einem Artikel von Michael Isenberg zum

An der Spitze in ein orange-farbenes, diffuses Licht getaucht, ragt der Gebäudekomplex nachts aus der Dunkelheit. Drinnen herrscht Hochbetrieb: Im Pressehaus in Stuttgart-Möhringen gehen die Lichter niemals aus. Die Bilder einer Nacht zeigen Menschen bei den unterschiedlichsten Tätigkeiten. Sie alle verbindet eines: Sie tragen ihren Teil dazu bei, daß von Montag bis Samstag die STUTTGARTER NACHRICHTEN erscheinen.

19.30 Uhr:
Die Druckerei gleicht dem Maschinensaal eines Ozeandampfers. Unter dem Metallgittersteg, der die Halle der Turmhausdruckerei in Längsrrichtung auf halber Höhe durchzieht, reihen sich die sieben Wifag OF5- und OF7-Rotationsdruckwerke wie mächtige Motorenblöcke in zwei Reihen hintereinander. An manchen Stellen blitzt ein von schwieligen Händen blankpolierter Handlauf auf und verstärkt den Eindruck von christlicher Seefahrt. Noch gilt „alle Maschinen stopp". Das Pfeifen der Druckluft-Kompressoren und Ölpumpen schneidet monoton durch den Raum. Eine

Sirene gellt. Es riecht nach Öl und Farbe. Die Hast, mit der die Drucker in ihren blauen Overalls über die Maschinen hinweg – und manchmal durch schmale Luken hindurch – turnen, die Hast, in der sie die Farbwerke justieren und Druckplatten auf die Zylinder spannen, zeigt, daß in wenigen Minuten abgelegt wird. Die wenigen Anweisungen klingen barsch. Keine Zeit für Artigkeiten.

20.10 Uhr:
Vom Steuerpult aus bringt Maschinenführer Gerd Pamperl die vier aneinander gekoppelten Druckwerke auf Touren. Keine halbe Minute später jagen die Papierbahnen mit einer Geschwindigkeit, die Bilder und Texte zu einem bunten Streifen verwischen lässt, durch die Druckwerke. Mit einem ohrenbetäubenden, metallischen Hämmern werden die vier Bahnen im Falzapparat geschnitten und (in der heutigen Nacht) zu einer 48 Seiten starken Zeitung zusammengeführt. Nach rund 1000 Exemplaren Makulatur, die im Altpapiercontainer landen, gibt Pamperl seinem Drucker Uwe Nast ein Zeichen: Ab jetzt sind die Zeitungen in Ordnung. Der erste Andruck, die Fernausgabe, hat die gewohnte Qualität.

20.46 Uhr:
Ein blinkendes Licht und eine unangenehm quäkende

Sirene haben Gerhard Buisson in den Leitstand de Haustechnik gerufen. Kessel 2 der Heizungsanlage h sich selbstständig abgeschaltet. Draußen hat es kein zehn Grad. Mit einer Taschenlampe in der Hand mac sich Buisson zur Fehlersuche auf den Weg in den Kelle

22.02 Uhr:
Zwiebelbraten, Karottengemüse, Bandnudeln, Sala Saft. Adelheid Weihrer reicht das überladene Table über die Tresen. Rosa Judica poliert das Besteck. einer dreiviertel Stunde haben die beiden Frauen von d Cafeteria Feierabend. So lange gibt es auch noc warmes Essen. Wer seine Schicht um 19.30 U begonnen hat, der isst jetzt sozusagen zu Mittag. E Drucker kauft zwei Tafeln Schokolade. Nachtisch u Nachtration.

22.15 Uhr:
Konstantin Wecker hat vor wenigen Minuten am Ran seines Konzerts in Stuttgart bekanntgegeben, daß gegen seiner Verurteilung wegen Kokainmissbrauc Berufung einlegen will. Der Nachtdienst in d Redaktion will diese Meldung noch im Feuillete unterbringen, da macht ihnen das Computersystem ein Strich durch die Arbeit. Zunächst sind sie lahmgeleg Zur Untätigkeit verdammt sitzen die drei Redakteure v ihren Bildschirmen.

22.18 Uhr:
Im Untergeschoß der Versandabteilung rollt Günt Steffel die Paletten mit der bereits am Vortag gedruckt Buchbeilage in Position. Die rund zwei Meter hoh Türme mit den versetzt übereinander geschichtet Zeitungsseiten sehen aus wie die Bürsten einer Autow chanlage. Ein Stockwerk höher wird die Beila maschinell in die fertige Zeitung eingeschoben.

23.22 Uhr:
Das Computersystem ist wieder da. Die Nachtredakteu stürzen an die Tastatur. Herr Wecker kommt doch no ins Blatt.

23.45 Uhr:
Nach dem Mittagessen ist Andreas Mücke in Leipzig der Firma Sachsen-Papier vom Hof gefahren. Jetzt ste der Fahrer neben seinem 40-Tonner und überwacht Abladen der kanalrohrdicken Papierrollen. Ein eisig Wind bläst den Männern ins Gesicht. Mücke fährt ge nachts nach Stuttgart – da ist die Bahn frei.

0.20 Uhr:
Jetzt noch schnell die Konstantin-Wecker-Nachri einbauen. Dazu wird der Artikel am Bildschirm in Layout platziert und die gesamte Seite zum Plattenbe chter geschickt. Die alte Druckplatte raus, die neue d Plattenbelichter entnommen und ab geht es zur Rotatio

und lässt an christliche Seefahrt denken

...d kennt: Momentaufnahmen aus einer langen Nacht
...ährigen Jubiläum der Stuttgarter Nachrichten)

...etzt sind schnelle Beine gefragt, dann können die ...ruckmaschinen mit der Stadtausgabe anlaufen.

...19 Uhr:
...Wie umgefallene Dominosteine ins Transportband ...efächert, verlassen die ersten Stadtexemplare die ...ruckerei in Richtung Versand.

...24 Uhr:
...ine Lautsprecherstimme schallt über das Flechtwerk ...er Transportbänder hinweg durch die Versandhalle. ...lles ist in Bewegung. Zeitungen wandern von links ...ach rechts, von oben nach unten, von hinten nach vorn. ...ur manchmal sind Menschen zu sehen. Erinnert die ...otation an den Maschinensaal eines Dampfers, gäbe die ...zenerie im Versand die passable Kulisse für einen ...mes-Bond-Film ab – soviel High-Tech ballt sich hier ...n der blitzsauberen Halle. In dieser Nacht werden sieben ...eilagen in die Zeitung gesteckt, entsprechend dick sind ...e Päckchen am Ausgabenband. Gerade wird die Tour ...ummer 464 zusammengestellt: die STUTTGARTER ...ACHRICHTEN für den Stuttgarter Osten.

...10 Uhr:
...nsichtssache: Der Autoparkplatz vor dem Haus ist jetzt, ...itten in der Nacht, halb leer – oder immer noch halb ...oll. Der Schriftzug „Pressehaus", von Scheinwerfern ...ngestrahlt und in einem orangefarbenen, diffusen Licht ...n Nachtnebel schwimmend, grüßt von oben herab.

...05 Uhr:
...ei Günter Winkler klingelt das Telefon. Eine ältere ...ame ist am Apparat und fragt nach einem nördlichen ...onau-Zufluß in Ungarn mit drei Buchstaben. Winkler ...t Pförtner. Für nächtliche Anrufer ist er nur der „Mann ...n der Zeitung". Winkler und sein Kollege Wolfgang ...nk bemühen sich, alle nur erdenklichen Auskünfte zu ...ben, die die Leser wünschen. Der Name des ...ndwirtschaftsministers von 1973 gehört noch zu den

Hoch über den Köpfen laufen die soeben gedruckten Zeitungen in verschlungenen Transportbändern von der Druckerei direkt in den Versand. Bei der Montage und an der Reprokamera kommt es auf Schnelligkeit genauso an wie auf Präzision.

einfachen Fragen. Winkler und Fink sind die Höflichkeit in Person. Ihre eigentliche Aufgabe ist aber, für die Sicherheit des Gebäudes und der Menschen darin zu sorgen. Während Winkler beim Kreuzworträtsel-Problem behilflich ist, macht sich Fink auf zum Kontrollgang.

4.41 Uhr:
Maschinenführer Gerd Pamperl zieht den Reissverschluss seiner Jacke hoch. Er steht an der Haltestelle Landhaus. Gleich kommt die Stadtbahn U 3, mit der Pamperl nach Hause fährt. Unterm Arm trägt er eine druckfrische Zeitung. Machmal liest er sie auf der Heimfahrt. Während der Arbeit interessiert ihn nur die Druckqualität.

6.10 Uhr:
In der Küche türmen sich 500 Brötchen, Brezeln und Laugenstangen. Die beiden Köche Engelbert Knopf und Joachim Habiger beginnen jeden Tag mit Brötchen schmieren: Frühstücksservice in der Cafeteria. Im Hintergrund dampft der Kessel mit Rotkraut, brutzeln 45 Kilo Geschnetzeltes. Heute gibt es Chili con Carne mit Rösti, paniertes Kotelett mit Rotkraut und Schnittlauch-Kartoffeln oder Gemüsefrikadellen. Ein vegetarisches Gericht gehört zum Küchenstandard. Der absolute

Renner in der Kantine sind allerdings, wie könnte es anders sein, Linsen, Spätzle und Saiten.

8.01 Uhr:
Die Cafeteria öffnet ihre Pforten. Rasch bildet sich eine kleine Schlange von Frühaufstehern. In kleinen Grüppchen zumeist setzen sie sich an die lackierten Holztischchen und frühstücken. Wer alleine ist, liest Zeitung. Ein neuer Tag beginnt.

19.3 Buch-Produktion

19.3.1 Buch-Wertschöpfungsprozess im Überblick

Der **Wertschöpfungsprozess beim Buch** beginnt mit der Ideen- und Inhalte-Produktion des Autors und endet beim konsumierenden Leser. Dazwischen liegen zahlreiche Einzelschritte, die durchlaufen werden müssen, um das Buch herstellen zu können. Im Überblick lassen sich die Schritte in **vier Phasen** unterscheiden:

- Phase der Inhalte-Erstellung beim Autor und Überstellung an den Verlag, eventuell unter Einschaltung einer Agentur;
- Phase der eigentlichen Herstellung des Produkts, die von den Verlagen – dem sog. „Herstellenden Buchhandel" – vollzogen wird;
- Phase der Distribution, die der „Verbreitende Buchhandel" abwickelt;
- Phase des Konsums durch den Käufer des Buches und Leser des Inhalts.

Nachfolgende Darstellung gibt ein Bild über die **Teilprozesse**, wie sie sich in der Kette zwischen Autor und Leser abspielen (vgl. Kerlen 2003, S. 22):

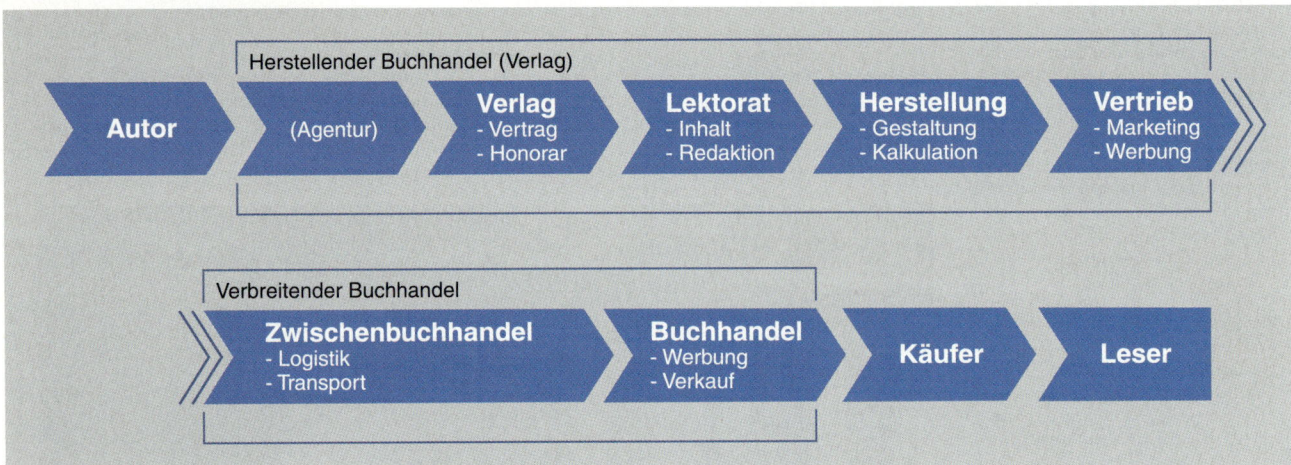

19.3.2 Produkterstellung durch den Verlag

Die Herstellung eines Buches durch einen Verlag erfordert einen umfangreichen und vielschichtigen **Managementprozess**, der typischerweise wie folgt abläuft (vgl. Kerlen 2003, S. 75):

- Auftragsbeurteilung
  1. Externe Informations-Beschaffung (Situations-Analyse, Konkurrenz-Analyse, Ressourcen -Analyse
  2. Idee / Konzept mit Alternativen / Akquisition von Vor-Verantwortung (Herausgeber)
  3. Vor-Kalkulation: Kosten / zu erwartende Erlöse
  4. Interne Ressourcen-Analyse: Manpower, Finanzen, Zeit

- Beschluss über Durchführung (ja/nein) mit schriftlicher Begründung
- Auftragseröffnung
    1. Vertragswerk
    2. Akquisition der Haupt-Verantwortung (Autoren)
    3. Kostengerüst
    4. Zeitgerüst
    5. Vorschüsse auf Absatz- und Pauschalhonorare
- Auftragsdurchführung (Wer? Was? Wie? Wann? Wozu? Wie teuer?)
    1. Manuskriptphase: Herausgeber / Autoren-Konferenzen, sowie ständige Lektorats-Kommunikation mit Autoren und Herausgebern
    2. Redaktionsphase im Lektorat (oder Außendienstmitarbeiter)
    3. Satzvorbereitungsphase (im Hause)
    4. Herstellungsphase (außer Hause)
    5. Vertriebsphase / Marketing
- Auftragserfüllung
    Erlös, Controlling, Nachkalkulation, Soll-/Ist-Vergleich, Ergebnis

Blickt man speziell auf die eigentliche Herstellungsphase (vgl. D. 4.), so ergibt sich das folgende Bild eines **klassischen Herstellungsablaufes** (Quelle: Lucius 2005, S. 125):

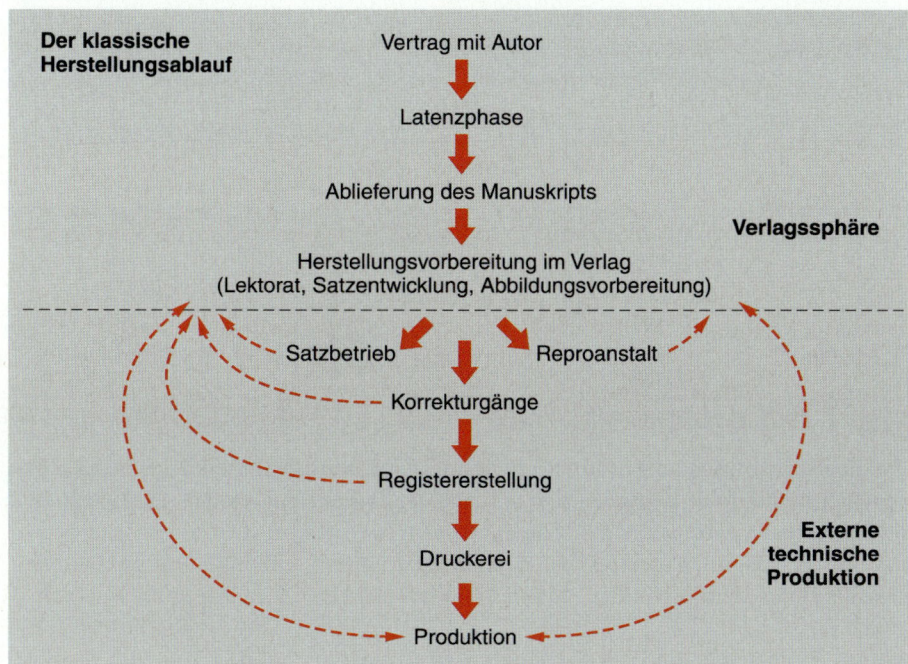

In der digitalen Welt erfolgt der Datenaustausch zwischen Autor, Verlag und Druckerei zunehmend über geeignete Datenformate, sofern die Kompatibilität der technischen Umgebung aller Beteiligten vorausgesetzt werden kann. Wenn dies funktioniert, werden herstellungstechnische Aspekte bereits in die Phase der Manuskripterstellung einbezogen, was zu erheblichen Kostenreduktionen beim Verlag führen kann.

19.4 Produktion von Radiosendungen

19.4.1 Radio-Workflow im Überblick

Radio machen ist eine komplexe Angelegenheit. Der **Wertschöpfungsprozess** („Work-flow"), wie er bei einer **Radiosendung** abläuft, kann zum einen in die vier Teilprozesse der Preproduktion, Produktion, Postproduktion und Distribution differenziert werden, zum anderen in die Aspekte des Content-Prozesses, des produktionstechnischen Prozesses und des organisatorischen Prozesses. Die nachfolgende Abbildung verdeutlicht die einzelnen **Prozesselemente** (Quelle: Krömker / Klimsa 2005: 235 ff):

	Pre-Pro-duktion	Pro-duktion	Post-Pro-duktion	Distri-bution
Content Kreativer Prozess	Themen-Recherche Redaktion	Material-Recherche Material-erstellung	Material-bearbeitung	Ausstrahlung
Technik Produktions-technischer Prozess	Redaktions-system	Browsing-system Aufzeichnungs-Wiedergabe-system	Post-produktions-system	Sende-abwicklungs-system
Organisation Funktions-bereiche, Komplexe	Wort-redaktion Nachrichten-redaktion Musik-redaktion	Produktions-regie Sprecherraum Zentraler Geräteraum		Hauptsende-studio Sendeersatz-studio Nachrichten-studio

Um eine Hörfunksendung „fahren" zu können, müssen alle diese Prozesselemente in logischer Reihenfolge bearbeitet und aufeinander abgestimmt werden. Die Gesamtheit des kreativen Prozesses wird als „Content-System" bezeichnet, die Gesamtheit des produktionstechnischen Prozesses als „Technisches System", die organisatorischen Prozesse als „Organisationssystem". Alle Teilsysteme müssen optimal zusammenwirken.

In der **Gesamtschau** sind bei der Entwicklung und Ausstrahlung von Radiosendungen die folgenden Aspekte besonders relevant, die nachfolgend im Einzelnen näher beleuchtet werden sollen:

- Radio-Team
- Programmplanung
- Integration vorproduzierter Sendungselemente
- Sendeabwicklung

19.4.2 Radio-Team

Radio ist Teamarbeit. Viele verschiedene Menschen müssen zusammenwirken, damit am Ende die fertige Radiosendung „on air" gehen kann. Und eine Sendung reiht sich an die andere und bildet das Gesamtprogramm. 24 Stunden Radio am Tag wollen gemacht sein, was – dies sei nochmals betont – nur in besonders gut eingeübter Teamarbeit möglich ist.

Redaktion

Dreh- und Angelpunkt im Herstellungsprozess von Radiosendungen ist die **Redaktion**, die für den Inhalt dessen, was gesendet werden soll, verantwortlich zeichnet ❶. Die Redaktion verkörpert den Kernprozess des Sendebetriebs, so dass allen Beteiligten klar ist, dass innerhalb des Radio-Teams den redaktionellen Mitarbeitern die Schlüsselrolle zufällt. Im Hinblick auf die Art der zu sendenden Inhalte sind Wort-, Musik- und Nachrichtenredaktionen zu unterscheiden. Zentrales Steuerungs- und Koordinationsinstrument des redaktionellen Prozesses innerhalb eines Senders ist die tägliche Redaktionskonferenz, auf der das neue Programm besprochen und das gerade ausgestrahlte kritisch reflektiert wird.

❶ Der Begriff **Redaktion** drückt sowohl eine organisatorische Einheit als auch als den Prozess des Redigierens aus.
redigieren = stilistisches und inhaltliches Überarbeiten eines Textes.

Auf der **Ebene des Gesamtprogramms** eines Hörfunksenders trägt der Hörfunkdirektor die Gesamtverantwortung. Im konkreten **Sendebetrieb** ist es der „CvD", der **Chef vom Dienst**. Seine Funktion ist es, die Übersicht über alle Aktivitäten zu behalten, da in einer Redaktion viele unterschiedliche Leute unter großem Zeitdruck an einem gemeinsamen Produkt zusammenarbeiten. Der CvD plant die Sendung und sorgt dafür, dass die Reporter sich an verabredete Termine halten und dass alle einzelnen Elemente rechtzeitig zur Sendung fertig sind.

Eine wichtige Rolle spielen **Reporter**. Diese sind für das weite Feld der aktuellen Berichterstattung „draußen" unterwegs und bei wichtigen Ereignissen dabei. Sie recherchieren Ereignisse, Fakten und Hintergründe, führen Interviews durch, sammeln Original-Töne („O-Töne") und Geräusche, schreiben und sprechen Texte und fertigen schließlich aus dem Mix aller Elemente Beiträge, die auf Sendung gehen. Neben solchen „gestalteten Beiträgen" können sich Reporter auch live vom Ort des Geschehens in die Sendung einklinken. Im Hörfunk kann neben der aktuellen Berichterstattung als wichtigstes Programmelement die Musik gelten. Dauerhafter Erfolg eines Senders bestimmt sich maßgeblich über die gewählte „Musikfarbe". Notwendiges Glied im Radio-Team ist daher der **Musikredakteur**. Er wählt die Musikstücke einer Sendung aus, bringt sie in eine abwechslungsreiche Reihenfolge und spielt diejenigen, bei denen er davon ausgeht, dass sie bei der Zielgruppe ankommen. Eine Hauptaufgabe ist es dabei, die Musikgestaltung entsprechend der vorgegebenen musikalischen Formatierung des Senders vorzunehmen.

Die Aufgabe der redaktionellen Mitarbeiter ist es, den zu transportierenden Wort- und Musik-Inhalt bestmöglich zu gestalten. Dabei stehen sie vor zwei Kernfragen: 1. Welche Themen bzw. Inhalte sollen gebracht werden? 2. Wie soll das Thema bzw. der Inhalt umgesetzt bzw. präsentiert werden? Zum einen ist also über den Inhalt zu entscheiden, zum anderen über die Form, wobei beide Aspekte in enger Verbindung zueinander stehen und sich gegenseitig bedingen.

Ein Beispiel, welchen Spielraum man hat, ein Thema im Radio unterschiedlich „rüberzubringen", bietet der „Radio-workshop online" von BR-online.de:

„Ein gutes Thema kann man auf ganz unterschiedliche Art im Radio präsentieren. Zum Beispiel das Thema „Weihnachtsgeschenktipps in letzter Minute":

- Ihr könntet in die Fußgängerzone gehen und eine Umfrage machen. Dabei bekommt ihr ein buntes Ideenspektrum.
- Ihr könntet aber auch ein Interview mit dem Sprecher des Einzelhandelverbands machen, was denn so am Heiligabend noch über den Ladentisch geht – so bekommt ihr eine qualifizierte Experten-Aussage.
- Oder ihr geht in den Volkshochschulkurs „Weihnachtsgeschenke – selbst gemacht" und macht eine Reportage, das heißt, ihr beschreibt möglichst anschaulich, was die Leute so basteln.
- Oder ihr baut aus verschiedenen Elementen – Umfragen, Interviews, Musik und Geräuschen – eine Collage zusammen. Mit einem eigenen Text von euch als Verbindungsglied zwischen den Elementen – heißt so etwas „Gebauter Beitrag".
- Oder ihr denkt euch eine Szene aus, ein kleines Hörspiel rund um die Geschenke-Panik zu Weihnachten, entwickelt verschiedene Figuren und eine interessante Geschichte.
- Oder ihr recherchiert etwas zur Geschichte der Weihnachtsgeschenke und zu Weihnachts-Geschenk-Sitten in anderen Ländern. Solche Informationen könnt ihr prima als Nachrichtenmeldungen zusammenfassen.
- Oder ihr findet den ganzen Kommerz ganz furchtbar und schreibt euch euren Groll von der Seele – so etwas nennt man dann Kommentar. Der Kommentar muss aber immer als solcher gekennzeichnet werden. Denn er gibt die persönliche Meinung des Autors wieder – nicht die des Senders.

Wichtig ist auf jeden Fall, dass ihr euch überlegt, was bei eurem Beitrag rüberkommen soll – versucht also, die Aussage eures Beitrags als einen Satz zu formulieren. Diesen sogenannten Kernsatz behaltet ihr immer im Auge, dann wird euer Beitrag rund und schlüssig. Außerdem solltet ihr euch überlegen, welche Meinung ihr zu diesem Thema habt. Wenn ihr das für euch geklärt habt, fällt es euch leichter, im Kopf einen Schritt zur Seite zu machen und als Journalist einen möglichst unbeteiligten Standpunkt einzunehmen. Denn eure Hörer sollen sich schließlich selbst eine Meinung bilden können und nicht eure übergestülpt kriegen."

(http://www.br-online.de/wissen-bildung/thema/radioworkshop-radio-machen/...; 08.07.2007)

Technik

Um den Sendebetrieb zu ermöglichen, muss neben die Redaktion die Funktion der Produktion und Technik hinzutreten. Die entscheidende „Figur" ist dabei der **Tontechniker** (auch **Producer** genannt), der die ganze Breite des technischen Equipments wie Mikrofone, Mischpult, CD-Player, Audioschnittprogramme usw. steuert. Der Tontechniker ist dafür verantwortlich, dass alle Beiträge sauber produziert sind und gut klingen.

Präsentation

Für die Präsentation der Sendung ist der **Moderator** verantwortlich, der nicht selten – vor allem bei Informationssendungen – ein Redakteur ist („Redakteur im Studio"). Der Moderator präsentiert die Sendung und ist sozusagen ihre Stimme. Die Themen müssen so präsentiert werden, dass die Hörer gerne zuhören und möglichst „dran bleiben". Der Moderator „nimmt die Hörer an der Hand" und begleitet sie zielsicher durch die Sendung. Eine wichtige Aufgabe des Moderators ist es ferner, zwischen den einzelnen Beiträgen sinnvolle Verbindungen herzustellen und für den roten Faden der Sendung zu sorgen.

19.4.3 Programmplanung

Ziel und Ergebnis der redaktionellen Arbeit ist ein konkret umsetzbarer Programmplan. Für jeden Tag und für jede Stunde muss genau festgelegt werden, welche Art von Programm ausgestrahlt werden soll.

Rahmensetzungen für die Programmgestaltung

Bei der Gestaltung sind die Redaktionen nicht frei, sondern sie müssen sich in verschiedene Vorgaben einfügen. Eine wichtige Vorgabe ist die auf längere Sicht festgeschriebene Programmstruktur, die als **Programmschema** bezeichnet wird. Sie stellt die zeitliche Fixierung der Abfolge der vorgesehenen Sendungen und Sendestrecken dar.

In Ergänzung zur zeitlichen Strukturierung des Programms erfolgt eine Definition der inhaltlichen Struktur, die als **Formatierung** bezeichnet wird. Die meisten Sender definieren sich heute als Formatradio, was bedeutet, dass das Programm nach einem feststehenden Konzept über den ganzen Tag hinweg gestaltet ist. Dieses besteht z. B. aus Nachrichten zur vollen Stunde, aus regionalen Nachrichten zur halben Stunde, feststehenden Werbeblöcken und aus definiertem Raum für Musik, Jingles, Moderation, Interviews, Beiträge usw.

Definiert sich ein Radioprogramm z. B. als eine Musik- und Servicewelle mit einer Mischung aus Musik und Dienstleistungen (Information, Veranstaltungstipps, Verkehrshinweise), so kann die Formatierung in Richtung des Hauptformates „Contemporary Hit Radio (CHR)" gehen ❶.

❶ **Contemporay Hit Radio**:
- Alter der Zielgruppe: 15 bis 25 Jahre
- Musik: Top-40-Hits
- Präsentation: laut, fröhlich, hohes Tempo
- Wortanteil: gering, Nachrichten auf Schlagzeilen beschränkt

Als konkretes Ergebnis des Programmschemas und der Formatierung ist im Radio-Management die sog. **Sendeuhr** (auch als „Stundenuhr", „Programmuhr" oder „hot clock" bezeichnet) gebräuchlich, die in standardisierter Form die Abfolge der verschiedenen Programmbestandteile innerhalb einer Sendestunde in übersichtlicher Form darstellt. Nachfolgend ein Beispiel für Radio NRW 1998 (Quelle: Wirtz 2006, S. 443):

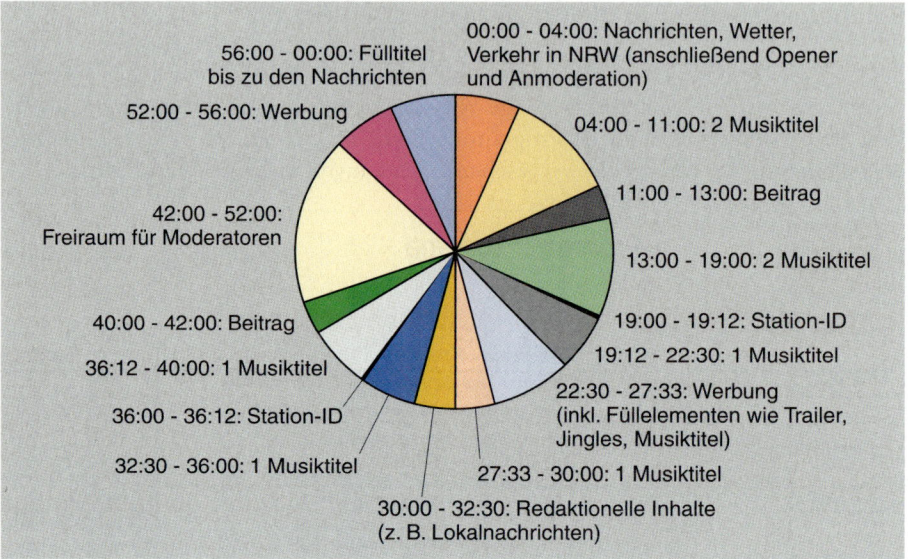

① Ein **Jingle** ist ein kurzer, flotter Werbespot, zusammengesetzt aus Musik, Geräuschen und einer kurzen Botschaft. Im Jingle geht es meistens darum, den Sendernamen und die Frequenz zu nennen (sog. „Station-ID"). Manchmal weisen Jingles aber auch auf spezielle Sendungen oder Aktionen hin.

Die Sendeuhr wird am Computer erstellt und ist die Vorlage (das „Template") für die konkrete Ausfüllung mit Musiktiteln, Beiträgen, Moderation, Werbung, Jingles **①** und allen anderen Elementen. Eine Sendeuhr gilt immer nur für eine Stunde, kann sich aber wiederholen. Für unterschiedliche Sendungen sind unterschiedliche Sendeuhren definiert. Auch kann für ein und dieselbe Sendung die Sendeuhr nach Saison oder Anlass wechseln.

Konkrete Programmgestaltung

Auf der Grundlage des Programmschemas, der Formatierung und deren Repräsentation in der Sendeuhr erfolgt die konkrete Programmgestaltung. Sichtbarer Ausdruck ist das **Wochenprogramm**, die auch als **Langablauf-Planung** bezeichnet wird. Mit dem Langablauf wird der Planungszeitraum von sechs bis zehn Wochen vor der Ausstrahlung erfasst und dient neben der internen Planung insbesondere auch der Mitteilung an die Programmzeitschriften. Hier erfolgt die genaue Festlegung aller auszustrahlenden Sendungen und die tagesgenaue Programmierung. Dieses Dokument ist besonders wichtig bei Kulturprogrammen, die sich mit anspruchsvollen Wort- und Musikprogrammen an ein Minderheitenpublikum richten. Dort werden in zahlreicher Form eigens für die jeweilige Sendung hergestellte Produkte erstellt, z. B. ein Hörspiel, aufwändig produzierte Features, Dokumentation usw.

Das Wochenprogramm ist Auslöser für die sog. **Programmbereitstellung**, die als die konkrete logistische Vorbereitung des Sendebetriebs fungiert.

Der Prozess der Programmbereitstellung endet mit der **Sendeablaufplanung**, die alle Planungen zu einem in sich geschlossenen, lückenlosen Sendetag zusammenfügt. Zu unterscheiden ist dabei zwischen festen Größen des Sendeablaufs, die nicht verändert werden dürfen, bedingt veränderlichen Größen und flexibel einsetzbaren Elementen.

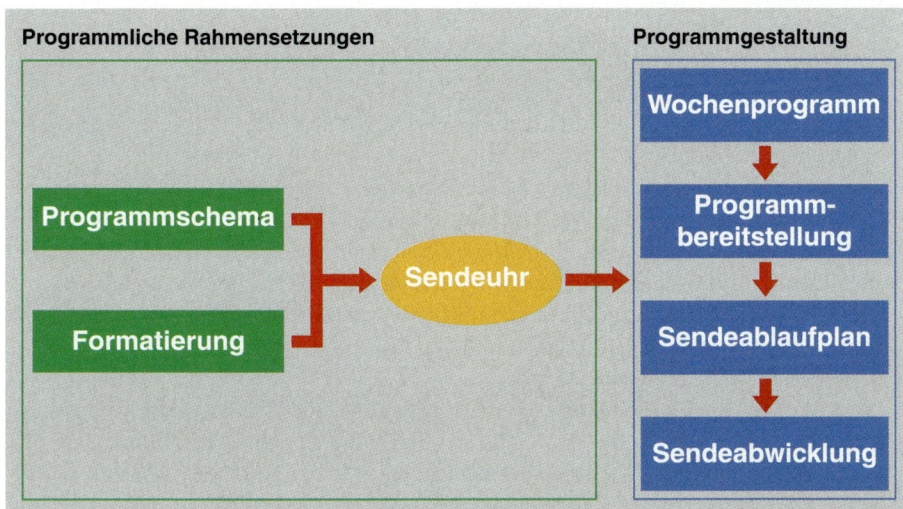

Digitalisierung der Redaktionsprozesse

Mit der Digitalisierung haben sich die Redaktionsprozesse im Hörfunk stark gewandelt. Insbesondere müssen die Redakteure heute ein hohes Verständnis und eine hohe Bereitschaft zur Anwendung der Digitaltechnik mitbringen. Ein Anschauungsbeispiel für diese Entwicklung liefert der folgende Textauszug (Quelle: (Blohmer/Erdmann 2005, S. 249): „Bereits nach einer kurzen Einweisung konnten Redakteure ihre Beiträge am Computer selbst schneiden und den Beitrag direkt in der Softwareapplikation, an den dafür vorgesehenen Platz im Sendeplan einfügen; ein vollkommen neuer Arbeitsablauf in der Hörfunkproduktion, der sich schnell in den Redaktionen durchsetzte und den klassischen Tontechniker überflüssig machte. Die Moderatoren im Sendestudio brauchen beispielsweise ihren Sendeablaufplan nicht mehr vor der Sendung auf Papier. Auch das Zusammenrechnen der Zeiten oder das Zusammenstellen der einzelnen Tonträger ist nicht mehr nötig. Der in der Musikredaktion erstellte Sendeablaufplan wird im Studio auf dem Bildschirm angezeigt und von der Sendeabwicklung ausgespielt. Für die „Radiomacher" bedeutet die Arbeit mit digitalen Systemen mehr Zeit um kreativ zu sein und ihre Ideen dann einfach und schnell umsetzen zu können. Tontechniker hingegen werden mehr und mehr zu Systemadministratoren und übernehmen hochwertige Produktionen von Content-Elementen."

Als **Vision** für die Zukunft kann man sich einen durchgängigen elektronischen Workflow ohne Medienbruch vorstellen, der von der Idee des Redakteurs über seine Recherchen zum Thema, die Suche und das Anhören von Archivmaterial über die Sendeplanung und Produktion bis hin zur Sendung, zur anschließenden Archivierung, Abrechnung und Sendeminutenstatistik sowie GEMA/GVL-Meldung reicht.

19.4.4 Integration vorproduzierter Sendungselemente

Praktisch in jeder Radiosendung kommt fertig vorliegendes Sendematerial zum Einsatz. Dieses liegt entweder als Archivmaterial vor oder wird eigens für die Sendung neu produziert.

Einsatz von Archivmaterial

Die einfachste Form fertigen Sendematerials sind Materialien, die in Wort- oder Musikarchiven verfügbar sind. So wird der ganze Bereich der Musik über kommerziell vertriebene Industrietonträger (CDs, Soundfiles) abgedeckt. Die Plattenindustrie versorgt – schon um ihre eigenen Produkte wirkungsvoll zu vermarkten – die Sender mit Musterexemplaren, die diese in ihren Sendungen abspielen. Dieser Vorgang der **Bemusterung** findet heute im digitalen Datenaustausch zwischen Musikverlagen und Sendern statt, da die Musik – selbstverständlich – aus Musikdatenbanken direkt in die Sendung eingespielt wird.

Bei der ARD findet die Bemusterung der Sender über die Zentrale Schallplattenkatalogisierung (ZSK) statt ❶. Die ZSK stellt die Daten sämtlicher in der Bundesrepublik erscheinenden Industrie-CDs und der auf diesen CDs befindlichen U-Musikaufnahmen für die Programmarbeit der ARD-Anstalten und des ZDF bereit. Ferner betreut sie die Schnittstelle zwischen den Datenbanksystemen der ARD in bezug auf E-Musik. Dazu beschafft und archiviert die ZSK alle U-Musik-CDs, von denen ARD und ZDF die Senderechte besitzen, erfasst die Daten der Musiktitel im Online-Verbund, sichert und kontrolliert die Qualität der Daten und pflegt speziell Personen-, Körperschafts-, Label- und Firmendaten. Seit 2004 liefert die ZSK im Rahmen der digitalen Bemusterung der Rundfunkanstalten auch beschreibende Daten von Audiofiles.

Relevant sind aber auch **eigene Archive** bei den Sendern. Insbesondere die öffentlich-rechtlichen Rundfunkanstalten verfügen über mächtige Wort- und Musikarchive, in denen sich die Eigenproduktionen aus einer langen Vergangenheit befinden. So kann sich z. B. der Südwestrundfunk aus einem großen Schatz an Big-Band-Musik bedienen, da die Vorgängeranstalt „Süddeutscher Rundfunk" Jahrzehnte lang eine Big Band unterhalten hatte („Erwin Lehn und sein Südfunk-Tanzorchester", heute: „SWR Big Band").

Neuproduktion von Sendungselementen

Für zahlreiche Sendungen ist es erforderlich, Sendungselemente eigens herzustellen. So besteht eine Magazinsendung typischerweise aus den Elementen Moderation, Nachrichten, Beiträge, Musik, Werbung und oft auch interaktive Elemente (z. B. Telefonate mit Hörern oder Spiele). Lediglich die Musik kommt dabei „aus der Konserve". Vor allem die Beiträge müssen in einem – unter Umständen komplizierten – Vorlaufprozess hergestellt werden und werden nicht live gesendet. Da eine Magazinsendung in der Regel aus mehreren Beiträgen besteht und sich jeder Beitrag mit einem speziellen Thema beschäftigt, kommt es zu einer umfangreichen **Vorproduktion** ❷, für die der Sender ausreichende Kapazitäten vorhalten muss. Ein Beitrag setzt sich aus mehreren Teilen zusammen, zum Beispiel aus O-Tönen, erklärenden Texten des Autors sowie aus Musik und Geräuschen.

❶ Die **ZSK** ist eine spezielle Abteilung des Deutschen Rundfunkarchivs mit Standort Frankfurt am Main. Sie nahm 1978 den Betrieb auf. Die ZSK dokumentiert für die ARD-Rundfunkanstalten und das ZDF alle in Deutschland neu erscheinenden Tonträger – heute ausschließlich CDs – und die darauf befindlichen Musiktitel, vorwiegend aus dem Bereich der sog. „Leichten Musik".

❷ Der Begriff **Vorproduktion** wird verwendet, weil dieses Programmelement im Vorfeld der Sendung hergestellt ist und in die Sendung „fix und fertig" eingespielt wird. Es ist also notwendig, einen eigenen Produktionsprozess für dieses Sendungselement in Gang zu setzen.

Die Vorproduktion von Sendungselementen oder auch von ganzen Sendungen folgt einem typischen Ablauf („Workflow"), der sich in die drei folgenden **Phasen** gliedert:

- Pre-Production
- Production
- Post-Production

In der **Phase der Pre-Production** findet für einen gebauten Beitrag z. B. die Themenfindung, die Recherche oder die Interview-Vorbereitung statt. Je nachdem, ob es sich um einen Kurzbeitrag oder um eine längere Geschichte handelt, ist diese Prozessstufe unterschiedlich aufwändig.

Bei der **Phase der Production** ist zwischen Außen- und Studioaufnahmen zu unterscheiden. Bei Außenaufnahmen geht es um das Einholen von O-Tönen, was eine geeignete Audiotechnik erfordert. Oft ist es schwierig, die richtige „Atmo" zu erzeugen. Die Produktion im Studio erfordert entsprechende Einrichtungen, bei großen Produktionen einen ganzen Hörfunk-Produktionskomplex, der eventuell extern angemietet werden muss, bei kleineren Produktionen genügen einfachere Einheiten. Ein Produktionsstudio besteht aus der Produktionsregie, dem eigentlichen Studio als Aufnahmeraum und eventuell einem Zuspielraum.

In der **Post-Production** erfolgt die Mischung und der Schnitt („Cut") der einzelnen Elemente. Bei einem Beitrag werden z. B. die O-Töne bearbeitet, das gesprochene Wort beigemischt sowie Musik und Geräusche passend zum Sprechrhythmus hinzugefügt. Der Prozess der Post-Production kann sehr aufwändig sein.

Konzept	Grob-produktion	Feinarbeit der Mischung	Wort-beimischung	Fertigstellung
• Ziel des Jingles • Musikstil des Jingles	• Einspielen der Instrumente • Erste grobe Abmischung	• Feinabmischung der einzelnen Musikinstrumente • Feinabmischung der einzelnen Klangfarben • Erste Präsentation beim Layout-Redakteur	• Aufnahme des gesprochenen Wortes • Beimischung des gesprochenen Wortes zur Musik	• Abstimmung von Musik und gesprochenem Wort • Beimischung letzter Klangfarben

Bei größeren Audio-Projekten wird die Produktion mit einer detaillierten Ablaufplanung vorbereitet und von einem verantwortlichen Produzenten gesteuert, bei kleineren Produktionen wie der Erstellung eines Beitrages machen die Reporter den Beitrag selbst fertig, prinzipiell im Verbund mit einem Producer (Tontechniker).

Beispiel: Produktion eines Jingles, also eines „akustisches Sender-Logos" (Quelle: Wirtz 2006, S. 437)

Im Zeichen der **Digitalisierung** ergeben sich neue Herausforderungen und Chancen, sowohl was die zu bedienenden Geräte anbelangt als auch im Hinblick auf den Workflow. So ermöglicht es die Digitalisierung, den redaktionellen Arbeitsprozess so weit zu vereinfachen, dass Beiträge in der Redaktion ohne Unterstützung durch den Tontechniker vom Redakteur oder Reporter völlig selbständig hergestellt werden können.

19.4.5 Sendeabwicklung

Am Ende der Kette steht die fertige Radiosendung. Eigentümlich für das Radio ist es, dass erst bei der Ausstrahlung der Sendung die eigentliche Herstellung des Endprodukts stattfindet. Im Vorfeld werden alle Elemente vorbereitet und gedanklich zu einem Paket zusammengestellt („Packaging"), die konkrete Umsetzung in das Produkt „Sendung" erfolgt aber erst zu dem Zeitpunkt, wo sie „on air" geht. Als besonders wichtige Aspekte im **Workflow des Sendebetriebs** sind anzusehen:

- Moderation
- Musik
- Sendeleitung
- Sendetechnik und Verbreitungswege

Moderation

Durch die Sendung führt der Moderator und sorgt für eine optimale **Präsentation**. Er hat eine hohe Bedeutung für das Sender- und Programm-Marketing, da er sozusagen der Verkäufer des Produkts ist, der unmittelbar mit dem Kunden – dem Hörer – in Kontakt tritt.

Vor allem aus technischen und kostenmäßigen Gründen, aber durchaus auch aus journalistischen Gründen, findet Radio-Moderation heute in sog. **Selbstfahrerstudios** statt. Moderatoren kümmern sich entsprechend der Vorgabe durch die Sendeuhr um die Texte, den Einsatz der Musik, von Jingles, Nachrichten und Werbung. Der Moderator im Selbstfahrerstudio ist in der Lage, völlig unabhängig von seinem gesprochenen Text die Technik zu bedienen und sämtliche Komponenten der Sendung zusammenzuführen. Er ist allein dafür verantwortlich, dass die Blenden zwischen zwei Musikstücken technisch sauber klingen, dass die vorgesehenen Jingles nach Sendeplan laufen und die Werbung und die Nachrichten pünktlich kommen. Nicht selten zeichnet der Moderator auch seine Hörer-Talks selbst auf.

Insofern ist der Moderator im Selbstfahrerstudio Senderegisseur, Präsentator und tontechnischer Producer in einer Person. Es ist verständlich, dass es einer erheblichen Übung und Kompetenz bedarf, ein Selbstfahrerstudio auf hohem Niveau zu bedienen. Bei den meisten Radiosendern in Deutschland ist das Selbstfahrerstudio inzwischen der reguläre Arbeitsplatz des Moderators. Damit gehört die bis vor nicht allzu langer Zeit als Standard praktizierte Variante der Sendung aus dem Studiokomplex, bestehend aus Regieraum und Sprecherstudio, in der ein Techniker die Sendung fährt und der Moderator „nur" spricht, weitgehend der Vergangenheit an.

Musik

Im Radiosendebetrieb wird der **Musikgestaltung** eine **herausragende Rolle** beigemessen, da man erkannt hat, dass die musikalische Formatierung maßgeblich den Erfolg einer Welle bestimmt. Musik ist für massenwirksame Hörfunkprogramme das wichtigste Programmelement, da die Zielgruppe sehr genau reagiert. Musik entscheidet über die Positionierung des gesamten Programms, so dass die Musik das am intensivsten formatierte Programmelement im Radio ist.

Der Einsatz von Musik als Programmelement erfolgt in hohem Maße computergestützt. Typischerweise sind bei der **Musikgestaltung** die folgenden **Aspekte** besonders interessant:

- Definition eines Musik-Pools: Zunächst muss die für das jeweilige Musikformat geeignete Musik ausgewählt werden. Eine Liste ist zu erstellen, die einen Musiktitel als „zulässig" definiert oder nicht. Die Ablage der formattauglichen Titel erfolgt im Musikspeicher. Wichtig ist es, dass die Studiotechnik über eine ausreichende Kapazität und Suchfunktionen verfügt und die Titel ohne lange Ladezeiten abrufbar sind.
- Musikarchivierung: Wichtig ist es, eine leistungsfähige Musikarchivierung zu betreiben, bei der die archivierten Musiktitel nach formatgerechten Meta-Daten wie Länge des Titels, Geschlecht des Interpreten, Musik-Epoche (z. B. Hit, Aktuell, 70er, 80er, 90er-Jahre), Tempo, Anmutung, Sprache, Art des Schlusses usw. geordnet sind. Nur so lassen sich zielgruppengerechte Informationen über geeignete Musiktitel gewinnen.
- Musikuhr: Die Strukturierung innerhalb der Sendung erfolgt über die sog. Musikuhr, die die Anzahl und Abfolge der Titel festlegt ❶.
- Rotation: Die zur Sendung freigegebenen formatgerechten Titel werden typischerweise in einem Rotationsverfahren zur Ausstrahlung gebracht. Hierzu wird eine Musikrotations-Software eingesetzt, über die Musiktitel nach vorgegebenen formatrelevanten Kategorien ausgewählt werden. Diese werden in die Musikuhren der Sendungen hinterlegt und generieren die konkrete Play List, die wiederum Teil des allumfassenden Sendeplans ist.

❶ Beispielsweise wird die Musikredaktion für eine Frühsendung in die – computergestützte – Musikuhr die Kriterien „schnell" und „kurz" eingeben, um für die Sendung einen frischen, munteren Eindruck zu erzeugen. Die Musikuhr sorgt dann dafür, dass nur Titel zum Zuge kommen, die diese Kriterien erfüllen.

Sendeleitung

Zur Gesamtsteuerung einer Sendung ist es notwendig, ein wirkungsvolles Management zu installieren. Dies geschieht durch die **Sendeleitung**, bei der alle Fäden zusammenlaufen. Überwacht wird, dass das Sendematerial vollständig vorliegt und der Sendungsworkflow gut funktioniert. Eventuell werden Korrekturen des Sendeablaufplans vorgenommen, wenn etwa der Sendebetrieb mit einem nicht planbaren Ereignis konfrontiert wird (z. B. große Ereignisse, Naturkatastrophen, technische Pannen). Dies kann zu Programmänderungen bis hin zur Abwicklung eines Notprogramms führen. Besonders kritisch ist bei solchen Notprogrammen, bei denen die standardmäßige Programmstruktur außer Kraft gesetzt ist, die gebuchte Werbung sicherzustellen.

Sendetechnik und Verbreitungswege

Um die Sendungen zum Hörer bringen zu können, ist nicht zuletzt viel Technik notwendig. Zum einen betrifft dies die **Technik im Studio**, aus dem das Signal auf Sendung geht (Sendestudio), zum anderen die weitere Verbreitung in die diversen Systeme. Hier ist der analoge Verbreitungsweg über **UKW** nach wie vor voll im Gebrauch, während **digitale terrestrische Verbreitungsformen** in der massenhaften Nutzung noch auf sich warten lassen. Inwieweit die Verbreitung von Radio über das Internet zu einer nachhaltigen Veränderung der Nutzung führt, ist eine weitere wichtige Frage künftiger Medienentwicklungen. Eine erhebliche Bedeutung haben bereits Produktionen erlangt, die als Podcasts im Internet verfügbar gemacht werden.

19.5 Film- und Fernsehproduktion

19.5.1 Phasen einer Filmproduktion im Überblick

Den Herstellungsprozess beim Film hat in sehr anschaulicher Weise Klaus Keil dargestellt und visualisiert (vgl. Iljine/Keil 1997, S. 208 f.):

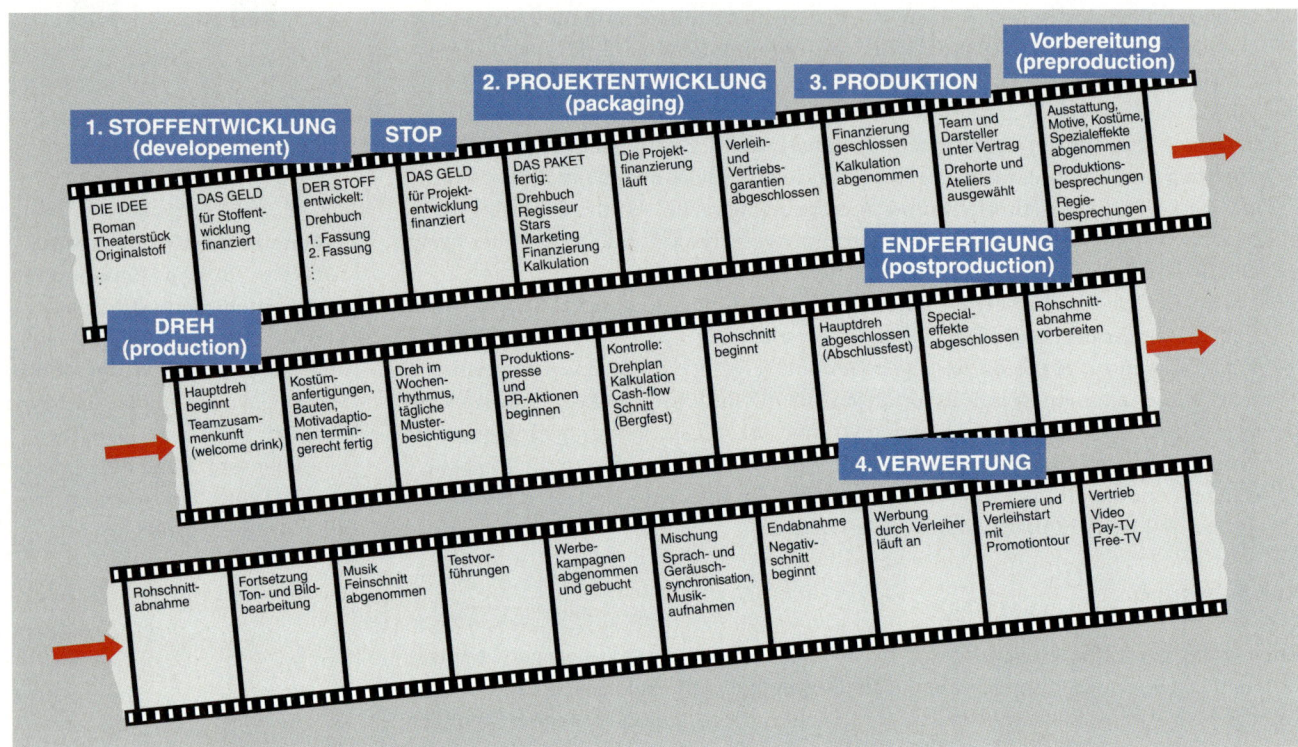

Danach wird der Produktionsprozess einer **großen Filmproduktion**, die für das Kino und/oder für das Fernsehen geplant ist, in die folgenden **vier Phasen** eingeteilt:

*   Phase 1: Stoffentwicklung (Development): Aus der Idee entsteht ein fertiges Drehbuch, das finanziert ist.
*   Phase 2: Projektentwicklung (Packaging): Das gesamte Filmpaket mit Drehbuch, Regisseur, Stars, Marketing, Finanzierung und Kalkulation steht und kann zur Umsetzung freigegeben werden.
*   Phase 3: Produktion (Pre-Production, Production, Post-Production): Das fertige Filmprodukt liegt vorführungsreif und vermarktungsfähig vor.
*   Phase 4: Verwertung: Das Produkt kann in den Kino-Verleih und in den Fernseh-Vertrieb gehen.

Nachfolgend wird der vorliegenden Thematik entsprechend die **Phase der Produktion** (Phase 3) näher betrachtet.

19.5.2 Pre-Production

Die Phasen der Stoffentwicklung und Projektentwicklung sind abgeschlossen, alle Hindernisse – insbesondere die finanziellen – sind aus dem Weg geräumt, so dass die konkrete Umsetzung des Filmprojekts beginnen kann.

Mit der Phase der Produktionsvorbereitung (Pre-Production) beginnt nun die entscheidende Phase des Filmprojekts. Sie ist definiert als der Zeitraum ab der gesicherten Finanzierung bis zum ersten Drehtag. Für die projektorientierte Vorbereitung sind mindestens 5 bis 6 Wochen zu kalkulieren.

Der Zeitraum der Pre-Production ist vorwiegend für die konkrete Organisation notwendig und dient weniger der künstlerischen Vorbereitung. Ziel der wochenlangen Bemühungen ist die Entwicklung des **Drehplans** ❶.

❶ Der **Drehplan** gibt an, an welchem Drehort mit welchen Darstellern welche Szenen gefilmt werden sollen.

Finanzierung und Kalkulation

Die Finanzierung ist geschlossen, die Kalkulation ist abgenommen. Das bedeutet, dass das nach dem **Finanzierungsplan** („Cashflow-Plan") vorgesehene Geld aus Förderungen, von Fernsehsendern, von Investoren, Filmfonds oder Verleihern auf Abruf zur Verfügung steht, und zwar konkret auf einem Bankkonto, das dem Produzenten zugänglich ist.

Team und Darsteller

Ein wesentlicher Vorgang der Pre-Production-Phase ist die vollständige und abschließende Auswahl des künstlerischen und technischen Stabes („staff") sowie der Darsteller („cast"). Eine Schlüsselrolle spielt hierbei der **Regisseur** als Hauptfigur für die inhaltliche Umsetzung des Stoffes. Der Regisseur wird als erstes damit beginnen, den Zeitrahmen für die Realisierung des Films, in dem er sich bewegen will, möglichst präzise abzustecken. Da Regisseure pauschal bezahlt werden ❷, können sie sich aus persönlicher Sicht prinzipiell relativ frei fühlen, in welchem Zeitraum sie das Filmprojekt realisieren wollen und welchen Zeitbedarf die künstlerische Umsetzung beansprucht. Regisseure neigen aus dieser künstlerischen Sicht verständlicherweise dazu, eher Zeitpläne mit Luft „durchzudrücken" als in einem engen zeitlichen Korsett drehen zu müssen. Den Gegenpart zu dieser künstlerischen Funktion spielt der **Produzent** und sein unmittelbarer Vertrauter, der **Produktionsleiter**, die aus ökonomischer Sicht ein großes Interesse daran haben, dem Projekt möglichst enge zeitliche Vorgaben zu aufzuerlegen.

❷ Die **Höchstgagen** für die **Regie** belaufen sich auf fünf Prozent der Herstellungskosten bei Projekten bis zu 2.557.000 Euro, maximal jedoch 76.700 Euro, oberhalb dieses Betrages auf drei Prozent, maximal jedoch 128.000 Euro (vgl. Dress 2002, S. 99).

Als Ergebnis dieser Teilphase stehen das Team und die Darsteller unter Vertrag, die Verpflichtung der Mitwirkenden und des Produktionsstabes ist erfolgt.

Drehorte, Ateliers, Ausstattung, Technik

Eine weitere wichtige Aufgabe besteht in der Auswahl der **Drehorte** (bei Außenaufnahmen) und des Ateliers (bei Innenaufnahmen) einschließlich der notwendigen Technik. Als Ergebnis dieses Moduls liegen Verträge zur Atelier- und Motivanmietung vor, Drehgenehmigungen sind eingeholt, festgelegt sind die Motive und Kostüme, die geplanten Spezialeffekte sind abgenommen und werden zur Umsetzung vorbereitet.

Vielfalt der Arbeiten

Alle Vorarbeiten werden von zahlreichen Produktions- und Regiebesprechungen begleitet und erfordern einen hohen Einsatz aller Beteiligten. Um die Vielfalt der Arbeiten in der Pre-Production zu verdeutlichen, sei hier eine kleine Liste von anfallenden **Tätigkeiten** wiedergegeben (vgl. Clevé 2004, S. 165):

- Zahlung der ersten Rate des Verfilmungshonorars
- Verpflichtung von Mitarbeitern in den Bereichen Architektur, Bühnenbau, Artdesign, Ausstattung, Kostüm, Produktion, Regie, Kamera, Darsteller, Postproduction
- Finden von Drehorten und Sicherung derselben
- Entwurf und Erstellung von Bauten
- Design und Herstellung von Kostümen oder Suche in Fundi oder auf Flohmärkten
- Besetzung aller Rollen durch Regisseure und Casting-Agenturen
- Zusammenstellung des Kamera- und Lichtteams durch den Kameramann
- Buchung von Equipment
- Bestellung von Filmmaterial
- Organisation von Drehabwicklungen bei digitalen Bildeffekten

Oberstes Ziel der Pre-Production-Phase ist es, den allen Beteiligten vor Augen stehenden – strapaziösen und wochenlangen – Dreh so effizient, kräftesparend und nervenschonend, aber auch so kostengünstig wie möglich zu organisieren. Es versteht sich, dass eine entscheidende Rolle das umzusetzende **Drehbuch** spielt. Ist es besonders komplex, steigen die Anforderungen dramatisch an.

19.5.3 Produktion

Die Produktions- oder Drehphase (der „Dreh") ist definiert als der Zeitraum vom ersten bis zum letzten Drehtag. Die Länge und der Ablauf der Drehphase richtet sich ebenfalls nach den Erfordernissen des Stoffs, wie er mit dem Drehbuch vorliegt. Im Durchschnitt liegt der Zeitbedarf für den Dreh bei ca. fünf Drehwochen ❶. Bereits eine Woche nach Drehende kann der Rohschnitt vorführfähig sein.

Start des Hauptdrehs

Die in der Vorproduktion in Auftrag gegebenen Kostümanfertigungen, Bauten und Motivadaptionen sind termingerecht fertig geworden. Der sog. „Hauptdreh" kann beginnen. Der auch zwischenmenschlich bedeutsame Kick-Off findet mit der Teamzusammenkunft (dem „Welcome Drink") statt. Aus Erfahrung weiß man, dass die Dreharbeiten niemals so verlaufen, wie es der Drehplan und die Planung des Produktionsleiters vorsieht, so dass die Kontrolle des Filmes höchste Anforderungen stellt. Die Schlüsselrolle in dieser Phase nimmt der **Regisseur** ein. Der Produzent kann in dieser für das Entstehen des Films höchst brisanten Phase gegen den Willen des Regisseurs kaum mehr einen verändernden Einfluss ausüben. An dieser Stelle des Films wird deutlich, eine welch wichtige Entscheidung die Auswahl des Regisseurs darstellt.

❶ Das macht deutlich, dass sich bei einem 90-minütigen Spielfilm die Tages-„Ausbeute" – gemessen am Endprodukt – auf nur eine bis drei Minuten beläuft, ein Tatbestand, der vom Laien immer wieder bestaunt wird.

Der Dreh

Der konkrete Dreh steckt üblicherweise voller Tücken, Fallen, Unwägbarkeiten, Störungen und Problemen. Die Liste der **Schwierigkeiten** ist lang und kann unbegrenzt verlängert werden (vgl. Clevé 2004, S. 167 ❶):

- Unvorhergesehene Straßenbauarbeiten, die zu Umleitungen und Verzögerungen führen
- technische Defekte an Geräten
- leere Batterien
- fehlende Requisiten
- schlechtes Wetter ❷
- Unpässlichkeiten von Darstellern
- Vergesslichkeiten
- menschliche Fehler
- persönliches Wohl- oder Unwohlbefinden
- Unfälle
- Kommunikationsprobleme

❶ „Die Palette an Fehlerquellen ist von kosmischer Vielfalt …"

❷ Paradoxerweise kann im Film Sonnenschein schlechtes Wetter darstellen, und zwar dann, wenn das Drehbuch einen bewölkten Himmel oder Regen verlangt, ein Tatbestand, der den Einsatz teurer Effektgeräte (z. B. Nebelmaschinen) beim Dreh verständlich macht.

> Um einen Eindruck in die Praxis zu bekommen, sei hier der Experte noch etwas ausführlicher zitiert (Clevé 2004, S. 167): „Alles findet unter enormem Zeit- und Gelddruck statt, jeder Drehtag kostet außerordentlich viel Geld, Überstunden oder Sonntagsarbeiten oder Nachtzuschläge können im Handumdrehen eine Kalkulation vollkommen aus dem Lot bringen und den Produzenten in den Ruin treiben. Viele der Beteiligten above-the-line wie auch below-the-line sind mit großem Selbstbewusstsein ausgestattet und der damit einhergehenden Unfehlbarkeit. Der Zusammenprall von Egos zeigt erst im täglichen Drehstress seine wahre Seite – während in der beginnenden Vorproduktion noch Differenzen übertüncht werden können, kommen Konflikte bei den Dreharbeiten garantiert zum Ausbruch. Dreharbeiten bedeuten zu einem großen Teil Krisenmanagement – nahezu der Normalzustand. Was andererseits natürlich für viele der Beteiligten auch den Reiz dieser Branche ausmacht, nach dem Motto: Genie beherrscht das Chaos. Nicht umsonst feiert man die Mitte von Dreharbeiten mit dem so genannten Bergfest."

Vor diesem Hintergrund ist es verständlich, dass so weit wie möglich **Sicherungen** in den Drehablauf eingebaut werden. So kann trotz hoher Kosten unter Umständen der Dreh im Atelier günstiger sein als die Außenaufnahme, da Risiken besser beherrscht werden können. Gebräuchlich ist es z. B. auch, dass der Grobschnitt schon bereits während der Drehphase beginnt, um Szenen eventuell nachdrehen zu können, solange die Darsteller noch vor Ort sind, die Kulissen noch nicht abgebaut sind und das Team beisammen ist. Über eine entsprechende Technik (z. B. mobile Schnitttechniken) kann eine Montage des Films direkt am Drehort erfolgen. Besonders wichtig ist ein gutes Briefing der Darsteller durch den Regisseur vor der zu drehenden Szene.

Kontrolle

Die Dreharbeiten verlaufen im Wochenrhythmus und beinhalten eine tägliche Musterbesichtigung. Bei den Dreharbeiten ist besonders zu beachten, dass die Chronologie eingehalten wird und bei szenischen Darstellungen die Anschlüsse stimmen. Stets sind der Zeitplan (Drehplan, Disposition), Kalkulation und der Cashflow-Plan entscheidende Kontrollinstrumente.

Für jeden Drehtag wird vom **Aufnahmeleiter** vorher eine Tagesdisposition (Dispo) erstellt und nach dem Dreh ein Tagesbericht. So haben alle Beteiligten stets einen genauen Überblick über den Stand und den Fortgang des Projekts.

Eine Dispo enthält alle wichtigen Details für den Dreh (vgl. Heid 2002, S. 159):

- Telefonnummern der für den Produktionsablauf verantwortlichen Personen und des Produktionsbüros,
- Nummern und Anschriften der zu drehenden Motive und Drehorte,
- Arbeitszeiten für jeden Bereich, Maske und Garderobe beginnen häufig früher, Beleuchter müssen möglicherweise ihre Geräte später abbauen,
- der Zeitpunkt des Drehbeginns (das ist nicht notwendigerweise der Zeitpunkt, zu dem die erste Klappe gedreht wird),
- alle an diesem Tag zu drehenden Bilder mit einer kurzen Beschreibung des Inhaltes und der Vorstoppzeit,
- Namen der Rollen und ihre Darsteller, der Zeitpunkt, wann sie abgeholt werden und wann sie drehfertig sein sollen,
- Anzahl der Komparsen,
- besondere technische Mittel, die benötigt werden,
- Aufgaben außerhalb des unmittelbaren Drehorts, z. B. eine Mustervorführung oder eine nachträgliche Motivbesichtigung,
- eine auf jede Fahrt und jeden Wagen bezogene Fahrdispo.

19.5.4 Post-Production

Die Phase der Post-Production („Nachbearbeitung") des Films nimmt einen vergleichsweise **langen Zeitraum** ein. Für einen durchschnittlichen Film benötigt man hierzu bereits meist bis zu drei Monaten. Bei Filmen, in denen komplizierte Special-Effects eingebaut werden, verlängern sich die Zeiten unter Umständen dramatisch. Empfehlenswert ist es daher, den entsprechenden „Effects Supervisor" bereits von Beginn an in die Phase der Umsetzung („Auflösung") des Drehbuchs, wenn nicht gar schon in die Drehbucherstellung einzubeziehen. Die visuelle Umsetzung des Stoffes ist in diesem Falle eine besondere Herausforderung für das Dreigestirn aus Regisseur, Kameramann und Special-Effects-Experte.

Auch die Produktionsabwicklung (Abrechnung, Rückbau, Abgabe von Leihmaterial etc.) kann einen erheblichen Zeitbedarf mit sich bringen und unter Umständen bis zu drei Wochen dauern. Geht die Filmproduktion an einen Fernsehsender, benötigt die Erstellung des kompletten Sendebandes ebenfalls bis zu drei Monaten, woran sich für den Pressevorlauf noch ein Zeitraum von mindestens noch sechs Wochen anschließt.

Rohschnitt

Die Post-Production kann in die beiden Phasen des Rohschnitts und des Feinschnitts eingeteilt werden. Der Rohschnitt beginnt wie gezeigt bereits in der Drehphase und wird in der ersten Stufe der Nachbearbeitung abgeschlossen. Im Einzelnen werden dabei die folgenden **Schritte** vollzogen:

- Sichten des Materials
- Kopierwerksarbeiten (Entwickeln, Lichtbestimmung, Arbeitskopie)
- Vorbereitung der Rohschnittabnahme
- Durchführung des Rohschnitts und Rohschnittabnahme

Feinschnitt

Während der Rohschnitt durch den Cutter nach einem Schnittplan vollzogen wird, findet der Feinschnitt nach dem Abschluss der Dreharbeiten statt. Da hier nun das endgültige „Gesicht" des Films entsteht, ist die Anwesenheit des Regisseurs und eventuell des Redakteurs des Fernsehsenders notwendig. Im Einzelnen werden die folgenden **Schritte** vollzogen:

- Ton- und Bild-Bearbeitung
- Abnahme der Musik-Komposition und Produktion, Musik-Feinschnitt
- Testvorführungen
- Mischung Sprach- und Geräuschsynchronisation, Musikaufnahmen
- Endabnahme (Negativschnitt beginnt).

Übersicht über die beteiligten Personen

Die Darstellung der Produktionsvorgänge beim Film hat deutlich gemacht, dass es sich um einen sehr komplizierten und von vielen Unwägbarkeiten begleiteten Herstellungsvorgang handelt. Es wurde deutlich, dass der Erfolg der Filmproduktion entscheidend von den beteiligten Personen abhängt. Abschließend sei daher noch eine **Übersicht** über den Personenkreis gegeben, der beim Film typischerweise am Werk ist. Zu trennen sind dabei der künstlerische und der organisatorisch-finanzielle Bereich.

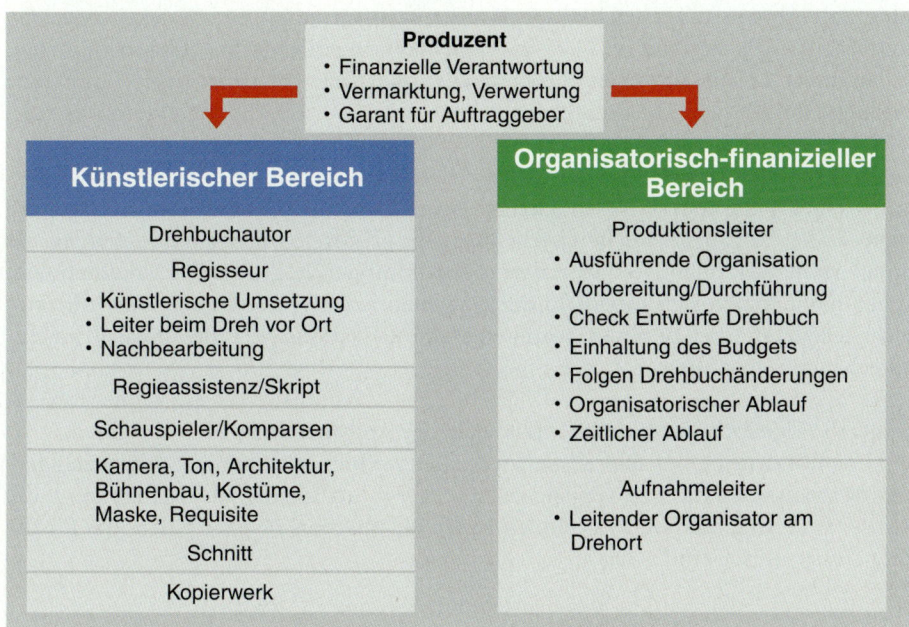

19.6 Multimedia-Produktion

Bevor in diesem Kapitel der Ablauf einer Multimedia-Produktion behandelt wird, sollen die Mitarbeiter vorgestellt werden, die eine Medienproduktion durchführen. Am Beispiel einer Multimedia-Medienproduktion, welche die meisten Tätigkeiten, die in der Medienbranche anfallen, abdeckt, soll ein Produktionsteam vorgestellt werden. Die Tätigkeitsbereiche dieses Teams sind eine Weiterentwicklung aus dem Umfeld von audiovisuellen Medien; im Unterschied zu den klassischen Medien wie zum Beispiel Fernsehen und Film. Sie sind heute in den Multimedia-Agenturen ❶ und in speziellen Medien-Fachabteilungen ❷, die sich mit der Erstellung von digitalen Medien beschäftigen, tätig.

19.6.1 Projektbeteiligte

Die Aufgabenbereiche des Produktionsteams werden immer noch mit keinem klaren **Berufsbild** definiert. Ein eindeutiger Berufsstand hat bis vor kurzem in Deutschland gar nicht existiert. Seit einigen Jahren werden von Fachhochschulen spezifische Studiengänge im Bereich „Neue Medien" angeboten und Ausbildungsberufe speziell auf die Medienbranche ausgerichtet.

Im Bereich der Umschulung und der beruflichen Weiterbildung haben sich mehrere berufliche Akademien mit zertifizierten Ausbildungsgängen für die Medienbranche etabliert. Auch für berufliche Quereinsteiger bieten sogenannte Multimedia-Akademien interessante Möglichkeiten, die jedoch auf Grund der Qualitätsunterschiede und des teilweise vorhandenen Angebotswildwuchses von den Interessierten gründlich geprüft werden sollten.

Die gesamte Branche unterliegt so vielfältigen Funktionsabläufen und Aufgaben, dass eine klare Abgrenzung einzelner spezifischer **Berufsgruppen** und **Tätigkeitsbereiche** nur sehr schwer möglich ist. Auch die sehr unterschiedlichen Berufsbezeichnungen, die in ihrer „Kreativität" erstaunlich sind ❸, führen nicht gerade zu einer Transparenz der Berufsbilder in der Medienbranche.

Im Allgemeinen hängt es von der Größe der Agentur ab, wie breit das Aufgabenspektrum eines Mitarbeiters ist. In kleinen Agenturen sind **Generalisten** gefragt, die nahezu alle Aufgabenbereiche übernehmen. In größeren Unternehmen werden die anfallenden Tätigkeiten von Spezialisten übernommen. Je größer das Unternehmen, umso mehr bilden sich innerhalb der einzelnen Arbeitsgebiete Hierarchien heraus. Dort delegieren Chef-Designer, Teamleiter oder Redaktionsleiter die Aufgaben an entsprechende Spezialisten.

Generell ist jedoch festzustellen, dass viele der Aufgabenfelder der Multimediaproduktion mit denen einer audiovisuellen Medienproduktion oder der klassischen Film- und Fernsehproduktion zu vergleichen sind. Sie wurden lediglich ergänzt durch die mittlerweile sich rasant enwickelnden neuen technischen Möglichkeiten, die für die Branche spezifisch sind.

---

❶ **Multimedia-Agenturen** bieten unterschiedlichsten Kunden ihre Fähigkeiten und ihr Know-how als Dienstleistung an.

❷ Medien-Fachabteilungen von größeren Firmen unterstützen die Marketing-, Public Relations- und Schulungsaktivitäten der eigenen Firma.

❸ Beispiele von Tätigkeitsbezeichnungen aus Stellenangeboten in Fachzeitschriften:
Projektleiter, Interface Artist, New Media Kontakter, CBT-Autor, Multimedia Assistent, Mediengestalter, WebProfessional, Key-Account-Manager, Producer, Online-Redakteur, Medienberater, Senior Art Director, Konzepter, Screendesigner, Web-Developer, Content-Redakteur, Media Developer, New Media Designer, Coder, Programmierer Softcore, Texter, Content Integration Specialist, Technical Project Manager, Technical Consultant, Film- und Videodesigner, Web Based Application Developer, Shopdesigner, Junior Application Developer, Producer Foto & Multimedia, E-Commerce Manager, Flash-Entwickler, Director Marketing & Communications Projekt-Ingenieur, Unit-Director, Release Engineer, Lingo-Programmierer, Design new media, Softwarearchitekt, Systemintegrator Senior, Multimedia Developer. E-Consultant, Grafik-Designer, Portal-Manager, Senior Technologists, Information Architects, HTML-Spezialist, Creativ-Director
...

Produzent

In der Medienproduktion steht der Produzent an erster Stelle. Der Produzent sichert die finanzielle Basis für die Produktion und ermöglicht somit erst deren Realisierung. Erfolgt eine Medienproduktion als Dienstleistung, so ist üblicherweise der Auftraggeber der Produzent. Werden Medienprodukte hergestellt, die frei vermarktet werden, so tritt der Produzent als Verleger des Produktes auf. Das heißt, der **Produzent** kann sein:

- eine einzelne Person,
- eine Gruppe von Personen,
- ein Unternehmen oder ein Institut,
- eine Medienagentur oder ein Videostudio,
- eine Rundfunkanstalt,
- ein Verlag.

Produktionsteam

Der Produzent gilt allgemein als der „Hersteller" der Medien. Die eigentliche Umsetzung der Inhalte, das heißt das Konzipieren und Realisieren der Produktion, wird jedoch von einem ganzen Produktionsteam erarbeitet. Das Produktionsteam besteht aus Mitarbeitern verschiedenster Medienberufe. Je nach Größe der Produktion und je nach Produktionsart sind die Mitarbeiter unterschiedlich stark auf ein Tätigkeitsfeld spezialisiert.

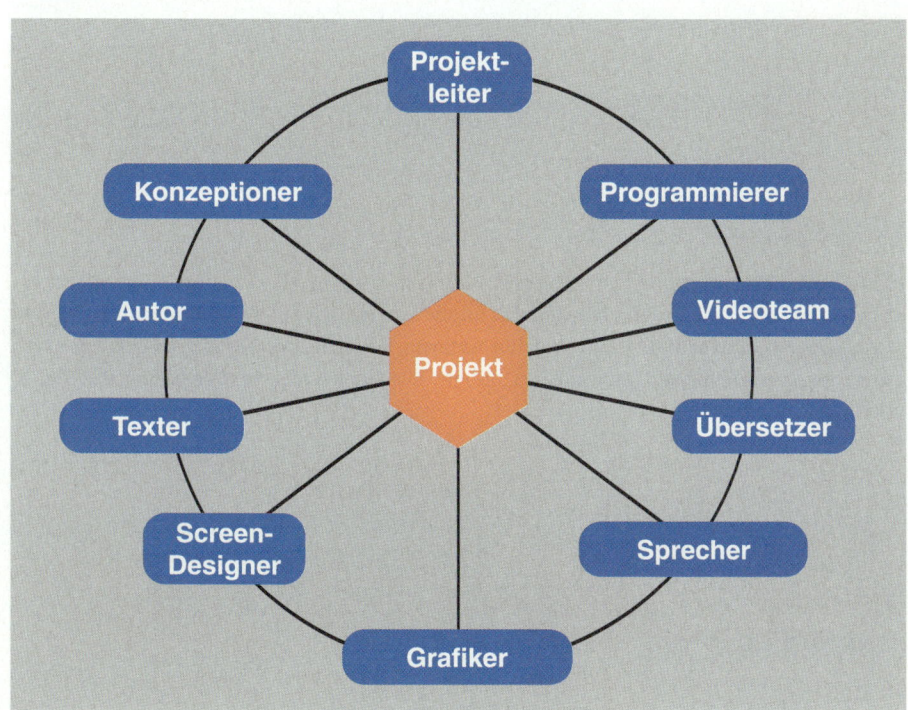

Wer macht was?

Interdisziplinär = mehrere Fachgebiete umfassend; die Zusammenarbeit mehrerer Fachgebiete betreffend.

Die Mitarbeiter bei einer Multimedia-Produktion verstehen sich als ein interdisziplinäres Team von Spezialisten.

➜ **Die Zusammensetzung des Produktionsteams hängt von der Art des Medien-Produktes und dessen Arbeitsanforderungen ab.**

Schon im Vorfeld der Produktion stellt der Produktionsleiter das für die Produktion notwendige Team zusammen. Jedes Teammitglied erfüllt als Spezialist die ihm zugeteilte Aufgabe mehr oder weniger in Eigenverantwortung.

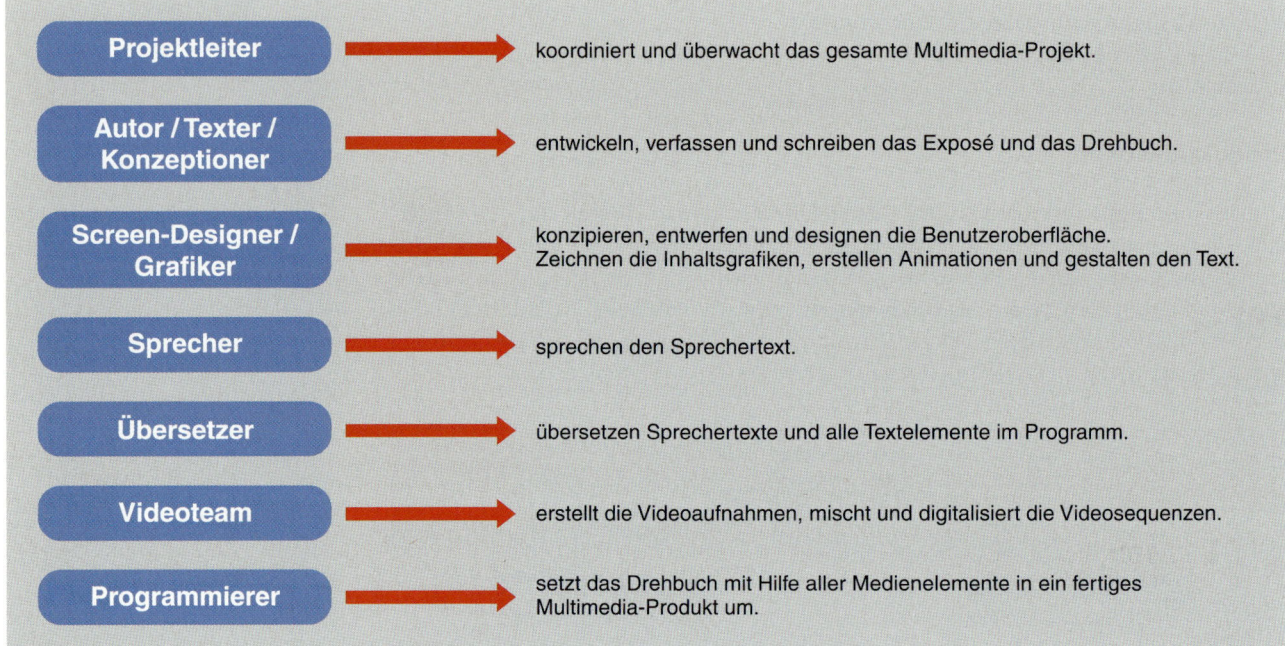

Projektleiter	koordiniert und überwacht das gesamte Multimedia-Projekt.
Autor / Texter / Konzeptioner	entwickeln, verfassen und schreiben das Exposé und das Drehbuch.
Screen-Designer / Grafiker	konzipieren, entwerfen und designen die Benutzeroberfläche. Zeichnen die Inhaltsgrafiken, erstellen Animationen und gestalten den Text.
Sprecher	sprechen den Sprechertext.
Übersetzer	übersetzen Sprechertexte und alle Textelemente im Programm.
Videoteam	erstellt die Videoaufnahmen, mischt und digitalisiert die Videosequenzen.
Programmierer	setzt das Drehbuch mit Hilfe aller Medienelemente in ein fertiges Multimedia-Produkt um.

Medienproduktionen, die zum Beispiel Videosequenzen, 3D-Animationen, Sprecheraufnahmen etc. benötigen, können oft nicht komplett von einer Agentur in Eigenregie hergestellt werden. Dazu werden externe Dienstleister herangezogen, die sich auf diese Anforderungen spezialisiert haben. Die Verteilung der Aufgaben kann z. B. wie folgt aussehen:

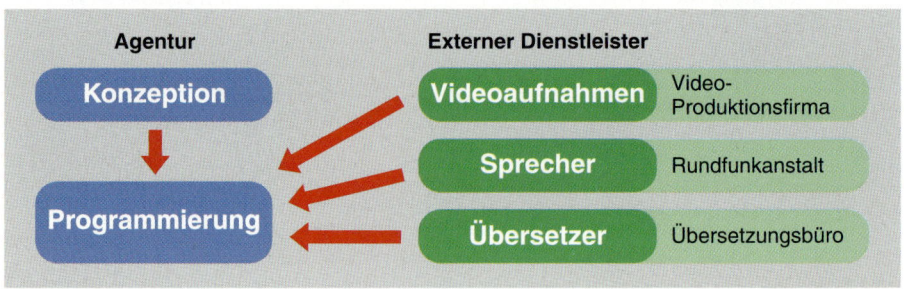

Projektleiter

Die Umsetzung des gesamten Projektes muss von einer Person gesteuert und überwacht werden. Das **Tätigkeitsgebiet** umfasst

- das Planen, Steuern und Überwachen der Produktion,
- das Bereitstellen qualifizierter Mitarbeiter und der erforderlichen Hardware- und Software-Ausrüstung,
- das Überwachen und Einhalten des finanziellen Rahmens und des Zeitplanes der gesamten Produktion.

Die Bezeichnung dieser Aufgabe variiert von „Projektleiter" über „Projektmanager" bis hin zu „Produktionsleiter", wobei letzterer sich mehr um die Realisierung und weniger um die Kosten der Produktion kümmert.

Gleichzeitig übernimmt der Projektleiter die Betreuung und Beratung des Auftraggebers während der gesamten Produktionsphase. Aber auch schon während der Akquisitionsphase, das heißt bevor der Auftrag zustande gekommen ist, bringt der Projektleiter sein Fachwissen im Rahmen von Vertriebsgesprächen mit ein.

Eine zusätzliche wichtige Aufgabe des Projektleiters ist die Betreuung des Produktionsteams, denn er ist gleichzeitig der Motivator des Teams. **Motivation** ist sehr wichtig, denn Projektarbeit unter Zeitdruck, lange Arbeitszeiten und ständige Wochenendarbeit belastet ein Projektteam außergewöhnlich. Nur ein hochmotiviertes Team kann solchen Belastungen über längere Zeit standhalten.

Konzeptionist / Autor

Den Entwurf einer Medienproduktion übernimmt der Konzeptionist. Dabei kann es sich um einen kreativen Mitarbeiter handeln, der Kundenanforderungen zielgruppen- und mediengerecht in ein Konzept umsetzen kann.

Diese Tätigkeiten werden in der Praxis von Mitarbeitern ausgeführt, die Berufsbezeichnungen wie „Konzeptionist", „Multimedia-Autor" oder „Storyboarder" führen. Das Spektrum des **Tätigkeitsbereichs** kann stark variieren und folgende Aufgaben umfassen:

- Erster Kundenkontakt und konzeptionelle Beratung des Kunden,
- Betreuung und Durchführung des Briefing-Workshops mit dem Kunden,
- Zielgruppenspezifisches Aufbereiten der Inhalte,
- Erarbeiten aller Ergebnisse und Produktionsunterlagen innerhalb der Konzeptionsphase, wie Exposé, Treatment, Flowchart und Drehbuch.

Dabei muss der Mitarbeiter über fundierte medientechnische, gestalterische und analytische Fähigkeiten verfügen. Da das Konzept maßgeblich über Erfolg und Misserfolg der Produktion entscheidet, kommt dem Konzeptionisten eine sehr zentrale Rolle innerhalb der gesamten Medienproduktion zu. Seine Ideen zur Umsetzung der Inhalte und der visuellen Gestaltung muss er dem Auftraggeber näher bringen; er muss ihn vom Konzept überzeugen und ihm ein Bild des möglichen Medienproduktes vermitteln.

Der **Projektleiter** benötigt sehr gute Kenntnisse und Fähigkeiten
- im Produktionsmanagement,
- in der Medienproduktion,
- im kosten- und qualitätsbewusstem Denken,
- in der Personalführung und im Konfliktmanagement.

Der **Konzeptionist** benötigt sehr gute Kenntnisse und Fähigkeiten
- im visuellen Gestalten,
- in der Medienproduktion,
- im Analysieren von Zusammenhängen,
- im kreativen Umsetzen von Ideen,
- in der Präsentationstechnik.

Der **Mediendesigner** benötigt sehr gute Kenntnisse und Fähigkeiten
- im grafischen Gestalten,
- der eingesetzten Grafiktools,
- der Softwareergonomie.

Der **Video- und Ton-Spezialist** benötigt sehr gute Kenntnisse und Fähigkeiten
- in der Bildgestaltung,
- in der Medienproduktion,
- in der Kamera- und Schnitttechnik,
- in der Tonaufnahme und der Nachbearbeitung.

Mediendesigner

Mediendesigner setzen die Ideen des Konzeptionisten in ein visuelles und auditives Erscheinungsbild um. Sie sind für die **äußere Gestaltung des Mediums** verantwortlich. Dazu gehören

- die visuelle Gestaltung der Bildschirmoberfläche und der Navigationselemente,
- die visuelle Gestaltung der Inhalte in Form von Grafiken, Bildern, Animationen und Videosequenzen,
- die auditive Gestaltung der Geräusche, der Sprechertexte und der Musik.

Die Tätigkeiten des Mediendesigners werden in der Praxis von Mitarbeitern ausgeführt, die Berufsbezeichnungen wie „Mediengestalter", „Screendesigner", „3D-Grafiker" oder „Soundeditor" führen. Dabei muss der Mitarbeiter über fundierte Kenntnisse im professionellen Umgang mit Form, Farbe, Typografie und Layout verfügen und ausreichend Erfahrung im Umgang mit funktionalen Screendesign und der Software-Ergonomie gesammelt haben. Selbstverständlich müssen die aktuellen Bildbearbeitungswerkzeuge beherrscht werden. Mediendesigner, wie 3D-Grafiker, müssen zusätzlich umfangreiche 3D-Grafikerstellungs- und Animationswerkzeuge beherrschen.

Video- und Tonteam

Zum Erstellen der Filmsequenzen und der Tonelemente für eine multimediale Produktion werden ebenfalls **Spezialisten** hinzugezogen. Regisseur, Kameramann, Kameraassistent, Beleuchter und Cutter sind typische Berufe von Mitarbeitern einer Videoproduktionsfirma. Diese stellt, meist als externe Produktionsfirma, die für die Multimedia-Produktion notwendigen Filmteile her. Auch die Erzeugung von Tonelementen wie Geräusche, Musik und Sprechertexte übernehmen Spezialisten aus dem Videoteam bzw. Tonfachleute eines Tonstudios.

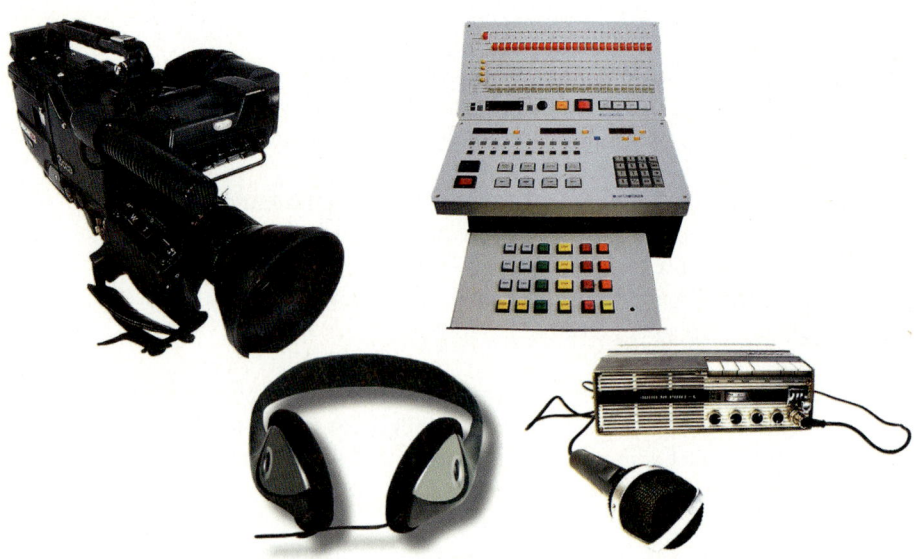

Programmierer

Der Programmierer ist zuständig für die **technische Realisierung des Gesamtproduktes** auf der Grundlage der Produktionsunterlagen Drehbuch und Flowchart. Er erstellt mit Hilfe eines Autorenwerkzeuges oder einer Programmiersprache die Struktur und Funktionalität des Programms. Dabei integriert er die Grafikelemente des Mediendesigners bzw. Screendesigners zu einem funktionierenden Screendesign und bindet die produzierten Inhaltselemente, wie Texte, Grafiken, Bilder, Videosequenzen, Animationen und Sound-Elemente, in das Programm ein.

Der Programmierer muss entsprechend den Produktionsanforderungen die notwendigen Autorenwerkzeuge und Software-Produkte einsetzen, um

- gemäß dem Drehbuch die Funktionalität und Inhalte des Programms umzusetzen,
- etwaige Kundenvorgaben bezüglich Erstellungswerkzeugen zu entsprechen,
- um effizient und schnell zum gewünschten Ergebnis zu kommen.

Unterschiedliche Produktions-Anforderungen bedingen auch unterschiedliche Arbeitsweisen und die Verwendung von unterschiedlichen Autorensystemen und Programmiersprachen. Klassische Multimedia-Anwendungen auf CD-ROM wird der Programmierer üblicherweise mit Autorensystemen, wie Macromedia Director und Authorware oder Toolbook u. a. herstellen. Bei Anwendungen für das Internet muss er teils noch sehr unterschiedliche Werkzeuge benutzen. Dies können Web-Editoren und Programmiersprachen, wie JavaScript oder Java von Sun Microsystem sein.

Das Realisieren von Datenbankanbindungen, komplexen Simulationen und Animationen gehören genauso zu den programmiertechnischen Herausforderungen des Programmierers, wie das Entwickeln ganzer Redaktionssysteme für Autoren.

Der **Programmierer** benötigt sehr gute Kenntnisse
- der Autorenwerkzeuge,
- von regulären Programmiersprachen, wie z. B. C++,
- der Produktionstechnik,
- der Betriebssystemplattformen,
- der Web-Technologie.

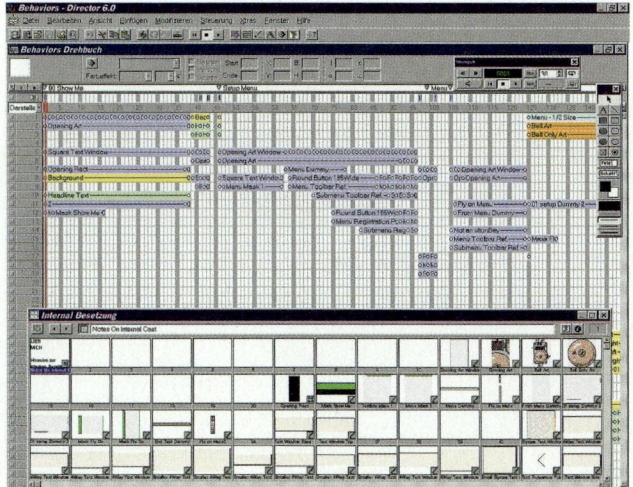
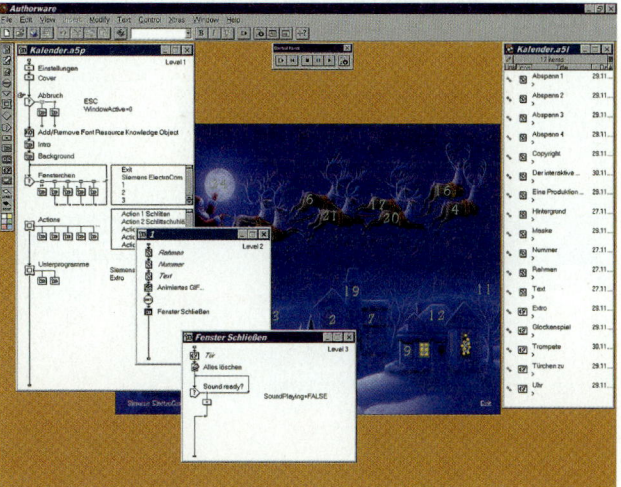

Der Programmierer von Multimedia-Anwendungen entwickelt sein Produkt mit Hilfe spezieller Autorensysteme

19.6.2 Konzeption

❶ Die drei primären **Phasen einer Medienproduktion**:
- Die Konzeptionsphase
- Die Realisierungsphase
- Die Einführungsphase

Im vorhergehenden Abschnitt wurden die Mitarbeiter eines Produktionsteams vorgestellt. Im Folgenden werden nun die **einzelnen Phasen** zur Erstellung einer Medienproduktion beschrieben. Zwar hat jede Produktion ihren individuellen Charakter, jedoch im Laufe der Jahre hat sich ein spezifischer Produktionsablauf bewährt und wird nun am häufigsten angewendet. Die Produktion wird hierbei in **drei Phasen** ❶ eingeteilt: die Konzeptionsphase, die Realisierungsphase und die Einführungsphase.

Die Idee und Intention zur Herstellung eines medialen Produktes kann aus unterschiedlichen Perspektiven betrachtet werden, zum Beispiel als Teil einer Marketing-Aktion, eines Schulungsbedarfs, als kommerzielles Produkt oder als neuer Informationskanal zwischen Informationsanbieter und Interessent. Um die Idee zu präzisieren, setzen sich Auftraggeber und Auftragnehmer zu einem Briefing, dem ersten Informationsaustausch, zusammen.

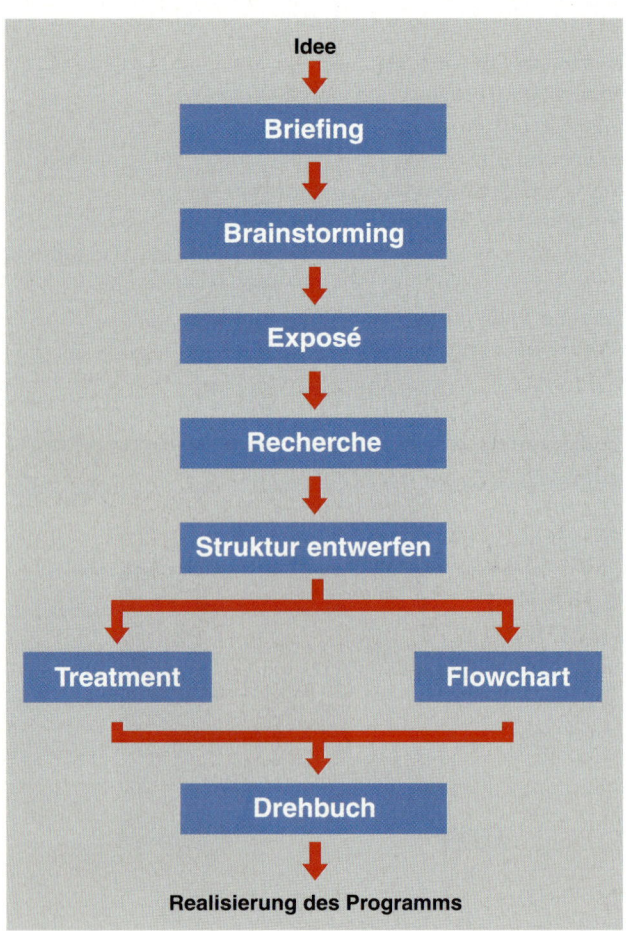

Innerhalb des **Briefings** werden Themen diskutiert und Festlegungen getroffen, die nachfolgende Aspekte betreffen:

- Ziele des Auftraggebers, die er mit dem Medienprodukt erreichen möchte
- Zielgruppe, für die das Medienprodukt gedacht ist
- Inhalte, die das Medienprodukt der Zielgruppe anbieten soll
- Informationsbasis, die der Auftraggeber dem Auftragnehmer für die Medienproduktion zur Verfügung stellt
- Qualitätsanspruch, den der Auftraggeber dem Medienprodukt entgegenstellt
- zeitlicher Rahmen, in dem die Medienproduktion erfolgen soll
- technische Rahmenbedingungen, die für die Anwendung des Medienprodukts beachtet werden müssen
- firmenweite Gestaltungsrichtlinien (Corporate Design), die bei dem Medienprodukt beachtet werden sollen
- Investitionsrahmen, der dem Auftraggeber für das Medienprodukt zur Verfügung steht

Das Briefing ❶ wird üblicherweise auf der Auftragnehmerseite zusammen vom Konzeptionisten und dem Projektleiter vertreten. Ist das Briefing erfolgreich durchgeführt worden, so erfolgen im Rahmen der **Konzeptionsphase** die nächsten **Schritte**:

- In einem Brainstorming erfolgt die Ideenfindung und deren Bewertung.
- Der Konzeptionist formuliert in Form eines Exposés (Kurzdarstellung des Inhaltes) seine Ideen und stellt diese dem Auftraggeber vor.
- Auf der Basis des Exposé-Feedbacks wird bei Bedarf ein Treatment (ausführlichere Darstellung des Inhaltes mit technischen Angaben) entwickelt und mit dem Auftraggeber durchgesprochen.
- Als detaillierte Produktionsunterlage erstellt der Konzeptionist bzw. Autor das Drehbuch, aus dem neben der inhaltlichen Darstellung auch erläutert wird, wie das Umsetzen der Inhalte vorgesehen ist. Dramaturgische und didaktische Angaben vervollständigen die Konzeption.

Brainstorming

Sind das Thema und die grundlegenden Anforderungen des Kunden beim ersten Briefinggespräch definiert worden, so folgt jetzt der erste kreative Part der Konzeption – das **Brainstorming**. Entweder der Konzeptionist allein oder ein Kreativteam, üblicherweise bestehend aus Projektleiter, Konzeptionisten, Screendesigner, Autor und eventuell einem Programmierer, setzt sich zu einem **intensiven** und **kreativen Gedankenaustausch** zusammen. Damit das Brainstorming möglichst effektiv verläuft, sollten alle Beteiligten etwa den gleichen Informationsstand haben, das heißt, dass im Vorfeld die zur Verfügung stehenden Materialien des Kunden entsprechend analysiert worden sind. Wichtig ist auch, dass alle Beteiligten sich ein Bild von äquivalenten Produktionen gemacht haben. Will ein Kunde zum Beispiel eine interaktive Firmenpräsentation haben, so sollten im Vorfeld mehrere vergleichbare Firmenpräsentationen angeschaut werden. Dabei besteht das Ziel nicht darin, Gesehenes später einfach zu reproduzieren, sondern einen gemeinsamen „Denkraum" abzustecken und eine konkrete Vorstellung vom Endprodukt zu entwickeln.

Beim Brainstorming werden alle zum Thema passenden Vorschläge diskutiert und die realisierbaren Ideen schriftlich fixiert. Dabei werden zuerst alle Ideen gesammelt, egal ob sie im Bereich des Machbaren sind oder nicht, denn das kreative Potential sollte nicht von Anfang an durch den Filter der Realisierbarkeit eingeschränkt werden. Auch die Wünsche des Kunden könnten eventuell übergangen werden, wenn zum Beispiel eine Idee so gut ist, dass es sinnvoll erscheint, den Kunden von dieser Idee zu überzeugen.

Hinsichtlich der nächsten Konzeptstufe, dem **Exposé**, müssen die Ideen aus dem Brainstorming in ein fachlich **fundiertes Grobkonzept** eingebracht werden. Entscheidend ist hierbei, welche Informationen der Kunde dem Autor bzw. Konzeptionisten zur Verfügung stellen kann. Stehen keine tiefergehenden Informationen, insbesondere redaktionelle Materialien, zur Verfügung, so muss die Agentur den Bedarf an Informationen als Anforderung an den Kunden definieren. Hierzu erstellt er einen Anforderungskatalog. Dieser kann dann zusammen mit dem Fachberater, z. B. einem Produktingenieur des Kunden, durchgesprochen werden.

❶ Unter **Briefing** versteht man den direkten Informationsaustausch zwischen dem Kunden und dem Konzeptionisten im Rahmen einer Besprechung. Der Kunde vermittelt dem Konzeptionisten möglichst alle Ziele und Rahmenbedingungen des zu konzipierenden Mediums.

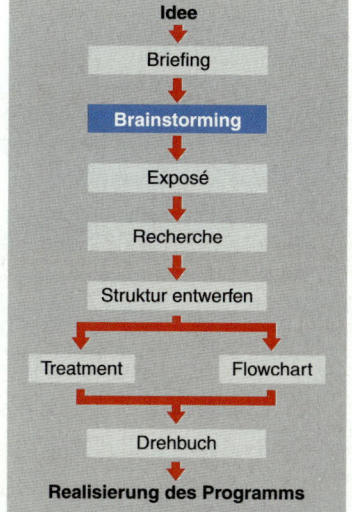

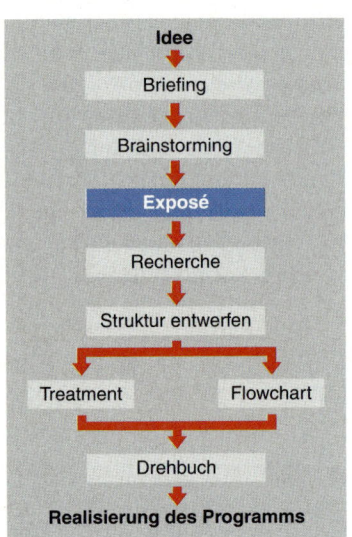

Idee → Briefing → Brainstorming → **Exposé** → Recherche → Struktur entwerfen → Treatment / Flowchart → Drehbuch → **Realisierung des Programms**

Exposé

Das Exposé sollte ausreichend Informationen über das eingesetzte System, über Form und Inhalt der Multimedia-Produktion und den Nutzen für Anwender und Auftraggeber beinhalten.

⊃ **Unter dem Exposé versteht man eine detaillierte Ausarbeitung der inhaltlichen und formalen Ideen des Konzeptes.**

Produktdefinition:
Sie stellt eine Aussage über den Produkttyp, z. B. Computer Based Training, POI/POS, dar.

Programmaufbau mit Grundstruktur (Flowcharts):
Er soll dem Kunden einen Überblick über die Informationsvernetzung im Programm geben. Hierbei werden visuell die Navigationsmöglichkeiten zwischen den einzelnen Informationsblöcken aufgezeigt.

Methodisches und didaktisches Konzept:
Das Konzept beschreibt, welche Inhalte mit welchen Mitteln und Medien umgesetzt werden. In welcher Weise die Informationsvermittlung abläuft hängt von der Zielsetzung und der Zielgruppe ab.

Benutzerführung:
Sie gibt Aufschluss über das „User Interface".

- Wie kann die Benutzeroberfläche aussehen?
- Wie wird der Benutzer auf die Interaktionsmöglichkeiten aufmerksam gemacht?
- Kann dem Benutzer Unterstützung angeboten werden, z. B. in Form einer „lebendigen Informationszeile"?
- Welche Orientierungshilfen sind vorgesehen? Wie erkennt der Benutzer die Informationsebene, auf der er sich befindet?

Je nach Kunde und Produktion können auch mehrere Exposés vorbereitet werden, um so den Entscheidungsprozess des Kunden auf den Exposé-Präsentationstermin zu konzentrieren. Ein mehrmaliger sequenzieller Änderungsdurchlauf bis zur endgültigen Entscheidung kostet viel Zeit und Geld. Die nächsten Schritte der Konzeptionsphase behandeln die inhaltliche Recherche, das Erstellen der Programm-Struktur und, wenn notwendig, die Erstellung eines Treatments. Den Abschluss der Konzeptionsphase bildet das Drehbuch. Die Prozesse „Treatment", „Flowchart" und „Drehbuch" gehören zu der Phase, bei der das Konzept im Detail Gestalt annimmt.

Gesamtkonzept CBT für die Gangfolgesortiermaschine

3 Inhaltliches Konzept

Das Lernsystem zeigt Prinzip und Funktionalität der Gangfolgesortiermaschine. Direkte Handlungsanweisungen können über Verknüpfungen zu DirectDOC aufgerufen werden. Die Lektionsthemen sind abgestimmt mit den Vorgaben des Wartungsplanes von Frau Belitz (DPAG), den Inhalten der Online-Dokumentation DirectDOC und des Angebotes (Auftrag) über die Erstellung der CBT-Lernprogramme für die GFSM der DPAG. Sie wurden im Workshop 1 vereinbart.

Der Sprachstil bei Lektionen, die sowohl für Bediener, als auch für Techniker eingesetzt werden, wird einfach und ohne Fachsprache gehalten.

3.1 Aufteilung der Lerninhalte in CBT-Module (Lektionen)

Thema	Lektion	Modulname	Zielgruppe B=Bediener G=Gangfolgebearbeiter T=Betriebstechniker	Link(s) zu DDoc
Einführung (Überblick)	Gesamtsystem	EIN01D	B G T	
	Überblick über die Maschine	EIN02D	B G T	
Sortierlogik	Prinzip der Sortierlogik	SOR01D	B G T	
Bedienung	Bedienung der GFSM	BED01D	B G T	Ja
	Bedienung des Steuerrechners	BED02D	B G T	
	Bedienung des Sortplanrechners	BED03D	G	Ja
	Sicherheitshinweise	BED04D	B G T	Ja
Stoffeingabe	Einführung - Funktion - Baugruppen	SE_01D	B G T	
	Spannungsversorgung	SE_02D	T	
	Signalverlauf / Steckkarten	SE_03D	T	Ja
Lesemodul	Einführung - Funktion - Baugruppen	RM_01D	B G T	
	Spannungsversorgung	RM_02D	T	
	Signalverlauf / Steckkarten	RM_03D	T	Ja
Fachmodul mit Umlenkmodul	Einführung - Funktion - Baugruppen	SM_01D	B G T	
	Spannungsversorgung	SM_02D	T	
	Signalverlauf / Steckkarten	SM_03D	T	Ja

Autor: Thomas Kegel, Siemens ElectroCom   01.06.00   Seite 14 von 20 Seiten

Beispiel einer Exposé-Seite für ein Computer Based Training (Lernprogramm)

Recherche

Um die Ideen zu konkretisieren, bedarf es der intensiven Aufarbeitung des Themas. Je nach herzustellendem Produkt variiert die Informationstiefe. Im Bereich von Public Relations (PR) wird man andere Maßstäbe an die Informationstiefe der Produkte ansetzen als bei einem Informationssystem oder Lernprogramm für ein Servicepersonal.

Wichtig ist auch, dass sich das Kreativteam über die betreffende Thematik hinweg mit der Branche im Allgemeinen beschäftigt. Nur so ist ein sogenanntes „Aufnorden" möglich, d. h. das Verwenden eines Präsentations- und Sprachstiles, der üblicherweise von der Zielgruppe (meist auch Branche) praktiziert und verstanden wird. Konkurrenzprodukte geben häufig Denkanstöße und machen deutlich, was sich am besten verkauft. Der Produzent (Agentur) sollte dann in der Lage sein, eine an die Zielgruppe orientierte, fachlich überzeugende Aussage in ein multimediales Produkt umzusetzen.

➲ **Für das Konzept muss sich der Autor intensiv mit der betreffenden Materie und deren Branche befassen.**

Im Bereich von Computer Based Training kann der **Wissenstransfer** zwischen Fachberatern des Kunden und dem CBT-Autor auf Grund der Informationstiefe auch größere Ausmaße annehmen. Steht dem Autor kein Fachberater zur Verfügung, so muss der Autor die erforderliche Informationsrecherche selbst in die Hand nehmen. Das kann z. B. bei komplexen technischen Zusammenhängen bedeuten, dass die Konzeptionsphase einen überproportionalen Anteil an der Gesamtproduktion einnimmt, was die Produktionskosten natürlich in die Höhe treibt.

Entwurf der Struktur

Bevor mit der eigentlichen Produktion begonnen werden kann, muss sich das Team über den eigentlichen Aufbau, der Struktur des Multimedia-Programms, klar werden.

Die Art des Multimedia-Programms gibt meist schon die **prinzipielle Grundstruktur** vor. So ergibt sich bei einem Informationssystem mit Hypertext-Funktionalität ein extrem verflochtenes Netzwerk der Verknüpfungen. Ein tutorielles Lernprogramm hingegen beinhaltet primär lineare Strukturen, da der Lernende „step by step" durch die Thematik geführt werden soll und hier das zu lernende Wissen oft aufeinander aufbaut.

In die Vorüberlegungen beim Entwerfen der Struktur muss unbedingt die betreffende **Zielgruppe** einbezogen werden.

- Ist die Zielgruppe mit derartigen Medien vertraut?
- In wie vielen verschachtelten Ebenen findet sich die Zielgruppe noch zurecht?
- Welche Einführungsphase ist für die Zielgruppe vorgesehen?
- Die Struktur sollte immer zielgruppenspezifisch konzipiert werden.

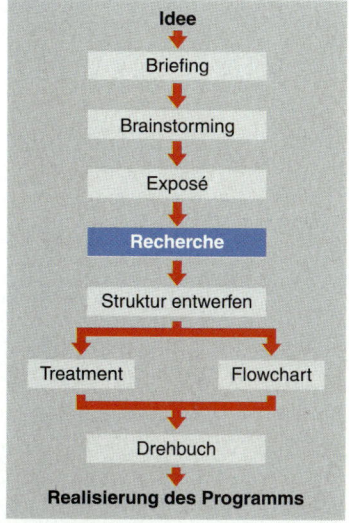

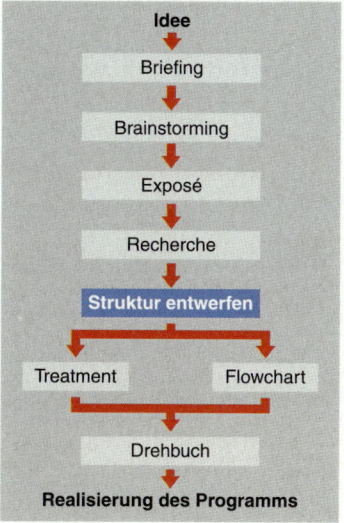

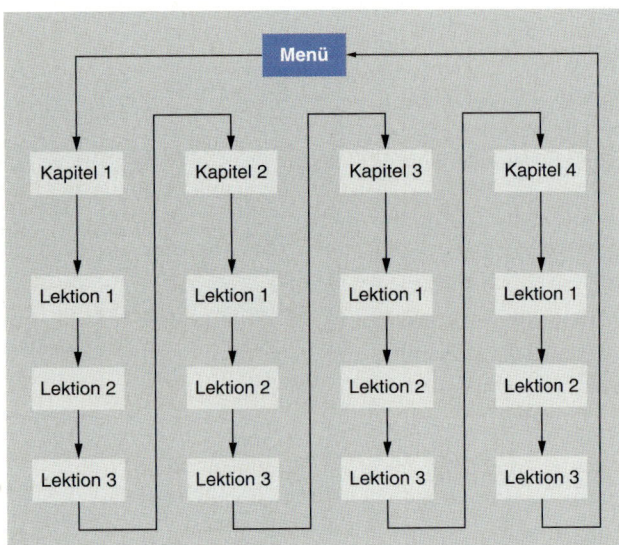
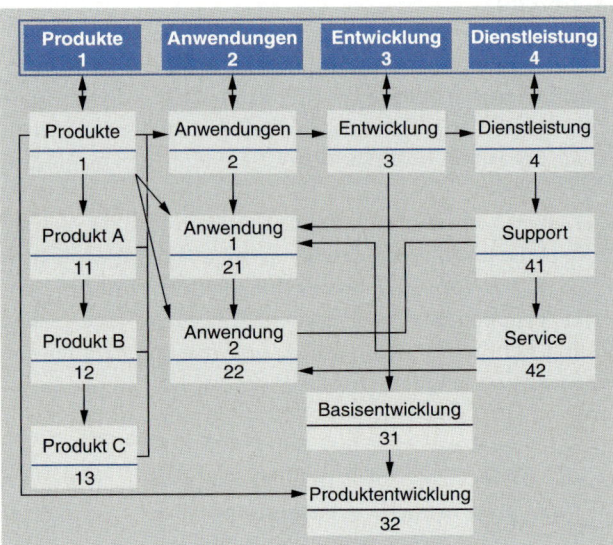

Unterschiedliche Anwendungen erfordern auch unterschiedlichste Programm-Strukturen.

Flowchart

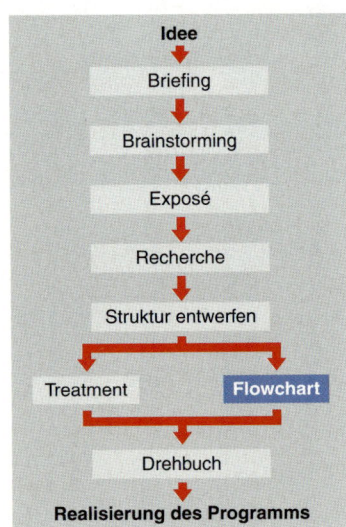

Der nichtlineare Ablauf von interaktiven Anwendungen erfordert vom Entwickler viel Vorstellungsvermögen. Die Gefahr einer unbeabsichtigten Sackgasse im Programm, d. h. eine Verzweigung ins Nichts, wird um so größer, je unübersichtlicher die Struktur des Programms ist. Um diese Gefahr zu vermeiden, wird das gesamte Netz der Informationseinheiten in visueller Form dargestellt. Das Produktionsteam erhält damit einen **Übersichtsplan**, auch „Flowchart" genannt. In diesem Plan werden die Informationseinheiten bzw. Bildschirmeinheiten in Kästchen mit eindeutigen Bezeichnungen dargestellt. Zur Verknüpfung untereinander können Pfeile gezogen werden.

⊃ **Mit einem „Flowchart" kann die Struktur der interaktiven Anwendung visualisiert werden. Neben dem Flussdiagramm werden in der Praxis auch die Begriffe „Interaktionsdiagramm" oder „Struktogramm" verwendet.**

Ist die Struktur einmal festgelegt, so dient sie für das ganze Team zur allgemeinen Transparenz der Produktion und kann als Grundlage zur Informationsrecherche, zur Materialbeschaffung und zur Medienproduktion dienen. Der Programmierer hat mit dem „Flowchart" einen visuellen Ablaufplan des Programms. Die Grafiker und das Videoteam sehen, wie viel, wann und wo Grafiken, Bilder und Videos verwendet werden sollen. Sie können damit die Bildschirmelemente besser aufeinander abstimmen. Natürlich ist ein Strukturplan ein veränderbares Medium, da auf Grund von späteren Kundenwünschen oder wegen eingeplantem Material, das nicht beschafft werden konnte, immer wieder Änderungen an der Tagesordnung sind.

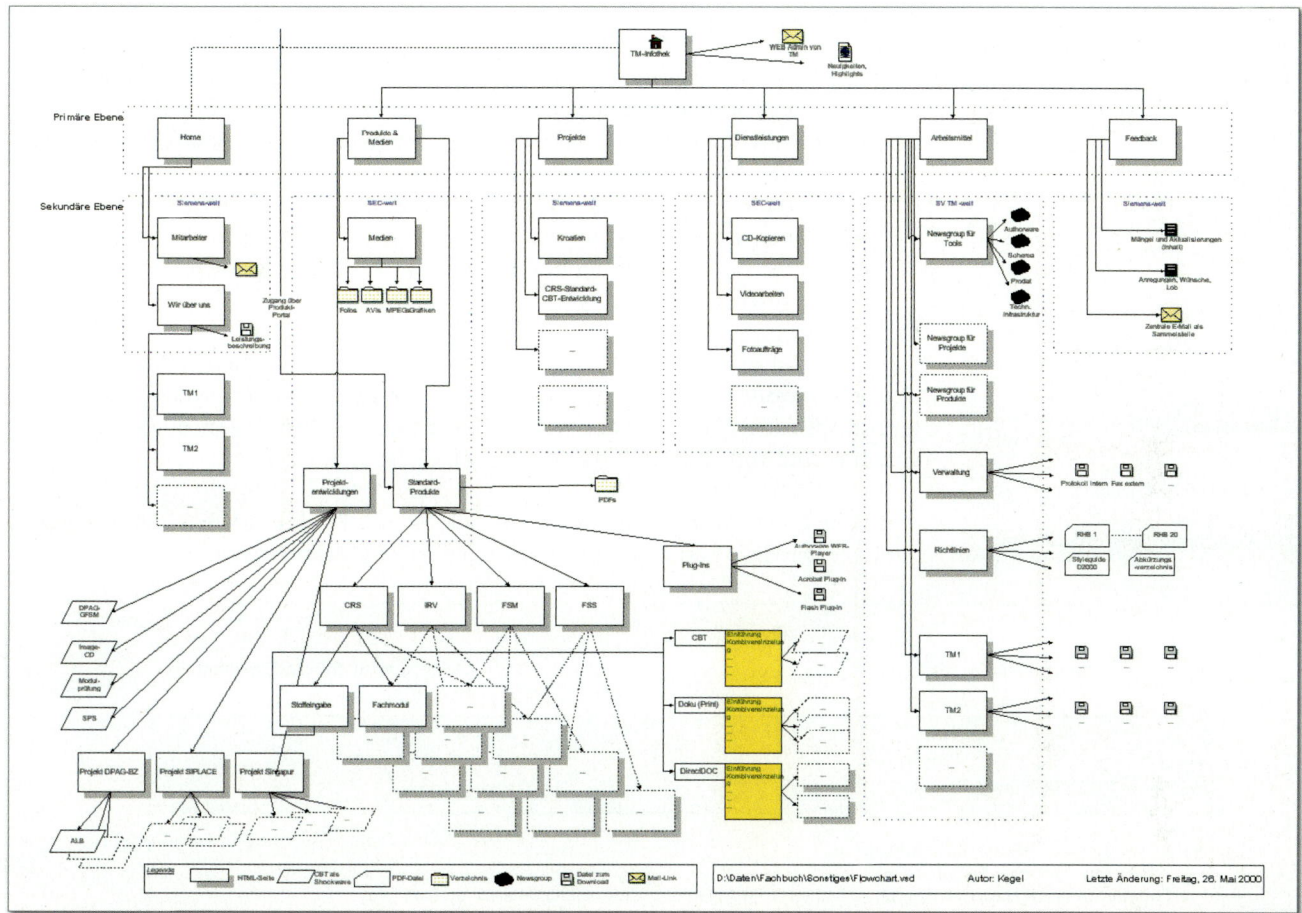

Beispiel eines Flowcharts für einen Intranet-Web-Auftritt

Treatment

Das Treatment ❶ legt den visuellen Stil fest und entwickelt bereits die Geschichte, bzw. den „roten Faden" der Produktion. Ein Treatment erläutert die **Hauptsequenzen einer Produktion** und gibt an, was bei der Entwicklung des Themas zu sehen und zu hören ist. Es gibt also schon wesentliche Einblicke in die Gestaltung des Mediums und lässt seine zukünftige Form bereits erahnen. Es ist gewissermaßen ein **Rohdrehbuch**.

Bei einem ausführlichen Exposé ist meist kein Treatment gefordert. Da der Detaillierungsgrad eines Treatments so hoch ist, sollte die Auftragsvergabe vorher erfolgen (auf Basis des Exposés), oder das Treatment wird gesondert in Rechnung gestellt. Es bleibt mit all seinen Ideen zur gestalterischen Umsetzung geistiges Eigentum des Autors.

❶ Das Treatment (engl. „Abhandlung") gibt genaue Auskunft über den inhaltlichen Zuschnitt des Themas.

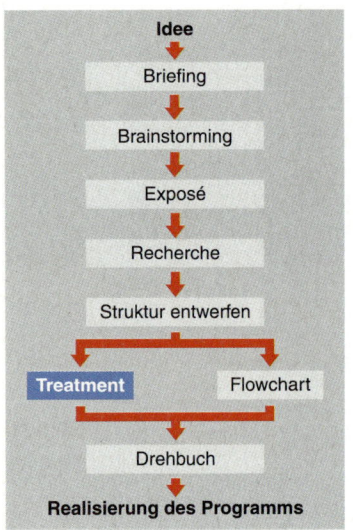

Aus folgenden pragmatischen Gründen macht die Illustration eines Treatments Sinn:

- Nicht jeder Auftraggeber verfügt über genügend Erfahrung mit dem Multimedia-Produktionsprozess und über ausreichend Vorstellungskraft, um sich auf Basis des Exposés den Ablauf und die Wirkung des gestalterischen Konzeptes in Form einer möglichen Produktion vorzustellen.
- Viele Entscheidungsträger verfügen nicht über die Zeit, sich in ein Konzept ein-zuarbeiten. Oftmals wird aber in wenigen Minuten über das Projekt entschie-den, an dessen Vorbereitung und Konzeption das Team vielleicht Wochen oder Monate gearbeitet hat.

Ein möglichst guter Abgleich der Ergebnisvorstellungen zwischen Auftraggeber und Produktionsteam ist unbedingt notwendig. Grundlegende Änderungen im Drehbuch, oder noch extremer, im Prototyp bzw. in der ersten in Programmcode umgesetzten Fassung, sind verhältnismäßig zeitintensiv und dadurch teuer.

Mit Hilfe eines Treatments können sich alle an der Produktion Beteiligten bis zum Produzenten die Multimedia-Produktion besser vergegenwärtigen.

Konzept für Lernprogramm   Lernprogramm: SIPLACE Einführung

Kapitel 1: Der SMT-Prozeß

Lektion 3: Ihre Verantwortung und Präzision

Inhalte:
Sauberkeit und Konzentration beim Arbeiten
■ Demonstration typischer Fehlerquellen
  • Förderer steht auf Bauteilen, folglich kommt es zu Abholfehlern. Maschinenstillstände drohen.
  • **Evtl. noch andere Fehlerquellen: z.B. : Unkonzentriertes Anspleißen führt zu sehr kostspieligen Serienfehlern, wenn zwar die richtige Bauform, aber das falsche Bauelement angespleißt wird. Werkzeug wird immer irgendwo abgelegt – die Folge ist unnötiges Suchen das Hektik in den Ablauf bringt. Schlechte Spleißstellen können die Förderer blockieren – Maschinenstillstand.**
■ Maßnahmen
  • Säubern in und um die Maschine herum v.a. beim Rüstwechsel und während der Wartungsarbeiten
  • Saubere Werkzeuge, Ordnung mit den Klebestreifen, keine fettigen Finger,
  • **Bei der Arbeit konzentrieren**
  • **Arbeit gut durchorganisieren / auf Details achten**
■ Appell an die Verantwortung
  • Schmutz wirkt sich in allen Bereichen negativ aus
  • **Exaktes** und **konzentriertes** Arbeiten ist extrem wichtig.

Lernziele:

■ Das Bedienpersonal dafür sensibilisieren, daß es sich bei der SMT um einen sehr exakten Prozeß handelt.
■ Eine hohe Bestückleistung und Qualität ist daher nur erreichbar, wenn das Peresonal exakt, sauber und konzentriert arbeitet.
Vorsicht! Nicht mit dem „erhobenen Zeigefinger", das blockiert die Bereitschaft

ALL2AD.DOC   26.10.98   - 4 -

Treatment als Feinkonzept

Drehbuch

Aufbauend auf dem Exposé wird das Drehbuch entwickelt. Das Drehbuch orientiert sich an den durch das Grobkonzept definierten Richtlinien.

Es beinhaltet, je nach Art der Produktion:
- die Gestaltung der einzelnen Bildschirmseiten,
- die Gestaltung der Aufgaben, Quiz, Hilfen, Feedbacks,
- die Gestaltung der Medien,
- den konkreten Programmablaufplan,
- das Video-Drehbuch,
- das Ton-Drehbuch.

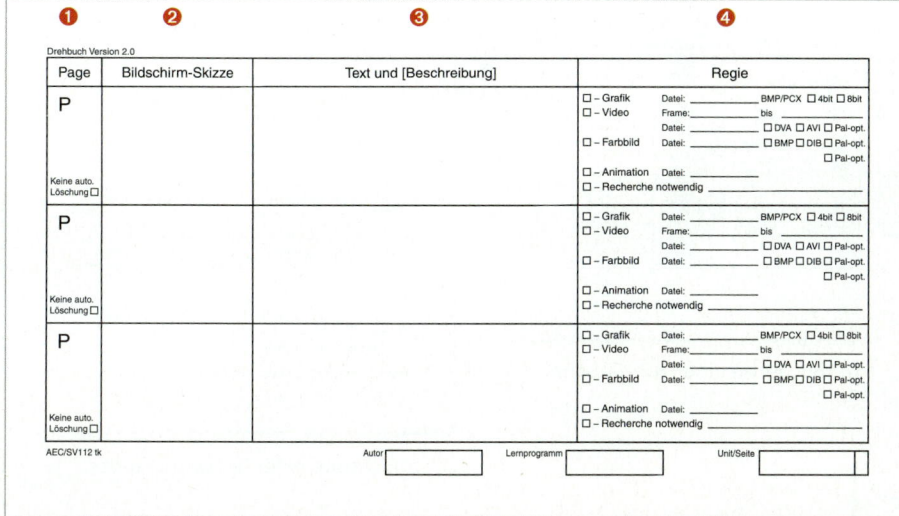

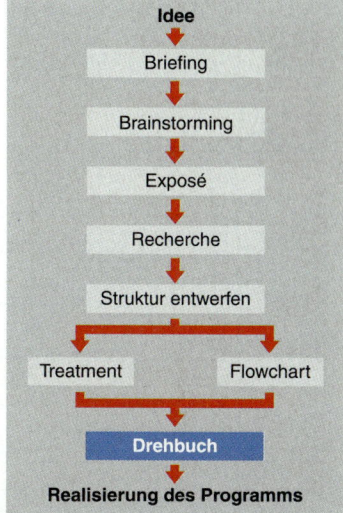

Beispiel eines Drehbuchseiten-Formblattes.
Tabellarisches Layout mit:
❶ Seitenzähler der Bildschirmseite,
❷ Bildschirmskizze mit prinzipieller Darstellung und räumlicher Aufteilung der Bildelemente,
❸ Text, Sprechertext und Beschreibung eventueller Animationen und Interaktionen,
❹ Regieanweisungen.

Das Drehbuch ist nach Abnahme durch den Kunden die direkte Programmiergrundlage für das Programm. Die Gestaltung des Drehbuchs kann, je nach Produktion und Arbeitsweise des Teams, unterschiedlich vorgenommen werden.

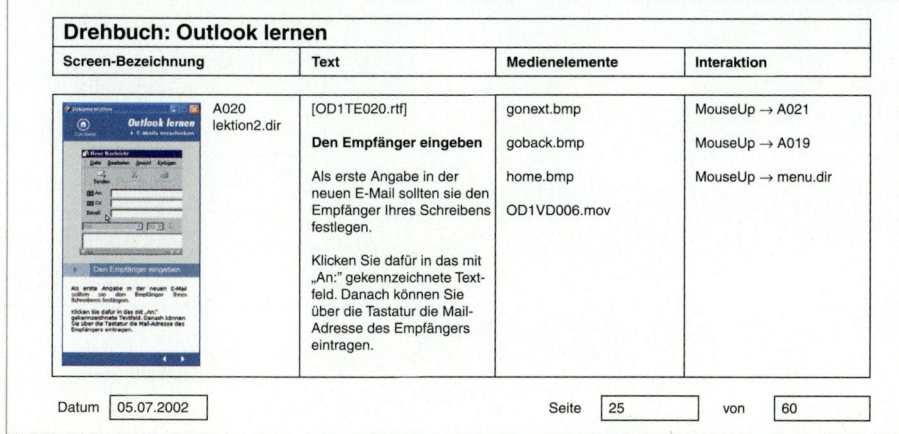

Vereinfachte Gestaltung einer Drehbuchseite am Beispiel der multimedialen Dokumentation „Outlook lernen".

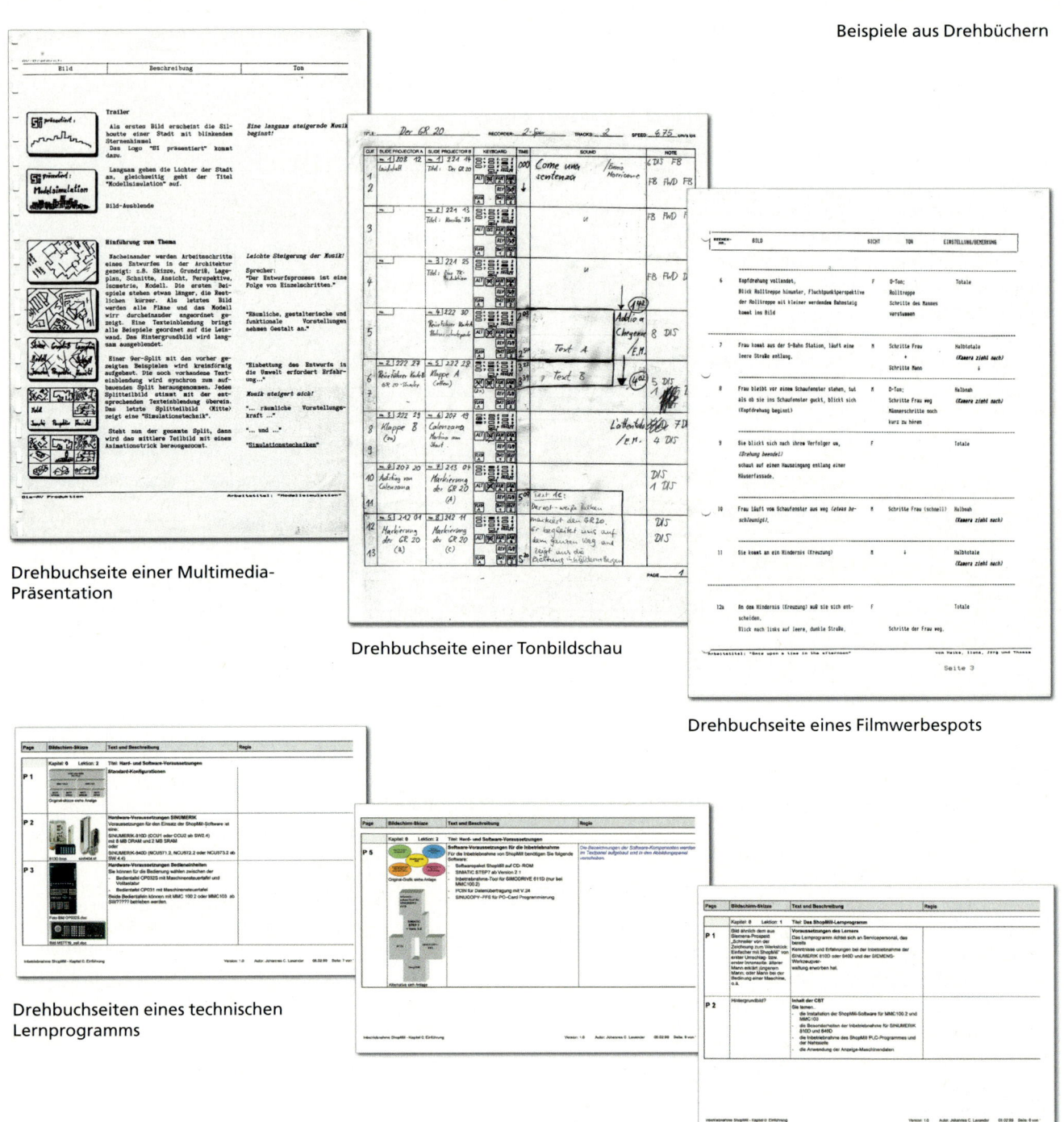

Beispiele aus Drehbüchern

Drehbuchseite einer Multimedia-
Präsentation

Drehbuchseite einer Tonbildschau

Drehbuchseite eines Filmwerbespots

Drehbuchseiten eines technischen
Lernprogramms

19.6.3 Realisierung

Ist das Drehbuch fertiggestellt, so kann mit der Umsetzung der Konzeption in die Multimedia-Produktion begonnen werden.

Medienproduktion

Zuerst müssen die erforderlichen Medien, die im Programm verwendet werden sollen, hergestellt werden. Dazu werden aus dem Drehbuch das Video-Drehbuch und das Ton-Drehbuch, bzw. der aufzunehmende Sprechertext extrahiert. Auf Basis des **Video-Drehbuches** werden die Videoaufnahmen hergestellt. Wenn die erforderlichen Ressourcen, wie Personal und Video-Equipment, nicht direkt von der Agentur aufgebracht werden können, muss ein externes Videoteam beauftragt werden.

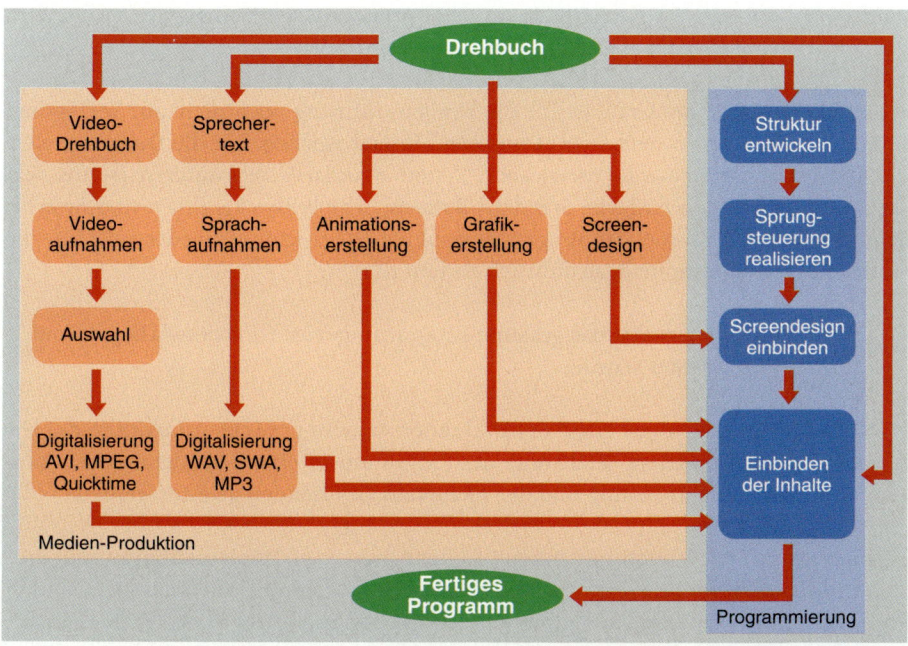

Prinzipieller Workflow vom Drehbuch bis zur Programmierung. Ausgehend vom Drehbuch werden die einzelnen Medien (Assets) hergestellt. Parallel dazu wird das Programmgerüst vom Programmierer aufgebaut. Mit den Screendesign-Elementen der Grafiker baut er die funktionierende Bedienungsoberfläche auf. Sobald die Assets produziert sind, können sie entsprechend der Drehbuch-Vorgaben in das Programm eingebaut werden.

Tonaufnahmen spalten sich üblicherweise in reine Sprecheraufnahmen, die auf Basis des aus dem Drehbuch extrahierten Sprechertextes entstehen, dem O-Ton ❶ und einer eventuellen Musikuntermalung. Der Sprechertext wird in einem speziellen Sprachaufnahme-Studio hergestellt. Ein professioneller Sprecher, z. B. vom Rundfunk, spricht die vorbereiteten Texte auf Band. O-Ton kann entweder während der Videoaufnahmen mitgeschnitten werden oder separat im Nachhinein aufgenommen werden. Hintergrund-Musik oder auch Trailer-Sounds werden entweder aus der Konserve, d. h. aus bestehenden Audio-CDs, oder individuell für diesen Anwendungszweck komponiert und produziert. Hierbei müssen selbstverständlich die üblichen GEMA-Bedingungen beachtet werden.

❶ Unter **Originalton (O-Ton)** versteht man Bild-Tonsynchrone, ursprüngliche Tonaufzeichnungen, die während den Dreharbeiten entstehen.

Die Arbeit der Screendesigner und Grafiker wird aufgeteilt in die Erstellung der Grafikelemente für das Screendesign und die Inhalts-Grafiken bzw. der Animationen.

Ist der Screendesigner bzw. Grafiker während der Konzeptionsphase nicht in die Produktion involviert worden, so ist das beschlossene Grafikkonzept zur Grafik- und Animationsherstellung mit dem Konzeptionisten durchzusprechen.

Dies ist deshalb von Bedeutung, da die Grafiken und Animationen nicht für sich allein betrachtet werden sollten, sondern immer in das visuelle Gesamtbild der Multimedia-Produktion einbezogen werden müssen.

Programmieren

Der Programmierprozess kann entweder nach Fertigstellung der einzelnen Medien (Grafiken, Videos, Ton etc.) erfolgen, oder, wie es in der Praxis üblich ist, **zeitgleich** mit der Medienproduktion.

Zuerst wird die entwickelte Struktur mit dem **Autorensystem** umgesetzt. Dabei wird die Sprungsteuerung mit allen Verknüpfungen vorangelegt.

❶ Unter **Evaluation** versteht man die sachgerechte Bewertung des Medienprodukts hinsichtlich der Akzeptanz und der Wirkung beim Benutzer.

Stehen die Buttons und Grafiken für die Benutzerführung noch nicht zur Verfügung, so können sie durch sogenannte „Dummies" ersetzt werden. Für die Dummies werden als grafische Elemente vorwiegend System-Standards des Autorensystems verwendet. Dies können einfache Standard-Buttons, simple Blockgrafiken und System-Schriften sein. Während der Programmierphase ist es immer wieder wichtig, die eigentlichen Programmteile ausführlich zu testen.

❷ **Digitale Assets** sind im allgemeinen Texte, Grafiken und andere Medienelemente, die den Inhalt (Content) der Medienproduktion darstellen.

⊃ **Wichtig ist, dass zuerst das gesamte Programmgerüst funktionsfähig ist und ausführlich getestet wurde.**

Nach dieser sehr wichtigen Phase der **Evaluation ❶** wird das Screen-Layout in das fertige Gerüst implementiert. Jetzt sollte das Programm in einem größerem Kreis hinsichtlich der Benutzerführung und der Akzeptanz des Kunden getestet werden.

Ist diese Phase erfolgreich bestanden, so kann mit dem **Implementieren** der Programminhalte begonnen werden. Hierzu werden sequentiell, auf Basis des Drehbuches, mit dem verwendeten Autorensystem die Assets ❷ (Medienelemente) in die vorgefertigte Struktur einprogrammiert und mit Animation und Interaktion so verknüpft, dass daraus ein multimediales, interaktives Programm entsteht.

Dem Testen der Benutzerführung (Usability-Test) kommt eine besondere Bedeutung zu. Ist nämlich die Benutzerführung des Programms zielgruppengerecht aufgebaut und einfach nachvollziehbar, hat man bereits die erste Stufe der Akzeptanz des Benutzers für das Programm gesichert.

Prototyp-Erstellung

Während des Programmierens ist es immer wieder wichtig, die einzelnen Phasen ausführlich zu testen. Zuerst wird intern für die Programmierung ein **Prototyp** für das Programmgerüst und die Sprungsteuerung erstellt. An ihm wird das Sprungverhalten, die Verknüpfungssicherheit und das Zeitverhalten der Navigation getestet.

Als Testperson sollte nie der Programmierer fungieren, denn er ist von seinem Produkt zu befangen, um es neutral zu testen. Geeignet sind Personen, die zwar mit Multimedia-Produktionen vertraut sind, aber das spezielle Programm nicht kennen.

Als nächster Schritt sollte das **Design** überprüft werden. Hierzu werden die ersten Versionen der Buttons und aller sonstigen Navigationselemente in den ersten Prototyp implementiert und möglichst einer programmierneutralen Zielgruppe – im Idealfall einzelne Repräsentanten der späteren Programm-Nutzer – zum Testen vorgeführt. Dieser Prozess wird „Usability-Test" ❶ genannt. Dabei unterscheidet man die subjektive von objektiver Usability. Unter **subjektiver Usability** versteht man den persönlichen Eindruck der Testperson vom Programm. **Objektive Usability** hingegen ist der Eindruck, wie die Testperson das Programm gemäß den Erwartungen des Herstellers bedient. Je nach Projekt kann das in speziellen „Usability Labs" ❷ erfolgen, in denen Testpersonen unter realen Bedingungen den Prototyp bedienen:

- Es werden Aufgabenszenarien vorgegeben.
- Während der Nutzungsphase werden die Testpersonen beobachtet und die verschiedenen Parameter der Nutzung (Fehlversuche, spontane Äußerungen) protokolliert.
- Im Anschluss werden die Testpersonen schriftlich befragt.

Danach wird der Prototyp entsprechend den Ergebnissen modifiziert und wenn möglich, in einem weiteren Testlauf evaluiert. Damit sollen Nutzungsbarrieren identifiziert und Optimierungspotenziale aufgedeckt werden, denn:

➲ **Die Technik soll sich am Menschen orientieren und nicht umgekehrt!**

Jetzt sollte das Programm mit aussagekräftigem Inhalt gefüllt werden. Das sollten Medienelemente wie Texte, Videos, Grafiken etc. sein, die für eine überschaubare Menge sachlich und fachlich dem Endprodukt entsprechen sollten. Die Prototyp-Prozedur, bei der der Kunde mit einbezogen sein soll, hängt individuell vom Kunden und dessen Anforderungen ab.

Bei größeren Medienproduktionen kann auch ein komplettes Thema als Prototyp zur Evaluation hergestellt werden. Dabei verfolgt der Auftraggeber das Ziel, die Akzeptanz des Medienprodukts bei der Zielgruppe sicherzustellen.

Vor der entgültigen Fertigstellung des Programms kann auch noch über eine **Beta-Version**, die an ausgewählte Kunden geliefert wird, eine letzte Qualitätssicherung erfolgen. Hierbei ist die Logistik und Gewichtung der Feedbacks unbedingt vorher zu planen und der Test-Zielgruppe entsprechend mitzuteilen.

Je früher mögliche Änderungen in den Produktionsprozess einfließen, desto kosteneffizienter können sie umgesetzt werden.

❶ Nach der Norm ISO 9241 versteht man unter **Usability** die einfache Erlernbarkeit (intuitive Verständlichkeit) eines Systems, die Berücksichtigung von Vorwissen (Erwartungskonformität, und die Fehlerrobustheit (Fehlertoleranz).

❷ **Usability Labs** bieten simulierte Nutzungsumgebungen zum Testen von Programmen in möglichst realitätsnahen Bedingungen.

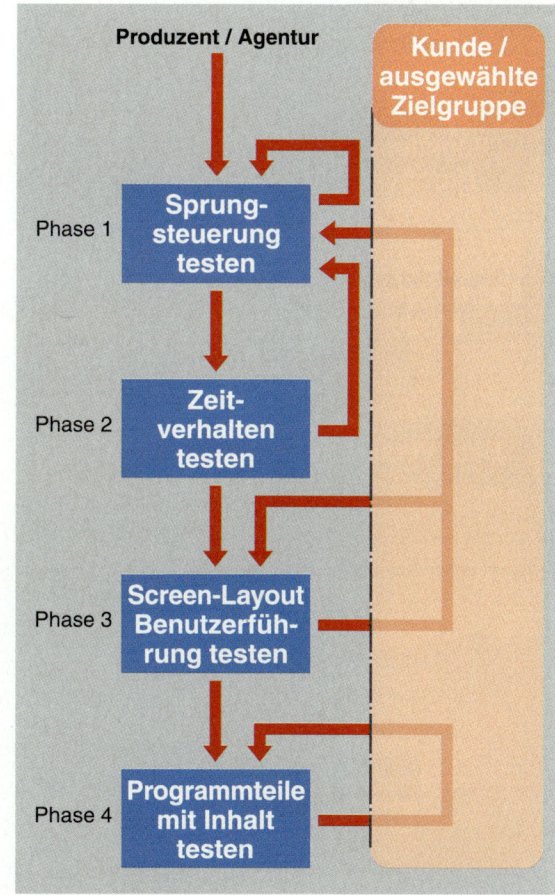

Unterschiedliche Prototypen begleiten den gesamten Produktionsprozess einer Multimedia-Anwendung. Beispiel einer mehrstufigen Überprüfung der Produktion, teils mit Einbeziehen des Kunden und auserwählten Zielgruppen.

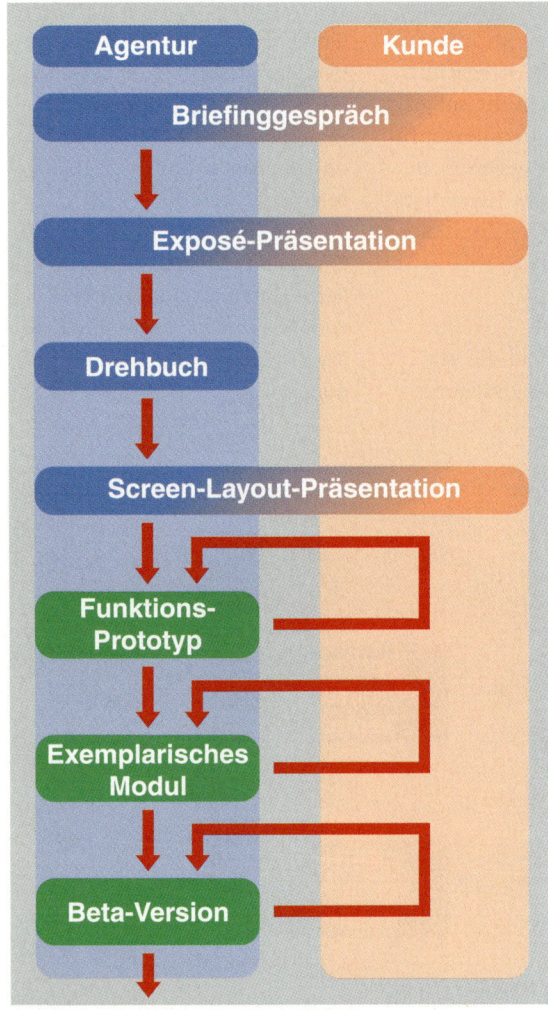

Beispiel einer Abnahme-Prozedur

Präsentationen und Abnahmen

Wenn die Multimedia-Produktion fertig gestellt und ausreichend getestet worden ist, muss die endgültige Version dem **Kunden** vorgeführt werden.

Es gilt, nicht nur die endgültige Version zu präsentieren, sondern auch alle aussagefähigen Zwischenschritte. Damit wird dem Kunden das Gefühl gegeben, jederzeit über den Stand der Produktion Bescheid zu wissen. Gleichzeitig kann der Dienstleister schon frühzeitig die Akzeptanz des Kunden abfragen, um auf Richtungsänderungen dynamisch reagieren zu können. Meist wird der Kunde nicht nur von einer einzigen Person verkörpert, sondern es sprechen mehrere Mitarbeiter mit, teils sogar aus unterschiedlichen Tätigkeitsfeldern, sei es der PR-Beauftragte, die eigene Werbeabteilung oder die Fachberater, die für die Inhalte zuständig sind. Präsentationen von Arbeitsergebnissen können je nach Projekt und Kunde sehr unterschiedlich sein.

➲ **Wichtig ist, dass die Präsentations- und Abnahmeprozedur im Vorfeld genau festgelegt wird.**

Grundlegende Änderungen in einem späterem Stadium der Produktion können den Aufwand überproportional in die Höhe treiben. Die Änderungsdurchläufe bei den Abnahmeprozeduren sollten durch Projektvereinbarungen definiert werden, da sonst der Änderungsaufwand nicht kalkulierbar ist. Diese Projektvereinbarungen sollten genau definierte Abnahmen der Teilergebnisse vorsehen. Diese Abnahmen erfordern aber auch vom Kunden ein besonderes Maß an Vorstellungsvermögen für die entstehende Produktion. Durch anschauliche Präsentationen der Teilergebnisse kann das Produktionsteam diesen Informationstransfer sicherstellen.

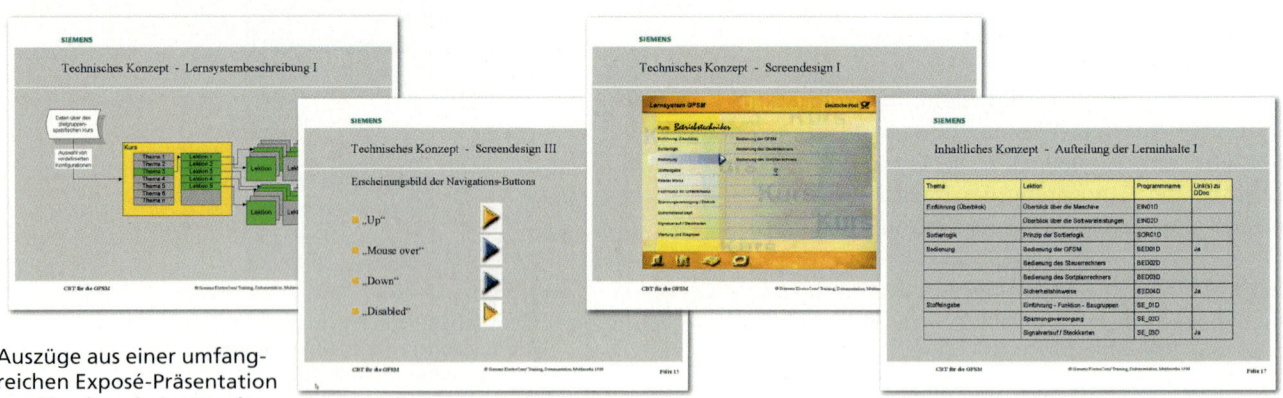

Auszüge aus einer umfang-
reichen Exposé-Präsentation
zur Abnahme beim Kunden

19.6.4 Einführung

Das Finishing

Ist das Programm fertiggestellt, abgenommen und getestet worden, so erfolgt der letzte Schritt der Produktion: Die Herstellung der Form und Prozedur, wie das Produkt den Kunden erreichen soll. Hierzu gehört z. B.:

- die Wahl des Datenträgers,
- die Installation des Programms,
- die Verpackung des Produktes.

Der Datenträger:
Welcher Datenträger gewählt werden soll, hängt von mehreren Kriterien ab:

- Wie umfangreich ist das Programm?
- Wie hoch ist die Auflage (Stückzahl)?
- Welche Datenträgerarten kann die Zielgruppe lesen?

Zur Auswahl stehen für den Offline-Bereich heutzutage primär CD-ROMs ❶ und DVDs ❷. Im Online-Bereich kann das Programm entweder über das Internet angeschaut werden (z. B. als „Web Based Training" ❸), oder es wird über das Internet kopiert (Download-Vorgang) und dann lokal gestartet.

Die Installation:
Um das Multimedia-Programm beim Kunden lauffähig zu machen, bedarf es üblicherweise einer Installations-Routine ❹, die je nach Installations-Konzept

- das Programm in die Benutzeroberfläche einbindet,
- zum Ablauf notwendige Runtime-Programme auf die lokale Festplatte installiert,
- das gesamte Programm auf die lokale Festplatte installiert.

Dem Endanwender (Zielgruppe) werden innerhalb dieser Prozedur gewisse Einflussmöglichkeiten angeboten. Dies erhöht die Transparenz der Installationsprozedur und sorgt für eine bessere Akzeptanz beim Benutzer.

❶ Datenträger „CD-ROM / DVD"

❷ **DVDs** (Digital Versatile Disc) können zwischen 4,7 GB und 17 GB Daten aufnehmen.

❸ **Web Based Training** (WBT) ist die Online-Form von Computer Based Training (CBT).

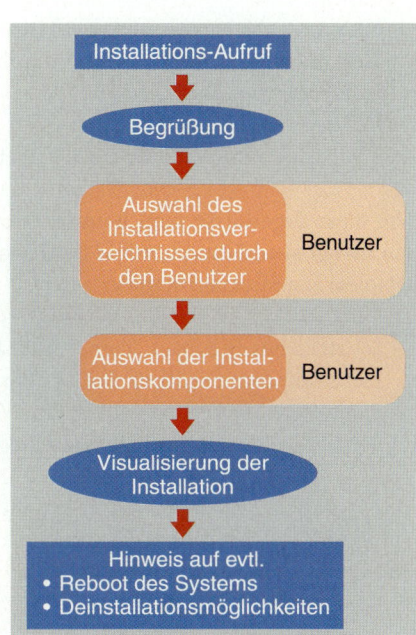

❹ Prinzip einer Installations-Routine

Installations-Aufruf

Begrüßung

Auswahl des Installationsverzeichnisses durch den Benutzer — Benutzer

Auswahl der Installationskomponenten — Benutzer

Visualisierung der Installation

Hinweis auf evtl.
- Reboot des Systems
- Deinstallationsmöglichkeiten

Jewelcase mit Booklet

Hardcover

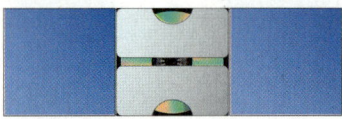

Sonderformat

Verpackungsbeispiel „Digipak"
(Beispiel: Deutsche Post AG)

Booklet-Titelseiten (Beispiel:
SURVIVAL - Rüdiger Nehberg und
Löwenzahn – Terzio Verlag)

Beispiel: CD-ROM-Label eines Lernprogramms (Beispiel: Siemens AG)

Originelle Verpackungsart: CD-
ROM, integriert in ein Mouse-Pad
(Beispiel: Siemens ElectroCom)

Die Verpackung:

Nun gilt es, den Datenträger, auf dem das Multimedia-Programm gespeichert ist, zu verpacken. Der Datenträger kann auf die unterschiedlichsten Arten verpackt werden:

- Integriert im Begleitmaterial (Buch)
- Jewelcase mit Booklet
- Hardcover
- Buchähnliche Sonderformate z. B. „discArt" oder „Digipak"

Die Evaluation:

Zusätzlich zu den Evaluationsstufen, die während einer Multimedia-Produktion durchgeführt werden können, wie Testing, Prototyping etc., kann eine nach Fertigstellung der Produktion folgende Evaluierung der Akzeptanz und des Produkterfolges stattfinden. Maßgeblich entscheidend an der Art und Weise dieser Evaluation sind zum einen die Produktart, z. B. CBT oder Informationssystem, und zum anderen die Rahmenbedingungen des Produkteinsatzes.

Die Evaluationsstufen können auf unterschiedliche Weise durchgeführt werden:

- Elektronische Navigations- und Bearbeitungsprotokollierung
- Elektronische Erfolgskontrolle durch Testaufgaben
- Elektronisches Quiz
- Elektronischer Fragebogen
- Schriftliche Auswertung über Fragebogenaktion

Wie diese Ergebnisse vom Benutzer des Systems zum Hersteller zurückgeleitet werden, hängt vom Einsatzumfeld des Produktes ab.
Beispiele für Rücklauf-Kanäle:

- Schriftliches Feedback über den Postweg
- Elektronisches Feedback über E-Mail
- Elektronisches Feedback über ein Web-Interface
- Lokales Feedback-Speichern und Selbstabholung durch den Hersteller

Akzeptanzüberprüfungen erfordern ein gewisses Maß an Aktivität und Bereitschaft vom Benutzer. Um dies zu fördern und zu unterstützen, gibt es die unterschiedlichsten Methoden der Anreizsteigerung, zum Beispiel:

- Preisausschreiben, bzw. Quiz
- Verlosungen
- Frei-Briefumschläge
- Werbegeschenke

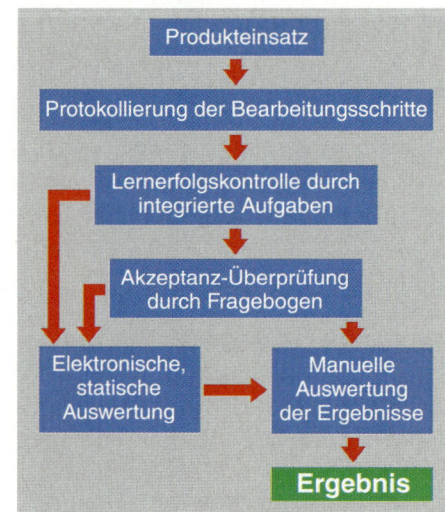

Beispiel von Evaluationsstufen bei CBT.

19.7 Gestaltungsaspekte in der Produktentwicklung

Mit dem Begriff **Designprozess** beschreibt man die Entwicklungsphasen eines Produkts im Bereich der Gestaltung. Dieser Prozess sollte im Idealfall parallel zur Konstruktion, Entwicklung und Planung der Fertigung laufen.

Der Designer entwickelt jedoch nicht nur die äußere Gestalt nach Gesichtspunkten der Ästhetik, sondern trägt durch seine Entwürfe maßgeblich dazu bei, die Funktionalität positiv zu beeinflussen und verfahrenstechnische Abläufe zu optimieren.

Bei der Vielzahl der auf dem Markt befindlichen gleichartigen Produkte mit ähnlichen Funktionen wird es immer schwieriger, das eigene Produkt von den Konkurrenzprodukten abzuheben. In diesem Zusammenhang werden von den Produzenten **zwei Aspekte** verfolgt. Entweder wird der Gebrauchswert des Produkts konstant gehalten und die Herstellungskosten können gesenkt werden, oder der Gebrauchswert steigt bei möglichst gleichbleibenden Herstellungskosten. Unter diesen Gesichtspunkten kommt dem Gestalter nicht nur die Aufgabe zu, ein gutes Design zu entwickeln, er muss sich darüber hinaus verstärkt mit kalkulatorischen und konstruktiven Fragen bei Neuproduktionen und Überarbeitungen beschäftigen. Der für den Gestalter zentrale Designprozess gliedert sich in die **Phasen** Aufgabenstellung, Konzeptentwurf und Designentwurf. Mit der Umsetzung der Entwürfe und der Präsentation ist die gestalterische Arbeit abgeschlossen.

Schlagworte zum Thema **Design**, **Produkt** und **Firma**:

- Innovationen brauchen Design
- Design erzeugt Höherwertigkeit
- Design formt Identität
- Design gibt Profil
- Design gestaltet Unternehmenskultur
- Design macht Marken

Quelle: Peter Zec: Mit Design auf Erfolgskurs, Köln 1998

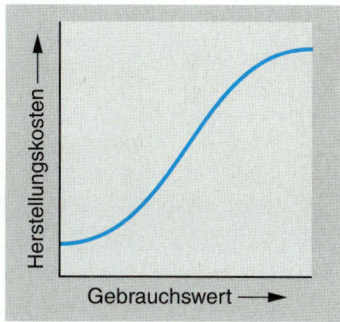

Steigen die Herstellungskosten, dann muss auch der Gebrauchswert steigen!

19.7.1 Phasen der Produktgestaltung

Aufgabe

Die Aufgabenstellung wird vom Auftraggeber in einem **Pflichtenheft** formuliert. Damit liegt die Zielvorstellung fest und der Designer kann erste Untersuchungen und Recherchen durchführen sowie Gestaltungsansätze entwickeln:

- Ist-Zustand erfassen und mit der neuen Zielvorstellung abgleichen.
- Erfassen der Einflüsse auf die Gestaltung durch firmenspezifische Vorgaben.
- Kulturelle und marktspezifische Einflüsse feststellen.
- Konkurrenzprodukte recherchieren und gegen das eigene Produkt abgrenzen.
- Zukünftige Entwicklungen und Anforderungen untersuchen.
- Richtlinien und Normen zum Produkt zusammenstellen.

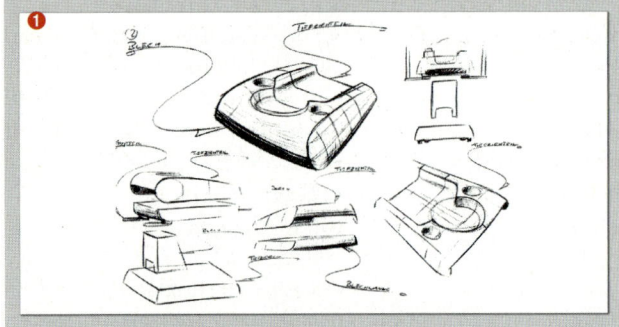

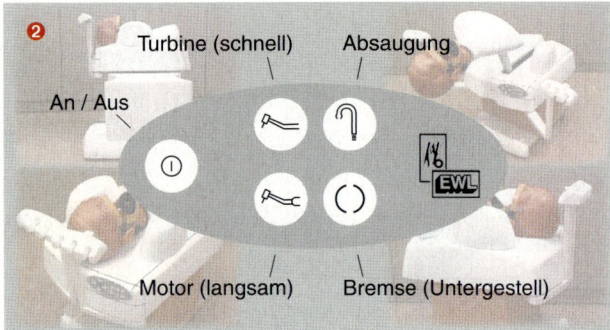

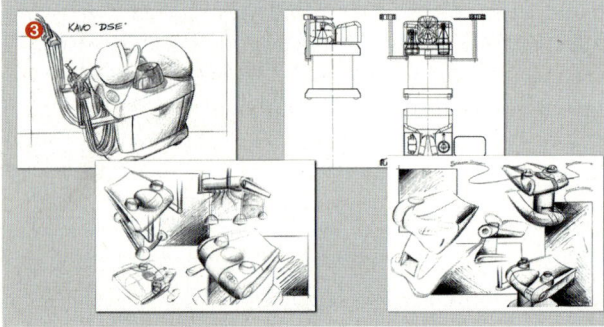

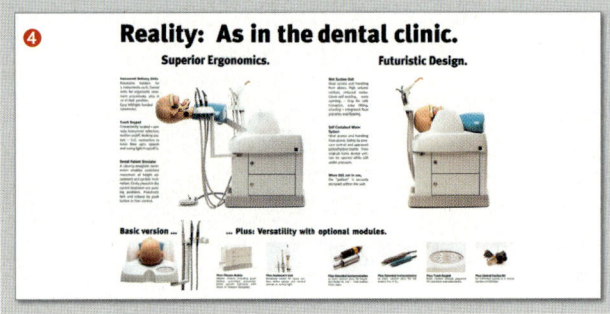

Konzeption

In der Phase der Ideenfindung werden Skizzen angefertigt und verschiedene Lösungsansätze ❶ erarbeitet, die auf Funktionalität, Ästhetik und Einhaltung konstruktiver Merkmale geprüft werden. In dieser Phase beschäftigen sich die Gestalter mit folgenden Projektgrundlagen:

*   Arbeitsablaufstudien
*   Fragen der Bedienung
*   Handhabungs und Funktionssimulation
*   Maßzeichnungen
*   Fragen der Ergonomie und den zu erwarteten Kosten
*   Material- und Farbauswahl, Gestaltung von Oberflächen
*   Erste Modelle

Designentwurf

Im Konzeptentwurf werden häufig mehrere Ideen parallel aufgegriffen und weiterentwickelt. Mit der tiefergehenden Ausarbeitung des Projekts in den Bereichen Form, Farbe, Maße, Material, Oberfläche und Merkmale der Gestalt, wird ein Entwurf übrig bleiben, der auf das firmenspezifische Erscheinungsbild zugeschnitten wird ❷.

Dabei vermitteln die Maßzeichnungen der Einzelteile und die Gesamtzeichnung einen Eindruck von der späteren Gestalt und Größe des Produkts.
Folgende **Arbeiten** fallen in dieser dritten Phase an:

*   Detailausarbeitungen von Griffen, Druckknöpfen u. a.
*   Oberflächengestaltung
*   Kostenrechnung und -prüfung
*   Materialauswahl
*   Abstimmung von Entwurf und Konstruktion
*   Modellbau
*   Einzelteilzeichnung zu den endgültigen Entwürfen

Den Abschluss der Arbeiten bildet eine **Dokumentation** ❸, in welcher der Kunde alle Designschritte nachvollziehen kann. In der abschließenden Präsentation wird der Entwicklungsprozess im Vortrag vorgestellt.

Für nachfolgende Werbemaßnahmen bedient man sich gerne der Entwürfe für das Produkt, wie das Beispiel des Prospekts zum dentalen Patienten-Simulator zeigt ❹. Dadurch können die verschiedenen Darstellungen mehrfach genutzt werden.

19.7.2 Produktbeispiele

Auf der Basis der **Gliederung des Designprozesses** in die Phasen Aufgabe, Konzeption und Designentwurf entwickelten die Agenturen weitere Modelle, nach denen der Designprozess ablaufen kann. Um eine genauere Differenzierung der Projektschritte zu erhalten, lässt sich der Prozess grundsätzlich in insgesamt **sechs Phasen** unterteilen, die in sich abgeschlossen werden können:

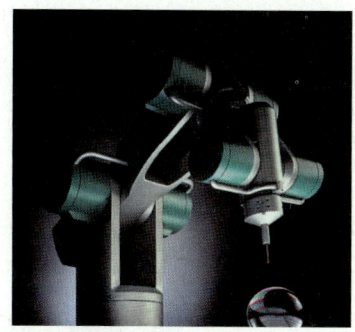

- Phase 1: Untersuchung des Ist-Zustands
- Phase 2: Erarbeiten möglicher Lösungsansätze
- Phase 3: Festlegen des Lösungsweges
- Phase 4: Umsetzung in Entwürfen (Grafiken, Zeichnungen, Modelle)
- Phase 5: Vorproduktion: Erstellen von Teilzeichnungen, Dateien für Brands, Datenbanken für CD-Produktionen u. a.
- Phase 6: Produktion: Fertigung des Produkts, CD-Programmierung, Printproduktion

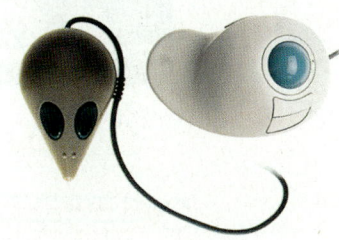

Je nach Mitarbeitergröße der Agentur und Vorhandensein fachlich geeigneter Mitarbeiter gestaltet sich das Dienstleistungsangebot und die daraus entstehenden Aufgabenstellungen, wie in der Bildleiste zu erkennen, unterschiedlich umfangreich. So kann es heute durchaus sein, dass große Designagenturen nicht allein den gestalterischen Teil des Produkts abdecken, sondern auch die gesamte Entwicklung mit den entsprechenden Ingenieurleistungen anbieten können. Damit lassen sich für eine große Agentur folgende Tätigkeitsfelder beschreiben:

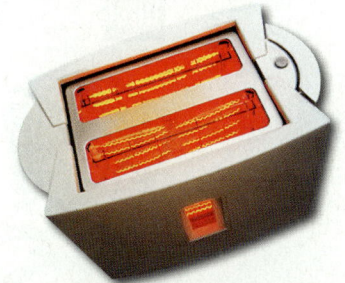

- Klassisches Grafikdesign im Bereich Konzeption, Entwurf und Corporate Design
- Industriedesign mit Entwicklung und Gestaltung von Produkten
- Ingenieurdienstleistung in Entwicklung und Konstruktion, CAD
- CD-Präsentationen, Internetauftritte, Virtual Reality

Anhand von drei Beispielen werden die möglichen Tätigkeitsfelder im Bild dargestellt und sind jeweils farbig markiert. Die Arbeiten sind in sechs Phasen gegliedert, wobei durch die Auftragsvergabe nicht immer alle Phasen durchlaufen werden müssen.

Produkt 1 Toaster: Die Aufgabe bestand darin, einen dem Markenzeichen verpflichteten Entwurf zu entwickeln, der zeitlos ist und der alle technologischen Vorteile eines modernen Toasters beinhaltet. Darüber-hinaus entstand eine neuartige Idee, ein Sichtfenster einzubauen, um den Bräunungsgrad auch visuell wahrnehmen zu können.

Produkt 2 Dual: Ziel dieser Aufgabenstellung war es, das Markenzeichen „Dual" eines Konzerns wieder einzuführen. Die Aufgabe gliederte sich in die Überarbeitung des Schriftzugs und die Entwicklung einer Produktpalette von Radio- und Fernsehgeräten für den Endverbraucher.

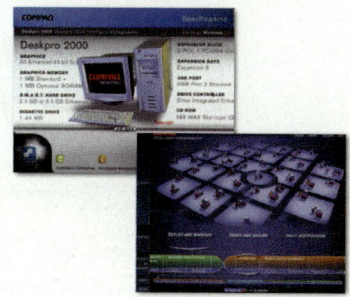

Produkt 3 CD-ROM: Mit dem Einsatz von Video, 3-D-Animation und Virtual Reality werden auf einer CD-ROM die Produkte einer Computerfirma interaktiv vorgestellt.

Produktentwicklung

Die drei Beispiele werden in ihrer Entstehung durch eine Bildfolge dargestellt. Durch farbige Verlaufslinien sind die jeweiligen Tätigkeitsbereiche der Agentur frogdesign, das Grafikdesign, die Neuen Medien, das Industriedesign und die Ingenieurleistungen dargestellt. In den Spalten sind die sechs Entstehungsphasen, mit den entsprechenden Abbildungen, für den gesamten Designprozess dargestellt.

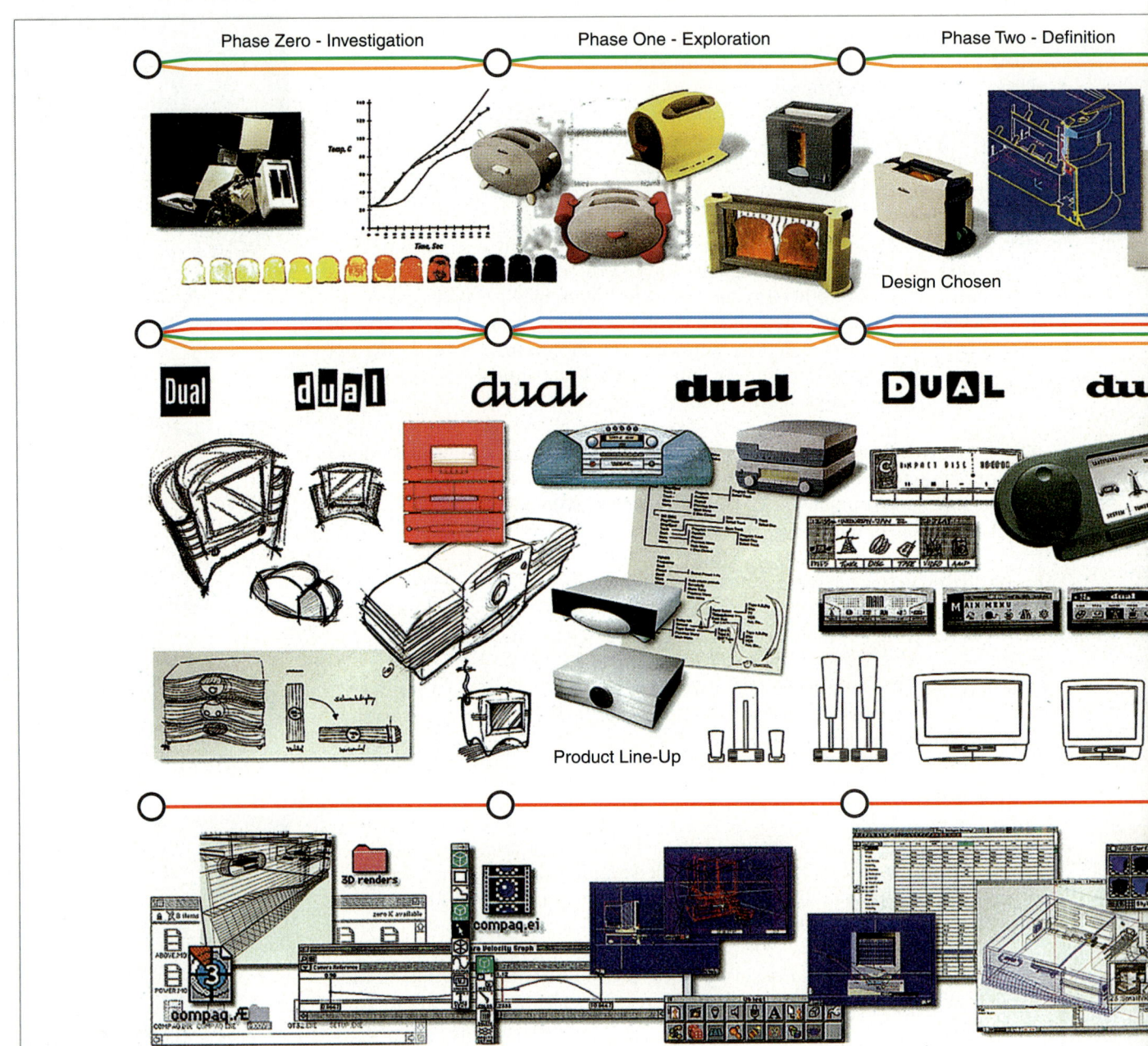

Strategic Graphic Design — Strategic Graphic Design, Entwurf , Planung und Zeichnung

New Media — New Media, Neue Medien wie CD-ROM und Internet

Industrial Design — Industrial Design, Industrie Design

Engineering — Engineering, Ingenieurleistung und Konstruktion

Agentur frogdesign, Altensteig

Phase Three - Implementation **Phase Four - Preparation** **Phase Five - Production**

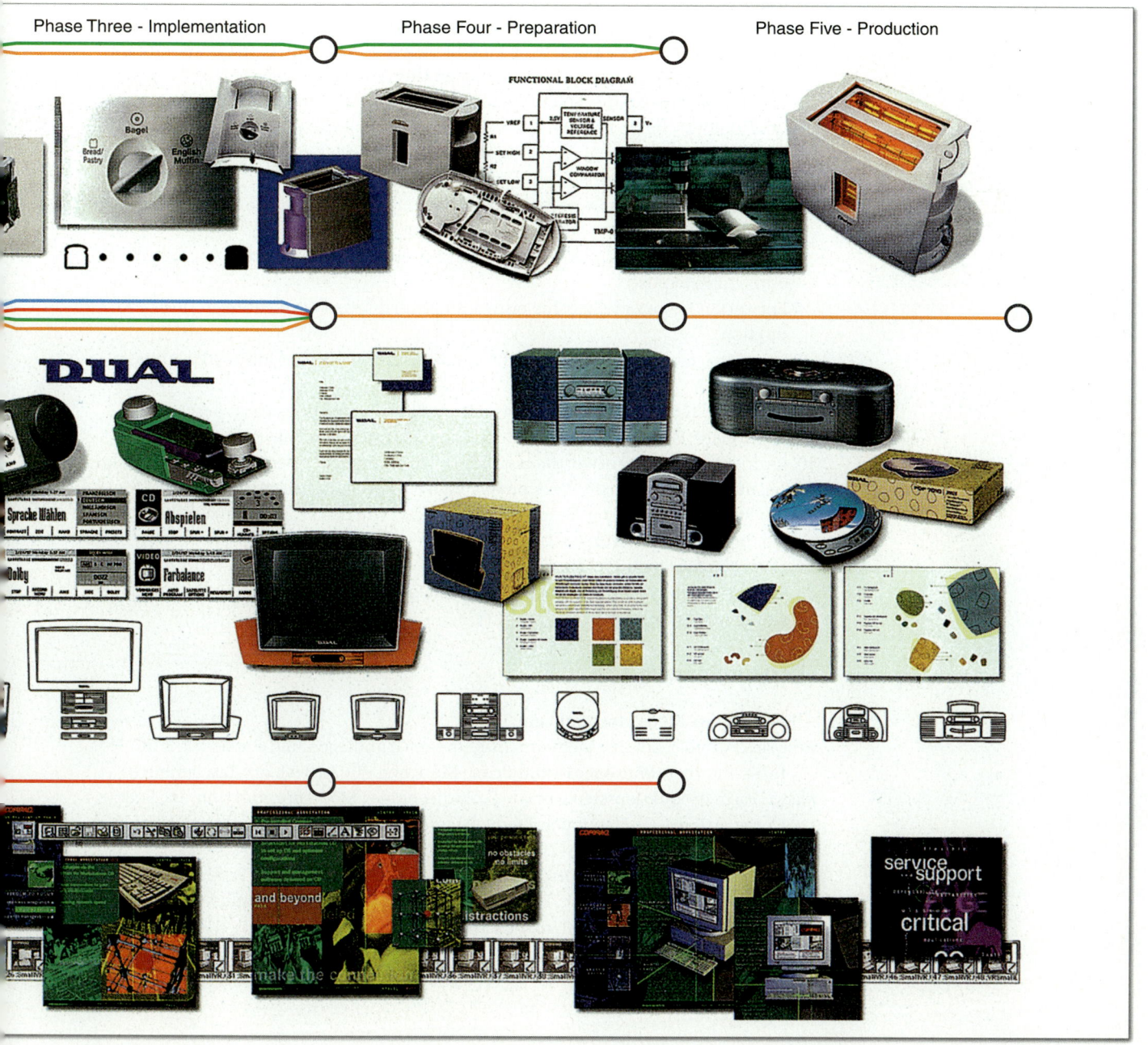

Aufgaben und Übungen, Literaturhinweise

Aufgaben und Übungen

1. Verfassen Sie zu einem Thema Ihrer Wahl einen Zeitungsartikel und stellen Sie dar, welche Schritte geschehen müssen, bis dieser Artikel in der Tageszeitung abgedruckt ist.
2. Beurteilen Sie das vorliegende Buch danach, welche Prozessschritte abgelaufen sind, bis es in fertiger Form in Ihrer Hand liegt.
3. Erstellen Sie einen Radio-Beitrag zu einem frei gewählten Thema unter Einsatz von Amateur-Equipment. Analysieren Sie Ihre Vorgehensweise.
4. Wählen Sie einen Kino-Spielfilm aus, den Sie gut kennen. Stellen Sie dar, welche Produktionsschritte vollzogen werden mussten, um diesen Film zu erstellen. Nehmen Sie Stellung zu den besonderen Schwierigkeiten, die mutmaßlich bei der Produktion aufgetreten sind.
5. Gehen Sie auf die Suche nach einem aus Ihrer Sicht „einfachen Fernsehfilm". Begründen Sie, warum Sie dieser Auffassung sind.
6. Sie planen eine Multimedia-Produktion für eine Selbstdarstellung. Verfassen Sie ein kleines Exposé.
7. Entwerfen Sie beispielhaft für einige Bildschirmseiten ein Drehbuch Ihrer Produktion.
8. Skizzieren Sie den notwendigen Produktionsprozess Ihrer Multimedia-Anwendung.
9. Bilden Sie für Ihre Produktion das notwendige Produktionsteam. Beschreiben Sie, welche Funktion und Aufgaben jedes Teammitglied hat.
10. Ordnen Sie die Verantwortlichkeit Ihrer Teammitglieder den einzelnen Produktionsprozess-Schritten zu. Verwenden Sie dazu die Skizze aus Aufgabe 8.
11. Ihr Programm ist fertig. Beschreiben Sie jetzt, wie das Programm zum Benutzer gelangt und wie es verpackt und „designt" werden soll.
12. Gestalten Sie Sitzmöbel für Schreibtische, von der Skizze bis zum fertigen Entwurf mit Einzelteilzeichnungen. Erstellen Sie dazu eine Dokumentation und eine Computer-Präsentation.

Literaturhinweise

Allgemein zur Medienproduktion:
Hermanni, Alfred-Joachim: Medienmanagement. Grundlagen und Praxis für Film, Hörfunk, Internet, Multimedia und Print, München 2007 (Beck dtv-Taschenbuch)

Klimsa, Paul: Produktionssteuerung – Grundlagen der Medienproduktion, in: Scholz, Christian (Hrsg.): Handbuch Medienmanagement, Berlin, Heidelberg, New York 2006 (Springer), S. 601-617

Krömker, Heidi; *Klimsa*, Paul (Hrsg.): Handbuch Medienproduktion. Produktion von Film, Fernsehen, Hörfunk, Print, Internet, Mobilfunk und Musik, Wiesbaden 2005 (VS Verlag für Sozialwissenschaften)

Wirtz, Bernd W.: Medien- und Internetmanagement, 5. Aufl., Wiesbaden 2006 (Gabler)

Produktionsprozesse Print:

Kerlen, Dietrich: Lehrbuch der Buchverlagswirtschaft, Stuttgart 2003 (Hauswedell)

Kipphan, Helmut (Hrsg.): Handbuch der Printmedien, Berlin, Heidelberg, New York 2000 (Springer)

Röhring, Hans-Helmut: Wie ein Buch entsteht, Darmstadt 2003 (Wissenschaftliche Buchgesellschaft)

Produktionsprozesse Radio:

Blohmer, Helge; *Erdmann*, Matthias: Hörfunktechnik – Die digitale Radioproduktion, in: Krömker, Heidi; Klimsa, Paul (Hrsg.): Handbuch Medienproduktion, Wiesbaden 2005 (VS Verlag für Sozialwissenschaften), S. 243-262

Haas, Michael H.; *Frigge*, Uwe; *Zimmer*, Gerd: Radio-Mangement, München 1991 (Ölschläger)

Müller, Dieter K.; *Raff*, Esther (Hrsg.): Praxiswissen Radio, Wiesbaden 2007 (VS Verlag für Sozialwissenschaften)

Sturm, Robert; *Zirbik*, Jürgen: Die Radio-Station, Konstanz 1996 (UVK)

Produktionsprozesse Kinofilm:

Clevé, B. (Hrsg.): Von der Idee zum Film. Produktionsmanagement für Film und Fernsehen, Gerlingen 1998 (Bleicher).

Clevé, Bastian: Gib niemals auf. Filmökonomie in der Praxis. Konstanz 2004 (UVK)

Dress, Peter: Vor Drehbeginn. Effektive Planung von Film- und Fernsehproduktionen, Bergisch Gladbach 2002 (Bastei Lübbe)

Iljine, Diana; *Keil*, Klaus: Der Produzent, München 1997 (TR Verlagsunion)

Kandorfer, Pierre: Lehrbuch der Filmgestaltung, 6. Aufl., Gau-Heppenheim 2003 (mediabook Verlag)

Webers, Johannes: Handbuch der Film- und Videotechnik, 7. Aufl., München 2002 (Franzis Verlag).

Produktionsprozesse Fernsehen:

Geißendörfer, Hans W.; *Leschinsky*, Alexander (Hrsg.): Handbuch Fernsehproduktion, Neuwied, Kriftel 2002 (Luchterhand)

Heinrich, Jürgen: Medienökonomie, Band 2: Hörfunk und Fernsehen, Opladen, Wiesbaden 1999 (Westdeutscher Verlag)

Karstens, Eric; *Schütte*, Jörg: Praxishandbuch Fernsehen. Wie TV-Sender arbeiten, Wiesbaden 2005 (VS Verlag für Sozialwissenschaften)

Produktionsprozesse Multimedia, Internet, Spiele etc.:

Langkau, Rolf: Webdesign und -publishing. Projektmanagement für Websites, München, Wien 2000 (Hanser)

Riser, Urs; *Keuneke*, Jürgen; *Hoffmann*, Bruni; *Freibichler*, Hans; hrsg. von Macromedia München: Konzeption und Entwicklung interaktiver Lernprogramme, Berlin, Heidelberg, New York 2002 (Springer)

20 Marketing

20.1 Marketing-Instrumentarium

20.1.1 Definition Marketing

Was ist Marketing?

➡ Das Unternehmen und seine Produkte...

➡ ...auf die Wünsche der Kunden ausrichten!

➡ Und zwar mit aller Konsequenz!

❶ Die Produktpalette wird auch **Sortiment** genannt.

❷ Um das sicher zu stellen, kann der Aufbau ganz neuer Vertriebskanäle wie das Internet notwendig sein.

❸ Mit der **Öffentlichkeitsarbeit** wirbt das Unternehmen um Vertrauen in der Öffentlichkeit. Anderer Name: **Public Relations**

Marketing ist die Summe aller Anstrengungen, das Unternehmen und seine Produkte konsequent auf die Wünsche der Kunden auszurichten. Das Ziel von Marketing ist es, einen Markterfolg zu erreichen. Dieser soll sich – direkt oder indirekt – in befriedigenden Verkaufs- und Gewinnzahlen niederschlagen.

Um das Ziel des Markterfolges zu erreichen, müssen geeignete Instrumente eingesetzt werden, die sog. **Marketing-Instrumente**. Sie lassen sich grundsätzlich in drei **Kategorien** einteilen:

- Produktpolitik: Darunter werden alle Maßnahmen verstanden, die zu einem hervorragenden Produkt oder einer ganzen Produktpalette ❶ zu einem angemessenen Preis führen.
- Präsenzpolitik: Alle Maßnahmen, die das Produkt zum Kunden bringen, werden unter dem Titel Präsenzpolitik zusammen gefasst. Jedes Produkt braucht geeignete Absatzwege, um beim Kunden präsent zu sein ❷.
- Profilpolitik: Schließlich muss das Produkt in den Köpfen der Kunden als eine wertvolle Marke präsent sein. Ein Produkt braucht ein Profil. Alle Maßnahmen, die das Produkt „profilieren" sollen, nennt man Profilpolitik oder auch Kommunikationspolitik. Die wichtigsten Instrumente sind Werbung, Verkaufsförderung, Öffentlichkeitsarbeit ❸ und persönliche Kommunikation.

Um erfolgreich zu sein, muss ein Unternehmen die „Klaviatur" aller drei Marketing-Instrumente beherrschen. Alle Instrumente stehen in einem engen Zusammenhang zueinander und müssen aufeinander abgestimmt sein. Die Kombination, für die sich ein Unternehmen entscheidet, nennt man **Marketing-Mix**.

Produktpolitik	Präsenzpolitik	Profilpolitik
Das Herzstück im Marketing!	Die Pipeline im Marketing!	Das Sprachrohr im Marketing!

Grundlage aller Marketingaktivitäten ist die Erkundung des Marktes und der eigenen Position im Markt. Zum Marketing-Instrumentarium gehört demnach auch die **Marktforschung**.

Bestandteile eines Marketingkonzeptes

Ziele definieren

Strategien entwickeln

Die Instrumente virtuos handhaben:
Das 3 P-Konzept

Markt-
forschung

Produkt
Hervorragende
Produkte zu
angemessenem Preis
herstellen und
anbieten!
Exzellenter Service!

Präsenz
Beim Kunden
präsent sein!
Dem Kunden mit den
Produkten entgegen
kommen!

Profil
Unser Unternehmen und
unsere Produkte müssen
wahrgenommen werden!
Die Leistung kommuni-
zieren! Werbung für uns
machen! Image!

20.1.2 Produktpolitik

Die **Produktpolitik** umfasst alle Entscheidungen, die sich auf die marktgerechte Gestaltung der abzusetzenden Produkte ❶ beziehen. Der Begriff Produkt bezeichnet ein ganzes Bündel von Aspekten und darf nicht zu eng gesehen werden. **Drei Ebenen** sind zu unterscheiden, die ein erfolgreich vermarktetes Produkt aufweist:

- Ebene des Kernprodukts: Jedes Produkt weist in seinem Kern eine Einzigartigkeit auf, die dem Käufer oder Nutzer einen Kernvorteil, einen „USP" ❷, bringt. Dieser Kern des Produkts spricht beim Käufer ein ganz bestimmtes Bedürfnis, eine Hoffnung oder ein Problem an, das er gelöst haben will. So vermittelt z. B. der Besitz einer aktuellen Audio-CD dem jugendlichen Käufer das Gefühl, in seiner Clique „in" zu sein. Das Marketing im Sinne der Produktpolitik ist dazu da, diesen Kernvorteil klar herauszuarbeiten und der Zielgruppe mitzuteilen.
- Ebene des formalen Produkts: Jedes Produkt hat eine formale Seite, die gestaltet werden muss. Dazu gehören vor allem der Markenname, die Verpackung und das Styling. So muss die Audio-CD zwar das Produktversprechen erfüllen und Qualität bieten, sie muss aber auch in einer attraktiven äußeren Aufmachung daherkommen und einen prägnanten Namen haben.
- Ebene des erweiterten Produkts: Jedes Produkt hat noch ein „Drumherum", das für den Käufer interessant ist. Zu denken ist vor allem an Serviceleistungen, Garantie und Installation. Bei der Audio-CD könnte z. B. ein Booklet mit Hintergrundmaterial über den Interpreten oder Hinweise auf Online-Links angefügt sein.

❶ **Produkte** sind Waren (= materielle Produkte), Dienstleistungen und Informationen.

❷ **USP = Unique Selling Proposition.** Man spricht in diesem Zusammenhang auch von „Produktversprechen".

➲ Produkte sind niemals nur ein einfacher Gegenstand, sondern sind ein Mittel, mit dem der Nutzer ein ganzes Bündel von Vorteilen, Problemlösungen und Bedürfnisbefriedigungen verbindet!

Was ist der Preis?

Absoluter Preis

Entgelt, das für das Produkt zu entrichten ist.

Relativer Preis

Vom Käufer wahrgenommenes Preis-Leistungs-Verhältnis

❶ Ein **Relaunch** ist also ein Neustart eines bestehenden Produkts, der normalerweise von einem hohen Werbeeinsatz begleitet wird.

Ein wichtiger Bestandteil des Produkts ist auch sein **Preis**, also das Entgelt, das für das Produkt zu entrichten ist. Ein Produkt ist nur dann attraktiv, wenn es einen angemessenen Preis hat. Dabei ist weniger der absolute Preis wichtig, sondern der **relative Preis**.

Relativ heißt, dass der Produktpreis vom Käufer immer im Verhältnis zum gestifteten Nutzen bewertet wird. Er beurteilt das Produkt darauf hin, ob es ihm einen Leistungsvorteil, einen Preisvorteil oder beides bringt. In den vom Käufer wahrgenommenen Preis fließen oft auch noch andere Elemente ein wie z. B. gewährte Rabatte, die Lieferungs- und Zahlungsbedingungen oder Kreditmöglichkeiten.

Ein letzter Aspekt der Produktpolitik ist die Tatsache, dass Produkte einem **Lebenszyklus** unterliegen und daher im Zeitablauf verändert werden müssen. Entweder werden sie eliminiert, weil sie nicht mehr Ertrag bringend sind, und durch völlig neue Produkte ersetzt. Man spricht von **Produktinnovation**. Oder die bestehenden Produkte werden verändert, was man als Produktvariation oder Relaunch ❶ bezeichnet. Eine Internetseite muss z. B. laufend verändert und weiter entwickelt werden, will der Anbieter im schnelllebigen Netz stand halten.

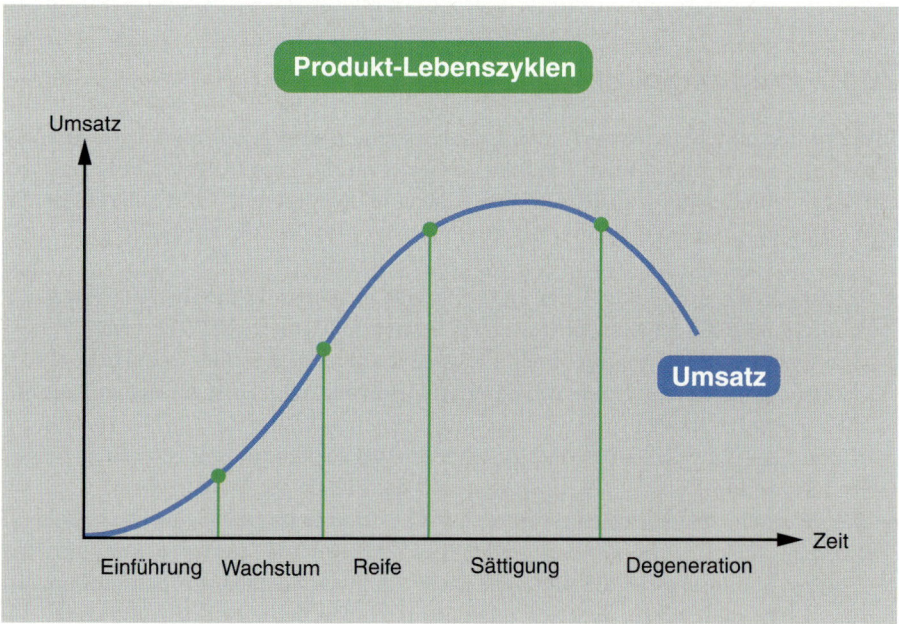

Produkt-Lebenszyklen

20.1.3 Präsenzpolitik

Die **Präsenzpolitik** – auch **Distributionspolitik** genannt – sorgt dafür, dass das Produkt vom produzierenden Unternehmen in die Verfügungsmacht des Verbrauchers bzw. Verwenders übergeht. Dabei muss sicher gestellt werden, dass das Produkt zur richtigen Zeit, im richtigen Zustand und in der erforderlichen Menge zur Verfügung steht. Zu unterscheiden sind **zwei Absatzwege**:

❶ Beim **Franchising** verkauft der Händler (Franchise-Nehmer) im Namen des Herstellers (Franchise-Geber). Der Händler ist an den Namen, das Warenzeichen und die Ausstattung des Herstellers gebunden.

- Direktabsatz: Die Produkte werden über eigene Verkaufsfilialen und Läden („stores"), über Reisende, über Handelsvertreter oder über Franchising ❶ direkt an die Zielgruppen herangeführt. Eine zunehmende Bedeutung erlangen die elektronischen Medien als Instrument für den direkten Absatz von Produkten (z. B. der TV-Verkaufskanal H.O.T. oder Web-Shops im Internet).
- Indirekter Absatz: Hier erfolgt die Weitergabe der Produkte ❷ vom Hersteller über verschiedene Stufen des Handels, üblicherweise vom Großhandel über den Einzelhandel zum Nutzer.

❷ Den körperlichen Transport des Produkts bezeichnet man als **Logistik**.

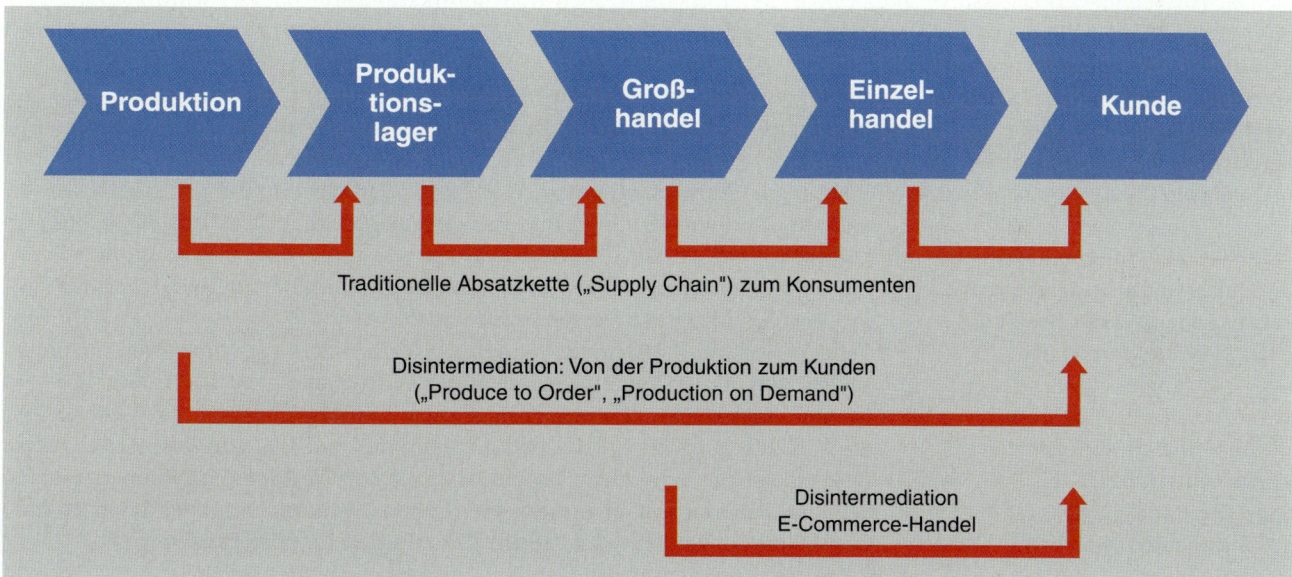

Absatzkette im Buchbereich unter Berücksichtigung des Internet

Im Hinblick auf die Medien ist als neues Vertriebssystem das Internet hoch bedeutend und vor allem auch brisant. Immer mehr Hersteller gehen dazu über, ihre Waren und Dienstleistungen durch die Eröffnung von Web-Shops direkt zu vermarkten und dadurch Handelsstufen zu überspringen oder auszuschalten ❸. Das führt dazu, dass der herkömmliche Groß- und Einzelhandel durch den Ausbau des Internet zu einem neuem Absatzkanal seine dominierende Stellung einbüßen könnte.

❸ Unter **Disintermediation** versteht man das Überspringen von Stufen in der Wertschöpfungskette, im Extrem aller Handelsstufen.

⊃ **Produkte müssen beim Kunden präsent sein!**

❶ Unter Sponsoring versteht man die Förderung von Personen oder Organisationen mit dem Ziel, das eigene Unternehmen zu kommunizieren. Im Vordergrund steht das Sponsoring in den Bereichen Sport, Kultur, Soziales und Umwelt.

❷ Mit Product Placement wird die Platzierung eines Markenartikels als Requisit in der Handlung eines Spielfilms bezeichnet.

❸ Responsemedien zielen auf die unmittelbare Reaktion der Konsumenten ab, z. B. bei TV-Shopping-Kanälen wie H.O.T. („Transaktionsfernsehen").

❹ Merchandising hat die Funktion, Waren am Point of Sale wirksam darzubieten und günstig zu platzieren.

20.1.4 Profilpolitik

Die **Profilpolitik** verfolgt das Ziel, den Produkten ein Profil zu verleihen und sie in den Köpfen der Käufer und Verwender als wichtige „Produkt-Persönlichkeiten" erscheinen zu lassen. Es geht darum, Einfluss zu nehmen auf die

- Meinungen
- Einstellungen
- Erwartungen
- Verhaltensweisen

der Abnehmer und diese positiv zu beeinflussen.

➲ **Produkte müssen Produkt-Persönlichkeiten sein. Sie brauchen ein Profil. Dies wird durch Kommunikationspolitik geschaffen.**

Die Einflussnahme auf die Käufer kann nur über Kommunikation erfolgen. Daher nennt man die Profilpolitik auch **Kommunikationspolitik**. **Vier Ansatzpunkte** sind zu unterscheiden:

- Werbung: Sie ist das bedeutendste aller kommunikationspolitischen Instrumente. Man versteht darunter die bezahlte Form der unpersönlichen Präsentation von Produkten. Zu unterscheiden ist klassische und alternative Werbung. Klassische Werbung ist Anzeigenwerbung, Werbung in Radio, TV und Kino oder Plakatwerbung. Online-Werbung kann mittlerweile bereits zur klassischen Werbung gezählt werden. Alternative Werbeformen sind Sponsoring ❶ oder Product Placement ❷. Eine immer größere Rolle spielt das Direktmarketing wie z. B. Mailings, Prospektverteilung oder Responsemedien ❸.
- Verkaufsförderung: Hierunter werden alle Maßnahmen verstanden, die zur punktuellen Aktivierung von Zielpersonen führen. Man spricht auch von Sales Promotion. Ansatzpunkt von Verkaufsförderung kann der Endkunde sein, der sich am Verkaufsort (POS = „Point of Sale") einfindet und z. B. eine kostenlose Probe oder einen Gutschein erhält. Es kann aber auch der Verkäufer sein, den man einer Schulung unterzieht, z. B. mittels einer CBT-Maßnahme (Computer Basiertes Training). Eine Sonderform von Verkaufsförderung ist das Merchandising ❹.
- Public Relations (kurz: PR): Der deutsche Begriff ist Öffentlichkeitsarbeit. Ziel ist es, durch gezielte Information ein gutes Verhältnis zwischen dem Unternehmen (z. B. dem Bertelsmann-Konzern) und der Öffentlichkeit aufzubauen mit dem Hintergedanken, das Image des Unternehmens zu verbessern. PR-Instrumente sind z. B. Pressekonferenzen, Interviews, Durchführung von Veranstaltungen, Betriebsbesichtigungen oder die Herstellung und Verteilung von Filmen, Broschüren, Schriften (z. B. Firmenjubiläum).
- Persönliche Kommunikation: Sie gilt als besonders interessant (aber auch als besonders kostenträchtig). Zu nennen ist die persönliche Beratung und Überzeugung, das Verkaufsgespräch beim Konsumenten (Außendienstverkauf) und der Telefonverkauf. Der persönliche Kontakt zum Kunden ist überaus wichtig bei Produkten, die erklärungsbedürftig sind (z. B. Software).

20.1.5 Unterschiedliche Medienprodukte – anderes Marketing

Nach den vorstehenden begrifflichen Erläuterungen soll nun das **Medienmarketing** näher beleuchtet werden. Dabei handelt es sich um ein vielschichtiges Thema und es ist notwendig, Unterscheidungen zu treffen. Die wichtigste Unterscheidung bezieht sich auf die Medienprodukte, die sich in **zwei Typen** einteilen lassen:

- Medienprodukte als Endprodukte von Medienunternehmen
- Medienprodukte als Instrument zur Gestaltung der Geschäftsprozesse bei Wirtschaftsunternehmen

Im ersten Fall geht es um das Marketing von Medienprodukten, die als marktfähige Güter von Verlagen, Rundfunkanstalten oder Online-Anbietern auf den Markt gebracht werden. Diese Medienprodukte werden also publiziert. Sie sind **Publikationsprodukte**, die von Publikationsorganen auf den Markt gebracht werden.

Im zweiten Fall geht es um das Marketing mit Hilfe von Medienprodukten, um die Geschäftszwecke von Wirtschaftsunternehmen jedweder Art zu unterstützen. Dies ist im Gegensatz zum ersten Fall eine völlig andere Ausrichtung. Medien sind in diesem Fall ein Faktor im „Business" ❶. Dieses Feld lässt sich in verschiedene Teilbereiche unterscheiden, insbesondere in die Felder „Business to Consumer" („B-to-C-Medienprodukte") und „Business to Business" („B-to-B-Medienprodukte").

Medienmarketing

➡ **Endprodukte**
Medienprodukte sind Produkte von Medienunternehmen für den Konsumenten

➡ **Business**
Medienprodukte sind ein Instrument, um die Geschäftsprozesse von Unternehmen zu unterstützen

❶ Wenn es sich um elektronische Medien handelt, spricht man von **E-Business**.

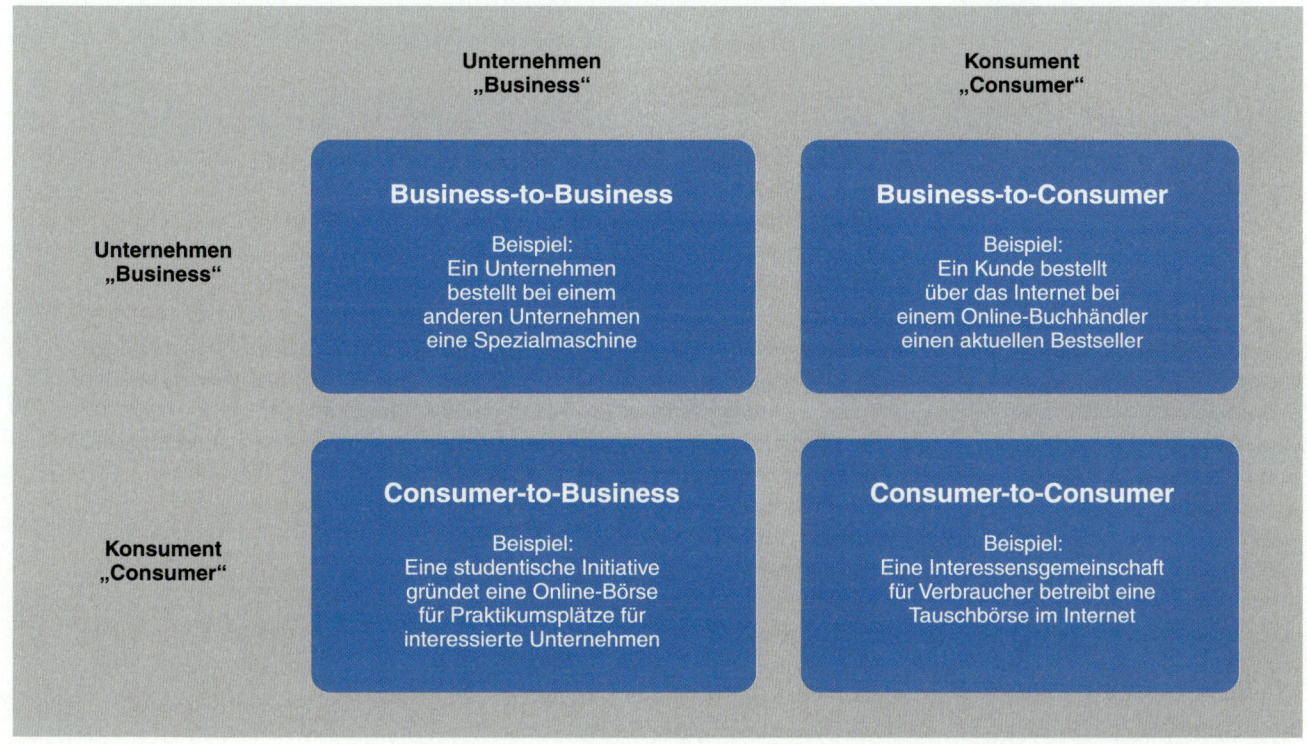

20.2 Medienprodukte als Publikation

20.2.1 Marketing-Mix bei Medienunternehmen

Medienprodukte, die für den Endverbraucher bestimmt sind, sind marktfähige Produkte, mit denen man möglichst hohe Verkaufszahlen und Gewinn erzielen will. Sie unterscheiden sich damit nicht von den herkömmlichen Gebrauchs- und Verbrauchsgütern wie Lebensmittel, Kraftfahrzeuge oder Dienstleistungen. Das Marketing der Medienprodukte folgt also den gleichen Grundsätzen und Instrumentarien.

Diejenigen Unternehmen, die Medienprodukte herstellen und vermarkten, sind die **Medienunternehmen**. Sie treten in den unterschiedlichsten Formen in Erscheinung. Das Spektrum reicht von kleinen Multimedia-Neugründungen bis zu den großen Unternehmen wie Bertelsmann, die im Weltmaßstab operieren.

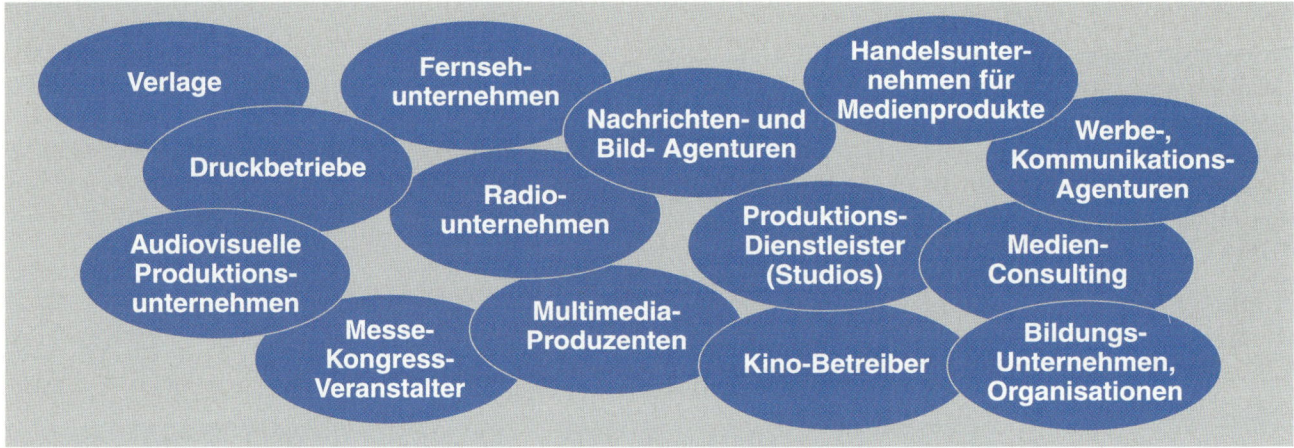

Die Welt der Medienunternehmen

Die **Produktpolitik** der Medienunternehmen ist darauf ausgerichtet, attraktive Produkte herzustellen, die sich auf den Medienmärkten behaupten können. Was sie anbieten, ist eine Frage der **Strategie**:

❶ In der **Wertschöpfungskette** werden die Produkte vom Ur-Zustand bis zum Endprodukt immer weiter entwickelt, bis sie zum Endkunden gelangen.

- Große Medienunternehmen zielen darauf ab, eine möglichst breit angelegte Produktpalette zu haben, um in möglichst vielen Bereichen vertreten zu sein. Dadurch verspricht man sich Krisenfestigkeit und Flexibilität. So ist es z. B. die Politik des Bertelsmann-Konzerns, auf allen Stufen der Wertschöpfungskette ❶ vertreten zu sein: Medienproduktion, Medienredaktion, Ausstrahlung, Verwertung. Oberstes Gebot ist es, in keine Engpass-Situationen hinein zu geraten und dann von anderen Lieferanten abhängig zu sein. Aus dem gleichen Grund versuchen große Medienunternehmen, über den engeren Bereich der Medien hinaus Allianzen mit starken Partnern einzugehen. Das wird befördert durch das Zusammenwachsen aller Bereiche der Informationswirtschaft ❷.

❷ Das Phänomen des Zusammenwachsens der einzelnen Bereiche der Informationswirtschaft (TIME: Telekommunikation, Informationstechnik, Medien, Entertainment-Elektronik) nennt man auch **Konvergenz**.

- Kleine Medienunternehmen ziehen sich eher in eine Nische zurück und spezialisieren sich auf ihre ganz spezielle Kompetenz. So wird z. B. ein CD-ROM-Produzent die notwendigen Video-Produktionsleistungen von einem Spezialdienstleister einkaufen und nicht selber herstellen wollen.

Höchst unterschiedlich sieht auch die **Preispolitik** aus, die von den Medienunternehmen betrieben wird. Um die Finanzierung ihrer Produkte am Markt sicherzustellen, müssen sie für die einzelnen Medien unterschiedliche Ansätze verfolgen. Im Vordergrund stehen direkte Zahlungen der Nutzer und Erlöse aus der Werbung.

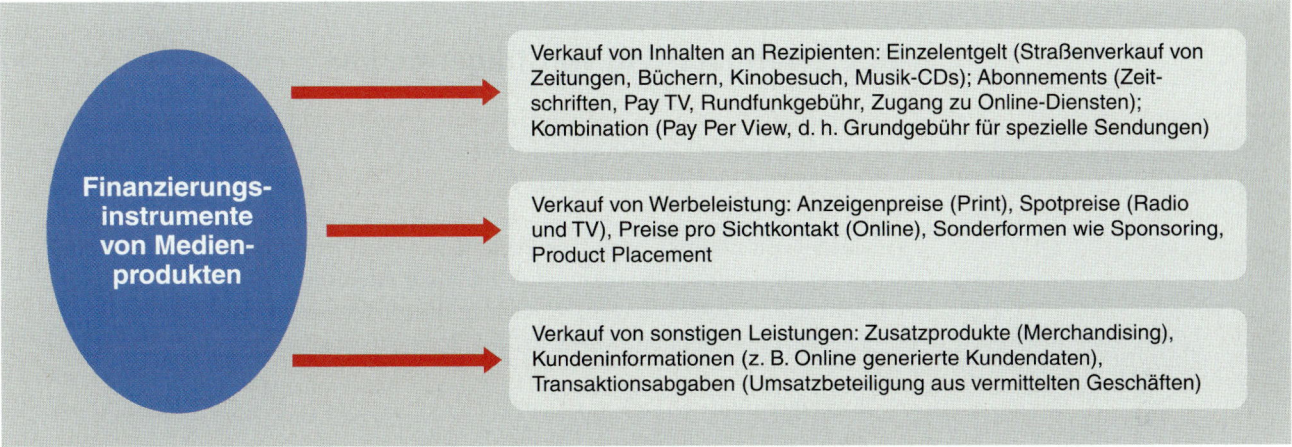

Finanzierungsinstrumente von Medienprodukten

Verkauf von Inhalten an Rezipienten: Einzelentgelt (Straßenverkauf von Zeitungen, Büchern, Kinobesuch, Musik-CDs); Abonnements (Zeitschriften, Pay TV, Rundfunkgebühr, Zugang zu Online-Diensten); Kombination (Pay Per View, d. h. Grundgebühr für spezielle Sendungen)

Verkauf von Werbeleistung: Anzeigenpreise (Print), Spotpreise (Radio und TV), Preise pro Sichtkontakt (Online), Sonderformen wie Sponsoring, Product Placement

Verkauf von sonstigen Leistungen: Zusatzprodukte (Merchandising), Kundeninformationen (z. B. Online generierte Kundendaten), Transaktionsabgaben (Umsatzbeteiligung aus vermittelten Geschäften)

Was die **Präsenzpolitik** anbelangt, so haben die Medienunternehmen unterschiedliche Distributionskonzepte. Grundsätzlich ist zu sagen, dass mediale Produkte eine Ansammlung von Informationen darstellen und nicht materiell sind. Solche Produkte sind im Prinzip dazu geeignet, über Netze zu ihren Nutzern transportiert zu werden. So ist längst der Einstieg gemacht, Radio- und Fernsehsendungen über das Internet zu verbreiten. Große Texte wie Gutachten, Berichte, Verlautbarungen über das Netz zu verbreiten, ist eine gängige Angelegenheit. Alle großen Tages- und Wochenzeitungen sowie die Publikumszeitschriften und -magazine bieten umfassende Online-Informationen an. Prinzipiell gibt es keinen Hinderungsgrund, auch die Inhalte von Büchern über das Netz zu verschicken. Freilich wird es sich der Konsument nicht nehmen lassen, diejenige Form nachzufragen, die ihm am angenehmsten ist. So ist zu erwarten, dass es auch im Internet-Zeitalter weiterhin die gedruckte Form von Publikationen gibt.

Die elektronischen Massenmedien in Radio und Fernsehen verbreiten ihre Programme über drei Wege, zum einen terrestrisch über Sendernetze, was vor allem noch für den mobilen Radioempfang im Auto von großer Bedeutung ist, zum zweiten über Kabelnetze und schließlich über Satellit. Die Digitalisierung muss nicht unbedingt bedeuten, dass z. B. terrestrischer Transport überflüssig wird, auch über Sendernetze „durch die Luft" lassen sich digitale Botschaften transportieren.

Die **Profilpolitik** spielt für Medienunternehmen eine große Rolle. So rangiert der Mediensektor im Vergleich der Werbeaufwendungen nach Branchen ganz vorne. Hinzu kommen z. B. bei allen Fernseh- und Radiosendern große Anstrengungen hinzu, die eigenen Sendungen mit Trailern zu bewerben. Auch das Internet wird als Instrument verwendet, um die Programmangebote bekannt zu machen und z. B. vertiefende Informationen über die Sendungen anzubieten. Damit kommt dem Internet auch die Funktion zu, die Einschaltquote der Sendungen anzukurbeln.

Werbestärkste Branchen in Deutschland 2005

1. Handels-Organisationen
2. Auto-Markt
3. Spezialversender
4. Zeitungen
5. Publikumszeitschriften
6. Telekommunikation
7. Finanzdienstleistungen
8. Schokolade und Zuckerwaren
9. Pharmazie
10. Großversender
11. Sonstige Medien
12. TV
13. Telefon und Faxdienste
14. Bier
15. Haarpflege

Bei der Vermarktung von Medienprodukten muss man zwei Bereiche unterscheiden, die sich stark voneinander unterscheiden:

- Die Vermarktung von Trägermedien, die für den Massenmarkt hergestellt werden
- Die Vermarktung von Inhalten auf dem elektronischen Verbreitungsweg

20.2.2 Vermarktung von Trägermedien

Trägermedien spielen im Medienmarkt eine große Rolle. Dabei hat man es mit einer Vielzahl der unterschiedlichsten Formen zu tun, die man nach **gedruckten** und **elektronischen** Trägern einteilen kann:

- Bücher: Zu unterscheiden sind Erstauflagen von Neuauflagen sowie in inhaltlicher Hinsicht Fachbücher von allgemeiner Literatur.
- Zeitungen: Tageszeitungen, Wochenzeitungen, Anzeigenblätter.
- Zeitschriften: Publikumszeitschriften, Fachzeitschriften.

- Tonträger: Audio-CD, Ton-Cassetten
- Bildträger: Videocassetten, CD-ROMs, DVD
- TV-Spiele: Spielekonsolen
- Software-Produkte: Spiele-Software, Lern-Software

Bei der Vermarktung von Büchern spielen Erträge aus der Werbung keine Rolle, so dass die Umsatzerlöse ausschließlich über den Verkauf erzeugt werden.

Die gleiche Situation ist bei den elektronischen Trägern gegeben, bei denen der Verkaufserlös aus dem Geschäft mit Privatpersonen die Finanzierung der Produkte sicher stellt. Lediglich Zeitungen und Zeitschriften – verstanden als Trägermedien – finanzieren sich auch aus Werbung. Der zentrale Punkt bei der Vermarktung der Trägermedien ist, dass die Deckung der Selbstkosten entscheidend von der Anzahl der verkauften Produkte, also von der Auflage, abhängt.

➲ **Bei den Trägermedien hängt der wirtschaftliche Erfolg entscheidend von der Höhe der Auflage ab.**

Bei den Printprodukten kommt verschärfend hinzu, dass der Prozess der Vervielfältigung hohe Druckkosten verursacht. Dies ist bei den elektronischen Trägermedien anders. Bei ihnen ist die Vervielfältigung zu relativ geringeren Kosten als im Druckbereich möglich, so dass die Herstellungskosten des Originals, von dem die Kopien gezogen werden, eine größere Rolle spielen.

Für alle Trägermedien gilt jedoch gleichermaßen, dass das wichtigste Ziel im Marketing sein muss, eine ausreichend hohe Auflage zu erzeugen, die unter dem Strich Gewinn abwirft.

➲ **Bei den elektronischen Trägermedien treten die Kosten der Vervielfältigung in den Hintergrund. Im Zentrum stehen die Kosten der Herstellung der ersten Kopie (sog. „First-Copy-Costs").**

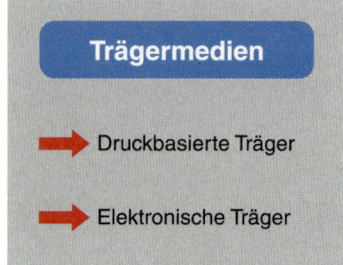

Trägermedien

➡ Druckbasierte Träger

➡ Elektronische Träger

20.2.3 Vermarktung elektronisch verbreiteter Inhalte

Die Vermarktung von Inhalten, die nicht auf einem materiellen Träger verbreitet werden, wie z. B. Fernseh- und Radiosendungen, stellt sich grundsätzlich anders dar. Verantwortlich hierfür sind die anderen **Eigenschaften** der elektronisch verbreiteten Medienprodukte:

- Der Konsum des Produkts erfolgt durch einen mehr oder weniger großen Nutzerkreis gemeinschaftlich und gleichzeitig. Ob ein Konsument mehr oder weniger das Produkt nutzt, hat auf die Kosten keinen Einfluss ❶.
- Interessenten vom Konsum auszuschließen, geht nur, wenn technische Vorkehrungen getroffen werden wie z. B. bei Pay-TV mit Hilfe einer Set-Top-Box oder über einen Kabelanschluss. Ansonsten können die Interessenten das Medienprodukt als „Schwarzfahrer" kostenlos nutzen.
- Während es bei den Trägermedien die natürlichste Sache ist, das Produkt in Einzelexemplaren zu verkaufen, versagt dieses Prinzip bei den elektronisch verbreiteten Inhalten. Das Prinzip, nach dem der einzelnen Leistung eine konkrete Gegenleistung in Geld gegenüber steht ❷, z. B. beim Verkauf eines Buches im Laden, beim Zeitungsverkauf am Kiosk, greift also nicht unmittelbar.
- Die Verbreitungskosten sind im Vergleich zu den Herstellungskosten von nachrangiger Bedeutung, da die Herstellung eines Trägermediums nicht notwendig ist.

➲ **Bei der Vermarktung elektronisch verbreiteter Inhalte hat man es also mit einem völlig anderen Sachverhalt zu tun. Daher sind andere Vermarktungskonzepte notwendig.**

Unterschiedlich ist vor allem die Form der **Finanzierung**. Wenn das Prinzip der Leistung und Gegenleistung im Prinzip außer Kraft gesetzt ist, nach dem ein Medienprodukt (z. B. ein Tonträger) gegen die Bezahlung eines Preises abgegeben wird, gewinnen andere Formen der Finanzierung an Bedeutung. Besonders wichtig auf den elektronischen Medienmärkten ist die Finanzierung über Werbung. Formen der direkten Bezahlung (z. B. Pay TV) sind nicht leicht durchzusetzen.

Nachfolgend einige Anmerkungen zu den einzelnen Medienbereichen:

Private TV-Angebote:
Die Privatangebote werden vorwiegend als "Free-TV" über Werbung finanziert. Die privaten Fernsehsender sind daher stark darauf ausgerichtet, ein Programm anzubieten, das für die Werbung treibende Wirtschaft ein attraktives Umfeld darstellt. Eine Verletzung der Konsumenteninteressen wird im Zweifel in Kauf genommen, z. B. durch Werbeunterbrechungen von Filmen. Eine zweite Vermarktungsschiene ist Pay-TV, bei dem ein spezieller Kanal (z. B. Premiere) abonniert werden muss. Mit der Digitalisierung wird aber auch die entgeltliche Abgabe einer Einzelsendung (sog. Pay Per View) möglich. Alle privaten Anbieter kämpfen um möglichst hohe Einschaltquoten und Marktanteile.

❶ Man spricht in diesem Zusammenhang davon, dass das Produkt den Charakter eines **öffentlichen Gutes** aufweist. Anders als bei einem privaten Gut sind die Konsumenten im Hinblick auf die Nutzung des Produkts keine Rivalen.

❷ Das Prinzip, nach dem einer bestimmten Leistung eine ganz konkrete Gegenleistung gegenüber steht, nennt man **Äquivalenzprinzip.**

TV-Sendungen von ARD und ZDF:

Das Basisangebot im Fernsehmarkt kommt von ARD und ZDF, das durch eine für alle gleiche Grundgebühr finanziert wird. Im Gegensatz zu früher (vor 1984) befinden sich die öffentlich-rechtlichen Rundfunkanstalten in einer heftigen Konkurrenz zu den Privaten. Auch sie müssen sich dem Wettbewerb stellen und müssen kundengerechte Leistungen erbringen. Allerdings ist das Marketing der öffentlich-rechtlichen Rundfunkanstalten nicht auf einen maximalen Marktanteil ausgerichtet, sondern orientiert sich an Kriterien wie Vielfalt, Ausgewogenheit und hoher Programmqualität. Insofern streben sie lediglich einen ausreichend hohen Marktanteil an, der sie als eine unübersehbare Kraft innerhalb des Fernsehsystems ausweist. Ihre Legitimation liegt im gesetzlich festgelegten Leistungsauftrag, die Mehrheiten und Minderheiten im Sinne des Gemeinwohls zu bedienen.

Radio:

Die ARD-Radio-Sendungen folgen analog der TV-Vermarktung. Die Voraussetzungen sind in diesem Teilmarkt allerdings günstiger, da der Marktanteil gegenüber den Privaten im Vergleich zum Fernsehen deutlich höher liegt. Privatradio-Angebote ergänzen in einer Reihe von Bundesländern das regional ausgelegte ARD-Angebot, indem sie sich auf die kleinräumige, lokale Ausstrahlung konzentrieren, in anderen Bundesländern treten sie mit landesweiten Programmen an und haben eine starke Marktposition errungen. Es ist bemerkenswert, dass sich Radiosender in ganz besonderer Weise über die Durchführung öffentlicher Veranstaltungen (Pop-Konzerte, auf Messen, Kulturveranstaltungen) vermarkten.

Kino-Spielfilm:

Über das Kino wird das junge Publikum angesprochen, das direkt für den einzelnen Besuch bezahlt. Das Kino-Marketing zeichnet sich dadurch aus, dass die Vermarktung der Angebote über Anzeigen in örtlichen Zeitungen, über Flyer, neuerdings verstärkt auch Online erfolgt. Promotions geschehen in Special-Interest-Zeitschriften wie z. B. Cinema. Zu beachten ist, dass es sich bei Kino-Spielfilmen um einen Sonderfall von Medienprodukten handelt: Das Kino ist der Ort der ersten Präsentation für ein besonders interessiertes (junges) Publikum, an die sich später andere Medien „anhängen" können, insbesondere das Fernsehen. Aufgrund der hohen Qualität des Kinofilms ist eine Weiterverwertung in anderen Medien kein Problem. So hat sich in der Vermarktung von Spielfilmen, insbesondere der großen (vorwiegend amerikanischen) Spielfilme internationalen Zuschnitts eine spezielle Verwertungskette herauskristallisiert: Kinoverleih – Videocassetten – Pay TV – Free TV – Wiederholungen.

Online:

In der Onlinewelt sind als Medienprodukte eigenständige Online-Publikationen bemerkenswert, sog. „E-Zines" wie z. B. Online-Computer-Zeitschriften, die nicht nur als Zusatz oder „verlängerter Arm" einer bestehenden Printpublikation zu werten sind (wie z. B. Focus Online). Ferner sind Web-Shops zu beachten, die sich an den Endkonsumenten wenden. Auch sind Informations-Plattformen wichtig, die von Betreibern eröffnet werden, damit Anbieter und Nachfrager sich treffen. Als allgemeine Plattformen dienen die Online-Dienste wie AOL oder T-Online. Spezielle Plattformen gibt es z. B. für die Navigation (Suchmaschinen, Portale), für den Handel (Shopping-Malls, virtuelle Marktplätze) oder im Bildungsbereich (Online Learning).

20.3 Medienprodukte in der Unternehmenskommunikation

20.3.1 Übersicht

Medienprodukte dieser Kategorie werden nicht hergestellt, um sie als Endprodukte am Markt zu verkaufen und damit Gewinn zu machen, sie dienen vielmehr dazu, den sog. Wertschöpfungsprozess von Unternehmen zu unterstützen.

Sie spielen eine Rolle im Business-to-Business-Bereich (B-to-B), die als Vorstufe zum Endkonsum (Business-to-Consumer) bezeichnet werden kann.

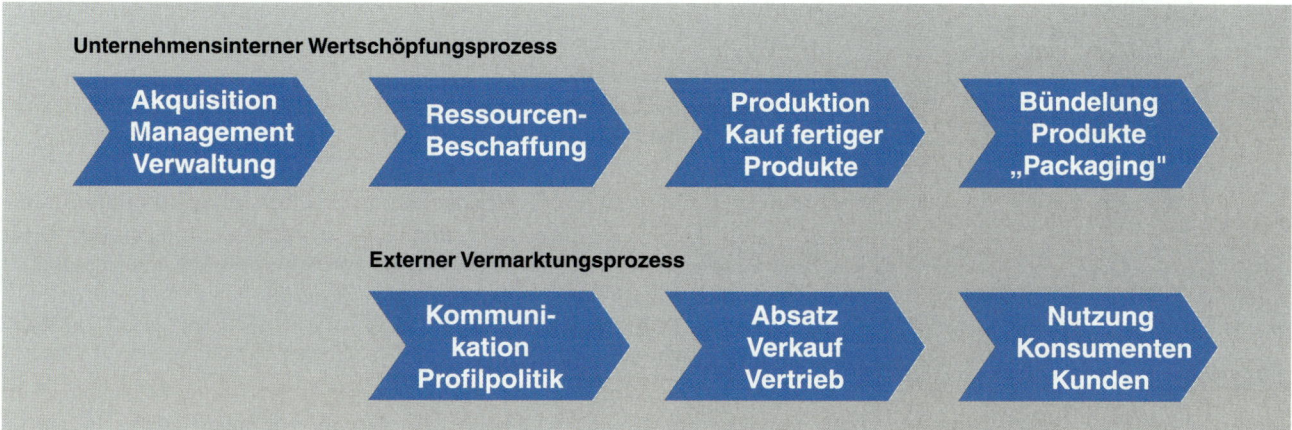

Der Wertschöpfungsprozess ist die Abfolge der Bearbeitungsstufen eines Produktes von der ersten Idee bis zur Nutzung durch die Zielgruppe. Man unterscheidet die folgenden Stufen:

- Akquisition
- Management und Verwaltung
- Beschaffung von Ressourcen
- Produktion oder Kauf von fertigen Produkten ❶
- Bündelung der Produkte ❷
- Absatz: Verkauf, Vertriebswege, Kommunikation, Verwertung
- Nutzung durch die Zielgruppe

❶ Man nennt dies die **Make-or-Buy-Entscheidung**.

❷ Hier spricht man auch von **Packaging**.

Wirkungsvolles Marketing sorgt dafür, dass auf allen Stufen der Wertschöpfungskette eine Ausrichtung auf den maximalen Markterfolg geschieht. Hierzu leisten Medien in vielfältiger Weise einen positiven Beitrag.

Es kommt hinzu, dass der Medieneinsatz auch im innerbetrieblichen Bereich zu einer Verbesserung der Produktivität und zu Kostensenkungen führen kann. Der nachfolgende **Überblick** vermittelt einen beispielhaften Eindruck von den sich bietenden Möglichkeiten des Medieneinsatzes im B-to-B-Bereich.

20.3.2 Medienprodukte in Management, Beschaffung und Produktion

Medienprodukte im Management:

- Mitarbeiter-Zeitschrift: Die Führung eines Unternehmens hat ein Interesse daran, die Mitarbeiter gut zu informieren. Ein klassisches Instrument ist die Mitarbeiter-Zeitschrift, die meist sechsmal jährlich erscheint und sich an alle Mitarbeiter richtet.
- Schulungsmaterial: Nach wie vor interessant sind z. B. Management-Lehrgänge auf Video-Cassetten oder der Einsatz von Lern-Software auf CD-ROM.
- Business TV: Bei diesem Medium übermitteln Unternehmen via TV-Satellit spezielle Informationen an ihre Mitarbeiter oder Außenstellen. Business TV bedeutet, das Medium Fernsehen für die geschäftliche Kommunikation zu nutzen. Die wesentlichen Einsatzbereiche von Business TV sind die Vermittlung von Wissen an die Mitarbeiter, sei es im Hinblick auf Produkteinführungen, Produktschulungen oder Verhaltenstraining. Mit dem Einsatz von Business TV gelingt es dem Management, die Schulung der Mitarbeiter und die interne Kommunikation zu verbessern. Zahlreiche, vor allem größere Firmen arbeiten intensiv mit diesem Medium.
- Intranet: Wie Business TV ist das Intranet ein unternehmensinternes Kommunikationssystem. Anders als Business TV arbeitet es aber auf der digitalen Plattform, was neue Möglichkeiten eröffnet, insbesondere Interaktion und Multimedialität. Intranets werden für alle Managementzwecke eingesetzt.

Medienprodukte in der Verwaltung:

- Electronic Data Interchange (EDI): Hierbei handelt es sich um den elektronischen Datenaustausch zwischen Geschäftspartnern. Es geht um die effiziente verwaltungstechnische Abwicklung von Geschäften. Das Medium ist bereits seit langem im Einsatz. Es wird zunehmend mit dem Internet verknüpft, um die Vorteile der digitalen Welt zu nutzen.
- Einsatz von Business-Software: In allen Unternehmen findet ein umfassender Software-Einsatz statt. Dabei ist zwischen vorgefertigter Standard-Software und maßgeschneiderten Lösungen zu unterscheiden.
- Dokumentenmanagement-Systeme: Der Einsatz von elektronischen Medien hilft mit, die papiergebundene Dokumentationen zu ersetzen, was zu einer Vereinfachung und Effizienzsteigerung führt.

Medienprodukte in der Beschaffung und Produktion:

- Internet als Einkaufsinstrument: Im Bereich des Einkaufs spielt das Internet eine zunehmend bedeutende Rolle. Der Grund liegt in der Fähigkeit des Internets, gewinnbringende Informationen schnell und umfangreich zu erzeugen. Mit dem Internet kann das Unternehmen sonst schwer zugängliche Informationen schnell auffinden, es kann elektronische Preisvergleiche anstellen oder elektronische Ausschreibungen veranstalten. Unter Einsatz von intelligenten Internet-Agenten lässt sich das Netz gezielt nach Informationen durchsuchen, weit über die Funktion von konventionellen Suchmaschinen hinausgehend.
- Software-Einsatz: Jedes Unternehmen ist interessiert daran, seine Geschäftsprozesse durch den Einsatz von Software zu unterstützen. Auch hier gibt es eine Vielzahl der unterschiedlichsten Programme.

20.3.3 Medienprodukte im Produkt- und Absatzbereich

Medienprodukte als Instrument der Produktgestaltung:

* Durch den Einsatz von Medien können die angebotenen Produkte aufgewertet werden. Ein Musterbeispiel ist die Einrichtung einer Online-Hotline für ein kompliziertes elektronisches Gerät oder eine multimediale elektronische Gebrauchsanleitung auf CD-ROM. Medien in dieser Form eingesetzt, stellen Dienstleistungen dar, die das Kernprodukt um zusätzliche Leistungsbündel ergänzen und damit einen Zusatznutzen für den Nutzer erzeugen ❶.

* Mit digitalen Medien können Unternehmen ihr Produktangebot besser auf den einzelnen Kunden ausrichten. Sie eröffnen einen Weg, wie sie ihr Leistungsangebot auch im Falle von Massenproduktion maßgeschneidert gestalten können ❷. Ein Beispiel ist die Zusammenstellung des Produkts durch den Kunden via Online bei einem Computerkauf (Beispiel Dell-Computer).

* Preispolitik: Digitale Medien ermöglichen stärkere Differenzierungen in der Preisgestaltung und die Verbesserung der Zahlungsbedingungen für den Kunden (Rabattierung).

Medienprodukte in der Marktforschung:

* Internet als Instrument zum Data Mining und zur elektronische Marktforschung ❸: Das Internet ermöglicht völlig neue Formen der Informationserhebung wie z. B. virtuelle Testmärkte, Online-Befragungen, Diskussionsforen. Diese neuen Formen sind durchweg viel preiswerter als die herkömmlichen Marktforschungsinstrumente.

* Über Online-Protokollsysteme („elektronische Spuren") kann die sofortige und einfache Analyse von Daten erfolgen.

Medienprodukte im Verkauf, als verkaufsunterstützendes Mittel, als Vermarktungshilfe:

* Interaktive Kiosk-Terminals: Hier handelt es sich um Geräte, die den interaktiven Abruf von Informationen am POS, POI oder POF ❹ möglich machen, also z. B. auf Messen, Ausstellungen, in Diskotheken oder auf Bahnhöfen.

* Internet als Informationsinstrument: Das Internet dient hier z. B. dazu, die Produktpalette online zu präsentieren.

* Internet als Kommunikationsinstrument: Hier geht es um die Erhöhung der Kundenbindung und die Verbesserung des Kundenkontakts. Gute Möglichkeiten sind das laufende Zuspielen von Neuigkeiten aus dem Unternehmen über E-Mail-Newsletters oder die Einrichtung von Online-Kundenclubs („Communities").

* Internet als interaktiver Vertriebskanal: Das Internet dient auch zur Anbahnung und Abwicklung von geschäftlichen Transaktionen. Dies wird als „E-Commerce" bezeichnet. Ziel ist es, mit dem Absatzkanal Internet die Marktdurchdringung zu steigern.

* Lernprogramme im innerbetrieblichen Einsatz: Eine große Rolle spielen in der Verkaufsförderung das Training der Verkäufer und aller am Verkauf beteiligten Mitarbeiter. Medien helfen mit, Lerninhalte zu transportieren, z. B. durch CBT, WBT ❺ und Telelearning.

❶ Man spricht in diesem Zusammenhang von **Value Added Services**.

❷ Diese Personalisierung des Leistungsangebots wird als **Mass Customization** bezeichnet.

❸ Die **Marktforschung** ist eine wichtige Grundlage für das Marketing, bei der möglichst viele Informationen über die Märkte, die potenziellen Kunden oder über Konkurrenten in Erfahrung gebracht werden.

❹ **POS** = Point of Sales: der Ort des Verkaufs wie z. B. ein Einzelhandelsgeschäft oder Shopping-Zentrum
POI = Point of Information: der Ort, wo Informationen vermittelt werden wie z. B. Bahnhof oder Messe
POF = Point of Fun: der Ort, wo Spiel und Spaß dominieren wie z. B. Diskothek oder Freizeitpark

❺ **CBT = Computer Based Training**
WBT = Web Based Training

❶ Die Auswahl der Werbeträger nennt man **Mediaplanung** oder kurz **Media**.

❷ Wird auch als **Webvertising** bezeichnet, eine Wortschöpfung aus „Web" und „Advertising".

❸ In der Fachsprache als **One-to-one-Marketing** bezeichnet, also Marketing von einer Stelle (dem Unternehmen) zur anderen Stelle (dem einzelenen Kunden).

Medienprodukte als Kommunikationsmittel:

- Werbung: Medienprodukte spielen eine wesentliche Rolle in der Werbung. Dort wird das Produkt als „Werbemittel" bezeichnet, z. B. eine gestaltete Anzeige oder ein TV-Spot, das in geeigneten Werbeträgern zu schalten ist ❶. Zu denken ist beispielsweise an die Herstellung eines Fernsehwerbespots, der von Agentur- und Produktionsseite entwickelt wird und den Umsatz eines Automobilherstellers ankurbeln soll.
- Internet-Werbung ❷: Durch das Internet gelingt es zunehmend, die Werbung auf die konkreten Bedürfnisse und Einstellungen der Zielgruppen hin maßzuschneidern. Das geht so weit, dass sogar völlig individualisierte Formen der Kommunikation zwischen Anbietern und Nachfragern möglich werden ❸.
- Öffentlichkeitsarbeit: In diesem Feld ist die Palette der Möglichkeiten besonders groß. Zu denken ist an Präsentations-CDs, Image-Broschüren, Video-Cassetten oder Dia-AV. Letzteres ist die Verbindung von Bild und Ton in Form sog. Tonbildschauen oder Multivisionen, die auf Messen und bei Betriebsbesichtigungen nach wie vor Bedeutung haben.

Das Marketing mit Hilfe von Medienprodukten erweist sich damit als ein ausgesprochen vielschichtiges Gebiet. Es gibt kaum einen innerbetrieblichen Bereich und wohl kaum eine Verbindung zwischen Unternehmen, in dem nicht Medien eine Rolle spielen. Gerade der Business-Bereich ist es, der daher eine besondere Beachtung verdient, wenn man den Medieneinsatz untersuchen will.

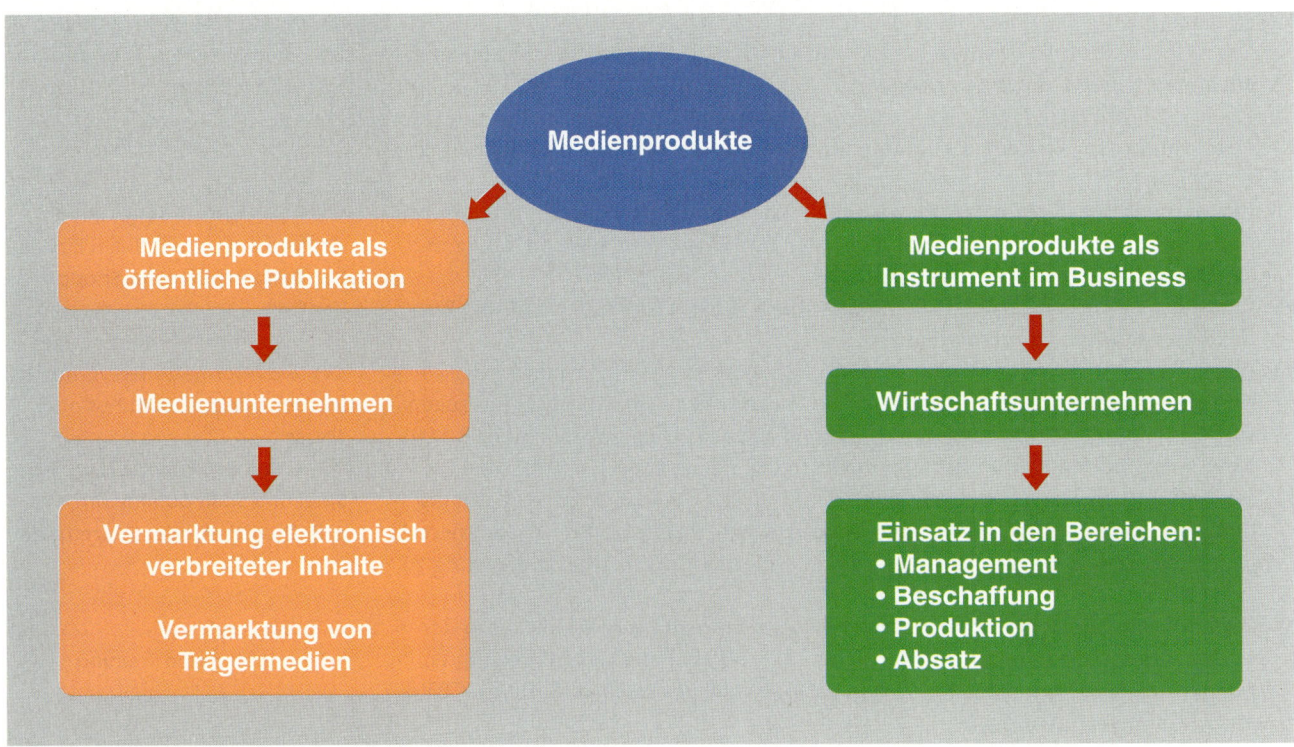

20.4 Im Fokus: Werbung

20.4.1 Rolle und Bedeutung der Werbung

Definition

Werbung begegnet uns auf Schritt und Tritt. Sie ist aus dem täglichen Leben nicht mehr wegzudenken. Manche Werbung wird als störend empfunden, nicht selten z. B. Fernsehwerbung, andere Werbeformen sind voll akzeptiert, z. B. Verkaufsprospekte für Lidl oder Aldi. Was oft nicht bedacht wird: **Werbung** ist eine **grundlegende Erscheinungsform des menschlichen Zusammenlebens** und nicht nur auf den Wirtschaftsbereich beschränkt. So gibt es Werbung z. B. auch bei der Begegnung zweier Menschen, die sich näher kommen wollen (der Mann „umwirbt" eine Frau), oder ein Abteilungsleiter in einem Unternehmen versucht seine Mitarbeiter von einer neuen Idee zu überzeugen (er „macht Werbung" für seine Vorstellungen) oder der junge Mensch sucht eine Stelle und stellt eine „Bewerbung" zusammen. Werbung ist also kein eng begrenztes wirtschaftliches Phänomen, das nur die Wirtschaftsunternehmen interessiert.

➲   Unter Werbung versteht man den bewussten Einsatz von Verfahren, mit denen Menschen in eine bestimmte Richtung ihres Denkens und Handelns beeinflusst werden sollen in der Absicht, die Ziele des Werbenden zu erfüllen.

Die folgenden **Erscheinungsformen der Werbung** können unterschieden werden:

- Wirtschaftswerbung
- Politische Werbung (früher auch als „Propaganda" bezeichnet)
- Kulturelle Werbung
- Soziale Werbung

Werbung als **Wirtschaftswerbung** verstanden ist ein wichtiger Bestandteil des Marketing eines Unternehmens und dort ein zentraler Baustein dessen, was als „Kommunikationspolitik" bzw. „Profilpolitik" bezeichnet wurde. Werbung ist Teil des kommunikationspolitischen Instrumentenkastens, mit dem möglichst effizient Botschaften über die Produkte des Unternehmens an die Zielgruppen transportiert werden sollen. Als Transportwege stehen dabei eine Fülle von Werbeträgern zur Verfügung, die von den herkömmlichen („klassischen") Werbeträgern wie Zeitungen, Zeitschriften, Fernsehen, Radio, Kino und Plakate (Außenwerbung) bis zu den nicht-klassischen neueren Werbeträgern wie Direktwerbung, Sponsoring, Product Placement, Messen und Ausstellungen sowie die Belegung von Online-Werbeträgern (z. B. Suchmaschine „Google") reichen ❶.

Von der Werbung muss man **Verkaufsförderung** und **Public Relations** unterscheiden. Beide zählen ebenfalls zu den kommunikationspolitischen Instrumenten, haben aber eine andere Ausrichtung: Verkaufsförderung ❷ bezeichnet kurzfristige Aktionen für den Handel und den Konsumenten, Aktionen am Verkaufsort („Point of Sale"), Preisausschreiben oder Proben etc., Public Relations umfasst alle Maßnahmen, mit denen ein Unternehmen in der Öffentlichkeit um Vertrauen wirbt.

Ein kleines **Beispiel für Werbung**: Ein junger Mann will seinen Wagen verkaufen. Um die möglichen Käufer seine Absicht mitzuteilen, muss er Werbung für sein Anliegen machen. Zur Übermittlung inseriert er in einer Zeitung, von der er annimmt, dass seine Zielgruppe diese auch liest. Zusätzlich inseriert er in einem speziellen Online-Dienst.

❶ Klassische Wirtschaftswerbung wird auch als „Werbung **above the line**" bezeichnet, nicht-klassische als „Werbung **below the line**".

❷ Die gebräuchliche Abkürzung für **Verkaufsförderung** lautet „VKF". Im Englischen spricht man von „Sales Promotion" oder nur von „Promotion".

Volkswirtschaftliche Bedeutung

❶ Alle hier genannten Zahlen entstammen dem offiziellen Jahresbericht des Zentralverbandes der deutschen Werbewirtschaft (ZAW) „Werbung in Deutschland 2007".

❷ Zu 100 Prozent aus Werbung finanzieren sich Anzeigenblätter und privates Free-TV (z. B. RTL oder ProSieben), zu Null Prozent das Buch, Pay-TV und der Kinofilm. Dazwischen liegen die Tageszeitungen und Wochenzeitungen (z. B. Die Zeit, Spiegel), die etwa ein Drittel aus dem direkten Verkauf an die Leser (Kiosk und Abonnement) und zwei Drittel aus dem Anzeigengeschäft erzielen. Bei Publikumszeitschriften (z. B. Bunte) ist das Verhältnis umgekehrt, also zwei Drittel aus Verkauf und ein Drittel aus Werbeanzeigen.

Die volkswirtschaftliche Bedeutung der Werbung ist groß. Allein die **Werbeaufwendungen** der Wirtschaft für die Schaltung in den Medien („Netto-Werbeumsätze Medien") betrugen im Jahr 2006 mehr als 20 Milliarden Euro ❶. Hinzu kommen noch einmal zehn Milliarden für die Entwicklung und **Herstellung der Werbebotschaften** (Konzeption, künstlerische Gestaltung und Produktion von Werbefilmen, Radiospots, Anzeigen, Plakaten). Das Volumen des Werbemarktes in Deutschland ist damit z. B. drei Mal so groß wie der Umsatz der gesamten deutschen Brauwirtschaft und macht einen Anteil von 1,36 Prozent des gesamten Bruttoinlandsprodukts aus.

Im Jahr 2004 sind in der Werbebranche lt. Statistisches Bundesamt 352.037 Menschen beschäftigt, das sind annähernd die Hälfte der Beschäftigten in der gesamten deutschen Automobilindustrie. Die **Berufsfelder** sind dabei sehr vielschichtig:

- Werbegestaltung (131.648 Beschäftigte): Werbefachleute in Werbeagenturen, Grafik-Ateliers, Schauwerber, Werbefotografen, Film- und Lichtwerbung
- Auftraggeber von Werbung (37.057 Beschäftigte): Werbefachleute in Werbeabteilungen der Anbieter (Hersteller, Dienstleister, Handel)
- Werbemittel-Verbreitung (13.652 Beschäftigte): Werbefachleute bei Verlagen, Funkmedien, Plakatanschlagunternehmen
- Zulieferbetriebe (169.680 Beschäftigte): Von Aufträgen der Werbewirtschaft abhängige Arbeitsplätze beispielsweise in der Papierwirtschaft und der Druckindustrie

Verlage und **Rundfunksender** sind die Hauptnutznießer der Werbung. Für sie ist die Werbung ein wichtiger Finanzierungsfaktor, bei privaten TV-Sendern sogar praktisch das Hauptstandbein. Die Anteile der Finanzierung der Medienmärkte aus Werbung sind dabei sehr unterschiedlich ❷. Auch gemessen am gesamten Werbeaufkommen haben die einzelnen Medien einen unterschiedlich hohen Anteil, wobei die noch vor zehn Jahren bestehende klare Vormachtstellung der Tageszeitungen mittlerweile zugunsten von Fernsehen und Direktwerbung fast abgebaut ist. Die Zahlen für die monetären Medienanteile am Werbemarkt im Einzelnen (2006): Tageszeitungen: 22 Prozent, Fernsehen: 20, Werbung per Post: 16, Publikumszeitschriften: 9, Anzeigenblätter: 10, Verzeichnis-Medien: 6, Fachzeitschriften: 5, Außenwerbung: 4, Hörfunk: 3, Wochen-/Sonntagszeitungen, Filmtheater, Online je 1.

Bei einem Blick auf die **Branchen**, die am meisten in Werbung investieren, fällt auf, dass die Liste von den Massen-Medien selbst angeführt wird. Sie profitieren also nicht nur von den Werbegeldern der Unternehmen, sie sind auch selbst sehr aktiv, Werbeausgaben zu tätigen. Ein Hauptgrund für diese auffällige Erscheinung ist die Tatsache, dass jede Form der Eigenwerbung (z. B. in Form von Trailern, Programmhinweisen oder Teasern bzw. „Anmachern" im Fernsehen oder von Eigenanzeigen in Zeitungen) als Geschäftsvorfall erfasst wird. An zweiter Stelle folgen die Handelsorganisationen, auf den weiteren Plätzen liegen der Automarkt, die Telekommunikation, Schokolade und Süßwaren, Pharmazie, Finanzdienstleistungen, Spezialversender, Unternehmenswerbung und Bier.

Gesellschaftliche Bedeutung

Die Rolle der Werbung allein anhand der rein wirtschaftlichen Zahlen beleuchten zu wollen, würde ihrer Bedeutung nicht gerecht. Werbung ist Kommunikation und leistet einen Beitrag zur **gesellschaftlichen Kommunikation**. Sie trägt damit zum Informationsaustausch und zum besseren Verständnis innerhalb der Gesellschaft bei, sie ist für das Funktionieren der Märkte unerlässlich. Ohne Werbung kann ein **Unternehmen** sich nicht artikulieren und seine Botschaften den Zielgruppen übermitteln. Ohne Werbung wären die Anbieter auf den Märkten „sprachlos", sie wären nicht fähig, ihre Produkte zu Marken zu entwickeln, die von den Konsumenten beachtet werden und eine so hohe Wertschätzung erfahren, dass sie gekauft werden. Mit Werbung ringt ein Unternehmen um die Sympathie und die Aufmerksamkeit ihrer potenziellen Kunden. Aus Sicht des **Verbrauchers** sorgt Werbung dafür, dass sie auf interessante Produkte aufmerksam werden, dass sie Preis- und Qualitätsvergleiche anstellen können und dass sie eine Garantie bekommen, die Produkte im ganzen Land auch in der beworbenen Form zu erhalten. Werbung ist damit ein wichtiger Teil eines freiheitlich organisierten marktwirtschaftlichen Wirtschaftssystems, das für ein hohes Wohlstandsniveau sorgt.

Werbung hat freilich auch ihre **Schattenseiten**. Es gibt Werbespots, die so sehr „nerven", dass man gerne die Fernbedienung benutzt, um ein anderes TV-Programm zu suchen. Es gibt Anzeigen, die so nichts sagend sind, dass man achtlos darüber hinwegblättert, es gibt Radiowerbung, die so marktschreierisch ist, dass man schleunigst einen anderen Sender einstellt. Hier muss die Branche dringend darauf achten, die Werbebotschaften in einer gefälligen Form aufzubereiten und zu präsentieren. Als großes Problem wird insbesondere die Unterbrecherwerbung in Fernsehfilmen angesehen.

Der Werbung wird auch nicht selten unterstellt, sie manipuliere den Konsumenten und verführe ihn zu Käufen, die er gar nicht will ❶. Noch weitergehend wird der Werbung das Vermögen unterstellt, dem Menschen ein Bewusstsein zu vermitteln, dass der Konsum sein eigentlicher zentraler Lebenszweck sei. Werbung sei insofern unmoralisch und gesellschaftlich wertlos, wenn nicht gar gefährlich.

Diesem Bild von der Werbung ist entgegenzuhalten, dass Werbung innerhalb der marktwirtschaftlichen Ordnung von einem **mündigen Konsumenten** ausgeht, der nach eigenen Vorstellungen die freie Konsumwahl ausübt. Danach ist der Verbraucher kein hilfloses, passives, ohnmächtiges und desorientiertes Wesen, das vor den Anbietern von Produkten und Dienstleistungen geschützt werden muss. Ein mündiger Konsument versteht sich als gleichwertiger Marktpartner, der mit seinen Entscheidungen die Anbieterseite zwingt, sich an seinen Bedürfnissen zu orientieren.

Hinzu kommt ein ganzes **System kontrollierender Regelungen**, die den Verbraucher gegen jede Form von Missbrauch schützt. Zu nennen sind eine Vielzahl von Spezialgesetzen und Verordnungen (insbesondere UWG, das Gesetz gegen unlautereren Wettbewerb), freiwillige Selbstbeschränkungsabkommen der Wirtschaft (z. B. Verzicht auf Tabakwerbung), Einrichtung des Deutschen Werberats, der Verhaltensregeln aufstellt und beaufsichtigt oder die Klagebefugnis von Verbraucherorganisationen.

❶ Vance Packard entwarf in seinem viel beachteten Werk „Die geheimen Verführer" 1957 ein Schreckensbild willenloser Konsumenten, die durch ins Unterbewusstsein eindringende Werbebotschaften gelenkt werden könnten. So schrieb er: „Mit oft eindrucksvollem Erfolg werden... Anstrengungen aufgewendet, um unsere gedankenlosen Gewohnheiten, unsere Kaufentschlüsse und unsere Denkvorgänge zu steuern, indem man sich der aus der Psychologie... aufgelesenen Einsichten bedient. Bezeichnenderweise gelten diese Anstrengungen einer Schicht unterhalb unserer Bewusstseinsebene, so dass die Antriebe, die uns bewegen... ‚verborgen' sind." Inzwischen ist die Möglichkeit der Effizienz unterschwellig wirkender Werbung weitgehend widerlegt worden (zitiert nach Focus Medienlexikon, Internet).

Ablauf einer Werbekampagne

Eine Werbekampagne zu entwickeln und durchzuführen, geschieht im engen Zusammenwirken eines **Auftraggebers** (z. B. das Unternehmen Mercedes-Benz) und einer **Werbeagentur** (z. B. Springer&Jacoby), wobei der Ausgangspunkt aller Arbeiten das Briefing darstellt. Unter einem **Briefing** wird der Prozess der Abstimmung sowie das zugrunde liegende Dokument verstanden, auf dessen Grundlage alle weiteren Arbeiten erfolgen. Die entscheidende Herausforderung besteht darin, eine Werbebotschaft zu gestalten und diese dann so effizient über geeignete Kanäle zu transportieren, dass die ins Auge gefasste Zielgruppe tatsächlich erreicht und zu einem gewünschten Verhalten (Einstellung, Kauf) veranlasst wird. Die zentralen **Bausteine eines Werbekonzepts** sind daher:

- Die Werbebotschaft, auch „Werbemittel" genannt. Sie gibt Antwort auf die folgenden Fragen: Welcher Inhalt soll mitgeteilt werden? Was will man sagen? Und: Wie soll es mitgeteilt werden?
- Die Werbeträger. Über welche Kanäle soll die Werbebotschaft transportiert werden? Wie soll die Werbung zu den Zielpersonen herangetragen werden? Werbeträger sind das Vehikel für den Transport der Werbebotschaft.

❶ vgl. GWA-Broschüre: Für Schülerinnen und Schüler: Einstieg in Kommunikation und Werbung, 2003

Prinzipiell erfolgt der **Ablauf einer Werbekampagne** nach einem immer ähnlichen Raster in den folgenden **sieben Stufen** ❶:

- Auftrag, Briefing des Kunden (des Auftraggebers) an die Agentur
- Beratung des Kunden
- Kreative Strategie und Umsetzung des Werbemittels
- Werbeträger-Auswahl, auch „Media-Strategie", „Mediaplanung" oder nur „Media" genannt
- Produktion des Werbemittels
- Durchführung und Abrechnung der Werbekampagne
- Erfolgsmessung und Erfolgskontrolle

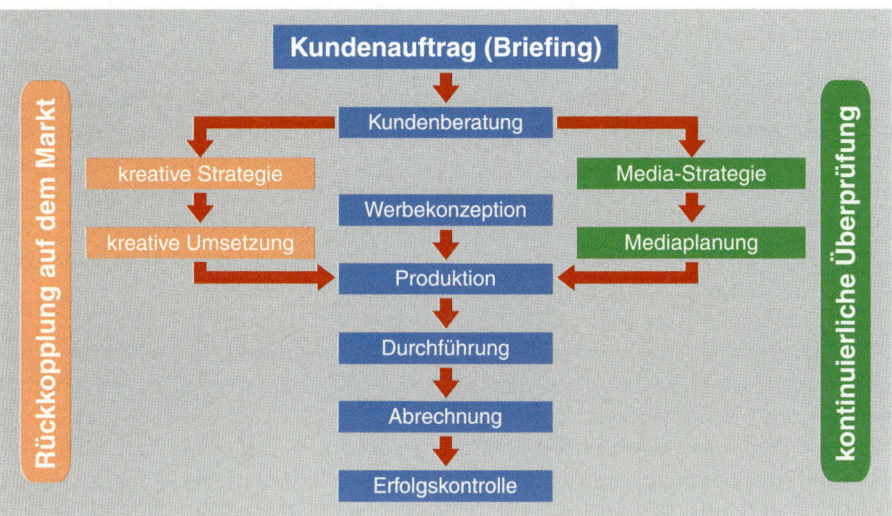

Werbeziele

Die zentrale Rolle im Briefing, das am Beginn jeder Werbekampagne steht, spielen die **Ziele**, die das Werbung treibende Unternehmen verfolgt. Grundsätzlich muss das Unternehmen dabei in einem zweistufigen Verfahren darüber entscheiden, welche **Kommunikationsziele** verfolgt werden sollen, und welche **wirtschaftlichen Ziele** angestrebt werden:

- Kommunikationsziele:
  1. Bekanntmachung: Erlangung, Erhaltung, Erhöhung einer einzigartigen Position in der Wahrnehmung durch die Zielgruppe („Unique Advertising Position"),
  2. Information über Funktion, Einsatz, Kosten-Nutzen-Differenzierung des beworbenen Produkts,
  3. Vertrauen: Imageverbesserung, Bindung an das Unternehmen, Vermeidung von ungewollten Wahrnehmungen („Kognitive Dissonanz" ❶).
- Wirtschaftliche Ziele: Unterstützung des Absatzes durch Schaffung einer „Unique Selling Proposition" ❷, Vermittlung von Argumenten für den Kaufentschluss, Senkung der Vertriebskosten, gezieltes Kampagnen-Timing.

Je nachdem, in welcher Phase sich ein Produkt im sog. **Produktlebenszyklus** befindet, wird eine unterschiedliche Werbung notwendig sein:

- Ein Produkt wird neu im Markt eingeführt (Einführungswerbung): erstmalige Werbung zur Bekanntmachung
- Ein Produkt soll in seiner Marktposition nach vorne geschoben werden (Expansionswerbung): Erhöhung des Umsatzes/Marktanteils
- Ein Produkt soll in seiner Rolle im Markt gehalten werden (Erhaltungswerbung): Erhaltung des Bekanntheitsgrades, Erinnerung, Aktualisierung
- Ein Produkt soll aufgefrischt werden (Relaunch) oder durch ein anderes ersetzt werden (Reduktionswerbung): Verlagerung des Absatzes im Zeitablauf

Häufig wird der Werbung vorgeworfen, sie informiere den Konsumenten nicht oder nicht ausreichend. Diese Beobachtung ist zwar richtig, sollte aber nicht dazu verleiten, falsche Schlüsse zu ziehen. Grundsätzlich gibt es **zwei** mögliche **inhaltliche Ansätze**, Werbebotschaften zu gestalten und diese vom werbenden Unternehmen zum umworbenen Konsumenten zu transportieren:

- Werbung als Information: Vermittlung von Fakten (z. B. Preise, Qualitäten), Eigenschaften, rationale Gesichtspunkte – Beispiel: Computer, Lebensmittel in der Supermarkt-Werbung
- Werbung als Emotion: Ansprechen von Gefühlen (Sicherheit, Angst, Natur, soziale Bedürfnisse, Freude, Liebe, Hoffnung) – Beispiel: Automobilwerbung, Bier, Werbung mit Natur, Kindern, Tieren

Zur sicheren Erreichung des Werbeziels (z. B. der Einprägung des neuen Produktnamens) kann es zweckmäßig sein, voll auf Emotion zu setzen.

❶ Unter **kognitiver Dissonanz** versteht man eine als unbequem empfundene psychische Spannung, die entsteht, wenn zwischen dem Handeln und dem Wissen eines Menschen Widersprüche bestehen. Beispiel: Jemand raucht, obwohl er genau weiß, dass dies gesundheitsschädlich ist.

❷ Der **USP** bringt präzise den Nutzen (Benefit) zum Ausdruck, den der Käufer hat, wenn er das Produkt erwirbt. Es handelt sich um den Verkaufsanspruch, der verkaufsstimulierend (selling) wirkt. Der USP beantwortet die Frage: „Warum soll ich das Produkt kaufen?"

Werbemittel für Film, Funk und Fernsehen bezeichnet man seit alters her auch als die **FFF-Werbemittel**.

20.4.2 Werbemittel

Das Werbemittel ist eine durchdachte **Kombination aus werbewirksamen Elementen** wie Text, Bild, Ton, Video, Bewegung oder Grafik. Durch deren professionelle Gestaltung und Komposition zu einem überzeugenden Zusammenspiel soll die gewünschte **Werbewirkung** hervorgerufen werden.

Übersicht über die Werbemittel

Zu unterscheiden sind die folgenden **Werbemittel**:

*   Presse: Anzeigen in Tageszeitungen, Anzeigen in Publikumszeitschriften
*   Außenwerbung: Plakat
*   Fernsehen: TV-Spot („harte Werbung"), Werbefilm, Sponsorsendung
*   Radio: Radio-Spot, Sponsorsendung
*   Kino: Kinofilm
*   Internet: Online-Werbung als Banner, Online-Anzeige, Newsletter, EMail-Werbung
*   Direktwerbung: Werbebrief („Direct Mail"), Prospekt, Katalog, Kundenzeitschrift, Preislisten, Geschenkgutschein, Aufkleber
*   3-D-Werbemittel: Werbegeschenke, Tragetasche, Packungen, Schaufensterdekoration, Displaymaterial am POS, Bedruckter Luftballon, Messestand, Mitarbeiter-Outfit, Firmenfahrzeug, Firmenfahne, Firmensymbol

Je nach Aufgabenstellung besitzt ein Werbemittel bestimmte **Vorzüge** und **Nachteile**. Kriterien für die Auswahl der Werbemittel sind z. B. die Möglichkeit einer gezielten Streuung, seine Kosten, die Wirkungsdauer oder die Möglichkeit des Konsumenten, der Werbung auszuweichen. Eine gezielte Streuung ist besonders gut bei Anzeigen in regionalen Tageszeitungen möglich, beim Plakat oder durch den Werbebrief. Hörfunkwerbung und Werbung in Zeitschriften ist relativ kostengünstiger als TV- und Kinowerbung. Im Hinblick auf die Wirkungsdauer sind im Vergleich zum flüchtigen TV- und Radiospot Anzeigen in Publikumszeitschriften als besonders günstig zu beurteilen. Ausweichmöglichkeiten bestehen am wenigsten beim Kinospot, am stärksten durch das „Zapping" im Fernsehen und die Möglichkeit des Überblätterns bei Anzeigen im einem separaten Anzeigenteil.

❶ Der Widerstand gegen die Werbung wird im Fachjargon auch als **Reaktanz** bezeichnet.

Je eindrucksvoller ein Werbemittel, desto weniger besteht die Gefahr, dass sich der Rezipient (Leser, Zuschauer, Zuhörer, User) von der Werbung abwendet. Für die Werbewirtschaft ist die Vermeidung von Werbung ❶ durch die Mediennutzer ein äußerst unangenehmer Vorgang. Sehr bekannt geworden ist das „Zapping".

⮑   Unter „Zapping" versteht man die **Kontaktvermeidung durch den Zuschauer,** indem er das Programm bei Werbeeinblendungen mit Hilfe der Fernbedienung auf einen anderen Kanal umschaltet.

In der digitalen Fernsehlandschaft der Zukunft kommt der Werbevermeidung eine noch höhere Bedeutung zu, da es künftig möglich sein wird, über sog. Digitale Videorecorder (DVR) Werbung automatisch auszublenden.

Kreative Strategie und Umsetzung des Werbemittels

Um eine Konzeption für die Gestaltung eines Werbemittels zu entwickeln, empfiehlt es sich, vier **Fragen** zu stellen:

- Frage 1: Wer soll mit der Werbebotschaft erreicht werden?
- Frage 2: Was soll kommuniziert werden?
- Frage 3: Wie soll kommuniziert werden?
- Frage 4: Wo soll kommuniziert werden?

Frage 1, das „Wer", ist der Ausgangspunkt und betrifft die Frage nach der **Zielgruppe**. Nur wenn klar festgelegt ist, wer mit der Werbekampagne konkret angesprochen werden soll, kann man ein überzeugendes Gestaltungskonzept erarbeiten. Zielgruppen können nach den unterschiedlichsten Kriterien abgegrenzt werden, so z. B. nach soziodemografischen Kriterien wie Geschlecht, Alter, Einkommen, Schulbildung, Beruf, Familienstand oder Wohnortgröße ❶. Andere Kriterien setzen z. B. am Konsumverhalten der Menschen an oder am Lebensstil. Bei letzterem kommen in Frage: Freizeitaktivitäten, bevorzugte Urlaubsart, Musikinteressen, Wohnstil, Kleidungsstil, Einstellungen zu Essen und Trinken, Einstellungen zur Kleidung („Outfit") und zum eigenen Körper („Body-Image"), Werthaltungen, Lebensphilosophie und Moral, Zugehörigkeit zu sozialen Milieus, Arbeitszufriedenheit, Berufserwartungen, Einstellung zu Familie, Partnerschaft und Emanzipation, Wohnsituation, politisches Interesse.

Die eigentliche Gestaltung des Werbemittels ist mit den Frage 2 und 3 angesprochen. Um sie zu beantworten, bedient man sich der sog. **Copy-Strategie**. Sie ist das schriftliche Dokument, mit der man die inhaltliche Grundkonzeption einer Werbekampagne konkret fixiert. Eine Copy-Strategie besteht aus den folgenden **drei Elementen**:

- Consumer Benefit: Darunter versteht man den Nutzen, den besonderen Vorteil bzw. den einzigartigen Vorzug, den das beworbene Produkt für den Käufer besitzt. Diesen „Benefit" gilt es der Zielgruppe klar und verständlich mitzuteilen. Das zentrale Argument, warum die Zielpersonen das Produkt kaufen sollen, nennt man in diesem Zusammenhang auch das „Produktversprechen" bzw. die „Unique Selling Proposition" (USP). Häufig wird bei der USP zwischen Grundnutzen und Zusatznutzen unterschieden ❷. Die Umsetzung der USP erfolgt im sog. „Claim", mit dem der Kern der Werbeaussage auf ein Argument verkürzt wird und sich in allen Kommunikationsmaßnahmen wiederholt.
- Reason Why: Er bezeichnet die Begründung, die Glaubhaftmachung, den Beweis für die in der USP gemachten Behauptungen. Es ist also die Anspruchsbegründung für das Leistungsangebot. Je höher der Produktanspruch ist, eine desto größere Bedeutung erhält der Reason Why.
- Tonality, auch „Flair" genannt: Sie legt den Grundton der Werbung fest und bestimmt, wie das Produkt präsentiert werden soll. Beschrieben wird darin z. B., dass die Verpackung „atmosphärisch" sein soll z. B. im Sinne von jung und sportlich im Gegensatz zu traditionsgebunden und rustikal.

❶ Ein Beispiel für eine **Zielgruppendefinition** nach soziodemografischen Kriterien: Alle verheirateten Frauen zwischen 20 und 49 Jahren mit Kindern zwischen 3 und 14 Jahren, bei einem Haushaltseinkommen von 3.000 Euro und mehr (netto).

❷ **Grundnutzen** und **Zusatznutzen**: Produkte werden häufig nicht nur wegen ihrer Grundfunktion gekauft, sondern wegen eines interessanten Zusatznutzens wie Prestige, Ästhetik, Design, Wirtschaftlichkeit. Der Aspekt des Zusatznutzens gewinnt im Marketing eine immer größere Bedeutung, insbesondere im Hinblick auf die Möglichkeiten, die das Internet bietet.

Beispiel Plakat, Anzeige, Broschüre

1

Kampagne „Schichtwechsel" EHG

Auftraggeber: Energiehandelsgesellschaft märkische Stadtwerke mbH (EHG), eine Gemeinschaftsunternehmung von acht Stadtwerken
Produkt: Erdgas
Zielgruppe: Hauseigentümer, Nutzer des Energieträgers Erdöl
Positionierung: Die EHG-Stadtwerke versorgen die Region mit Erdgas
Consumer Benefit: Saubere und umweltschonende Energieversorgung
Werbeidee: Die Umstellung von Erdöl auf Erdgas durch die unterschiedlichen Erdschichten veranschaulichen
Kampagnen-Claim: „Schichtwechsel"
Tonality: bewusst irritierend und doppeldeutig (Slogan), seriös

1 Quelle: T-Online- Business: BusinessPro: Marketingpraxis. Die besten Marketing- und Vertriebslösungen für den Mittelstand.
E-Book 2004, S. 120 f. Die verantwortliche Agentur war die Fa. elementmedia GmbH, Schwerte.

Und zu welcher Schicht gehören Sie?
Erdgas von Ihren Stadtwerken im Verbund der ⠿EHG | www.schichtwechsel2003.de

STADTWERKE LÜDENSCHEID
Das ganze Leben gut versorgt

Mit der Kampagne „Schichtwechsel2003" wollte die EHG eine hohe Aufmerksamkeit erzielen, informieren und dabei das Interesse für den modernen Energieträger Erdgas wecken. Die Zielsetzung der EHG lautete: „Die Zielkunden sollen für das Thema Umstellung auf Erdgas sensibilisiert oder – falls sie schon erdgasversorgt sind – in ihrer Entscheidung bestätigt werden".

Die Kampagne fand im Juni und Juli 2003 statt und umfasste die klassischen Werbeträger Großflächenplakate, Tageszeitungsanzeigen und Kampagnenbroschüren. Die Anzeigen und Plakate hatten die Aufgabe, die Vorteile von Erdgas in einer einzigen Botschaft auf den Punkt zu bringen. Begleitend dazu konnten in den Informationsbroschüren die Argumente, die für einen Wechsel zum Erdgas sprechen, ausführlich dargestellt werden. Die Broschüren wurden in einer Direktmailing-Aktion an die Zielgruppen verschickt. Flankierend zu den Printmedien gab es eine umfangreiche Hörfunk-Kampagne. Als Anlaufstelle wurde im Internet eine Kampagnen-Website eingerichtet (www.schichtwechsel2003.de).

Beispiel TV-Werbespot

Persil-Kampagne

Produkt: Persil Supra

Zielgruppe: alle Konsumenten, die gepflegte Wäsche bei geringer Umweltbelastung wünschen

Positionierung: umweltschonendes Vollwaschmittel mit Wasserenthärter für die ganze Wäsche

Consumer Benefit: unübertroffene Reinheit und Pflege

Reason Why: Wasserenthärtung, neue Wirkstoffe

Tonality: vertrauenswürdig, informativ

Werbeidee: Präsenter-Spot für das Fernsehen

Ein **Präsenter-Spot** ist eine spezielle Gestaltungsform für die filmische Umsetzung der Copy-Strategie. Dabei stellt eine Person mit glaubwürdiger Autorität, der Präsenter, das zu bewerbende Produkt dem Publikum vor, sei es indem er die Qualitäten des Produkts demonstriert, sei es indem er geeignete Kommentare zu einer szenischen Handlung abgibt.

Die **Umsetzung der Werbeidee** könnte auch in völlig anderer Form erfolgen, so z. B. im Wege der sog. „Technik der Produktpersönlichkeit". Bei dieser Umsetzungstechnik (im Fachjargon: „Copy-Technik") wird ohne irgendeine Präsentation durch einen Menschen das Produkt in Aktion gezeigt mit dem Ziel, die ganze Aufmerksamkeit auf den „Hauptdarsteller Produkt" zu lenken. Möglich wäre auch der Einsatz der sog. „Testimonial-Technik", die einen zufriedenen Käufer oder Benutzer des Produkts zeigt, der gewissermaßen ein Zeugnis über die Güte des Produkts ablegt. Gerne werden im Testimonial Film- und Fernsehstars eingesetzt, um deren Beliebtheit und Bekanntheit für Werbezwecke auszunutzen. Ein völlig anderer Copy-Technik-Ansatz ist schließlich der „Slice of Life", bei dem nach einer klaren inhaltlichen Abfolge eine typische Szene, wie sie aus dem Leben gegriffen ist, vorgestellt wird ❶.

Soll ein Fernsehwerbespot seine maximale Wirkung erzeugen, müssen die **Gestaltungselemente**, aus denen er besteht, zu einer **organischen Einheit** verbunden werden. Dieses sind die Elemente Bild (Realbild, Grafik, Animation), Ton (Musik, Sprache, Geräusche) und Text. Von entscheidender Bedeutung ist die Dramaturgie, die dafür sorgen soll, dass die TV-Werbung „unter die Haut geht" und starke Gefühle auslöst. Als **Erfolgsfaktoren** für erfolgreiche Werbung im Fernsehen können gelten:

- Anregende und unterhaltsame Gestaltung
- Einfach, klar, verständlich
- Vermittlung produktrelevanter Eindrücke
- Verstärkung der vorhandenen Präferenzen der Zielgruppe
- Auslösung von persönlicher Betroffenheit
- Ausstrahlung von Glaubwürdigkeit

Eine weitere wichtige Gestaltungsfrage betrifft die **Länge des Spots**. Hier ist festzustellen, dass in den letzten Jahren eine deutliche Verkürzung der Spotlänge eingesetzt hat.

❶ Die **Dramaturgie** eines Slice-of-Life-Spots (nach Huth-Pflaum: Einführung in die Werbelehre):

1. Eine alltägliche Szene aus dem Leben der Zielgruppe
2. Eine Person hat ein Problem.
3. Ein freundlicher und glaubwürdiger Bekannter weiß Rat.
4. Ein bestimmtes Produkt wird als Problemlöser empfohlen.
5. Zweifel an der Produktleistung treten auf.
6. Es folgt eine Nutzendemonstration, die den endgültigen Beweis liefert.
7. Höhepunkt der Story: Das Produkt und dessen Leistung werden gelobt.
8. Schluss: Slogan oder Jingle (ein gesungener Werbespruch) und Packungsabbildung.

Beispiel Crossmediale Kampagne

Kampagne „Flaschenpost" von Coca-Cola 2003

Produkt: Marken der Coca-Cola Company

Zielgruppe: Mobiltelefonbesitzer („Generation SMS")

Positionierung: Fanta und die anderen Marken der Coca-Cola GmbH machen Spaß und bieten eine Markenwelt, mit der sich die Zielgruppe identifizieren kann.

Consumer Benefit: Wer Fanta oder andere Marken aus dem Coca-Cola-Sortiment trinkt, hat Spaß und liegt im Trend.

Reason Why: Die Freunde trinken ebenfalls die gleichen Coca-Cola-Marken und nutzen die originellen Fanta-Medien.

Tonality: bunt, schnell, laut

Werbeidee: Durch originelle Klingeltöne und Bildmotive sollen möglichst viele Handybesitzer zum Austausch von SMS-Grüßen und damit Markenbotschaften animiert werden.

❶ Quelle: T-Online- Business: BusinessPro: Marketingpraxis. Die besten Marketing- und Vertriebslösungen für den Mittelstand. E-Book 2004, S. 116 f.

Diese ungewöhnliche Werbekampagne wird inzwischen als eine der am besten vorbereiteten Kampagnen der Welt bezeichnet. Entwickelt wurden 150 Klingeltöne, Logos und Grußkarten in 500 Variationen. Im Zentrum standen die Getränkeflaschen. In der Coca-Cola-Pressemitteilung vom 06.03.2003 heißt es: „Handy-Spaß kommt jetzt beim Durstlöschen! Unter dem Motto Fanta Flaschenpost initiiert Coca-Cola eine der größten je in Deutschland gestarteten On-Pack-Kampagnen: Unter Führung der Marke Fanta geht am 1. April 2003 die markenübergreifende Fanta Flaschenpost an den Start. Bis zum 18. Mai 2003 finden sich auf den Innenseiten von rund 160 Millionen Flaschenetiketten der Marken Coca-Cola, Fanta, Coca-Cola light, Sprite, Mezzo Mix, Lift und Bonaqa individuelle Zahlencodes.

Wer diesen Code von seinem Handy an die angegebene Rufnummer schickt, erhält einen Service als Zugabe zum Herunterladen oder zum Verschicken an Freunde. Ob Logo, Klingelton oder mobile Grußkarte: Überraschung ist garantiert. Als Werbepartner für diese außergewöhnliche Kampagne konnten T-Mobile und Nokia gewonnen werden."

Zur nachhaltigen Unterstützung der Werbewirkung steht die Kampagne in einem **umfassenden integrierten Kommunikationskonzept.** So heißt es an anderer Stelle der Pressemitteilung: „Ein zentraler Bestandteil der Kampagne ist die Verbindung des jungen Kommunikationsmediums Handy mit den klassischen Kanälen im Kommunikations-Mix. Zum schnellen Bekanntheitsaufbau der Kampagne laufen parallel zur On-Pack-Kampagne von Anfang bis Ende April Werbespots im TV. Im Print-Bereich werden vor allem in Jugendtiteln und Programmzeitschriften Anzeigen geschaltet. Alle klassischen Werbeaktivitäten haben das Ziel, die Fanta Flaschenpost vorzustellen und auf die besondere Attraktivität der Zahlencodes hinzuweisen. Natürlich gehört auch das Medium Internet zum Kommunikations-Mix: Auf den jeweiligen sieben Marken-Websites (z. B. www.coca-cola.de oder www.fanta.de) finden sich Informationen zur Kampagne sowie allen technischen Aspekten. Beim Internetgewinnspiel können die User außerdem insgesamt 1.000 topaktuelle Nokia, 3.650 Handys oder 1.000 XtraCashs von T-Mobile gewinnen. Auch auf den Websites der Kooperationspartner Nokia (www.nokia.de) und T-Mobile (www.t-mobile.de) führen Teaser zu der multimedialen Welt der Fanta Flaschenpost."

Zum **Erfolg der Kampagne** ist in der FAZ vom 29.09.2003 zu lesen: „In der Kampagne „Fanta Flaschenpost", die von 12 Snap konzipiert wurde, hat der Konzern Zahlencodes auf den Innenseiten von mehr als 160 Millionen Getränkeflaschen angebracht. Die Kunden sollten den Code per SMS an die angegebene Rufnummer senden und erhielten dafür ein Logo, einen Klingelton oder eine mobile Grußkarte zum Herunterladen. „Wir sind mit den Ergebnissen unserer mobilen Marketing-Aktion sehr zufrieden. In den sieben Wochen der Kampagne sendeten unsere Kunden 5,9 Millionen Zahlencodes zurück", sagte Burggraeve. Das entspricht einer Antwort-Rate von 3,7 Prozent. Vor allem die kleinen Marken im Coca-Cola-Konzern hätten in dieser Zeit Marktanteile gewonnen. Zu den Kosten wollte Burggraeve keine genauen Angaben machen. „Es war nicht billig, hat sich aber gelohnt", sagte er. Zudem gaben 100.000 Menschen ihr Einverständnis, auch künftig an Werbeaktionen von Coca-Cola teilnehmen zu wollen. Daneben profitierten auch die Betreiber der Mobilfunk-Netze von der Werbeaktion: 1,3 Millionen Euro Zusatzumsatz flossen nach Angaben von Coca-Cola in die Taschen von T-Mobile, Vodafone, E-Plus und O2. Der direkt messbare Kundenkontakt per SMS oder Multimedia-Nachricht (MMS) wird nach Einschätzung der Marktforscher in den kommenden Jahren an Bedeutung gewinnen. „Das mobile Marketing wächst kräftig und wird seinen Höhepunkt in zwei Jahren erreichen", erwartet Michelle de Lussanet vom Marktforschungsunternehmen Forrester Research. ... Coca-Cola wird die Werbung in den interaktiven Medien bereits im Weihnachtsgeschäft erneut einsetzen. Im November soll die neue Kampagne starten, die Internet und Mobilfunk kombiniert. Werbepartner ist der Handy-Netzbetreiber Vodafone."

Aus der Coca-Cola- Pressemitteilung: „Die Fanta Bundle Promotion ist weltweit die erste On-Pack-Kampagne, die sieben Erfolgsmarken unter einem gemeinsamen Titel markenindividuell bündelt und dabei intelligent die Möglichkeiten des Mobile Marketing nutzt. Mit der Fanta Flaschenpost erweitern wir den klassischen Kommunikations-Mix in bislang einmaliger Weise um das Kommunikationsmedium der jungen Erwachsenen, das Handy, so Jordi Queralt, Group Brand Manager Fanta zur zentralen Idee der Fanta Bundle Promotion."

20.4.3 Werbeträger

Bedeutung

❶ Der Fachbegriff lautet:
Werbebudget

In Deutschland gibt es ein sehr **großes Angebot** an Werbeträgern. Den Unternehmen stehen damit viele Wege offen, mit ihren Zielgruppen zu kommunizieren und für ihre Produkte zu werben. Die Herausforderung für ein werbetreibendes Unternehmen besteht darin, die für die Werbung vorgesehenen Finanzmittel **❶** in der Weise auf die Werbeträger zu verteilen, dass eine maximale Werbewirkung erzielt wird. Die Auswahl der Werbeträger nennt man **Media-Selektion**, die Planung der einzusetzenden Werbeträger **Media-Planung** und der zu entwickelnde Plan **Media-Plan** oder **Streuplan**.

Die vielfältige Landschaft der **Werbeträger in Deutschland** sieht für das Jahr 2006 wie folgt aus (lt. ZAW/IVW; Zahlen in Klammern stehen für die Werbeträger-Angebote des Jahres 1993):

- Tageszeitungen: 377 (423)
- Wochenzeitungen: 27 (31)
- Anzeigenblätter: 1.374 (1.333)
- Publikumszeitschriften: 899 (658)
- Fachzeitschriften: 1.095 (958)
- Kundenzeitschriften: 78 (45)
- TV-Programme: 193 (70)
- Hörfunkprogramme: 340 (213)
- Online-Angebote: 431 (0)
- Außenwerbung: 358.508 (306.138)
- Kino (Leinwände): 4.848 (3.652)

❷ Das Marketing-Konzept, das darauf beruht, dass Interessenten aktiv die Werbung eines Unternehmens suchen und z. B. einen Newsletter abonnieren, nennt man **Permission Marketing**.

Daneben gibt es zahlreiche Medien, die keine Werbung zulassen oder für die Werbenden nicht attraktiv sind, wie z. B. Bücher oder Pay-TV-Programme. Eine besondere Entwicklung ist durch das Internet eingeleitet worden, mit dem sich auch für die Werbung neue Möglichkeiten eröffnet haben.

Die einfachste Form der **Internet-Werbung** ist die Werbung per E-Mail. Sie ist für die Unternehmen insofern hoch attraktiv, als sich Informationen über neue Produkte oder über das Unternehmen einfach und kostengünstig sowohl automatisch erzeugen als auch in großen Mengen versenden lassen. Die Kunden müssen allerdings vorher dazu veranlasst werden, sich unaufgefordert in eine Mailing-List einzutragen. Sie geben damit die Erlaubnis, mit Werbeinformationen bestückt zu werden **❷**. Verpönt und für den E-Mail-Verkehr mittlerweile äußerst störend ist die unaufgeforderte Zusendung von Werbung, die auch als „Spam" bezeichnet wird („Spam-Mails").

❸ Aus einer FAZ Zeitungsnotiz: vom Oktober 2004: „Yahoo-Geschäft wächst stürmisch. Die Internetgesellschaft verzeichnet weiterhin ein stürmisches Wachstum im Geschäft mit Werbung auf ihren Seiten. ... Online-Werbung trug 84 Prozent zum Gesamtumsatz bei."

Neben der E-Mail-Werbung hat das Anbringen von sog. „Bannern" eine hohe Bedeutung gewonnen. Bei einem Banner handelt es sich um eine Werbefläche auf einer Internet-Seite, die in der Regel mit einem Link versehen ist, über das der Interessent direkt auf die Seite des Werbenden geführt wird. Besonders interessant ist Bannerwerbung auf den bekannten Suchmaschinen Google oder Yahoo **❸**.

Auswahl der Werbeträger

Die Aufgabe der **Media-Planung** besteht darin, im Rahmen des Werbebudgets diejenige Kombination von Werbeträgern zu identifizieren, die eine maximale Wirkung erzielt. Dabei stellen sich die folgenden **Herausforderungen**:

- Reichweite: Wünschenswert ist es, die ins Auge gefasste Zielgruppe sowohl nach der Personenzahl als auch im Hinblick auf das räumliche Absatzgebiet möglichst weitgehend abzudecken.
- Kontaktfrequenz: Ferner soll die Kampagne sicherstellen, dass die Zielgruppe in einer bestimmten Häufigkeit mit der Werbebotschaft durchschnittlich in Berührung kommt. Diese Anforderung einer Mindesthäufigkeit des Zielgruppenkontakts nennt man auch „Kontaktdosis".
- Timing: Desweiteren ist es wichtig, dass die Werbebotschaften zum richtigen Zeitpunkt bzw. im richtigen Zeitraum an die Zielgruppe herangetragen werden. Gefordert ist also eine sog. „Timing-Strategie".
- Wirtschaftlichkeit: Schließlich sollte die Kampagne die Streuung der Werbebotschaft möglichst wirtschaftlich erzeugen.

Die Kriterien der **Reichweite** und **Kontaktfrequenz** stehen oft in **Konkurrenz** zueinander, d. h. je nachhaltiger man das Ziel verfolgt, die Zielgruppe auszuschöpfen, desto eher muss man Abstriche machen in der Häufigkeit der erzielten Kontakte mit der Zielgruppe. Hier ist es wie sonst auch: Ein begrenztes Budget reicht eben nur bis zu einem bestimmten Grad und man muss Prioritäten setzen. Das Ergebnis der Mediaplanung ist der sog. **Streuplan** ❶, aus dem detailliert hervorgeht, wann und wie lange in welchen Medien geworben werden soll.

❶

	Jan.				Feb.				März				April					Mai				Juni				Juli					Aug.				Sept.					Okt.				Nov.				Dez.				
	1	2	3	4	5	6	7	8	9	10	11	12	13	14	15	16	17	18	19	20	21	22	23	24	25	26	27	28	29	30	31	32	33	34	35	36	37	38	39	40	41	42	43	44	45	46	47	48	49	50	51	52
Stern															•		•		•		•										•		•		•											•			•			
Bunte																		•		•																•	•												•	•		
Quick														•		•		•		•			•			•											•	•											•	•		
Der Spiegel																•		•		•			•		•																								•	•		
Zeit-Magazin															•		•																			•	•	•														
Frau im Spiegel																																				•	•									•	•					
Brigitte																							•		•						•		•																			
Für Sie																						•		•													•															
Freundin																								•		•		•															•									
Eltern														•				•											•																•						
Petra														•														•									•					•									
Burda Moden														•						•																	•			•		•						•			
Euro														•					•				•										•							•				•					•		

20.4.4 Werbeerfolgskontrolle

❶ Die **Werbeerfolgskontrolle** steht im Gegensatz zur Prüfung des Erfolgs im Vorfeld einer Kampagne. Bei dieser Art der Erfolgsmessung spricht man von „Werbeerfolgsprognose" oder von **Pre-Tests**.

Am Schluss einer Werbekampagne stellt sich die Frage nach deren Erfolg. Man schaut zurück und will wissen, ob die gesetzten Ziele erreicht wurden. Zu diesem Zweck stellt man Kontrollen des Werbeerfolgs an (sog. „Werbeerfolgskontrolle" bzw. „Post-Tests") **❶**. Unter **Erfolg** versteht man das positive Resultat der Werbebemühungen im Hinblick auf die gesetzten Ziele. Gemäß der Unterscheidung der Werbeziele zum einen nach **außerökonomischen Zielen** bzw. Kommunikationszielen, zum anderen nach **ökonomischen Zielen**, trifft man bei der Werbeerfolgskontrolle die folgende Unterscheidung:

- Außerökonomischer Erfolg: Dabei geht es um die Messung des Kommunikationserfolgs. Es gilt die Frage zu beantworten, ob die Kampagne z. B. die Aufmerksamkeit, die Erinnerung, das Image oder die Einstellung der Zielgruppe gegenüber dem Produkt positiv verändert hat. Diese Art der Erfolgsmessung nennt man auch „Werbewirkungsforschung".
- Ökonomischer Werbeerfolg: Hier will man feststellen, ob die Werbekampagne die Kaufhandlungen der Zielgruppe positiv beeinflusst hat, ob also die Kampagne ein Mehr an Absatz und Umsatz gebracht hat.

„Wie wirkt Werbung?" Die berühmte anekdotische Antwort von Henry Ford lautet: „Die Hälfte des Geldes, das für Werbung ausgegeben wird, ist zum Fenster hinausgeworfen – unklar ist nur, welche Hälfte es ist!"

Es ist offenkundig, dass es sich bei der **Ermittlung des Werbeerfolgs** um eine hochgradig **komplexe Aufgabe** handelt. So steht man z. B. bei der Ermittlung des außerökonomischen Erfolgs vor der methodischen Frage, nach welcher Wirkungstheorie man bei der Messung vorgehen will. In Kapitel 1 des vorliegenden Lehrwerkes ist zwischen behavioristischen und konstruktivistischen Modellen unterschieden worden. Folgt man dem behavioristischen Ansatz (Stimulus-Response-Ansatz), so könnten die Abfolge der Werbewirkung in sechs Stufen beschrieben werden:

1	Erzielung von Wahrnehmungswirkungen
2	Erzielung von Emotionswirkungen
3	Erzielung von Informationswirkungen
4	Erzielung von Einstellungswirkungen
5	Erzielung von Gedächtniswirkungen
6	Erzielung von Verhaltenswirkungen

Zur Messung der Wirkungen sind die verschiedensten Ansätze im Einsatz. So überprüft man z. B., ob ein beworbenes Produkt und die Kommunikationsinhalte tatsächlich wahrgenommen wurden (erste Stufe), durch sog. „Recall-Tests". Mit sog. „Recognition-Tests" prüft man die Wiedererkennung von Werbemitteln.

In der Praxis bereitet die Werbeerfolgskontrolle zudem erhebliche **methodische Schwierigkeiten**. So besagt z. B. das sog. Zurechnungsproblem, dass ein feststellbarer Werbeerfolg nicht unbedingt von der betreffenden Werbekampagne herrühren muss, sofern auch andere Faktoren wie das Verhalten der Konkurrenz, die Produkt-, Distributions- und Preispolitik als Einflussfaktor in Frage kommen könnten.

Aufgaben und Übungen, Literaturhinweise

Aufgaben und Übungen

1. Analysieren Sie, wie sich die Produktpolitik der Fernsehkanäle ZDF und MTV unterscheidet. Unterscheiden Sie dabei zwischen der Ebene des Kernprodukts, der Ebene des formalen Produkts und der Ebene des erweiterten Produkts.
2. Stellen Sie dar, über welche Wege die Tageszeitung „Frankfurter Allgemeine Zeitung" zum Leser gelangt.
3. Erstellen Sie ein Konzept, wie man aus einem neu gegründeten Hochschulradio, das auf UKW sendet, eine „Produktpersönlichkeit" machen kann.
4. Nehmen Sie Stellung zu der Frage, warum das ZDF in seinen Werbeblöcken die TV-Werbespots durch die „Mainzelmännchen" unterbricht.
5. Die Zahl der Kinobesuche nimmt seit einiger Zeit relativ gesehen stark ab. Stellen Sie dar, welche Möglichkeiten es gibt, diesen Trend umzukehren und dabei die Erträge der Kinobetreiber zu steigern.
6. Erklären Sie, warum eine crossmediale Werbekampagne für ein Unternehmen besonders attraktiv erscheint.
7. Nehmen Sie Stellung zum Thema „Marketing im Internet von Handwerksbetrieben".
8. Wählen Sie aus der aktuellen Fernsehwerbung einen beliebigen TV-Spot aus und stellen Sie Überlegungen an, welche Zielvorstellung die Agentur und der Auftraggeber wohl damit verfolgen.

Literaturhinweise

Beck, Joachim; *Mödinger*, Wilfried; *Schmid*, Sybille: Marketing. Grundlagen und Instrumente, Haan-Gruiten 2006 (Europa Lehrmittel)

Becker, Jochen: Marketing-Konzeption. Grundlagen des ziel-strategischen und operativen Marketing-Managements, 8. Aufl., München 2006 (Vahlen)

Breyer-Mayländer, Thomas; *Seeger*, Christof: Medienmarketing, München 2006 (Vahlen)

Bruhn, Manfred: Unternehmens- und Marketingkommunikation. Handbuch für ein integriertes Kommunikationsmanagement, München 2005 (Vahlen)

Kloss, Ingomar: Werbung. Handbuch für Studium und Praxis, 4. Aufl., München 2007 (Vahlen)

Rota, Franco P.: Public Relations und Medienarbeit, 3. Aufl., München 2002 (dtv Taschenbuch)

Rota, Franco P.; *Fuchs*, Wolfgang: Lexikon Public Relations, München 2007 (Beck)

Schneider, Karl unter Mitarbeit von Dieter Pflaum (Hrsg.): Werbung in Theorie und Praxis, 6. Aufl., Waiblingen 2003 (M + S Verlag)

Unger, Fritz; *Fuchs*, Wolfgang: Management der Marketing-Kommunikation, 4. Aufl., Berlin, Heidelberg, New York 2007 (Springer)

Sachwortverzeichnis

H

I

J

K

Firmenverzeichnis

Die Autoren bedanken sich bei den nachfolgenden Firmen und Institutionen für ihre Unterstützung.

Agfa-Gevaert AG, Mortsel, Belgien
Architekturbüro Förstner-Kegel, Konstanz

Barsortiment Lingenbrink, Norderstedt
Beyerdynamic, Heilbronn
Büttenpapierfabrik Gmund,
  Gmund am Tegernsee

Camgaroo AG, München
Claus Peter Dudek Photodesign, Hamburg
Coca-Cola GmbH, Berlin

Deutsche Bank AG, Frankfurt
Deutsche Post AG, Darmstadt
DVZ Druckmarkt Verlag Zürich GmbH,
  Zürich

Eberspächer GmbH & Co. KG, Esslingen
Engel Verbindungselemente, Weingarten
ERCO Leuchten GmbH, Lüdenscheid

Filmtheaterbetriebe Heinz Lochmann
  (Traumpalast), Rudersberg
Frogdesign, Altensteig

Georg Neumann GmbH, Berlin

Hans Kolb Wellpappe, Memmingen
Harald Küppers (www.kuepperscolor.de),
  Langen
Heidelberger Druckmaschinen AG,
  Heidelberg

Image-Affairs, Reutlingen
Informedia GmbH, Stuttgart

Jochen Wilfert Architekt, Fellbach

Mobile Management GmbH, Kauferring

Neuland GmbH, Eichenzell
Norddeutscher Rundfunk, Hamburg

Piaggio & C. S.p.A., Italien

Radio-Technische Werkstätten GmbH,
  Köln
Realtech AG, Walldorf

Schnitt, Das Filmmagazin, Köln
Schuhwerk Grafikdesign, Bad Grönenbach
Seminarhotel Sonnenstrahl, Kißlegg
Sennheiser electronic GmbH, Wedemark
Shure Europe GmbH, Heilbronn
Siemens AG, Konstanz
Siemens AG, München
Siemens AG, Nürnberg
Sonoton Music GmbH, München
Staatliches Seminar für Didaktik und
  Lehrerbildung, Weingarten
Stankowski-Stiftung, Stuttgart
Studio Hamburg GmbH, Hamburg
Stuttgarter Nachrichten, Stuttgart
Südwestrundfunk SWR, Mainz

TerraTec Electronic GmbH, Nettetal

Verband Deutscher Papierfabriken, Bonn

Werbeagentur Topic, Christazhofen
Westdeutscher Rundfunk WDR, Köln

Zentrum für Familie, Umwelt und
  Kultur (Kloster Roggenburg), Roggenburg

Trotz großer Sorgfalt konnten die Urheber der Abbildungen nicht in allen Fällen ermittelt werden. Wir bitten gegebenenfalls um Mitteilung.